航母舰队司令

BLACK SHOE
CARRIER ADMIRAL

〔美〕约翰·B.伦德斯特罗姆 著

胡毅秉 译

弗兰克·杰克·弗莱彻、美国海军与
太平洋战争

吉林文史出版社
JILINWENSHICHUBANSHE

图书在版编目（CIP）数据

航母舰队司令：弗兰克·杰克·弗莱彻、美国海军
与太平洋战争 /（美）约翰·B.伦德斯特罗姆著；胡毅
秉译 . -- 长春：吉林文史出版社，2018.9
　　ISBN 978-7-5472-5509-4

Ⅰ.①航… Ⅱ.①约… ②胡… Ⅲ.①法兰克·杰克
·弗莱彻（Frank Jack Fletcher 1885-1973）-生平事迹
②太平洋战争-史料 Ⅳ.① K837.125.2 ② E195.2

中国版本图书馆 CIP 数据核字 (2018) 第 228146 号

HANGMU JIANDUI SILING: FULANKE·JIEKE·FULAICHE、MEIGUO HAIJUN YU
TAIPINGYANG ZHANZHENG

航母舰队司令：弗兰克·杰克·弗莱彻、美国海军与太平洋战争

著 / 约翰·B.伦德斯特罗姆　译 / 胡毅秉

责任编辑 / 吴枫　特约编辑 / 冉智超

装帧设计 / 王涛

策划制作 / 指文图书　出版发行 / 吉林文史出版社

地址 / 长春市人民大街 4646 号　邮编 / 130021

电话 / 0431-86037503　传真 / 0431-86037589

印刷 / 重庆长虹印务有限公司

版次 / 2019 年 1 月第 1 版 2019 年 1 月第 1 次印刷

开本 / 787mm×1092mm　1/16

印张 / 44　字数 / 735 千

书号 / 978-7-5472-5509-4

定价 /169.80 元

弗兰克·杰克·弗莱彻中将，摄于 1942 年 9 月 17 日。
由文书军士弗兰克·W．布通过史蒂夫·尤因博士提供

目　录

鸣谢

本书是作者对太平洋战争早期战役近三十年研究的结晶，但若没有众多个人和组织的大力帮助和鼓励，它是不可能完成的。这篇简单的致谢声明只能列举其中一二，无法道尽我欠所有人的恩情。

由于对本书富有争议的主人公抱有明显的同情之心，我特别注意避免对弗莱彻将军的行为作任何粉饰，而是客观地加以审视。因此我非常感谢四位特地本着客观态度阅读书稿的审阅者：我的密友、《宿命的会合》的合著者史蒂夫·尤因博士、同样是重要朋友的著名历史学家理查德·B.弗兰克、海军军事学院的小弗兰克·乌利希和美国海军预备役退休少将肯尼思·P.曼宁。他们都提供了极好的意见和建议，逼着我证明自己的观点，甚至有时促使我接受弗莱彻的诋毁者的合理批评。美国海军退休少校理查德·H.贝斯特阅读了截至中途岛的章节，作为美国海军在二战中最杰出的俯冲轰炸机领队之一，他从独特的角度提供了精彩的评论。我还要特别感谢开创性的著作——《橙色作战计划》的作者爱德华·M.米勒，他也读了我的书稿。没有他的坚定支持，本书可能不会出版。书中遗留的错误完全由我一人负责。

还有一些优秀的朋友和伙伴也为我的研究提供了热心帮助。詹姆斯·C.萨夫鲁克是无与伦比的太平洋战争航空史研究者，他似乎总能在需要时找到关键的信息。罗伯特·J.克瑞斯曼和杰弗里·G.巴罗博士是海军历史中心的杰出史学家，提供了非常宝贵的帮助，同样提供很多帮助的还有伊泽保穗博士、詹姆斯·T.林特、J.麦克尔·温格、马克·E.霍兰、马克·皮蒂、比尔·K.维克里、查尔斯·哈伯莱因、罗纳德·马祖尔凯维奇和克雷格·史密斯。斯蒂芬·L.罗卡不仅与我结下了深厚友谊，还在我无数次拜访大学公园时留我过夜（或与我一同投宿）。洛伊德·J.格瑞巴慷慨地让我查阅他在1980年撰写威克岛解围行动的精彩论文时积累的不可替代的重要通信。先前两本中途岛战史的作者——沃尔特·洛德和撒迪厄斯·V.图勒加博士慷慨地分享了自己的研究成果，写过弗莱彻将军传记的斯蒂芬·D.里根博士也是如此。皇家澳大利亚海军的约瑟夫·H.斯特拉塞克少校提供了澳大利亚档案馆中的重要信息。虽然克里斯·库特哈德-克拉克博士对弗莱彻的看法与我有很大分歧，但我非常感谢他对皇家海军的约翰·G·克瑞斯将军所作的研究。在密尔沃基公立博物馆，前总裁兼首席执行官威廉·莫伊尼汉博士和我的前上司卡特·L·鲁普顿都给我的研究提供了极大的支持。

通过互联网我获得了超乎想象的帮助，还结交了更多朋友。乔纳森·帕歇尔与我志趣相投，他的聪慧和渊博令人惊讶。他与安东尼·塔利合写了多年来最重要的关于中途岛的新书。我还要感谢本杰明·夏皮罗、兰迪·斯通、戴维·迪克森、桑迪·尚克斯、让－弗朗西斯·梅森、阿兰·阿尔斯莱本、阿莱因·内维特、安德鲁·奥布鲁斯基和切拉林·威尔森。由威廉·普莱斯和罗纳德·拉塞尔主持的中途岛之战圆桌会是研究该战役的重要资料来源。

在许多协助我研究的当事人及家属中，我要特别提一下托马斯·纽瑟姆、乔治·克拉普、诺尔曼·乌尔默和弗兰克·布，他们都曾在约克城号和萨拉托加号上直接效力于弗莱彻。美国海军的福雷斯特·R·比亚德上校明知我对其旧上司弗莱彻的看法与他自己的观点针锋相对，还是大度地回答了我提出的问题。美国海军退休少将威廉·N·莱昂纳德是我在刚开始研究时认识的老朋友，提供了关于舰队司令在旗舰上的角色的深刻见解。另一位VF-42的老兵威廉·F·苏尔吉和妻子珍在我的研究早期提供了很多方便，还在1973年弗莱彻将军去世数月后带我拜访了玛莎·弗莱彻夫人。戴维·C·理查森中将对我回忆了他编撰海军军事学院的系列分析的往事。美国陆军退休上校威廉·W·史密斯允许我全面查阅他父亲威廉·沃德·史密斯中将的资料集。美国海军退休少将奥斯卡·彼得森的家人也向我开放了他的资料集。约翰·C·菲奇对我回忆了他的父亲奥伯瑞·W·菲奇将军，还提供了他的资料集的复印件。斯宾塞·S·刘易斯中将的女儿哈丽特·L·霍克和小塞缪尔·E·拉蒂默中校都提供了不少照片。我还要感谢皇家海军中将约翰·G·克瑞斯爵士的后人准许我引用大英帝国战争博物馆中收藏的他的个人资料。

本书利用的大部分档案现收藏于国家档案馆设于马里兰州大学公园市的第二档案馆。我有幸与杰出的档案保管员吉布森·B博士、史密斯、巴里·泽布和理查德·波伊泽合作多年。在海军历史中心的作战档案分部，凯西·洛伊德、麦克尔·沃克和约翰·霍奇斯同样给了我很多帮助。弗莱彻将军的资料集保管在怀俄明大学拉腊米分校优秀的美国文化传统中心，那里的卡罗尔·鲍尔斯和罗瑞·奥尔森复印了我需要的所有资料。伊夫林·切尔帕克博士也向我开放了海军军事学院珍藏的许多重要的个人资料集。在美国海军军官学校的尼米兹图书馆，艾丽丝·克莱顿提供了威尔森·布朗中将的资料集。明尼苏达历史学会的史蒂夫·尼尔森为我提供了国会议员梅尔文·J.马斯的资料集。我还要感谢彭萨科拉海航站的国立海军航空博物馆的希尔·古德斯毕德。我的好友保罗·史迪威提供了美国海军学会通过口述历史计划积累的大量史料,它们是本书的重要信息来源。

在海军学会出版社,我要感谢马克·加特林对这一项目的监督和唐纳·诺伊尔与克里斯·翁鲁维亚对插图制作提供的指导。我的编辑玛丽·斯维哈特以非常专业的态度处理了篇幅如此长的手稿,表现出了令人赞叹的友善和耐心。

在本书写作过程中,我的妻子珊迪一如既往地成为我的得力助手。我过去三本书的地图都是她手绘的,由于本书的地图再靠手绘已不现实,她特地学习了深奥的计算机作图技术来为我绘图。她和我的女儿蕾切尔始终毫无保留地鼓励着我,因为她俩都明白完成这项工程对我的意义有多大。

前言

在对日战争的头9个月里，美国太平洋舰队从败亡边缘艰难地扳回战局，实现了海战史上自希腊人在萨拉米海战中击败波斯人以来最漂亮、最神奇的逆转之一。开战之初，太平洋舰队被珍珠港事变重创，在坚忍顽强、素质高超的日本海军 (IJN) 面前节节败退。日军在5个月内横扫西太平洋和东南亚，攫取了所有初期战略目标，并有不少额外斩获。而在1942年5月和6月，经过珊瑚海和中途岛激烈的航空母舰大战，太平洋舰队不但打破了日军的关键战略布局，还令对方损失惨重。美国在太平洋实现了海军力量的相对均势，并夺取了主动权。8月7日，太平洋舰队在西南太平洋发动两栖反攻。经过7个月苦战，反复拉锯，盟军终于在瓜岛获胜，一举奠定了太平洋战争的胜局。

从1941年12月到1942年10月，弗兰克·杰克·弗莱彻中将率部为战局的重大转折做出了决定性贡献，以损失2艘美国航母为代价击沉了6艘日本航母。在战争初期几场关键战役中，他的作用仅次于广受爱戴的太平洋舰队总司令切斯特·W.尼米兹将军。只有弗莱彻全程参与了这一时期太平洋舰队各个阶段的战略行动。在尼米兹的前任为保住战略要地威克岛而作的徒劳尝试中他是亲历者，在初期的袭扰战中他几度出击，在珊瑚海和中途岛惊心动魄的航母对决中他替尼米兹冲锋陷阵，在瓜岛登陆战中他又承担了支援任务。

弗莱彻是个"黑鞋派"。黑鞋是美国海军大多数军官的习惯穿着，象征着海军的全体水面舰艇部队，与之相对的是骄傲的海军航空兵用于彰显身份的褐鞋。珍珠港事变后，丑陋的航空母舰终于无可争议地取代壮美的战列舰成为海军力量的核心。只有航母才能与航母一争雌雄。然而在战争爆发时，日本拥有的这类战舰多于美国。美国海军必须等到1943年下半年才有望用新建的航母增强舰队，取得决定性的优势。没有人知道太平洋舰队能否撑过这段时间。按照理想情况，在历史上仅有的五次航母大战的前3次战役中指挥美军航母作战的将领应该是经验丰富的海军飞行员兼特混舰队指挥官。然而并非飞行员出身的弗莱彻却因缘际会，挑起了这副千斤重担。

挑大梁的指挥官面对他不熟悉的全新作战方式，这似乎注定要酿成大祸。但是命运并未青睐日本海军，弗莱彻打赢了三场生死攸关的航母战。1942年5月的珊瑚海之战阻止了对莫尔兹比港的登陆行动，使日军在这场战争中第一次受到战略挫折。接着弗莱彻的航母打击部队在6月4日的中途岛防御战中取得决定性成功，但是旗舰约克城号受重创使得胜利的桂冠落到了他能干的下属雷蒙德·A·斯普鲁恩斯头上。1942年8月，弗莱彻率领航母部队（在名义上他统辖整支远征军）攻打瓜岛。8月24日他在东所罗门之战中险胜，此役是他在4个月内进行的第三次航母对决，使日军对陆战队据点的毁灭性攻势胎死腹中，还阻止了敌人的生力军上岛。南太平洋部队因此在瓜岛战役的关键阶段获得了宝贵的喘息机会。1942年10月弗莱彻被挤下航母指挥岗位，一年后接掌北太平洋战区。1945年9月，他接受了日本北方海军部队的投降。

在美国，再也找不出另一位在二战中打赢三场大规模战役的海军将领，在其他国家，有如此战绩的海军将官也如凤毛麟角。弗莱彻在1947年以上将军衔退休。弗莱彻号驱逐舰 (DD-992) 就是为了纪念他而命名的。[①] 然而到了1950年，他却不幸成为美国海军史上最有争议的人物。尽管他有许多来之不易的战果，人们却总是带着轻蔑的态度提起两件事：在1941年12月他没能拯救驻守威克岛的陆战队，在瓜岛据说他故意抛弃了陆战队的登陆部队，进而导致了萨沃岛海战的惨败。历史学家内森·米勒在1995年写道："在战后的史书中，没有一个美国海军将领得到的骂名可与弗莱彻相比。尽管他在1914年远征韦拉克鲁斯的行动中获得了荣誉勋章，却被斥为贪生怕死之徒。"一本关于那个时代的通史（戴维·M·肯尼迪的《免于恐惧的自由：大萧条和战争中的美国人民，1929—1945》）这样评价航母舰队从瓜岛的撤退："事实就是如此：弗莱彻表现出了非常可疑的判断力和显而易见的胆气不足。"著名作家爱德华·L·比奇在1999年的回忆录中把弗莱彻（"加油迷杰克"）贬为"缺乏对作战需求的职业关注"的"太平"将军，称其总是屈从于"高处不胜寒的怯懦心态"和"他本人对未知的恐惧"。历史学家威廉姆森·穆雷和陆战队上校阿伦·R·米列特在关于二战的研究报告中称，"谨小慎微的"弗莱彻"缺乏在逆境中领导美国军队的气质"。最近有一位研究拿破仑时代历史的著名学者在分析从珍珠港至瓜岛的海战时中语出惊人，声称弗莱彻负有"叛徒"的恶名，而且由于将航母从瓜岛撤出的"怯懦行为"，受到了"军法审判"并被"解除了指挥权"。事实上从来没有这样的军法审

---

① 译注：斯普鲁恩斯级三十号舰，1980—2004 年在役，2008 年作为靶舰被鱼雷击沉。二战中的弗莱彻级驱逐舰首舰弗莱彻号 (DD-445) 纪念的是他的叔叔。

判，也从没有人给弗莱彻戴上"叛徒"的帽子。但弗莱彻在史书中得到的严重负面评价就是这样深入人心，虽然其依据不过是一些严重过时的二手资料。[1]

弗莱彻怯懦无能的形象主要源自塞缪尔·艾略特·莫里森少将影响深远的"半官方"历史——《第二次世界大战美国海军作战史》第三到五卷中对他的描写。1947年，莫里森在该书第一卷的前言中曾写下一段明智的评论："在事后不久写成的任何史书都不能自封为完全客观的历史，甚至也不能称为合理的定论。将来会有我不知道的事实大白于天下，我所忽略的另一些事实也会被挖掘出来并得到全新的解读。"[2] 现在我们该听从莫里森的告诫，对1941年12月至1942年10月弗莱彻在太平洋舰队中所起的作用进行全面的重新解读了。那些50多年来接受了莫里森对弗莱彻的无情贬损的人现在必须掂量一下如山的铁证，这些新发掘的证据要求他们对这位迄今为止饱受中伤的海军军官作全新的评价。他在大洋上屡战屡胜，却在争取客观评价的战场上吃了败仗。

本书经历了漫长的写作过程。1942年曾在弗莱彻的参谋部中工作的奥斯卡·彼得森少将在1974年的信中说："我希望您研究一下弗兰克·杰克·弗莱彻。我觉得他被人遗忘了。他曾作过一些艰难的决策，但是非但没有为此获得赞扬，反而遭到了严厉的批评。"[3] 当时我刚刚开始研究太平洋战争，后来经过20年努力写成了3本书：《第一次南太平洋会战》（1976年）、《首发主力》（1984年）和《首发主力与瓜岛战役》（1994年），它们详细分析了太平洋舰队的战略和1942年的航母大战。在这段漫长的研究过程中我发现了许多新的原始资料，也掌握了充足的背景知识，得以更好地理解这些复杂事件中的指挥决策。弗莱彻曾对著名作家沃尔特·洛德说："每当战斗结束后，人们总是津津乐道于指挥官如何深思熟虑、奠定胜局，实际上他们总是要在黑暗中摸索半天。"[4] 对于身处战局者来说或许确如此言，但军事学说和方法毕竟提供了必要的框架。本书研究的目的就是探究和解释这些"黑暗中的摸索"，从而阐明航母特混舰队的指挥官在战斗中以及通常单调乏味但生死攸关的备战过程中是如何发挥作用的。只有这样，才能准确而如实地评价弗莱彻的决策和行动。

---

① 内森·米勒《海战》211页，肯尼迪《免于恐惧的自由》549页，比奇《盐与钢》126页，穆雷和米列特《不能不赢的战争》210页。关于弗莱彻被称为"叛徒"以及因为"怯懦行为"受审获罪的说法请参见肖姆《鹰与旭日》324、335—336、339、362页。

② 莫里森《第二次世界大战美国海军作战史》1：ix页。

③ 美国海军退休少将奥斯卡·彼得森致伦德斯特罗姆信（1974年10月13日）。

④ 沃尔特·洛德对弗兰克·杰克·弗莱彻将军的采访（1966年2月17日），由已故的沃尔特·洛德提供。

缩写、缩略语和特殊名词

AK：货轮

AO：舰队油轮

AP：运输船

APD：高速运输舰（驱逐舰改装）

B-17：波音B-17重型轰炸机（飞行堡垒）

B-25：北美B-25中型轰炸机（米切尔）

B-26：马丁B-26中型轰炸机（劫掠者）

BB：战列舰

CA：重巡洋舰

CAG：飞行大队长

CL：轻巡洋舰

CNO：海军作战部长

CSCMF：太舰总秘密及机密电报档案

CV：航空母舰

CXAM：雷达型号

DD：驱逐舰

DMS：高速扫雷舰（驱逐舰改装）

DSM：优秀服役勋章

ECM：电动密码机

F2A：布鲁斯特F2A战斗机（水牛）

F4F：格鲁曼F4F战斗机（野猫）

FDO：战斗机引导官

GCT：格林尼治时间

H站：海军第十四军区战斗情报站

IFF：敌我识别

IJN：大日本帝国海军

JCL："迟到的老弟"，以校官身份获得海军飞行员资格的军官

MAG：陆战队飞行大队

N站：OP-20-G，海军作战部长办公室下属的无线电情报单位

NHC：海军历史中心

NWC：海军军事学院

ONI：海军情报局

P-40：寇蒂斯P-40战斗机（战鹰）

PBY：联合PBY水上飞机（卡特琳娜）

RG：记录组

SBD：道格拉斯SBD-2、-3侦察轰炸机（无畏）

SC：雷达型号

SOC：寇蒂斯SOC水上飞机（海鸥）

TBD：道格拉斯TBD-1鱼雷轰炸机（蹂躏者）

TBF：格鲁曼TBF-1鱼雷轰炸机（复仇者）

TBS：舰际通话短途电台

TS：绝密

USNA：美国海军军官学校（安纳波利斯）

VB：轰炸中队

VF：歼击中队

VHF：甚高频

VMF：陆战队歼击中队

VMO：陆战队观测中队

VMSB：陆战队侦察／轰炸中队

VP：巡逻中队

VS：侦察中队

VT：雷击中队

YE：导航信号发射机

澳新：澳大利亚和新西兰

澳新司：澳新战区司令

抱团：恩代尼

贝尔康嫩：驻澳大利亚的无线电情报单位

北太区：北太平洋战区

北太司：北太平洋战区及部队司令

大舰总：大西洋舰队总司令

海作办：海军作战部长办公室

环首螺栓：图拉吉

舰总司：美国海军舰队总司令

柯佩克：情报机构的无线电网络

瞭望塔：拉包尔攻势中的一号任务

玫瑰：埃法特

美舰总：美国海军舰队总司令

南太空司：南太平洋航空部队司令

南太两司：南太平洋战区两栖部队司令

南太区：南太平洋战区

南太司：南太平洋战区及部队司令

纽扣：圣埃斯皮里图

漂白剂：汤加塔布

太航司：太平洋舰队航母司令（部）

太空司：太平洋舰队航空兵司令

太两司：太平洋舰队两栖部队司令

太潜司：太平洋舰队潜艇司令

太勤司：太平洋舰队勤务部队司令

太区总：太平洋战区总司令

太巡司：太平洋舰队巡洋舰司令

太战司：太平洋舰队战斗部队司令

太侦司：太平洋舰队侦察部队司令

特大：特混大队

特舰：特混舰队

特司：特混舰队司令

瘟疫：旨在夺取拉包尔的三阶段攻势

西南太区：西南太平洋战区

西南太司：西南太平洋部队司令

西南太总：西南太平洋战区总司令

仙人掌：瓜达尔卡纳尔岛

亚舰总：亚洲舰队总司令

战空司：太平洋舰队战斗部队航空兵司令

战巡司：太平洋舰队战斗部队巡洋舰司令

侦巡司：侦察部队巡洋舰司令

第一章
天翻地覆

浩劫之后

1941年12月13日的晨曦将瓦胡岛熟悉的轮廓映在美国太平洋舰队巡洋舰第六分队分队长弗兰克·杰克·弗莱彻少将眼前。他的旗舰——阿斯托里亚号重巡洋舰正准备驶入珍珠港安逸的港湾。在夏威夷群岛工作18个月后，对他来说返回基地本是例行公事，但这次却不一样。六天前，日本航空母舰偷袭珍珠港内的舰队，揭开了第二次世界大战太平洋战争的序幕。弗莱彻所在的特混舰队当时位于中途岛附近，曾追击过袭击者，但没有追上（客观来讲，幸亏没有追上）。现在他正回港接受新任务。太平洋舰队总司令（太舰总）赫斯本德·E.金梅尔上将发出的电报描绘了一幅凄惨景象，但弗莱彻对眼前所见还是缺乏心理准备。"首先映入眼帘的是1架坠落在浅海中的美国航母舰载机，接着右舷外出现了一片狼藉的希卡姆机场。内华达号战列舰在奋勇冲出港口后坐滩，船头扎进沙滩，艉部半没在水中，甲板全被炸得拱了起来"。在远处的主力舰碇泊区，沉没的加利福尼亚号静卧在烂泥中，与它同病相怜的是西弗吉尼亚号；俄克拉荷马号只有"红色的船底和一只青铜螺旋桨"露出水面，而亚利桑那号已是支离破碎。只有负伤的宾夕法尼亚号、马里兰号和田纳西号还勉强浮在海上。数百架舰载鱼雷机、俯冲轰炸机、水平轰炸机和低空扫射的战斗机击沉或击伤18艘舰船，摧毁了瓦胡岛各机场上的188架飞机。约2400名美国人死于非命，而众所周知的是，日本为这次胜利付出的代价只是几艘微型潜艇和为数不多的飞机。[①]

---

① 明尼阿波利斯号 (CA-36) 和阿斯托里亚号 (CA-34) 航海日志，1941 年 12 月 4—13 日，美国国家档案馆第 24 记录组 (RG-24)。莫里森《美国海军作战史》3：212 页错将弗莱彻在 12 月 7 日的旗舰记为明尼阿波利斯号，事实上他在 12 月 4 日就转到了阿斯托里亚号上。弗莱彻曾在 1948 年 10 月 9 日指出了莫里森的错误（见弗兰克·杰克·弗莱彻将军资料集），但莫里森从未修正这段文字。关于珍珠港的描述引自阿贝克隆比和普拉特《我为驱逐舰而生》9—10 页。关于珍珠港事变的早期评估，见 1941 年 12 月太舰总致海作办电 081015，藏于太舰总秘密及机密电报档案（以下简称 CSCMF），RG-38，缩微胶卷 521。

原本雄伟壮丽的战列舰队化为一堆废铁的"恐怖场面"令弗莱彻从心底感到震撼。和金梅尔以及绝大多数高级军官一样，他是个"黑鞋派"，这个绰号源于大多数海军军官惯穿的鞋子颜色。黑鞋派是水面部队的斗士，在他们看来，装备巨炮重甲的战列舰是"美国舰队的主要作战力量"，代表着真正的海军实力。至于"褐鞋派"海军航空兵的骄傲——航空母舰，则被他们看作次要战舰，只能在海军完成摧毁敌军舰队的首要任务时为战列舰打下手。黑鞋派承认航母在侦察、空中掩护、进攻防护薄弱的舰队和突袭地面目标方面有很大价值，但他们宣称只有战列舰才能击败战列舰夺取制海权。太平洋战争的爆发使黑鞋派的世界天翻地覆。这不仅是因为他们鄙视的对手——日本人击溃了战列舰队，还因为如此惊人的战果是通过集中使用航母投射强大火力实现的。现在要打赢战争需要制空权，而制空权必须靠海上的活动机场以及岸上的基地夺取。最终为这一论点一锤定音的是一场几乎同样惊人的毁灭：12月10日，英国的新式战列舰威尔士亲王号和老式战列巡洋舰反击号被陆基中型轰炸机击沉。它们和1940年塔兰托的意大利战列舰以及珍珠港的美国战列舰不同，不是在港口遇袭，而是在大海上被密集的航空鱼雷和重磅炸弹打垮的。[①]

联合舰队司令长官山本五十六大将是同辈将领中唯一认识到航母将成为现代海战王牌的人。当时日本海军已经拥有世界上最强的航母兵力。他决心用航母打响头炮，对遥远的珍珠港中美国海军的核心力量实施大胆的突击。击沉太平洋舰队的战列舰和航母将对夺取菲律宾和东南亚的行动起到掩护作用，并为日本提供在新占地区巩固防御的宝贵时间。为了攻击珍珠港，山本组建了一支极其强大的打击力量，其中包括至少6艘航空母舰，载机超过400架。南云忠一中将的"机动部队"（日文原文如此，但其真实含义是"打击部队"）包括赤城号、加贺号、苍龙号、飞龙号、翔鹤号和瑞鹤号航母，2艘快速战列舰，2艘重巡洋舰，1艘轻巡洋舰，16艘驱逐舰，3艘潜艇和7艘油轮。另有17艘潜艇（其中5艘搭载了微型潜艇）在夏威夷水域布阵。11月26日，机动部队从日本北部秘密出航，冒险穿越北太平洋3000海里人迹罕至、风雨交加的海域，前往瓦胡岛以北230海里的放飞点。这次远航能够成功完全归功于日本海军在不久前发展出了为重型舰船进行海上加油的能力。日军的这项能力与其主要对手美国海军相仿，大大领先于英国皇家海军。12月7日（东京时间12月日），南云用350架飞机

① 戈登·普兰奇博士对弗兰克·杰克·弗莱彻将军的采访（1966年9月17日），由罗伯特·J.克瑞斯曼提供。RG-313中太舰总秘密信函第4498号籍内太平洋舰队战斗部队司令官（太战司）致太舰总关于临时任命中将的信（1941年7月30日）中说："战列舰部队司令官统辖美国舰队的主要战斗力量。"

分两个波次发起猛攻，几乎毁灭了太平洋舰队。在取得如此重大战果的同时，日军仅损失29架飞机（还有许多飞机负伤），5艘微型潜艇，战死64人。[①]

这次大胆而漂亮的打击彻底改变了海战的面貌，但就连山本自己也没有完全理解他发动的这场革命有多大。他将6艘强大的航母集中使用的做法是史无前例的，当时其他国家的海军都将航母以1艘或2艘为单位使用。山本的创新在某种意义上堪称是1941年的原子弹。美国海军情报部门在12月7日以前从未想到日军竟然打破将航母分散编入不同舰队的常规，完全以几艘航母为核心组建了一支特混舰队。太平洋舰队的三支主力特混舰队分别只有1艘航母，而且在短期内也没有让多艘航母协同作战的计划。既然在思想上还没有经历将多艘航母集中使用的飞跃，美国海军的高层对航母的见识不如其假想敌也就不足为奇了。司令部压根就不相信一次航母突袭能重创珍珠港。夏威夷地区的2艘美国航母（企业号和列克星敦号）在开战时逃过一劫确实是奇迹，而第3艘航母萨拉托加号当时正在圣迭戈。珍珠港事变几天后，太平洋舰队作战计划参谋查尔斯·H.麦克莫里斯上校承认，日军未能摧毁美国航母使太舰总保留了一种"非常强大"的武器，但他和他的上司金梅尔无疑并未真正理解这种武器。[②]

就这样，航空母舰取代战列舰成了太平洋海战的主力。弗莱彻发现同样的更替也或多或少地发生在战列舰指挥官身上。如果像金梅尔在12月7日前设想的那样，在中太平洋爆发大规模舰队决战，那么尽管弗莱彻是深受金梅尔器重的下属，他也只能扮演相对次要的角色。而现在战斗的重任落到了资历较浅的将领身上，弗莱彻因机缘巧合成为合适人选。回到珍珠港2天后，他接受了一项非常重要的作战任务——援救瓦胡岛以西2000海里外遭到围攻的威克岛。他的新特混舰队包括萨拉托加号、3艘巡洋舰、9艘驱逐舰、1艘运送地面援军的水上飞机供应舰，以及1艘舰队油轮。于是弗莱彻作为一位深受信任但无疑缺乏海航指挥经验的将官，走上了航母指挥岗位，有幸跻身于第一批参与新型海战的美国将领之列。在1942年扭转太平洋战局的关键航母战役中，他将起到举足轻重的作用。

① 关于日本航母舰队的发展，见皮阿蒂《日破云涛》第3章和第6章。关于日本海军战略，见伊文思和皮阿蒂《海军》第8章和第13章。两本书都是杰作。

② 关于太舰总的战略观点和决策的主要资料是：作战计划、太舰总档案、斯蒂尔上校的《执行评估和总结》，又名《太舰总灰皮书》（以下简称灰皮书，藏于海军历史中心（以下称NHC）作战档案，缩微胶卷NRS-1971-58）。麦克莫里斯的言论出自灰皮书第8页的《截至12月10日战情评估简报》。

中西部水兵

弗兰克·杰克·弗莱彻1885年4月29日生于衣阿华州的马歇尔敦。作为北军老兵的儿子，他在安乐的中产阶级生活环境下长大。他参加海军是受了叔叔弗兰克·弗莱德·弗莱彻的影响，后者是位于安纳波利斯的美国海军军官学校 (USNA)1875届毕业生。弗莱彻本人于1906年从该校毕业，在116名学员中名列第26。大约40年后，安纳波利斯的许多同窗在他的人生和美国的历史中扮演了关键角色。1906届的同学中有奥伯瑞·W·菲奇、罗伯特·L·戈姆利、约翰·S·麦凯恩、利·诺伊斯、米罗·F·德雷梅尔和约翰·H·陶尔斯。未来的将军还包括小威廉·F·哈尔西和赫斯本德·E·金梅尔（1904届）、切斯特·W·尼米兹、H·费尔法克斯、利里和约翰·亨利·牛顿（1905届），雷蒙德·A·斯普鲁恩斯、罗伯特·A·西奥博尔德和帕特里克·N·L·贝林格（1907届），以及托马斯·C·金凯德和里奇蒙德·凯利·特纳（1908届）。[1]

弗莱彻于1939年跻身将军行列，此前他曾按部就班地担任一系列海上和陆上的职务。他以少尉军衔在亚洲舰队服役时，于1910年第一次担任舰长，指挥代尔号驱逐舰。此后弗莱彻的事业蒸蒸日上。1911年，代尔号在海军22艘驱逐舰参加的春季实战演习中力拔头筹，赢得了火炮射击优胜奖。弗兰克·弗莱德·弗莱彻上校给弗兰克·杰克的父亲去信称："他赢得这个奖比我自己得奖更令我骄傲。"1914年4月，在弗兰克·弗莱德·弗莱彻少将指挥的占领韦拉克鲁斯的行动中，[2]弗兰克·杰克·弗莱彻上尉指挥租用的邮船希望号冒着炮火将350名平民运送到安全地带。之后他又指挥火车从内地运出被困侨民，并通过谈判向反复无常的墨西哥当局争取到了安全通道。弗莱彻凭借在韦拉克鲁斯的出色表现赢得了他叔叔颁发的英勇嘉奖，海军又在1915年将该嘉奖升格为国会荣誉勋章。[3]

---

[1] 关于弗兰克·杰克·弗莱彻的生平和家庭情况，首先请参见怀俄明大学拉腊米分校美国文化传统中心收藏的他的资料集。里根的《风雨人生》主要是依据这些资料集写成的。弗莱彻的资料集中到1939年为止的部分是相当完整的。值得参考的还有他的服役记录（6132弗莱彻，F.J）中可公开的摘录，这些资料是国家人事档案中心应信息公开的请求提供的。弗莱彻在海军服役的前15年里，一直以"Frank J. Fletcher"作为正式签名。已知第一份签名为"Frank Jack Fletcher"的文件是1917年2月8日的婚假申请表。此后他一直签全名。"杰克"是弗莱彻的祖母南希·杰克·弗莱彻的中间名，而弗莱彻父亲的姓名是托马斯·杰克·弗莱彻。关于弗兰克·弗莱德·弗莱彻，见雷诺兹《美国海军名将》122—123页。关于海军军官调动和升迁的一般信息，见美国海军航海局《美国海军和美国海军陆战队军官人名录 (1920—1942)》和美国海军航海局／海军人事局《美国海军和海军陆战队准尉及少尉以上军官名册 (1906—1947)》。

[2] 译注：1914年美国出兵干涉墨西哥革命，占领港口城市韦拉克鲁斯达半年之久。

[3] 国家档案馆RG-24，代尔号 (DD-4) 航海日志；海军部长裘F.L（原文如此）·弗莱彻少尉信"授予1911年春季实战演习火炮射击优胜奖"（1911年7月17日）和弗兰克·弗莱德·弗莱彻致托马斯·杰克·弗莱彻的家书（1911年10月12日），藏于弗莱彻的资料集中。关于韦拉克鲁斯远征，见斯维特曼《韦拉克鲁斯登陆行动》和弗莱彻的资料集。

1917年11月，在对德战争中，弗莱彻指挥原为帆船的玛格丽特号 (SP-527) 进行了一次险象环生的远航。该船在侦巡大队编成内驶向英国，这支船队是以各种改装民船七拼八凑组建起来的，被恰如其分地称作"自杀舰队"。事实证明玛格丽特号的适航性还不如本应由它拖曳的船。1930年，有个当事军官回忆说："（弗莱彻）是那种会一边说着'命令就是命令'，一边指挥小划艇对抗406毫米大炮的军官，他相信自己的技艺能让他渡过难关。他的技艺确实出类拔萃。有好多次，要不是他完美无缺的航海技术，玛格丽特号就会早早结束它的战舰生涯。"1918年年中，弗莱彻中校率贝纳姆号驱逐舰在北大西洋执行护航任务，在那里他只得到了四次投放深水炸弹的机会，没有对U艇取得确认战果。7月22日，贝纳姆号与贾维斯号驱逐舰相撞受损，但调查法庭认为弗莱彻没有任何过错。1920年，和大多数战时的舰长一样，他获得了新创立的海军十字勋章，当时这是美国海军表彰英勇行为和优秀服役表现的级别第三高的勋章。[1]

20世纪20年代初，弗莱彻中校在亚洲舰队服役，先后指挥过老式炮舰萨克拉门托号和2艘潜艇供应舰，并曾兼职管理甲米地的潜艇基地。1927年到1929年，他在命运多舛的科罗拉多号战列舰上任副舰长，又经历了一次碰撞事故，在事故中负全责的是1艘客轮。此后他在美国海军军事学院修完高级课程，又进入陆军军事学院攻读。这些学习经历为他提供了关于战略谋划和作战计划的重要学术背景。于是弗莱彻上校成了亚洲舰队勇悍的总司令——蒙哥马利·麦格·泰勒将军的参谋长。1931年9月日本入侵中国东北，接着又染指中国南部，这使弗莱彻体验了海军外交活动，并目睹了日本海军的实战。1936年他等到了渴望已久的战列舰长任命，指挥战斗部队中的头号主力舰新墨西哥号。在助理轮机长海曼·G.里科弗上尉[2]等下级的帮助下，弗莱彻使该舰作为一流战舰的声誉更上一层楼。新墨西哥号在第二和第三年蝉联轮机优胜奖，并在三年中两获火炮射击最高奖。有一次该舰在阿留申群岛冒着狂风暴雨成功为驱逐舰加油，使弗莱彻荣获"以精湛航海技术"加油的嘉奖。两位弗莱彻麾下的前新墨西哥号军官对他们的老舰长称赞有加，其中一人称他是"非常非常优秀的海军军官"。[3]

---

① 关于玛格丽特号，见玛格丽特号医务官呈交给巡逻部队分队长的舰船及人员卫生检查报告（1917年12月10日）；玛格丽特号指挥官呈交给海军部长的战舰物资完备情况报告（1918年12月20日），这两份文件都藏于弗莱彻的资料集中。布拉内里《自杀舰队中的玛格丽特》18页引文。关于贝纳姆号（DD-49），见RG-24中的航海日志，以及RG-45中1037号箱贝纳姆号主题案卷，其中包括它的战斗日志、作战报告和军法署署长，调查法庭1918年7月26日关于贝纳姆号和贾维斯号相撞事故调查结论（1918年8月28日）。弗莱彻的海军十字勋章嘉奖令是授予不曾击沉U艇的参战驱逐舰长的样板文章。

② 译注：未来的核动力海军之父。

③ 弗莱彻资料集中关于新墨西哥号的嘉奖令。邓肯《里科弗》61—62页。弗雷德里克·A.爱德华兹上校口述历史219—222页，查尔斯·E.洛林少将口述历史34、36—37页（引述）。

但是弗莱彻的仕途并不清白——以他叔叔为首的朝中权贵对他多有提携。他叔叔在1914年晋升为大西洋舰队总司令，弗莱彻以助手和副官身份进入其参谋部，从而结识了海军的高官和华盛顿政坛的大人物。在这段时间海军向30位海军军官颁发了荣誉勋章，其中包括因为韦拉克鲁斯行动获得勋章的弗莱彻叔侄和9名陆战队军官。此外还有16枚勋章颁给了士兵。虽然海军的荣誉勋章在1861年就已创立，但直到1915年3月才允许授予军官，当时它仍是海军表彰英勇事迹以及优异服役表现的唯一勋章。直到1919年，海军才针对较普通的英勇事迹创立了其他勋章，作为"荣誉金字塔"的一部分。韦拉克鲁斯行动产生了55枚荣誉勋章，这个数字本身就存在争议。弗兰克·杰克·弗莱彻对自己受到的嘉奖总是保持沉默，从不将这枚令人眼红的勋章拿出来炫耀，但其他获奖者无疑发现它对自己的升迁大有帮助。因此这一奖励也招来了嫉妒。[1]

另一个招人嫉妒的原因是弗莱彻属于传说中的"华盛顿复读机"之辈，他经常涉足庙堂，自然令在政界门路较少的人怒火中烧。据1940—1941年的美国海军舰队总司令（美舰总）詹姆斯·奥托·理查森上将称，海军作战部、航海局和装备局的职位提供了"成为将军的终南捷径"。20世纪20年代弗莱彻在华盛顿度过了两个任职期。1933—1936年，在富兰克林·D.罗斯福总统推动海军大扩军时，弗莱彻是海军部长克劳德·A.史万生的助手。1938年，罗斯福任命理查森为航海局长，但警告说："现在要记住，在华盛顿不准再有复读机。"理查森回答说，为了有效管理航海局，他必须将几个"复读机"安插在关键岗位。理查森话中指的主要就是担任副局长的弗莱彻，他接了理查森的另一个门生切斯特·尼米兹上校的班。[2]

1939年11月，弗莱彻晋升少将，成为1906届毕业生中第八个扛上将星的人。受他统辖的是美国海军舰队战斗部队巡洋舰第三分队，母港在美国西海岸。巡三分队由4艘老旧的奥马哈级轻巡洋舰组成，它们都是20世纪20年代初入役的。整个冬天他参加了各种训练演习、操练和检查，随后于1940年4月在夏威夷水域参加了新任美舰总理查森主持的"舰队问题21号"大规模演习。在模拟夜战中，弗莱彻的2艘老古董被2艘新式的布鲁克林级轻巡洋舰击沉。在第二阶段演习中，他奇袭并瘫痪了约翰斯顿岛（位于瓦胡岛西南700海里的小环礁）上的敌方航空基地。弗莱彻在报告中写道："这次小规模行动有一点很不寻常——它几乎是分毫不差地按计划完成的。"几天以后，演习双方意外打了一场大规模夜间遭遇战。弗莱彻帮助本队击

---

① 斯维特曼，164页。崔姆博《威廉·A.莫菲特将军》47—48页。
② 理查森和戴尔《珍珠港的日常工作》125—126页。

退了几艘试图突破护卫圈攻击运输舰的重巡洋舰。这场遭遇战为美国舰队低劣的夜战训练水平敲响了警钟，可惜并未引起关注。高层将帅们认为舰队在遇到真正的夜战之前就可装备雷达，但萨沃岛之战将证明光靠雷达并不能解决问题。[1]

　　1940年6月，弗莱彻升任巡六分队长，该分队是美国海军舰队侦察部队的3个重巡洋舰分队之一。他的新军舰是新奥尔良号、阿斯托里亚号、明尼阿波利斯号和旧金山号，全是1934年入役的万吨级新锐战舰。它们的主要武备是9门203毫米主炮和8门127毫米／25倍径高射炮。虽然新奥尔良级是按海军条约限制设计的，其防护却得到一定程度的加强，只是载油量较少，因此航程较短。弗莱彻通过监督这4艘重巡洋舰的设施完备情况和物资储备来备战。通过联合演习和小规模舰队演练练习不同阵型的变换、夜战（虽然巡六分队没有装备雷达）、防空和其他专门战术，以及火炮射击和有限的海上加油。他在指挥特混大队的过程中锻炼了指挥技艺。

　　临近1941年11月底，弗莱彻得知自己很快将接替约翰·亨利·牛顿少将担任侦察部队巡洋舰司令，负责全部12艘重巡洋舰的行政管理，并直接指挥巡四分队（芝加哥号、路易斯维尔号、波特兰号和印第安纳波利斯号）。这一调动将在12月17日前后发生，届时弗莱彻自己的继任者——新晋少将托马斯·金凯德将抵达珍珠港。弗莱彻对于老朋友金凯德履职感到由衷的高兴。另一位归他管辖的将军将是巡五分队的分队长雷蒙德·斯普鲁恩斯。弗莱彻打算在调动前最后一次作为巡六分队长出海，再搞一次小规模舰队演习。[2]

　　但是在11月27日，金梅尔却收到了海军作战部长 (CNO) 哈罗德·R.斯塔克上将的急电。"应将本电看作开战警报"，因为"预计日本将在几天内实施进攻行动"。华盛顿方面和金梅尔本人一样，明确注意到远东迫在眉睫的威胁。日本为袭击马来亚、菲律宾和中国香港而进行的备战是显而易见的。在金梅尔以及少数得悉该电报内容的高级军官和幕僚（弗莱彻不在其中）看来，首要的任务是加强战备。一旦战争爆发，舰队将迅速出海，对马绍尔群岛的日军基地实施牵制性打击。考虑到威克岛很有

---

　　① 1941 年 12 月 7 日前，1906 届毕业生有 19 人成为将官，在战时又有三人拜将。关于"舰队问题 21 号"演习，见 RG-313《关于美国海军舰队问题 1—22 号演习的记录，1923—1941》，国家档案馆馆藏缩微胶卷 M964。弗莱彻的引述出自卷 36。理查森和戴尔，223 页。

　　② 关于巡六分队的常规活动，见美舰总呈交给海军部长的 1940 年 7 月 1 日至 1941 年 6 月 30 日年报（1941 年 8 月 15 日），载于美国国会《珍珠港事变》（以下简称 PHA）第 33 部分，1243—1278 页；以及侦察部队司令 1940 年 7 月 1 日至 1941 年 6 月 30 日年报，载于 NHC 缩微胶卷 NRS-403。威尔森·布朗致切斯特·尼米兹信（1941 年 11 月 14 日），藏于威尔森·布朗中将的资料集；1941 年 11 月航海局致太舰总电报 272107，CSCMF，卷 508。

可能爆发激战，金梅尔命令威廉·哈尔西中将率领企业号航母向威克岛运送12架陆战队的格鲁曼F4F-3野猫式战斗机。两位将军讨论了开战预警和船队在半路遭遇敌军的现实可能性。哈尔西决心消灭任何拦路虎，因为在威克岛和瓦胡岛之间出现的任何日本军舰都不可能怀着好意。一旦驶近威克岛，他还可能遭遇从密克罗尼西亚的日本委任统治岛屿向东北搜索的远程飞机。哈尔西的第8特混舰队（8特舰）于11月28日出航，包括企业号、3艘重巡洋舰和9艘驱逐舰。他将在12月4日（东经日期）让战斗机飞向威克岛，7日上午返回珍珠港。为了向珍珠港西北1130海里的另一个重要岛屿——中途岛运送侦察轰炸机，金梅尔又组建了由牛顿将军率领的第12特混舰队（12特舰），该舰队由列克星敦号航母、3艘重巡洋舰和5艘驱逐舰组成。其中包括弗莱彻所在的阿斯托里亚号，它是当时巡六分队唯一能调用的军舰。[①]

　　由于相信开战在即，金梅尔把手头能用的2艘航母都派出去支援边远基地。近阶段在远东的目击报告详述了日军向英属马来亚进发的情况，对这种挑衅行为不能坐视不理。在12月5日12特舰离开珍珠港之际，岸上的日本情报人员通过夏威夷领事馆的电台报告说，1艘航母和5艘巡洋舰离开了珍珠港。此时距离太平洋战争爆发只有两天。金梅尔一边在瓦胡岛周围继续执行特别反潜巡逻，一边却允许众多水兵再度假一晚，到12月7日星期天再返岗。7日黎明时，哈尔西已经完成增援威克岛的任务，回到离珍珠港250海里处。但恶劣的海况妨碍了重型舰船为驱逐舰加油，迫使他放慢速度，并将回

美国海军阿斯托里亚舰 (CA-34)，1941 年 7 月 11 日。这艘巡洋舰是弗莱彻将军在 1941 年 12 月的旗舰。国家档案馆藏，通过杰弗里·G．巴罗提供 (19-N-25346)

---

① 1941 年 11 月海作办致太舰总和亚洲舰队总司令（亚舰总）电 272337，PHA，第 33 部分，1176 页；太舰总致 2 特司和海军第十四军区司令电 280447、太舰总致海作办电 280627、8 特司致太舰总电 282153、太舰总致 8 特司电 282200、太舰总致 8 特司电 290348，以上皆为 1941 年 11 月电报，藏于 CSCMF，卷 521。

港时间推迟到下午。与此同时，牛顿的12特舰与中途岛的距离已拉近到450海里，正准备放飞陆战队的侦察轰炸机。弗莱彻本人打算在编队指挥所度过一个平静的星期天，为即将实施的演习拟定计划。然而在08：15，太舰总发出的明文急电打乱了日常工作："珍珠港遭到空袭。这不是演习。"事变对美国和太平洋舰队来说都是悲剧，日本航母使金梅尔的作战计划完全落空，永远地改变了海战方式，也给了弗莱彻指挥航母的机会。①

截至1941年12月，56岁的弗兰克·杰克·弗莱彻已在海军服役39年，其中超过22年是在海上度过的。他中等个头，体形消瘦匀称，长着黑色直发、宽阔高耸的额头、"含笑的棕色眼睛"和饱经风霜的红润面庞。弗莱彻"言辞机敏、妙语如珠"，总是保持着"开朗的性情和热诚的笑容。"他一方面自尊、自信、喜欢结交朋友，另一方面为人谦逊、脚踏实地，毫无自高自大、装腔作势之态。他的个性在一件轶事上体现得淋漓尽致。1939年3月，理查森在航海局的代理司令秘书乔治·C.戴尔少校试图让无休无止的公文往来保持顺畅，但弗莱彻没有及时处理放在自己桌上的备忘录。戴尔一气之下，大胆地批评了这位副局长："你的问题在于工作不够努力。"弗莱彻闻听此言，非但没有生气，反而被逗乐了。他对一群高级军官朋友介绍戴尔时说："这是那个说我工作不够努力的年轻人。"据戴尔回忆，弗莱彻一直拿这事和他打趣，后来他俩成了"关系很铁的朋友"。戴尔还补充说："当然，后来我充分了解了他，也非常喜欢他。"他认为弗莱彻表现出了"出色的判断力，但他有种不作为的倾向"（同样的特点也出现在才华横溢的斯普鲁恩斯身上）。弗莱彻从不喜欢文案工作（不仅惹毛了戴尔，也激怒了日后的史学家），老于世故的他不愿计较细枝末节而昧于大局。他也不会过多地干预部下。②

本书的核心目的是确定弗莱彻在1941—1942年关键的航母行动中所体现的真正指挥能力。他从未享有海军学者或渊博的理论家之类的声名。他的朋友威廉·沃德·史密斯中将曾在珊瑚海和中途岛与他并肩作战，私下里承认他"不是战争中最聪明的特混舰队司令"。此外，原尼米兹的太舰总参谋部中一位不愿透露姓名的人士将弗莱彻描述为"为人很好、惹人喜欢的大个子，但有点稀里糊涂"。此人隐去姓名使人们无

---

① 太舰总致3特司电040237、亚舰总致海作办电020750（抄送太舰总）、海作办致太舰总电031850，以上皆为1941年12月电，引自CSCMF，卷521。关于哈西增援威克岛的行动，见战空司战争日记；关于12特舰，见侦巡司战争日记，两者都藏于RG-38，战争日记中。

②《西雅图时报》（1942年11月22日）；乔治·C.戴尔中将口述历史，182页；戴尔致伦德斯特罗姆信（1977年1月19日）。

从得知这一评价是否出于偏见。但出众的智力并不是衡量名将的唯一标准，甚至也不是最重要的标准。务实的性格、坚韧的神经、随机应变的能力和开放的思维是更为关键的要素。史密斯明白这个道理，他称弗莱彻是"男子汉中的男子汉"，"决策迅速，而且通常判断正确"。考虑到弗莱彻在指挥1942年凶险万分的航母战役时所承受的压力，这是非常高的赞扬。至于弗莱彻是否称职，读者应该根据种种证据自行评判，其中许多证据是首次披露。①

弗莱彻与海航

1914年，在韦拉克鲁斯的战斗中，弗兰克·杰克·弗莱彻上尉目睹了美军的第一次空中作战。他曾几度见证了海航历史上的重大事件，这就是其中的第一次。美国海军与飞机结缘始于1910年11月，当时一位民间飞行员尤金·伊利驾驶原始的双翼机从伯明翰号巡洋舰船首铺设的木质甲板上起飞，首开飞机从舰船上起飞的纪录。两个月后，伊利又利用宾夕法尼亚号装甲巡洋舰上同样不太牢靠的平台完成了首次着舰。不久以后，第一批美国海军军官开始了飞行训练，其中就有弗莱彻的同班同学约翰·陶尔斯上尉，此人是海军第三个获得飞行员资格的人。这些海航先驱是一群骄傲的人，他们渴望向海军的其他人展示飞机的巨大潜力，但也清楚要说服满腹狐疑的战列舰军官绝非易事。1914年春，一支装备小型水上飞机的航空小分队在美国海军航空兵的摇篮——彭萨科拉开始飞行训练。其中有些人南下支援了韦拉克鲁斯登陆行动。从4月25日开始，帕特里克·贝林格上尉多次侦察墨西哥人的阵地，他的飞机上也因此留下了弹孔。②

1919年，指挥格里德利号驱逐舰的弗莱彻中校以配角身份参与了海航的另一次里程碑事件：由陶尔斯率领数架NC水上飞机进行的跨大西洋飞行。格里德利号在亚速尔群岛沿海巡弋，是沿途为这些飞机导航的众多驱逐舰之一。5月17日，它发出的信号帮助引导了NC-4，后者是唯一抵达亚速尔群岛的飞机。此后在搜索贝林格的失事的NC-1时，弗莱彻发现其机组已经安全登上1艘希腊货船，而货船还在试图拖曳那架操作不便的飞机。恶劣的海况使飞行员们无法转移到格里德利号，于是弗莱彻在被弃置的飞机附近逗留至有人接替为止。不久以后，格里德利号在NC-4飞向英国的最后一段航程中又担任了护卫舰船之一。③

① 威廉·沃德·史密斯致艾略特·巴克马斯特信（1966年4月23日），藏于奥斯卡·彼得森少将的资料集；普兰奇《中途岛奇迹》97页；威廉·沃德·史密斯《中途岛》61页。
② 关于美国海航的发展：特恩布尔和罗德《美国海军航空史》、范·德尤斯《舰队之翼》和雷诺兹《约翰·H.陶尔斯将军》。
③ 理查德·K.史密斯《首次穿越！》128、136—137、158、183页。

1928年初，在担任科罗拉多号副舰长时，弗莱彻曾报名参加飞行训练，试图朝全新的方向发展自己的事业。在20世纪20年代中叶，海航仍然背负着新式噱头的恶名，被认为缺乏对海军总体任务的真正意义。某个"大炮俱乐部"的成员曾经高傲地劝告一个希望成为飞行员的人"别搞旁门左道，进名门正派才是出路"。但是在1925年9月，谢南多厄号飞艇失事后，卡尔文·柯立芝总统成立了以德怀特·W.莫罗为首的特别航空委员会研究航空政策。退休的弗兰克·弗莱德·弗莱彻少将是海军在该委员会的唯一代表。莫罗委员会举行了大量听证会，其调查结论之一是反对像英国那样建立独立的空军。这导致政府制定了加强海航建设的法规。1926年，国会不仅授权海航在5年内扩充至1000架飞机的规模，还规定数量不断增加的航空母舰、水上飞机供应舰和海航基地只能由海军飞行员（驾驶员）或海军航空观测员指挥。这正是陶尔斯等年纪轻轻就学习飞行的海航先驱期待已久的任命。①

由于大多数飞行员的资历还很浅，符合条件的将官和校官人手不足。考虑到这个问题，海军航空局局长威廉·A.莫菲特少将（他本人在1922年取得了观测员资格）开始招收少数校官进行飞行训练。许多航空元老愤愤不平地将这些新来者看作投机分子，戏称其为"迟到的老弟"（Johnny come lately，通常简称为JCL）。1939年，有个骄傲的老牌海航飞行员解释说："（莫菲特的）本意是多引进一些高级军官，让这个兵种'多点门路'。这造成了两方面的坏影响，一是让那些资历较浅，但是已经在这里干了不少时间的军官……失去了升迁的机会，二是把经验不足的军官推到了负责的岗位上。"他的意见并不能代表所有年轻飞行员。H.S.达克沃思（USNA1922届，1924年获得代表飞行资格的双翼徽章）曾为一些较年长的飞行学员担任飞行教官，因此非常了解他们。他"从未对他们的官阶或双翼徽章产生怨恨"，也"从未见过哪个人试图干涉我们飞行中队的飞行／运作"。达克沃思"总是很尊重他们管理航母和大型组织的经验"，他认为那些JCL"在我们认为我们的飞行经验比他们的军衔和年纪更重要时，很乐意听取我们的意见"。这项训练计划持续到1937年，一些38岁的高级军官在那一年获得了海军飞行员或观测员资格。约瑟夫·M.李维斯、欧内斯特·金、威廉·哈尔西、奥伯瑞·菲奇、约翰·麦凯恩和弗雷德里克·C.谢尔曼等JCL都成了海航的有力拥护者，并在海航先驱们堪当大任之前代替了他们。②

---

① 威尔森《冲流》138页，关于莫罗委员会，见特恩布尔和罗德，249—258页。
② 托马斯·G.W.塞特尔致莱克赫斯特海军航空站司令的便函（1939年5月31日），转引自罗宾逊和凯勒《升船！》200—202页。直言不讳的塞特尔（USNA1919届）在1927年取得轻于空气的飞行器的飞行员资格，退休时是中将。H.S.达克沃思致伦德斯特罗姆信（1972年5月13日）。关于JCL，见雷诺兹《陶尔斯》223页，以及金和怀特希尔《海军五星上将金》187—193页。

在现存资料中找不到任何线索解释弗莱彻为何申请加入海航的原因。他在报名前肯定咨询过他叔叔弗兰克，因为他叔叔一向关心他的前程，而且在这个问题上能当个好参谋。也许在他们看来，相比人满为患的战列舰部队，走海航路线有可能升迁更快。不过弗莱彻当时已经是主力舰的副舰长，继续高升大有希望。不可否认，他也许真的对飞机产生了兴趣。由于跨大西洋飞行的成功，飞行风光一时。而自从运煤船改装的第1艘美国航母兰利号 (CV-1)在1922年服役以来，美国海航本身已经有了长足发展。弗莱彻经常目睹这条"大篷车"与战列舰队一同演习。此外还有2艘用战列巡洋舰船体改建的雄壮得多的航母即将服役。900英尺长的列克星敦号 (CV-2)和萨拉托加号 (CV-3) 是当时世界上最长的战舰。它们的排水量达33000吨，最高航速33节，可载机80架以上。[1]

弗莱彻的视力没有达到飞行训练的标准。关于他在申请被拒后的反应，现有资料同样只字未提。克拉克·G.雷诺兹在他那本出色的陶尔斯传记中曾指责弗莱彻在20世纪30年代末"一贯在酒桌闲谈中诋毁海航"。而陶尔斯的如下评论可能就是对此而发："（弗莱彻）对他所谈的东西一窍不通。跟他讨论是对牛弹琴。"陶尔斯为人非常敏感，由于深知自己是飞行先驱中的领军人物，他不仅和弗莱彻这样的外行形同水火，和被他鄙视的JCL也经常冲突。他所认为的对海航的"诋毁"也许不过是意见分歧而已。此外，弗莱彻在他看来是个每每抢先一步的对手。最重要的是，在1941年12月，弗莱彻这个连做做样子的飞行训练都不曾参加的人竟然从半路杀出，成了战时的航母指挥官。陶尔斯这样的老飞行员对于丧失率先带领航母参加海战的唯一机会始终耿耿于怀。[2]

开战时的美国航母

美国航母部队与其日本对手相比数量偏少，战斗经验无疑也颇有不如，但它从20世纪20年代后期以来有了相当大的进步。老态龙钟的兰利号已被降格为水上飞机供应舰，而巨大的列克星敦号和萨拉托加号仍然是航母舰队的支柱。1934年入役的突击者号 (CV-4) 被证明是一款并不成功的过渡设计。但是1937年的约克城号 (CV-5) 虽比列克星敦号短小，航速和载机能力却毫不逊色，而且设计先进得多。它的姐妹舰是1938年的企业号 (CV-6)和1941年10月入役、稍大一点儿的大黄蜂号 (CV-8)。在这两者之间

---

① 关于早期航母战术的发展，见魏尔登堡《胜利的所有要素》。
② 海军军医局局长提交给航海局局长的美国海军中校 F.J.弗莱彻的招飞体检报告（1928 年 3 月 12 日）注明"视觉灵敏度"和"深度知觉不足"（弗莱彻资料集）；雷诺兹《陶尔斯》284 页。

于1940年入役的黄蜂号 (CV-7) 由于海军条约限制，比约克城号小，防护也较差。截至1941年12月7日，列克星敦号、萨拉托加号和企业号在太平洋舰队服役，其余则在大西洋。11艘优秀的埃塞克斯级航母（都是排水量25000吨的最新型战舰）已在建造中，但首舰最早也要等到1943年年中才能投入作战。

水面战舰拥有重磅炮弹和舰射鱼雷，而航母的主要武器是舰载机携带的炸弹和鱼雷。美国海军和海军陆战队首创了高精度的俯冲轰炸战术，双座的道格拉斯SBD-2和SBD-3侦察轰炸机（绰号"无畏"）在执行这种战术时能够投掷威力强大的1000磅炸弹。SBD机体坚固、航程很远，而速度不是特别快。它也能执行侦察和反潜巡逻任务，还能在舰队交战时充当"烟幕机"，施放烟幕遮蔽友军。它们唯一的严重缺陷是机翼无法折叠，浪费了宝贵的存放空间。3座的道格拉斯TBD-1鱼雷轰炸机（"蹂躏者"）可挂载一条2000磅的Mk13航空鱼雷（一种糟糕透顶的武器，极易失灵），或挂载3颗500磅炸弹进行水平轰炸。1937年开始服役的TBD速度慢、航程短而且相当脆弱。它的后续机型——优秀的格鲁曼TBF-1复仇者式鱼雷机还在试飞阶段。航母的歼击中队使用坚固耐用的格鲁曼F4F-3和F4F-3A野猫式战斗机（机翼不能折叠），但列克星敦号上搭载的是脆弱的布鲁斯特F2A-3水牛式战斗机。这两种战斗机都配备了4挺火力强劲的12.7毫米机枪。飞行员高超的射击训练水平和出色的战术构成了作战中的主要优势。这些舰载机都采用单发设计，为了方便在舰上降落，机身都比较粗短。人们认为它们逊色于造型优美的陆基同类机，因为后者飞得更高、更快、更远，有效载荷也更大。但是战时的经验很快证明，与普通的陆基飞机相比，舰载机更适合用于摧毁战舰和为两栖登陆提供近距空中支援。经过塔兰托之战，特别是珍珠港事变后，已经没有人怀疑航母能否实施具有战略意义的突袭。

在1941年12月，美国航母的飞行大队由四个飞机中队组成：轰炸中队 (VB)、侦察中队 (VS)、歼击中队 (VF) 和雷击中队 (VT)。轰炸中队和侦察中队的职能是相同的。大多数雷击中队编有12架鱼雷机，而轰炸和侦察中队有18架或21架俯冲轰炸机。由于飞机长期短缺，歼击中队只有18架战斗机，而不是原定的27架。加上航母飞行大队长驾驶的侦察轰炸机，大队的飞机总数是73架。截至12月7日，列克星敦号和萨拉托加号的航空兵力编制各包括18架战斗机、43架俯冲轰炸机和12架鱼雷轰炸机，企业号有18架战斗机、37架俯冲轰炸机和18架鱼雷轰炸机，大西洋舰队的约克城号和大黄蜂号的编制与列克星敦号相仿。而突击者号和黄蜂号的大队各包括2个歼击中队和2个侦察中队，但它们一次只使用一个歼击中队作战。它们的雷击中队此时尚在组建中。

航母飞行大队须完成2个基本任务：侦察、进攻和防守。SBD负责侦察，通常侦察半径为150~200海里（少数情况下达到300海里），一般在上午和下午出动。SBD的打击半径最大为225海里（携带1颗500磅炸弹）或175海里（携带1000磅炸弹），TBD为150海里（携带鱼雷）或175海里（携带炸弹）。护航战斗机由于缺少副油箱，飞得不比TBD远。攻击时通常会出动所有可用的SBD和TBD，但保留至少半数的战斗机进行防御性的战斗空中巡逻，以保护特混编队。有些航母偶尔使用SBD在舰队附近的低空进行"反鱼雷机巡逻"，以加强防空。进行战斗空中巡逻的部队每两三小时轮换一次，确保巡逻的战斗机有充足燃油应对敌袭。从1941年起，对空搜索雷达成为防空体系的核心，它们能探测到远在目视距离之外的敌军搜索机和来袭机群。这在理论上大大加强了防空能力，但有效引导战斗机是非常复杂的任务，实际情况不一定与理论相符。[1]

在美国海军的众多兵种中，航母舰载机部队可能是训练水平最高、备战最充分的。它优于使用火炮和鱼雷作战的水面舰艇部队，甚至超越了精锐的潜艇部队。航母人员能完美地完成在水上维持机场运作的首要任务，飞行员们个个技艺精湛，以中队为单位作战时也表现出色。杰出的表现是美国航母舰载机部队在战争第一年对抗优势敌军时取得辉煌成功的主要原因。但是在中队以上的层面存在严重缺陷，原因是缺乏关于飞行大队的各中队乃至不同航母协同作战的作战条令。后一个缺陷关系到航母的最高指挥权，此时它们仍为"迟到的老弟"所掌握，甚至越来越多地落入外行的水面舰艇将领手中。海航先驱们一向认为指挥航母特混舰队的人选非自己莫属，但此时无人得偿所愿。截至1941年12月，只有2名海航创始人（陶尔斯和贝林格）成为将军，但这两人为创立庞大的岸基航空机构已努力多年，此时都被这些机构的事务拖累，分身乏术。弗莱彻出人意料地成为航母战的开路先锋，自然令他们妒恨终生。不过航空先驱们虽然打造了航空兵这一利器，却也要为其不太胜任实战承担部分责任。

太平洋舰队的3艘航母的行政主官是战斗部队航空兵司令（战空司）小威廉·F.哈尔西中将。他是管理航母这一舰种的司令官，因此也是海军的高级航母将领。哈尔西个性粗豪、直言不讳，对他的同班同学兼好友金梅尔忠心不二。他是个

---

① 关于美国航母舰载机部队从 20 世纪 20 年代至 1941 年 1 月 7 日的发展：霍恩、弗里德曼和曼德尔斯《美国和英国航空母舰的发展 1919—1941》，格罗斯尼克《美国海航 1910—1995》，拉尔金斯《美国海军飞机 1921—1941》，伦德斯特罗姆《首发主力》，麦克唐纳《航空母舰的发展》，雷诺兹《陶尔斯》，以及魏尔登堡《天命辉煌》。另请参见霍恩《美国海军舰队战术条令的演变，1922—1941》。1941 年 12 月 7 日有效的战术文件是："太平洋舰队战术部队航空兵司令：最新战术条令和准则，美国舰队，航空兵第一卷—航空母舰—USF-74（修订版）"和"最新战术条令，航空母舰，美国舰队，USF-77（修订版）"，这两份文件都颁布于 1941 年 3 月，藏于 NHC 作战档案。

JCL，1935年在52岁时以上校身份获得双翼徽章。他是海军进攻精神的象征。他统辖的两个航母分队是纯行政性的编制。哈尔西直接指挥航母第二分队（航二分队，包括他的旗舰企业号和不在太平洋的约克城号），奥伯瑞·菲奇少将则指挥航一分队（萨拉托加号和列克星敦号）。菲奇的司令部在圣迭戈，他担任哈尔西在本土的行政代表，而不是战斗指挥官。[1]

1941年6月以前，太平洋舰队主要分为战斗部队和侦察部队进行训练，这两个部队又按舰种和机种分为若干部队。在"舰队问题"演习和其他战术演习中，不同类型的舰船临时编成特混舰队，特混舰队又细分为特混大队和特混中队，全都按数字命名法命名。金梅尔将太平洋舰队的打击力量编成了三个永久的特混舰队。威廉·S.派伊中将（战斗部队司令）指挥的第1特混舰队（1特舰）包括6艘战列舰、萨拉托加号航母、8艘轻巡洋舰和18艘驱逐舰。哈尔西中将的2特舰包括3艘战列舰、企业号航母、4艘重巡洋舰、1艘轻巡洋舰和18艘驱逐舰。3特舰由威尔森·布朗中将（侦察部队司令）指挥，拥有列克星敦号航母、另外8艘重巡洋舰（包括弗莱彻的巡六分队）和9艘驱逐舰，此外还有巡逻机、潜艇、布雷舰、运输舰、高速运输舰（旧驱逐舰改装而成，简称APD）和陆战二师。不久以后又组建了另几支特混舰队，分别以潜艇（7特舰）、布雷舰（8特舰）和巡逻机（9特舰）为主力。即便如此，这些特混舰队还是过于庞大，不适应实战。[2]

指派弗莱彻指挥威克岛救援部队的决定直到很久以后才引起争议。在当时无人感到不妥。历史学家塞缪尔·艾略特·莫里森少将认为金梅尔"在选择指挥官时的草率可能注定了其计划的失败命运"。他大概是忘了资历问题。拥有海军飞行员资格、出身于航母部队的奥伯瑞·雷·菲奇虽是弗莱彻的同班同学，资历却比他浅。菲奇是个JCL，1930年在47岁时获得驾驶员资格。接掌航一分队前他指挥过2艘航母、两个海航基地和一个巡逻机联队，在所有岗位上都表现优异。身材矮小、一头银发的菲奇风度翩翩、头脑冷静，集优秀的能力和出色的职业素养于一身。萨拉托加号航母在华盛顿州布雷默顿完成改装后，于12月7日中午抵达圣迭戈接回其飞行大队，并接收了另一些由其运输的飞机，然后在次日按计划迁往珍珠港。鉴于战争已经爆发，菲奇自作主张

---

① 哈尔西和布莱恩《哈尔西将军的故事》，波特《公牛哈尔西》。

② 理查森和戴尔，220—222页。太舰总提交给海军部长的1940年7月1日至1941年6月30日年报（1941年8月15日），PHA，第33部分，1243—1278页，包括1245页和1257页上永久特混舰队的建立情况。关于此后特混舰队的重组和建立见太平洋舰队确认函14CL-41（1941年10月31日），载于PHA，第33部分，1291—1294页。

地改换了舰上的司令旗，还强行从声呐学校借调了3艘老式平甲板驱逐舰作为反潜护航舰同行。萨拉托加号满载包括陆战队第221歼击中队 (VMF-221) 在内的百余架飞机，于12月8日起航。菲奇计划在四天后抵达珍珠港，然而海况不如人意。12月10日，金梅尔任命菲奇为第16特混舰队司令，并命令他在13日下午进入珍珠港。由于菲奇在途中迭遇风浪，金梅尔不得不将他的到达时间推迟到次日下午。萨拉托加号对于弗莱彻的威克岛救援部队必不可少，是整支船队的核心。①

　　莫里森推荐菲奇完全是出于事后聪明。金梅尔并不在乎威克岛救援部队的指挥官是不是海军飞行员。他和他的继任者在考虑拥有航母的特混舰队的司令人选时不会以此作为先决条件。没有飞行员资格的布朗将军在12月8日就从没有飞行员资格的牛顿手中接管了列克星敦号特混舰队。非飞行员出身的将领将经常指挥太平洋舰队的航母作战，直到其中最后一人在1942年11月被迫离职为止。弗莱彻的巡洋舰组成了威克岛救援行动中的掩护部队。既然他本来就要升职，由他指挥是理所当然的。金梅尔认为菲奇是坐办公室的行政官员，尽管这很不公平。在过去一年里，菲奇只在萨拉托加号一次例行的往返航行中到珍珠港待了两周。他从未参加任何实战演习。在战前一次关键的图上演习中，金梅尔将萨拉托加号特混大队的指挥权交给了非飞行员出身的战斗部队巡洋舰司令（战巡司）H.费尔法克斯·利里少将，而利里也是分配给该特混大队的巡洋舰队的主官。金凯德曾回忆说，金梅尔特意推迟了牛顿–弗莱彻–金凯德的职务交接，以便让弗莱彻指挥威克岛特混舰队。事实上，金梅尔对弗莱彻相当器重。他曾向斯塔克提出一份由"年富力强"者组成的短小名单，作为必要时接替自己的人选，弗莱彻在其中名列第三。金凯德将在旗舰阿斯托里亚号上陪他的朋友弗莱彻作一次前往威克岛的"实习"巡航，然后接替他成为巡六分队长。②

　　① 莫里森《美国海军作战史》第三卷：236—237 页。关于菲奇的行动，见航母第一分队分队长战争日记。
　　② 美国海军退休中将文森特·R.墨菲在 1941 年是为太舰总制订作战计划的军官，他在致海军作战部（行政）次长查尔斯·C.哈特曼信（1951 年 9 月 7 日）中对莫里森的第 3 卷作了官方评论，该信藏于海军军史局局长办公档案第 20 号箱中。墨菲称金梅尔选择弗莱彻"无论如何算不上草率"，而"这一整段记述是对历史的歪曲，不能不令人质疑"。墨菲的评论促使莫里森在第 3 卷再版时作了不少修改，例如关于这一段他增加了如下评述："根据今天我们看到的记录，显然威克岛救援失败是由于派伊将军不愿让 3 艘宝贵的航母有任何闪失，而不是由于缺乏航海知识。"金梅尔致斯塔克信（1941 年 12 月 15 日），哈罗德·R.斯塔克将军资料集。金凯德《在太平洋的四年征战：个人记述》30—31 页，该书是藏于托马斯·C.金凯德将军资料集中的未写成的回忆录。

第二章

"挽回对我们不利的开局"

英雄的威克岛

在 12月9日，斯塔克将军基本上将太平洋舰队的任务局限于防守180°子午线以东，他甚至怀疑中途岛能否守住，更不用说威克岛。太平洋舰队战争计划处的处长查尔斯·H.麦克莫里斯上校在12月10日的战情评估报告中承认，多艘战列舰的损失使舰队只能在战略上采取守势。他预计敌人将在180°子午线以东发动更多突袭，并尝试夺取威克岛、中途岛和萨摩亚。必须不惜一切代价坚守瓦胡岛。虽然哈尔西将军希望把3艘航母都用于从美国西海岸运送飞机补充瓦胡岛的损失，但麦克莫里斯认为此举过于消极。包括不久将从大西洋调来的约克城号在内，所有航母都将保留在精简后的特混舰队中，每支特混舰队配备3艘重巡洋舰和一个驱逐舰中队。它们应该实施"大胆而有力的战术进攻，以挽回我们不利的开局"，"尽早"夺回主动权。麦克莫里斯完全忽视了集中航母兵力的重要原则：即使不能大手笔地将6艘航母编成一支强大的打击舰队，也应该将航母成对使用。持相同意见的绝不只他一个。直到珍珠港事变后很久，美国海军航空兵的高级军官，无论JCL还是元老，几乎都把航母看作单独作战的部队，而且认为与其把鸡蛋全放在一个篮子里，不如让它们分开。1942年春，太平洋舰队之所以能扭转战局，关键在于另一位太舰总在珊瑚海和中途岛集中了他的航母兵力。但是麦克莫里斯并不想等到1942年，而是希望通过坚守威克岛来立即"夺回主动权"。这个想法几乎发展为一种执念。①

在几乎笼罩整个西太平洋的阴霾中，威克岛是一处亮点。威克岛、中途岛、约翰斯顿岛和巴尔米拉岛是位于夏威夷西面和西南面的4个中太平洋小岛，它们在战前的计划中扮演举足轻重的角色：为探测敌军舰队动向的联合PBY远程水上飞机提供基地。

---

① 灰皮书，4、19、28、30页；1941年12月海作办致太舰总电091812，CSCMF，卷522.《截至12月10日战情评估简报》，灰皮书，8页。

中途岛和威克岛的地位尤其重要。威克岛以南仅500~800海里处分布着马绍尔群岛的一系列环礁，军方相信那里隐藏着航空基地。金梅尔认为威克岛是首当其冲的目标，而他不仅不能让该岛落入日本人手里，还要充分利用敌军对该岛的明显渴望。如果威克岛能坚守，那么日军不但要动用相当大的海军兵力来夺取它，还必须将这些部队前出至"也许能让我们干掉他们的地方"。金梅尔企图"通过一切可能的手段使日本海军部队暴露"。而前提是有"需要他们如此暴露兵力的目标"。重兵坚守的威克岛将使马绍尔群岛的牵制攻势真正起到作用。[①]

在1941年夏末，威克岛和中途岛又有了新的战略意义。美国陆军部令人吃惊地放弃了先前的太平洋战略，企图将广阔的菲律宾群岛变为"能够通过空中力量封锁南中国海的自给自足的要塞"。陆军总参谋长乔治·C.马歇尔上将和负责航空兵的副总参谋长亨利·H.阿诺德少将严重高估远程重型轰炸机和日间精确轰炸的真正能力，把一切赌注都押在其上。将轰炸机部署到菲律宾的最快方法是让它们飞经瓦胡岛、中途岛、威克岛、新几内亚的莫尔兹比港、澳大利亚西北部的达尔文，最后北上吕宋岛。他们希望在1941年年底前沿这条迂回路线将70多架波音B-17飞行堡垒和联合B-24解放者式轰炸机运送到菲律宾，并在不久以后运送更多飞机。南太平洋上的各

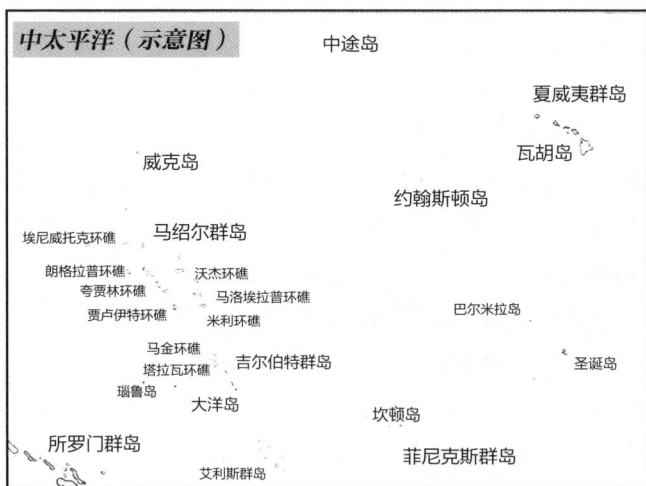

中太平洋（示意图）

中途岛
夏威夷群岛
威克岛
瓦胡岛
约翰斯顿岛
埃尼威托克环礁
马绍尔群岛
朗格拉普环礁　　沃杰环礁
夸贾林环礁　　　马洛埃拉普环礁
贾卢伊特环礁　　米利环礁　　　　　巴尔米拉岛
　　　　　　　　　　　　　　　　　　　　　圣诞岛
马金环礁
塔拉瓦环礁　吉尔伯特群岛
瑙鲁岛　　　大洋岛
　　　　　　　　　　　坎顿岛
所罗门群岛
　　　　　　　　　　　菲尼克斯群岛
　　　　艾利斯群岛

① 爱德华·S.米勒《橙色作战计划》238—246页；克瑞斯曼《壮烈的战斗》1—2章。引自太舰总提交给海军作战部长的威克岛建设和保卫策略（1941年4月18日），由罗伯特·J.克瑞斯曼提供。太舰总致海作办，太平洋舰队情况调查（1941年5月26日），载于PHA，第33部分，1208—1214页。

机场要到1942年初才能完工，届时轰炸机将能在不须飞越或接近日据领土的情况下从瓦胡岛前往菲律宾。[①]

"由于继续以陆军的远程轰炸机增援菲律宾具有重大意义"，斯塔克在10月17日命令金梅尔"采取一切可行的预防措施保护威克岛和中途岛的机场"。华盛顿的这些意见在金梅尔听来犹如玉旨纶音，因为这与他加强2个基地以支援舰队作战的计划不谋而合。于是他加紧备战，打算在遥远的威克岛部署12架水上飞机和12架陆基飞机（战斗机或侦察轰炸机），并提高其防空能力。中途岛也将获得支援第二个水上飞机中队和18架陆基飞机作战的能力。正如前文所述，在12月4日，哈尔西的企业号向威克岛运去了12架陆战队的F4F野猫机。金梅尔后来声明："我们相信，如果使威克岛保持相当强度的防御（我认为它已经有了相当强度的防御），它就能充当令日军分兵的诱饵。如果日军舰队到了那里，我们希望以足够兵力前去迎击，解决掉他们。"[②]

由于威克岛尚无雷达，指挥官温菲尔德·斯科特·坎宁安中校在战争第一天就损失了三分之二的战斗机。从马绍尔群岛北上的36架中型轰炸机将它们击毁于地面。12月11日（夏威夷时间10日）早晨，井上成美中将的南洋部队（南洋诸岛第四舰队）出动一支船队杀向威克岛。历史学家爱德华·米勒将其贴切地称为"破烂"船队，其中包括几艘老式轻巡洋舰、驱逐舰、辅助舰船和梶冈定道少将率领的一小股登陆部队。陆战队的岸炮和残存的几架野猫机击沉2艘驱逐舰，击退登陆部队，迫使梶冈落荒而逃。井上要求获得强大增援后再攻威克岛。而在那之前，他的唯一选择就是继续实施远程空袭。威克岛的英勇抵抗赢得了全国人民的敬仰。侵略者的败退也使人们对威克岛重燃希望，认为它在获得增援后仍能充当诱饵，引出部分日军舰队供主力围歼。有一个事实怎么强调也不为过：在珍珠港事变后，金梅尔和麦克莫里斯始终坚信威克岛能在短期内坚守。麦克莫里斯承认，日后"更大规模的[进攻]可以说注定会来"，但即便战备不完善的威克岛也是块难啃的硬骨头。何况敌军不会很快出动足以攻克它的两栖部队。威克岛将面临"来自岸上基地"的空袭，以及"可能的小规模登陆尝试"，无非和刚刚被击退的那次一样。[③]

① 关于重型轰炸机的奥秘和菲律宾，见海灵顿《草率的希望》，引自亨利·斯蒂姆森，223页；马歇尔致斯塔克备忘录（1941年9月12日），载于PHA，第33部分，1170页；以及巴茨希1941年12月8日的详尽研究。

② 1941年10月海作办致太舰总电171458，CSCMF，卷521。太舰总致战空司、巡逻机第二联队（巡二联）联队长，在威克岛驻扎飞机的准备工作（1941年11月10日），藏于RG-313，太舰总作战令，19号箱。金梅尔证言，载于PHA，第22部分，397页。

③ 关于威克岛作战，主要请参见克瑞斯曼《壮烈的战斗》；引自爱德华·米勒，289页；麦克莫里斯证言，载于PHA，第22部分，530页。

此时当务之急是让威克岛得到延长其有效抵抗时间的手段。如果坎宁安得到增援，他应该能再坚持1~3个月，用这段时间足可添置一些永备工事。12月7日，海军第十四军区司令克劳德·C.布罗赫少将下令召回1艘没有护航的运输舰——威廉·沃德·巴罗斯号，当时它正拖着一条驳船以8.5节航速缓缓驶向威克岛。威廉·沃德·巴罗斯号没有在11月29日前离开珍珠港是一大憾事，因为除了给养和弹药，它还载有威克岛急需的SCR-270对空搜索雷达和三部SCR-268火控雷达。罗斯·A.迪多夫中校直到12月9日上午（东12区时间，即比格林尼治标准时间早12小时）才在例行的电报重发后得知召回命令。他在掉头返航时，已经抵达威克岛以东425海里处。10日晚上，得知威克岛的困境后，迪多夫建议解开驳船，重新驶向威克岛，在12月12—13日夜间抵达。他认为自己能让大约300人登船，并在次日黎明离开。他用电台告诉布罗赫："若此提议有助于战局，我愿一试。"布罗赫很不耐烦地要求迪多夫遵令回撤，还要他保持无线电静默。其实，如果太舰总愿意冒这个险，迪多夫有可能在日军登陆失败的一天半后抵达威克岛。但金梅尔打算派到威克岛的绝不止1艘威廉·沃德·巴罗斯号。[①]

为防止日军再施故技偷袭珍珠港，金梅尔力求将己方的航空母舰留在外海。哈尔西8特舰的企业号在12月8日天黑后进入珍珠港，仅仅补充了部分燃油就带着因7日的损失而被削弱的飞行大队于黎明前出海。随后金梅尔将哈尔西调往瓦胡岛以北作为掩护部队，并很快忽视了他。与此同时，包括列克星敦号在内的12特舰正在珍珠港以西巡逻，指挥它的是12月8日与牛顿和弗莱彻会合的布朗。金梅尔希望布朗停留在瓦胡岛附近，但不要进入珍珠港。因此他派出手头唯一可用的快速油轮尼奥肖号和9艘驱逐舰，在12月11日上午于瓦胡岛西南约200海里处为12特舰加油。列克星敦号让陆战队的侦察轰炸机飞回瓦胡岛，从而腾出了飞行甲板。（这些飞机后来自行飞到中途岛。）太舰总指示布朗，11日完成加油后，派阿斯托里亚号（连同弗莱彻）和5艘原属于12特舰的驱逐舰护送尼奥肖号返回珍珠港。金梅尔希望布朗的舰队为一项特殊任务做好准备，对于弗莱彻则另有任命。[②]

12月10日，麦克莫里斯草拟了一份由布朗12特舰救援威克岛的计划。新型水上飞

①威廉·沃德·巴罗斯号（AP-6）航海日志，14军区司令致威廉·沃德·巴罗斯号电080142、威廉·沃德·巴罗斯号致14军区司令电101915、14军区司令致威廉·沃德·巴罗斯号电101425，以上三电皆为1941年12月所发，CSCMF，卷522。威廉·沃德·巴罗斯号AP-6舰长1941年12月15日关于敌军对约翰斯顿岛的行动的报告，藏于舰船历史，NHC。关于威廉·沃德·巴罗斯号运输的雷达，见14军区司令致太舰总关于威克岛雷达架设工作的信（1941年11月27日），藏于RG-313，太舰总秘密信函，4853号箱。

②关于12特舰的行动，见侦巡司、太平洋舰队侦察部队司令（太侦司）和列克星敦号（CV-2）战争日记；关于8特舰，见战空司战争日记。

机供应舰丹吉尔号将在珍珠港装载陆战队和弹药，然后由2艘驱逐舰护航，在12月13日前后与12特舰会合。布朗完成加油后，将让油轮返回，自己前往威克岛，并在半路捎上威廉·沃德·巴罗斯号。完成对威克岛的增援并"在不使本舰队暴露过久的前提下视情况"撤出平民劳工后，布朗应返航并对中途岛实施类似的支援。其他舰队将救助约翰斯顿岛和巴尔米拉岛。麦克莫里斯草拟的作战令含糊地宣称："如在上述行动中遭遇敌军，你部可相机对其发动攻击并向由你部掩护的舰船下达相应指示。"这无疑不是具体的作战方案。当时关于威克岛救援行动的任何计划严格说来都停留在设想阶段。麦克莫里斯没有想到为威克岛提供急需的战斗机，除非他打算让列克星敦号贡献出自己的大部分战斗机。同样重要的是，按这个计划，布朗将不带油轮同行。虽然哈尔西8特舰曾在没有油轮的情况下驶近威克岛，但放出飞机后就匆匆返航，既未逗留也未作战。[1]

12月11日上午，布朗与尼奥肖号会合并开始加油。可是情况处处出乎预料。虽然海况不是特别恶劣，但汹涌的波涛和中等强度的东北风使船只无法正确连接。布朗解释说："原本打算在今天为航母和驱逐舰加油，但大浪不断冲上尼奥肖号的甲板，我们发现加油是不可能的。"金梅尔指示他向中途岛所在的西北方前行，等待天气转好。有个驱逐舰长劳伦斯·A.阿贝克隆比中校后来说："打那以后，我们有好多次在更坏的天气下加油。但是在那一天我们就是干不好。"事实证明，海上加油是太平洋舰队没有预见到的弱点，好在不久以后它就得到了弥补。日军在这方面显示的强大能力曾令美国海军的将军们吃惊不小，他们想不通航母舰队在横穿浩瀚无垠、巨浪滔天的北太平洋时是怎么加油的。12日早晨，太舰总命令布朗回收1架迫降在瓦胡岛西南方的PBY水上飞机。弗莱彻带着阿斯托里亚号和驱逐舰德雷顿号前去执行这个任务。布朗则再次试图从尼奥肖号加油，但海况依然如故，结果也毫无起色。那天下午，有警报称发现潜艇发射的鱼雷，虽然是虚惊一场，但芝加哥号因此切断所有输油管，与油轮拉开距离。它是唯一加到一点油的船。由于备用油管耗尽，布朗不得不向珍珠港发报："设备受损，今日无法继续加油。"这个事故终于迫使懊恼的金梅尔召回12特舰，令其在12月13日下午进入珍珠港。[2]

事实上，除了威克岛，需要太舰总分心的事情还有很多。12月11日，海军部长

---

① 灰皮书中的作战草案，41—44页，另见75页上的备忘录。

② 太侦司战争日记，1941年12月11日。阿贝克隆比和普拉特，8页。1941年12月太舰总致12特司电110453、112125、121707、130823和140106，CSCMF，卷521；1941年12月12特司致太舰总111900和112244，1941年12月12特司致9特司电121657，均藏于CSCMF，卷522；1941年12月12特司致太舰总电130039，CSCMF，卷523。

"弗兰克"诺克斯作为总统的个人特使抵达珍珠港调查事变情况。坦率地说，他的另一个使命是评估金梅尔的能力。眼前所见没有一样能让他安心。金梅尔和他的幕僚显然在事变中大受打击。诺克斯的海军助理弗兰克·E.比蒂上校描述了"空袭造成的冲击效应"如何对他们产生与"权力和职责"成正比的负面影响。金梅尔的内弟金凯德将军（预定接替弗莱彻的人）在12日乘飞机到达瓦胡岛，后来他对当时的情景作了形象的描述："空中俯瞰珍珠港的景象已经让我大吃一惊，而在指挥部见到的太舰总幕僚和舰队高级军官的模样更是令我倍感震动。他们个个都像是自从日军袭击以来五天没合眼的样子。所有人都抱着藐视敌人的态度，但是此时此刻没人能拿出一个怎么'干掉他们'的具体计划。"

　　藐视敌人并没有错，但是当此危急关头，需要的是清醒的思考。在诺克斯和金梅尔第一次会晤时，尽管斯塔克已经指示将舰队防御区域限于中途岛及中途岛以西，麦克莫里斯还是力主救援威克岛。第二天，麦克莫里斯在另一次会议上不请自到，再次请命，他的话语或许坚定了金梅尔的决心。最终他的一意孤行得到了回报。当诺克斯在12月12日夜离开时，金梅尔最终决定援救威克岛。他对坎宁安"出色的工作"表示祝贺，并命令他"节约弹药，等待即将到达的增援。"[1]

　　诺克斯离开后，参谋部开始筹划救援行动的细节，但12月10—12日这段时间的混乱已经使原先的许多计算落空。奇怪的是，没有人想起通知丹吉尔号舰长克利夫顿·A.F.斯普拉格中校为新任务做准备。他需要卸下平时装载的炸弹和鱼雷，为陆战队的人员和货物腾出地方。这项工作直到12月12日夜才开始，意味着丹吉尔号的起航时间不会早于14日下午。13日中午，哈罗德·S.法塞特中校的第四守备营的两百名陆战队员开始将自己的装备往船上搬。由于缺乏火炮，这支"杂牌军"的增援最多只有象征意义。威克岛需要得到源源不断的增援才能守住。威廉·沃德·巴罗斯号不再参与行动，布罗赫在12月13日命其改道前往东南方的约翰斯顿岛。而布朗为了加油只能回到珍珠港。金梅尔推迟了菲奇和萨拉托加号的到港时间，以免2艘航母同时停靠港口。这正中麦克莫里斯的下怀，因为可以顺便让VMF-221的14架布鲁斯特F2A-3水牛式战斗机从萨拉托加号转到列克星敦号上，然后与威克岛的VMF-211并肩作战。在12月14日上午，萨拉托加号应该已到达珍珠港附近，可以先让陆战队的战斗机飞到福特岛，然后吊装到列克星敦号上。因此金梅尔预计布朗将在12月14日夜启程前往威克

---

① 比蒂《秘密报告的背景》。金凯德回忆录，29页。1941年12月太舰总致威克岛海航站电130707，CSCMF，卷521。

岛，大概在威克岛当地时间12月21日（夏威夷时间12月20日）将丹吉尔号送达。至于那是否来得及就另当别论了。①

佯攻

麦克莫里斯估计威克岛救援船队面临的主要威胁是从威克岛南面和东南面岛屿机场起飞的陆基轰炸机和水上飞机。它们的搜索扇面半径估计有700海里，一直延伸到威克岛北面和东北面至少200海里处。瓦胡岛到威克岛的直接航线的最后500海里也被其覆盖。威克岛越打越少的战斗机部队几乎每天都要与无护航的中型轰炸机搏斗。在麦克莫里斯看来，这些飞机对移动中的航母掩护舰队威胁较小。它们必须在远离基地的位置找到航母，还必须冲破航母自身战斗机的阻拦才能实施攻击。但是丹吉尔号及其反潜护航舰如果无限期地在威克岛停留，则极易受其攻击。麦克莫里斯想起那个环礁素以行船困难著称，没有进入潟湖的现成水道。船只将不得不在外海下锚，通过小艇和驳船运货。在理想条件下，两天内可以完成卸货，但如果海况较差，花七八天也不奇怪。他记得恶劣的天气曾使某艘船拖了28天才完成卸货。事实上，布罗赫曾建议坎宁安在被围期间让工程人员继续疏浚航道，此事再次证明珍珠港的某些人对现实有多么隔膜。后来布罗赫终于有所醒悟，这才通知威克岛停止所有疏浚工作以节省燃料。②

于是，麦克莫里斯担心丹吉尔号即使有航母保护，也会在卸货期间面临岸基飞机的"重大威胁"。显然，解决办法是让敌人的这些轰炸机飞到别处去，换言之就是发动强有力的佯攻。12月13日，麦克莫里斯翻出了他的马绍尔群岛"侦察与突袭计划"，这是他在战前制定的1941年舰队作战计划WPUSF–44和WPPac–46的一部分。该计划的最终版本要求用航母分别突袭马绍尔群岛北部和南部。一个航母群从威克岛方向接近，打击北部基地；另一个经英属吉尔伯特群岛绕一个大圈后，袭击马绍尔群岛南部的贾卢伊特环礁。现在麦克莫里斯建议让布朗的列克星敦号特混舰队袭击贾卢伊特，时间定在真正的救援船队到达该岛以北850海里处（离威克岛

---

① 灰皮书，45页。丹吉尔号(AV–8)航海日志。关于丹吉尔号，见武科维茨《恪尽职守》64—70页。"杂牌军"一语见于伯顿·A.罗宾斯少将致洛伊德·J.格瑞巴博士信（1976年11月11日），亦见于美国海军退休少将乔治·H.德博恩少将致格瑞巴信（1976年8月1日），两封信都藏于洛伊德·J.格瑞巴博士的资料集中。海纳尔《我们去威克岛》很有参考价值，但其记录的时间并不可靠，必须小心引用。关于威廉·沃德·巴罗斯号的转向，见其航海日志，其中引述了1941年12月14日区司令发送的电报132230。

② 麦克莫里斯证言，PHA，第22部分，530页；金梅尔证言，PHA，第22部分，396页。坎宁安和西姆斯《威克岛部队》104—105页。14军区司令致威克岛海航站信，《人员疏散与卸货》（1941年12月17日），引自RG–313，太舰总秘密通信，第4499号箱。

不远）的一天前。这次袭击将把敌人的陆基航空力量吸引到遥远的东南方，使通向威克岛的门户至少在短时间内敞开。对贾卢伊特的袭击还将震慑刚刚占领吉尔伯特群岛中的马金和塔拉瓦的敌军。列克星敦号将只发动一次空袭，然后立即撤回珍珠港。金梅尔采纳了这一计划。"只要存在敌军威胁，就不可能在威克岛大规模地从船上卸载人员和物资。"因此，萨拉托加号将代替列克星敦号前往威克岛。它也必须在珍珠港加油，但可以比布朗晚一天，在15日起航。遗憾的是，企业号无法参加。哈尔西正在瓦胡岛北面无所事事地巡逻，金梅尔却没有及时让他返回珍珠港补充燃油和给养。①

企业号缺席威克岛救援行动并没有让麦克莫里斯打退堂鼓。他认定威胁威克岛的只有南洋诸岛（第四）舰队的几艘轻巡洋舰和驱逐舰，完全忽略了敌方航母。在他方案中的救援舰队"对付正常情况下可能出现在那里的敌水面舰船绰绰有余"，因此成功救援威克岛的机会"极大"。金梅尔显然与他意见一致。如果他预见到会发生大规模战斗，甚至只要有打大仗的意愿，就会让他最器重的资深战将派伊负责此次行动，而且他也不会让布朗的11特舰只空袭一次贾卢伊特就撤退。文森特·R．墨菲中将曾在1941年12月为麦克莫里斯制定作战计划，他在1951年回忆说，威克岛行动"是作为一次纯粹的增援行动而筹划的"，"我们从未考虑过要借此机会与日本海军的任何主

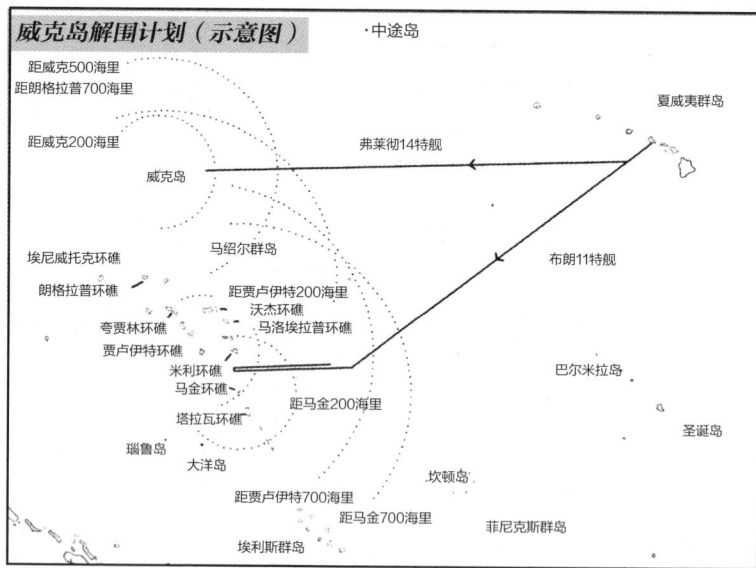

威克岛解围计划（示意图）

①灰皮书，1941 年 12 月 13 日。

力舰队交战。事实上，这是我们最不想碰到的事。"然而在事过境迁之后，史书中对威克岛救援行动的描写却与此大相径庭。① 麦克莫里斯认为截至此时日军并没有对威克岛动用航母，他是对的，但是他和金梅尔的思维中都有一个惊人的盲点。海军第十四军区战斗情报站（H站）的约瑟夫·J.罗切福特中校和太舰总情报参谋埃德温·T.雷顿少校虽然在珍珠港事变中受到的震动不比上级小，但他们还是根据截获的零散电文、少数可辨认的敌军呼号之间的通信量分析以及缴获的文件，谨慎地推测出了敌军兵力和所在位置。他们一致认为，有6艘航母参与了对夏威夷的作战。尽管有第一手的证据表明偷袭珍珠港的日军航母部队具有可怕的威力和机动性，金梅尔和麦克莫里斯却视而不见，一厢情愿地认为这6艘航母已经偷偷溜走，直到太平洋舰队增援威克岛之后才会袭扰中太平洋。② 麦克莫里斯在12月13日的集体讨论会上抛出了威克岛救援行动的全套日程表，从而将重要的部队置于险地。

12月14日上午，布朗与金梅尔作了短暂商讨，得知自己将在当天下午率领特混舰队出航，番号改为11特舰。他的舰队包括重巡洋舰印第安纳波利斯号（他的旗舰）、芝加哥号（牛顿的旗舰）、波特兰号、航母列克星敦号（载机68架）、9艘驱逐舰和舰队油轮尼奥肖号。该舰队将发动"进攻"。让增援部队抵达威克岛是"目前我们的主要任务"，而最终的目标是使"支援（对威克岛的）进攻的日本海军舰队受到尽可能大的损失"。太舰总给布朗的作战令40-41将救援舰队抵达威克岛的"D日"定义为从夏威夷当地时间（西10.5区）12月22日00：00开始的24个小时。按照威克岛和贾卢伊特的当地时间（东11区），那就是从12月22日深夜（21：30）开始。而布朗应在"D-1日尽可能接近当地天亮时"攻击贾卢伊特，也就是在贾卢伊特时间12月22日黎明，比救援舰队抵达威克岛早一天。11特舰将仅实施一次空袭，然后直接撤回珍珠港。太舰总向布朗保证，只需一次打击，即可"在次日[威克岛救援舰队]抵达时，将日本海军吸引到南方。"③

---

① 灰皮书，1941年12月13日；麦克莫里斯证言，PHA，第22部分，530—532页；墨菲致哈特曼信（1951年9月7日）。

② 罗切福特证言，PHA，第23部分，680—683页。在12月11日，华盛顿方面估计太平洋有10艘日本航母，有报告称其中6艘分属几个集群，出现在威克岛以东。除了这些航母，还有约7艘战列舰、12艘巡洋舰和22~40艘驱逐舰位于日本本土水域或"实施攻势作战的位置"。海作办警告说，"南洋诸岛基地也可能为包括（这些）航母在内的、在东太平洋作战的强大打击群提供补给。"1941年12月海作办致太舰总电120040，CSCMF，卷522。

③ 布朗《从帆船到航母特混舰队》中"萨拉马瓦—某城之战"一章，第6页，这是一份未发表的回忆录；另见布朗对莫里森的第3卷《太平洋的旭日》的评论，第5页。这两份文件都藏于布朗的资料集。太舰总作战令40—41（1941年12月13日20：00），藏于RG-313，作战令部分。根据一份在1941年12月14日交给布朗的情报备忘录，可能会调B-17轰炸机（可能调到中途岛）轰炸马绍尔群岛，以"在我们接近敌人时吸引其注意力"，布朗资料集。关于贾卢伊特牵制行动的基本资料是11特司（太侦司）交给太舰总的"第十一特混舰队1941年12月14—27日的作战"（1941年12月26日），藏于RG-313，行动报告部分。

威尔森·布朗中将于1941年2月接掌太平洋舰队侦察部队，此前曾在海军军官学校当了3年校长。他1902年从安纳波利斯毕业，按照老派标准衡量，是个完美的贤者。他先后担任柯立芝、胡佛、罗斯福和杜鲁门总统的海军助理就是明证。离59岁生日还差几个月的布朗苍白瘦弱，看上去甚至比他的实际年龄还老。他有轻微的头摇症状，[①]导致年轻军官们给他起了个绰号叫"阿抖"，而他的耐力也很成问题。即将实施的贾卢伊特作战并不适合神经衰弱者。太舰总对于神秘的马绍尔群岛的敌军实力缺乏详细情报，但按照布朗的说法，"相信敌军十分强大"。在1941年夏秋，太舰总曾进行过模拟WPPac-46初期情景的图上推演，但是与这次的行动有显著不同。那一次，哈尔西的企业号特混大队模拟袭击北马绍尔群岛，利里将军的列克星敦号则负责贾卢伊特。而这一次，布朗只有1艘航母，任务只是在不知谁在家的情况下敲一下门。据公认谨慎小心的布朗称，金梅尔显得"不愿在此时冒损失更多舰船的风险"，而且"似乎只是因为救援威克岛的紧迫需求才同意了这个攻击提案"。因此，金梅尔欣然接受了布朗的请求，允许他自主改换攻击目标或干脆取消攻击。此举令热情高涨的麦克莫里斯和列克星敦号舰长弗雷德里克·C.谢尔曼上校颇为不快。也许麦克莫里斯之所以同意冒险将航母特混舰队分散到广大地域，是因为这样一来至少有机会实施挽回面子的进攻行动，而不必被动困守。为公平起见，必须承认其他高级军官也认为侵袭南洋诸岛是个好主意。派伊后来称自己是该计划"最有力的支持者"，但不久以后他就改了主意。[②]

　　如果日军机动部队发动了南云曾认真考虑过的另一次袭击，斯塔克、金梅尔、派伊和麦克莫里斯的反应一定很耐人寻味。12月7日晚上，2艘驱逐舰曾炮击中途岛，以防其搜索机骚扰正在回撤的航母。如果对珍珠港的攻击特别成功，或者燃油存量过低导致绕开中途岛风险太大，南云还可以临时轰炸该岛。只要出现以上任何一种情况，第五航空战队（翔鹤号和瑞鹤号）就将在当地时间12月9日袭击中途岛。此外，在12月9日（当地时间12月8日），山本也曾命令南云突袭中途岛，"使其无法继续使用"。但他允许南云灵活处置，在认为此举不切实际时可取消攻击。冒着狂风大浪前行的南云不愿将他的航空力量用来对付这个无关紧要的目标（用他的参谋长草鹿龙之介少将的话说，那是一

　　① 译注：头部不由自主地摇摆颤动。
　　② 关于布朗任海军军官学校校长时的表现，见贝内特致格瑞巴信（1976年8月17日），格瑞巴资料集。贝内特（USNA1941届）说，布朗的"脑袋会由于某种疾病而抽搐。让人很不放心"。布朗回忆录，第6页，布朗资料集。对于12月14日接到的太平洋舰队总司令的命令的评估，局势评估和初步结论(1941年12月15日)，11特司行动报告的附录（1941年12月26日）。派伊中将，关于撤回14特舰和11特舰的决定的讨论（1941年12月22日），PHA，第23部分，1062页。

威尔森·布朗少将，摄于1945年前后。由海军历史中心提供(NH–51561)

个无用的"弹丸小岛"）。草鹿抱怨说，大本营"不懂对待英雄之道"。机动部队实际上已经赢得了战争，应该乘胜收兵、论功行赏才对。于是南云借口天气恶劣妨碍加油，先提出延期，最后在12月15日（夏威夷时间12月14日）取消了对中途岛的打击。如果上百架航母舰载机在12月11日到15日之间扑向中途岛，太舰总就会担心中途岛也将遭到入侵，从而打消援救威克岛或冒险袭击马绍尔群岛的念头。华盛顿方面几乎也肯定会坚持将所有援军用于维持中途岛，而不是更遥远的威克岛。[①]

　　除了严重分散有限的美军航母兵力，贾卢伊特牵制攻击还给威克岛救援行动造成了两个严重障碍。光是为了赶到珍珠港西南2300海里外的贾卢伊特，特混舰队就必须至少加一次油；要前往西面2000海里外的威克岛也是一样。战前的支援计划总是为进行如此远征的航母群配备1艘油轮。前文已提到过，在威克岛缺乏防护的锚泊地，复杂的海况使丹吉尔号需要逗留的时间极不确定，而在此期间它始终需要航母的空中支

──────────

① 宇垣缠《战藻录》47—48、54页；戈尔德施泰因和迪伦《珍珠港文件》164—165、227、230页。

援。这就为救援舰队在驶近该岛前加油提供了又一个有力的理由。在12月14日，金梅尔手头只有3艘油轮：快速的尼奥肖号（18节）和2艘老古董——14节的内奇斯号和10节的拉马波号。只有尼奥肖号配备了适用于海上加油的设备并受过相应训练。按照新的牵制计划所要求的时间表，尼奥肖号必须由布朗带走。由此造成的后果与未能集中航母一样严重。威克岛救援舰队不得不使用老旧的内奇斯号，该舰1921年服役，载油量比新式的西马仑级油轮少一半，加油装置的性能也不如后者。虽然内奇斯号的设计航速有14节，但没有人指望它此时能达到13节以上。丹吉尔号本身的航速有16.5节，那些作战舰艇当然还要快得多，但是在加油前，威克岛救援舰队只能按照内奇斯号的航速行驶。内奇斯号的航速与正常前进航速（15节）有2节之差，这意味着在到达加油点前每天少走48海里。不仅如此，光是用萨拉托加号代替列克星敦号、用内奇斯号代替尼奥肖号就导致救援舰队的出发时间又推迟一天。在珍珠港，没人明白耽搁这点时间将带来多么严重的后果。[①]

　　12月14日上午，菲奇让萨拉托加号飞行大队的大部与VMF-221飞到珍珠港，然后自己也准备进港。但是港口方面由于害怕潜艇袭击，发出了一系列"自相矛盾的命令"，结果把菲奇的到达时间推迟到了15日09：00。当然，这导致萨拉托加号起航前往威克岛的时间又晚了一天，不过救援舰队中较慢的船只可以先行一步。14日下午，萨拉托加号让其飞行大队的大部重新登船，保持临战状态，然后驶向瓦胡岛西南方，与正在出海的布朗擦肩而过。当天晚上，菲奇得知萨拉托加号的燃油严重短缺，而且船员错误地使用海水作为压舱物，导致部分油舱中的剩余燃油被污染。轮机兵们经过一番紧张的工作，终于抽取出刚够开到港口的燃油和柴油（用于应急发电机）。第二天上午进入珍珠港时，萨拉托加号的可用燃油已经耗尽。由于最后两台工作锅炉也吸不到燃油，它能停泊在福特岛已是万幸。菲奇得到的命令是立即加油和装货。VMF-221的地勤人员迅速登上了即将起航的丹吉尔号，萨拉托加号则将该中队的14架战斗机重新吊装到甲板上。威克岛救援船队需要的最后1艘军舰似乎终于就位了。[②]

---

　　① 麦克莫里斯，PHA，第22部分，531页。关于油轮，见魏尔登堡的《灰钢黑油》。

　　② 航一分队长战争日记。关于萨拉托加号的情况，见海军航空局对阿尔弗雷德·M.普莱德中校（原萨拉托加号副舰长）的讯问（1942年6月16日），NHC，4页；保罗·D.斯特鲁普中将口述历史，69—70页；斯特鲁普致格瑞巴信（1977年1月19日）和美国海军退休上校科本·C.舒特致格瑞巴信（1976年7月27日），两封信都藏于格瑞巴资料集中。萨拉托加号在1942年改装前的载油量约为2365000加仑（56300桶），其中约360000加仑（8700桶）是保持船身稳定所需，自服役以来就没有使用过。当它在12月15日进入珍珠港时，船上还有约400000加仑油，但是由于油舱布局问题、担心失去吸力和油舱中混入海水，这些燃油已无法使用。关于对萨拉托加号航母的精彩分析，见斯特恩《列克星敦级航母》。

弗莱彻执掌帅印

12月15日，就在萨拉托加号终于到达珍珠港的那天，金梅尔命令弗莱彻指挥第14特混舰队，即威克岛救援舰队。该舰队有1艘航母（包括VMF-221在内有81架飞机）、3艘重巡洋舰、9艘驱逐舰、1艘水上飞机供应舰和1艘油轮。弗莱彻将在阿斯托里亚号上指挥14特舰。他的司令秘书塞缪尔·E.拉蒂默少校（USNA1924届）是1939年和他一起从航海局调到舰队的，还兼任情报参谋。个子高挑、温文尔雅的哈里·史密斯上尉（USNA1930届）是弗莱彻的副官，负责为将军收发信号，并兼任作战参谋。通信参谋是利兰·G.舍菲尔上尉（USNA1931届）。第六巡洋舰侦察中队（VCS-6）的中队长迈伦·T.伊文思少校兼任航空参谋。巡六分队的司令部编制定额包括22名水兵（文书、信号员、报务员、厨师和服务员）和6名陆战队员。①

不知道金梅尔究竟是什么时候想到让弗莱彻担任14特混舰队司令（14特司）的。太舰总给12特舰的修改后的作战令39-41注明时间为12月15日09：00但弗莱彻直到当天下午才收到，此前他也没有收到下发给布朗的那份命令（作战令40-41）。在此期间，太舰总的参谋部里终于有人意识到14特舰带着慢如蜗牛的内奇斯号不可能按原定日程抵达威克岛。因此修改后的作战令39-41将D日推迟了24小时，规定其从夏威夷当地时间12月23日00：00（威克岛时间12月23日21：30）开始。这使丹吉尔号的到达时间推迟到了12月24日天亮时（威克岛时间）。14特舰速度最慢的丹吉尔号和内奇斯号将在15日晚上起航，其余船只则在次日出发。驱逐舰第五中队的中队长哈维·E.奥费雷施上校将带领4艘驱逐舰护送这2艘辅助舰船前往瓦胡岛西南400海里处的"快步舞"点，17日弗莱彻将在那里与他们会合。12月15日晚，金梅尔用电报将日程变更通知布朗，命令他将贾卢伊特攻击行动推迟一天，定于贾卢伊特当地时间12月23日黎明。这样一来，扣除西进途中因穿越国际日期变更线而少掉的一天，弗莱彻可以用一周时间走完前往威克岛的2000海里航程。当他在"快步舞"点与丹吉尔号和内奇斯号回合后，就只能以13节航速（内奇斯号的航速）行驶，直到完成加油并遣回该油轮为止。金梅尔还安排德雷顿号执行无线电欺骗任务，在12月16—18日伪装成徘徊于夏威夷西南3、400海里处的航母特混舰队。②

---

① 阿斯托里亚号航海日志，1941年12月4日。

② 太舰总作战令39—41（1941年12月15日）。关于14特舰威克岛救援行动的主要资料有：14特司提交给太舰总的1941年12月16—29日作战报告（1941年12月28日）；航一分队长战争日记，1941年12月16—29日；各舰的航海日志；CSCMF中的电报；以及14特舰老兵和其他人在1976—1977年间致东肯塔基大学洛伊德·J.格瑞巴博士的众多信件，博士根据它们写成了精彩的论文《珍珠港事变后美军的太平洋战略》。电报包括1941年12月太舰总致驱五中队长电152325、160029，太舰总致11特司电160355，CSCMF，卷521。太舰总发给德雷顿号的作战令41-41（1941年12月15日）。

巡洋舰第六分队参谋部，摄于 1941 年。坐者：弗莱彻将军、塞缪尔·E.拉蒂默少校。站者（左起）：利兰·G.舍菲尔上尉、哈里·史密斯上尉、迈伦·T.伊文思少校。由小塞缪尔·E.拉蒂默中校提供

2艘慢船出海2小时后，弗莱彻和金凯德在阿斯托里亚号上与菲奇和科尼利厄斯·W.弗林上校（驱四中队长）碰头，敲定威克岛救援行动的细节。菲奇和弗莱彻是好朋友。虽然没有得到14特舰的指挥权让菲奇很懊恼，但他从未把怨气撒到弗莱彻头上。根据太舰总的作战令，弗莱彻把14特舰分成两个特混大队：14.1特大是护航大队，由菲奇指挥；14.2特大是辎重大队，由斯普拉格指挥。这次作战的基本前提是威克岛在14特舰抵达前不陷落。因此，目标是确保丹吉尔号平安到达威克岛，然后斯普拉格把增援的陆战队、雷达、弹药和给养送上岸，保证守军至少再坚持一个月。丹吉尔号还将接走伤员和650名平民劳工，虽然岛上实际平民人数远不止此。即便天气晴好，这一过程预计也要持续至少两天，如果天气糟糕的话还会长得多。菲奇将尽早让VMF-221飞到威克岛的机场。虽然作战令中并没有提到全面撤离，但金梅尔明智地保留了这一选择。如果敌情严重而天气适宜，可以炸毁各处设施，让所有人登上丹吉尔号一走了之。金梅尔后来表示，他打算等丹吉尔号到达后再决定是否撤出守军。他的主要情报来源是坎宁安每天用电台发送的报告。特混舰队的指挥官们也将监听这些电报，而金梅尔还会在添加批注后转发。[①]

金梅尔和麦克莫里斯乐观地指示14特舰走瓦胡岛到威克岛的直接航线，而不是像哈尔西在开战前那样，走偏北90~100海里的航线来避开搜索机。因此预计弗莱彻在离威克岛500海里出头的地方就会遇到敌军搜索机，而像哈尔西那样走偏北但较远的路线可以将这段危险距离减少300海里。除了随时可能出现的潜艇，金梅尔和麦克莫里斯认定以北马绍尔群岛为基地的飞机是弗莱彻的主要对手。威克岛方面报告称，几乎每天都遭到40架以上的中型轰炸机空袭。太舰总的情报部门仍不清楚这些飞机和航程更远的水上飞机是从哪里起飞的。威克岛以南475海里的朗格拉普环礁嫌疑最大，但也不能排除埃尼威托克（西南520海里）和夸贾林（南面620海里）。位于夸贾林以东170海里的沃杰环礁也可能设有机场。而实际上，这些中型轰炸机都是从夸贾林环礁中的罗伊岛起飞的。隶属于第24航空战队的千岁航空队共有34架三菱G3M2九六式"陆上攻击机"（后来美军给它的代号是"内尔"）。朗格拉普和埃尼威托克甚至没有驻军。横滨航空队拥有32架川西H6K4九七式四发飞行艇（船身式水上飞机，美军代号"梅维斯"），分驻于罗伊、沃杰和贾卢伊特。12月14日，日军夺取吉尔伯特群岛后，3架水上飞机前出至马金。美国无线电情报部门当天就发现了这一举动，但是将其严重夸大了。[②]

<hr/>

① 金梅尔证言，载于PHA，第22部分，456页。
② 麦克莫里斯证言，PHA，第22部分，531页。日本《战史丛书》38：102、196—197、298页。1941年12月14日区司令致亚舰总电142231，CSCMF，卷523；1941年12月太舰总致11特电150555，CSCMF，卷521。

太舰总给弗莱彻的作战令39—41只是简单地提到："相机从油轮加油。"但是12月16日的"灰皮书"（太舰总战争计划处战争日记）称，布朗和弗莱彻都应"在开始主动作战前"加油，也就是说，在面临被发现的危险前加油。对弗莱彻而言，后一个指示更正确。他不知道丹吉尔号必须在威克岛附近逗留多久，也不知道手下的几艘油老虎在这段时间要消耗多少油料。燃油问题无疑令他忧心忡忡。15日与太舰总第一次商谈后，他叫来阿斯托里亚号的轮机长约翰·D.海斯少校，讨论了该舰的作战半径。海斯很干脆地承认，尽管战争计划处炮制的续航力数字很漂亮，但新奥尔良级重巡洋舰不经过加油是无法往返于威克岛的。弗莱彻这次找海斯问话是因为太舰总参谋部里眼看就要爆发危机。12月7日以来的多份报告显示，"燃油消耗速度过快，令人担忧"（金梅尔语）。在有些情况下，巡航半径只有预期的一半。金梅尔称此为"引起最严重关注的问题"。事实上，作为WPPac-46中大舰队机动基础的后勤计划有破产的危险。金梅尔批评了"轮机工作"，责令舰队指挥官和舰长们"谨慎地提出关于航速、锅炉功率和储备油料的要求"。其实错的是他。理论上的航程估算数有严重缺陷，而和平时期轮机兵用于赢取省油奖的方法和窍门在战时几乎毫无用武之地。光是为了让轮机随时能达到最大功率以备不时之需，就会消耗相当可观的油料。在即将实施的贾卢伊特和威克岛行动中，燃油将成为重要的不利因素。①

由于作战计划后来几经变动，如今很难再现14特舰原来的时间表。弗莱彻似乎打算在威克岛时间12月22日（D-2日）黎明开始加油，当时舰队应该在威克岛以东约500海里处，接近敌军空中侦察圈的边缘。加油需要花费整个白天，其间舰队与威克岛的距离基本不会缩短，甚至可能拉大一点。但他估计经过一夜行驶，到12月23日（D-1日）黎明时可接近到400海里以内，届时如有必要可继续加油。当天14特舰将深入朗格拉普和沃杰之敌的空中侦察圈内，有可能被发现并在午后遭到空袭。一旦完成加油，内奇斯号和1艘驱逐舰将返回珍珠港，14特舰的其余舰船则以15节航速驶向威克岛。在12月24日（D日）

---

① 作战令39—41，灰皮书，47页。墨菲中将在1951年回忆说，在"他的印象"中，上头"明确给了弗莱彻一天时间加油，确保所有舰船以满油状态上阵，以及在可能的情况下撤出"，见他致哈特曼信（1951年9月7日）。W.W.史密斯中将也认为弗莱彻的加油行动是符合作战计划的，见他在1950年前后对莫里森的第3卷的评论（海军军史局局长办公室档案，第20号箱）。美国海军退休少将约翰·D.海斯对W.斯科特·坎宁安发表在《船友》（1961年9—10月）上的《威克岛》一文的评论。新奥尔良级巡洋舰的载油量仅为14900桶左右，而其他重巡洋舰达20000桶。海斯曾对小弗兰克·乌利希说，没有人真正知道任何一条船的极限航程（弗兰克·乌利希与伦德斯托罗姆的个人通信）。太平洋舰队机密信函18CL-41，1941年12月16日，"燃油消耗过度"，载于PHA，第24部分，1493页。由于和平时期对轮机效率严重高估，金梅尔非常担心库存燃油的消耗速度。他在12月16日告诉斯塔克，舰队在短短一周内就用掉了40多万桶油。因此下发的油料已经耗尽，不得不动用储备油。他紧急申请在12月增派4艘西马仑级油轮，1月再调4艘。即使如此，这些油料也只够用于从西海岸向珍珠港运油，更不用说为出海的特混舰队加油。而当时美国海军现役的新式油轮一共就只有这么多。1941年12月太舰总致海作办电162137，CSCMF，卷521。

日出前1小时左右抵达"爱情"点（威克岛以东150海里）后，萨拉托加号将起飞14架陆战队的战斗机和它的2个俯冲轰炸中队之一的18架SBD（这可能是菲奇的建议）。这些飞机将在拂晓后不久降落于威克岛。与此同时，弗林将带着丹吉尔号和4艘驱逐舰从"爱情"点前行，在当天下午抵达威克岛并开始卸货。转场到威克岛的飞机将掩护他走完这段航程。同时，弗莱彻将前往"收到"点（威克岛以北100海里），因为如果从那里提供空中支援，来自遥远的朗格拉普的空袭对他威胁甚小。既然他打算在丹吉尔号接近威克岛和逗留期间将手头一半的俯冲轰炸机转场到岛上，那就进一步证明了当时没有人准备大打出手，更不用说航母战。要知道，少了这些飞机会大大削弱萨拉托加号自身的进攻能力，因为余下的SBD还必须执行例行的侦搜任务。在丹吉尔号完成自身使命后（不论花多少天），那支SBD中队将重回位于"收到"点的萨拉托加号。然后14特舰将在"爱情"点或东方集结，返回珍珠港。

有多种资料印证了这个方案。14特舰在12月19日下发的作战令1-41中规定了基本程序，但没有具体时间，因为一切都取决于实际用于加油的时间。1948年弗莱彻回忆说，他应从某天07：00开始处于威克岛，很可能这是指先头部队VMF-221降落的时间。12月7日，珍珠港方面通知坎宁安，丹吉尔号将在24日白天抵达，但提醒说"这一时间可能更改"，VMF-221可能"在此时间之前"抵达。太舰总在12月18日下发给哈尔西的作战令42-41中称，丹吉尔号位于威克岛的时间"从D日开始，可能是在当地时间（12月24日）中午以后"。但如果加油顺利，弗莱彻可能早于原定日期，在23日将VMF-221和SBD送上岛。[1]

金梅尔指示第14.1特混大队在12月16日10：00起航，次日上午在"快步舞"点追上内奇斯号和丹吉尔号。弗莱彻带着巡洋舰和驱逐舰按时出发，菲奇却在最后一刻很不情愿地请求推迟上路。萨拉托加号的准备时间实在太少了。尽管拉马波号在一边输送了24小时，它的油量还是仅达到满油量的83%左右（按可用燃油量——续航力油量——计算，约为80%）。造成延误的部分原因是不得不清除一些燃油舱中的海水。[2]考虑到该舰的耗油速度经常很快，没有加满油将带来严重后果。此外，它的弹药也没有全部

---

[1] 14特司作战令1-41（1941年12月19日），引自武科维茨在《威克岛》中的描写。另见美国海军退休上校约翰·F.米勒致洛伊德·格瑞巴博士信（1976年7月23日和1976年9月27日），藏于格瑞巴资料集，其中也包含了该命令的副本。1941年12月太舰总致威克岛海航站电180336，CSCMF，卷521；太舰总致8特司作战令42-41（1941年12月18日）。

[2] 萨拉托加号航海日志；V.R.墨菲致哈特曼信（1951年9月7日）。海军舰船的"满油量"通常是指燃油舱实际容量的95%。萨拉托加号在12月8日离开圣迭戈时，其油量约为满油量的73%（续航力油量的68%），由于高速行驶多日，8天后其燃油已基本耗尽。

装载上船。到中午，菲奇的耐心终于耗尽。如果再等下去，为了按时赶到"快步舞"点，他就必须把燃油浪费在高速行驶中。在飞行甲板上与阿奇博尔德·H.道格拉斯上校商量一会后，他以"恰到好处的专横态度"下令立即出发。[①] 萨拉托加号一离港，弗莱彻特意安排的5艘驱逐舰就组成反潜阵型，护送它安全前往会合点。菲奇以20节速度航行，和弗莱彻一样在17日平安无事地抵达"快步舞"点。中午，弗莱彻让奥费雷施的4艘驱逐舰返回珍珠港，自己向西驶往威克岛。虽然14特舰曾乐观地估计航速能达到13节，但小威廉·B.弗莱彻中校（不是弗莱彻将军的亲戚）费尽心机只能让内奇斯号老迈的轮机达到12.75节。至少如此蜗速能省油。

①美国海军退休少将拉尔夫·E.米尔斯致洛伊德·格瑞巴博士信（1977年9月12日），格瑞巴资料集。

第三章
威克岛 "惨败"

新任太舰总

增援威克岛的部队上路了，但他们不久就换了新上司。显然是由于诺克斯视察的影响，斯塔克在12月15日批准金梅尔增援威克岛和中途岛。金梅尔热心地汇报了包括贾卢伊特牵制行动在内的计划概要，而斯塔克对此"由衷赞同"。但是在当天晚上，金梅尔看到新闻报道中声称海军应为珍珠港缺乏戒备承担责任，而且他本人将受到调查。这就是为什么他在前文提到的致斯塔克的信中列出了潜在的继任者。即便如此，第二天上午，华盛顿通知将很快解除他的指挥权时，他还是崩溃了。他曾心存一线希望，以为自己也许能率领舰队洗雪耻辱。当天下午，金梅尔直截了当地建议让自己立即离职，为继任者——航海局局长切斯特·尼米兹少将扫清障碍。斯塔克成全了他。金梅尔做梦也没想到，一场磨难正在等着他，因为罗斯福、斯塔克、马歇尔等人都拒绝承认自己也不曾相信珍珠港有遭受大规模突袭的危险。他们将冷眼旁观一位可敬的将军被政客们的攻讦毁灭，失去为国杀敌的机会。[①]

在尼米兹从华盛顿赴任期间，太平洋舰队的二把手威廉·派伊中将于12月17日成为代理太舰总。派伊是安纳波利斯的1901届毕业生，时年61岁，"身材矮小，眉毛浓密，思维缜密，性情温和，能力出众"，被认为是杰出的谋士和战略家。他曾主管海军作战部的战争计划司，是研究太平洋战场的专家，战前舰队演习中常胜不败的战术大师。他的同班同学兼好友欧内斯特·金非常重视他的智慧，但认为他惯于"按照象牙塔中的知识作战，总是无法把他的思想精简到合理的程度"。派伊让金梅尔的参谋

[①] 1941年12月海作办致太舰总电152149、太舰总致海作办电152301、海作办致太舰总电160050,见灰皮书,50—51页。1941年12月海军部长致太舰总电162105和太舰总致海军部长电170057,见海军作战部长绝密"蓝色"档案缩微胶卷（以下称CNO TS蓝色档案）。1941年12月航海局长致太舰总电171307和海军部长致太战司电171358,见CSCMF,卷523。171307电转达了尼米兹将军让太舰总幕僚留任的意愿,该电经参谋部各部门过目并签字。

第三章　威克岛"惨败"·035

长威廉·W．史密斯上校降级负责行政工作，把自己的战斗部队的参谋班子带进太舰总参谋部，与原来的幕僚一起工作。负责作战的新任参谋长米罗·F．德雷梅尔少将（USNA1906届）此前一直在哈尔西的2特舰中担任驱逐舰队的高级指挥官，是个与派伊非常相似的人。他曾在海军军事学院任教，也被视作战略家和谋划专家。他后来的评论是，上级特意选他来制约麦克莫里斯。[①]

在派伊上任前后，情报部门提供了日本舰队的最新部署情况（虽然不一定准确）。12月16日，斯塔克根据自己的判断和英国人的数据列出了日军兵力和所在位置。他认为其主力舰队（9艘战列舰、6艘航母、12艘巡洋舰和37艘驱逐舰）此时部署在北起日本近海，南至塞班岛一带。这些数字包括了偷袭瓦胡岛的部队，它们应该已经与主力会合。在菲律宾一带还有2艘航母。驻扎在贾卢伊特的南洋诸岛（第四）舰队显然只包括3艘轻巡洋舰、9艘驱逐舰和16艘潜艇——这与麦克莫里斯的乐观估计一致。然而，罗切福特中校在报告中表示，他认为航母打击部队（第一航空舰队）的指挥官尚未与主力会合，但无法确定其位置。此后的分析认为，联合舰队司令长官位于小笠原群岛—塞班岛—南鸟岛组成的三角区域内，而南鸟岛在威克岛西北仅760海里处。截至12月19日，似乎有航母和陆基飞机增援了马绍尔群岛，同时日军加强了对吉尔伯特群岛的控制。派伊通过电台将这些含糊不清、自相矛盾的判断发给了布朗和弗莱彻。不过，他还是认为威克岛防守坚固，尽管几乎天天遭到空袭，在近期仍能坚持。虽然受到很大压力，该岛似乎没有迫在眉睫的危险。但是对布朗的处境不能下同样的结论，弗莱彻也只是比布朗稍好一点儿。鉴于马绍尔群岛及以西出现越来越多的不祥之兆，派伊和德雷梅尔经过重新评估后感到严重分散的航母舰队前景黯淡。[②]

实际上，山本和大多数战列舰都留在日本。他曾认真考虑过是否将南云的机动部队尽数遣往威克岛。井上中将受到12月11日登陆失败的刺激，恳求联合舰队提供航母。与

---

① 1941年12月太舰总至太平洋舰队电180328，CSCMF，卷521。对派伊的评论引自美国海军退休中将威廉·W．史密斯关于中途岛的书稿第62页，藏于威廉·沃德·史密斯中将资料集。金梅尔在1941年5月26日称派伊"有能力、有魄力、很忠诚"，PHA，第33部分，1210页。怀特希尔备忘录中引述金的话，1949年7月31日，藏于海军五星上将欧内斯特·J．金资料集，第7箱，海军军事学院（以下称NWC）。关于派伊带自己的参谋班子上任一事，见1941年12月太舰总致海作办和航海局电180407，CSCMF，卷521。这份文件上有"狗★"的批语，可见这一行动不得人心。M.F.德雷梅尔少将致美国海军陆战队W.E.莱利将军信（1948年1月28日），藏于S．E．莫里森办公档案，第18箱，作战档案，NHC。

② 罗切福特证言，PHA，第23部分，680—683页。1941年12月海作办致太舰总密电161615，CSCMF，卷523。这些评估中列出的日军航母舰载机兵力为：赤城号、加贺号、翔鹤号、瑞鹤号各有60架飞机，苍龙号和飞龙号各42架，凤翔号和龙骧号各30架。1941年12月太舰总致11和14特司电172133和172301，CSCMF，卷521。

赫斯本德·金梅尔上将，摄于 1941 年 2 月 1 日就任太舰总时。
由 TaiSing Loo 通过小 W．W．史密斯上校提供

此同时，南云手下优秀的航空参谋源田实中佐策划了一个大胆的方案，旨在对受重创的太平洋舰队继续施加压力。12月13日，南云在迂回绕开中途岛（他力求避免袭击该岛）时向山本去电，建议让自己和井上合力解决威克岛，然后夺占中途岛、约翰斯顿岛和巴尔米拉岛，为入侵夏威夷做准备。而军令部急着占领盛产石油的荷属东印度群岛（毕竟这是日本挑起战争的原因），坚决反对此时在威克岛以东发起新攻势。12月15日（夏威夷时间12月14日），山本命令机动部队以"适当兵力"协助攻取威克岛。当天南云决定绕过威克岛，前往西南1140海里处加罗林群岛中的特鲁克舰队基地。22日在特鲁克加油后，他可以回军突击威克岛，为井上在12月底登陆扫清障碍。如果日军照此行动，弗莱彻的威克岛救援船队将不会遇到任何阻拦。然而次日，南云的海上加油作业屡屡受挫，他因此命令舰队主力返回日本，为荷属东印度群岛行动做准备。他分出了一支威克岛攻击部队，由第八战队（巡洋舰分队）司令阿部弘毅少将领军，下辖山口多闻少将的第二航空战队（苍龙号和飞龙号）、2艘重巡洋舰、2艘驱逐舰和一队油轮。南云提醒井上，阿部将仅在12月20日前后对威克岛实施一次空袭，然后就回日本。实际上，阿部要脱身并不那么容易。由于即将获得航母支援，井上打算在12月23日（夏威夷时间22日）攻占威克岛。这比弗莱彻预定的抵达时间早一天，虽然井上并不知道他要来。为了交流这些计划，联合舰队、机动部队和位于夸贾林的井上之间频繁通电，正是这一现象使罗切福特相信南洋诸岛方面将有动作。[①]

　　除了救援威克岛，派伊的当务之急是让在瓦胡岛北面巡逻了很久的哈尔西8特舰（企业号）再次出海，以及增援其他边远基地。哈尔西8特舰最终在12月16日萨拉托加号起航后进入珍珠港。补充燃油和给养后，他在19日带着企业号、3艘重巡洋舰和9艘驱逐舰出发，任务是接应可能遭到追击的11特舰或14特舰。但是他的初始位置在约翰斯顿岛以西，布朗和弗莱彻都远在他的支援范围之外。此外，哈尔西还缺乏高速行驶所需的燃油。老式油轮塞普尔加号（10节）在12月18日抵达珍珠港，但它的速度太慢，跟不上8特舰。6天以后才会有快速油轮到达。12月18日，奥费雷施带着新组建的17特舰（包括莱特号水上飞机供应舰）离开珍珠港前往中途岛。增援约翰斯顿岛和巴尔米拉岛的舰队也在组建中。[②]

　　出航后不久，布朗一想到要袭击神秘的贾卢伊特，就感到越发不安。情报部门提醒说，敌军正增兵马绍尔群岛，可能包括航母，而贾卢伊特本身有一个大型潜艇基地。战前针对贾卢伊特制订的侦察和袭击计划都是从东南方经北吉尔伯特群岛接近。在太舰总发现1艘水上飞机供应舰和一些水上飞机（实际上是3架，但是被错判为40架之多）移驻马金后，这一路线似乎不再可行。另一些情况也刺激了布朗的神经。12月16日，列克星敦号的2架SBD把1艘废弃的驳船错当成航母对其投弹，但没有命中。随后出动的打击机群甚至连驳船的影子也没看见。第二天，印第安纳波利斯号的127毫米高射炮进行试射，结果打出去的所有炮弹都是哑弹。11特舰在12月18日上午开始从尼奥肖号加油，和往常一样，拖到第二天很晚时候才完成。此时布朗认定，自己早在接近重兵防守的贾卢伊特之前就一定会被发现。他的担忧使列克星敦号飞行大队被迫考虑从飞行员们认为过远的距离实施打击，"大大超出了飞机的能力"。最后布朗决定放弃贾卢伊特，转而打击吉尔伯特群岛的马金环礁和塔拉瓦环礁。为了避开从东马绍尔群岛进行扇面搜索的搜索机，他打算南进到塔拉瓦的同纬度海域一带，然后以24节航速向西急进。他将按原定时间（即当地时间12月23日黎明）从与这两个目标都相距100海里的地点发动攻击。为了欺敌，1艘驱逐舰将驶向西北发报，造成航母特混舰队威胁马绍尔群

---

　　① 戈尔德施泰因和迪伦书中引自第五航空战队和第一水雷战队战争日记的电报，228—230、248—249页；南云的参谋长草鹿龙之介少将曾对打破无线电静默表示遗憾，166页。

　　② 战空司（8特司）战争日记。1941年12月太舰总致11和14特司电191850，CSCMF，卷521。太舰总作战令43—41（1941年12月18日）派17特舰去中途岛，作战令45—41（1941年12月22日）派13特舰去约翰斯顿岛和巴尔米拉岛。

岛的假象。[①]

14特舰集结后徐徐西进，头三天平安无事，只是弗莱彻在航空兵行动时对舰队的操控令萨拉托加号很是为难。12月18日拂晓前，该航母及其护航驱逐舰转向东北迎风方向，以便出动飞机进行上午例行的搜索。但是弗莱彻没有与它保持一致，而是让其余舰船继续以之字航线西行。这使萨拉托加号感到失去了反潜保护。它不得不匆忙提速到22节追赶大队，花了近3个小时才恢复原有阵型。事实上弗莱彻是按照航母及护卫舰船转向迎风（"飞行阵位"）时的标准条令操舰。尽管航母上颇有怨言，他却别无选择。因为有内奇斯号在，14特舰只能像护航商船队一样举步维艰，如此慢速使其无法在萨拉托加号进行起降作业时停下来等待。弗莱彻只能希望航母在追赶大队时靠高速航行避开潜艇攻击。珍珠港方面不断将关于日军兵力和可能动向的粗略情报转达给弗莱彻。因此在12月17日，他得知南洋诸岛（第四）舰队得到了巡洋舰和驱逐舰增援，可能还有1艘或几艘航母。第二天，新的评估认为第24"航空中队"驻扎在位于朗格拉普以东160海里和沃杰以北100海里的乌蒂里克或附近，于是威胁弗莱彻左翼的航空基地又多了一个。实际上那里并无驻军。阿斯托里亚号截获了看似发自乌蒂里克以北的电报，这使弗莱彻担心那一带有航母舰载机活动。尽管如此，12月19日，当2架出动侦察的俯冲轰炸机因为暴风雨找不到14特舰时，他还是批准菲奇打破了严格的无线电静默。一条短短的电讯把2架飞机带回了家。[②]

计划变更

12月20日临近中午时（西12区），14特舰位于威克岛正东725海里处，此时阿斯托里亚号监听到一份发自威克岛的电报，声称在当地时间12月21日08：30遭到大约一个中队的舰载俯冲轰炸机袭击。既然已经确认威克岛附近有至少1艘航母，弗莱彻便实施了显然出自应急计划的措施。11：55，他将14特舰的航向右转20°，避开他认为来自朗格拉普、沃杰以及可能来自乌蒂里克的搜索机。如果14特舰继续按270°航向西进，次日加油时就可能处于敌军侦察圈边缘，甚至可能进入其侦察圈。既然有1艘或数艘日本航母在附近游荡，弗莱彻当然不愿在完成必要的加油工作前暴露位置。[③]

也是在12月20日早上（威克岛时间12月21日），派伊主动决定取消布朗的牵制行动。战前的侦察和袭击计划无疑没有考虑过在马绍尔群岛实施航母战。鉴于南洋诸岛的飞机已经增多，可能存在航母和潜艇，还有当地巡逻飞机和哨艇组成的预警网，布朗对

① 11特司行动报告（1941年12月26日）和附录"关于所领命令的评估……"（1941年12月15日）。1941年12月太舰总致11特司和14特司电182146，CSCMF，卷521。哈利·D.赞尔斯特军口述历史，104页。

② 萨拉托加号航海日志，1941年12月18日；航空局对普莱德的讯问（1942年6月16日）；战空司，美国舰队航空母舰最新战术条令，USF-77（修订版），1941年3月。1941年12月太舰总致11特司和14特司电182146和200339，CSCMF，卷521。14特司行动报告（1941年12月28日）。

③ 1941年12月威克岛致14军区司令和太舰总电202300，CSCMF，卷523。萨拉托加号航海日志，1941年12月20/21日。

贾卢伊特达成突袭的机会看来很渺茫。德雷梅尔后来把贾卢伊特袭击行动比作"摸黑开枪"。此时失去列克星敦号将严重削弱夏威夷本已不可靠的防御力量，因此派伊决定调11特舰北上支援14特舰。就在决心已下但尚未公布时，他收到了威克岛遭航母空袭的惊人消息。至此先前的预想已彻底落空。当天下午，派伊在通知华盛顿后，向布朗、哈尔西和弗莱彻下达了新的命令。新近抵达南洋诸岛的敌军可能包括"第四航空战队"（实际上是第五航空战队的翔鹤号和瑞鹤号），可能还有第二航空战队（苍龙号和飞龙号）。因此派伊在不知道布朗已经用马金和塔拉瓦取代贾卢伊特的情况下，取消了他的攻击行动，将11特舰重新部署到北面。布朗在折回时为了避免被发现，应与沃杰保持至少700海里的距离——需要兜很大的圈子。离开马绍尔群岛的侦察范围后，11特舰应继续北上，但除非援助14特舰所需，不得进至北纬20°（威克岛的大致纬度）以北。为了掩护右翼，派伊命令哈尔西的8特舰（企业号）从约翰斯顿岛附近向西北航行至中途岛以北。他将留在180°子午线以东，除非需要救援布朗或弗莱彻。派伊之所以限制11特舰和8特舰的作战地域，是为了"防止他们互相干扰，因为两支舰队都处于无线电静默状态"。他的更改只是缩小了金梅尔原计划中的巨大漏洞，并未将其根除。事实上，如果弗莱彻真的在威克岛附近陷入困境，没有人来得及帮他。①

　　既然有1艘或数艘航母潜伏在可打击威克岛的距离内（迄今为止一直被太舰总忽视的危险），发生战斗的可能性就显而易见了。在1941年12月的210157电中，派伊提醒弗莱彻"针对你附近可能出现的敌军做好准备"，这是先前没有考虑过的情况。派伊命令萨拉托加号和3艘重巡洋舰在白天留在距朗格拉普700海里开外，这意味着他批准了弗莱彻从东北方接近威克岛的计划。弗莱彻仍可以进至威克岛东北225海里处，但他的重型舰船不能继续前进了。"当丹吉尔号离开大部队前往威克岛时，将在失去航母空中支援的情况下前进。"这份重要的电报交到弗莱彻手上是在12月20日15：30左右，当时14特舰即将穿越国际日期变更线，将日历翻到12月21日。这份命令让他大吃一惊，因为它要求丹吉尔号脱离航母的空中保护走完最后一段危机四伏的航程。如果丹吉尔号损失，那么整个行动都将失去意义。派伊并未提供更多指示。在弗莱彻看来，这意味着保住舰队比护送丹吉尔号安全抵达威克岛更重要。他陷入了深深的苦恼，后来曾告诉斯普拉格

　　① 派伊将军在 12 月 20 日的评估，灰皮书，76 页；派伊关于撤回第 14 和 11 特混舰队的决定的讨论（1941 年 12 月 22 日），PHA，第 23 部分，1062—1063 页；德雷梅尔致莱利信（1948 年 1 月 28 日），藏于莫里森办公档案，18 号箱。1941 年 12 月太舰总致 8 特司、11 特司和 14 特司电 202337 和 21057；1941 年 12 月太舰总致海作办电 210147；皆藏于 CSCMF，卷 521。

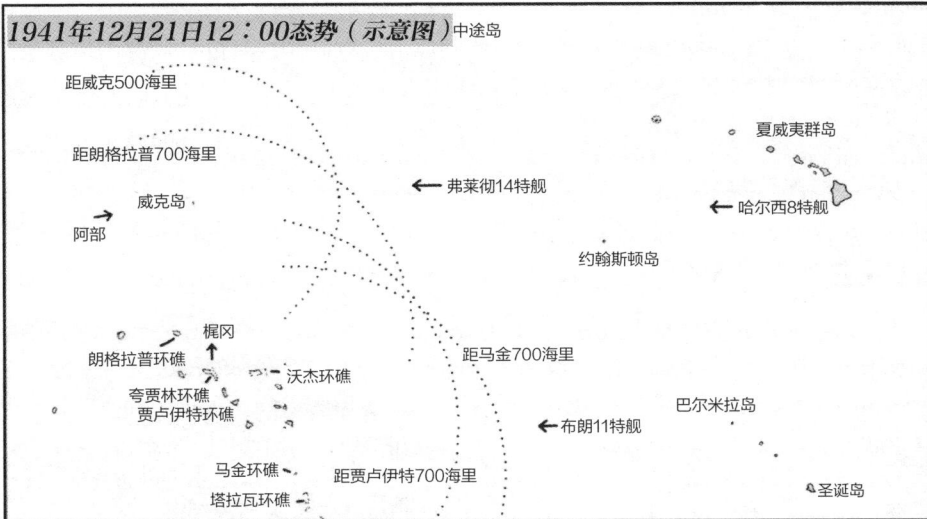

1941年12月21日12：00态势（示意图） 中途岛

距威克500海里
距朗格拉普700海里
威克岛
阿部
← 弗莱彻14特舰
夏威夷群岛
← 哈尔西8特舰
约翰斯顿岛
朗格拉普环礁
梶冈
沃杰环礁
距马金700海里
夸贾林环礁
贾卢伊特环礁
布朗11特舰 →
巴尔米拉岛
马金环礁
距贾卢伊特700海里
塔拉瓦环礁
圣诞岛

说，当时"他感到自己正拿手枪顶着（斯普拉格的）头"。斯普拉格本人则没有产生任何错觉。他已经准备在必要时让丹吉尔号搁浅以保住物资，然后下船加入守军。但是，在不得不采取极端措施之前，弗莱彻打算在22日加油。[①]

得知派伊取消任务时，布朗正在马金东北约750海里处，再过36小时就要发动攻击。太舰总的电报对于印第安纳波利斯号上那些最先看到它的人来说，"就像一记撩阴腿"。11特舰的参谋们在沮丧之余，甚至争论过是把电报立即交给布朗和参谋长马里恩·C．罗伯森上校（曾被某个调皮鬼刻薄地起了"老太太"的绰号），还是等发动袭击后再说。最后理智占了上风。布朗虽然十分失望，但他还有另一个问题要担心：燃油消耗太快。正如金梅尔在上一周发现的，驱逐舰耗油量比预期多50%。如果布朗坚持实施对马金和塔拉瓦的袭击，那么在次日无论海况和敌情如何，他都必须从重型舰船为驱逐舰加油。现在他以16节航速北上，这是他认为在长途航行中能保持的最大速度。他估计按这个速度列克星敦号能在D+2日（威克岛时间12月26日）向威克岛派出飞机，也就是比救援舰队抵达时间晚两天。他甚至担心：也许不得不让驱逐舰以更经济的航速跟在后面，或者命其

[①] 1941年12月太舰总致8特司、11特司和14特司电210157。斯普拉格的批注写在他收到的特混舰队司令作战令1—41（1941年12月19日）副本上，转引自武科维茨的书。德博恩致格瑞巴信（1976年8月1日），格瑞巴资料集。

离队找尼奥肖号加油。[①]

　　事实上，井上已经计划在丹吉尔号抵达前攻占威克岛。12月21日，梶冈带着第二次登陆舰队离开夸贾林，队中有3艘老式轻巡洋舰、6艘驱逐舰、五花八门的辅助舰船和1000名士兵。同行的还有五藤存知少将的第六战队（巡洋舰分队）的4艘重巡洋舰，它们从西边的关岛调来，用于防备不太可能出现的美军水面舰队。梶冈计划在23日黎明前突击威克岛。美国情报部门没有发现他的船只，其他部队也没有目击报告。阿部带着苍龙号和飞龙号所在的威克岛攻击舰队从西面接近，计划在登陆前一天，即12月22日攻击。但是在20日，井上却恳求说，"如果确有可能"，请他在次日一早实施打击。原来日本的无线电情报部门发现了美军水上飞机到达威克岛的迹象。井上担心它们轰炸驶向威克岛的运输船队。（实际上只有1架PBY卡特琳娜式飞机飞到威克岛。）阿部此时刚加完油，因此他可以不惜消耗大量燃油以30节航速疾驰，在21日黎明时接近到距威克岛300海里处。在此派出打击机群后他又继续前行，以缩短飞机返回的航程。如此长距离的打击大大超出了美国航母的能力。共有49架飞机（18架战斗机、29架俯冲轰炸机和2架鱼雷轰炸机）飞到了威克岛上空，远远超过守军声称的一个俯冲轰炸机"中队"（18架）。回收打击机群后，阿部又移师威克岛南方以保护正在前进的登陆舰队。[②]

加油之辩

　　从离开珍珠港之时起，弗莱彻和他的上级就打算在接近威克岛前加油。就连麦克莫里斯也承认14特舰在抵近威克岛前加油是必要的，"尤其对驱逐舰而言"。他认为"在远离基地2000海里以上的地方，有可能因遭遇强敌而需要高速机动，如果巡洋舰及驱逐舰的燃油不足是很危险的"。并不是所有人都持相同意见。事过多年后，莫里森认为当时各舰的燃油完全可以满足弗莱彻所估计的需求。如果驱逐舰缺油，可以让巡洋舰和庞大的萨拉托加号提供。"显然，驱逐舰并没有燃油短缺的紧迫危险，除非舰队中的油轮被击沉。"在莫里森的著作发表后，弗莱彻回应说，在当时为驱逐舰加油"不仅可取，而且绝对必要"。他声称即使巡洋舰也

<hr>

[①] 11特司报告（1941年12月26日）。乔治·戴尔中将在史迪威《空袭珍珠港！》中的叙述，45—46页。戴尔当时是印第安纳波利斯号的副舰长。威尔森·布朗中将给参谋长（M·C·罗伯森上校）的备忘录，藏于布朗资料集。另见布朗证言，PHA，第23部分，763页。

[②] 克瑞斯曼《壮烈的战斗》176—177页；日本《战史丛书》38：175、191页。埃德温·T·雷顿少将致格瑞巴信（1976年8月29日），格瑞巴资料集。

需要加油。[①]

　　截至12月22日，弗莱彻的驱逐舰在以经济航速（大多数时候为13节）缓慢行驶6天后，平均油量为63%。当然，如果航速提高，油耗也会大大增加。根据战后搜集的可靠数据，驱逐舰第四中队的巴格利级驱逐舰在20节时的耗油量约为15节时的1.8倍，25节时为3.9倍，30节时为8.4倍。驱逐舰高速突进在航母进行起降作业时很常见，在战斗中更是必不可少的。特混舰队的指挥官通常按15节（"巡航速度"）和25节速度下的续航力来推测燃油是否够用，以油量最少的舰船为准。事后比较准确的计算表明，驱四中队用12月22日尚存的燃油能够以15节航速行驶10.5天左右，以25节行驶2.7天左右。[②] 弗莱彻和其他特混舰队指挥官没有适用于战时条件的准确油耗表，只能参考平时演习中不切实际的数据。当时他们只知道自己的舰船耗油速度

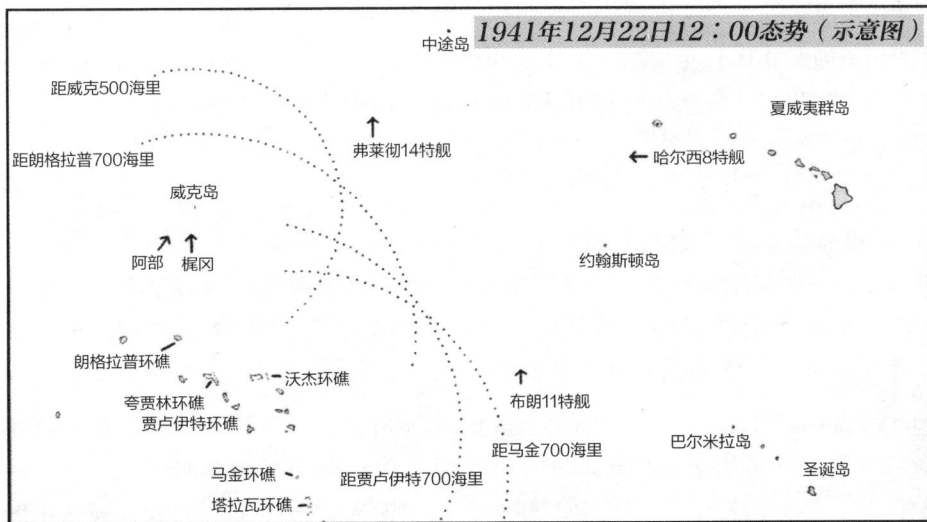

1941年12月22日12：00态势（示意图）

　　① 麦克莫里斯，PHA，第22部分，531页。莫里森《美国海军作战史》3:243—244页。关于弗莱彻的回应，见他1948年10月19日致莫里森信，藏于弗莱彻资料集ախ。海军陆战队官方历史《威克岛防御战》的作者罗伯特·D·海纳尔中校在1948年2月11日写道，14特舰的驱逐舰在1941年12月22日有"充足的燃油"。按照这些驱逐舰在前一周的"平均日消耗量"计，它们"保有可用11~12天的燃油"，而且可以从油轮和巡洋舰加油。当然，海纳尔没有考虑到，如果这些驱逐舰被迫长时间高速行驶，耗油量将大大增加。莫里森曾写道，1艘驱逐舰"在运动战中，每日耗油量常常超过15000加仑"，但他还是大大低估了这种情况下的油耗。墨菲将军在对莫里森的第三卷的官方评论中指出，"脚注中关于燃油的数字有误导性"。在25~30节情况下，"油耗很可能是书中数字的三倍"，见他致哈特豪信（1951年9月7日）。
　　② 燃油数字来自各舰的航海日志。油耗数据来自宝贵的《美国海军水面舰艇作战油耗》，FTP-218（1945年9月1日），NHC，缩微胶卷NRS-275。

大大超过预期。曾在1941年12月担任拉尔夫·塔尔伯特号舰长的小拉尔夫·厄尔中将在1976年断言，12月22日的加油作业是"必要且明智的"。[1]

重型舰船当然能为驱逐舰加油，但必须在风平浪静、没有敌军威胁的白天进行，这正是弗莱彻无法保证的。当时3艘重巡洋舰的平均油量为75%，比驱逐舰好得多，但正如阿斯托里亚号轮机长海斯警告过的那样，这点燃油也许还是不足以保证它们抵达威克岛并自行返航。油老虎萨拉托加号的油量已经减到63%左右（是其实际可用油量的57%左右），因此它在必要时能贡献的燃油很有限。弗莱彻不能不考虑到，在某些战术情势下必须让大队与慢速的内奇斯号分头行动。如果这艘油轮被潜艇击沉（在1942年1月它确实遭此下场，迫使另一支特混舰队放弃了对威克岛的袭击行动），14特舰再无油轮可用，燃油就真的很紧张了。他不能指望从布朗舰队加油，除非尼奥肖号能及时赶到；也不能指望哈尔西，因为两军连会师的可能性都不大。在实战条件下弗莱彻不能像战后那样知晓一切，不加油就一头冲向威克岛不是勇敢而是愚蠢。1945年海军关于作战油耗的研究报告指出，在战争爆发后"实施作战的特混舰队燃油告急的时间明显早于预期"，而"所有舰船的实际作战半径明显小于预期，驱逐舰和部分巡洋舰的作战半径不足"。[2]

早先暴露的加油难题还是困扰着14特舰。22日拂晓，当威克岛还在西南约515海里外时，弗莱彻将航向转到东北迎风方向，在敌军侦察圈之外徘徊。乔治·A.辛克莱尔少校把巴格利号（油量最少的驱逐舰，只有53%）横靠在内奇斯号舷侧。情况处处出乎意料。当天20节的东北风慢慢减到了14节。风本身没有造成大问题，但长长的横向海浪使油轮和驱逐舰很难保持正确的并排位置。输油管老是脱落，有时连牵引绳也会断开，大大拖慢了加油过程。拉尔夫·塔尔伯特号是当天第2艘加油的驱逐舰，该舰的前枪炮长理查德·D.谢泼德上校在1976年回忆说："出了好多乱子。输油管传接不顺利啦，通信中断啦，燃油乱溅啦，驱逐舰靠了帮，油轮却没做好准备啦，油箱没有加固啦，等等等等。"到日落时（16：42，东11区），只有4艘驱逐舰加完了油，还剩5艘要加，如果时间允许，萨拉托加号和巡洋舰也要加油。更糟的是，油轮上备用

---

① 美国海军退休中将小拉尔夫·厄尔致格瑞巴信（1976年8月1日），格瑞巴资料集。格瑞巴在1976年联系了7名前14特舰的驱逐舰军官（包括厄尔），除一人外全都赞成弗莱彻在1941年12月22—23日接近威克岛之前为驱逐舰加油的决定。

② FTP-218，第1页。

的输油管零件消耗得很快。[①]

显然,所有特混舰队在进行海上加油时都遇到过重大的挫折。美国海军在海上为驱逐舰加油始于1917年,为重型舰船加油始于1939年。在1941年,太平洋舰队进行过多次海上加油演练,但历史学家托马斯·魏尔登堡指出,"在并非风平浪静的情况下"进行的演练"即使有过,也少之又少"。派伊后来曾承认:"如果遇上在广阔的太平洋上常见的大浪,加油是很困难的作业。"内奇斯号老态龙钟,船上的设备很不适合海上加油,尤其是在这样的海况下。金梅尔原本只打算让它在港口工作。它的绞车太小,而它的输油管和当时其他油轮一样是并不适合海上加油的类型,太重了。此外,驱逐舰尚未装备可以快速解脱的输油管连接器。问题还不止这些。谢泼德指出,1941年12月的美国海军"没有受过充分的海上加油训练,尤其是作战条件下的加油"。曾在贾维斯号上担任轮机长的乔尔·C.福特上校在1976年评论说:"当时的海上加油程序确实太繁琐了——花很长时间慢慢靠帮,架起各种管线,固定妥当,然后再传递一根输油管,而且当时规定只能用一根。后来就改成了快速靠帮,传递两根输油管(更不用说通常情况下的其他管线),用高压泵输油,然后收拾东西离开。"在驱逐舰舰长中,有丰富的海上加油经验的寥寥无几。第一份驱逐舰加油标准操作手册的草稿是12月5日刚刚提交的,直到14特舰第一次在海上加油的那天才得到派伊批准。到1942年初,加油设备得到了改进,官兵们也积累了更多经验,海上加油便迅速成为美国海军的一大优势。[②]

举棋不定

12月22日16:01,当第4艘驱逐舰从内奇斯号舷侧离开时,舰队与威克岛的距离增

---

① 14特司报告(1941年12月28日)。美国海军退休上校理查德·D.谢泼德致格瑞巴信(1976年7月29日),格瑞巴资料集。12月22日加油情况如下(单位为加仑):

	原有燃油	油量百分比	东11区时间	补充燃油 ★
巴格利	80639	53	06:04—08:16	52459
拉尔夫·塔尔伯特	96939	64	10:05—10:59	34860
亨里	103018	68	12:23—13:38	39938
贾维斯	90918	60	14:21—16:01	55650

★拉尔夫·塔尔伯特号和贾维斯号记录的补充燃油数字与内奇斯号航海日志一致。亨里号的日志记录获得39938加仑油,而内奇斯号日志显示为30060加仑,可能是打印错误。巴格利号日志显示补充了52459加仑,但其原有燃油数字因计算错误需要修改。

② 魏尔登堡《灰钢》171页;派伊证言,PHA,第22部分,549页。关于加油作业中的缺陷,见文件S55,藏于RG-313,太舰总秘密通信,第4853号箱和RG-19,海军舰船局,第699号箱。谢泼德致格瑞巴信(1976年7月29日)和美国海军退休上校乔尔·C.福特致格瑞巴信(1976年8月2日),格瑞巴资料集。1942年2月10日,太平洋舰队在战术通报2-42中发布了第一份关于海上加油的通用操作细则。

加到550海里左右，多了35海里。弗莱彻命令以通常的12.75节速度驶向西北，这样到次日黎明（D-1日）可将距离缩短100海里。届时，舰队将仍处于敌军空中侦察圈外，他将完成加油，然后继续救援行动。在日落后，他收到两份太舰总发来的电报。派伊根据无线电测向结果，判断"苍露号（原文如此）"位于威克岛以北，事实上苍龙号和飞龙号都在威克岛以南。第二份电报描述了当天下午威克岛再次遭到俯冲轰炸机、战斗机和陆基轰炸机空袭的情况，但夸口说陆战队2架勇敢的野猫机击落了几架敌机。威克岛的"重大损失"被说成了"甚微"。[①] 尽管敌军攻势增强，这座重兵围攻下的岛屿似乎仍有希望，但这样的乐观没能维持多久。[②]

当天深夜（夏威夷时间12月21日），派伊的幕僚听取了疲惫不堪的詹姆斯·J.墨菲少尉的汇报。少尉驾着他的PBY单机远航威克岛递送救援计划，此时刚刚返回。正是他的这次飞行让井上虚惊一场，以为有很多水上飞机增援。墨菲刚好赶在第一次航母空袭前离开威克岛。珍珠港方面尽管每天接到电报，却一直对威克岛抱有美好的幻想，而这种幻想被他彻底打破了。威克岛已经是"一片瓦砾"，VMF-211也战死近半。太舰总的参谋们第一次感到威克岛大难临头，危如累卵。战争计划处有个军官（海军陆战队的奥马尔·T.菲佛中校）把墨菲的汇报基调形容为"惨，惨，惨"。这些消息给派伊当头浇了一盆凉水。此时他终于表示，形势"意味着为了增加（威克岛）增援行动成功的机会，甚至必须牺牲丹吉尔号，而第14特混舰队中的一些主力舰也可能受损"。[③]

午夜刚过，派伊将新的作战计划电告哈尔西、布朗和弗莱彻，让麦克莫里斯和其他幕僚长出了一口气。不知为何，派伊把可能潜伏在南洋诸岛或威克岛附近的航空母舰说成只有1艘："可能是子龙号（原文如此）。"这至少体现了他的一厢情愿。因此他取消了弗莱彻的所有机动限制，准许他"相机为丹吉尔号提供空中支援"。威克岛方面建议让陆战队的战斗机在15：00以后上岛以避开空袭。丹吉尔号在到达目的地后，首要

---

① 1941 年 12 月太舰总致 8、11 和 14 特司电 220901 和 220917，CSCMF，卷 521。

② 莫里森谴责弗莱彻没有采取直接行动阻止威克岛沦陷，为此他在《美国海军作战史》第三卷：251页引用了 4 份据说是派伊在 12 月 22 日发出的"自相矛盾"的命令。第一份命令要求弗莱彻将萨拉托加号抵近到威克岛周边 200 海里以内并攻击在那一带的所有敌舰，但派伊很快又取消了这一行动。据此此后派伊指示弗莱彻派出完全没有护航的丹吉尔号撤出威克岛上人员，但他再一次撤销了该命令。莫里森甚至声称，珍珠港方面如此明显的"优柔寡断"反而"进一步证明了弗莱彻应该大胆迎击敌军"！这 4 份命令根本不存在，它们出自莫里森回忆派伊 12 月 20 日（东经时间 12 月 21 日）的命令时的错误解读，而派伊的那些命令只是取消了布朗对贾卢伊特的攻击并禁止弗莱彻为丹吉尔号提供空中掩护，根本没有提到让斯普拉格在没有驱逐舰护航的情况下前进，也没让他撤出威克岛守军。太舰总电报档案显示，截至 12 月 21 日（威克岛时间 12 月 22 日）晚，派伊并没有向 14 特舰发出其他命令。

③ 关于墨菲少尉的飞行，见克瑞斯曼《壮烈的战斗》168—170、174—176 页。墨菲带回的坎宁安 1941 年 12 月 20 日的报告载于 PHA，第 24 部分,1467—1478 页。派伊关于撤回第 14 和 11 特混舰队的决定的讨论（1941 年 12 月 22 日），PHA，第 23 部分，1063 页。

的任务是将雷达运上岸。这与上周在珍珠港拟定的计划一致，并没有加紧救援的附加命令。太舰总还对接应部队做出了新的安排。他取消了禁止布朗接近沃杰环礁700海里以内的命令，因为这样一来11特舰要向北绕一个大圈子才能西进威克岛。现在布朗只需要避开朗格拉普周围半径500海里的水域。派伊将11特舰作战地域的西部边界设定为东经172°，大约在威克岛以东300海里。此前哈尔西不能越过180°子午线，也不能去北纬20°以南，但现在派伊也准许他西进480海里，至东经172°为止。命令中还指出，这些"地域划分"的目的"仅为防止各舰队相互干扰，必要时可越线行动"。[①]

为时已晚

经过漫长而令人泄气的一天后，弗莱彻在22日午夜将近时看到了派伊的新命令。他准备拂晓时在威克岛东北大约440海里处继续加油。弗林乘坐的驱逐领舰塞尔弗里奇号将第一个与内奇斯号靠帮。一旦它加完油，最迟在09：00弗林将带着它、丹吉尔号和另三艘已经加过油的驱逐舰直接驶向西南方的威克岛。弗莱彻在报告中注明，按15节航速计，弗林可以在当地时间12月24日正午刚过时准确地"按预定时间"到达。待余下的4艘驱逐舰加油完毕，内奇斯号和赫尔姆号将按计划前往珍珠港，而弗莱彻将带着萨拉托加号、3艘重巡洋舰和4艘驱逐舰尾随弗林。菲奇至少曾考虑过将萨拉托加号及时开到放飞点，以便VMF-221在日落前飞抵威克岛。即便23日整个白天都花在加油上，来不及放出飞机，只要以20节速度疾驰一夜，到24日天亮时弗莱彻将仅落后丹吉尔号一行100海里，抵达威克岛东北180海里处，这样MF-221可以在黎明起飞，同时萨拉托加号将搜索日军航母，如果距离合适就发起攻击。14特舰据此认为，有把握完成救援威克岛的使命。[②]

12月23日03：25左右，弗莱彻惊讶地看到威克岛的急电，称"南方发现船只，东北部遭到炮击"。半小时后，又有一电称"威克岛遭炮击，敌军显然发动了登陆攻势"。2艘满载特别陆战队的老式驱逐舰故意抢滩搁浅，更多穿绿军装的士兵从登陆艇扑向岸边。威克岛的陆战队上一战打得太漂亮了。为了制服大约400名没有己方海军支援的陆战队守军，梶冈最终动用了900人，他们拥有海军炮火支援，天亮后位于威克岛西边的苍龙号和飞龙号也出动飞机助战。[③]

[①] 1941 年 12 月太舰总致 8、11 和 14 特司电 221035，CSCMF，卷 521。

[②] 14 特司报告（1941 年 12 月 28 日）。

[③] 1941 年 12 月美舰总致 14 特司电 221621 和 221649，见 CSCMF，卷 521。关于威克岛抗登陆战，见克瑞斯曼《壮烈的战斗》第 8 章。莫里森《美国海军作战史》3：247 页错误地声称，五藤的第六战队在威克岛以东 150~200 海里处独自巡弋，"仿佛在引诱弗莱彻将军进击"。实际上这些巡洋舰都在该岛附近作战。

岌岌可危的威克岛此时仍在440海里开外，远远超出打击范围，因此弗莱彻认为他只能按计划尽快完成加油。海况与前一天相比毫无起色，20节的东北风掀起阵阵涌浪。他将航向转到正北，尽可能避开风头以利加油。在日出前19分钟，塞尔弗里奇号小心地靠上了内奇斯号舷侧。情况看来不妙，但如果威克岛再坚持一下，丹吉尔号及其护航舰将很快上路，14特舰的其余舰船也将在加油后上路。当此危急关头，布朗也在尽力支援14特舰。12月23日04：44（威克岛当地时间），他掉头直驶威克岛，并提速至18节。几分钟后，他打破无线电静默通知弗莱彻：48小时后（威克岛时间12月25日05：00）11特舰将到达威克岛以东180海里的参考点。在此之前弗莱彻只能孤军奋战，这再一次暴露了金梅尔和麦克莫里斯的原计划的根本缺陷。[①]

　06：55左右（东11区），塞尔弗里奇号还在加油时，弗莱彻又看到一份同时也发给哈尔西和布朗的电报："救援或撤出威克岛守军已无可能。14特舰和11特舰应撤回珍珠港，沿途搜索敌情，进入珍珠港周边700海里以内时报告方位。8特舰向中途岛撤退，掩护现驶向中途岛的莱特号，该舰定于12月24日拂晓前后抵达。"派伊已决定放弃威克岛，并且不经一战就撤回他的特混舰队。[②]

　威克岛的第一份警报是在12月22日04：15（夏威夷时间）前后送到珍珠港的，派伊、德雷梅尔和麦克莫里斯就这一紧急事态进行了讨论，为各种应对方案一直争论到

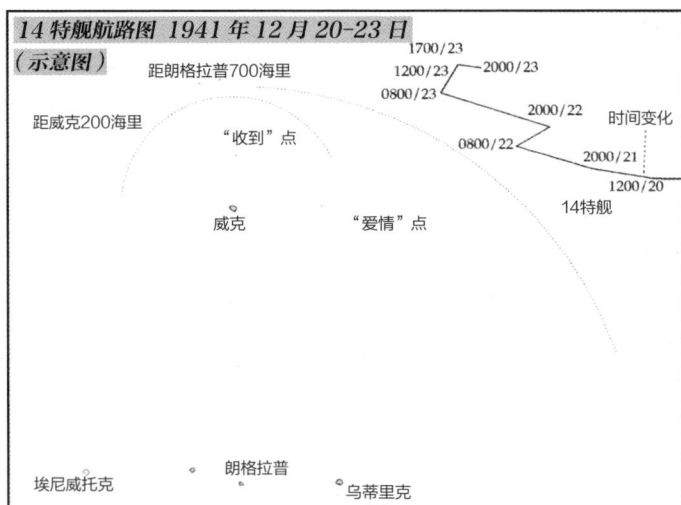

14特舰航路图 1941年12月20—23日（示意图）

距朗格拉普700海里
距威克200海里
"收到"点
时间变化
1700/23
1200/23 2000/23
0800/23
0800/22 2000/22
2000/21
1200/20
14特舰
威克
"爱情"点
埃尼威托克
朗格拉普
乌蒂里克

---

① 1941年12月11特司致14特司电221801，CSCMF，卷523；11特司报告（1941年12月26日）。
② 1941年12月太舰总致8、11和14特司电221941，CSCMF，卷521。

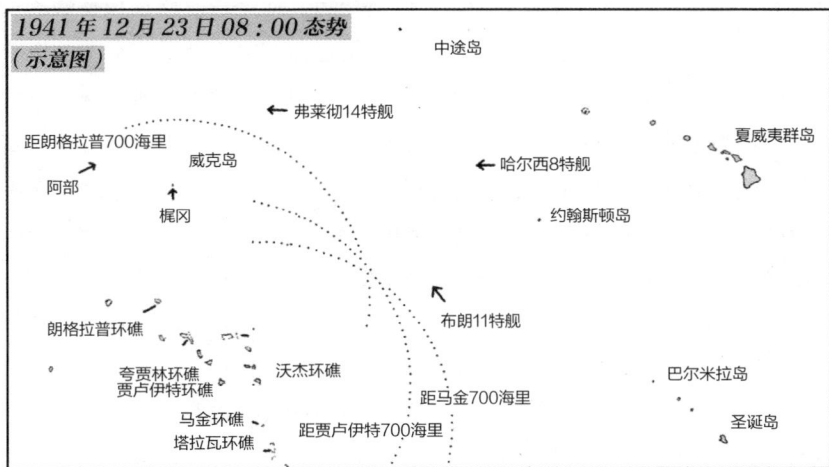

1941年12月23日08：00态势
（示意图）

中途岛

弗莱彻14特舰

夏威夷群岛

距朗格拉普700海里
阿部
威克岛
梶冈

哈尔西8特舰

约翰斯顿岛

朗格拉普环礁

布朗11特舰

夸贾林环礁
贾卢伊特环礁
沃杰环礁
巴尔米拉岛

马金环礁
距马金700海里
塔拉瓦环礁
距贾卢伊特700海里
圣诞岛

日出后很久。到05：30，他们意识到威克岛的登陆战可能已经开始。就在几小时前，派伊还决心不惜冒14特舰被重创的危险继续救援。而如今威克岛的虚弱已是如此明显，日军的进攻又在毫无预警的情况下来得如此之快，搞得他和德雷梅尔措手不及。更麻烦的是，海军作战部长突然改变了关于在威克岛实施积极行动的态度。06：45左右，派伊收到了斯塔克发来的电报。后者发出此电不是因为事态急剧恶化（他对此尚不知情），而是由于派伊新近做出的加紧救援的决定令他忧心忡忡（虽然派伊的决心正在迅速消退）。斯塔克恢复了早先的谨慎，声称："基于正常的考虑和最近的事态发展可明显看出，威克岛已经而且将继续成为一个负担。"他赞成"经适当爆破后"撤出守军，并督促"继续努力强化和坚守中途岛"。他还抬出了即将成为新任美国海军舰队总司令的欧内斯特·金，声称"金赞成"此意见。罗斯福总统和诺克斯部长此时正忙着为英国首相温斯顿·丘吉尔的来访做准备，并不知道斯塔克和金已经放弃威克岛。至于派伊本人，他太清楚自己只是暂代太舰总，有什么资格与两位统帅争辩？[①]

07：00德雷梅尔询问，在日军明显出动重兵的情况下是否仍有可能援救威克岛。他们可能正布下圈套等14特舰钻。至少，继续执行威克岛救援行动必将导致一场大战，可能使太平洋舰队几个分散的航母群遭到灭顶之灾。派伊宣布拯救威克岛的时机已过。当天晚些时候他解释说："威克岛救援是为了救助英勇的守军而孤注一掷的行动，如果敌军除轰炸外未实施其他活动，我愿牺牲丹吉尔号和几艘驱逐舰一试。"这

---

① 1941 年 12 月海作办致太舰总电 221706，灰皮书，72 页。

个前提已不复存在了。现在的问题是：为了抗击登陆，他是否应该拿14特舰的主力冒险，甚至牺牲萨拉托加号以求重创联合舰队。"用这样的牺牲体现我海军的进攻精神或许是值得的。"但是，即使这样的结果也可能是奢望。和德雷梅尔一样，派伊害怕中圈套。登陆恰好发生在弗莱彻接近目的地时，这似乎太巧了。但直到此时，他仍考虑让14特舰（不包括丹吉尔号和内奇斯号）快速接近威克岛，发动一次空袭再撤退。[①]

07：30左右，威克岛发出的又一份电报被送到派伊手里，似乎宣告大势已去："敌军已上岛。后果不明。"在珍珠港，后果也不明朗。麦克莫里斯一如既往，主张积极应对。他在08：00提交了一份备忘录，恳请派伊准许14特舰攻击威克岛一带的敌舰，同时命令布朗和哈尔西加紧支援。他认为弗莱彻能够粉碎登陆敌军，甚至来得及拯救守军。麦克莫里斯强调，无线电情报只确认了苍龙号航母在场。（美军错以为该舰排水量只有10000吨，载机42架。实际上它的排水量为16000吨，载机编制为54架，更何况还有飞龙号。）萨拉托加号此时搭载了两个歼击中队，而不是通常的1个，这艘孤零零的小航母在它面前似乎不堪一击。麦克莫里斯认为"它的胜算很大"。（麦克莫里斯以为萨拉托加号有36架战斗机，实际数字要少9架。）他请求派伊不要浪费这个"近期不太可能重现"的"天赐良机"。没有人能反驳他的结论："我们急需一场胜利。"[②]

派伊从战争计划处召见了麦克莫里斯、林德·D.麦考密克上校和文森特·墨菲中校。他反复强调，尽管守军英勇抵抗，威克岛已无可挽救。至于美军航母是否应该按麦克莫里斯的主张在该岛附近作战，"万分遗憾"，派伊的回答是否。他担心即使布朗赶到，弗莱彻面对拥有岸基飞机支援的优势敌军也会陷入苦战。如果战事不利，他们就必须突破重围撤退，并抛弃所有重伤的舰船。身为黑鞋派的派伊原则上不愿在没有战列舰支援的情况下在远离珍珠港的地方实施大规模舰队交战。后人很难为此指责他，因为长久以来金梅尔也抱着相同想法。更何况，按照华盛顿的指示，派伊认为当务之急是防守中途岛、夏威夷和萨摩亚。当派伊宣布他的决定时，麦克莫里斯打断了他："就这么定了吗，将军？能让我说几句吗？"派伊回答："就这么定了。"利里和德雷梅尔都支持他的选择，但史密斯和麦克莫里斯好不容易才克制住自己的愤怒

---

①关于召回威克岛救援船队的决策，可参考的资料有：（1）派伊将军有关敌军对威克岛动用兵力的评估，1941年12月22日07：00灰皮书，77—78页；（2）德雷梅尔将军关于如何应对攻击威克岛之敌的决定，1941年12月22日07：00灰皮书，82页；派伊关于撤回第14和11特混舰队的决定的讨论（1941年12月22日），PHA，第23部分，1062—1064页。

②1941年12月威克岛致太舰总和14军区司令电221800，CSCMF，卷523。麦克莫里斯上校关于如何应对攻击威克岛之敌的评估（12月22日08：00），灰皮书，79—81页。

和轻蔑。夏威夷时间12月22日09：11（威克岛时间12月23日06：41），派伊拍发了那份让弗莱彻和他的舰队大吃一惊的撤退令。坎宁安在06：52发出最后一电："敌军已上岛。多艘军舰和运输船来袭。2艘DD（驱逐舰）冲滩。"半小时后，他开始谋求正式投降。14：00威克岛最后的保卫者放下武器，走进了残酷的战俘营。[①]

不难想象，在阿斯托里亚号和14特舰的其他舰船上，撤退令激起怨声一片。枪炮部门的下级军官杰克·E.吉布森中尉呆若木鸡地看到弗莱彻把绣着金线的军帽狠狠摔在甲板上。若干年后，副官哈里·史密斯上尉一本正经（但不太令人信服）地否认将军曾如此失态。他记得将军什么也没说（这倒是真的），而是"举止如常"。有些参谋建议弗莱彻设法向威克岛挺进，但他拒绝了。莫里森后来暗示弗莱彻应该违抗派伊的撤退令，还引用了一个不知名的巡洋舰舰长的话："弗兰克·杰克应该像纳尔逊一样，把望远镜放在瞎掉的眼睛上。[②]"事实上弗莱彻感到自己"有抗命的冲动"，很想冲向威克岛一带的敌军。在1964年他评论说："我当时那样反应，是因为不论心里多反对，我知道的情报太舰总没有不知道的，而他们可能掌握了一些我不知道的情报，所以我没有理由违抗命令。"派伊掌权这一事实也有一定影响。1950年，史密斯中将回忆说，弗莱彻和"我们大家都非常信赖派伊将军。"虽然在下级面前表现得泰然自若（至少在事后是如此），在充满同情的金凯德面前弗莱彻还是吐露了心声："别的我什么也做不了，对吗？"金凯德毫不犹豫地回答："对"。[③]

在高踞于萨拉托加号舰岛上的司令舰桥里，撤退令同样引发了轩然大波。菲奇抱

[①] 威廉·沃德·史密斯，13—14页。他的叙述依据的是文森特·墨菲中将提供的信息。1941年12月太舰总致海作办电222256（灰皮书，72页）提到："威克岛是个负担。鉴于目前敌军的大量活动，我被迫得出结论：没有理由冒险用一支特混舰队攻击威克岛一带敌军。"史密斯回忆说，那天早上得知撤退令后他"惊骇不已"。金梅尔对史密斯说："你我都管不了这事。别掺和了。"金梅尔在给史密斯的信中说，他"好不容易"才克制住自己。"我一言未发。现在想起来，我感到很后悔。"史密斯，14页；金梅尔致史密斯信（1964年11月2日），史密斯资料集。1941年12月威克岛致太舰总和14军区司令电221952，CSCMF，卷523。关于威克岛的投降，见克瑞斯曼《壮烈的战斗》9章。

[②] 译注：英国海军名将纳尔逊是独眼龙，有一次战斗中上级用旗语命令他撤退，他故意把望远镜放在瞎掉的眼睛上，声称自己没看见。

[③] 美国海军退休上尉杰克·E.吉布森致格瑞巴信（1976年8月10日），格瑞巴资料集。斯蒂芬·D.里根博士对美国海军退休少将哈里·史密斯的采访（1986年7月13日），由里根博士提供。莫里森《美国海军作战史》3：254页。弗莱彻致W.W.史密斯信（1964年12月7日），藏于史密斯资料集；另见史密斯对莫里森的第3卷的评论（未注明日期，约在1950年前后），藏于海军军史局局长办公档案第20号箱。金凯德回忆录48页。霍伊特《他们如何赢得太平洋战争》33页指出，霍雷肖·纳尔逊阁下享有亲眼看见敌人的有利条件，而弗莱彻如果没能赢得"无可争议的胜利"，"无疑将受到军法审判"。莫里森还引述了约瑟夫·M.李维斯上将的话。李维斯是前美国海军舰队总司令、航母专家、罗伯茨委员会成员，他把这次救援行动称作"美国海军之耻"，惊呼："天哪！我曾设想过男子汉既要好斗又要懂得如何作战。现在我只希望给我一个肯战斗的人。"金凯德在他未发表的回忆录中做出了反驳，他认为那句拿纳尔逊做榜样的话是"不宜公开的评论"，而李维斯"应该更懂事一些"。墨菲中将也对这些夸张的议论不以为然："尽职而能干的军官没有迎合大众心理的义务——他们担负的责任太重了。"墨菲致哈特曼信（1951年9月7日）。

着在当天让VMF-221起飞的希望，与舰上的高级军官交流了意见。航一分队的参谋们纷纷质疑撤退决定，言辞之激烈令菲奇感到他们要求抗命的呼吁"简直是造反"。为了避免"（当面）听到这些言论"，也为了防止自己的怒气表露在外，他离开了舰桥。充斥于萨拉托加号的"冲天怒火和怨气"是菲奇在海军中从未见过的。人人都希望继续实施救援，如果救援再无可能，那就把停留在威克岛附近的"1艘小航母"敲掉。道格拉斯上校请求菲奇准许他向弗莱彻建议：让萨拉托加号高速驶向威克岛，放出搜索机，然后打击发现的所有目标。他甚至打算在必要时不经弗莱彻允许就硬上。菲奇虽然满怀同情，还是没有答应。他也认为舰队浪费了粉碎登陆敌军的大好机会。很久以后他回忆说，自己非常希望与弗莱彻私下商量，也许能想出回避撤退令的办法，但那是不可能的。被批评家认为更适合统帅14特舰的军官面对派伊的命令做出了与弗莱彻完全相同的反应，在惊愕之余他选择了服从而非违抗，这足以说明问题。[①]

许多诋毁弗莱彻的人还忽略了一个事实：在塞尔弗里奇号于08：11完成加油后，他并没有忙不迭地撤退，而是缓慢北上。事实上，他徘徊了一整天为余下的驱逐舰加油，以便在太舰总回心转意时立即投入战斗。10：40，舰队转向东北迎风方向，减轻了海况的影响。加油作业渐趋顺利，内奇斯号输送的油比上次多了，但也用掉了最后一批输油管。截至16：30，在日落15分钟后，14特舰完成了驱逐舰加油作业，其间与威克岛的距离只增加了75海里左右。直到此时，鉴于派伊再无其他指示，弗莱彻终于心灰意冷，指挥船队驶向东方。天黑后太舰总发来新命令，但提到的是中途岛而非威克岛。命令要求弗莱彻在12月25日让VMF-221飞抵中途岛，并让丹吉尔号和2艘驱逐舰在次日抵达该岛。在第二个12月24日（再次穿过日期变更线后），弗莱彻派斯普拉格率丹吉尔号、拉尔夫·塔尔伯特号和布鲁号驶向东北，于12月26日抵达中途岛，而他自己则直驶珍珠港。未能在威克岛战斗的援军将在日本舰队下一次进犯中太平洋时协防中途岛。[②]

---

① 美国海军陆战队 R.D.海纳尔中校，对美国海军退休上将奥伯瑞·W.菲奇的访谈笔记（1947年6月13日），转引自克瑞斯曼。关于道格拉斯，见弗莱彻致 W.W.史密斯信（1964年12月7日），史密斯资料集。P.D.斯特鲁普中将致格瑞巴信（1977年1月19日），格瑞巴资料集。

② 萨拉托加号航海日志。以下是12月23日加油时间表（油量单位为加仑）：

	原有燃油	占满油量百分比	东 11 区时间	补充燃油
塞尔弗里奇	125799	67	05：45—08：11	60060
马格福德	94188	62	08：39—10：37	44982
帕特森	89923	59	11：07—12：36	44520
赫尔姆	108620	71	13：02—14：18	40530
布鲁	96421	63	14：32—16：18	55398

输送油量引自内奇斯号航海日志。1941年12月太舰总致14特司电230839，CSCMF，卷521。关于中途岛增援行动，见丹吉尔号航海日志。

错失战机？

与派伊和弗莱彻不同的是，几年后的莫里森完全掌握了第二次登陆威克岛的舰队和阿部的航母的意图及行动。莫里森断言，弗莱彻单凭威克岛遭到航母空袭的消息就该大胆行动。他应该在12月21日夜取消加油计划，以20节航速挺进。据说这将使他在12月23日黎明处于消灭登陆船队的绝佳位置。在莫里森看来，正因为未能在此时当机立断，威克岛的覆灭才不可避免。为了他眼里的这一渎职行为，莫里森从未停止对弗莱彻的责难。他认为弗莱彻选择减速和加油就是在逃避责任，因为这样的耽搁毫无必要。[①]

诚然，作战计划和命令是指挥官对下级施加控制并协调其行动的手段，但这些事先的安排绝对无法考虑到可能出现的所有情况，也可能不切实际且蕴含缺陷。在有些情况下，下级完全有理由更改计划，根据自己的明智决断行动。那么具体到这个战例，弗莱彻是否应该这样做？莫里森的结论是在时过境迁之后完全依据事后聪明得出的。关键在于，当时美军方面没有人知道有一支登陆舰队正在向威克岛进发。单单一次航母空袭并没有让派伊感到威克岛的危机迫在眉睫。相反，他甚至愿意让丹吉尔号在脱离萨拉托加号飞机掩护的情况下走完最后一段航程。没有任何证据表明，在威克岛的登陆战真正开始前，珍珠港有人曾建议弗莱彻加紧前进并迎击日军航母。

为了辨明是非，不妨设想一下，如果弗莱彻在12月21日不顾严重的缺油问题，自作主张以20节航速挺进，会发生什么情况。这意味着违抗他刚刚收到的命令：派伊在这份直接下达的命令中要求萨拉托加号和各巡洋舰在白天与朗格拉普保持至少700海里距离。此举还将使14特舰进一步远离派伊正在调集的援军，令整套计划成为空文。如果弗莱彻打定主意直奔威克岛，那么他应该朝西南方直线航行。即便如此，萨拉托加号在12月22日下午的空中侦察仍然够不到南来的阿部的航母。也许弗莱彻在当天最有可能的成果是在极限距离起飞VMF-221，让该中队在日落前降落于威克岛。但是，这些战斗机面对黎明前发起的登陆毫无用武之地，而少了它们的14特舰战斗力将大打折扣。萨拉托加号自身的第三歼击中队只有12架能作战的格鲁曼野猫。[②]另一方面，向着威克岛一路西进的14特舰可能在12月22日遭遇日军的搜索机。当天日出前有4架水上飞机起飞，从沃杰向北搜索了630海里。其中至少1架发现14特舰并向阿部报告的可能性很大。在12月21日晚至22日晨，阿部曾向南来的登陆舰队靠拢。22日，他掉头北上，在下午3点前后到达威克岛以南约150海里处。他在上午的空袭中出动了6架战斗机和33

---

① 莫里森《美国海军作战史》3：243—244 页。
② 伦德斯特罗姆《首发主力》35 页。

架舰攻机。VMF–211击落2架轰炸机，但护航的零战也结果了最后2架野猫。如果阿部得知14特舰的存在，他将获得决定性的优势，可在23日上午发动致命一击。如果弗莱彻和阿部在12月22日都没有发现对方，那么在23日黎明时14特舰将位于威克岛东方或东北方仅100海里处。而阿部在夜间已经移动到威克岛西北方。日出时，两支航母编队都深处对方打击范围内，首先发现对手并进攻的航母指挥官赢面较大。[1]

　　莫里森和另一些人大肆渲染弗莱彻重创或击沉苍龙号和飞龙号的机会。弗雷德里克·C·谢尔曼将军（并非弗莱彻的支持者）后来根据莫里森的解释猜想，如果萨拉托加号实施了"充分的空中侦察"，苍龙号和飞龙号"将暴露于我军兵锋下，可能被摧毁"。[2] 他没有说明萨拉托加号如何才能"充分"侦察并保留足够的战机以确保击沉这2艘强大的军舰。萨舰有大约77架可以出动的飞机（26架F4F和F2A战斗机、40架SBD俯冲轰炸机、11架TBD鱼雷轰炸机），而苍龙号和飞龙号有94架飞机（34架三菱A6M2零式战斗机、29架爱知D3A1九九式舰爆机、31架中岛B5N2九七式舰攻机）。除俯冲轰炸机外，日本飞机相较于美国同类机有明显性能优势，尤其是在航程上。它们的航空鱼雷也优秀得多。与1942年几次航母大战时不同的是，此时大多数美国舰载机不但不如敌机灵活，而且和对手一样缺乏保护飞行员的装甲和自封油箱。第二航空战队的飞行员训练有素，战斗经验丰富，在珍珠港事变中发挥了主要作用。萨拉托加号的飞行员虽然受过良好训练，却没有实战经验。即便如此，以麦克莫里斯为代表的一些人仍然相信萨拉托加号对敌航母能战而胜之。尤其令人吃惊的是，他在12月22日宣称："我们掌握的迹象表明，（日本人）并没有压倒性的优势，而我方航母官兵也是非常优秀的。"[3] 在1942年春，当美国航母通过打击弱小目标得到锻炼后，这种说法无疑是正确的，但是在1941年12月，美国航母飞行队还稚嫩得出奇。14特舰在防守时可以得到萨拉托加号上对空搜索雷达的帮助，但巡洋舰和驱逐舰都没有雷达，而且日军的夜战水平要高出一筹。两军的舰载高射炮不仅数量稀少，而且效能很低，不过美国海军在1942年迅速改善了这一状况。

　　当时弗莱彻要想获胜，就必须明智地放过威克岛登陆部队，先谋求决定性地击败敌航母。若要在出击后全身而退，唯一的机会就是先发制人，即使不能一举击沉

　　①日本《战史丛书》38：202。横滨航空队行动调书（作战日志），1941年12月22日。日本战史室，通过伊泽保穗博士获得。

　　②谢尔曼《战斗命令》74页。

　　③灰皮书，81页。

敌航母，也要破坏其飞行甲板。如果威克岛在此期间陷落，他没有任何手段将其夺回。与日后的珊瑚海、中途岛和东所罗门之战不同，他在这一战中没有陆基飞机支援。这一关键的缺陷将使他对萨拉托加号俯冲轰炸机有限的侦察范围（300海里）外一无所知。在黎明他必对广大水域进行至关重要的侦察，在侦察中每动用1架SBD，用于打击的飞机就会减少1架。也许弗莱彻只能靠20架SBD和11架TBD进行第一波攻击，而且只有将VMF-221留在舰上他才能派出战斗机护航。在23日黎明前，阿部曾派出少数飞机袭击威克岛。因此，如果他得知弗莱彻的存在，需要花些时间调整部署，找到萨拉托加号，然后才能攻击。在这段时间里，第二航空战队将特别脆弱，但由于阿部是以二对一，仅凭一次幸运的攻击就让他失去战斗力是不太可能的。为了保证攻击机群找到目标，萨拉托加号自身的侦察必须执行得完美无缺，无线电通信必须清晰明了，方位估算也要准确无误（这样的情况即使在1942年也很罕见）。攻击机群的投弹必须特别精确，否则弗莱彻连幸存的机会也没有。日军在当地的关键区域拥有远比美军优越的侦察网络。第二航空战队发动的有力攻击，特别是鱼雷攻击，将严重威胁萨拉托加号。因此，苍龙号和飞龙号的胜算肯定较大。也许弗莱彻能得到的最好结果是让萨拉托加号与1艘航母同归于尽。墨菲将军在1951年断言，日本2艘精锐航母与萨拉托加号交战的结果"往好了说也是吉凶难卜的"。即使有列克星敦号助阵，"获胜的机会也不到一半"。[1]

金凯德后来认为，如果派伊和弗莱彻事先知道第二次登陆威克岛的舰队要来，他们可能会采取"非常措施"。保罗·D.斯特鲁普中将在1941年是菲奇的司令秘书，他猜测如果让自己的上司来指挥，他可能在12月22日晚上带萨拉托加号和一些加过油的驱逐舰前进，让其他船和丹吉尔号一起留下。目标是在23日天亮后尽早让陆战队的战斗机登上威克岛，从距威克岛200海里外起飞机群打击登陆之敌，然后接近到125海里回收这些飞机。斯特鲁普认为与敌军航母的交战不会早于24日，考虑到第二航空战队的实际行动，这是毫无道理的臆测。金凯德自己则认为没有任何理由更改原计划，他觉得任何直趋威克岛求战的行动都是彻头彻尾的鲁莽之举。[2]

如果派伊在威克岛登陆战开始后让弗莱彻前进会怎样？由于严格的无线电静默，派伊在下达撤退令时并不清楚三支航母编队中两支的确切位置。他完全有理由相信弗莱彻一直在按计划行动，因此他根据计划推测14特舰（萨拉托加号）在威克

---

① 墨菲致哈特曼信（1951年9月7日）。
② 金凯德回忆录，43—44页。斯特鲁普致格瑞巴信（1977年1月19日和6月17日），藏于格瑞巴资料集。

岛东北500海里处。实际上弗莱彻在该岛东北440海里处。派伊根据布朗的电报得知，11特舰（列克星敦号）在沃杰500海里空中侦察圈的边缘向西北行驶。实际上，布朗位于威克岛东南975海里，14特舰东南660海里，在12月25日日出时刚好能进入对威克岛进行空中打击的距离。至于哈尔西8特舰（企业号），派伊只能按照自己设定的作战界限来猜想。哈尔西此时在威克岛东北约1140海里，14特舰以东750海里。由于距离遥远，又没有舰队油轮跟随，他无法对威克岛附近的任何位置提供支援。事实上，任何一支舰队与友军的距离都超过了一天的航程。另一方面，菲奇"相信如果急速驶向该岛，我们将在日本人最松懈的时候给他们狠狠一击"。[1]

　　菲奇是对的。如果弗莱彻在12月23日04：00让丹吉尔号和内奇斯号离队，自己带着加过油的驱逐舰以20节航速疾驰，在当天他仍然鞭长莫及。萨拉托加号的飞机非但找不到任何敌人，连搜索威克岛邻近海域都做不到。而日军支援舰队主力在日落时已经扬长而去——阿部的航母舰队西返日本接受犒赏，五藤的重巡洋舰则南下夸贾林。14特舰在12月23日不可能给敌人造成任何损失，11特舰也一样。即使布朗提速到20节，穿越日期变更线长途奔袭，到12月24日黎明他与威克岛的距离也不会少于500海里。此后的情况很大程度上取决于12月23日敌军的搜索机能否发现14特舰或11特舰。当天5架执勤的陆攻机从罗伊岛起飞，对威克岛周围及其东方进行了侦察。由于它们飞得不够远，即使弗莱彻和布朗继续前进也不会进入其视野。[2]在12月24日，威克岛门户洞开，面对猛烈的突袭毫无招架之力。被珍珠港大捷冲昏头脑后，联合舰队肯定想不到敌人会认真地尝试收复威克岛或反击。萨拉托加号在24日黎明的空袭将给聚集在威克岛周围的轻巡洋舰、驱逐舰和运输舰带来浩劫，为盟国送上虽转瞬即逝但无比美妙的圣诞礼物。不论弗莱彻做了什么，威克岛仍将是日本人的囊中之物。此后14特舰应该及时远遁，避开敌军的任何反击，与远在东北方的内奇斯号重新会合。菲奇等人对派伊撤退令的批评确有道理。但是站在派伊的立场上，他无法知道日军获胜后竟然大意到立刻调走主力舰船，也不知道日军轰炸机的真正基地在夸贾林，而不是离威克岛近得多的朗格拉普。最重要的是，他无意拿太平洋舰队所剩无几的本钱赌博。

---

　　[1] 派伊关于撤回第14和11特混舰队的决定的讨论（1941年12月22日），PHA，第23部分，1063页。侦察部队司令（布朗）战争日记，1941年12月22日；战斗部队航空兵司令（哈尔西）战争日记，1941年12月22日。莫里森《美国海军作战史》3:238—239页的地图错将11特舰定位于威克岛125°方位角744海里处。该位置比布朗实际位置偏西230多海里，位于日期变更线的威克岛一侧，而布朗实际上不曾穿越日期变更线。海纳尔对菲奇的采访（1947年6月13日）。
　　[2] 千岁航空队行动调书，1941年12月23日，通过伊泽保穗博士获得。

余波

圣诞节上午，切斯特·尼米兹将军乘水上飞机到达，会见了在将军专用艇中等候的威廉·沃德·史密斯上校。他问起了威克岛救援行动，被告知部队已撤退后，他又询问该命令是否来自华盛顿。得到否定的回答（其实并不完全符合事实）后，尼米兹没有多说什么。虽然"很失望"，但他认为威克岛救援行动的失败已是"覆水难收，无可挽回"。他"没有浪费时间去猜想原本可能做些什么（着重号是他加的）"。14特舰曾经如此接近威克岛，却没能打一仗来拯救该岛或是为其陷落复仇，他们的愤怒是可以理解的。临阵退缩对士气的打击特别大。没有多少人了解此事的全貌。在那些了解的人中，没有一个因为弗莱彻按原计划准确地到达预定地点又奉命撤退而怪罪他。斯特鲁普也注意到，菲奇对于弗莱彻在救援行动中的指挥没有表露出任何不满。派伊见到归来的弗莱彻和金凯德时，充满歉疚地解释说，撤回14特舰的"令人心碎的"决定曾让他犹豫再三，但反映了"他的最佳判断"。①

华盛顿方面对此事的反应也是又惊又怒，但从未将矛头指向此时基本还是无名之辈的弗莱彻。总统曾密切关注威克岛救援行动的进展，甚至向他的海军助理约翰·R.贝尔道尔上校问询了丹吉尔号的性能——这艘船刚刚服役，没来得及登记到海军舰船名册中。诺克斯的助手弗兰克·比蒂上校问斯塔克会不会把派伊的撤退令告诉总统，这位海军作战部长长叹一声："不，弗兰克，我没这个胆子。"最后是诺克斯本人勉为其难地把这个坏消息带到了白宫，后来他向比蒂透露，罗斯福认为威克岛的不战而退比珍珠港事变"还要糟"。诺克斯向同病相怜的丘吉尔表示了同情，后者曾淡淡地评论道，"插手"将军们的事务是"危险"的（尽管他从未因此退缩）。斯塔克正式要求派伊说明撤退的理由，而调查珍珠港事变的罗伯茨委员会在1942年1月就半途而废的威克岛救援行动对派伊进行了严厉的盘问。金后来认为："也许派伊对威克岛救援行动做出的决定是正确的。我不会责怪他。"罗斯福则没有这么宽容，威克岛一役使他对派伊的怨恨至死难消。②

威克岛防御战作为美国（更明确地说，是美国海军陆战队）英雄主义的典型，理所当然地成了公众关注的焦点。在战后，莫里森和海军陆战队的罗伯特·戴勃斯·海

---

① 尼米兹致 W.W.史密斯信（1964年12月27日），美国海军退休少将哈罗德·C.崔恩致 W.W.史密斯信（1964年12月30日），均藏于史密斯资料集；另见史密斯对莫里森的第三卷的评论（未注明日期，约在1950年前后）。关于尼米兹抵达时的情形，另见哈罗德·C.崔恩将口述历史，哥伦比亚大学，267—268页。斯特鲁普将军后来相信撤退是"明智的"，他认为在当时进行航母决战可能给美国海军带来灾难。斯特鲁普致洛伊德·格瑞巴博士信（1977年6月17日），格瑞巴资料集。金凯德回忆录，49页。

② 罗斯福给 J.R.贝尔道尔的备忘录（1941年12月16日），富兰克林·D.罗斯福，总统文件，地图资料室档案，第36号箱。美国海军退休中将弗兰克·E.比蒂致哈里·艾尔默·巴恩斯信（1966年12月21日），哈里·艾尔默·巴恩斯博士资料集。丘吉尔《第二次世界大战回忆录》667页。1941年12月海作办致太舰总电271810，以及1941年12月太舰总致海作办电280147，两电均引自灰皮书，120页。派伊证言，PHA，第23部分，1062—1070页。怀特希尔备忘录（1949年7月31日），金资料集，第7号箱，NWC。

纳尔中校又重新考察了威克岛之役，后者在救援行动中曾搭乘丹吉尔号，对于未能到达威克岛深以为憾。在日后大多数论述中出现的被歪曲的弗莱彻形象就是由他们的著作塑造的。[①] 但是事实证明，他们没有确切理解威克岛救援行动的实际背景，实施该行动的原因，以及太舰总和几个特混舰队指挥官在行动中的所作所为。莫里森和海纳尔也没有认识到，金梅尔的根本错误在于低估了日本人，他没有认真评估敌军的真实能力，而是按照他主观猜测的敌军意图来行动。尽管形势发生了剧变，金梅尔和麦克莫里斯却选择基本照搬战前的马绍尔群岛侦察计划。他们坚信威克岛在短期内固若金汤，日军暂时不会卷土重来扰乱救援行动。尽管敌军航母在对珍珠港的攻击中表现出极其可怕的战斗力，金梅尔和麦克莫里斯却莫名其妙地忽略了在威克岛一带与敌航母对垒的可能性。美军虽然动用了3艘航母，但它们彼此相隔太远，有可能被实力较弱但合兵一处的敌军各个击破。莫里森和海纳尔的错误在于没有认识到这个导致救援行动惨遭失败的根本原因，而他们的粗浅分析也没能触及从太舰总最初的误判引发的一系列重大失误。金梅尔没有意识到救援行动应该尽快实施，他的幕僚没有让丹吉尔号加紧准备，接着金梅尔又把有限的航母力量分散使用。如果他真的担心威克岛陷落在即，就应该立刻派出列克星敦号和丹吉尔号，然后派萨拉托加号和企业号支援。[②] 此外，贾卢伊特的佯攻行动使救援舰队失去了唯一可用的快速油轮，只给弗莱彻留下了内奇斯号这个大累赘。战争初期太平洋舰队在海上加油方面屡屡受挫，而且所有舰船的实际作战半径显著低于根据和平时期经验得出的数字，这些令人不安的事实全被莫里森和海纳尔忘在了脑后。[③] 布朗的12特舰在12月

---

①有些文献是例外，包括格瑞巴《珍珠港事变后美军的太平洋战略》；克瑞斯曼《壮烈的战斗》；以及厄尔温《兵临绝境》，该书对弗莱彻做了简短而赞许的论述。

②华盛顿方面，约翰·陶尔森少将早在12月16日就认识到救援威克岛需要不止1艘航母（雷诺兹《陶尔斯》370页）。

③海纳尔在《威克岛防御战》37页宣称，弗莱彻应该在"东经日期12月15日"到达威克岛，但他从未承认金梅尔曾将D日推迟了24小时。而海纳尔的参考书目第64条列出了太舰总作战令39-41，这份命令明确要求弗莱彻在东经日期12月24日到达。莫里森和海纳尔一样知道实际的D日。从他在NHC的资料集可以看出这一点。但是他却选择在第3卷《太平洋上的旭日》中对此只字不提，事实上他没有援引任何证据来证明救援计划的存在，让人以为舰队只是一味向威克岛狂奔而已。莫里森还宣称（《美国海军作战史》3：237页）布朗对贾卢伊特的佯攻应"在12月22日或之前"实施，但是布朗的命令里根本没有这样的表述，而且这个日期本身也是错的。事实上，根据太舰总作战令40-41，布朗发起攻击的时间"应尽可能接近当地时间D-1日破晓时分"。由于金梅尔将D日推迟了24小时，D-1日应为东经日期12月23日（夏威夷时间12月22日），所以莫里森和海纳尔一样说错了日期。布朗有权更改目标或干脆取消攻击，但无权更改日期。在卷三的第一版（1948年）237页，莫里森认为"救援威克岛失利"是由于"航海技术低劣和缺乏决断，弗莱彻和派伊都有责任"。"航海技术低劣"是他看到弗莱彻因为加油耽误了行程而做出的刻薄评价，但这一批评非常不公正，因为在1941年12月，全军都在为这个难题发愁。后来的版本删除了这段评论，但弗莱彻的名誉已经受损。由于墨菲中将的批评，莫里森改了口，试图将派伊的谨慎作为14特舰没有为威克岛一战的唯一理由，于是他错误地声称，弗莱彻"根据电令在那个时间和地点加油是因为上级希望让布朗将军的特混舰队与他会合"。其实加油的时间早在弗莱彻出发前就在计划中确定了，太舰总后来也没有为此发出任何"电令"。1963年，在广受欢迎的精简版《两洋战争》138页中，莫里森又改变了看法，甚至在很大程度上为派伊开脱："但是在这场惨败中，弗莱彻将军的过错更大，因为在应该加紧救援威克岛的时候，他却浪费时间进行了毫无必要的加油。"

11—12日未能完成海上加油，丹吉尔号的准备工作又发生延误，事实上已经导致增援部队失去了在规模大得多的第二次进攻来临前登上威克岛的机会。焦头烂额的金梅尔并不愿相信这一事实。虽然他的救援计划根本没有与强敌作战的意图，他却在1964年将其称为一次"进攻"。[①]金梅尔的拥趸为了证明他的正确，硬把威克岛救援行动的失败说成是痛失良机。有一本书轻率地将原来的救援计划描绘成"大胆而富有想象力的战术方案"，称其旨在"将日本人诱入圈套"，而且在金梅尔被解职时，敌人"正准备一头钻进"这个圈套里。虽然金梅尔"为一场海上决战做好了布置"，派伊和弗莱彻却出于懦弱（甚至纯粹因为贪生怕死）浪费了获胜的机会，而且弗莱彻可能"故意延长了加油时间"。[②]爱德华·L·比奇上校（他一贯严厉批评弗莱彻，并且坚定支持金梅尔）也在最近宣称，金梅尔的救援命令"如果按计划执行"，"肯定会成功"。比奇推测，"威克岛很可能不会陷落"，或者守军将"轻易地……得到拯救"。[③]读者应该可以判断事实是否支持这些推测。正是由于海纳尔和莫里森的论调，再加上这些观点被许多人一再重复，弗莱彻在大众心目中成了"抛弃陆战队（的无胆将军）……他奉命救援在威克岛上陷入困境的将士，却以缺乏燃油为借口退兵，尽管他自己的日志证明他的燃油很充足"。[④]实际上，关于威克岛救援的史书是带有偏见又不了解事件全貌的同时代人制造的典型史料陷阱。墨菲将军在点评莫里森对威克岛救援的论述时尖锐地指出，它"严重冤枉了弗莱彻将军"，"连合格的史实记录都算不上"。墨菲作为当事人无疑了解真相。他认为"救援威克岛失败不是因为航海技术低劣和缺乏决断，而是因为2艘日军一线航母的存在"。由于战后的积怨，弗莱彻蒙冤成为威克岛陷落的替罪羊。诽谤他的人不愿承认的是，在珍珠港事变这样的大灾难之后，1941年12月的太平洋舰队其实无力有效作战。威克岛失守的责任总得有人来扛，推到弗莱彻头上是再方便不过了。[⑤]

① 金梅尔致 W.W.史密斯信（1964 年 11 月 2 日），史密斯资料集。

② 雷顿《亲历记》334、340—341 页。雷顿是前太舰总情报参谋，他在写作回忆录时早早离世，其回忆录由合著者——美国海军预备役退休上校罗杰·皮诺和约翰·柯斯蒂洛完成。藏于 NWC 的埃德温·T.雷顿少将资料集显示，《亲历记》中由他亲手撰写的部分非常少。他在 1983 年 5 月 11 日对合著者谈起过威克岛救援，但只是说自己不愿深究弗莱彻和威克岛的事，"因为那些事不是我亲眼所见"。但是在雷顿死后，皮诺和柯斯蒂洛却大肆渲染了他在 1970 年的口述历史中表达的情绪，骂派伊是"神经质的娘们"，说他"一找到借口就立刻"召回了威克岛救援部队，"使海军在与 6 个月后的中途岛之役非常相似的情况下失去了出其不意打击敌人的机会"。他们关于救援行动的讨论完全歪曲了事情的原貌，因为这次行动绝对没有寻求"决战"的企图，而威克岛担任"诱饵"角色应该是在它得到增援之后。实际上，雷顿对威克岛救援行动的成功前景持矛盾态度。到 20 世纪 70 年代中期，在广泛阅读日方资料后，他无疑改变了关于 1941 年 12 月美日航母对战的看法，明确承认了日军航母在当时的优势。他经常在文章中提到 1942 年初的几次袭扰战的价值，认为它们使美军航母做好了迎接日后关键战役的准备，从而夺回了太平洋上的主动权。关于雷顿对威克岛之役改变看法的例子，可以参见格瑞巴资料集中雷顿致格瑞巴信（1976 年 8 月 29 日），在信中他表示"放弃威克岛是比较明智的决定"。但是在 1983 年雷顿对合著者说，派伊应该勇往直前，"为国民恢复一些士气"，还暗示弗莱彻"是个怂货"。

③ 比奇，65—67 页(9)。

④ 曼彻斯特《别了，黑暗》169 页。

⑤ 墨菲致哈特曼信（1951 年 9 月 7 日）。

第四章
带航母去萨摩亚

新体制

在海上郁闷地航行两周后，第14特混舰队于1941年12月29日驶入珍珠港，没有实施任何行动来拯救威克岛，甚至也没有为其陷落复仇。弗莱彻在报告上唯一能提的成绩是增援了中途岛。在向上级报到时，他高兴地得知切斯特·尼米兹将在31日接管太平洋舰队。[①] 56岁的尼米兹1905年从安纳波利斯毕业，性格和蔼可亲，乐观开朗，似乎是在夏威夷重振低落的士气的理想人选。弗莱彻和尼米兹在华盛顿共事时就已相互熟悉，但关系不是特别密切。弗莱彻眼见尼米兹克服了总统、国会和海军部造成的重重阻力，对他非常钦佩，视他为杰出的管理者和沉着刚毅的领导人。

罗斯福总统钦点尼米兹担任太舰总，但海军作战部长斯塔克却属意于自己的助手——罗伊尔·E.英格索尔少将，海军中的另一些人也对罗斯福的选择不服气。尼米兹早年是潜艇军官和柴油推进系统专家，后来转行到巡洋舰和战列舰部队。直到20世纪20年代，在海军军事学院攻读并成为美国海军舰队总司令的幕僚后，他才进入了制定舰队战略和教令的决策圈。而且，他从未在大规模的舰队问题演习中担任高级指挥职务，而这些演习在很大程度上主导着战前海军的战斗条令。尼米兹的声誉主要来自于他两度（1935—1938年和1939—1941年）在海军航海局主持人事工作时的业绩。竞争对手们把理查森、尼米兹和弗莱彻等航海局的官员斥为"华盛顿复读机"，指其坐享近水楼台之利。这种指责不无道理。尼米兹在很久以后披露，诺克斯曾在1941年1月找过他，请他出任太舰总一职——这肯定是罗斯福的意思。尼米兹以自己资历尚浅为由婉言谢绝。如果他在1941年1月就任太舰总，珍珠港事变后激起的众怒肯定比金梅尔遇到的更大。罗斯福虽然并不熟悉金梅尔，但显然认为他只适合在和平年代掌军。而

---

① 1941 年 12 月太舰总致夏威夷地区所有舰船电 292229，CSCMF，卷 524。

据五星上将金称，斯塔克曾在1941年秋表示，一旦战争爆发，金将留在大西洋舰队，尼米兹将接管亚洲舰队，英格索尔将成为太舰总。历史最终证明了罗斯福慧眼识英雄，他是根据自己对尼米兹的品质和才华的深刻了解而做出这一选择的。尼米兹并不属于任何派系，在执行艰巨的任务时能够兼容各派主张。要让被打懵的太平洋舰队重整旗鼓，没有人能比他干得更好。他的勇气、进取心和过人的战略眼光在击败日本的过程中发挥了重要作用。但是尼米兹承认自己的任务艰巨异常，他在1941年12月28日的家书中写道："我并不气馁，将竭尽所能——但是大家一定要非常非常有耐心。"①

在一些高级军官看来，这位性情开朗、目光锐利的新任太舰总是不是真正的斗士还有待观察。与此相反，凡是认识新任美国海军舰队总司令（美舰总）欧内斯特·约瑟夫·金上将的，没有一个人怀疑他的斗志。1901年从安纳波利斯毕业（在同届生中名列第四）的金在1927年出于对飞行的兴趣而成为JCL，在50岁时得到了双翼徽章。他担任过航空兵的最高行政职务（航空局局长）和航母部队最高长官（美国海军舰队战斗部队航空兵司令），但在1939年角逐海军作战部长一职时遭到惨败，被打发到海军总委员会任职。这样的安排通常是退休的前兆，但他在1940年末又出任巡逻部队司令（该部队不久改组为大西洋舰队），事业重获新生。从1941年春开始，他对大西洋上的德国 U 艇和袭击舰发动了秘而不宣但充满危险的战争。12月18日，罗斯福大幅削弱了海军作战部长的职权，将其限制在行政和后勤方面，并相应地大大加强了美国海军舰队总司令的权力。前任太舰总金梅尔曾兼任美舰总，但只是挂名而已。金则牢牢掌控着美国海军的所有舰队，绝不是什么挂名的司令。上任伊始，他就把"美舰总"(Cincus) 这个糟糕的简称（英文中Cincus的读音与"sink us"（击沉我们）相同）改成了"舰总司"(Cominch)。虽然年届63岁，但金的外表和举止都显得比实际年轻。他聪明过人、专横跋扈、粗暴傲慢、御下甚严，具备领导美国海军打赢全球性海战的精神意志和战略眼光。当时斯塔克由于未能预见到太平洋上的严重局面而失去了罗斯福的宠信，金与这位同事的合作关系并不融洽。此外金对尼米兹和弗莱彻（已被免职的J．O．理查森的门生）这样的前航海局军官抱有深深的怀疑，他认为这些政客将军是靠着在华盛顿的关系网而高升的。他称他们为"和事佬"，因为他们总是想方设法和稀泥，不愿处分失职的下级。金不仅对尼米兹严加约束，而且没过多久就打

---

① 关于尼米兹，最重要的资料是波特的《尼米兹》。本书作者写过他的一篇小传，收录在布拉德福德的《后甲板和舰桥》327—344 页。关于诺克斯在 1 月向尼米兹的提议，见波特《尼米兹》3—5 页。关于斯塔克告诉金的话，见金，357 页。尼米兹写给其夫人凯瑟琳的信现存原件少得可怜，均藏于海军五星上将切斯特·W.尼米兹资料集。

起了大幅削减太舰总实权的主意。①

剑指萨摩亚

尼米兹到达珍珠港时，海军高层正在研究日军下一步将跨过日期变更线突击哪个目标。斯塔克认为，如果日军试图切断美国与新西兰—澳大利亚的交通线，那么南太平洋的各大岛群将首当其冲被突击。但是在这片辽阔的海域，美军仅在东萨摩亚图图伊拉岛上的帕果帕果设有一个重要基地，而且只有一支规模不大的陆战队驻防。新西兰在西萨摩亚的防御更是微不足道。于是在12月14日，斯塔克建议金梅尔将陆战队的一个团和一个守备营从圣迭戈直接运到萨摩亚（航程达4180海里）。关于护航部队，他指定了年底应抵达圣迭戈的约克城号和4艘驱逐舰。他建议再为这艘强大的航母配备2艘老式轻巡洋舰——里士满号和特伦顿号，由新晋少将阿贝尔·特鲁德·比德维尔指挥这次任务。②

金梅尔的谋士们忙于考虑马绍尔群岛和威克岛可能爆发的战斗，对萨摩亚没花多少心思。麦克莫里斯在12月15日提出一个规模小得多的萨摩亚增援计划，增援部队少了一半，护航力量也只是2艘老式轻巡洋舰和几艘驱逐舰。他觉得约克城号比

欧内斯特·J.金上将，摄于1942年。赠予弗莱彻的签名照。
由怀俄明大学拉腊米分校美国文化传统中心提供

---

① 金的传记首推托马斯·B.布维尔的《海权霸主》。另请参见拉夫主编的传记集《历任海军作战部长》中的相关章节，137—179页。关于金成为舰总司的经过，见富雷尔《第二次世界大战中海军部的行政管理》126页。金关于"和事佬"的评论出自缪尔备忘录（1949年7月31日），金资料集，NWC。
② 关于萨摩亚，见科莱塔《美国海军和海军陆战队海外基地》332—340页。灰皮书，50页；1941年12月海军作战部长致太舰总电142346，CSCMF，卷523。

较好的用途是向珍珠港运送急需的飞机，然后部署到中太平洋。金梅尔的临时继任者派伊急于增加前线的航母，因此赞同这个意见。斯塔克把决定权留给了太舰总，但再次建议在约克城号护航下一次运送所有增援部队。派伊在12月28日表示同意。比德维尔预定在1月6日从圣迭戈起航。"掩护或牵制行动"也在筹划中。12月29日，斯塔克强调，日军在吉尔伯特岛的增兵行动使萨摩亚和斐济群岛都面临威胁，他再度提出组织某些配合萨摩亚增援行动的"掩护或牵制行动"。[①]

12月30日，金发出了给太舰总的第一条指令。先前斯塔克虽试图将南太平洋纳入太平洋舰队重点关注区域，但他只是婉言劝导，金却是高调命令。在承认坚守夏威夷和中途岛的必要性后，金宣布保卫美国和澳大利亚之间交通线的"意义仅仅稍逊一筹"。萨摩亚只是第一步，太平洋舰队还将把控制范围向西推进到斐济甚至更远，最终的目标是遏止日军的攻势并发动反攻。金对战前的战略方针进行了重大改变，以非凡的直觉和果断搁置了经马绍尔群岛和特鲁克群岛向菲律宾逐步推进的计划。在接下来的3个月里，他将逼迫太舰总把越来越多的资源转到南方，为他新的过渡战略打下基础，而尼米兹的抵触情绪将对本已不满的他起到火上浇油的作用。[②]

---

① 灰皮书，53—67、73、121页。太舰总致海军作战部长电220301、281631、3000035，海军作战部长致太舰总电261908和291431，均为1941年12月所发，藏于CSCMCF，卷524。

② 1941年12月美舰总致太舰总电301740，灰皮书，121页。

来自华盛顿的这两条训令促使珍珠港方面重新考虑萨摩亚。突然之间，加强增援船队并且更换指挥官成了明智之举。尼米兹知道自己需要谁。他把2艘老态龙钟的轻巡洋舰换成重巡洋舰路易斯维尔号和新式轻巡洋舰圣路易斯号，并撤下缺乏经验的比德维尔，把新组建的第17特混舰队和萨摩亚的任务都托付给弗莱彻。约克城号不但要保护运输船队，还要在事后袭扰中太平洋。于是弗莱彻在12月30日发现自己要交出14特舰，成为同样有重任在身的17特司。他的朋友菲奇却没有得到好消息。没有飞行员资格的利里将军将接管包括萨拉托加号在内的14特舰。尽管菲奇是太平洋舰队仅有的两个航母分队司令之一，他却令人遗憾地恢复了哈尔西的岸上代理人的角色。这是因为在哈尔西带着企业号特混舰队出海征战时，尼米兹需要一个懂行的将军来管理战斗部队航空兵，协调陆地上所有航母舰载机的作训与补给。与此同时，派伊和罗伯特·A.西奥博尔德少将（指挥战斗部队驱逐舰队）也和菲奇一起常驻岸上，负责计划制订和行政管理，但尼米兹告诉斯塔克，他打算在"必要时"让他们接替特混舰队司令。德雷梅尔将军则正式接替威廉·W.史密斯上校，成为太平洋舰队参谋长。尼米兹将德雷梅尔的职责集中于作训。他还希望给每支航母特混舰队另外安排1名将官指挥巡洋舰并统辖水面攻击群。雷蒙德·斯普鲁恩斯少将在哈尔西的8特舰中担任了这一职务，金凯德少将将加入利里的14特舰，史密斯则被破格提升为少将，在布朗的11特舰中接替了牛顿。但是在尼米兹为17特舰找来巡洋舰队司令之前，弗莱彻只能身兼两任。①

弗莱彻必须尽快前往圣迭戈组织去萨摩亚的船队。12月30日，他在阿斯托里亚号上降下了他的将官旗。忠诚可靠的司令秘书山姆·拉蒂默和副官哈里·史密斯留在他身边，但他的职权既已扩大，就需要比侦察部队巡洋舰司令（侦巡司）参谋部大得多的幕僚团。他们随后转到牛顿所在的芝加哥号，该舰属于11特舰，当时正在瓦胡岛西南进行"攻势巡逻"。太舰总立即将芝加哥号召回珍珠港，在31日上午正式完成指挥权交接。当天10：00芝加哥号系泊在福特岛东北。与此同时，尼米兹在茴鱼号潜艇的甲板上就任太平洋舰队总司令。后来他喜欢在私下里开玩笑说，日本人在珍珠港只给他留了1艘潜艇。弗莱彻穿着浆过的白色制服，和所有受邀出席的将官一起目睹了就职典礼，随后匆忙赶到芝加哥号与牛顿完成自己的指挥权交接。当天下午，他带着部分幕僚赶到水上飞机基地，搭乘1架海军水上飞机连夜飞往圣迭戈。②

①　太舰总致海军作战部长电 310123 和 310515，太舰总致航海局长电 300501，以上各电均为 1941 年 12 月，CSCMF，卷 524；1942 年 1 月太舰总致海军作战部长电 040131，CSCMF，卷 1。

②　太舰总致 11 特司电 302005，太舰总致海巡司电 310315 和 310703，以上各电均为 1941 年 12 月，CSCMF，卷 524。战巡司战争日记。波特《尼米兹》19—21 页。

弗莱彻和侦巡司参谋部的人无疑相当熟悉。斯宾塞·S·刘易斯上校、杰勒德·F·加尔平中校和小查尔斯·B·布鲁克斯上尉陪同弗莱彻、拉蒂默和哈里·史密斯度过了14小时的飞行。助理作战参谋亚历山大·C·索林顿少校则被正在11特舰的芝加哥号上匆忙组建巡洋舰参谋部的威廉·史密斯借走了。斯宾塞·刘易斯是个精明强干、经验丰富的高级军官，很适合在重要的司令部中担任参谋长。这个53岁的德克萨斯人是1910届的安纳波利斯毕业生，他身材瘦小、善于言辞，以精通业务、热情友好、富于幽默感著称，还有一手在剧烈颠簸的船上卷香烟的绝活。在1917—1918年，他指挥帕特森号驱逐舰在欧洲海域作战，从1939年6月到1941年1月，他在巡三分队担任辛辛那提号的舰长，并赢得了弗莱彻的高度认可。刘易斯曾进入海军军事学院深造，并在多个参谋部任职。作为弗莱彻的个人助手和亲密顾问，他负责监督命令和计划的制定并领导参谋部。弗莱彻也非常倚重另一个德克萨斯人——负责拟定战术计划的作战参谋杰勒德·加尔平（USNA1921届）。加尔平的个性几乎与刘易斯完全相反，他冷漠孤高、一丝不苟，参谋部的下级军官虽然有点怕他，但无不佩服他的精明强干。参谋部三驾马车中的最后一人是查尔斯·布鲁克斯（USNA1931届），沉默而称职的通信参谋。17特舰的参谋部此时还只能勉强运转，尚缺编制定额中的通信值班军官、文书军士、报务军士、信号军士、航海军士和陆战队员，以及司令部食堂的军官厨师和烹饪军士。为了填补这些空缺，圣迭戈的海军接待站匆忙组建了以有经验的人员牵头的班子。[①]

结识约克城号

元旦上午，硕大的联合PB2Y-2科罗纳多式水上飞机载着弗莱彻一行，在降落到北岛海航站（NAS）之前，先在圣迭戈港口上空盘旋了一阵。视野中最显眼的是1艘大型航母棱角分明的轮廓。约克城号曾在北大西洋多次参加紧张激烈的"中立巡逻"，此刻它为了奔赴另一片战场而中断了改装工程。按惯例，弗莱彻应该把自己巡四分队的路易斯维尔号作为旗舰，但是太舰总规定航母特混舰队司令必须坐镇航母，以便更好地使航空行动与基本任务相结合。因此弗莱彻在约克城号上升起他的少将旗，开始了一段令人难忘的因缘。他成了所谓身在异乡的异客，这里没有巡洋舰上三联装炮塔、双联倾斜烟囱和飞剪型船首那赏心悦目的对称之美，只有一大片平平坦坦、在风吹日晒下褪色的木甲板，俯瞰之下仿佛一条巨大的木筏。唯一突出的部分是舰舯部又高又

---

① 军官履历档案，NHC。约克城号航母（CV-5）航海日志。

窄的上层建筑，但却偏到了右舷。这个被形象地称为"舰岛"的结构包括航海舰桥、司令舰桥、空中管制舰桥、带观测所的三脚桅、高射炮台和巨大的烟道。如果说战列舰像冰山，大半身躯没在水下，那么航母就像空箱子，高高浮在水面上，似乎一点小浪就能让它翻身。不过，约克城号在舰船美观方面的欠缺被强大的火力完全补足且有余。1937年服役的该舰虽是美国的第5艘航空母舰（CV-5），却是第1艘堪称现代化的航母。它的排水量达到19800吨，全长809英尺，能以惊人的32节高速劈波斩浪。最近的战事已经很好地证明，以约克城号飞行大队的装备为代表的航母舰载机看似脆弱，却左右着太平洋上海军实力的天平。[①]

航母特混舰队司令需要根据基本任务分配航母飞行大队的兵力。他应该决定要侦察的区域、动用的搜索机数量、要攻击的目标、攻击机群的规模和组成，以及留守的飞机数量。同样重要的是，他应该在这些飞行作业期间及之后指挥特混舰队进行机动，以便飞机安全快速地返回。如果弗莱彻的视力在1928年足够敏锐，他本可积累大量在这个新岗位上需要的舰队航空经验。现在他不能再依靠菲奇和航一分队的参谋部来处理特混舰队作战中的航空事宜，而他自己的巡四分队航空参谋戈登·A.麦克莱恩少校又不在。因此弗莱彻急需航空专业指导，而他除了完成自己的各项职责外，还要学习航母战术理论的速成教程。他求助的第一个人自然就是约克城号的舰长艾略特·巴克马斯特上校。身材高挑、仪表堂堂的巴克马斯特是1912届的安纳波利斯毕业生，他平常显得矜持冷淡，但在关系亲近后那冷若冰霜的面具就会融化。在驱逐舰上服役多年后，他在1937年以47岁的中校身份完成了飞行训练，成为最后一个"迟到的老弟"。巴克马斯特在1941年2月接掌约克城号，此前曾是列克星敦号的副舰长和珍珠港海航基地的指挥官。和所有JCL一样，他不曾在飞行中队担任实职，也没有多少实际的飞行经验。这一缺点在才华出众但敏感易怒的副舰长约瑟夫·J.克拉克中校（USNA1918届）眼里非同小可，他曾声称约克城号的"领导者非常不尽人意"。克拉克是个老资格的飞行员，获得双翼徽章的时间比巴克马斯特早了11年。他总是过于热心地想教导自己的菜鸟舰长如何指挥这艘航母，而且几乎在所有重大问题上都要与舰长唱反调。更麻烦的是，他本人在1942年1月也成了上校，只是没有接到新的任命。出于对巴克马斯特的礼貌，克拉克在约克城号上没有接受这个晋升后的军衔。[②]

---

① 与美国海军退休少将威廉·N.伦纳德的谈话，1996年8月30日。伦纳德曾作为战斗机驾驶员随约克城号征战，1944—1945年担任38特混舰队助理作战参谋，后成为航母舰长和航母分队长。军官履历档案，NHC。克拉克和雷诺兹合著《航母舰队司令》77—78、82—83页。

② 弗兰克和海灵顿《在中途岛会合》，克瑞斯曼《那条英雄舰》。

虽然"新过门的"巴克马斯特的航空知识有限，但他是个能干的军官，明智地认识到自己需要听取专家建议。令克拉克非常不满的是，他总是越过自己的副舰长，直接询问实际掌管飞行大队的飞行员们，包括航空长、大队长和中队长。飞行员们自然很欢迎这种"开明的做法"。他们回报了舰长的信任，而且在了解他以后都喜欢上了他。巴克马斯特没有被过时的教条束缚，他允许各中队实验新理念。因此约克城号飞行大队成了海军最好的大队之一。另一方面，克拉克是个"难伺候的人"，他傲慢、挑剔，而且至少在约克城号上不曾表现出幽默感，甚至难得一笑。他似乎不愿分享自己在漫长的飞行生涯中积累的智慧，飞行员们也始终未能让他放下盛气凌人的架子。严重的胃溃疡使他天生尖刻的性情更显突出。

弗莱彻很快察觉了新旗舰上复杂的人事和舰长与副舰长之间紧张的关系。他关于海军航空专业的知识远比巴克马斯特少，他的需要却和后者一样多。安顿下来之后，弗莱彻便采用了巴克马斯特的办法，频繁咨询那些在一线飞行的高级航空军官，例如航空长亨利·F.麦康塞中校和大队长科蒂斯·S.斯迈莱中校。事实上，根据斯迈莱的回忆，弗莱彻把他当作了自己参谋部的一员。后来，为了进一步了解海军航空专业（和他的部下），弗莱彻又深入飞行大队基层，经常把资深飞行员叫到编队指挥所询问飞行情况。如此一来他便疏远了克拉克，因为此人很乐意扮演鲁登道夫①的角色，替他的兴登堡②包办一切。据克拉克本人说，他后来曾向舰总司大倒苦水，发泄对弗莱彻和巴克马斯特的不满。必须说句公道话，克拉克是个杰出的军官，官兵们对他非常尊重。他后来跻身海军最优秀的航母舰长和特混舰队司令之列。看来他只需要一个挑大梁的机会而已。③

整装待发

弗莱彻接到的命令要求他在1月6日离开圣迭戈，20日抵达图图伊拉。他将运送亨利·L.拉尔森准将的陆战二旅（4800人）和最近组建的一支海军侦察分队（6架尚未组装的水上飞机），以及它们的所有装备和其他物资。这支快速运输船队包括

---

① 译注：兴登堡的副手，事实上的德国军队最高统帅。
② 译注：第一次世界大战时的德国陆军元帅、总参谋长，被公认为鲁登道夫的傀儡。
③ 威廉·N.伦纳德少将致德斯特罗姆信（1996年8月27日），1996年8月30日和1997年9月25日的谈话。他说克拉克是个"天性别扭的人"。克拉克则在《航母舰队司令》77—78页抱怨巴克马斯特"太好说话"，而且对"他的各部门主管太过相信"。胡伯特·E.斯特兰奇少将曾是约克城号的高空气象预报员，他在《一生》58—59页写道，克拉克"试图靠纠察官来管理全舰"，而巴克马斯特的做法却是"维持和平，避免冲突"。斯迈莱在交给罗伯特·克瑞斯曼的问卷中做的注释。

军火船拉森号、新式舰队油轮卡斯卡斯基亚号、美森轮船公司的3艘大型邮轮勒莱恩号、蒙特雷号、美森尼亚号，以及货轮木星号。装船工作从1月1日开始，弗莱彻在5日写信给尼米兹说，"尽管出现大量困难和延误，我部有望在明天按时出发"。他称赞了旧金山和圣迭戈海军军区的工作人员，以及"尽一切努力使所有必要物资按时装船"的陆战队员。17特舰的作战舰艇包括约克城号航母、路易斯维尔号重巡洋舰、圣路易斯号轻巡洋舰，以及弗兰克·G.法瑞恩上校的驱逐舰第三分队的休斯号、西姆斯号、拉塞尔号和沃克号驱逐舰。由于没有另设将官带队，路易斯维尔号的舰长艾略特·B.尼克松上校便顶替了巡洋舰特混大队司令一职。尼克松是弗莱彻的老熟人，因为他的巡洋舰曾与巡六分队一起参加舰队演习。①

　　约克城号不仅是弗莱彻的第1艘航母，也是他坐镇的第1艘装备雷达的军舰。该舰在1940年10月获得了最初的6套CXAM对空搜索雷达中的最后一套，这是美国海军投入使用的第一批雷达。为所有战舰配备对空搜索雷达和火控雷达的工程才刚刚开始。约克城号的雷达操作员是雷达技术军士文恩·M.贝内特，是海军中最受器重的雷达专家之一。艰难的北大西洋中立巡逻证明雷达在飞行作业和对海搜索中都有巨大的价值。弗莱彻曾造访雷达操作室讨论雷达的功能，为了征询关于如何使雷达发挥最大效果并在最需要的时候转发情报的建议，他提出了一系列问题，这些问题的高质量和他对雷达的全面了解都令贝内特印象深刻。各驱逐舰装备了型号较新但效能较差的SC对空搜索雷达，绰号"帆钓"。路易斯维尔号没有任何雷达，但圣路易斯号装备了具备有限对海搜索能力的早期火控雷达。约克城号和驱逐舰上有舰际通话 (TBS) 甚高频 (VHF)电台，可以进行相对安全的短途通信，但巡洋舰缺乏这种有效的设备。②

　　太舰总的作战令和随后的情报正确地判断出，萨摩亚增援舰队面临的威胁无非是敌军潜艇。日军正在全力征服远东，只能匀出几艘潜艇和2艘辅助巡洋舰用于南太平洋。去萨摩亚的危险更多地体现在理论上，但尼米兹不愿给敌人任何机会。他告诉弗莱彻，可能会有一支从珍珠港出发的航母特混舰队实施"掩护行动"，即对南洋诸岛发动佯攻或在萨摩亚附近直接支援17特舰。弗莱彻则在1月5日提醒尼米兹，不能一厢情愿地认为日军只会消极应付，特别是在"我舰队的构成和目的地已是众所周知"的情况下。堆放在码头的大量货箱醒目地标明了收件人："萨摩亚图图伊拉海军站军

---

　　① 太舰总给17特司的作战令48-41（1941年12月31日），藏于RG-313，太舰总作战令档案。17特司致太舰总信（1942年1月5日）和随附的17特舰作战令1-42（1942年1月5日），藏于RG-313，巡四分队作战令档案。

　　② 1997年与美国海军退休上校文恩·M.贝内特的谈话。

需官。"尼米兹甚至在收到弗莱彻的信之前就通知金，如果萨摩亚一带有日军重兵活动，他将指示增援船队改驶珍珠港，除非金希望把该船队派到更靠西的斐济。弗莱彻将在萨摩亚一带停留到运输船队完成卸货为止，随后他将执行攻击任务或前往珍珠港。尼米兹相信卸货只需8天时间，但弗莱彻不敢苟同。他在圣迭戈问过了解萨摩亚情况的人后认为，最可信的时间估计是两周。因此他向尼米兹建议，在3艘邮轮和卡斯卡斯基亚号完成卸货后就让17特舰离开。咨询过巴克马斯特后，弗莱彻决定不让那支侦察分队搭乘航母。如果要卸载该分队，约克城号就必须进入帕果帕果，这是弗莱彻希望避免的冒险行为。图图伊拉没有机场，航母停在港口又无法起飞舰载机，无疑是自寻死路。他下令将2架水上飞机组装起来放到圣路易斯号上，其余飞机则装在木星号上。约克城号此时已经被101架飞机挤得不堪重负：除了该舰本身的飞行大队（18架战斗机、39架俯冲轰炸机和12架鱼雷轰炸机），还有预定运往珍珠港的32架飞机（20架战斗机、9架俯冲轰炸机和3架J2F-5多用途飞机）。由于机库拥堵，平时只有31架SBD参与作业。[1]1月6日上午，就在17特舰即将起航时，一场突发的重病使山姆·拉蒂默被送进了圣迭戈海军医院。副官哈里·史密斯因此兼任司令秘书。祸不单行，木星号的船主又向弗莱彻报告说，船上的平民船员为了抗议香烟供应不足而拒绝出海。本来就希望让海军而不是商船海员来驾船的弗莱彻一怒之下求助于第十一海军军区当局。在"少许耽搁"后，木星号和17特舰护航的其他船只一起穿过海峡，结成环形阵驶向西南方。船队的航速是15.5节，这是拉森号和木星号的最大航速。尼米兹在1月8日命令弗莱彻，即使能够提前到达，也要按原定日期抵达萨摩亚。17特舰应经过圣诞岛以南100海里，在1月19日上午到达图图伊拉西北普卡普卡环礁附近的一个特定地点，"除非此举不可取"。显然太舰总在协调弗莱彻与其他人的行动。[2]

"实施一些攻击行动"

1月2日，新任舰总司刚在华盛顿安顿下来，就催促尼米兹出兵。远东的局势要求太平洋舰队按战前计划的设想，尽最大努力将日军兵力从菲律宾和荷属东印度群岛引开。和先前一样，这个重任将落在少数可用的机动特混舰队肩上，这些舰队是围绕航

---

[1] 太舰总作战令48-41；17特司1942年1月5日函。太舰总致舰总司电042049，太舰总致17特司电090625，两电均为1942年1月所发，藏于CSCMF，卷1。

[2] 侦巡司致太舰总电062046和太舰总致17特司电090625，1942年1月，CSCMF，卷1。17特舰（侦巡司）战争日记。17特司致太舰总"萨摩亚增援"（1942年2月5日），藏于巡四分队作战令档案。

母和巡洋舰组建的，但现在得不到战列舰支援了。金希望尽早发动攻势也有他个人的理由。出于对斐济和萨摩亚的担心，他命令尼米兹袭击吉尔伯特群岛，如果敌人推进到埃利斯群岛，那么那里也将成为打击目标。这些攻击行动最好与增援船队抵达萨摩亚的时间协调一致。金力主"实施一些攻击行动以振奋全军士气"。尼米兹回答说，这样的行动"早有预想，正在筹划"。①

　　麦克莫里斯的战争计划处拿出了各种攻击方案。为了给萨摩亚增援提供掩护（并最终执行海军的第一次攻击行动），他在1月2日建议布朗的11特舰（列克星敦号）在1月13或14日袭扰外马绍尔群岛（沃杰和马洛埃拉普），哈尔西的8特舰（企业号）在17日攻击吉尔伯特群岛。与此同时，利里的14特舰（萨拉托加号）将在西方掩护瓦胡岛。尼米兹显然还不急于作这样的冒险，他请求自己最得力的顾问派伊考察萨摩亚行动的战略及战术层面。派伊在1月8日提交的研究报告建议派8特舰南下掩护17特舰抵达萨摩亚。他一如既往地和麦克莫里斯唱反调，认为让哈尔西在17特舰抵达目的地前对马绍尔群岛和吉尔伯特群岛进行任何牵制性袭扰都是"不智之举"，应该在萨摩亚增援船队安全完成使命后再由两支航母特混舰队发动攻击。弗莱彻的护卫力量不足以防范潜艇威胁，因此8特舰应该增加4艘驱逐舰弥补此缺陷。派伊还建议用6架B-17轰炸机和6架PBY水上飞机在菲尼克斯群岛中的坎顿岛（萨摩亚以北700海里）和萨摩亚西南的斐济苏瓦城之间穿梭侦察。这些巡逻机可以说是用来看守前门的，如果敌军水面舰队从马绍尔群岛威胁萨摩亚，它们就可发出预警。在完成增援后，派伊断定最佳的袭击目标是马绍尔群岛东南部的米利环礁和吉尔伯特群岛中的马金—塔拉瓦环礁。在盛行一时的保守心态影响下，他警告说，"如果确实"要实施这些攻击，前提是应该"全面了解在贾卢伊特可能驻有陆基轰炸机队的情况下，用航母在其500海里范围内攻击所面临的风险"。鉴于日军轰炸机刚刚摧毁了威尔士亲王号和反击号，他的谨慎是可以理解的。两支航母特混舰队在黎明同时袭击米利和吉尔伯特群岛后，应该一边保持可互相支援的距离（200~300海里）一边撤退。在坎顿岛和斐济之间穿梭飞行的搜索机将发现并轰炸所有追兵。②

　　尼米兹采纳了派伊的方案，决定让哈尔西掩护萨摩亚，然后在2月的第一周率8特舰（企业号）和17特舰（约克城号）攻击马绍尔群岛的米利、马洛埃拉普和沃杰，以及吉尔伯特群岛的马金。他倾向于把这些攻击行动推迟到弗莱彻能够离开萨摩亚为

① 1942年1月舰总司致太舰总电021748，太舰总致舰总司电022235，灰皮书，122页。
② 灰皮书，123—135、143—153页。1942年1月太舰总致舰总司电140411，灰皮书，153页。

止，"从而进一步确保此次出征成功，并避免出现1艘航母在无其他航母支援时作战，且在离基地2000海里外受损的严重局面"。尼米兹还安排手下的潜艇对马绍尔群岛进行了广泛侦察。哈尔西喜不自胜地把自己将要参加的这次袭击称为"难得的机会"。8特舰于1月11日出海，编有企业号航母、4艘重巡洋舰（包括预定编入17特舰的旧金山号）、12艘驱逐舰（其中3将前往图图伊拉）和普拉特号油轮。另有一支加油群（萨宾号油轮和1艘驱逐舰）也起航南下，在萨摩亚一带为17特舰加油。太舰总作战令3-42和作战计划4-42指示哈尔西在1月20日前到萨摩亚附近掩护17特舰，然后自行安排8特舰和17特舰在北吉尔伯特群岛和东马绍尔群岛中择一袭击或同时袭击两者。如此一来，尼米兹便将他的一半航母投入了萨摩亚行动和后续的袭扰，同时留下列克星敦号和萨拉托加号保护中途岛—夏威夷—约翰斯顿岛轴线，这与金梅尔在威克岛一役中的四面出击形成了鲜明对比。[1]

就在尼米兹筹划美军的第一次航母袭扰战时，山本将南云的机动部队从日本调往南方，支援那里的攻势。1月8日，赤城号、加贺号、翔鹤号和瑞鹤号启程前往特鲁克，苍龙号和飞龙号则在4天后驶向帕劳。山本曾担心在珍珠港逃过一劫的美国航母会试图反击，其目标甚至可能是日本本土。如果这样的威胁存在，可能需要在北方留几艘航母以防万一。联合舰队参谋长宇垣缠少将也认为美国机动部队有可能造成危害。但是他在12月26日判断，太平洋舰队在元气未复时不太可能出击，日军航母因此悉数南下。[2]

就在哈尔西从珍珠港出发当天（瓦胡岛时间1月11日，日本时间1月12日），敌军的两次行动（其中一次微不足道，另一次却后果严重）引起了尼米兹的高度关注。1月11日黎明前，山田隆中佐的伊20号潜艇在图图伊拉的北海岸附近浮上水面，向军港里打了12发140毫米炮弹。山田报告"敌军没有重大活动"，随后便继续执行轻松愉快的斐济侦察任务。美军损失轻微，但尼米兹怀疑日本人可能对萨摩亚有更大的企图。第二个事件于当晚发生在瓦胡岛西南方。利里的14特舰以15节航速航行时，伊6号潜艇发射的一条鱼雷撞进了萨拉托加号左舷中部。该舰有3个锅炉舱被水淹没，在1月13日蹒跚驶回珍珠港。尼米兹本希望在赤道南北各部署2艘航母，而这一事件使他的均衡策略完全落空。现在只有布朗的列克星

① 1942年1月太舰总致舰总司电090445，灰皮书，142页。哈尔西和布莱恩，85页。战空司（8特司）战争日记。太舰总作战令3-42（1942年1月9日）和太舰总作战计划4-42（1942年1月9日）。1942年1月太舰总致舰总司电090445，灰皮书，142页；1942年1月太舰总致8特司和17特司电110735，CSCMF，卷1。
② 宇垣，61—62页。

敦号能保护中太平洋了。大失所望的尼米兹命令他在1月19日出发，去夏威夷以南1100海里的圣诞岛一带巡逻。如果哈尔西和弗莱彻在完成袭击后遇到麻烦，布朗可以从那里提供支援。哈尔西的8特舰（企业号）将在1月18日左右移动到萨摩亚西北，掩护弗莱彻到达目的地。他的3艘驱逐舰应该在1月19日抵达帕果帕果，增强反潜防御。萨宾号将停留在萨摩亚东南方，随时准备在必要时为17特舰加油。显然，太舰总为了确保萨摩亚增援船队的安全，动用了比预期更强的兵力，或许他也有意借此举防止金提议在别处进行过早的攻击。接到伊6击沉1艘列克星敦级航母的报告后，联合舰队的司令部至少在最初是将信将疑的，但肯定因此更加坚信太平洋舰队在近期难有作为。①

弗莱彻的南太平洋之行厄运连连。从1月8日到14日，约克城号的第四十二歼击中队(VF-42)先后有3架格鲁曼F4F-3野猫式战斗机在起飞时坠海，好在飞行员全部获救。1月16日，17特舰在萨摩亚东北600海里处开始从卡斯卡斯基亚号加油。第二天，这艘油轮在约克城号舷侧机动时"险些造成危及此次任务的严重碰撞事故"。18日，木星号因为冷凝器问题掉队，不过很快又追上了大队。次日，在距萨摩亚只有275海里的地方，弗莱彻命令3艘美森公司的大型邮轮和2艘驱逐舰以20节航速先行，在次日上午抵达图图伊拉。船队其他船只将在20日晚些时候或21日到达。1月20日黎明前，约克城号派出1架格鲁曼J2F多用途飞机向附近的帕果帕果运送官方邮件。12：30，它带回了好消息。图图伊拉方面表示，港口可以同时容纳船队的全部6艘船，于是弗莱彻立即让拉森号、卡斯卡斯基亚号、木星号和1艘驱逐舰离队进港。哈尔西的8特舰此时在萨摩亚西北100海里外逡巡，他已经拨出3艘驱逐舰在图图伊拉近海进行反潜巡逻。最振奋人心的是，一旦完成在萨摩亚的使命，17特舰就将会同8特舰攻击马绍尔群岛和吉尔伯特群岛。②

---

① 1942年1月图图伊拉军港致海作办和太舰总电111520，CSCMF，卷1。战巡司（14特司）战争日记。灰皮书，156页。1942年1月太舰总致萨摩亚军港电170121和太舰总致舰司总电170529，CSCMF，卷2。日本《战史丛书》38：306、49：39页。宇垣，73—74页。

② 17特舰战争日记。17特司报告（1942年2月5日）。关于加油事故，见17特司（侦巡司）提交给太舰总的"约克城号在从卡斯卡斯基亚号加油时所受损伤"（1942年1月22日），藏于RG-313，太舰总将官档案；以及卡斯卡斯基亚号舰长的"我舰于1942年1月17日同约克城号进行的海上加油作业"（1942年3月30日），藏于RG-313，太舰总秘密通信，S55，第4840号箱。弗莱彻惊讶地发现卡斯卡斯基亚号舰长沃尔特·L.泰勒中校没有亲自操舰，而是把维持舰船方位的任务交给了舵手。后来泰勒坚决否认了这一说法，他解释说，弗莱彻"显然是根据匆忙写就的文书推测出"这一结论的，对此他感到"很遗憾"。他认为约克城号上油管接头布置不当才是事故原因。

第五章
第一次反击

谋划打击

1月20日，弗莱彻高兴地看到了哈尔西的命令，该命令要求8特舰和17特舰在离开萨摩亚水域6天后同时袭击马绍尔群岛和吉尔伯特群岛。两支舰队的出发必须等到搭载的部队上岸以后，但弗莱彻不知道这需要多少时间。哈尔西没有选择外围环礁，而是大胆地将贾卢伊特作为自己的主要目标，这是他第一次真正展示自己身为战将的胆略。虽说他没有违背太舰总的实际命令，但他毫无疑问借太舰总的原意作了发挥。在神秘的马绍尔群岛一带游荡的美国潜艇发现敌军在贾卢伊特和夸贾林的活动特别频繁。哈尔西估计贾卢伊特可能有80架各式飞机。为了进入打击距离，需要从米利和马金之间170海里的间隔穿过，而这必然会增大在袭击前一天被发现的风险。企业号和2艘巡洋舰将以25节航速冲锋在前，驱逐舰则以15节航速尾随来节省燃油。企业号几乎所有的攻击机和约克城号的大部分攻击机将扑向贾卢伊特。约克城号飞行大队的其余飞机将攻击马金，同时企业号的战斗机将袭扰贾卢伊特以东120海里的米利。[1]

哈尔西的参谋们尚未决定确切的攻击顺序，而是准备了3个备选方案。A计划要求企业号的两个俯冲轰炸机中队（36架SBD）在日出前从贾卢伊特东南175海里处起飞，同时派6架战斗机扫射米利。位于8特舰东南60海里、贾卢伊特以南170海里的17特舰应派一个中队助攻贾卢伊特，派另一个中队向南袭击马金。机群起飞后，两支特混舰队应高速向东撤退，回收飞机后一走了之。B计划的内容也差不多，但提出在确定贾卢伊特有重型舰船的情况下，由哈尔西指挥2艘航母接近到150海里，并派鱼雷机中队参与攻击。C计划规定在天气合适的情况下提前到达放飞点，在午夜借月光发动奇袭，至于鱼

---

① 8特司给17特司的指令书（1942年1月17日），藏于8特司作战令档案。1942年1月8特司致太舰总电221825，CSCMF，2卷。这封电报是哈尔西的计划摘要，他派飞机将它带到萨摩亚交电台发送。

雷机是否参加则要视情况而定。弗莱彻做好了一切应急准备。他按照哈尔西的指示，把自己的大舰合编为一支"打击群"，而将4艘驱逐舰编入"支援群"以节省燃油。在发动第一波空袭后，打击群将高速后撤，与支援群会合，然后驶向东北。此后弗莱彻将位于8特舰东南方，与其保持150海里的间距。哈尔西计划只发动一次猛攻就退向东北方的珍珠港。他希望在空袭次日的上午即到达东北方1000海里开外与普拉特号会合。弗莱彻则安排萨宾号在哈尔西的加油点东南160海里处与自己碰头。[①]

金焦躁地等待着尼米兹发动反击。从1月17日起，无线电情报部门根据通信量分析结果，发现敌军可能已从马绍尔群岛向西南的特鲁克调动。1月20日，澳大利亚人报告，位于新几内亚北部俾斯麦群岛中新不列颠岛上的拉包尔遭到约100架航母舰载机的狂轰滥炸，日军的动向越发明显了。当地时间1月23日，拉包尔终告沦陷。金并不在乎航母在萨摩亚停留时间是否过长，他在20日告诉尼米兹，单是让8特舰和17特舰从萨摩亚向西北前进"就可提供足够的掩护"，而"时间因素看来是最重要的"。如果在哈尔西–弗莱彻攻击后2~3天另组织一次对威克岛的奇袭，敌军必定不敢进行任何坚决的

小约翰·F.哈尔西上将，摄于1944年前后。由美国海军提供

---

① 8特司指令书（1942年1月17日），藏于8特司作战令档案。17特司作战令2-42（1942年1月25日），藏于巡四分队作战令档案。

追击。既然明显有重兵从马绍尔群岛调走，威克岛似乎已处于孤立无援的境地。尼米兹虽然对一次动用3艘航母疑虑重重，他还是顺从了舰总司的意愿。他安排内奇斯号于1月22日出海，在约翰斯顿岛以西600海里处与布朗会合。布朗将派飞机轰炸威克岛，可能还要用他的巡洋舰对其炮击。尼米兹在1月21日告诉哈尔西和弗莱彻，"加紧实施我的作战计划4-42"是"绝对必要的"。因此，航母只需要在图图伊拉附近停留至3艘大型邮轮离开为止，然后留下旧金山号和3艘驱逐舰保护拉森号和木星号即可。尼米兹还准许哈尔西选择马绍尔群岛内岛链的目标（也就是夸贾林和贾卢伊特），等于追认了哈尔西的既定方案。[①]

拉包尔的陷落使刚愎自用的约克城号副舰长克拉克相信，17特舰应该攻击的不是马绍尔群岛，而是拉包尔。他试图说服巴克马斯特向弗莱彻建议更改目标，甚至想打破无线电静默来请求尼米兹批准。被巴克马斯特一口回绝后，克拉克厚着脸皮到编队指挥所找他的上司。弗莱彻表示计划不能变更，克拉克却傲慢地宣称"没有什么计划是绝对不能变通的"。弗莱彻无疑被副舰长的放肆行为搞得很心烦，他自然不肯拿此事惊动自己的上级，因为后者对战局的了解远比他或克拉克多。后来克拉克当面向金诉苦时提及此事，金回答说舰总司的参谋部曾经短暂地考虑过这一方案。当然，无论金还是克拉克都没有考虑过匆忙组织袭击拉包尔的不利之处：后勤困难重重，而且附近至少有2艘日本航母。[②]

1月22日夜，弗莱彻派飞机将一份电报送到图图伊拉，再由电台转发给哈尔西：船上的部队已基本上岸，他建议17特舰在1月24日离开萨摩亚。按照哈尔西的时间表，攻击将在当地时间2月1日星期天（日期变更线以东时间1月31日星期六）上午发动。哈尔西同意此议。1月24日，弗莱彻再次用萨摩亚的电台通知对方，他将在150海里外尾随8特舰，然后按命令加油和攻击。当天晚上，哈尔西和弗莱彻驶向了西北方的菲尼克斯群岛和更远的南洋诸岛。[③]

出人意料的是，离哈尔西和弗莱彻最近的日军舰艇部队是从东北方来的。武田盛治少将[④]率领第二十四战队（巡洋舰分队）的辅助巡洋舰报国丸号和爱国丸号已在东南太平洋游荡了近两个月，但只击沉了2艘盟国船只。由于武田的行踪实在难以捉摸（令他郁闷的是，

① 1942 年 1 月 14 军区司令致舰总司、太舰总及诸特司电 172135，太舰总致诸特司电 202145，CSCMF，卷 2。1942 年 1 月舰总司致太舰总电 202150，太舰总致 11 特司电 212217，灰皮书，179—180 页。1942 年 1 月太舰总致诸特司电 220055，旧金山号致太舰总电 242000，CSCMF，卷 2。

② 克拉克，83—84 页。

③ 1942 年 1 月 17 特司致 8 特司电 230941，8 特司致 17 特司电 232115，17 特司致太舰总和 8 特司电 241135，17 特司致太舰总电 242257，CSCMF，卷 2。

④ 译注：原文误作武田盛春。

他的"猎物"也一样），情报通报只能含糊其辞地警告说远在东方的复活节岛一带有商船袭击舰活动。现在武田正经过哈尔西和弗莱彻预定穿越的同一片水域回航。对双方来说都很走运的是，几次虚警让武田放慢了速度，26日和27日风雨交加的天气又使他打消了出动飞机侦察的念头。结果，两支特混舰队在日军船队前方驶过——17特舰一度与日军相距不到200海里，不过是在夜间。双方始终毫无察觉。如果发生遭遇，武田肯定会被迅速消灭，但联合舰队也将因此发觉美军航母出现在南太平洋。①

　　1月23日，倒霉的内奇斯号在没有驱逐舰护航的情况下缓缓驶向与11特舰的会合点，结果在瓦胡岛西南135海里处被潜艇击沉。本来就对太舰总组织袭击的迟缓进度不满的金因此越发不安。由于布朗的燃油不足以坚持到威克岛，又没有其他油轮可用，尼米兹只能取消任务并将他召回珍珠港。日军夺取拉包尔后，俨然有席卷西南太平洋之势。更多证据显示，马绍尔群岛的海空力量已被调走支援新攻势。美国的反击必须尽快发动。1月25日，尼米兹告诉他的两位特混舰队司令，对马洛埃拉普和沃杰的潜艇侦察表明"通过轰炸和炮击可将所有设施夷为平地，而风险可以忽略不计"。两天后，金傲慢地征求太舰总的意见："你应该清楚目前敌军的据点，特别是俾斯麦群岛的拉包尔对我方与澳大利亚的交通构成了严重威胁。"将哈尔西的部分兵力转用于西方是"不妥的"（克拉克袭击拉包尔的计划就此化为泡影）。因此，"务必按原计划攻击马绍尔群岛"。舰总司感到了压力，他必须先发制人，以免日军打乱他正在实施的南太平洋战略，夺取对他至关重要的岛群。尼米兹告诉哈尔西和弗莱彻："现在正是毁灭吉尔伯特和马绍尔群岛敌军及其设施的机会。"如果"可行"，"务必通过反复的空袭和炮击实施攻击"。可"视情况"将攻击延长到一天以上。虽然尼米兹的命令显得毫不含糊、咄咄逼人，他自己却忧心忡忡，他在1月29日给妻子的信中写道："很多时候我确实觉得很苦闷，但我总是盼着情况好转。"②

　　这一次，金没有理由指责珍珠港或企业号的指挥官缺乏战斗精神。哈尔西刚在菲尼克斯群岛以西穿过赤道就接到了新命令。现在太舰总要求对马绍尔群岛实施"抵近攻击"，等于又采纳了以前的侦察突袭计划。在聪明过人但性格乖僻的麦尔斯·R.勃朗宁中校的率领下，8特舰的参谋部重新制订了8特舰和17特舰的作战计划。勃朗宁"把铅笔放在海图上，指出了方便我们造成最大破坏的理想出发点。"部队将攻击沃

---

　　① 雷顿《第24战队——日本的商船袭击舰》53—61页。
　　② 太侦司（11特司）战争日记。灰皮书，183页。1942年1月太舰总致诸特司电252227，14军区司令致舰总司、太舰总及诸特司电270143，CSCMF，卷2。1942年1月舰总司致太舰总电271945和太舰总致诸特司电280311，灰皮书，193页。尼米兹给凯瑟琳·尼米兹的家书（1942年1月29日），尼米兹资料集。

杰、马洛埃拉普和现在的首要目标——夸贾林。为了攻击夸贾林，企业号必须从沃杰以北仅仅几海里的地方出动飞机。哈尔西深知："把航母开到敌军据点的目视距离以内并非妥善之举。"尽管如此，他还是把接敌地点北移近300海里至北马绍尔群岛，并把8特舰分成三个特混大队分头攻击相距甚远的几个目标。第一波空袭将在日出前15分钟发动。斯普鲁恩斯将率2艘重巡洋舰和1艘驱逐舰炮击沃杰，同时第3艘重巡洋舰和2艘驱逐舰将轰击马洛埃拉普环礁中的塔罗亚岛，并辅以战斗机扫射。哈尔西提醒自己的特混舰队"做好奉命实施后续攻击的准备"。[①]

1月28日，当17特舰从萨宾号加油之际，哈尔西通过飞机把新的命令送到了约克城号。得知哈尔西打算扫荡北马绍尔群岛时，弗莱彻很可能吃了一惊。17特舰分配到了原来的目标——贾卢伊特、米利和马金，其中贾卢伊特是主要目标。哈尔西没有要求弗莱彻同时发动攻击来配合自己，而是把细节全交给弗莱彻自行决定。不过由于太舰总的情报称马金有1艘辅助水上飞机供应舰为大约7架大型水上飞机补给，他建议用9架SBD和3架携带鱼雷的TBD攻击马金，并授权弗莱彻"自行决定"是否炮击米利以及马朱罗和阿尔诺环礁（位于米利北方和东北方）。弗莱彻应当"视目标和后续战况"实施反复攻击，迅速报告战果，并通报特别重要的舰船目标。哈尔西还承诺在8特舰撤退时发来通知，并指示他何时脱身。[②]

弗莱彻保留了将17特舰分成一个打击群（约克城号和2艘巡洋舰）和一个支援群（法瑞恩上校指挥的4艘驱逐舰）的战术。在攻击前夜，打击群将以25节航速从"攻城槌"点航行最后的215海里，到达出动飞机的位置。该位置是"炸弹"点，弗莱彻已将其挪至原放飞点东北50海里处，以便必要时炮击米利。从"炸弹"点可以方便地攻击所有三个目标，最远的贾卢伊特在其西北方140海里处。在2月1日05：00（东12区），打击群将掉头东行。约克城号将发动空袭，随后迅速与以15节航速接近的支援群会合。约克城号有60架可以出动的飞机（17架战斗机、31架俯冲轰炸机和12架鱼雷轰炸机），比企业号（18架战斗机、37架俯冲轰炸机和18架鱼雷轰炸机）少13架。因为鱼雷机数量不足，所以无法按哈尔西的建议分头袭击贾卢伊特和米利。弗莱彻决定把为数不多的战斗机留下来保护舰队。为了攻击贾卢伊特，他打算动用罗伯特·G.阿姆斯特朗少校的第五轰炸中队（17架SBD）和乔·泰勒少校的第五雷击中队的全部12架

---

① 航空局对莱昂纳德·J.道少校的讯问（1942年9月29日），作战档案，NHC。小威廉·F.哈尔西五星上将，小威廉·F.哈尔西五星上将生平——回忆录，333页，藏于弗吉尼亚历史学会；另见哈尔西和布莱恩，89页。8特舰作战令1-42（1942年1月28日），作战令档案，8特舰。

② 8特司给17特司的2号指令书（1942年1月28日），作战令档案，8特司。

TBD，并由大队长科特·斯迈莱乘SBD带队。贾卢伊特是一个面积很大、形状不规则的环礁，岛上的主要设施位于东南角。弗莱彻还不清楚那里究竟有什么，也许有辅助舰船，还有潜艇和飞机。考虑到目标的多样性和距离，他听从了巴克马斯特的建议，决定至少在第一波空袭中让TBD挂载3颗500磅炸弹，而不带鱼雷。第五侦察中队（队长是小威廉·O.伯奇少校）分配到了另两个目标：位于放飞点南方130海里的马金和北方约70海里处的米利。伯奇将率9架SBD对付马金的水上飞机供应舰和水上飞机，而华莱士·C.肖特上尉将带领另外5架袭击面积也相当大的米利环礁。每架SBD都将携带1颗500磅炸弹。[①]

弗莱彻希望先看到攻击效果再决定下一步行动。他确实计划在当天下午对贾卢伊特发动一次后续空袭，但从未认真考虑炮击米利、阿尔诺和马朱罗。17特舰的实力比哈尔西8特舰弱得多，他的2艘巡洋舰都没有对空搜索雷达，因此其独立作战能力有限。此外，太舰总1月21日的电报指出，美国潜艇没有发现阿尔诺和马朱罗有军队活动的迹象。考虑到哈尔西要求在必要时反复攻击，弗莱彻打算在2月1日晚上东撤，与就近停泊在马金以东440海里的"海洋"点一带的加油群（萨宾号和马汉号）会合。为驱逐舰加油后，他将在2月3日上午再袭贾卢伊特，可能也会轰炸马金。[②]

接敌

美国海军情报部门的结论是正确的，敌军航母和大多数陆基飞机都部署在比特鲁克更远的西南方向，此时确实是袭击南洋诸岛的良机。夺占拉包尔（"R"行动）只是大本营在第一阶段作战中攻略"东南方面"的初次尝试。南云中将的赤城号、加贺号、翔鹤号和瑞鹤号支援了这次登陆行动，同时，苍龙号和飞龙号袭击了东印度群岛中的安汶岛。截至1月31日，赤城号、加贺号和瑞鹤号锚泊在特鲁克，苍龙号和飞龙号回到了帕劳，翔鹤号则前往国内接收飞机。井上中将的南洋部队正忙于南下攻击俾斯麦群岛。马绍尔群岛原有的35架中型轰炸机和27架水上飞机都只剩9架。不仅如此，日军还放松了戒备。虽然有情报称美军在中太平洋的无线电通信增加，可能预示攻击在即，高级将领们却没有在意。[③]

---

① 17特司下发给17特舰的攻击计划修正令（1942年1月29日），作战令档案，巡四分队。约克城号舰长致太舰总，约克城号飞行大队攻击马绍尔群岛和吉尔伯特群岛中的贾卢伊特、米利和马金的报告（1942年2月5日），行动报告档案。

② 17特司致太舰总，1942年1月31日交战报告（1942年2月9日），行动报告档案。1942年1月太舰总致诸特司电220137，CSCMF，卷2。17特司攻击计划修正令（1942年1月29日）。

③ 日本《战史丛书》38：368、370—371、384、405页。

1月29日，8特舰大胆地进行了一次夜间加油，这次由普拉特号为企业号实施的作业有力地证明了舰队在这方面的进步。这是第一次在夜暗条件下通过油轮向重型舰船加油。此后，哈尔西以18节速度驶向西北。至日落时，他距离南洋诸岛已不到500海里。他在午夜穿过日期变更线，跳过1月30日，直接到了1月31日（东12区时间）。由于驶向目标的航程比预计的长，他必须补充多耗的燃油。排空存油的普拉特号与克瑞文号驱逐舰一同前往珍珠港。8特舰此时保有的油量勉强够让该舰队返回珍珠港，但如果攻击持续一天以上就可能不敷使用。哈尔西让普拉特号捎走一封电报并在稍后发出。他在电文中指出，如果太舰总不能再派1艘油轮，"我部出于燃料需求，在一天后就必须撤退"。同样是在1月29日，弗莱彻在8特舰南方大约150海里的地方完成了17特舰的加油作业。他派萨宾号和马汉号前往"海洋"点，希望其存油能保证17特舰回家。[1]

　　尼米兹迅速对哈尔西伸出援手。鉴于舰总司担心敌人继夺取拉包尔后进一步深入西南太平洋，尼米兹曾考虑在远离珍珠港的南方部署航母。派伊强烈建议让哈尔西的一个航母特混舰队在袭击马绍尔群岛后南下斐济，而不是撤回珍珠港。与此同时，包括列克星敦号在内的布朗11特舰应从珍珠港出发，在萨摩亚以西列阵。合2艘航母之力，当可阻止敌军染指新赫布里底群岛或新喀里多尼亚。麦克莫里斯照例与派伊争执不休，他声称这个部署建议"过于偏颇"，而且与舰队保护夏威夷的主要任务背道而驰。他极力主张在哈尔西攻击马绍尔群岛或袭扰威克岛后让11特舰留在中太平洋。尼米兹本打算在哈尔西和弗莱彻完成攻击后再决定11特舰的去向，如今迫于情势，他将下述安排通知哈尔西：布朗将在1月31日带着"唯一可用的油轮"尼奥肖号出航，在攻击之日的两天后与哈尔西在原加油点东北100海里处会合。即便如此，尼米兹还是允许哈尔西在第一天攻击后提前撤退。布朗在输送燃油后将向南巡弋至坎顿岛，然后于2月16日前后返回珍珠港。[2]

　　接下来，哈尔西和弗莱彻要面对的难题是如何神不知鬼不觉地到达放飞点。1月31日（东12区），在离预定攻击时间不到24小时的时候，弗莱彻终于发现约克城号的搜索机早就违反了他关于避开陆上观测的严格禁令。27日上午，2架SBD曾经掠过豪兰岛上空，也就是阿梅莉亚·埃尔哈特[3]在1937年6月未能寻获的那个弹丸小岛。飞行员们声称在那里没发现什么异样，但这与弗莱彻在30日监听到的发自坎顿岛的电报不符。

---

　　① 战空司（8特司）战争日记。为了方便起见，弗莱彻在穿越日期变更线后仍然让17特舰使用西经时间，而没有像哈尔西8特舰那样跳过一天改用东经时间。本书为了避免混淆，将把17特舰的日期换算为东经时间。1942年1月8特司致太舰总302000，灰皮书，203页。17特舰战争日记。

　　② 灰皮书，194页。1942年1月太舰总诸特司电310138，CSCMF，卷3。

　　③ 译注：美国著名女飞行员、女权运动家，1937年尝试环球飞行时在飞向豪兰岛途中失踪。

1月28日的空中侦察显示，豪兰岛和附近的贝克岛在最近遭到了猛烈轰炸。罪魁祸首应当是从马金起飞的水上飞机。弗莱彻根据飞行员的报告推断，轰炸时间不是在1月27日下午，就是次日早晨17特舰在豪兰岛西北仅100海里处巡航的时候。日本飞机可能发现了约克城号的飞机或是舰队本身——这可能预示着严重后果。31日的白天对弗莱彻也是一段煎熬，他估计马金或贾卢伊特都可能出动搜索机，但是雷达上没有出现任何目标。哈尔西的运气甚至更好。当天雷达发现一个不速之客接近到距8特舰30海里以内，但这个可疑目标（身份不明的飞机）既没有改变航向，也没有发出告急电报。哈尔西认为是阴霾掩盖了他的舰队。现在看来，两支舰队都有可能出敌不意。在企业号上，有从罗切福特的绝密情报单位H站借调的日语专家——陆战队上尉班克森·T.霍尔库姆。哈尔西调皮地请霍尔库姆用日语写了个段子嘲笑那个粗心大意的搜索机组，并下令油印几百份，在次日空袭中投到马绍尔群岛。按照哈尔西的说法，尼米兹后来听到这个故事时也咯咯暗笑，但这一事件却暴露出了当时海军高级将领对无线电情报安全的漫不经心。哈尔西的这个玩笑其实是在告诉敌人：偷袭者发现了搜索机，而且知道它没有发出警报。[1]

"这个星期天轮到我们开枪了！"

约克城号、路易斯维尔号和圣路易斯号在星期六晚上抵达"攻城槌"点后提速至25.5节，留下法瑞恩上校的4艘驱逐舰以15节航速徐徐尾随。此时天气已经转坏，云层越来越厚。约克城号的气象预报员胡伯特·R.斯特兰奇少校预计次日上午将是"多雨"天气，一条影响能见度的锋面带将位于舰队上空，可能也会覆盖目标区域。尽管这一估计已经很令人灰心，但还是严重低估了实情。2月1日黎明前，夹杂着乌云的阴霾遮蔽了地平线，到月落时，水天界线已经不甚分明。在西北方，通向贾卢伊特的航线布满了闪电和狂风。32架飞机（用于战斗空中巡逻的4架F4F，袭击贾卢伊特的17架SBD和11架TBD）趴在昏暗的飞行甲板上，周围是往来奔走的人影。舰岛天桥上的"鹰座"挤满了渴望目睹约克城号的首次战斗起飞的看客。04：52，打击群在"炸弹"点转到东北迎风方向。机群平安无事地起飞了。弗莱彻将3艘军舰的航向稳定在正东，以26节的高速重走他赶了一夜的航路。约克城号迅速在飞行甲板上排列好第二波的14架飞机，这些VS-5的SBD预定前往马金和米利。到06：04，两批飞机均已出发，弗莱彻开始静等结果。06：49日出以后，天上仍然阴云密布。

---

① 17特舰战争日记。哈尔西和布莱恩，89—90页。

几分钟后，弗莱彻看到了令人高兴的景象：法瑞恩的4艘驱逐舰从东南方驶近。它们机动到航母群周围排成防空阵型，这一手来得正是时候，因为约克城号的雷达发现西北25海里处有1架可疑飞机。这个不速之客原来是1架出了机械故障的TBD。机组人员报告说，贾卢伊特那边的天气比这里更糟。[1]

到08：00时，14架袭击马金和米利的飞机已经在舰队上空盘旋了。伯奇着舰后向弗莱彻汇报说，那艘改装的水上飞机供应舰和2架水上飞机停泊在马金的潟湖中。虽然天气很不理想，但并没有影响攻击。伯奇声称那艘供应舰中了两弹并起火，2架飞机也被摧毁了。实际情况是：1颗炸弹击中长田丸号运输舰／炮舰（2900吨）的尾部，致其"中破"。2架水上飞机均被焚毁。看来马金不值得攻击第二次，而肖特上尉认为攻击米利一次都嫌多。他的5架SBD没发现任何有军事价值的目标，这并不奇怪，因为米利的守军只有一个瞭望哨和一支施工小分队。弗莱彻很快就让这14架俯冲轰炸机重新起飞，在低空进行反鱼雷机巡逻以保护舰队。[2]

既然攻击马金和米利的飞机已安全返航，弗莱彻便把注意力集中到了贾卢伊特。08：15，约克城号收到广受欢迎的VT-5副队长哈兰·T．约翰逊上尉发出的电报。他和1架僚机即将在贾卢伊特北岸迫降，那里远远超出了弗莱彻能够施救的范围。舰队所在海域的天气严重恶化。弗莱彻试图走之字航线来避开连串的暴雨，但飑线实在太宽了。到了09：30，鉴于飞行条件过于恶劣，他批准巴克马斯特回收所有执行战斗空中巡逻的战斗机和那14架SBD。它们开始和第一批从贾卢伊特返回的攻击机一起降落。瓢泼大雨使能见度降至100码，还伴有高达50节的劲风。即便如此，约克城号也没有中断回收飞机的作业。突然，1架VS-5执行反鱼雷机巡逻的SBD在法瑞恩坐镇的休斯号驱逐舰附近一头栽进海里。为了避免失去迫降飞行员的踪影，法瑞恩当机立断下令停船，并指派沃克号驱逐舰前去救人。沃克号的小艇冒着风暴勇敢地救起了驾驶员和报务员。10：10，弗莱彻获悉2名飞行员已经登上沃克号，其中一人可能受了内伤。[3]

① 本节的标题来自企业号1942年2月1日计划。关于8特舰袭击行动的基本资料来自8特司致太舰总，1942年2月1日在马绍尔群岛的行动报告（1942年2月9日）；另见伦德斯特罗姆《首发主力》63—77页。关于17特舰：17特司致太舰总（1942年2月9日）；约克城号舰长致太舰总（1942年2月5日），包括飞行大队长及参与空袭贾卢伊特、马金和米利的飞行员的报告；路易斯维尔号舰长致太舰总，交战报告（1942年2月6日）；圣路易斯号舰长致17特司，1942年1月6日至2月6日行动报告（1942年2月6日）；驱三分队长致17特司，行动报告（1942年2月7日）；休斯号舰长致太舰总，行动报告（1942年2月6日）；西姆斯号舰长致太舰总，马绍尔群岛米利一带的行动报告（1942年2月5日）;沃克号舰长致驱三分队长，1942年1月31日行动报告（1942年2月5日）；拉塞尔号舰长致太舰总，参与吉尔伯特群岛和马绍尔群岛行动的报告（1942年2月5日）；17特舰战争日记；约克城号航海日志；另见伦德斯特罗姆《首发主力》77—80页。斯特兰奇，60页；莱昂纳德致伦德斯特罗姆信（1997年6月6日）；约克城号报告（1942年2月5日）。
② 约克城号报告（1942年2月5日）。日本《战史丛书》38：392—393页。
③ 约克城号报告（1942年2月5日），17特舰战争日记，驱三分队长报告（1942年2月7日）。

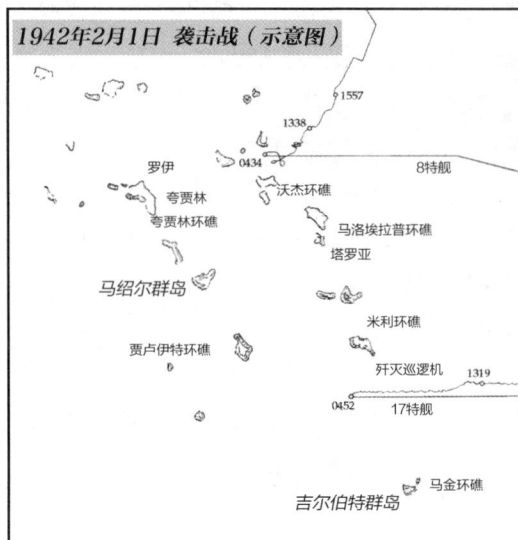

1942年2月1日 袭击战（示意图）

在此期间，弗莱彻从贾卢伊特返回的第一批飞行员口中得知，天气导致返航极其困难。有些飞行员用电台请求军舰导航。万幸的是，约克城号的YE无线电导航仪工作正常，但弗莱彻还是准许巴克马斯特打破无线电静默提供引导。10：02，在了解更多情况后，弗莱彻派拉塞尔号驱逐舰到舰队后方10海里处引导迷航飞机并搭救迫降人员。这个明智的决定很快见效：1架TBD在10：23用电台报告，另一架蹒跚者式的乘员在舰队西北方20海里处迫降后登上了自带的救生筏。考虑到西边肆虐的风暴可能耽误救援，弗莱彻命令法瑞恩带着休斯号和西姆斯号会同拉塞尔号在17特舰后方搜索。法瑞恩奉命将3艘驱逐舰排成分散的侦察队形，在西方15~20海里的区域搜寻落水飞行员，并尽力援助其他返航飞机。在风暴稍稍平息时，弗莱彻又指示缺少军医的沃克号将船上的VS-5伤员转移到路易斯维尔号上医治。好在他们的伤势很轻。与此同时，约克城号和圣路易斯号继续减速东行。为了搭救2名空勤人员，弗莱彻毅然让几乎所有承担护卫任务的驱逐舰脱离约克城号，还减慢了1艘巡洋舰的速度，这样的作为在外人看来无可指摘，但在心怀成见的克拉克眼中还是显得不足。[1]

截至10：40，最后一批攻击机要么停在约克城号的甲板上，要么已经无可挽救了。有1架TBD降落时只剩两加仑汽油。拉塞尔号成功地将众多落单的飞机引导至舰

---

[1] 17特舰战争日记，17特司报告（1942年2月9日），约克城号报告（1942年2月5日），驱三分队长报告（1942年2月7日）。克拉克，85页。

队，可谓功德无量。尽管如此，约克城号在空袭贾卢伊特的行动中还是损失了4架VT-5的TBD和2架VB-5的SBD。根据各中队长的汇报，弗莱彻和巴克马斯特感到贾卢伊特作战的情况令人沮丧。VB-5和VT-5都没有完成各自的集结，也没有建立战术联系VT-5队长泰勒发现自己成了孤家寡人。斯迈莱很快就失去了对部队的控制，但VB-5队长阿姆斯特朗好歹让大多数飞机跟在了自己身后。为了集合起更多飞机，他把出发时间推迟了20分钟。在半路上，暴风雨迫使他将高度降至500英尺。阿姆斯特朗在06：30抵达贾卢伊特一带，但在此之前队形早就零乱得不可收拾了。更糟的是，贾卢伊特上空布满了猛烈的雷暴。从07：00到07：50，约克城号的飞机三三两两地出现在该地。实际可能有15架SBD和6架TBD轰炸了目标。没有人能看清整个区域。这些飞机或者攻击少数尚可分辨的大型舰船，或者满足于轰炸岸上建筑。低垂的云幕迫使VB-5从低空俯冲投弹，而TBD尝试了简化的下滑投弹。VB-5的威廉·S.盖斯特上尉是第一个投弹的，显然也是唯一命中目标的人。他给8600吨的关东丸号运输舰造成了轻微破坏。约克城号的飞行员还宣称集中轰炸了另一艘辅助船，但大同丸号运输舰受到的损伤微乎其微。一些SBD扫射了港湾里的小艇，或者和TBD一样轰炸了岸上设施。好在尽管有些小型水上飞机掠过，但当地并无敌机抵抗。飞行员们没能找到系泊在那里的3架大型水上飞机。这些飞机在空袭后曾离开贾卢伊特，试图找到美国航母。[1]

敌人试图报复

法瑞恩的3艘驱逐舰在17特舰西方寻找落水的TBD飞行员时，遭遇了在风雨交加的天空中刺探的敌机。1架九七式水上飞机在11：09扑向拉塞尔号试图投弹，但被127毫米高射炮的弹幕击退。随后它一连投下4颗炸弹，全都在西姆斯号的尾流中爆炸，未造成破坏。11：17，几乎在法瑞恩请求战斗机支援的同时，约克城号的CXAM雷达在正西32海里处发现了这架敌机。巴克马斯特命令6架战斗机冒着大雨紧急起飞，但它们什么都没找到。而那架水上飞机电告基地，有2艘驱逐舰潜伏在贾卢伊特东南230海里处。它在11：45左右与美舰失去接触，随即返航。在此期间，法瑞恩一直在搜索1小时前坠海的那架不幸的TBD。休斯号上的瞭望员发现了浮油和残骸，但没能找到救生筏。到了11：45，法瑞恩感到在这种情况下自己为了寻找失踪空勤人员已经尽了全力，便集合起3艘驱逐舰，以35节航速向东追赶17特舰。那架TBD的乘员始终下落不明。克拉克在回忆录中声称，尽管自己竭力主张让整支舰队掉头搜救这些飞行员，弗

---

[1] 约克城号报告（1942年2月5日）；日本《战史丛书》38：392页。

莱彻和巴克马斯特却故意抛弃了他们。他猜测弗莱彻表现得如此怯懦是因为他"对我们的空中掩护缺乏信心",而"作为当地空域的主宰,我们不用冒真正的风险就能轻松救回那三个人"。3月里,克拉克在华盛顿添油加醋地叙述了这些事件,金和航空局局长杰克·陶尔斯少将都成了他的好听众。鉴于弗莱彻确实派了3艘驱逐舰回到波涛汹涌的海域寻找失踪飞行员,克拉克的言论是不可饶恕的恶意中伤。在弗莱彻的军旅生涯中,有大量事例体现了他对飞行员的爱护。[①]

中午时分,弗莱彻和幕僚们思考了下一步行动。他曾打算在下午对贾卢伊特实施第二波空袭,但是天气实在太差。第一波空袭的飞机过了很久才返航(超过五个小时),因此任何在下午出发的飞机都得等到天黑后才能返回。如此勉强的飞行条件使这一选择并不理想。弗莱彻估计敌人已经知道了他的方位,便在12:40打破无线电静默向哈尔西和尼米兹做了汇报。17特舰"将撤退加油,因天气缘故,今日无法继续攻击"。路易斯维尔号上的尼克松上校询问约克城号和圣路易斯号是否看见他的1架寇蒂斯SOC水上飞机,该机是当天早晨起飞执行反潜巡逻的。弗莱彻做了否定的答复。几分钟后,他批准尼克松打破无线电静默来引导SOC返回。这一努力终告失败,说明这架海鸥式飞机已经在早先的狂风暴雨中坠毁。这使得17特舰在那个阴郁的上午损失的飞机增至8架。由于风雨遮蔽了地平线,弗莱彻用电台指示法瑞恩,如果不能在下午归队,就去"海洋"点找他。实际上,这些驱逐舰很快就回到了他身边。[②]

13:00 刚过,约克城号用6架野猫恢复了战斗空中巡逻。此时雷达突然在东北35海里处发现1架可疑飞机。13:13,第2架来自贾卢伊特的水上飞机在前方10海里处冒了出来。当这架川西大艇飞过左舷,在阴云后面穿行时,被2架执行战斗空中巡逻的野猫死死咬住。4分钟后,它就在5海里外炸成一团明亮的火球。约克城号的第一次空战胜利让整个舰队士气大振。E.斯科特·麦卡斯基少尉是2名战斗机飞行员之一,他在战斗机无线电频道里高呼:"我们把他的屁股打飞啦!"克拉克又拿着扩音器向全舰广播:"烧吧!你这混蛋!烧吧!"法瑞恩恰在此时带着休斯号、西姆斯号和拉塞尔号出现,这架水上飞机的覆灭成了迎接他的礼花。它在坠落前始终没有机会向基地发报。[③]

① 驱三分队长报告(1942年2月7日);休斯号报告(1942年2月6日);拉塞尔号报告(1942年2月5日);西姆斯号报告(1942年2月5日);日本《战史丛书》38:400—401页;克拉克,85页。

② 17特舰报告(1942年2月9日);1942年2月17特司致8特司电010040,CSCMF,卷3;路易斯维尔号报告(1942年2月6日)。

③ 约克城号报告(1942年2月5日),约克城号航海日志;弗兰克和海灵顿,61页;1942年2月17特司致8特司电010133,CSCMF,卷3;日本《战史丛书》38:401页。

撤退令

弗莱彻再次思考是否继续空袭乃至炮击附近的某个岛屿，可能是米利或马金。考虑到恶劣的天气条件，他怀疑敌军巡逻机可能是靠机载雷达才如此准确地寻获和跟踪17特舰的。最终他还是决定撤退。糟糕的天气已经让他损失了8架飞机，而且其中2架只是在舰队附近盘旋而已。气象预报员估计当地的坏天气还将持续。附近的岛屿不是不值得用兵就是攻击风险相对太大。而且，此时折返攻击会影响2月2日为驱逐舰加油的计划。看来比较明智的做法是在完成加油的次日重新攻击贾卢伊特，但愿届时天气会好转。然而当弗莱彻在14：30接到哈尔西的新命令后，这个问题就失去意义了。哈尔西宣布："我部摧毁大量军事目标，在本地区继续作战已无必要。"他告诉尼米兹和弗莱彻，自己正在追兵的攻击下撤向东北方。8特舰的水兵后来把这次撤退戏称为"跟着哈尔西开溜"。切斯特号重巡洋舰挨了1颗炸弹，但航速仍能达到30节，飞机损失也很少。哈尔西告诉弗莱彻："你部可相机撤退，但不得迟于今晚。"于是，太平洋舰队的第一次反击就此结束。弗莱彻将航向转到东北，把加油点重新安排到夏威夷方向。当晚，他得知了8特舰在北马绍尔群岛的更多战况。哈尔西的斩获显然丰富得多，但遭到的抵抗也更顽强。他宣称对夸贾林的空袭击沉或击伤了"许多"运输舰和辅助船只。轰炸和舰炮轰击又使沃杰的一些运输舰搁浅或损毁，马洛埃拉普和沃杰的岸上设施也遭到大面积破坏。"许多敌机被摧毁于地面和空中。"切斯特号的舰况有所好转，企业号仅遭受轻微损坏。8特舰为这些战果付出的代价仅仅是6架飞机。[①]

除了躲避后续攻击，哈尔西最关心的就是燃油问题。当晚他请求护送尼奥肖号南下的布朗沿珍珠港西南的延长线航行，以便"尽早"与他会师。布朗在电报中一口答应，表示他计划在2月3日（西经日期）于约翰斯顿岛以北与8特舰相遇。第二天上午（西经时间2月1日），尼米兹认可了哈尔西和布朗的会合点。他提醒弗莱彻，万一尼奥肖号在中途损失，就必须用萨宾号给哈尔西加油。后来哈尔西高兴地发现，自己的存油足以支持到珍珠港，于是太舰总指示布朗径直南下去圣诞岛。尼米兹给哈尔西和弗莱彻发去了欣慰的电文："整个舰队都打得很漂亮。"现在他们要做的无非是料理常务和安全返回珍珠港。当天，弗莱彻与他的油轮会合，此后两天一边加油一边徐徐驶向东北方的瓦胡岛。8特舰在2月5日载誉而归。欢呼声和口哨声

---

① 17 特司报告（1942 年 2 月 9 日）；1942 年 2 月 8 特司执 17 特司电 010221 和 8 特司致太舰总电 010736（抄送 17 特司），CSCMF，卷 3。波特《哈尔西》47 页。后来听到"跟着哈尔西开溜"的说法后，约克城号的官兵报之以"跟着弗莱彻战斗！"弗兰克和海灵顿，65 页。

响彻珍珠港，喜气洋洋的尼米兹健步登上企业号迎接哈尔西。2月6日中午，17特舰进入珍珠港。好奇的约克城号官兵身着白色制服在飞行甲板上列队，这是他们第一次看到浩劫之后的珍珠港，破坏的痕迹在两个月后仍历历在目。迎接他们的人群显得比哈尔西进港时克制得多，但尼米兹的欢迎热情依旧。弗莱彻立刻注意到了尼米兹接掌帅印一个月来珍珠港气氛的变化（"仿佛吸到一口新鲜空气"）。"尼米兹稳住了局面，恢复了士气。"①

哈尔西宣称在夸贾林和沃杰击沉或重创了大约15艘舰船，包括1艘巡洋舰、2艘潜艇、几艘炮舰和供应舰，以及一小队辅助船只。他还报告摧毁了35架飞机。他让企业号在沃杰岸边停了5个小时，就像旧时代的护卫舰钩住敌舰打接舷战一样。经过一番激战，他顶住了敌军的猛烈空袭，其间有1架起火的轰炸机擦过了企业号的飞行甲板。哈尔西的实际战果比当时美军以为的小得多。后来日方资料显示，8特舰击沉3艘小型辅助舰船，击伤1艘老式布雷舰、1艘老式轻巡洋舰和4艘运输舰，并摧毁了大约15架飞机。正如太舰总战争计划处日志指出的，弗莱彻的实际战果合计为击伤2艘辅助舰船，摧毁3架水上飞机，与8特舰的认定战果相比"几可忽略"。E．B．波特顺着莫里斯的思路，怀疑弗莱彻战果寥寥"可能"也是因为"谨慎过头"。但回想起来，除了直驶贾卢伊特并施以重击外，很难说弗莱彻还有什么别的选择。还是哈尔西说得好："曾经纠缠着我们的厄运……在攻击时转移[到17特舰头上]了。"②

尼米兹对马绍尔—吉尔伯特群岛袭击战的评价是"构思巧妙、计划周密、执行出色"。他建议立即授予哈尔西优秀服役勋章（DSM），并推荐勃朗宁晋升上校。哈尔西获此荣誉当之无愧，而弗莱彻虽然没有获得褒奖，但至少他完成了自己的任务。尽管袭击行动对于远东的日本大军起不了什么遏制作用，但这无损于哈尔西的胜利的真正意义。正如他所言，结果如何还在其次，此战对于美国人士气的影响"更为深远"。太平洋舰队终于还击了。2月13日，海军部公布袭击行动的细节，使国民经受严峻考验的自尊心为之一振。一夜之间，哈尔西成为海军最著名的军官之一。新闻界称赞他是勇猛而务实的斗士，还将给他一个响亮的绰号"公牛"。公报中也提到了弗莱彻，指出是他指挥了对贾卢伊特和马金的袭击。联合舰队对这次

① 1942年2月8特司致11特司电010626，太舰总致8特司电010901，太舰总致诸特司电011941和012231，CSCMF，卷3。哈尔西和布莱恩，96页。普兰奇对弗莱彻的采访（1966年9月17日）。

② 8特司报告（1942年2月9日）；日本《战史丛书》38：438页；灰皮书，209页；1942年2月太舰总致舰总电070453，CSCMF，卷3。在第3卷的第一版中，莫里森曾说弗莱彻"比较谨慎"，在史密斯中将和文森特·墨菲中将（他说这"又是对弗莱彻将军的恶意讽刺"）提出批评后他删去了这一评语。两位中将的书评藏于海军军史局局长办公档案，第20号箱；波特《尼米兹》40页；哈尔西和布莱恩，96页。

奇袭的反应是"羞愧万分",不仅是因为没有发现美国航母,还因为己方的反击虚弱无力,可能只击伤了1艘巡洋舰。山本急调特鲁克的南云军3艘航母追击偷袭者,但是在2月2日鉴于敌军明显已远遁,他又召回了这些航母。日方为了淡化此次袭击,称其"主要是为了在美国国内对付政敌、争取民意和鼓舞士气而发动的"。至少有些军官暗地庆幸遭袭的不是东京。此后赤城号和加贺号前往帕劳与正在南方战区的苍龙号和飞龙号会合,瑞鹤号却在2月9日离开特鲁克驶向横须贺。换言之,山本悄悄地将翔鹤号和瑞鹤号组成的第五航空战队调到了本土。担心美国航母空袭至少是他让这些航母留守的原因之一。①

随着被寄予厚望的约克城号时隔近一年后重返太平洋,多月以来第一次有3艘航母齐聚于珍珠港内。此时海上只剩下正驶向遥远的南太平洋的列克星敦号。尼米兹因为对无线电情报部门预测敌军威胁的能力有了信心,这才冒险让他的大部分打击力量休整。硕大的萨拉托加号正郁闷地躺在二号干船坞里,左舷被鱼雷撕开的大洞已经得到修补,足以让它平安到达布雷默顿接受永久性修复。但是它最早也等要到6月才能重返战场,而四个月的时间里可能会发生很多事。企业号和约克城号将暂时在珍珠港内作正常保养,然后再度出击。这个短暂的间歇使哈尔西和弗莱彻有机会评估他们的舰船、飞机和人员在太平洋舰队的第一次反击战中的效率。大部分评估结果令众人欣慰。哈尔西宣称企业号的成就"达到了迄今为止对于(航母)在正确运用下的效能的最高期望"。评估中提到了舰载火炮的问题。高射炮问题特别大,它们捕捉目标的速度太慢而且表现不稳定,但这些问题可以通过雷达火控和加强训练来解决。哈尔西对敌军陆基轰炸机的"凶猛"印象深刻,他感到驾驶这些飞机的日本海军飞行员与陆军航空兵相比显示出了一种变态的自尊心。由于攻击受挫于糟糕的天气,弗莱彻无法对战果辉煌的同僚的建议作什么补充。他对巴克马斯特优异的航海技术非常满意,认为带这位舰长上阵是再好不过了。②

①太舰总致海军部长,第八和第十七特混舰队袭击马绍尔－吉尔伯特群岛的行动报告(1942 年 2 月 10 日);1942 年 2 月太舰总致海军部长电 082219,CSCMF,卷 3。海军部公报第 39 号(1942 年 2 月 12 日,发布于 1942 年 2 月 13 日)和第 40 号(1942 年 2 月 13 日);波特《哈尔西》51 页。关于日军的追击,见日本《战史丛书》38:405—406 页;关于其反应:宇垣,81、84 页;雷顿《跳蚤叮狗》5 页,这是一篇关于早期航母袭击战的未注明日期的文章,是美国海军退休少将埃德温·T.雷顿提供给作者的。

②8 特司报告(1942 年 2 月 9 日),1942 年 2 月 8 特司致 11 特司电 060833,CSCMF,卷 3。

第六章
去西南太平洋

组建澳新战区

弗莱彻返回珍珠港时恰逢舰总司和太舰总就基本战略进行第二轮争论，争论的焦点是太平洋舰队在防守中太平洋之余是否应该保卫澳大利亚。金仍然执着地关注着西南太平洋和远东，那里的新加坡和荷属东印度的防御正在迅速瓦解。拉包尔的沦陷不仅使邻近的新几内亚和所罗门群岛陷入险境，还威胁到了新喀里多尼亚、斐济和萨摩亚。而尼米兹却固执地认为，敌人的矛头直指中太平洋的夏威夷以及中途岛、约翰斯顿岛等前哨阵地。夏威夷的防御太薄弱，特别是无力抵御突袭，因此决不能将航母分散在广阔的战线上。[1]金不遗余力地在萨摩亚之外的南太平洋地区经营美军基地，由互为犄角的基地组成的防线将挡住日军并支援反攻。他不仅需要逼尼米兹就范，还必须说服陆军部为新的岛屿基地提供守备部队和飞机。这些人员和装备必须在日军东进南太平洋之前部署到位。1月19日，金向尼米兹宣布，自己正在考虑占领富纳富提，该岛位于吉尔伯特群岛东南的埃利斯群岛中，将作为"连接所罗门群岛的要点"。陆军勉强同意向博拉博拉岛、坎顿岛、圣诞岛和新喀里多尼亚派遣部队，但金远未满足。1月，继美英领导人在华盛顿举行阿卡迪亚会议后，盟国参谋长联席会议计划成立一个特殊的海军战区——澳新战区，以保卫澳大利亚和新西兰附近位于新喀里多尼亚和斐济以南的海域。它将与为防守马来亚、菲律宾和荷属东印度群岛而组建的ABDA（美英荷澳）战区联合作战。英国人对美国参与澳新战区寄予厚望，因为焦头烂额的皇家海军无力单独防守该地。澳新战区恰好符合金自己的战略方针，但他不愿用太平洋舰队的战舰为前往澳大利亚的船队提供全程护航。

　　各国首长们达成协议，由金通过美方下属直接掌控澳新战区。皇家海军将提供

---

① 伦德斯特罗姆《第一次南太平洋会战》，第 4 章。

旧航母竞技神号（当时正在南非改装），太平洋舰队则派出1艘重巡洋舰和2艘驱逐舰。澳大利亚和新西兰同意贡献2艘重巡洋舰和3艘轻巡洋舰，外加护航舰艇和辅助船只。但竞技神号始终没有到达澳大利亚，因此澳新战区海军力量的支柱便是皇家海军（RN）的约翰·格里高利·克瑞斯少将领衔的澳大利亚分舰队（被重命名为澳新分舰队）。克瑞斯1887年生于澳大利亚，1902年以学员身份加入皇家海军，专业是鱼雷和反潜战。他于1939年11月接掌澳大利亚分舰队，此前曾指挥过1艘轻巡洋舰和一个轻巡洋舰中队。高个灰发的克瑞斯是个名副其实的优秀军人，在工作中积极进取，在待人处事上率直坦诚。过去两年他一直担任护航和搜寻袭击者的任务，过得很郁闷。而如今他发现自己的处境相当棘手，一方面必须与联合战区中的美国人共事并接受其指挥，一方面又要小心翼翼地维护自己的权力。[1]

尼米兹奉命物色澳新战区司令人选，并报请华盛顿批准。金推荐了自己的朋友派伊将军。尼米兹虽赞成此议，但罗斯福和诺克斯对派伊未能防止威克岛沦陷（但他可能防止了太平洋舰队遭受更大灾难）一事余怒未消，不愿接受。尼米兹力劝上级重新考虑派伊，称他是"赋闲的军官中最有能力且最合适的"（也就是说，他头脑冷静，并不鲁莽）。如果派伊不行，那么尼米兹希望将澳新战区司令（澳新司）一职交付给战巡司 H.费尔法克斯·利里少将。利里是个能干而严厉的人，因为好争论的个性和刺耳的大嗓门而不招人喜欢。在萨拉托加号中雷后，他无疑成了"赋闲"的军官。有传言称，尼米兹其实很乐意借此机会把这位好斗的安纳波利斯同学打发走。由于华府在派伊的问题上不依不饶，金便在1月29日选择了利里。他在晋升为中将后动身前往新西兰。芝加哥号将在不久后成为他的旗舰。只是这样一来，就多了一个意想不到的难题：利里的辈分比将要受他指挥的布朗低。[2]

金仍然认为尼米兹作战不积极，对他将资源从远东调走的做法也很不满意。在马绍尔群岛袭击战的次日，罗切福特H站的无线电情报分析人员向华盛顿报告了南洋诸岛的骚动，但他们认为"没有确切迹象表明（该）地区以外的部队受到惊扰"。

---

① 海斯《第二次世界大战参谋长联席会议史》55—59 页；1942 年 1 月舰总司致太舰总电 070015，灰皮书，141 页；1942 年 1 月舰总司致太舰总电 191815，CSCMF，卷 2；1942 年 1 月舰总司致太舰总电 241740，灰皮书，185 页；1942 年 1 月舰总司致太舰总电 292110，灰皮书，203 页；1942 年 1 月舰总司致太舰总电 292200，CSCMF，卷 2。库特哈德 – 克拉克《珊瑚海战斗位置》，该书是根据大英帝国战争博物馆收藏的约翰·G·克瑞斯将军资料集（包括一本极有价值的日记）而作的突破性研究。

② 灰皮书，184 页。1942 年 1 月电报：舰总司致太舰总电 241740，灰皮书，185 页；舰总司致太舰总电 261721，太舰总致舰总司电 270103，灰皮书，192 页；舰总司致太舰总电 272333，太舰总致舰总司电 282117，灰皮书，197 页；海军部长致战巡司电 301707，CSCMF，卷 3。关于利里，见罗杰·皮诺上校和约翰·柯斯蒂洛对埃德温·T.雷顿少将的采访（1983 年 5 月 11 日），藏于雷顿资料集，109 页。

皇家海军约翰·G.克瑞斯少将，摄于 1940 年。
由澳大利亚战争纪念馆提供（底片号 305285）

这可不是金希望听到的。2月5日，他向尼米兹提出了两个令其烦恼的选项：立即向澳新战区或远东直接派遣强大的增援部队，或者在中太平洋"使用可调用的最大兵力"实施大规模攻击作战。金的意思是动用航母和战列舰。尼米兹在1月7日将太平洋舰队的战列舰编成了由沃尔特·S.安德森少将（战斗部队战列舰司令）指挥的第1特混舰队，并且下令将可用的战列舰都集中到旧金山。很快，安德森麾下就有了7艘 老式巨舰（宾夕法尼亚号、田纳西号、爱达荷号、密西西比号、新墨西哥号、科罗拉多号和马里兰号），仅比12月7日当天的可用数量少1艘 。截至此时，尼米兹仅将少数战列舰用于保护美国西海岸和珍珠港之间的船队，这令舰总司大为恼火。现在金要求所有进攻计划都列入这些战舰。麦克莫里斯研究了几种前景黯淡的候选方案，甚至提出打击日本本土，但因为季节性的坏天气而被否决了。他还建议在4艘 以上的战列舰的支援下对特鲁克发动联合突击，或者用航母袭击小笠原群岛和／或马里亚纳群岛的塞班岛。①

不等尼米兹答复，金又给了他重重一击。日本人此时已经能袭击中途岛—夏威

---

① 灰皮书，209—210 页。1942 年 2 月 14 军区司令致海作办电 020126，CSCMF，卷 3；1942 年 2 月舰总司致太舰总电 051555，CNO TS 蓝色档案；1942 年 2 月太舰总致战司（战斗部队战列舰司令）电 080245，CSCMF，卷 1。灰皮书，227—239 页，含简要局势评估摘录，1942 年 2 月 5 日。

夷—南太平洋—澳大利亚东北部一线的任何位置，还有可能在2艘航母掩护下对澳新战区实施两栖攻势。克瑞斯的澳新分舰队将处于绝对劣势。但是既然哈尔西不再需要友军提供油轮，布朗的11特舰（列克星敦号）刚好可以抽调。布朗已经前往战线的中央位置，即菲尼克斯群岛的坎顿岛一带，原定在2月中旬返回珍珠港。只要11特舰进至赤道以南，金就有办法阻止它在近期返回。2月6日，他指示布朗"立即"前往澳新战区，从而使其脱离了太舰总的直接控制。除了澳新分舰队，金还为11特舰加强了此前一直在分散执行护航任务的旧金山号、彭萨科拉号重巡洋舰和6艘驱逐舰。尼米兹需要提供"一切适用的"海军巡逻机和陆军重轰炸机作为支援。对布朗而言，前往遥远的南太平洋的命令不啻是让他"跃向太空"。他在无疑很不完善的海图上找来找去，发现除了悉尼以外，没有一个港口能在必要时容纳庞大的列克星敦号。[①]

金把11特舰和大量陆基飞机从中太平洋调走的命令让尼米兹大吃一惊，他在2月7日回复说，自己兵力不足，对敌军威胁除了报以突袭别无他法。但是如果兵力严重分散，即使这样的小规模作战也会失败。尼米兹表现出了对现实的准确把握，他对老式战列舰在1941年12月以后的作战效能持怀疑态度，认为它们尤其不适合游击战。它们的速度跟不上航母，而且少了稀缺的轻巡洋舰和驱逐舰的适当保卫也无法单独作战。此外，它们的油耗非常大。在近期，战列舰能够取得的任何战果都无法和潜在的损失相比。尼米兹手头剩下的2艘航母还需保养五天。他计划把一个航母群派往斐济，留下另一个在珍珠港作预备队。目前再发动袭击并非明智之举，"因为可能的战果和可能的风险不成比例"。尼米兹建议派伊立即飞往华盛顿，当面与金讨论局势。历史学家小弗兰克·乌利希曾一针见血地指出，在尼米兹费尽心机为太平洋舰队夺回战略主动权的过程中，金对他的威胁可能比山本更大。2月9日，在派伊动身前往华盛顿之前，金几乎逐一驳斥了尼米兹的所有观点。他认为如果日军同时尝试在西南太平洋实施大胆行动，那么他们能用于夏威夷方向的舰船就很有限，与之相比"太平洋舰队没有，重复一遍，没有明显劣势"。"你在南洋诸岛一带实施的行动本身就能起到掩护中途岛—夏威夷的作用。"金断言太舰总对旧战列舰的运用欠妥，但他又拒绝说明如何才能最好地利用这些恐龙。尼米兹之所以明智地拒绝滥用它们，是因为他远在他人之前认识到了它们的严重局限。金还勒令太平洋舰

---

① 1942 年 2 月舰总司致太舰总电 061513，灰皮书，220 页；1942 年 2 月舰总司致太舰总及澳新司电 062352，灰皮书，221 页；1942 年 2 月太舰总致舰总司电 050401，CSCMF，卷 3。太侦司（11 特司）战争日记和 11 特司致太舰总，第 11 特混舰队 1942 年 1 月 31 日至 3 月 26 日的巡航（1942 年 3 月 23 日），布朗资料集中的副本。

队继续打击中太平洋的敌人，使受到强敌压迫的远东得到喘息。他指出威克岛和北马绍尔群岛可以作为目标。[①]

未能实现的袭击

尼米兹和米罗·德雷梅尔以及麦克莫里斯一起商量怎样执行金的命令最有利。由于失去了经过加强的列克星敦号特混舰队，以及在远离珍珠港的海域维持舰队运作而必需的3艘油轮，这个任务显得尤其艰巨。尼米兹发现很难找到既能有效调动敌人，又没有太大风险的目标。有一个选择，就是让哈尔西的企业号会同澳新战区的布朗袭击拉包尔。与此同时，弗莱彻的约克城号可以留作预备队或袭击威克岛。但是如果继布朗舰队之后又把哈尔西舰队送到舰总司手里，搞不好两支舰队都有去无回。袭击东京的主意又一次被提起。如果袭击成功，将造成巨大的心理影响，但除了敌军防守严密外，北太平洋在冬季出了名的坏天气还会妨碍至关重要的加油作业。尼米兹不知道的是，金的脑子里已经滋生了同样的念头，而天气恶劣之类的小难题可吓不倒舰总司。最终，尼米兹在2月11日接受了麦克莫里斯提出的计划：用航母同时袭击威克岛和位于威克岛西南620海里的埃尼威托克。如果发现埃尼威托克不合适，就换成位于威克岛西北760海里、西北距东京仅1000海里的南鸟岛。麦克莫里斯指出，这样的袭击"无法使敌军从西南抽调很多兵力，但这是目前能够实施的最有力、最积极的行动。"情报部门通过合理推测，断定中太平洋没有敌航母潜伏。尼米兹将这些计划上报给金，但在战列舰问题上采取了敷衍的态度。他考虑让战列舰"在可能遭遇强敌的情况下支援袭击行动"，而实际上他还不打算寻找"强敌"作战。[②]

哈尔西将企业号和约克城号合编为一支下辖两个航母群的特混舰队，而且不改本色地把比较遥远、也可能比较危险的埃尼威托克留给了自己。如此一来，弗莱彻就分到了威克岛，这正合他的心意，因为他在那里有一段个人恩怨要了却。太舰总不但有欠考虑地把新特混舰队编为十三号，还指示哈尔西亲自领军的13.1特大在2月13日星期五起航。哈尔西的参谋长勃朗宁（他刚刚因为出色地筹划了马绍尔群岛袭击战而晋升为上校）假装严肃地找麦克莫里斯质问，让后者忍俊不禁。后来太舰总

---

① 灰皮书，210—212 页。1942 年 2 月电报：太舰总致舰总司电 080139，CSCMF，卷 3；太舰总致舰总司电 080239 和舰总司致太舰总电 092245，CNO TS 蓝色档案。弗兰克·乌利希与伦德斯特罗姆的个人通信。福尤奎的《第一特混舰队》强烈质疑尼米兹不让这些战列舰参战的决定，但从战略、战术和后勤角度考虑，尼米兹不使用这些旧战列舰是明智的。

② 灰皮书，212—213 页，1942 年 2 月太舰总致舰总司电 120459，CNO TS 蓝色档案。

将舰队编号改为十六，并把哈尔西的出发时间推迟到了比较吉利的情人节，灰皮书的记录者因此留下"为了照顾可能有迷信思想的人而推迟"的记录。弗莱彻则不得不在珍珠港逗留至2月16日，等待分配给他的油轮——西马仑级的瓜达卢佩号从美国西海岸赶来。①

2月12日，哈尔西发布了他关于此次袭击战的作战令。2支航母特混大队都将从北面接近其目标。他自己的16.1特大（企业号、2艘重巡洋舰、7艘驱逐舰和萨宾号油轮）将在2月14日晚上离开瓦胡岛，在威克岛北面绕一个大弯以避免被敌军发现。他将在2月24日从埃尼威托克以北425海里、威克岛以西270海里处开始接敌，企业号和雷蒙德·斯普鲁恩斯的巡洋舰将以25节航速冲在前面，驱逐舰以15节尾随。在2月25日黎明，企业号将从埃尼威托克以北175海里处仅以SBD执行一次远程打击。哈尔西准备用两天时间甩掉追兵并沿原路绕过威克岛，进行第二次加油后于3月4日前后回到珍珠港。如果在半路被发现，他将转向西方打击南鸟岛，或者会同弗莱彻扫荡威克岛。弗莱彻的16.2特大（约克城号、2艘重巡洋舰、6艘驱逐舰和1艘油轮）将从2月25日拂晓开始轰炸和炮击威克岛，以配合对埃尼威托克的袭击。约克城号将从威克岛西北100海里处发动全面空袭，随后17特的巡洋舰将炮击该岛。这些计划很合理，但两个新的事态使其不得不改变。2月12日，抹香鲸号潜艇来电，报告了它对两个目标的调查结果。这封电报让战争计划处大吃一惊。威克岛看上去相当寂静，只有1艘小炮舰比较显眼。而埃尼威托克更是死气沉沉，抹香鲸号在潜望镜中没有发现任何军事目标（由于日军从未在那里修建设施，这个结果并不奇怪）。麦克莫里斯等人困惑不已，因为在战前H站的无线电情报曾判断埃尼威托克是个大型航空基地。现在它"作为攻击目标似乎比之前预计的还要不理想"。②

澳新战区也不太平。金和利里为如何实施指挥的问题起了冲突。利里原先接到的命令是在墨尔本建立司令部，但现在金要他坐镇芝加哥号发起一次"强大的全面攻势"，以掩护一支不久将到达新喀里多尼亚的美国陆军船队。利里倾向于留在墨尔本，因为他从那里可以协调海上和空中的作战，而不用考虑无线电静默。这个理由很充分。于是金在2月14日很不情愿地命令正在斐济沿海巡航的布朗承担直接指挥之责，与克瑞斯的澳新巡洋舰中队和可调用的陆基航空兵一起实施攻势作战。第二

---

① 灰皮书，214页。哈尔西和布莱恩，96—97页。太舰总给16特司的作战令15-42（1942年2月11日）。
② 16特舰作战令2-42（1942年2月12日），16.2特大作战令1-42（1942年2月14日），作战令档案。1942年2月太舰总致舰总电130405，太舰总致战空司及侦巡司电140007，CSCMF，卷4。灰皮书，214页。

天，布朗建议在2月21日袭击拉包尔。金对这个提案由衷赞成，利里也一样。尼米兹提供了强大的空中支援力量。12架陆军的B-17重型轰炸机和6架PBY-5水上飞机南下斐济。布朗命令B-17前出至澳大利亚东北部的汤斯维尔，它们从那里起飞就可以轰炸拉包尔。他还把BY和它们的供应舰柯蒂斯号转移到了新喀里多尼亚的努美阿。克瑞斯失望地领受了护送普拉特号油轮与11特舰会合的"无聊任务"。布朗的理由是，他缺少燃油，无法将澳新分舰队用于攻势作战。[1]

哈尔西于2月14日离开珍珠港，他仍然抱着袭击埃尼威托克的期望。就在这一天，日期变更线另一边的新加坡投降了。此事虽然并非毫无征兆，还是令人惊骇不已，同时这也使美军不必急于发动进攻。15日，派伊华盛顿之行的第一批成果显现：金接受了劝告，认为对南洋诸岛的零星袭击足以起到牵制作用。他希望根据可能的威胁来部署太平洋舰队的机动兵力，并建议让哈尔西或弗莱彻南下至赤道附近的坎顿岛。航母特混舰队处在那个位置，可以根据需要南下或北上。对尼米兹来说这已足够。此时若袭击无人据守的埃尼威托克，造成的冲击不会比一只受潮的炮仗更大。鉴于哈尔西已经上路，他可以攻击威克岛。于是哈尔西在2月24日发动了进攻，他从东北方向接近目标，一方面自信地派出斯普鲁恩斯的2艘重巡洋舰和2艘驱逐舰炮击该岛，一方面在100海里外用企业号全力实施了空袭。虽然16特舰没有造成重大破坏，但肯定吸引了敌军注意。为防美军采取更大胆的行动，翔鹤号和瑞鹤号暂时留在日本，南云的另4艘航母则在2月19日攻击了澳大利亚东北部的达尔文港，以掩护即将开始的爪哇登陆。[2]

在珍珠港重组

弗莱彻利用留在港口的机会料理了17特舰的事务和侦巡司的管理工作。他把圣路易斯号轻巡洋舰换成了他的老朋友——飘扬着前太舰总参谋长威廉·W. 史密斯少将的将旗的阿斯托里亚号。史密斯原本的旗舰是布朗11特舰里的芝加哥号，但是只作了一次巡航后，金凯德和明尼阿波利斯号就取代了他的位置。当时他差一点就要重操参谋旧业，但金希望他指挥巡洋舰。机智稳重的史密斯是1909届的安纳波利斯

① 1942 年 2 月舰总司致澳新司电 122200，舰总司致太舰总及澳新司电 141835，CNO TS 蓝色档案。1942 年 2 月 11 特司致澳新司电 140022，CSCMF，卷 4。1942 年 2 月澳新司致舰总司电 140336，澳新司致 11 特司电 150244，灰皮书，223—226 页。库特哈德－克拉克，48 页。

② 灰皮书，216 页。1942 年 2 月舰总司致太舰总电 151830 和 11 特司致太舰总电 152225，CNO TS 蓝色档案。1942 年 2 月太舰总致 16 特司电 160135，CSCMF，卷 4。关于威克岛袭击战，见伦德斯特罗姆《首发主力》111—117 页。

毕业生，具有数学家的缜密头脑和出色的幽默感。他的绰号"小波"是在安纳波利斯叫开的，当时有个学长见到肤色黝黑、鼻梁突出的史密斯后打趣说，他准是"约翰·史密斯上尉和波卡洪塔斯之间某些风流韵事的产物"。[①] 弗莱彻很钦佩他的智慧，两人合作良好。驱逐舰第十一分队的队长查尔斯·P.塞西尔上校接替了法瑞恩在17特舰中的职位。巧的是他的驱逐舰几乎都是从驱二中队抽调的，这正是太平舰队战前精心制定的驱逐舰编组因实战需要而被拆散的结果。[②]

弗莱彻竭尽全力让自己的参谋部保持完整。斯塔克要求将斯宾塞·刘易斯调到他的前上司约翰·亨利·牛顿身边，也就是去华盛顿的海军作战部长办公室（海作办）工作。在取得尼米兹的支持后，弗莱彻请求航海局取消刘易斯的调令，因为"迫切需要他担任我的参谋长，而且没有人能接他的班"。令他（和刘易斯）高兴的是，航海局收回了成命。他还如愿以偿地获得了牛顿原来的司令秘书艾拉·H.努恩少校（USNA1924届），让这位工作高效、纪律严明的军官接替了离任的拉蒂默。到2月10日，几乎所有的侦巡司幕僚和司令部勤杂人员都登上了约克城号。哈里·A.格思里中校（USNA1921届）是损管专家，也负责处理战斗情报。他的同学沃尔特·G.辛德勒中校是火炮射击参谋，还拥有航空观测员资格。其他人员包括4

威廉·沃德·史密斯中将。由小W.W.史密斯上校提供

---

① 译注：波卡洪塔斯是17世纪北美某某印第安酋长之女，西方民间传说称她从族人手中救下了英国冒险家约翰·史密斯上尉并与之相恋。迪士尼公司曾据此拍摄了动画长片《风中奇缘》。

② W.W.史密斯，15—16页，另见美国陆军上校小W.W.史密斯致伦德斯特罗姆信（1999年10月28日）。1942年1月舰总电致太舰总电292200，CSCMF，卷2；1942年2月太舰总致圣路易斯号和阿斯托里亚号电070055，CSCMF，卷3。

名通信值班军官、司令部准尉、报务军士、文书军士、信号军士、航海军士、军官厨师、烹饪军士和食堂服务军士。助理作战参谋索林顿中校此时在阿斯托里亚号上为史密斯赞画军务，航空参谋麦克莱恩中校则在明尼阿波利斯号上为金凯德出谋划策，不过弗莱彻在需要时可以向约克城号的人员咨询所有航空方面的问题。①

　　新任助理战斗情报参谋福雷斯特·R.比亚德上尉（USNA1934届）是隶属于罗切福特的无线电情报部门的日语专家。威克岛救援行动后，弗莱彻请求上级派遣"经过专门训练的报务员，用于监听日方电报；以及经过专门培训的军官，用于判读截获的电文"，结果如愿以偿。在1月，霍尔库姆上尉去了企业号，但没有报务员陪同。此后，尼米兹想方设法为每支航母特混舰队配备一个无线电情报小组。罗切福特用猜硬币的方式决定企业号上霍尔库姆的继任者，结果比亚德"输"了，只得遗憾地登上了弗莱彻的约克城号。比亚德虽然精明强干，但他太爱较真，因此与弗莱彻及其幕僚相处得并不融洽。他的主要任务是翻译敌军用明码发送的低级电报，例如飞机目击报告等，这类电报在战斗进行时可能有重大价值。他的小组还负责监听无线电频率和呼号，然后送交H站作通信量分析，但该小组本身只有非常有限的密码破译能力。比亚德无权经手太舰总直接传达给弗莱彻的特殊情报。②

　　弗莱彻面临的另一个问题是行政职权急速扩大。在利里远赴澳新战区后，弗莱彻发现自己从2月6日起还要兼管轻巡洋舰部队。事实上，太平洋舰队的整套行政体系都被打乱了。大多数舰种司令及其幕僚经常在无线电静默条件下率领特混舰队出海，因此几乎不可能处理文案工作和做出行政决策。从12月7日到2月5日，弗莱彻本人在珍珠港仅仅待了7天。太舰总在1月17日命令各舰种司令在岸上另设办公室，为已经加班加点工作的参谋们再添案牍之累。弗莱彻在2月12日建议将舰种司令的行政职责合并到太舰总领导下的岸上机构。与此同时，太舰总的顾问提议撤销侦巡司和战巡司来简化行政工作。尼米兹认为此举过于激进，但他和金一致同意由基地部队（不久改称

　　① 1942年1月航海局至太舰总电032107，太舰总致航海局电050221，太舰总致11军区司令电070117，CSCMF，卷1。1942年2月侦巡司致航海局电072235，11军区司令致太舰总电072357，基地司（基地部队司令）致太舰总电091820，CSCMF，卷3。军官履历档案。约克城号航海日志。

　　② 14特司报告（1941年12月28日）。比亚德《福雷斯特·R.比亚德眼中的太平洋战争》；另见比亚德的大量个人通信。比亚德在回忆录中严厉抨击了弗莱彻，称他颟顸无能且优柔寡断，对比亚德本人提供的无线电情报的价值缺乏认识。他还称弗莱彻曾直接命令他在参谋人员和司令部工作人员面前讨论无线电情报，遭到拒绝后破口大骂，还向尼米兹告状。本书将尽最大努力分析比亚德的批评，逐条确认这些论点是否能被其他文件证明。关于派驻约克城号的无线电情报部门，另见美国海军预备役报务上士P.E.西沃德和美国海军报务中士W.W.伊顿，1942年2月16日至5月22日约克城号无线电情报部门工作最终报告（1942年5月23日），RG-457，SRH-313，太平洋舰队机动情报部队报告。

为勤务部队）监管航母和巡洋舰的维护。他们都在考虑全面改革舰种司令部的整套体制。2月16日，弗莱彻在珍珠港海军船坞内设立了行政办公室。[①]

约克城号本身也经历了一系列人事变动，结果使弗莱彻指挥17特舰时更加得心应手。巴克马斯特发现克拉克的接班人迪克西·基弗中校近在眼前，遂与心怀不满的副舰长正式"分手"。基弗是1919届的安纳波利斯毕业生（比克拉克晚一届），是个资格更老的海航飞行员（1922年获得双翼徽章，而克拉克于1925年获得此徽章），而且和克拉克一样能力出众。此外，他并不喜欢在背后对每条决策说三道四，因此远比克拉克好相处。他热情的个性感染了全舰上下。由于航空长麦康塞离舰就医，巴克马斯特用他的助手穆尔·E.阿诺德中校（USNA1923届）取而代之。阿诺德是个活力四射、治军严格、矮小精悍的斗士，那些机警的飞行员们对他非常尊敬，他们的耳鼓总是被他从喇叭里吼出的命令震得嗡嗡响。阿诺德在不久前还是VB-5的队长，精通最新的航母战斗条令和运作过程。弗莱彻在航空事务上对他倚重有加。[②]

南下坎顿

弗莱彻在2月15日得知自己又成了第17特混舰队司令，新的命令是"前往坎顿岛和埃利斯群岛之间海域，在该处等待视事态发展而定的后续命令"。虽然没有参与金和尼米兹的争执，但弗莱彻知道布朗袭击拉包尔的计划，也明白自己很可能在今后远赴南太平洋。第二天上午，他从珍珠港起航，阵中有约克城号（17架战斗机、35架俯冲轰炸机和12架鱼雷机）、史密斯的重巡洋舰阿斯托里亚号和路易斯维尔号、塞西尔的6艘驱逐舰和油轮瓜达卢佩号。[③]

在弗莱彻前往赤道海域的途中，例行的往来电报详细报告了其他地区的事态，他因此得知布朗在尝试偷袭拉包尔时运气不佳。2月20日，在预定攻击日的前一天，搜索机发现了仍在拉包尔以东400海里的11特舰。列克星敦号的战斗机迅速击落了2架水上飞机，但鉴于己方已经暴露，布朗不顾列克星敦号舰长谢尔曼等人的力谏，取消了这次袭击行动。但他没有立刻撤退，而是继续向拉包尔方向航行了几个小时，并做好了在下午迎接空袭的准备，期望以此进一步吸引敌军注意。拉包尔守军

[①] 美国海军在第二次世界大战中的行政工作，美国太平洋舰队及太平洋战区总司令，行政历史，15—17页。1942年1月太舰总致太侦司电052303，CSCMF，卷1；1942年2月太舰总致舰总司电030323，CSCMF，卷3。灰皮书，244页。

[②] 克拉克，86—87页。1942年2月约克城号致太舰总电122108，太舰总致约克城号电122247，CSCMF，卷4。军官履历档案。关于基弗，见克瑞斯曼《那条英雄舰》153页；关于阿诺德，见莱昂纳德致伦德斯特罗姆信（1997年6月6日）。

[③] 1942年2月太舰总致16特司电160135（抄送17特司），太舰总致16.2特大司电160301，太舰总致澳新司和11特司电160331，CSCMF，卷4。17特舰战争日记。

果然反应激烈，派出了17架中型轰炸机（三菱G4M1一式"陆上攻击机"，美军代号"贝蒂"）扑向11特舰，但没有造成任何破坏。格鲁曼野猫式战斗机的飞行员表现优异。当天的英雄是爱德华·H.奥黑尔上尉，他一人击落5架轰炸机，一举拯救了列克星敦号。布朗认为至少有30架"重型轰炸机"袭击了11特舰，被击落12架以上。事实上，只有2架陆攻机返回了基地。这是美军的一次辉煌胜利，不过日本人错误地以为他们重创了那艘航母。列克星敦号的战斗机已经杀开了一条通向拉包尔的血路，但布朗决定先后撤加油再继续攻击。然而，敌方援军迅速使遭到痛击的拉包尔航空部队恢复了元气。[1]

2月21日，17特舰越过赤道，在荒凉的坎顿岛西面顶着风浪兜圈子。此时金、尼米兹、利里和布朗正在忙着讨论弗莱彻的下一个任务。布朗对拉包尔的侦察网络之优秀和反击之凶猛留下了深刻印象，他认为"为了给舰队提供足够的空中防护，今后若再作尝试，必须动用2艘航母"。燃油短缺迫使他再一次将克瑞斯的澳新巡洋舰中队留在斐济和新喀里多尼亚之间，并将11特舰控制于所罗门群岛东南，"以防敌军向东南方向或莫尔兹比港推进"。布朗在援军到来前基本转入守势，利里认为打破僵局的办法很简单：催促弗莱彻南下，会同布朗再袭拉包尔即可。尼米兹在2月24日晚上同意了布朗关于对付拉包尔至少需要2艘航母的意见。金认为对拉包尔的袭击有助于掩护预定在3月初从澳大利亚前往新喀里多尼亚的美国陆军运兵船队。尼米兹回复称，弗莱彻和布朗的舰队各自加油后，可以在斐济以西会师。后勤是关键。单是11特舰就需要3艘 西马仑级油轮往返于遥远的港口为其补给。尼米兹警告说，哪怕只损失1艘油轮，都会"使重要的舰船陷入严重危机"。虽然如此，只要两支航母特混舰队会合，就应该在利里手下驻扎于澳大利亚的陆基飞机支援下袭击拉包尔，但迫于后勤压力，至少一支航母舰队应在不久后从南太平洋撤出。布朗发现利里力主立即对拉包尔发动双航母袭击，深感不快，便改变了初衷。他向金、尼米兹和利里去电称，自己始终无意提倡对拉包尔发动双航母攻击，"建议在现有条件下不要轻举妄动"。但是此时木已成舟，容不得他如此谨慎了。[2]

2月26日，弗莱彻收到舰总司发来的一封长电，其中透露了即将发生的行动。这

<hr />

[1] 1942年2月11特司致太舰总电200237，11特司致芝加哥号和太舰总电200753，CSCMF，卷4；1942年2月11特司致太舰总和澳新司电232146，CSCMF，卷5。关于2月20日的作战，见11特司致太舰总，1942年2月20日第十一特混舰队与日军飞机交战的报告（1942年2月24日），以及伦德斯特罗姆《首发主力》85—109页。

[2] 布朗报告（1942年3月23日）；灰皮书，242、244页。1942年2月11特司致太舰总电232214，太舰总致舰总电251209，CNO TS蓝色档案；1942年2月澳新司致太舰总电250100，灰皮书，254页；1942年2月11特司致太舰总电260450，CSCMF，卷5。

封电报的收件人还包括布朗和利里。金在电报中澄清了澳新战区的指挥体系。毫无疑问，利里需要指挥海上的部队，并协调从澳大利亚和新几内亚的莫尔兹比港起飞的陆基飞机，以支援他的海军部队。但是虽然利里渴望严密控制布朗或弗莱彻的行动，变化多端的战局却决不会给他这样的条件。他只能重复舰总司下达给各特混舰队司令的总体方针，而必须严格保持无线电静默的舰队司令们拥有很大的自主权。舰总司在2月26的这封重要电报中还阐明了他关于澳新战区航母作战的基本理念。"不到万不得已"，不应使用单航母舰队在陆基飞机掩护圈之外实施袭击或是执行没有明确目标的所谓"攻势扫荡"。因为舰队在这样的行动中一旦被发现，就会失去突然性的优势。金也驳斥了布朗新近提出的告诫，强调当前任务"不仅是防守，也包括适当条件下的进攻"。但是仅仅袭击沿岸基地往往战果不多，除非有重要的敌舰在场。防守一地的最佳办法是通过消灭敌方的机动兵力来削弱其攻击能力，"尤其是航母、巡洋舰、满载的运输舰和远程轰炸机"。①

在与弗莱彻直接相关的问题上，金的电报指出11特舰或17特舰应该在澳新战区停留至陆军进驻新喀里多尼亚为止，最好是两支舰队一同留下。当然，要想留在澳新战区，弗莱彻必须先到达该地。他知道尼米兹已经命令16特舰在轰炸威克岛后寻机打击南鸟岛，哈尔西应该正杀得性起。17特舰也将迎来好事。珍珠港方面提醒说，强热带风暴正在斐济北面形成，预计将横穿坎顿岛与新赫布里底群岛之间的直接航道。2月27日，约克城号收到两封收件人是弗莱彻的电报，一封来自舰总司，另一封来自太舰总，但它们都是用司令部报务员无法破译的密码发送的。无法解读电报令他很不安，但在无线电静默的严格限制下，也拿不出什么办法。在当天下午天气转好以后，他派休斯号东进到坎顿岛，该舰在那里可以安全地电请太舰总用17特舰掌握的密码重发那两封电报。②

事实上，金把17特舰派往西南太平洋的举动有些操之过急了。派伊与舰总司会面后于2月26日回到珍珠港，带来了令人惊愕的消息：华盛顿的战略规划似乎毫无头绪。除了在西南太平洋和南太平洋建立一系列岛屿基地外，金还没有制订出全盘计划。27日，尼米兹、派伊、德雷梅尔和麦克莫里斯商讨了在离中太平洋如此遥远的地方投入重兵有无必要。麦克莫里斯发牢骚说："不知道在澳大利亚人看来我们要

　　① 灰皮书，246 页。1942 年 2 月舰总司致 17 特司、11 特司和澳新司电 261630，灰皮书，255—256 页。
　　② 17 特舰战争日记。1942 年 2 月太舰总致各特司电 250249，CNO TS 蓝色档案。1942 年 2 月太舰总致各特司电 271939，CSCMF，卷 5。弗莱彻无法破译的电报是 1942 年 2 月舰总司致太舰总、11 特司、17 特司和澳新司电 272045，和 1942 年 2 月太舰总致尼奥肖号电 280255（抄送 11 特司和 17 特司）；CSCMF，卷 5。

做到怎样才算'全力'援助。"最终尼米兹无奈地从命，决定让弗莱彻南下澳新战区。当天晚上，休斯号刚离开，弗莱彻就收到了他等候许久的回音，而且高兴地发现电文可以解读。太舰总命令他在3月6日到努美阿以北300海里处与11特舰会合。这个地点在新赫布里底群岛中的埃法特岛西侧，西北距拉包尔近1200海里。不久以后，弗莱彻又看到尼米兹发给金的一封长电，电文中确认了给他的命令。尼米兹承认天气若恶化可能影响会师。如果对新不列颠的攻击在弗莱彻抵达后"迅速"开始，则目前的后勤状况足以维持两支舰队行动。但是布朗的11特舰最迟在3月中旬必须离开，而且单单为了抵达珍珠港就要耗尽萨摩亚的布里奇号军需船的库存。布朗认为食物问题几乎和燃油问题一样严重。他估计他的巡洋舰和驱逐舰即使得到列克星敦号的食物补充，到3月20日其干货也将告罄。[①]

　　弗莱彻发现自己在出发前有充足的时间完成加油并等候休斯号归来。2月的最后一天恰逢好天气，17特舰得以在坎顿岛以西继续加油。加油过程用了两天。休斯号于3月1日上午返回复命，但珍珠港并没有重发那两封令人担心的电报，也未作进一步说明。弗莱彻直到3月6日与布朗见面后才得知，舰总司的那封无法破译的电报相当准

斯宾塞·S．刘易斯少将，摄于1944年前后。由哈丽特·L．霍克提供

　　① 灰皮书，246 页。1942 年 2 月太舰总致各特司电 280417，CSCMF，卷 5；1942 年 2 月太舰总致舰总司电 280559和 11 特司致太舰总电 270542，灰皮书，256—257 页。布朗后来回忆说，幸亏列克星敦号从珍珠港出发时舰上的后勤部门违反舰队命令悄悄携带了 2 个月的给养，要是按规定只带一个月给养，麻烦就大了，见布朗对莫里森第三卷的评论，布朗资料集。

确地估计了俾斯麦群岛的敌军兵力：在拉包尔有一个巡洋舰分队、若干驱逐舰，以及大约50架陆基飞机。在东印度群岛沦陷后敌军可腾出更多兵力，威胁澳大利亚北部、新喀里多尼亚和斐济。而在此之前日军还可能尝试攻取巴布亚北岸的莱城和萨拉马瓦，甚至是南岸的莫尔兹比港和下所罗门群岛中的重要锚地图拉吉。3月1日夜，弗莱彻离开坎顿岛水域，驶向了远方的埃利斯群岛和新赫布里底群岛。①

司令部的生活

为了缓和舰队司令与旗舰舰长之间始终存在的紧张关系，海军将官们在海上必须按照一套约定俗成的复杂礼仪行事。舰长作为本舰指挥官的固有地位必须得到维护，上级不能过度干预。按照传统，舰队司令仅仅是登上旗舰的宾客。因此在造访航海舰桥之前，他应该礼貌地请求旗舰舰长许可。舰队司令在旗舰上的活动范围通常仅限于"司令领地"，即作为其居住区和个人指挥岗位的空间。反过来，旗舰的军官也只在受到邀请时才会进入司令的地盘。在威廉·E.汤普森下士率领下，侦察部队巡洋舰司令部（侦巡司）编制内的10名习惯出海的陆战队精兵负责保护弗莱彻的隐私，并担任他的个人侍从。在舰上不论他走到哪里，身边总有1名陆战队勤务兵寸步不离，在他回到住舱时，该勤务兵就在门口站岗。此外，参谋长斯宾塞·刘易斯也配有1名陆战队勤务兵。②

约克城号上的司令区位于左舷，在比飞行甲板低一层的船尾下甲板前部。在那里弗莱彻拥有由起居室、宽敞的卧室和小型个人办公室组成的豪华套间。附近的司令部办公室是以文书上士弗兰克·W.布为首的九个文书的工作场所。刘易斯睡在隔壁船舱，而作战参谋杰勒德·加尔平、司令秘书艾拉·努恩和副官哈里·史密斯的住舱也在附近。其他幕僚与舰上军官一起住在"军官领地"，司令部的勤杂人员则和船员一起睡通铺。料理司令区内务是一等军官服务员路易斯·莫塔斯的职责，而一等军官厨师梅尔乔·帕南贝恩掌管着司令厨房和储藏室。司令部服务员、厨师和食堂服务生共计八人，全部来自关岛或菲律宾。按照海军严格的等级制度，服务员和厨师不能佩戴

---

① 第17特混舰队战争日记。1942年2月舰总司令致太舰总、11特司、17特司和澳新司电272045，CSCMF，卷5。另一封电报是1942年2月太舰总致尼奥肖号电280255（抄送11特司和17特司），CSCMF，卷5，内容无关紧要——太舰总是安排一些陆军乘客搭乘返港的尼奥肖号油轮南下。珍珠港在3月9日重发了此电。

② 莱昂纳德致伦德斯特罗姆信（1996年8月27日）。莱昂纳德强调，不应夸大舰队司令与旗舰舰长的隔阂，因为"有充分理由认为，这些经验丰富的先生把不拘礼节的频繁碰面看作正常而且有意义的举动，而且以我的经验来看确实是这样"。伦德斯特罗姆对曾在17特舰司令部工作的陆战队员雷蒙德·W.凯尔的采访（1999年7月12日）。

同级士官的鹰徽（"乌鸦"）和V形标志，但领取的薪水和后者相同。弗莱彻的居住区很奢华，但只要局势稍有紧张，他基本上就不会在用餐时间之外去那里。平时他餐桌上的同伴有刘易斯、努恩和史密斯，但参谋部偶尔会全体聚餐。必要时弗莱彻睡在约克城号舰岛上归他使用的应急舱，那里有一张床、一张便椅、一张桌子和一个淋浴间。巴克马斯特上校的生活显得更为孤高。他本人的豪华住所、办公室和厨房位于右舷，正对司令领地，但在出海时他住在自己的应急舱里，这个船舱位于比司令舰桥高一层的航海舰桥，在驾驶室后面。巴克马斯特独自进餐，而且常常在日落前吃晚餐，这样就不必在应急舱里点灯，从而避免灯光干扰夜间观察。①

　　弗莱彻在舰岛内比飞行甲板高两层的司令舰桥里指挥他的舰队。他的指挥所就是位于该舰桥前部的编队指挥所，参谋部的下级军官轮流在那里值班。一张很大的海图桌紧靠前方舱壁，上面显示着由航海上士洛伊德·V.斯滕堡一丝不苟地输入的敌我最新已知位置、目击报告和其他重要信息。最新的电报档案总是放在方便查看的地方。包括新型TBS收发两用机（用于和特混舰队中其他舰船联系的甚高频短程电台）在内的各种通信设备散乱地堆在侧面的舱壁边。那里还有一部用于转播机载电台通信的喇叭、内部电话线路和通向头顶上的航海舰桥的传声筒。任何时候都有1名值班文书操作TBS，处事冷静、出言谨慎的文书中士托马斯·I.纽瑟姆则是指定的战斗报话员。弗莱彻通常坐在一张固定在后舱壁旁的棕色真皮长沙发里处理事务。通向右舷的舱门外是一个方方正正的小平台，掩藏在航海舰桥巨大的悬空侧楼下方。在那里有一张专供弗莱彻享用的转椅。平台沿着舰岛侧面一直延伸到后部，并有扶梯通到上面的航海舰桥和下面的飞行甲板。紧邻编队指挥所后方的是司令部电讯室，刘易斯把它拨给了比亚德手下的两个报务员。他们在那里安装了无线电接收机和用于打印日文假名音节的特制打字机。比亚德会时不时地会从用来阻挡闲人的绿色门帘后面现身，神秘兮兮地凑到将军耳边小声报告他获得的情报。弗莱彻的应急舱在司令部电讯室后面。在编队指挥所工作的间歇，他喜欢到这个房间里休息，脱下卡其布衬衫，换上运动式的汗衫来消散暑气。他最喜欢的休闲活动是阅读西部题材的小说。虽然偶尔也把到飞行甲板上散步作为消遣，但他不是雷蒙德·斯普鲁恩斯那样的散步狂。弗莱彻经常吸玉米芯做的烟斗（他曾让人给他一次寄了1打），也喜欢喝司令配膳室提供的冰镇咖

---

① 与前17特舰司令部文书弗兰克·W.布和托马斯·I.纽瑟姆的通信和对话。约克城号军官花名册，1942年5月，以及航海日志。太平洋舰队巡洋舰司令部（太巡司）勤杂人员花名册，1942年7—9月。美国海军退休中将W.G.辛德勒致伦德斯特罗姆信（1972年6月4日）。美国海军退休中将E.巴克马斯特致美国海军退休中将W.W.史密斯信（1964年8月22日），史密斯资料集。

啡。他的中间名是杰克，又嗜好黑杰克牌的甘草口香糖，这可能是他在海军中的绰号"黑杰克"的由来，也可能只是巧合。①

帆缆军士长胡伯特·R·库利手下的8个信号员占据了在约克城号航海舰桥上方的信号舰桥。他们在哈里·史密斯的监督下，使用信号旗（在白天指挥舰船机动的最常见方法）、闪光灯和手旗等手段，与舰队中其余舰船进行目视通信。查尔斯·布鲁克斯的司令部报务小组由4名通信值班军官和报务上士亨利·F·达金斯率领的10名无线电操作员组成。他们在司令舰桥下方的1号电讯室里与约克城号自身的电讯人员一起工作。每当司令部的报务员收到发给17特司的电报，当值的通信值班军官就使用海军的Mark II式电动密码机（ECM）解码。配发给舰队司令的ECM通常有附加的转子用于处理特殊的将官级密码，但弗莱彻不一定能得到解读电报所需的全部转子。通信值班参谋会把普通电报送到编队指挥所的值班参谋手中，重要电报立即当面呈递给弗莱彻。发送电报时则按相反流程进行。②

侦巡司的司令部勤杂人员是一个低调、精干、团结的集体，他们清楚自己的优越地位，也为能接触到大人物而自豪。面对将军他们从无畏惧之心。他们很快就熟悉了弗莱彻，而且从后来的证言可以看出，他们非常喜欢也非常尊敬他。汤姆·纽瑟姆对他的评价是"非常和蔼、冷静而果断"。他从未听到弗莱彻抬高嗓门或口出恶言。在他的记忆中，唯一一次见到弗莱彻动气（要知道纽瑟姆曾经作为弗莱彻的战斗报话员经历了三次大战）是在某天早晨的编队指挥所里。那天弗莱彻喊着"他摇我！"，没穿衬衫就气冲冲地走出了他的应急舱。原来有个倒霉的水手稀里糊涂摸上司令舰桥，从陆战队勤务兵身边溜到弗莱彻床前，以为自己是在叫别人换班。弗莱彻并没有因此事惩罚任何人。弗兰克·布称弗莱彻为"我有幸服侍过的最好的长官"，说他"既坚韧不拔，又公正、体贴、善解人意、很有人情味"。弗莱彻对布的家人很感兴趣，喜欢听他聊家中近况。信号员诺尔曼·W·乌尔默认为弗莱彻"总是冷静、沉着、泰然自若、和蔼可亲、信心十足"，他不是那种过度干预下属或事必躬亲的人。有个陆战队勤务兵雷蒙德·W·凯尔记得弗莱彻非常沉默，简直

---

① 与托马斯·纽瑟姆和原17特舰信号员诺尔曼·W·乌尔默的对话。纽瑟姆对话。比亚德《太平洋战争》5页也描述了约克城号司令舰桥的布局。布致伦德斯特罗姆信（1996年2月17日）。在海利的《太平洋战线》150页和一些轶事文章中，弗莱彻也被叫作"威士忌杰克"，但纽瑟姆和乌尔默都不记得有这个叫法（致伦德斯特罗姆的电子邮件，2000年2月7日）。1942年三四月间在珊瑚海征战时，弗莱彻确实把一些会合点命名为黑麦酒、杜松子酒、苏格兰威士忌、波旁牌威士忌等等（威廉·沃德·史密斯，19—20页）。也许这就是这个绰号的由来。

② 与原17特舰信号员霍利斯·C·霍利斯和诺尔曼·乌尔默，以及17特舰通信值班军官乔治·E·克拉普的访谈及通信。航空局对约克城号通讯长克拉伦斯·C·雷的询问（1942年7月15日），作战档案，NHC。

"毫无表情"，绝对"不苟言笑"。这种严肃的举止反映了弗莱彻经常承受的巨大压力。但是他在编队指挥所里会放松下来，而这种时候凯尔通常是见不到他的。纽瑟姆特别喜欢听弗莱彻追忆自己年轻时在老亚洲舰队担任少尉和驱逐舰长的经历。弗莱彻手臂上的刺青是他在远东的青春岁月留下的纪念，至今健在的司令部勤杂人员说起这个刺青的图案仍然莫衷一是。有人说那是龙，也有人说是玫瑰。他们为自己伴随将军度过了二战中最黑暗也最关键的岁月而自豪，对有关史书中盛行的批评老长官的言论都愤愤不平。[1]

---

[1] 纽瑟姆致伦德斯特罗姆信（1996 年 8 月 7 日），谈话（1997 年 12 月 11 日）。布致伦德斯特罗姆信（1996 年 2 月 17 日），其中提到他在服役 20 年后以上级准尉衔退休。诺尔曼·乌尔默的谈话（1997 年 12 月 10 日）。雷蒙德·凯尔的谈话（1999 年 7 月 12 日）。

第七章

"我们干得最漂亮的一天"

布朗的替补

3月6日临近中午时分，弗莱彻在埃法特岛以西100海里处见到了准时的11特舰。在南下途中，他收到了金在3月2日发给利里和布朗的电报，命令会师后的舰队在3月10日"左右"攻击俾斯麦—所罗门群岛一带的舰船和基地，目标是阻止敌军前进，并掩护定于两天后到达努美阿的澳大利亚—新喀里多尼亚运输船队。金建议航母舰队从东面或东南面、克瑞斯的澳新分舰队从南面实施分进合击。情报显示拉包尔的港湾里挤满了整装待发的舰船（仅在3月2日就发现了24艘）。布朗很快将掌握迄今为止盟军在太平洋上集结的最强海空力量，他必须找到运用这些兵力的最佳方法。遗憾的是因为金定下的日期是3月10日，所以布朗错以为自己必须在这个日期出击，尽管实际情况可能要求他提前进攻。[①]

3月6日上午，列克星敦号的2架飞机降落在约克城号上，带来了一捆文件，其中有作战电报、战斗报告、信函和布朗为3月10日袭击拉包尔而拟定的11特舰作战令5-42。敌军的搜索机预警网使他排除了从东北面或东面接敌的路线。如此一来就只剩南路，尽管那里海图标示不清、水下暗礁密布，常年多雨的天气又使舰船无法得到精确导航。考虑到将所有兵力集中起来"在战术上较明智"，布朗拒绝了金关于从不同方向同时攻击的建议。会师后的舰队将从基本位于拉包尔正南方且与拉包尔和新不列颠的加斯马塔等距的位置发起突击。先同时空袭这两个基地，然后派巡洋舰炮击。布朗希望利里的飞机在10日日出1小时后轰炸拉包尔和加斯马塔。由于大量美国和澳大利亚的航空部队卷入了荷属东印度群岛的混战，那几架B-17已经是澳大

---

① 1942年3月舰总司致11特司和澳新司电021615，国家档案馆，RG38，舰总司00档案；1942年3月澳新司致11特司和17特司电030100，CSCMF，卷5。

利亚现有的最强的陆基空中打击力量。利里还协调了从澳大利亚东北部、莫尔兹比港和图拉吉起飞的皇家澳大利亚空军(RAAF)卡特琳娜式水上飞机和哈得逊式中型轰炸机的侦察活动。因为飞机数量稀少，不可能全面覆盖拉包尔以南，所以布朗无法断定日军是否会悄然出现。斯普拉格上校的丹吉尔号最近在努美阿接替了柯蒂斯号，那里的6架PBY负责警戒通向新喀里多尼亚和新赫布里底群岛的航路。布朗估计自己在攻击后就会率11特舰返回珍珠港。他指定弗莱彻在这次行动中担任副总指挥（弗莱彻很快就会发现这个任命有多无用），并打算在自己离开后让弗莱彻全权指挥。虽然金明确希望让美国海军的资深军官担纲，但克瑞斯的资历可能带来问题。因为克瑞斯晋升少将是在1939年8月1日，而弗莱彻是在1939年11月1日。布朗形容克瑞斯"绝顶聪明，而且非常配合"，"渴望让他的中队作为我军的主力之一作战"。[1]

布朗在11特舰作战令5-42中说明了他计划如何将11特舰、17特舰和澳新分舰队合编为加强的第11特混舰队。主力部队将包括由列克星敦号舰长弗雷德里克·谢尔曼率领的列克星敦号和约克城号（第11.5特混大队）、金凯德少将的3艘重巡洋舰（11.2特大）和亚历山大·R.厄尔利上校（驱一中队长）领军的10艘驱逐舰（11.4特大）。威廉·W.史密斯少将的11.8特大（3艘重巡洋舰、2艘驱逐舰）得到了炮击拉包尔的危险任务，克瑞斯少将的11.9特大则将对付加斯马塔。布朗计划先以经济航速谨慎航行，然后于3月9日下午抱着避开敌军飞机侦察的希望穿过所罗门海，当晚到达拉包尔东南450海里处，再以25节的航速疾驰一夜至放飞点。航母将于3月10日拂晓前在距2个目标125海里处出动飞机，同时2个巡洋舰群将继续驶向各自的目标。航母仅发动一次空袭后就将迅速撤退，而克瑞斯和史密斯将在没有空中掩护的情况下独立前进，中午前完成炮击并撤退，两天后在拉包尔东南750海里处与航母重聚。布朗许诺，如发现敌军船只已远遁就取消他们的任务。他还允许克瑞斯和史密斯自行决定是攻击还是撤退，因为如果遭遇强敌，他们可能很快就招架不住。[2]

布朗对舰队的重大重组使弗莱彻处于尴尬境地，只要布朗没有失去指挥能力，他就无事可干。"副总指挥"（11.1特混大队司令）的头衔看似风光，实际上弗莱彻在指挥体系中并无一席之地。他不能直接指挥任何人，甚至不能列名于作战令的收件人中。此事源于布朗对航母的反常运用。他没有让列克星敦号和约克城号留在

---

①11特司致17特司信(1942年3月5日)，太舰总将官档案。太侦司(11特司)战争日记，11特司报告(1942年3月23日)。11特司(太侦司)致太舰总，1942年3月10日在萨拉马瓦—莱城地区对敌攻击的报告(1942年3月25日)。

②11特司作战令5-42(1942年3月6日)，11特司报告附录(1942年3月25日)。

110 ·

各自的特混大队中，而是将它们编为一队，置于同一批舰船的护卫下。"我们也许能够克服让2艘航母在近距离协同作战的困难。"这是对美军战斗条令的重大改革。说服布朗这样做的是前途无量的航空兵指挥官（11.5特混大队司令）弗雷德里克·谢尔曼（昵称"特德"）。谢尔曼是1910届的安纳波利斯毕业生，早年在潜艇和驱逐舰部队历练，1936年在47岁时获得双翼徽章。他担任列克星敦号舰长近2年，使该舰高效精干、管理出色的名声更加响亮。谢尔曼是个"固执己见、直言不讳、严格御下的人"，他"也是个大胆无畏、极其老练的操舰专家和战术家"，其自负心和野心之大堪与列克星敦号的尺寸相比。海航元老们对这个傲慢自大的JCL抱有深深的怀疑，但事实证明谢尔曼比他们更有远见。他是最早认识到集中使用航母兵力的重大意义的人之一。不过，驾驭他手头的这2艘航母确实要冒风险，原因在于两者相差甚远的战术（回旋）直径：列克星敦号是两千码，约克城号却只有1000码。列舰不仅大小与泰坦尼克号邮轮相仿，它的舵效也和后者一样低下。在为了规避攻击而机动时，这2艘航母或许根本无法保持队形，但谢尔曼为了加强协同愿意冒此风险。[①]

3月6日下午，约克城号上放下1艘小艇，艇上坐着前去拜访列克星敦号的弗莱

弗雷德里克·C.谢尔曼少将，摄于1942年12月19日。
国家档案馆提供(80-G-34231)

---

① 11特司作战令5-42（1942年3月6日）；11特司致17特司信（1942年3月5日），太舰总将官档案。雷诺兹《快速航母》25页。

彻、巴克马斯特、阿诺德，以及17特舰参谋部的刘易斯和加尔平。他们与布朗、参谋长罗伯森上校、C.特纳·乔伊上校（11特舰能干的作战参谋）、谢尔曼和H.S.达克沃思中校（列克星敦号优秀的航空长）交换了意见。这是一次短暂而尴尬的会面。为了让航程短的鱼雷机和战斗机参与空袭，舰队必须接近到目标周边125海里。"极不愿意发动进攻"，但又无法"回避此次行动"的布朗强烈反对这么做。弗莱彻告诉他，约克城号的专家认为极限距离是175海里，但"为了保险起见"，他个人建议定在125~150海里。巴克马斯特更是主张100海里。布朗对"老套的"黎明出击模式深感怀疑，担心在日出时飞机尚未离舰就遭到伏击。他希望在天气和能见度理想的情况下在日出3小时前出击。巴克马斯特和阿诺德反驳说，约克城号飞行大队的大部分飞行员尚未取得夜间飞行资格。他们对夜间轰炸的精度也缺乏信心，尤其是在只有残月的条件下。弗莱彻强烈反对夜袭，因此布朗又把起飞时间改回了黎明。当天下午，谢尔曼起草了他的航空特混大队作战令。他给每个目标分配了53架飞机，由列克星敦号大队空袭拉包尔，约克城号负责加斯马塔。如有必要，约克城号的部分飞机可以改飞拉包尔。虽然布朗很关心防守，谢尔曼却出人意料地在32架F4F战斗机中只拨出12架用于保护11特舰。令飞行员们郁闷的是，他命令20架护航战斗机各携带2颗30磅的小型破片炸弹，希望借此将敌军战斗机摧毁于地面。他的另一个值得商榷的举动是从攻击机群中扣下8架SBD俯冲轰炸机，用于在航母周围作低空"反鱼雷机巡逻"。①

这就是计划的主要内容。弗莱彻认为它"在战术上不够明智，因为所冒风险相对于追求的目标显得过大"。史密斯看到计划后暴跳如雷，因为他需要沿圣乔治海峡孤军深入50海里才能抵达拉包尔的港湾，路上可能遭到"持续不断"的空袭，还可能在没有后援的情况下与敌巡洋舰交战。"我根本不能指望空中支援。"预计在拉包尔有众多敌舰，1个航母飞行大队的一波空袭只能解决其中一小部分，也可能消灭不了所有飞机。克瑞斯对于他的澳新分舰队有机会炮击加斯马塔倒是很高兴，他们终于不必只干保护航母的活了。他在3月7日当面向布朗表示，这样的进攻任务对于"振奋他部下的士气有极其重要的意义，他们都强烈地感到自己应该在澳新战区的所有攻势作战中

---

① 太侦司（11特司）战争日记；11特司报告（1942年3月23日）；约克城号航海日志；17特司致11特司备忘录（1942年3月6日），布朗资料集。F.C.谢尔曼从1942年5月19日开始整理的个人日记，弗雷德里克·C.谢尔曼将军生平档案中的打字稿，军官履历档案，NHC。感谢杰弗里·巴罗为我提供了这份宝贵文献的副本。11.5特大司航空作战令2-42（1942年3月7日），附于11.5特大司（列克星敦号舰长）致11特司，关于1942年3月10日在萨拉瓦—莱城地区轰炸敌舰船和岸上设施的报告（1942年3月15日）。

发挥积极作用"。据克瑞斯称，虽然史密斯要冒相当大的风险，布朗却"并不想把这次袭击搞成决死突击，他还提议采取一切措施保护航母"。①

新目标

布朗和弗莱彻为行动做好了准备。3月6日下午，卡斯卡斯基亚号完成了为11特舰和克瑞斯的澳新分舰队加油的作业。这是澳大利亚号首次尝试在海上通过油轮加油。克瑞斯注意到舰长哈罗德·B·法恩科姆上校起初显得并不"渴望"成功，但"经过与输油管的几番较量，（他）终于完成了对接"，在2小时内加了将近1400桶油。幸亏"那是个风平浪静的好天"，"下次加油将会顺利得多"。"美国人已经把这项工作变成了一门精妙的艺术。"随后卡斯卡斯基亚号和1艘驱逐舰南撤到了安全水域，瓜达卢佩号则随另一艘驱逐舰去了苏瓦。②

早在3月6日，当布朗和弗莱彻还在商讨时，利里就提醒说敌军已西出拉包尔，前往新几内亚。当天晚上，澳新司的另一封电报称，7艘中型运输舰和1艘巡洋舰离开了加斯马塔。次日上午，夏威夷的罗切福特战斗情报站（H站）指出，新不列颠地区"相当平静"，但空中侦察发现多股敌军正在向西移动，直指新几内亚的萨拉马瓦。此时正忙着为舰船加油的布朗不能也不愿立即行动。③

井上中将的南洋部队确实已经扑向澳新战区。日本战前的战略计划对于在夺取"南方地区"的初期目标（马来亚、菲律宾和荷属东印度）后应该如何继续战争语焉不详。在"东南方面"（也就是南洋诸岛以南和以东），策划者仅仅设想过南克拉包尔、东取吉尔伯特群岛，控制一些要点来建立防线。他们担心澳大利亚成为盟国抵抗的重点和潜在的反攻基地，但怀疑已方改变这一局面的能力。到了1942年1月，由于南方攻略意外地顺利，大本营海军部开始觊觎拉包尔之外的地盘，萌生了孤立澳大利亚并迫其退出战争的大胆念头。"英属新几内亚"和所罗门群岛首当其冲，甚至遥远的斐济和萨摩亚似乎也是合理的攻取目标。与此同时，山本大将的联合舰队幕僚团正在认真考虑在击败太平洋舰队后入侵夏威夷。"胜利病"使日本人

---

① 弗莱彻致布朗信（开头是"威尔森吾友"）（1942年3月11日），布朗资料集。W.W.史密斯，18页；另见他对莫里森第3卷的评论（时间不明，约在1950年前后）。皇家海军少将J.G.克瑞斯日记，克瑞斯资料集（下称克瑞斯日记）。克瑞斯在3月6日的日记中写道，他曾有一种"可怕的预感"，担心澳新分舰队要保卫航母而不是参与进攻。"真要那样就太糟糕了。"克瑞斯日记中关于他在3月7日和布朗会谈的记录（1942年3月7日）。库特哈德-克拉克，52页。11特司报告（1942年3月23日）。

② 克瑞斯日记；澳大利亚号战争日记，澳大利亚战争纪念馆藏AWM124 [4/216]。

③ 1942年3月澳新司致11特司和17特司电060355、060518和060805，CSCMF，卷5；1942年3月14军区司令致太舰总和各特司电062015，CSCMF，卷5。

的自信心膨胀到了目空一切的地步，但他们仍然需要先解决太平洋舰队。弗莱彻将成为决定其命运的关键人物。①

井上的第一步行动是定在3月初的"SR作战"：夺取新几内亚东部位于拉包尔以西350海里的萨拉马瓦及附近的莱城。SR代表"Saramoa-Rae"，即萨拉马瓦和莱城的日式拼写。通过莱城机场可以对东南方180海里外、位于巴布亚岛南岸的莫尔兹比港发动空袭，进而在4月初攻占莫尔兹比港，控制这个位于新国防圈上的要点和通向澳大利亚的门户。井上对南所罗门群岛的良港图拉吉也垂涎三尺。一旦牢牢掌握了这两个战略要地，他就可直接威胁澳大利亚北部和新喀里多尼亚。布朗在2月20日虽袭击拉包尔未果，却使日军飞机损失惨重，因而井上不得不将入侵萨拉马瓦—莱城的时间从3月3日推迟至8日。正是这个严重的延期使弗莱彻及时赶到了澳新战区。尽管已确知至少1艘美军航母存在，己方又没有航母支援（轻型航母祥凤号仅负责运输飞机），井上却一意孤行地实施SR作战。3月5日下午，攻占威克岛的功臣梶冈少将率领由1艘轻巡洋舰、6艘驱逐舰、1艘快速布雷舰、1艘水上飞机供应舰、5艘运输舰和2艘扫雷艇组成的SR登陆部队离开拉包尔。当晚，五藤少将的支援部队（5艘重巡洋舰、2艘轻巡洋舰和3艘驱逐舰）也起航掩护他的对海侧翼。在拉包尔有15架战斗机、21架中型轰炸机和6架水上飞机，祥凤号在3月9日还将运19架战斗机。一小队零战将转场到距莱城200海里的加斯马塔附近为SR登陆部队提供空中掩护，而且一旦莱城机场整备完毕就将进驻。轰炸机连续轰炸莫尔兹比港，同时水上飞机在上所罗门群岛和珊瑚海北部搜索，以防盟国战舰半路杀出。②

3月7日夜，当11特舰朝西北方向穿越珊瑚海时，布朗收到一份延误了很久的目击报告，内称当天上午在加斯马塔以西发现6艘运输舰。此时他仍然认为舰队应该按3月10日攻击的时间表以12节航速缓行，没有足够的理由提速。临近午夜时，又有消息说在加斯马塔西南150海里发现1支运输船队（6艘运输舰，由1艘巡洋舰和4艘驱逐舰护航）正驶向新几内亚东北海岸，萨拉马瓦和萨拉马瓦东南140海里的布纳都可能是其目的地。布朗立刻放弃了袭击拉包尔—加斯马塔的计划，代之以布纳和萨拉马瓦（后者更是显而易见的敌军目标）。他的欣喜溢于言表："这正是我们一直盼望和祈求的时刻，""日本海军和运输船队脱离了岸基飞机的集中保护，正是教训他们的好机会。"趁日本人在新几内亚东部站稳脚跟前迎头痛击之，将"消

① 日本《战史丛书》49：28—31 页、104—107 页。
② 日本《战史丛书》49：107—113 页、117—118 页。

除近期对莫尔兹比港的一切威胁，进而阻止敌军推进"。当然，如果对拉包尔的袭击能早一步实施，也可能使敌人推迟乃至放弃挺进新几内亚的行动。于是布朗以20节航速西进。现在的问题是如何接近到足以让航母发动全力一击的距离（125海里）。萨拉马瓦和莱城都深深隐藏在休恩湾内，向东突出的巴布亚半岛横亘于半路，因此11特舰若要直接从东面接近，就不得不穿过巴布亚的外围岛屿和新不列颠之间140海里的狭窄间隙。如果布朗希望尽早在3月9日攻击那里，他就必须以25节航行36小时，燃油消耗速度将是惊人的，不过各驱逐舰此时都在接近满油的状态。然而，要是在3月8日穿越乃至接近这些狭窄水域，几乎不可能不被拉包尔和加斯马塔起飞的巡逻机发现。[1]

3月8日02：00布朗减速至12节。经过深思熟虑后，他决定从巴布亚湾东南部靠近莫尔兹比港的位置对萨拉马瓦和莱城发动空袭。半夜被叫醒的谢尔曼发现拉包尔袭击计划已被搁置，新的目标是新几内亚。他回忆说："这正合布朗的心意，因为他不想进入他们的岸上基地射程内，但很乐意远远地攻击他们的舰船。"布朗提议的放飞点在目标东南200海里，大大超出了除俯冲轰炸机外所有飞机的空袭半径。由于海岸线以内的地方在海图上是一片空白，谢尔曼对计划空袭路线上的地形一无所知。飞机必须飞越险峻的欧文·斯坦利山脉，那里云雾缭绕的山峰据说高达15000英尺。他提议按原计划袭击拉包尔，或者从萨拉马瓦以东实施比较安全的打击，但被布朗一口回绝。[2]

3月8日黎明前，2000名日军士兵席卷了萨拉马瓦的海滩，另有八百海军部队在莱城登岸。梶冈的船只开始进行卸载给养和基本装备的漫长作业。此时，五藤的支援部队掉头东进，穿过所罗门海驶向布卡，准备在勘察过这片区域后返回拉包尔。3月8日上午，布朗终于收到了莱城和萨拉马瓦陷落的消息。他已将自己的部队合编为庞大的11特舰。金凯德的巡洋舰和厄尔利的驱逐舰环绕着居中的2艘航母，克瑞斯和史密斯则在前方4海里外开路。此时在列克星敦号之外还没有人正式得知布朗已改变目标，但舰队西行预示着计划有变。克瑞斯不知道自己要去哪儿，弗莱彻也一样。11：30，布朗终于提速到20节。谢尔曼趁着这段时间研究了布朗提议的放飞点。 200

① 太侦司（11特司）战争日记；11特司报告（1942年3月23日）；1942年3月17特司致11特司电070115，布朗资料集。1942年3月澳新司致11特司和17特司电070506和071026，CSCMF，卷5。布朗回忆录，22页，布朗资料集。11特司报告（1942年3月25日）。

② 有趣的是，详细的11特舰战争日记没有记录3月8日02：00的航向和航速变更，但约克城号航海日志和澳大利亚号战争日记都记录了此事。克瑞斯日记（1942年3月8日）；谢尔曼日记（1942年5月19日）。

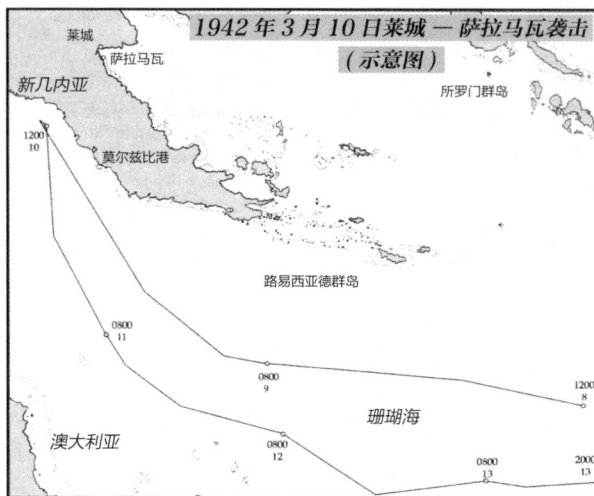

1942年3月10日莱城 — 萨拉马瓦袭击
（示意图）

海里的距离意味着鱼雷机和护航战斗机都被排除在外，更何况笨重的TBD也无法飞过高山。在挂载鱼雷并满油的情况下，它们很少能爬升到6000英尺。山中常年恶劣的天气将进一步妨碍安全返航，尤其是在航程如此长的情况下。谢尔曼在海图上以萨拉马瓦为圆心画了个125海里的半圆，发现它恰好横穿目标以南的巴布亚湾北部。也许航母可以继续西行，从那里出动飞机。谢尔曼需要专家为他提供萨拉马瓦南方山地的情况，并确保巴布亚湾内有足够的回旋空间。①

　　当天下午早些时候，传来了萨拉马瓦一带有11艘舰船的消息，但布朗直到暮色将近时才宣布了从莫尔兹比港以南攻击萨拉马瓦"以阻止敌军前进"的决定。克瑞斯将统一指挥他自己的舰队和史密斯的巡洋舰（重归金凯德指挥的彭萨科拉号除外）及4艘驱逐舰，"在接到指示时"攻击敌水面部队。实际上，布朗担心11特舰西行过远，万一新喀里多尼亚受到威胁将援救不及。由于他的主要任务之一是掩护努美阿的运输船队，他认为把克瑞斯的4艘巡洋舰控制在新几内亚以东是明智之举，这样可以警戒后路并侧击任何前往新喀里多尼亚的水面舰队。克瑞斯对于不能按原计划攻击拉包尔感到极度失望。如果这一作战再无可能，他愿意穿越星罗棋布的珊瑚礁，沿巴布亚东北海岸直插萨拉马瓦。"鉴于拉包尔是敌军老巢，（布朗）应该继续以它为首要目标，而让水面舰艇攻击萨拉莫瓦（原文如此）和莱城。如果

---

① 日本《战史丛书》49:118—120页、130页。1942年3月澳新司致11特司和17特司电072040, CSCMF, 卷5。11特司作战令5-42附录B（1942年3月6日）；太侦司（11特司）战争日记；谢尔曼日记（1942年5月19日）。

他在昨晚保持20节航速并进入新不列颠和新几内亚之间，我们肯定能有更多机会实现目标。我不知道是不是上次攻击让布朗神经过敏了。"另一方面，弗莱彻却完全赞同布朗放弃袭击拉包尔的决定，但约克城号的飞行员都倾向于从东面攻击萨拉马瓦。[①]

3月9日黎明前，当11特舰行至新几内亚东端所在经度时，航空参谋沃尔顿·W.史密斯中校驾驶列克星敦号的1架SBD去了澳大利亚东北部汤斯维尔的航空基地。布朗在让他捎去的信中请求B-17在3月10日空袭萨拉马瓦和莱城，如有可能还应轰炸拉包尔。布朗很快收到了利里的批准，但利里怀疑不会有"很多重要船舶留在萨拉马瓦"。当天深夜他通知布朗，陆军的8架B-17将在次日中午前后轰炸萨拉马瓦和莱城。列克星敦号飞行大队的大队长威廉·B.奥尔特中校趁着空袭间隙走访了莫尔兹比港，带回了弥足珍贵的情报。有一条海拔7500英尺的峡谷横穿山脉，几乎沿直线从巴布亚湾通到萨拉马瓦，而且那些山峰在上午通常是没有云雾环绕的。于是，松了一口气的谢尔曼取得了在天气适宜的前提下于3月10日攻击的许可，然后发出了他的作战令。巴克马斯特将这道命令抄送给了弗莱彻。值得注意的是，谢尔曼谨慎地命令约克城号的TBD仅挂载2颗（而非3颗）500磅炸弹进行水平轰炸，却冒险让列克星敦号的TBD携带2000磅鱼雷穿越峡谷。同样，大多数SBD将携带1颗用于反舰的500磅炸弹和2颗破坏机场的100磅炸弹，但有6架列克星敦号的SBD将挂载1000磅炸弹。谢尔曼提供了详细的起飞时间表，各中队将按10分钟的间隔依次出动，约克城号排在第二波，比列克星敦号晚半小时。[②]

同样是在9日上午，克瑞斯的11.7特大（澳大利亚号、芝加哥号、阿斯托里亚号、路易斯维尔号和4艘驱逐舰）沿原路折返，驶向路易西亚德群岛。克瑞斯将停留在拉包尔的600海里空中侦察圈外，做好预防日军南下珊瑚海的准备。布朗要求他于3月14日在珊瑚海中位于瓜达尔卡纳尔岛以南350海里的位置归队。克瑞斯看到这份新命令时"万分难过"，因为他相信这是对其兵力的浪费。他判断日军"不太可能"进犯新喀里多尼亚，但为了以防万一，他还是会在3月10日黎明时到达路易西亚德群岛中罗塞尔岛东南的指定位置。[③]

① 11特司报告（1942年3月25日），1942年3月11特司向11特舰发送的目视通信080555。克瑞斯日记（1942年3月8日）；弗洛伊德·E.莫恩中尉（VB-5，约克城号）日记（1942年3月11日），由美国海军退休上校弗洛伊德·E.莫恩通过詹姆斯·C.萨夫鲁克提供。

② 11特司报告(1942年3月25日);1942年3月澳新司致11特司和17特司电090315和091300,CSCMF,卷6。11.5特大司航空作战令3-42（1942年3月9日），附于11.5特大司报告（1942年3月15日）中。

③ 11特司作战令6-42（1942年3月9日）。克瑞斯日记（1942年3月9日）。

飞越群山

3月10日天亮后，11特舰在巴布亚湾北端的狭窄水域中穿行，新几内亚崎岖的地貌在前方阴森地逼近。在征得布朗同意后，谢尔曼将起飞时间改为07：45，提前近3个小时，以便利用上午常见的好天气飞越山地。可惜他没有及时通知约克城号，使弗莱彻和巴克马斯特白担心一场。从07：49到08：50，2艘航母起飞了2个打击机群，共计104架飞机（18架战斗机、61架俯冲轰炸机和25架TBD）。硕大的列克星敦号只有舰舯部的1台运行速度非常缓慢的升降机可用，因此在每次空袭中它只能实施一波真正的全甲板起飞。这一次谢尔曼采取了非常特殊的起飞程序：先让航程短的护航战斗机与负责战斗空中巡逻的F4F一同起飞，然后让所有SBD和TBD起飞。待甲板清空后，他回收了8架护航机，加满油后再让它们快速起飞，追赶已经出发的攻击机群。谢尔曼要约克城号的护航战斗机也照此法办理，但这是多此一举。CV-5有3部快速升降机，能够快速连续地将机库里的飞机提升到甲板。因此巴克马斯特轻松实施了三波全甲板起飞：第一波是25架飞机（13架VS-5的SBD和12架VT-5的TBD），第二波是17架VB-5的SBD，最后一波是10架VF-42的护航F4F，它们将利用自己较快的巡航速度实施创新的"途中会合"，即在奔赴目标的途中追上其他飞机。整个起飞过程非常顺利。有个飞行员在发动机出了毛病后仍然坚持执行任务，反映了飞行大队高昂的士气——尽管地形令人望而生畏，飞行员的求生"装备"也非常原始（只有1把切肉刀和1瓶阿司匹林）。[①]

弗莱彻在约克城号的司令舰桥上目送他的几个中队勇敢地飞向暗绿色的群山，消失在视野中。还没等它们到达目标，海岸瞭望哨就通过澳大利亚转来报告，称莱城附近约有13艘运输舰、2艘巡洋舰和3艘驱逐舰。09：22左右，11特舰收到了目标上空的攻击机发来的第一批电报。几乎与此同时，17特舰的无线电监听军官福雷斯特·比亚德听到了萨拉马瓦敌军慌乱的空袭警报。电波中的对话表明美军飞行员们正在大开杀戒。巴克马斯特通过约克城号的喇叭转播了这些欢快的喧闹。10：14，8架B-17在11特舰头顶高高掠过，8架皇家澳大利亚空军的哈得逊式中型轰炸机也一同飞向北方的萨拉马瓦。半小时后，列克星敦号的第一批攻击机再度出现，迫不及待

---

①　11.5 特大司报告（1942 年 3 月 15 日）；约克城号舰长致太舰总，约克城号飞行大队对新几内亚萨拉马瓦和莱城之敌实施的攻击（1942 年 3 月 12 日）；约克城号舰长致太舰总，1942 年 3 月 10 日约克城号飞行大队实施的攻击（1942 年 3 月 15 日）。鲁德鲁姆，30—34 页。克瑞斯曼《那条英雄舰》67—69 页。伦德斯特罗姆《首发主力》126—132 页。列克星敦号舰部的小升降机早已停止使用，达克沃思致伦德斯特罗姆信（1972 年 3 月 9 日）。1942 年 2 月列克星敦号致战空司电 212115，CSCMF，卷 4，呼吁对列克星敦级航母后部的升降机进行现代化改造，"以方便在甲板上排列战斗机和攻击机的作业"。

地着舰报告战况。最终，除1架在莱城被防空炮火击落的SBD外，所有飞机都返航了。到12∶01，约克城号的52架飞机全部安全降落，并带回了比2月1日乐观得多的好消息。弗莱彻听取了几个飞行员的汇报，得知他们奇袭了众多敌船后激动不已。当地天气"好极了"，防空火力很微弱，空中只出现了2架浮筒式水上飞机，而且都被迅速击落。好在日军的6架零式战斗机因为9日的坏天气而没有进驻莱城。①

列克星敦号的飞行员们最初估计有5艘运输舰沉没或搁浅，另有1艘巡洋舰和1艘驱逐舰沉没，1艘巡洋舰和2艘驱逐舰被重创。约克城号的各机组在萨拉马瓦—莱城附近清点出13到15艘船只，还发现东方25海里外的休恩湾内有1艘水上飞机供应舰和1艘驱逐舰，莱城东北的哈尼施港也出现了1艘运输舰和1艘驱逐舰。他们注意到莱城和萨拉马瓦附近有5艘运输舰或货轮沉没，1艘中等大小的巡洋舰至少挨了4颗炸弹，还有2艘驱逐舰成了漂在水里的死鱼。VT-5的TBD轰炸了那艘水上飞机供应舰，该舰虽然还浮在水上，但应该已失去动力。返航的约克城号飞行员提醒上级："许多船只正在高速向东退却。"VB-5的队长阿姆斯特朗少校最后一个离开目标地区，他电告母舰："建议立即发动第二轮空袭。"VS-5的伯奇当面力劝弗莱彻再次出击。比亚德则指出，对敌军无线电通信量的初步分析显示，能够确认的击沉数并不多。于是弗莱彻指示巴克马斯特为约克城号的攻击机群补弹和加油，并向布朗和谢尔曼提议再实施一波空袭。巴克马斯特在13∶16发出电报，但遭布朗拒绝。"由于在攻击地域发现的敌军船舶已受到可被认为是彻底而决定性的损失，我军将不作二次攻击，""我们已经完成了任务。"布朗担心的是那条至关重要的峡谷，它在下午通常会布满云雾，而弗莱彻和巴克马斯特并不知道这一点。谢尔曼和布朗一样没有再赌一次的热情。他估计一旦能见度不再良好，两舰的飞行大队在穿越山谷时将蒙受惨重伯损失。"我认为舰载机不宜经常重复这样的作战。"只是他忘了，这些客观条件并不影响航程远、升限高的SBD实施二次攻击。约克城号众人对空袭效果的"决定性"颇不以为然，在得知不能再次出击后大失所望。他们在考虑过天气和地形因素后都相信二次空袭并不困难。②

谢尔曼推断列克星敦号和约克城号的飞机在萨拉马瓦和莱城一带轰炸了15艘舰船。在东面25海里左右出现了另一支船队，其中至少有1艘巡洋舰、4艘驱逐舰、1艘

① 11特司报告（1942年3月25日）；比亚德《太平洋战争》7页；日本《战史丛书》49∶123—126页。
② 11.5特大司报告（1942年3月15日）；11特司报告（1942年3月25日）。鲁德鲁姆，34页；莫恩日记，1942年3月11日。1942年3月约克城号致11.5特大司电100216（抄送11特司）。布朗资料集；布朗对莫里森第3卷的评论，10页，布朗资料集。

水上飞机供应舰和6艘运输舰。这支船队中的护航舰艇加速驶向萨拉马瓦，结果遭遇了更多约克城号的SBD，而VT-5的TBD在外海截住了那艘水上飞机供应舰。谢尔曼知道有许多船未受攻击，或者虽遭重创但并未覆没。在航母空袭后，8架B-17宣称命中至少2艘运输舰，还有一些近失弹对包括1艘巡洋舰在内的多艘战舰造成破坏。皇家澳大利亚空军的哈得逊式飞机则6次命中一些大型舰船，使其燃起大火。起初他们认为自己轰炸的是新抵达的船队，但后来利里承认他们攻击的是已经遭到11特舰痛击的船只。布朗的最终评估结果是5艘运输舰或货轮、2艘重巡洋舰、1艘轻巡洋舰和1艘驱逐舰沉没，1艘辅助扫雷艇可能被击毁。2艘驱逐舰和1艘炮舰"受重创，可能沉没"，还有1艘炮舰和1艘水上飞机供应舰也遭到严重破坏。尼米兹相信至少两支隶属于第六战队的船队被全歼或重创，但其中没有重巡洋舰。实际情况是：3艘运输舰和1艘改装扫雷艇沉没，1艘运输舰、1艘水上飞机供应舰、1艘快速布雷舰和2艘驱逐舰中度破损。这比布朗宣称的战果少得多。但无论如何，井上的南洋部队确实损失惨重。①

11特舰以20节航速撤向东南，到天黑时改以15节东驶。种种原因使敌军仅做出了象征性的微弱反击。出现在萨拉马瓦上空的大批航母舰载机无疑令南洋部队吓破了胆。司令部一度担心敌方航母即将袭击拉包尔。起初日方并不能确定攻击机是直接来自航母的还是通过莫尔兹比港机场起飞的。这个问题在17∶20有了答案：1架水上飞机在莫尔兹比港以东90海里发现了1艘萨拉托加级航母及其护航舰艇。此时白昼将尽，来不及空袭，更何况敌军已经远去。井上下令搜索机次日继续搜索，陆攻机做好准备，但由于11特舰很快脱离打击范围，这些行动也只能是白费工夫。比亚德的无线电情报小组和远在澳大利亚及夏威夷的其他无线电情报分析员都没有监听到日军的目击报告。②

弗莱彻在3月11日给布朗写信，表达他"个人对贵部昨日辉煌战绩的祝贺"。他完全赞同将目标从拉包尔和加斯马塔改为莱城和萨拉马瓦，称其为"一份优秀的计划，而且执行得很出色"。但是他透露了自己对原拉包尔—加斯马塔攻击计划的疑虑，表示自己同意史密斯某信件（这封信没有保存下来）中的意见。史密斯在那封给布朗的信中言辞激烈地反对炮击拉包尔的提议。弗莱彻很赞赏史密斯撰写此信的"道义勇气"。"我之所以毫不犹豫地向您指出这一点，是因为在我看来您

① 11.5特大司报告（1942年3月15日），11特司报告（1942年3月25日）。日本《战史丛书》49：124—125页。
② 日本《战史丛书》49：126页。

可能是为了顺从高层的意愿而勉强发布了那道命令。"第二天，布朗在回信中相当冷淡地表示，他当时认为除了攻击拉包尔和加斯马塔别无选择，并重申"我们的计划是执行此任务的最佳方案"。弗莱彻的回复是："您说得很有道理，我接受您的指正。"不过，本书作者感到这次出航丝毫没有增进这两人的关系。史密斯后来发现，是谢尔曼起草了原先那份指示巡洋舰炮击拉包尔的作战令，而布朗的作战参谋特纳·乔伊并没有批准该计划。[①]

布朗欣喜地宣称自己阻止了新几内亚"迫在眉睫的攻势"。他始终不知道11特舰曾被发现，因此认为日军仍然搞不清楚这次大规模空袭来自何方，他相信他们必须先止步休整才能继续推进。他后来解释说："任何这样的耽搁都有利于我方。"尼米兹得知布朗袭击了新几内亚而不是拉包尔后起初很是意外，麦克莫里斯认为："很难相信敌军如此弱智。"但是珍珠港众人根据布朗的后续报告得出明显结论："敌军损失确实很大。"而井上和他的陆军同仁也完全同意这个观点。布朗给日本海军造成了自第二次世界大战爆发以来最大的舰船损失，他击沉或重创的两栖战舰船是多场预定登陆行动所必需的，这些登陆行动的目标不仅包括莫尔兹比港和图拉吉（即所谓的MO作战），还包括所罗门群岛东北方的大洋岛和瑙鲁岛。如今井上确信自己需要航母，因此恳求山本借调一个航空战队用于MO作战。但是他的请求提得很不是时候，联合舰队此时还有包括染指印度洋在内的其他任务，航母也需要接受正常维护，因此在2个月内无法借调。于是井上只得将MO作战推迟到能够获得强大航母支援为止。在此期间他将重整旗鼓，大力加强他的陆基航空力量，巩固拉包尔周边地区，并侦察通向莫尔兹比的线路。当然，在这段时间里盟军的实力也将增强。布朗的莱城—萨拉马瓦袭击战确实达到了目的。罗斯福在3月17日得意扬扬地告诉丘吉尔，这"绝对是我们干得最漂亮的一天"。舰总司难得地电贺11特舰全体官兵"干得好"，他不仅表扬了此战的成功，还表扬了官兵们在这次"鼓舞和激励"了全体海军将士的漫长航程中表现出的"航海技艺、吃苦耐劳和不达目的誓不罢休的精神"。[②]

---

① 弗莱彻致布朗信（1942 年 3 月 11 日）和布朗致弗莱彻信（1942 年 3 月 12 日），1942 年 3 月 11.1 特大司致 11 特司目视通信 122342，均藏于布朗资料集。史密斯对莫里森第 3 卷的评论，日期不详。

② 布朗回忆录，25—26 页；灰皮书，267、271 页；1942 年 3 月 11 特司致舰总司电 151520 和 151525，灰皮书，289、292 页。日本《战史丛书》49：163—165 页。金伯尔《丘吉尔与罗斯福》1：415—416 页。另见布朗资料集中的记录。1942 年 4 月舰总司致太舰总电 031855，CSCMF，卷 8。谢尔曼在日记（1942 年 5 月 19 日）里幸灾乐祸地说金的贺电只字未提 17 特舰，不过事后看来金似乎并不是故意要让弗莱彻难堪。

布朗去职

3月12日，当11特舰朝东南方向驶入珊瑚海时，尼米兹由衷地表扬了布朗和弗莱彻"干得好"。他还指示布朗将彭萨科拉号拨给17特舰，然后率部返回珍珠港，弗莱彻则继续在澳新战区作战。尼米兹重申了金在3月7日对11特舰的指示："补足17特舰在飞机和／或武器、弹药、人员方面的一切欠缺。"尽管布朗很担心回程中的给养问题，金却命令他靠"豆子和硬面饼"填肚子，不准他调用南太平洋现有的少量物资。诺克斯部长被这封电报逗乐，11特舰的官兵却笑不出来。列克星敦号已经到了主要靠罐装菠菜和豆子充饥的地步，而巡洋舰和驱逐舰的伙食还要差得多。[①]

3月14日拂晓，克瑞斯的11.7特大出现在视野中。他的任务已经顺利完成，没有遇到敌人，但美方巡洋舰在例行侦察中竟有5架寇蒂斯SOC海鸥式水上飞机失踪。祸不单行，澳大利亚号上有2个水兵杀了1名士官。这起刑事案件将最终影响克瑞斯的计划。3月13日，他命令各巡洋舰以10海里的间隔散开搜索广大区域，但一无所获，只得前往次日与布朗的会合点。克瑞斯向史密斯发出"同情的信号"，得到了"非常得体的答复"。史密斯猜测那几架海鸥遭遇了阵风，不得不降落到海上。其中1架当天上午曾发报询问母舰的方位角和航向，但史密斯不愿冒暴露自身方位的危险，坚决不同意打破无线电静默。他告诉克瑞斯，SOC是一种很结实的飞机，他希望它们能在某地靠岸。后来史密斯得知，就在同一天11特舰找到了旧金山号的1架SOC，该机自3月7日失踪以来一直漂在海上，这令他对自己的巡洋舰飞行员信心大增。[②]

3月14日中午，波特兰号重巡洋舰、尼奥肖号和卡斯卡斯基亚号油轮，以及4艘驱逐舰在东珊瑚海与舰队会合。列克星敦号向约克城号调拨了6架战斗机、5架俯冲轰炸机和1架鱼雷机，并接收了后者2架最旧的战斗机。有1架列克星敦号的野猫还未登上约克城号就因发动机故障在海上迫降——这是预示着日后灾祸的不祥之兆。当天晚些时候，布朗将合并的特混舰队拆散，让17特舰重归弗莱彻麾下。波特兰号顶替了原属17特舰的路易斯维尔号，以便后者前往美国西海岸接受急需的改造。克瑞斯的澳新分舰队启程前往努美阿，将在当地由利里的辅助舰队油轮加油，然后重归弗莱彻指挥。在分道扬镳前，11特舰和17特舰贪婪地抽干了2艘油轮。最后在3月16日上午，弗莱彻驶向东南，布朗则在原地完成加油，然后向东北方踏上归途。[③]

① 1942年3月太舰总致11特司和17特司电120335，CSCMF，卷6；1942年3月舰总司致太舰总电071820（抄送11特司），舰总司00档案。布维尔《海权霸主》174—175页。

② 克瑞斯日记（1942年3月12—13日）；W．W．史密斯，20—21页，以及他对莫里森第3卷的评论（日期不详）；阿斯托里亚号航海日志；库特哈德－克拉克，58—59页。

③ 太侦司（11特舰）战争日记；17特舰战争日记。1942年3月澳新司致17特司和芝加哥号电130025，CSCMF，卷6。

威尔森·布朗于3月26日在一片欢呼声中抵达珍珠港。尼米兹让他在荣耀中沉醉到28日，然后委婉地通知他，侦察部队和11特舰都将与他绝缘了。他将前往圣迭戈组建太平洋舰队的两栖部队。金早在2月20日就指示大西洋舰队和太平洋舰队分别组建各自的两栖部队。尼米兹建议让布朗担任自己的两栖军司令，让另一位年纪更大的黑鞋派——派伊中将接任11特司。考虑到布朗在1941年太平洋舰队拟定两栖战计划时所起的作用，他确实是合理的人选。他离开航母指挥岗位绝不是因为给人留下了不够"勇猛"的印象。任11特司时的表现为他赢得了优秀服役勋章，而且他肯定在金的心目中保持着良好形象。战后，金曾对布朗给出了"很优秀"的评价，还对他的健康状况表示惋惜。事实上，金对待布朗一直比对待弗莱彻体贴，这也许是因为他从来没有真正认识到弗莱彻的功绩。儒雅的布朗很快就离开了太平洋战场，改任东海岸的海军军区司令。1943年初，他欣喜地重返白宫担任罗斯福的海军助理，并在这个职位上一直干到1945年。①

弗莱彻留在了广袤的西南太平洋，与坚强而好战的敌人对峙。虽然孤立无援，但他至少成了独当一面的将领。截至此时，他一直是个配角，但当聚光灯对准他时，军方首脑们都想知道他将如何表现。

---

① 1942 年 2 月舰总司致太舰总电 201940，CSCMF，卷 4；1942 年 3 月太舰总致舰总司电 011847，CSCMF，卷 5；1942 年 4 月太舰总致太平洋舰队电 070315，CSCMF，卷 8。怀特希尔备忘录（1949 年 8 月 14 日），金资料集，NWC。关于布朗后来的任职经历，见布朗《辅佐四位总统》。很多资料称金指示尼米兹免去了布朗的 11 特司一职，此说并无根据，而且似乎是源自霍伊特，72 页的错误，将 1942 年 3 月 31 日遭金斥责的弗莱彻当成了布朗。波特《尼米兹》44 页又根据霍伊特的错误，说金"坚持认为布朗进取心不足，不能领导战斗部队"。事实上，布朗缺的是海军战将所需的体力和敏捷。列克星敦号的司令舰桥在舰岛中高踞于航海舰桥之上，而且没有供舰队司令使用的应急舱，因为那里被 YE 飞机导航信号收发器占用了。布朗每次从司令住舱到司令舰桥都要爬三层甲板，这使他不胜其苦。布朗回忆录，9、14 页；达克沃思致伦德斯特罗姆信（1972 年 3 月 9 日）。列克星敦号在 4 月进入海军船坞后，恢复了司令应急舱（1942 年 3 月珍珠港海军船坞致普吉特湾海军船坞电 240423，CSCMF，卷 7）。

第八章

珊瑚海孤军

研究防御战略

在威尔森·布朗的11特舰于3月16日离开后，弗莱彻的17特舰就划归华盛顿的舰总司直接指挥。金正式将弗莱彻的使命确定为"针对敌军[在]新几内亚地区及以东的活动实施攻势作战"，重点是莫尔兹比港和所罗门群岛。他授权弗莱彻相机出击，"以求瘫痪和消灭敌军"。利里仍将协调陆军航空队（AAF）和皇家澳大利亚空军轰炸机的支援，因为它们在3月10日的莱城和萨拉马瓦显得"非常有效"。尽管3月10日的反击效果很乐观，但日军仍然掌握着主动权。鉴于爪哇已经陷落，菲律宾也被完全孤立，任何平静都只是暂时的。敌人只要愿意投入必要兵力，随时都可以从拉包尔向南进击。[①]

日本人在这一地区的首要目标是位于新几内亚东南海岸的莫尔兹比港，它是澳大利亚必不可少的航空基地。由于地形关系，从陆上和海上直接进攻莫尔兹比港都困难重重。险峻的欧文·斯坦利山脉对于横穿巴布亚南下的军队来说几乎是不可逾越的。在新几内亚的岬角外则分布着路易西亚德群岛，这道由岛屿和礁石组成的障碍深入珊瑚海近250海里。虽然坐飞机从拉包尔向西南飞行440海里就可到达莫尔兹比，但走海路绕过路易西亚德群岛却要多出500海里。只有两条近路：位于群岛中央、海图标示不清的乔马德水道（840海里），以及靠近新几内亚岛东端、狭窄的中国海峡（670海里）。考虑到这些地方礁石密布、水流湍急，美方策划人员认为运输船队唯一的安全路线就是绕过整个路易西亚德群岛。图拉吉是下所罗门群岛中的良港，位于莫尔兹比港以东800海里，拉包尔东南550海里，也是一个合理的目标。虽然以图拉吉作为水上飞机基地可以侦察北面的拉包尔乃至更远的地区，但其位置过

---

① 1942 年舰总司致 17 特司电 131535，灰皮书，288 页。

第八章　珊瑚海孤军·125

于突出，因此澳大利亚人并未在该地驻防，而日军飞机一旦进驻图拉吉，就可为其舰队扫清障碍，不仅威胁所罗门群岛的其他岛屿，还可威胁新喀里多尼亚和新赫布里底群岛。而且攻占图拉吉比夺取莫尔兹比港容易。日军已经开始对莫尔兹比港和图拉吉实施有限的空中攻势。

弗莱彻必须同时保卫莫尔兹比港和所罗门群岛，他可依靠的是约克城号航母、阿斯托里亚号、波特兰号和彭萨科拉号重巡洋舰以及6艘驱逐舰，实力仅相当于原先合并后的11特舰的一半。利里命令克瑞斯的澳新分舰队（澳军的澳大利亚号和美军的芝加哥号重巡洋舰，以及2艘美国驱逐舰）"按弗莱彻的意愿"作战，但它们要过3个星期才能真正投入战斗。澳新战区的空中侦察组织得很糟糕，澳大利亚东北部的B-17轰炸机也已经折损了不少。强大的航空增援已经从美国出发，但陆军航空队的第一批新机最早要等到4月初才能到位。此外，弗莱彻还要遵循2月26日舰总司给出的总体方针，而金强烈反对仅靠显示舰队存在和袭击缺少重要舰船目标的沿岸基地来迟滞敌军的"攻势扫荡"。[①]

对弗莱彻来说，要延缓日军正在酝酿中的西南太平洋攻势，最立竿见影的方法也许就是重拾布朗对拉包尔发动航母空袭和巡洋舰炮击的原计划。布朗本人此时则强调敌军在当地的空中力量正在增强，美军航母在作战中已经难免损伤了。他在3月16日向金、尼米兹、利里和弗莱彻指出，由于敌军空中预警网的存在，对拉包尔这样的重要基地发动航母突袭已无可能，而17特舰又缺乏强攻的实力。莫尔兹比港东面的地理屏障对双方来说都是瓶颈，如果以路易西亚德群岛和所罗门群岛之间350海里宽的海域为起点从南路接近拉包尔，越接近空袭范围，则航母机动的余地就越小。如果绕过所罗门群岛从东路攻击拉包尔，则必须执行大范围迂回，会因距离太远而使莫尔兹比港失去掩护。因此，弗莱彻对抢先攻击拉包尔的方案不予考虑。同时保卫新几内亚和所罗门群岛的要求使他必须屯兵于珊瑚海中部，那里是敌军前往莫尔兹比港的必经之路，可提供有利的伏击机会，同理，也便于航母反击进犯图拉吉之敌。[②]

金认为防守新几内亚以及所罗门（特别是后者）的意义在于阻滞敌军，为他争取到在该防线后面兴建一系列南太平洋基地的时间。2月到3月期间，为了将宝贵的资源分配到南平洋，他在自己的战线上与马歇尔将军和阿诺德将军进行了激烈斗争。这3位统帅组成了1个不久被命名为"参谋长联席会议"的指挥机构。金决定以

① 1942 年 3 月澳新司致 17 特司电 130025，灰皮书，287 页；1942 年 3 月太舰总致 17 特司电 130339，灰皮书，288 页。
② 1942 年 3 月 11 特司致舰总司电 160821，CNO TS 蓝色档案。弗莱彻在 1942 年 5 月 28 日致尼米兹信中解释了他在 3 月到 4 月期间的策略，该信藏于尼米兹资料集。

珊瑚海及周边（示意图）

新几内亚
莱城
萨拉马瓦
新爱尔兰
拉包尔
新不列颠
加斯马塔
布卡
布干维尔
所罗门群岛
肖特兰
舒瓦瑟尔
圣伊莎贝尔
新乔治亚
图拉吉
马莱塔
莫尔兹比港
瓜达尔卡纳尔
圣克里斯托瓦尔
路易西亚德群岛
伦内尔
库克敦
珊瑚海
澳大利亚
汤斯维尔

斐济的苏瓦和汤加群岛的汤加塔布作为南太平洋的前进基地，以新西兰的奥克兰作为主要作战基地以提供支援。计划中的攻势将沿新赫布里底群岛和所罗门群岛北上推进至拉包尔，而新赫布里底群岛的埃法特岛将是这个攻势的第一块踏脚石。这就是金的进攻战略的基础。相反，陆军为了尽早跨过英吉利海峡进攻欧洲，只希望在南太平洋投入有限的力量。到了3月中旬，马歇尔成功地将陆军的用兵地点限制在了埃法特和汤加塔布。金甚至不愿等待这些规模很小的陆军守备部队从美国西海岸赶赴南太平洋。他从尼米兹手头有限的陆战队中抽调了一部分进驻汤加塔布，并让新喀里多尼亚的陆军指挥官派了一些兵到埃法特。[1]

整军再战

当弗莱彻在一线为金新建的南太平洋基地提供屏护时，通信和后勤都严重限制了他的行动。布朗曾呼吁赋予特混舰队司令更大的灵活性来完成其使命，认为决定在何时何地发起攻击的应该是他们，而不是舰总司和澳新司。无线电通信的特点也意味着基本的独立是必不可少的。常识和严格的纪律决定了指挥官不到紧急时刻不敢打破无线电静默，否则就有将自己暴露给敌人并遭到无线电测向技术定位的危

---

[1] 1942年2月舰总司致太舰总电161635，灰皮书，226页；1942年2月舰总司致太舰总电222200，灰皮书，243页。伦德斯特罗姆《第一次南太平洋会战》48—56页。

险。仅有的例外是距离稍远就不会被探测到的TBS甚高频语音电台，以及航母战斗机引导员使用的安全系数比前者低得多的中距离高频语音电台。巡洋舰携带的水上飞机可以定期将需要发送的电文送至最近的岸上基地电台，但前提是基地在其最大航程以内而且天气适宜飞行。金和利里收到的消息不可避免地有延迟，而这往往令他们相当恼火，并影响了他们对弗莱彻的看法。截至此时，弗莱彻甚至无法阅读所有以最高级的将官密码编写并发送给他的电报。他曾请求太舰总审查他的无线电通信，重新发送那些以他不掌握的密码编写的电报。而他的高级下属克瑞斯甚至根本没有美造ECM，只能靠芝加哥号中转电报。尽管如此，利里却拒绝给克瑞斯配发ECM，因为金规定这类设备只能装在美国军舰上。克瑞斯为此哀叹："如果美国人不能完全信任我们，那真是莫大的遗憾。"[1]

在偏远的西南太平洋，后勤状况很不稳定，因此弗莱彻不得不密切关注供应情况，而燃油问题始终是他最关心的。下一艘轮值的油轮是阿瑟顿·麦康德瑞中校的蒂珀卡努号，这艘10.5节的老船甚至比已经沉没的内奇斯号更旧更慢。更何况它的载油量也很一般（65000桶，是西马仑级的60%左右），严重限制了它为快速航母舰队供油的能力。好消息是，性能出色的普拉特号油轮预定与坐镇莫里斯号驱逐舰的驱二中队长吉尔伯特·C.胡佛上校一起在3月26日前后到达斐济。弗莱彻计算后发现，17特舰以巡航速度（15节）行驶时，每天大约消耗5800桶油，这个数字不包括澳新分舰队，它的燃油由奉利里之命在悉尼和新喀里多尼亚之间穿梭的皇家澳大利亚海军(RAN)舰队辅助油轮法尔克福杰尔号和毕晓普代尔号供应。这2艘行动迟缓的船没有海上加油设备，也未受过相应训练。弗莱彻明白，在必要时自己可能不得不为克瑞斯的舰船提供燃油，但情况也有可能倒过来。他指示麦康德瑞在埃法特西南100海里的"月亮"点与自己会合。从3月19日到21日，17特舰将每天造访"月亮"点，而如果麦康德瑞不能及时赶到，他就应改驶努美阿。蒂珀卡努号离开苏瓦以后就没有驱逐舰护航，但这是计划之中的风险，它不太可能被潜艇击沉。为了节省时间，弗莱彻指示胡佛绕过斐济，直接将普拉特号带到努美阿。[2]

其实弗莱彻认为努美阿作为后勤基地比斐济（离努美阿675海里）或萨摩亚（距离近1300海里）好得多，但尼米兹告诉他，3月26日前后将在汤加塔布建立一个基地

---

① 11 特司报告（1942 年 3 月 23 日）；1942 年 3 月 17 特司致太舰总电 131433，CSCMF，卷 6；克瑞斯日记，1942 年 3 月 21 日。

② 1942 年 3 月太舰总致 11 和 17 特司电 130307，灰皮书，287 页；1942 年 3 月太舰总致驱二中队长和普拉特号电 132145，17 特司致澳新司和太舰总电 132235，17 特司致蒂珀卡努号电 142236，17 特司致驱二中队长和普拉特号电 142355，CSCMF，卷 6。

（代号"漂白剂"）。漂白剂基地位于努美阿东北1000海里外，几乎和萨摩亚一样不便。17特舰此时离开珍珠港已有1个多月，急需补充给养和其他用品。布里奇号军需船和道宾号驱逐舰供应船正在萨摩亚，安慰号医院船也将很快抵达。尼米兹允许弗莱彻将这些船调至他处，但只有在紧急情况下才能这么做。弗莱彻则希望由利里来管理他的支援舰船并将其调到更方便的地方，最好是努美阿。萨摩亚距离珊瑚海中的"可能的战场"太远，而他特别需要布里奇号上的食品。尼米兹在没有绝对必要时不愿让宝贵的辅助舰船涉险，他允许这些船短暂前出，但前提是弗莱彻"迅速"让其返回萨摩亚。有1支庞大的船队（13特舰）刚刚离开珍珠港，将带着后勤人员和1个陆战队守备营在3月28日抵达汤加塔布，但这解决不了弗莱彻的燃眉之急。他请求让布里奇号在4月1日到达努美阿，为17特舰补给后返回萨摩亚。于是尼米兹发出了必要的命令。接着弗莱彻惊讶地发现，蒂珀卡努号的近半载油被卸在了苏瓦的油库，船上只剩35000桶油。虽然卡斯卡斯基亚号又为蒂珀卡努号补充了一些油，但弗莱彻并不知道补了多少（实际有14000桶）。在实施任何进攻行动前，他必须确保燃油供应充足，而现在他手头的存油却大大少于预期。他在3月19日命令麦康德瑞直接前往"月亮"点，并建议其尽早到达。如果届时17特舰不在该处，蒂珀卡努号就应该继续向西北行驶，深入珊瑚海400海里，然后掉头前往东南的努美阿。麦康德瑞回答说，自己将在3月22日抵达"月亮"点。弗莱彻自然应该将在那里等候。[①]

弗莱彻在3月19日得到喜讯：皇家澳大利亚空军在路易西亚德群岛东端的罗塞尔岛发现了史密斯的巡洋舰在上一周丢失的5架SOC水上飞机，它们全都安然无恙。这无疑证明了史密斯对坚固的海鸥机的信任很有道理。弗莱彻得知这些SOC也许能自行飞回巡洋舰，便在此后的方案中考虑了这一可能。3月21日夜，在前往与蒂珀卡努的会合点时，他起草了1份电报，准备将自己在珊瑚海巡逻的计划通知金、尼米兹和利里。在3月22—23日于新喀里多尼亚以北加油后，17特舰将西行至路易西亚德群岛以南、东经153°左右，抵近拉包尔的空中侦察圈（600海里）。由于利里要求在作战实施前48小时得到通知以便安排轰炸机出击，弗莱彻承诺"尽可能提前告知"，但必须视情况而定。利里再次提醒弗莱彻，自己很快就必须中断巡逻，在4月1日前抵达努美阿补给。17特舰的这次作战没有克瑞斯的澳新分舰队陪同，无疑减少了在水面

---

① 灰皮书，271 页。1942 年 3 月太舰总致 17 特司电 130339，灰皮书，288 页；1942 年 3 月 17 特司致澳新司电 132141，灰皮书，271 页；1942 年 3 月 17 特司致澳新司电 160217，灰皮书，292 页。1942 年 3 月太舰总致 13 特司电 150159，17 特司致太舰总电 182330，太舰总致 19 特司电 192301，太舰总致 17 特司电 172211，17 特司致蒂珀卡努号电 182300，蒂珀卡努号致 17 特司电 190625，CSCMF，卷 6。

交战中的赢面。原来，金突然决定立即增援埃法特岛（代号玫瑰）上的陆军小分遣队，命令尼米兹将驶向汤加塔布的运兵船队调至埃法特。如此一来，汤加塔布的前进基地只能延期建设，尼米兹还不得不拼凑一支护航舰队将13特舰安全送至西边的埃法特。利里因此将整个澳新分舰队调去执行该任务，克瑞斯最早要到4月初才能直接支援17特舰。①

　　3月22日中午，弗莱彻准时在埃法特岛以西与蒂珀卡努号会合。在当天余下的时间和次日一整天，他一边加油，一边朝西北方缓缓进入珊瑚海。他本打算用巡洋舰搭载的水上飞机将自己起草的珊瑚海巡逻计划送到努美阿拍发，却不巧遇上了阴云密布的天气。2架SOC启动引擎后在弹射器上等了半个小时，最后弗莱彻还是无奈地取消了飞行。当天晚上，他派史密斯率领阿斯托里亚号和1艘驱逐舰去了东南方的新喀里多尼亚。②

"叫洛上校告诉吉米放手干"

　　尼米兹此时正期待着一支来自大西洋的生力军——大黄蜂号航母。届时，他将自1月11日以来第一次拥有4艘可上阵的航母。大黄蜂号与2艘巡洋舰、4艘驱逐舰和1艘舰队油轮一起组成第18特混舰队，在3月20日抵达圣迭戈，领队的是该舰舰长马克·A·米切尔上校（USNA1910届），他是个声名显赫的海航元老，已经内定晋升少将。据尼米兹所知，大黄蜂号只需升级舰载机并培训一些飞行员就可参战。他决定将18特舰托付给正在圣迭戈管理巡逻机联队的侦察部队航空兵司令约翰·S·麦凯恩少将。麦凯恩是弗莱彻和菲奇的同班同学，是个言行粗俗、不修边幅的斗士，也是个在大龄时学习海航的JCL，1936年在52岁时他获得了飞行资格。哈尔西的16特舰（企业号）在远征威克岛（2月24日）和南鸟岛（3月4日）后，于3月10日返回珍珠港，而布朗的11特舰（列克星敦号）将在3月底之前到达。弗莱彻的17特舰（约克城号）正在遥远的南太平洋独自巡弋。前文已经提到，尼米兹希望他最信任的战略顾问派伊将军接替布朗成为11特司。对于将在5月下旬完成修理的萨拉托加号，尼米兹选择让利·诺伊斯少将担任特混舰队司令，此人现任海军通信主任，在3月13日顶风

　　① 17特司战争日记。1942年3月澳新司致17特司电190015，CSCMF，卷6；1942年3月17特司致澳新司等人电210833，灰皮书，313页；1942年3月澳新司致17特司电200733，CSCMF，卷7；1942年3月舰总司致太舰总司电191400，灰皮书，311—312页；1942年3月太舰总司致13特司电210535，灰皮书，314页；1942年3月澳新司致澳大利亚分舰队指挥官电220520，CSCMF，卷7。克瑞斯日记，1942年3月22日。
　　② 17特舰战争日记；阿斯托里亚号航海日志；拉尔夫·V·威尔海姆个人日记（1942年3月22日），拉尔夫·威尔海姆提供，他当时是中尉，在波特兰号上任SOC飞行员。

冒雨地来到了珍珠港。[①]

尼米兹考虑将4艘可用的航母分成两对，各委派1名中将指挥。他现在面临的最急迫的问题是用其他部队接替澳新战区的弗莱彻舰队。哈尔西可以率企业号在3月21日从珍珠港启程，替换在一线的17特舰。至于尼米兹打算如何使用麦凯恩和大黄蜂号，我们不得而知。麦凯恩可以去珍珠港，但更有可能像约克城号在1月时那样，直接去南太平洋。他可以护航运输船队、运送飞机或者以其他方式支援南太平洋的基地，然后在珊瑚海与哈尔西会师。与此同时，派伊的列克星敦号将留在中太平洋，而且不久后弗莱彻就会带着约克城号加入其行列。在南太平洋和中太平洋各部署1对航母将使尼米兹在1月谋求的均衡配置得以实现。然而没过多久，他对这些航母的一切计划都成了空文。他在3月12日向舰总司表达了让麦凯恩掌管18特舰的意向，金却神秘地回复说，大黄蜂号将划归哈尔西16特舰，与麦凯恩无缘。金还指示哈尔西在大黄蜂号抵达圣迭戈后飞赴美国西海岸参加1个会议。这无疑打乱了太舰总的航母部署时间表。尼米兹在14日回答说，16特舰可在3月21日起航，而17特舰将在4月5日前后离开澳新战区。但是金提到的会议却要求他推迟16特舰的出发时间，或者另派1名指挥官顶替哈尔西。金则要尼米兹暂缓一切行动，等他的个人特使向其当面说明。[②]

3月19日，尼米兹终于等到了解释（却并非他所乐见的）。舰总司的航空作战参谋唐纳德·B·邓肯上校抵达珍珠港，带来了金在4月中旬轰炸日本的秘密计划。大黄蜂号将接近到距日本本土450海里内（但愿不被发现），然后出动陆军的北美B-25米切尔式中型轰炸机，在詹姆斯·H·杜立德中校的率领下对东京和其他大城市实施单程夜袭。这些轰炸机将降落在中国境内。金指定企业号保护大黄蜂号，而尼米兹手下最好的航母指挥官哈尔西将统一指挥合并后的特混舰队。这次奇袭从1月起就在筹划。被问及是否愿意攻击日本本土时，哈尔西热情高涨地做出了肯定回答。尼米兹却远没有这么兴奋，他对于袭击日本的成功前景最多只是"半信半疑"。如此兴师动众的计划似乎没有任何战略目的，只是一次夸张的示威而已。让他苦恼的是，他竟要为这次危险的奇袭动用手头一半的航母，它们将留在北太平洋达6个星期。由于列克星敦号暂时也无法出动，弗莱彻在遥远的南太平洋将孤立无援。没有人知道

① 1942年2月舰总司致大西洋舰队总司令（大舰总）和太舰总电201830，CSCMF，卷4。关于米切尔，见泰勒《华丽的米切尔》和科莱塔《马克·A·米切尔上将与美国海航》。关于麦凯恩：雷诺兹《海军将领》206—207页；以及他的孙子约翰·麦凯恩《父辈的信仰》3—46页中的描写。关于麦凯恩任18特司一事，见1942年3月太舰总致舰总司电122059，CSCMF，卷6。

② 灰皮书，270；1942年3月太舰总致舰总司电122059，舰总司致太舰总电131430，太舰总致舰总司电142155，CSCMF，卷6；1942年3月舰总司致太舰总电162043，灰皮书，293页。

这会对舰队战略造成什么影响。尼米兹的参谋长德雷梅尔也反对这个计划。但不论尼米兹多不情愿，他也无力干预这次东京奇袭。"这不是让他考虑的提案，而是要他执行的计划。"尼米兹按邓肯的吩咐给金发了电报："叫洛上校①告诉吉米（杜立德）放手干。就按我们商定的日期。"②

太舰总在3月19日还受到了另一个打击：关于如何部署安德森将军在旧金山的7艘老式战列舰（1特舰）的问题又被提了出来。金希望将1特舰调到珍珠港，然后用于某些作战行动，例如让其前出至马绍尔群岛或吉尔伯特群岛一带能被敌搜索机发现的地方。英国第一海务大臣——海军元帅达德利·庞德爵士最近向他提出了殷切的个人恳求，指出爪哇的陷落和缅甸遭到的入侵已使印度洋和斯里兰卡门户大开，如果太平洋舰队能在几星期内实施一些有力的牵制行动，"也许能令局面大为改观"。金告诉庞德："可以放心，我们将尽一切努力、采用一切可行的手段将敌军注意力吸引到太平洋"。金对于杜立德即将实施的奇袭守口如瓶，他在罗斯福和诺克斯面前都不愿透露任何细节，当然更不会告诉英国人。于是他心生一计，打算让老式战列舰前出至可能被日本人发现的地方。除了将敌军的注意力从印度洋引开，1特舰也许还能掩护哈尔西从日方水域撤退。至于这些行动迟缓、自身难保的老式战列舰如何才能保护哈尔西的航母，金则只字未提。当然，如果日本人在中太平洋发现战列舰，多半会做出激烈的反应。③

在考虑如何回复金时，尼米兹完全改变了关于派伊今后任命的想法。如果金非要让战列舰出战，那就必须让派伊指挥它们。3月22日，尼米兹任命派伊接替安德森担任1特司，这肯定是比航母指挥官更适合他的任命。尼米兹甚至建议让该舰队包含1支由派伊指挥、隶属于布朗两栖部队的"掩护部队"。菲奇将在31日接管11特舰，他是指挥列克星敦号的最佳人选。尼米兹在3月23日让邓肯亲自向金转交1封信，他在信中提出，也许比较明智的做法是让战列舰在美国西海岸至少留到4月中旬，即哈尔西接近日本时。他最希望避免的情况就是在炸弹真正落到日本之前在中太平洋打草惊蛇。东京奇袭应该足以调动印度洋的敌人。4月中旬也是尼米兹预计菲奇11特舰能从珍珠港起航的时间，在此之前，他无法为这些慢速战列舰提供任何舰载机掩护，只能靠驱逐舰组

---

① 译注：金的作战参谋。

② 将军的说明引自梅森《回忆太平洋战争》63—69页。哈尔西和布莱恩，101页。波特《尼米兹》67页；霍伊特，71—72页；梅森，68页；1942年3月太舰总致舰总司电220119，CSCMF，卷6。在邓肯的记忆中，那封电报是："叫吉米上马吧"。

③ 1942年3月舰总司致太舰总电191905，英国海军部致美国海作办电161238，舰总司致英国海军部电171820，CNO TS 蓝色档案。

成薄弱的防卫圈。派伊可以在4月下旬率1特舰到珍珠港，会同1特舰去西方执行"吸引敌方关注"的行动。尼米兹还提醒金，如果弗莱彻在这段时间一直留在澳新战区，那么17特舰必须去某个港口休整和改装。他建议去悉尼。[①]

这几天的事件令尼米兹深感苦闷，但以他的个性，他决不会向下级吐露这些烦恼。他对金的粗暴干涉早有心理准备，却没料到诺克斯部长（据常理推断还包括总统）也冷落了他。尼米兹在3月22日向妻子倾诉："恐怕（诺克斯）现在对我不像我离家时那么热情了——不过这也难怪，好多人起初都对我满怀热情，可是一旦情况改变得不够快——他们就嫌弃我了。我要是还能支撑六个月就算走运。大众希望看到行动和成果，而我可能来不及满足他们。"本书作者有充分的理由怀疑海军部长对他的支持。诺克斯在2月秘密组织了1个由9名现役和退休的高级军官组成的"非官方遴选委员会"，命其选出海军中40名"能力最强"的将级军官，得票数满5票者中选。斯塔克和金是这个委员会的成员，也是现役军官中仅有的2个免于参选者，他们自动进入40人名单。在本书涉及的主要人物中，哈尔西和罗伯特·戈姆利各得8票，罗伊尔·英格索尔、弗莱彻、菲奇、里奇蒙德·凯利·特纳和米切尔7票，利里、麦凯恩和史密斯6票，德雷梅尔和西奥博尔德5票。令人难以置信的是，尼米兹未能中选，换言之，他得票不满5张。同样落选的还有派伊、布朗、诺伊斯、斯普鲁恩斯和金凯德。诺克斯在3月9日将选拔结果提交给罗斯福。几乎可以肯定，尼米兹通过非正规渠道知道了"遴选委员会"的事。[②]

3月27日，金在1特舰的问题上作了让步。现在他对使用战列舰掩护东京奇袭部队一事"不予考虑"，而赞成尼米兹让1特舰和11特舰在4月下旬会师的建议。弗莱彻可以去港口休整，但决不能去悉尼，因为这"会招致将其留在澳大利亚海域的政治要求"。金敏锐地预感到，澳大利亚政府将会在道格拉斯·麦克阿瑟上将的怂恿下提出这样的"政治要求"。麦克阿瑟已在3月17日自菲律宾赴澳，一心想把太平洋

---

① 灰皮书，297—299页；1942年3月太舰总致舰总司电222157，CSCMF，卷7；1942年3月舰总司致太舰总电131955和150451，CSCMF，卷6；1942年3月太舰总致舰总司电232130，CNO TS蓝色档案。原11特舰司令部的信号员弗洛伊德·比弗在他那本出色的回忆录中说，菲奇是个"以海军军官的标准来看矮得出奇的人"，有着"雷厉风行、毫不含糊的作风和令人印象深刻的鼻子"，很快就"以布朗从未达到的程度融入了列克星敦号"（弗洛伊德·比弗《首长》168页）。

② 波特《尼米兹》47页。弗兰克·诺克斯给总统的备忘录（1942年3月9日），保险箱档案，富兰克林·D.罗斯福总统图书馆暨博物馆，海德公园，这条史料是杰弗里·巴罗提醒我注意的。9名遴选委员是：斯塔克、金、约瑟夫·李维斯（前美舰总）、克劳德·布罗赫（前美舰总及海军第十四军区司令）、詹姆斯·O.理查森（前美舰总）、哈里·雅纳克（前亚洲舰队总司令）、爱德华·C.卡尔布法斯（前太战司）、兰道尔·雅各布斯少将（尼米兹在航海局的继任者）和理查德·S.爱德华兹少将（舰总司的副参谋长）。

指挥权的蛋糕切走一大块。金向尼米兹提出了两个取代悉尼的选择，一个是将建立新前进基地的汤加塔布，另一个是更为遥远的奥克兰。[①]

截至3月下旬，舰总司已经有许多事要操心：不光要稳住太平洋，还要对付大西洋上正在对美国船只施暴的U艇。哈尔西的航母正在为奇袭东京的行军做准备。在绝望的1月，这一行动是为珍珠港事变复仇的好主意，但在3月下旬可能就显得不那么明智了。金在这段时间里已经酝酿出了在南太平洋坚守反击的战略。如果航母行至半路被日本人得到风声，或者袭击行动在执行中出了岔子，结果将不堪设想。反过来说，如果杜立德真的轰炸了东京，美国人的士气必然为之一振，但即便奇袭成功，企业号和大黄蜂号也无法在5月中旬以前部署到其他地方。即使得到金的首肯，菲奇和列克星敦号在4月底以前也无法支援南太平洋的弗莱彻。因此，金是在冒险假设日本人会在南太平洋偃旗息鼓，直到尼米兹能将其余航母南调为止。考虑到南太平洋的基地网是金的太平洋战略的基础，这么做就更显得荒唐。虽然非常担心日本人在南太平洋发动攻势，他现在的所作所为却导致那里的大门半开半掩。日本人一度并未流露出利用这个空当的意图，但他们在3月底的一次无心之举却着实把金吓了一大跳，使他把一腔怒火发泄到了倒霉的弗莱彻头上。

金的愤怒

3月23日夜，弗莱彻等到了去努美阿送信归来的史密斯，随即开始巡航。敌军在近期似乎没有任何重大动作。皇家澳大利亚空军最近在珊瑚海北部的空中侦察一无所获。太平洋舰队战争计划处在3月18日的记录是："敌人似乎正忙于重组。"弗莱彻在3月21日撰写的电报被耽搁许久后终于在3月23日送达珍珠港（珊瑚海时间3月24日）。尼米兹因为弗莱彻迟迟未表明意图已经等得不耐烦，当得知他不会攻击任何地方后更是大吃一惊。毫无疑问，金和利里也有同感。利里在3月25日告诉弗莱彻，有一队轰炸机显然从拉包尔转移到了新不列颠南岸的加斯马塔。3月26日，为了避开这支部队可能达到600海里的侦察圈，弗莱彻在距东经153°线尚有100海里时便早早折返。此后，17特舰在珊瑚海中部徘徊，等待从后面赶来的蒂珀卡努号。该舰在清空载油后将利用被尼米兹调到萨摩亚的租用油轮补油。[②]

---

① 1942年3月舰总司致太舰总电272000，舰总司00档案。
② 17特舰战争日记。灰皮书，295页；1942年3月澳新司致17特司电250035，太舰总致太平洋舰队勤务部队司令（太勤司）电220211，太舰总致17特司电250033，CSCMF，卷7。

弗莱彻在27日得知，5架流落到罗塞尔岛的SOC很快就可归队。利里打算让它们经莫尔兹比港飞到澳大利亚，但他允许弗莱彻改变该计划，只要直接派飞机去罗塞尔通知即可。鉴于17特舰已在该岛附近，而且局势很平静，弗莱彻决定直接接回这些SOC。当天晚上，他命令史密斯带阿斯托里亚号和拉塞尔号向西北航行至罗塞尔岛的飞行距离内，接回迷路的"海鸥"。17特舰的其余船只将利用这段时间从蒂珀卡努号加油，然后等待他在3月29日上午返回。太舰总的每日情报通报也令人更相信宁静的局面将持续一阵："有迹象表明，新不列颠地区的损失已限制了敌军的空中巡逻和轰炸活动。"弗莱彻还接到了另一个好消息：普拉特号和莫里斯号已经从珍珠港一路平安地抵达努美阿。①

3月29日早晨，局势却急转直下，利里向金、尼米兹和弗莱彻通报了澳新战区搜索机在前一天的惊人发现——30艘运输船云集于拉包尔的港湾。华盛顿和珍珠港一片哗然。更糟的是，珍珠港的无线电分析人员刚刚获得了日军可能在3月30日或31日发起某些攻势的线索——但未将这一预测告诉弗莱彻。金和尼米兹都明白澳新战区有多脆弱。5月1日之前，弗莱彻不可能得到其他航母增援，除非金立即取消奇袭东京的行动。②

身处前线的弗莱彻则又一次考虑攻击聚集在拉包尔的舰船。如果他立即以20节速度突进，可以在3月30日日出后接近到距拉包尔150海里（航母打击距离）处。他的一些幕僚建议采取这个大胆行动。但他认为如果自己急速北上，会在3月29日被空中侦察预警网发现，就像布朗的遭遇一样。那样一来，拉包尔的众多船只就会四散逃离，而日军会反客为主，派轰炸机猎杀17特舰。弗莱彻最多只能破坏一些商船，却可能遭受毁灭性打击，影响盟军在南太平洋的大局。他决定按原计划在努美阿为17特舰补给，然后重新集结，等日军南下再实施打击。3月29日，阿斯托里亚号和拉塞尔号准时进入视野。弗莱彻问起失踪的飞机，史密斯回答："都已上船。"弗莱彻则报以："如我所料。"他指示17特舰驶向东南的努美阿，接收布里奇号上让人望眼欲穿的食品。当天上午晚些时候，他将蒂珀卡努号遣往萨摩亚，并命令拉塞尔号护送该舰至埃法特。在此期间，尼米兹向利里问起前一天发现的运输船，并收到了根据照片得出的各种判断。到了3月29日晚上，利里已经认定拉包尔有31艘舰船，包括4艘巡洋舰、5艘驱逐舰，可能有17艘运输舰或商船，还有其他辅助船只。对弗

① 1942年3月澳新司致17特司电270604，CSCMF，卷7；17特舰战争日记；W．W．史密斯，21—22页；阿斯托里亚号航海日志；1942年3月太舰总情报通报280119和丹吉尔号致太舰总电280715，CSCMF，卷7。
② 灰皮书，304页；1942年3月澳新司致17特司电281322和舰总司致澳新司电281635，CSCMF，卷7。

莱彻来说更重要的是，利里称28日澳新战区的搜索机没有发现其他敌情。利里还保证在3月30日出动6架B–17空袭拉包尔。此后"将继续……对该地区进行最大限度的持续攻击"。①

3月30日零时刚过，当弗莱彻继续驶向新喀里多尼亚时，终于轮到他吃惊了。利里向他通报了一条迟到的消息：前一天下午有架搜索机在拉包尔东南仅228海里、布干维尔西南100海里处看到了17特舰。这对弗莱彻来说可是奇闻。按照这份目击报告所说的时间，他其实在该位置东南500海里，此后更是渐行渐远。但他没有着急上火："根据我们的经验，陆军飞行员的报告容易搞错舰种，我认为他们可能看见了1艘敌人的辅助船带着2~3艘驱逐舰。"（实际上提供这条错误情报的是1架皇家澳大利亚空军的卡特琳娜式水上飞机。）对他来说这个目标太小，不值得为其改变计划。由于不愿打破无线电静默，他决定在当天下午驶近努美阿时再"澄清情况"。尼米兹等人得知17特舰出现在离拉包尔如此之近的地方，自然大吃一惊，这意味着弗莱彻当时已几乎进入打击距离，现在应该已经发动攻击了。

3月30日中午过后，弗莱彻派出2架SOC将机要邮件送到努美阿，交由丹吉尔号的电台发送。1942年3月的292346一电说明了他在前一天下午的正确位置，并重申了他在4月1日抵达努美阿为其舰船补给的意图。弗莱彻请求利里核实那份目击报告。"如果报告中所指舰队是南下的敌军，我将前去迎击。"如果真的出现这种情况，他要求普拉特号和莫里斯号立即离开努美阿前往瓜岛以南325海里的"玉米"点，以便与他会合。此时局势似乎并不是特别紧急，至少在弗莱彻看来是这样。与此同时，利里的每日报告声称，皇家澳大利亚空军在29日进行的侦察飞行没有发现敌舰，但是他在15：35提供了第一个显示日军可能确有所图的确凿迹象。皇家澳大利亚空军的1架PBY卡特琳娜在莫尔兹比港和图拉吉之间执行另一次穿梭侦察时，发现布干维尔南岸附近的肖特兰有3艘巡洋舰和1艘运输船潜伏。19：55，利里又转发了一份海岸瞭望哨的报告，指出当天上午在肖特兰有几艘巡洋舰、驱逐舰和小型船只。他猜测这就是卡特琳娜飞机发现的那些船。②

---

① 弗莱彻致尼米兹信（1942年5月28日），尼米兹资料集；灰皮书，304—305页；1942年3月澳新司致17特司电291325，17特司致澳新司电292346，澳新司致17特司电300233，澳新司致17特司电300435，澳新司致17特司电300855，CSCMF，卷7。

② 弗莱彻致尼米兹信（1942年5月28日），尼米兹资料集；弗莱彻给太舰总的备忘录，第十七特混舰队在珊瑚海地区的作战—3月16日—4月20日（1942年6月23日），行动报告档案；W．W．史密斯，22页；17特舰战争日记；1942年3月太舰总致澳新司电282151，澳新司致17特司电290109，澳新司致太舰总电290512，澳新司致17特司电290635，澳新司致17特司电290158，澳新司致17特司电290119，CSCMF，卷7。

实际上，井上中将的南洋部队兵分三路发动了一次规模不大的作战，旨在占领布卡和布干维尔一带的要点。这是日军肃正行动的一部分，其目的是控制拉包尔周边区域，为针对莫尔兹比港和图拉吉的攻势作准备。井上打算把这场规模大得多的攻势安排在5月下旬。布干维尔登陆部队在3月28日起航，包括3艘驱逐舰、1艘弹药船和一些地面部队。五藤的支援部队在同一天晚上离开了拉包尔，阵中有4艘重巡洋舰、2艘轻巡洋舰和3艘驱逐舰。在29日下午被错当成17特舰的就是他的船队。当天晚些时候，3艘炮舰组成的布卡登陆部队离开拉包尔，前往南方仅160海里远的布卡修建辅助机场。3月30日黎明，布干维尔登陆部队在肖特兰卸下基地人员，天黑时离开该地，前往布干维尔东岸的基埃塔。与此同时，布卡部队将其分遣队送上岸，然后迅速返回拉包尔。30日拂晓时，五藤在肖特兰以南130海里巡逻一番，再经布干维尔和舒瓦瑟尔之间北返。到次日上午，他已位于布卡以北，即将回到拉包尔。截至3月31日，布干维尔—布卡作战已告一段落，虽然盟军并不知情。当然，这一系列事件恰恰证明了在拉包尔南面或东南近海捕捉日军小舰队的机会是稍纵即逝的。①

3月31日黎明前，利里又转发了一些海岸观察哨报告，内容都是30日在肖特兰港湾发现巡洋舰和驱逐舰的消息。此外，当天晚上还发现9艘战舰（五藤的支援部队）消失在东北方。利里的飞行员在布干维尔以南没有发现敌军。于是弗莱彻得知日本人正在肖特兰活动。舰总司给他的命令是当敌军在所罗门群岛建立基地时发起进攻。这些目标深处于拉包尔的空中保护圈内，弗莱彻可以立即北上进入攻击距离，也可继续驶向努美阿。此时，他位于肖特兰东南750多海里的地方。约克城号如果以25节的航速疾驰一整天，可以在31日下午晚些时候发动打击，但在当天上午和下午都有可能被发现。如果以较持重的20节航速行驶，可以在4月1日黎明发动空袭，但17特舰还是很可能在31日被日军发现。无论哪种情况，敌舰都可能转移。如此一折腾还可能大大延误17特舰的补给，不利于长远作战。鉴于努美阿已近在眼前，弗莱彻决定继续执行原计划，同时密切关注敌情，以防其继续南下。②

远在华盛顿的金正为日本人可能在南太平洋造成的浩劫心急如焚。17特舰已经在战斗了吗？弗莱彻取得了哪些战果？他的损失如何？从17特舰送出弗莱彻的292346电到舰总司等人收到该电，足足过了大约15个小时。金的怒火终于爆发了。3月31日06：30（东11区时间，华盛顿当地时间是3月30日14：30），他电告弗莱彻（同时

---

① 日本《战史丛书》49：130—135页。
② 1942年3月澳新司致17特司电301400和301715，CSCMF，卷7。

抄送尼米兹和利里）："你的292346电令人费解，难道你为了补给就从敌人跟前撤退了？"在金手写的原稿上还有这样的嘲笑："就不能动用库存干货？就这样放跑敌人？"利里则和舰总司一唱一和，劝告弗莱彻和克瑞斯（他当时还在埃法特附近掩护运输船队）："上吧小伙子们，前两天在所罗门和新几内亚地区的船队是敌人。"这条消息并不新鲜，但利里对于这些船只的种类和它们可能的去向也没有提供更多线索。他在中午提醒金："弗莱彻已完全了解敌军集结于拉包尔地区以及3月29日和30日出现在布干维尔南方及西方的情况。"不久利里又承认，其实在3月30日并没有B-17轰炸拉包尔（他关于空中支援的承诺还真可靠），但他的搜索机仍然搜索了过去几天在布干维尔以南发现的舰船。[1]

　　3月31日天亮后，在17特舰已经位于肖特兰东南近1000海里，接近新喀里多尼亚西岸时，弗莱彻和史密斯看到了舰总司的这番羞辱之词。史密斯被电文的语气和暗指其上司"临阵脱逃"的意味激怒，他通过旗语向弗莱彻表达了同情："我从没见过这么垃圾的电报。"弗莱彻仅仅回答："我没有动气。"他本人对华盛顿和墨尔本到底出了什么事也感到纳闷。他注意到利里3月30日那封错以为在拉包尔南方近海发现17特舰的电报没有将舰总司列为收件人，便猜测可能是这个疏忽导致了金的"误会"。其实太舰总已经按惯例把利里的电报都转发给了舰总司。弗莱彻不愿因为金明显的"误会"而匆忙实施有欠考虑的行动。此时他并没有意识到，由于皇家澳大利亚空军发现17特舰的错误报告造成的假象，金和尼米兹已经对他产生了偏见。当努美阿遥遥在望时，弗莱彻指示史密斯带着阿斯托里亚号、波特兰号和2艘驱逐舰先行，完成加油和干货补给后在4月2日与主力重会。当天下午，弗莱彻起草了多封电报让史密斯捎走。其中1封语气平静地反驳了舰总司。弗莱彻指出，某些自2月16日起一直在海上的舰船"必须"得到补给，并再次引述了他3月22日发给金的电报。"考虑到没有敌军南下，目前正是补给的好时机。4月2日将返回珊瑚海。"弗莱彻泰然面对金的这番挑衅，博得了史密斯的极大钦佩，他后来将此事称作展现其"人格魅力"的范例。然而，金既不会忘却也不会宽恕。弗莱彻曾猜测那封令人反感的电报出自尖酸刻薄的里奇蒙德·凯利·特纳少将（时任舰总司的参谋长战争计划助理）之手，而个性温和的拉塞尔·威尔森中将又在第二天写了1封比较有分寸的

---

　　[1] 1942 年 3 月舰总司致 17 特司电 301930，载于灰皮书（322 页）和 CSCMF（卷 7），带有金批注的原稿在舰总司 00 档案中。1942 年 3 月澳新司致 17 特司电 302359，澳新司致舰总司电 310106，澳新司致 17 特司电 310230，CSCMF，卷 7。

电报。弗莱彻直到在7月与特纳相见时仍然心存芥蒂，曾经出言相激，特纳则笑而否认，指出2封电报都是金的手笔。①

既然并未接到有接应的特混舰队从珍珠港南下的通知，弗莱彻肯定意识到自己不会很快离开南太平洋。他托史密斯发送的其他电报就是为了确保其脆弱的后勤供应。他再次央求尼米兹把布里奇号留在努美阿。17特舰在5月5日将需要更多补给，而努美阿是个方便的补给地。不过这个问题很快就变得毫无意义了。弗莱彻还要求蒂珀卡努号在萨摩亚补油后开到努美阿。史密斯在4月1日黎明进入努美阿港，布里奇号很快靠帮，敞开了它满载食品的货舱。除了报告前一天在基埃塔附近发现敌船，利里没有提供关于日军动向的更多消息。珍珠港战争计划处的分析员们也记录了布干维尔地区的一些目击报告，但"该地区局势没有明确发展，也没有关于敌军发动其他攻势的报告。"②

与此同时，克瑞斯的澳新分舰队正在埃法特附近掩护13特舰的运输船队。3月31日，澳大利亚号第一次在海上为1艘美国驱逐舰加油。克瑞斯写道："它花了点时间，但安排得很不错。"法恩科姆上校只用了1根输油管，但克瑞斯认为下次用两根毫无问题。澳大利亚人通过美国海军的言传身教，学到了有用的加油技术，但克瑞斯仍然需要在宁静的锚地用自家的法尔克福杰尔号为麾下的巡洋舰加油。这艘油轮将于4月4日在位于新喀里多尼亚东北海岸附近和埃法特西南的乌韦阿环礁与该分舰队碰头。③

3月31日，不等弗莱彻回复，金就命令17特舰"完成当前作战时"在汤加塔布补给，并做好"在西北方向继续作战"的准备。接着他又训诫道："你部作战区域的当前形势要求一支如你部规模的特混舰队持续活动，以使敌军无暇他顾。"因为其他航母无法抽调，所以弗莱彻此时必须继续"在赤道以南积极作战"。尼米兹赞成金以汤加塔布为补给地的命令，并准许弗莱彻将辅助舰船集中在那里。克瑞斯知道弗莱彻更想在努美阿补给，因此他认为金要求17特舰去遥远的汤加塔布补给的命令"极其令人费解"。"我猜（弗莱彻）很恼火。"无论恼火与否，既然汤加塔布将取代努美阿成为前进基地，弗莱彻只得在4月1日花了大半天时间重新计算他的所有

————————————

① W.W.史密斯，61—62 页；弗莱彻致尼米兹信（1942 年 5 月 28 日），尼米兹资料集；17 特舰战争日记；1942 年 3 月 17 特司致舰总电 310245 和舰总司致 17 特司电 311455，CSCMF，卷 7；弗莱彻致 W.W.史密斯信（1964 年 9 月 1 日），史密斯资料集。

② 1942 年 3 月 17 特司致太舰总电 310315 和 17.2 特大司致澳新司电 312051，CSCMF，卷 7；17 特舰战争日记；驱二中队战争日记；17 特舰巡洋舰司令战争日记；灰皮书，306 页。

③ 克瑞斯日记，1942 年 3 月 31 日。

后勤需求。他估计17特舰可以在珊瑚海逗留至4月24日左右,届时他将迫于给养枯竭而撤离,在5月1日前后到达汤加塔布。新发出的电报命令布里奇号、道宾号、安慰号、普拉特号和蒂珀卡努号前往该地。萨姆纳号水道测量船转发了一个好消息:在约克城号航母锚泊时有一个条件良好的机场可供飞行大队使用。[1]

半途而废的攻击

4月2日上午,在长期需求得到保障以后,弗莱彻开始考虑在珊瑚海的下一步行动。此时他还没有明确的目标。布干维尔一带的情况并不明朗。利里的最新情报是4月1日发送的海岸瞭望哨报告,内容是前一天下午在基埃塔附近发现2艘巡洋舰和1艘运输船。按照弗莱彻后来通过努美阿的丹吉尔号发出的暂定进攻计划,他将在4月6日黎明时攻击"所罗门地区"某处的"敌水面舰队"。他没法说得更具体,因为要靠此后的目击报告来决定目标。因此从4月4日起,利里"务必"立即转发其收到的所有接触报告,而不能放在每天一次的情报汇总中发送(17特舰往往要等到第二天中午才能收到)。"为保持无线电静默,将无法向你通报我的位置、目标和计划细节。"弗莱彻希望B–17尽可能在同时袭击拉包尔的机场,最好将敌轰炸机摧毁于地面。由于石首鱼号潜艇可能正在新不列颠—新爱尔兰海域巡逻,他要求让该舰在这段时间回避。"我将屯兵于珊瑚海,对所罗门之敌发起作战,直到有后续通知为止。"普拉特号在2日为约克城号、彭萨科拉号和3艘驱逐舰加了油。先前患病的司令秘书山姆·拉蒂默少校在热情欢迎下返回约克城号与大家团聚。约克城号则把弗莱彻希望丹吉尔号代发的电报交给了普拉特号。当天晚上,史密斯带着阿斯托里亚号、波特兰号和2艘驱逐舰归队,弗莱彻则让普拉特号去了努美阿。该舰在4月3日09:00到港,但又过了一天电报才发到华盛顿、珍珠港和墨尔本。[2]

4月2日夜,当17特舰以15节航速向西北方前进时,除拉包尔本身外,唯一可取的舰船目标似乎只集中在布干维尔一带。弗莱彻通过利里得知,有1支小部队在5艘战舰的支援下于4月1日占领了布卡,当天下午据说有4艘战舰进入了肖特兰的法伊西港。与此同时,麦克莫里斯在珍珠港写道,17特舰在布干维尔附近"可能找到一些值得

---

① 1942 年 3 月舰总司令致 17 特司电 311455,灰皮书,324 页;1942 年 4 月太舰总致萨摩亚海军基地电 010323,CSCMF,卷 8;克瑞斯日记,1942 年 4 月 1 日;1942 年 4 月 17 特司致 19 特司电 012327,17 特司致布里奇号电 012328,17 特司致图图伊拉电 012348,CSCMF,卷 8;1942 年 4 月萨姆纳号致太舰总电 011040,灰皮书,326 页。

② 1942 年 4 月 17 特司致澳新司电 020250,舰总司 00 档案;17 特舰战争日记;约克城号航海日志。

1打的目标"。弗莱彻希望及时得到有关敌军动向的具体情报,但这个希望落了空。皇家澳大利亚空军当日的侦察情报仍旧是在次日中午才送到他手里的(这天的侦察也没有结果)。太舰总在3日指出,敌军继续以全部或部分的第六战队、第十八战队(巡洋舰分队)、第六水雷战队(驱逐舰中队)和一些辅助船只在新不列颠地区进行扫尾工作。有明显迹象表明,拉包尔的日军航空部队得到马绍尔群岛和菲律宾的增援后正在重组。实际上,日军在拉包尔成立了第五空袭部队(第二十五航空战队)的指挥部,并为当地已有的轰炸机队和水上飞机队增配了一支新锐的战斗机队。金引用乔治·H.布雷特中将(麦克阿瑟的副手)的话明确警告弗莱彻,日军现在已能同时攻击图拉吉和莫尔兹比港,而且可能动用整整一个师团攻打莫尔兹比。[1]

利里在4月4日没能向弗莱彻提供敌军动向。空中侦察再次无功而返,海岸瞭望哨的报告也没有新内容。布干维尔一带的舰船消失了,因此拉包尔以南已没有值得攻击的目标。盟军甚至无法确认日军是否在肖特兰留兵驻守。当天下午,在17特舰驶近"玉米"点时,弗莱彻决定取消4月6日的攻击。他写了1封给金、尼米兹和利里的电报,告诉他们自己将把攻击推迟"到我确定敌军位置时"。17特舰将留在"玉米"点附近,以便4月5日在乌韦阿完成加油的克瑞斯和另一路援军——切斯特号能够找到。"玉米"点大致在所罗门群岛至路易西亚德群岛的中途,位于拉包尔空中侦察圈外200海里,是个监视北珊瑚海的好地方。当天晚上弗莱彻命令波特兰号西行至距汤斯维尔500海里处,用飞机将电报送到那里。2架SOC在次日下午执行了送信任务,但没有随波特兰号归队。利里继续对拉包尔进行空袭。在6日,只有1架B-17和6架陆军的马丁B-26劫掠者式中型轰炸机勇敢地轰炸了当地港口和周边机场。切斯特在7日拂晓后不久追上17特舰,替下了彭萨科拉号,因为太舰总要让后者执行保护运输船队的任务。不久以后,普拉特号和拉塞尔号也归队了。截至4月8日,弗莱彻在珊瑚海中部平安无事地巡逻了3天。附近的海面上没有出现敌军舰船。日本人此时似乎正忙着控制通向新不列颠的北方航道,主要是阿德默勒尔蒂群岛。真正的热点地区是孟加拉湾,日军航母在那里轰炸了斯里兰卡,把英国东方舰队打得落花流水。达德利·庞德不幸言中了。[2]

4月8日的事件再次令人钦佩那些默默无闻的巡洋舰飞行员。在能见度很低的情

---

[1] 灰皮书,307页;1942年4月澳新司致17特司电012228,澳新司致17特司021227,太舰总情报通报030427,舰总司致17特司电031800,CSCMF,卷8。

[2] 17特舰战争日记;17特司巡洋舰司令战争日记;灰皮书,333页;1942年4月澳新司致17特司电040145,CSCMF,卷8;1942年4月17特司致澳新司电040650,灰皮书,347页。

美国海军约克城舰 (CV–5)，摄于 1942 年 4 月。这艘航母是弗莱彻将军 1942 年 1 至 6 月的旗舰。由国家档案馆通过杰弗里·G．巴罗提供 (80–G–640553)

况下，阿斯托里亚号和波特兰号各派出2架SOC实施例行的黎明巡逻。按理，17特舰在这些"海鸥"返航之前应该保持基本航向不变，但在阿斯托里亚号的最后1架SOC出现前，弗莱彻为了让约克城号的飞机起飞而转到了迎风方向。他很快做出补救，让阿斯托里亚号离队寻找迟到的飞机。不久，史密斯接回该机，并在当天下午归队。波涛起伏的海面和高达39节的大风使加油异常困难。克瑞斯在下午将澳大利亚号、芝加哥号、珀金斯号和拉姆森号带到"玉米"点。弗莱彻打出信号："很高兴您与我们相会，望您明天上船一聚。"他还不曾见过这个高级下属（事实上两人始终缘悭一面），克瑞斯对弗莱彻也很感兴趣。弗莱彻指定澳新分舰队为第17.3特混大队，部署在本队前方5海里。当天海况并不比9日强，17特舰在即将进入加斯马塔的600海里侦察圈时转向了西南方。即便如此，普拉特号还是为芝加哥号和澳大利亚号加了油。

10日的天气仍然不适合小艇航行，因此克瑞斯发了一封信。在信中，他请求回努美阿一趟，除非弗莱彻打算"很快"发动攻击。原来克瑞斯已经安排4月14日在澳大利亚号上设立正规的军事法庭以审判杀人嫌犯，并决定亲自主持。弗莱彻的回信被克瑞斯称作"非常得体的答复"，在信中他说自己本希望在4月6日攻击拉包尔的舰船，但由于缺少目标而取消了该行动。现在他打算在珊瑚海逗留至4月24日。克瑞斯觉得军事法庭事关重大，而且"我认为不应该错过这个机会，因为它可能不会再出现"。本着团结盟友的精神，弗莱彻同意了他的这个恳切请求。严格说来，克瑞斯的资历比他深，而且他俩之间复杂的指挥关系尚未完全明确。克瑞斯自己的参谋也对军事法庭的时间安排提出质疑，他们提醒说，利里在4月4日的命令指示澳新分舰队向17特舰报到并参与进攻行动，但克瑞斯并不在意，因为弗莱彻在近几天显然不会攻击任何地方，所以他觉得只要获得许可就能自由行动，何况利里也没有异议。当然，如果日本人当真出现在珊瑚海，那就另当别论了。[①]

战斗机油箱"坏菜"

除了克瑞斯的军事法庭和巴丹半岛陷落的噩耗，弗莱彻还有更麻烦的事要操心。巴克马斯特在4月10日提醒他注意一个可能酿成大祸的问题，事关格鲁曼F4F-3野猫式战斗机上安装的橡胶油箱。这种囊状的油箱能够自动封堵弹孔，防止燃油外泄或起火，因此安全性远高于日军使用的普通金属油箱。在3月，VF-42的F4F上安装的一些油箱竟然自发漏油，导致3架F4F停飞。而到了此时，约克城号上的19架F4F中已有7架的油箱出了问题。弗莱彻在给太舰总的报告中详述了该问题，请求"紧急空运"更多防漏油箱。由于彭萨科拉号已经去了萨摩亚，他再次委派波特兰号去汤斯维尔送信，顺便接回该舰的2架SOC。这艘巡洋舰在黄昏时出发。除了报告油箱问题，弗莱彻还通知上级自己将留守在珊瑚海至4月24日，然后前往汤加塔布。他告诉利里，如果敌舰"南下，（我）在攻击前也许来不及通知您"。[②]

弗莱彻在4月10日接到一则非常不合时宜的消息：自2月起就在酝酿的太平洋舰队行政制度大改革终于实行了。尼米兹在3月23日向金建议撤销战斗部队和侦察部队，将其舰船编入各舰种司令部以便管理和训练。勤务部队将接管维护工作。诺克斯在3月31日批准此案，航海局向所有相关的指挥官颁发了新命令。弗莱彻现在成了太平洋舰队巡洋舰司令（太巡司），掌管巡洋舰第三分队、第四分队、第五分队、第六分队、第九分队、第十一分队。成为太巡司是在以往职务基础上的晋升，

---

① 17特舰战争日记，17特舰巡洋舰司令战争日记，阿斯托里亚号航海日志，克瑞斯日记（1942年4月8日—10日）。

② 1942年4月17特司致不明收件方电100100（澳新司转发至太舰总），17特司致澳新司电100320，17特司致澳新司电100348，CSCMF，卷8。

也巩固了他作为太平洋舰队中高级将领之一的地位。①

弗莱彻在10日晚上惊讶地看到"一大群兴高采烈的年轻水兵在飞行甲板上列队游行、嬉笑打闹"。在陆战队员的武装护卫下，伴着乐队演奏的小夜曲，众多满怀希望的庆祝者簇拥着剩下的最后5块丁字牛排，通过抽奖决定了它们的归属。二号升降机被设定在略高于机库甲板的位置，成为乐队演奏最新摇摆舞乐曲的简便舞台。2个水手表演了激情四溢的吉特巴舞，1名年轻海员扮成"巨乳女招待"把牛排端给幸运的中奖者。在巡航于危险海域的约克城号即将恢复"烤豆子、维也纳香肠罐头、腌牛肉罐头、鲑鱼罐头、碎牛肉和米饭"的单调食谱之际，这场盛大的狂欢令船员们士气大涨。②

4月11日，17特舰继续靠普拉特号加油。弗莱彻让澳大利亚号和拉姆森号去了努美阿，但留下了芝加哥号和珀金斯号。不久以后，澳大利亚号右舷外侧的螺旋桨轴发生严重的颤震。直到该舰进港以后，潜水员才得以安全地检查船体，确定损伤程度。利里给弗莱彻发了2份引人关注的情报。第一份警告说，1艘敌航母很快抵达特鲁克，延宕已久的对新几内亚东部的攻势可能在4月21日左右开始。这份情报源于对破译电报的分析，是第一个向弗莱彻预告珊瑚海可能爆发战斗的明确信号。第二份情报带有"紧急"的抬头，它告诉弗莱彻，在超过12个小时前的空中侦察发现拉包尔已有1艘航母。5架B-26将在12日上午轰炸它，同时"其他所有飞机"将从汤斯维尔前出至莫尔兹比。1小时后，利里声称拉包尔的那艘航母为苍龙级，一同在港的还有另外10艘舰船，包括3艘"相当大的"运输船。他明确表示希望弗莱彻迅速实施打击，但他又一次失望了。12日，弗莱彻一直在珊瑚海中部徘徊观望。以17特舰此时的状态，显然无力袭击拉包尔。这时，利里又判断那艘敌航母是"楠贺"号（原文如此），并正确推测出它是为加强当地的陆基航空力量而向拉包尔运输飞机的。太舰总在4月9日警告说，那里可能部署了80架轰炸机和一些战斗机。利里的B-26在12日轰炸了拉包尔，并宣称击伤了那艘被他们称作"加贺"的航母。但最后一次发现该航母时，它正高速驶向西北方。事实是，"春日丸"号在11日和12日曾到拉包尔运送飞机和给养，它没有受到任何损伤。波特兰号在4月13日夜重新加入17特舰，同时克瑞斯抵达了努

① 太舰总行政管理史，17—18页，以及附录II-1中太舰总在1942年3月23日信，NHC。1942年3月海军部长致全军电311830，灰皮书，325页；1942年4月航海局致太舰总电091307，CSCMF，卷8；太舰总致太平洋舰队电100505，灰皮书，347页。

② 弗莱彻在1946年10月27日的讲话，弗莱彻资料集；弗兰克和海灵顿，73—74页；林奇《上帝亲临中途岛》，56—58页。

美阿。由于舵轴架磨损，澳大利亚号必须在悉尼花费10天时间进行修理。克瑞斯将留守于港内，但如果需要在完成修理前出航，他可以把自己的旗舰换成霍巴特号轻巡洋舰。该舰在地中海和远东饱受磨难，此时正在悉尼改装。[1]

4月14日，当17特舰在加斯马塔的侦察圈外加油时，战斗机油箱问题继续恶化。已有6架F4F无法使用，用弗莱彻的话说是"坏菜"了。至于剩下的那13架，停飞也是早晚的事。弗莱彻认为17特舰已经不能再胜任战斗。没有可靠的战斗机，它在遇到空袭时就无法自卫。他已经下了决心，如果再有战斗机趴窝，他就立即前往汤加塔布，但愿那里已经有替换的油箱。当天晚上，芝加哥号和珀金斯号离开大队去努美阿送信，以使太舰总及时了解战斗机油箱造成的严重困境。弗莱彻请求向斐济空运22副新油箱，然后从那里转运到汤加塔布。好在VF-42此时已经知道了油箱漏油的原因。原来，含芳香族化合物的航空汽油会溶解该型油箱的橡胶自封层，导致橡胶微粒剥落并堵塞滤油器和油管。后果是发动机轻则发生功率骤降，重则将完全失灵。3月14日和4月1日的F4F失事就是由此所致的。唯一的解决办法是把所有油箱换成改进过的型号，但是这种油箱只有珍珠港才有。弗莱彻的油料供应至少在表面上是安全的。他预计经过补充的蒂珀卡努号会在4月18日抵达努美阿，从那里前往新喀里多尼亚以北的指定会合点并非难事，而从珍珠港南返的卡斯卡斯基亚号最晚应该在4月20日到达努美阿。弗莱彻在15日让普拉特号和休斯号直接去了珍珠港。同日，太平洋舰队巡洋舰司令部（太巡司）的助理作战参谋亚历山大·索林顿少校从阿斯托里亚号调回旧部，最近一个月工作负担大大加重的弗莱彻参谋部终于配齐了人手。这样的好事今后不会再有了。[2]

解决困境

弗莱彻本来担心要因为战斗机故障而中断在珊瑚海的巡逻，但是在4月15日，他的烦恼却突然消散了。他高兴地得知17特舰重新划归太舰总直接指挥，"此令立即生效"。尼米兹命令他去汤加塔布休整，并做好4月27日再次出航到珊瑚海作战的准备。弗莱彻可以根据需要调动蒂珀卡努号和卡斯卡斯基亚号，同时太舰总还把道宾

① 克瑞斯日记，1942年4月11—14日；1942年4月澳新司致17特司电110641、111056、111155、120700和121453，太舰总情报通报090107，CSCMF，卷8；库特哈德—克拉克，61—68页。

② 弗莱彻致尼米兹信（1942年5月28日），尼米兹资料集；1942年4月约克城号致珍珠港太平洋舰队航母司令部（太航司）物资军官电130725，CSCMF，卷8；1942年4月17特司致舰总及太舰总电140147，CSCMF，卷9；1942年4月澳新司致蒂珀卡努号电120145，太舰总致澳新司电112027，CSCMF，卷8；约克城号航海日志。

号和安慰号派到了汤加塔布。于是弗莱彻转向东南，在新喀里多尼亚以南慢驶一段后折向东北的汤加塔布。巧的是，在15日又有1架战斗机的油箱报废，这意味着他无论如何都得离开珊瑚海。霍华德·鲍德上校在4月17日带着芝加哥号和珀金斯号去努美阿等候澳新分舰队，他们将在努美阿逗留2周。17特舰预计在4月20日到达汤加塔布。弗莱彻很期待这次休整。他渴望着在今后找到伏击敌人的有利机会。①

弗莱彻在珊瑚海的孤独巡游结束了，似乎并未取得什么成果。前文已经提到金在3月31日的奚落，尼米兹同样感到弗莱彻表现得优柔寡断，且在敌人向所罗门群岛推进时应对乏力。例如在4月13日，战争计划处记录道："没有迹象表明在珊瑚海作战的第17特混舰队在一段时间内与敌军发生过任何接触。"当弗莱彻在5月下旬返回珍珠港时，他惊讶地从尼米兹口中得知，自己在3月16日至4月20日对17特舰的指挥遭到了很多非难。为此他辩解说，舰总司在给他的指示中强烈反对袭击没有重要舰船目标的沿岸基地。弗莱彻对17特舰的部署必须由敌情（或敌情的缺失）来决定。和威尔森·布朗不同，他没有得到"按照2月舰总司261630电所含指令可以攻击的敌军船队的明确情报"。因此他选择后发制人，等待日军出招。但是日军在3月底侵入布卡和南布干维尔后，所有登陆舰船都迅速撤离，在岸上只留下少许部队修建不值一提的设施。肖特兰和布卡始终没有成为舰船和飞机的作战基地。而井上在5月下旬前确实一直按兵不动。尼米兹听过弗莱彻的个人解释，便从疑虑重重转为衷心支持。但是弗莱彻始终没有机会向金作同样的说明，而金也未必听得进去。金的特点是一旦怀疑部下优柔寡断或怯懦畏战，便将其前程一笔勾销。他显然怀疑弗莱彻是只擅长讨好华盛顿政客的"社交将军"，因此很可能就是在这个时候，怀疑变成了露骨的敌意。②

弗莱彻3—4月的巡航之所以没有战果，与他所处的特殊环境有关。他苦于没有明确的目标，不得不在敌方控制水域的附近实施静态的"攻势"巡逻，抱着万一希望等待日军前出。按照理想情况，航母舰队应该隐藏于安全地带，在有价值的目标现身时突然发动致命打击，然后迅速撤离。弗莱彻没有这样的条件。除了悉尼（或许还有努美阿），南太平洋没有这样方便的避风港。他掌握的兵力也从未达到3月初布朗的一半。显然在南布干维尔被占领时，舰总司特别希望己方摆出针锋相对的姿

<hr>

① 1942 年 4 月太舰总致 17 特司电 142027，灰皮书，346 页。17 特舰战争日记。

② 灰皮书,344 页;弗莱彻致尼米兹信（1942 年 5 月 28 日）,弗莱彻给尼米兹的备忘录（1942 年 6 月 23 日）,尼米兹致金信（1942 年 5 月 29 日）,均藏于尼米兹资料集。

态，但他自己也不清楚究竟该怎么做。如果金认为无论有没有合适的目标，弗莱彻都应该攻击肖特兰乃至袭扰拉包尔，那他就应该下达明确的命令，而不是在后方干着急。但是这样一来又会引出一个问题：如果弗莱彻真的仅仅为了表现一点敢斗精神而攻击布干维尔或拉包尔，日本人又会如何反应？当盟军在南太平洋的基地势单力弱，又没有其他航母能支援约克城号的时候，如果敌人真的在受到刺激后向那里投入更强军力，恐怕并非金和尼米兹所乐见。后来的事实也证明，联合舰队为攻打莫尔兹比港和图拉吉的MO作战投入的兵力在5月确实给弗莱彻造成了重大危机。他在无利可图的情况下不愿暴露其航母舰队的做法是极其明智的。

第九章

尼米兹掌舵

印度洋的插曲

以弗莱彻在珊瑚海的孤独警戒为代表，尼米兹麾下的整个太平洋舰队在4月初都保持着枕戈待旦的战略姿态。少数知情者则对舰总司策划的东京奇袭寄予厚望。大黄蜂号满载着16架陆军的B–25中型轰炸机于4月2日从旧金山出发，编入米切尔上校的18特舰（1艘航母、1艘重巡洋舰、1艘轻巡洋舰、4艘驱逐舰和1艘油轮）驶向遥远的北太平洋，与从珍珠港出发的哈尔西16特舰（企业号、2艘重巡洋舰、4艘驱逐舰和1艘舰队油轮）会合。4月4日，派伊在旧金山接管了1特舰的7艘老式战列舰，新任11特司菲奇则直到当月中旬才等到了从珍珠港船坞开出的列克星敦号。该舰已作了必要的保养，并拆除4座203毫米炮，添置了许多轻型自动高炮。[①]

4月初，继荷属东印度群岛的美英荷澳部队覆灭后，2支强大的日本舰队又横扫了印度洋。日军阵中有南云机动部队的5艘航母（不包括正在日本修理的加贺号）、龙骧号轻型航母、4艘快速战列舰、9艘巡洋舰和17艘驱逐舰。南云将矛头指向斯里兰卡的海军舰艇和陆基航空兵，同时第二支舰队扫荡了孟加拉湾中的舰船。在海军上将詹姆斯·萨默维尔爵士统帅下的刚刚重建的英国东方舰队只有5艘老式战列舰、3艘装备着落后战机的航母（包括老旧的竞技神号）、7艘巡洋舰和14艘驱逐舰。警觉的英国人虽通过无线电情报预测出印度洋将遭入侵，但没料到敌军竟如此强大。萨默维尔曾预计4月1日可能有2艘航母和一些巡洋舰出现。他挥师迎击却扑了个空。当南云的舰队在4月4日终于出现时，萨默维尔已经后撤。次日的南云袭击了斯里兰卡的科伦坡，并击沉了2艘巡洋舰。萨默维尔大胆地将他的打击部队部署在斯里兰卡以南，但对他来说唯一可

---

① 1942 年 4 月太战司致太舰总电 042048，CSCMF，卷 8；1942 年 3 月太舰总致舰总司电 270247，太舰总致舰总司电 280049，太舰总致海作办电 310415，CSCMF，卷 7。

行的选择是用舰载鱼雷机夜袭。事实证明，要冒着在白天被日军航母痛击的风险进入攻击距离实在太难，因此，他向西南撤退到了南马尔代夫的阿杜环礁。南云在4月9日袭击斯里兰卡的亭可马里，击沉了来不及逃走的竞技神号。①

南云对仅以17架飞机为代价取得的战果感到心满意足，遂于4月9日夜撤退。英国人损失了5艘战舰和20艘商船。南云没有实现消灭东方舰队的主要目标，但他无疑打了一场胜仗。东方舰队撤至非洲海域，在近两年时间里只能为对日战争贡献有限的力量。而日本人也从未在印度洋乘胜追击，否则他们本可击溃英国人在中东的防御，为轴心国提供最好的获胜机会。反过来说，只要山本大将把用在印度洋的兵力分出一部分投入西南太平洋，井上的南洋部队就能击退弗莱彻的17特舰，迅速攻占其所有目标。当日本人终于掉过头来进攻莫尔兹比港和所罗门群岛时，取胜已经不那么容易了。

当英国人意识到在印度洋与其对垒的敌军规模有多大时，立刻再次央求华盛顿在太平洋迅速行动。丘吉尔在4月7日向罗斯福抱怨说，尼米兹"对于太平洋的敌军肯定有决定性优势"，呼吁他把握这个"眼前的机会"。金则告诉庞德，"已经下令加紧实施业已开展的行动"，这些行动"应该有助于减轻关键地区的压力"。但是他不愿提供任何细节。金有意让派伊的1特舰配合菲奇的11特舰（列克星敦号）在中太平洋作战，但在那之前，投到东京的炸弹应该就能把日本人的注意力从印度洋引开。与此同时，尼米兹却在担心西南太平洋上孤军对抗重整旗鼓的敌军的弗莱彻，尤其是此时他的其他部队都被牵制在别处。他在4月2日命令麦克莫里斯的战争计划处考虑用菲奇11特舰增援南太平洋17特舰的方案。8日他又向金建议，与其让11特舰在夏威夷附近陪伴老式战列舰，不如将其南调。列克星敦号在南下途中可以向巴尔米拉岛和埃法特岛运送陆战队的战斗机，这正合金的心意。尼米兹还建议让1特舰在4月14日从旧金山出发，单独到夏威夷以北演习，然后在5月初前往珍珠港或返回美国西海岸。这封电报标志着太舰总在中太平洋保留航母力量的策略发生了重大变化，而尼米兹在迈出第一步后很快又有了更大胆的举措。金考虑到如果敌人对奇袭东京的部队发起追击，哈尔西可能需要支援，因此他仍然希望派伊和菲奇合兵一处，但指示他们在珍珠港以南1000海里的巴尔米拉—圣诞岛地区会合。列克星敦号可以向巴尔米拉岛运送飞机。因此，尼米兹在4月10日下令1特舰（7艘战列舰、7艘驱逐舰）和11特舰（列克星敦号、2艘重巡洋舰和7艘驱逐舰）于4月22日在夏威夷东

_____

① 英国《对日战争》，2：120—131 页；麦金塞尔《海军战将》，第13章。

南500海里处会合，然后前往巴尔米拉—圣诞岛一线以西训练。它们将在那里逗留至5月4日，此后至少战列舰部队应该前往珍珠港。但是尼米兹并没有放弃将11特舰南调至珊瑚海的想法。①

成为太区总

弗莱彻在4月10日收到一份抄送给他的电报，虽然令人费解，实质上却是舰总司发出的"催命符"。金在电文中通知尼米兹，罗伯特·戈姆利中将将统御南太平洋部队。关于这个老同学，弗莱彻最近得到的消息是，戈姆利担任美国驻欧洲海军总司令后很快被免职。由于戈姆利要花不少时间才能到达遥远的驻地，金建议任命弗莱彻为南太平洋战区（南太区）代理司令。他的真实意图可能是让弗莱彻去奥克兰组建指挥部和主要作战基地，等戈姆利到任后再一脚踢开。金没有说明在此期间17特舰由谁指挥，但史密斯无疑是唯一的人选。②

弗莱彻不知道，在华盛顿的金为了太平洋高级指挥机关的重组问题与马歇尔和阿诺德吵得不可开交。金在3月2日提议大大扩张澳新战区，把他为了反攻拉包尔而需要建设的所有南太平洋岛屿基地都包括在内。澳新战区及其西邻的美英荷澳战区将合二为一，而太平洋的其他地区将划分为北、中、南三块。他没有明说的是，他自己满心希望亲自指挥扩大后的美英荷澳／澳新战区。3月4日，他又向尼米兹提出类似的设想，后者至少在"最初"只能掌管斐济以北和以东的北、中、南三个太平洋战区。金本人将管辖美英荷澳／澳新战区和西南太平洋。尼米在3月6日终于显露出独立自主的倾向——他反而要求将澳新、南太平洋和中太平洋划给自己，而将其余地区留给金。而金还没来得及看到尼米兹态度坚决的回复，就发觉自己在华盛顿陷入了苦战。原来，澳大利亚和新西兰政府也主张扩大澳新战区，使其除涵盖两国各自的领土外，还包括新几内亚和原美英荷澳战区，但它们心目中的最高指挥官却不是金，而是麦克阿瑟在澳大利亚的副手——布雷特将军（他显然只是某人的垫脚石）。金惊觉自己重视的南太平洋攻势的指挥权将落入他人之手，便抱怨说这样的安排"可能与太平洋舰队的整个指挥和作战体系冲突"。其实这与他对尼米兹的提议如出一辙。此时金痛感必须将澳大利亚和新西兰分别划归"澳大利亚战区"和包

---

① 1942 年 4 月舰总司致驻伦敦海军特别观察员电 051400 和 081315，CNO TS 蓝色档案；金伯尔，1：442—443 页；灰皮书，308 页；1942 年 4 月太舰总致舰总司电 082307 和舰总司致太舰总电 091825，CNO TS 蓝色档案；1942 年 4 月太舰总致 1 特舰和 11 特舰电 110335 和 110351，舰总司 00 档案。

② 1942 年 4 月舰总司致太舰总电 091750，CSCMF，卷 8。

括新西兰与新赫布里底群岛在内的"太平洋战区"。[1]

冷眼旁观的马歇尔在3月9日授意自己的战争计划处向参联会提出建议：新的西南太平洋战区不仅包括美英荷澳战区，还应东扩至西经170°，将萨摩亚也一并纳入。此后各盟国政府将协商决定西南太平洋战区的最高指挥官，麦克阿瑟无疑当仁不让。马歇尔用这个提案给金当头一棒后，又立刻高姿态地做出让步，同意在不去除菲律宾的前提下大大缩小麦克阿瑟管辖的西南太平洋战区。其实在马歇尔心中太平洋远不如欧洲重要，他关心的只是如何确保美国在该地区的投入尽可能少。金则感到如释重负，遂命令自己的战争计划处起草新的太平洋组织方案。麦克阿瑟（西南太平洋战区总司令，简称西南太总）管辖的西南太平洋战区将兼并澳新司令部，将其改组为由利里（西南太平洋部队司令，简称西南太司）统辖的西南太平洋部队，太平洋战区则划归海军管辖。这两个战区的分界线在所罗门群岛和新赫布里底群岛之间。美国总统在3月31日批准了该方案。[2]

尼米兹在4月3日高兴地得知，自己将成为北太平洋、中太平洋和南太平洋战区组成的太平洋战区的总司令（太区总，这是他以太舰总身份兼任的职务）。考虑到金很不愿意将实权交给太舰总，单是这个任命已经是一大胜利。除了保卫自己的防区和支援麦克阿瑟，尼米兹还将"准备实施对日方据点的大规模两栖攻势，这些攻势最初将从南太平洋和西南太平洋战区发动"。但金毕竟是金，他又通过分散太舰总对关键地区的控制权给他设置了障碍。尼米兹可以直接控制北太平洋和中太平洋战区，但需要另外"委派"南太平洋的司令官。南太平洋战区及部队司令（南太司）"在[太舰总的]管辖和总体指导下工作"，将"具体指挥在任意时刻可能配属该战区的联合武装力量"。南太司是尼米兹与过度敏感的麦克阿瑟之间必不可少的政治缓冲，但它也表明金不愿将自己筹划的攻势完全托付给尼米兹一人实施。在4月4日，金要求尼米兹"提名"南太司，报请华盛顿批准。尼米兹提议让刚刚接管1特舰的派伊来干，并建议让戈姆利接替派伊指挥那些战列舰。尼米兹非常清楚派伊很可能不为上峰所喜，因此同时提名戈姆利作为候补。华盛顿方面果然舍派伊而取戈姆利，这也证明了他的远见。[3]

戈姆利能够成为重要战区的司令人选与朝中的变故有关。自12月30日以来，海军

① 海斯，96—98页；1942年3月舰总司致太舰总和澳新司电041725，太舰总致舰总司电070451，CSCMF，卷5。
② 海斯，98—100页；1942年3月舰总司致澳新司和西南太总电171640，CSCMF，卷6；1942年4月舰总司致澳新司和西南太总电041300，灰皮书，330页。
③ 1942年4月舰总司致太舰总电031905，灰皮书，328—330页；灰皮书，332、341页；1942年4月舰总司致太舰总电041850和太舰总致舰总电051849，灰皮书，331页。

作战部长斯塔克上将一直与舰总司相安无事。金本人很乐意接受斯塔克的领导，但斯塔克却明智地意识到了令出多门的危害。他在3月7日递交了辞呈，5天后，罗斯福命令金一人身兼海军作战部长和舰总司两职，使其对海军的控制达到前所未有的程度。为了奖赏对德优先战略的主要设计者之一，新成立的美国驻欧洲海军被交付给了斯塔克。但对戈姆利个人而言，这不啻是一种侮辱。以头脑出众和精通外交事务而闻名的戈姆利在1938年作为海军作战部长助理晋升少将，随后于1940年夏被派驻伦敦。虽然他在1941年10月就升为中将，但除了短暂地指挥驻欧海军外，他无论是在岸上还是在海上都不曾以将官身份担任作战职务。而仍然对威克岛救援失利耿耿于怀的罗斯福无论如何都不会同意派伊出任南太司，因此只能让根本不愿离开欧洲去地球另一边的戈姆利来干。其实戈姆利并不能胜任南太司一职，让他留在欧洲或者在1特司的岗位上接受必要的历练也许更好。[①]

尼米兹还把金贬谪弗莱彻的企图顶了回去。他在4月10日私下对金表示，任命弗莱彻为代理南太司的做法"不可取，重复一遍，不可取"。此举将"不利于他的舰队有效作战"，而他的舰队"应该随时准备应对敌军可能的行动和掩护正在赶赴前进基地的部队"。尼米兹还请求在戈姆利到任前由他亲自指挥南太区，并对金在太舰总和南太司之间规定的模糊不清的指挥关系提出质疑。按原定方案，太舰总应该放弃对太平洋舰队配属到南太区的部队的作战指挥权。尼米兹强烈主张由自己决定何时移交权力，还要求在他的舰船进入麦克阿瑟的西南太平洋战区时也照此法办理。金在4月14日同意让尼米兹在戈姆利接手前直接控制南太区，但保留了对南太平洋基地建设的控制权，尼米兹对此并不介意，他还需要考虑比这重要得多的事：东京奇袭部队的安全返航和珊瑚海爆发大战的可能性。[②]

研读敌方信件

在尼米兹巩固指挥权的同时，他获得的通信情报也在数量和价值方面有了长足进步。截至此时，解读日本海军通信的工作主要依靠的是通信量分析，即判断发件方和收件方的身份，以及研究各地区无线电通讯的相对密度。这些分析与传统的战斗情报

[①] 关于斯塔克的辞职，见：辛普森《哈罗德·R.斯塔克海军上将》126—132页；布罗德赫斯特《丘吉尔之锚》216—217页；要了解不同的版本，见理查森和戴尔，441—442页，其中对罗斯福的吹捧要少得多。怀特希尔备忘录（1949年7月31日），金资料集，NWC。

[②] 灰皮书，341—342页；1942年4月太舰总致舰总司电110535，舰总司00档案；1942年4月舰总司致太舰总电141416，CSCMF，卷9。

（目击报告、缴获的文件等）相结合，可以相当准确地揭示敌军多变的战斗序列，有助于粗略估计其今后的活动。金和尼米兹特别重视靠通信情报预测日军强大的打击力量可能出现的地点，从而让美国航母安全地骚扰别处。但是在4月下旬，这种缩手缩脚的策略发生了巨变，尼米兹变得渴望一战了。

　　盟国获得的无线电情报在4月初有了显著进步，原因是多方面的。其中最主要的原因是日本海军没有及时更换其通用舰队密码系统——海军暗号书D。用于绝大多数海军高级无线电通信的暗号书D是1份由30000个五位数组成的列表，每个五位数代表1个单位代号、技术术语、动词，等等。在电报中还会出现其他代表日期、坐标位置、地理名称的密码。在传送前，再从多达50000个随机五位数组成的庞大列表（"乱数表"）中选择一系列数字加到原文的数字上以增加密码强度。这套原始的系统与美国的ECM（西格巴）和德国的恩尼格玛等电动密码机相比差距巨大，但它仍然是很难对付的。盟国将开战时使用的海军暗号书D的版本称为JN-25B。在战前，没有1份用JN-25B发送的电报被破译。临开战时，日本海军又换了1套乱数表，一度使珍珠港事变后研究JN-25B的密码专家大惊失色。但是到了2月，他们终于意识到日本人并没有使用全新的密码本。日本海军原计划在1942年4月下发全新的海军暗号书D1，但是分发工作的延误使密码的更换推迟到5月1日，后来又顺延至5月27日，最终给日本造成了致命的后果。[①]

　　在日本继续使用旧密码时，美国海军通过大大改进密码破译工作取得了优势。罗切福特中校的H站与驻科雷吉多尔的C站（归海军第16军区司令领导）齐心协力钻研JN-25B。C站分遣人员另设了1个密码破译站（代号为贝尔康嫩，因堪培拉附近的澳大利亚海军广播站驻地而得名），负责人鲁道尔夫·J.法比安上尉于1942年3月在墨尔本建立了隶属于利里澳新司令部的机构。在华盛顿，海军作战部里由约翰·R.雷德曼中校领导的OP-20-G无线电情报小组（N站）也加强了对JN-25B的破译工作，同时继续监视日本的外交密码"魔术"。这3个小组通过1个名为"柯佩克"的无线电网络交换数据和评估破译结果。无线电情报部门向各大舰队司令部的情报官员提供通信情报，后者经分析后向其主官汇报。太平洋舰队中负责这一工

---

　　① 关于太平洋战争中的密码破译，见：帕克《不可估量的优势》；本森《第二次世界大战美国通信情报史》；雷顿《美国破了我们的密码》；霍尔姆斯《双刃机密》；雷顿《亲历记》；布迪安斯基《智斗》；普拉多斯《破译联合舰队密码》；麦克尔·史密斯《天皇密码》。在此有必要列出被盟国称为"JN"系列（代表日本海军密码）的海军暗号书D的相关版本及采用时间：JN-25A，1939年6月；JN-25B，1940年12月1日；JN-25C，1942年5月27日；JN-25D，1942年8月14日。布迪安斯基《没赶上珍珠港事变》中对早期版本的JN-25有精彩绝伦的分析。

作的是埃德温·雷顿中校，由麦克莫里斯的战争计划处向他提供资料。雷顿精通日语，与以罗切福特为首的专家小组保持着密切的私人关系。太舰总和澳新司通过每日通报和加急特别电报向特混舰队的指挥官提供情报。在3月，无线电情报中心甚至开始拼凑破译的零散电文。这项工作前景诱人，但必须靠基于事实的猜测来填补那些令人烦恼的空缺部分，而这要冒很大风险。虽然某个专家断言"没有证据表明曾经根据不完整的电文做出错误决策"，但对电文的解读难免有不尽准确之处，而且确实对指挥决策造成过负面影响。雷顿回忆说："如果部分破译的电报缺了具有重要语法意义或涉及主题的部分，会导致破译了80%的电报的实际可靠性不足40%！"而且"研究这个问题的读者只有在不得不根据不完整的零碎情报作决定时才会明白这一点"。事实证明，不完整的电报破译结果用于指导战略决策尚可，用于指导短期的战术决策就比较冒险，后来这种做法就受到了限制。[1]

在1942年春，对于处境艰难的太平洋舰队而言，无线电情报成为一种极其宝贵的资源，它使盟军得以充分利用其处于劣势的兵力，出其不意地牵制敌军攻势，从而抵消了掌握主动权并在内线作战的日军的巨大战略优势。以前人们往往把无线电情报看作美军制胜的唯一因素（好像战斗并不重要一样），而且只关注这方面的成功，却忽略（甚至掩盖）了失误。然而通信情报本身不是目的，它只是用来确定敌军意图的工具，它的真正价值在于为陆上和海上的一线指挥官提供的信息以及他们对信息的利用。

预告拉包尔以南的攻势

截至4月4日，井上一直信心十足地认为机动部队的大多数航母将会支援他在5月下旬攻打莫尔兹比港和图拉吉的MO作战，其实这只是他的一厢情愿。在军令部与山本的联合舰队就第二阶段作战的基本战略进行激烈争论后，他的幻想很快就破灭了。军令部竭力鼓吹打击澳大利亚，切断该国与美国的交通线。为此，应拿下莫尔兹比港和所罗门群岛，为当年夏天进攻新喀里多尼亚、斐济和萨摩亚铺平道路。在北方战场，军令部希望在阿留申群岛西部控制要点，这样既可巩固北翼，还可通过威胁美国与苏联之间的交通线来安抚陆军。山本自己则在英国东方舰队即将被击溃之际建议挥师进攻中太平洋，打垮他的主要对手——美国太平洋舰队。没有在珍珠港把美国航母和战列

---

[1] 雷顿和罗切福特主要通过安全电话通信（伦德斯特罗姆对美国海军唐纳德·M.肖尔斯少将的采访，2002 年 5 月 14 日）。雷顿在致伦德斯特罗姆信（1974 年 1 月 10 日）中说："我的优势在于，我每天都和那些直接负责通信分析的人讨论，一天就要就粗略而不完整的情报讨论好多次，因此我可以主动或被动地了解到不完整的部分或是有问题的地方。"帕克，21 页；雷顿致伦德斯特罗姆信（1975 年 4 月 7 日）。

舰一起消灭曾令他扼腕叹息，现在他决定在6月初大举进攻，毕其功于一役。诱饵将是中途岛。山本相信，夺占该岛就可诱出太平洋舰队并加以歼灭。这场胜利将沉重打击美国人的士气，并为最终攻打夏威夷群岛扫清障碍。如果太平洋舰队临阵退缩，没有按山本的剧本出击（并溃败），日本也能获得一个有用的前哨基地。[①]

从4月2日开始，这两份对立的方案的支持者在东京展开了唇枪舌剑的对决。军令部力主其南太平洋战略，认为即使要在北方有所动作，阿留申群岛也应优先于中途岛。联合舰队则同样强硬地坚持其中途岛方案。双方都寸步不让。4月5日，联合舰队参谋部的代表打出王牌——打通了他上司的电话。坐镇于新旗舰——超级战列舰大和号的山本表达了自己对中途岛方案的全力支持。他凭威望一举奠定了胜局。军令部别无选择，因为不接受他的中途岛计划就得解除他的指挥权。而山本也做出了让步，同意在大举进攻中途岛（MI作战）的同时实施阿留申群岛作战（AL作战）。西方资料通常把AL作战说成配合中途岛进攻的佯动，这其实是完全错误的。事实上，对荷兰湾和中途岛的首次航母空袭预定在同一天拂晓打响。而且从阿留申群岛、中途岛和瓦胡岛的相对位置看，这样的"佯动"也毫无意义。山本傲慢地认为己方实力足以同时发动两场攻势。他其实是故意分散了自己的兵力，也就是说，对阿留申群岛的攻击牵制的只是联合舰队自身。[②]

MI和AL作战将待机动部队在本土完成急需的休整后于6月初开始。因此，山本将莫尔兹比港的作战提前至5月初。井上最早发觉这个重大变更是在他宣布将于5月下旬发动MO作战的次日。联合舰队在4月5日宣布了第二阶段作战第一期的新特遣编组，定于4月10日生效。为了实施MO作战，井上的南洋部队将得到大型航母加贺号、轻型航母祥凤号和第五战队的加强，但只能借用至5月10日。这些新命令给了井上当头一棒。他不仅得不到他认为在3月已经预定的所有航母，还必须及时完成MO作战，以便让借调的部队回去参加中途岛之战。他强烈反对在中途岛冒险，也毫不掩饰自己对联合舰队上层的反感。但现在他不得不利用短暂的宝贵时间完成MO作战的详细谋划。[③]

当联合舰队在4月5日下令将加贺号调拨至南洋部队时，该舰就成了山本和井上之间某些涉及MO作战的电报的收件方。几天之内，珍珠港和墨尔本的密码专家就通过截获的电文发现，联合舰队的重要战舰加贺号与第四舰队（南洋部队）和所谓的"RZP

---

① 日本《战史丛书》49：164—165 页，渊田美津雄和奥宫正武《中途岛》48—54 页。
② 日本《战史丛书》49：165—166 页；渊田和奥宫，54—62 页；日本《战史丛书》43：96 页。
③ 日本《战史丛书》49：165—167 页，摘录了联合舰队第 694 号密令，第二阶段作战，第一期兵力分配（1942 年 4 月 10 日至 5 月底）。

战役"关系匪浅。情报部门猜测RZP指的就是莫尔兹比港。他们还发现新航母"龙鹤"号(被错判为又1艘大型的翔鹤级航母,实际上它的呼号属于祥凤号)也已划归第四舰队。这意味着至少有2艘航母预定参加将在南太平洋发动的攻势。于是,麦克莫里斯在4月10日猜测,日本人可能在4月17—21日就会从拉包尔南下,因为增援拉包尔的航空部队届时应该已经整备完毕。利里也在4月11日警告说,对新几内亚东部的进攻最迟将在4月21日发动。①

只有加贺号和祥凤号参战的消息让井上大失所望,他要求再增派第二航空战队(苍龙号和飞龙号)。山本不愿动用必须在中途岛之战前得到休整的第二航空战队,便把加贺号换成了第五航空战队(翔鹤号和瑞鹤号)。这2艘战舰是机动部队最新式的航母,也是经验最少的,按理说在中途岛大战前让它们去珊瑚海锻炼一下也有好处。于是山本在4月10日修改了第一期的特遣编组,从4月18日起将第五战队、第五航空战队和2个驱逐舰分队划归南洋部队。此时,美国的密码专家没有注意到加贺号将不再参加莫尔兹比港作战,但他们在科伦坡的英国同行却很快发现2艘新型航母将出现在西南太平洋。他们几乎全文破译了一封4月13日发给井上的电报,电文中指出,第五航空战队在新加坡附近离开机动部队,将于4月18日停靠台湾马公,然后在4月28日左右到达特鲁克。英国海军部将消息通报给金(这是美英之间最早的情报共享之一),金则在4月15日提醒了尼米兹和利里。②

此时,金、尼米兹和利里都认为到4月底将有多达4艘敌航母参与西南太平洋的进攻。既然日本海军已经从孟加拉湾大举撤退,这样的判断也是顺理成章。太平洋舰队战争计划处在4月16日的记录是"我们正在谋划对策",但决定权不在太舰总手中。尼米兹必须调动以菲奇11特舰为首的部队才有机会一搏,而他担心舰总司未必肯放它们南下。麦克阿瑟也有同感,他在17日对一向部署在珊瑚海的航母舰队撤往汤加塔布一事表达了自己的担忧:"我认为有必要在该区域始终保持一支特混舰队,以防敌军继续推进。"尼米兹立刻解释说,17特舰回撤是因为它出海时间太长,而且其战斗机出了问题。他安慰道:"我强烈赞成在珊瑚海维持驻军的合理性,并将尽力做到这一点。相信贵部飞机持续的英勇攻击已经延缓了敌军的攻势,弗莱彻将及时返回该区域阻止包括敌水面舰队在内的进攻。"据传记作者波特称,

① 1942年6月太舰总致舰总司电212235(CSCMF,卷16)报告说,据在中途岛之战中抓获的俘虏供认,在珊瑚海被击沉的是改装航母祥凤号,而所谓的龙鹤号是子虚乌有。灰皮书,341页;1942年4月澳新司致西南太总和太舰总电110641,CSCMF,卷8。

② 日本《战史丛书》49:167—168页;1942年4月海作办致太舰总电152049,CSCMF,卷9。

尼米兹此时"真心后悔"实施东京奇袭。关键问题仍然是弗莱彻能否得到必要的援助。战争计划处记录道:"我们正在设法组织防御部队。17特舰将做好准备,此外还会动用11特舰和16特舰。"菲奇已经按金的安排在15日起航去夏威夷以南与旧战列舰会合,尼米兹对此颇有怨言。收到麦克阿瑟的电报后,他立刻在私下向金提出强硬意见:"我坚信要阻止敌军推进必须动用包含至少2艘航母的部队。再次建议让菲奇前往珊瑚海,与完成休整的弗莱彻会师。"尼米兹不愿派伊越过巴尔米拉—圣诞岛一线,他希望派伊的战列舰返回旧金山。[1]

东京奇袭后的洗牌

4月18日夜,当17特舰驶近汤加塔布时,约克城号上性格阴沉的翻译官福雷斯特·比亚德从挂着绿色门帘的电讯室钻出来大叫:"他们炸了东京,他们炸了东京!"他一直在收听日本国内的新闻广播,因为他认为那要比美国人的可靠,毕竟在这个多灾多难的时期敌人需要隐瞒的事比较少。这回听到的消息让他欣喜若狂。日本电台气愤地报道说,东京、横滨、神户和名古屋遭到了空袭。哈尔西在18日凌晨带着企业号和大黄蜂号到达了距日本650海里处,打算在距离缩小至400海里时起飞杜立德的B-25。按原计划,杜立德的飞行员应在当晚空袭日本,然后径直前往中国,但是在当天早上,16特舰遇到了哨船组成的警戒线,企业号上的吉尔文·M. 斯罗尼姆上尉的无线电情报小组很快截获了它们发出的警报。因此哈尔西无奈地决定在600多海里的距离上派出B-25,后来他还不得不"在那么远的距离上丢下你们"向杜立德道歉。联合舰队以为只要防备航程较短的舰载机,因此判断空袭至少还要过一天才会来。山本在当天下午得知快速的中型轰炸机掠过东京和其他城市上空时大吃一惊。空袭造成的实际破坏很小,而且除1架前往苏联避难外,所有B-25最后都坠毁了。[2]

奇袭对日本的心理冲击与对盟国的鼓舞一样巨大,但由于西南太平洋的危机正在加剧,珍珠港战争计划处给尼米兹提交的评估报告就没有这么乐观。企业号和大黄蜂号的缺阵影响太大了。即使金同意调拨11特舰(而且一定要快),"太舰总可能也无法派出足以保证抵挡预期的日军攻势的兵力"。弗莱彻此时只能根据暗示猜测是哈尔西实施了这次奇袭。了解到细节后,他立刻断定虽然此举能大大振奋士气,却占用了

---

① 灰皮书,352 页;1942 年 4 月澳新司致太舰总电 170626,CNO TS 蓝色档案;1942 年 4 月太舰总致澳新司电 172015,舰总司 00 档案;灰皮书,364 页;波特《尼米兹》67 页;1942 年 4 月太舰总致舰总司电 172035,舰总司 00 档案。

② 比亚德《太平洋战争》10 页;哈尔西致杜立德信(1942 年 4 月 24 日),抄本藏于金资料集中,NHC。

珊瑚海急需的2艘航母。山本严令联合舰队追击美国航母，但哈尔西早已跑远。由于盟国的密码专家分析了日军为组织追击而发送的大量电报，使这次奇袭在无线电情报方面产生了意想不到的巨大收益。杜立德空袭并未对日军战略决策起到任何影响，选择中途岛作为下一个主要目标也好，调整攻击莫尔兹比港的MO作战时间表也好，都是早已做出的决定。不过空袭确实坚定了山本彻底解决太平洋舰队的决心。①

过了一天金才把尼米兹的请求转达给11特舰，也许是为了确定哈尔西是否已脱身。他欣慰地告诉尼米兹、利里和麦克阿瑟，关于日军将在4月21日开始进攻的情报其实是破译人员搞错了。进攻时间更有可能是5月3日或4日，更何况英国海军部破译的电报也表明2艘航母将在4月28日到达特鲁克。敌军将从海上对莫尔兹比港发起突击，可能还会辅以陆路进攻。舰总司的下一个意见很可能让珍珠港的军官们爆了粗口，因为金现在提议"如果补给船能够到达"，17特舰应该去努美阿休整，而不用远道前往汤加塔布。先前他无论如何不便都坚持17特舰在汤加塔布或奥克兰补给，现在竟突然来了个180°的大转弯。对于麦克阿瑟的意见，他强调"在任何情况下我们都不能，重复一遍，不能接受在珊瑚海或其他任何地区维持舰队的义务，而必须根据战局需要部署舰队"。舰总司决不能容忍陆军将领在舰队部署问题上对他指手画脚。不过17特舰确实势单力薄，即使有麦克阿瑟的援助也挡不住敌人，因此他终于批准了尼米兹调11特舰南下的请求，但他还是不同意让战列舰返回美国西海岸。他建议尼米兹和麦克阿瑟"尽可能将手头的各种部队集中起来，在5月上旬的新几内亚地区对抗敌军"。当天晚上尼米兹很快使金打消了让弗莱彻去努美阿补给的念头。"我认为改变补给基地是不切实际的，而且在4月27日离开漂白剂基地去珊瑚海正符合局势需要。"他立即通知菲奇南下去斐济。新命令送达时，11特舰已将陆战队的战斗机飞往巴尔米拉岛，正驶向东北与1特舰会合。3天后，尼米兹正式命令菲奇在5月1日（当地时间）到珊瑚海与17特舰会师，并由弗莱彻统一指挥合并后的部队。尼米兹还把自己对局势的评估通知了弗莱彻，并告诉他"日后对第17特混舰队的增援尚在考虑中"。②

意义深远的提案

在4月中旬，尼米兹作为领导者的信心和决心显著增强。此前他一度心烦意乱，因

① 宇垣，111—112页；灰皮书，365页；F.C.迪基上校给R.W.贝茨准将的备忘录，NWC（1946年10月14日），转述了迪基与弗莱彻的对话，藏于贝茨资料集，第II辑，第12号箱。
② 1942年4月舰总司致太舰总电182032，舰总司00档案；灰皮书，365页；1942年4月舰总司致太舰总电190457，太舰总致1特司令和11特司令电190535，太舰总致11特司令电192109，太舰总致11特司令和17特司令电220345，太舰总致17特司令电220541，舰总司00档案。

为金将太平洋舰队的重心南移，并在此过程中抽调了他的大部分攻击部队。日本人牢牢掌握着主动权，而金把大部分牌攥在自己手里。在此期间，尼米兹显得优柔寡断，只是被动应付而没有设法掌控事态。曾在1942年以上校身份担任太平洋舰队航空参谋的阿瑟·戴维斯将军在很久以后坦率地称自己的上司"战战兢兢、小心谨慎"。有个在1月见到尼米兹的外国海军观察员很不客气地把他描述为"行动迟缓、可能有点耳背的老头"。众所周知，金很喜欢威吓他觉得不够强硬的下属，所以他当然也察觉了尼米兹的软弱。但是到了4月的第三个星期，尼米兹终于找到了作为战区指挥官的感觉。太区总一职大大增强了他的权力。无线电情报也大有进步。与此同时，他身边的人事发生了重大变动。此前尼米兹最倚重的顾问派伊已经就任1特司，麦克莫里斯也在4月15日离开了战争计划处。他们对尼米兹的影响当然并不坏，但他们的离去确实消除了分歧，方便他履行自己的职责。此外，米罗·德雷梅尔担任参谋长的日子也已屈指可数。勤勉认真的他已经劳累过度，在长期的压力下不堪重负，而且他对尼米兹日益高涨的求战热情也有不同意见。麦克莫里斯的助手林德·麦考密克上校（USNA1915届）接管了战争计划处。他的才干不亚于麦克莫里斯，却并没有对中太平洋的执着，也不像后者那样刚愎自用，对尼米兹来说，他是个更容易共事的人。[1]

尼米兹的另一个重要伙伴是与他私交甚密的太平洋舰队情报参谋雷顿中校。他对自己上司品行的描述是"非常冷静、自制力极强，而且性情开朗"。雷顿在4月建立了一套日常"记分卡"（太舰总敌情档案），为尼米兹显示敌舰队的位置和可能的意图。虽然尼米兹大体上高度信任无线电情报，尤其相信雷顿本人，但他明白轻信和盲从的后果是他承担不起的。他指定战争计划处的1名高级军官提供自己对每日情报的分析，以平衡罗切福特和雷顿的意见。这项工作由麦考密克干到4月13日，随后移交给了詹姆斯·M.斯蒂尔上校。雷顿斥责"蠢货"斯蒂尔冥顽不化，但尼米兹认为他是抑制H站的过度激情的必要人物。在4月，珍珠港潜艇基地里太舰总司令部的实地格局也有了改进。沃尔特·S.德拉尼上校的作战处负责海图室的运作，他们在这个房间里用各种战略和战术标示设备在大地图上标出整个太平洋上的敌我两军位置。记录舰船和飞机运动及遭遇情况的系统得到了扩大，包括新指定的4名曾在海军军事学院受训的海军预备役军官担任值班作战参谋。电报直接从电信室通过压缩空气管道传递，以便立即在海图上输入最新信息。当局势紧张时，尼米兹和德雷梅尔会坐镇海图室密切关注

---

① 戈登·普兰奇博士在1963年1月30日对阿瑟·戴维斯将军的采访，由罗伯特·J.克瑞斯曼提供；巴思《追踪轴心国敌人》171页，援引了1942年1月22日拜访尼米兹的皇家海军F.M.比斯利少校的话。关于德雷梅尔：霍伊特，91页。

情况，并随时与麦考密克、德拉尼和雷顿研讨。[①]

　　变幻莫测的战略态势要求尼米兹本人在接到情报后的相当短的时间内做出所有重大决策。他把正确构思计划和体现其意图的任务留给了幕僚，主要是麦考密克的战争计划处。这一点极其重要，因为他即将大幅度修改战略方针。4月20日，尼米兹召集麦考密克的团队开了个非正式会议，解释他对于西南太平洋的威胁的想法。他准备在周末去旧金山与金会晤，希望幕僚在此之前制订一个反映他的意图的具体计划。麦考密克在2天之内拿出了详细而审慎的局势评估报告。对新几内亚—新不列颠—所罗门群岛的攻势很可能在5月3日开始。敌军最终会投入多少兵力尚不清楚，据信至少有5艘航母（翔鹤号、瑞鹤号、"龙鹤"号、春日丸号和加贺号，共306架飞机）参与，而且有迹象表明南云的旗舰赤城号（63架飞机）也可能加入。似乎有1艘快速战列舰将参战，可能还伴有另一艘，因为日军的战列舰一贯成对作战。5艘重巡洋舰和通常伴随的轻巡洋舰及驱逐舰队应该也正向该地区进发。关于地面部队的估计仍很模糊，但麦考密克相信日军的兵力足以攻克莫尔兹比港。尼米兹和谋士们感到敌军已经盯上了拉包尔以外的目标。"这次是仅仅冲着莫尔兹比去，还是莫尔兹比加上所罗门群岛？抑或尝试直接推进到努美阿或苏瓦？"以往日军习惯在陆基航空兵支援下逐步推进，因此麦考密克认为莫尔兹比港和所罗门群岛是第一批目标。但是日军完全有可能用航母空袭新喀里多尼亚、斐济、汤斯维尔和澳大利亚北部的霍恩岛，继之以在南太平洋宽广正面上展开的攻势。麦考密克甚至警告说，埃法特、汤加塔布和萨摩亚也可能遭到打击，从而严重影响在5月巩固这些基地的计划。他不能确定日军将如何运用其航母，但它们在第一波攻势中可能不会全部出现。[②]

　　显而易见的对策是投入"太平洋舰队的全部兵力"。4月22日的局势报告认为许多原因导致此举不切实际。虽然舰总司对老式战列舰情有独钟，尼米兹却排除了1特舰参战的可能。薄弱的后勤力量使他无法为其提供支援，也无法用护卫舰船和飞机保护它们，尤其重要的是这些战列舰的速度远远跟不上航母。尼米兹希望1特舰留在美国西海岸。和金不同，他亲眼看见了陷在珍珠港的淤泥里的战列舰以及舷侧被航空鱼雷撕开的大口子。约克城号和列克星敦号已经去了南太平洋，但光凭它们对付不了5~6艘航母。16特舰至少有1艘航母必须南下，那何不干脆把2艘都调过去？"目前看来没有敌

<hr/>

　　① 皮诺和柯斯蒂洛对雷顿的采访（1983年5月11日），90页；1942年4—5月太舰总敌情档案，RG-457，SRH-272；埃德温·T.雷顿少将口述历史，17、28页；波特《尼米兹》80页；太平洋舰队行政管理史，NHC，144—145页。

　　② 灰皮书，366页；灰皮书中1942年4月22日局势评估报告中的文字，371—407页。

人冲着珍珠港来。其他战线上的需求也不是很大，所以我们也许能朝西南派出比原计划更大的部队。"太舰总一共可以动用4艘航母（300架飞机）参与南太平洋的大战役。哈尔西16特舰定于4月25日返回，到月底就可出发，在5月14日（东经日期）左右与弗莱彻会合。唯一的问题是大黄蜂号能否配齐飞机。7艘可用的油轮可以在南太平洋支持2支特混舰队作战至6月1日左右，此后就必须把穿梭于美国西海岸和瓦胡岛之间的租用油轮调到斐济和萨摩亚。16特舰将与17特舰并肩作战，然后约克城号和列克星敦号将先后返航。弗莱彻应该在5月15日前后北上，因为约克城号将继续进入海军船坞保养。菲奇的列克星敦舰队应在6月1日左右步其后尘。在努美阿由丹吉尔号补给的水上飞机应该从6架增至12架。麦克阿瑟的西南太平洋战区应提供陆基空中支援、1支巡洋舰特混编队和6艘潜艇。此外，珍珠港还将派出5艘潜艇在特鲁克周围巡逻。

就这样，尼米兹决心将自己的4艘航母全部投入南太平洋作战，不光为了防守，也为了夺取主动权。而要夺取主动，最有效的方法就是击溃敌军最强的部队——航母。几个月来机动部队在西太平洋和印度洋一路高歌猛进，而美国航母只是在外围零敲碎打。这次为了突击南太平洋的基地，迄今为止美军鞭长莫及的日本航母舰队主力必然暴露无遗，从而使兵力雄厚的守军获得以航母、陆基飞机和潜艇反击消灭它们的大好机会。尼米兹表现出的态度是冷静而自信的，没有丝毫绝望。日本人并不像看上去那么强大。"因为我们有善于应变、积极主动的优秀人员，再加上我们的许多装备无疑胜出一筹，所以我们应该在必要时接受胜算较大的战斗。"关于16特舰的最终决定要等到舰总司－太舰总会谈后才能做出。尼米兹在22日向金发去了可能用于抵抗敌南太平洋攻势的部队清单。除17特舰和11特舰（2艘航母、5艘重巡洋舰、13艘驱逐舰和2艘舰队油轮）外，拥有另两艘航母、4艘巡洋舰、8艘驱逐舰和2艘油轮的16特舰可以在5月14日前后抵达该战区。他又一次提出战列舰"在海上逗留时间之长已足以影响敌部署后"应该返回旧金山。[①]

会见舰总司

4月23日，尼米兹飞赴旧金山，在25日面见了金。这是尼米兹离开华盛顿后两人第一次会面。金刚刚与4月19日飞赴华盛顿的英国第一海务大臣庞德进行了漫长的会谈，讨论在北大西洋、地中海和印度洋投入舰队的事宜。大西洋舰队的重要部队正

---

① 灰皮书，375页；1942 年 4 月太舰总致舰总司电 230051，CNO TS 蓝色档案。

在部署到欧洲海域，黄蜂号航母还向马耳他运送了英国的喷火式战机。庞德问金今后在太平洋可能采取什么行动来减轻敌军对印度和穿越西印度洋的重要补给线的压力，他认为杜立德的袭击并不足以吸引敌军，但金的回答让庞德深感失望，他向本国政府汇报说，金关于太平洋的提议没有一个能对印度洋的危急形势起到立竿见影的效果。这个评价符合事实，金此时只打算在南太平洋构筑基地，为可能在秋季对拉包尔的进攻作准备。关于在何处以及如何动用舰队作战，他需要靠尼米兹来提出具体构想。[1]

漫长而丰富的议程证明舰总司和太舰总彼此有很多话要说。最先讨论的事务包括了弗莱彻最近在珊瑚海的巡航。根据会议记录，两人都"表达了不安"，但"决定等了解更多情况后再作定夺"。（同样的话也可套用在金对尼米兹的真实感受上。）两人仔细研究了人事安排，特别是将级军官的任命。少壮军官需要通过"实习"巡航的方式取得指挥航母的资格。尼米兹不太愿意亲自干预将级军官的调动，而是建议通过正规渠道安排这类事务。日后他将后悔做出这一让步。解决上述问题后，尼米兹拿出了他的大胆方案：在5月13日前将舰队的全部攻击力量——4艘航母集中到南太平洋。金此时并未表态，只是详细研究了这个激进的调遣行动所需的后勤支援。他仍然对老式战舰念念不忘，指示尼米兹考虑将战列舰第三分队（爱达荷号、密西西比号和新墨西哥号）部署到新西兰。[2]

4月26日，金给尼米兹上了一堂关于盟军总体战略态势和后勤问题的课。他剖析了设立太区总一职的意义，明确指出一旦戈姆利到任，南太平洋的各舰队就要"听他调遣"。而且，"如果戈姆利要朝西北方向挺进，麦克阿瑟应该会顺从"。[3] 金在考虑允许哈尔西的航母南下时非常慎重，因为此举将使中太平洋门户大开。他询问

---

① 格怀尔和巴特勒《大战略》卷3，第2部分，503页。克拉克·G.雷诺兹曾提出，金审慎地采取了"存在舰队"策略：让他的航母避免决战，骚扰敌军，等到时机成熟再集中舰队，在有利的战略形势下与敌人交战。请参见他的《美国航母和1942年的存在舰队策略》。但是金是否思路清晰地实施了存在舰队战略很值得商榷。是尼米兹（而不是他）先在南太平洋，然后在中途岛主动集中舰队进行作战。而金似乎宁可将航母分散部署，不愿冒险投入大战。他仅仅采取了避免对抗的骚扰策略，以求把战斗推迟到他的南太平洋基地足以自保为止。珊瑚海之战以后，金试图避免让航母直接参与南太平洋重要基地的防御，倾向于将其战机部署到岸上。中途岛之战前，他建议把约克城号直接开到美国西海岸，减少参战的美军航母数。在瓜岛之战的早期阶段，他将投入战斗的航母数限制为3艘，尼米兹据理力争，才让他同意投入大黄蜂号且不撤走黄蜂号。在战役层面上（不是战略层面），推动美军进攻的是尼米兹，不是金。

② 4月25日，星期六，舰总司和太舰总会谈记录（1942年4月26日），太平洋会议记录，金／尼米兹，1942—1945，NHC缩微胶卷NRS-1972-22。

③ 4月26日，星期日，舰总司和太舰总会谈记录（1942年4月27日），NRS-1972-22。金关于麦克阿瑟的声明只是一厢情愿。他不知道麦克阿瑟为了得到归自己支配的航母已经私下向马歇尔进了谗言，还抱怨说他的西南太平洋战区海军部队缺了航母就是"不平衡的"，1942年4月24日麦克阿瑟致马歇尔信，道格拉斯·麦克阿瑟五星上将资料集，卷593。

第九章　尼米兹掌舵·163

中途岛在遭到"重兵袭击"时是否安全，尼米兹回答说该岛必须得到太平洋舰队的直接支援才能顶住2艘以上航母的攻击，并许诺加强中途岛的防务。金和尼米兹再次讨论了航母部队的编制。考虑到"调遣和部署的灵活性"，他们决定建立5支单航母特混舰队，各指派一位将军指挥，并尽量让这些舰队成对作战。这又一次证明了美国海军在战术上偏爱分散航母。金提醒尼米兹考察奥克兰是否能支持老式战列舰，并许诺在大西洋舰队兵力富余时（可能是在8月）将新型战列舰北卡罗来纳号和华盛顿号调拨给他。[1]

　　与金进行第三次会谈后，尼米兹于4月27日下午离开旧金山，此时他仍不知道金对他的南太平洋战役方案将如何定夺。次日上午抵达珍珠港时，舰总司的一封电报让他大感欣慰。"我认为16特舰应该开赴前述关键地区，而且应该视情况在夏威夷或通过约克城号加强大黄蜂号的飞行大队。我也同意关于让17特舰返航以及通过其他任何适当部署在南太平洋战区保持至少与16特舰同等战力的提议。"金还指示"审慎考虑下述提案：向同一地区派遣一个战列舰分队（最好是战三分队），同时命其他战列舰返回西海岸。"尼米兹立即请求舰总司批准在5月10日前后将所有战列舰调回美国西海岸，并且高兴地通知他大黄蜂号已经配齐了飞机。至此，16特舰在4月30日从珍珠港启程已成定局。当金同意撤回所有战列舰时，尼米兹更是长出了一口气。太舰总终于如愿以偿。现在他可以在南太平洋打一场航母战了。旧金山的会议扫清了障碍。克服了初期的生疏后，尼米兹显然走上了正轨。他拿出了一份反映其自信和胆略的具体方案，说服疑虑重重的金冒着巨大风险将航母舰队投入战斗。[2]

　　在16特舰为了快速重返海上而作准备时，尼米兹和疲惫的哈尔西交换了意见。遥远的西北太平洋既折磨人也令人兴奋。尼米兹概述了敌人可能在南太平洋争夺的目标，即便是早已熟悉内情的人也不免为之胆寒：不仅有莫尔兹比港和所罗门群岛，还包括大洋岛和瑙鲁岛。航母还可能打击新喀里多尼亚和斐济。哈尔西在南下途中将要侦察豪兰岛和贝克岛，并且"只要情报和其他条件表明有利可图"，就应袭击吉尔伯特群岛。抵达珊瑚海后，在弗莱彻带着约克城号离开前，哈尔西将短暂地统一指挥全部4艘航母。因此他"如果找到合适的目标，应该能给敌人重重一击"。此后这3艘航母由他指挥的时间应该"足以完成另一次进攻

　　① 1942 年 4 月 26 日会谈记录，NRS-1972-22。
　　② 4 月 27 日，星期一，舰总司和太舰总会谈记录（1942 年 4 月 27 日），NRS-1972-22。1942 年 4 月舰总司致太舰总电 272058，CNO TS 蓝色档案。1942 年 4 月太舰总致舰总司电 282047，舰总司 00 档案；灰皮书，416 页；1942 年 4 月舰总司致太舰总电 291530，CNO TS 蓝色档案。

行动"。在菲奇也不得不离开之前，尼米兹"强烈希望这支强大的力量能得到充分利用"。尼米兹还表示，"如果目前的局面持续下去"，他"可能愿意"把在珍珠港完成改装的约克城号和列克星敦号再度部署到珊瑚海。那样一来，哈尔西又能指挥4艘航母。在这之前，他应该考虑派航母轮流去努美阿补给。哈尔西在4月30日带着2艘航母、3艘重巡洋舰、7艘驱逐舰和2艘油轮起航。1艘重巡洋舰和1艘驱逐舰将在5月2日追赶他的船队。尼米兹通知麦克阿瑟、利里和弗莱彻，16特舰"将在5月12日前后抵达你处"。[①]

罗切福特在5月1日用电台向海作办、贝尔康嫩和科雷吉多尔岛上的16军区司令发送了"H站对太平洋局势的评估"。这封电报总结了他的（因此也是尼米兹和雷顿的）观点，具有非常重要的价值。有一种关于中途岛之战的说法流传甚广：尼米兹早在谋划珊瑚海之战时就已经根据无线电情报得知中途岛即将遭到攻击。这与事实差了十万八千里。罗切福特在5月1日指出孟加拉湾内的敌舰队已经调动到太平洋。"它们的离去表明我方已迫使日方改变了计划。太平洋（舰队）1特舰的活动可能是其原因。"这一番对舰总司的巧妙恭维表明他知道金偏爱将老式战列舰当作威慑力量使用。对于"正在进行的MO作战"，罗切福特认定新几内亚东南和路易西亚德群岛是关键地域。敌军阵容包括第五航空战队、第五（重巡）和第十八（轻巡）战队、第六水雷战队、第八炮舰队（炮舰分队）、若干飞机供应舰、运输舰，可能还有一个中队的潜艇。敌军可动用的航空力量包括65架轰炸机、16架水上飞机和数量不详的战斗机。"第五战队和第四舰队司令长官今晚在拉包尔地区。"（实际上他们位于特鲁克或其附近。）虽然有一份敌方电报将汤斯维尔作为参照点，但罗切福特认为此次作战不会涉及澳大利亚。不过他很快就会改变这一看法。罗切福特还指出，包括第一和第二战队（战列舰分队）、第四和第六战队（巡洋舰分队）、加贺号和苍龙号航母在内的强大舰队"可能参与进攻–防御作战"。鉴于日本人对巴尔米拉、萨摩亚、坎顿、豪兰和贝克各岛具有浓厚兴趣，他猜测"上述部分或全部部队可能袭击萨摩亚和苏瓦地区以掩护MO作战"。上述判断是尼米兹在南太平洋投入重兵作战的依据，它们也否定了后人关于H站已经发现中途岛可能是下一个目标的论调。罗切福特提到加贺号已经配属第四舰队，并错误地认为它已"预定参与新不列颠地区的作战"。他判断阿留申群岛是太平洋上仅有的另一个潜在热点，也可能是

[①] 太舰总作战计划23—42（1942年4月29日），作战令档案；太舰总致16特司信，航母特混舰队未来部署（1942年4月29日），藏于NA，RG-38，舰总司指挥部记录，第258号箱1942年5月太舰总致西南太总电020641，灰皮书，453页。

这些部队的目标。"目前可能性不大，但今后肯定不能排除。"[1]

最后一段话引发了金的担忧，罗切福特关于日军不久可能动用强大兵力实施"进攻-防御作战"的警告让他很是在意。他在5月2日劝告尼米兹和麦克阿瑟不要对西南太平洋过于执着。接受尼米兹的策略"绝不意味着排除敌军攻击夏威夷—中途岛一线或攻击我方经吉尔伯特—埃利斯—萨摩亚的交通线的可能"。而在这个问题上，此后几周，舰总司和太舰总等人将会看到相当耐人寻味的发展。[2]通信情报已经并且还将继续提供有关南太平洋鏖战的关键预测，而金和尼米兹也根据这些预测大胆调动了部队。现在就看弗莱彻能不能顶住敌人的第一波攻击并帮助哈尔西粉碎第二波了。

---

① 1942 年 5 月 14 军区司令致海作办、贝尔康嫩、16 军区司令"并抄送太舰总参考"电 011108，CSCMF，卷 10。关于无线电情报的史料受到了选择性编辑的影响。战时的 SRH-012《无线电情报在美日海战中所起的作用（1941 年 8 月至 1942 年 6 月）》239—240 页，RG-457，提供的 14 军区司令 011108 电是经过编辑的版本，其中有意删去了关于萨摩亚和斐济可能遭袭击的文字。研究通信情报史的学者都没有注意到，这封极其重要的电报证明直到 4 月 30 日中途岛也未被认为是日军即将攻击的目标。要了解近来又被翻炒的有关中途岛之役的谬论，见比奇，107—110 页。关于雷顿在此时的观点，见 SRH-272，太舰总敌情档案，1942 年 4 月 27 日、4 月 30 日和 5 月 2 日。

② 1942 年 5 月舰总司致太舰总和西南太总电 021430，灰皮书，453 页。

表 9.1 一份 ONI 报告中估计的日本航母实力

	舰名	完工年份	吨位	航速	载机[a]			
					VF	VSB	VTB	总计
CV-1	凤翔	1922	7470	26	9+3	9+3	9+3	36[b]
CV-2	赤城	1927	26900	28.5	18+3	18+3	18+3	63
CV-3	加贺	1928	26900	24	18+3	18+3	27+3	72
CV-4	龙骧	1933	7100	25	12+4	12+4	0	32
CV-5	苍龙	1937	10050	30	18+3	18+3	18+3	63
CV-6	飞龙	1938	10050	30	18+3	18+3	18+3	63
CV-7	翔鹤	1941	15000	30?	18+3	18+3	18+3	63
CV-8	瑞鹤	1941	15000	30?	18+3	18+3	18+3	63
CV-9	古流	1941	10050	30	18+3	18+3	18+3	63[b]
CV-10	春日	1941	22500	23	9+3	18+3	9+3	45[b]
CV-11	龙鹤	1941	15000	30?	18+3	18+3	18+3	63[b]
XCV-1	新田丸	1939	22500(?)	22.5	9+3	18+3	9+3	45[b]

美国海军情报局 (ONI) 情报报告序列44-42（1942年4月22日），RG-313，西海岸航空舰队司令，第1003号箱。

表9.2 实际的日本航母实力（1942年5月1日）

舰名	完工年份	吨位	航速	载机[a]			
				VF	VSB	VTB	总计
凤翔	1922	7470	25	0	0	6+2	8
赤城	1927	36500	31.2	18+3	18+3	18+3	63
加贺	1928	38200	28.3	18+3	18+3	27+3	72
龙骧	1933	10600	29	12+4	0	16+4	36
苍龙	1937	15900	34.3	18+3	18+3	18+3	63
飞龙	1939	17300	34.5	18+3	18+3	18+3	63
瑞凤	1940	11262	28	9+3	0	9+3	24
翔鹤	1941	25675	34	18+3	18+3	18+3	63
瑞鹤	1941	25675	34	18+3	18+3	18+3	63
祥凤	1942	11262	28	9+3	0	9+3	24
隼鹰	1942	24140	25.5	16+4	21+3	0	44
春日丸	1931	17830	21	0	0	0	0

注："VF"表示战斗机，"VSB"表示侦察轰炸机，"VTB"表示鱼雷轰炸机，"CV"表示航空母舰。a较小的数字指的是备用飞机，通常并不存在[①]，b估计数。

[①] 译注：备用飞机以散件形式存放在机库中，使用前需要先组装。由于开战后飞机产量跟不上需求，日军航母连常用飞机都配不齐，当然更谈不上备用飞机。

第十章
备战

愉快的休整

4月20日，17特舰在汤加塔布北岸的努库阿洛法附近抛锚，在宽阔的港湾里等候着满载新鲜食品的布里奇号、负责维修旅途劳顿的军舰（尤其是劳苦功高的驱逐舰）的道宾号，以及医院船安慰号。两批替换油箱解决了约克城号战斗机的燃眉之急。短短几天后，VF–42的全部19架格鲁曼野猫都做好了战斗准备。飞行大队的其余力量，包括第五轰炸中队和第五侦察中队的36架SBD无畏式俯冲轰炸机和第五雷击中队的13架蹂躏者式鱼雷轰炸机。纯正的南洋热带海岛风情对2个多月没上岸的水兵们有很大的诱惑力。拥有3000居民的小城努库阿洛法是萨洛特·图普女王的汤加王国的首都，而汤加王国是英国的保护国。弗莱彻拜会了英国领事，并为他的船员安排了休假。在随后的招待会上，他品尝椰子汁并检阅了当地民兵。当地风光秀丽、新鲜水果应有尽有，但水兵们失望地发现，汤加在某一方面有负其"友爱群岛"的名声——萨洛特女王把妙龄女子全都藏到了山里。[1]

如此宁静祥和的时光只能是短暂的。早在约克城号在努库阿洛法港内下锚前，弗莱彻就明白了珊瑚海的严重危机。他在4月21日得知，第五航空战队、"龙鹤"号航母和一支新锐的巡洋舰分队已前往特鲁克。次日下午，太舰总的另一封电报宣布："围绕新几内亚地区的作战很快就将发动。"弗莱彻应在5月1日（当地时间）到新喀里多尼亚西北角外300海里处的"灰胡桃"点与11特舰会师，并指挥联合后的部队。尼米兹发给弗莱彻的指令值得全文转引：

目前看来，敌军在新几内亚–所罗门地区的攻势将在5月的第一个星期发动，主要

---

① 17特舰战争日记；约克城号航海日志；1942年4月太舰总致17特司电162023，太舰总致17特司电192147，17特司致太舰总电211016，17特司致苏瓦海军观察员电240128和太平洋舰队航母司令致17特司电250240，CSCMF，卷9。斯特兰奇，60—61页；W．W．史密斯，中途岛一书的原稿，129—130页，史密斯资料集。

目标可能是莫尔兹比。最终参战部队可能包括3~4艘航母，（以及）驻新几内亚和新不列颠航空基地的大约80架重型轰炸机和同样数量的战斗机。你的任务（是）抓住有利时机，摧毁敌舰船和飞机，以协助阻止敌军在上述地区的进一步推进。太舰总将安排西南太平洋部队的协同，并保证将所有情况通知你。已请求西南太司（利里）继续分发该地区的情报，将太平洋舰队的计划和行动告知麦克阿瑟，并将其部队的作战计划（尤其是能支援舰队的计划）通知我。日后对第17特混舰队的增援尚在考虑中。

尼米兹要求弗莱彻在无须打破无线电静默的方便时刻发送其部队编组提案。①

就这样，尼米兹向弗莱彻说明了"在何时"和"在何地"，但莫里森说得没错："怎么办"取决于弗莱彻自己。其实弗莱彻早在开始独自巡航珊瑚海时就考虑过"怎么办"。他的基本任务和以前一样，是掩护莫尔兹比港和所罗门群岛。由于不清楚敌航母所在，抢先打击拉包尔肯定过于鲁莽。于是，弗莱彻明智地决定以不变应万变，继续等候在拉包尔的飞机最大搜索范围（700海里）外，寻找有利时机伏击穿越珊瑚海的敌军舰队，或者至少达成拦截。他将回到瓜岛以南325海里的"玉米"点，并密切关注飞机目击报告，等待事态发展。②

这一次，麦克阿瑟的西南太平洋战区首当其冲。令他懊恼的是，他掌握的海空力量不足以应对威胁，不得不依靠他无法控制的太平洋舰队的航母。不过麦克阿瑟还是大方地向弗莱彻提供了自己的大部分水面舰队，即在克瑞斯指挥下新近重组为第44特混舰队的澳新分舰队。芝加哥号和珀金斯号将在5月1日到"灰胡桃"点与弗莱彻会合，随后克瑞斯将带着澳大利亚号重巡洋舰和霍巴特号轻巡洋舰在5月4日到达瓜岛西南350海里的集结点。弗朗西斯·W.罗克韦尔少将的第42特混舰队可以向新几内亚—所罗门群岛—俾斯麦群岛一带派出4艘老式潜艇，及时在敌军防线后方巡逻。它们必须特别小心，以免将17特舰错当成敌人，更何况弗莱彻对自己的作战区域也只能给出大致的预测。他可能需要在不作通知的情况下变换方位，因此也必须顾及己方潜艇的活动。③

尼米兹本以为早先关于布朗和克瑞斯的安排（业经舰总司确认）已经解决了指挥

① 1942年4月太舰总致11特司和17特司电192109，CNO TS蓝色档案；1942年4月太舰总情报通报210207和220109，CSCMF，卷9；1942年4月太舰总致11特司和17特司电220345和太舰总致17特司电220541，舰总司00档案。

② 莫里森《美国海军作战史》4：16页。

③ 1942年4月西南太司致澳新部队电200915，CSCMF，卷9；1942年4月西南太总致舰总司220410，CNO TS蓝色档案；1942年4月太舰总致17特司电250357，灰皮书，412页；1942年4月西南太司致17特司电270653，灰皮书，414页；1942年4月17特司致西南太司电262000，CSCMF，卷10。

关系问题，即使皇家澳大利亚海军的巡洋舰司令资历较深，也应该服从美国海军的航母司令指挥，但是在4月14日，他却懊恼地看到了英国海军部的一封电报，其中宣称"美国当局"已经同意在美英军舰实施"战术性"合作时，"由两军中军衔最高的军官统一指挥，如果双方高级军官军衔相当，则由获得该军衔时间最早者指挥"。当克瑞斯在场时，这样的安排显然会妨碍弗莱彻对17特舰的指挥。尼米兹提醒金，让航母舰队的指挥权掌握在美国将军手里是"绝对必要的"。金要求麦克阿瑟和利里向澳大利亚联邦海军委员会确认原先关于布朗-克瑞斯的协定是否仍然有效。澳大利亚人大度地表示赞成。于是尼米兹在4月26日通知各特混舰队司令，太平洋舰队的航母舰队指挥官"无论军衔高低"都将统揽大权。①

在麦克阿瑟能提供给弗莱彻的所有帮助中，最重要的莫过于布雷特中将的西南太平洋战区盟军航空队。航程极长的B-17重型轰炸机、B-25及B-26中型轰炸机，以及皇家澳大利亚空军的卡特琳娜水上飞机，是针对敌舰特别是航母的活动提供早期预警的关键手段。轰炸机还可攻击进入打击范围的舰船，并袭扰拉包尔和莱城。不过弗莱彻只能依靠它们提供战略层面的支援，在战术层面就指望不上了。布雷特的指挥体系还在搭建中，而多国合作体制下的控制和协调也很薄弱。可以出动的飞机不多，平均下来是12~15架B-17、16架B-26、9~14架B-25，以及皇家澳大利亚空军的10架哈得逊和3架PBY。麦克阿瑟划定了空中侦察范围。这块区域覆盖了中所罗门群岛西端的拉包尔和路易西亚德群岛之间的海域，看起来虽不算大却也可以接受。但是上所罗门群岛一带和更靠东的侦察飞行得靠从不堪一击的图拉吉起飞的卡特琳娜式水上飞机承担。尼米兹和弗莱彻都无法控制麦克阿瑟的侦察活动，他们也不清楚麦克阿瑟的飞机究竟有几架，可用于各种任务的又有多少。弗莱彻只能顺其自然。在3月29日的事件中，麦克阿瑟的飞行员在目击报告里摆了乌龙，显示了岸基搜索机飞行员识别舰型的能力有限。这从另一个侧面有力地证明17特舰应该远远等在南方，待这类侦察报告得到印证再行动。弗莱彻在4月23日圆滑地称赞了利里的情报汇总的质量，尼米兹也持相同意见。他强烈要求"尽一切努力""即时向有关舰队指挥官提供重要的飞机侦察报告。"②

---

① 1942年4月太舰总致舰总电150411，灰皮书，350页；1942年4月舰总司致西南太司电162220，灰皮书，358页；1942年4月澳新司致舰总司电180135，CSCMF，卷9；克瑞斯日记，1942年4月19日；1942年4月太舰总致各特司电262205，CSCMF，卷10。

② 关于布雷特的航空作战的基本资料是曾获大英帝国勋章的东北区空军司令弗朗西斯·W.F.卢基斯准将关于珊瑚海交战的报告（1942年5月29日），藏于澳大利亚国家档案馆，AA1969/10/0/119系列，第273/25A项。有关编制，见阿什沃思《切忌如此管理空军！》；以及空军助理参谋长，情报，历史分部，陆军航空队历史研究：9号令，1942年夏的驻澳大利亚陆军航空队（1944年7月）。1942年4月17特司致西南太司电222158和太舰总司致西南太司电250418，CSCMF，卷9。

弗莱彻在4月25日切实掌握了一支"用于(在)珊瑚海作战"的侦察部队。由丹吉尔号负责补给的6架美国海军PBY卡特琳娜式飞机已进驻努美阿,还有6架PBY预定在5月3日前后抵达,它们从努美阿出发能搜索700海里,几乎可达所罗门群岛最南端的圣克里斯托瓦尔岛和伦内尔岛。但是它们只能有限地覆盖弗莱彻的东翼。他命令丹吉尔号使用新到的PBY"有效覆盖努美阿和新赫布里底群岛地区以北及东北至西南太平洋战区边界的地域",后来又指示每天从努美阿出动6架飞机向北搜索至西南太平洋/南太平洋战区边界和图拉吉东南350海里的圣克鲁兹群岛。理查德·W.贝茨上校在1947年代表海军军事学院编写的分析中正确地指出了17特舰的空中侦察力量不足,不仅在中所罗门和东所罗门群岛有漏洞,在东面也是如此。但是,"尤其是东面空中侦察捉襟见肘的状况"似乎并未引发弗莱彻的"过多忧虑"。贝茨建议丹吉尔号应该移驻北边的埃法特岛或至少将其PBY派到该岛,尽管当地并不存在水上飞机基地。如此一来,PBY的搜索范围可以越过图拉吉并覆盖马莱塔岛的一部分。贝茨还写道,更好的方案是让PBY前出至新赫布里底群岛北部距图拉吉550海里的圣埃斯皮里图。贝茨对弗莱彻的这些批评纯粹出自他在洞悉日方计划基础上的事后聪明。太舰总在指示弗莱彻调度丹吉尔号的电报中明确提到了珊瑚海。无论是对是错,主要焦点是在那里,而不是所罗门群岛以东。既然防御重点是莫尔兹比港,弗莱彻(或是其他任何人)自然不会想到17特舰的主要对手可能来自东面。[①]

在珊瑚海之战的筹划中,另一个至关重要的因素是后勤。卡斯卡斯基亚号已在北上汤加塔布的途中与17特舰会合,而老旧的蒂珀卡努号在苏瓦补油后正驶向努美阿。在下一艘轮值油轮从珍珠港南下前,它们足以满足弗莱彻的正常需求。但是菲奇的11特舰(更不用提哈尔西的16特舰)一来,加油计划就不得不做重大改动。没有自带油轮的菲奇很快就会遇到燃油短缺问题。尼米兹提出的办法是让卡斯卡斯基亚号在汤加塔布为17特舰加油,在斐济以北为11特舰加油,然后返回珍珠港。弗莱彻代菲奇请求将该舰留至5月1日,以便2支特混舰队将它的载油用完。太舰总没有同意,因为卡斯卡斯基亚号比以往更需要在珍珠港补油。作为补偿,珍珠港方面提供了尼奥肖号来满足弗莱彻的长途航行需要,并安排5艘舰队油轮在今后5周内抵达

① 1942 年 4 月太舰总致 17 特司电 250357,CSCMF,卷 9;1942 年 4 月 17 特司致丹吉尔号电 262010,CSCMF,卷 10;丹吉尔号战争日记;美国海军军事学院(理查德·W.贝茨上校)《1942 年 5 月 1 日至 5 月 11 日(含)珊瑚海之战的战略和战术分析》24—27 页(以下简称为贝茨《珊瑚海》)。

努美阿：普拉特号在5月13日，老旧的库亚马号和卡纳瓦号在5月17日，卡斯卡斯基亚号在5月3日，而尼奥肖号在6月3日。库亚马号和卡纳瓦号将留守在努美阿，而普拉特号、尼奥肖号和卡斯卡斯基亚号将穿梭往返，充当各特混舰队的"奶妈"，蒂珀卡努号将担任应急预备队。即便如此，后勤供应也将是极度紧张的。为了补充关键地区的燃油供应，麦克阿瑟慷慨地提供了原定在5月7日抵达悉尼的租用油轮Ｅ．Ｊ．亨利号的载油（105500桶）。"如果该船接到改道命令并照办"，它将在5月4日到达斐济的苏瓦，否则它可在到达悉尼后待命。①

　　弗莱彻在4月26日接到了太舰总修改后的加油计划。尼奥肖号和蒂珀卡努号合计可提供153000桶油。尼奥肖号可以在4月底开始供应17特舰，蒂珀卡努号可以在5月1日与11特舰会合后为其加油，但它必须留下14000桶油供应给一支前往埃法特的护航船队。按15节航速计，11特舰和17特舰每天合计耗油约11400桶，大约12天（4月28日至5月10日）以后，2艘油轮都会变为空载状态，而两支特混舰队应该处于满油状态。但是如果在5月10日前需要高速行驶，可能会多消耗33000桶油，那么油轮空载而舰队满油的时间将提前至5月7日。这些数字并未计入克瑞斯的44特舰，该舰队应该由其自带的澳大利亚油轮供油，但弗莱彻可能不得不将自己的燃油分给他们。Ｅ．Ｊ．亨利号为苏瓦的岸上油库补油后将前往努美阿，然后在5月10日为蒂珀卡努号补油，作为弗莱彻的应急储备。尼米兹提醒弗莱彻，原17特舰的舰船可能在5月15日前后返回珍珠港，届时可大大缓解燃油需求。弗莱彻不需要参谋部的后勤专家索林顿说明也知道自己的燃油供应有多紧张，只要1艘油轮损失或者迟到，就会影响全局。而在4月底，慢如乌龟却又关系重大的蒂珀卡努号就不得不在没有驱逐舰护航的情况下开出努美阿。因此，弗莱彻认为务必利用一切方便的机会让尼奥肖号为他的舰船加油。与主力舰队分开后，该舰应该在相隔180海里的"玉米"点和"黑麦"点之间往返，并且保持在上述两点连线以南。蒂珀卡努号在5月10日补油后应返回珊瑚海，代替已经空载的尼奥肖号在"玉米"和"黑麦"之间徘徊。由于一些无人预见到的原因，弗莱彻对油轮的部署将铸成大错。②

　　17特舰在4月27日从汤加塔布出发，次日在西南300海里处与尼奥肖号和驱逐舰

　　① 作战计划处1942年4月22日局势评估，关于燃油状况的附录，西南太平洋16、17、18、11特舰，灰皮书，395—399页；1942年4月17特舰致太舰总250100，太舰总致17特司电251921，西南太总致太舰总电250229，CSCMF，卷9。

　　② 1942年4月太舰总致西南太司电260251，太舰总致17特司电260327，太舰总致蒂珀卡努号电260329，CSCMF，卷10。

麦考尔号会合。4月29日，弗莱彻庆祝了自己的57岁生日，同一天过生日的另一个人是裕仁天皇。①

谋划航母战

此时万事俱备，弗莱彻开始集中精力研究如何打一场真正的航母战。他没有用航母对抗航母的实战经验，但话说回来，任何人都没有。他必须依靠漏洞百出的空中侦察伞，在偏远的西南太平洋对付久经沙场、能够快速凶狠地实施远程打击的强大对手。在这种情况下，他需要灵活的战术、坚定的意志和相当多的好运。令弗莱彻大受鼓舞的是，他的好友菲奇将率包括列克星敦号在内的11特舰助战。菲奇拥有丰富的航母指挥经验和优秀的航空参谋班子，这给了弗莱彻很大信心。他将让菲奇担任17特舰航空特混大队司令，使其在侦察区域、空袭机群规模和组成以及飞行作业时的合适航向等问题上出谋划策。

弗莱彻继续利用约克城号上丰富的人才资源。曾是VF-42飞行员的威廉·N.莱昂纳德少将回忆说，弗莱彻起初是"高高在上的大人物"，但是在萨摩亚增援行动后他逐渐"完成了热身"，"对航空行动产生了兴趣"。除了向不太熟悉航空行动的巴克马斯特上校咨询，他还很快养成了把飞行员叫到编队指挥所询问任务情况的习惯。起初他只向高级飞行员询问，后来下级飞行员也成了他的讨教对象。在莱昂纳德的印象中，弗莱彻从不干预不在其正当权限内的事务。"我们的旗舰上气氛很融洽，司令从不指手画脚。"弗莱彻尤其信赖航空长穆尔·阿诺德和大队长科特·斯迈莱的意见。阿诺德事实上成了参谋部的一员，经常被叫去讨论搜索区域、要使用的飞机类型和数量等问题，"事实上包括所有涉及飞行作业的事务"。阿诺德感到很不安，他发现司令在考虑给约克城号下达的命令时要征询他的建议，结果等于是他在指挥自己的舰长。"巴克马斯特不太喜欢这样，我也是，但我们别无选择。"巴克马斯特忍辱负重的个性由此可见一斑。阿诺德评价弗莱彻是"优秀的海军军官，感觉与他共事或者受其领导非常自在，不过（他）对舰载航空兵的能力和局限性一无所知。他明白自己的短处，总是欣然接受劝告。"在阿诺德的记忆中，弗莱彻在任何情况下都赞同他的建议。斯迈莱在4月25日轮换回国，此前他也常与司令分享自己的航空知识，不过广度远逊于阿诺德。巴克马斯特命令VF-42的队长奥斯卡·彼得森少校接替斯迈莱，于

---

① 1942 年 4 月驱二中队长致太平洋舰队驱逐舰司令（太驱司）电 242215，17 特司致太舰总电 250100，太舰总致 17 特司电 280041，CSCMF，卷 10。

是和阿诺德一样，彼得森也成了弗莱彻最器重的航空顾问之一。巴克马斯特作了一个颇有争议的决定：他坚持要彼得森留在舰上作为战斗机引导官（FDO）指挥战斗空中巡逻，反对他带队升空作战。彼得森觉得"非常不爽"，但无能为力。即将爆发的战斗将证明在空中缺了他的领导将有什么后果。①

弗莱彻注意到威尔森·布朗曾在列克星敦号舰长谢尔曼的力谏下将列克星敦号和约克城号合编为一队，打破了航母分散单独作战的常规。尽管此举使弗莱彻在莱城-萨拉马瓦一役中无所事事，但他深以为然。他明白此举的优点在于可集中战斗机和高射炮进行防御，还方便了进攻时的协同。17特舰作战令2-42（1942年5月1日）规定的常规日间（"S"）和夜间（"L"）巡航阵型将全部8艘巡洋舰编入了同一个环形阵列，而当初布朗始终将史密斯和克瑞斯的巡洋舰分在不同的特混大队里。在遭到空袭时，17特舰将采用"V"式阵型，2艘航母并列在内，巡洋舰和驱逐舰环绕在外，巡洋舰队的环形阵半径为3000码，驱逐舰为4000码。由于2艘航母的转弯半径相差甚远，预计它们为了躲避鱼雷和炸弹而高速剧烈机动时将分道扬镳。此时巡洋舰和驱逐舰应配合其运动，必要时分别组成防卫圈。②

作为海军的高级巡洋舰指挥官，弗莱彻也试图寻找在白天和夜间进行水面战斗的机会。他曾认真考虑过将自己的旗舰换成重巡洋舰以指挥水面进攻，但最后的结论是巡洋舰上的通信和指挥设施"完全不足以"满足他的需求。因此他在17特舰内部组建了2个独立的巡洋舰-驱逐舰特混大队。金凯德少将（巡六分队长）指挥的攻击群（17.2特大）将包括原11特舰的重巡洋舰明尼阿波利斯号和新奥尔良号、史密斯少将的阿斯托里亚号、切斯特号和波特兰号，以及厄尔利上校的驱一中队的5艘驱逐舰。克瑞斯少将的支援群（17.3特大）将包括旗舰澳大利亚号、芝加哥号和轻巡洋舰霍巴特号，此外还有珀金斯号（驱九分队长弗朗西斯·X.麦金纳尼中校）和从驱二中队借调的沃克号。弗莱彻可以派这两支大队的任意1支或2支一起独立于主力舰队行动。预定担任航空特混大队司令（17.5特混大队司令）的菲奇则分到了专门护卫他的4艘驱逐舰，由胡佛上校（驱二中队长）领军。这一安排仿效了战前演习中常见的做法，即将航母及负责飞机救护的驱逐舰与其他舰船分开编组。海军

① 莱昂纳德致伦德斯特罗姆信(1996年8月26日)和对话(1997年9月25日)。美国海军退休少将穆尔·阿诺德致伦德斯特罗姆信（1972年4月9日）。阿诺德在给W.W.史密斯的回信（1965年3月7日）中说："说到我对弗莱彻将军的看法，首先我要澄清您可能抱有的任何疑惑。我很喜欢他，也乐意在他手下做事。"美国海军退休少将奥斯卡·彼得森致约瑟夫·海灵顿信（1964年7月21日），彼得森资料集。
② 17特舰作战令2-42(1942年5月1日)，载于第十七特混舰队提交给太平洋舰队总司令的1942年5月4—8日珊瑚海之战报告（1942年5月27日）。

军事学院院长爱德华·C.卡尔勃福斯少将曾称赞弗莱彻的作战令是"灵活编组的典范"。[①]

作战令2-42包含1个主要根据太舰总和西南太司情报汇总编纂的附录。日军空袭澳大利亚最北端的霍恩岛、莫尔兹比港和图拉吉,预示着他们将进攻新几内亚东南部,可能还有图拉吉。敌人的陆基飞机可能达到102架(42架战斗机、36架轰炸机、20架船身式水上飞机和4架浮筒式水上飞机),分驻于拉包尔和莱城,不久可能还有1队轰炸机增援。[②]空中侦察范围可能从拉包尔和布干维尔南岸附近的肖特兰延伸600海里。新不列颠南部的加斯马塔已被用作辅助机场,弗莱彻预计大规模作战行动可能早在4月28日就会展开。预想中的敌军阵容是可怕的:第五航空战队的一线航母翔鹤号和瑞鹤号,每艘载机63架(包括备用飞机在内,有21架战斗机、21架俯冲轰炸机和21架鱼雷轰炸机),还有神秘的新航母"龙鹤"号(实际是祥凤号),可能有载机84架(21架战斗机、42架俯冲轰炸机和21架鱼雷机)。[③]据信,改装航母春日丸号(可能有42架飞机)已在途中。支援阵容可能包括2艘重巡洋舰(第五战队)、3艘轻巡洋舰、16艘驱逐舰、2艘改装的水上飞机供应舰、1艘潜艇供应舰、6艘潜艇、8艘炮舰和19艘运输舰及辅助船只。太舰总的1封电报指出特鲁克以南有两三艘战列舰,很可能是为了压制弗莱彻进行水面战斗的欲望。截至5月1日,盟军仅在新爱尔兰以南90海里发现了1支小船队,它可能是去拉包尔的,也可能直接前往所罗门群岛。除此之外,敌军尚未出牌。[④]

日方计划

截至4月中旬,井上中将的南洋部队的参谋们已经在特鲁克炮制出夺占莫尔兹比港和图拉吉的MO作战详细计划。此战动用的部队计有各型飞机282架(航母和岸基机场的飞机基本上各占一半)和舰船65艘,包括2艘大型航母、1艘轻型航母、6

[①] 17特司作战令2-42(1942年5月1日)。弗莱彻考虑将旗舰换成4月15日从旧金山开赴澳大利亚的印第安纳波利斯号,或是切斯特号(1942年3月太舰总致印第安纳波利斯号电310307,CSCMF,卷7)。弗莱彻致尼米兹笺信(1942年5月28日),尼米兹资料集;1942年4月17特司致太舰总电280925,灰皮书,414页;舰总司致太舰总等,关于第17混舰队司令(太平洋舰队巡洋舰司令)1942年5月4—8日珊瑚海之战行动报告的评论(1942年11月18日),转引海军军事学院院长爱德华·C.卡尔博福斯少将的意见。

[②] 截至5月1日(在元山航空队抵达后)基地航空兵作战力量合计为23架零式战斗机、42架陆攻机和13架水上飞机,共计78架飞机(日本《战史丛书》49:205页)。

[③] 灰皮书362页的1942年4月太舰总致各特司电181915给出了估计的日本航母载机数。龙鹤号被认为是又1艘翔鹤级航母。42架俯冲轰炸机显然是"21架"打字错误的结果。祥凤号轻型航母由潜艇供应舰改装而成,实有载机20架(10架零式战斗机、4架九六式战斗机和6架九七式舰攻机)。

[④] 1942年4月太舰总情报通报290309,西南太总致11特司和17特司电300426,CSCMF,卷10。

艘重巡洋舰、3艘轻巡洋舰、14艘驱逐舰、6艘潜艇和各种辅助舰船。大部分船只分配给了负责登陆的五藤少将的MO攻击部队。他的任务很艰巨，要保证不堪一击且航速只有8节的运兵船安全穿过路易西亚德群岛，并在X日（5月10日）突击莫尔兹比港。井上最终选择了大致位于群岛中央的乔马德水道，这样从拉包尔出发经840海里即可抵达目的地。最大的危险将出现在从乔马德到莫尔兹比的耗时2天的350海里航程中。五藤用自己第六战队的4艘重巡洋舰、祥凤号轻型航母和1艘驱逐舰组成MO主攻部队近距离掩护登陆船队，梶冈的第六水雷战队则编入登陆船队提供护卫。[①]

井上认为驻扎在莫尔兹比港和澳大利亚东北部的陆基航空兵对MO作战的威胁最大。尽管日军集结起了庞大的航空力量，盟军仍然对莱城和拉包尔保持着令人惊讶的压力。澳大利亚东北部汤斯维尔和库克敦的航空基地尤其麻烦，可能在航程末段对莫尔兹比登陆船队发动猛攻。这2个航空基地位于莱城和拉包尔的轰炸机的打击半径以外，令井上徒叹奈何。更糟的是，他相信强大的航空援军正在赶赴澳大利亚。澳大利亚东部和新西兰的战舰和潜艇是对MO作战的又一威胁。而最大的问题是，被认为在3月10日袭击了萨拉马瓦和莱城的萨拉托加号航母是否仍在附近。以井上为代表的一些人认为这不太可能。因此，弗莱彻煞费苦心隐藏实力的战术使日本人放松了警惕，效果不可谓不大。有趣的是，井上畏惧陆基飞机远胜于畏惧舰载机。他虽不是飞行员出身，却在日军中扮演着比利·米切尔[②]的角色，醉心于鼓吹陆基航空兵的优势。[③]

井上把MO作战分为3个阶段。为了扩大空中侦察网，丸茂邦则少将的支援部队（以第十八战队的2艘老式轻巡洋舰为中心）将建立一系列水上飞机前进基地，从拉包尔向东南一路延伸到所罗门群岛。初期的基地将掩护志摩清英少将的图拉吉登陆部队夺取图拉吉，后期的基地则会在攻占莫尔兹比港的过程中助力。6架船身式水上飞机和9架浮筒式水上飞机将在4月28日进驻肖特兰，随后浮筒式水上飞机将在5月2日部署到圣伊莎贝尔岛南端的千船湾。志摩应在5月3日（X－7日）拂晓前开始突击图拉吉，五藤MO主攻部队中的祥凤号将在日出后派飞机支援。井上估计防御薄弱的图拉吉1天之内即可拿下。[④]

井上用联合舰队调拨的兵力组建了MO打击部队（MO机动部队），由第五战队

---

① 日本《战史丛书》49：169—176页总结了日军的MO作战计划。南洋部队13号令（1942年4月23日）的文本在该书176—185页，MO攻击部队的命令在194—198页。

② 译注：一战时美国航空兵指挥官，很早就预言飞机将对战舰构成巨大挑战。

③ 关于井上，见伊文思和皮阿蒂，482—486页，以及皮阿蒂，159—161页。

④ 支援部队和图拉吉攻击部队的计划见日本《战史丛书》49：200—202页。

（妙高号和羽黑号）司令高木武雄少将带队。高木的舰队中还包括原忠一少将的第五航空战队（载机124架的翔鹤号和瑞鹤号）、6艘驱逐舰和东邦丸号油轮。高木的主要任务是压制澳大利亚的航空基地，掩护莫尔兹比港登陆船队抵达目标。井上认为让航母穿越北珊瑚海的狭小三角海域可能很快就会被敌人发现，因此设计了大胆的左勾拳机动，向盟军侧翼作深远迂回。MO打击部队从特鲁克南下后，将在新不列颠以东远离海岸，沿着与所罗门群岛东部边缘平行的线路行驶。在图拉吉陷落后，高木将向西穿过圣克里斯托瓦尔和圣埃斯皮里图之间，高速插入珊瑚海。在5月7日黎明，莫尔兹比港登陆行动的3天前，航母将突袭汤斯维尔航空基地，将那里的飞机摧毁于地面。①

在第二阶段中，水上飞机将在5月4日进驻新攻占的图拉吉，掩护高木的MO打击部队绕过所罗门群岛东端。在5月5日，将分两路实施侦察。驻扎在图拉吉的水上飞机将在MO打击部队穿越珊瑚海驶向汤斯维尔时搜索该舰队周围海域。4艘潜艇（东特遣队）将在瓜岛西南约450海里成一线部署，警戒从布里斯班匆忙北上的盟国海军部队。与此同时，五藤的MO主攻部队将回头北上，掩护定于5月4日从拉包尔起航的莫尔兹比港登陆船队。到5月6日（X－4日），在路易西亚德群岛中部的德博因将有1个水上飞机基地投入使用，2天后，在莫尔兹比以东的罗德尼角又会再添一个。压制汤斯维尔后，高木将在所罗门群岛西南加油，并停留在珊瑚海中央，警戒应该直到那时才会出现的盟国海军部队。井上希望航母还能袭击库克敦和莫尔兹比港本身。登陆部队将在5月10日（X日）突击莫尔兹比港。夺取该港后，志摩的图拉吉登陆部队和高木的MO打击部队将在5月15日（X+5日）与从马绍尔群岛南下的部队协同夺取大洋岛和瑙鲁岛（RY作战）。这2个岛屿位于吉尔伯特群岛以西和所罗门群岛东北，事实上未设防，只要日军愿意即可随时拿下。此后，第五航空战队、第五战队和祥凤号将兼程北上，以求及时回到本土，加入约在5月底开赴中途岛的大部队。②

井上的计划要求高木的航母远在盟国海军部队对MO作战做出反应前就击溃汤斯维尔的航空部队。读者务必明白，尽管莫里森和另一些西方史家言之凿凿，但是井上从未想过用祥凤作为"诱饵"引出他认为已经潜伏在珊瑚海中的美国航母。事实上，他构想的绕过所罗门群岛的"左勾拳"机动只是为了在他自己的陆基航空兵

---

① 请参见日本《战史丛书》49：189—191 页，了解 MO 机动部队的构成，以及 1 号令（1942 年 4 月 28 日）的文本。东邦丸是 1 艘性能卓越的万吨征用油轮，建于 1936 年，可载油 93000 桶，最大航速为 20 节。

② 日本《战史丛书》49：176—185、194—198、214—219、221—225 页。

（基地航空队）掩护拉包尔和路易西亚德群岛之际，让高木出其不意地袭击汤斯维尔。同样重要的是，井上预料敌人的航母直到MO作战临近结束时才会出现。[1]

井上的这些部队原本分散各处，将近4月底时才完成集结，一个重要原因，是很多时间白白浪费了在对东京奇袭舰队的追击上。原的第五航空战队在4月25日抵达特鲁克，高木的第五战队则比他晚了2天。5月1日正式晋升为中将的高木本是潜艇专家，1937年改行指挥主力舰。1938年11月，年仅46岁的他跻身将军行列，并在1941年9月接掌第五战队。虽然他在爪哇海之战（1942年2月27日至3月1日）中获胜，但不久东京方面就质疑他在此役中的决策，一度令他颇为沮丧。高木的巡洋舰从未与南云机动部队协同作战，因此他完全没有航母作战的经验。虽然选择谨慎持重的高木指挥MO打击部队缺乏创意，但毕竟是比较稳妥的。身材魁梧的原时年53岁，是个水面战专家。绰号"金刚"的他早年在中国和军令部担任参谋时以脾气暴烈著称，1939年11月晋升为少将。1941年9月，他组建了第五航空战队，并带着它参加了珍珠港、拉包尔和印度洋的战斗。原和他手下的2个航母舰长——瑞鹤号的横川市平和翔鹤号的城岛高次——都不是飞行员出身。作风比较柔和的高木坐镇巡洋舰指挥MO打击部队。由于缺少熟悉航空专业的参谋，他把航母舰载机的指挥权全部委托给原，仅要求对方与自己协商。因此，原在其舰队中对一般事务的影响力要比菲奇在17特舰中更大。[2]

原强烈反对打击澳大利亚的计划，这倒不是因为他预计会很快遭遇敌航母，而是因为他担心自己接近目标时必然被盟军强大的陆基机队发现。他还担心澳大利亚近海的珊瑚礁会严重妨碍机动，只有1艘油轮随行也将限制驱逐舰的活动半径。高木显然也有同感，但他还是在作战令中列入了攻击汤斯维尔的方案。由于原坚持己见，再加上4月27日有一条错误的目击报告声称在拉包尔东南发现航母，特鲁克和东京之间就美国航母是否会提前出现又展开了争论。4月29日，井上批准高木在认为无法达成突然性时取消对汤斯维尔的空袭。同日，山本出面解决争端，他指示MO打击部队搁置对澳洲大陆的所有攻击行动，仅执行警戒敌航母的任务。因此，井上在30日很不情愿地取消了用航母袭击汤斯维尔、库克敦和莫尔兹比港的计划，改由基地航空队承担压制敌陆基航空兵的关键任务。在新命令中，他指示高木从特鲁克运输9

---

② 关于日军将领的职业生涯细节，我要感谢正在翻译战时日本海军现役军官花名册的让－弗朗索瓦·马松，以及安德鲁·奥布鲁斯基；关于原的情况，另见普兰奇《清晨当我们酣睡时》200—201页。

架零式战斗机增援拉包尔，但要求原用自己的飞行员将这些飞机开到拉包尔，并负责以后回收。这个看似简单的运输任务在整个计划中只被一笔带过，产生的后果却极其严重。①

截至4月30日与5月1日相交的午夜，将在珊瑚海上演大对决的"舞台"已经搭建完毕。除了莫尔兹比港登陆船队，双方的主力舰队都已出海或升火待发。日军的辅助舰船已经往返于上所罗门群岛构建初期基地。志摩的图拉吉登陆部队已从拉包尔向东南方进发，五藤的MO主攻部队也已在30日离开特鲁克。高木的MO打击部队则定于1日出发。在遥远的东南方，东珊瑚海中，弗莱彻的17特舰和菲奇的11特舰相隔只有几小时航程。美日双方都带着可能造成致命后果的错觉踏上了战场。井上蛮有把握地认为自己已经占得先机，他的部队在盟军做出反应前就会部署到位。他的MO作战取决于精确的时间表和相隔很远的多支舰队的密切协同，一次意外的挫折或突袭就可能打乱全盘计划，危及各支分遣队。井上做梦也没想到，盟军利用日方的严重无线电失密得到预警，已经在珊瑚海入口处部署了2艘航空母舰，比他预计的时间早了近1周。如此强大的敌人可能在MO打击部队绕过所罗门群岛前把南洋部队打个措手不及。而弗莱彻在出色的无线电情报指引下，把注意力集中于路易西亚德群岛和威胁莫尔兹比港的敌军，却没有意识到图拉吉面临的危险。由于缺乏有效的岸基侦察，他对高木从所罗门群岛以东打过来的"左勾拳"一无所知。另一方面，弗莱彻认为自己基本没有希望躲开敌军活跃的侦察网。17特舰必须直冲敌阵，一击决胜。双方在最初都犯了错，能够逃过一劫并且充分利用对手的错误的一方将赢得此战。

① 日本《战史丛书》49：186—187 页，载有 1942 年 4 月 29 日的联合舰队密电 907 号，192 页有 1942 年 4 月 30 日的第五战队密电 838 号。另见伦德斯特罗姆《一次无线电情报失误》。

第十一章

珊瑚海之战（一）
开局

会师

弗莱彻的17特舰疾速穿越新赫布里底群岛，准备在5月1日下午到位于新喀里多尼亚西北300海里、瓜达尔卡纳尔岛东南400海里的"灰胡桃"点与菲奇11特舰会合。[①] 4月30日夜，弗莱彻接到太舰总的电报，确认了敌军的主要目标是莫尔兹比港。该电认为，路易西亚德群岛中部的战略要地德博因环礁是"塞班基地舰队"与即将从拉包尔出发的2艘商船（"某某丸"）的会合点。此外，日军对新几内亚东端的萨马赖和巴布亚南岸的罗德尼角也虎视眈眈。[②]

但是，弗莱彻在战斗前必须先将分散的部队集结起来并加油，他估计这个过程可能要花好几天。太舰总命令他在"灰胡桃"点集结，客观情况却妨碍了这一行

[①] 关于珊瑚海之战的主要档案资料包括：17特司致舰总司，1942年5月4—8日珊瑚海之战报告（1942年5月27日），其中包括了各特混大队司令、特混中队司令和舰长的报告（藏于RG-38，行动报告，也见于NHC缩微胶卷NR.S-459）；巡六分队长（17.2特大司）致太巡司（17特司），1942年5月7—8日在珊瑚海与日军交战的报告（1942年5月28日）；澳大利亚分舰队在北珊瑚海的作战—1942年5月5—11日，副本见于克瑞斯日记中，亦见于AWM（393/1）澳大利亚分舰队行动报告；战争日记，包括航一分队长（菲奇）、17特舰巡洋舰司令（史密斯）、巡六分队（金凯德）、驱一中队（厄尔利）和驱二中队（胡佛）；曾获大英帝国勋章的东北区空军司令弗朗西斯·W.F.卢基斯准将致墨尔本维多利亚军营盟军航空兵司令部，关于珊瑚海交战的报告（1942年5月28日），藏于澳大利亚国家档案馆，AA1969／10／0／119系列，第273／25A项；以及1942年5月13日墨尔本致参谋长电#AG719，1942年5月2—12日航空作战总结，藏于RG-165，OPD执行档案2，第I1项。官方分析包括：美国海军各舰队总司令部，秘密情报通报1号，从珍珠港到中途岛的作战经验，1941年12月至1942年6月，包括8月17—18日袭击马金之战（1943年2月15日）；美国海军情报局，出版处，战斗情报科，战斗记述，《珊瑚海之战：包括1942年5月4日图拉吉、5月7日米西马近海和5月8日珊瑚海的战斗》；贝茨《珊瑚海》和英国海军参谋部，历史处，战斗总结45号，《1942年5月4—8日珊瑚海之战》。关于珊瑚海的严肃研究文献包括：莫里森《美国海军作战史》卷4，第2—4章；吉尔《皇家澳大利亚海军》卷2，1942—1945，第2章；伦德斯特罗姆《第一次南太平洋会战》第11章；威尔莫特《屏障与投枪》第5—8章；伦德斯特罗姆《首发主力》第10—12章；库特哈德–克拉克，第6—8章；以及不可或缺的日方资料：日本《战史丛书》卷49，第5章。

[②] 1942年4月太舰总致17特司和11特司电300907，CSCMF，卷10；事实上，胜泳丸号是负责建立德博因基地的舰船之一。1942年5月西南太司致17特司电010830，CSCMF，卷10，通知弗莱彻"塞班基地舰队"可能有9艘运输舰及货轮、大约8艘"某某丸"、8艘改装巡逻艇、2艘改装扫雷艇和其他辅助船只。

动。5月1日清晨，列克星敦号那别具一格的轮廓显现在17特舰西方12海里外。弗莱彻利用菲奇提前到达的机会，派11特舰单独前往"灰胡桃"点迎接从努美阿出发的芝加哥号、珀金斯号和油轮蒂珀卡努号。弗莱彻自己将在5月2日到该点与它们会合。他之所以改变计划是因为希望用尼奥肖号为17特舰加油，鉴于4月30日的加油作业因坏天气作罢，他估计今后不容易找到加油机会。5月的天气可能还是阴雨连绵。汹涌的波涛和强劲的东南风迫使17特舰偏离"灰胡桃"点寻找方便加油的地方。大浪猛拍尼奥肖号的主甲板，好几名船员受了伤。夜幕将近时，只有约克城号和阿斯托里亚号从尼奥肖号加了油，波特兰号和切斯特号则分别为驱逐舰加了油。与此同时，菲奇一直在"灰胡桃"点附近徘徊。中午时分，继芝加哥号和珀金斯号之后，没有护航的蒂珀卡努号也进入了视野。菲奇没有让11特舰立即开始加油，而是派1艘驱逐舰陪伴行动迟缓的油轮在附近兜圈子，等次日黎明再归队。据史密斯称，弗莱彻不允许2艘航母同时加油，因为加油时必须慢速行驶，而当地可能有潜艇出没。5月2日日出时，弗莱彻、菲奇和蒂珀卡努号的小队终于相聚，各油轮分别为两个特混舰队加了油。弗莱彻希望在3日天黑前尽量多用蒂珀卡努号的油，然后让该舰前往埃法特，留下尼奥肖号的余油作为储备。他始终对难以预测的后勤忧心忡忡，希望直到战斗爆发前都有快速油轮同行。[①]

弗莱彻在5月1日收到的情报和飞机目击报告都没有什么新意，说明敌军攻势肯定还处于早期阶段。次日下午加油时，他得知图拉吉受到的压力正在加大。利里的情报汇总提到"5月1日下午发现舰船"，而且图拉吉遭到舰载机空袭，敌机肯定来自"巡洋舰或水上飞机母舰"。"5月1日下午发现舰船"的消息引起了弗莱彻的注意，因为此前利里从未提到关于舰船的情报。5月1日，在新乔治亚群岛的吉佐岛西南约35海里、图拉吉西北200海里处发现2艘船，种类不明。1架皇家澳大利亚空军的卡特琳娜式在5月1日夜至2日晨曾追踪它们，但利里没有提供新情况。他还告诉弗莱彻，在5月1日没有搜索C区（西起新几内亚，东至布干维尔）和E区（所罗门群岛东侧），2日也许会搜索。[②]

敌人在所罗门群岛的动作似乎还不大，可惜菲奇在2日的加油并不顺利。他先从巡洋舰开始加油，但蒂珀卡努号过时的加油设备在当天下午曾被风浪卷走了一次。芝加哥号直到天色将黑时才加完油，此时驱逐舰和列克星敦号还"嗷嗷待哺"。菲

---

① 尼奥肖号航海日志；W．W．史密斯，26 页。舰总司秘密情报通报 1 号批评了弗莱彻，认为根本不该在可能有潜艇威胁的水域加油。

② 1942 年 5 月西南太司致 17 特司电 020044 和 020335，CSCMF，卷 10。

1942 年 5 月 1—4 日珊瑚海
航母行动（示意图）

0700
3

1400
2
MO 打击部队

0920
4

0620
4

拉包尔

所罗门群岛

2400
4

肖特兰

图拉吉

瓜达尔卡纳尔

1130
4 1530
0730   4
4

路易西亚德群岛

17特舰

2400
4

0800
4

2000
4

0730
1

11特舰

2000
3

2400
4

珊瑚海

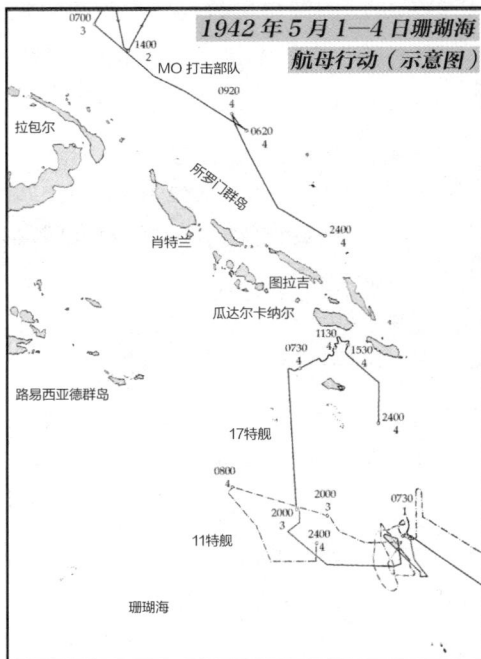

奇只能遗憾地通知弗莱彻，他估计要到5月4日中午才能完成加油。虽然"很失望"，但弗莱彻认为"敌情报告说明敌军离南边还远"。于是他再次将两支航母舰队分开，定在36小时后重会。17特舰将带着芝加哥号和珀金斯号西行。菲奇将继续在南方加油，然后让蒂珀卡努号和1艘驱逐舰去埃法特，自己在5月4日上午与17特舰重新会合，会合点与正从悉尼北上的克瑞斯44特舰相同，该地点在其当前位置西北300海里处。[①]

　　贝茨上校曾批评弗莱彻没有立即将17特舰和11特舰合并，甚至也没有让两支舰队保持目视接触。他承认弗莱彻"希望为即将执行的任务做好万全准备——他希望在出现紧急情况时拥有行动自由——他担心事态的发展——他希望向西面和北面移动。"尽管如此，他还是应该合并两支特混舰队。贝茨也明白在一小块有潜艇威胁的加油区域逗留并不明智，但他认为弗莱彻可以通过和菲奇交换油轮来加快加油进度。其实老旧的蒂珀卡努号没有给弗莱彻多少选择余地，和菲奇待在一起将大大限制机动性，更何况菲奇估计加油时间会很长。弗莱彻也无法将尼奥肖号拨给菲奇，

　　① 17 特司报告（1942 年 5 月 27 日）。

因为17特舰在今后一周都得靠该舰的油料度日。因此他决定到当前位置的西面巡逻，关注西北方路易西亚德群岛的事态。情报指出，敌军航母为了支援登陆舰队，可能在拉包尔—路易西亚德—莫尔兹比轴线上出现。弗莱彻显然认为在5月4日菲奇归队前不会出什么大事。[①]

　　西南太平洋战区的空中侦察网对弗莱彻的支持很糟糕，但这不是飞行员的错。问题在于高级指挥部没有正确解释侦察结果，或是没有及时分发这些情报。5月1日，往返于图拉吉的皇家澳大利亚空军水上飞机不仅发现了"2艘船"（他们正确地认出船体是商船式样），还在新乔治亚以西发现了5艘"商用船舶"组成的船队。1架卡特琳娜跟踪这支小船队达5个小时，随后将报告修正为1艘2500吨的船和许多武装拖网渔船。这一活动发生在C区，而利里却错误地报告根本没有侦察该区域。实际上，截至5月2日，在所罗门群岛北部和中部都发现了日本舰船。那"2艘船"是丸茂的支援部队中的小型改装炮舰，它们正在帮助建立水上飞机基地。丸茂于4月29日率领2艘轻巡洋舰和神川丸号水上飞机供应舰离开新爱尔兰，在布卡的卡罗拉女王港停留后，于5月1日穿过C区南进。次日黎明时，他已进入新乔治亚南部的布兰奇海峡。志摩的图拉吉登陆部队于30日从拉包尔出发并驶经所罗门群岛以西，同样穿越了C区。弗莱彻迟至5月2日晚些时候才获悉的那支小船队是小型扫雷艇组成的志摩巡逻部队，整支船队在5月2日与3日之交的午夜就会接近图拉吉。5月2日晚上，五藤的MO主攻部队（4艘重巡洋舰、祥凤号轻型航母和1艘驱逐舰）穿过布干维尔和舒瓦瑟尔之间的布干维尔海峡，然后折向东南，朝图拉吉进发。敌军在这一区域大张旗鼓的行动已被布雷特的飞行员侦知，送给弗莱彻的情报本该远不止"2艘船"。[②]

　　5月2日下午，在17特舰和11特舰分手前，1架SBD空投了一条信息，告诉弗莱彻在北方23海里处有1艘潜艇在水面航行。在那艘日本潜艇紧急下潜时，约克城号的3架TBD鱼雷机用深水炸弹对其猛轰了一通。飞行员们信誓旦旦地表示已经击沉该艇，因此弗莱彻认为"很难想象那艘潜艇还能逃脱"。为了保险起见，他又派出11架俯冲轰炸机，还加派了安德森号和西姆斯号助阵，并命令它们在次日黎明到西边归队。比亚德的无线电情报小组没有听到潜艇发出的接触报告，使人更加坚信该艇已经覆灭。事实上，当时伊21为了侦察努美阿正在穿越珊瑚海，遭遇2架飞机后不得不下潜。它的瞭望员没有认出攻击者是舰载机，艇长也没把这次攻击太当一回事，

<hr />

　　① 贝茨《珊瑚海》31页。
　　② 东北区空军司令，关于珊瑚海交战的报告（1942年5月29日）；吉里森《皇家澳大利亚空军1939—1942》516—517页；日本《战史丛书》49：227—229页。

因为它已进入盟军航空基地的巡逻范围。①

弗莱彻在5月2日晚上折向西行。当晚他收到的情报没有提供改变计划的理由。图拉吉再次遭到轰炸，表明"敌军有意摧毁或占领该基地"。日本人似乎对新几内亚的南角和库克敦与汤斯维尔的澳大利亚航空基地也有兴趣。据说第六水雷战队仍在从特鲁克到拉包尔的途中，再次说明进攻尚未开始。目击报告都是2日早晨飞行的结果，其中再次提到新乔治亚附近有几艘商用船只，多为小船。和往常一样，这些报告送达时已经耽搁了很久，考虑到其中1架卡特琳娜在中午就回到了莫尔兹比港，这种情况实在令人费解。5月3日一早，利里报称皇家澳大利亚空军正在撤离图拉吉基地。黎明时分，17特舰位于11特舰以西100海里处。西姆斯号和安德森号寻找前一天下午被炸的潜艇未果后准时归队。这一天，弗莱彻一直向西北航行，朝着次日上午与菲奇和克瑞斯合的地点进发。截至15：30，他已经高效地用尼奥肖号为全部7艘驱逐舰加了油，正符合他让17特舰保持"接到通知后能很快投入战斗的临战状态"的明智策略。"只要能加个500桶油"，他就会见缝插针地用重型舰船或油轮为驱逐舰加油。另一方面，为加油迟缓感到内疚的菲奇命令蒂珀卡努号和4艘驱逐舰连夜加油。有利的风浪条件方便了加油作业。最终，蒂珀卡努号将过半油料提供给11特舰后，在沃登号护航下前往埃法特为运输船队加油。而比修改后的时间表提前22小时完成加油的菲奇驶向西北，准备在次日上午与17特舰会师。②

空袭图拉吉

提供给弗莱彻的情报再次显示敌军活动有限。太舰总每日通报认为（但无法确认）第四舰队已经开始进攻新几内亚东南部和"外围岛屿"，预期阵容包括第五航空战队、第五战队、第十八战队和第五空袭部队。加贺号应该已经离开日本，而苍龙号也将在几天内起航。弗莱彻不知道的是，志摩在5月5日黎明前已经占领了无人防守的图拉吉。五藤的MO主攻部队中的祥凤号从北靠新乔治亚、东距图拉吉120海里的地点发动了一次不必要的空袭，然后在中午前回航布干维尔加油。MO作战似乎进行得非常顺利，但它最重要的一环却出了差错。MO打击部队（翔鹤号和瑞鹤号）

---

① 17特司报告(1942年5月27日)；约克城号舰长致舰总司，美军飞机与敌交战的报告(1942年5月26日)；鲁德鲁姆，39—40页；比亚德《太平洋战争》11页；日本《战史丛书》49：235页。

② 1942年5月西南太司致17特司电020745、021037和021525，CSCMF，卷10；17特舰报告（1942年5月27日）；弗莱彻对贝茨的陈述（1946年9月），见贝茨《珊瑚海》28页。海军军事学院院长爱德华·C·卡尔博福斯少将认为弗莱彻此举"证明了"尽可能抽空为驱逐舰加油有"极其重要的意义"。

于5月1日从特鲁克出发，次日，高木在拉包尔东南派出了转场的9架零战和7架舰攻机，但风暴迫使它们又回到航母上。因为井上认为这9架战斗机对于莫尔兹比的制空权争夺至关重要，所以高木推迟了进入图拉吉以东海域的时间，向北兜了一个大圈子，在5月3日上午又回到了原来的放飞点。第二次努力还是不见起色。感到不耐烦的高木决定暂时不向拉包尔输送零战，等到达所罗门群岛靠珊瑚海的一侧再说。经过这番耽搁后，他重新南下，驶向所罗门群岛以东。这次挫折终将给日军带来巨大的厄运。[①]

弗莱彻在5月3日黄昏时曾打算徐徐行驶一夜，在次日上午赶到西北方仅130海里外的会合点迎接菲奇和克瑞斯。但是在18：30，电波传来了"2个月来我们一直期盼的那种报告"。麦克阿瑟在姗姗来迟的报告中称：截至5月2日16：30（26小时前），圣伊莎贝尔岛南部近海出现5~6艘船，其中最大的有5000~8000吨，可能是去图拉吉的。这份情报的来源肯定是某个澳大利亚海岸瞭望哨。搜索机提供的报告没有一份提到这一敌情。弗莱彻的报告指出，大约同一时间他还收到另一份电报，声称在图拉吉有2艘运输船正将部队卸载到驳船上。这份情报肯定也是海岸观察哨提供的，只是细节不详。此时弗莱彻在图拉吉以南不到400海里，他开始考虑可能的对策。虽然11特舰缺阵"令人遗憾"，但他决心尽可能在黎明时攻击这些"诱人的"目标。17特舰为了进行航空作业必须迎着盛行的东风行驶，因此阿诺德建议从西南方接近图拉吉。弗莱彻认为对莫尔兹比的进攻还不会马上开始，附近也没有敌方航母活动，而且他坚信日本人仍然不知道他的存在。看来奇袭图拉吉确有可能。手头的兵力（1艘航母、4艘重巡洋舰和6艘驱逐舰）足以完成该任务。由于在燃油上的精打细算，17特舰有充裕的油料用于高速行驶。弗莱彻命令尼奥肖号和拉塞尔号按原计划与菲奇和克瑞斯会合，然后带其东行180海里，在5月5日清晨到瓜岛以南325海里的老地方——"玉米"点等候他。[②]

贝茨为此又一次责怪弗莱彻没有让17特舰和11特舰合兵一处。弗莱彻不知道，菲奇已经早早完成了加油，20：00时他在17特舰东方仅60海里。严格的无线电静默使两位舰队司令无法互相知会。贝茨还质疑了弗莱彻将5月5日的会合点设在"玉米"点的决定，认为他应该选择离图拉吉较近的地点，以便在空袭后更快

---

① 1942年5月太舰总情报通报030213，CSCMF，卷10；日本《战史丛书》49：228—230页。

② 1942年5月西南太总敌17特司电030230，CSCMF，卷10；17特司报告（1942年5月27日）；迪基给贝茨的备忘录（1946年10月14日）。吉尔，2：44页。费尔特《海岸瞭望哨》109页提到，圣伊莎贝尔岛上的唐纳德·G.肯尼迪发现了千船湾的2艘船并上报。

合并舰队。贝茨凭着事后聪明掌握了日军的部署和机动情况，但他和莫里森其实都没有理解井上的计划。MO打击部队确实要绕过所罗门群岛，自东向西进入珊瑚海，但那是为了攻击汤斯维尔，而不是为了对付潜伏的美国航母。贝茨还臆测说，祥凤舰队自北而来，是为了协助在所罗门群岛以西夹击美国航母舰队。他斥责弗莱彻"没有察觉日军从东面包抄的计划"。可见贝茨不但不公正地扮演了事后诸葛亮，还无端批评弗莱彻被子虚乌有的诡计愚弄。事实上，井上压根就没想到这一地区有敌航母，当然也没考虑过"包围"它的计划。如果说弗莱彻没有预见到东边过来的威胁是失策，那么该受批评的不止他一个。珍珠港和华盛顿也没人料到日本航母会从后门进来。弗莱彻把5月5日的会合地定在"玉米"点是因为他不想让自己的位置过于偏向东北方。他看见目击报告称有17艘运输船在拉包尔等候，因此正确地推测莫尔兹比登陆船队即将出发。当晚利里（转发了一封弗莱彻无法解读的太舰总电报）通知：2艘"某某丸"及护航船只将在5月5日中午前后抵达德博因，可能是为了设立水上飞机基地。事实上弗莱彻很有把握地判断图拉吉是敌军总体计划中的外围基地。如果他要攻击那里就必须赶在保卫莫尔兹比港前尽快动手。虽然盟军飞机还未发现敌军航母，但它们最合理的部署方式是在登陆船队从拉包尔出发后近距保护，以防范南边珊瑚海中的威胁。[1]

　　弗莱彻将航速提至27节，匆匆赶往瓜岛西南的黎明放飞点。在阿斯托里亚号的司令舱室里休息的史密斯正在读小说，船身的突然震动把他吓了一跳。得知即将实施的攻击行动后，他立刻精神大振。当巴克马斯特宣布飞行大队将在清晨空袭图拉吉时，约克城号上也是欢声一片。17特舰很快遇到了坏天气，起因是一条朝着北面的所罗门群岛缓缓移动的中型冷锋——这是珊瑚海在这个季节的典型气象。气象预报员斯特兰奇预计5月4日基本上天气不佳，逗留在所罗门群岛南部边缘的冷锋将带来阴云、阵雨和强劲的东南风。弗莱彻估计在图拉吉不会有战斗机抵抗，决定留下18架F4F保护舰队。当晚，阿诺德拟定了用全部40架SBD和TBD空袭的计划。约克城号的第一波全甲板攻击包括6架用于战斗空中巡逻的F4F、伯奇少校领队的13架VS-5的SBD和泰勒少校的12架TBD。肖特上尉的15架VB-5的SBD则在机库里进行出击准备。由于大队长彼得森留在船上担任FDO，阿诺德便指示资历较深的中队长伯奇负责协调他的俯冲轰炸机和泰勒的鱼雷机。航空部门

<hr>

① 贝茨《珊瑚海》31、33页，他还在16页将日军的计划比作"坎尼之战"；1942年5月西南太司致17特舰电030300，CSCMF，卷10。弗莱彻无法解读的电报是1942年5月太舰总致16特司和17特司电030241，CSCMF，卷10。

在黑暗中的工作值得表扬，他们高效地将飞机提上飞行甲板，并为每架SBD配备了1颗1000磅炸弹，每架TBD挂载了一条鱼雷。伯奇虽担任领队，却不是出击部队中军衔最高的军官。太巡司火炮射击参谋辛德勒中校在当天晚上请求弗莱彻让自己坐进1架SBD的后座。他拥有航空观测员资格，渴望通过实践研究空袭。弗莱彻虽然不愿让他以身涉险，最终还是在他的软磨硬泡下松了口。弗莱彻对飞行员识别舰船类型的能力也抱有怀疑，他希望借重辛德勒在这方面的判断力。实际上，辛德勒此后还将多次随VS-5执行战斗任务。[①]

　　5月4日黎明前，17特舰距瓜岛不到100海里，已到达图拉吉西南150海里处。风雨交加的天空证明斯特兰奇所言不虚，但约克城号的飞行员个个跃跃欲试。截至07∶02，最后1架攻击机业已升空。弗莱彻继续驶向东北以缩短与图拉吉的距离，并准备应对敌机可能的反击。09∶45，第一波机群已经返航。第一个着陆的伯奇冲上舰桥告诉巴克马斯特，他们已经"揍了小日本，但效果很不理想"。和所有SBD飞行员的遭遇一样，当他从高空俯冲到海面附近时，低空比较温暖潮湿的空气使风挡和望远镜瞄准具蒙上了一层令他烦恼至极的雾气。"好比眼前挡着一块白布，只能凭记忆投弹。"伯奇希望回去弥补缺憾。"好的，"巴克马斯特回答，"上飞机吧。"弗莱彻早在巴克马斯特提出建议前就已决定实施第二次空袭。电波传来的对话表明图拉吉布满了目标。比亚德一时无法解读敌军在惊慌失措中发出的消息，但至少他找不到明显证明17特舰已被发现的报告。约克城号的雷达也没有探测到疑似敌搜索机的目标。天气成了有效的保护伞。约克城号先回收了VS-5和VT-5，将它们送到机库里加油挂弹，然后又让肖特的VB-5的SBD着舰（最后1架在09∶54着舰），并在飞行甲板上快速补给。所有飞机都安全返航，飞行员们很快对伯奇的报告作了补充。天公作美，瓜岛附近天空晴朗，图拉吉港上空只有零星碎云。3艘巡洋舰停泊在一起，附近还有3艘运输舰或货轮、1艘大型水上飞机供应舰、4艘炮舰和许多小型船舶。那些"巡洋舰"成了重点关照对象。伯奇报告说，有4颗炸弹"肯定"命中，还有1颗也可能命中。泰勒让手下分头攻击巡洋舰和运输船，他宣称3艘运输船全部中弹。此后2艘"巡洋舰"离开港口，但第3艘主动搁浅。10分钟后，VB-5轰炸了1

　　① W．W．史密斯，26页。海作办气象处，珊瑚海之战（1944年4月）。图拉吉空袭的主要资料来源是约克城号舰长致太舰总，约克城号飞行大队在图拉吉和加布图港对敌军的袭击（1942年5月11日）。出击机群的报告见约克城号报告（1942年5月26日）。辛德勒给太舰总的备忘录，关于1942年5月4—8日珊瑚海作战的说明（1942年5月22日）；关于他恳求出击一事，引自与17特舰司令文书托马斯·纽瑟姆的谈话（1996年8月6日）。

艘货轮和那艘大型水上飞机供应舰，但不能确定是否命中。[①]

约克城号飞行大队搅乱了图拉吉登陆部队美妙的早晨。当志摩对部队重新编组时，他的计划执行得像钟表一样精确。3艘小型扫雷艇刚刚动身加入莫尔兹比港登陆部队，老式驱逐舰菊月号和夕月号与快速布雷舰冲岛号（志摩的旗舰）便并排停泊加油，2艘大型运输舰（吾妻山丸号和高荣丸号）在卸载基地设备。2艘小型巡逻艇正在前往图拉吉港的途中。只有菊月号在第一波空袭中受了伤。一条鱼雷击中该舰的轮机舱，为了避免沉没它不得不坐滩。当作为旗舰的鹿岛号轻巡洋舰抵达拉包尔时，井上接到了志摩的报警。惊悉美国航母已进入珊瑚海，他立即命令高木的MO打击部队和陆基的第五空袭部队消灭图拉吉周边两百海里内的袭击者。因为担心在此期间再度遭到袭击，他又命令志摩北撤。弗莱彻的运气很好，高木由于两次向拉包尔输送战斗机未果，已经远远落后于原定日程。他本来应该在图拉吉以北120海里，可以从那里提供战斗机支援，并有可能攻击17特舰（如果他找到目标的话）。但实际上，高木比这个位置偏北350海里，而且还在忙着加油。和美国海军不同，日军的战列舰、航母和巡洋舰此时还不习惯为驱逐舰加油，这是一个相当严重的缺点。高木命令队中大多数驱逐舰与东邦丸号留下来加油，自己带着其余舰船急速驶向东南。他派飞机在舰队前方的所罗门群岛以东水域搜索了250海里。当然，弗莱彻在图拉吉南面而不是东面，因此高木的飞行员一无所获。肖特兰的3架水上飞机接到搜索命令时已经太晚。井上确实很倒霉，因为只有这几架飞机有可能找到17特舰。[②]

肖特带着VB–5的14架SBD担任第二波攻击的先锋，他们在瓜岛以西和以北搜寻逃离图拉吉的舰船，击沉了3艘"炮舰"。这些船实际上是在第一波空袭前就离开图拉吉的特设扫雷艇第1号、第2号以及玉丸号。有1艘像是重巡洋舰或大型水上飞机供应舰的船则难对付得多。其实那是夕月号护卫下的冲岛号布雷舰。它不仅凭着20节的航速和熟练的操舰手法挫败了VB–5的攻击，还让伯奇的13架SBD（他们宣称命中两弹，实际无一命中）和泰勒的11架TBD无功而返。SBD在图拉吉港上空与几架来势汹汹的水上飞机发生了缠斗。巴克马斯特得到部下遇险的消息后请求派战斗机去图拉吉扫荡。弗莱彻鉴于附近未出现敌情，便同意派出4架F4F。它们在图拉吉上空经过一番激战，击落了3架水上飞机，还扫射了夕月号。

---

　　① 航空局对威廉·O.伯奇少校的讯问（1942年9月3日），作战档案，NHC；另见鲁德鲁姆书中对飞行员的叙述，40—46页。
　　② 日本《战史丛书》49：230—234页。

接到报告的弗莱彻陷入沉思，他考虑派2艘巡洋舰和2艘驱逐舰"结果受伤的船只"。史密斯接到弗莱彻要他指定2艘巡洋舰的要求后，立刻建议派他的旗舰阿斯托里亚号和切斯特号去图拉吉。虽然他们与图拉吉的直线距离只有75海里，但由于硕大的瓜岛横亘于前，天黑前绝不可能赶到。他计划从西面接近目标，在5月5日日出时炮击图拉吉港，然后高速向东撤退。但弗莱彻此时还没下定让史密斯出击的决心，只是静观事态发展。约克城号在13：30开始回收第二波攻击的SBD，飞行员们宣称击沉2艘驱逐舰或小型炮舰，还可能干掉了1艘货轮。为了得到第一手消息，弗莱彻找VB-5的一个飞行员弗洛伊德·E.莫恩中尉谈了话，听他描述了轰炸炮舰和那艘大型水上飞机供应舰的情形。莫恩建议继续空袭。弗莱彻一时显得有些犹豫，但当莫恩回到VB-5的待命室时，第三次空袭的命令已经下达了。伯奇也希望再干一次。21架SBD在14：00出发，实施最后一击。弗莱彻很可能就是在这个时候放弃了派史密斯炮轰图拉吉的想法。这个决定很明智。除了重伤的菊月号和1艘小型辅助船，日军的所有船只都溜得很快，而高木的航母很可能在5月5日消灭史密斯的巡洋舰。伯奇的12架SBD宣称在第三次空袭中有一弹命中1艘货轮，但实际上只有几颗近失弹的冲击波杀伤了吾妻山丸号的船员和留守图拉吉的水兵。肖特的9架SBD对冲岛号和夕月号的攻击再次以失败告终。随着它们的离去，空袭图拉吉之战也落下了帷幕。①

除了1架在第二波袭击中失踪的蹂躏者，约克城号回收了所有轰炸机。2架战斗机降落在瓜岛亨斯洛角的海滩上，该地位于17特舰以北不到50海里。弗莱彻迅速布置了对失事飞行员的救援。他派珀金斯号去搜寻TBD的机组人员，哈曼号去亨斯洛角。这2艘驱逐舰将在日出时到瓜岛以南325海里的"玉米"点归队。珀金斯号没有找到那架TBD的乘员，但他们幸运地落到了忠于盟国的所罗门岛民手中，而哈曼号的摩托艇则勇敢地救回了那2名VF-42的飞行员。莫里森选择在这件事上表扬弗莱彻"积极救援在战斗中坠机的飞行员"，但其实他早在2月1日的袭击战中就有类似举动。②

截至日落时分，所有飞机回收完毕，撤退的时候到了。弗莱彻转向东南，以23节速度直驶"玉米"点。舰队士气高涨。一个SBD驾驶员在日记中写道：

---

① 弗莱彻与史密斯之间的通信，见17特舰巡洋舰司令战争日记；另见 W.W.史密斯，28—29页；莫恩日记，1942年5月9日。贝茨（《珊瑚海》41页）根据切斯特号舰长托马斯·M.肖克的回忆，认为弗莱彻直到黄昏时才第一次提出用巡洋舰炮击图拉吉的想法，但上述史密斯战争日记中记录的通信表明此说有误。

② 伦德斯特罗姆《首发主力》174—178页；鲁德鲁姆，43—65页；莫里森《美国海军作战史》4：28页。

"大家对弗莱彻将军和巴克马斯特舰长导演的这出好戏深感自豪。"在研究过报告和航空照片后，约克城号众人估计有2艘驱逐舰、1艘货轮和4艘小型炮舰（1000~1500吨级）沉没，1艘轻巡洋舰（可能是神通级）被迫坐滩，1艘九千吨级的水上飞机供应舰（也可能是重巡洋舰）受到重创，1艘轻巡洋舰和1艘大型货轮（8000~10000吨级）也受到破坏但程度较轻。约克城号的飞机击落5架小型水上飞机，并扫射了大量小艇。澳大利亚海岸观察哨后来报告，在图拉吉附近有9艘船只沉没，包括3艘巡洋舰（1艘坐滩）和3艘运输船。

日方的实际损失要小得多。只有菊月号驱逐舰（在图拉吉坐沉）和3艘小型扫雷艇（第1号、第2号和玉丸号）沉没，冲岛号布雷舰和夕月号驱逐舰受到了轻微损伤，4架水上观测机损失。①

考虑到敌军的飞机和高射炮都没有做出有力抵抗，即便依照约克城号夸大的战报，战果也"令人失望"（尼米兹语）。美军共投下22条鱼雷和76颗1000磅炸弹，其中只有5条鱼雷和11颗炸弹被判定为命中。望远镜瞄准具上的雾气确实妨碍了投弹，但随VS-5飞了3个来回的辛德勒坦率地批评大家的准头"很糟糕"。他认为如果能达到和平时期的标准命中率，敌军的损失将3倍于此。但是，长期有惊无险却非常折磨神经的巡航早已让飞行员们疲态尽显，图拉吉对他们来说是一次宝贵的热身机会。实际上这是一年来VT-5第一次真正投射鱼雷。尼米兹称赞约克城号飞行员"不摧毁目标誓不罢休的精神""非常值得表扬"，但也指出他们显然需要多进行打靶练习。他吩咐各特混舰队的司令在出海时增加训练时间。但是危机四伏的战略态势和约克城号漫长的巡航使部队实在没什么机会像在珍珠港时那样进行复杂的飞行大队演练。②

5月4日，弗莱彻下午收到的太舰总每日情报通报在可能开赴特鲁克的敌援军名单中加上了加贺号、一些快速战列舰和另两艘重巡洋舰。第二航空战队（苍龙号和飞龙号）也可能在5月中旬南下。这些推测都符合尼米兹对于敌军将在南太平洋四面出击的预测。西南太总在5月4日的搜索机接触报告寥寥无几，好几个

---

① 哈里·A．弗雷德里克森少尉(VB-5)日记（1942年5月4日），通过詹姆斯·C．萨夫鲁克获得。1942年5月西南太司致太舰总电180200，CSCMF，卷12，提到"进一步确认"9艘船在5月4日沉没于图拉吉附近。这份情报的提供者是利夫·施罗德，他是农场主出身的皇家澳大利亚海军士官，费尔特，109页。瓜岛上的海岸瞭望哨也观察到了远方的这场空袭；见克莱门斯《独守瓜岛》106—107页。关于日军的实际损失，见日本《战史丛书》49：233页。

② 太舰总致舰总司，1942年5月4—8日海军在珊瑚海的行动，第一次批注（1942年6月17日）；辛德勒备忘录（1942年5月22日）。

搜索区域根本没有搜索机光顾。当天晚上，弗莱彻才得知1架美国的B-25轰炸机11∶35在C区布干维尔西海岸附近发现了1艘航母（"可能是加贺级"）和2艘战列舰或重巡洋舰，其位置约在拉包尔东南200海里，17特舰西北500多海里。这份目击报告并未影响弗莱彻的短期计划。西南太平洋战区仍然认为拉包尔有20~25艘运输船，显然这些是准备在莫尔兹比登陆的船队。在这支船队及其掩护部队南下前，弗莱彻打算按兵不动。事实上，西南太平洋战区终于发现了在所罗门群岛北部穿梭了两天的祥凤号轻型航母和五藤的MO主攻部队。在返回布干维尔加油的途中，五藤接到了志摩遇袭回撤的消息。①

　　菲奇在5月4日惊讶地发现会合点只有1艘油轮和1艘驱逐舰等候。尼奥肖号的舰长约翰·S.菲利普斯上校立刻告诉他弗莱彻已经北上图拉吉，5日黎明将在东方180海里的"玉米"点。克瑞斯带着澳大利亚号和霍巴特号按时抵达。随后，菲奇率领合并后的舰队开往东南。克瑞斯不明白为什么舰队不是向东或者干脆朝图拉吉所在的东北方向行进。贝茨也有同感，为此他又一次指责两位美国指挥官拉开了17特舰和11特舰的距离。当克瑞斯加入时，11特舰在弗莱彻西南近300海里处，按照贝茨的说法，"无法在遇到紧急情况时支援17特舰"。贝茨曾责怪弗莱彻，但这一次是菲奇选择了驶向东南，"尽管这样的航向可能令他处于很难支援友军的位置"。贝茨认为，只要菲奇转向东北，在日落时他与17特舰的距离就可以缩短250海里，并且仍然保持在敌军侦察范围之外。然而他却将东南航向一直保持到黄昏，然后转向东行，前往黎明时的会合点。菲奇后来告诉贝茨，他选择东南方向是因为他不知道弗莱彻在图拉吉有何遭遇，因此认为最好让11特舰远远地待在会合点以南。列克星敦号的6架SBD向西北搜索了200海里，确保11特舰自身没有受到跟踪。菲奇的情报来源和弗莱彻是一样的。如果有迹象表明弗莱彻遇险，他一定会毫不犹豫地冲向图拉吉。但和弗莱彻一样，他也认为北方或东北方没有什么实质危险。威胁莫尔兹比港的主要敌人肯定要经路易西亚德群岛来犯。②

重聚

　　5月5日拂晓，菲奇的11特舰和克瑞斯的44特舰按时到达了"玉米"点，那里只有在瓜岛附近搜救未果的珀金斯号。克瑞斯等人以为弗莱彻又去追击前一天在布干维

---

① 1942年5月太舰总情报通报040145，西南太司致17特舰电040236，西南太司致17特司电040950、041102和041402，CSCMF，卷10。日本《战史丛书》49∶239页。

② 克瑞斯日记，1942年5月4日；贝茨《珊瑚海》33、39页。

尔附近发现的航母了，其实17特舰正在东边的地平线以下向他们靠近。弗莱彻在5月3日又收到一封用他没有掌握的密码发送的太舰总电报。他在5日天亮后打破无线电静默（他认为自己终于可以放心地发报了，因为即便他的确切位置没有暴露，至少他的存在已经暴露无遗），通知珍珠港自己无法破译某些密码。这个决定很明智，因为没过多久又有一封无法解读的电报传了过来。[1]

17特舰刚从阴云密布的天幕下现身，就发现西方30英里有疑似敌机。4架野猫伏击了1架在水面上低飞的九七式水上飞机。17特舰和11特舰都注意到了宣告这架飞机毁灭的烟柱，40分钟后它们就互相发现了对方。这架水上飞机坠落在离11特舰15海里、17特舰27海里的地方。它是3架从肖特兰出发搜索的水上飞机之一，此外还有6架从图拉吉出动。它始终没有用电台联系上基地，日军后来才根据其失踪推测美国航母潜伏在所罗门群岛以南。不久以后，约克城号的1架侦察SBD在西北150海里外发现1艘潜艇正驶向17特舰。弗莱彻怀疑它可能是接到那架水上飞机的接触报告后赶来的。3架TBD奉命猎杀那艘潜艇，但没有成功。如果弗莱彻得知它只是东特遣队的4艘潜艇之一，肯定会更加不安。这几艘潜艇穿过所罗门群岛前往珊瑚海南部布防，企图伏击可能从澳大利亚匆忙北上的盟军舰队。这条防线的中心大约在弗莱彻当前位置西南200海里处。井上在5日命令东特遣队向东北方向移动150海里，但即便如此还是落在了17特舰后方。[2]

在等待敌军展开攻势时，弗莱彻用电台向太舰总报告了图拉吉空袭的总结，并指出3支特混舰队现已会师。为了弥补前一天高速航行的消耗，他又为17特舰加了油。加油作业要求全天迎着东南风缓慢行驶，但弗莱彻决定在晚上转向西北恢复位置。尼奥肖号为阿斯托里亚号和约克城号加了油，同时6艘驱逐舰从切斯特号和波特兰号获得了急需的油料。太舰总迅速对弗莱彻的报告做出答复："你和你的部队干得漂亮，向你祝贺。望你利用加强后的部队扩大战果。"当天下午比上午平静。利里在13：41难得地提供了一份及时的目击报告，称13：13在新乔治亚西南发现1艘水上飞机供应舰。但是西南太平洋战区上午的侦察没有发现前一天夜里终于从拉包尔浩浩荡荡出发的莫尔兹比港登陆船队。麦克阿瑟告诉弗莱彻，他已经命令手下的飞机在某些频段用明文转发接触报告，但此举并未解决迅速传递情报的问题。太舰总

---

[1] 克瑞斯日记，1942 年 5 月 5 日。1942 年 5 月太舰总致 16 和 17 特司电 030241，17 特司致太舰总电 042002，太舰总致 16 和 17 特电 042135，CSCMF，卷 10。关于 5 月 3 日那封无法解读的电报 030241 的重要性见下文。

[2] 日本《战史丛书》49：235 页。

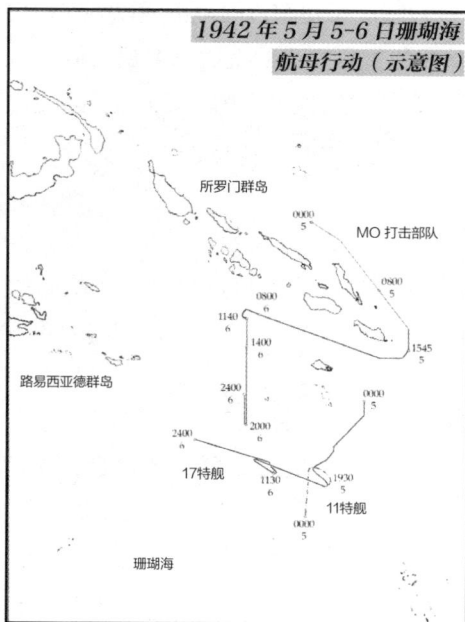

**1942年5月5-6日珊瑚海
航母行动（示意图）**

每日通报警告说，根据"未经确认的情报"，飞龙号可能很快离开日本前往特鲁克，而苍龙号可能已经上路。①

　　当天下午，菲奇搭乘飞机到约克城号与弗莱彻短暂重聚。有个甲板地勤人员想当然地以为列克星敦号的SBD的后座上那个矮壮的汉子是报务员，取笑说："喂，老大，你们昨天可错过了一些好戏。"菲奇笑着亮出自己的将星，回答说："是啊，孩子，我猜是错过了。"早已厌烦了行政工作的他对战斗求之不得。菲奇本人独特的强势领导风格与列克星敦号脾气火爆的舰长谢尔曼相得益彰（后者也不是个省油的灯）。他指定谢尔曼在这个航次中担任11特舰参谋长，并申请将这一任命永久化，但是被航海局婉言谢绝了。谢尔曼已经内定升迁，将另有任命。菲奇的幕僚几乎都和他们的上司一样是海军飞行员，他们对自己的专业知识、航空技术和其他能力信心十足，如果弗莱彻给他们机会，他们将热情高涨地指挥航母战役。②

　　菲奇拿到了17特舰作战令2-42的副本和航空特混大队司令的任命。他还告

---

① 1942 年 5 月 17 特司致太舰总电 042226，太舰总致 17 特司电 050321，西南太司致 17 特司电 050042，西南太司致 17 特司电 050241，西南太总致 17 特司电 050245，太舰总情报通报 050121，CSCMF，卷 10。
② 鲁德鲁姆，66 页；1942 年 4 月 11 特司致航海局电 182348，航海局致 11 特司电 222008，CSCMF，卷 9。

诉弗莱彻，他自己的无线电情报小组（领导人是兰森·福林威德少校）在5月2日确实监听到了被轰炸的潜艇（伊21）发出的接触报告，以及敌占区司令部的相应回复。弗莱彻将这些情况转告比亚德，令后者大吃一惊，因为他没有听到那艘潜艇发出任何讯息，而他也是这样向弗莱彻报告的。福林威德是弗莱彻认识而且尊重的日语专家。对于5月2日的事件，弗莱彻在行动报告中认为"潜艇迫近我水面舰队以及截获的电报都表明敌人可能已获知我军位置"，"在珊瑚海作战两个多月后，这是敌人探知我军存在的第一个明确迹象"。但是比亚德的判断是完全正确的，日军并没有关于此事的报告，只不过伊21可能拍发了一些例行电报。弗莱彻和比亚德的关系本就很僵，而据比亚德的说法，此事又助长了弗莱彻对他的不信任感。[①]

危险的错觉

当弗莱彻在5月5日下午给17特舰加油时，他似乎暂时躲过了空袭图拉吉可能引发的任何报复。他最担心的仍然是日军的航母。那天下午，西南太平洋战区又给他送来了一些空中侦察情报。麦克阿瑟的飞行员2天内第二次在布干维尔附近发现加贺号或1艘"加贺"级航母。5月5日的侦察总结提到在布干维尔西南125海里处出现1艘加贺级航母和1艘战列舰（"山城或榛名型"）。珍珠港的战争计划处曾猜测所罗门群岛有该型战舰，现在得到了证实。太舰总情报参谋雷顿认为，5月4日在布干维尔西海岸附近发现的航母可能是莫尔兹比打击部队中第五航空战队的2艘航母之一。西南太总修改了原报告，把前一天发现的航母称作"闲鹤"级（"翔鹤"之误），进一步坐实了这一猜测。实际上，这两天被飞机发现的都是祥凤号。5月5日上午，祥凤号航母和涟号驱逐舰继续北上掩护登陆船队，第六战队躲到肖特兰加油，而第五航空战队根本不在那一带。正如前文所述，志摩在5月4日的求救让正在中所罗门群岛以北忙着加油的高木打击部队大吃一惊。高木带着手头大多数舰船向东南疾驰，指望在图拉吉以东找到敌人的航母，却扑了个

① 谢尔曼在对莫里森第4卷的评论中（谢尔曼致查尔斯·魏尔伯恩少将信，1950年8月16日，DNC，办公档案，第20号箱）称，自己从未见过17特司作战令2-42，"对我军在珊瑚海作战所依据的计划、命令和指示一无所知"。按照谢尔曼的说法，菲奇5月5日造访约克城号后告诉他，"没有作战令，他从弗莱彻那里接到的唯一信息是行动步骤将'逐日决定'"。谢尔曼还声称，"虽然菲奇被指定为特混舰队的航空兵司令，但由于对OTC的计划和任务缺乏了解，我们在整个战役中自始至终都很被动"。这一批评意见未见于其他任何人的回忆（甚至在谢尔曼自己1942年5月的日记中也找不到）。菲奇没拿到作战令2-42的副本是不可思议的，即使5月5日没拿到，6日当弗莱彻合并三支舰队，他接过17.5特大司（航空兵司令）一职时也该拿到。而且考虑到当时变幻莫测的局势，除了"逐日决定"行动步骤，很难想象弗莱彻还有其他选择。17特司报告（1942年5月27日）；比亚德《太平洋战争》11页；日本《战史丛书》49：235页。

空。此后井上指示高木从所罗门群岛以南进入珊瑚海并继续执行原计划，于是他把自己与油轮的会合改到5月6日清晨图拉吉以西180海里的珊瑚海中。5日下午他绕过圣克里斯托瓦尔岛以西，由于时间太晚，没有被丹吉尔号的水上飞机发现。他自己的搜索机在舰队前方飞了300海里，也没有发现任何盟军舰船。当天晚上，他驶经瓜岛以西去找油轮。[①]

因此在5月5日下午，17特舰和MO打击部队在不经意间接近到了大大超出双方意料的地步。弗莱彻对态势的认识主要是依据太舰总的一系列特别情报。第一份情报就是5月3日用错密码的那封电报，该电在5月5日下午重发，其中提到"可靠消息表明西南太平洋攻势的橙色作战令现已开始实施"。日军将"通过攻击澳大利亚北部沿海的外围部队和不同区域，尽可能限制蓝色舰队的活动"。他们甚至可能占领盟军航空基地"以消灭岸基飞机"。弗莱彻对这封电报的确切理解已不可考，但他多半相信用航母打击航空基地是日军的优先任务。太舰总的分析人员判断："为了防止我军阻碍，日军计划袭击库克敦、汤斯维尔和霍恩岛等地，还可能袭击东面的[埃法特]、努美阿、斐济和萨摩亚。"当然，这一观点反映了尼米兹关于日军将在南太平洋发动大规模进攻的预测，也是他动用哈尔西的2艘航母支援弗莱彻和菲奇的主要原因。图拉吉的陷落使人更加坚信这一判断。H站是通过破译一封"由于缺少代码组而很难解读"的日军电报得出上述结论的。实际上，罗切福特的揣测与这封电报的真实内容恰好相反。这封电报其实是山本在4月29日发出的，正是在该电中他下令取消对澳大利亚的航母袭击，并指示高木做好搜索美国航母的准备。[②]

密码破译人员对未完全破译的日军电报得出的错误解释不止这一例。弗莱彻在5月5日下午收到的另两封太舰总特别电报明确提到了第五战队和第五航空战队组成的"莫尔兹比打击部队"。据第一封电报称，"5月3日发现的可靠迹象"表明莫尔兹比打击部队已接到在X–3日或X–2日袭击莫尔兹比港的命令，它们显然将从东南方向接近该港。珍珠港方面不能确定X日是哪一天，猜测是5月10日。这意味着航母对莫尔兹比港的空袭可能在7日或8日。太舰总告诉弗莱彻："橙色部队将持续执行上述攻击，直至成功。"珍珠港和墨尔本的密码专家尽最大努力将截获的日军电报还原为言之成理的文字，却没有意识到其意义与原文南辕北辙。原来，井上在5

① 1942年5月西南太平洋司致17特司电050528和西南太总致太舰总电050249,CSCMF,卷10;灰皮书,435页；SRH-272太舰总敌情档案,1942年5月4—5日。日本《战史丛书》49: 233—234页。
② 1942年5月太舰总致16特司和17特司电030241,重发电为050355,原破译电文在14军区司令发到柯佩克网络的020344系列电报中,CSCMF,卷10;伦德斯特罗姆《一次失误》103—106页;灰皮书,432页。

月3日试图重新为MO打击部队指派曾引发争议的袭击任务，只不过把目标改成了莫尔兹比的盟军航空基地。他电告高木，上峰已"非正式地同意"这一方案，因此高木应该根据敌军航空力量的强弱，在5月7日或8日从东南方攻击莫尔兹比港。但是高木决定无视这个"非正式约定"，因为他有权这么做。和盟军的密码破译人员不同，他很清楚山本4月29日的命令是要他在摧毁美国航母前搁置对岸上基地的空袭行动。弗莱彻对图拉吉的袭击更是打消了他在这个问题上的所有疑虑。所以高木根本没有攻击岸上目标的意思。但是太舰总却以不容置疑的口气描述了袭击莫尔兹比港的"命令"，仿佛日军航母指挥官并没有什么选择余地。因此，弗莱彻只知道莫尔兹比打击部队将在5月7日或8日轰炸莫尔兹比港。由于巴布亚东北的水域遍布珊瑚礁而且路途遥远，东南航线几乎是日军的必经之路。莫尔兹比打击部队经路易西亚德群岛进入莫尔兹比港东南的空袭距离（200海里）总共要航行600海里——若航速维持在20节，需要30个小时。为了及时就位，日本航母必须穿过路易西亚德群岛。[①]

　　太舰总在5月5日给弗莱彻的最后一份特别电报似乎是在说明他对图拉吉的空袭可能对敌航母日后的活动有何影响。按照太舰总的说法，莫尔兹比打击部队的指挥官"在5月4日表示"，他如果确定美国航母部队在珊瑚海中（"位置不明"），将"行至布干维尔的东北偏北方位，再从那里南下"，然后在当地时间5月5日06：30到达太舰总不知道的某个地点后，他将按照"后续命令"继续行动。如果没有接到后续命令，莫尔兹比打击部队将前往图拉吉。如果有必要搜索南面和其他一些区域，第五航空战队将在破晓时派轰炸机前往图拉吉。弗莱彻等人从这封电报得出了什么结论呢？由于时过境迁，又没有明确的文件记载，本书作者只能猜测。他们可能认为，如果日军在图拉吉以南而不是所罗门群岛以东发现美军航母，莫尔兹比打击部队将撤至布干维尔东北，然后再重新南下。这样做可使其航母避开盟军的陆基搜索机，等时机有利时再继续南进。至于莫尔兹比打击部队在没有接到"后续命令"的情况下将前往图拉吉，可以解释为如果在所罗门群岛以东发现美军航母，日军就会把航母部队部署到图拉吉方向以保护侧翼。前文提到，弗莱彻知道在布干维尔地区已发现日军航母，根据17特舰和11特舰5月5日上午遭遇敌机的事件，他有充分理由认定日本人已经很清楚他在图拉吉的珊瑚海一侧。莫尔兹比打击部队可能因此在布干维尔东北稍作停留，然后向西南的路易西亚德群岛方向前进。遗憾的是，美国海军情报部门（以及尼米兹和弗

---

① 1942 年 5 月太舰总致 16 特司和 17 特司电 050345，CSCMF，卷 10；灰皮书，435 页。日本《战史丛书》49：230 页。

莱彻）并不知道，这条最新的命令针对的根本不是高木的MO打击部队，而是五藤的MO主攻部队（第六战队、祥凤号航母和涟号驱逐舰）。H站和贝尔康嫩对这两支部队分头行动的事实一无所知。[1]

尽管情报看似周详，但是盟军实际上对第五航空战队当时和先前的位置毫无头绪。弗莱彻确实在当天晚上接到了显示这些情报的可靠性的明确信息。尼米兹和利里几天前曾预报5月5日中午将有2艘商船（"某某丸"）抵达乔马德水道北部入口附近的德博因。当天晚上，弗莱彻得知盟军飞机确实在德博因东北约100海里处发现了"2艘约2000吨的商船以及其他船只"，而且其目的地显然就是德博因。虽然日本人来得晚了点，但这份接触报告似乎有力地证明了太舰总的预言惊人的准确。[2]

险些爆发的战斗

弗莱彻在5月5日晚上指示菲奇和克瑞斯与17特舰保持不超过10海里的距离，连夜驶向西北。到5月6日拂晓时，他们已在"玉米"点以西约150海里处。此时弗莱彻掉头驶向东南。列克星敦号放出12架SBD向北例行搜索275海里，几乎到达南所罗门群岛。弗莱彻执行了作战令2-42，将3支特混舰队合编为17特舰，下辖金凯德的攻击群（17.2特大）、克瑞斯的支援群（17.3特大）、菲奇的航空特混群（17.5特大）、菲利普斯的加油群（17.6特大）和乔治·H.德博恩中校率丹吉尔号组成的侦察群（17.9特大）。根据得到的情报，弗莱彻相信战斗最早也要等到次日才会打响，他在6日的计划就是根据这一判断而制订的。他正好趁此间隙为先前给驱逐舰供油的2艘巡洋舰补充燃油，如果时间和敌情许可，他还打算为克瑞斯的巡洋舰加油。这意味着他要再次迎着盛行的东南风缓慢行驶。5月5日的好天气不再，天上阴云密布，风力也有所增强。全天的加油作业都为恶劣的海况所累。在所罗门群岛附近的晴空下侦察的SBD没有发回接触报告。这一次，弗莱彻运气不佳，没有发现08：15左右正在新乔治亚以南加油的MO打击部队。高木逗留的区域刚好在离他最近的列克星敦号SBD的极限视野之外。如果那架SBD能发回目击报告，就将促成一场航母大战，而且弗莱彻有望复制拉吉的奇袭。可惜西南太平洋战区的搜索机集中在布干维尔–路易西亚德群岛区域，因此弗莱彻在那片海域得不到帮助。[3]

日军岸基搜索机的运气要好一点。10：15左右，17特舰的雷达发现有个不速之客

---

① 1942年5月太舰总司致16特司和17特司电050329，CSCMF，卷10；伦德斯特罗姆《一次失误》，107—110页，111—112页，日本《战史丛书》49：233页。
② 1942年5月西南太司致17特司电050823，CSCMF，卷10。
③ 17特司报告（1942年5月27日）。

潜藏在附近的云层中。约克城号的F4F没能逮住这个家伙，但至少有1艘船上的人看见它一闪而过。为防敌军的空袭接踵而至，弗莱彻命令17特舰除加油群外的所有舰船排成严密的"V"式阵型。敌人并未出现，但那架身份不明的飞机也没有离开。几乎可以肯定17特舰遭到了搜索机的跟踪，但福林威德和比亚德都没有监听到目击报告。到了中午时分，飞行条件严重恶化，在加油群上空进行反潜巡逻的SOC水上飞机很快被召回。在此前后，切斯特号终于完成加油，波特兰号接替了它在油轮旁边的位置。12：52，雷达显示南方28海里外又出现一个目标。①

那天下午，在警觉地加油时，弗莱彻接了到墨尔本和珍珠港发来的消息，显示日本人确实在跟踪某支部队。太舰总的消息引述了一封被破译的电报，其中提到"在东9区时间08：30（东11区时间10：30）发现敌1艘航母、1艘战列舰、2艘巡洋舰、5艘驱逐舰和4艘种类不明的舰船，航向190速度20"。虽然贝尔康嫩和H站都看不懂电文中的方位，但弗莱彻做出了正确判断：既然图拉吉在北方仅400海里之遥，那么这封电报所指的必然是17特舰。实际上，1架日本水上飞机在10：30发现图拉吉西南420海里有一支美国航母舰队，但它报告的位置比弗莱彻的实际位置偏南50海里。它还将航向和航速错报成了南方（190°）和20节，而17特舰当时正朝东南方慢驶加油。不久以后，弗莱彻又得到了布干维尔附近有航母出没的更多证据。西南太总在12：07报告：在布干维尔西南海岸外仅30海里处有1艘航母、2艘巡洋舰和2艘驱逐舰正在南下。40分钟后，麦克阿瑟又报告说，B-17在"米西马"（东路易西亚德群岛）和"布干维尔地区"找到1艘航母。为防万一，弗莱彻在当天下午派列克星敦号的SBD再次向北方和西北方搜索了275海里。②

17特舰下午的搜索没有发现敌舰，但不能排除有敌舰被云层遮蔽的可能。高木在10：50再遇尴尬：接到南方350海里处发现美国航母舰队的消息时他还在加油，而且美军基本是背对着他越行越远。他在中午派出原的第五航空战队和2艘加完油的驱逐舰追击航母。不久以后，他自己也带着2艘巡洋舰步其后尘，留下其余驱逐舰与东邦丸号继续加油。原在南行途中发现天气越来越坏，感到当天下午实施远程空袭的希望渺茫，因此没有派出自己的搜索机对敌人定位。他认为在这样差的能见度下出动飞机未必值得，而且他极力避免打草惊蛇。③

---

① 17特舰巡洋舰司令战争日记，1942年5月6日。
② 1942年5月西南太司致17特电060145，太舰总致16和17特司电060211，西南太总致17特司电06002和060107，CSCMF，卷10；日本《战史丛书》49：239—240页。
③ 日本《战史丛书》49：241—243页。莫里森《美国海军作战史》4：31页错误地声称高木根本不知道弗莱彻在南面，他后来朝17特舰运动只是巧合。莫里森还错以为弗莱彻遇到了"阳光明媚"的天气，其实当时他头上阴云密布。

实际上，17特舰离他不到300海里。由于列克星敦号的SBD没有发现阴云下的第五航空战队和第五战队，弗莱彻根本不知道MO打击部队正分批从北面向他扑来。尼奥肖号在15：00已经为波特兰号加完了油，要给克瑞斯的巡洋舰供油就必须在夜间继续驶向东南，但是弗莱彻在整个白天不断收到西南太平洋战区在路易西亚德群岛以北发现敌情的报告。即使按照他此时的位置，要在次日黎明进入空袭德博因的距离（170海里），也必须连夜以20多节速度航行近300海里。因此弗莱彻带着17特舰转向了西北。克瑞斯虽然因为没有加上油而失望，但觉得"这也正常"。弗莱彻打算在5月7日黎明时到达路易西亚德群岛的德博因岛西南170海里处，打击据称集中在德博因东邻的米西马岛一带的敌人。他在17：30将航速提至21节。尼奥肖号和西姆斯号离队南下，计划每两天在"玉米"点和"黑麦"点之间往返一次。弗莱彻没有在图拉吉陷落后修改他的作战令，因而铸成大错。图拉吉南距"玉米"点不过360海里，西南距"黑麦"点440海里。他知道敌水上飞机已进驻图拉吉，而这两个地点都是这些飞机能轻易搜索的。比较明智的做法是让加油群停留在所有日本岸基飞机的侦察范围之外。[①]

因此，在5月6日晚上，弗莱彻认为17特舰已做好战斗准备。他对加油的重视已经而且还将继续产生丰厚回报。[②]他面临的战术局面相当严峻。他没有办法欺骗敌人，也没有采取间接战术的机会。敌人的空中侦察网全面覆盖了关键地带，在5日和6日都准确发现了17特舰的位置。在敌登陆舰队现身后，他可能不得不冒着3艘乃至更多航母的拦截去攻击它，更不用提陆基飞机。但是他可以依靠一个特殊的优势。空中侦察报告显示在巴布亚、新不列颠和所罗门群岛组成的三角区域中有大量日本舰船，"几乎包括了所有类型"。它们显得"很分散"，没有"共同的运动方向"。但是尼米兹和利里提供的无线电情报似乎揭示了它们的目的地和可能的到达时间。登陆船队最早在5月7日就应该从乔马德水道穿越路易西亚德群岛中部。5月6日，搜索机在德博因东北和更北面的伍德拉克岛一带发现多队运输船和辅助船只，进一步证实了日军将取乔马德水道这一捷径。这也符合弗莱彻的估计：对莫尔兹比港的总攻将在7日或8日发起。实际上，西南太平洋战

---

① 1942年5月西南太总致17特司电060246和060744，西南太司致17特司电060CSCMF，卷10；克瑞斯日记，1942年5月6日；1942年5月西南太司致17特司电060145和060330，CSCMF，卷10。

② 17特舰中有些船只的燃油数据已散失（列克星敦号和约克城号），有些则不可考（澳大利亚号和霍巴特号）。从航海日志来看，巡洋舰明尼阿波利斯号和新奥尔良号当时的油量约为85%，阿斯托里亚号、切斯特号和波特兰号95%以上，芝加哥号为72%；厄尔利的驱一中队的驱逐舰的油量多为70%到80%，但菲尔普斯号有89%；胡佛的驱二中队的驱逐舰舰型较新但续航力较差，其油量在92%以上。

区5月5—6日在路易西亚德群岛发现的众多舰船包括丸茂支援部队的第十八战队（老式轻巡洋舰天龙号和龙田号）、水上飞机供应舰神川丸号和几艘辅助舰船，它们正聚集在德博因建立水上飞机基地。除了从图拉吉出发的几艘船外，盟军尚未发现莫尔兹比港登陆部队。[1]

运输船队是一回事，航母则是另一回事。弗莱彻从未确切说明他对敌航母部署的看法，仅透露过他预料5月7日或8日在路易西亚德群岛一带将有战事。菲奇则提供了极其明确的估计："据报，包括1艘航母和登陆舰队在内的海军部队集中于德博因岛。预计敌人将使用乔马德入口进入珊瑚海。据报另有2艘航母（可能是第五航空战队）在5月6日位于布干维尔岛附近……（预计）第五航空战队将从布干维尔附近南下，可能在5月7日进入空袭距离。"菲奇和弗莱彻一样能看到太舰总的特殊情报，但克瑞斯只能收到西南太司的电报。克瑞斯在5月6日的日记中写道："德博因岛一带约有10艘运输船，布干维尔岛以西有一二艘航母及护航的巡洋舰或战列舰正在南下，可能承担支援任务。"如此看来，17特舰的两位高级将领认为包括航母在内的日军舰队还远在西北方，可能距离四五百海里。[2]

这一判断大错特错。日军的3艘航母中，只有祥凤号（盟军眼中的龙鹤号）位于或曾到过布干维尔附近。五藤在肖特兰为巡洋舰加油后，于5月6日上午将MO主攻部队调到布干维尔以西，然后又驶向西南与接近北路易西亚德群岛的莫尔兹比港登陆部队会合。当天上午，3架B-17轰炸了1艘巡洋舰，然后发现了附近的1艘航母。在5月6日18：00临近日落时，祥凤号位于17特舰西北约425海里处，而原的第五航空战队已经在17特舰以北仅150海里处。由于弗莱彻转向西北航行，他无意中又增大了自己和原狭路相逢的概率，只不过运气不佳的原仍然以为对手在更偏南的位置。尽管如此，原还是坚持追击至19：30（约在日落75分钟以后），此时他南距17特舰仅六七十海里却懵然不知。高木早已灰心并调转航向整队。两人都认为放弃徒劳的追击比较明智。美国航母舰队肯定会去对付集中在路易西亚德群岛的登陆船队和MO主攻部队。这似乎为MO打击部队提供了从后方偷袭美国航母的大好机会。[3]

假如任何一方的空中侦察再敏锐一点，珊瑚海的第一次航母交锋就会发生在5月6日，而不是7日。尽管如此，当天的侦察结果还是让高木和原大致掌握了对

① 17特司报告（1942年5月27日），17.5特大司报告（1942年5月18日）。
② 17.5特大司报告（1942年5月18日）；克瑞斯日记，1942年5月6日。
③ 日本《战史丛书》49：243—245页；伦德斯特罗姆《一次失误》112—113页。

手的方位及其第二天可能的举动。这是奇袭破敌的好兆头。弗莱彻则没有这样的优势。他错以为自己最危险的对手聚集在遥远的西北方。弗莱彻得到的通信情报大体上是可靠的，在战略层面可能具有决定意义，但是在短期的战术层面上，它绘制了一幅不够完整而且具有可怕的谬误的图景。盟军的无线电情报建立在部分破译的日本海军电报基础上，因此是不完整的。密码破译人员和情报官员极有可能误解电报的内容或不能理解电报的背景。他们无心的错误使17特舰在5月6日险遭大败，也使弗莱彻在5月7日上午极有可能受到突袭，而这样的突袭可能是致命的。①

---

① 弗雷德里克·帕克在国家安全局的官方专著《不可估量的优势》中质疑了我在1983年4月发表于《密码学》杂志的《一次无线电情报失误》中对1942年5月6日通信情报失误的论述。帕克认为通信情报和空中侦察提供的情况与日军的实际部署并不矛盾。他在第28页称，弗莱彻在5月7日黎明时知道在布干维尔以西发现了1艘航母，还知道登陆船队和"掩护部队也在布干维尔以西的所罗门海徘徊"。据信弗莱彻曾派自己的搜索机到"通信情报预测的路易西亚德群岛以东，而且空中侦察已经发现了日军运输船、1艘航母及其他对克瑞斯构成威胁的战舰"。当然，这段文字完全忽略了MO打击部队位于17特舰东北的事实。

密码破译人员对不完整的日军电报的错误解读使17特舰在5月6日实际面临险境，帕克对此却只字未提。他断言："没有迹象表明美方根据不完整的电报做出了错误判断。"他在32页声称，在5月6日，"很难想象战斗情报中心还能提供比这更多的日军战前部署情况"。接着，帕克又指出我在1983年并不知道福雷斯特·比亚德上校的回忆录（尽管这与5月5—6日的局势无关），并在32页得出结论："从弗莱彻上将获得的全部情报来看，也许在任何情况下，单一情报来源都不可能提供比这更大的帮助，而且我们也很难想象在什么情况下两个情报来源的互补性超过1942年5月5日和6日的通信情报和空中侦察。"本书对5月6日事件的解释与帕克有根本的不同，他没有机会研究关于珊瑚海之战的日方重要文件，而这些文件为解读事件提供了必不可少的背景。要准确衡量密码破译的贡献，就必须将破译结果与日方材料对比，并深入分析指挥官实际所处的环境。帕克没有讨论密码破译人员的预测与实际战术情势的重大差异，也很少提及密码破译人员所犯的错误。他认为错误主要是指挥官没有正确利用所获情报。破译日军密码的辉煌技术成就不应掩盖密码破译人员和情报分析人员危险的解读失误，这种失误有时会令参战部队陷入险境。

第十二章

珊瑚海之战（二）
5月7日——进攻

双方的作战计划

当5月6日的太阳落山时，日本在太平洋战争中取得的最后一个圆满的战略胜利也宣告落幕。科雷吉多尔要塞投降和菲律宾有组织的抵抗终止的消息让帝国一片欢腾，这意味着执行出色的第一阶段作战完成了所有原定战略目标。针对新几内亚东部的MO作战是第二阶段作战的第一个目标。尽管1艘美国航母出乎意料地提前出现在珊瑚海并在图拉吉羞辱了帝国，东京方面还是满心期待着大获全胜。井上和他手下的干将已经制定出了5月7日的作战计划。登陆船队将在这一天从东北方接近路易西亚德群岛，在德博因转向，晚上通过乔马德水道南下，踏上前往莫尔兹比港的最后一段航程。登陆船队至今未被发现确实出人意料，但井上知道盟军的搜索机一定会在7日一早找到它，并召来珊瑚海中的那支航母舰队。五藤的MO主攻部队（4艘重巡洋舰、1艘载有18架飞机的轻巡洋舰和1艘驱逐舰）已靠近船队提供直接保护。从巡洋舰和德博因的新基地起飞的水上飞机将仔细搜索路易西亚德群岛附近的水域。来自拉包尔的轰炸机和图拉吉的水上飞机也在路易西亚德群岛以南和以东索敌。井上自己的航母和陆基轰炸机将粉碎抵抗并杀开通向莫尔兹比港的血路。指挥MO打击部队（2艘载有111架可作战的飞机的航母、2艘重巡洋舰和6艘驱逐舰）的高木仍然信心十足。他在6日曾追击偷袭了图拉吉的美国航母，但没有追上。7日的情况将大不一样。他自己的和友军的搜索机一定能定位潜藏在路易西亚德群岛东南方的敌航母。与此同时，拉包尔的基地航空队计划用12架装备鱼雷的陆攻机执行搜索歼敌任务，用12架水平轰炸机和12架战斗机削弱莫尔兹比港的防御。井上将东特遣队的4艘潜艇部署在遥远的南方，以便在残敌逃往澳大利亚时加以袭扰。这些计划看来是面面俱到了。①

正从东南接近路易西亚德群岛的弗莱彻同样感到在5月7日天亮后不久爆发大战的可能性很大。17特舰（2艘载有128架可作战的飞机的航母、7艘重巡洋舰、1艘轻巡洋舰和11艘驱逐舰）为占据有利位置疾驰一夜，黎明时已到达东路易西亚德群岛中的罗塞尔岛以南100海里处。他的任务是阻止敌军在莫尔兹比港登陆，并在此过程中尽量避免把部队拼光。澳大利亚和莫尔兹比港可提供的远程空中支援力量共计有18架B-17重型轰炸机、14架B-25和16架B-26中型轰炸机、6架皇家澳大利亚空军的哈得逊式中型轰炸机和1架皇家澳大利亚空军的卡特琳娜。②

5月6日晚上，17特舰的新任航空特混群司令菲奇发布了列克星敦号和约克城号飞行大队（36架战斗机、70架俯冲轰炸机和22架鱼雷机）在7日的命令。担任值班航母的约克城号将在"黎明时尽早"出动10架SBD朝布干维尔所在的西北到东北方向（325~085°）搜索250海里。这个命令进一步证明了关于敌航母可能位置的错误情报造成的恶劣影响。菲奇将一半战斗机留作战斗空中巡逻，派另一半为轰炸机护航，他还留下7架列克星敦号的SBD执行反鱼雷机巡逻，而不是用于增强攻击力度（此举肯定是出于谢尔曼的恳求）。攻击机群将在黎明时做好出击准备。为了让两个大队形成连续的攻击波，他命令约克城号将攻击机的起飞时间推迟到列克星敦号机群出发的15分钟后。这又与惯于集中兵力攻击的日军形成了鲜明对比。③

菲奇的命令将1000磅的大号炸弹限定为轰炸中队的专用武器，他要求侦察中队的每架SBD挂载1颗500磅炸弹和2颗100磅炸弹，TBD则携带鱼雷。在5月6日晚上，约克城号急性子的航空长阿诺德中校已经开始按惯例为所有参加空袭的SBD挂载1000磅炸弹。他强烈反对混合式的挂弹方案，因为SBD为了空投100磅的"小炮仗"来压制高射炮，将不得不冒着敌战斗机的威胁多次俯冲。约克城号的SBD在攻击主力舰时一贯携带最大有效载荷。阿诺德向巴克马斯特提出了对挂弹命令的异议，后者则把他的意见转达到编队指挥所。弗莱彻也觉得这件事"好像不太妥当"，但他不愿越过菲奇干预航空事务，便建议以约克城号的名义提出

---

① 日本《战史丛书》49：271—274 页。

② 东北区空军司令，关于珊瑚海交战的报告（1942 年 5 月 29 日）。

③ 1942 年 5 月 17.5 特大司致列克星敦号和约克城号目视通信 060600，第 17 特混舰队和第 17.5 特混大队珊瑚海之战通信，RG-38，太舰总领官档案，以下称列克星敦号通信。菲奇在 5 月 8 日放弃列克星敦号时抢出了这些通信，它们是重现 5 月 7 日各事件的关键。

质疑。不出意料菲奇否决了这个意见，要求约克城号服从命令，但此时夜色已深。约克城号的全部35架SBD（除负责侦察的10架外，全都挂载了1000磅炸弹）和10架VT-5的TBD已经在飞行甲板上整齐列队。巴克马斯特"顾虑"到为SBD换弹必须大量使用手电筒照明，而潜艇的威胁又不允许他这么做，便决定不换下VS-5的大号炸弹。此战过后，阿诺德私下询问了他在菲奇参谋部里的友人，那人认为是谢尔曼的错。事实与这位参谋的说法有些出入，是菲奇在问过谢尔曼以后决定沿用萨拉马瓦—莱城一役的老式挂弹方案。在5月的晚些时候，谢尔曼得知约克城号的所有SBD都违背命令携带了1000磅炸弹后"非常恼火"。弗莱彻为此出面"安抚"，向他解释说当时无法换弹，而且使用"我们手上最大的炸弹"比较好。尽管如此，那年夏天谢尔曼还是在金和其他人面前发泄了他对弗莱彻和约克城号的积怨。[1]

从西南太总在5月6日晚上的侦察汇总看，可以确认敌军将取道乔马德水道穿越路易西亚德群岛。搜索机在15：30看见德博因附近有4艘运输船和2艘驱逐舰驶向乔马德，在此之前，其他从澳大利亚起飞的飞机报告发现更多部队，包括罗塞尔岛以北和西北的6艘运输船、4~5艘巡洋舰和6艘驱逐舰。麦克阿瑟在午夜前后告诉弗莱彻，他的B-17在当天上午攻击了布干维尔西南40海里处的那艘航母。这是5月6日弗莱彻收到的最后一条有关敌航母的情报，无疑与他根据无线电情报做出的推测相吻合。盟军飞机将整夜跟踪德博因附近的敌军，在它们接近乔马德时每隔一小时用明语报告方位，但是没有证据表明弗莱彻知道该监听哪些频段。5月7日天明后，3架B-17将攻击位于德博因和伍德拉克的船只，同时3架B-17和8架B-26将轰炸乔马德水道。[2]

弗莱彻在17特舰内部编列了2个巡洋舰打击群，希望单独使用它们来完成他的基本任务。既然敌登陆船队至少有一部分将穿越乔马德水道，那就给了他单独实施水面攻击的绝好机会。他决定让克瑞斯的多国联合支援群（2艘重巡洋舰、1艘轻巡洋舰和2艘驱逐舰）去乔马德执行这　·任务，还给该群加强了金凯德攻击群中的法拉古特号驱逐舰。2个月来，弗莱彻一直在认真考虑对澳大利亚分舰队的战术运用。4月在汤加塔布时，他向曾在3月中旬短暂划归克瑞斯指挥的史密斯征求意见。史密斯称赞克瑞斯是"优秀的水兵"，"把舰队管得非常好"，但他认为两

---

[1] 阿诺德致伦德斯特罗姆信（1972年4月9日和24日）;阿诺德致W.W.史密斯信（1965年3月7日），史密斯资料集。

[2] 1942年5月西南太司致17特司电060754和060925，西南太总致17特司电061226和061335，CSCMF，卷10。

国海军的作战条令、射击技术和通信技术有巨大差异。弗莱彻因此表示他不会再把史密斯划到克瑞斯麾下。"下次我将让（克瑞斯）单独编队。"① 威尔森·布朗很可能告诉过弗莱彻，克瑞斯不愿仅仅执行护卫航母的任务，他热切期盼着执行有助于保卫澳大利亚领土的独立攻击任务。这一次他肯定将如愿以偿。约克城号在05：38用信号灯向克瑞斯发出消息："天亮时带你的群继续前进，摧毁据报穿越乔马德水道威胁莫尔兹比的敌舰，节约燃油，用巡洋舰为驱逐舰供油，必要时撤至汤斯维尔加油。"澳大利亚分舰队已经采用了美军的海上加油方法，因此克瑞斯在执行这样的任务时有多种选择。弗莱彻授权克瑞斯根据自己的判断打破无线电静默，以确保利里掌握他的行踪。他显然认为在两军航母的交锋结束前克瑞斯不太可能归队，但他估计战场会逐渐向莫尔兹比港转移，因此自己与克瑞斯的距离不会很远。克瑞斯则打算用25节航速在13：30前到达乔马德水道，留出5小时的白昼时间封锁出口。他集结起自己的部队，取315°航向以25节行驶，很快就消失在西北方。②

弗莱彻的这个分兵决定引发了很多争议。弗莱彻曾在海军军事学院对贝茨解释说，根据战前多次战术演习中出现的情况，他担心双方的航母会很快使彼此失去战斗力。因此他部署了一支单独的巡洋舰特混大队，无论美军航母能否干预，该大队都可以击退莫尔兹比港登陆船队。贝茨则痛斥此举让克瑞斯的支援群脱离了空中掩护，同时又削弱了17特舰的防空火力。莫里森嘲讽地将这一行动称作"克瑞斯的奔忙"，宣称此举毫无意义。他认为，如果日军航母打赢了主要的战斗，它们可以轻松解决克瑞斯；如果弗莱彻获胜，莫尔兹比港自然能得到保全。这里莫里森忽略了一个事实：即使航母没有沉没或重伤，战斗中的损伤或是飞机的严重损失也可能迫使它们撤退。澳大利亚海军的官方历史学家 G.赫尔蒙·吉尔和英国海军史家 H.P.威尔莫特都附和了贝茨和莫里森的观点。③

① W.W.史密斯，22页。

② 1942 年 5 月 17 特司致 17.3 特大司（抄送 17.2 和 17.5 特大司）通信 061655，抄本见克瑞斯日记。弗莱彻还命令克瑞斯按太舰总 F 时刻表监听 NPM128 和 NPM122 的电报，但这对克瑞斯来说显然有点困难。请参见他 1942 年 5 月 5 日至 11 日北珊瑚海作战报告。

③ 贝茨《珊瑚海》54 页；莫里森《美国海军作战史》4:37、39 页；吉尔，2:49 页；威尔莫特，233—234 页。对"克瑞斯的奔忙"最不寻常的批评出自 17 特舰无线电情报参谋福雷斯特·比亚德多年以后尖酸刻薄的回忆录《太平洋战争》12 页。他声称，斯宾塞·刘易斯（"鸽派"参谋长）在 5 月 7 日上午神秘地透露，弗莱彻把克瑞斯调开的唯一原因是他不想把功劳分给外人。弗莱彻把澳新分舰队放在"乔马德水道南边很远"，"不在任何有可能遇到日本人的区域"，只是为了不让"英国人和澳大利亚人"拿到"勋章"。比亚德自称曾向刘易斯表达了合理的义愤，不仅因为弗莱彻的行为极其愚蠢（"简直是犯罪"），还因为他自己已经预见到克瑞斯会遭受空袭。比亚德声称："此时我终于明白，对于我们那位几乎可算是老年痴呆的特舰队司令，我先前萌生的所有严重担忧都是有道理的。"其实弗莱彻根本没有把克瑞斯排斥在战场外，他安排支援群去的地方正是他认为日军攻击莫尔兹比港的必经之路。如果事态发展合乎计划，将有大把的勋章等着克瑞斯他们拿。比亚德显然没有明白弗莱彻用兵于乔马德的理由，他对弗莱彻的明显鄙视使他一如既往地往最坏的方面想。也许以幽默著称的刘易斯只是跟这位过于严肃的上尉开了个玩笑。

并不是所有人都同意这些批评。克瑞斯本人完全支持去乔马德的行动。他在1957年承认莫里森对17特舰分兵的指责有道理，但同时指出："在当时的大背景下，我确信弗莱彻的决定是对的，如果能在乔马德水道伏击莫尔兹比登陆船队，好处远大于用我的船队增加防空火力。"换言之，克瑞斯认为用通过整场战争积累的航母战经验作为标尺评判早期的先驱者是不公平的。他对弗莱彻的这些命令并未感到多少意外，因为他早在二三月间就曾央求布朗让他承担这样的进攻任务。17特舰的火炮射击参谋——高炮专家辛德勒也对战争初期舰载高炮火力的总体效能不以为然。他认为支援群的作用"在防空方面是非常微不足道的"，更值得担心的是少掉3艘驱逐舰对17特舰反潜力量的影响。辛德勒衷心支持弗莱彻派克瑞斯去乔马德水道的决定："如果该群遇到敌人，很可能痛歼无法得到空中保护的敌军主力。"这是当初决策的关键因素。弗莱彻相信17特舰处于敌航母和克瑞斯之间，每1架能携带鱼雷或炸弹的日本飞机都会扑向美国航母，而不是巡洋舰群。读者将会看到，5月7日的一系列复杂事件导致这一估计完全落空。[①]

什么航母？

5月7日，黎明前半小时，弗莱彻将17特舰转向东南方向，迎着清凉的晨风起飞搜索机。约克城号的10架SBD朝东北两面呈扇面展开。弗莱彻在06：25将航向转到025°，以15节航速航行。此时，罗塞尔岛在正北115海里处，德博因岛在西北170海里处。06：45日出后，他提速至22节。列克星敦号的4架战斗机起飞执行战斗空中巡逻，6架SBD执行反鱼雷机巡逻。07：18，弗莱彻转向北方。在等待这个早晨的侦察结果时，17特舰的攻击机静候在甲板上，飞行员们齐聚于待命室内，紧张的空气几乎触手可及。敌军的3艘航母可能都已进入打击范围。胜利取决于能否赶在敌人发现17特舰并发起攻击前占得先机。

搜索机发出的第一条消息在07：35传到约克城号。VB-5的副队长基思·E.泰勒上尉发报称，在罗塞尔岛西北发现2艘重巡洋舰，位置大约在17特舰西北170海里

[①] 约翰·克瑞斯爵士致C.S.戈丁汉姆少校信（1957年11月17日），副本见克瑞斯日记。库特哈德-克拉克，145页。辛德勒致伦德斯特罗姆信（1972年6月28日）。芝加哥号的防空武器是在场的美国巡洋舰中最贫弱的：8门127毫米/25倍径高射炮、4座28毫米四联装炮和8挺12.7毫米机枪，而其他巡洋舰已经把12.7毫米机枪换成了12门20毫米炮。澳大利亚号装有8门两联装的105毫米高射炮、2座四联装2磅（40毫米）炮和8挺12.7毫米机枪，霍巴特号有8门两联装105毫米高射炮、2座四联装2磅炮和12挺12.7毫米机枪。法拉古特号有5门127毫米/38倍径高平两用炮和8门20毫米炮，珀金斯号和沃克号各有4门127毫米/38倍径炮和4门20毫米炮（军械局，武备摘要，1941年12月）。

处。这2艘船正以12节的速度缓慢驶向西北。2艘巡洋舰只是小鱼，但它们的出现也许暗示附近有敌军大队。密切关注局势的弗莱彻仍然认为东北方是敌航母最有可能出现的方向，但他也不排除其他可能。他在07：58告诉菲奇和金凯德，如果西北方出现"合适的目标"，他将在10：00转向西行。如果是那样，他估计"预定位置"①航速（平均前进速度）将为8节——之所以这么慢是因为在20节的东南风下，航母执行起降作业时需要大幅度转向。但是，如果西北方没有出现更有价值的目标，弗莱彻就将朝东北方向前进，预定位置航速将是10节。②

弗莱彻在08：15中了头彩。在靠西的搜索扇区飞行的约翰·L.尼尔森上尉在米西马岛（位于罗塞尔岛西北的一个岛屿，西邻德博因岛）以北发现了2艘航母和4艘重巡洋舰。这支船队以18~20节的速度向东南行驶，换言之，几乎直奔17特舰而来。③弗莱彻依理推断：这就是包括第五航空战队的2艘大型航母在内的莫尔兹比打击部队。菲奇的打击对象就是它们。④该目标位于17特舰西北整整225海里，可能比美国舰载战斗机和鱼雷机有限的作战半径远了50海里。但是，如果敌人的航向和航速保持不变，距离就会缩短到能让这些飞机陪同俯冲轰炸机出击的地步。为了发动全力一击，弗莱彻和菲奇大胆地等了1个小时来接近目标。这个决定颇为冒险，因为有迹象表明日军搜索机已经瞥见了17特舰。07：00过后没过久，列克星敦号的FDO弗兰克·F.吉尔上尉就发现了令人担忧的敌机踪影。08：33刚过，列克星敦号和约克城号的雷达同时发现西方30海里外有可疑目标。吉尔派执行战斗空中巡逻的战斗机进行了"又一次惊心动魄"的追逐，但入侵者

---

① "预定位置"是飞行员返航时有望找到航母的地点。它通常以航向和航速来表示。预定位置是不断移动的（因为航母本身一直在运动）。

② 1942年5月17特舰致17.2和17.5特大司通信060050（原文如此，档案中记录的接收时间是格林尼治标准时间5月7日20：58，或东11区时间07：58），列克星敦号通信。

③ 鲁德鲁姆，67—68页。

④ 据比亚德回忆录（《太平洋战彩》）12页称，此时弗莱彻将17特舰的战术指挥权移交给了菲奇，但各种证据都不支持这一说法。菲奇从未承认自己在5月7日曾获得战术指挥权，而且除了命令列克星敦号和约克城号执行他的第一号航空作战令外，他也没有发布其他命令。17特舰的其他舰船都没有留下5月7日变更指挥权的记录。按照比亚德的叙述，也许可以作如下解释：弗莱彻或许认为自己移交了指挥权，但菲奇不知为何没有收到命令。但事实是，弗莱彻一直在向17特舰下达各种命令，包括所有变更航向的命令，而且他此后也没有收回战术指挥权的举动。也许有人会争辩说，菲奇可能料到自己会得到战术指挥权。谢尔曼在1942年5月20日的日记中提到，5月7日下午曾出现"指挥混乱"的情况。但是从他日后在《战斗命令》100页所写的内容看，他的实际意思是指挥官在决策时出现了不必要的延误。谢尔曼从来说过弗莱彻在5月7日曾交出或考虑交出战术指挥权。弗莱彻在5月8日确实将战术指挥权移交给了菲奇，而菲奇当时被这个突如其来的举动吓了一跳。据史密斯，22页称，弗莱彻曾在5月7日晚上委托菲奇进行战术指挥，后者命令所有担负战斗空中巡逻任务的战斗机升空。据史密斯说，在17特舰上空的交战结束后，弗莱彻收回了指挥权，并否决了发动夜间水面攻击的提案。此说也没有证据支持。比亚德有可能把5月8日和5月7日的事记混了。读者将会看到，他的某些回忆更符合8日的情况。

1942 年 5 月 7 日珊瑚海
特混舰队行动（示意图）

还是溜掉了。[①]

菲奇在09:15终于命令谢尔曼和巴克马斯特进攻"目标敌航母"。巴克马斯特估计与敌军的距离仍有200海里，便询问航程较短的鱼雷机和战斗机是否要出击。菲奇作了肯定的回答。如果敌人继续按情报中的航向和航速向17特舰接近，那么攻击机群只要飞行170海里就能找到目标。09:21，在问过菲奇的意见后，弗莱彻将随后的预定位置航向定在290°。他打算以平均15节的前进速度来缩短机群返回的航程。17特舰在09:26转到东南迎风方向，第1架飞机从列克星敦号起飞（这一波声势浩大的全甲板攻击包括10架F4F、28架SBD和12架TBD）。在弗莱彻亲自通过扩音器激励

───────────────

① 弗兰克·F.吉尔上尉，战斗机引导官关于 1942 年 5 月 7—8 日珊瑚海之战的报告，藏于"列克星敦号档案"，RG-38，行动报告。

约克城号的飞行员消灭敌航母后，09：44，在列克星敦号的最后1架TBD艰难升空的前3分钟，巴克马斯特也下达了出击令。约克城号的第一波全甲板攻击包括25架SBD和10架TBD。为了保证各机种同时抵达目标上空，彼得森设计了与3月10日所用方案不同的新式"途中会合"法。TBD和SBD首先出发，第二波出击的8架护航F4F在10：13起飞，利用自己较快的巡航速度追赶大部队。VS-5的队长伯奇再次担任约克城号攻击机群的领队，辛德勒则坐进了1架VS-5的SBD的后座。10：24，在约克城号回收了侦察返回的SBD后，弗莱彻带着17特舰转了个大弯，朝着290°的预定位置航向行驶，并加速至23节。天空逐渐被阴云遮盖了一半，前方的天气更是糟糕。

新的难题接二连三地出现在弗莱彻面前。17特舰的1名高级指挥官在09：43报称，根据掌握的情况可以确定，"敌人知道了我军的方位"。资料中没有记录这位指挥官是谁，但极有可能是菲奇根据列克星敦号上福林威德情报小组的报告发出了这条讯息。[1] 虽然吉尔和约克城号上的彼得森早就根据雷达显示强烈怀疑有敌机盯梢，但由于尚无人亲眼看见，他们也不敢完全确认。而现在弗莱彻关于敌人已发现17特舰的担忧终于得到了确认，就看哪一方的攻击更有力了。

下一个问题出现在10：21，貌似远离险地的尼奥肖号来电称，加油群在17特舰东南约325海里处遭到3架飞机轰炸。弗莱彻后来解释说，由于尼奥肖号和西姆斯号都没有说明敌机是陆基轰炸机、航母舰载机还是水上飞机，他当时搞不清状况。贝茨等人对这个判断提出了质疑，他们指出：尼奥肖号离最近的拉包尔机场约有750海里，在日军攻击范围之外，因此弗莱彻应该意识到攻击者肯定来自航母。但是这些批评者没有注意到，加油群的活动区域处在图拉吉和肖特兰的水上飞机的飞行半径内。尼奥肖号的电报只提到3架敌机，尽管实际上它的观测员在当地看到的飞机要多得多。如果只有3架的话，确实也可能是水上飞机。弗莱彻的疑惑是合理的，但让加

---

① 17特舰巡洋舰司令战争日记，1942年5月7日，亦见于明尼阿波利斯号战争日记，1942年5月7日。福林威德的电讯日志和17特舰1942年5月7日的完整通信档案都没有保存下来，因此说不清他发现了什么。但是，H站的每日情报报告（战斗情报，海军第十四军区，通信情报汇总，1942年5月7日，RG-457，SRMN-012，256页）提供了监听到的一些电报，而福林威德很可能也截获了同样的电报。H站至少清楚在08：40有架日本搜索机发电称敌舰位于罗塞尔岛170°方位，距该岛82海里。当时还有一份报告称发现1艘战列舰、2艘巡洋舰、7艘驱逐舰和"1艘像是航母的船"，航向030°，航速20节。如果福林威德确实收到了这些电报，那么他关于17特舰遭到定位的警告无疑很有道理。尼米兹在11：21电告哈尔西和弗莱彻："夏威夷在07：10收到敌军播发的电报。该电称发现1艘战列舰、2艘巡洋舰、7艘驱逐舰和1艘疑似航母的船，航向030°，速度20"（1942年5月太舰总致16、17特司电070021，CSCMF，卷10）。比亚德的回忆录摘录了他个人的电讯日志，但根据这些资料无法确认他的小组到底截获了多少同类电报。重要的是，他始终不承认日军在当天上午发现了17特舰。事实上，他对弗莱彻的无能的指责在很大程度上是以日军没有发现17特舰为基础的。在另一条注释中将分析比亚德对其电讯摘录的叙述和他对弗莱彻的建议。

油群留在图拉吉周边700海里内也是他的错。[①]

远在天边的加油群遭到来历不明的空袭，这让弗莱彻颇为不安，而同时发生的另一件事对他来说就是晴天霹雳。尼尔森返航后在约克城号的飞行甲板上投下一条消息，内容是他看见了4艘轻巡洋舰和2艘驱逐舰。当降落后被问起2艘航母的情况时，一脸惊讶的他回答道："什么航母？"后来经过调查发现，尼尔森的编码设备调校不当，竟将至关重要的电报发错了。这套系统后来被废弃。据比亚德说，尼尔森立即被叫到编队指挥所说明情况。暴跳如雷的弗莱彻指着他的鼻子大骂，大意是："年轻人，知道你干了什么吗？你刚刚断送了美国的2艘航母！"尼尔森后来也回忆说被某人"批得很惨"。弗莱彻的战斗报话员——文书军士托马斯·纽瑟姆当时也在编队指挥所，但他记得将军并没有大发雷霆。[②] 即使弗莱彻真的有过失态（没有独立证人能证明），那也只是短短一瞬。他在10：31将可能预示灾难的消息通知了菲奇：17特舰的攻击受到误导，可能找错了目标。除基斯·泰勒和尼尔森外，约克城号的搜索机都没有发现敌舰。东北方和东方乌云密布、暴雨连绵，根本不可能进行彻底搜索。负责东北方067°线的亨利·M.麦克道威尔中尉甚至只飞了165海里就掉头了。[③]因此弗莱彻不能排除敌航母躲藏在东北象限的可能，而他原本就猜测它们可能在那里。他必须决定是召回已经飞远的攻击机群，还是让它继续去西北碰运气并指望遇到有价值的目标。此时若犹豫不决后果将不堪设想，他毅然选择让飞机继续执行任务。[④]

当弗莱彻还在编队指挥所与尼尔森谈话时，杰勒德·加尔平拿着一纸至关重要的电文现身，这则消息表明有可能挽回一部分局面。莫尔兹比港的航空兵指挥部在10：22来电说发现1艘航母、10艘运输船和16艘战舰，其位置在尼尔森误报的航母舰队方位以南仅30海里。弗莱彻在10：41朝290°的预定位置航向加速至

---

① 尼奥肖号舰长致太舰焦，关于1942年5月7日尼奥肖号与日军飞机的交战、尼奥肖号随后的沉没、对幸存者的搜救的报告（1942年5月25日）。美军两支船队的实际距离是285海里，而非325海里，误差是由于尼奥肖号导航水平不佳。17特司报告（1942年5月27日）；贝茨《珊瑚海》56页。威尔莫特，243页错误地声称弗莱彻当时知道尼奥肖号和西姆斯号遭到重兵围攻。

② 17特司在10：31发给17.5和17.2特大司的目视通信，列克星敦号通信。至于尼尔森究竟认为自己看到了什么并无定论。约克城号的行动报告（1942年5月16日）说，他实际想报告的是4艘重巡洋舰（CA）和2艘驱逐舰，但由于编码错误，2艘驱逐舰成了2艘航母（CV）。列克星敦号的报告（1942年5月15日）则将内容修正为2艘巡洋舰和2艘驱逐舰。尼尔森本人后来说自己看到了2艘巡洋舰和4艘驱逐舰（鲁德鲁姆，69页）。比亚德《太平洋战争》13页；克瑞斯曼《那条英雄舰》96页；纽瑟姆访谈，1996年8月6日。

③ 事后人们曾认为日军航母就躲在麦克道威尔没有完全搜索的扇区中。其实MO打击部队的位置过于偏南，不可能被约克城号上午出动的搜索机发现。

④ 尼米兹认为这是一个"勇气非凡"的决定（波特和尼米兹《大海战》216页）。

25节，此时他或许恨不得靠意念纠正攻击机群的导航误差。不过得知己方至少有机会攻击1艘航母还是让他大大地松了一口气，他在10：45将这个情报通知菲奇，并在10：53用明码电报指示攻击机群转向新目标。开弓没有回头箭，弗莱彻此时除了等待和希望再也无事可做。他不知道的是，他最危险的对手高木也面临同样的两难局面——高木在黎明时派出的搜索机在目标判定上也出现了严重失误。①

求战心切的MO打击部队在5月7日破晓时位于罗塞尔岛东南275海里处（已经过于偏南，不可能被弗莱彻在清晨派出的搜索机找到）并继续南下。原本人相信美国航母舰队距离路易西亚德群岛不超过400海里。因此从06：00开始，12架舰攻机在西南象限搜索了250海里。但是高木和原不知道，17特舰在其西边210海里，与罗塞尔岛的距离远比他们猜测的近，已经远在他们的搜索范围以北。07：22，翔鹤号的两个侦察人员发来了令人兴奋的消息：美国军舰潜伏在MO打击部队南方仅163海里处。敌军1艘航母、1艘巡洋舰和3艘驱逐舰正以16节航速驶向正北。原感到自己所料不差，敌人就在他估计的地方。截至08：15，翔鹤号和瑞鹤号已出动78架飞机南下，准备终结敌航母对MO作战的威胁。侦察人员还报告说敌主力舰队东南约25海里处有1艘油轮和1艘重巡洋舰，算是一份额外的收获。②

高木和原的美梦很快就化作了泡影。黎明时，五藤MO攻击部队的几乎所有舰艇——梶冈的莫尔兹比港登陆部队、他的MO主攻部队和丸茂的支援部队——都集中在乔马德水道以北的米西马—德博因地区。从丸茂在德博因的临时基地和第六战队的重巡洋舰古鹰号及衣笠号（暂时在主力舰队东面活动）起飞的水上飞机细细搜索了路易西亚德群岛对面的水域。盟军的飞机在东路易西亚德群岛上空也很活跃。令五藤惊恐的是，没等自己的侦察员发回报告，这些飞机就与他遭遇了。莫里斯·C·霍根上尉率领的3架B-17在日出前离开莫尔兹比港，前往登陆船队可能经过的德博因岛执行搜索-攻击任务。07：48，他们看见了日军船只，并仔细检查了整片海域。德博因岛一带的所有敌船在机身下一览无遗。正如后来弗莱彻所证明的，霍根经由莫尔兹比港转发的目击报告至关重要。发报后不久，这几架B-17轰炸了神川丸号水上飞机供应舰，但只造成了轻微破坏。③

---

① 17特司报告（1942年5月27日）；1942年5月17特司致17.5特大司通信062345，列克星敦号通信。
② 日本《战史丛书》49：276—277页。
③ 日本《战史丛书》49：273—274页。多亏了詹姆斯·C·萨夫鲁克，我才能确定这份生死攸关的报告源于霍根上尉的出击。

五藤在07：50接到了令他不安的消息：有人看见1架敌人的航母舰载机正在罗塞尔岛西北窥探部分MO主攻部队。那架飞机正是基思·泰勒的，他盯上了古鹰号和衣笠号。美国航母显然就在附近，五藤担心空袭将接踵而至。不久以后，尼尔森出现在米西马岛以北。他无意中发错的电报（2艘航母和4艘重巡洋舰）促使弗莱彻发动了全力一击。巧的是尼尔森确实发现了一支航母舰队，即五藤MO主攻部队的其余部分（祥凤号、青叶号、加古号和涟号），只不过他始终没有意识到。^①耐人寻味的是，如果尼尔森据实报告发现1艘航母，弗莱彻会怎么做？也许还是和历史上的一样。五藤自己的侦察员在08：20以后提供了更让他心惊肉跳的消息：它们在罗塞尔岛以南80海里处遭遇了美军的1艘航母、1艘战列舰、2艘巡洋舰和7艘驱逐舰。这些侦察员悄悄跟踪美军舰队，并不断发出接触报告，其中一些不仅被高木和原收到，还传到了其他人手里，包括珍珠港的H站和列克星敦号上的福林威德。五藤根据侦察报告得出正确结论：路易西亚德群岛以南的敌军分成了2队（正在西进的克瑞斯和向东北移动的弗莱彻）。但日军的其他指挥官都没有认识到这个重要事实。他们在这一天只是感到越来越迷茫，结果反让弗莱彻大占便宜。五藤从无线电通信得知MO打击部队也已找到敌人并且正在攻击。但是到了09：00他却大失所望地发现高木的目标远在东南方，比真正威胁MO攻击部队的敌人远了几百海里。于是五藤命令梶冈暂时向北方或西北方撤退，自己则将MO主攻部队重新整队，准备迎战。另一方面，原认为自己正在攻击的南路之敌实力较强，高木则一心想快点解决南边的敌人，然后赶到西边支援五藤。^②

高木眼中强大的南路敌军其实是不幸的尼奥肖号和西姆斯号，只不过被不称职的侦察员夸大成了整支航母特混舰队。原的攻击机群在09：10以后把目标区域搜了个底朝天，但只找到这艘无足轻重的油轮和为其护航的"巡洋舰"。加油群的领队菲利普斯上校起初以为他看见的2架搜索机是17特舰派来的，但是在其中1架突然投下1颗"炸弹"（其实是目标指示具）后，他意识到了自己的错误。从09：35开始，几个飞得很高的日机编队在头顶经过，对西姆斯号的127毫米炮火毫不在意。西姆斯号的舰长威尔福德·M.海曼少校显然用电台发出了接触报告，但17特舰没

---

① 莫里森《美国海军作战史》4：20 页声称尼尔森遭遇的是包括 2 艘轻巡洋舰在内的丸茂支援部队。实际上，尼尔森发现的敌舰在米西马岛东北，航向为东南，这与 MO 主攻部队完全吻合。丸茂已经从德博因逃到了比较安全的水域，他当时在五藤的西南方约 40 海里处，正朝西北方的特罗布里恩群岛撤退。尼尔森没有发现莫尔兹比港登陆船队，因为它已经路过那一带，到了西南方。日本《战史丛书》49：280—281、287 页。

② 日本《战史丛书》49：280—281 页。

人收到。[①] 10∶05有3架被错认作双发轰炸机的飞机从另一队日机中分离出来，似乎作了一次水平轰炸，但只造成了几发近失弹。实际上，这是几架携带鱼雷的舰攻机，所谓的"炸弹"仍然是目标指示具。前文已经提到，尼奥肖号10∶21的接触报告只提到3架飞机，对弗莱彻毫无帮助。菲利普斯后来责怪他的观通长没有正确报告敌情和方位。[②]

衣笠号的1架水上飞机在10∶08提醒五藤，罗塞尔岛东南的美军正在出动攻击机群。这些侦察员后来还提到美军阵中有1艘萨拉托加级航母和另一艘舰级不明的航母。这个消息把不少人惊得目瞪口呆，他们没料到在MO作战初期竟会遇到如此强大的对手。高木在10∶42终于指示MO打击部队掉头西进。目睹局势不断恶化的井上匆忙命令他的部队集中对付罗塞尔岛以南之敌。MO打击部队最初发现目标的侦察员在10∶51终于承认自己只找到了1艘油轮。高木因此在11∶00召回机群。领队的高桥赫一少佐费了点功夫才集合起分散在各处的几个中队。他先命令战斗机和鱼雷机北返，然后立刻亲率36架舰爆机扑向不幸的尼奥肖号和西姆斯号。截至11∶48，它们准确的俯冲轰炸已经击沉那艘驱逐舰，并使受了致命伤的油轮失去动力漂浮在水上。但此时井上已经损失了1艘航母。[③]

差可告慰

双方都感到战局有崩溃之虞。为了决定下一步行动，弗莱彻急需弄清日军的战术态势。10∶59，利里总结了西南太平洋战区的空中侦察报告，他的主要依据就是霍根的B-17在08∶00左右发现大量运输船、军辅船和护航战舰的情报。[④]这些敌舰全集中在德博因岛附近。弗莱彻最担心的仍然是日军航母的实际方位和它们对17特

---

① 贝茨《珊瑚海》56页说，09∶30（东11区）尼奥肖号报告在南纬16° 05'，东经159° 08'遭遇"许多飞机"。这个说法源于对明尼阿波利斯号战争日记所记内容的总结。但是这个时间很奇怪，因为根据尼奥肖号的行动报告（1942年5月25日）和战争日记，09∶35（东11.5区时间10∶05）前根本没人看见敌机。而且，这个方位与10∶21（东11.5区时间10∶51）发送的电报中的方位相同。所谓09∶30发送的电报并未出现在明尼阿波利斯号5月7日编纂的另一份详细得多的记录汇总中（战争日记也包括这份汇总）。17特舰的其他舰船都没有记录09∶30的电报，太舰总秘密及机密电报档案中也没有记录。没有迹象表明这封电报是真实存在的。如果比亚德知道这封电报，他肯定会提起，因为他认为第五航空战队正在攻击加油群，而这封电报正好能证明他的观点。

② 尼奥肖号报告（1942年5月25日）；太平洋舰队驱逐舰司令致海军部长，关于1942年5月7日西姆斯号（DD-409）在珊瑚海被日军轰炸机击沉的报告（1942年7月8日）。

③ 日本《战史丛书》49:278—79页；尼奥肖号报告（1942年5月25日），西姆斯号报告（1942年7月8日）。

④ 1942年5月西南太司致17特司电062369，CSCMF，卷10："我军飞机于GCT6日20∶48（7／07∶48）在南纬10° 34' 东经152° 36'轰炸了敌军但未观察到其损失，该敌包括10艘AP（运输船）、1艘CV、16艘战舰，航向285。另于GCT6日21∶00（7／08∶00）在南纬10° 41'东经152° 30'发现3艘AP、4艘DD。还有报告称于GCT6日20∶55（7／07∶55）在南纬10° 43' 东经152° 13'发现11艘敌船，其中有5艘AP。"

舰构成的直接威胁。在此后的几个小时里，他将不得不按预定位置航向朝西运动，直到攻击机群返回为止。即使在所有飞机降落后，他也需要至少1个小时为其加油加弹。因此17特舰至少在14：00以前没有希望发动第二次空袭。与此同时，比亚德显然根据截获的零散电报推测出东方有2艘航母潜行，而尼奥肖号和西姆斯号受到的威胁正来自于它们。他的结论是正确的，但仅凭现存的不完整的证据，本书作者无法准确判断他究竟是在什么时候、用什么方法得出这一结论的，也无从得知他究竟向弗莱彻提出了怎样的建议。[1] 约克城号的雷达在10：44又发现一个疑似敌机的目标，

---

[1] 比亚德上校在发表于《密码学》的文章（《太平洋战争》）12—14页按时间顺序援引他当时的笔记并加以注释，同时结合回忆和莫里森的著作，叙述了1942年5月7日的情况。17特舰在17：00前一直使用东11.5区时间，而NWC分析和莫里森将其减去30分钟，换算成了东11区时间。但比亚德在文中没有完全明确他使用的是东11区时间还是东11.5区时间。（本书提到的均为东11区时间。）

比亚德声称他在当天很早确在截获电报中发现一些日军部队，并很快认定它们是第五航空战队，其兵锋所指正是远在17特舰东南方的尼奥肖号和西姆斯号。因此，翔鹤号和瑞鹤号肯定在17特舰东面，而不在东北、正北或西北面。比亚德还说他将这个自己认为不容置疑的证据提供给了弗莱彻和刘易斯，对方却置若罔闻。但是，只有查阅比亚德的无线电操作员留下的原始监听记录，才能确定他真正看到的日军电报内容和时间。可惜这份记录即使真的留存至今，也无人发现。除比亚德外，关于1942年5月7日无线电监听情况的唯一直接资料是2名无线电操作员（报务上士P.E.西沃德和报务中士W.W.伊顿）提交的《约克城号无线电情报部队的最终报告》（1942年5月23日）（以下简称《最终报告》），藏于RG-457，SRH-313，太平洋机动无线电情报部队1942年报告。此外在H站每日汇总中还有一份不完整的电报和译文列表（SRMN-012）。

比亚德的说法的问题在于，他在文中提到的情报和推论其实是在事后得出的，有些是在很久以后。他09：03的记录描述了一支与搜索机遭遇的日军水面部队，"不久被识别为航空母舰，后来又被认定为大型航空母舰瑞鹤号"。值得注意的是，比亚德没有说明该舰是何时被识别的，但他通过文字的编排使人感觉此事似乎在7日上午已经发生。同样，比亚德还提到那天上午有几通电报是翔鹤号航母发出的，其实直到5月7日深夜或5月8日早上美军才能试探着将翔鹤号和瑞鹤号与特定呼号联系起来。H站在5月8日05：52通知哈尔西（显然也通知了弗莱彻），无线电频率7035"的使用者确信是翔鹤号航母，此外有航母和飞机在格林尼治时间09：00（5月7日20：00）使用频率6630传送导航信息"（1942年5月14军区司令致16特战电071852，CSCMF，卷10）。这封电报称呼敌航母时仍然使用其呼号"Siso"和"Suso"，而不是明确的舰名。

比亚德在09：16的记录可能也混淆了明确识别敌军的时间。这条记录提到1架搜索机发送的重要电报，收件人"后来被试探性地（而且也是正确地）判定为"第五航空战队司令。比亚德还认为随后的几封电报也与该司令有关。但是H站的记录并未提到7日上午截获的电报的发件人或收件人包括第五航空战队司令，因此这一结论究竟是何时最先得出也不可考。

为了证明敌航母在东面是合情合理的，比亚德声称："我们在前两天收到了盟军其他侦察部队发来的报告，其中说敌军正从东边奔我们而来。发现尼奥肖号和西姆斯号的飞机极有可能来自此时位于我军东方的航母。"但现存资料中并未发现指出日军在该方向的报告。

比亚德也承认他截获的另一些电报并非来自他认为正在跟踪尼奥肖号和西姆斯号的飞机。其中一条在09：57收到的电文提到1艘战列舰和2艘巡洋舰。他说自己曾告诉弗莱彻，在这条电报中被发现的是克瑞斯的分遣舰队，而截获的其他电文表明第五航空战队正派出攻击机群奔向尼奥肖号和西姆斯号。至于他是否真的在当时就得出了这些判断，或者是否真的作了上述进言，本书作者还是深表怀疑。按照比亚德的说法，当时弗莱彻问他是否应该"召回"加油群，令其"与我们会合"，但比亚德鉴于两军相距太远，反对如此行动。比亚德还建议保持无线电静默，因为"截至目前无人发现我军"。在后文中他写道："这一次将要听从了我的建议。我可以说，这是他在珊瑚海战役的全过程中绝无仅有的一次。也许我们的无线电监听成果只有这一次影响了他的决策。"当然了，记录表明弗莱彻此时不仅通过无线电情报，还通过雷达的实际探测结果得知日军不光发现了克瑞斯或加油群，还发现了他的本队。而比亚德始终不肯承认敌人的搜索机在5月7日上午发现并跟踪过17特舰。此外，弗莱彻很可能根本不曾考虑过"召回"远方的尼奥肖号和西姆斯号，因为这可能使它们更加靠近敌军。

比亚德还言之凿凿地举出另一个事例来批评弗莱彻当天上午冥顽不化，不愿承认2艘日本航母在17特舰东面。

他在 10∶43 的记录显示，第五航空战队司令在 10∶40 发出通告，声称将把航向改为 280°，航速为 20 节，该命令将在 10∶45 执行。实际上，日军指挥官是在为其攻击机群提供新的预定位置航向。比亚德是对的。高木确实在此时命令 MO 打击部队改变航向，朝西面的路易西亚德群岛进发。但是用比亚德的话说，一场"天大的灾难"在此时降临。列克星敦号上的福林威德报告说，这条电文的意思是：1 架敌搜索机报告 17 特舰的航向为 280°，航速为 20 节。据比亚德称，弗莱彻随后询问两个无线电情报小组为何意见不一，比亚德回答说接触报告中不可能包括五分钟后执行命令的内容。他说自己还请弗莱彻一起到海图前察看，确认 17 特舰当时航速只有 10 节左右（比亚德还强调，任何搜索机飞行员都不会把 10 节的航迹当成 20 节）。"最近一段时间我们的航向从未接近过 280°。"在比亚德看来，"白痴都会相信我的意见是正确的，但弗莱彻偏偏不信。"

虽然比亚德的基本假设后来被证明是正确的，但他又一次在回忆录中严重夸大了他可能向弗莱彻进谏的内容。《最终报告》确认比亚德监听到了关于变更航向和执行命令的电讯，但也提到该消息"很像是在报告我们的航向和速度"。事实上，与比亚德的说法相反，17 特舰在那一刻的航向和航速几乎与敌人的这份"报告"完全一致。从 10∶24 起，17 特舰一直在朝 290° 方向行驶，而且就在 10∶41，在这次讨论大致发生时间的前一刻，弗莱彻把航速从 23 节提高到 25 节。比亚德怎么可能在他的司令面前指鹿为马？而且比亚德也没有提到福林威德对这条电文的误读是情有可原的，因为日本搜索机发现 17 特舰已经是板上钉钉的事实。

鉴于比亚德的说法与同期记录有如此明显的矛盾，本书作者无法断定哪些话确实是他在 1942 年 5 月 7 日上午对弗莱彻说的，哪些又是他凭着事后聪明编出来的。如果想知道不加批判地接受比亚德的回忆录会对历史学家造成多大误导，请参见普拉多斯的著作（他把比亚德写成了"拜尔德"）。普拉多斯在 309 页称，弗莱彻在 5 月 7 日上午"从尼奥肖号遇袭事件中发现自己腹背受敌，被吓傻了"。实际上弗莱彻当时并未感到东方存在威胁，而且直到下午才得知尼奥肖号在空袭中受了重伤。普拉多斯指责弗莱彻仅仅因为"对他的无线电情报官的敌意"就无视比亚德关于敌航母方位的关键情报，浪费了这份"无价的礼物"。按照普拉多斯的说法，比亚德还实施了无线电定向（实际上这是约克城号通信人员的工作），并且"不断标定瑞鹤号的广播坐标，直到其飞机在下午 2∶00 左右降落为止"。据说这一宝贵的情报因为弗莱彻的不作为而"被彻底浪费"。普拉多斯的臆断没有一条能得到史料的支持。

表明日军仍在跟踪17特舰。11∶00约克城号的战斗空中巡逻机在舰队东北方仅6海里的地方击落1架九七式水上飞机。11∶26，约克城号起飞10架先前负责侦察的SBD，承担反鱼雷机巡逻任务。现在不知道弗莱彻是否考虑过派它们或列克星敦号那7架已经在巡逻的SBD搜索敌航母。由于手头的战斗机不多，菲奇显然认为这17架无畏式对17特舰的防空不可或缺。敌航母可能潜藏的区域天气恶劣，也是美军放弃再作搜索的原因之一。

　　17特舰在11∶45收到攻击机群发出的第一条消息，内容是一个列克星敦号的SBD飞行员报告说自己正在罗塞尔岛迫降。11∶54，17特舰（以及克瑞斯支援群）中的好几艘军舰在攻击机无线电频率上听到一个不明身份者欣喜若狂的呼声："好啊！我们肯定干掉了那艘航母。还有1艘呢？"确认击沉1艘航母的喜讯在12∶10传来，列克星敦号VS-2精明强干的队长罗伯特·E·迪克森少校高声宣布："报销1艘航母，鲍勃发。"殿后的迪克森亲眼看到航母沉没后才发出了预先拟好的这条消息。①由于弗莱彻一直朝目标所在的西北方航行，飞机回程缩短至150海里以下。17特舰的雷达在距离五六十海里时就发现了己方的攻击机群。弗莱彻命令17特舰转向东南迎风方向进行作业。天气逐渐转坏，阴云和风暴越来越密集，预示着将有大事发生。到13∶16为止，列克星敦号和约克城号回收了90架攻击机。只有3架SBD失踪。

　　兴高采烈的飞行员们描述了自己如何在米西马岛东北发现一支特混编队，如何击沉1艘航母（有人说它是"古流"级，也有人说是经过改进的"龙骧"级）。还有1艘巡洋舰挨了一发命中弹或近失弹后也翻沉了。弗莱彻命令2名资深的中队长到司令舰桥向他和巴克马斯特汇报。VT-5队长乔·泰勒在被问及情况时回答："我这就拿给您看。"弗莱彻的反应很不客气："得了吧，没空听你说笑话。"但是泰勒并没有开玩笑。他很快拿出了1名机组成员拍摄的照片，上面显示了不久被判定为"龙鹤号"的航母覆灭的场景。据泰勒回忆，弗莱彻和巴克马斯特"就像一对老校友看到球队靠最后一分钟的绝杀赢了比赛一样一蹦三尺高"。他们"欣喜若狂"地"朝比尔·伯奇和我张开双臂，紧紧拥抱了我们"。当天下午，弗莱彻向菲奇和他的飞行员发去贺电，称赞了他们"杰出的表现"。②

---

　　① 17特舰巡洋舰司令战争日记，明尼阿波利斯号战争日记，克瑞斯日记。与斯坦利·约翰斯顿《航母之王》181页中著名的引文不同，迪克森并未使用"迪克森呼叫航母"的字句。除了报告战果，他还想提醒列克星敦号：攻击机群已经消耗了弹药，应该做好给飞机补油的准备。与比较现代化的约克城号不同，列克星敦号的弹药升降机和起卸弹数量不足，严重影响挂弹速度。达克沃思致伦德斯特罗写信（1972年3月9日）。
　　② 鲁德鲁姆，73—74页；1942年5月17特司致17.5特大司电070318，列克星敦号通信。

在大家匆忙为飞行大队的下次出击做准备时，此次攻击的细节也逐渐明朗。比尔·奥尔特中校的列克星敦号大队在飞越罗塞尔岛以西20英里的塔故拉岛后遇到了迅速放晴的天气。在10∶40左右，还没等弗莱彻根据霍根的情报指示攻击机群转向，列克星敦号的飞行员就在米西马岛东北海外看见了舰船的航迹。拉近距离后，他们认出了被巡洋舰簇拥的1艘航母。对这样的目标当然没有理由放过，而且奥尔特始终没有收到目标从2艘航母变为1艘的消息。被他盯上的是祥凤号以及五藤MO主攻部队的其余军舰（4艘重巡洋舰和1艘驱逐舰），这些部队重新集中后正在掩护位于西北不远处的莫尔兹比港登陆部队。祥凤号当时正准备发动一场小规模空袭，用5架舰攻机和3架零战对付在罗塞尔岛东南被跟踪的美国航母。只有3架零式在进行战斗空中巡逻，2架三菱九六式舰战机承担反潜巡逻，还有3架零式和2架九六式准备接替它们。[①]

奥尔特的指挥小队由3架SBD组成，它们在11∶00朝那艘航母俯冲，紧随其后的是迪克森VS-2的10架飞机。祥凤号凭借灵活的操舰躲过了所有炸弹。它还将3架零式送上天空加强防守。与美军的做法相反，五藤命令他的舰船拉开彼此距离，以便独立实施机动躲避。尽管如此，在威尔登·L.汉密尔顿少校带着VB-2的15架SBD和詹姆斯·H.布雷特少校带着VT-2的12架TBD发起协同良好的强大突击（整个战争中最漂亮的攻击之一）后，祥凤号还是没能幸免。2颗1000磅炸弹使飞行甲板和机库燃起大火，5条鱼雷撕开了船壳，造成了该舰的毁灭。按照菲奇的命令在列克星敦号大队之后15分钟起飞的伯奇带着约克城号的25架飞机在11∶00左右发现了MO主攻部队。与奥尔特不同的是，他听到了弗莱彻的电令，知道自己不必寻找另一艘航母。在VT-2实施攻击时伯奇正接近俯冲点，他只看见航母上冒出了一团"很小"的火苗，便在11∶25继列克星敦号之后再度攻击。根据日方资料，约克城号的SBD，11次命中目标。只有最后一个俯冲的SBD飞行员——VB-5的托马斯·W.布朗少尉选择了另一个目标。辛德勒和其他约克城号的飞行员认为他命中了1艘巡洋舰并致其倾覆沉没，但敏捷的涟号其实毫发无伤。至于航母的命运则无可置疑，尤其是在VT-5的TBD也上去补刀之后。他们宣称自己投下的10条鱼雷全部中的，日本人则确认至少有两条命中。祥凤号在11∶35带着大批船员葬身鱼腹。空中的8架日军战斗机击落了1架VS-2的SBD，并迫使另一架在罗塞尔岛迫降，但自身有5架毁于护航的18架野猫之手。17特舰的这次攻击唯一可以指摘的地方是浪费火力，因为除2架SBD外

---

① 日本《战史丛书》49∶282—284页。

所有飞机都把火力集中到了航母身上。约克城号至少一半的SBD和VT-5的全部力量都应该用于其他目标。但瑕不掩瑜，这毕竟是这场战争中第一次消灭日军主力战舰的大胜仗。[1]

MO主攻部队的余部仓皇北逃，甚至没有留下来搭救幸存者。在地平线下，率领莫尔兹比登陆部队的梶冈听到了宣告祥凤覆灭的爆炸声，马不停蹄地撤向西北。井上得到噩耗后，立即决定暂停MO作战，先消灭敌航母部队再说。他在12：10命令登陆船队暂时继续北上，并集结手头的力量准备反击。高木的任务是继续猎杀美国航母，而五藤的MO主攻部队和梶冈的第六水雷战队则集中起来，准备在罗塞尔岛以南进行夜间水面战。从拉包尔起飞的陆基飞机也对盟军舰队进行了搜索。[2]

---

[1] 除了相关行动报告，还请参阅伦德斯特罗姆《首发主力》197—205页。在写作该书以后，我和曾在此战中驾驶祥凤号的1架九六式战斗机的石川四郎谈了一回。他提供了一些新证据，证明在此战中保护祥凤号的战斗机共有8架，而不是在西方和日本都被普遍接受的6架。

[2] 日本《战史丛书》49：285—286页。

第十三章
珊瑚海之战（二）
5月7日——防守

第二次出击取消

回收第一次出击的机群后，弗莱彻按照自己关于战场将西移的猜测在13∶38转向西南，以缩短本队与正冲向乔马德水道的克瑞斯支援群的距离。约克城号和列克星敦号还需要30~40分钟才能完成飞机的加油和补弹工作，因此在日落前能用于攻击的时间不多。迅速恶化的天气更是限制了他的选择余地。1艘敌航母已经就歼，但另两艘的方位仍然不明。弗莱彻征求了菲奇的意见，后者在14∶06答复说，他能提出的最好建议就是让机群再去一次德博因地区，但"找到目标的希望很渺茫"。如果弗莱彻批准这次出击，出发时间不能晚于14∶30。如果德博因地区没有目标，菲奇建议在"可行"的前提下让机群经乔马德水道返航，"攻击所有企图强行穿越那里的舰船"。[①]谢尔曼强烈支持这个行动方案。与此同时，弗莱彻又询问约克城号的资深飞行员，在已知第五航空战队可能就在附近而且已经掌握了17特舰位置的情况下，他们是否愿意再去一次德博因。伯奇回忆说："我告诉他们，如果附近有别的航母，我觉得这么做不妥。"最后达成的共识是，约克城号应该把自己的攻击机群留在船上做好出击准备，同时让其他部队找出敌人的航母。弗莱彻本人认为"在上午攻击的战场附近找到合适目标的机会不大"。他是对的。五藤MO主攻部队几乎已全部撤出美军的攻击范围。如果弗莱彻决定向德博因作第二次出击，

---

① 1942年5月17.5特大司致17特司目视通信070306，列克星敦号通信。西南太总对路易西亚德群岛地区目击情报的最新汇总发送于12∶40（1942年5月西南太总致17特司电070140，CSCMF，卷10）。谢尔曼日记，1942年5月20日；谢尔曼，100页。谢尔曼在对莫里森第4卷的书评中写道，菲奇"渴望对祥凤号沉没海域的目标发动第二次攻击，但被弗莱彻否决了"，谢尔曼致魏尔伯恩信（1950年8月16日，DNC，办公档案，第20号箱）。鉴于菲奇致弗莱彻通信070306中提到"找到目标的希望很渺茫"，谢尔曼似乎夸大了菲奇对这一行动方案的热情。

他的飞行员也许只能找到梶冈的夕张号轻巡洋舰和5艘驱逐舰，它们当时正驶向东南增援五藤，为可能在罗塞尔岛一带爆发的夜战做准备。①

既然已决定集中力量对付剩下的2艘航母，那么问题就变成了弗莱彻是否能够或应该采取什么措施来帮助部下在日落前找到并攻击它们。谢尔曼认为约克城号应该再侦察一次，但没有证据表明菲奇向弗莱彻提过此建议。比亚德则告诉弗莱彻，他根据对无线电情报的判读发现第五航空战队在东方某处，而且已经攻击了加油群。他力劝弗莱彻派飞机向东执行搜索并攻击的任务，却无法提供具体的飞行路线和搜索距离。比亚德的猜测又一次对了（MO打击部队在13：38位于17特舰东南235海里处），但他的热情建议却不一定对。弗莱彻驳回了比亚德的意见。尼奥肖号和西姆斯号还没有传来更多消息。（这2艘船在被炸沉炸残前都没有发出求救电报。）弗莱彻还从搜索机飞行员口中得知东面的天气很糟糕，17特舰本身也被浓密的阴云和频繁的暴风雨笼罩。要再进行一次侦察并随后实施打击，剩余的白昼时间已经不足。由于缺少比较明确的目标，即使实施边搜索边攻击的行动，也将是摸黑开枪的冒险之举。②

弗莱彻在14：29通知菲奇和金凯德："将按兵不动，等待陆军的情报。希望能重现今天上午的辉煌胜利。"他将向西南行驶到天黑，然后西进，预计在5月8日天亮时位于新几内亚东端的中国海峡以南仅85海里处。他可以从那里侧击敌军前往莫尔兹比港的路线，再执行一次"搜索和攻击"。弗莱彻征求部下的意见。"同意，"菲奇在14：50回复，"对明天的行动意见一致。"谢尔曼肯定有不同意见："我们应该再实施一次攻击或派出搜索机。"由于弗莱彻不允许菲奇"按照自己的判断指挥航空行动，在7日下午无论攻击还是侦察都毫无建树。"但他自己的行动报

---

① 航空局对伯奇的讯问（1942年9月3日）；17特司报告（1942年5月27日）；日本《战史丛书》49：287页。

② 谢尔曼日记，1942年5月22日。比亚德在《太平洋战争》13—14页描写自己在指挥室里单膝跪地，挥舞着截获的电报，与坐在固定座椅里的弗莱彻进行了30分钟的激烈争论。比亚德声称弗莱彻懒洋洋地坐着，毫无与据说掌握了战术指挥权的菲奇商量的意思。后来弗莱彻还宣布："年轻人，你不明白。我打算在明天攻击他们。"对此，比亚德的回答是："可是将军，他们打算在今天攻击你"（着重号是比亚德自己加的）如果弗莱彻像比亚德说的那样移交了战术指挥权，那么这样的决策应该由菲奇来作。"从我们截获的电报描绘的图景看，这种惰性、这种优柔寡断、这种分散指挥权的做法是不可容忍的。"比亚德始终对弗莱彻没有采纳他的意见耿耿于怀，这次争论事件是他对弗莱彻的抨击的核心。为弗莱彻担任过战斗报话员的前文书军士托马斯·纽瑟姆对这次对话记忆犹新。他回忆说，比亚德是个"好斗的公鸡"，与将军争执不下，而且在争辩中总是不时插上一句刺耳的"恕我直言，长官！"在纽瑟姆看来，两人都寸步不让。与纽瑟姆的谈话，1996年8月6日。必须强调的是，弗莱彻并未移交战术指挥权，而是全面掌控着17特舰。他既没有无视菲奇，也没有把一切事务委托给他，而是在攻击机降落过程中发了至少两条电报询问可能的方案。以当时的环境而言，他相当耐心地给了急躁的比亚德陈述意见的机会，只是没有接受他的提议。比亚德一如既往地忽视了可能影响弗莱彻决策的其他因素，也没有承认弗莱彻一直在与他人商量。

告对天气的描述是"多风暴，乌云覆盖率约为90%，暴雨频频，云底高度和能见度为零。"后来，金凯德、贝茨和莫里森都认为弗莱彻按兵不动的决定是明智的。[①]

支援群需要支援

在5月7日午后，弗莱彻发现日军对17特舰西面的海域显示出了浓厚兴趣。列克星敦号的雷达在12：42发现西北75海里外有大群飞机飞向西南。这"肯定是日本攻击机群在找我们。"从拉包尔起飞的12架挂载鱼雷的一式陆攻机在莱城起飞的11架零式的护卫下，搜遍了罗塞尔岛附近水域，企图找到美国航母舰队。另有19架九六式陆攻机从拉包尔向南出击，在路易西亚德群岛寻找盟军舰船。利里在13：20转来一份截获的电报，电文称在罗塞尔岛西南（241°）170海里有一支美军舰队（1艘航母、4艘巡洋舰和4艘驱逐舰）。这个位置和17特舰毫不相干。比亚德截获的一些电报中提到的目标也不可能是17特舰。有一份电报提到"敌军上空天气晴朗，能见度达100公里"，显然说的不是17特舰头顶上阴沉沉的天空。14：49，比亚德说他听到1架日本飞机欢呼："击沉了1艘战列舰。"弗莱彻越来越担心克瑞斯的支援群，他决定去中国海峡显然有这方面的考虑。而克瑞斯在15：26发来的电报称自己刚刚遭到27架轰炸机袭击，证明弗莱彻的担忧不无道理。"要达成我的目标，战斗机必不可少。"[②]

克瑞斯在当天上午预计自己接近路易西亚德群岛时将遇到水面战斗。[③]和弗莱彻不同的是，克瑞斯收到了汤斯维尔的航空兵司令部广播的侦察汇总报告，比弗莱彻早1个小时得知霍根的B-17在位于支援群西北仅120海里处的米西马附近发现了一支包括1艘航母的舰队。他无法破译约克城号飞机的密码报告，因此不知道泰勒和尼尔森的发现。和弗莱彻一样，他意识到在米西马附近发现的敌军也有可能不走

---

① 1942年5月17特司致17.5特大司电070329,17.5特大司致17特司电070350,均见于列克星敦号通信。谢尔曼日记（1942年5月22日）；谢尔曼致魏尔伯恩信（1950年8月16日，DNC，办公档案，第20号箱）；列克星敦号行动报告（1942年5月15日）。谢尔曼在《战斗命令》100页认为，正由于没有对德博因进行第二次空袭，航母必须再次出动搜索机，但弗莱彻在做出决定前犹豫太久，浪费了在那天下午再作行动的机会。但是从弗莱彻和菲奇之间发电的时间来看，谢尔曼对弗莱彻贻误战机的指控并无根据。金凯德回忆录，96页；贝茨《珊瑚海》60页；莫里森《美国海军作战史》4：43页。

② 弗兰克·F.吉尔上尉，战斗机引导官关于1942年5月7—8日珊瑚海之战的行动报告，列克星敦号档案。日本《战史丛书》49：288—289页；第四、台南和元山航空队行动调书（战斗日志）。1942年5月西南太司致17特司电070220和44特司致西南太司电070426, CSCMF, 卷10；比亚德《太平洋战争》14页。

③ 有关支援群在5月7日的活动，请参见克瑞斯日记；他关于1942年5月5—11日在北珊瑚海的作战报告；44特司致海军委员会委员长关于1942年5月7日遭到鱼雷机和高空水平轰炸机攻击的报告（1942年5月21日），该报告副本由西南太司转发舰总（1942年5月26日）；芝加哥号舰长致太舰总，1942年5月7日抗击敌机的行动报告（1942年5月11日）；另见库特哈德—克拉克，90—107页。

乔马德水道，而是通过西端的中国海峡穿越礁群屏障。他在09∶30转向西进，前往乔马德水道以南40海里处，在那里，他既可监视该水道，又可在日军取道中国海峡时继续西进。当天上午晚些时候，他听到17特舰的飞机欢呼"我们干掉了航母"，便猜测17特舰已经消灭了米西马附近的航母。西南太总没有提供日军在路易西亚德群岛的新动向，这让他很是在意。为了确保不让日军船队溜过去，他决定继续西进以封锁中国海峡。

和17特舰其余部队不同的是，支援群遇到了对他们来说好坏参半的晴朗天空。继续避开日军的耳目已是奢望。芝加哥号的CXAM雷达在13∶45探测到东南28海里有大片不明身份的目标，12分钟后它们显出真容，原来是10来架呼啸着从船尾方向低空袭来的单发飞机。它们冒着舰炮的火网，以大致平行的航线向西方一掠而过。这些不速之客是11架几分钟前刚刚结束护航使命的零战。它们碰巧遇上了支援群，但由于没有电台（陆基零式的电台都被拆除了），无法向任何人通报。几分钟后，约克城号1架在完成空袭后落单的SBD无畏式飞机飞临上空，请求提供17特舰的方位和距离。克瑞斯不知道如何回答，便指出了西去莫尔兹比港的路线。①

14∶15，当支援群途经乔马德水道以南40海里时，芝加哥号的雷达发现西南75海里外有目标正在接近，不久在东北45海里外又出现另一片不明目标，也直奔舰队而来。克瑞斯刚意识到自己成了日军刀俎间的鱼肉，西边的攻击机群就陡然降临。从飞机表面反射的阳光可以看出，有12架双发轰炸机迅速降低高度，准备从左舷发动猛烈的鱼雷攻击。攻击者自知燃油不多，便坚定地扑向了那些"战列舰"。克瑞斯眼见攻击机集中火力对付位于中央的澳大利亚号，急忙转向规避。高射炮火击落了领头的飞机，并打乱了其余各机的队形，迫使它们过早投下鱼雷。最近的一条鱼雷仅以10码之差与澳大利亚号擦肩而过。这些飞机近距离掠过舰队上空，并为这一大胆举动付出了代价。盟军的炮手们宣称击落了5架轰炸机，实际上当场击落的是4架。第五架是后来才坠毁的。这些攻击者的表现可谓有勇无谋。克瑞斯恰如其分地称其攻击"极为坚决"，但"好在准头很差"。日军的战果评估与其攻击一样糟糕。幸存者得意扬扬地宣称击沉了1艘加利福尼亚级战列舰，并至少两次命中1艘厌战级战列舰。

14∶43，当鱼雷攻击平息后，舰队瞭望哨注意到高飞的水平轰炸机已经临空。

---

① VB-5的约翰·W·罗莱少尉攻击了祥凤号，但在追逐1架敌机后迷失了方向。他的运气不错，没有遇到零式。后来他迫降在新几内亚海岸，并与他的报务员一起获救。弗兰克和海灵顿，101页。

19架陆攻机借着阳光掩护从船尾悄然接近。大量近失弹将澳大利亚号夹在中间。飞行员们认为有几颗炸弹导致1艘巡洋舰逐渐下沉，但他们的攻击并未造成任何破坏。14：57，当这紧张激烈的半个小时临近结束时，又有3架水平轰炸机出现在高空。这是友军的3架B-17飞行堡垒，它们在约翰·A．罗伯茨上尉的率领下猎杀敌军运输船队，自以为找到了目标。它们瞄准的显然是澳大利亚号，但炸弹落点离法拉古特号更近。罗伯茨宣称有1艘大型运输船起火。这些陆军飞行员不仅在舰船识别上犯了错，还发出误导性的接触报告，让弗莱彻和克瑞斯也上了当。此役，克瑞斯和他的船队在没有战斗机掩护的情况下击退了猛烈的空袭，而这最后的小插曲为其出色表现平添了一点笑料。[1]

克瑞斯15：26的电报称自己位于乔马德水道西南60海里处。他打算在5月8日黎明前在新几内亚东南占位。15：40以后，新的情报表明敌人可能暂时推迟了莫尔兹比港作战，或者至少是放弃了乔马德水道，而选择中国海峡。西南太总提供的飞机目击报告称，有9艘船在11：10位于德博因以北50海里并朝西北行驶，另有10艘未说明方位的船也在朝同一方向航行。克瑞斯显然早在14：50以前就得知了这一情报，并且在考虑这一因素后决定南撤，然后在夜间朝西南行驶。他意识到自己若置身于对垒的两军航母之间将面临巨大危险而无实在利益，最好转到更有利的位置，以便对付可能突破弗莱彻的拦截而威胁莫尔兹比的敌人。[2]

17特舰周边的天气继续恶化。暴风雨一次又一次地使2艘航母看不到对方的踪影，也使负责战斗空中巡逻的战斗机和反鱼雷机巡逻的SBD难以保持阵位。"在这个下午，驾驶灵巧的野猫飞行困难重重。"在菲奇的许可下，2艘航母回收了用于反鱼雷机的SBD，各巡洋舰也回收了承担反潜巡逻的SOC。菲奇还对战斗机进行了轮换，部署了12架进行战斗空中巡逻，并保留其余战斗机应急。弗莱彻在认真考虑次日的作战前景后，在15：49根据预报的风向要求菲奇将5月8日的预定位置航速从原定的10节提高到15节。菲奇则在16：05通报了他次日的航空作战计划。从拂晓开始，列克星敦号的SBD将从弗莱彻指定的中国海峡以南的起始位置朝010°～100°搜索300海里，覆盖路易西亚德群岛和北方及东方的水域。菲奇显然打算在岛礁屏障

---

[1] 44特司报告（1942年5月21日）；日本《战史丛书》49：288页；美国空军退休中校华莱士·菲尔兹提供的个人日记和信息，他是其中1架B-17的副驾驶。莫里森《美国海军作战史》4：39页正确地表扬了支援群的奋战，但他声称"日军攻击的类型和强度与（1941年12月10日）击沉威尔士亲王号和反击号的那一次相当"，这就言过其实了。那一次，日军动用了50架双发鱼雷机和16架水平轰炸机，而克瑞斯面对的是12架鱼雷机和22架水平轰炸机（连同3架B-17在内），而且日军在5月7日表现的技术水准远不如1941年12月10日。

[2] 1942年5月西南太总致17特司电070440，CSCMF，卷10；克瑞斯日记。

以北找到敌航母，但他也留了后手，以防敌军突进到罗塞尔岛以南或其西邻的塔故拉岛。一旦搜索机找到目标，约克城号将首先出动攻击机群，列克星敦号则晚15分钟出击，形成有利的"波浪式攻击"。菲奇保留半数战斗机承担战斗空中巡逻，后来他还命令约克城号留下8架SBD进行反鱼雷机巡逻。飞机的挂载将与7日相同。这就为阿诺德和巴克马斯特出了同样的难题，而结果是约克城号的所有SBD（不单单是VB-5）再次违背菲奇的意愿装备了1000磅炸弹。①

在弗莱彻考虑5月8日可能的行动航线时，有2个意外因素影响了他的思路。15：18，一个使用尼奥肖号的呼号的电台开始用明语发出"沉没"一词。这是该舰自10：21报告遭到3架飞机轰炸以来发出的第一条讯息。尼米兹和弗莱彻根据常理推测，该舰刚刚遭到致命攻击。他们不知道的是，这艘受了重创的油轮为了发出这条求救信号，曾花了3个小时抢修应急发电机。如此一来，正在埃法特岛忙着将余下的燃油供应给运输船队的蒂珀卡努号成了17特舰唯一能用的舰队油轮。太舰总在16：45提醒蒂珀卡努号，尼奥肖号可能已经沉没，而且努美阿一带有1艘日本潜艇。蒂珀卡努号应"采取一切可能的预防措施"，以保证执行为17特舰加油的计划。"如果尼奥肖号损失，（租用油轮）E．J．亨利号上的燃油就是继续作战所必不可少的。"尼米兹刚刚得知，E．J．亨利号在当天中午才抵达苏瓦，比原计划晚了3天。因此，它需要几天时间将部分油料卸到岸上，然后前往努美阿为蒂珀卡努号补油。尼奥肖号在17：18发电称自己遭到"炸弹重创"。电文报告了该舰的方位（在17特舰东南275海里处），指出它正在漂向西北并逐渐下沉，而西姆斯号已经完了。菲奇建议派1艘驱逐舰脱离17特舰东行，既可发送重要的电报，也可救助尼奥肖号。弗莱彻很快表示赞同。接着他又获悉有更紧迫的难题需要处理。西南太总在17：00提醒说，有3艘战舰和3艘运输船在14：35出现于乔马德水道西南25海里处。这个位置处于几分钟后克瑞斯报告的遭轰炸地点的东北方，相距只有45海里。于是弗莱彻担心克瑞斯可能已被空袭击退，一些日军舰船终于穿越了乔马德水道。他在17：21通知菲奇："我估计局势已变，日军大部将在明天穿过水道前往莫尔兹比。因此我提议今晚西进，建议你向北搜索，预定位置设为西向，速度8节。"尼奥肖号的损失"打乱了我们的后勤"，因此必须降低航速节省燃油，"以求多支持几天"。弗莱

---

① 伦德斯特罗姆《首发主力》210页。1942年5月17特司致17.5特大司电070449，17.5特大司致约克城号和列克星敦号电070505，列克星敦号致约克城号电070615，列克星敦号通信。阿诺德致伦德斯特罗姆信（1972年4月9日）。

彻关于燃油的慎重考虑无疑是合理的。[①]

弗莱彻认为在乔马德水道以南发现的日军舰船肯定有1艘航母支援。他（至少在一段时间内）并不知道，这支"敌"舰队其实是被罗伯茨的B-17认错的支援群。克瑞斯也研究了关于在乔马德水道以南发现敌舰的报告（包括一封从汤斯维尔发出但始终未被弗莱彻收到的电报）。他考虑的方案包括强行实施夜战，在临近黎明时拦截，或者干脆等到次日上午再寻找敌人。这些方案的前景都不太妙。就在举棋不定时，他忽然意识到报告中说的其实是他自己的部队，而最近的日军舰船还远在路易西亚德群岛以北。克瑞斯对己方陆基航空兵的导航能力和识别能力的低下感到吃惊，希望他们在8日不会制造同样的误会。他自己的燃油状况并不乐观，霍巴特号和各驱逐舰尤其缺油。如果到次日上午为止没有新的敌情，他打算一边为驱逐舰加油，一边等待局势变化。克瑞斯监听到了17特舰拍发的一些与飞机有关的通信，但没发现任何有价值的信息。"我没有接到（弗莱彻）关于他的方位、他的意图或当天的战果的任何讯息。"他猜测17特舰就在东面不远，希望弗莱彻在次日上午能设法向他通报战况。"我们遇到的攻击可能原本是奔着航母去的，如果真是这样，那么我们已经立了一功。"克瑞斯只猜对了一半。日方的严重失误使高木的MO打击部队和拉包尔的陆基飞机都没能消灭弗莱彻的航母。[②]

人生难免失算时

11：00以后，由于罗塞尔岛东南的恶劣天气，日军彻底失去了弗莱彻的航母的踪影。于是他们开始全力对付克瑞斯的支援群。搜索机很快在路易西亚德群岛以南发现了该群，并将其夸大为敌军主力。盯梢者中有来自德博因的水上飞机，来自拉包尔的陆攻机，甚至还有1架从图拉吉起飞的水上飞机。它们在克瑞斯西进过程中不断跟踪，结果误导了日军指挥官，铸成大错。这些搜索机声称在克瑞斯的船队中发现了战列舰，甚至还发现了航母，而它们蹩脚的导航给人造成了"敌主力"本身分成两队行动的印象。井上因此连连命令高木的MO打击部队攻击路易西亚德群岛一带的敌航母舰队。但是高木却受两个客观条件所困，无法快速西进至攻击距离。首

---

① 1942 年 5 月尼奥肖号致（所有美国海军舰船）电 070418，太舰总致蒂珀卡努号电 070545，尼奥肖号致瓦希瓦电台电 070618，海军苏瓦观察员致海作办电 070405，西南太致 17 特司电 070605，CSCMF，卷 10。1942 年 5 月太舰总致舰总司电 080755，舰总司 00 档案，提到尼奥肖号和西姆斯号在"近黄昏时"遭到"猛烈轰炸"，"西姆斯号沉没"。1942 年 5 月 17 特司致 17.5 特大司电 070621，列克星敦号通信。

② 克瑞斯日记；1942 年 5 月 5—11 日在北珊瑚海的作战报告。

先，他必须转到东南迎风方向才能实施航空作业。其次，他不得不等待浪费在尼奥肖号和西姆斯号上的攻击机群返航，而每耽搁1分钟，路易西亚德群岛以南的美军航母就会跑远一点。原在中午告诉高木，自己可以在14：00第二次出动机群，在近黄昏时实施攻击。从12：30到13：00上午出动的机群大部分回到了舰上，但瑞鹤号的舰爆机队在MO打击部队周边的恶劣天气中迷了路。高木再也等不及了。他从13：30开始西进，希望靠无线电导航把迷航的飞机引回来。①

　　截至14：00瑞鹤号的舰爆机仍在附近的云层中挣扎，原只得放弃下午攻击的计划，因为他的飞机已不可能在日落前打击目标并返航。与弗莱彻不同，他的舰载机有一定的夜战能力，因此他考虑用俯冲轰炸机和鱼雷机发动夜袭。由于大多数飞行员的舰载机夜间飞行时数很少，他的参谋说服他向高木建议只让最有经验的机组出击。按照错误的目击报告，敌战列舰大队在西方约380海里处，敌航母比战列舰还要远50海里，而且两支船队都以20节航速背朝日军行驶。鉴于距离过远，已经被搞得没脾气的高木不得不在15：00告诉井上，MO打击部队不会在当天再次攻击。其实日本人不知道，MO打击部队与弗莱彻的航母之间的距离不到250海里。几分钟后，原获悉德博因的1架搜索机曾发电称："敌人改变了航向。"他估计如果美国舰队在此后的几个小时里一直维持120°的新航向（非常一厢情愿的猜测），那么他的精锐攻击机群将能在天黑后找到它们。高木同意了他的请求。从15：15开始，8架舰攻机向西搜索200海里，以防前方有未被发现的特混舰队。它们预定在日落时返航。在这些飞机离开后，瑞鹤号迷航的舰爆机终于降落，此时它们已经连续飞行了7个小时。几个筋疲力尽的飞行员下了飞机才知道，自己又要重新飞进雾霾中。16：00原估计美国航母群（如果它一直朝东南航行）的距离已经缩短到360海里。如果双方保持现有航向和航速，到18：30可以缩短至200海里，那就比较好办了。高桥少佐在16：15带着12架九九式舰爆机和15架九七式舰攻机出发，他们得到的命令是朝277°方位飞行280海里。高桥估计能在晴朗的天空下找到美国航母，但届时天色应该已黑，不会遇到防守的战斗机。MO打击部队将向西疾驰，可以让他们的返回航程缩短至200海里以下。就这样，高木和原用自己最优秀的部下作了一次大冒险。②

---

① 日本《战史丛书》49：289—290页。
② 日本《战史丛书》49：290—291页。报告美军航母舰队航向转至120°的电报来自青叶号的1架水上飞机，它暂时在德博因以外活动。不清楚这份报告说的是克瑞斯还是弗莱彻。支援群肯定不曾将航向转到120°，但航母偶尔会在进行航空作业时这样做。

夜间焰火

当天上午困扰17特舰的盯梢者曾一度消停，但在16：23，雷达上冒出了新的不明目标，地点方位是西南18海里处。尽管约克城号的瞭望哨也短暂地目击了1架水上飞机，负责战斗空中巡逻的战斗机还是没能在灰蒙蒙的天空中找到目标。这个刺探者在16：47消失在北方。这显然是1架从德博因起飞的水上飞机，但它始终没有发出报告，至少在记录中无据可查。也许机组成员以为美国人还远在西边，因而把眼前的舰队当成了MO打击部队，于是决定不打破无线电静默。对弗莱彻来说，搜索机没有报告实属万幸。如果高木和原知道实情，就会提醒已经在无意中接近了17特舰的高桥。与此同时，日军航母的搜索方案也因为半径稍小而错过了发现弗莱彻的机会。①

菲利普·F.菲茨杰拉德少校日记中的一段话贴切地记录了太阳即将没入地平线时17特舰官兵的心态："我们正打算收兵过夜，还庆幸自己毫发无伤地过了关。"17：45，临近日落时，列克星敦号的雷达发现东南22~28海里出现了3批飞机。2分钟后，约克城号也注意到了东南18海里的大机群。与此同时，列克星敦号还报告东南48海里外有另一个大机群从低空接近。看来这正是期待已久的日方航母反击。12架执行战斗空中巡逻的战斗机燃油已告急。FDO吉尔只选出了VF-2队长保罗·H.拉姆齐少校率领的4架飞机去远方拦截。弗莱彻转向东南迎风方向，紧急起飞后备的战斗机。从17：50开始，约克城号起飞12架野猫，列克星敦号起飞6架，使战斗空中巡逻的战斗机增加到30架。在过去的2个星期里，小詹姆斯·F.弗拉特雷少校（杰出的战斗机指挥官，新近成为VF-42的副队长）对严厉而冷淡的巴克马斯特并无多少好感。但是那天晚上，当看到向来不苟言笑的约克城号舰长在舰桥上冲着敌人激动地挥舞拳头激励飞行员时，他的看法改变了。吉尔拨出弗拉特雷的7架F4F支援拉姆齐，并把这些战斗机向西南调动，拦在正在17特舰南方30海里外自东向西运动的敌机前面。天空中浓雾弥漫，阴云密布。拉姆齐在18：03漂亮地伏击了9架低空掠过水面的飞机（他认为是零式战斗机），获得了5个战果，而弗拉特雷的机队在云缝里瞥见了另两队低飞的敌机。2架F4F离队追逐一些鱼雷机并击落2架，其余战机则围殴了1架落单的俯冲轰炸机。②

队形散乱但旗开得胜的F4F掉头飞向航母，准备实施夜间着舰。弗莱彻必须保持

---

① 约克城号报告（1942年5月16日）；日本《战史丛书》49：302页。
② 菲茨杰拉德是新奥尔良号的枪炮长，一个敏锐的观察者。弗拉特雷在《堪萨斯城星报》（1951年3月18日）的《珊瑚海上空的怒火为飞行员赢得荣耀》中的评论。伦德斯特罗姆《首发主力》209—215页。

迎风航行直至所有战斗机降落，因此他以25节航速稳定地朝145°航向前进。除了听见飞行员们在电台里兴奋地报告击落几架敌机外，他和菲奇对刚才的战事几乎一无所知。但是，约克城号和列克星敦号上的无线电情报小组以及位于珍珠港的H站都截获了大量基本以明文发送的敌机电讯。日本人的情况显然不妙。一个机组成员在18∶03哀叹："攻击队已被敌战斗机歼灭。"另一条电文显示，某机驾驶员已经阵亡，中座的观测员接过了飞机的控制权。高桥以为目标还远在天边，因此在战斗机冲进己方队列时他毫无防备。战斗空中巡逻队取得了一场一边倒的大胜，共击落7架舰攻机（拉姆齐眼中的"零式战斗机"）和1架舰爆机，还重创了另一架舰攻机（由观测员驾驶的那架）。震惊的高桥在飞到17特舰西面后决定中止任务，他命令幸存者抛弃载弹，并设法重整队列以返航。①

在日落时，美军航母开始回收战斗机。这个过程进行得很慢，因为有几个飞行员是第一次实施夜间着舰，他们显得犹豫不决。雷达上又出现了不明身份的目标。战斗空中巡逻队前去察看，但无功而返。弗莱彻感到必须谨慎行事。由于不知道敌机已经成了没牙的老虎，他在18∶40警告17特舰："注意提防敌鱼雷机攻击。"此时夜色渐浓，航母打开了着舰灯，等得不耐烦的野猫机在舰队头顶沿着舰航线不断兜圈子。被打得七零八落的日军攻击机群三三两两地飞过17特舰上空。18∶50，3架陌生的飞机亮着航行灯飞过约克城号右舷，还用一盏手提灯发出摩尔斯码的闪光讯号。VF-42的布瑞纳德·麦康伯中尉借着暮色认出那是敌机，当即将其驱逐。截至18∶57，列克星敦号只剩1架战斗机还未回收，而约克城号还有6架F4F在舰队上空盘旋。在杜威号驱逐舰观察到圆形翼尖的可疑飞机后，厄尔利上校（菲尔普斯号上的驱一中队长）通过TBS询问弗莱彻空中除了方形翼的战斗机是否还有其他飞机。约克城号还没来得及做出否定回答，这些不速之客就又用闪光灯发出了识别讯息。它们打着航行灯像是要降落，并且以和美军飞机相反的方向兜着圈子。一些驱逐舰在19∶09左右开了火，接着明尼阿波利斯号和阿斯托里亚号也加入其中。在曳光弹划破夜空之际，谢尔曼（列克星敦号）和胡佛（驱二中队长）都严令自己的军舰不得开火。在19∶10，约克城号右舷的所有高炮"像焰火一样迸发"，使得VF-42的一个摸不着头脑的飞行员在电台里大喊："你们为什么打我？我干了什么？"弗莱彻为了躲避攻击而猛烈机动，敌人却在黑暗中逃之夭夭。高射炮很快停止了射击，四散

---

① 日本《战史丛书》49∶292—293 页。

的F4F则战战兢兢地返航。这个非常诡异的时刻宣告了惊心动魄的一天的结束。[①]

日军飞机竟然聚集到17特舰上空并错误地企图降落，说明附近至少有1艘敌航母，或许还不止1艘，可是究竟在哪？这似乎不可能是当天下午攻击尼奥肖号和西姆斯号的航母。西南太总再次报告说，乔马德水道南出口处有5艘运输船，但所有其他迹象都表明登陆船队的其余舰船仍在路易西亚德群岛以北。麦克阿瑟还指出，当天下午在布卡附近的卡罗拉女王锚地发现了改装航母春日丸号。此时弗莱彻考虑暂缓西进。暂时前往最先探测到日军攻击机群的东南方向至少是个不坏的选择。他准备等到搞清状况后再作定夺，而且届时他将决定如何反击（在当晚发动水面攻击或在次日黎明出动飞机）。[②]

17特舰继续实施着舰作业，最后1架飞机在19：30降落，但有3架野猫失踪。由于不幸的巧合，3个飞行员中有2个都姓贝克：VF-2的保罗·G.贝克中尉和VF-42的约翰·D.贝克少尉。几乎可以肯定保罗·贝克死于90分钟前拉姆齐的那次伏击战，但约翰·贝克曾经回到舰队上空，却被突如其来的高射炮火赶到了东北方。等到约翰·贝克的身份得到确认，而且吉尔将指挥权移交给约克城号上的彼得森时，贝克的F4F已经在雷达屏幕上消失了。彼得森必须让他重新显示在雷达上才能指导他返回母舰。听说贝克的遭遇后，弗莱彻赶到了航空指挥室。虽然担心敌方航母，弗莱彻还是批准彼得森用无线电与贝克保持联系。彼得森觉得弗莱彻"为了让我们的飞行员回家，愿意做任何事情"。可惜彼得森始终没能把这架迷航的F4F引导到雷达探测范围中。最后，他在20：28不得不向贝克提供了通向最近的陆地的航线。"记得当我不得不向那个飞行员告别并祝他好运时，我身边的报话员已经泪流满面。"约翰·贝克就此不知所终。[③]

与此同时，比亚德继续向弗莱彻转述他截获的日军攻击机群的电报。在列克星敦号上，福林威德也在为菲力做着同样的事。约克城号的观通长克拉伦斯·C.雷回忆说："他们为了飞回母舰降落而发出的电讯满天乱飞。"比亚德在19：03截获的一条电文极其精准地给出了17特舰的位置（以罗塞尔岛为原点，方位角160°，距

① 伦德斯特罗姆《首发主力》214—216页。驱一中队长（17.2.4特混中队司令）致舰总司，1942年5月7—8日在珊瑚海与日军的交战（1942年5月22日）；A.R.厄尔利上校给西奥博尔德少将的备忘录，美国海军迪克西号（1942年5月11日），RG-313，太侦司一般函件，第59号箱；弗兰克·F.吉尔上尉，战斗机引导官关于1942年5月7—8日珊瑚海之战的行动报告，列克星敦号档案。

② 1942年5月太舰总情报通报070131，西南太总致各特舰电070828，CSCMF，卷10。

③ 伦德斯特罗姆《首发主力》216—217页；奥斯卡·彼得森少将致约瑟夫·海灵顿信（1964年7月21日），彼得森资料集。

离110海里），可见敌军的空勤人员并非都是糊涂蛋。在19：00另一架飞机声称自己将在19：40"到达"。如果骚扰17特舰的飞机中有它，那么它的母舰可能在70~100海里开外，只是方向不明。这个推测在19：39似乎得到了印证，因为又有1架飞机请求其母舰开灯。在20：03，1架飞机发话："我看见你了。"几分钟后，那个驾驶着飞机的观测员先是请求，接着催促己方军舰向海面打探照灯，以便他尝试在水上迫降。这些揭示内情的通信一直持续到21：30左右，从中可以看出有2艘使用不同呼号的航母。除了与飞机直接通信外，这些航母还使用高频信号作为无线电导航信标，但是17特舰没有合适的接收机，无法根据这些信号确定方位角。弗莱彻和巴克马斯特猜测敌航母可能在东也可能在西，距离可能达140~150海里。稍后，太舰总只能提供以瓦胡岛为原点的方位角（233°），表明敌航母在东方某处。当天深夜，珍珠港又提供了以两点法修正的方位（以瓦胡岛和萨摩亚为原点），将导航信号源朝南所罗门群岛中的圣克里斯托瓦尔岛移动了一段。这个方位在17特舰东边很远的地方，显然不准确，但再次提示敌人在东边。比亚德带着他一贯的蔑视态度写道，当弗莱彻看到他的一份报告后，"将军大人带着困窘的神色抬头看我（我从未在海军军官脸上见过如此愚蠢的表情），几乎带着歉意对我说……'你知道吗——我没想到他们那么好斗'"。也许弗莱彻实际上使用的或者想用的字眼是"鲁莽"，因为据比亚德和其他人估计，那天晚上敌人可能损失了15~20架飞机。[①]

原的夜袭机群出乎意料地提前遭遇了敌人，而且被防守的战斗机打得溃不成军。高木因此采纳了原的建议，将MO打击部队变换成便于回收攻击机群的特殊队形。翔鹤号和瑞鹤号并排行驶，2艘重巡洋舰在其右前方，将探照灯瞄向航母的船首。在航母后方，驱逐舰分列于两翼，将探照灯朝前照射以标出侧翼界限。高木可以冒险让MO打击部队的灯火亮到完成飞机回收为止，因为他（不像弗莱彻）相当清楚离他最近的敌舰在什么位置。当第1架攻击机于20：00降落时，双方的航母舰队相隔约100海里。此后由于高木东行而弗莱彻驶向东南，两者的距离有所增加。[②]

---

① 比亚德回忆录《太平洋战争》14页列出了许多他截获的日军攻击机群通信的电文。他明确标注了许多电文的发送方和接收方，即五航战司令、翔鹤号和瑞鹤号。但本书作者还是强烈怀疑这些详细的识别结果是事后得出的。H站5月7日的汇总报告中仅以呼号 Siso 和 Suso 来称呼这2艘航母，比亚德当时了解的情况很可能也仅限于此。斯特鲁普口述历史，97—98页；航空局对雷的讯问（1942年7月15日）；1942年5月太舰总致16特司和17特司电071031和071253，CSCMF，卷10。

② 日本《战史丛书》49：292—294页。

"天赐良机"

菲奇在21：51通过TBS告诉弗莱彻："鉴于敌机曾在我方回收战斗机时出现，以及对此后雷达记录的分析，敌1艘或多艘航母在19：30位于约30海里外，方位角090。"他还警告说，日本航母可能装备了"卓越的"高频无线电测向仪。他怎么知道是东方30海里外？原来列克星敦号的雷达跟踪了那些攻击机，发现它们在30海里外盘旋了一阵，然后一个接一个地消失，像是降落了。其实确实至少有部分日军飞机兜过圈子，原因是美军战斗机引导员的通信干扰了他们的无线电导航信号。根据福林威德的报告，菲奇推测这些飞机肯定属于第五航空战队，"也就是此前一直没被发现的舰队"。但是菲奇从未解释他为何等了2个半小时才将如此重要的情报转发给弗莱彻。也许他以为约克城号的雷达也发现了同样的情况。菲奇的司令秘书斯特鲁普力主派出驱逐舰实施鱼雷夜袭，但菲奇认为敌军可能已经跑远，要找到他们实在太难。谢尔曼的结论则恰恰相反。他对于没有在当晚猎杀敌航母一事深感遗憾，按照他的想法，不仅要派出驱逐舰，还应该动用VT-2的TBD（他曾写道，该中队"全部拥有夜间航母起降资格"，而且"有能力实施这样的攻击"）。他在1950年抱怨说，如果弗莱彻给了菲奇"完全的行动自由，也许这样的攻击就会付诸实施，而次日的战局可能大不一样"。但是，谢尔曼后来的断言是源自事后诸葛亮的臆想。没有证据表明他曾在当晚认真地建议菲奇动用VT-2。有关此事的记述没有出现在任何一份行动报告中，更重要的是，也没有出现在谢尔曼自己整理的日记中。斯特鲁普在其口述历史中也未提及。而且这样的行动也存在非常现实的障碍。单是从列克星敦号拥挤的飞行甲板上把TBD开出来就让人头疼。仅仅为了空出甲板供其起飞，谢尔曼就必须让所有SBD和部分战斗机升空。何况日军的实际距离远大于30海里，没有理由认为航程较短的TBD能够找到他们。①

事实上，菲奇这则迟来的情报让弗莱彻吃了一惊。约克城号的雷达在19：30显示的唯一目标是约翰·贝克那架迷航的野猫，而且不久就消失了。既然敌军打击部队距离如此之近（或者至少在近3小时前很近），弗莱彻便考虑是否派金凯德的巡洋舰群（或者仅派驱逐舰）东进实施水面夜袭。17特舰有5艘重巡洋舰和8艘驱逐舰。

---

① 1942 年 5 月 17.5 特大司致 17 特司电 071051，列克星敦号通信。斯特鲁普，口述历史，97 页；谢尔曼致魏尔伯恩信（1950 年 8 月 16 日，DNC，办公档案，第 20 号箱）。谢尔曼在《战斗命令》102 页写道："我们向弗莱彻报告（日军航母在东方仅 30 海里远），但他不愿相信。战后确认，日军航母当时离我们非常近。这可能是用我们的驱逐舰或列克星敦号的鱼雷机（它们完成了夜间着舰训练）实施鱼雷夜袭的天赐良机。但是弗莱彻决定向南航行，以避免在黑暗中与敌人遭遇。"谢尔曼在他的书中没有提到他们通知弗莱彻之前耽搁了很久，也没提到日军航母与 17 特舰的距离实际上从未小于 100 海里上下，这可很难说是"非常近"。

航母至少需要2~3艘驱逐舰护卫。被编入水面攻击群的驱逐舰必须在巡洋舰前方以侦察队形展开，才有希望用雷达发现敌舰。弗莱彻最终驳回了水面夜袭的提议，决定让他的舰队保持集中，以便在次日上午迎战日军航母。金凯德对此完全赞同。尼米兹也在后来对弗莱彻的报告的批注中写道："不作这样的攻击尝试是明智之举，[弗莱彻]当时并不了解敌军的构成，他不分散兵力的做法很正确。"以当时的情势，实施水面夜袭有几个不利因素。即使菲奇的猜想是对的，日军在19：30以后也可能朝几乎任何方向移动了75海里。在天亮前很可能找不到他们，而天亮后水面攻击群将陷于孤立，在空袭面前不堪一击。与此同时，少了它们的高炮保护的航母也可能陷入窘境。此外，高速航行将消耗大量燃油，而17特舰在失去尼奥肖号以后已禁不起这样的挥霍。[1]

弗莱彻不仅考虑过水面夜战，也考虑过夜间空袭。伯奇力主派SBD和TBD攻击，但由于飞行大队缺乏夜间飞行经验，这个意见被否决了。多年以后，原VS-5副队长特纳·考德威尔中将回忆说："考虑到天气因素，我们提出了异议，（弗莱彻）也没有坚持己见。这也许是好事。真要出击的话，我们中间肯定有人会丧命，而且当时我们并没有关于夜战的条令和训练，虽然所有人都通过了夜间着舰考核。"考德威尔还从自己后来的指挥经验出发，对弗莱彻作了成熟的评价。当初这些雏鹰"对弗莱彻并没有多少尊重，认为他优柔寡断而且对航空所知甚少，我们觉得他本可以把我们用得更好。"但是，"现在我明白他已尽了最大努力，而且考虑到当时的经验水平，其他任何人都不可能比他做得更好。"[2]

5月8日的作战谋划

在当天晚上的拉包尔，不知所措的井上试图理清他的MO作战遭受的重挫。他已蒙受了损失第1艘航母或任何种类主力战舰的耻辱。虽然巧妙地部署了MO打击部队，掌握了丰富的侦察情报，他却没能在路易西亚德群岛以南取得决定性胜利。井上请求将莫尔兹比港登陆推迟两天至5月12日（X+2日）。山本批准了这个请求。由于五藤误算了时间和距离，他的第六战队和梶冈的第六水雷战队根本没有抵达能发起水面夜袭的位置。于是井上调了2艘五藤的重巡洋舰增援MO打击部队，并命令他

---

① 17特司报告（1942年5月27日）；1942年5月17特司致太舰总电160200，灰皮书，468—469页；金凯德回忆录，99页；太舰总第一次批注（1942年6月17日）；比亚德《太平洋战争》15页。
② 鲁德鲁姆，77页，特纳·考德威尔中将致R.J.克瑞斯曼信（1984年4月20日），由罗伯特·克瑞斯曼提供；考德威尔致J.C.萨夫鲁克信（1987年1月18日），由詹姆斯·萨夫鲁克提供。

在路易西亚德群岛以北重整MO攻击部队的余部。等到障碍扫清，他们将重新向莫尔兹比进发。井上指示高木在5月8日黎明时到达罗塞尔岛东南偏南110海里的位置。MO打击部队将从那里一劳永逸地歼灭那几艘麻烦的航母，打开通向莫尔兹比的航道。从19：45到22：00在夜袭机群降落的过程中，高木一直向东航行，拉远了与盟军舰队的距离。他从未认真考虑对美军舰船实施水面夜袭。日军展示了高超的夜间航母作业能力，27架飞机中有18架回到了原的航母上。但是8架舰攻机及其经验丰富的机组在这次无果而终的攻击中损失，严重削弱了第五航空战队有效实施鱼雷攻击的能力。原考虑到8日的作战前景，建议高木让MO打击部队在东方与敌人保持距离，或者干脆南下，从侧翼伏击潜伏在路易西亚德群岛以南的美国航母舰队。高木驳回了这个意见。原又注意到井上规定的黎明阵位离敌军最后的已知位置非常近，担心两军间距不够，可能使第五航空战队不得不在几乎所有方向上搜索。他建议把黎明时出动搜索机的位置北移120海里。美国航母绝不可能北上如此之远，因此搜索机可以集中在南面，从而省下更多舰攻机用于攻击。高木对此深表赞同。"通过此举，我军定能快速发现敌军并消灭之。"他将新的黎明阵位设定在罗塞尔岛东北约140海里处，位于井上的原定方位的东北160海里处。第六战队的第二小队（衣笠号和古鹰号）将在黎明后不久到该处与高木会合。①

时近午夜，在局势终于平静下来之后，弗莱彻和菲奇拟定了次日上午的作战计划。菲奇发来讯息："同意我军任务为摧毁航母，此地可能有2艘航母，有1艘肯定在邻近区域。"既然双方的航母舰队本已相距很近，那就不能保证两军经过一个晚上将拉开很大距离。因此他建议在黎明时用8日当值的列克星敦号的SBD进行360°全向侦察。由于日军在当晚可能机动到任何一个象限以接近美军，他的这个侦察方案实属无奈。此时的战术态势与1940年"舰队问题21号"中的情况很像，那一次，约克城号由于没有执行类似的全向侦察而被"摧毁"。考虑到17特舰一直在南下，菲奇认为将北侧半圆设为200海里，南侧半圆设为125海里即可。他希望执行战斗空中巡逻的战斗机和负责反鱼雷机的SBD在日出前15分钟升空，攻击机群同时做好准备。在向东南航行一整夜后，弗莱彻在午夜后不久转为南下。他在00：39答复菲奇："我一如往常完全赞成。我将转向西进。设定你自己的预定位置航向和航速。"弗莱彻在01：17改为以14节西进。此时17特舰位于罗塞尔岛以南180海里，因此距拉包尔约有600海里，接近日本轰炸机的极限攻击距离。（当时MO打击部队在17特舰东

① 日本《战史丛书》49：295—300页。

北约130海里，并逐渐拉大距离。）弗莱彻打算继续西行，等到日出将至时转到东南迎风方向起飞黎明搜索机。也就是说，他打消了在中国海峡以南占位的念头，而是决定到达东经154°附近就不再西进，先彻底解决莫尔兹比打击部队再说。[1]

弗莱彻指派发动机状况不佳的莫纳汉号去救援尼奥肖号和西姆斯号的幸存者，并将他们送到努美阿。这艘驱逐舰在与17特舰拉开相当距离后，代表舰队发了几份电报，这是为了避免无线电测向的必要举措。其中一封为太舰总提供了当天战事的简要总结。17特舰在米西马岛附近击沉了1艘"大型"航母和1艘巡洋舰，同时克瑞斯在莫尔兹比以东与敌交战。敌航母舰载机在黄昏时对17特舰实施反击，但损失9架飞机后被击退。弗莱彻自己在当天损失6架飞机，他判断2艘敌航母就"在附近"，并认为它们掌握了"我军的确切位置"。他准备在天亮后攻击它们，然后为驱逐舰加油，并"继续抗击敌军针对莫尔兹比的行动"。失去尼奥肖号上的燃油将使"攻击行动陷于瘫痪，并可能迫使我在几天后撤退"。当晚利里伸出援手，答应提供手头2艘属于皇家澳大利亚海军的油轮——毕晓普代尔号（据他说正在埃法特）和稍小一点的库鲁巴号（位于汤斯维尔以南135海里的澳大利亚东北海岸附近的圣灵岛）。蒂珀卡努号也许能靠埃法特岛的毕晓普代尔号补油，然后将油料送到努美阿。[2]

当晚，克瑞斯按照他告诉弗莱彻的计划带着支援群西进。因为白天没有得到弗莱彻的消息，不知道17特舰有何遭遇，他一直放心不下。弗莱彻自己则拟了一封给克瑞斯的电报，显然是要让莫纳汉号发送，但没有证据表明这封电报曾经被发出过。在电文中，他描述了米西马附近的行动，并解释说："我军在日落时正向你部靠拢，但遭到了航母舰载机袭击。"他指示克瑞斯"向莫尔兹比靠拢以获得战斗机保护，但你可相机行事。"弗莱彻还为没有"立刻"与支援群会合表示了歉意。对克瑞斯来说幸运的是，库鲁巴号离得不太远。当晚，他无意中躲过了一次攻击，原因是日军侦察人员又犯了识别错误。根据1架水上飞机在罗塞尔岛西南185海里发现2艘敌航母的报告，3架装备鱼雷的九七式水上飞机企图寻歼克瑞斯，但始终没有找到。[3]

---

[1] 1942年5月17.5特大司致17特司电071245和17特司致17.5特大司电071339，约克城号1942年5月8日发送、接收和截获的电报及信号清单，该清单是约克城号舰长致太舰总，1942年5月8日约克城及约克城飞行大队行动报告（1942年5月25日）的附录，以下称约克城号通信。

[2] 1942年5月17特司致西南太司电071245、17特司致太舰总电071024和西南太司致各特司电071219，CSCMF，卷10。毕晓普代尔号是1艘大型（17357吨）的新建（1937年）舰队油轮，但最高航速只有11.5节。库鲁巴号建于1916年，是1艘排水量仅为7930吨的"油料供应船"，最高航速为10节。这2艘船都没有接受过海上加油训练（斯特拉塞克《皇家澳大利亚海军》）。

[3] 克瑞斯日记；17特司致17.3特大司电，无日期和时间，见于列克星敦号通信。既然菲奇记录了该电，说明约克城号至少将它发到了列克星敦号上。

"我们不能不对这些一而再再而三的失误感到心惊肉跳"

在5月7日，联合舰队参谋长"宇垣少将努力想通过井上及其主要下属发送的大量电报理清珊瑚海战事的脉络。一波三折的战况让他又惊又气，他在日记中哀叹："我们能预见到敌人的攻击，怎么就不能设法改进我军各部的协同呢？"7日的败仗背后的原因则是过了一段时间才水落石出的。1943年，一个由日本海军军官组成的委员会在总结战争第一年的经验教训时详细分析了陆基和舰载搜索机在5月7日提交的报告。他们的结论是："这些报告不仅在当时极难分析，即使到了今天也令人困惑。"委员会列举了许多重大错误，有的涉及战场上的舰船数量和类型，有的出在确定舰船位置的导航信息上。"我们不能不对这些一而再，再而三的失误感到心惊肉跳。"侦察部队给高级指挥官提供的情报质量低下，使本来极有可能取得的决定性胜利化为泡影。后世的分析家和历史学家都认可这一结论。尼米兹和波特在他们关于珊瑚海之战的记述中宣称，日军"在7日攻击弗莱彻未果完全是因为他们犯了一连串错误，到了晚上更是错得离谱"。1972年，原列克星敦号的航空长 H.S.达克沃思中将在读过日本官方战史后断言："毫无疑问，1942年5月7日的珊瑚海一带是世界史上最混乱的战场。要是将（双方的）错误和幸运的决策一起列出将会很有趣。"上文已经列出了许多错误（大部分是日军犯的）。弗莱彻的"幸运"决策是派遣了克瑞斯舰队和让17特舰处于罗塞尔岛东南的恶劣天气中。而在5月8日，无论是运气还是天气都不会站在他这边。①

---

① 宇垣，122页；日本《战史丛书》49：300—303页；波特和尼米兹，216页；达克沃思致伦德斯特罗姆信（1972年10月29日）。

第十四章

珊瑚海之战（三）
惨胜

索敌

在5月8日黎明前的几个小时里，疲惫的17特舰一路西行，并与路易西亚德群岛的东南边缘保持180海里距离。此时天空已放晴，舰队沐浴在月光下。弗莱彻打算继续西进至日出前一刻，然后转向东南，迎着盛行的贸易风放出黎明侦察的飞机。莫尔兹比打击部队的2艘航母正潜伏在附近，他必须尽快找到它们并发起攻击。他的飞机在前一天上午摧毁了第3艘航母"龙鹤"号（祥凤号），并且至少暂时击退了莫尔兹比港登陆部队。与此同时，弗莱彻分遣出去的2支舰队（克瑞斯的支援群和菲利普斯的加油群）遭到了猛烈空袭。克瑞斯巧妙地避免了损伤，但西姆斯号已被击沉，尼奥肖号虽然仍能漂浮，实际也已彻底损失。珊瑚海之战的胜者只有在双方航母交手后才能决出。[①]

5月7日的战事让空勤人员和舰上人员都精疲力竭。在01：30到04：30的时候，弗莱彻终于得以小睡一回。莫里森以嘲讽的口吻写道，当弗莱彻在5月8日清晨醒来时"他的斗志好歹比往常多了一点"。黎明降临时，克瑞斯的支援群（17.3特大）位于新几内亚海岸以南约130海里处，正朝西北方向穿过克瑞斯在前一天晚上给弗莱彻的会合点。克瑞斯失望地发现那里既没有驱逐舰也没有飞机，没有人能告诉他弗莱彻的意图是什么。既然没有接到后续命令，他决定在当天上午留在莫尔兹比港东南观察事态。如果平安无事，他将用巡洋舰给3艘驱逐舰加油。[②]

[①] 17特司报告（1942年5月27日）；达克沃思致伦德斯特罗姆信（1972年10月29日）。

[②] 莫里森《美国海军作战史》4：46页；1942年5月西南太总致各特司电071835，CSCMF，卷10。关于5月8日战事的主要资料包括17特司报告（1942年5月27日）；17.5特大司报告（1942年5月18日）；列克星敦号舰长致太舰总，1942年5月7日和8日珊瑚海之战行动报告（1942年5月15日）；列克星敦号档案（包括VF-2、VB-2、VS-2和VT-2的报告）；约克城号报告（1942年5月25日）；巡洋舰第六分队分队长（第17.2特大大队司令）致太平洋舰队巡洋舰司令（第十七特混舰队司令），1942年5月7—8日在珊瑚海与日军的交战（1942年5月28日）。17.2.2、17.2.4和17.5.4特混中队司令的行动报告；克瑞斯日记，1942年5月8日；澳大利亚分舰队，1942年5月5日至11日在北珊瑚海的作战。有关航空作战的详细论述，见伦德斯特罗姆《首发主力》第12章。

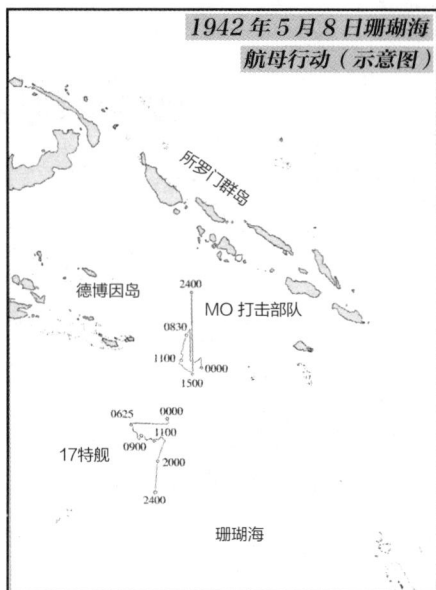

1942 年 5 月 8 日珊瑚海
航母行动（示意图）

所罗门群岛

德博因岛

2400
0830
MO 打击部队
1100   0000
1500

0625   0000
1100
0900   2000
17特舰
2400

珊瑚海

　　菲奇和他的幕僚也早早起床，筹划如何用列克星敦号和约克城号剩余的117架可作战的飞机（31架战斗机、65架俯冲轰炸机和21架鱼雷机）实施空中作战。扣除进行360°全向侦察所需的18架SBD后，可用于攻击的兵力减少为75架飞机。VS-2的12架无畏式飞机将在至关重要的北侧半圆搜索200海里，而VB-2的6架飞机将在南侧扇面搜索100海里。菲奇决定不让完成侦察的SBD承担后续打击任务，而是用它们增援负责反鱼雷机巡逻的约克城号的8架SBD。他让每艘航母各留出8架战斗机，用这16架战斗机进行战斗空中巡逻。从06：35开始，列克星敦号转到东南迎风方向，放飞了4架进行战斗空中巡逻的战斗机和18架用于侦察的SBD。

　　在日出4分钟后的06：57，弗莱彻将舰队稳定在125°的预定位置航向，以15节航速航行。这一天17特舰不会被锋面区的阴云覆盖了。这个冷锋仅仅是个"准静止"锋。它整晚都在朝东北方和东方移动，而17特舰从西侧离开了锋面区。现在空中只有一层薄雾和几朵积云，能见度达到了17海里。锋面区的边缘位于北方和东北方30~50海里处。由于天气预报的不确定性，弗莱彻没有预见到这一情况。没有证据表明他或菲奇曾考虑用恶劣天气作为掩护，尽管这一策略稍后将显得很有吸引力。他们懂得"抢上风"的重要性，但按照当时的战术态势，日本航母可能离得相当近，因此他们无法利用这一点。菲奇指示约克城号起飞自己的4架F4F进行战斗空中巡逻，并起飞8架SBD进行反鱼雷机巡逻，但他等了半个小时也没看见这些飞机即将起飞的迹象，便向巴克马斯特询问原委。直到07：24，约克城号的第1架飞机才升空。巴克马斯特表达了歉意。他本来把攻击机群安排在可以立即起飞的位置，但为了让反鱼雷机巡逻队先起飞，不得不挪动飞机空出甲板。到了这个时候，17特舰唯一能做的就是等待侦察结果，希望赶在敌人的攻击机出现前实施攻击。①

第一个麻烦的迹象出现在08：02，约克城号的雷达在西北18海里处发现了身份不明的目标。列克星敦号的战斗机引导官吉尔上尉派出战斗空中巡逻的战斗机，但入侵者在08：16从雷达屏幕上消失了，而这显然是1架把17特舰"看得清清楚楚"的敌机。比亚德从挂着绿色门帘的电讯室钻出来小声告诉弗莱彻，有个日本盯梢者发出了"英国人、英国人、英国人"的讯号，还忙着向母舰报告17特舰的情况。列克星敦号上的福林威德也告诉菲奇，敌人已经发现了他们。谢尔曼冷静地预测日军攻击机群将在11：00左右出现，而"同时发起的猛攻"可能让两军的航母两败俱伤。这正是弗莱彻在前一天调开克瑞斯支援群的理由。②

如果17特舰的搜索机不能马上找到敌人，也就不会有"同时发起的猛攻"了。好在VS-2的约瑟夫·G．史密斯中尉在08：20交了好运，从乌云和风暴的间隙中找到了MO打击部队。他通过语音电台报告了2艘航母、4艘重巡洋舰和3艘驱逐舰的位置，但由于干扰，列克星敦号没有收到全部消息。相邻扇区的2个VS-2飞行员——埃弗利·D．威勒姆斯少尉和迪克森少校做了一回有心人，把史密斯的整条电讯转发给了17特舰："08：20发现2艘航母、4艘巡洋舰、多艘驱逐舰，方位角006，距离120，速度15。"史密斯的报务员还用文字方式把这条讯息重发了一遍。由于没有立即收到母舰的确认，史密斯按照上级出发前的交代开始返航。乍一看，史密斯发现日本舰队在17特舰正北方仅120海里处，几乎是可以短兵相接的距离。更令人紧张的是，弗莱彻又在08：37通报："相信我们已经被敌航母舰载机发现。"菲奇当即厉声做出了唯一可能的应答："起飞攻击机群。"1分钟后，他又命令列克星敦号和约克城号留下鱼雷机。谢尔曼觉得约克城号可能不明白在作战半径绰绰有余的情况下为何不出动TBD，于是他问约克城号是否知道列克星敦号的Z点，这是搜索机使用的独立参照点，目的是防止日军通过窃听通讯反推出17特舰的实际方位角和距离。但是，谢尔曼自己也不能确定他的飞行员是否使用了Z点。在焦急等待了几分钟后，弗莱彻和菲奇终于满意地得知史密斯参照的是Z点。这意

---

① 海作办高空气象科，珊瑚海之战（1944 年 4 月）。
② 战斗机引导官弗兰克·F．吉尔上尉关于 1942 年 5 月 7—8 日珊瑚海之战的报告，列克星敦号档案；比亚德《太平洋战争》16 页；谢尔曼日记，1942 年 5 月 20 日；谢尔曼《战斗命令》第 103 页。

味着目标相对于17特舰的方位角是028°，距离175海里。此时史密斯还没有提供目标的航向，而这是至关重要的因素。如果MO打击部队背朝17特舰航行，它将处于或超出TBD和F4F的攻击极限。尽管如此，菲奇还是在08：47下令攻击机群全体出击。弗莱彻明白这是一次真正的赌博，便要求菲奇建议一个能缩短机群返航距离的预定位置航向。菲奇回复说，回收早晨的搜索机后（预计最晚在10：00），17特舰应该驶向敌军。弗莱彻在08：57确认了他先前的警告："敌军在08：22收到发现我军的报告。"3分钟后，约克城号的第一波39架攻击机（以6架战斗机、24架俯冲轰炸机和9架鱼雷机发动一次全甲板攻击）从飞行甲板腾空而起。列克星敦号在09：07开始起飞自己的36架飞机（9架战斗机、15架俯冲轰炸机和12架鱼雷机）。截至09：25，和往常一样按照作战条令拉开很大间距的2个机群已经扑向目标。[①]

09：08，当17特舰的攻击机群还在起飞时，约克城号通过信号旗下达了弗莱彻要菲奇"接管舰队战术指挥权"的命令。后来弗莱彻解释说，他这样做是"为了减少2艘航母之间的通信次数，让（菲奇）完全自由地指挥他的航母和飞行大队。"这是个合理的决策。弗莱彻已经动用了他的主要武器，还让支援群把守着通向莫尔兹比的后门。此时最好把眼前的攻防问题托付给部下，自己集中精力驾驭全局。抱着让麦克阿瑟的飞机助战的希望（任何攻击都是有益的），弗莱彻将史密斯的接触报告连同自己的方位转发给了西南太司。与此同时，太舰总通知说当地除了以前提到的油源外没有其他燃料可用，但他也指出利里在紧急情况下（正如此时的情况）应该提供毕晓普代尔号和库鲁巴号。丹吉尔号通知说，毕晓普代尔号其实在努美阿，而不是埃法特，利里也确认了这一消息。在驱逐舰严密护航下的蒂珀卡努号预定于5月10日抵达努美阿装载毕晓普代尔号的燃油。在此之前弗莱彻必须自力更生。[②]

菲奇本人并没料到会在此关头得到战术指挥权，但他很欢迎这个机会。脾气火爆的司令秘书P．D．斯特鲁普则认为弗莱彻这样没有飞行员背景的将军本来就无权指挥航母特混舰队。此时2艘航母先处理起必要事务，起飞了战斗机并回收了第一批战斗空中巡逻机和列克星敦号的10架SBD。其余搜索机预计也将很快返回，但有1架SBD特意留在了远离母舰的地方。出于自身的主动精神，迪克森追踪了史密斯遭遇的敌人，并发现他们比最初报告显示的更远。他在09：34发报说，2艘航母和1艘战列舰位于Z点正北140海里处，也就是17特舰东北191海里。他还提供了航向（180°）和

---

① 约克城号通信中的电文。
② 约克城号通信；17特司报告（1942年5月27日）；1942年5月太舰总致17特司电072209、丹吉尔号致西南太司电072030和西南太司致太舰总电072332，CSCMF，卷10。

航速（25节），但这些至关重要的信息没有送达。迪克森一边躲避零式和风暴，一边在该地留守了半个多小时，这是1942年美国飞机实际跟踪所遇敌舰的极少数实例之一。与敌军距离变大让菲奇有些犹豫。他必须尽快将航向改到东北才能缩短他的攻击机群的飞行距离。但是为了让其余在清晨出发侦察的SBD返回，他不得不将东南向的预定位置航向至少保持到10：00。①

这天上午沉浸于紧张气氛中的不仅是17特舰，还有参与MO作战的各支部队。由于井上已下令将莫尔兹比港登陆改到5月12日，五藤企图重新集结广泛分散在路易西亚德群岛以北的MO攻击部队各部。他指示运输船队、护航队和第六战队的2艘巡洋舰在当天下午到伍德拉克以东40海里处会合。一旦扫清障碍，它们就将继续前进。在遥远的东南方，高木的MO打击部队抱着愈挫愈勇的心态奔赴战场。原此时在翔鹤号和瑞鹤号上有96架可以出动的飞机（38架战斗机、33架舰爆机和25架舰攻机），比起前一天的109架有所减少。昨晚损失8个精锐舰攻机组对他的作战能力的削弱远远超出了简单的数字所能反映的程度。而且真要说起来，日本飞行员的疲劳程度更甚于他们的美国对手。高木本来想用巡洋舰的水上飞机进行侦察，省下舰攻机用于攻击，但恶劣的海况使他的希望破灭了。不过由于一夜北上与17特舰拉开距离，他只需要7架飞机来覆盖半径250海里的南向扇区。这些飞机在06：15出发。此时MO打击部队位于风暴带深处，约在17特舰东北220海里。高木继续北上与第六战队的衣笠号和古鹰号会合，但一旦找到美国航母他就会迅速南下以缩短距离。拉包尔派出的4架陆攻机和图拉吉派出的3架水上飞机在路易西亚德群岛以外进行了搜索。轰炸机在拉包尔待命，但湿软的跑道有可能迫使它们趴窝。德博因的水上飞机在路易西亚德群岛以南巡逻，但战场很快移出了它们的巡逻范围。②

高木的1架搜索机（机长是菅野兼藏飞曹长）确实在08：22发现了17特舰。菅野提供的以MO打击部队为参照点的方位角和距离分别是205°和235海里。当时的实际距离大约是225海里，因此菅野的报告要比史密斯的准确得多。翔鹤号和瑞鹤号立即准备了69架飞机组成的攻击群（18架战斗机、33架舰爆机和18架装备鱼雷的舰攻机），仍由高桥少佐带队。在它们于09：30出发后，高木提速至30节，尾随它们奔向战场。天意弄人，恰恰是他这个高速南下的决定使航程较短的

① 斯特鲁普，口述历史，115—116页；第二侦察中队队长1942年5月7日和1942年5月8日的报告，列克星敦号档案。
② 日本《战史丛书》49：303—306页。

17特舰攻击机群得以攻击MO打击部队。①

"我军无严重损失"

约克城号的雷达发现东北39海里处有1架不明身份的飞机。几分钟后，这个盯梢者或另一架飞机又出现在西北25海里处。列克星敦号给新近侦察归来的无畏机加了油，准备立即起飞加强反鱼雷机巡逻。到了10：00左右，菲奇估计敌军攻击已迫在眉睫。1架返回的搜索机报告，在17特舰西北45海里处有12架飞机。当10架SBD紧急升空时，进行战斗空中巡逻的战斗机追逐了雷达发现的几个可疑目标。约克城号的2架战斗机摧毁了1架倒霉的九七式水上飞机，事后美军认为它是唯一的盯梢者。标志着它的覆灭的烟柱在舰队东北方清晰可见。没有人发现菅野的鱼雷机，也没有人意识到敌人的航母舰载机曾在那天出动侦察。和迪克森一样，菅野在能看见敌方舰队的地方停留了1个多小时，并发送了包括导航信号在内的重要情报来引导正在接近的攻击机群。弗莱彻和菲奇通过无线电情报始终掌握着菅野的发报情况。可惜和前一天不同的是，日军飞机的无线电通信都经过了严格加密，美军基本上无法解读这些电报。10：29，列克星敦号上降落了清晨搜索机队中5架姗姗来迟的SBD（仍有3架未返回），以及1架发动机出了故障的TBD。

菲奇终于转到东北方，迎向敌军的攻击机队。他在10：43按照弗莱彻的作战令和谢尔曼的意见将17特舰结成V式防守阵形。2艘航母在半径为1500码的内环齐头并进（因此两舰的间距为3000码），5艘巡洋舰组成3000码的中环，而7艘驱逐舰在与巡洋舰之间空隙相对的位置组成4000码的外环。这种防守阵形的用途是发挥强大的防空火力抗击空袭，以保护航母。有个在2月轰炸过11特舰的日本飞行员曾将此描述为"美国海军满世界吹嘘的环形阵"。②日本海军的航母防御理念与此截然不同。他们要求护卫舰艇在空袭中后撤，让航母有更多空间来自由机动。美国海军的做法其实是一种折中，因为美国的航母舰长们也认为剧烈的机动是躲避炸弹和鱼雷的关键。护卫舰艇既不能挡住航母的去路，又必须跟在航母附近以提供高炮支援。

美国海军特混舰队的防空作战条令即将在本领高强的敌人手下接受第一次考验。在此之前，美军舰船要么在珍珠港白白挨炸，要么仅仅与水平轰炸机周旋。无论是哪种情况，高射炮的表现都不算出色。美军舰船装备了两种高射武器：用于远

① 日本《战史丛书》49：306—307 页。
②《日本时代与广告报》（1942 年 3 月 14 日）。

程射击的重型武器和用于近距防御的轻型武器。重型高射炮（约克城号和大多数驱逐舰装备的127毫米／38倍径高平两用炮，以及列克星敦号和巡洋舰装备的127毫米／25倍径高射炮，后者较为老旧，威力较小）使用配备时间引信的炮弹，最大有效射击斜距约为10000码，通常不会在这个距离之外开火。少数舰船装备的火控雷达还不是很有效。127毫米炮要么使用指挥仪（在理想情况下）或局部控制方式射击个别目标（"连续跟踪射击"或"打到命中为止"），要么在敌机投弹的必经之路上张开弹幕。轻型自动武器包括四联装28毫米炮、单装20毫米炮和12.7毫米重机枪，都以局部控制方式各自为战，使用曳光弹辅助瞄准。通常只有成为攻击目标的舰船才有机会让它们发挥出良好效果。因为轻型高射武器的有效射程最多只有一两千码，与敌机投放炸弹和鱼雷的距离相差无几，所以它们的大多数战果只是在攻击者痛下杀手后的"复仇"之举。[1]

　　身为炮术专家，弗莱彻对高射炮的效能不抱任何幻想。他知道消灭敌机的主要手段是负责战斗空中巡逻的17架战斗机和负责反鱼雷机巡逻的23架俯冲轰炸机，但它们必须部署得当。每艘航母已经各有4架战斗机升空，此外空中还有18架SBD（列克星敦号10架、约克城号8架），但是那些F4F的燃油已经所剩无几。列克星敦号在甲板上已经摆放了5架战斗机和5架SBD，约克城号也有4架战斗机做好了起飞准备。10：51时，需要这些飞机的时刻似乎已经到来。约克城号通过TBS宣布："警告。方位角020° 距离68海里处有大量飞机。"2分钟后，吉尔发出游艺团拉客者的著名呼喊"嘿，巴子"[2]，把战斗空中巡逻队的战斗机召回舰队上空。17特舰的攻击机群一直保持沉默，但在10：57，约克城号突然听到VT-5队长乔·泰勒对约克城号俯冲轰炸机的领队伯奇说："好，比尔，我要开干了。"这表明约克城号上众人的祈祷有了结果，攻击机群的领队已经看见敌航母，正在根据事先的安排协调攻击动作。[3]

　　11：01，2艘航母预备的飞机都紧急升空。吉尔调了9架战斗机拦截逼近的日

---

　　① 列克星敦号有12门127毫米／25倍径炮、12座四联装28毫米炮、32门20毫米炮和28挺12.7毫米机枪；约克城号有8门127毫米／38倍径炮、4座四联装28毫米炮、24门20毫米炮和18挺12.7毫米机枪。每艘重巡洋舰有8门127毫米／25倍径炮、4座四联装28毫米炮和12门20毫米炮。驱逐领舰菲尔普斯号有2座四联装28毫米炮和4门20毫米炮（它的8门127毫米／38倍径炮只能平射）；杜威号和艾尔温号有5门127毫米／38倍径炮和4门20毫米炮，驱二中队的4艘驱逐舰（安德森号、哈曼号、拉塞尔号和莫里斯号）各有4门127毫米／38径炮和4门20毫米炮。有些舰船除了此处列出的正式列装武备外还加装了一些机枪（军械局，武备摘要及补遗，1941年12月）。有关各种火炮的说明，见坎贝尔《第二次世界大战的海军武器》。有关它们在珊瑚海的运用情况：约克城号防空舰令，附于约克城号报告中（1942年5月25日）；和太巡司致我部各舰，特混舰队的对空防御（1942年6月15日），RG-38，太舰总将官档案。

　　② 译注：旧时美国乡间巡演的游艺团常与当地人冲突，这句话就是招呼同伴打群架的信号。

　　③ 约克城号通信。

军，后者此时位于东北约20海里处。3架野猫爬高寻找俯冲轰炸机，其余6架则留在低空猎杀鱼雷机。11架俯冲轰炸机（约克城号的8架和列克星敦号的3架）也飞向东北方迎击鱼雷机，但有12架列克星敦号的SBD留守在距离舰船2000码的指定扇区。吉尔将战斗空中巡逻队原有的8架战斗机留在舰队头顶8000英尺的高空。菲奇在11：11将17特舰右转125°，几乎顶风航行，并下令加速至25节。高桥的攻击机群在11：05看见了17特舰。33架舰爆机在14000英尺的高空中前进，18架挂载鱼雷的舰攻机和护航的全部18架零式在10000英尺高度实施了快速而平缓的俯冲。吉尔将战斗空中巡逻队分开部署的计划落空了。6架在低空索敌的野猫由于云层遮挡没有找到鱼雷机，而3架爬高迎击俯冲轰炸机的F4F在遇敌时高度远不及对方。结果SBD组成的反鱼雷机巡逻队首当其冲，损失惨重。在攻击机群真正接近17特舰之前，只有1架舰攻机被击落，却有4架约克城号的SBD被零式打得空中开花。几乎完好无损地穿透外围空防后，攻击机群做好了消灭2艘航母的准备。①

弗莱彻戴着一顶一战时的老式头盔，和刘易斯以及几个参谋站在司令舰桥外面，用望远镜瞄着东北方。编队指挥所里的无线电扬声器乱糟糟地传出FDO和飞行员的对话片段，但空战地点此时还远，从船上根本看不到，而且战斗节奏也快得令人无法把握。弗莱彻已经将战术指挥权移交给菲奇，眼下他做不了更多。斯特鲁普说得好："哦，在这个时候，就高级指挥员而言，完全帮不上忙。全靠天上的战斗机飞行员接受的训练，全靠炮手的训练和经验。"11：13，列克星敦号左舷的127毫米炮和处于左翼的巡洋舰开了火。炮弹炸出的朵朵黑云直指六七千码外的日军飞机。此时波特兰号的1架SOC也在空中，驾驶员拉尔夫·V·魏尔海姆少尉惊讶地发现"高射炮炸出的烟云就像一条密实的毛毯铺满了1000~3000英尺高度的天空"。TBS战斗报话员文书军士汤姆·纽瑟姆就站在约克城号编队指挥所的门口，他听见弗莱彻对刘易斯说："他们要来揍我们了。"②

13架鱼雷机朝列克星敦号一拥而上，它们排成从该舰左舷正横方向延伸到船首右舷的弧线，发起可怕的钳形攻势。菲尔普斯号上的厄尔利上校写道："当它们飞过护卫舰船上空扑向列克星敦号时，一下开了锅，大家都在用127毫米、28毫米和

---

① 伦德斯特罗姆《首发主力》245—246页。谢尔曼把针对吉尔的战斗机引导的批评视作对他个人的侮辱："当时我是列克星敦号的指挥官，战斗机引导是在我监督下进行的。我认为我比约克城号的舰长更有资格做出评判。"（谢尔曼致魏尔伯恩信，1950年8月6日，DNC，办公档案，第20号箱）。

② 斯特鲁普，口述历史，103页；拉尔夫·魏尔海姆日记，1942年5月8日，由拉尔夫·魏尔海姆提供；与托马斯·纽瑟姆的谈话（1996年8月6日）。

20毫米炮拼命开火。"谢尔曼下令右满舵以避开左舷正横方向领头的鱼雷机，但硕大的列克星敦号花了三四十秒才开始右转。与此同时，瑞鹤号的4架舰攻机从约克城号的左舷正横方向发起冲击。约克城号的127毫米炮朝着大约7000码外来袭鱼雷机的小黑点猛射。30秒后，所有能射击的自动武器都吐出了火舌。巴克马斯特认为有9架鱼雷机扑向本舰，其实他把一些零战也算了进去。高射炮火击落1架鱼雷机，但另几架呼啸着冲近。在11：18，当打头的鱼雷机刚投下鱼雷，巴克马斯特就下令紧急加速并向右急转。敏捷的约克城号迅速转向西南并提速至30节。鱼雷在左舷有惊无险地掠过，而且又有1架舰攻机在脱身前被高射炮火撕碎。当2艘航母为躲避鱼雷而各自行动时，17特舰分成了2队。金凯德带着明尼阿波利斯号、新奥尔良号和驱逐舰杜威号、莫里斯号、安德森号、菲尔普斯号努力紧跟列克星敦号，但各舰表现不一；而史密斯的阿斯托里亚号、波特兰号、切斯特号和驱逐舰艾尔温号、拉塞尔号、哈曼号干净利落地围着约克城号完成了转向。①

约克城号毫发无伤地挺过了鱼雷攻击，但弗莱彻还不知道此时正在俯冲轰炸机

艾略特·巴克马斯特上校，摄于1941年。由美国海军通过罗伯特·J.克瑞斯曼提供

---

① 厄尔利给西奥博尔德的备忘录（1942年5月11日），RG-313，太侦司一般函件，第59号箱。

的攻击下远去的列克星敦号是否也有这样的好运。约克城号的命运在11∶24发生转折，一长串俯冲轰炸机在左舷正横方向的高空出现。巴克马斯特与瑞鹤舰爆机队14名飞行员斗智斗勇的生死较量就此开始。这些飞机以很短的间隔一架接一架发起攻击，每1架似乎都是瞄准舰岛投弹的。巴克马斯特等到飞行员进入俯冲后，就朝攻击者猛转，以缩小迎弹面。几乎每个日本人都俯冲到1500英尺甚至更低的高度才投弹，砸向约克城号的炸弹在空中清晰可辨。航海舰桥和司令舰桥上的人员在炸弹落下的最后一秒纷纷在甲板上卧倒。等到轰炸机在贴近水面的地方拉起时，巴克马斯特已经熟练地操纵着航母对付下一个攻击者了。在高射炮大合唱的间歇中，下面一层的司令舰桥都能听到他更改航向的呼喊。纽瑟姆怀着敬佩的心情目睹曲折前行的约克城号"在水中蛇行"的航迹。10来颗近失弹溅起的水花笼罩全舰。有6颗炸弹只差几英尺就能命中舰岛。它们贴着右舷在船首和舰桥之间炸起冲天的水柱，弹片撒满了舰岛。刘易斯后来打趣说："弗兰克·杰克和我几乎可以伸出手去抓到它们。那时我情不自禁地想到，来自德克萨斯州刘易斯会让站的我，将注定活不过这场战争。"几颗近失弹使船身剧烈晃动，还把船艉抬出了水面。1颗落在左舷的近失弹使装甲甲板下方的焊缝凹陷，导致燃油舱泄漏，在海上留下长长的油迹。约克城号只中了1弹。在11∶27，1颗552磅穿甲炸弹在距舰岛只有15英尺的地方陡直地击穿舰舯部飞行甲板，深入舰体内部，在第四层甲板上方爆炸。这场爆炸将一支修理队一扫而光（66名水兵死亡或重伤），造成了相当大的结构破坏，并使对空搜索雷达失灵。浓密的黑烟从飞行甲板上的大洞喷涌而出，但大火很快就被扑灭了。弹片击穿了锅炉进气口，迫使轮机人员封闭3个锅炉舱，导致航速降至25节。瑞鹤号的俯冲轰炸机没有1架被高射炮或战斗机击落，但翔鹤号的2架九九式放弃了列克星敦号，转而向约克城号俯冲，其中之一被VF-2的1架野猫击落。[①]

真正的空袭在11∶31左右告一段落，但防御方与撤退的日军飞机又激战了好几分钟。最后约克城号和列克星敦号相隔约6海里，列克星敦号在北面。弗莱彻试图呼叫菲奇，但列克星敦号在TBS和战斗机引导员频道上都没有发送信号。约克城号的雷达一时无法工作，切斯特号的雷达在这段令人焦虑的时间里担当了警戒任务。彼得森对战斗机下令："保护舰队。"列克星敦号显然受伤了，但此时没人知道它究竟伤得怎样。"有几次几乎看不见列克星敦号，因为落在它周围的

---

① 纽瑟姆访谈（1999年7月15日）；W.W.史密斯，42页；史密斯未经编辑的《中途岛》手稿，154页。

炸弹和鱼雷太多了。近失弹、爆弹和哑弹到处都是。"金凯德的报告则提供了更生动的描述："它向左侧倾，巨大的烟云从它的烟囱喷涌而出。它只是暂时减了速，侧倾迅速得到纠正，然后它继续以25节航速航行，似乎情况得到了控制。在它的尾迹里有大片燃油覆盖着水面，空中弥漫着燃油的芳香，还混杂着炸药的刺鼻气味。"尽管有人认为列克星敦号中雷多达五次，实际是9架鱼雷机2次命中它的左舷。第一条鱼雷在前部火炮平台下方爆炸，使唯一能用的飞行甲板升降机卡死在上升位置，并导致左舷航空汽油槽变形，大量漏油。第二条鱼雷造成了更明显的破坏，导致几个隔舱被水淹没，并使船身向左侧倾6°~7°。海水涌进3个锅炉舱，迫使3台锅炉关机，航速降至24.5节。17架俯冲轰炸机也攻击了列克星敦号。1颗534磅高爆攻陆弹击中飞行甲板前部一角，炸飞1个127毫米炮组，并在司令住宿区引发了熊熊大火。第二颗炸弹在左舷高大的烟囱帽上爆炸，没有造成多少破坏。和约克城号一样，近失弹在水下炸开了焊缝。17特舰的其他舰船都没有受损，不过明尼阿波利斯号躲开了2架原本扑向列克星敦号的鱼雷机。

在弗莱彻看来，远方的列克星敦号情况不错，而他知道约克城号仍能航行和战斗。史密斯后来写道："总而言之，我们似乎非常漂亮地挺过了这场厮杀。"长出了一口气的弗莱彻电告尼米兹和利里："敌军第一次攻击结束，我军无严重损失。"他不知道敌方航母指挥官是否也能这样说。①

暂歇

2艘航母忙着进行损害管制并回收弹痕累累和汽油将尽的飞机。降落到列克星敦号的人包括刚从日军航母附近返回的迪克森。航母陆陆续续地回收了所有防守飞机。为保护17特舰而战的有20架战斗机（包括VF-2的3架为攻击机群护航但不得不提前返回的飞机）和23架SBD。3架F4F（2架VF-2，1架VF-42）和5架SBD（约克城号4架，列克星敦号1架）未能返回。1架SBD在试图降落到列克星敦号时带着负伤的飞行员坠入大海。此外还有很多飞机布满弹孔，有些已经无法修复。美军飞机宣称击落32架敌机，高射炮手们则另外记录了28个战果。史学界最新的估计是防守的飞机可能消灭了10架敌机（4架舰爆机和6架舰攻机），而高

---

① W．W．史密斯，46页。1942年5月17特司致太舰总电072356，CSCMF，卷10。这封电报标注的日期和时间是072356，也就是东11区时间5月8日10：56，但这个时间在空袭之前，因此这封电报实际上是在这之后撰写和发送的。

射炮可能击落了2架舰攻机和1架舰爆机。由于还有飞机迫降或被丢弃，日方最终损失要比这些数字高得多。①

菲奇在11:51恢复通信，下令："各舰靠拢列克星敦号，重整阵型。"他急着想缩短攻击机群的返航路程。忙于进行飞行作业的约克城号过了1个小时才靠近列克星敦号。在12:04，带着约克城号攻击机群的SBD返航的伯奇高声呼叫，说遭到敌战斗机攻击。"我们需要救援！"由于雷达失灵，约克城号不知道他在什么位置，也不知道己方战斗机能不能接应。稍后追击者现出真身，原来是护航的F4F，而伯奇也很快看到了17特舰。双方返航的攻击机群发生过几次遭遇战，结果日本人吃了大亏。VF-42的护航战斗机击落了勇敢的菅野的搜索机，还干掉了攻击机群领队高桥驾驶的舰爆机。谢尔曼在12:10试图联系他自己的攻击机群领队比尔·奥尔特中校，以询问攻击结果，但没有得到答复。几分钟后，列克星敦号的雷达探测到北方15~25海里有飞机飞来。这正是归来的美军攻击机群。菲奇在12:20给弗莱彻提供了列克星敦号的第一份损伤评估："最大航速24；左舷中2条鱼雷，可能更多；4号锅炉舱被水淹没；2号和6号锅炉舱漏水但已得到控制；各处火灾均被扑灭；两边都有许多伤亡；飞行甲板升降机卡死。"列克星敦号似乎能"顺利航行，没有明显故障。"巴克马斯特在12:21汇报了约克城号的情况："由于3台锅炉受损，最大航速降至25节，中1颗炸弹。"12:22，他高兴地宣布该舰雷达可以工作了。不久轮机人员又通知他，所有锅炉将很快恢复工作。菲茨杰拉德少校在日记中准确地描述了此时的气氛："不知道这种暂时的宁静会持续多久。一切都取决于我们的飞机给敌人的航母造成了多少破坏。"②

约克城号派出3架战斗机接替战斗空中巡逻，并开始回收聚集在头顶的攻击机。各中队长以及随VS-5作战的火炮射击参谋辛德勒匆匆赶往编队指挥所向弗莱彻汇报。在寻找目标的途中，约克城号的鱼雷机曾遇到返回母舰的乔·史密斯的侦察SBD。史密斯（他的电台出了故障）指出了通向目标的正确方向。10:39左右，约克城号大队在浓密的雨云之间找到了2艘航母、6艘巡洋舰和3艘驱逐舰，它们正穿过一小块没有乌云遮盖的海域南下。2艘航母中较小的1艘很快就从视野中消失了。约克城号的几个队长认为他们痛击了跟在后面的那艘，至少命中2颗1000磅炸弹和2条鱼雷，从而使其前部和舯部都燃起了大火。糟糕的是，根据他们掌握的情

<hr>

① 伦德斯特罗姆《首发主力》269—270页。
② 约克城号通信；菲利普·F.菲茨杰拉德少校日记，1942年5月8日，通过肯尼斯·克劳福德获得。

况，没有人攻击领头的那艘航母，因为他们始终没有看到列克星敦号的攻击机。攻击机群的飞行员和在17特舰上空防守的飞行员都提到了数量众多、凶猛顽强的零式战斗机。许多SBD返回时机翼满是窟窿，自封油箱也被打穿。弗莱彻将击伤敌航母的消息告诉了麦克阿瑟，并请求他派轰炸机攻击。这则消息没有提到敌人的位置。他还给尼米兹、麦克阿瑟和金发了一份更详细的战斗总结，但其中敌航母的方位同样付之阙如，由此可以看出17特舰的参谋部当时忙到了什么程度。麦克阿瑟指出这一疏忽后，弗莱彻在13∶44提供了截至11∶00的敌军方位估计。不过此时这个情报已经严重过时了。[①]

截至13∶00约克城号回收了其攻击机群中的35架飞机（5架F4F、21架SBD和9架TBD），同时有1架VF-42的F4F降落到了列克星敦号。2架SBD未能返航，1架在舰队附近迫降。还有1架负伤的无畏式华丽地一头扎进了约克城号的烟囱。阿诺德做好了为攻击机重新挂弹的准备，但光是检查许多中弹的SBD就花了不少时间。弗莱彻在13∶00向东北几海里外的列克星敦号靠拢。而在12∶43，仍然没有看到攻击机群返回迹象的列克星敦号腾空了飞行甲板，起飞了5架F4F接替战斗空中巡逻，以及迪克森领衔的9架SBD进行反鱼雷机巡逻。就在起飞过程中，该舰前部船舱深处发生剧烈爆炸，声响通过弹药升降机传到甲板上。在列克星敦号以外无人知道此事，但这个意外意味着这艘英勇的战舰即将毁灭。

第二次打击取消

弗莱彻继续遵照已经接管战术指挥权的菲奇的指示行动，但他自己一直在苦苦思考大局。在17特舰遭空袭时收到的西南太司的一封电报大大加深了他的忧虑。这封电报表明日军再度向莫尔兹比港推进，10∶30在乔马德水道西南约40海里处发现13艘大型运输船在1艘轻巡洋舰和3艘驱逐舰护卫下驶向西南。弗莱彻明白，如果克瑞斯按照他在前一天下午拍发的计划行动，那么支援群在黎明时距离报告中这支船队的位置大约应该有160海里。克瑞斯也许会发起攻击。但是他必须得到援助，尤其是在敌航母介入的情况下。实际上利里给错了船队方位，而且他忘了提到除莫尔兹比打击部队外所有日军舰船此时应该都在路易西亚德群岛北面很远的地方。[②] 根据

---

① 约克城号报告（1942年5月25日）；辛德勒备忘录（1942年5月22日）；1942年5月17特司致西南太总电080137，17特司致太舰总电080204CTF-17，西南太总致17特司电080215，17特司致西南太总电080244，CSCMF，卷11。

② 1942年5月西南太司致17特司电080101，CSCMF，卷11。利里提供的船队方位是东经151°35'，南纬11°44'，航向210°；而由1架B-25提供的原始目击报告是东经151°35'，南纬7°44'，航向310°【见东北区空军司令致盟军航空兵司令部，关于珊瑚海交战的报告（1942年5月29日）】。

手头的少量情报，弗莱彻认为莫尔兹比打击部队的2艘航母只有1艘可能失去了战斗力。从12：30起，17特舰监听到东北方传来的大量敌军电讯，表明日军的第一个攻击波回到了自己的母舰。比亚德在12：52告诉弗莱彻，似乎有1艘航母正在指挥另一艘航母的飞机，后者虽然被自己的飞机反复呼叫却音讯全无。①

　　弗莱彻仔细考虑了下一步行动。他可以留在原地发动第二次攻击，但是要冒遭受第二次空袭的风险。他也可以撤向西北重整旗鼓，在第二天黎明时解决航母和船队。就约克城飞行大队而言，眼下的情况并不乐观。能作战的SBD不到1打，TBD只有8架，而且只剩7条航空鱼雷了。VF-42的F4F只有7架还能飞行（空中另有1架执行战斗空中巡逻）。由于日方战斗机防御很强，攻击机群应该有护航力量，而这看来是不可能的。必须优先考虑17特舰的防御。战斗机和SBD必须随时接替空中燃油告急的飞机。敌航母所在海区的恶劣天气也可能给再次索敌带来很大困难。弗莱彻对列克星敦号的情况掌握得很少，不知道该舰的攻击机群是否实施了攻击，也不知道它们何时能返航。此外，已经挨了2条鱼雷的船是特别脆弱的。在损失尼奥肖号之后，燃油也成了大问题。因此弗莱彻相当迅速地否决了在原地逗留并发动第二次打击的方案。史密斯说得好："弗莱彻迫于形势，只能离开原地，南下躲避，补充燃油，确认损失并舔舐伤口。"弗莱彻在13：15征求菲奇的意见："鉴于敌军拥有战斗机优势和未受损伤的航母，我建议后撤。你意下如何？"9分钟后，与幕僚交换过意见的菲奇回答："同意。"②

　　让人望眼欲穿的列克星敦号攻击机群终于出现了一部分。从13：22到13：28，列克星敦号上降落了11架VB-2的SBD，VS-2马尔文·M.哈施克少尉的SBD（属于奥尔特的指挥小队）和VF-2鱼雷机护航领队诺埃尔·A.盖勒上尉驾驶的F4F。所有飞机中航程最短的11架VT-2的TBD杳无音信，还有5架VF-2的F4F也踪影全无。VB-2的队长汉密尔顿少校遗憾地告诉菲奇和谢尔曼，他在浓密的乌云中始终没找到目标，只能丢弃炸弹返回。哈施克也没有补充多少情况，他只知道指挥小队在轰炸1艘似乎没有受伤的航母时飞散了。盖勒在空战结束多时后曾看见1艘未受损伤的航母，位于起火的航母西面约15海里处。菲奇认为列克星敦号和约克城号的飞机可能攻击了同一艘航母，或者在场的航母不止2艘。弗莱彻看到列克星

---

① 在比亚德的回忆录《太平洋战争》16—17页又明确指出了瑞鹤号和翔鹤号的身份，但本书作者还是无法确定他当时是否知道。约克城号RL部门的最终报告（1942年5月23日）只是提到使用呼号Siso的航母应该是中弹的那艘，因为"Suso开始接收Siso的飞机"。
② W.W.史密斯，46页；约克城号通信。

敦号的攻击机群降落后向菲奇建议："明天可以用你的飞机补充我舰，然后重新攻击。"他在13：34又提出："回收所有飞机或放弃希望后，立即以最佳可行航速向南—西南前进。"这一机动将使17特舰位于登陆船队侧翼，还有一个好处是更靠近克瑞斯和盟军航空基地。但尽管谢尔曼担心最坏的情况已经发生，菲奇还是不打算放弃VT-2。他在13：41告诉弗莱彻，自己将北上"靠拢我们的返航飞机"。弗莱彻怀疑已经没有返航飞机可找。"约克城号报告说所有飞机都已返回或无望返回，"耐心渐失的他问道，"你建议何时南下？"菲奇回答："回收飞机后马上就走。"弗莱彻相信了好朋友的判断，因此这段时间17特舰留在了原地。他在13：52电告尼米兹和利里："约克城号现在可以开到30节了。我建议今晚撤退，尽可能用列克星敦号的飞机补充约克城号的损失，然后让列克星敦号去珍珠港。"实际上，这个机会已经永远丧失了。①

"暂缓攻击，先行北上"

当约克城号攻击机群的前锋在暴风雨中发现一片无云天空下的MO打击部队后，2艘航母一边起飞和回收战斗机，一边拉大了间距。原的旗舰瑞鹤号在高木第五战队的2艘巡洋舰和3艘驱逐舰护卫下领先翔鹤号9000米航行，而另两艘护航巡洋舰则以8000米之差尾随翔鹤号。11：00瑞鹤号一行消失在一片风雨中，除了被1架战斗机扫射外没有受到任何攻击。但是约克城号的24架SBD以损失2架为代价将2颗1000磅炸弹投到了翔鹤号上，使其燃起大火。VF-42的4架战斗机在保护VT-5时干得很漂亮，击落2架守方的零式而自身无一损失，但所有9架TBD在投射鱼雷时都距离疾驰的翔鹤号太远。从雨云下钻出来的原看到翔鹤号"熊熊燃烧"后叫苦不迭。不过他的郁闷在11：25被驱散，因为MO打击部队从高桥口中得知"萨拉托加"号沉了。11：45，奥尔特率领2架列克星敦号的SBD又将1颗1000磅炸弹投进了翔鹤号脆弱的干舷侧，不过该舰灵巧地避开了布雷特少校的VT-2射出的全部11条鱼雷。另两架SBD发现并攻击了瑞鹤号，但只得到1弹近失的战果。列克星敦号的攻击机群被风暴吹散，损失了3架F4F和1架SBD。还有2架SBD（包括奥尔特的座机在内）和1架F4F因为天气恶劣而迷失方向。在这两场空战中有16架零式参战，它们宣称击落39架美国飞机，自身损失2架。事后看来2个攻击机群中真正命丧

---

① 约克城号通信，1942 年 5 月 17 特司致太舰总电 080252，CSCMF，卷 11。

其手的是2架SBD和3架F4F。①

挨了第3颗炸弹后，翔鹤号舰长城岛急切地请求撤退。无法起降飞机的航母在战场上除了当靶子什么也干不了。于是翔鹤号在12：10以30节的航速朝东北方撤离，随行的有2艘重巡洋舰和2艘驱逐舰。这些护卫舰船保护这艘重创的航母离开邻近海域后，除1艘驱逐舰外全部折返。与此同时，翔鹤号的攻击机被命令降落到瑞鹤号上，但并不是所有飞机都收到了这条指令。高木在12：40命令原"重组战力，航向大致朝北"，但MO打击部队一时还无法撤退。为了回收攻击机群，瑞鹤号继续朝东南迎风方向航行。从13：10到14：10，来自2艘航母的46架飞机降落于该舰，但由于来不及将攻击机收容到机库中（日本航母不在飞行甲板上停放飞机），甲板地勤人员不得不将12架中弹较多的飞机推下大海。另有7架飞机在海上迫降。在14：30，原清点后发现手头只有9架舰爆机和舰攻机能用于第二次空袭。此时瑞鹤号实际上只有2艘重巡洋舰和1艘驱逐舰护卫。由于先前两次放弃加油，高木对燃油状况深感忧虑。他的2艘巡洋舰有50%的燃油，但部分驱逐舰余油不过20%。好在返航的攻击机飞行员坚称己方击沉了那艘萨拉托加级航母，而且有3颗以上的炸弹击中那艘约克城级航母，"基本上足以确保击沉"。此外，他们还声称曾雷击1艘战列舰并击伤1艘轻巡洋舰。高木在14：30向井上报告说，"今日实施二次攻击无望"，而他自己可能也觉得第二次攻击并无必要。30分钟后，他带着MO打击部队掉头北上。②

南洋部队在15：45发来电令，要求"暂缓进攻，先行北上"，算是为高木的撤退决定作了背书。井上整个上午都在焦急地等待他的部队消除路易西亚德群岛以南美国航母部队的威胁。他在10：30指示所有未直接卷入航母战斗的部队向东北撤退。不久以后，他得知1架从拉包尔起飞的搜索机发现敌人1艘战列舰、2艘巡洋舰和4艘驱逐舰在路易西亚德群岛和莫尔兹比港之间海域的西南侧徘徊。这其实是克瑞斯的支援群，只不过又一次被紧张过头的侦察人员夸大了。由于美国航母不在航程内，第五空袭部队曾打算派轰炸机对付战列舰编队，但暴雨让它们在拉包尔

①日本《战史丛书》49：313—315页；原的描述引自美国战略轰炸调查《特鲁克报告》，补充报告，特鲁克海军和海军航空3号小组。美国情报部门还监听到了高桥重发的电讯（见下文）。12：17，留下来评估战果的高桥报告："取消萨拉托加沉没的报告，稍等。"此后返航的VF-42护航战斗机击落了这位勇敢的攻击机群领队，他的警告也被忽视。伦德斯特罗姆《首发主力》271页。詹姆斯·C·萨夫鲁克和本书作者对珊瑚海之战的最新研究揭示了瑞鹤号遭受的迄今为止不为人知的攻击，攻击者是VF-42的威廉·S·沃伦中尉和VS-2的马尔文·M·哈施克少尉与约翰·D·温菲尔德少尉。

②日本《战史丛书》49：317—318页。

的地面上动弹不得。获悉翔鹤号重伤，飞机损失惨重，高木取消了第二次空袭后，井上决定中止作战，尽管他已击沉2艘敌航母或至少使其失去了战斗力。在缺少直接空中掩护的情况下，行动迟缓的登陆船队极易成为他最害怕的陆基飞机的猎物，而且他担心在路易西亚德群岛西南发现的那支战列舰编队可能还包括1艘完好无损的航母。井上的参谋们经过前一天的种种困惑后还是没有搞清盟军的部署。他在16：20正式推迟了莫尔兹比港登陆行动，并指示德博因的水上飞机基地撤离。攻打莫尔兹比港的事只能日后再说了。原本分配给RY作战的部队（包括MO打击部队和志摩的原图拉吉登陆部队一部）将在所罗门群岛东北重新集结，支援5月15日夺取大洋岛和瑙鲁岛的战斗。至少原计划中的这一部分将按期执行。尽管弗莱彻还不知道，但他其实已经打赢了珊瑚海之战。[1]

"我舰需要救助"

在13：55，当弗莱彻还在等待列克星敦号攻击群的余部出现或者菲奇回心转意时，列克星敦号却发出了不祥的电讯"火灾尚未扑灭"。没等弗莱彻了解更多详情，一队身份不明的鱼雷机就从北方接近，而且没有做出正确的识别机动。约克城号用高射炮稍作射击后就意识到这些"入侵者"正是人们苦苦等候的VT-2，这些TBD的燃油已经快要烧干了。大家都为看到它们而欢欣鼓舞。包括谢尔曼在内有不少人都认为整个中队可能已经掉进了大海。在这些飞机匆忙盘旋降落时，列克星敦号将战斗机引导权移交给了约克城号，因为它自己的雷达已经无法转动了。到14：13为止，列克星敦号上降落了10架TBD和1架F4F。还有1架VT-2的TBD在西北20海里处迫降。菲奇派杜威号去寻找机组成员，但未能成功，与此同时，他将航向转到西南，以25节速度航行。到撤退的时候了。编队指挥所里的斯特鲁普画出了直指布里斯班的航线，那里是让负伤航母避难的最近港口。[2]

菲奇在14：22发来爆炸性消息。"有明显迹象表明其他敌航母已经赶到。"他后来解释说这个情报来自福林威德的无线电情报小组。约克城号上的比业德没有发现这样的迹象，但弗莱彻不能冒险。而且，除了福林威德的情报，菲奇还有其他理由相信可能存在其他日本航母。刚刚返回的VT-2飞行员声称有5条鱼雷命中1艘他

---

① 日本《战史丛书》49：323—324页。

② 这是最后一批在列克星敦号上降落的攻击机。此时空中仍有指挥小队的2~3架SBD，包括已经负伤的奥尔特中校的座机。此外可能还有鱼雷机护航队中1架VF-2的F4F。只有哈利·伍德少尉的SBD机组生还。斯特鲁普，口述历史，105页。

们发誓先前未中弹的航母。这正好印证了盖勒的报告。不仅如此，VT-2副队长埃德温·W.赫斯特还告诉菲奇，他看见在VT-2攻击的航母南边20海里处还有1艘完好无损的航母。弗莱彻在14：32将这个令人沮丧的消息转发给了尼米兹和利里。约克城号的飞行员坚信自己击伤的航母是加贺号，如此看来该舰也许终于出现了。另一种可能：来的是太舰总曾预测可能参战的辅助航母春日丸号。据信该舰至少已经抵达北所罗门群岛。虽然春日丸号本身并不强大，但它仍能回收原本可能损失的飞机。其实福林威德和列克星敦号的飞行员都搞错了。日军确实没有航母增援。至少约克城号攻击机乘员拍摄的照片证实他们攻击的航母已严重受损。弗莱彻用电报向尼米兹和麦克阿瑟发送了重新评估的结果，认为有4条或更多鱼雷及3颗1000磅炸弹命中1艘航母，使其"燃起大火"。此时他还不知道列克星敦号可能的战果。①

列克星敦号在14：34发出不祥的呼叫：它的译电室"暂时无法使用"，只能请求约克城号转发重要的电报。这成了该舰用TBS发送的最后一条讯息。前部机库甲板下的大火已经威胁到全舰，不过弗莱彻还没得到关于这场灾难的消息。他正在另想办法对付北方聚集的大批敌人。由于前文提到的种种原因，第二次空袭仍然不值得考虑。剩下的备选方案就是让金凯德攻击群中的巡洋舰和驱逐舰发动水面夜袭。由于17特舰的撤退时间几经延后，如果水面舰队有足够燃油高速行驶，仍能打击可能位于北方135海里的敌方航母。弗莱彻在14：42询问了他的驱逐舰中队指挥官——菲尔普斯号上的厄尔利和莫里斯号上的胡佛。"正在考虑水面夜袭。你们的燃油情况允许这样做吗？假定明天大部分时间需要高速航行，后天靠巡洋舰加油。"没等弗莱彻得到答复，列克星敦号上持续恶化的情况就显露无遗。14：42，第二次大爆炸导致飞行甲板下面冒出滚滚黑烟。此时明显可以看出，这艘巨舰陷入了致命的危机。谢尔曼升起求救旗后又很快降下，并在14：50打出信号："舯部火灾未得到控制。"5分钟后，大团烟云从船尾和烟囱涌出，谢尔曼将旗语改为："我舰需要救助。"弗莱彻问道："怎样的帮助有用？"他看见列克星敦号飞行甲板后部停放的F4F、SBD和TBD，又询问该舰如果能进行飞行作业，可以起飞多少战斗机。但是此时早已顾不上这茬了。于是弗莱彻警告麦克阿瑟："列克星敦号的情况大大恶化。"他还请求提供"一切可能的空中掩护"。当然，他提供了自己的

---

① 约克城号通信；1942年5月17.5特大司致17特司电090355，列克星敦号通信；1942年5月17特司致太舰总电080332，17特司致17.3特大司电080348，太舰总情报通报080235和17特司致太舰总电080344，CSCMF，卷11。

方位、航向和航速（20节），但也提醒了一句："可能不得不减速。"①

弗莱彻在15：10从菲奇手中收回战术指挥权，下令3艘驱逐舰救援列克星敦号。菲尔普斯号、莫里斯号和安德森号靠近了这艘遇难的航母。在谢尔曼请求现有舰船必要时接走人员后，金凯德也带着明尼阿波利斯号和新奥尔良号靠了过去。约克城号在15：12部署4架F4F接替战斗空中巡逻，10架SBD接替反鱼雷机巡逻，然后回收了包括原属列克星敦号的5架F4F和9架SBD在内的飞机。VF-42的队长查尔斯·R．芬顿少校带着一小队战斗机飞出15海里以检查约克城号的YE导航信号是否工作正常——如果约克城号必须出动攻击机群，这是不能不考虑的因素。列克星敦号内部又发生一次大爆炸，掀飞了锅炉舱附近的船壳板，还炸坏了锅炉上升烟道。机库甲板防火卷帘门的液压装置失效，巨大的火龙奔涌而出。谢尔曼再也无法控制船舵。他尝试利用发动机转向，使风向处于合适角度，吹走船上的烟雾。②

弗莱彻不知道列克星敦号还能支持多久，他把17特舰分成两队，保留部分实力以备作战。阿斯托里亚号（史密斯的旗舰）、切斯特号和波特兰号跟随约克城号行动。重新编组驱逐舰花了更长时间。厄尔利和胡佛商议后决定，由胡佛带领莫里斯号、哈曼号和安德森号支援列克星敦号，菲尔普斯号则待机，以便弗莱彻在需要时用该舰干"今晚的活"。厄尔利认为菲尔普斯号和2艘法拉古特级驱逐舰（艾尔温号和暂时不在场的杜威号）有"充裕的燃油"实施夜袭。③由于列克星敦号奄奄一息，弗莱彻搁置了水面攻击计划。它在船队中横冲直撞，护卫舰船不得不让开去路。又一次大爆炸过后，列克星敦号在16：00放掉蒸汽，减慢速度，最终以舷侧迎着和缓的浪涌随波漂流。弗莱彻带着3艘巡洋舰和3艘驱逐舰机动到邻近海域，金凯德则带着另两艘巡洋舰和3艘驱逐舰留在列克星敦号身边。弗莱彻告诉金凯德："如果必须放弃列克星敦号，应采取必要措施。"该舰的舷侧垂下条条绳索，伤员和非必要人员的撤离开始了。菲奇通过莫里斯号上的胡佛告诉弗莱彻，火势已经失控，船员正

① 约克城号通信。有人指出谢尔曼也许应该把部分飞机转到约克城号上。菲茨杰拉德少校在5月9日的日记中提到自己曾和几个列克星敦号的飞行员谈过，他们说自己希望飞去约克城号，但"没有得到许可"。因此"谢尔曼仅仅因为相信自己能控制火势，就拒绝转移列克星敦号上的飞机，实在是顽固不化、愚蠢至极"。VF-2的诺埃尔·盖勒上尉在接受航空局调查时（1942年6月17日）说，他和另外几个战斗机飞行员都想飞去约克城号，尽管有些F4F上的汽油可能已经不够用了。菲奇没有指示列克星敦号的攻击机降落到约克城号上确实令人遗憾，但是他和谢尔曼当时都没有意识到火灾对列克星敦号的巨大威胁。事后回想起来，列克星敦号在失去控制前也许还能将6架F4F和11架VB-2的SBD转移到约克城号，不过这完全是马后炮。

② 约克城号通信。

③ 厄尔利给西奥博尔德的备忘录（1942年5月11日），RG-313，太侦司一般函件，第59号箱；在正午时菲尔普斯号余油为63%，艾尔温号为57%，但杜威号只有43%。经过一天疾驰，它们的余油在9日分别减少至47%、45%和23%。

在甲板上集合。水龙和水泵都已失去动力，虽然有旁边的驱逐舰帮着灭火，还是无法阻止烈焰吞噬列克星敦号。现在失去它只是时间问题了。在17：00雷达或比亚德截获的电讯使约克城号感到空袭的危险陡然增大。7架F4F急速升空，增援已在天上的4架F4F和10架SBD。比亚德在17：02向弗莱彻报告，有1艘敌航母宣布："有机会。有机会，有机会。"弗莱彻则提醒17特舰："准备抗击空袭。"这次突如其来的警报只是虚惊一场，但是人们可以看见列克星敦号的船员正在弃舰。①

此时至少莫尔兹比港登陆船队的问题已经解决了。弗莱彻先是从1架美国陆航的搜索机得到消息，接着又通过麦克阿瑟确认，运输船队当天下午实际上潜藏在乔马德水道以北180海里的基里维纳附近，并且在遭到莫尔兹比出动的飞机轰炸后向西北撤退。这意味着莫尔兹比港面临的短期威胁消除了，17特舰也不必赶到西边帮助克瑞斯抗击登陆。弗莱彻可以慢慢休整，有望提高约克城号及其飞机的战备程度。克瑞斯自己则一边猜测弗莱彻的遭遇，一边向南航行了一天。他希望在局势继续保持平静的情况下加油，但不断出现的飞机使17.3特混大队不敢松懈。当天下午他通过监听电讯得知17特舰重创了1艘航母，但日军可能得到了第3艘航母的增援。在此期间，霍巴特号和3艘驱逐舰面临的燃油状况"非常糟糕"，但克瑞斯认为还没到能给其安全加油的时候。祸不单行，沃克号右侧发动机的减速齿轮又脱落了。直到当天晚上，在确信登陆船队已经撤退后，克瑞斯才允许霍巴特号为珀金斯号加油，然后护送损坏的沃克号去汤斯维尔。他希望此后一两天里在汤斯维尔以北约130海里的熙德湾用库鲁巴号为澳大利亚号、芝加哥号和珀金斯号加油。②

凄惨的一幕

对克瑞斯而言珊瑚海之战的最后阶段是平淡无奇的，而对17特舰的其余部队来说则痛苦得多。弗莱彻发现菲奇正在放弃列克星敦号，便命令金凯德"接手并加紧撤离人员"。近3000名船员需要花相当多的时间才能离开母舰，登上救援船只。距离日落还有1个小时，届时燃烧的航母将变成为敌人指路的灯塔。在17：37又发生一次大爆炸后，弗莱彻命令厄尔利再带2艘驱逐舰救援列克星敦号，只留下拉塞尔号跟着自己。为防止救援船队在晚上与本队失散，他在遥远的南方设

---

① 约克城号通信；比亚德《太平洋战争》17页。
② 1942年5月西南太总致17特司电080532，CSCMF，卷11；克瑞斯日记。

定了次日上午07∶00的会合点。看着巨舰临终时的痛苦挣扎着实揪心，史密斯在他的文章里回忆了大火如何逐渐吞噬停放在舰尾的飞机。它们"变成红褐色，就像热锅上的蟑螂一样一个接一个'爆裂'"。在上空盘旋的战斗空中巡逻队中，VF-42的莱昂纳德上尉惊讶地看见"熊熊火焰、大大小小的爆炸和被炸到舷外的碎片使它犹如浮在水上的地狱"。好在船员及时而且非常有序地撤离了。多亏海上波澜不惊，他们才在水面漂浮了足够长时间，最后几乎全部被小艇转移到附近的护卫舰船上。[①]

太阳在18∶18西沉，约克城号回收了最后1架飞机。此时最大的一次爆炸已经撕开了列克星敦号的水线以上部分。"似乎整块飞行甲板都被抛到空中——着火的飞机、桁架和碎片雨点般落下。"船尾已经变成一团火球，船壳上闪烁着星星点点的鲜红火光。谢尔曼和他手下的高级军官还在船上进行着最后的检查。弗莱彻命令金凯德用鱼雷击沉列克星敦号，完事后去南边与主力会合。这一定是弗莱彻下达过的最艰难的命令之一。确信没有活的船员留在船上后，谢尔曼终于在18∶30离开列克星敦号，与明尼阿波利斯号上的金凯德和菲奇聚首。参加救援的船只在海上仔细搜寻了幸存者，然后掉头寻找主力。它们救起了2770人，相当于列克星敦号编制名额的92%。救援工作的彻底使人们聊可自慰，海军和国家避免了一场悲剧。菲尔普斯号接受了击沉列克星敦号的任务。厄尔利在19∶15向它燃烧的身躯发射了五条鱼雷，但它迟迟不愿沉没。直到19∶52，列克星敦号终于一个翻身沉入海底。水下的巨大爆炸让厄尔利以为菲尔普斯号的船尾也被炸飞了，冲击波远达20海里，连17特舰的其余舰船也感觉到了。到了20∶27，除菲尔普斯号外各舰都已追上本队。弗莱彻以20节速度南下，而波特兰号和莫里斯号一边转移幸存者，一边以较慢的速度尾随。[②]

高层观点

当天晚上，把单调枯燥的工作留给金凯德后，郁闷的弗莱彻开始起草向太舰总报告列克星敦号沉没的电报，就在此时他收到一封尼米兹的电报："祝贺你过去

---

① W．W．史密斯，47页；伦德斯特罗姆《首发主力》282页。

② 列克星敦号报告（1942年5月15日）；巡洋舰第六分队分队长（17.2特混大队司令）致太平洋舰队巡洋舰司令（十七特混舰队司令），1942年5月7—8日在珊瑚海与日军的交战（1942年5月28日）；驱一中队长致17.2特大司，列克星敦号的沉没（1942年5月14日）；厄尔利给西奥博尔德的备忘录（1942年5月11日），RG-313，太侦一般函件，第59号箱。

两天取得的辉煌胜利。你的勇猛作战赢得了整个太平洋舰队的敬佩。你和你部下的官兵表现出色。你使我们心中充满骄傲，你发扬了海军最优良的传统。"尽管电报写得热情洋溢，但在失去列克星敦号的背景下太舰总的表扬显得很空洞。弗莱彻在19：38发送给尼米兹和利里的电报中解释，在一次"原因不明"的内部爆炸后，列克星敦号起火沉没。"相信大部分人员已经获救。"17特舰已向南撤退。约克城号有35架能作战的飞机（15架战斗机、12架俯冲轰炸机和18架鱼雷机），还有12架SBD经过修理后也可投入使用。虽然约克城号的水下部分也遭到破坏，但"可能无关紧要"。最后弗莱彻提醒道："必须在2~3天时间里避免攻击行动，以进行必要的小规模修理。"读者在后面将看到，尼米兹可能足足过了36个小时才知道列克星敦号战沉的消息。[①]

珍珠港时间5月7日，或者珊瑚海时间5月8日，对太舰总来说是个意义重大的日子，不仅是因为他的部队似乎打赢了一场战役，还因为他在这天正式接掌了太平洋战区。这天晚上他根据掌握的情报向金、利里和哈尔西通报了战况总结。继前一天1艘日本航母被消灭后，当天又有1艘敌航母被认定遭重创。约克城号和列克星敦号都受了伤，列克星敦号伤势较重。弗莱彻的燃油情况很"严重"，17特舰可能在次日与2艘航母对垒，但只有约克城号尚能一战。"哈尔西的位置不明，但估计他最早也无法在华盛顿时间11日之前到达珊瑚海。"尼米兹恳请金提供必要的航母舰载机"以弥补严重的飞机损失，并为我们预计将要发生的战事做好适当准备"。

麦考密克的战争计划处则记录了"喜庆的一天"。尽管列克星敦号受伤，约克城号将要以一敌二，哈尔西抵达珊瑚海尚需时日，局面仍然"大体有利"。[②]

虽然尼米兹无意中忽略了珊瑚海之战的最后阶段，他的对手山本却肯定不这么糊涂。在5月8日夜MO打击部队北撤加油途中，原拍发了一份长长的战役总结。高木提到瑞鹤号缺少飞机。"上述情况表明在5月9日没有希望发动进攻。"井上告诉联合舰队，由于祥凤号损失和翔鹤号负伤，他已推迟MO作战，请求山本批准。针对大洋岛和瑙鲁岛的RY作战将按原计划进行。井上的诉苦对联合舰队的参谋们无异于五雷轰顶，他们相信井上的部队已经击沉了1艘美国航母，可能还结果了另一艘航母，逼退了美军余部。照此看来，井上应该继续进攻并夺取莫尔兹比港才对。

---

① 1942 年 5 月太舰总致 17 特司电 080713, CSCMF, 卷 11；1942 年 5 月 17 特司致太舰总电 080838, 舰总司 00 档案。

② 1942 年 5 月太舰总致山猫主将等电 080935, CSCMF, 卷 11（"山猫"是博拉博拉岛的代号）；1942 年 5 月太舰总致舰总司电 080755, 舰总司 00 档案，灰皮书 443 页。舰总司在次日命令 VF-5、VF-72 和装备新型格鲁曼 TBF-1 鱼雷轰炸机的 VT-8 特遣队从诺福克转场至阿拉米达，1942 年 5 月舰总司致大舰总电 081900, CSCMF, 卷 11。

于是山本在22∶00对井上下令："根据目前情况，请你竭尽你部的所有能力消灭敌人。"这个"请求"在南洋部队的各级指挥部引发了一片惊恐。井上立刻下达了新的命令。丸茂的支援部队将中止德博因水上飞机前进基地的撤退工作，用其水上飞机寻找和攻击敌舰。MO打击部队将先加油，然后在5月9日搜索敌军。五藤将率领第六战队的2艘重巡洋舰和第六水雷战队大部配合MO打击部队消灭敌人。井上没有说明他将在何时继续对莫尔兹比港的进攻，而山本将会发现下命令是一回事，实现它则是另一回事。莫尔兹比港已经变得遥不可及，日军在短期内也无力改变这一局面。①

批评

在损失列克星敦号后重写的私人日记中，谢尔曼认为5月8日的战斗"打得很漂亮"，而且"不可能有别样的结果"。但是当他的《战斗命令》一书在1950年出版时，他却找到了很多理由来谴责弗莱彻在5月8日对17特舰的指挥：那天下午当列克星敦号在与大火的搏斗中节节败退时，约克城号却拥有一个"几乎完好无损"的飞行大队，后来还得到尚在空中的列克星敦号飞机的进一步加强。"尽管如此，我军却没有再度搜索敌航母，也没有继续实施任何攻击。"谢尔曼对保留战斗机用于防御的意见不屑一顾。"整个下午没有1架日本飞机接近过我们。"福雷斯特·比亚德的回忆录以不亚于5月7日的尖刻笔调描写了弗莱彻在5月8日的无所作为，声称这位将军只要听从他的建议就能获得一场伟大的胜利。比亚德一口咬定自己从12∶30左右起就不断告诉弗莱彻瑞鹤号正在忙于回收翔鹤号及其自身的飞机，说明翔鹤号至少暂时失去了战斗力。"在出示了有关证据后，我提议再次空袭，这次打击当可一举歼灭2艘航母。"在13∶15他还截获了瑞鹤号的一份报告，称美军航母1沉1重创，意味着此时进攻有很大机会达成突然性。"相信我们能给小日本一个致命的惊喜。"但是弗莱彻不敢"做出艰难的决定"，因而"什么也没做"。不久列克星敦号情况恶化，他不得不把注意力放在它身上，就更顾不上攻击敌人了。美国国家安全局的历史学家弗雷德里克·帕克的批评则更为笼统。"无疑弗莱彻和井上都从通信情报和其他来源获得了关于对手蒙受的飞机损失和航母损伤的大量具体报告，但这两人显然没有能力消化和评估这些报告。因此，他们在5月8日下午晚些时候选择了相似的行动：各自与敌人脱离接触，撤出战场。"帕克甚至暗示弗莱彻臆造了5月

---

① 日本《战史丛书》49∶326—327页。在5月9日，瑞鹤号有24架战斗机、9架舰爆机和6架舰攻机可用，还有1架战斗机、8架舰爆机和8架舰攻机可在几天内投入使用。

8日的第3艘航母作为溜之大吉的借口，"弗莱彻感到自己的撤退意图可能被误解，因此他又告诉尼米兹和麦克阿瑟'敌军又有1艘航母加入'。"帕克在此没有详加说明，因此读者可以合理推断这第3艘航母乃是弗莱彻想象出来的。当然了，事实上是菲奇向弗莱彻提出可能还有1艘航母存在。[1]

那么，如果17特舰在5月8日留下来战斗，结果会怎样？谢尔曼和比亚德都忽略了其行动建议的可行性。约克城号飞行大队的情况与"几乎完好无损"相差甚远。许多战斗机和俯冲轰炸机由于战伤暂时无法使用。如果当时立刻实施搜索兼攻击的行动，可以出动不到1打SBD和7架脆弱的TBD，但没有F4F为它们抵挡敌军战斗机的凶猛抵抗，而这样的抵抗已经使约克城号的机库塞满了弹痕累累的SBD和F4F。日本航母所处海域的天气很糟糕，他们用信号为飞机导航，说明他们自己的飞行员也很难找到回家的路。5月8日时，弗莱彻起初并不知道列克星敦号的攻击机群取得了多少战果，只是后来才接到失踪的奥尔特中校发出的电讯，得知有1颗炸弹命中航母。而且，至少在那个时候，弗莱彻要听命于菲奇。比亚德声称战术指挥权的移交发生在前一天，还回忆说他在5月7日下午建议发动第二次空袭时弗莱彻曾如此回答："不行，这不该由我来决定。战术指挥权已经交给了我的朋友和同学——菲奇将军。我完全相信他的判断。"这番话倒是更符合5月8日的情况。[2]

在列克星敦号伤势加重而且日军可能有新的航母出现的情况下，实施第二次空袭已无可能。此外，如果要冒着恶劣天气执行搜索兼攻击任务，白昼的剩余时间已经太少。弗莱彻在当时唯一可选的进攻方案是靠金凯德的巡洋舰和驱逐舰发动水面夜袭，但如果敌军有1艘乃至2艘完好的航母，这个方案的风险就太大了。美军对敌人的位置只知道个大概，因此攻击群不得不花时间搜索。那样就可能在入夜前被发现并遭到航母攻击，更不用说会丧失至关重要的突然性。莫尔兹比打击部队如果愿意，完全可以避免交战。此外，考虑到列克星敦号在14：42以后的状况，从17特舰调离任何舰船都不是明智之举。弗莱彻的解释很有道理："虽然在8日不继续攻击的决定可能是依据错误情报做出的，但我相信正是这一决定挽救了列克星敦号92%的人员的性命。如果该舰沉没时攻击群不在场，将有很大一部分人丧命。"[3]

---

① 谢尔曼日记（1942 年 5 月 22 日）；谢尔曼，116 页；比亚德《太平洋战争》16—17 页；帕克，30 页。
② 约克城号报告（1942 年 5 月 25 日）；1942 年 5 月 17.5 特大司致 17 特司电 090355，列克星敦号通信。列克星敦号和约克城号曾试图引导负伤的奥尔特返回 17 特舰，但始终没有在雷达上发现他。奥尔特在 14：54 发出诀别电："好吧，永别了。我们有 1 颗 1000 磅炸弹命中航母。"人们再也没有找到他和他的报务员。约克城号通信。比亚德《太平洋战争》14 页。
③ 17 特司报告（1942 年 5 月 27 日）。

帕克声称5月8日下午弗莱彻从通信情报和其他情报来源得到了关于日军航母情况的"大量具体报告"，但他的这个结论得不到档案证实。在12：10贝尔康嫩汇报了一条明语电讯的内容。这条电讯是由东京的一个电台转发的，内容是1架呼号为KameKame1的日军飞机（"被认为是1架鱼雷机"，实际上是高桥少佐的舰爆机）报告萨拉托加号被击沉。比亚德（很可能也包括福林威德）也听到了这则日方电讯。从12：40开始，17特舰的舰船通过无线电测向发现有1艘敌舰正从010°方位发送讯号。比亚德从日军的电讯中得知至少1架飞机正在敌舰队附近迫降。不久以后，1艘被他认为是瑞鹤号的航母接收了另一艘航母（被认为是翔鹤号）的飞机。东京在13：15转发了打击部队司令（呼号为Moo1）发给第五空袭部队、第八炮舰队、第六战队司令（第一次提到第六战队在场）和第四舰队司令长官的明语电讯，内容是："除击沉1艘航母外，我军确定3次击中另一艘航母，其在09：20的位置为14° 40'，155° 50'，航速约16节。11：00（东11区时间13：00）。"13：35，太舰总的每日情报通报提到所罗门群岛以南的打击部队包括第五航空战队和第五、六、十八战队。龙鹤号航母也可能在新不列颠地区，改装航母春日丸号已经抵达布干维尔以北的布卡。大洋岛和瑙鲁岛似乎已成为前期登陆目标。比亚德在15：36向弗莱彻报告，瑞鹤号显然已停止引导迷航飞机。而在16：00翔鹤号又请求瑞鹤号为其转发电讯。他说翔鹤号的发报机"肯定是一套应急装置"，其"发信又慢又不稳定"。这只能确认弗莱彻早就知道的事实，即1艘航母遭到重创。[①]

　　上述电讯就是弗莱彻在5月8日下午和晚上得到的所有通信情报。珍珠港和墨尔本的情报分析员在当天获得的情报也不比这强多少。直到那天深夜，H站才向贝尔康嫩和柯佩克网络的其他收件人提供了原总结5月7日战事的电报的部分内容。直到次日上午（珊瑚海时间5月9日，珍珠港事件5月8日），H站才开始通过柯佩克网络转发高木和原在前一天夜里发送的电报的破译结果。这些电报提供了5月8日战事的第一份详细总结：宣称战果、造成的破坏、飞机实力和损失。这些情报只有极少数被提供给了弗莱彻，对于他在5月8日的撤退决定没有起过任何影响。[②]

　　按照莫里森的说法，历史上第一场航母对航母的战役——珊瑚海之战是"日本的战术胜利，却也是美国的战略胜利"。他应该在"美国"后面加上"和盟友"，

---

　　① 帕克，30页。1942年5月贝尔康嫩群发电080110，CSCMF，卷11；约克城号通信；比亚德《太平洋战争》16页。本书援引的13：15（东11区）东京转发电文是H站记录的版本，来自SRH-278，262—263页。1942年5月太舰总情报通报080235，CSCMF，卷11。比亚德《太平洋战争》16页。

　　② 1942年5月14军区司令群发电080856、080912、082028和082156，海作办群发电082301，CSCMF，卷11。

因为澳大利亚人无疑扮演了重要但未被正确评价的角色。如果登陆部队冲破拦截到达莫尔兹比港，他们几乎必定会打垮人数较少且训练不足的澳大利亚守军。弗莱彻为胜利付出的代价是高昂的：列克星敦号航母和西姆斯号驱逐舰沉没，尼奥肖号油轮遭到致命破坏，70架航母舰载机损失。约克城号舱内的关键部位挨了1颗炸弹，船身遭受的其他破坏使它只能拖着长长的油迹航行。列克星敦号的损失是由于设备缺陷，而不是指挥失误。从航空汽油槽中漏出的油气弥漫到一个有发电机在运转的舱室，诱发的爆炸毁掉了这艘巨舰。谢尔曼将此描述为"从一开始就已输掉的战斗，只是我们当时并不知道。我们一心希望挽救这艘航母"。美国海军战前的目标在一定程度上定得过高，新奥尔良号上的菲茨杰拉德少校在日记中说得好："我们不能指望和优势敌军交战后还能全身而退。"无论战术上是否失利，弗莱彻无疑完成了阻止敌人在莫尔兹比港登陆的任务。珊瑚海之战是日军在战争中第一个重大的战略挫折。南洋部队方面，5月7日损失了轻型航母祥凤号，5月8日大型航母翔鹤号又遭重创，结果进坞修理了近3个月，这2艘航母原本都要参加6月初对中途岛的进攻。瑞鹤号也是一样，它虽然本身未受损伤，但由于飞机损失惨重，也只能缺席下一场战役。因此，不仅MO作战宣告破产，日方还有3艘航母至少暂时无法作战，而美方相应的损失只是1艘。单是这个事实就足以颠覆所谓弗莱彻遭到战术失败的流行论调。不出4周，英勇的约克城号就将协同友军赢得另一场决战，为盟军在珊瑚海的胜利增光添彩。①

① 莫里森《美国海军作战史》4：63页；谢尔曼，63页；菲茨杰拉德日记（1942年5月9日）。普拉多斯，290页提出了一个惊人的新解释：他认为"虽然从现有资料看并不明显"，但联合舰队其实从未打算将翔鹤号和瑞鹤号用于中途岛作战。他声称这一论点来自权威的麦克尔·巴恩哈特教授。没有任何文献支持普拉多斯的论断。第五航空战队曾出现在《战史丛书》第43卷援引的中途岛计划档案中。该卷第96页是联合舰队1942年5月8日密电第29号，其中提供了MI作战的第一份时间表。在表中负伤的翔鹤号被从南云第一机动部队的序列中除去。此外，巴恩哈特教授在给伦德斯特罗姆的电子邮件（2000年9月8日）中也没有确认普拉多斯的说法。

第十五章
从珊瑚海到珍珠港

"我们一路狂奔，全都缺油"

借着黑暗的掩护，损兵折将的17特舰在5月8日深夜向南撤入珊瑚海深处。由于莫尔兹比港躲过了一劫，珊瑚海之战以盟军获胜而告终。利里在5月9日早上确认登陆船队仍在后撤。至于莫尔兹比打击部队是否也在撤退，就没人能确定了。弗莱彻知道约克城号的飞机在5月8日痛击了1艘航母，但并不清楚列克星敦号攻击机群可能取得的战果，只知道奥尔特中校报告说1颗炸弹命中1艘身份不明的航母。从种种迹象看，很可能存在第3艘日本航母。鉴于17特舰状况不佳，弗莱彻丝毫没有立刻再战的念头。2270名列克星敦号的幸存者挤在护卫舰船上，严重影响了它们的作战能力。哈尔西的16特舰（企业号和大黄蜂号）已从东北方接近新赫布里底群岛，但还需要至少3天才能进入珊瑚海。弗莱彻试图摆脱所有追兵，重新安置幸存者，并用巡洋舰为油尽灯枯的驱逐舰加油。

5月9日清晨，约克城号派出12架SBD向北搜寻追兵。在约克城号的雷达故障后，弗莱彻转而依靠切斯特号的CXAM雷达。但是他采取了以1艘驱逐舰作为雷达哨舰的非常措施，将拉塞尔号部署在舰队后方20海里处。厄尔利上校称当时的"局势对神经是很大的折磨"。前一天晚上调去援助列克星敦号的波特兰号、莫里斯号和菲尔普斯号平安无事地归队。在09：00左右，VS-5的弗雷德里克·L.福克纳中尉发现一支航母舰队，方位角为310°，距离17特舰175海里，航向110°，航速25节。他的电台在发送到一半时突然沉寂，导致约克城号上的监听人员疑心他被击落了。最后是他的僚机驾驶员劳伦斯·G.特雷诺少尉帮他发完了电讯。[1]

---

① 拉塞尔号战争日记；厄尔利给西奥博尔德的备忘录（1942年5月11日），RG-313，太侦司一般函件，第59号箱。偕詹姆斯·C.萨夫鲁克与美国海军退休上校弗雷德里克·L.福克纳和美国海军退休上校劳伦斯·C.特雷诺进行的对话。

由于敌航母紧追不舍，弗莱彻加速至25节，命各舰排成V式阵形，并将高级飞行员召集到编队指挥所。约克城号有16架SBD和7架TBD可用于攻击。由于17特舰需要必不可少的保护，战斗机护航也就无从谈起。根据乔·泰勒回忆，弗莱彻宣布："虽然我们已经过了很多难关，但这一次好像还是躲不过去。不过上帝作证，我们要败得有美国人的样子。"当时的战术态势是17特舰几乎以最高航速逃离敌人，因此只有飞行极长的距离才能完成攻击任务。"如果到时我们还浮在水上"，那么SBD还有希望返回，但泰勒的TBD没有任何机会。他们能做的就是尽量靠近澳大利亚海岸迫降。有鉴于此，弗莱彻决定等到敌人的攻击迫在眉睫时才考虑反击。迪克森少校自告奋勇，要带4架SBD执行先发制人的搜索兼攻击任务，以锁定敌航母的位置。弗莱彻同意了这个请求。他又派驱逐舰艾尔温号跟在舰队左后方20海里担任雷达哨舰，并帮助引导返航的飞机。VB-5的哈里·弗雷德里克森少尉在日记中写道："我们满以为逃不过攻击，每个人都情绪低落、担惊受怕。"09：36，当空袭行动还在组织过程中，切斯特警告说雷达上出现不明身份的目标。弗莱彻将航速提高到28节。金凯德后来写道，在驱逐舰燃油量"低得可怜"的情况下，"这是他敢于使用的最高航速"。弗莱彻命令各驱逐舰每4个小时报告一次油量，而不是每天报告一次。在通常情况下巡洋舰可以提供燃油，但在追兵逼近时就没法这么干。菲茨杰拉德少校在日记中写道："我们一路狂奔，全都缺油。"[1]史密斯认为，多亏弗莱彻对加油问题的重视，舰队才能在9日疾驰一天。迪克森和VS-2的另外3个非常勇敢的机组带着1000磅炸弹于10：00左右出发。让弗莱彻安心的是，比亚德的无线电情报小组始终没有截获任何侦察报告。他在10：42告诉明尼阿波利斯号上的菲奇和金凯德，"我们已被发现的可能性非常小"。[2]福克纳和特雷诺跟着约克城号留下的大片油迹飞行50海里，在11：30左右找到了17特舰。福克纳迅速向弗莱彻和他的参谋部汇报了侦察结果。弗莱彻决定向澳大利亚方面寻求空中支援，但又不愿打破无线电静默，于是他告诉已经奔波多次的火炮射击参谋辛德勒中校："我要你去趟澳大利亚。你的飞机将在10分钟后起飞。"他命令后者飞到西南方约350海里外的罗克汉普顿的航空基地，与麦克阿瑟或利里取得联系，请求汤斯维尔的美国陆航轰炸机立即实施打击。辛德勒的座驾是

---

① 菲茨杰拉德日记，1942年5月9日。

② 鲁德鲁姆，92—93页；美国海军退休上校约瑟夫·G·史密斯与伦德斯特罗姆的电话交谈，1984年11月23日。执行这次任务的4名VS-2驾驶员是迪克森、史密斯、霍伊特·D·曼上尉和约翰·A·勒普拉少尉。弗雷德里克森日记，1942年5月9日。金凯德回忆录，115页；W·W·史密斯对莫里森第3卷的评论（日期不详，约在1950年前后）。17特舰巡洋舰司令战争日记。

1架已被子弹洞穿的SBD，驾驶员是另一位挂了彩的老兵休·W．尼科尔森中尉，他在前一天受了轻伤。在辛德勒整理自己的飞行装具时，约克城号受人爱戴的副舰长狄克西·基弗中校和几个VS-5的飞行员围上前去，将飞行员的双翼徽章别在他胸前，以表达他们对这位完成了5次战斗飞行的军官的敬重。辛德勒和尼科尔森在12：40左右出发。弗莱彻告诉他们不必强求当天返回母舰，而应尽量用最方便的办法返回。①

当天下午弗莱彻接到太舰总的命令，要他"在可行的前提下"将"旧"17特舰（约克城号、阿斯托里亚号、波特兰号、切斯特号和4艘驱逐舰）连同列克星敦号撤到美国西海岸，反之则撤往珍珠港。汤加塔布将提供燃油。金凯德将带着原属11特舰的2艘巡洋舰和驱一中队的驱逐舰加入哈尔西舰队再战第二回合。显然尼米兹根本没收到弗莱彻报告列克星敦号沉没的电报，此时弗莱彻还是没法打破无线电静默来纠正他，也不敢保证将17特舰完整无缺地带出珊瑚海。在这个充满紧张气氛的下午，2艘担任哨舰的驱逐舰拉塞尔号和艾尔温号迟迟没有出现。这也情有可原。按照它们先前掌握的信息，17特舰只会以18节速度朝140°方向行进。于是弗莱彻派出新奥尔良号充当领路人。它找到聚在一起的2艘驱逐舰，带它们回归了本队。②

迪克森的攻击机群经过长途侦察后返航，他们只看见一片"台地型的礁石"，礁石上溅起的白色浪花很像舰船的航迹。弗莱彻还不能断定这就是福克纳看到的东西。他向金凯德和菲奇提出了2个备选方案。如果他能确定敌航母已放弃追击，那么他将在午夜时一边为驱逐舰加油，一遍继续向东边的努美阿航行。但如果有理由相信日本人还不死心，他将让驱逐舰前往布里斯班加油，自己带大舰南下去悉尼。与此同时，他最终从菲奇口中得知前一天列克星敦号的攻击机群宣称命中翔鹤号2颗1000磅炸弹和至少5条鱼雷。"最后一次看见该航母时它已起火且仍在绕圈，但我们相信它终将沉没。"菲奇还提到，"列克星敦号无线电情报小组截获的通信进一步证明了这一事实，同时证明有1艘自北而来的航母在昨天下午与尚存的瑞鹤号会合"。菲奇和金凯德建议去努美阿，"除非有情报明确显示航母正在逼近"。弗莱彻表示赞同。他将航速降至20节以节省燃油。向东南行驶一整天后，17特舰已到达努美阿以西600海里处。16：55，利里发来的电报确认辛德勒已经到达目的地。

---

① 美国海军退休中将 W．G．辛德勒，《珊瑚海之战的尾声》，附于他1972年6月4日致伦德斯特罗姆的信中。
② 1942年5月太舰总致17特司电090117，灰皮书，452页。弗莱彻在1947年对海军军事学院的弗雷德·C.迪基上校说，他记得在5月8日接到了太舰总从珊瑚海撤退的命令，实际上他记错了日期；贝茨《珊瑚海》103页。

"将出动所有可用的飞机攻击。"14架轰炸机搜索了汤斯维尔以东海域,但直到天黑也没有发现目标。弗莱彻最终认定福克纳发现的是利胡礁,"错把礁石当成了军舰,把浪花当成了航迹"。他问福克纳是否有搞错的可能,福克纳承认了。放下心来的弗莱彻回答:"我只要知道这个就够了。"当天晚上17特舰监听到似乎是附近的航母发出的无线电信号。虽然这再度搅动了人们的神经,但此后就再无下文。5月9日的这场虚惊或许正如莫里森所说是一次"有趣的事件",但直到事情过去很久以后,迪克森那次英勇的出击才得到应得的奖赏。当天晚上基弗给筋疲力尽的飞行员们分发了"格罗格酒","每个人都很高兴"。①

弗莱彻打算在5月10日为驱逐舰加油,并把列克星敦号的幸存者重新安置到史密斯的巡洋舰上。此后金凯德将前往努美阿与哈尔西会合,17特舰则留在汤加塔布加油,然后继续北上。支援群也将向利里报到。弗莱彻起草了向尼米兹、利里和克瑞斯交代情况的电文,安排新奥尔良号的2架SOC在次日早晨送到努美阿。他在给克瑞斯的电文中表达了歉意。"抱歉将你置于险境,也祝贺你战胜敌轰炸机。感谢你无私而高效的合作。"5月10日又有几次虚警使17特舰戒备了几个小时,妨碍了给驱逐舰加油的作业。雷达曾探测到不明身份的目标,后来确认是从新喀里多尼亚飞越珊瑚海前往澳大利亚的B-17。新奥尔良号上的菲茨杰拉德少校沉思道:"从过去48小时发生的事情来看,我们都开始怀疑弗莱彻已经神经衰弱了。"谢尔曼抱怨弗莱彻还在"草木皆兵地逃跑"。其实即便面临攻击的威胁,他也没有真"跑"。他为了节省燃油减速至15节。由于油量过低导致稳性不足,至少2艘驱逐舰使用了海水压舱。②

按照山本的明确指示,以原的旗舰瑞鹤号为主要战力的高木MO打击部队试图在5月10日再启战端。5月9日高木花了一天时间在图拉吉以西加油。认为所有美国航母都已沉没的井上命令他"竭尽全力"寻找和攻击任何愚蠢地留在后面的战列舰和巡洋舰。当晚莫尔兹比港登陆船队在拉包尔下锚,MO打击部队却南下进入珊瑚海。此时瑞鹤号上可以作战的飞机增至45架(24架战斗机、13架舰爆机和8架舰攻机)。5月10日黎明前,它在图拉吉西南340海里处起飞了8架战斗机向南搜索250海里。而当

---

① 1942 年 5 月 17 特司致 17.2 特大司电 090301,17 特司致 17.2 和 17.5 特大司电 090347,17.5 特大司致 17 特司电 090355,17.5 特大司致 17 特司电 090445,列克星敦号通信。1942 年 5 月西南太致 17 特司电 090355,灰皮书,447 页。莫里森《美国海军作战史》4:60—61 页。鲁德鲁姆,93 页;弗雷德里克森日记,1942 年 5 月 9 日。
② 1942 年 5 月 17 特司致 44 特司电 091116 和 17 特司致太舰总电 092102,舰总司 00 档案;菲茨杰拉德日记,1942 年 5 月 10 日;谢尔曼日记,1942 年 5 月 22 日。安德森号和杜威号日志。

时17特舰的位置还要偏南450多海里。这次搜索只发现了孤立无助的尼奥肖号，它失去动力后随波逐流，海水不断冲刷着它的甲板。此前尼奥肖号在报告自身方位时犯的错误使莫纳汉号误入歧途，耽误了救援。高木判断这艘油轮已不值一炸，放了它一条生路。直到第二天亨里号驱逐舰才发现尼奥肖号，并在收容船员后将其击沉。高木在12：30掉头驶向东北，于5月11日绕过圣克里斯托瓦尔岛，从东南接近拉包尔，最终完成了搅乱MO作战时间表的零战运输任务。5月10日下午，联合舰队正式将对莫尔兹比港的登陆行动推迟到7月。井上的南洋部队将集中精力夺取所罗门群岛东北的大洋岛和瑙鲁（这一行动现在设定在5月17日）。MO打击部队将在志摩少将的登陆部队从布干维尔向东北进发时提供掩护。然而RY作战也出师不利。就在5月10日，S-42号潜艇在布卡附近用鱼雷击中了志摩的旗舰——敏捷的冲岛号布雷舰。该舰于次日覆没。①

到了5月10日下午晚些时候，17特舰已经位于新喀里多尼亚西南，弗莱彻终于相信自己甩掉了追兵。他将列克星敦号的幸存者转移到波特兰号和切斯特号上，并建议尼米兹派运输船在汤加塔布与他接头。尼米兹早已先行一步。运输船已经到达该地，并预备于5月17日起航。卡纳瓦号油轮将为17特舰提供回程所需的油料。5月11日，金凯德带着明尼阿波利斯号、新奥尔良号、菲尔普斯号和杜威号离队前往努美阿，史密斯带着阿斯托里亚号及安德森号同行，他将在汤加塔布重新加入17特舰。弗莱彻向金凯德发去诚挚的告别电，称赞了后者"高效而忠诚的合作"，尤其是在救援列克星敦号人员时的表现。"祝你和你部官兵一路顺风，战果丰硕。"金凯德回复："正在远行的各舰为在近期战事中听你调遣而深感自豪，希望不久以后能再度获得这样的荣幸。"这个愿望的实现将比任何人的预料都要快得多。5月15日上午，弗莱彻平安无事地绕过新喀里多尼亚，在汤加塔布熟悉的港湾里抛了锚。此时尼米兹的太平洋全盘战略已经改变，弗莱彻将在其实施过程中扮演举足轻重的角色。②

"忽略西海岸目标"

尼米兹发现在千里之外仅凭只鳞片爪的情报很难把握战况。截至夏威夷时间5月7日夜（珊瑚海时间5月8日），他认为战局总体上是有利的。而次日上午，破译的

---

① 日本《战史丛书》49：328—330页，250—254页。
② 1942年5月17特司致17.2特大司电100303，太舰总致17特司电100835，17特司致17.2特大司电110450，17.2特大司致17特司电110525，列克星敦号通信；1942年5月17特司致太舰总电100830，太舰总致17特司和17.5特大司电100845，舰总司00档案；史密斯，48—49页。

电报显示日军推迟了对莫尔兹比港的进攻，但翔鹤号仅仅遭受了"轻微损伤"。它的部分飞机已经加强给了完好无损且仍具威胁的瑞鹤号，辅助航母春日丸号应该也在所罗门群岛。因此尼米兹在当天下午给弗莱彻下了撤退令，并要求他将金凯德的大队转隶哈尔西的16特舰。此时还不知道列克星敦号已经损失的他向金解释说，2艘美军航母受到的损伤以及严重的飞机损失"使其作战能力有一定程度的下降，因此若与完好无损的航母及岸基飞机交战，几乎必然导致这2艘航母全部损失。"它们在近期无法为哈尔西提供任何帮助。此外，珍珠港并不是能进行"大规模修理"的地方。除航母外，"旧"17特舰的余部经过艰苦的巡航后也需要保养，它们都应该直接去布雷默顿。当天尼米兹还通知普吉特湾海军船坞必须在5月下旬按期完成萨拉托加号的修理，因为现在"迫切需要"这艘军舰。[1]

5月8日的珍珠港弥漫着令人不安的气氛，因为新的破译结果动摇了尼米兹对日军战略的基本判断。前一天雷顿的"记分卡"照旧展示出敌军在南太平洋广泛进攻的架势。加贺号和苍龙号被认为正在去特鲁克的途中，对大洋岛和瑙鲁岛的登陆迫在眉睫，而且日军航母"很可能"袭击斐济或新喀里多尼亚。雷顿还提出新的证据，认为敌军可能在5月15—17日以后安排了某些针对瓦胡岛的作战，或许是飞机和潜艇的联合行动。然而在5月8日，罗切福特给一直等待着日军南太平洋大攻势的人泼了一盆冷水。"寻找增援（珊瑚海）日军舰队的其他舰队单位的努力以失败告终，未发现任何主力部队向该方向运动。"相反，"在其他地区又出现新的活动迹象"，可能牵涉到一支"打击部队"的组建，该部队将至少包括第一和第二航空战队4艘精锐航母中的2~3艘、2艘快速战列舰和2艘重巡洋舰。这些强大的部队可能离开本土水域，"在5月21日开始实施作战"。它们的确切"目标或使命""尚不明朗"，但很难排除中途岛和瓦胡岛。[2]

尼米兹得知列克星敦号损失的确切时间不可考。最有可能是在5月9日早上（夏威夷时间），通过例行重发的弗莱彻原电获悉的。当他得知这个噩耗时雷顿也在场。"心情郁闷而且略受打击"的尼米兹表示："他们应该保住列克星敦号。"接着他又恢复了积极的心态。"记住。我们并不知道敌人的所有情况。我们不知道他伤得有多重。他肯定也受了伤。记住——敌人准是受了伤。他的情况好不到哪里去。"

---

① SRH-272，1942 年 5 月 7—8 日；1942 年 5 月太舰总致 17 特司电 090117 和太舰总致舰总司电 090207，灰皮书，452 页；1942 年 5 月太舰总致普吉特湾海军船坞电 090031，CSCMF，卷 11。
② SRH-272，1942 年 5 月 7—9 日；1942 年 5 月 14 军区司令群发电 090054，CSCMF，卷 11。

雷顿很钦佩尼米兹这种极少显露疑惑的气质。鉴于日军可能在中太平洋发难，尼米兹改变了让17特舰去美国西海岸的主意。约克城号也许可以稍作修补，赶上下一场激战。尽管损失了列克星敦号，尼米兹也不愿在这一仗中退缩。于是他就在同一天早上告诉弗莱彻，"忽略西海岸目标"。尼米兹随后的举动同样个性十足。他在当天下午电告舰总司："我建议任命弗兰克·杰克·弗莱彻少将为中将衔特混舰队司令，并授予优秀服役勋章，表彰其在1942年3、4、5月间的约11周巡航中表现出色、克尽职守，以一流的航海技艺和坚忍顽强的作风实施了一系列行动，并在5月4、6、7日成功地给敌人造成了重大损失。"尼米兹对于鼓舞和维持士气的工作从不懈怠。他认为尽管损失了列克星敦号，仍然有必要做出表扬的姿态。他不愿对手下的指挥官挑刺或放马后炮（至少此时不会），他看重的是弗莱彻的实际战果，而不是批评家们的假设。金就没有这么宽容，他在5月11日答复："必须等到查明关于部署和作战的更多细节后，才能对你092219电中的建议做出批复。"①

在5月9日，无线电情报部门根据越来越多的破译电文，提供了关于日军针对大洋岛和瑙鲁岛的计划的更多细节。尼米兹通知哈尔西和弗莱彻，以瑞鹤号和第五战队为核心组建的莫尔兹比打击部队将在布干维尔一带加油，然后掩护显然是从贾卢伊特南下的大洋—瑙鲁登陆船队。包括第六战队2艘重巡洋舰在内的其他部队也可能提供支援。无线电情报还透露，水上飞机将每天从马金出发，在马金—埃利斯—所罗门群岛三角区域搜索700海里。尼米兹与麦考密克战争计划处的人员开了会，讨论约克城号是应该留在南方再战一场，还是立即返回珍珠港。如果留在南方，哈尔西手上将多出1艘"显然伤得不重"的航母，其载机约等于正常编制的三分之二。最后太舰总还是决定按原计划撤回17特舰。日方航母有陆基飞机支援，而且约克城号由于不能发挥百分之百的战斗力，在战斗中将处于"严重不利的地位"。在这种情况下，"给对手造成的破坏不能弥补己方沉没的损失"。约克城号急需进船坞，不仅是为了修补炸弹造成的破坏，也是为了正常保养。尼米兹明智地认识到"有必要节约现有航母兵力用于将来的作战，有些战斗肯定会发生在如今尚不完全明朗的地区"，尤其是中太平洋。当时谁都没有料到，约克城号在5月底赶回珍珠港竟会带来那么大的好处。②

---

① 灰皮书472页上关于1942年5月8日的记录中提到"珊瑚海传来令人痛苦的消息"，但这些文字肯定是在9日早上写的，否则时间上难以解释。雷顿，口述历史，28页；1942年5月太舰总致17特司电091507，舰总司00档案；1942年5月太舰总致舰总司电092219，CSCMF，卷11；1942年5月舰总司致太舰总电111325，舰总司00档案。

② 1942年5月太舰总致16特司和17特司电100045，CSCMF，卷11；灰皮书，473页。

战略的转变

哈尔西的16特舰（企业号和大黄蜂号）在4月30日离开珍珠港后，一直以15节速度向西南航行。当弗莱彻和高木交手时，哈尔西在东北方1600多海里外。他在5月11日加速驶近埃法特岛以检查当地的机场状况，最后还是把原定送到那里的陆战队战斗机运到了新喀里多尼亚的通托塔机场。由于眼前的危机已过，他便一边用萨宾号和西马仑号加油，一边在埃法特岛附近机动。金凯德将尽快与他会合。获悉敌军即将攻击大洋岛和瑙鲁岛后，哈尔西又把注意力转向了北方。据说瑞鹤号将与4艘重巡洋舰一起组成掩护部队，击沉该舰成了他最大的心愿。在5月12日他却从尼米兹口中得知，登陆很可能在5月17日实施，但瑞鹤号可能已经启程回国。金凯德于5月13日带着明尼阿波利斯号、新奥尔良号和2艘驱逐舰从努美阿出发，预定在所罗门群岛以东的圣克鲁兹群岛与16特舰回合。就在同一天，哈尔西从埃法特向西北进发，希望在几天后截击大洋—瑙鲁登陆部队。①

列克星敦号一度是最令金骄傲的战舰，它的损失对他打击甚大。现在他在太平洋的整套开局战略似乎岌岌可危。到6月1日，日本可能攻击阿拉斯加—夏威夷—澳大利亚一线的任何位置。在这条漫长的战线上，大部分区域防守薄弱。金在5月9日刚得知列克星敦号战沉，就立刻通知英国海军部：他将从大西洋调走黄蜂号航母，只留下突击者号。萨拉托加号很快也将重归尼米兹支配。但是在6月中旬以前，他将只有2艘完好的航母。因此金在5月12日通知尼米兹和马歇尔，他认为让16特舰前进到"脱离我军岸基飞机掩护且处于敌军岸基飞机打击范围的前沿地带"是"不可取的"，除非这样做是防守南太区的"必要条件"，或者"有望取得特别有利的结果"。盟军的陆基飞机仍然只包括少量轰炸机和水上飞机，主要用于侦察。金很干脆地改变了思路，尽管在3月底4月初时他还批评弗莱彻没有冒险用自己唯一的航母反击日军在上所罗门群岛的行动。当时如果损失约克城号，将使当地门户洞开。舰总司小心谨慎的新策略戏剧性地证明了弗莱彻在无必要时不让17特舰进入敌人视野的计策是多么正确。②

接着金又提出了更令人吃惊的建议。"为了在这样的攻击下保存我们的航母，也许应该让一个或多个航母机队在岸上运作"，并紧急从夏威夷和澳大利亚调动陆

---

① 16特舰战争日记。1942年5月太舰总致16特司和17特司电120041，太舰总情报通报120429，CSCMF，卷11。
② 布维尔《海权霸主》200页；布罗德赫斯特，224—225页，引用了金与英国海军部通信的电文；1942年5月舰总司致太舰总电121945，CSCMF，卷11。

基轰炸机和水上飞机增援这些舰载机。他敦促马歇尔扩大新喀里多尼亚、埃法特、斐济和汤加塔布的航空基地，而尼米兹也必须加以配合。太舰总需要立即以列克星敦号和约克城号的飞机以及"可以抽调"的勤务人员为基础组建飞机勤务部队，以便在新喀里多尼亚和斐济各部署一个航母飞行大队。金认为他没有希望获得足够的陆基航空力量来防守在他眼中对南太区战略至关重要的岛屿。因此他寄望于不大可靠的权宜之计，想用只适合在航母甲板上活动的飞行员和飞机补缺。虽然金实际上只提到了2个由于母舰损失或负伤而闲置的飞行大队，但他的言下之意是，为了"保存"航母，对企业号和大黄蜂号的飞行大队也可能作这样的部署。第二天，金重申了让航母舰载机和人员上岸的意愿。海军将为在新喀里多尼亚和斐济修建航空基地"提供所有可能的援助"，"包括以列克星敦号和约克城号可提供的地勤人员和替补飞行员支援"。他希望这些航空单位尽可能在5月25日前到位。[1]

截至5月13日（在日期变更线另一边则是5月14日），在尼米兹看来日军针对中途岛—瓦胡岛的威胁无疑是所有潜在威胁中危险性最大的。如果这一情况成真，他最不想看到的就是自己的航母因为被舰总司在南太平洋的静态防御战略拖累而失去飞机和人员。尼米兹采取了毫不含糊的措施来防止这样的灾难发生。当天晚上他向哈尔西转达了舰总司反对16特舰离开友军陆基空中支援范围并进入敌军岸基飞机地盘的意见。但是他加上了自己的解释：敌军"岸基飞机"是指战斗机、俯冲轰炸机和鱼雷机。言下之意是，不包括那些用于远程搜索的无所不在的水上飞机。哈尔西的2艘航母上有50多架野猫。它们为航母提供的防御远胜于任何可用的陆基空中掩护。尼米兹告诉哈尔西："要完全相信你自己的判断。"他几分钟后发给哈尔西"亲启"的下一份电报说得更明确。他要求哈尔西确保16特舰在第二天被敌人发现，然后向南撤退，不要让航母暴露在任何形式的反击下。尼米兹料到单是16特舰的存在就足以吓退比其弱小得多的大洋岛—瑙鲁岛登陆部队，并为哈尔西迅速返回珍珠港扫清障碍。可以理解的是，哈尔西从未将第二封电报记录在案，而金可能根本不知道。曾经希望奇袭大洋岛—瑙鲁岛登陆部队的哈尔西仅仅提到舰总司的谨慎"大大限制了我军目前的行动"，他带着16特舰转向西北直驶图拉吉，以确保岛上活动范围很大的水上飞机在第二天一早就能发现他。[2]

① 1942 年 5 月舰总司致太舰总电 121950 和 132140，灰皮书，464、467 页。

② 灰皮书，479 页；1942 年 5 月太舰总致 16 特舰电 140319，CSCMF，卷 11；雷顿致伦德斯特罗姆信（1974年 6 月 12 日）；皮诺和柯斯蒂洛对雷顿少将的采访（1983 年 5 月 11 日）。伦德斯特罗姆《第一次南太平洋会战》，144—149 页，154—155 页。

偷偷安排哈尔西以"打草惊蛇"的姿态制造撤退的借口后，尼米兹以最强硬的态度向金摊了牌。"满载攻击机"的日本航母打击部队将袭击一些人口稠密的地区，"或许是瓦胡岛，也可能是西海岸"。尼米兹认为必须"让我们的打击部队保持机动性最强的状态，以便迎击进犯的敌军或抓住机会实施进攻作战"。此时将航母上的飞机部署到岸上不合时宜，即使是加在一起还不满1个大队的列克星敦号和约克城号的飞机也不行。"我打算让约克城号返回珍珠港，利用这些飞机和约克城号的空勤人员充实约克城号飞行大队。在约克城号修理期间这个大队可用于协防仍然守备不足的瓦胡岛，等约克城号一修好就可以立刻让该大队归建。"尼米兹又轻描淡写地建议让哈尔西从新赫布里底群岛北上。"他好像不大可能避开远程水上飞机的侦察。"如果暴露，将会"减少但也许不会消除"他打击威胁大洋岛和瑙鲁岛的敌人的机会。"哈尔西有充分的自主权"，而且金并不知道他正在行使这一权力。但由于舰总司4月27日下令在南太平洋维持2艘航母，尼米兹就没有同样的行动自由。他请求金重新考虑，让16特舰"可以根据获得的情报决定去留。"此外，金"关于保存航母的指示可以理解为不应该为了防守能够自保的基地而冒险用它们对抗优势敌军。我对此表示同意"。当然，南太平洋的岛屿基地此时无一能"自保"，不过尼米兹并没有提到这一点。他反而请求金就太平洋舰队应如何对付针对莫尔兹比港的"下一次几乎必然来临的进攻"做出指示。"如果敌人没有向东南推进的迹象"，那么他请金"考虑将哈尔西调到中太平洋，然后尽快将萨拉托加号也调到这一区域。考虑到时间和距离，必须在近期做出明确决策"。①

如尼米兹所愿，图拉吉方面在5月15日（珍珠港时间5月14日）尽了自己的本分。1架水上飞机在东方445海里处发现了哈尔西的2艘航母，并小心翼翼地跟踪了几个小时。井上的反应与尼米兹的期望完全一致。他立即取消了对大洋岛和瑙鲁岛的登陆行动，加强了拉包尔的航空分队，并把他的巡洋舰和驱逐舰集中到拉包尔以北300海里处做好夜战准备，以防美军偷袭该地。哈尔西则在那片区域一直停留到无线电情报小组确认他已被发现为止，然后急速东进至新的会合点与金凯德聚首，朝着新赫布里底群岛踏上归途。②

次日金驳回了尼米兹让航母返回珍珠港的提议。他认为可能的中途岛登陆行动虽然让太舰总忧心忡忡，但其目的只是将美军诱离南太平洋，其次是消灭中途岛作

① 1942 年 5 月太舰总致舰总司系列电 140639，灰皮书，465—467 页；灰皮书，481 页。
② 日本《战史丛书》49：255—258 页；16 特舰战争日记；1942 年 5 月 16 特司致 17.2 特大司电 150445，CSCMF，卷 11。

为潜艇加油基地的价值。真正的大攻势将在6月15—20日从特鲁克发起，将动用5~7艘航母、4艘战列舰和强大的陆基航空兵。"似乎不仅是莫尔兹比，澳大利亚东北部或者新喀里多尼亚和斐济都有可能成为目标"，这些岛屿基地面临的威胁"似乎非常严重，因此我（金）对你（尼米兹）不愿将约克城号和列克星敦号人员部署上岸感到遗憾"。同样令金遗憾的是16特舰的进军"导致其被敌人发现"。然而，尽管在战略认识上与尼米兹有诸多分歧，舰总司还是显示了自己的大度，他愿意接受尼米兹的判断，至少"暂时"收回在南太平洋始终维持2艘航母的成命。[①]

当天夜里，尼米兹利用自己暂时得到的处置权，下达了让16特舰返回珍珠港的命令。他向金、哈尔西和利里解释说，日本人显然筹划了"3个独立并可能同时发动的攻势"：第一个攻势是以数艘航母和巡洋舰攻打阿留申群岛，第二个是夺取莫尔兹比港的又一次尝试，而第三个是动用大部分航母的大举进犯，兵锋所指是"中途岛—瓦胡岛一线"。尼米兹不能确定敌军进攻时间，"只要能找到为战列舰和萨拉托加号护航的轻型舰船，就应立即让这些船队驰援。"。太舰总无力对抗所有的攻势，但他必须为中途岛一战。"应该尽力调动战列舰和萨拉托加号支援，一旦能组织轻型舰船护航就立即出发。"凭着对无线电情报的坚定信心和迎头痛击日本航母的决心，尼米兹公然违背舰总司的意愿，调整了舰队的战斗部署，甚至不惜让约克城号在珍珠港修理以赶上这一仗。太舰总把自己逼到了非胜不可的境地。[②]

汤加塔布的小憩

当弗莱彻在5月15日抵达汤加塔布时，努库阿洛法港已被一支来自美国本土的运兵船队挤满，于是他计划逗留几天以加油，并把列克星敦号的幸存者送到运输船上，与此同时他给太舰总提供了约克城号的详细损伤报告。史密斯在当天晚上与菲奇和谢尔曼一起到达。太舰总把1艘空的运输船巴内特号拨给弗莱彻，并指示该舰与预定接受改装的切斯特号一起驶往旧金山。菲奇将搭乘切斯特号返回，然后以萨拉托加号为核心重建11特舰。在护送菲奇离开后，17特舰将回到珍珠港。弗莱彻多装了1艘运输船，还请求将菲奇的目的地改为圣迭戈，尼米兹同意了。按照舰总司加强南太平洋航空基地的计划，弗莱彻转移了列克星敦号第二雷击中队的人员，以

---

① 1942 年 5 月舰总司致太舰总电 152130，灰皮书，468 页。

② 灰皮书，482 页；1942 年 5 月太舰总致 16 特舰电 160307，灰皮书，469 页；1942 年 5 月太舰总致舰总司电 160325，灰皮书，471 页；1942 年 5 月太舰总致舰总司电 170025，CSCMF，卷 12。

弗莱彻将军和菲奇将军在约克城号上，摄于1942年5月15日。
这是弗莱彻在约克城号上照的唯一已知照片，由约翰·C.菲奇提供

便最终将其运至苏瓦和努美阿。如果金坚持己见，列克星敦号和约克城号飞行大队的其余人员也将留下，而这会给即将打响的中途岛之战造成不可估量的影响。运输船在16日做好了起航准备，但弗莱彻却没有。卡纳瓦号油轮一直没来，谁也不知道它究竟在哪里。听说能在汤加塔布加油后，弗莱彻几乎把17特舰的燃油烧干了。约克城号是靠着辅助发动机的少量柴油进港的，巡洋舰的情况也好不了多少，但是汤加塔布的美国船没有1艘能匀出燃油。在5月16日，澳大利亚的武装商船巡洋舰卡宁布拉号带着一支来自布里斯班的运输船队抵达。当皇家海军的威廉·L.G.亚当斯上校上门拜访时，弗莱彻问他能否提供一点燃油，于是亚当斯带着卡宁布拉号靠了帮。虽然约克城号的轮机兵对油料质量颇有微词——"那东西糟得很，全是硫黄啥的"——但还是很高兴能加上油。①

弗莱彻在5月17日回访了亚当斯，得知亚当斯不久要向正在澳大利亚的克瑞斯报到后，弗莱彻请他转交一条个人口信，结果亚当斯根本没有见到克瑞斯。亚当斯在5月29日给克瑞斯写了一封信，其中提到弗莱彻"非常渴望我向你转达他的万般

---

① 1942年5月太舰总致17特司电132043，灰皮书，458页；1942年5月太舰总致17特司电122113、140439，17特司致太舰总142330、142348、152358，太舰总致17特司电160105、160905，CSCMF，卷11；1942年5月弗莱彻致太舰总电170320，CSCMF，卷12。弗兰克和海灵顿，136页。

谢意，感谢你在所有行动中与他亲密无间的合作。他特别强调你总是乐于满足他关于使用巡洋舰的意愿，尽你所能地帮助他，还感谢你忽略了你和他之间所有的资历问题”。对于克瑞斯的任务和5月7日的空袭，亚当斯解释说弗莱彻“特别希望你知道，他在那一天本想追赶你并为你提供空中支援，但是根据我的理解，由于美国人自己那艘较大的航母被击沉，出于形势需要，他无法执行原来的意图。他感到自己在你危难时抛弃了你，所以正如我说的，他非常渴望你理解他的处境”。这封信让克瑞斯深受感动，也接受了弗莱彻的解释。他把怨气都撒到了贻误军机的陆基飞机目击报告和轰炸他的友军飞机身上。[1]

珊瑚海的教训

当17特舰在汤加塔布休整时，珊瑚海之战仍然占据着弗莱彻的心思。菲奇的参谋们与谢尔曼和巴克马斯特合作编写了详细的行动报告，不仅叙述了史上第一次航母对航母之战的经过，还有大量有关经验教训的评论。巴克马斯特明白报告的写作时间将很长，因此给了金凯德一份简短的建议清单，让他转交给哈尔西。几位主要指挥官回顾了此战中最重要的方面，尤其是陆基飞机的合理运用。弗莱彻在5月11日发起讨论，他告诉尼米兹、哈尔西和利里，虽然“我军人员的素质大大优于敌军，我军在物质方面总体也占优”，但还是有改进的必要；“由于非人为过错——重复一遍，非人为过错——在我方现有的组织结构下无法发挥岸基飞机和海上部队的全部价值”，日军在这方面“组织得更好”。弗莱彻认为对方用岸基飞机实施了所有远程侦察，而把所有航母舰载机都用于攻击。他还呼吁为航母增配战斗机。菲奇同意弗莱彻的意见，但他相信敌军航母舰载机也参与了侦察，“与我方当前情况相比”，日军的陆基和舰载飞机之间实现了“更高的协同”。菲奇（错误地）警告说，敌人的航母和岸基飞机装备了雷达，并且根据飞行员的报告，他认为德国的梅塞施密特109战斗机也从日本航母上起飞参战了。这当然是错的，但是在任何情况下敌军的战斗机和鱼雷机的性能无疑都“大大优于我军现有的舰载机型”，我军的高射炮也不是很有效，但总比日本人的强。菲奇还提议战斗空中巡逻应保持在20000英尺，以确保高度优势。[2]

由于南太平洋面临严重威胁，弗莱彻和菲奇关于陆基飞机的批评在华盛顿引起

---

① 亚当斯致克瑞斯信（1942年5月29日），见于克瑞斯日记，1942年6月4日。

② 1942年5月17特司致17.2特大司电110439，列克星敦号通信；1942年5月17特司致太舰总电110216，舰总司00档案；1942年5月11特司致太舰总电112100，灰皮书，463页。

了很大反响。5月13日，金向尼米兹问起战前制定的协调陆基飞机和航母的计划。尼米兹则请求弗莱彻提供意见，"以协助及确定（在南太平洋）协同运用航空兵的可能性"。弗莱彻的圆滑一如既往，他指出利里在过去3个月"一直让我充分了解他的岸基飞机侦察结果，我曾在不影响无线电静默的少数情况下请求岸基飞机配合，结果得到了迅速而全面的满足"。但是，无线电静默的限制使他无法随时让利里掌握其位置变化、燃油状况和未来动向。也许在某些情况下让指挥陆基飞机的军官来发号施令"更为合理"，至少应由该军官建议海上的特混舰队指挥官在何处运动、加油和攻击，从而获得最大优势。岸上的指挥官也许能比航母舰队指挥官更早获得关于敌军动向的新情报，可以协调陆基飞机和航母舰队。否则除了在岸上基地事先计划好的攻击外，无法实现可用航空兵力的真正协同。弗莱彻指出，菲奇和史密斯"基本同意"此观点，但这个主题实在太复杂，一封电报说不清楚。①

麦克阿瑟提交了西南太平洋战区空中作战的详细总结，并宣布："实现了与特混舰队的协同。"利里认为在现有条件下，目前用于协调陆基飞机和舰队作战的安排已是"尽善尽美"，唯一可做的改进就是航母特混舰队指挥官也许应通过飞机或穿梭往返的驱逐舰让岸上的指挥官随时了解其意图："通过共用作战指挥室，我处与各岸基航空兵指挥部保持了最紧密的联络，所有情报都立即转发到了有关部队。"而这并不符合事实，因为重要情报往往要耽搁很久才转发给弗莱彻。弗莱彻在8月将会发现，西南太平洋战区并没有解决这个问题。利里的电报与尼米兹的一封回电恰好在同一时间发出，同样处事圆滑的尼米兹在电报中称不久就会制定出关于南太平洋航空兵协同的计划。"从目前了解的情况来看，弗莱彻的行动时机把握得特别好，打击了敌人最脆弱的环节，而且他基本上没有暴露在敌岸基飞机攻击下。"这段话可谓准确评述了弗莱彻在珊瑚海的成就。麦克阿瑟也赞同尼米兹的评价——"我认为您的部队在最近的行动中指挥有方，打得英勇顽强，令人敬佩。"他也"极其渴望完善空海合作"。②

尼米兹在5月19日总结了陆基和舰载飞机的协同问题。他宣布陆基航空兵在弗莱彻"高度成功"的图拉吉空袭和随后的航母战中确实助了一臂之力。但是，高空水平轰炸战术显然不太成功。尼米兹同意麦克阿瑟需要俯冲轰炸机和鱼雷机（实际上

---

① 1942 年 5 月舰总司致太舰总电 131412，太舰总致 17 特司电 140125，CSCMF，卷 11；1942 年 5 月 17 特司致太舰总电 152126，灰皮书，471 页。

② 1942 年 5 月舰总司致太舰总系列电 142100，灰皮书，460—461 页；西南太司致太舰总电 170508，灰皮书，470 页；太舰总致西南太电 170537，灰皮书，469—470 页；西南太总致太舰总电 190345，灰皮书，493 页。

麦克阿瑟手下的陆航专家并不认同，也无此愿望）的看法，他还称赞了日本人用海军飞行员操纵远程飞机从而与海上舰队实现最密切协同的优点。航母特混舰队指挥官有责任确保陆上的搭档了解"所有可以预先提供的有关其意图的信息"。与此同时，岸上的指挥官应该策划"攻击行动，旨在为陷入交战的舰队提供尽可能大的帮助"。可惜，这个问题一时还不会解决。[①]

另一方面，金在5月11日质问尼米兹和弗莱彻："虽然还不了解上周作战时的所有客观条件，但我觉得必须表达我的如下感受：也许应该用驱逐舰对敌人实施夜袭，特别是考虑到第十一和十七特混舰队合流后有大量驱逐舰可用。"太舰总作战计划日志也提到"零散的报告使人同意此论"，但是这句话被划掉了（尼米兹干的？）。然而舰总司发给弗莱彻的这封电报又使用了他没掌握的密码，因此他并不知道金质疑他在此战中的指挥。尼米兹在要弗莱彻发送此战的简述时提到了舰总司的电报。弗莱彻请求重发并收到了该电。尼米兹很在意舰总司电报中隐含的批评弗莱彻的意思，因此对电报加了限制（"不得分发副本"），并将其作为"封存密件"处理，这是当时最高的保密级别。5月17日，弗莱彻详细报告了由巡洋舰和驱逐舰组成的2个水面攻击群的编成，克瑞斯在7日的任务，以及没有实施更多水面攻击尝试的理由（详见前文）。"根据我在现场的最佳判断，除了我下令支援群实施的攻击外，无法找到使用驱逐舰夜袭敌军的机会。"金始终没有回复此电，但弗莱彻不久以后就必须当面向尼米兹解释自己的行动。[②]

"加速抵达"

5月18日上午，卡纳瓦号终于出现在汤加塔布，弗莱彻开始了加油作业。这艘船是美国海军的第1艘油轮（AO-1），携带的油量相当于新型快速舰队油轮的一半，只能给17特舰补充75%的燃油。如果太舰总不能再安排一次加油，弗莱彻在归途中就不能长时间高速航行了。当天下午传来了尼米兹的命令："17特舰加速抵达珍珠港。"弗莱彻要在预定时间之前与前往圣迭戈的菲奇分手，然后沿直线航路返回珍珠港。到5月19日黎明时，卡纳瓦号已经将波特兰号加至近乎满油，并把最后的油料输送给了阿斯托里亚号和约克城号。弗莱彻通知尼米兹，他预定在13：00离开汤加

① 1942 年 5 月太舰总致舰总司电 200359，灰皮书，486—487 页。
② 1942 年 5 月舰总司致太舰总电 111245，灰皮书，468 页；灰皮书，475 页；1942 年 5 月 17 特司致太舰总电 141826，CSCMF，卷 11；1942 年 5 月太舰总致 17 特电 150825，17 特司致太舰总电 160200，灰皮书，468—469 页。

塔布，在5月27日16：30到达珍珠港。当天上午晚些时候，卡斯卡斯基亚号停靠汤加塔布。弗莱彻命令它给波特兰号加油，自己带着17特舰的其余舰船在15：00离开。波特兰号将在天黑时赶上大队。约克城号的船员以为他们只会在珍珠港短暂逗留，都憧憬着在国内一边等航母修复损伤，一边过几个月的逍遥日子。实际上，这艘航母即将面临最严峻的考验。尼米兹急电哈尔西："加速返回夏威夷地区。"16特舰在回程中不得袭击任何基地，也不能让敌人发现自己。哈尔西在埃法特附近加油后，开始以17节速度驶向东北，准备在5月26日回到珍珠港。①

尼米兹向金强调了从南太平洋撤回航母的重要意义。他得到的有关约克城号伤势的情报表明珍珠港海军船坞能够在"相当短的时间"内将其修复。对于3个密码破译小组源源不断提供的无线电情报，他承认"依据相同资料可能做出明显不同的判断"。珍珠港方面最新的译电结果并不支持敌舰队屯兵特鲁克以威胁南太平洋的猜测。"相信对方这一次很可能趁我们尚未得到军工生产的补充之际尝试夺取至关重要的夏威夷地区。将密切注意局势，如有迹象表明敌军即将集中于西南方向，会令哈尔西返回该地。"金在5月17日松了口，"我已经略微修改了我的判断，现在大致赞同你的意见，但我认为敌军夺占中途岛和乌纳拉斯卡的尝试将发生在5月30日左右"或"在此后不久。敌在南太平洋的攻势将在6月中下旬展开，他们将力求攻占莫尔兹比以及东北澳大利亚或新喀里多尼亚及斐济"。金的最后一个判断确实很正确，有一个情况落入了他的分析人员的视线并受到特别关注：日本人准备在中途岛照例取得胜利以后将联合舰队精锐调到特鲁克。如果特鲁克集结重兵，将对金的整个南太平洋战略构成严重威胁。与此同时，尼米兹和他的谋士则担心继珍珠港的灾难后日军可能以压倒优势兵力重返中太平洋。两位指挥官都自然而然地强调了指向各自心中最坏情况的证据。②

金自己对敌军中途岛攻势的估计也是非常吓人的，中途岛攻击部队可能包括第一和第二航空战队的4艘航母（可能还有瑞鹤号），以及4艘快速战列舰、2个巡洋舰分队、至少2个驱逐舰中队和一支登陆部队。有迹象表明第一舰队的战列舰"可能在中途岛以西占据接应位置"，但是这个预告很快就被所有人遗忘了。金认为敌人可能先用航母突袭瓦胡岛，然后将试图"诱出并消灭相当一部分太平洋舰队"。他

---

① 1942 年 5 月太舰总致 17 特司电 180357，17 特司致太舰总电 182322，太舰总致 16 特司电 180403，CSCMF，卷 12；1942 年 5 月太舰总致 16 特司电 171927，灰皮书，491 页。
② 灰皮书，483 页；1942 年 5 月太舰总致舰总司电 170407，灰皮书，490 页；1942 年 5 月舰总司致太舰总电 172220，灰皮书，489—490 页。

指出："我方相应的策略是在夏威夷地区集结重兵。"但是鉴于日军的意图是倚仗其明显优势的兵力寻求决战，他认为最好还是"以积极削弱对方的战术为主，而不应——重复一遍——不应让我军接受这样的决战，因为这很可能给我军航母及巡洋舰造成重大损失"。做出这番指示后，金还是不放心，他觉得此时变得极其好斗的尼米兹可能会下定决心正面迎击日本航母。让他保持慎重的办法之一是设法把受伤的约克城号从他手里调开。于是金在5月18日要求尼米兹考虑把该舰直接送到普吉特湾海军船坞，"从而避免暴露在攻击之下，省去向珍珠港运送物料的麻烦，休整人员并有可能（节约）使其恢复使用的准备时间"。如果约克城号能够快速完成备战，尼米兹对它肯定不会放手。他以弗莱彻报告17特舰缺油为由，在5月20日答复说必须把约克城号拉到珍珠港加油。"如果约克城号可以出战，会考虑用它支援哈尔西。如果不可行，则考虑送它去普吉特。"他又在21日指示哈尔西和弗莱彻保持严格的无线电静默，不要依惯例在距珍珠港700海里时通报。"搜索机将与你取得联系并在返回时报告。"为了不让航母调至中太平洋的行动泄密，太舰总可谓做得滴水不漏。他还采纳了麦克阿瑟提议的无线电欺骗手段。从5月28日起，丹吉尔号模仿一支在南太平洋行动的航母特混舰队发报。那天晚上它搭载的PBY还袭击了图拉吉，被迷惑的日本人把它们当成了航母舰载机。①

离开汤加塔布后，弗莱彻以14节速度驶向东北。5月21日，他在萨摩亚以东与菲奇的3艘船分手。太舰总为了应对日本人的中途岛攻势已经启动了不可思议的举措，不明内情的17特舰却平静地度过了归途。虽然文案工作无穷无尽，大家还是保持着良好的精神面貌。5月26日，在距珍珠港还有一天路程时，弗莱彻为这次了不起的巡航向17特舰表达了他的谢意。"时值我军自珍珠港出征一百天之际，我要感谢全体官兵成功的作战、卓越的航海技艺、杰出的轮机表现和贯穿于这一百个日日夜夜的优良作风。"②

---

① 1942年5月舰总司令致太舰总电172220，灰皮书，489—490页；1942年5月舰总司令致太舰总电182030，灰皮书，492页；1942年5月太舰总致舰总司令电210137，灰皮书，488页；1942年5月太舰总致16和17特司电220135，西南太总致太舰总电240543，CSCMF，卷12。
② 17特舰巡洋舰司令战争日记，1942年5月26日。

第十六章

十万火急

MI作战

山本大将决心用一场大决战消灭太平洋舰队，他不允许计划的执行出现任何偏差。[①] 杜立德空袭造成的奇耻大辱只能令他的决心更加坚定。这一耻辱也使陆军站到了山本一边，不仅同意参与MI和AL（阿留申群岛）作战，还将参与最终对夏威夷的登陆。从4月28日到5月4日，日军通过图上作业和点评拟定了第二阶段作战的策略。按计划，MO作战将在5月10日以占领莫尔兹比港告终。中途岛和西阿留申群岛应在6月初攻克，斐济和萨摩亚则在7月步其后尘（FS作战）。对夏威夷群岛的攻击可能在10月展开。"由于第一阶段作战进展顺利，"山本解释说，"我军已经确立了必胜的战略态势"，但"如果我军一直采取守势就无法维持这种态势"。而"为了牢固地确保这种态势，我们必须接二连三地主动打击敌人的弱点"。此刻大批在建的战舰尚无法参战，正是将敌军残余的战列舰、航母和巡洋舰诱出并歼灭的最佳时机。大本营在5月5日正式批准了MI作战。[②]

---

① 美方关于中途岛之战的基本资料有：太舰总致舰总司，中途岛之战（1942年6月28日），随附17特舰致太舰总，中途岛之战——转发报告汇编（1942年6月26日）；16特舰司令致舰总，中途岛之战，转发报告汇编（1942年6月16日）；17特舰巡洋舰司令致太舰总，行动报告（1942年6月12日）；中途岛海航站司令致太舰总，与敌军交战的报告，1942年5月30日至6月7日中途岛之战（1942年6月18日）。太舰总致舰总司，中途岛之战，论述潜艇作战的第二份补充报告（1942年8月8日）。另见约克城号舰长致海军部长，军舰损失报告（1942年6月17日）。1947年海作办发表了《中途岛之战的日方记录》，这是南云中将的第一航空舰队（第一机动部队）的战斗详报英译本，以下简称南云报告。报告原文载于 NHC 缩微胶卷 JD1，并附有赤城、加贺、苍龙和飞龙号的中途岛战斗详报，这些报告的摘译载于 WDC 档案 160985B。官方研究包括：美国海军舰队总司令部，秘密情报通报第1号，从珍珠港到中途岛的战斗经验——1941年12月至1942年6月，包括8月17—18日马金奇袭（1943年2月15日）；美国海军情报局出版处战斗情报科，中途岛之战战斗情述（华盛顿，1943年）；美国海军军事学院（理查德·W.贝茨准将），《中途岛之战（包括1942年6月3日至14日的阿留申岛事）》（以下简称贝茨《中途岛》）；美国陆军远东司令部日本专论集第88号：1942年3月至1943年2月海军在阿留申群岛的作战，和日本专论集第93号：1942年5—6月中途岛作战。关于中途岛之战的文献浩如烟海。严谨的分析包括：莫里森《美国海军作战史》第4卷；渊田和奥宫；图勒加《中途岛的高潮》；W.W.史密斯；洛德《不可思议的胜利》；日本《战史丛书》第43卷；巴德《中途岛之战》；普兰奇《中途岛奇迹》；威尔莫特；伦德斯特罗姆《首发主力》；克瑞斯曼等《我国历史辉煌的一页》；帕克。克瑞斯曼等人的《辉煌的一页》提供了美国一方对整场战役最准确且按时序排列的记述，而《战史丛书》第43卷是日方全面的记述。渊田和奥宫的著作虽然经典，在引用时却必须多加小心。

② 渊田和奥宫，95—97页，99页；日本《战史丛书》43：92—94页。

联合舰队为同时实施的MI和AL作战投入了200多艘舰船（包括10艘航母）和编制兵力达800多架飞机的航空部队。这些部队的首脑正如沃尔特·洛德所言，是"20名将军组成的豪华阵容"。北方部队（第五舰队司令长官细萱戊子郎中将）负责攻打阿留申群岛的埃达克岛、吉斯卡岛和阿图岛。角田觉治少将的第二机动部队（第二打击部队）将用轻型航母龙骧号和新入役的隼鹰号的63架飞机提供航空支援。负责攻占中途岛本身的是近藤信竹中将的攻击部队，围绕他麾下的第二舰队组建，编配了2艘快速战列舰、8艘重巡洋舰、祥凤号轻型航母（20架飞机）、1艘水上飞机母舰、1艘改装的水上飞机供应舰、2个驱逐舰中队，以及大量运输和辅助船只。南云中将精锐的第一航空舰队（第一机动部队）包括赤城号、加贺号、苍龙号、飞龙号、翔鹤号和瑞鹤号航母，由2艘快速战列舰、2艘重巡洋舰和1个驱逐舰中队护卫。它的航母舰载机编制实力达387架，将击溃中途岛的航空兵，削弱岛上的地面防御，为登陆部队开辟道路。寄望于一战定乾坤的山本第一次押上了他的全部家当。主力部队包括7艘第一舰队的战列舰（包括大和号在内）、2个驱逐舰中队、凤翔号轻型航母（15架飞机）和2艘满载微型潜艇和鱼雷艇的快速水上飞机母舰。山本指挥的主力将担任中途岛攻击作战的后援，而高须四郎中将（第一舰队司令长官）率领的护卫部队将在初期掩护阿留申群岛作战。塚原二四三中将的基地航空队（第十一航空舰队）将提供岸基飞机。[①]

5月8日，联合舰队的策划人员因为珊瑚海的损失而对计划作了必要修改，并宣布了MI和AL作战的行动时间表。[②] 弗莱彻的胜利使MI作战失去了祥凤号和翔鹤号。轻型航母瑞凤号（24架飞机）将在近藤的攻击部队中顶替其姊妹舰祥凤号。登陆中途岛的时间将是N日（东京时间6月7日，中途岛当地时间6月6日）凌晨，这是近一个月内最后一个有明亮月光的日子。鉴于弗莱彻曾在5月4日用航母奇袭图拉吉，开局行动增加了重演K作战的安排。K作战是3月里以水上飞机在夜间侦察并轰炸珍珠港的行动。现在第二次K作战的目标是确定珍珠港内是否停泊着美军的航母和战列舰。如果它们不在港内，联合舰队就将在高度戒备下作战，以防范任何伏击。2架水上飞机定于5月30日夜（夏威夷当地时间）在夏威夷群岛西北的法国护卫舰暗沙与潜艇会合加油。如有必要，这次飞行最晚可推迟到6月2日。[③] 先遣部队中的其他潜艇将在攻击部队前方

---

① 洛德，15页；日本《战史丛书》43：71—77页。

② 1942年5月8日联合舰队密电29号，文本为日文，见于《战史丛书》43：96—97页。

③ 关于第二次K作战（所谓的2号国王战役）的片断译电曾在美国密码破译人员和策划人员中间引发相当大的恐慌，有些人认为它预示着对瓦胡岛的大规模攻击。参见RG-457，SRMN-005，与中途岛之战有关的备忘录和报告Op-20-G档案，另见埃德温·T.雷顿少将未发表的论文《第2次K作战》，雷顿少将提供抄本。

侦察。在N-5日（东京时间6月2日，中途岛当地时间6月1日），应有12艘潜艇在瓦胡岛西北和西方500海里处组成两道警戒线，以警戒和攻击预计将在攻势开始后从珍珠港匆忙北上的美军重型舰船。

联合舰队5月8日的电报还要求在N-3日（6月4日／6月3日）由角田对阿留申群岛中的荷兰港、南云对中途岛同时发动航母空袭。此举将令蒙在鼓里的太平洋舰队意识到危险，并诱使其做出日方期望的反应。南云的主要目标是出其不意地将中途岛的飞机消灭在地面上。在N-3日晚些时候，从塞班东进的中途岛攻击部队的前锋将从西南方向突入中途岛的航空侦察圈。南云将在随后的两天内继续攻击，直到歼灭中途岛的航空兵并削弱岛上防御以便登陆。在N-1日（6月6日／6月5日），近藤将在中途岛以西55海里的小岛——库雷岛上建立水上飞机基地，同时细萱将率部在阿留申群岛的埃达克岛和吉斯卡岛登陆。对埃达克岛的攻击本质上只是一次袭扰。部队将撤离该岛并在N+5日（6月12日／6月11日）占领阿图岛。N日（6月7日／6月6日）黎明前，五千精锐的海陆官兵将冲上中途岛。如果一切按计划进行，特别先遣部队将在当天让机场跑道恢复使用，航母运送的36架零式战斗机中的首批飞机和从威克岛赶来的9架陆攻机都可上岛。此外在岛上还将部署6架水上飞机。

攻克中途岛后，"舰队决战"阶段（MI作战的核心部分）就将展开。庞大的油轮队能够支持联合舰队在东太平洋继续活动一周。日军将重新集结，对付此时肯定刚刚从珍珠港被诱出的美国舰队。进行决战的部队将列出一个巨大的长方形阵式。山本的主力部队（3艘最强的战列舰）将占据中途岛西北600海里处，南云的6艘航母在其东方300海里处。高须护卫部队的4艘战列舰将从阿留申群岛急速南下组成长方形的北侧一角，在山本北面500海里机动，而角田的第二机动部队（得到从近藤舰队调来的瑞凤号加强）将占据南云北面500海里的相应阵位。近藤攻击部队的余部将掩护中途岛并充当诱饵。参谋们根据美军舰队可能出现的方向（有北、东、南三种可能）拟定了具体的应对方案。如果太平洋舰队如其所愿倾巢出动至中途岛一带，角田将迅速南下与南云会合并发起攻击，同时高须将与山本会师。在美军被潜艇和航母舰载机削弱后，山本的巨炮将给其致命一击。

在太平洋舰队遭到不可避免的覆灭后，山本的战列舰队将回到日本。夏威夷登陆的策划工作会紧锣密鼓地展开，并可能在下半年付诸行动。与此同时，将通过征服南太平洋完成对澳大利亚的孤立。在6月15—20日，近藤的攻击部队和南云第一机动部队的5艘航母将集结于特鲁克休整，预定于7月护送新组建的17军登陆斐济和萨摩亚。井上和17军还将夺取新喀里多尼亚和莫尔兹比港。在北太平洋，细萱将坚守作为夏威夷和阿留申群岛门户的中途岛。为了挫败此后美军对日本本土的拼死攻击，北方部队将配备4艘快速的金刚级战列舰、8艘重巡洋舰、航母龙骧号、隼鹰号、瑞凤号和稍后修复的翔鹤号。①

5月14日，原关于飞行大队在珊瑚海的伤亡总结表明就连瑞鹤号也无法参与MI作战了。它虽然完好无损，但飞行员只剩不到40%，假以时日才能组织起经过正规训练的新飞行大队。由于没有编外的舰载机中队，南云别无选择。敞着大口子的翔鹤号在5月17日蹒跚进港，但这幅景象并未动摇山本的极端自信，尽管参谋长宇垣认为它"受了如此重伤还能平安脱身实属万幸"。修理该舰需要3个月。瑞鹤号在21日现身。原将在中途岛获胜后的6月中旬带它出航，加入在特鲁克为FS作战集结的部队。第五航空战队的缺阵使南云手中只剩4艘航母和250架飞机，其中包括21架预定送上中途岛的零式。山本认为这些力量已绰绰有余。日本情报部门相信约克城号和萨拉托加号都已在珊瑚海被歼灭；列克星敦号要么已在1月的潜艇攻击中沉没，要么还在修理。因此太平洋舰队能用于防守中途岛的充其量是2~3艘大型航母（企业号、大黄蜂号，以及可能参战的黄蜂号）、2~3艘改装航母、2艘战列舰、4~5艘重巡洋舰、7~8艘轻巡洋舰、30艘驱逐舰和25艘潜艇。在山本看来，最大的难题是如何引诱这些贫弱的部队出战。5月15日在图拉吉附近发现的2艘美国航母有充裕时间返回夏威夷水域。但丹吉尔号巧妙的无线电佯动和其PBY在5月28日对图拉吉的袭击（被井上误判为航母空袭）使人怀疑这一情况是否会发生。②

在5月25日的中途岛最终计划会议上，南云意外地告诉山本，自己无法按计划在26日起航。他的航母必须再花一天时间才能完成必要的战备。因此第一机动部队必须把对中途岛的初次空袭从N-3日（6月4日／6月3日）推迟到N-2日（6月5日／6月4日）。山本很不情愿地批准了。他拒绝在木已成舟之时修改N日（6月7日／6月6日），推迟阿留申群岛攻击，或对时间表作其他修改。经过算计后他决定冒一下险，寄望于中途岛的搜索机在N-3日不会向西巡逻足够远的距离，从而无法发现预定于这天下午进至中途岛周边600海里内的近藤攻击部队前锋。这个在最后一刻做出的变更给很多人造成了错误印象，以为AL作战原本就是中途岛登陆的佯动。5月26日，角田的第二机动部队离开日本北部的大凑，前往迷雾茫茫的阿留申群岛。南云的第一机

---

① 联合舰队作战令 14 号（1942 年 5 月 12 日），转引自日本《战史丛书》43：106—114 页；渊田和奥宫，86—87 页；普兰奇《中途岛奇迹》70 页；日本专论集 88 号，25—29 页。
② 日本《战史丛书》43：114 页；普兰奇《中途岛奇迹》47—48 页；宇垣，127 页；渊田和奥宫，105—109 页。

动部队在山本主力部队和近藤攻击部队的大型舰船的欢呼中于5月27日从濑户内海启程，这一天恰是1905年对马大捷的纪念日，也是日本的海军节。中途岛登陆船队在5月28日从塞班出发，山本和近藤则在5月29日离开日本。

但是到了5月30日，山本的计划又出了2个岔子：先遣部队的潜艇几乎全都没有按时从夸贾林出发，因此它们到达中途岛和瓦胡岛之间警戒线的时间晚了2天；此外，奉命在第二次K作战中为水上飞机加油的潜艇发现法国护卫舰暗沙有美国军舰把守。因此对珍珠港的侦察飞行不得不取消。如果水上飞机按计划在5月30—31日夜北上，就会发现珍珠港内没有重型军舰。山本也许会因此而犹豫反省。日军截获的发自夏威夷的电报数量多得不同寻常，表明太平洋舰队可能已有戒备。宇垣认为攻击行动过早暴露可能导致与敌主力的决战提前，"这是好事"，但他担心美军潜艇集中迎战。南云对这些疑虑也有所耳闻，但他还是坚定地走向中途岛的宿命战场。[①]

山本的计划在很多方面招致批评。对阿留申群岛的进攻没有产生任何好处，只是把宝贵的兵力白白分散在了遥远的战场。如果日本在中途岛获胜，那么北太平洋将和南太平洋一样门户洞开。但是山本的如意算盘是将主力远远隐藏在中途岛北面美国搜索机鞭长莫及的区域，用近藤的攻击部队引诱美国舰队出战，阿留申群岛的远征

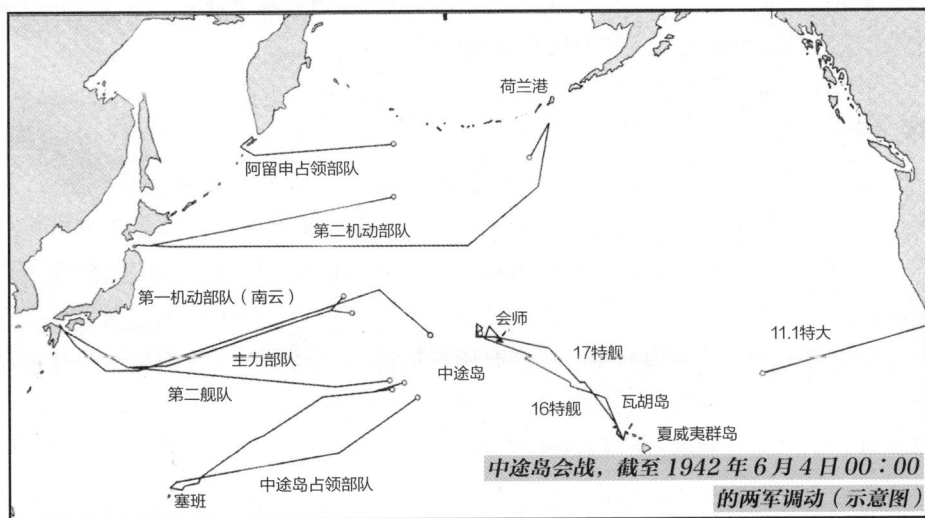

中途岛会战，截至1942年6月4日00：00
的两军调动（示意图）

---

① 日本《战史丛书》43：119—121页；宇垣，128页；雷顿《第二次K作战》；宇垣，131页。

正好符合这个计划。他希望隐藏自己的真正实力（在他心目中是指主力部队的战列舰），直到为数稀少的美国航母和战列舰来不及逃跑为止。因此，尽管山本以史无前例的航母力量为核心出色地策划了珍珠港偷袭，他在中途岛却主要想用它们为战列舰、巡洋舰、驱逐舰和微型潜艇扫清障碍。对珊瑚海之战的观感只是强化了他对于航母的易损性的成见。原在5月24日登上大和号做了报告，哀叹己方错失了不少机会。一向乐观的他承认自己在5月7日曾极为沮丧，甚至萌生了退位让贤的念头。在8日他的航母又遭受重创，以至于庆幸自己得以撤退。高木也在5月25日向联合舰队参谋部做了汇报。这两人出席的听证会都充满了同情的气氛，他们在会上懊悔地历数各自的厄运，但鉴于2艘美国航母被摧毁，没人认为珊瑚海的挫折有多严重。参谋部指责井上不够刚毅，未能追击撤退的美军。高级参谋军官黑岛龟人大佐向宇垣建议："我军不能过多依赖航空兵，水面部队必须做好必要时牺牲自己的准备。"也许老一套的舰炮和舰射鱼雷终究还是最好的。宇垣则注意到航母的脆弱，评论道："善用航空武力的关键在于通过打击敌人的弱点来取胜。"山本精心制定的总体计划过多地依赖于突然性。他的部队在计划初期阶段非常分散，极易被将计就计的敌人各个击破。除了近藤可能是例外，显然没有人注意到美国航母在珊瑚海的出现时间大大早于预期，导致整个计划完全落空。联合舰队的MI计划是6个月前在珍珠港的天才一击的翻版，只不过这一次是山本而不是金梅尔严重低估了对手的素质，没有认真评估其能力就自以为料敌机先，这真是历史上最具讽刺意味的事件之一。[1]

指挥人选

5月27日下午，经过101天巡航、2次突袭和一场大战后，弗莱彻的17特舰终于按时聚集到了珍珠港狭窄的入口处。它的到达出人意料，因为太舰总本以为燃料短缺会使其返回时间推迟到28日。约克城号仍然拖着从5月8日炸开的裂缝漏出的油迹。在进港时，水兵们注意到一个令人鼓舞的现象：坐滩的内华达号战列舰消失了，它已被打捞起来送到了美国西海岸，那也是水兵们以为自己不久将去的地方。在福特岛附近，企业号和大黄蜂号的身影若隐若现。尼米兹此时正在企业号上授勋。稍后他将有很多话要和弗莱彻讲。约克城号沿顺时针方向绕福特岛转了个弯。虽说内华达号的消失是个好兆头，但倾覆的犹他号孤寂的船头、亚利桑那号只剩骨架的主桅和俄克拉荷马号巨大而平坦的船底仍在提醒人们牢记12月7日的种种暴行。约克城号

---

① 宇垣，128页，142页。

沿着B–16码头进入海军维修船坞，对面就是企业号的通道。①

　　进入珍珠港后，弗莱彻对约克城号的最终命运有些不安的预感，但他不清楚究竟会发生什么事。如果不能去布雷默顿，那么这艘军舰也需要几个星期来修修补补。一个参谋上舰告诉弗莱彻，尼米兹想要见见他。弗莱彻早已准备在到达时按例拜见太舰总，他认为自己完全可以先小饮一杯，便漫步上岸去了酒吧。喝完后他叫上史密斯一起去潜艇基地的司令部报道，发现尼米兹和德雷梅尔已经等候多时了。弗莱彻意外地发现，"平时最沉得住气的"尼米兹"显得心乱如麻"。被问起经过如此漫长艰苦的巡航后感觉如何时，弗莱彻回答："挺累的。"而史密斯觉得"不要说老家伙们，就是年轻军官在这种压力下也撑不了多久"。尼米兹解释说，在正常情况下，弗莱彻和约克城号都应该休息，但是眼下的情况远称不上正常。"我们必须立刻让你调整好，然后派你去中途岛。"中途岛这个字眼让弗莱彻始料未及。过去几个星期他看到的情报丝毫没有提到那里有危险。尼米兹说中途岛在几天后就会遭到入侵，还用挖苦的口吻补充道，日本人对取胜信心十足，甚至已经任命了将在8月驻守该岛的指挥官。他始终没有明确说明这个惊人的情报是通过破译敌军密码获得的。弗莱彻其实早已知情。史密斯虽然不知道，但作为海军早期的密码破译专家之一，他很快就猜出了真相。②

　　尼米兹扔出关于敌中途岛攻势的重磅炸弹后，又说了一条爆炸新闻：哈尔西在前一天下午到港后就住院了。以沉着冷静著称的尼米兹见到面容枯槁的哈尔西时也大吃一惊。从2月起，哈尔西就因为"全身性皮炎"而通体瘙痒难忍。巨大的精神压力加重了原有的皮肤过敏反应，使他夜不安枕。在最近的南太平洋巡航中，热带的烈日迫使哈尔西整天待在司令舱室内，"令他苦恼不已"。实际上是参谋长麦尔斯·勃朗宁上校和作战参谋威廉·H.布拉克中校根据哈尔西的"建议和首肯"指挥着16特舰。这种情况毕竟不能持久。现在形销骨立、精神萎靡的哈尔西显然无法出

---

　　① 企业号航海日志。

　　② 普兰奇对弗莱彻的采访，1966 年 9 月 17 日；W.W.史密斯，55 页；洛德对弗莱彻的采访，1966 年 2 月 17 日；W.W.史密斯致"马克"信（1942 年 6 月 3—9 日），藏于史密斯资料集。17 特舰无线电情报小组原翻译官比亚德上校在其回忆录《太平洋战争》17 页中声称，早在 17 特舰回到汤加塔布之前，弗莱彻就收到了大量关于即将展开的中途岛攻势的报告。他为此曾向比亚德咨询，而比亚德向他说明了 H 站的各种情况，并向他保证"这些情报是可信的"。没有任何证据能证明上述情况确实发生过。尼米兹曾命令雷顿不得在每日情报通报中提及中途岛，"一点暗示都不能有"，"关于这个情报要守口如瓶"（皮诺和柯莱蒂洛对雷顿的采访，1983 年 5 月 11 日）。尼米兹只在与金的高密级电报中，以及偶尔在与麦克阿瑟和哈尔西的电报中讨论过即将来临的中途岛攻势。弗莱彻没有解读这些密电的密码本。这些电报也从未将他列为收件人。电报档案证明，弗莱彻在 5 月 27 日进入尼米兹的办公室前，对中途岛面临的威胁确实一无所知。

征。错过中途岛将成为他军旅生涯中"最痛心的缺憾"。①

哈尔西突然病倒使尼米兹一时进退两难。他本指望让麾下最勇猛、最有经验的斗士率领航母打一场将决定太平洋战局的生死之战。按惯例，接替哈尔西的人选是利·诺伊斯少将，他是一个风度翩翩的佛蒙特人，也是弗莱彻和菲奇的同班同学，一度被认为必成大器。诺伊斯身材矮壮，"性情温和，一丝不苟"，按金的话说是"由于生理原因不打手势就说不了话"。他1937年以51岁的上校身份获得双翼徽章，成为1名"能干的飞行员"。同年他指挥的列克星敦号为寻找阿梅莉亚·埃尔哈特实施了大规模搜救行动。1938年，他成为金的战斗部队飞机司令部的参谋长。1939年7月晋升为少将，担任海军通信部门的负责人。在这个岗位上，他的事业遇到了挫折，部分原因是关于珍珠港遇袭前无线电情报是否得到正确处理的争论。诺伊斯1942年3月在暧昧的氛围中被调到珍珠港却未任实职，有些不客气的流言说他的上司只是想撵他走。在4月，他接替菲奇的职位，为哈尔西负责岸上的行政管理。有人质疑他的韧性和判断力。有个著名的海军飞行员1934年在里士满号轻巡洋舰、1937年在列克星敦号上两度在诺伊斯手下任事，他回忆说"那2艘军舰上的整个氛围和风气都变差了"。对诺伊斯了如指掌（也曾毫不留情地欺负过他）的金说过："人人都知道他不善于决断。"在6月3日，史密斯私下称诺伊斯已被"淘汰"。②

其实这样的判断过于尖刻了。既然金要求组织单航母特混舰队，那么海军就需要更多的航母特混舰队司令，尼米兹在这种背景下非常愿意再给他的朋友诺伊斯一次机会。本来诺伊斯将在6月萨拉托加号完成修理后得到萨拉托加号特混舰队，但后来决定改由菲奇围绕萨拉托加号重建11特舰。此后尼米兹决定让诺伊斯指挥大黄蜂号特混舰队（18特舰），直接听命于企业号上的16特司哈尔西。与此同时弗莱彻将继续在约克城号上担任17特司，稍后还将指挥菲奇的11特舰。尼米兹希望谢尔曼上校指挥预计在6月中旬左右抵达圣迭戈的黄蜂号特混舰队。和大黄蜂号上的老同学米切尔一样，谢尔曼也已内定升为少将。米切尔本人非常乐意指挥自己的航母特混舰队，但他已被预定指挥巡逻机第二联队，以减轻贝林格少将的负担（在5月约翰·麦凯恩赶赴南太平洋时，贝林格接管了太平洋舰队的各巡逻机联队）。事实上同样有着航空先驱资格

---

① 哈尔西和布莱恩，106 页；W.W.史密斯，55 页；美国海军退休少将威廉·H.布拉克致沃尔特·洛德信（1966年 3 月 10 日），抄本见于雷蒙德·A.斯普鲁恩斯上将资料集，第 37 辑，2 号箱；美国海军退休少将威廉·H.阿什福德致托马斯·B.布维尔中校信（1971 年 11 月 24 日），威廉·H.阿什福德少将资料集。

② NHC，军官履历档案；布维尔《海权霸主》116 页；怀特希尔备忘录引金语，1949 年 8 月 14 日，金资料集，NWC，7 号箱；美国海军退休少校理查德·H.贝斯特的个人通信；W．W．史密斯致"马克"信（1942年 6 月 3 / 9 日），史密斯资料集。

的贝林格也是16特司的潜在人选，但尼米兹希望他继续担任现有职务。[①]

　　令尼米兹意外的是，哈尔西极力推荐自己的巡洋舰特混大队司令雷蒙德·斯普鲁恩斯少将（巡五分队长）接替他成为16特司。事实上他宣称斯普鲁恩斯是唯一能让他心甘情愿地托付2艘航母的将军。哈尔西还在5月25日给弗莱彻的信中打了招呼，因为弗莱彻作为太巡司是斯普鲁恩斯的上级。哈尔西称赞斯普鲁恩斯具有"杰出的能力、卓越的判断力、沉稳的勇气"，认为他"完全且绝对有资格指挥不同舰种组成的舰队"。在5月26日，哈尔西建议斯普鲁恩斯保留太平洋舰队航母司令部（太航司）整套精干的参谋班子，只更换司令副官。尼米兹和斯普鲁恩斯只是点头之交，但对他作为海军优秀战略家的名声有所耳闻。不过这种情况很快就会改变，因为斯普鲁恩斯已被预定接替德雷梅尔成为太舰总参谋长。尼米兹曾在5月早些时候私下给金写信要求换将，因为他的主要谋士德雷梅尔并不赞成他的基本战略。与此同时，威尔森·布朗不稳定的健康状况意味着德雷梅尔可以接替他担任太平洋舰队的两栖指挥官。选择斯普鲁恩斯当参谋长合情合理。他和德雷梅尔一样有深厚的学术功底，曾在海军军事学院任教，精通作战艺术。他的另一个优势是在最近积累了实战经验。最终尼米兹决定相信哈尔西的眼光，但他这么做似乎主要是为了确保16特舰内部指挥的连续性，而不是像很多事后诸葛亮所说的那样，由衷地相信斯普鲁恩斯在中途岛可能干得比哈尔西更好。在1965年尼米兹可以说"哈尔西不得不进医院的那天是海军的大喜之日"，但在当时他肯定不这么想。他一直拖到5月27日夜里才通知金，哈尔西因患"不明过敏症"失去作战能力，他已任命了指挥16特舰的继任者。这有力地证明了他非常希望哈尔西出征中途岛。[②]

　　斯普鲁恩斯在26日登上企业号拜会哈尔西，却发现司令部里异常寂静。他发现哈尔西已经住院，而尼米兹想要见他。接着尼米兹的一席话让他更加不知所措：他

　　① 1942 年 5 月太舰总致航海局电 070155，CSCMF，卷 10；太舰总致航海局电 082359，太舰总致航海局电 150105，海军人事局致太舰总电 162221，CSCMF，卷 11；太舰总致舰总电 281929，CSCMF，卷 13。科莱塔《帕特里克·N．L．贝林格与美国海航》297、302 页。

　　② 阿什福德致布维尔信（1971 年 11 月 24 日）；太航司致太巡司信（1942 年 5 月 25 日），斯普鲁恩斯资料集，第 37 辑，1 号箱。关于德雷梅尔继任者的具体建议在金和尼米兹的资料集中都未出现。与此有关的唯一文件是 1942 年 5 月航海局长致太舰总电 261525，CSCMF，卷 12。这封电报是对尼米兹 5 月 24 日询问的回复，而尼米兹问的是他 1942 年 5 月 7 日系列电 01354 有无处理结果。金因为不清楚尼米兹的意思，在 261525 一电中回复说，如果所询之事"涉及军官 28 号（布朗）65 号（德雷梅尔）和 74 号（斯普鲁恩斯）"，那么已经为每个人获取了必要批准并下发了相应命令"。实际上，尼米兹在信（藏于 NHC，尼米兹资料集）中所指的是居住在夏威夷的大量日本侨民的问题。尼米兹的亲密助手兼传记作者 E．B．波特在《尼米兹》84 页声称，斯普鲁恩斯的杰出才华当时已表露无遗，因此尼米兹"肯定料想"用他替换哈尔西"总不是坏事"，因为"哈尔西的鲁莽冒失可能酿成大祸"。这实在是最无耻的马后炮。普兰奇《中途岛奇迹》81 页；1942 年 5 月太舰总致舰总司电 280339，CSCMF，卷 13。

将指挥16特舰保卫中途岛，然后将调到岸上主持太舰总的参谋部。与弗莱彻不同的是，斯普鲁恩斯已经通过哈尔西透露的高密级电报知道中途岛之战即将打响，但代替顶头上司成为16特司是他做梦都没想到的事。"因为我没当过飞行员，而珍珠港有比我资历高的飞行员，我以为他们中间会有一个接哈尔西的班。"1907年从安纳波利斯毕业的斯普鲁恩斯曾在驱逐舰上磨砺多年，又在海军军事学院教了5年书，并获得了海军战略家的美誉。在1940年晋升为少将后，他曾负责组建加勒比地区的海军第十军区，后来在1941年9月执掌巡五分队。此时他年届55岁，中等个头、瘦削身材，性格沉静，喜好冥想，有长时间散步的习惯，是个敏锐的思考者、卓越的水手和"冷漠的家伙"。巡五分队的司令秘书维克多·D.朗少校称他的上司"本质上……是部机器"，"没有感情，或者不曾表露过"。但是另一些人注意到了他闪烁着诙谐灵光的双眼和不形于色的幽默感。斯普鲁恩斯是个崇尚逻辑和秩序的人。他和哈尔西虽然一个是寒冰，一个是烈火，却亲密无间。①

临时让斯普鲁恩斯指挥16特舰的决定迫使尼米兹改变关于诺伊斯的打算，毕竟诺伊斯的资历比弗莱彻和斯普鲁恩斯都高。眼下诺伊斯必须留在岸上，因为尼米兹不愿把航母打击部队托付给像他这样缺乏实战经验、甚至在近期没有出过海的人。和金梅尔及派伊一样，尼米兹并不认为在航母上当过飞行员是航母特混舰队指挥官的必要条件。他在5月29日向金解释说，他打算等这一仗打完再调整航母的人事。"目前必须让我们的组织尽可能保持稳定。"原计划以查尔斯·P.梅森上校接替米切尔，以深受器重的太舰总航空参谋阿瑟·戴维斯上校接替巴克马斯特，现在这些人事调动也相应推迟了。②

因此，如果约克城号能够出战（目前看来很有希望），弗莱彻就将指挥中途岛的所有航母。向弗莱彻和史密斯介绍16特舰指挥官的情况后，尼米兹和他们讨论了约克城号的状况。弗莱彻比原计划提前一天到达可谓意义重大。战争计划处在5月26日曾希望约克城号能在4天内做好出航准备，否则就只能立即送它去布雷默顿。现在经过与弗莱彻的交谈，尼米兹估计这艘航母能在48~60小时内完成备战。他下令在次日上午将它拖进干船坞，并采取不在维修前抽干航空汽油的特殊（冒险）举措。海军船坞最晚应在5月29日06：30完成船体维修，然后让它重新下水加油。也就是说，尼米

① 托马斯·B.布维尔《沉默的勇士》133—134页；福雷斯特尔《美国海军上将雷蒙德·A.斯普鲁恩斯》35页。维克多·D.朗中将致托马斯·B.布维尔中校信（1971年12月7日），斯普鲁恩斯资料集，第37辑，2号箱；W.W.史密斯，62页。
② 尼米兹致金信（1942年5月29日），尼米兹资料集。

兹希望弗莱彻在5月30日出发。要在如此短的时间内恢复航母的整体水密性将困难重重。弹药、食水和其他必需品的装载都必须尽快开始。其他舰船也需要日夜赶工。尼米兹允许饱受折磨的17特舰水兵放几天假。让弗莱彻不太高兴的是另一条消息：原属萨拉托加号的几个中队将取代几乎所有他信赖的约克城号飞行员。[1]

德雷梅尔和史密斯都退了下去，只剩弗莱彻独自面对尼米兹。让弗莱彻大吃一惊的是，尼米兹提到了金对17特舰在3月和4月没有及时袭击布干维尔和拉包尔的尖锐指责。他还重提了对弗莱彻没有在珊瑚海之战中实施夜袭的批评。"随着弗莱彻逐渐明白这番诘问的原因，他和他的讯问者都变得越来越尴尬。从来都算不上伶牙俐齿的弗兰克·杰克发现自己的舌头几乎打结了。他小声咕哝说需要查阅自己的记录，而尼米兹也认为这是合理的请求。"除了个人的解释，尼米兹也需要用一些书面材料向金交代。因此他把此事押后了一天。当斯普鲁恩斯来询问约克城号的情况时，这段令人难堪的插曲已经结束了。听到"它会去帮你"，他长出了一口气。3位将军讨论了战前和战时2支航母特混舰队的协同，如果17特舰在5月28日斯普鲁恩斯起航后返回，这次至关重要的磋商就不会发生了。[2]

中途岛计划

晚饭时尼米兹再次召集众人开会，这回出席的人包括弗莱彻、斯普鲁恩斯、诺伊斯、德雷梅尔和史密斯，以及重要的参谋人员。尼米兹在上午已经向陆海军的高级指挥员简要介绍了情况，此时又再次阐明了他关于中途岛和阿留申群岛所面临攻势的看法。他在这些战前会议上光芒四射。弗莱彻认为尼米兹"对敌人来势之大相当震惊，但他仍然保持了冷静和镇定。这是他最优秀的品质。"斯普鲁恩斯很钦佩尼米兹的"智慧、开明、接纳任何持异议者的胸襟，最重要的是，他的大无畏精神和扭转战局的勇气"。在斯普鲁恩斯看来，"勇于进攻的战斗精神对于统帅来说是至关重要的"。尼米兹激励下属靠的是以幽默作点缀的沉着自信，而不是装腔作势的鼓动或监工式的恫吓。[3]

尼米兹分发了麦考密克的战争计划处刚刚编制的太舰总作战计划29-42。针对中途岛—夏威夷一线，日方可能部署4~5艘大型航母、2~4艘快速战列舰、7~9艘巡洋

---

① 1942年5月太舰总致珍珠港海军船坞电280233，CSCMF，卷13；灰皮书，512页；W·W·史密斯致"马克"信（1942年6月3 / 9日）。

② 波特《尼米兹》86页。

③ 普兰奇对弗莱彻的采访（1966年9月17日）；斯普鲁恩斯致波特信（1964年12月1日），波特资料集。

舰、相应数量的驱逐舰、多达24艘潜艇和一支强大的登陆部队。（实际兵力其实更多，因为第一舰队的战列舰也将参战。密码破译人员已经发现了有关线索，但分析人员出于无法解释的理由而没有采信。）另一支包括航母在内的规模较小但仍很强大的部队威胁着阿留申群岛。这两场攻势将在不久后发动。潜艇部队将首先侦察美国舰队的部署，然后组成封锁线伏击为救援中途岛而出击的舰船。日军甚至会和3月里一样再次用水上飞机对珍珠港进行夜间轰炸。他们的航母将迅速逼近，击溃中途岛的防守，为登陆开辟道路。金相信实施中途岛和阿留申登陆的"N日"是6月3日，但尼米兹倾向于6月5日（比实际的N日早了一天）。航母的初次空袭可能在6月3日或4日开始，很可能从中途岛西北发起，而重型军舰将在夜间炮击守军。登陆行动本身可能在夜间进行。如果中途岛陷落，日本人将立即派飞机和地面防御部队进驻以巩固战果。对于阿留申群岛，尼米兹决定仅仅加强那里的岸基飞机，并以2艘重巡洋舰、3艘轻巡洋舰和4艘驱逐舰组建由西奥博尔德将军领导的8特舰。尼米兹把中途岛视作自己的战斗。他从珍珠港实施"总体战术指挥"，亲自布置所有部队和批准了侦察方案。[①]

哪些部队可用于中途岛？尼米兹明智地排除了驻扎在旧金山的派伊1特舰那7艘陈旧而缓慢的战列舰。要与得到航母支援的敌人作战，它们还缺少必不可少的空中支援和护卫舰艇。金一如既往地希望使用战列舰，但尼米兹在5月24日声明他希望将这些军舰留在西海岸，"直到其打击力量的使用目标更加明确"。在内心深处，他认为如果自己不得不收复中途岛，可以用它们对岸轰击。他终究还是希望用改装的辅助航母来保护战列舰，但眼下他只有美国的第1艘辅助航母长岛号。把萨拉托加号编入航母打击部队要比让它保护旧战列舰强得多。如此消极的角色不能令倔强的派伊满意，他认为自己应该在中途岛保卫战中，或者至少在夏威夷群岛保卫战中发挥积极作用。[②]

既然排除了战列舰，尼米兹便把希望寄托在4张王牌上。斯普鲁恩斯的16特舰（企业号和大黄蜂号）至迟将在6月1日进入中途岛附近的阵地，17特舰（约克城号）将在次日与其会师。弗莱彻得到了这两支共拥有230架飞机的特混舰队的战术指挥权。菲奇的11特舰（萨拉托加号）将在6月5日从圣迭戈出发，应该赶不上中途岛

---

① 太舰总作战计划 29-42（1942 年 5 月 27 日），RG-38，作战令档案；1942 年 5 月舰总司令致太舰总电 211930 和 251735，CNO TS 蓝色档案；美国太平洋舰队和太平洋战区总司令，指挥史（1946），海军行政史，74 页。
② 1942 年 5 月太舰总致舰总电 250215，灰皮书，528 页。

之战，除非日本人出现严重延误。贝林格（9特司，岸基飞机部队）的任务是在中途岛能够轻松容纳的前提下向这个小环礁部署尽可能多的海军、陆战队和陆军飞机。最终该岛守将西里尔·T.西马德上校手上的飞机达到了125架。从中途岛和约翰斯顿岛起飞的PBY进行的远程侦察将为航母和陆基轰炸机（包括从夏威夷出发的B-17在内）找到合适的目标。西马德麾下的陆战队战斗机必须顶住必然非常猛烈而且不间断的空袭，保卫航空基地。骄傲地佩戴着潜艇兵的海豚徽章的尼米兹希望罗伯特·H.英格利希少将的太平洋舰队潜艇部队（7特舰）能有耀眼的表现。12艘潜艇将在中途岛以西组成警戒线，它们将在各自的防区内巡逻至发现敌人为止，然后群起而攻之。届时所有可用的潜艇都将去增援它们。最后，2000多名斗志顽强、武器精良的陆战队员将守卫中途岛本身。

鉴于己方在大多数方面都弱于对手，尼米兹当然不能与其正面对撼。麦考密克说得好："不仅是（舰总司的）命令，凭常识也知道，我们现在与可能占优势的来犯日军硬拼是吃不消的。""我们必须尽力靠消耗战削弱其实力——潜艇袭击、飞机轰炸、突击被孤立的部队。"因此，"如果成功消耗了敌人，他们要么接受冒进失败的事实，要么冒险在对其不利的条件下决战"。麦考密克注意到金很担心日军有设伏诱歼水面舰队的意图（确实不出所料），但他认为广泛的空中侦察应该能防患于未然。关键是让中途岛的飞机发挥出最大作用，"避免让我方航母面临的危险与其能够给敌人造成的损失不相称。我们必须计算风险，当我军挫败或消灭敌航母的希望足够大时必须敢于冒险。"①

尼米兹认真研究了航母的部署问题，这是在中途岛取胜的关键。尽管无线电情报精确地预报了日方的战略意图，但除了自己的常识外，他对敌人打算如何攻打中途岛所知甚少。有一条来自破译电文的重要线索出现在雷顿5月21日的记分卡上。"第一航空舰队的参谋申请在'N-2'日起飞前3小时获得气象数据。请求获得该区域所有蓝色活动的通知。飞机将在中途岛西北50海里处起飞，自N-2日攻击至N日为止。"因此尼米兹猜测在登陆前整个航母舰队将"从短距离（大概50~100海里）"对中途岛空袭2天，以粉碎其防空能力。中途岛上的飞机"如果要制止反复的空袭，必须设法尽早破坏日本航母的飞行甲板"。尼米兹命令他的舰队航空参谋戴维斯"尽可能切实地设想（日本人的）作战方法和我军的

---

① 灰皮书中的 5 月 26 日形势估计，506—521；尼米兹致德雷梅尔信（1942 年 5 月 23 日），中途岛航空战战史中作为 D1 项附加的文字（1945 年 9 月 14 日）。

最佳对策"。他要求戴维斯时刻不忘"在这个局面中最适合哈尔西的位置，牢记我们损失不起航母"。确定美国航母的最佳出发阵地至关重要。此前尼米兹已经指示贝林格设计一套在敌航母接近中途岛前就能将其寻获的搜索方案。贝林格解释说："每天的搜索都必须覆盖敌人在一定距离上的活动范围，确保次日实施的搜索能在敌航母到达可能的放飞半径前找到它。"[①] 因此他建议PBY在黎明时搜索700海里。[②] 戴维斯在5月26日的答复中提醒尼米兹，"若不能及早（最好是抢先）对敌航母造成严重破坏"，中途岛的飞机将起不了多少作用。贝林格提议的远程搜索方案"为我们提供了先发制人的最佳机会，我们不仅要使用中途岛的飞机，还应使用我军航母舰载机和潜艇进行打击"。从中途岛和约翰斯顿岛派机搜索的提案"将在中途岛东北方为我军航母提供绝好的侧击阵地。只要航母和潜艇行动果敢，这些部队就能最好地发挥作用"。戴维斯强调，"尤其重要的是确保航母能够尽早采取行动"。贝林格的搜索计划"使我军航母可以在离中途岛相当近的地方待机，从而在战机出现时及早行动"。因此，"负责支援的我军航母应该抵近部署以获得最佳的获胜机会，而全方位的VP（水上飞机）搜索将确保此举成功"。[③]

尼米兹也认为中途岛东北面是他的航母打击部队的最佳出发阵地。航母从该处可以"在敌航母将其飞行大队用于对付中途岛时趁机抢得先手"。目标是"通过有力的消耗战术给敌人造成最大损失"，但"不能接受很可能使我军航母和巡洋舰蒙受重大损失的决战"。太舰总在另外发给弗莱彻和斯普鲁恩斯的指令中要求他们"遵循有计划地冒险的原则，你们应将此原则理解为如果使你部暴露在优势敌军攻击下的举动并不能带来给敌军造成更大损失的良好机会，就应避免这样的举动。在敌登陆阶段以及先期空袭阶段都应贯彻此原则"。斯普鲁恩斯的副官罗伯特·J.奥利佛回忆说，尼米兹告诉斯普鲁恩斯，无论如何都不能损失航母。如果战局过于不利，他就应该撤退，听任中途岛陷落。反正敌军东进如此之

---

① 译注：贝林格的意思是搜索圈必须足够大，保证敌人无法用一个晚上从搜索圈外突进到放飞距离。

② 太舰总敌情档案，1942 年 5 月 21 日，SRH-272。尼米兹致戴维斯信（无日期，当在 1942 年 5 月 24—25 日）和巡二联队长（贝林格少将）备忘录（1942 年 5 月 23 日），中途岛航空站站史中作为 D3 和 D4 项附加的文字（1945 年 9 月 14 日）。在 5 月 18 日，有一封破译电文（1942 年 5 月 14 军区司令群发电 181900，CSCMF，卷 12）显示，第一航空舰队有个参谋请求在 N-2 日至 N 日起飞前 3 小时获得气象报告，"我军计划大致从（西北方？）发起攻击"，"在攻击之日我军将尽力前出至 AF 西北 50 海里，并尽快让飞行员起飞"。尼米兹对这一警报非常重视，立即（1942 年 5 月太舰总致中途岛电 182145，灰皮书，496 页）将给抹香鲸号潜艇的命令改为"在该区域巡逻，直至另有命令"。日方的电报发自南云将第一次航母空袭中途岛从 N-3 日推迟到 N-2 日之前。

③ 戴维斯致尼米兹信（1942 年 5 月 26 日），中途岛航空站站史中作为 D2 项附加的文字（1945 年 9 月 14 日）。

远而夺取的任何立足点都可在将来收复。弗莱彻无疑接到了同样的指示。①

保卫中途岛是个棘手的任务。日本人"已经充分证明了他们能够非常出色地运用其航母飞机"，"我们不能再低估他们的海航效能"。这是一个相当惊人的表态，说明在列克星敦号战沉之前，美军并未认识到日军的强悍。因此尼米兹在中途岛迎战的决定就更显得勇敢。日本掌握着主动权。联合舰队的各类战舰数量都超过了太平洋舰队。它的航母舰载机航程更远，战斗机的性能也可能占优。它的两栖部队经验丰富，效率很高。处于弱势的太平洋舰队只能依靠消耗战术而不能正面对抗。但是尼米兹有充分的理由对中途岛之战感到乐观。局势无疑支持他作"有计划的冒险"。他的士兵"在勇气上毫不逊色，其中经过适当训练的人应该比他们的日本对手更出色"。出色的无线电情报提供了充分的预警，使他得以隐秘地调集部队。日本人不得不把宝贵的航母暴露在带有极大突然性的反击下。敌人将在自己的岸基飞机支援范围之外面对"颇为强大"的陆基空中力量。"我军的潜艇已经表现出相当大的优越性。"对中途岛的突击将令进攻者付出惨重代价。这一仗绝不是常见史书描绘的孤注一掷的赌博。虽然日本人的赢面仍然较大，但尼米兹精心拟定了作战计划，一旦取胜将带来莫大的收益。②

"弗莱彻干得很出色"

5月27日晚上，弗莱彻回到约克城号时带着一肚子心事，其中最重要的是纠正太舰总对他先前作为的印象。第二天上午，他寄出一封长信，总结了他在珊瑚海的作战。由于没有时间再度详述经过，他大段摘录了另外提交到司令部的珊瑚海行动报告，并为此表达了歉意。为了解释自己的指挥决策和澄清误会，弗莱彻强调："要在这些条件下作战并保持无线电静默是非常令人头疼的，而且燃油状况在特混舰队司令的思考中有着很重的分量。"他的信和随后的一次面谈打消了尼米兹最后的疑虑。5月29日，尼米兹私下给金写信，说自己已经调查了弗莱彻"看似缺乏积极策略的举动"和在珊瑚海没有发动水面夜袭的真相。"这些情况已经得到了令我十分满意的澄清，我希望你也有同感。"尼米兹把"长时间的迟滞和缺乏积极策略"归因于"没有可作为行动基础的足够可靠的战斗情报，有必要补充燃油和给养，以及更换战斗机上有缺陷的自封油箱"。他的结论是："我希望并相信，你在读完随附的

---

① 作战计划29-42（1942年5月27日）；作战计划处1942年5月28日向16特司和17特司下发的太舰总指令；布维尔《沉默的勇士》134页。

② 灰皮书，508、516页。

信件后会同意我的以下看法：弗莱彻干得很出色，他在最近珊瑚海的巡航中表现出了优秀的判断力。他是一个出类拔萃、能征善战的海军军官，我希望他今后继续担任特混舰队指挥官。如果你能批准我先前在电报中的建议，授予弗莱彻优秀服役勋章并任命他为中将衔特混舰队指挥官，我将不胜感激。"①

弗莱彻在5月28日与尼米兹会面后无疑轻松了许多，他带着如释重负的心情继续为17特舰迫在眉睫的出击做准备。当天上午约克城号缓缓进入一号干船坞，船坞中的水迅速被抽出以便修理船体。1000多名修船工人一拥而上，支撑内部受损部位并恢复水密完整性。对该舰的补给也同时进行。尼米兹、弗莱彻和巴克马斯特不等船坞完全排干就涉水而进，他们检查船体并鼓励船厂工人，让后者"聚精会神、全身心投入"。显得"很轻"的外部损伤让尼米兹感到安心，他在当天下午下令17特舰于5月20日09：00起航。不过修理任务仍然"很艰巨，与这项工作有关的每个人都感到将有大事发生。"②

另一方面，斯普鲁恩斯的16特舰正在出征：首先是11艘驱逐舰，然后是5艘重巡洋舰、1艘防空轻巡洋舰、2艘舰队油轮，最后，企业号和大黄蜂号也在临近中午时启程。几乎在同一时刻（日本时间5月29日），山本自己的主力部队也驶向了茫茫大海。此时斯普鲁恩斯既已就任16特司，金凯德便接管了巡洋舰特混大队（16.2特大）。斯普鲁恩斯出人意料地任命企业号舰长乔治·D·穆雷上校（USNA1911届，1915年获得双翼徽章，飞行员编号22）为航空大队司令（16.5特大司），尽管大黄蜂号的米切尔不仅资历较深，而且很快就要成为少将。显然斯普鲁恩斯希望将航母的指挥权集中在企业号上，但米切尔对这一安排可高兴不起来。两位舰长在中途岛不会合作得很好。③

同样关系不佳的弗莱彻和无线电情报官福雷斯特·比亚德上尉在5月28日终于分手。打点好行装的比亚德在前一天找到弗莱彻和刘易斯，要求调回H站。他的理由是自己离开基地已经太久，换一个对最新情报动态更了解的人会更有用。实际上，怨念深重的比亚德只想离开约克城号，跟弗莱彻一刀两断。他虽承认在战斗中对无线电情报的评估是一门深奥的技艺，却认为弗莱彻在这方面与自己的严重分歧纯粹是

① 弗莱彻致尼米兹信（1942 年 5 月 28 日），尼米兹致金信（1942 年 5 月 29 日），尼米兹资料集。

② 1942 年 5 月太舰总致 17 特舰电 290205，CSCMF，卷 13；巴克马斯特致 W．W．史密斯信（1964 年 8 月 22 日），史密斯资料集。

③ 16 特舰战争日记；企业号战争日记。其实在 5 月 31 日收到海军人事局的授权电后，米切尔已经宣誓就任临时少将，时间从 1941 年 12 月 4 日算起(大黄蜂号航海日志)。但是他保持上校待遇不变，也仍然被视作上校。大黄蜂号舰长致太舰总，1942 年 6 月 4—6 日行动报告（1942 年 6 月 13 日）。

出于私怨对自己能力的贬低。令他极度惊讶的是，尽管他坚信弗莱彻"最终变得很厌恶"而且不信任他，但弗莱彻非常不愿意放他走，还希望他留下来参加中途岛之役。这种挽留的态度很让人在意，因为弗莱彻手头已经有一个和他更合得来的替补人选，此人就是同船的福林威德少校，这位前11特舰的无线电情报官在汤加塔布搭上了约克城号。然而弗莱彻非但没有立即赶走好唱反调的下属，反而表现出成熟的领导风度。他执意挽留能干但很难相处的比亚德，并不在乎自己与他曾有过的激烈争执。比亚德经过一番死缠烂打，才让还有很多事要忙的弗莱彻同意放他走。随后弗莱彻亲自向尼米兹讨得了福林威德作为后继。比亚德曾打算暂留几天向继任者交代工作，得知此人是福林威德后，他就毫不迟疑地一走了之。他的回忆录狠狠批评了福林威德（"在我看来是个严重的脑残"），尽管菲奇对后者在珊瑚海的建议多有赞赏。福林威德当然犯过错误，但他确实在5月7日上午截获了被比亚德忽视的关键搜索报告。①

　　弗莱彻对于失去大部分深受他器重的飞行老手感到忧虑，这也是可以理解的。5月27日下午，太平洋舰队航母管理办公室命令伯奇的第五侦察中队、泰勒的第五雷击中队和芬顿的第四十二歼击中队从约克城号飞行人队调离。它们将补充飞行员和飞机，并在今后10天里进驻萨拉托加号。唯一留舰的原约克城中队是肖特上尉的第五轰炸中队。3个自2月起就滞留在珍珠港的萨拉托加中队将加入约克城大队。其中只有麦克斯韦尔·F.莱斯利少校的第三轰炸中队最近上过航母（随企业号参加了奇袭东京行动）。兰斯·E.马西少校的第三雷击中队缺乏经验。约翰·S.萨奇少校的第三歼击中队带来了27架新出厂的格鲁曼F4F-4。这是野猫的最新改型，机翼可折叠，武器从4挺12.7毫米机枪增至六挺，但每挺的备弹量减少了一半。战斗机数量的

---

① 比亚德《太平洋战争》15、17页；福雷斯特·R.比亚德上校口述历史，98页。福林威德新配的无线电操作员是报务上士 W.H.沃尔弗德、M.G.阿尔伯森和雷蒙德·A.兰德尔。参见 RG-457，SRH-313，美国海军预备役中校 P.P.利的备忘录，第十六特混舰队【旗舰企业号（中途岛之战，1942年6月3—6日）】（1945年9月11日）；另见雷蒙德·A.兰德尔口述历史，海军安全大队（1983年9月），RG-457。

比亚德上校始终对弗莱彻谩骂不休，反复指责他蠢笨无能而且试图破坏比亚德的事业。但是他一直以来描绘的歇斯底里、满口粗话、愚蠢可笑的弗莱彻形象在现存的其他任何重要资料中都得不到证明，而且与健在的参谋部成员和司令部勤杂人员的说法完全相反。例如，前约克城号航空长、美国海军退休少将柯尔·阿诺德曾写信给 W.W.史密斯（1965年9月13日）说，"按我个人看法，弗莱彻没什么问题（着重号是阿诺德加的），莫里森对他的所有批评都不恰当"（史密斯资料集）。详细分析所有事件后会发现，比亚德的指责全都站不住脚。雷顿少将与合著者罗杰·皮诺洛和约翰·柯斯蒂洛讨论比亚德寄给他的未发表的回忆录时说："我不想引用这里面的任何内容。"雷顿后来还说："那是比亚德的问题。我觉得他有一种认为自己始终正确的严重倾向。我可能也有同样的毛病"（1983年5月11日采访记录，96页，雷顿资料集）。辛德勒曾在17特舰参谋部任职的沃尔特·辛德勒对中途岛的评价最中肯："我们参谋一个日语翻译官（我记不清他的名字），还有4个日语报务员。他们在监听敌人无线电通信方面成绩卓著。但是，这些截获的通信不一定及时，也不一定能得到正确的翻译或解读。因此这类情报有时非常有用，有时却会把人搞糊涂"（辛德勒致伦德斯特罗姆信，1972年6月4日）。

增加是弗莱彻所乐见的。大队长彼得森认为自己要为这次部队改组负责。在5月早些时候，因为不知道中途岛之战迫在眉睫，他曾向太航司建议让约克城号的各中队好好休整一下。"我对（诺伊斯）说，如果我们要出战，那么我要我的老飞行大队——尽管他们已经很累，需要休息，但是经验丰富，而且习惯相互配合。"然而诺伊斯拒绝变通。彼得森回忆说，当弗莱彻发现飞行大队发生了改组时，他"非常生气，冲我大发雷霆，理由是我事先没让他知道换人的事。这下我真是两头受气！不过，他的火气没有持续太久"。弗莱彻对沃尔特·洛德是这样解释的："这不是人员素质的问题——谁都不可能比他们强——但这些新来的人还没有适应这艘船。"尼米兹不愿收回成命。而事实证明，弗莱彻和约克城号没有任何理由抱怨这些原属萨拉托加号的兄弟，他们的表现远超预期。[①]

天意弄人，各中队翘首等待已久的鱼雷机大改型号在5月29日才随一支运输船队抵达珍珠港。第八雷击中队特遣队（其上级单位已经随大黄蜂号出海）从阿拉米达押运来了21架全新的格鲁曼TBF-1复仇者。TBF不仅速度远胜于TBD，也比后者大得多、重得多。复仇者航程远、机体坚固，是一种卓越的舰载机，这对于一款如此庞大的飞机（翼展54英尺，满载重量15905磅）来说实属难能可贵。此时只有大黄蜂号和萨拉托加号装有强度足以应付这种飞机的阻拦装置。诺伊斯赶紧将6架TBF派到中途岛，总算赶上了参战。同一支来自本土的船队还送来了2个歼击中队——VF-5（原属约克城号的单位）和VF-72，但这2支生力军已经来不及去中途岛了。[②]

在起航前的短暂间歇中，弗莱彻的参谋班子料理了上千条必要的琐碎事务。战斗情报和损管参谋格思里中校是在5月29日上午与作战参谋加尔平中校陪弗莱彻去司令部时首次了解到中途岛作战的详情的。此后格思里对约克城号的修理进度表示严重关切，因为该舰的水密完整性已被破坏，他严重怀疑它能否在下一场战斗中生存。巴克马斯特则比较乐观。"接缝处重新打了铆钉，舱壁、房门和舱门都得到了他们当时力所能及的最好的修理。我感觉这是一次临时修补，但足以保证我们出海，迎接任何将要发生的事。"[③]

弗莱彻与幕僚在热烈的气氛下与辛德勒中校重逢。他们上次见到这位辛苦奔波

① 彼得森致约瑟夫·海灵顿信（1964年7月21日），彼得森资料集；彼得森致伦德斯特罗姆信（1974年9月16日）；洛德对弗莱彻的采访（1966年2月17日）。
② 伦德斯特罗姆《首发主力》318页，《首发主力与瓜岛战役》7、10、13页。
③ 哈里·A.格思里少将答沃尔特·洛德问（1966年前后），沃尔特·洛德提供；巴克马斯特致 W.W.史密斯信（1964年8月22日），W.W.史密斯资料集。

的火炮射击参谋是在5月9日他匆忙飞往澳大利亚前夕。完成使命后，辛德勒飞往悉尼登上芝加哥号，中途停靠新西兰，然后搭乘1架大型水上飞机到了珍珠港。参谋部还迎来了皇家海军的麦克尔·B·兰恩中校——新的英国海军联络官。并非飞行员出身的他曾在1940—1941年担任功勋卓著的暴怒号航母的副舰长，袭击过挪威的希尔科内斯、芬兰的佩萨莫以及西地中海。兰恩参战的愿望将不会落空。辛德勒后来说他是"很棒的同船伙伴，真正的海员，具有典型的英国式幽默感"。①

5月29日上午，约克城号离开一号干船坞，回到16号码头继续装载补给。该舰内部的修理工作仍在继续。尼米兹写信告诉金，它"将做好全面准备以保证出色表现"。他的附言写得特别精当，字里行间洋溢着太平洋舰队上上下下迎接中途岛之战的决心："我们正在积极准备迎接预定来访的客人，让他们享受到应得的款待，我们将用我们现有的资源尽力而为。"5月30日一大早，尼米兹登上约克城号与弗莱彻和巴克马斯特话别。他要巴克马斯特转告船员，完成这次出航后他们将回到布雷默顿修理，并享受一个长假。但是眼下他们的任务是帮助打赢太平洋战争爆发以来最大的战役。②

"运气"点

在太舰总走访后没多久，约克城号就跟在胡佛的驱逐舰莫里斯号、安德森号、哈曼号、拉塞尔号、休斯号以及史密斯的重巡洋舰阿斯托里亚号、波特兰号后面出了海。在珍珠港短暂而忙碌的停留使约克城号的船员们情绪高涨。巴克马斯特通过扬声器向欢呼雀跃的官兵们转达了尼米兹让他们在打完这一仗后去本土休假的承诺。"而且绝对不止2个星期！"史密斯则忍不住给弗莱彻开了个玩笑，发信说："5月18日的《时代》周刊有诽谤你的文章。"弗莱彻对自己朋友的恶作剧式幽默早有戒心，他只是淡淡地要求史密斯把那份杂志放在第一批机要邮件里通过驱逐舰送交。原来所谓的诽谤文章是太平洋舰队早期袭击战的概述，其中略微提了提弗莱彻，把他说成是"学院派"，也许是因为海军官方的履历披露他在海军和陆军的军事学院都进修过。随杂志送来的还有一封出自两人的共同朋友的信，信中说被这篇文章逗乐的J．O．理查森建议"告他们诽谤"，而弗莱

---

① 皇家海军上校M.B.兰恩通过马克·霍兰致美国海军陆战队上校罗伯特·E.巴德信（1966年12月6日）；兰恩的履历细节来自皇家澳大利亚海军退休准将布鲁斯·罗克斯顿；W.G.辛德勒中将答沃尔特·洛德问（1966年前后）。

② 尼米兹致金信（1942年5月29日），尼米兹资料集。

彻的妻子玛莎也表示同意。①

一场可怕的事故使情绪激昂的约克城号官兵立刻清醒过来。当天下午，从卡内奥赫起飞的飞行大队出现在舰队头顶。萨奇的VF-3首先降落，飞行甲板地勤人员为了妥善折叠他们不熟悉的F4F-4的机翼颇费了一番功夫。第4架战斗机在触及甲板时高高弹起，越过拦阻屏障，直扑到另一架野猫的背上。它的螺旋桨将驾驶舱切成两半。飞行甲板地勤人员在副舰长迪克西·基弗帮助下，冒着还在飞转的螺旋桨和大火将被压坏的野猫扒开以营救飞行员，但是唐纳德·A.拉夫雷斯少校已经当场身亡。此后一些飞机的降落质量也证实了弗莱彻的担心：这个飞行大队里有很多菜鸟。日落时，17特舰转向西北，以20节直驶中途岛。约克城号可供作战的航空兵力是71架飞机（25架F4F、34架SBD和12架TBD）。②

在弗莱彻起航时，尼米兹已经决定了具体的出发阵地。他要求将航母控制在中途岛西北325海里（西经173°，北纬32°）等待敌人接近。他给该点起的代号是"运气"。在与敌人接触之前，弗莱彻将在"运气"点北面和东面活动，斯普鲁恩斯则在北面和西面。临近中午时，他们应该靠近"运气"点，如有必要则通过飞机传信来联络。太舰总发给斯普鲁恩斯的电报称此安排"非强制性"，"目的只是帮助初始协同"。作战计划29-42的附录2则称此举"目的不是以任何方式限制两支舰队的行动，而是避免我军发生误会或过早接敌"。读者在后面将会看到，尼米兹特意不让两支特混舰队合并的举措将深刻影响战役过程。③

5月29日，舰总司向尼米兹、弗莱彻和西奥博尔德提供了关于敌军兵力和意图的新判断。他现在赞成尼米兹的意见，认为实际登陆日（N日）很可能是6月5日。中途岛占领军显然在5月28日（当地时间）离开了塞班，而由赤城号、加贺号、飞龙号、苍龙号（第一和第二航空战队）、4艘快速战列舰和6艘重巡洋舰组成的中途岛打击部队已在前一天从日本出发。对中途岛的空袭将在中途岛时间6月3日一早开始。"相信瑞鹤号将在6月1日编入打击部队或作为护航舰加入运输船队。"金对阿留申群岛登陆的规模和时间不太确定，可能有2艘小型航母（第三航空战队）、1艘改装航母或水上飞机供应舰、5艘重巡洋舰外加护卫舰艇。敌人可能在5月31日或6月1日到达吉斯卡岛，"这个时间从佯攻的角度来看很不妥当"。而航母可能从5月

　　① 弗兰克和海灵顿，147页；W.W.史密斯致"马克"信（1942年6月3／9日），"马克"致W.W.史密斯信（1942年5月23日），史密斯资料集；《时代》（1942年5月18日），18页。
　　② 伦德斯特罗姆《首发主力》319页；约瑟夫·P.波拉德上尉口述历史。
　　③ 1942年5月太舰总致16特司电300227和300231，CSCMF，卷13；太舰总作战计划29-42。

31日起袭击乌纳拉斯卡，然后在6月3日登陆。"早于中途岛发动攻击的目的可能是牵制我方。"事实上，正如读者在前文看到的，日本人从未有过以AL作战为佯攻的意图。[1]

5月30日17特舰起航后，太舰总将他对敌军阵容的最新最详细的估计电告两位特混舰队司令。中途岛打击部队拥有美军熟悉的4艘强大航母（好在没有瑞鹤助阵），而其护航舰船仅包括2艘快速航母、2艘重巡洋舰和12艘驱逐舰——这个估计很正确。中途岛占领军应该有2~3艘重巡洋舰、2艘水上飞机母舰、2~4艘水上飞机供应舰、12~18艘运输舰和货轮，另有由1艘航母或改装航母、2艘快速战列舰、5艘重巡洋舰和10艘驱逐舰组成的近距掩护部队。大约16艘潜艇将先于其他部队出动，侦察夏威夷—中途岛地区。尼米兹的估计和金一样，没有计入山本和第一舰队的战列舰。他还重申自己认为中途岛登陆时间设定在6月5日（比日本人的实际计划早一天）。因此尼米兹和金一样，估计前期航母空袭可能在6月2日夜3日晨开始。一份破译电报指出中途岛以西685海里可能有个会合点，这个距离接近B-17的极限打击半径。按照推测的时间表，会合可能发生在5月31日或6月1日。虽然金猜想瑞鹤号可能在该位置加入中途岛打击部队，但尼米兹认定那是个加油点。他指示中途岛派B-17在这两天的下午前往该处。它们什么也没找到。此时还没有任何日本军舰东进到如此之远。南云的计划是先绕道走北路，然后再转向东南去中途岛。电报中的会合是指稍后由近藤的某支辅助船队实施的行动。尼米兹没有告诉弗莱彻和斯普鲁恩斯的是，详细的无线电情报来源正在枯竭。日本海军终于实施了拖延已久的更换措施，采用了新的密码本和乱数表（但有些部队还是将旧密码沿用了一小段时间）。因此H站和他们在华盛顿及墨尔本的同事只能分析无线电通信量和破译最近用旧密码发送的电报了。[2]

5月31日星期天恰逢日德兰海战纪念日，1特舰的2艘战列舰和2艘驱逐舰（6月1日又有1艘驱逐舰加入）在安德森将军率领下离开旧金山，向西北巡航600海里。这次出击是派伊心血来潮的结果，他正因为不能为保卫中途岛而战，甚至连部署到夏威夷都不可得而失望透顶。5月28日他向1特舰宣布，情报"表明在下周"阿拉斯加或加利福尼亚"有可能"遭到空袭。他命令1特舰提高警惕，让高射炮手进入炮位，

---

① 1942 年 5 月舰总司致太舰总电 300050 和 301745，舰总司 00 档案。
② 1942 年 5 月太舰总致各特司电 310221，CSCMF，卷 13。在一次涉及记者斯坦利·约翰斯顿的著名泄密事件中，这封机密电报的大意曾登载于 6 月 7 日《芝加哥论坛报》的头版。1942 年 5 月太舰总致中途岛海航站电 310357，灰皮书，533 页；1942 年 5 月贝尔康嫩群发电 280428，灰皮书，545 页。

并取消了上岸休假。虽有这番举动，他却指示将行动"保密"，以免"过分惊扰"平民。其实依常理而论，曾经出其不意地袭击珍珠港的敌人决不会冒险再施故技。而太舰总最担心的是，如此兴师动众可能惊动日本人，使其对即将发生的战斗有所警觉。麦考密克称派伊的命令"非常危险"而且"毫无必要"。派伊因为害怕敌军用几艘辅助航母仿效杜立德奇袭，又在当天晚上告诉尼米兹他有意派安德森出海。

"相信用战四分队示威是合理之举，是比较适合分配给不堪用的船只的任务。"次日尼米兹批准了这一请求。这是因为让1特舰保持士气和加紧训练很有必要，但是从此刻起，派伊担任1特司的日子就屈指可数了。尼米兹命令长岛号立即从圣迭戈前往旧金山加入1特舰，并要求派伊评估该舰用于掩护战列舰的价值。也许这能让派伊一直忙到中途岛之战打完。[1]

5月31日，17特舰驶向西北方，朝着次日下午的加油会合点前进，一路平安无事。这天夜里它穿越了日军潜艇警戒线北段原定监视的海域。即使那些潜艇按时就位（西经日期6月1日），它们也来不及发现17特舰。斯普鲁恩斯的16特舰更是早已远在西北方潜伏了。6月1日上午，弗莱彻的巡洋舰为驱逐舰加了油。当天约克城号船员领到了战斗装具。为避免混淆两支轰炸中队，巴克马斯特临时将第五轰炸中队的番号改为第五侦察中队。当天下午天气转阴。驱逐舰加完油20分钟后，加油群进入视野。每艘巡洋舰都连上了1艘油轮。日落时弗莱彻让西马仑号和驱逐舰蒙森号前往中途岛以东600~700海里的待命海区，命令普拉特号和杜威号跟在17特舰后面继续西行。6月2日黎明，当17特舰从东南方接近"运气"点时，轮到约克城号靠上普拉特号加油。天空阴云密布，间或降下蒙蒙雨雾。约克城号完成加油后，弗莱彻将油轮遣往比较安全的水域，自己朝着90海里外的"运气"点西进。虽然17特舰前方有中途岛的远程巡逻机保护，约克城号还是出动SBD搜索以防万一。2架接受特别使命的SBD在"运气"点以西60海里从云缝中找到了16特舰，并空投了一条给斯普鲁恩斯的通信，要他在当天下午到"运气"点会合。16特舰自出航以来太平无事。斯普鲁恩斯在5月31日给他的船加了油，从6月1日起就在中途岛东北方消磨时间，等待弗莱彻或敌人出现（不管哪边先到）。

当天下午弗莱彻弄清了增援部队可能赶到的时间。尼米兹在电报中说，菲奇的

① 1942年5月1特司致1特舰电282150，CSCMF，卷13；灰皮书，564页；1942年5月太舰总电290408，1942年5月太舰总致1特司电292010，1942年6月太舰总致太航司管理处电012341，1942年6月太舰总致1特司电022053，CSCMF，卷13。

11特舰（萨拉托加号、切斯特号、防空轻巡洋舰圣迭戈号和4艘驱逐舰）将在6月6日左右离开珍珠港。"希望这支部队能与17特舰会合。"太舰总将提供路线并建议会合地点。实际上，他的估计过于乐观了。尼米兹原本希望菲奇至迟在6月4日下午将11特舰集结到圣迭戈，但是他在5月30日又告诉萨拉托加号的新舰长德威特·C.拉姆齐上校不要等其他船，"只要可行就尽早"出发。拉姆齐的11.1特混大队在6月1日离开圣迭戈，队中有萨拉托加号、圣迭戈号和4艘驱逐舰。菲奇乘坐的切斯特号和2艘满载列克星敦号生还者的运输船在2日才抵达圣迭戈。他无法在6月4日下午前完成加油并出港。令他深感遗憾的是，按这个时间表要赶上中途岛之战实在是太迟了。[①]

尼米兹还建议弗莱彻考虑将出发阵地从中途岛东北方转移到北方，"以确保及早进入对目标的打击距离"。他对"敌军计划的预判（包括打击部队将从西北接近）"没有新的变化。不过尼米兹提供了中途岛登陆计划的新细节。两个特别先遣营将尽快恢复机场，以便航母和水上飞机供应舰搭载的战斗机进驻，同时在威克岛等待的轰炸机和水上飞机也会转场中途岛。登陆部队本身包括日本的"海军陆战队"和一支陆军特遣部队。"他们甚至带上了在威克岛缴获的大炮。"尼米兹相信他的指挥官们"有实力搅乱他们的美梦，等着看好戏吧"。[②]

航母战术

6月2日下午，16特舰在17特舰西南15海里外进入视野。与上个月在珊瑚海时不同，弗莱彻没将两支特混舰队合并，而是指示16特舰在南方10海里处占位，保持能收发目视信号的距离。两支特混舰队将拉开5~10海里的间距，16特舰始终处于西南方的位置。弗莱彻不情不愿地服从了尼米兹的明确命令，而这个命令是根据海航高层分散航母特混舰队的偏好发出的。太舰总每次提到这些特混舰队都将其视作独立的组织。就连16特舰的2艘航母在遭到空袭时也是独立机动的。弗莱彻本人非常倾向于将它们整合成一支打击部队。在1947年他告诉莫里森，在会合时他"自动获得了"航母打击部队的"指挥权"。"但是，因为没有时间开会讨论、操练、制定计划和组织"，所以还是"采用了笨拙而不合理的办法，即让斯普鲁恩斯指挥他那2艘（航母），而我仍然指挥约克城号特混舰队，同时负责会合后舰队的总体战术指

---

① 1942年6月太舰总致16特司和17特司电022039；1942年5月太舰总致萨拉托加号电302055；1942年6月11.1特大司致太舰总电011733和菲奇致太舰总电030141，CSCMF，卷13。

② 1942年6月太舰总致17特司电022205，舰总司00档案；1942年6月太舰总致4特司、9特司、17特司、16特司和中途岛电022319，CSCMF，卷13。

挥"。两支特混舰队"在近邻区域作战，但没有编成一个战术单位"。批评家们不知道太舰总的旨意，只看到日后多艘航母合编而成的特混舰队大获成功，便怀疑弗莱彻为何没有即时合并16特舰和17特舰。贝茨错误地声称太舰总已经将这些航母组织成"一支打击部队"，却弄不明白弗莱彻为何没有将它们合为一个编队。事实上与日军不同的是，美国海军此前不曾将3艘航母集中在一起使用，最多是像乔治·穆雷在1942年11月强调的那样，有过"程度非常有限"的尝试，而且"仅仅用于和平时期的简单行动"。①

但是尼米兹不合并3艘航母也有他自己的理由，而且绝不是不敢在实战中采用试验性战术这么简单。绝密的破译电文暗示敌航母将从非常近的距离反复空袭中途岛，而他信任的顾问戴维斯相信敌航母将待在远方，待消除中途岛航空部队的威胁后再作穿梭攻击。尼米兹的决定正是为了解决这个矛盾，他现在相信日本航母将同时实施上述两个行动。敌人很可能再度将航母分成两个彼此独立、互相支援的编队，这也是美军认为他们在以前曾反复采用的做法。如果使航母群的间距达到极限目视距离的2倍以上（比如50海里），就可防止1架搜索机同时发现2个航母群。这正是美国海航高层钟爱的分散战术，却非谢尔曼上校和弗莱彻所喜。②

因此太舰总作战计划29-42指出"有1艘或多艘航母可能占据西北方的抵近位置"达两天以求消灭中途岛的航空部队，同时"其他航母群和快速战列舰"会掩护这些"主攻的航母，以防我军水面舰队突袭"。显然尼米兹相信敌航母这种分散布阵将大大增加他反击制敌的机会，尤其是在反击达成彻底突然性的前提下。关键是利用出其不意的优势在一开始就消灭敌人一个航母群。攻击中途岛的航母群很可能是最先被发现的。这样一来就更加有利，因为美军飞机杀到时日军飞机可能正为了继续空袭中途岛而在甲板上补充弹药。这次攻击的主力将是斯普鲁恩斯的16特舰（企业号和大黄蜂号），这支部队要全体保持"子弹上膛"的状态，而由其他部队负责侦察。一旦有一个日本航母群出现在射程内，掌握战术指挥权的弗莱彻就应立即命令斯普鲁恩斯投入他的全部打击力量（120架飞机），如此可一举摧毁至少2艘航母。勃朗宁的参谋部要确保这次生死攸关的攻击毫无差错地执行。与此同时，弗

---

① 弗莱彻致莫里森信（1947年12月1日），弗莱彻资料集；贝茨《中途岛》62—63页；航空局对乔治·D.默里少将的讯问（1942年11月25日），NHC。穆尔·阿诺德曾写道："说白了，就是我们不知道怎样让2到3艘航母在一个编队里机动"（致W.W.史密斯信，1965年2月18日，史密斯资料集）。约翰·萨奇将军对于将航母分为两支特混舰队作战的决定始终持激烈的批评态度（萨奇，口述历史，273—275页）。

② 戴维斯致尼米兹信（1942年5月26日），中途岛海航站站史。

莱彻将决定17特舰（约克城号）是迎战第二支敌舰编队（最理想的行动），还是跟着斯普鲁恩斯完成攻击。弗莱彻可以临机决定是否出动飞机侦察，也可根据需要对前一个或后一个编队发动攻击。如果战局按照尼米兹、弗莱彻和斯普鲁恩斯的希望发展，在第二阶段将是3艘美国航母结果2艘残余的日本航母。而实际上，南云从未将他的4艘航母分开。尼米兹等人的这个误判将给后来的战斗造成严重后果。[①]

在会合时弗莱彻和斯普鲁恩斯交换了作战令和战斗空中巡逻计划。16特舰的通信参谋莱昂纳德·J.道少校将在两支特混舰队相距很近时引导所有战斗机。弗莱彻还将两支航母特混舰队的时钟重设为西10区时间，比中途岛当地时间（西12区）快2个小时，算是某种形式的夏令时。因此，航母在"运气"点迎来晨曦的时间是05：40，而不是当地时间03：40，日出时间是06：27，不是04：27。这个时差将严重困扰后世的某些史家，他们将因为忘记正确换算时间而助长关于此战的流行谬论。本书从此处起，除明确说明的情况外，所有时间均为中途岛本身以及在几乎所有关于此战的二手资料中使用的西12区时间。

6月2日下午，弗莱彻按照太舰总的建议转移到中途岛以北，没有停留在该岛东北。两支特混舰队在晚间用14节速度西进以占据有利阵地，因为按照预计，日本航母将在6月3日黎明时出现在中途岛西北。如果敌人因故耽搁，弗莱彻计划在白天大部分时间北行，然后掉头向着中途岛南下，以免遭遇可能借助夜色逼近的水面舰队。此时两支特混舰队都在热盼此战。"士气好得没话说。"[②]

[①] 太舰总作战计划29-42（1942年5月27日）。"子弹上膛"一语引自 M．R．勃朗宁致斯普鲁恩斯少将备忘录（1942年6月13日），RG-38，太舰总将官档案。

[②] 波拉德，口述历史。

第十七章

中途岛之战（一）
"收拾他们"

等待的一天

6月2日夜至3日晨，弗莱彻带着航母打击部队西进到"运气"点以西175海里、中途岛以北260海里处的新行动区域。尼米兹预计6月3日中途岛和阿留申群岛将同时遭到航母空袭。如果日本人按照原计划行动，这个预测确实会成真。①在约克城号上人们热情高涨，"小道消息满天飞"。这艘久经沙场的航母"明智而自信"的风度令兰恩中校印象深刻。虽然尼米兹只要求搜索中途岛东北面，但弗莱彻不愿仰赖中途岛的700海里搜索圈看守前门，更何况西北方的天气一直令人担心。日出前约克城号派出20架SBD搜索了西南至东北方向（240°~060°）的200海里半圆区域，以确保两支可能来犯的航母群（中途岛攻击部队及其掩护部队）不在该范围内。在17特舰西南10海里处，斯普鲁恩斯的16特舰在企业号和大黄蜂号的飞行甲板上排满攻击机严阵以待。完成飞行作业后，弗莱彻以12节航速北上。天明后低空布满阴云，偶有几片晴空和柔和的东南风。朝西北飞行的搜索机飞行员则在风暴中苦苦挣扎，天气大大降低了这个至关重要的方向上的能见度。②

04：45左右，两支航母特混舰队都监听到太舰总转发的急电，内容是阿留申群岛的荷兰港遭到攻击。来自角田少将的第二机动部队（龙骧号和隼鹰号）的19架飞机在中途岛时间03：45轰炸了荷兰港。尼米兹现出一丝"灿烂"的笑容，"好

---

① 1942年5月太舰总致4特、9特司、16特司、17特司和中途岛海航站电310357，灰皮书，533页；含每日舰队情报汇总的SRMN-012在5月31日（第458页）提到"我们仍相信打击部队的初次攻击将在6月3日（当地时间）对中途岛和阿留申群岛发起"；在6月3日（第485页）则说"预计此次攻击（针对荷兰港）将与对中途岛的攻击同时发动"。

② 波拉德，口述历史；兰恩致巴德信（1966年12月6日）。

第十七章 中途岛之战（一）"收拾他们" · 309

啊，"他对雷顿说，"这下你心里该暖和了吧。"他自己肯定也是如释重负，因为他已经押上了美军在太平洋的重要家当来赌无线电情报的准确性。对弗莱彻和斯普鲁恩斯来说，日军发动打击的消息使他们更加期待可能很快发生的中途岛空袭。大约在06：50，约克城号的雷达在东北方21海里处发现一个可疑目标。弗莱彻指派4架战斗机前去拦截，通过TBS向16特舰发出警报，并把他自己的舰船排成了防御阵型。斯普鲁恩斯命令他的值班航母大黄蜂号转向迎风以起飞战斗机空中巡逻，但是雷达跟踪发现那个不明目标在东方消失了，于是他迅速取消战斗机紧急起飞的命令，而大黄蜂号甲板上为了将它们收回机库又是一阵好忙。其实那个目标是中途岛的1架搜索机。[1]

09：04，1架中途岛的PBY（第五十一巡逻中队的詹姆斯·P.O.莱尔少尉）发报说在基地西南（方位角247°）470海里外发现2艘货轮。20分钟后，在莱尔北面扇区搜索的VP-44的朱厄尔·H.里德少尉在报告中使用了"主力"一词，称其位于中途岛西南（方位角261°）700海里。2艘货轮无关大局，但如果所谓的主力包括航母，那太舰总自己的航母部署就错得厉害了。此时16特舰和17特舰在这个目标西北至少850海里外，因此当天不可能发生交战。而尼米兹意识到"主力"这个字眼可能并不妥当，他在10：07表示，他相信刚才报告的船队是"攻击和占领部队"，而他"预计'打击部队'是与其分开的"。[2]

尼米兹的猜测是对的。持续的恶劣天气有效掩护了南云中将的4艘航母，它们此时已经到达中途岛西北600海里处，距离弗莱彻550海里。山本的战列舰队位于南云西北方600海里外，也在大雾中穿行。中途岛的搜索机发现的是近藤中将的攻击部队的一部，它们正分成4队从西面和西南面接近。里德所说的"主力"是登陆部队和配属的水上飞机母舰部队，还有一个护航的驱逐舰中队。他的导航技术很好，最初被发现时，运输船队位于中途岛的260°方向，距其675海里。近藤自己的主力部队（2艘快速战列舰、4艘重巡洋舰和瑞凤号轻型航母）正在运输船队背后缩短距离，近距支援部队则从西南方追赶。这两支强大的编队尚在中途岛飞机的视野之外。尽管如此，在距离中途岛如此远的地方遭遇美国水上飞机还是让日本人又惊又恼。他们本

---

① 1942年6月太舰总致各特司电031637，CSCMF，卷13；雷顿，口述历史，48页。

② 中途岛的接触报告可见于中途岛海航站司令致太舰总，与敌交战报告，1942年5月30日至6月7日中途岛之战（1942年6月18日）。亦见于与中途岛攻击相关的通信日志摘录，富兰克林·D.罗斯福总统资料集，地图资料室档案，第36号箱。这份没有注明日期的通信日志（以下称16特舰通信日志）绝对是无价之宝，它提供的电报记录没有任何其他资料比得上。1942年6月太舰总致各特司电032513和032207，CSCMF，卷13。

来预计中途岛的空中侦察范围不会超过600海里，近藤应该在当天下午进入侦察圈，届时上午出动的搜索机早已掉头返航了。470海里处的2艘货轮其实是从塞班经威克岛赶来的小型扫雷艇。虽然莱尔报告的距离与实际距离（460海里）很接近，但他报告的方位过于偏南了。这2艘船实际上并不在运输船队的东南方，而是在东北方，它们无意中成了整个大军的尖兵。在旗舰大和号上，宇垣少将发现扫雷艇突到阵前后大吃一惊，怒斥登陆部队"过早暴露"。他后悔没让南云按原计划在这天清晨袭击中途岛。①

中途岛方面从里德口中问出了关于"主力"的更多细节，最后将其描述为11艘以19节速度驶向正东的船。弗莱彻按自己的既定计划先北上后掉头，从而留在中途岛以北的同一片区域。为了确保敌军没有接近，约克城号下午出动19架SBD按同样的西南–东北扇面搜索了200海里。中途岛的PBY在西北450海里以外再度遭遇"零能见度"天气，证明弗莱彻的谨慎并非多余。14：45，尼米兹总结了当天的事态，"据信打击部队尚未被定位"。最初在中途岛以西700海里发现的"疑似作战"舰艇"可能是护航编队，正在前往会合点接应在较近距离发现的占领船队"。9架B-17已离开中途岛攻击"该假定护航船队"。截至此时的局面"尚不足以确定或推翻我先前的判断，也不足以证明初期的事态将发生变化"。②

日落后弗莱彻转向西南，他计划在6月4日黎明到中途岛以北200海里，再次做好按计划作战的准备。中途岛则打出了它的第一拳。当天晚上太舰总转发了9架B-17轰炸中途岛以西575海里主力运输船队的报告，目标是11艘船组成的混合编队，包括2~3艘战列舰、1艘航母、2~3艘巡洋舰、驱逐舰和运输舰。轰炸机宣称击中2艘最大的战舰，还有1艘运输舰也起了火。实际上这个运输船队里最强的船是1艘轻巡洋舰，全队未受任何损失。4架装备雷达的PBY也从中途岛出击，借助月光实施了鱼雷攻击。尼米兹指出"形势发展符合预期"，"我们最重要的目标"——航母不久就会出现。"明天也许是你收拾他们的日子。"当晚他睡在办公室里的行军床上。③

6月3日夜4日晨大雾弥漫，让两支特混舰队的神经绷得特别紧。用弗莱彻的话来说，大家"咬着指甲"猜测敌航母为何还未出现，只盼早晨的搜索能迅速找到它们。"我们等不起，"他后来回忆道，"我们必须先发制人，迅速而有力地实施打

① 宇垣，137页。
② 1942年6月太舰总致各特司电 040017，太舰总致舰总司电 040245，CSCMF，卷14。
③ 1942年6月太舰总致特司电 040711、040811、041035 和 041203，CSCMF，卷14。

击。"天亮前他得知了夜间鱼雷袭击的情况，此战发生在02：30左右，目标是中途岛西南500海里处的主力舰队。太舰总宣称有1艘大型运输舰被击中，实际上PBY的鱼雷命中了大型油轮曙丸号，致其轻度受损。有一个PBY机组报告在目标海域附近遭遇1架敌机，因此附近也许还有1艘航母。[①]

"敌航母"

从04：15开始，中途岛派出22架PBY搜索了从200°~020°的西侧半圆。由于预计敌军两个航母群将独立行动，侦察员们奉命按各自的扇区搜索700海里，或者直到所有4艘航母都被找到为止。届时他们可以去中途岛东南的雷桑和利相斯基环礁避险。与此同时，16架B-17（后来有2架中途返回）在沃尔特·C.斯威尼中校率领下呼啸升空，前去轰炸运输船队。如果发现航母也在打击范围内，中途岛将引导它们转移目标。这是截至此时太平洋战场上重轰炸机的最大规模出击，斯威尼得到了大好机会来检验它们对付运动中的舰船的能力。不管它们造成怎样的破坏，都会使美国航母的任务大大减轻。西马德上校还为可能接近到200海里以内的航母准备了其他打击力量。6架新式的格鲁曼TBF和4架陆军的B-26中型轰炸机已经挂上鱼雷，而27架陆战队的SBD和SB2U侦察轰炸机则装备了500磅炸弹。中途岛的防空战斗机包括28架陆战队的F2A-3水牛和F4F-3野猫，它们将得到高效的雷达和强大的高炮支援。[②]

6月4日凌晨，弗莱彻指挥17特舰和16特舰（225架可作战的飞机）以13.5节向西南航行，准备在黎明时到达中途岛以北200海里处。他还是依靠中途岛的搜索机来寻找据信从西北方向接近的敌军航母，但为防其中一个航母群迂回到北面，他也采取了预防措施。考虑到敌人应该已经逼近，他只出动10架约克城号的SBD在北侧100海里半径的半圆内执行清晨的"安全"搜索。当东方的天空在04：20泛红时，约克城号起飞了6架执行战斗空中巡逻的F4F和10架SBD，然后将8架F4F、17架SBD和12架TBD排上甲板准备作第一波全甲板攻击。这一次辛德勒没有上飞机，因为万一发生水面交战，弗莱彻需要靠他的特长来协调各舰的火炮射击。在南面10~15海里开外，斯普鲁恩斯让企业号和大黄蜂号的全部打击力量（120架飞机）做好了准备，等待第一批敌航母出现后弗莱彻的命令。3艘航母上共有51架F4F被分配了战斗空中巡逻的

①普兰奇对弗莱彻的采访（1966年9月17日）；16特舰通信日志；1942年6月太舰总致各特司电041505和041617，CSCMF，卷14。

②VP-44作战令第13-44号（1942年6月4日），詹姆斯·萨夫鲁克提供；1942年6月太舰总致各特司电041803，CSCMF，卷14。

任务，由企业号的战斗机引导员道少校指挥。此时16特舰尚未部署战斗空中巡逻飞机，因为如果等到这些战斗机不得不降落时攻击机群还未出动，就必须打乱甲板上排好的队形。在约克城号完成起飞作业后，弗莱彻带着两支特混舰队以15节速度转向东行。①

05：00（珍珠港当地时间07：00），雷顿向尼米兹预言：不出一个小时，从中途岛起飞的搜索机就将在中途岛西北（方位角325°）175海里处发现敌航母。他认为攻击中途岛的航母群将从那个位置发起歼灭该岛航空力量的攻击。②弗莱彻没有得到如此详细的预报，但他知道战斗一触即发。尼米兹的情报相当准确。在04：30，太平洋上最强大的特混舰队——南云的第一机动部队正迎着初现的晨曦在中途岛西北240海里处驶向东南方，在其东面200海里出头的位置就是弗莱彻的航母。南云此时已成前锋，太平洋舰队的复仇之火即将降临到他头上。与太舰总的预测不同，4艘精锐航母（247架可作战的飞机，包括21架预定进驻中途岛的战斗机）是聚在一起行动的，它们分别隶属于南云自己的第一航空战队（赤城号和加贺号）以及山口多闻少将的第二航空战队（飞龙号和苍龙号）。强大的护卫舰队由阿部弘毅少将（第八战队司令官）领军，包括快速战列舰榛名号和雾岛号、阿部坐镇的重巡洋舰利根号和筑摩号，以及木村进少将的第十战队（轻巡洋舰长良号和11艘驱逐舰）。③

与弗莱彻和斯普鲁恩斯一样，55岁的南云忠一中将也不是海军航空兵出身，而是以智勇双全的鱼雷专家著称的水面舰队军官。他1935年晋升为少将，指挥轻巡洋舰参加了侵华战争的初期战事，1939年升任中将，统率4艘金刚级快速战列舰。此后他曾出任海军大学校的校长。1941年4月，日本海军委任毫无航空经验的南云指挥由航母组成的第一航空舰队，同年晚些时候他组建包括6艘精锐航母的作战部队——机动部队，完成了规模空前的海军航空兵集中编组。南云在袭击珍珠港、支援荷属东印度群岛登陆和印度洋攻略等作战中取得了巨大成功。与弗莱彻和斯普鲁恩斯一样，他仰仗手下的航母专家为他出谋划策，但是与美国海军同行不同的是，南云对航母空中作战的实际过程显得毫无兴趣。从上任到中途岛，他日益显露出茫然失措

---

① 太巡司致太舰总，中途岛之战报告（1942年6月14日），RG-38。

② 雷顿，口述历史，30页。据说雷顿早在5月27日就做出了这个著名的预测（见波特《尼米兹》83页；以及普兰奇《中途岛奇迹》102页）。普兰奇，408页甚至不愿采信雷顿的直接证言（雷顿自己承认这个预测是在6月4日他和尼米兹接到发现南云航母的报告前一小时才做出的）。可惜雷顿死后出版的《亲历记》430、438页对此事的描述反而削弱了波特和普兰奇的错误。帕克，53页也受到了误导。

③ 关于第一机动部队的主要资料包括：南云报告；WDC档案160985B中4艘航母的报告；日本专论集第93号；日本《战史丛书》卷43；渊田和奥宫；以及普兰奇《中途岛奇迹》。

之态，指挥一支他并未掌握技术细节的部队的重担压得他疲惫不堪。这种消极情绪源于日军的体制，在这种体制下一旦参谋军官们达成共识，军事主官几乎无一例外会依照参谋的建议来决策（山本是少有的异数）。才华出众的航空参谋源田实中佐包揽了攻击珍珠港之战中航空兵行动的大部分谋划，空袭部队总指挥官渊田美津雄中佐则完美无瑕地执行了这个计划，这两人以过于自负的心态左右着南云。参谋长是草鹿龙之介少将，虽不是飞行员出身却担任过2艘航母的舰长，他在发生争论时出面仲裁，扮演着和稀泥的角色。在中途岛，疾病使源田反应迟钝，渊田则因为刚切除了阑尾而无法飞行，他俩的无能为力促成了南云在最高指挥层面上优柔寡断的表现。①

南云在6月4日的第一项任务是发动对中途岛的空袭和实施清晨侦察。赤城号和加贺号的36架99式舰爆机，苍龙号和飞龙号的36架挂载炸弹的97式舰攻机，以及来自所有4艘航母的36架零战轻松完成编队，再次证明了各航空战队和飞行大队之间非凡的协同能力远胜于美国海军。因为每艘航母各自只用一次全甲板起飞出动了一部分兵力，所以起飞和编队的速度很快。但这种团体配合在面临敌军抵抗时的缺点是所有4艘航母最终都要回收攻击中途岛的机队。到04：45，108架飞机已经组成一个打击机群，杀向东南方的中途岛。它们起飞时距离目标240海里，远远超过美国航母的能力。有利的东南风使南云在实施起降作业时也能缩短与目标的距离。黎明的侦察则并不顺利。赤城号和加贺号各出动1架舰攻机，利根号和筑摩号出动4架零式水侦机，在大半个东侧半圆区域侦察300海里，榛名号则派1架航程较短的95式水上飞机在最北面的扇区侦察150海里。2架舰攻机随攻击机群飞向了它们负责的中途岛以西和西北的扇区，但预定搜索中途岛以北的巡洋舰载机却迟了一步。由于出了差错，利根号的四号机在05：00才出发。更糟糕的是，南云的参谋部在如此辽阔的海域投入的搜索机太少，终于铸成大错。贝茨认为这次侦察"密度"不足。各机飞出150海里后就散得太开，无法充分照顾到各自的扇区。南云忽略了两个事实，一是中途岛空袭推迟了一天，二是美国人至少已发现一部分登陆部队在逼近。②

如此的松懈反映了南云对于奇袭中途岛的强烈自信。尽管如此，他还是在袖子里藏了一张底牌，或者毋宁说是藏在4艘航母的机库里。虽然搜索机发现美国军舰的

① 普兰奇《清晨》107—109页；伊文思和皮阿蒂，529页；渊田和奥宫，112页。原为一大佐曾于20世纪30年代初在南云手下服役，他在《帝国海军之最后——矢矧舰长之实战记录》34—35页称南云是"杰出而勇猛的海军军官，也是非常仁慈的人"。要了解美日海军指挥风格的对比，请参见雷顿，口述历史。
② 贝茨《中途岛》86页。

可能性不大，但他准备了101架飞机组成的第二攻击波（苍龙号和飞龙号的34架舰爆机，赤城号和加贺号的43架装备鱼雷的舰攻机，以及24架护航的零式战斗机），绝对能料理出现的任何敌人。这个应急措施源自联合舰队的命令，用于防备美国航母已经等在中途岛附近的情况。第一机动部队里没有人当真相信会出现这种情况。南云只分配了12架零战用于防空，但预备队中的护航机和要送到中途岛的零战必要时都可作战。一旦空袭中途岛的机群返航，它的强大护航力量也可以加强战斗空中巡逻。在南云看来，MI作战将会再现4月在印度洋的快乐时光。[1]

中途岛PBY的接触报告飞速传到了西马德手中，只不过传到尼米兹、弗莱彻或斯普鲁恩斯手里时或许没这么快。[2] 05：23，负责310°~320°扇区的VP-23的霍华德·P.艾迪中尉用电码报告："发现飞机。"他很快识别出那是1架单发水上飞机。在05：30他又有新发现："敌航母。"企业号（可能也包括约克城号）在05：34记录了这条惊人的讯息，但没有监听到他后来的详细报告，其中将航母定位于中途岛方位角320°，距离180海里处。由于忌惮零式，艾迪笨拙的PBY一直在低空小心地移动。他只在散得很开的护卫舰艇中间看见2艘航母，因此按照指示继续搜索。05：52，美国航母收到了在紧邻艾迪南边的扇区的PBY发出的明文电报。VP-23的威廉·E.蔡斯中尉宣布："许多飞机飞向中途岛，方位310，距离150。"这只能是日军的攻击机群，再次证明了中途岛作战正在按预计展开。PBY机组都会重发目击报告，以确保被人收到。珍珠港在05：55（夏威夷时间08：25）听到了艾迪的一次重播，尼米兹因此对雷顿说："唔，你只差了5分钟、5度和5海里。"其实和雷顿一样，报告时间和艾迪的导航都略有偏差。在05：30刚被发现时，南云的航母位于艾迪报告的方位西北40海里。[3]

弗莱彻在06：03通过中途岛对斯威尼的B-17广播的明文电报得知了艾迪的关键发现。"2艘航母和若干战列舰，方位320，距离180，航向135，速度25。"他很自然地猜测这是06：00的方位，这意味着那2艘航母在17特舰西南200海里。实际上南云的4艘航母当时更有可能在220海里开外。对斯普鲁恩斯的16特舰而言，距离是180海里（推测）和200海里（实际）。有尼米兹的计划在先，弗莱彻和斯普鲁恩斯对

① 日本《战史丛书》43：297；宇垣，141；普兰奇《中途岛奇迹》214—215页。最近在《海军军事学院评论》上刊登了关于南云的重要研究文章：艾瑟姆《中途岛之战》，帕歇尔、迪克森和塔利《作战条令问题》。帕歇尔和塔利的新著《断剑》将对中途岛之战作革命性的全新阐释，驳斥当下流行的诸多错误观点。艾瑟姆也在写一本关于中途岛的书。
② 中途岛海航站司令致太舰总，与敌交战报告，1942年5月30日至6月7日中途岛之战（1942年6月18日）。
③ 16特舰通信日志；雷顿，口述历史。

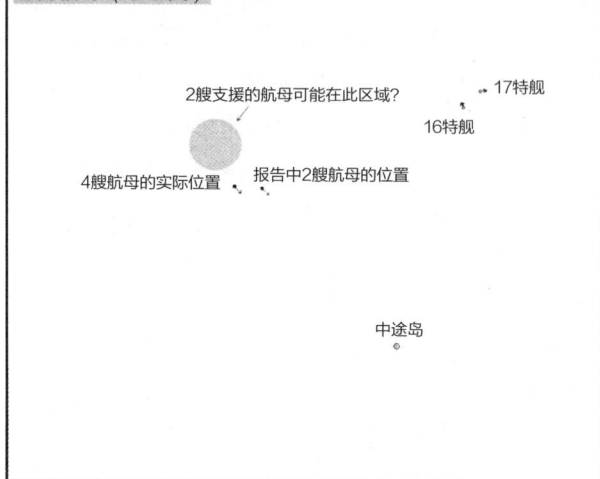

1942年6月4日06：00
态势估计（示意图）

2艘支援的航母可能在此区域？

17特舰

16特舰

4艘航母的实际位置   报告中2艘航母的位置

中途岛

报告中只提到2艘航母都不感意外，读者在后面将会看到，大黄蜂号的米切尔也是如此。将PBY发现的航母群推测为攻击中途岛的编队是合情合理的。这2艘航母应该会继续靠近中途岛，以便回收飞机，在补弹后作第二次攻击。万一敌人的搜索机发现了17特舰或16特舰，第二波攻击以及掩护部队的雷霆就会殛向他们。此时，约克城号需要保持东进航向以回收早晨的搜索机。这无关大碍，因为计划本来就要求斯普鲁恩斯将16特舰移动到范围内迅速发起打击，以求一举消灭整个中途岛航母群。弗莱彻预计中途岛的搜索机很快就会发现2艘航母组成的掩护部队。届时约克城号可以摧毁其中1艘航母，或者至少缠住它们，直到斯普鲁恩斯回收攻击机群并再次打击。弗莱彻的另一个选择是动用约克城号的飞机支援斯普鲁恩斯的突击。

弗莱彻没有迟疑。他在06：07通过TBS命令斯普鲁恩斯："向西南前进，一旦确定敌航母位置立即攻击。我将在回收飞机后立即跟进。"斯普鲁恩斯为了保持在17特舰西南的位置，曾在06：00转向西北（330°）。接到弗莱彻的命令后，他在06：11带着16特舰转到西南240°方位，以25节速度前进。由于斯普鲁恩斯没有确认收到命令，弗莱彻一时搞不清16特舰是同样监听到了06：03的电报还是遵令驶向西南。他在06：22通过TBS呼叫正在快速远去的斯普鲁恩斯："你是否收到2艘航母和战列舰相对于中途岛方位320距离180海里，航向135速度25的报告？此报告在4265（中途岛飞机频率）。"不完整的通信日志没有记录下回复，但在06：23两支航母特混舰队都收到了太舰总在公共频道重播的原始目击报告。①

　　弗莱彻在中途岛之战中的第一个重大决定（分兵两路，指示斯普鲁恩斯攻击2艘航母）完全符合尼米兹的计划。但是，有些人声称斯普鲁恩斯从一开始就拥有实质上的独立指挥权。16特舰作战参谋布拉克中校和斯普鲁恩斯的副官奥利佛上尉宣称尼米兹一开始就打算让斯普鲁恩斯自由行动。贝茨认为当斯普鲁恩斯在06：00转向西行而弗莱彻继续向东航行时，前者就已脱离了后者的控制。托马斯·B·布维尔中校的权威传记《沉默的勇士》也顺着他们的思路断言斯普鲁恩斯在6月4日早晨自主决定了攻击的时间、地点乃至攻击行动本身，对于将军们一致商定的计划只字未提。在布维尔看来，弗莱彻的攻击命令是"多此一举"，因为"斯普鲁恩斯已经上路了"。实际上斯普鲁恩斯在06：00改变航向只是为了保持与17特舰的相对位置，他直到接到弗莱彻的命令才转向接敌。与过于袒护他的拥趸（后来还包括尼米兹）不同，斯普鲁恩斯一直承认在中途岛的两支航母特混舰队都听命于弗莱彻。②

16特舰发动空袭

　　斯普鲁恩斯在战役初期的角色是受到严格限制的，他本人没有多少自主权。当他认为16特舰进入可打击一个敌航母群的距离时，就要派出企业号和大黄蜂号的每一架攻击机（71架俯冲轰炸机、29架鱼雷机以及20架护航战斗机）进行协同突击。除此之外，他其实也没什么可做的，因为他的飞行甲板上不仅排列着攻击机，还有负责战斗空中巡逻的战斗机。决定打击距离的因素是TBD和新式护航战斗机F4F-4野猫可接受的最大作战半径——175海里。而相比之下，SBD俯冲轰炸机的作战半径大大超过200海里。表面看来，斯普鲁恩斯的任务很简单。但是，美国攻击机群起飞过程的幕后细节是中途岛之战最不被理解的方面之一。③

　　斯普鲁恩斯在06：15估计，如果报告正确的话（这是个很大胆的假设，正因如此弗莱彻才会注明"一旦确定位置"），目标大概在175海里外。应该立即起飞攻击机吗？米切尔认为答案是肯定的，并且做出了相应的指示。他命令大黄蜂号的空勤人员除大队长和中队长外全部登机，但后来看到企业号并未转向迎风，他又解除了

---

　　① 16特舰通信日志；1942年6月太舰总致各特司电041823，CSCMF，卷14。
　　② 布拉克致洛德信（1966年3月10日），藏于斯普鲁恩斯资料集，第37辑，2号箱；托马斯·B·布维尔对罗伯特·J.奥利佛上尉的采访（1971年10月5日），斯普鲁恩斯资料集，第37辑，3号箱。贝茨《中途岛》122页；布维尔《沉默的勇士》144—146页。
　　③ 斯普鲁恩斯致福雷斯特尔信（1962年12月14日），斯普鲁恩斯资料集，第37辑，7号箱："我想用能够动用的全部航空兵力尽早打击日本航母。"

命令。实际上，敌我两军的相对位置、风向、风速和战术考虑使关于攻击机群起飞时间的决策比乍看起来复杂得多。16特舰在战役开始时位于敌军的左翼，这是绝好的战术态势，但也意味着敌航母的行进路线几乎垂直地横贯于美军攻击机前方。要找到它们并无绝对把握。如果目标没有出现在预期拦截点，攻击机群就不得不进行搜索，为此必须预留容错余地。但是，如果在06：15立即起飞，实际上出击的距离将大大超过175海里，对于TBD和F4F来说过于冒险。这是因为从东南方吹来的海风速度只有区区6节，航母为了产生足以进行起降作业的甲板风，不得不以25节以上的航速行驶。而朝东南方行进将使它们沿切线方向远离目标，大大增加飞机到达目标需要飞行的距离。如果起飞过程如事先所料持续45分钟，机群将与目标再拉开20海里距离，那么当机群真正出发时距离就有近200海里。弗莱彻的17特舰在珊瑚海之战中遇到的情况与此不同，那时日本人在两天的战斗中都很配合地迎向美国航母行驶，当菲奇在200海里距离处下令起飞时，他可以指望自己的飞机抵达时目标已驶近30海里，斯普鲁恩斯则没有这样的把握。勃朗宁建议在07：00开始起飞，届时敌人应该在155海里外。当攻击机群真正出发时，这个距离将会增至175海里。斯普鲁恩斯也渴望在明智判断的前提下尽早攻击，便欣然同意此议。06：38，他命令企业号和大黄蜂号在07：00开始起飞。[1]

贝茨后来历数了在06：15立即起飞的好处：一方面达成突然性的机会更大，另一方面己方飞机在甲板上遭突袭的机会更小。但是他对于斯普鲁恩斯"有计划地冒险"将起飞时间延后约一小时的决定毫不吝惜赞美之词。"这是一个英勇无畏的决定，也是产生了丰厚回报的决定。它完美地证明了司令的意志力；正是这种品质，加上判断所需行动的智慧，使司令能够确保他的部队占据一切可能获得的优势。"实际上斯普鲁恩斯听从勃朗宁的等待建议是出于非常无奈的原因。贝茨没有认识到，立即起飞意味着要么只派出俯冲轰炸机（等于放弃协同攻击），要么拿短腿的TBD和F4F冒险。可笑的是，虽然贝茨因为斯普鲁恩斯推迟起飞而称赞他，莫里森却声称他实际上打算等待近3个小时（从06：07等到09：00），只是在精明的勃朗宁劝说下才改了主意。考虑到勃朗宁在战后声誉鹊起，这个说法似乎还挺有道理。勃朗宁的优秀服役勋章的嘉奖令中也有这样的文字："他凭借专业的谋划和杰出的实施，为中途岛大败敌军之战做出了很大贡献。"但是，莫里森这个大大推迟起飞时间的观点源于他对16特舰战争日记中某条记录的误

---

① 米尔斯《航母战斗》52—53页；布维尔《沉默的勇士》146页。16特舰战争日记。

读。他没有意识到，因为航母采用西10区时间，所以那份文件中的09：00（西10区）就等于此战的大多数史料中使用的中途岛当地时间07：00（西12区）。斯普鲁恩斯肯定从未想过推迟3个小时，那样将会酿成大祸。他只想在能有效攻击的前提下尽快行动。[1]

不熟悉航母作战程序的斯普鲁恩斯把细节统统托付给了参谋部的专家（勃朗宁和布拉克）和两位舰长（米切尔和乔治·穆雷），这是可以理解的。以前坐镇巡洋舰指挥时，斯普鲁恩斯会花很多心思参与谋划。但这一天在企业号上，他宁可"站在幕后让参谋们忙活"，"自己只负责直接关系到战役目标的重大决策"。可惜斯普鲁恩斯所托非人。勃朗宁让这位16特司下达了"延时出发"的命令，也就是说，每个攻击机群都要原地盘旋到各中队全部起飞为止，然后在飞向目标途中要全程保持战术接触。由于美国航母的各种舰载机在航程、巡航速度和最佳巡航高度方面有显著差异（这与日军形成了鲜明对比），让它们同时抵达目标殊非易事，然而为了分散战斗空中巡逻的战斗机和高射炮火，协同是必不可少的——若考虑到在珊瑚海遭遇的强大防御就更显重要。俯冲轰炸机和鱼雷机应该协调一致地攻击，至少SBD应该稍稍领先于TBD进入俯冲。米切尔和穆雷已经为这种攻击模式作了特别准备。勃朗宁认为敌军方向显而易见，便没有给攻击机群指定出击航线。但是他指示米切尔和穆雷"若目标位置过于不明确，必须进行先期搜索"，则使用"搜索攻击"程序。也就是说每个大队的部分兵力（通常是侦察中队）应该在飞往目标的途中排成搜索队形。勃朗宁还强调各大队务必攻击不同的航母。有意思的是他没有执行已有但很少使用的"联队战术"规定，按照这个规定，两个大队应该在资深的大队长（也就是大黄蜂号的斯坦厄普·C．林中校）协调下先后攻击，但是在这一天，两个大队将同时发起攻击。[2]

07：00企业号和大黄蜂号转向南方，顶着微风沿略有不同的航向行驶，速度提至28节。护卫舰艇分成两队各保护一艘航母。按照预想，目标在239°~240°方向，155海里外，但南云实际上位于175海里外，方位角是245°。斯普鲁恩斯计划在航

---

[1] 贝茨《中途岛》122—123页。莫里森《美国海军作战史》4：113页；嘉奖令档案，NHC。参见我（本书作者）为1987年再版的布维尔《沉默的勇士》作的序，x—xv页。

[2] 奥利佛致布维尔信（1971年8月5日），藏于斯普鲁恩斯资料条。第37辑，3号箱；16特舰战争日记和通信。基本程序和定义见1941年3月战空司最新战术命令和作战命令，美国海军舰队飞机，卷一，航母舰载机，USF-74（修订版），和1941年3月战空司最新战术命令，美国海军舰队航空母舰，USF-77（修订版）。

母完成起飞作业后向目标接近100海里来缩短回程，这意味着在机群出发后舰队要以25节航速向西南前进3个小时。旗舰并未提供正式的预定位置（16特舰在起飞后将采取的航向和航速），但大黄蜂号明白"这等于说要接近命令所指的敌人"。表面看来，发动如此规模的空袭并不是特别难办。在和平时期，美国航母已经习惯将全飞行大队73架飞机按战斗机、俯冲轰炸机、鱼雷机的顺序密密麻麻地排在飞行甲板上，然后"以一次连续的作业"将它们放飞。"手册"认定这样的大规模起飞过程通常需要20分钟，"熟练的飞行员和经过培训的飞行甲板地勤"可以干得更快一点。但是美军一贯明白这样的全大队起飞只是一种人为制造的情况，在战时由于需要轮班的飞机而不太可能发生。事实上截至此时，只有巨大的列克星敦号曾一次起飞多达50架飞机执行作战任务。此外客观条件也有所改变。此时的飞机在配备装甲和自封油箱后重量增加，起飞滑跑距离更长，因而也需要更多甲板空间。航母已经无法把所有攻击机合并在一波全甲板起飞中，因此各大队很难确保下属的各中队同时抵达目标。勃朗宁按照作战条令操作，允许两个舰长按各自认为合适的方式自由组织起飞。这两人干得都不是特别好，但事实证明其中一人的方法比另一人的糟糕得多。[1]

大黄蜂号上的米切尔虽然在航母上久经历练，却没有实战经验，而且由于参加东京奇袭而失去了一段宝贵的训练时间。他完全按照旧的大队起飞条令操作，先把VF-8的20架领受任务的战斗机排在甲板前部（8架用于战斗空中巡逻，10架护航，2架待机），然后是全部34架能作战的SBD。半数俯冲轰炸机（包括林的座机在内）挂载1颗500磅炸弹，其余挂载1000磅炸弹。舰尾飞行甲板的空间留给了第八雷击中队的6架TBD。剩下的9架蹂躏者将在最后起飞，它们要等到甲板清空后才会登上舰尾升降机。虽然护航战斗机的作战半径和TBD一样短，但米切尔还是让它们最先起飞。显然他指望数量很少的第二波飞机快速与其他攻击机编队，以免后者在出发前把过多燃油浪费在等待中。根据珊瑚海的初步作战报告，他认定俯冲轰炸机比鱼雷机更需要保护。因此他把全部10架F4F护航机都分配给SBD，命令它们不惜消耗燃油爬升到20000英尺，而让速度较慢的鱼雷机在低空跟随。他希望林在飞向

---

① 航空作战参谋致大黄蜂号舰长，在1942年6月4日中途岛附近的行动中观察到的缺陷（1942年6月12日）；阿诺德致W.W.史密斯信（1965年2月18日），史密斯资料集；小亨利·萨洛蒙致S.E.莫里森信（1947年8月13日），莫里森办公档案，第23号箱；USF-77（修订版）；航空局对穆雷的讯问（1942年11月25日）；16特司（托马斯·C.金凯德少将）致太舰总，第十六特混舰队近期作战（1942年9月10日），RG-38，行动报告。

目标途中全程保持战术接触。[①]

企业号上的穆雷采用了与他2月24日袭击威克岛时一样的方案，把航程较短的攻击机都留到第二波起飞。因此他第一批放上甲板的飞机包括8架用于战斗空中巡逻的战斗机和全部37架SBD（它们的挂载各不相同，有的是1颗500磅炸弹，有的是1颗500磅炸弹加2颗100磅炸弹，而最后18架各带1颗1000磅炸弹）。穆雷担心加满油的SBD，尤其是那些携带1000磅炸弹的，需要尽可能多的甲板空间来起飞。考虑到这天风力微弱，这个担心就更有道理。在机库里等待的第二波飞机包括VF-6的10架护航F4F和VT-6的14架TBD。和米切尔一样，穆雷指示他的护航F4F在高空掩护SBD，而让TBD留在低空。但是大队长和几个中队长商定了应急计划：万一鱼雷机遭遇战斗机猛烈抵抗，护航机就冲下来帮它们一把。[②]

16特舰的起飞作业在07：00刚过时开始，但是进展很慢，一架又一架飞机轰鸣着上天后在头顶盘旋。到了07：42，大黄蜂号已经送走了甲板上的第一波58架飞机，开始把剩下的9架TBD提上甲板。企业号上45架飞机的起飞却出现延误，因为有4架无畏出了机械故障。为了让出甲板空间，不得不把它们拉进机库或拖到舷外托架上。直到最后1架SBD升空后，甲板地勤才开始从机库拉出护航F4F和TBD。在企业号编队指挥所里观察的斯普鲁恩斯对这些明显的磨蹭越来越不耐烦。这次起飞过程不幸重演了2月24日的情况，那一次由于SBD起飞中的延误，整个大队迟了30分钟。此情此景让穆雷回忆起他的老上级约瑟夫·李维斯将军的话："时间，先生们，别忘了时间。"因为对起飞作业来说"时间实在太重要了"，"如果在这个过程中没有出现飞机在甲板上启动失败的问题，如果发动机能正常启动并预热，所有飞机都能起飞——那就万事大吉。"如果像这一天这样出了岔子，那就难办了。[③]斯普鲁恩斯担心的也是时间。07：40，无线电情报官斯罗尼姆上尉提醒他敌军可能发现了16特舰。[④]情急之

① 大黄蜂号舰长致太舰总，1942年4—6日行动报告（1942年6月13日）；伦德斯特罗姆《首发主力》333页；盖伊《唯一的幸存者》115页。现存的大黄蜂号飞机在甲板上列队的照片，国家海军航空博物馆，彭萨科拉海航站。

② 企业号舰长致太舰总，1942年6月4—6日中途岛之战报告（1942年6月8日），和企业号舰长致太舰总，1942年6月4—6日太平洋空战报告（1942年6月13日）。关于在威克岛使用的程序，见企业号舰长致太舰总，1942年2月24日（东12区时间）对威克岛行动报告（1942年3月8日）。有关企业号起飞过程的细节，马克·霍兰慷慨地提供了他关于中途岛之战中企业号飞行大队的独一无二的知识。

③ 2月24日的起飞延误是因为SBD在甲板上滑跑时螺旋桨搅动水汽，水滴的光晕笼罩机身导致能见度低下。有一个SBD驾驶员因为迷失方向而坠机。航空局对穆雷的讯问（1942年11月25日）。

④ 这份目击报告是利根号的四号搜索机在07：40发出的，但电报本身标注的时间是07：28。宇垣，149页确认山本在07：40监听到这封电报。斯罗尼姆的《从旗舰视角看指挥决策》85页称，这封电报是"一份明文接触报告"，给出了"我军的位置和构成"。波特《尼米兹》，94页说珍珠港的H站破译了这封电报。但是，H站的1942年6月4日中途岛作战工作日志，SRMN-012，500页却说在07：40有架敌机（呼号为Meku4）"在7110频率向Mari发送了一封有4个假名的电报，这是它发送的第3封电报"。H站没有截获Mari在07：47发送的明文消息。

下，斯普鲁恩斯决定尽快让部队出击，便断然放弃了协同攻击。勃朗宁表示同意，因为他也对拖拖拉拉的起飞过程感到心焦。07：45，司令部的信号员通过闪光灯命令正带着企业号的33架SBD在天上打转的大队长克拉伦斯·韦德·麦克拉斯基少校"开始执行指定的任务"。于是他丢下VF-6的护航战斗机飞向西南方，而后者此时尚未起飞，VT-6的TBD才刚刚开始摆上甲板。与此同时，林执着地把大黄蜂号的34架SBD排成了阅兵阵形。他一边带着它们和VF-8的10架霉运当头的护航F4F慢慢爬升到高空，一边像是要参加航展一样梳理着队列。大黄蜂号在07：55完成起飞，把最后9架TBD也送上了天。等到VT-8的TBD在低空整队完毕，林就发出了出发信号。企业号的VF-6的护航战斗机爬升到高空后，理所当然地没找到麦克拉斯基的SBD，但领队詹姆斯·S.格雷上尉把大黄蜂号的TBD当成企业号的鱼雷机，跟在了它们后面。最后，当尤金·E.林赛少校的VT-6的最后1架TBD在08：06从企业号上腾空而起时，其他中队都已经无影无踪了。[1]

斯普鲁恩斯在08：06将基本航向恢复为240°，以25节速度行驶。在过去的半个小时里，16特舰警惕的监听员注意到了明显来自一个盯梢者的无线电通信。最终在08：15，北安普敦号的瞭望员看见1架双浮筒水上飞机在南面30海里外潜行。企业号的战斗机引导官道在中高频战斗机频道上打破无线电静默，指挥战斗空中巡逻的战斗机追杀这个不速之客。此时16特舰本身已经分成两个分别由穆雷和米切尔指挥的临时特混大队，将各自独立巡航至日落。重巡洋舰北安普敦号、文森斯号和彭萨科拉号以及5艘驱逐舰跟随企业号，明尼阿波利斯号（金凯德的旗舰）、新奥尔良号、轻巡洋舰亚特兰大号和4艘驱逐舰护卫大黄蜂号。金凯德告诉军衔低于自己的米切尔，自己将配合他运动。[2]

斯普鲁恩斯并不知道，一场潜在的灾难正在酝酿中。他的空袭机群已经分裂成三队，各自飞向不同的方向。冲在最前头的麦克拉斯基认为：敌人的航母为了回收其飞机，将继续以25节速度向中途岛前进。他根据它们可能前进的最大距离计算出了拦截路线。因此他的33架SBD朝着226°方向前进，远比斯普鲁恩斯宣布的己方航母接敌航线（240°）偏南。麦克拉斯基预计自己将在飞出142海里左右时找到目标。

---

①M.R.勃朗宁少将致S.E.莫里森信（1947年10月8日），莫里森办公档案，第23号箱；布维尔《沉默的勇士》147页。贝茨给莫里森写信（1948年8月31日）说，企业号"起飞VT的速度不算太慢"，因为鱼雷机平时不在飞行甲板上，总是要先从机库里运出来。所以这次"延误纯粹是航母操作需要，不是安排不当"。贝茨还错认为"企业号完成起飞的时间大致和大黄蜂号相同"。其实大黄蜂号比企业号快了11分钟。贝茨资料集，第I辑，第2号箱。

②巡六分队长致16特司，1942年6月4日行动报告（1942年6月11日）。

晚出发15分钟的林赛则为他的VT-6的14架TBD选择了240°方向。林带着大黄蜂号的34架SBD、10架F4F、15架TBD和不明就里的VF-6的10架F4F沿265°方向飞行，直指斯普鲁恩斯指定的目标的西北方。而且林显然打算在必要情况下飞出225海里。可以看出，米切尔因为艾迪的PBY只报告了2艘航母而不安，所以自作主张搜索和攻击他认为在先头航母群后面的所谓第二个敌航母群。三队飞机就这样分道扬镳，它们不可能全都找到南云。[1]

约克城号的攻击

斯普鲁恩斯一接到攻击命令就投入了他的全部兵力。弗莱彻却还有其他问题要考虑。在06：22，约克城号将6架F4F送上天空接替战斗空中巡逻，并准备回收出去侦察的SBD和第一班战斗空中巡逻。在这个过程中，电台传出了明文消息："空袭，中途岛。"到了06：45，在完成着舰后，巴克马斯特将攻击机群摆上甲板准备起飞。此时那2艘敌航母被认为在西南方200多海里外，大大超出攻击范围。弗莱彻需要面对已经影响了16特舰的所有风向和相对位置约束。南云实际上在超过225海里外。由于没接到关于其他敌航母的消息，弗莱彻决心接近到原目标的打击距离内，为继斯普鲁恩斯之后发起攻击创造条件。他指示17特舰朝西南（225°）以25节速度航行，并估计自己可在08：30左右开始起飞攻击机，届时他与原目标的距离应该会缩短到160海里。在这段时间里，他将继续等待，看看中途岛的搜索机能否找到敌人的第二个航母群。然后他就可决定是打击第二个航母群还是对付第一个目标。因此他在06：48告诉斯普鲁恩斯和史密斯："将跟随16特舰向西南航行，在进入射程后发起攻击。2艘航母尚无下落。"[2]

批评家们指责弗莱彻犹豫不决，没有像斯普鲁恩斯那样果断行动。贝茨一方面称赞斯普鲁恩斯把攻击推迟到16特舰靠近敌人后发动，从而提高了成功概率，另一方面却责备弗莱彻"按兵不动"，没有立即会同16特舰出击。这一回他既不说什么"英勇无畏"的决定，也不谈什么"完美地证明了司令的意志力"，体现"判断所需行动的智慧"，相反，贝茨痛斥弗莱彻违背起码的常识，"通常情况下，最佳做

① 伦德斯特罗姆《首发主力》335—336；C．W．麦克拉斯基上校致S．E．莫里森信（1947年前后），莫里森办公室档案，第23号箱。
② 太巡司致太舰总，中途岛之战（1942年6月14日）；约克城号舰长致太舰总，1942年6月4日和1942年6月6日行动报告(1942年6月18日)；17特司致太舰总，中途岛之战——转发报告汇编(1942年6月26日)；17特舰巡洋舰司令战争日记。

法就是投入所有可用兵力……进行协同攻击，而不是让它们发动零星且无协同的攻击"。他承认弗莱彻可能顾虑尚未发现的航母，但又自以为是地推测说："他的行动多少受到了他在珊瑚海之战中的经验影响，那一次日本人差点让他措手不及。"其实事实明摆在那里：约克城号直到08：30才进入能有效攻击南云的距离，而弗莱彻一看到条件成熟就立即发动攻击。他让约克城号机群暂缓起飞的决定恰恰与斯普鲁恩斯受到贝茨大肆吹捧的决定毫无二致。顺便一提，在贝茨写书时斯普鲁恩斯恰好（但并非巧合）是海军军事学院的院长，贝茨的顶头上司。莫里森也提到弗莱彻"将起飞时间推迟了两个多小时"，但他后来承认此举可能是"恰当的"。[①]

和企业号一样（但或许与大黄蜂号不同），约克城号估计F4F-4的极限作战半径是175海里，与TBD相同。VF-3的队长萨奇少校表示自己愿意飞这么远，VB-3的队长莱斯利少校认为这个承诺"实在够大方"。面对和16特舰一样的难题，弗莱彻在他的航空顾问阿诺德（航空长）和彼得森（飞行大队长）的帮助下，采用了聪明得多的解决办法。"我们等后续情报等得都快疯了，"阿诺德回忆说，"但是我们不得不仅凭这一份接触报告出动飞机。"他在海图上标出2艘敌航母的航向和航速后发现中途岛基本上就在其下风方向，因此他和麦克拉斯基一样猜测它们将继续迎着东南风航行，以便缩短航程和回收攻击机群。照此推算，等约克城号的飞机找到那支敌舰队时，它可能离中途岛只有90海里。但阿诺德认为日本航母在开战之初不会离中途岛如此之近，他估计它们将至少待在120海里开外。这个位置距离约克城号的预计放飞点约为150海里，方位角为230°。如果攻击机群在该拦截点没有找到敌人，还可以右转到西北方向寻找目标。阿诺德告诉攻击机群的各领队，向西南飞至推定日军位置和中途岛的连线后就不要继续前进。如果在那里没找到敌人，应该右转向西北飞行，沿日军航线反向搜索。"他们都认为这个方案很有道理，全都不折不扣地执行了。"[②]

为了确保攻击机群的燃油足以在延长搜索时间后发起协同攻击，彼得森又拟定了约克城号早先已证明行之有效的途中会合方案。第一波全甲板出击的飞机包括莱斯利的VB-3的17架SBD（携带1000磅炸弹）和马西少校的VT-3的12架TBD（携带鱼雷）。莱斯利的SBD将在约克城号上空盘旋15分钟，等慢速的蹂躏者一起飞就立即出发。然后飞行甲板地勤人员将把肖特上尉的VS-5的17架SBD拉出机库，这些飞机全

① 贝茨《中途岛》125页；莫里森《美国海军作战史》4：114页；莫里森《两洋战争》154页。
② 洛德，154页；阿诺德致W.W.史密斯信（1965年2月18日），史密斯资料集；O.彼得森上校致S.E.莫里森信（1947年12月5日），彼得森资料集。

都事先预热，做好起飞准备。它们升空后正好跟在莱斯利的SBD后头出发。所有SBD在飞向目标的途中都将爬升到15000英尺。最后出发但巡航速度最快（有139节，而其他飞机是110~120节）的是萨奇的8架F4F，它们将继SBD之后起飞，并留在低空掩护VT-3。如果一切按计划进行，萨奇应该在大约45分钟后经过肖特和莱斯利下方追上马西，因此整个机群在抵达目标前有充足的时间完成编队。[1]

弗莱彻在他的报告中称，16特舰于07：10开始放飞，其预定位置航向为240°，航速25节。这个重要的信息肯定是斯普鲁恩斯通过TBS电台提供给他的（为了"跟随"16特舰，弗莱彻必须知道它去了哪里），因为他不可能通过其他途径获知。阿诺德无疑继弗莱彻之后很快得知了16特舰的预定位置航向和航速（他把航速记成了24节）。阿诺德正准备派约克城号攻击机群对付同一批航母，他认为16特舰绝不可能维持自称的前进速度，飞行员返航时也不会在预计位置附近找到它。16特舰犯了"大错"，而他绝不希望17特舰蹈其覆辙。阿诺德考虑到斯普鲁恩斯有哈尔西赫赫有名的参谋班子辅佐，误以为两支特混舰队的战术指挥权都操于其手，因此很担心弗莱彻会照搬16特舰的预定位置航向和航速。他根本没想到斯普鲁恩斯是弗莱彻的下级，而且斯普鲁恩斯从未对17特舰下过命令。在阿诺德对16特舰的预定位置表示"强烈反对"后，巴克马斯特派他去了司令舰桥。阿诺德"对弗莱彻做了解释，他听懂了一部分，问我预定位置航速应该是多少"。他的回答是："这没法准确计算，只能靠估计，我认为应该是10~12节，而不是24节。"弗莱彻反驳说："可是我们必须靠近小日本。"阿诺德回答："按照现在这个风向，我们绝不可能以24节的速度靠近。"之所以不可能是因为舰队为了进行飞行作业需要频繁偏离基本航向。于是弗莱彻"正式许可"阿诺德把约克城号预定位置的估计前进速度改为18节。阿诺德看到他没有"征求16特舰同意"就作此决定不禁大吃一惊。当然，拥有战术指挥权的弗莱彻没必要征询16特舰的意见，他只是放手让斯普鲁恩斯处理自己的攻击行动的细节而已。另一方面，阿诺德向各个中队长传达了18节的预定位置航速，但私下要他们按12节来计算预定位置。他抗命的"唯一理由"是"有些事不能不做"。[2]

在16特舰费时费力地完成起飞之时（它的机群"在地平线上像一大群蜜蜂似的"一掠而过），17特舰将加满油弹的飞机停在约克城号飞行甲板上，度过了令人

---

[1] 奥斯卡·彼得森少将致伦德斯特罗姆信（1974年10月13日），在信中他提到约克城号因为采用这个有一定风险的做法而受到了"委婉的批评"；伦德斯特罗姆《首发主力》340页。

[2] 太巡司报告（1942年6月14日）；阿诺德致W.W.史密斯信（1965年2月18日）。阿诺德致莫里森信（1947年10月30日），莫里森办公档案，第23号箱。

心焦的一个半小时。弗莱彻通过太舰总得知中途岛已遭到打击，但机场仍能使用。他不知道的是，中途岛的飞机已经冒着南云强大的战斗机防空网，开始了英勇但并不成功的突击。弗莱彻在08：10提醒17特舰，休斯号发现南方有1架陌生的飞机。6分钟后，可以听到企业号正在引导战斗机追杀更南边的一个盯梢者。08：21，阿斯托里亚号的瞭望员在南方30海里外又看见1架双浮筒水上飞机。此时此刻，弗莱彻并不认为敌人知道了他的确切方位，这表明约克城号上的福林威德电讯小组没有截获企业号和珍珠港的H站监听到的那些日军电报。①

经过这番漫长的等待后中途岛的搜索机还是没有发现敌人的第二个航母群，始终放心不下的弗莱彻在08：25左右勉强决定不把所有攻击机投入第一次攻击。他指示肖特的VS-5的17架SBD留作预备队，还把萨奇的护航战斗机从8架减为6架。肖特的SBD可以侦察，也可以在适当时机在一个F4F六机分队护航下实施攻击。这个决定让萨奇火冒三丈，他正在试验的防守战术（后来被冠以"萨奇剪"的别名）要求飞机数量最好是4的倍数，但弗莱彻和巴克马斯特对此一无所知。萨奇冲进航空指挥室准备与阿诺德大吵一顿，却发现命令来自上峰，而且无法更改。这一次弗莱彻决策时也没有征求阿诺德的意见。被安排在头一个起飞的莱斯利甚至根本不知道尚在机库中的VS-5不会与他同行。弗莱彻的决定违反了航母的标准作战条令，按理航母的攻击应该力求又快又狠，这不仅是为了取得最大战果，也是为了避免加满油弹的飞机在航母上挨炸。但是，考虑到他不能确定所有4艘敌航母的位置，以及他在尼米兹的整个计划中扮演的角色，他希望手头保留一支能在必要时动用的力量。弗莱彻相信他的雷达能在空袭将至时发出预警，让VS-5及时离开甲板。事实将证明这个表面看来谨慎过头的行动极其明智。②

08：38，弗莱彻为了起飞机群，将航向改为东南迎风方向，以28节行驶。此时离敌航母的西北-东南运动轨迹的距离估计在160海里左右。莱斯利的VB-3的17架SBD按指令作了盘旋，而马西的12架蹂躏者在08：50启程。以为VS-5将尾随自己的莱斯利也在09：02出发。萨奇的6架F4F在5分钟后起飞并立即上路。另有6架战斗机接替了第二班战斗空中巡逻。弗莱彻在09：14通过TBS通知斯普鲁恩斯："已起飞四分之三的机群攻击同一批航母。"完成飞行作业后，他采取了225°、25节的预定位置航线。约克城号将剩下的12架战斗机（包括加过油的第二班战斗空中巡逻）和VS-5的

---

① 波拉德，口述历史。

② 奥斯卡·彼得森少将致伦德斯特罗姆信（1974年9月16日）；萨奇，口述历史，273页；M.F.莱斯利少将致W.W.史密斯信（1964年12月15日），史密斯资料集。

17架SBD摆上飞行甲板，做好了立即起飞的准备。[①]

截至09：20，弗莱彻不能不感到战局进展顺利。日本人没能阻止美国航母挥出第一拳，这一拳由151架飞机组成，旨在将敌对航母减少为比较好对付的2艘。事实上，如果一切都符合计划，攻击机能回到完好无损的母舰上，那么这强劲的第一击将一举奠定胜局。在接下来的2个小时里，当3艘美国航母充满信心地以25节航速向西南疾驰之际，究竟是尼米兹大胆的策略奏效，还是日军首先发动反击，就将见分晓。

"大规模空袭"

在此期间，弗莱彻的对手南云经历了一个充满跌宕起伏的早晨。在06：20，他的107架飞机（1架舰攻机中途折返）突破了防守中途岛的24架陆战队战斗机的拦截，击落16架F2A和F4F而自身无甚损失。此后俯冲轰炸机和水平轰炸机对岛上军事设施狂轰滥炸，并试图使机场暂时瘫痪。7架飞机在目标附近坠毁或迫降，还有众多飞机受损。猛烈的高射炮火和凶悍的防空战斗机让攻击机群领队友永丈市大尉吃惊不小，他在07：00向母舰建议："有必要派出第二攻击波。"此前5：42，云层间闪现的美国水上飞机令南云惊觉自己已遭到定位。如果中途岛的攻击机和水上飞机一样高效，那么他很快就能等来反击。于是各艘航母从为可能出现的舰船目标预备的第二波攻击机群中抽调零式战斗机，加强了战斗空中巡逻。07：05，行动最快的陆基攻击机（VT-8分遣队的6架TBF复仇者和陆军的4架B-26劫掠者中型轰炸机，全都装备鱼雷）在中途岛西北170海里处与这些航母狭路相逢。它们对赤城号的猛烈突击虽然在付出惨重代价（5架TBF和2架B-26）后一无所获，却使日军大大高估了它们的数量。南云本来预计中途岛只有2个中队的水上飞机、一个中队的"陆军轰炸机"和一个中队的战斗机，但这些数量"在紧急情况下可能翻倍"。如今看来，这个担心无疑成了现实。[②]

南云感到中途岛显然需要更多关注。派出在4艘航母的机库中留作预备队的75架俯冲轰炸机和鱼雷机能够实施更有力的打击，但是这将违背山本的命令。而且，

---

① 基本的航空兵报告包括：约克城号舰长报告（1942年6月18日），第三轰炸中队队长（M．F．莱斯利少校）致约克城飞行大队队长，有关1942年6月4日对位于中途岛西北156海里的日本航母进行攻击的记述（1942年6月7日）；第三轰炸中队队长（D．W．夏姆威上尉）致企业号舰长，1942年6月4日至1942年6月6日（含）的行动报告（1942年6月10日）；第三歼击中队队长致约克城号舰长，中途岛之战——战斗报告（1942年6月12日）。关于VT-3：美国海军战斗空中巡逻人员威尔海姆·乔治·埃斯代尔的报告（1942年6月6日），和美国海军机械师H．L．科尔的陈述（1942年6月15日），副本藏于彼得森资料集。16特舰通信日志。

② 南云报告，14、2页；克瑞斯曼等《辉煌的一页》69—73页。

43架舰攻机还不得不卸下鱼雷，换上适用于陆上目标的炸弹（34架舰爆机尚未挂弹）。在南云实施这个大胆举措前，他必须完全确信附近没有美国航母潜藏。他确实认为这一带没有敌舰，更不用说航母，而截至此时，凌晨出动的搜索机没有传来任何能颠覆这个强烈印象的情报。到07：00时，这些搜索机应该在300海里外开始转向，当然，有几架出发得迟了，其中1架更是迟得厉害。而在北偏东北扇区飞行的水上飞机由于遇上坏天气，已经折返了。于是在07：15，尽管搜索尚未完成，南云还是命令各航母给舰攻机换弹。地勤人员一拥而上，把赤城号的17架和加贺号的26架舰攻机上悬挂的鱼雷换成用于水平轰炸的1764磅高爆攻陆炸弹。更换如此笨重的武器是个费时费力的工作，以前只在飞龙号上试验过一次。而飞龙号和苍龙号上的34架舰爆机在摆上甲板后也将装备534磅攻陆弹。在此之前，还需要让战斗机着舰来充实护航力量。①

　　南云对中途岛的第二攻击波至少要过2个多小时才有望起飞。换弹要花90分钟，把第二攻击波摆上飞行甲板和预热发动机又需要40分钟。这样一来时间就非常紧张。第一批空袭中途岛的飞机返航时燃油将所剩无几，必须在此后立即着舰。南云做出换弹决定是因为尽管在一天前惊动了美国人，他仍然相信MI作战在战略上达成了突然性。他的行动得到了他的顾问同意，而且极有可能是后者力劝的结果。草鹿后来责怪说，联合舰队方面要求南云"无限期地"将一半兵力留作预备队来对付"可能根本不在当地"的敌舰，这实在是"太过分"的预测。虽然将鱼雷换成炸弹是非常举措，但也不是完全出乎意料。无论联合舰队是否许可，很难相信南云真的打算在6月4日只对中途岛空袭一次。②

　　正因如此，沿100°线搜索的利根四号机在07：40发出的迟来的报告引发了轩然大波：竟然有"10艘水面舰船"位于以中途岛为原点，方位角010°，距离240海里处。这个位置在第一机动部队东北（方位角052°）200海里处。敌人正以20节速度驶向东南（150°）。这正是企业号上的斯罗尼姆为斯普鲁恩斯截获的目击报告。珍珠港的H站也监听到了，但是没有一个破译人员能解读其中的加密信息。这架搜索机的机长是甘利洋司一飞曹。有个日本作者在书中写道，甘利能发现敌人是"傻人

────────────────

　　① 南云报告，14页；日本《战史丛书》43：313—314页。艾瑟姆、帕歇尔、迪克森和塔利的文章就日本航母的换弹技法及其对南云决策的影响提供了极为珍贵的新信息和新见解。
　　② 普兰奇《中途岛奇迹》214—215页。友永的电讯其实并没有明说"有必要派出第二攻击波"，只有"KawaKawaKawa"而已，SRMN-012，500页。这应该是预先约定的建议二次攻击的暗号，也进一步证明南云早就考虑过这种应变措施。

有傻福"，而南云敷衍了事的搜索竟能奏效实在是运气很好。甘利由于弹射器问题而延误了出发，这不能怪他，但是他提供的敌军方位远在他的预定搜索扇区以北，事实上比斯普鲁恩斯的实际位置还偏北53海里。16特舰在日本航母东北方（方位角067°）仅175海里左右。在077°搜索扇区飞行的筑摩一号机曾在16特舰和17特舰以北不到20海里处飞过，但由于云层遮盖而未发现它们。[1]

南云立刻对这一新的潜在威胁做出反应。他在07：45指示他的航母"准备对敌舰队实施攻击"。赤城号和加贺号上仍然挂着鱼雷的舰攻机将保留它们的武器。飞龙号和苍龙号的舰爆机也要摆上甲板预热，不过这道程序相对比较快。在07：47，南云要求甘利"确定舰型并保持接触"。由于这道命令，此后的2个小时里发生了海战史上最奇特的对话之一。南云和阿部（巡洋舰上的高级长官）徒劳地试图从甘利口中问出清楚明了的报告，而甘利却显得出奇地谨慎小心和犹豫不决。[2]虽然南云命令他的部队"准备对敌舰队实施攻击"，但参谋们对于美军舰队是否包括航母似乎并未达成明确的共识，而处于风口浪尖的甘利也尚未回答这个问题。至于一支没有航母的美军舰队何以会出现在那里则没人解释。显然南云的参谋们全都没有注意到，报告中敌人的航向也是正对迎风方向，这已经暗示了有1艘航母正在执行飞行作业。[3]

接到甘利不祥的目击报告后没过多久，第一机动部队就遭到了新一波陆基飞机的攻击，同时鹦鹉螺号潜艇也来凑热闹，导致此后半个小时里各舰一片忙乱。斯威尼的14架B-17在放弃运输船后，于07：30左右发现了远方的日军舰队，并从高空慢慢接近。这些飞行堡垒分成几个小编队对各航母实施了水平轰炸，后者则靠急转兜圈躲避炸弹。斯威尼最初只报告击伤1艘航母，但在整理各机组的报告后，陆军飞行员们宣称至少有5颗炸弹命中，导致3艘航母起火。这些夸张的战报引发了日后关于陆军航空兵扭转战局的传说，实际上这些B-17没有给任何日本军舰造成伤害。与此同时，VMSB-241的先头部队（16架SBD-2）也冒着战斗机的猛烈阻击攻击了飞龙号，并折损了一半兵力。生还者宣称有两弹命中，但该航母也未受损伤。守方的零

---

[1] 南云报告，15页；日本《战史丛书》43：304—312页；阿川弘之《山本五十六》314页（阿川把甘利的名字读成了"Hiroshi"，实际是"Yoji"）；学研太平洋战争系列，《翔鹤级空母》，155页。甘利后来改飞夜间战斗机，1945年5月13日战死于冲绳上空（秦郁彦和伊泽保穗《二战日本海军王牌和战斗机部队》402页）。

[2] 将南云报告中的通讯日志与SRMN-012中的H站工作日志对比可以发现，南云的呼号是"Mari"，阿部是"Seso"，而甘利是"Meku4"。艾瑟姆为甘利的行动作了热烈的辩护，但从史实来看站不住脚。他还依据南云报告中的陈述（7、42页）声称南云本人直到08：00"左右"才接到目击报告，但这与以下事实相悖：南云确曾在07：47向甘利发信："确定舰型并保持接触。"这个发信时间还得到了H站的印证，他们在07：47的记录是"Mari以明码回复Meku4：'保持接触'"（SRMN-012，500页）。

[3] 南云报告，15页；威尔莫特，388页。

战还迫使VMSB-241的11架SB2U维护者式俯冲轰炸机退而求其次，攻击榛名号战列舰，并在损失4架后无功而返。日本人对这些对手的勇气颇为钦佩，却对他们的技艺嗤之以鼻。①

甘利在07：58电告南云，敌舰队将航向改到了东方（080°）。在08：09，他将敌人描述为5艘巡洋舰和5艘驱逐舰。这一次似乎说得相当肯定，但草鹿终于还是对这些军舰竟然会在没有航母的情况下出现起了疑心。在击退陆基飞机颇为业余的攻击后，参谋部有人提议对中途岛实施第二次打击，而暂时忽略美军的水面舰船。山口显然被成群扑向他的旗舰飞龙号的舰载型飞机（陆战队的单发俯冲轰炸机）所警醒，因而强烈反对此议。山口这个日本海军的后起之秀肯定会赞同弗雷德里克·J·霍恩中将1937年在舰队问题XVIII号演习后的告诫："一旦敌军航母进入对我军舰队的打击距离，我方在消灭它和／或它的飞行队前就没有安全可言。"山口没有掩饰他对南云优柔寡断的指挥作风的不满。在08：20左右，他显然曾指示苍龙号和飞龙号开始将它们的34架舰爆机摆上甲板，准备攻击敌舰。从08：25开始，赤城号、加贺号和飞龙号起飞了10架零战接替战斗空中巡逻，而苍龙号起飞了它搭载的二式高速搜索机。4艘航母上只剩下了大约11架战斗机。与此同时，100架攻击中途岛后返航的飞机已经飞近舰队或在舰队头顶盘旋，它们的燃油都已经所剩无几，有些还受了重伤。②

但是在08：30局势却急转直下，甘利发出了姗姗来迟而且一如既往地含糊其辞的报告："敌舰队还有1艘看似航母的船同行。"当然，既然已经在猛攻第一机动部队的机群中发现了舰载机，那么这个报告也不是完全出乎意料。但是敌航母得到确认却使南云陷入了两难境地。此时他最需要的就是时间，因为即使只派部分飞机进行打击，也需要将飞机送上甲板并预热，在山口看来，南云应该采取什么行动是毋庸置疑的，于是他毫不犹豫地向后者提出了忠告，其中最重要的一条是尽快攻击敌航母。南云确实有正当的理由听从这一建议，但是此时派战斗机护航的希望很渺茫。草鹿和源田强烈反对此举，并很快说服了南云推迟任何攻击行动。山口正在摆上甲板的舰爆机尚未装弹，也未进行起飞前的预热。这个过程可能要花半个小时。在此期间，可能有一些乃至很多从中途岛返航的飞机因为等不及甲板腾空而在海上迫降。因此南云决定尽快让中途岛攻击机群着舰，然后轮换战斗空中巡逻，重整舰

---

① 克瑞斯曼等《辉煌的一页》75—82页。

② 南云报告，15页；渊田，169—170页；普兰奇《中途岛奇迹》232页；海军作战部次长（航空），行政管理史，卷XVI，《舰队演习中的航空，1911—1939》163页。

队阵形，并完成换弹。他的"大规模空袭"将由77架攻击机实施（赤城号的17架和加贺号的26架携带鱼雷的舰攻机，以及苍龙号和飞龙号的34架舰爆机），而护航战斗机将在大约两小时后做好出发准备。南云和参谋们肯定认为在此期间航母遭遇任何实质危险的可能性是微乎其微的。[①]

担心第一波袭击中途岛的飞机大批坠海显然是推迟第二波空袭的首要原因。草鹿后来又提出了一个得到源田和渊田附和的理由：他们也担心按山口的建议草率出击的机群只能得到寥寥数架零战护航，强大的战斗机防御力量将会击溃弱小的护航队并屠戮轰炸机，正如他们自己的战斗空中巡逻对敌人所做的那样。几乎可以肯定，这个借口源于事后聪明，目的只是给这个决定了此战胜负的决策辩护。实际上参谋们只打算给重整后的"大规模空袭"安排12架战斗机（每艘航母各3架）护航，这与他们自述的对美军防空战斗机的担心可太不相称。其实南云和他的顾问感到局势相当有利，没必要着急发动兵力不均衡的进攻。第二波空袭可以等到万事俱备时再实施。素来办事有条不紊的草鹿不相信莽撞的行动，偏好"经过充分研究和缜密谋划后集中兵力一击制敌"。他和战斗机飞行员出身的源田都对己方卓越的零战充满信心，认为手头的几架飞机在迅速得到原先为中途岛空袭护航的兵力加强后，将会粉碎无能的美国佬可能实施的任何抵抗。渊田在书中反映了他们的乐观情绪，"我们一致认定，敌人的攻击战术没什么可怕。"何况就连原的稚嫩的第五航空战队都在珊瑚海之战中取得了击沉2艘航母的佳绩。南云这个暂取守势，容忍敌人进攻的决定与两年后斯普鲁恩斯自己在1944年6月19日菲律宾海之战中的决定如出一辙。[②]

南云在08：30指示山口给舰爆机挂载551磅半穿甲炸弹，"为第二波攻击做好准备"。由于来自中途岛的空袭已告一段落，他重新聚集起自己的特混舰队，迎着微风航行，以回收油尽灯枯的中途岛攻击机群。08：37，飞机开始在赤城号和加贺号上降落。飞龙号和苍龙号将舰爆机挂上炸弹并拖入上层机库甲板后也加入着舰作业。3架舰攻机在海上迫降，驱逐舰迅速救起了机组成员。在09：17，第一攻击波的大多数飞机都已着舰后，南云将航向改到东北（070°）并以30节行驶。此举是为了配合敌军此前的向东转向，也是为了让航母继续迎向多变的海风（此时风向已变为050°，风速6节）。他通过闪光灯传达了他的计划："接触并消灭敌特混舰

---

① 南云报告，7页；普兰奇《中途岛奇迹》232—233页。

② 普兰奇《中途岛奇迹》225、231—233页；宇垣，161页；渊田和奥宫，163页。

队。"在南云转向后，第一机动部队与中途岛的距离拉近到约135海里，与阿诺德的估计相去不远。①

南云在08：55向山本和近藤发报，报告在中途岛以北240海里处发现由1艘航母、5艘巡洋舰和5艘驱逐舰组成的敌舰队，"我军正直趋该敌。"由于严重怀疑甘利报告的可靠性，南云用前文提到的苍龙号的高速搜索机加强侦察，还派了1架水上飞机接替甘利。对甘利的导航准确性心里没底可能是推迟08：30攻击的又一个原因。09：00时，南云估计可在90分钟后发动他的大规模空袭。此外山口还提出，在10：30到11：00之间苍龙号和飞龙号可以各出动9架舰攻机（都是从中途岛返回的）。也许届时赤城号和加贺号的舰爆机也能上阵。这第三个攻击波将在南云的重锤殄灭美国航母后将所有残余的大型军舰一网打尽。另一方面，甘利先是声称自己开始返航，但在08：40左右他又意外报告在敌军主力西北方发现2艘巡洋舰。阿部命令他留在原地。甘利在09：01的答复中表示遵命，并提到他曾在08：55看见10架敌鱼雷机"朝你飞去"。甘利在短暂的回撤过程中遇到的是17特舰，而且当时约克城号正在起飞攻击机群。和此前一样，除了VT-3出击的12架TBD，他只注意到了护卫船队里的2艘船。在当时的情况下，南云对这新来的一小波敌机大概不会特别担心。甘利在阿部的反复督促下，冒着燃油枯竭的风险尽职地在原地坚持到了09：40以后，但在这段时间里他没能给上级提供更多情报。②

事后看来，甘利在观察敌情时的失误严重妨害了日本人的霸业。如果他能迅速而明确地报告美国航母的存在（它们无疑就在附近），南云也许会用手头的任何飞机发动攻击。在08：00到08：30之间袭击第一机动部队的中途岛陆基飞机将会延缓攻击机群准备和起飞的过程，但是在攻击中途岛的飞机不得不迫降前至少有一部分日本攻击机能够升空。这样的打击或许不能为南云赢得此战，但肯定会增加太平洋舰队的损失。

苦候攻击结果

09：20以后弗莱彻在约克城号编队指挥所里的等待让他想起最近两次紧张而无所事事的间歇。他能做的无非是在长沙发上枯坐，在司令舰桥里踱步，或者靠在海图桌边再度琢磨图上输入的稀少的敌军数据。所有人都竖起耳朵，等着舱壁上的扬

---

① 南云报告，16—17页。
② 南云报告，17页。

声器传出更多目击报告，或是电话线路响起雷达（弗莱彻相对于南云的巨大优势）和舰上瞭望员的警报。英国海军联络官兰恩中校不动声色地走来走去，并在他的黑色小本子上草草记下观感。他对司令舰桥的布局和舰队用于跟踪目标的程序不以为然。前者"不够宽敞"，后者则"太粗陋"。后来回到珍珠港时，他强调需要使用网格系统以便安全地报告方位，并推荐了英国的字母坐标系统。他迅速通过华盛顿的使馆武官获得了一份范本并呈交给尼米兹。尼米兹非常感激，并很快让太平洋舰队采纳了网格理念。如果兰恩看到南云和他的参谋们挤在赤城号狭小的航海舰桥一角指挥战斗，肯定会更加惊骇。①

陆基飞机发回的新目击报告只提到登陆舰队，它已经位于中途岛以西三四百海里处。在08：57，斯威尼向基地报告说他的B-17击伤了1艘航母，但没有说明方位。他的报告是中途岛的攻击机群传回的第一条讯息。弗莱彻对飞行堡垒攻击舰船的效果（以及陆航的战果评估的准确性）心存疑虑，他只能希望报告是准确的。17特舰一度能看见16特舰的战斗空中巡逻在南方盘旋。道曾指挥企业号的战斗机拦截多个不明目标，但最后都发现是在内圈进行反潜巡逻的友军巡洋舰的水上飞机。在09：49他调用远方VF-3的一个小队执行类似的任务，也得到了同样的结果。这个问题要等所有飞机都配备敌我识别（IFF）装置后才能解决。笔者不知道日本人是否监听到了这些FDO通信，但他们在1942年的另几次战役中肯定听到过。②

16特舰的策划者认为他们的攻击机群将在09：20左右抵达目标，但过了这个时间却没传来接触报告。不断流逝的每一分钟对斯普鲁恩斯造成的压力比对弗莱彻的更大。他的飞机有的早升空2个小时，燃油已经很紧张了。两位司令接到其飞机与敌接触的第一份报告是在09：56，消息是通过攻击机群与战斗空中巡逻共用的战斗机频率发送的。有个自称"格雷"的人说，在其机翼下方有8艘驱逐舰、2艘战列舰和2艘航母。4分钟后，这个"格雷"又通报说，他已经在敌舰队上空飞行了半个小时，"由于汽油不足，即将返回母舰"。他说日本人没有战斗空中巡逻，并重复了敌舰队的构成，还指出其航向"大致朝北"。约克城号上的监听人员不能确定"格雷"的身份，但猜测16特舰有一个中队在未遇战斗机

---

① 兰恩致巴德信（1966年12月6日）。乔恩·帕歇尔个人通信。

② 中途岛海航站报告（1942年6月18日）；太舰总在10：07重播了这条消息（1942年6月太舰总致各特司电042151，CSCMF，卷14）。

抵抗的情况下攻击了敌航母群。企业号确实有一个"格雷"在执行任务，此人就是率领护航战斗机的VF-6队长格雷上尉。但勃朗宁一时激动之下竟没有和他搭上话。勃朗宁和斯普鲁恩斯都以为发出这些讯息的是大队长麦克拉斯基。他们听说"麦克拉斯基"放弃攻击而请求返航加油，简直痛心疾首。10：08，心急火燎的勃朗宁在企业号的编队指挥所里抓起话筒疾呼："麦克拉斯基攻击，马上攻击！"1分钟后，他又把这个讯息重复一遍，但这次没忘记在开头使用企业号和企业号飞行大队长的语音代号。随后勃朗宁询问对方是何时发现目标的，却始终没有得到回应。美军条令中没有要求航母飞行员在发现敌军后立即发出接触报告，事实证明这是个严重缺陷。①

斯普鲁恩斯在10：14向弗莱彻转发了被他错当成企业号大队长的"格雷"的报告大意，并补充道："我军航向285°。"在09：55轮换战斗空中巡逻后，斯普鲁恩斯曾西转至260°，以25节速度航行。在10：05，他把航向改到西北（285°）并提速至27节，以"接近目前处于北方的敌军"。至此16特舰先前自称要遵循的预定位置方案彻底破产，舰队已绝不可能赶到飞行员返航时预计的地方。参谋们过于乐观地估计了向西南方预定位置前进的速度，一旦16特舰不得不配合敌方航母来运动，就酿成了大祸。弗莱彻在10：20为了响应斯普鲁恩斯的新航向，也带着17特舰转向了290°。多亏了阿诺德对于预定位置问题的正确理解，约克城号攻击机群的飞行员们对17特舰可能出现的位置要清楚得多。在10：15到10：30，无线电通信中的只言片语显示至少有部分飞机对敌航母发起了猛攻。可以听到领队们在分配目标，还有人号召战友"别放跑了这艘航母"，言语中透出的激情让16特舰和17特舰的监听人员感同身受。但是通过电波传来的消息还是太少，弗莱彻和斯普鲁恩斯不知道他们的攻击是否成功。他们也很担心10：00之后雷达在西方发现的众多新目标，但这些目标没有一个被确认为敌机。由于两支特混舰队的间距已经拉得很大，彼得森接管了约克城号的战斗空中巡逻，并在11：02命令战斗机调查在17特舰以北35海里处发现的不明目标。道也忙着调动企业号的战斗机追逐西方出现的目标。但所有身份不明的飞机其实都是友机。②

截至11：00弗莱彻已经把VS-5的17架SBD在手头压了近两个小时，迟迟收

---

① 16特舰通信日志；16特舰战争日记；伦德斯特罗姆《首发主力》343—344页。莫里森《美国海军作战史》4：122页引述了麦克拉斯基的回嘴："遵命，等我找到那些混蛋再说。"可惜这是杜撰的。麦克拉斯基在10：02已经远远望见了日军舰队，企业号舰长报告（1942年6月13日）。

② 16特舰通信日志，16特舰战争日记。

不到更多接触报告令他非常苦恼。据他所知，中途岛的飞机和航母的攻击机群只找到2艘航母，没找到第二个航母群。他已经再也等不起了。在接下来的45分钟里，约克城号必须腾出甲板，好让战斗空中巡逻的战斗机和即将返回的攻击机群着舰。他在11∶04电告斯普鲁恩斯：“等你的飞机返航时，告诉我敌军的位置、航向、航速。我有一个中队的轰炸机在待机。”弗莱彻还提议搜索西北象限，并征求斯普鲁恩斯的意见。斯普鲁恩斯在11∶10回答说，敌军在10∶15的大致方位是西经178°30'，北纬30°38'，当时它们正以25节的速度兜圈子。他没有提到的是，这个情报来自率领攻击机群中首批飞机赶回企业号的格雷。格雷的10架F4F不曾俯冲，它们保持在能收到企业号的YE导航信号的高度，径直回到了母舰。它们的着舰时间在10∶50左右。格雷提供的方位在日军实际位置的东北方40海里外。大约在11∶15，弗莱彻收到太舰总转发的电报，内容是西马德对其部下在中途岛西北（方位角320°）攻击2艘航母和8~10艘其他船只组成的船队的战况评估。中途岛的攻击机在距目标10海里时遭遇了战斗机的猛烈抵抗。没有人看见任何鱼雷击中目标，但陆战队的俯冲轰炸机宣称两次命中1艘航母，“造成巨大的烟柱”。[①]

最后弗莱彻终于得到了自己的攻击机群的消息。到了11∶20，莱斯利的第三轰炸中队的17架SBD重新出现在头顶，除了劳累没什么大碍。他们靠着对预定位置的准确估计，在轰炸目标后径直返回，约克城号的YE导航信号只起了确认的作用。闪光灯转发了VB-3击沉1艘航母的大喜讯。弗莱彻升起信号旗将这个消息通报给整个17特舰，并通过TBS提醒16特舰：“敌航空母舰1艘沉没。约克城号立功了。”莱斯利的SBD可以坐等马西短腿的TBD和萨奇的F4F返回了，但这两队人马此时还未见踪影。[②]

“最有狗屎运的协同攻击”

弗莱彻要再过6天才能了解到过去2个小时中的更多细节，在这跌宕起伏、牺牲惨重、战果辉煌的2个小时里，美国航母的飞行员们使3艘航母受到致命损伤，锁定了中途岛之战的胜利。实际情节比任何人想象的更奇特，正如阿诺德在1965年所言，这是“最有狗屎运的协同攻击”。2支强大的SBD编队，起飞时间相隔

[①] 16特舰通信日志；1942年6月太舰总致各特司电042301，CSCMF，卷14。
[②] 17特舰巡洋舰司令战争日记。

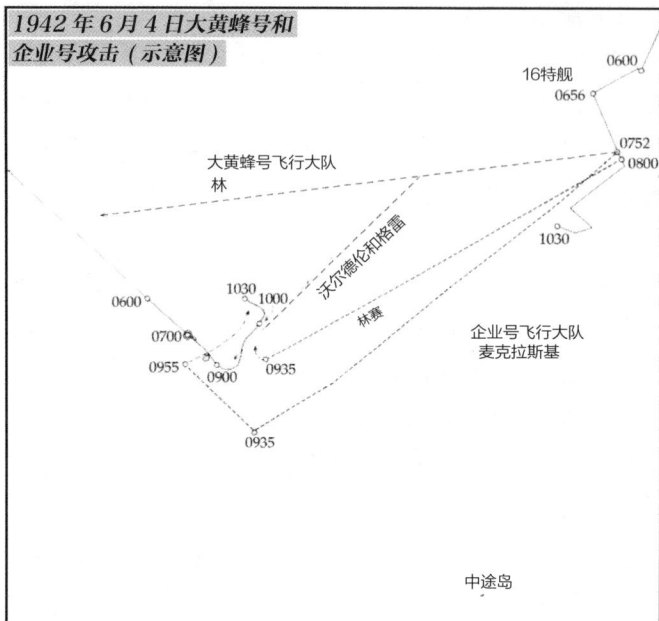

1942年6月4日大黄蜂号和
企业号攻击（示意图）

90分钟，竟然同时抓住第一机动部队空门大开的机会发起了攻击。这个空门是在来自中途岛和航母的另几个中队英勇地冒着敌战斗机的猛烈抵抗，付出巨大代价连续猛攻后出现的。[①]

第一批发现目标的美国航母舰载机是根据某人极不寻常的决定而行动的。在大黄蜂号攻击机群出发后的头半个小时里，VT-8的队长约翰·C.沃尔德伦少校对大队长林的失望和愤怒有增无减，因为林命令他的59架飞机（34架SBD、10架F4F和15架TBD）朝正西飞行。在沃尔德伦看来这真是愚不可及。他宁可攻击已经在16特舰西南方被定位的2艘航母，而不是可能在西方某处的其他敌人。林命令沃尔德伦乖乖跟在后面，而沃尔德伦与他大吵一场后，于08：25左右带着VT-8左转飞向了西南方。格雷的VF-6的10架护航机一直跟着沃尔德伦，在其上方两万英尺飞翔。林的主力则一路向西，完全飞出战场，最终分崩离析。首先是VF-8的护航战斗机因为燃油

---

① R.A.斯普鲁恩斯致C.W.尼米兹信（1942年6月8日），RG-38，行动报告。斯普鲁恩斯在1942年6月8日致弗莱彻的信中附上了前一封信的副本，见斯普鲁恩斯资料集，第12辑，第1部，2号箱。《我国历史辉煌的一页》的合著者马克·霍兰提醒我（本书作者）注意到了这份史料。阿诺德致W.W.史密斯信（1965年2月18日），史密斯资料集。伦德斯特罗姆《首发主力》341—364页，克瑞斯曼等《辉煌的一页》91—110页。

不足而离队，全队10架飞机因为寻找16特舰无果而全部在海上迫降。接着半数SBD所在的VB-8转向东南，沿着报告中的日军航线索敌但徒劳无功，它们大多降落在中途岛，但有3架回到了大黄蜂号上。另一方面，林带着VS-8的SBD按原航向一直飞出225海里但一无所获，最后掉头径直返回大黄蜂号。米切尔寻找第二个敌航母群的豪赌以大败亏输而告终。①

　　事实证明沃尔德伦的直觉准得出奇，他的航向直指南云舰队。在09：10，VF-6的F4F凭借居高临下的优势，发现了在低空的一道云堤后面的船只——它们几乎位于正前方。贴近水面的沃尔德伦也注意到了地平线上的烟柱。第一机动部队最初瞥见低空的不速之客是在09：18，此时它刚刚转向东南。各舰立即高速规避，同时30架零战扑向了这新一波攻击者。沃尔德伦勇敢地直冲离得最近的航母——苍龙号，但是截至09：36，全队15架笨重的TBD（曾被VT-8的一个驾驶员比作"涂着白星的飞行运货车厢"）都成了战斗机的枪下冤魂。只有乔治·H.盖伊少尉一人生还。VT-8成功投下的少数鱼雷无一击中目标。格雷停留在航母舰队东侧边缘的高空，始终没有看到云层下方的鱼雷攻击行动。虽然他的主要任务是保护企业号的SBD，但他先前曾和林赛的VT-6商定，如果后者被敌战斗机缠住，可以用电台召唤他到低空。因为没有听到这样的呼救（沃尔德伦根本不知道可以求援），所以格雷一直在高空耐心等待麦克拉斯基的SBD。②

　　09：38，南云的瞭望员看见又有敌机贴着水面来袭。林赛的VT-6的14架TBD独自沿240°航线飞行，差一点错过了在其北面的第一机动部队。在09：30他看见了西北方30海里外的烟柱。由于日本航母高速驶向东北方，VT-6不得不从其后方接近，这对慢速的TBD而言是很不利的攻击角度。在接近敌舰的漫长航线上布满了零战。远在高空的格雷不知道VT-6也在附近苦战，由于担心燃油不足，他以"格雷"的身份发出了让勃朗宁急火攻心的电讯，并在10：10开始返航，自始至终一枪未发。英勇的VT-6兵分两路，企图以钳形战术夹击1艘航母。在10：00左右，有一路接近到了对加贺号发射鱼雷的距离，但未能击中这艘灵活机动的航母。另一路追逐飞龙号，却始终没能进入发射距离。只有5架TBD逃离了第一机动部队周边空域，而且其中1架不久就在海上迫降。

　　没等VT-6完成他们的英勇攻击，约克城号的飞行员就以自己的鲜血为日军开启

　　① 伦德斯特罗姆《首发主力》344—348页。
　　② 米尔斯，68页。

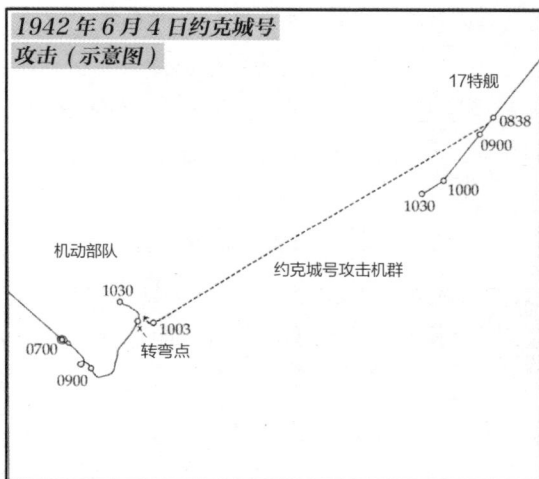

1942 年 6 月 4 日约克城号
攻击（示意图）

17特舰
0838
0900
1000
1030

机动部队
1030
1003
转弯点
0700
0900

约克城号攻击机群

了灾难之门。约克城号的攻击机群是唯一保持编队完整的，途中会合方案执行顺利，到09∶45，萨奇的6架F4F已经减速进入掩护位置，在其下方，马西的VT-3的12架TBD在1500英尺高度巡航，莱斯利的VB-3则在15000英尺高空飞行，与低空的TBD遥遥相望，由于电路故障，有4架SBD（包括莱斯利的座机）无意中丢掉了挂载的1000磅炸弹，但它们仍留在编队中。无论有没有炸弹，莱斯利都要率部攻击。由于阿诺德和彼得森的估计极其准确，约克城号的飞行员连预定航程都没飞完就找到了敌人。10∶03，VT-3注意到西北方的烟柱，随即发现了20~25海里外的船只。萨奇和莱斯利跟着马西转向敌人。日军瞭望员轻松地发现了鱼雷机，却忽略了高空的俯冲轰炸机。在马西突击飞龙号的过程中，日方的战斗空中巡逻增加到41架战斗机。追击VT-6残部的零战径直冲进马西和萨奇的队列中。VT-3就像一个不情不愿的花衣魔笛手，把零战吸引到浪尖上。无情的拦截者们阻止了护航的F4F保护TBD的努力。第三雷击中队的牺牲（12架飞机被击落10架）在关键时刻打开了航母上空的道路。从东南方接近的莱斯利注意到2艘靠得比较近的航母，在西面可能还有第3艘。由于不知道VS-5没有出击，他在10∶15呼叫肖特："你干左边那艘（显然是飞龙号），我干右边那艘（苍龙号），怎样？我这就要攻击了。"没有收到回应让他多少有些困惑，但他还是悄悄飞近了3艘航母中位置最靠北的苍龙号，并且仍然抱着与VT-3协同攻击的希望。莱斯利认为没有别的友军来对付其他诱人的目标实在是莫大的遗憾。①

---

① 16 特舰通信日志；彼得森资料集中收藏的莱斯利的报告原件（1942 年 6 月 10 日）；莱斯利致 W.W.史密斯信（1964 年 12 月 15 日），史密斯资料集。

莱斯利并不知道，另一批俯冲轰炸机已经瞄准了这一队航母。麦克拉斯基率领企业号的SBD在07：45仓促出发后经历了长途跋涉。他曾预计在飞出约142海里后于09：20遇敌，但是那里什么也没有。因此他朝西南继续飞了15分钟，然后转向西北，朝日军进逼中途岛的航线的反方向搜索。他计划保持这个航向至10：00再朝东北飞一小段，最后向东返航。此时燃油已经相当紧张。最终在09：55，他的谨慎推理得到了应有的回报，下面出现1艘驱逐舰，拖出长长的白色航迹，指引着东北方向。麦克拉斯基相信这艘船肯定在追赶大队。实际上岚号是为了防止鹦鹉螺号上浮而被南云留在这片海域的。麦克拉斯基顺着它的航迹飞行，在10：02欣喜万分地看见了东北方远处的航母舰队。他很可能没有发出接触报告，至少斯普鲁恩斯和弗莱彻从未监听到。

南云的好运到头了。已经持续了1个小时（而且仍未终止）的鱼雷攻击打乱了原定于10：30发动的"大规模空袭"的准备工作。所有航母都忙着起降战斗机，没有将任何舰爆机或鱼雷机摆上甲板。战斗空中巡逻的零战已经没有多少汽油和弹药，而且全都在低空盘旋，不是在追逐正拼命接近飞龙号的VT-3，就是在与VF-3的野猫纠缠。第一机动部队暂时对突如其来的俯冲轰炸攻击失去了防备。10：22，从西面接近的麦克拉斯基盯上了2艘航母。战斗机飞行员出身的他不熟悉俯冲轰炸的程序，因此错误地扑向了离得比较近的加贺号。其实他应该带领先头中队攻击比较远的目标，让殿后的SBD中队攻击第1艘航母。约有28架SBD跟着麦克拉斯基俯冲，换言之几乎是全队齐上。加贺号很快就被弹雨覆盖，中弹数可能达到10颗。VB-6的队长理查德·H.贝斯特上尉意识到没有人攻击旁边的1艘航母，极力想通过电台召集起自己的部下："一小队，二小队，跟着我到这边来。别放跑了这艘航母。"最终只有他和他的两个僚机驾驶员离队轰炸了赤城号。他们可能完成了此战中最漂亮的一次轰炸，取得了2颗1000磅炸弹命中、1颗近失并造成破坏的佳绩。与此同时，莱斯利率领VB-3攻击了北面的苍龙号，9名驾驶员将3颗1000磅炸弹砸到了它身上。其余四人见这艘航母在劫难逃，便攻击了护卫的船只。①

① 渊田和奥宫，177页声称赤城号的整个攻击机群都在甲板上，再有5分钟就能全部起飞。根据帕歇尔和塔利的研究，此话大谬不然。日本官方战史指出，所有航母的甲板上除了几架战斗机外没有其他飞机。第一个向赤城号俯冲的理查德·贝斯特少校向本书作者回忆说，他只看见船尾排列着六七架战斗机。有1架负责战斗空中巡逻的零战在他俯冲时起飞。莱斯利的报告（1942年6月7日）也说他没看见VB-3攻击的航母（苍龙号）上有任何飞机。16特舰通信日志。

在决定性的7分钟内（10：22—10：28），南云损失了手头四分之三的航母力量，也输掉了中途岛之战。3艘中弹的航母都被重磅炸弹撕开飞行甲板，钻进了机库。满载汽油和弹药的飞机以及在匆忙的换弹过程中散落一地的弹药给熊熊大火提供了充足燃料。消防系统不是在爆炸中被毁就是无力应付如此凶猛的火势。与不到1个月前毁于大火的列克星敦号一样，烈火蔓延到航空汽油库和弹药库并毁灭这3艘英勇的战舰只是时间问题。南云本人被这历史上最惊人的逆转之一惊得目瞪口呆。片刻前他还准备通过消灭美国航母和削弱中途岛来锁定胜局，眼下他却不得不谋求自保。赤城号中弹仅仅20分钟后，舰岛就被大火隔绝，他只得从舰桥上的一扇窗户爬出，顺着绳索降到飞行甲板上。南云设法下到相对安全的锚机甲板，在那里搭乘小艇前往轻巡洋舰长良号。第一机动部队曾经风光一时的航母舰队现在只剩飞龙号尚保持完好。①

在西北方600海里外的旗舰大和号上，山本尽其所能地关注着远方的战事。零散的无线电通信表明一切进展顺利。中途岛附近提前出现的1艘美国航母只不过是新增的猎物，因为南云应该准备了对付它的飞机。然而山本又一次远在珍珠港的对手之前得知战况发生了对日方意味着灾难的转折，原先的"乐观"转眼成了"最深重的忧愁"。山本在广阔战线上多路推进的战略此时暴露出致命缺陷：他的几支舰队无法相互支援。近藤的攻击部队位于南云的西南方350海里处，尽管这支部队有可观的水面战力，却只有1艘轻型航母瑞凤号。只有第二机动部队（龙骧号和隼鹰号）能够提供有力的舰载机支援，但角田要花3天才能赶到中途岛地区。在此期间山本只能指望他的战列舰、巡洋舰和驱逐舰有机会充分接近美国航母，靠大口径舰炮和鱼雷打垮对方。虽说日方前景黯淡，但他们还有1艘飞龙号，指挥它的又是有勇有谋的山口。约克城号很快就会领教它的利爪，弗莱彻也将在无法确定哪一方占据上风的情况下，靠一根绳索撤离他的旗舰，到巡洋舰上暂时栖身。②

---

① 帕歇尔和塔利的研究显示，在 SBD 攻击前，飞龙号并非远在北方，而是位于另三艘航母的中间。
② 宇垣，149 页。

第十八章

中途岛之战（二）
反击

第二次搜索

在VB-3自豪地宣布击沉1艘航母后没多久，弗莱彻终于得知17特舰已遭到敌人定位。他在11：20升起信号旗："我军已被发现。"福林威德的小组错过了甘利和他恼火的上司之间的大量对话，而筑摩五号机（岳崎正孝一飞曹）在此期间被派去接替甘利的利根四号机，并在10：45首次发现17特舰。岳崎[1]比令人费解的甘利大胆得多。此外还有一个更能干的窥探者在附近徘徊。苍龙号近藤勇飞曹长的二式舰侦在10：00抵达甘利提供的敌军位置，但什么也没找到。他继续向南搜索，1小时后发现17特舰，接着找到并正确识别出了所有3艘美军航母。在电台出故障后，他匆忙返回母舰送交情报。[2]由于需要让头顶集结的约克城号攻击机群着舰，再加上已经确知敌人发现了17特舰，弗莱彻必须迅速部署已经预备了3个小时的VS-5的17架SBD。据他所知，搜索机和几波陆基及舰载攻击机只找到了4艘敌航母中的2艘。从种种迹象看，这几艘航母就算没有彻底毁灭也已失去战斗力，VS-5如果赶过去也没有立竿见影的好处。当务之急是找出第二个航母群，而此时弗莱彻相信它在2艘前锋舰的北面或西北面。他命令10架SBD从17特舰所在位置向西北和北方（280°~020°）搜索200海里。另外7架已经挂弹的SBD将被拖进机库，以清空飞行甲板。在回收第一波飞机后它们可以参与第二波空袭。给即将降落的SBD和TBD补充弹药的准备工作已经展开。6架原定随VS-5出击的F4F将用于等待接替当前战斗空中巡逻的另外6架战斗机。[3]

---

① 译注：原文误作岳桥。

② 17特舰巡洋舰司令战争日记；苍龙号战斗详报，WDC160985B；南云报告，21页。

③ 太巡司报告（1942年6月14日和1942年6月26日）；约克城号舰长报告（1942年6月18日）；第五轰炸中队（临时番号为VS-5）致企业号舰长，1942年6月4—6日行动报告（1942年6月7日），RG-38，行动报告。

11：35，雷达在西北25海里处发现目标，使气氛更趋紧张。约克城号在11：39开始起飞22架飞机。斯普鲁恩斯建议弗莱彻让约克城号"寻找（并）跟踪已经受到攻击的航母"，同时"在西北象限搜索可能存在的第3艘航母"。他显然相信他的飞机只攻击了2艘航母。16特舰将"再次攻击"，但必须先回收它的第一攻击波并补充弹药。在约克城号的飞行甲板清空后，企业号攻击机群中2架离群且负了伤的SBD在11：50砰然降落，紧随其后的是战斗空中巡逻的6架F4F和萨奇的4架护航F4F（另两架中，1架被击落，另一架降落在大黄蜂号上）。最后1架野猫在甲板上拿了大顶，回收作业只能暂停至地勤人员清理残骸并重新架起拦阻屏障为止。莱斯利的VB-3耐心地盘旋等待，但VT-3的TBD迟迟没有出现。在此期间，弗莱彻打破无线电沉默请求太舰总转告中途岛：17特舰已经攻击了先前报告的2艘航母，但他没有得到"关于其他航母方位的消息，而这些航母已经发现我军"。可惜一些新归来的飞行员本可告诉他关于全部4艘航母的情况，并证实有3艘已失去战斗力。约克城号上很快就将乱作一团，届时再没人能找到向弗莱彻汇报的机会。[1]

飞龙号的复仇

11：52，当约克城号开始回收飞机时，舰上的雷达在西南（255°）32海里外探测到强烈回波，目标很快化作"大队敌机"。12架新起飞的战斗空中巡逻F4F急速爬升，两两结队奔赴西方。巴克马斯特下令停止为甲板上的战斗机加油，全舰做好防空准备，包括实施一项新的预防措施：用二氧化碳吹洗航空汽油燃料系统的管道，并在储油罐周围的空间注满二氧化碳。弗莱彻将航速提至30.5节。护卫舰船在距约克城号2000—3000码处展开，2艘重巡洋舰分居左右，5艘驱逐舰填补防卫圈中的空隙。斯普鲁恩斯的16特舰中最近的部队贴着东南方的地平线航行，离17特舰有15海里。企业号和大黄蜂号正忙着回收飞机，两舰本身的间距也有10海里。道已经让19架F4F升空进行战斗空中巡逻。这2艘航母上另有25架野猫，但由于飞行甲板要用于降落，这些飞机都派不上用场。正如弗莱彻曾担心的，分散航母也造成了防空力量的分散。道尽其所能帮助17特舰。他抽调8架大黄蜂号的战斗机去西北30海里外拦截

---

[1] 16特舰通信日志。1942年6月17特司致太舰总电050001，CSCMF，卷14。莫里森《美国海军作战史》4：131页称，萨奇向弗莱彻提供了"关于3艘日本航母起火爆炸的第一份目击证词"，随后弗莱彻派出VS-5专门搜索第4艘航母。毫无疑问，VS-5是在萨奇降落前出发的，而萨奇在弗莱彻离开约克城号前根本没有见到弗莱彻。萨奇曾纠正莫里森的说法（1949年4月11日信，藏于莫里森办公档案，第23号箱），说他当时找阿诺德谈了情况，正要一起去编队指挥所时空袭就来了。参加攻击的其他人也都没有向弗莱彻汇报。后来弗莱彻在当天下午发出的电报清楚地证明他并不知道已有3艘航母被击中。

来犯的敌机，但只有4名飞行员听到了指示。与此同时，他还部署了VF-6的巡逻机作为保护16特舰的阻击部队。这7架F4F中有4架借题发挥，匆忙飞向17特舰。综上所述，共有20架阵形松散的战斗机保卫17特舰，要阻止敌人的决死突击，这点兵力实在太少。[①]

先前的沉重打击使日军阵中只剩下山口的飞龙号还能战斗。10：50，在南云移驾长良号时，阿部临时接手了第一机动部队的指挥权。他将部队一分为二，一部支援正在燃烧的航母，另一部则护卫着飞龙号快速驶向东北方。飞龙号上只剩37架能作战的飞机：10架零式战斗机（包括3架原定运上中途岛的零战）、18架九九式舰爆机和9架九七式舰攻机。来自全部4艘航母的27架零战和赤城号的1架早晨执行搜索返回的舰攻机还在舰队上空盘旋。10：50，18架舰爆机和6架零战在小林道雄大尉率领下开始起飞。舰攻机由于还在换弹，至少还需一个小时才能做好准备。如果南云没有受到干扰也没有为换弹所困，飞龙号的这点飞机只是他能够投向美国航母的兵力的一小部分。由于岳崎对17特舰的持续跟踪，山口对美国航母方位的掌握比先前准确得多。11：00时，17特舰位于飞龙号东北95海里，16特舰大致在同一方向，距离只有91海里。小林起初在低空飞行，到了后段才爬升。这就是约克城号的雷达没有在更远距离发现他的原因。他的护航机在中途冒失地与企业号几架离群的SBD发生了缠斗。2架零战负伤后返航，没等另外4架回到正确的护航位置，小林就在11：55看见了17特舰。[②]

12：01，一个战斗空中巡逻的飞行员报告说，18架日军飞机正"直奔我舰"。彼得森使用约克城号的代号激励部下："上啊，红衣小伙子们，干掉他们！"弗莱彻正在编队指挥所的海图桌前伏案工作，一个幕僚提醒他："空袭来了，长官。"他将双臂举到头顶，回答说："哦，我已经戴上我的钢盔了。现在别的我也做不了。"西方天外，VF-3的7架F4F冲散了小林的队形。约有8架舰爆机坠落，其余的分成几个小队从不同方向冲向17特舰。弗莱彻转向东南避开来袭敌机。护卫的巡洋舰和驱逐舰在12：06用127毫米炮对散得很开的目标开了火。在地平线以下的16特舰的舰船上都能看到炮弹炸出的黑色烟云。弗莱彻、刘易斯和大部分参谋都跑到司

---

① 有关约克城号遭受的第一波空袭，见伦德斯特罗姆《首发主力》374—387页。目睹列克星敦号的大火后，机械师奥斯卡·W·迈尔斯设计了一套"精巧的CO2吹洗系统"用于吹洗汽油储罐上方的加油管道，并制定了在储罐周围的空间灌注二氧化碳的措施。这是一个了不起的创举，后来也被其他航母采用，只可惜没来得及挽救黄蜂号。约克城号舰长致航空局局长，关于航空部门的器材的评论（1942年6月18日），以及约克城号舰长致太舰总，嘉奖推荐书（1942年6月18日）中的引述，副本藏于史密斯资料集。

② 飞龙号战斗详报WDC160985B；伦德斯特罗姆《首发主力》369—372页。

1942年6月4日航母行动 (示意图)

17特舰

0607

0430

0656

0702

0838

南云

1700

2130

0600

1545

1100

1604

1320

1200

1057

1000

1331

1058

飞龙号

1500

1340

1030

0600

1130

16特舰

1000

0700

1907

0900

机动部队

中途岛

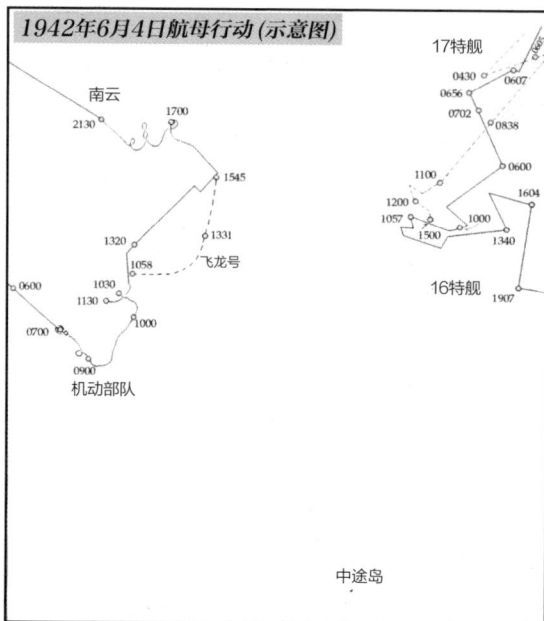

令舰桥外面观察空袭。惹人注目的英国海军联络官兰恩站在辛德勒身边，忙着记笔记。就像南云在这天上午的经历一样，他们即将领教一次出色的俯冲轰炸。许多日本人认为飞龙号的飞行大队是全军最优秀的，此战证明了此言不虚。[1]

幸运的是，只有7架舰爆机真正突破了战斗机拦截并攻击约克城号。12∶11，飞龙号的第1架飞机从船尾方向呼啸而下。巴克马斯特再次使出他的机动技巧来躲避炸弹，但是这个飞行员毫不在乎。他的这次俯冲做到了极致。在大约一千英尺上空，28毫米和20毫米炮的炽烈炮火将这架飞机扯成3段，但是机上的534磅高爆攻陆炸弹一头落下，在舯部升降机后面12英尺的飞行甲板上炸开一个大洞。爆炸气浪不仅令舰岛后面的2个28毫米炮组死伤惨重，也做伴机库内部。多亏洒水装置迅速启动，水幕浇熄了3架SBD上的火焰，才没有造成灾难性后果。随后的3颗炸弹全被蜿蜒行进的约克城号惊险地甩在身后，但第5颗炸弹弥补了它们的过失。这颗534磅普通弹穿透舰岛左侧10英尺处的飞行甲板，深深钻入要害部位，在紧邻第二层甲板下的排烟道中爆炸。爆炸引发的火灾只是小问题。关键是六台锅炉的排烟道被炸裂，其中

---

① 珍珠港海军战斗机引导员学校中的对话，中途岛之战（1943年4月3日）；福斯特·黑利，《中途岛的英勇事迹》，《纽约时报》（1942年6月23日）；纽瑟姆访谈（1996年8月6日）；辛德勒答沃尔特·洛德问。

两台损坏无法使用，其余的除一台外全部熄火。火灾产生的浓烟和无法排出的废气弥漫在锅炉舱和其他船舱中。约克城号的速度很快降了下来。第6颗炸弹击穿前部升降机平台，一直钻到第三层甲板才爆炸。爆炸引发的火灾很快得到控制，与吞噬3艘日本航母的烈焰相比只能算是小火花。附近的一个弹药库被注水淹没，前部的航空汽油槽没有危险。第7颗炸弹错过目标，在右舷附近落水。飞龙号在这次攻击中损失了13架舰爆机（包括小林的座机）和3架零式战斗机。F4F击落11架九九式和3架零战，而17特舰的高射炮斩获2架九九式，还误杀了VF-8的1架F4F。

浓烟灌进舰岛，编队指挥所也没能幸免，里面的人别无选择，只能逃到外面与司令及其他幕僚做伴。烟雾还充满了司令舰桥下面一层甲板的1号电讯室，并导致内部走廊无法通行。查尔斯·布鲁克斯的小组拆掉ECM上特制的将官加密转子后，跟着约克城号的电讯人员通过逃生门跑到外面。船上其他地方的电台仍能正常工作。弗莱彻和参谋们下到飞行甲板上，视察了28毫米炮周围的惨状。此时福林威德的无线电情报小组在编队指挥所后面狭小的司令部电讯室里等待。幸好浓烟没有进入那个舱室。这一天他们没处理多少情报，而空袭来临时福林威德没有和他们在一起。稍后他回去把部下带了出来。①

约克城号的烟囱、舰岛和前部机库甲板都冒出滚滚浓烟，这艘军舰最终缓缓停了下来。弗莱彻匆忙向尼米兹和斯普鲁恩斯发报："在中途岛以北150海里处遭空袭。"随后他到飞行甲板和机库里转了一圈，亲眼看了损失情况。与此同时，巴克马斯特升起求救旗，并与各部门长交换了意见。舰上秘书约翰·E.格林贝克中尉回忆说："我们都怀着无能为力的心情等待，心里明白我们已经成了死靶。"狄克西·基弗说当时的情况"十分危急"。修理人员补好了飞行甲板上的大洞，轮机兵们则尽力清理锅炉舱，试图让大部分锅炉恢复工作。雷达已经失灵，大部分通信系统也中止了运转。②

巴克马斯特请求波特兰号接管雷达警戒，并命令约克城号的飞机起飞，转移到其他航母上。VT-3仅存的2架TBD在舰队附近的海面迫降。VF-3执行战斗空中巡逻

① 乔治·克拉普访谈（2000年2月10日）；兰德尔，口述历史。在沃尔特·洛德对弗莱彻的采访（1966年2月17日）中，弗莱彻回忆说，在这次俯冲轰炸机空袭中，他在编队指挥所里卧倒寻找掩护，结果头上轻微碰伤。他包扎好伤口后继续在海图上工作，后来意外地得到了一枚紫心勋章。其实弗莱彻把6月4日的空袭和1942年8月31日萨拉托加号遭鱼雷攻击的事记混了。

② 1942年6月17日特司致太舰总和16特司电050035,CSCMF,卷14;弗莱彻致美国海军预备役中校约瑟夫·布莱恩三世信（1948年9月13日），弗莱彻资料集；约翰·E.格林贝克上尉对中途岛之战的记述（1966年左右）。

的野猫分别去了企业号和大黄蜂号，但VB-3的15架SBD全都选择了企业号（全队只有莱斯利和他的僚机没去，两人后来都迫降了）。约克城号的飞机很受欢迎，这是因为16特舰的飞行大队在上午的攻击中蒙受了惨重损失。大黄蜂号只回收了34架SBD中的20架，更糟的是VT-8的15架TBD和VF-8的10架护航战斗机全都杳无音信。后来中途岛报告说，VB-8的11架SBD去了那里避难。其他飞机则永远消失了。企业号的14架TBD和33架SBD中，只有4架TBD和15架SBD回到母舰。有7架SBD可能是因为找不到16特舰而迫降的。由于勃朗宁严重高估了预定位置航速，企业号的最终位置在飞行员预计位置的东北方40海里。麦克拉斯基对母舰没有向他的部下通报新位置颇有怨言。[1]

在远方旁观17特舰遭受空袭的斯普鲁恩斯并不知道详情。他只能根据浓烟判断约克城号受了重创。在护航大黄蜂号的金凯德眼里，1艘远在天边的军舰似乎正在"爆炸——黑色的烟柱直冲云霄"。由于要连续回收攻击机群和轮换战斗空中巡逻，斯普鲁恩斯不得不继续迎着微风朝东南方向高速航行，而不是前往西北援助17特舰。因此他从企业号的护卫船队中抽调出重巡洋舰文森斯号、彭萨科拉号和驱逐舰鲍尔奇号（驱六中队长爱德华·P.绍尔上校坐镇该舰）、贝纳姆号，并用大黄蜂号大队中的新奥尔良号弥补它们留下的空缺。文森斯号的舰长弗雷德里克·L.利科尔上校率领这4艘军舰以30节速度向西北飞驰。它们和几架战斗机是斯普鲁恩斯此时能用来援助17特舰的全部力量。[2]

更换旗舰

弗莱彻面临艰难抉择。严重的损伤使约克城号可能要在相当长的时间内无法机动。雷达不能用了，通信系统的情况仍不稳定，而编队指挥所肯定是"无法留守"了。弗莱彻希望斯普鲁恩斯的16特舰在这个关头继续战斗，自己则集中精力挽救约克城号。如果巴克马斯特不能让这艘军舰重新动起来，就必须实施牵引。弗莱彻认为在当前情况下最好是转到史密斯的旗舰阿斯托里亚号上，而不是去大黄蜂号。他在12：38要求阿斯托里亚号派1艘小艇接走他自己、他的参谋部、3名通信值班军

---

① 波特兰号舰长致太舰总，行动报告（1942年6月11日）；贝茨《中途岛》136—137页；萨洛蒙致莫里森信（1947年8月13日）。

② 巡六分队长报告（1942年6月11日）；文森斯号舰长致太舰总，1942年6月4日行动报告（1942年6月9日）；文森斯号航海日志；17.4特大司（驱六中队长）致17特司，关于1942年6月4日中途岛之战中日本鱼雷机对约克城号的攻击的报告（1942年6月12日）。

官、福林威德的无线电情报小组和部分司令部勤杂人员，兰恩中校将被留下，经过在此战中对弗莱彻和刘易斯的仔细观察，他日后形容这两人都"十分镇定自若"。[①]

小艇到达后，参谋军官们费力地缘绳而下，鱼贯登艇。福林威德评论说，经历列克星敦号沉没后，自己已经成为此道的老手。轮到弗莱彻时，他试了试绳子，但无力攀爬。"我这把年纪可干不了这种事，"他说，"最好把我吊下去。"于是水手们把一根缆绳套在他腋下，小心地将他吊放到小艇中。截至13：23，艇上的乘客们全部艰难地登上了阿斯托里亚号。记者福斯特·黑利打趣说，这些"满面烟火色"的人看上去"像被铁链拴在一起的难民"。在小艇第二次去约克城号接其他人时，弗莱彻在巡洋舰信号平台上熟悉的编队指挥所里见到了史密斯。[②]

弗莱彻从阿斯托里亚号发出的第一条命令是叫劳伦斯·T.杜博斯上校的波特兰号牵引约克城号。不久，利科尔的援军赶到，4艘船与原来的护卫舰船一起环卫约克城号。利科尔曾担心约克城号已被放弃，这艘航母平稳地浮在水面上的景象令他喜出望外。由于彭萨科拉号的CXAM雷达优于其他巡洋舰上的SC雷达，雷达警戒任务由该舰接手。弗莱彻通过TBS命令已经向东驶出视野的斯普鲁恩斯："尽快与我军会合。"他起草了一封向太舰总说明情况的电报，并指示阿斯托里亚号用飞机送到中途岛发报，以免向敌军的无线电测向人员泄露静止不动的17特舰的方位。这封电报提到约克城号挨了3颗炸弹后无法航行，但"显然仍有适航性"，"若无其他指示，17特舰将保护并抢救约克城号，"同时由斯普鲁恩斯继续"与敌交战"。据弗莱彻所知，敌军还有2艘航母保持完好。而尼米兹在13：45转发西马德的电报，宣称中途岛的飞机只看见2艘航母，又证实了这个猜测。14：08，阿斯托里亚号弹射了麦克莱恩中校率领的2架SOC，向中途岛传递电报。但是等他到达目的地时，战局又发生了不寻常的转折。[③]

13：35，当波特兰号正准备传递两条牵引索时，出乎所有人的意料，约克城号开始靠自身动力移动了。"突然，我们的烟囱冒出一大团蒸汽，接着又是一团，我们所有正在干活的人都发出了欢呼。"欢呼声也响彻了护卫船队。约克城号的轮机兵付出巨大努力修复了排烟道，使三台锅炉得以恢复运转，这意味着巴克马斯特不

---

① W.G.辛德勒少将致撒迪厄斯·图勒加博士信（1958年9月24日），由图勒加博士提供；阿斯托里亚号航海日志；兰德尔，口述历史；兰恩致巴德信（1966年12月6日）。

② 图勒加，158—159页；W.W.史密斯，116页；黑利，173—174页。

③ 波特兰号舰长报告（1942年6月11日）；彭萨科拉号舰长关于1942年6月4日与敌机交战的报告（1942年6月8日）；1942年6月17特司致16特司电050140，中途岛致太舰总电050430，太舰总致各特司电050145和050557，CSCMF，卷14；阿斯托里亚号航海日志。

久就能提速至20节。他将求救旗换成了"我舰速度为5"的信号旗，又升起一面巨大的新战旗。弗莱彻欣慰地取消牵引命令，重整了护卫舰船队形，朝着东南方向撤离。约克城号远未脱离危险。雷达在西方发现一个不明目标。将信将疑的弗莱彻升起信号旗："准备抗击空袭。"东方天幕下可以看见一架搜索机带着火焰滚落，这是16特舰战斗空中巡逻的功劳。被击落的是岳崎的筑摩五号机，它已经跟踪两支特混舰队超过3个小时。[1]

当弗莱彻将航向改为正东时，约克城号的船员欣喜若狂："布雷默顿，我们来了。"到14：20时，约克城号的速度已达到15节，但风速仍然太小，不足以安全降落预定在15：00返回的10架执行侦察任务的SBD。巴克马斯特发电称，他已经指示它们返回中途岛。截至此时，搜索机没有任何目击报告。弗莱彻谨慎地排出V式阵形，让护卫舰船按两千码的半径近距离环卫航母。他在航母的2个舷侧以及2个侧后方各布置1艘巡洋舰（阿斯托里亚号在右舷侧），并将7艘驱逐舰散布于其间。这些预备措施很有必要。14：27，彭萨科拉号的雷达发现西北45海里处有一批不明目标，显然是正在快速逼近的攻击机群。[2]

第二波空袭

斗志顽强的山口和飞龙号又出手了，这次来的是10架装备鱼雷的舰攻机和6架零式战斗机，领队的是黎明时率部空袭中途岛的友永大尉。他们的行动是山本夺回主动权的努力的一部分。山本推迟了中途岛登陆，指示运输船北上避险，在中途岛以西500海里处待命。同时他集中位于中途岛西北的所有部队，准备在6月5日进行决战。近藤奉命派出栗田健男少将的第七战队的4艘重巡洋舰在黎明前炮击中途岛，消除岛上敌机的威胁。日军通过审讯1名被俘的美国海军飞行员得知了约克城号、企业号和大黄蜂号的存在，而苍龙号的舰侦机在飞龙号上降落后又证实了这一情报。这个坏消息使南云在白天用水面舰队复仇的希望破灭。美军舰载航空兵既有如此规模，那就足以在他的军舰接近到炮击距离前将其粉碎。少数幸存的飞龙号舰爆机报告说，在东方90海里外攻击了1艘航母和5艘巡洋舰，航母已经起火。解决了1艘，还有2艘。飞龙号仍有可能摧毁或重创所有美国航母，为占据压倒优势的水面部队开辟胜利之路。友永的攻击机群在13：31出发。此时17特舰位于东南方仅83海里处，16特舰在112

① 波拉德，口述历史；W．W．史密斯；118页；17特舰巡洋舰司令战争日记；伦德斯特罗姆《首发主力》367、395页；泽地久枝《记录中途岛海战》499页。
② 1942年6月约克城号致太舰总电050235，CSCMF，卷14。

海里外。友永在14：30看见约35海里外有一支美国特混舰队。舰队中的航母以24节速度正常行驶，没有着火迹象，因此飞龙号的飞行员们认定它不是第一波飞机攻击的那艘。①

空中只有16特舰提供的6架F4F可供约克城号的FDO彼得森用来抵御新一波攻击者。这些飞机立刻前出拦截。萨奇的VF-3的8架F4F已在飞行甲板后部列队准备起飞。巴克马斯特再次暂停加油，并用二氧化碳吹洗了航空汽油系统。有6架野猫只保有在上午战斗空中巡逻中用剩的燃油。斯普鲁恩斯的2艘航母分别在17特舰东南20海里和35海里外，无法立刻提供援助。道留下7架F4F保护16特舰，急调另外8架赶往西北，但它们已来不及阻止日军对约克城号的又一次攻击。企业号和大黄蜂号上有34架野猫，不过由于飞行甲板被回收作业占用，它们要再过20分钟才能起飞。冲在最前面的4架F4F错过了穿云而下的攻击机群，不得不掉头尾追，但殿后的2架F4F于14：38在17特舰西北14海里截住了敌人。它们消灭了1架舰攻机，但警觉的护航零战迅速将这2架野猫击落。瞭望员目睹了3架飞机在10海里外起火坠落。②

巴克马斯特在14：40操纵约克城号向右急转，以便迎风起飞8架F4F。在它左后方的彭萨科拉号看见了6海里外快速移动的鱼雷机，立刻用203毫米主炮和127毫米副炮猛烈射击。在那一侧的其他军舰纷纷仿效，当敌机逼近时它们的轻型高射炮也加入合唱。弗莱彻与史密斯一起站在阿斯托里亚号的信号平台一侧，他看见约克城号后面迸射出连串火球。萨奇的野猫冒着零战的拦截和友军的高炮痛击了攻击者，但幸存的飞龙号飞行员还是兵分两路夹击了约克城号。他们技艺高超、意志坚定，驾驶着速度很快的飞机，在比珊瑚海时更近的距离投下鱼雷。巴克马斯特仅凭区区20节航速难以机动，鱼雷投射距离过近也使他闪避不及。从14：43到14：44，两条鱼雷在相隔很近的位置拦腰击中约克城号左舷。从另一侧观察的弗莱彻能看到棕色的烟雾和水柱在舰岛旁边冲天而起，这艘航母急剧地向左侧倾。激烈的空战持续了几分钟后，日军朝西方退却。来自16特舰的5架VF-6的F4F和一开始拦截未果的4架飞机（来自不同中队）一起追击了离去的攻击者。飞龙号损失5架舰攻机（包括友永的座机）和2架零战，远比17特舰认为的少。VF-3有4架F4F被击落。

日军飞行员们得意地报告说，他们又使1艘航母失去战斗力。沮丧的美国人面对痛苦的事实：约克城号显然挨了不止一条鱼雷，伤势非常严重。它从烟囱冒出滚

---

① 南云报告，23—25、41页；宇垣，145页。
② 有关约克城号遭受的第二波袭击中的空战细节，见伦德斯特罗姆《首发主力》391—411页。

滚白烟,急剧减速并向左侧倾20多度。眼见飞行甲板歪向一边,阿斯托里亚号的舰长弗朗西斯·W．斯康兰上校低声惊呼:"上帝啊,它要翻了。"目睹约克城号的惨状的其他人也有同样的担忧,船上的人更是感到大难临头。弗莱彻在14:55命令鲍尔奇号、贝纳姆号、拉塞尔号和安德森号救援约克城号,其余各舰组成环形保护它们。接下来的行动取决于巴克马斯特。只有他知道自己的军舰情况如何和能否挽救。就在约克城号中弹的前一刻,他通过目视信号通知弗莱彻:上午第二次侦察的飞机中有1架刚刚发现1艘先前未被发现的日本航母。他没来得及报告日军舰队的构成和方位就被空袭打断了。也许斯普鲁恩斯接到了完整的报告(至少大家希望如此),因为这个情况必须由他来处理。弗莱彻电告太舰总,"在遭到第二波猛烈攻击后","约克城号显然在下沉"。虽然截至此时已有2艘敌航母被消灭,他还是苦叹:"未掌握攻击第17特混舰队的航母的位置。"[1]

"第4艘航母"——臆想与现实

虽说弗莱彻对于约克城号遭到又一波舰载机重创(很有可能是致命伤)并不感到特别意外,企业号上的斯普鲁恩斯和勃朗宁却着实感到如雷轰顶。他们本来相信敌航母已经全都失去战斗力,因此中途岛之战的航母战部分已经打赢了。这个惊人的判断反映在斯普鲁恩斯14:04发给尼米兹和弗莱彻的电报中,而40分钟后17特舰就遭到了第二次空袭。斯普鲁恩斯在这封电报中提到,16特舰和17特舰的各飞行大队从09:30到11:00攻击了一支"可能"包括4艘航母、2艘战列舰、4艘重巡洋舰和6艘驱逐舰的舰队,"据信4艘航母全都遭到严重破坏",还有一两艘重型舰船也受了重创。尽管有VB-6贝斯特等亲历者的报告,尽管他们坚称自己亲眼看到只有3艘航母着火,斯普鲁恩斯还是做出了上述判断。同样令人费解的是,斯普鲁恩斯在电报中重复了截至10:15由战斗机飞行员格雷给出的旧方位,也就是实施攻击的实际地点西北38海里处。按说斯普鲁恩斯的SBD飞行员很可能告诉过他敌航母的实际位置。16特舰的飞机损失"惨重"。斯普鲁恩斯没有谈及下一步的打算,只是请求上级"尽可能提供敌军部队的方位和跟踪数据"。他并未显出多少紧迫感。[2]

在评估上午的空袭对日本航母造成的损失时,斯普鲁恩斯和勃朗宁莫名其妙地把3艘算成了4艘。也许参谋们把中途岛的飞机宣称中弹起火的1艘航母加了上去。

① 约克城号舰长报告(1942年6月18日);黑利,177页;1942年6月17特司致太舰总电050315,CSCMF,卷14。
② 1942年6月16特司致太舰总(抄送17特司)电050204,CSCMF,卷14。

在他们看来，对约克城号实施第一波攻击的飞机可能是在10∶30其母舰中弹前起飞的。在战役结果得到一致确认后撰写的行动报告知趣地忽略了这一夸大的战果评估，使斯普鲁恩斯免受不思进取的指责。对所谓第四艘航母的忧虑是关于中途岛之战的又一个长期流传的谣言。按照人们根深蒂固的观念，弗莱彻和斯普鲁恩斯都很快发现上午的攻击只解决了3艘航母，而第4艘侥幸逃脱，因而将造成麻烦。这个传说还包括一段添油加醋的描述，在其中勃朗宁呼吁斯普鲁恩斯为幸存的SBD补充弹药，以便立即实施针对第4艘航母的搜索–打击任务。据说斯普鲁恩斯为了保存已被削弱的攻击力量而拒绝此议，打算等其他人找到最后1艘航母再作致命一击。这个传说的目的就是解释这样一个问题：为什么从回收上午的攻击机群到斯普鲁恩斯听说约克城号遭第二次攻击并同时得知又发现1艘航母为止，16特舰足有3个小时无所作为。而真相是：在12∶00以后，只有弗莱彻确实在担心残存的日本航母，即他所认为的第3和第4艘航母。[①]

　　除了高估敌军所受损失，斯普鲁恩斯之所以未履行他在11∶45向弗莱彻做出的立即"再次攻击"的承诺还有其他原因——飞机损失多得可怕。同样可怕的是他猛然发现参谋部估计预定位置时的严重失误也是酿成惨祸的原因之一。企业号只有大约10架SBD能执行第二次空袭，而且没人愿意再把那3架还能飞行的TBD派出去。不过在13∶00VB-3的15架SBD使企业号的俯冲轰炸机部队很大程度上恢复了元气。大黄蜂号的损失其实更惨：全部15架鱼雷机、10架战斗机和14架SBD（不过后来发现其中11架SBD在中途岛降落）。尽管如此，不愿浪费时间的米切尔还是在13∶10告诉斯普鲁恩斯，大黄蜂号有20架SBD做好了再次出击的准备。它们加上企业号的10架SBD可以组成一支强大的力量，而且几乎可以立即出动实施第二次空袭。有趣的是斯普鲁恩斯没有派它们去结果已中弹的几艘航母，如果它们和他认为的一样受了重创，应该不会从先前遇袭的地点挪动多远。[②]

　　相反，斯普鲁恩斯和他的幕僚仍然乐观地认为4艘敌航母都已在上午沉没或遭受重创。16特舰可以慢慢舔舐伤口，等空中巡逻的可怕的零战全都迫降后再发动二次攻击。万一日本人坚持进攻，还需要保存航空兵力来对付中途岛登陆部队。事实上，企业号上的司令部在6月4日下午充斥着不思进取的心态，而批评家们却放过了斯普鲁

　　① 布维尔《沉默的勇士》151—152页；巴德，301—302页；普兰奇《中途岛奇迹》283页。没有任何资料证明勃朗宁希望立即进行第二次打击但被斯普鲁恩斯拒绝一说。
　　② 1942年6月太舰总致17特司电050147，CSCMF，卷14。中途岛海航站司令报告（1942年6月18日）；16特舰通信日志。

恩斯。例如，贝斯特知道残余的日军舰船至少包括1艘完好的航母，他当时肯定想不通为什么己方没有乘胜追击。当空中的F4F降落加油时，参谋们对战斗空中巡逻被削弱也采取了听之任之的态度。从13∶30到14∶30，战斗空中巡逻的飞机从25架减至21架，其中只有6架战斗机负责保护17特舰，而且没有安排随时可用的增援。弗莱彻在13∶40曾命令斯普鲁恩斯"尽快"与17特舰靠拢，但是截至14∶30，企业号与约克城号之间的距离并未缩短。微弱的风力迫使斯普鲁恩斯高速向东航行以实施飞行作业。经过又一轮战斗空中巡逻的起飞和回收，他在14∶00才终于转向西北。后来他曾向弗莱彻道歉："在第一次空袭后我军曾尽力向你靠拢，但似乎我军在航空作业间隔时每靠近1海里，在需要起飞或回收飞机时就会拉开1海里以上。"但是与此同时，米切尔却设法将大黄蜂特混大队与17特舰的距离拉近了一点。①

关于调动战斗机保护17特舰的讯息打破了企业号司令部里尚存的所有幻想——日本航母并未被全歼。斯普鲁恩斯作为几乎算无遗策的战将，是从此战开始声名鹊起的。然而在14∶44，他的声名却摇摇欲坠。西边地平线上已经出现远方高射炮炸出的烟云，而弗莱彻正用明语电告太舰总："正遭到猛烈空袭。"不过斯普鲁恩斯真是非常幸运，刚知道敌人还有一艘完好而凶猛的航母，就有人为他指点了出路。在14∶45，斯普鲁恩斯截获了VS-5的一个侦察飞行员发出的明语呼叫，这正是巴克马斯特转告弗莱彻的同一则讯息，内容是：1艘航母、2艘战列舰、3艘重巡洋舰和4艘驱逐舰位于西经179° 05′，北纬31° 16′，以15节航速驶向正北。②

研究此战的学者们正确地称赞了弗莱彻派飞机进行第二次搜索的决定，认为他把这些飞机留下来应付意外情况很有"先见之明"。然而，实际情况远不是这么简单。如果所有VS-5的飞行员都严格按命令行事，也许还是找不到飞龙号。他们的预定搜索区域其实过于偏北。弗莱彻的这个决定之所以产生他期望的结果，只是因为又有一个飞行员表现出了与沃尔德伦或麦克拉斯基一样非凡的主动精神，正是这种精神决定了胜负的分界。塞缪尔·亚当斯上尉和僚机飞行员哈兰·R.迪克森上尉在各自的扇区（300°~320°）里一无所获，VS-5的其他机组也不比他们走运，但是亚

---

① 把斯普鲁恩斯在13∶00面临的情况与17特舰5月8日下午在珊瑚海的处境（弗莱彻因为没有立即对MO打击部队发动第二次空袭而受到严厉批评）对比一下很有意思。读过本章的草稿后，贝斯特少校给作者来信说："想不通那封电报（斯普鲁恩斯报告4艘航母全被重创的050204一电）依据何在，要知道我在2小时前当着斯普鲁恩斯的面报告说，有3艘日本航母在当天不会起降任何飞机了，但是这3艘航母北面还有没受打击的第4艘。在我离开司令舰桥以后，一直没有人来问我是不是清楚第4艘航母的位置。"贝斯特相信其他回来复命的人也没有受到询问。"参谋部看不起飞行员们的见识，正如飞行员看不起高级航空人员（中校以上）的飞行本领。"以上引自贝斯特致伦德斯特罗姆信（2000年5月15日）。斯普鲁恩斯致弗莱彻信（1942年6月8日）。

② 16特舰通信日志；1942年6月17特司致太舰总电050247，CSCMF，卷14。

当斯没有径直返回约克城号，而是自作主张深入南方搜寻，因为他怀疑敌航母北上的距离不如预计的远。14：30，他在离自己半小时后预定降落的母舰150多海里的地方找到了飞龙号一行，仅从这一点就可看出他兜了多大的圈子。这2架SBD在调头返航前还击退了1架零战。[①]

　　虽然弗莱彻对敌军位置的估计有误，但他派飞机搜索而非攻击的决定在当时情况下还是很合理的。海军的侦察条令和训练在珊瑚海之战中已经暴露出不足，在中途岛也未见改观。对目标的有效跟踪根本无从谈起。如果弗莱彻一开始就知道所有4艘（就算3艘也好）日本航母集中在一起，他可能会命令约克城号的攻击机倾巢而出，或许早已将飞龙号与其他航母一网打尽。如果参加攻击的飞行员在当天上午晚些时候通过电台报告3艘航母起火，他可能会动用VS-5的全部力量猎杀第4艘。可以想象，无论哪个行动都有望挽救约克城号。当然，对南云也可以做类似的假设，由甘利为他指示方位算他倒霉。对目标的搜索和跟踪直到1942年年底都将是太平洋舰队的弱项。最后要指出的是，若不是碰巧有亚当斯报告飞龙号的方位，斯普鲁恩斯甚至不一定会发动攻击。在日落前已经没有时间让他先进行搜索再派出攻击机群了。

　　亚当斯报告的新目标位于企业号西北160多海里外，而且距离还在不断增大。由于风向和航程的限制依然如故，尽管敌人的空中防御可能很强，斯普鲁恩斯还是无法派飞机为SBD护航。实际上亚当斯报告的飞龙号的位置可能偏西达38海里，因而该舰与16特舰的距离也许只有125海里。斯普鲁恩斯在15：10提醒大黄蜂号："攻击机群立即做好起飞准备，稍后提供详情。"随后他在15：18通报了目标的构成、位置和航向。企业号截至15：42已经起飞25架SBD，其中14架属于VB-3。但斯普鲁恩斯直到15：39才命令米切尔起飞其攻击机群（不包括护航机）。[②]米切尔没有监听到亚当斯的报告，起初并不知道又发现了1艘航母。大黄蜂号的20架SBD做好了起飞准备，但在15：10他把全部精力都用于回收刚从中途岛返回的另外11架VB-8的SBD。西马德为这些飞机补充了燃油和弹药，派它们到西北方搜寻和攻击敌航母。按照命令它们应在此后前往大黄蜂号，如果找不到就再回中途岛。然而这11架SBD根本没有搜索敌人，而是跟着航母的导航信号，经过短途飞行后直接回到了16特舰。米切尔在他的行动报告中莫名其妙地议论说："如果（它们）在返回前找到敌人并进行

<hr />

　　① W.W.史密斯，95页；威尔莫特，406、450页。第五轰炸中队队长报告（1942年6月7日）。W.C.肖特中校在莫里森办公档案（第22号箱）中曾质疑日方对飞龙号方位的估计。肖特认为亚当斯的接触报告"绝对是整场战争中由航母舰载机做出的最清晰、最准确且考虑周详的接触报告。"贝茨《中途岛》140页错以为发现飞龙号的VS-5SBD在最左边的扇区。其实亚当斯负责的是紧邻该扇区北面的一个扇区。
　　② 16特舰通信日志；大黄蜂号航空作战参谋报告（1942年6月12日）。

了攻击，也许就来不及为下一次飞行做好准备。"大黄蜂号摆上甲板的第一批16架SBD从16：04开始起飞。16：13，在它们全都升空后，米切尔利用空出的飞行甲板回收了3架战斗机和2架刚起飞就出了机械故障的SBD。随后在16：16，他犯了非常愚蠢的错误，过早地指挥特混大队航向转向西方。因此没等大黄蜂号把机库里预热的第二批15架SBD摆上甲板，起飞过程就戛然而止了。被留在船上的有大队长林、2个中队长、2个副队长和飞行军官，实际上包括整个领导层。7分钟后，明显发现自己犯了傻的米切尔又重新转到东南迎风方向，打算继续起飞。然而他又觉得时间拖太长了。他匆忙弄清正在头顶耐心盘旋的第一批14架SBD上谁的资历最深，然后在16：24命令VS-8的机械军官埃德加·E.斯特宾斯上尉："担任领队（并）执行此次攻击。"斯特宾斯随即飞向估计位于方位角287°、距离162海里处的目标。于是38架SBD（另外3架放弃任务）向西进发，为约克城号报仇。布维尔指责勃朗宁和16特舰的参谋们"把第二次出击的规划和执行的方方面面都搞得一团糟"。勃朗宁和他的团队在6月4日确实犯过错误，但第二次攻击肯定不在其中。是米切尔使他的攻击机群失去了所有指挥官和半数兵力。对大黄蜂号的拙劣操作完全是他的责任。[①]

约克城号弃舰

第二次攻击仅过去15分钟，巴克马斯特就遗憾地打出信号："我将弃舰。"两条航空鱼雷造成了可怕的破坏。早年人们认为它们击中的部位相隔50英尺，各炸开一个高约20英尺，长约二三十英尺的大洞，而这样的威力似乎"就一条航空鱼雷而言大得出奇"。不仅左舷的3个锅炉舱被水淹没，冲击波本身还使所有锅炉熄火，蒸汽压力陡然下降，另一方面，尽管柴油辅机在工作，所有电源还是全部故障，全舰漆黑一片，船舵卡死在左偏15°的位置。最新的研究根据对约克城号残骸的观察发现，两条鱼雷紧挨在一起击中了"全舰最脆弱的部分"。它们炸开一个约为60×30英尺的大洞，造成了"比原先认为的更大的内部破坏"。船身向左侧倾很快超过25°，导致飞行甲板急遽倒向海面。由于缺乏电力，巴克马斯特无法靠反向注水扶正船身，甚至在甲板下使用应急照明都办不到。没有能用的电话和扩音器，根本无法协调踩着倾斜的甲板与黑暗做斗争的船员们的损管工作。巴克马斯特担心他的老伙计会继续倾斜，最

① 大黄蜂号舰长报告（1942年6月13日）；巡六分队长报告（1942年6月11日）；以及马克·霍兰的精辟见解。布维尔《沉默的勇士》153页。

后带着船上2300人翻进海里。他必须尽快让大家下船。①

当巴克马斯特那令人伤心的信号旗在半空飘动时，在2000码外环行护卫的阿斯托里亚号上的观察者估计约克城号的侧倾已接近30°。弗莱彻回忆说："我焦躁不安地想道，巴克马斯特上校的弃舰决定来得太晚了。"在对巴克马斯特的《军舰损失报告》的批语中，他表示自己"坚信"巴克马斯特"在做出弃舰的决定时进行了明智的判断"。根据"命令发出时约克城号的外观，任何其他决定都将是极其不可靠的"。巴克马斯特深深感激弗莱彻坚定不移的支持，尤其是后来饱受过早弃舰的批评时。麦克尔·兰恩在巴克马斯特命令船员离开约克城号时与他一起站在歪斜的甲板上。兰恩表示这个举措"依我的意见为时过早"，他"估计巴克马斯特能实施的最佳行动是撤走无用人员，保留损管人员、炮手、轮机兵等继续抢险，或许有可能挽救这艘军舰"。兰恩没有说明巴克马斯特在感到军舰岌岌可危时如何才能筛选出必需的人员。截至当时，美国海军尚无任何舰船组织过在其他人员必须撤离时仍然留在船上的紧急抢险队伍。在中途岛之后，太舰总立即根据弗莱彻的建议指示所有舰船组织这样的队伍，但巴克马斯特在6月4日没有这种条件。此外，美国海军也没有认识到现代化的舰船构造究竟有多坚固。例如，尼米兹也认为在巴克马斯特做出弃舰决定时"情况显得非常危急"。由于约克城号在未获救助的情况下仍漂浮到次日，历史学家们对这一决定多有责难。莫里森先是声称在经过珍珠港的紧急维修后约克城号的水密完整性更胜往昔，巴克马斯特做出弃舰的草率决定前应该考虑这一因素。而后来莫里森又承认维修工作本质上很"仓促"，恐怕"该舰有可能倾覆"，但他仍然指责巴克马斯特的弃舰之举"没有必要"。最近研究了约克城号残骸照片的分析小组同样认为它"可能被过早放弃了"，但也指出在侧倾超过15°后"自保是压倒一切的考虑因素"。②

约克城号的船员们将救生筏扔进水中，并在船舷外垂下条条绳索。鲍尔奇号、贝纳姆号、拉塞尔号和安德森号放下小艇，驶到近旁搭救泅水者。很快，"覆盖着油膜的海面上挤满了攒动的人头、小艇和127毫米炮弹箱"。人们聚在救生筏上，由

---

① 约克城号舰长报告（1942年6月18日）；舰船局，约克城号在1942年6月4—7日中途岛行动中的损失，战损报告第25号（1943年3月9日）。杜林等人《约克城号（CV-5）的损失》31页。巴克马斯特致W.W.史密斯信（1964年8月22日）。

② 约克城号舰长致海军部长的军舰损失报告（1942年6月17日），17特司致海军部长的第一批注（1942年6月23日），太舰总致海军部长的第二批注（1942年7月7日）。普兰奇对弗莱彻的采访（1966年9月17日）；巴克马斯特在致W.W.史密斯信（1964年8月22日）中说："弗莱彻将军是人中龙凤，斯宾塞·刘易斯也是。"兰恩致巴德信（1966年12月6日）。兰恩提交给英国海军部的报告显然对美国海军在中途岛的战斗很有意见，以至于它直到今天在英国仍未解密。莫里森《美国海军作战史》4:135页；莫里森《两洋战争》157页；杜林等人，32页。

摩托艇拖到等候在一边的驱逐舰旁，再爬上挂在舷侧的吊货网。约翰·格林贝克回忆说，巴克马斯特极其"不愿发布弃舰命令"，他甚至"讨厌作这样的演习"，认为弃舰练习将"严重打击士气和自信心"，因此约克城号自开战以来就没有搞过这样的练习。十分幸运的是，海面"几乎像地毯一样平滑"，"如果海上风浪大作，或者航母在被放弃时陷入火海，准会伤亡惨重"。西方100海里外的日本人无疑会认同第二种假设：一度是日本海军骄傲的3艘航母已经变成巨大的火炬，他们正在奋力搭救残存的船员。[①] 弗莱彻有许多事情要考虑：他的空中掩护不可靠，而航母沉没在即，需要援救庞大的船员队伍。彭萨科拉号的雷达跟踪到多个不明身份的目标，迫使他在15：04发出信号："准备抗击空袭"，尽管对一支要迎接空袭的舰队而言，此时的状态已经不能更糟了。15：09有报告称敌机出现在东南36海里处，形势更趋恶化。当发现方位角280°，距离18海里处的飞机后，弗莱彻命令护卫舰船排成V式阵型。他还发报请求16特舰和中途岛提供救援时的空中掩护。鲍尔奇号和安德森号退到远处，但被落水者包围的拉塞尔号和贝纳姆号仍然留在原地搭救幸存者。空袭没有发生。至少有一个不速之客是老相识——利根四号机，它在15：15发报说发现一支庞大的美国舰队（16特舰），相对于其参考原点的方位角为102°，距离120海里。甘利还以一如既往的含糊语气补充说，"好像"还有1艘航母位于这支舰队前方20海里处。他说的正是约克城号。[②]

救援工作有条不紊地进行着，没有出现恐慌情绪。每艘驱逐舰在塞满浸透油污的幸存者后就从航母旁边离开，回到护卫船队中。"塞满"是个贴切的字眼。贝纳姆号、鲍尔奇号和拉塞尔号总共搭救了1700多人。单单贝纳姆号就救起了725人，用舰长约瑟夫·M.沃辛顿少校的话说，船上"只剩立足之地了"。这么多人登上驱逐舰不仅带来拥挤问题，还严重影响了船身的稳定。莫里斯号和安德森号救起了大约450人。最后上阵的哈曼号和休斯号共搭救了100多名水兵。16：00过后，在几乎所有船员都离开约克城号以后，巴克马斯特作了最后一次检查。他"必须用手扶着一点一点移动才不会摔倒"，因为甲板上某些地方"淌满了油，滑得很"。他在黑暗中穿行时能听见船舱深处"大团气泡不时被海水挤出"，这声音甚至盖过了船尾柴油辅机的轰鸣。他觉得约克城号随时有可能倾覆。他回到甲板上确认了所有人都已

① 17.4 特大司（驱二中队长）致舰总司，1942 年 6 月 4 日行动报告（1942 年 6 月 4 日）。17.4 特大司（驱二中队长）致 17 特司，关于 1942 年 6 月 4 日中途岛之战中日军鱼雷机攻击约克城号的报告（1942 年 6 月 12 日）；黑利，177 页；格林贝克关于中途岛之战的叙述；W．W．史密斯，123 页。

② 17 特舰巡洋舰司令部战争日记；南云报告，26—27 页。

撤离（实际上，后来发现有两个伤员被落下了），然后纵穿机库甲板，通过船尾离开了这艘空空荡荡的军舰。一条小艇把他送到哈曼号上。截至16：46，救援行动告一段落，总共救起2280人。[①]

出乎所有人的意料，尽管机库甲板的左舷边缘贴近了水面，约克城号却没有倾覆沉没。它只是"随着波浪摇晃"，有时似乎"恢复了一点平衡，转眼又再度倾斜，仿佛厌倦了挣扎"。在弗莱彻和史密斯看来，约克城号显然"已经停止下沉，至少暂时稳定了下来"。史密斯的意见是："我相信它会继续漂浮，不会沉没。"弗莱彻也有同感。他在16：15电告太舰总："约克城号侧倾严重，船员正在撤离。目前它似乎没有继续下沉。建议您派出拖船尝试抢救。如果将幸存者分散到第16和17特混舰队各舰上，必然因人满为患而严重削弱作战能力。""人满为患"是个严重问题，如此众多的幸存者已经使他的大多数驱逐舰"几乎派不上用场"。弗莱彻考虑了是否要再派1艘巡洋舰拖曳约克城号，其他人也有这个想法。在1947年，有一个巡洋舰长（很可能是利科尔）曾发问："为什么我们在头天晚上丢下了约克城号，没有拖着它走？"弗莱彻最后还是决定放弃。要实施牵引就必须冒险派人重新登船，并祈祷敌军不会在此期间发动进攻，而日本人显然掌握了约克城号的确切位置。16：27，16特舰的战斗空中巡逻在能够轻松发现17特舰的位置击落了1架搜索机，这架飞机和另一个盯梢者导致舰队再次发出空袭预警。弗莱彻还不知道航母战的最终结果，他担心敌人仍有能力在天黑（18：42）前再实施一次空袭，或派出水面夜袭部队结果受了重创的航母。出于同样的考虑，他也没有派驱逐舰靠在约克城号舷侧供电并连夜抢险。当此激战正酣之际，弗莱彻哪怕用鱼雷就地击沉约克城号也是合情合理的。但他的计划是在当晚向东撤退，从幸存者中选出一支抢险队伍，将其他人安置到波特兰号和2艘驱逐舰上，然后带着阿斯托里亚号一行重返此地。[②]

弗莱彻在17：15将航向定为正东，以15节速度驶向他最后见到16特舰的地方。几分钟后，阿斯托里亚号放慢速度，以便哈曼号靠到舷侧将巴克马斯特送过来。当

　　① 鲍尔奇号舰长致太舰总，鲍尔奇关于1942年6月4日军空袭约克城号的报告（1942年6月12日）；贝纳姆号舰长致太舰总，中途岛之战行动报告（1942年6月10日）；拉塞尔号舰长致太舰总，行动报告（1942年6月10日）；安德森号舰长致太舰总，根据美国海军条例第712条撰写的关于1942年6月4日在中途岛附近与日本航母舰载机交战的报告（1942年6月5日）；休斯号舰长致太舰总，1942年6月4日与日机交战报告（1942年6月11日）；莫里斯号舰长致舰总，关于1942年6月4日中途岛行动的报告（1942年6月13日）；哈曼号舰长致太舰总，1942年6月4—6日行动报告（1942年6月16日）；巴克马斯特致W.W.史密斯信（1964年8月22日）。
　　② 黑利，177页；W.W.史密斯，131页；1942年6月17特司致太舰总电050415，CSCMF，卷14；S.E.莫里森致弗莱彻信（1947年12月10日），弗莱彻资料集；多里斯等人《文森斯号纪事》218页；弗莱彻致莫里森信（1947年12月15日），弗莱彻资料集。

天下午迫降后被阿斯托里亚号救起的莱斯利满怀同情地回忆说："这位英勇的军官沉默而吃力地爬上舷梯的情景，令人在心情沉重悲伤之余又有一丝欣慰，在继续行动之前他终于能歇一口气了。"高个的巴克马斯特"没戴帽子，没穿外套，衬衫领口敞开，没打领带，浑身被汗水和海水湿透，除了秉承天意继续战斗的不屈意志，他是彻底一无所有了"。向弗莱彻汇报情况后，巴克马斯特着手展开抢险，编列了散布在各驱逐舰上的必要人员名单。弗莱彻则在远离约克城号之前做了一件必不可少的工作。弄清哪艘驱逐舰上的幸存者最少（因而也最适合作战）后，他在18：00指示胡佛上校（驱二中队长）派休斯号（只搭载了23人）"守在约克城号附近"。休斯号舰长唐纳德·J.拉姆齐少校接到了禁止任何人登上约克城号的命令，并被授权"在必要时击沉它以防落入敌手或大火蔓延"。因此拉姆齐面临艰巨任务，他必须陪伴被遗弃的约克城号，直到发生三种情况之一：约克城号沉没，敌军出现，或抢险人员返回。当休斯号在18：30调转船头时，约克城号大约在12海里开外掩映于夕阳下。弗莱彻将再也见不到他那壮丽的旗舰。[1]

向斯普鲁恩斯放权

斯普鲁恩斯在18：11通过TBS告诉弗莱彻，企业号和大黄蜂号正在攻击约克城号的搜索机在当天下午发现的第4艘航母。有趣的是这一回他使用了"第4艘航母"的说法，而仅在几个小时前他还不相信这一事实。他的新认识源于1架中途岛的PBY（西奥多·S.楚森少尉）的报告，这架飞机清晨出发搜索，返航途中在上午攻击的现场徘徊了一阵。楚森在16：00发现了3艘燃烧中的军舰，并很快认出是航母，从而确认了贝斯特等人早就告诉16特舰参谋部的事实。斯普鲁恩斯告诉弗莱彻，大黄蜂号在自己东方约30海里外，而他打算向西航行至回收攻击机群为止。"你对今后的作战有什么指示？"弗莱彻回答："没有。将顺应你的行动。"这意味着他慷慨地给了斯普鲁恩斯在不向他请示的情况下继续作战的自由。在约克城号中弹后，他有权将自己的旗舰换成大黄蜂号，继续对航母舰队实施战术指挥。但是据他所知，斯普鲁恩斯和航空参谋精英们对16特舰的指挥很出色。把司令部转到大黄蜂号上可能在战役的关键时刻造成混乱。弗莱彻绝不是那种无论如何都要大权独揽的人，也不忌讳他人分享功劳。事实上，在官方圈子中他因为"自愿将战术指挥权交给下级"

---

① 莱斯利致W.W.史密斯（1964年12月15日）；17特舰巡洋舰司令战争日记；休斯号舰长致太舰总，从格林尼治民用时间1942年6月5日03：01许弃舰到1942年6月7日16：59沉没为止与约克城号有关的行动（1942年6月11日）。

而遭到了批评。戈登·普兰奇将这个移交指挥权的举动正确地评价为"高尚无私之举和爱国精神的体现"。但是弗莱彻这一令人敬佩的行为却为他人贬低他在中途岛胜利中所起的真正作用开了方便之门。[①]

弗莱彻在此时放弃指挥16特舰对斯普鲁恩斯有重大意义。"他是我的上级,我不知道他自己打算怎么做,也不知道他希望我怎么做。他的回复是我感激至今的消息。"这确是肺腑之言,因为斯普鲁恩斯深思熟虑的结果将成为中途岛之战中最有争议的决策之一。他决定在回收第二波攻击机群后立即向东撤离。尽管他越来越相信大多数日军航母(如果不是全部的话)已经被毁,但他仍然不清楚日军的构成、损失和意图,更是担心在夜间发生水面交战。在这样的战斗中他的优势航空兵力毫无用武之地,敌人的重炮和鱼雷可能迅速扳回比分。无线电情报显示有几架搜索机很可能报告了他的大致方位,也许还报告了他的实力。快速战列舰、巡洋舰和驱逐舰组成的强大水面舰队离他不远。在日落前后,弗莱彻先是看见企业号,然后又见到大黄蜂号一行。2艘航母一边向东南航行,一边忙着回收飞机。他命令17特舰向其靠拢,并礼貌地回绝了斯普鲁恩斯的救援请求。和斯普鲁恩斯一样,弗莱彻也明白日军随时可能出现。他将文森斯号和彭萨科拉号还给16特舰,但留下了2艘满载幸存者的驱逐舰。到了19:15,斯普鲁恩斯把他分散的舰队重新集结到一起,并将航向稳定在090°。弗莱彻在北方15海里外与他同行。斯普鲁恩斯打算东撤至午夜以避开所有突进的敌舰,然后掉头向西,在黎明时处于中途岛的空中支援范围内。[②]

"辉煌的一页"

东南方1300海里外,尼米兹顶着重重压力度过了6月4日。这一天他频繁查看作战海图上的最新消息,并努力抽空完成一些日常工作。事实证明,远隔重洋关注一场可能决定他事业成败的海战是非常折磨神经的。只有中途岛靠着海底电缆与他保持了密切联系,因此尼米兹相当清楚从岛上守军视角观察到的战况。而由于无线电静默的关系,他对己方航母的表现知之甚少。当天下午早些时候,弗莱彻发来了约

---

① 17特舰巡洋舰司令战争日记;16特舰战争日记;弗莱彻致莫里森信(1947年12月1日);普兰奇《中途岛奇迹》386页。在给贝茨的备忘录(副本藏于莫里森办公室档案,第23号箱)中,拉尔夫·C.帕克上校评论说:"虽然我不是狂热的'弗莱彻粉',但我认为他的作为是绝对正确的。在现代军队中,认为只有自己能行的指挥官都是自欺欺人,不值得完全信任;而那些为了自己的骄傲和野心而故意损害大局的人是应该被枪毙的恶棍!"

② 斯普鲁恩斯致福雷斯特尔信(1962年12月14日);布维尔《沉默的勇士》154—155页;16特司战争日记;17特舰巡洋舰司令战争日记。莫里森照例试图否定弗莱彻对航母打击部队行使了真正的战术指挥权,他声称弗莱彻的这则讯息只不过"确认"了斯普鲁恩斯的"行动自由",见莫里森《美国海军作战史》4:141页。

克城号失去战斗力的坏消息。此后一个大喜讯驱散了阴霾，斯普鲁恩斯宣称他的飞机不仅找到了全部4艘日本航母，还痛击了它们。接着尼米兹得知约克城号再遭重创，揭示出显而易见而又令人痛苦的事实：敌人至少还有一块飞行甲板保持完好。接踵而至的又一条消息及时扭转了局面，1架搜索机发现了袭击约克城号的罪魁祸首，或者是同时在场的另一艘航母。16特舰有望在天黑前摧毁敌军剩余的航母。1架中途岛的PBY（楚森）发来了大快人心的消息：3艘敌航母正在燃烧。尼米兹还听说鹦鹉螺号用鱼雷击中1艘先前受了伤的苍龙级航母，这也让曾是潜艇兵的他心花怒放。但并非所有消息都美好。跟踪3艘起火的航母的PBY也报告说，发现了本应在上午攻击后就无法升空的零式战斗机。太舰总在18：47提醒各部："可能仍有日本航母未受打击。"他在19：07告诉弗莱彻和斯普鲁恩斯，截至18：29日本人"据信正在引导飞机"，这又从侧面证明了敌军的空中力量未被粉碎。其实楚森只遭遇了1架离群的零战，而且已目睹其迫降。①

斯普鲁恩斯没有提供关于几小时前发现的第4艘航母的任何消息。持续积累的压力加上最新情报的缺乏终于使以镇定著称的尼米兹也失态了。那天晚上他显得很"狂躁"。按照雷顿的说法，他不断地找他的通信参谋索要最新报告，"我从未见他如此狂躁"。但是临近午夜时分，尼米兹仔细回味了6月4日的非常事态（其中已经被他了解的还不到一半）。尽管战局还很不明朗，他仍然不失本色地做出了鼓舞人心的表态。在发给各部队的电报中他宣布："你们这些参与中途岛之战的将士已为我国历史书写了辉煌的一页。与你们共事令我骄傲。我估计你们再全力奋战一天就能彻底击败敌人。"中途岛当地时间6月5日零时过后不久，尼米兹通报说："目前战报尚不完整，但相信敌军如能集结足够飞机，将会继续与我军剩余的2艘航母决战，以求实施对中途岛的登陆攻击。"而且"敌人肯定有至少1艘航母能起降飞机"。他还补充说："我军将实施适当形式的夜袭。"这句话不像是报告实情，更像是做个样子给金看。最后他还提到了萨拉托加号，它预定在6月6日一早抵达珍珠港，"将在加油后立即出阵"。②

6月4日夜，在第二波攻击集群返回后，斯普鲁恩斯编写了一份情况汇总，但他的确切发报时间不可考。这封电报宣布16特舰在下午的空袭中取得了令人振奋的战

① 1942年6月中途岛致太舰总电050540（由太舰总转发给各特司），第7.1.6特混中队（鹦鹉螺号）指挥官致大潜司（太平洋舰队潜艇司令）电050510，中途岛致太舰总电050621，太舰总致各特司电050647，太舰总致各特司电050707，CSCMF，卷14。楚森的接触情报由詹姆斯·萨夫鲁克提供。
② 雷顿，口述历史，34页；波特《尼米兹》95页；1942年6月太舰总致各特司电050913，太舰总致舰总司和各特司电051225，CSCMF，卷14。

果。从17：00到18：00企业号和大黄蜂号轰炸了一支包括1艘航母、2艘战列舰，至少2艘重巡洋舰和多艘驱逐舰的舰队；轰炸导致航母"熊熊燃烧"，还有1艘战列舰也被点着。敌人以15节航速西撤。有人注意到几艘驱逐舰从东南方接近这支舰队，在该方向的更远处还有3艘起火的军舰，"据信是先前攻击过的航母"。斯普鲁恩斯请求尼米兹继续提供岸基搜索机在6月5日可能发现的目标的情报，并报告说他截至6月5日04：00将位于中途岛东北170海里处。这份显然在中途岛当地时间午夜过后才被太舰总收到的喜讯令他又一次露出"灿烂的笑容"。至此战局已被决定性地扭转。尼米兹在01：45称赞第二次攻击"棒极了"。①

这个评价完全正确。在17：00企业号和约克城号的24架SBD截住了唯一完好的航母——飞龙号，当时山口正准备以6架舰爆机和9架战斗机发动第三次空袭。4颗炸弹击中前部甲板，把前部升降机掀到了舰岛上。无法控制的大火吞噬了机库，也毁掉了飞龙号和山本挽回败局的一切现实希望，至此这一仗已经成为日本最惨痛的失败。在天黑前，飞龙号及其意志消沉的僚舰又被14架大黄蜂号的SBD和12架B-17攻击，但没有遭受更多损伤。南云亲眼看到了他唯一能作战的航母的覆灭。他仍然抱着打水面夜战的希望，甚至抽调了救助其他受伤航母的驱逐舰。但当他收到美国军舰远遁东方的侦察报告后，终于泄了气。更令他感到幻灭的是，18：30筑摩二号机报告说除了1艘起火侧倾的航母外，还发现了至少4艘美国航母，这支令人生畏的舰队正在西进。被无意中夸大的美军实力（新增的航母被认为是辅助航母）给了南云致命一击。他只得聚拢舰队，仓皇撤向西北。19：00过后没多久，苍龙号和加贺号双双沉没，后者的水线以上几乎全被烧毁。已经被放弃的赤城号则挣扎到了黎明前。与此同时，南云将渐渐不支的飞龙号和2艘驱逐舰留在了原地。②

6月4日晚上，担任救兵的近藤主力部队从西南方疾驰而来，急于追上美国航母舰队并予以歼灭。他有2艘快速战列舰、4艘重巡洋舰、1艘轻巡洋舰、7艘驱逐舰和瑞凤号轻型航母。在南面，原属运输舰队的1艘轻巡洋舰和8艘驱逐舰正匆忙北上与他会合。近藤还指望南云的2艘快速战列舰、2艘重巡洋舰、1艘轻巡洋舰和4艘可用的驱逐舰助战。这些舰队在位于中途岛西北175海里、约克城号以西100海里处会师。与此同时，栗田的4艘重巡洋舰组成的炮击船队也在快速接近

---

① 1942年6月16特司致太舰总电050912，太舰总致中途岛电051135，太舰总致舰总司电051345，CSCMF，卷14。
② 克瑞斯曼等人《辉煌的一页》137—139页；南云报告，8—11页。

中途岛。最终在午夜时分，身处中途岛西北450海里外的山本黯然得出了MI作战彻底失败的结论。他取消了夜战计划，命令近藤、南云和栗田在中途岛西北350海里处与他会合。接着他又指示运输船队西撤，并安排其他船只于6月6日在中途岛西北700海里加油。东太平洋大攻势就这样草草收场，日本人现在只想平安脱身。只有伊168号在那天上午朝中途岛打了几发炮弹。这只是一次小小的骚扰，但过不了多久，这艘孤军奋战的潜艇就将立下比中途岛之战中联合舰队其他所有部队合计还大的功劳。①

拯救约克城号

弗莱彻在6月4日下午发给尼米兹的两封关于约克城号状况的电报虽然是在不同情况下隔了几个小时起草的，但它们的送达时间只差了不到15分钟。遗憾的是，尼米兹先收到的是后一封。这封电报写于约克城号中雷后的14：44，说它"严重侧倾，将被放弃"。麦克莱恩送到中途岛的那封较早的电报则提到约克城号中了3颗炸弹后"失去动力"，但"显然仍有适航性"（这种情况当然已经一去不复返了）。较早的电报还肯定地表示"第17特混舰队将保护并抢救约克城号，除非另获指示"，而当尼米兹看到电报时，弗莱彻正在东撤整队。尼米兹高兴地回复："同意。"太舰总至少曾短暂地以为约克城号情况尚可，只要自己提供救兵就有很大机会把它救回来。他当即调动了手头的资源。离得最近的远洋拖船是莺雀号，这是1艘由扫雷艇改装的旧船，正在中途岛以东120海里的珀尔赫米斯礁待命。尼米兹命令它赶往西北约160海里处拖曳约克城号。但是莺雀号的最高航速只有10节，最早也要在5日中午才能赶到。接着尼米兹又指示已在6月3日离开珍珠港增援16特舰的格温号驱逐舰（舰上有驱二十二分队长亨利·R·霍尔库姆中校）改变方向。这艘驱逐舰可以在5日下午参与抢险，其他可能参与抢险的船则要远得多。尼米兹直到6月4日上午才想起让新式远洋拖船纳瓦霍号在珍珠港装载抢险和救援器材，然后前往中途岛东南的法国护卫舰暗沙。这道命令几乎可算是马后炮，因此纳瓦霍号在6月7日下午前不可能赶到约克城号身边。为了接走17特舰搭载的幸存者，新服役的快速潜艇供应舰富尔顿号在当晚从珍珠港起航，2艘原在近海巡逻的老式四烟囱驱逐舰为其护航。富尔顿号接到的命令中明确规定了直航中途岛的航线，而弗莱彻必须让搭载约克城号幸存者的船只逆向航

---

① 宇垣，145—152页；渊田和奥宫，212—220页。

362 ·

行，于6月6日正午前后在中途岛东南将其截获。远洋拖船西米诺尔号将继富尔顿号之后出发。[①]

于是尼米兹通知弗莱彻："拖曳约克城号的拖船已携带工程人员和抢险军官上路。"在它们到达前，弗莱彻应"在约克城号上保留了解舰况的足够人员，并提供驱逐舰护航以协助抢险"。只可惜为时已晚，约克城号上已经没有熟练船员了。太舰总的这道命令还没发完，弗莱彻就在18：45发出电讯，以令人清醒的细节描述了实际情况，"约克城号在第一波攻击中挨了3颗炸弹，在第二波攻击中挨了2条以上的鱼雷。所有锅炉全部停机。船身侧倾30°，船员在其明显将倾覆时弃舰。现仍以船首下陷的姿态漂浮，没有可察觉的变化。将不作以巡洋舰拖曳的尝试。驱逐舰守护在侧。"当然，为了防止日军战舰在夜间出现，发报时弗莱彻已经向东撤离该海域。[②]

弗莱彻在6月4日晚上丢下约克城号而没有尝试抢险的决定招来了激烈批评。1943年3月的舰总司机密情报通报第1号声称约克城号"如果没有在当晚被放弃，而是继续进行抢险工作，本有可能获救"。这份通报也明确反对斯普鲁恩斯在当晚的撤退决定。"第16特混舰队在攻击飞龙号后如果没有向东航行，而是继续向西扩大其在6月4日的战果，本可取得更大胜利。"但是，1942年下半年在瓜岛发现的日方资料大致反映了16特舰若继续西进将面临的优势水面舰队威胁。后来斯普鲁恩斯得知此事时，感到"几年来压在我心头的一块大石落了地"。到了1948年，贝茨和莫里森已经完全赞成斯普鲁恩斯的英明之举。他们指出16特舰如果西进，抑或只是在原地逗留，都可能陷入与近藤和南云的夜战。既然人们接受了斯普鲁恩斯的决策理由，又怎能批评只有4艘巡洋舰而且驱逐舰战备情况大大不如前者的弗莱彻抛弃身负重伤、无法行动的约克城号？约克城号与敌人的距离比16特舰还近，更何况弗莱彻已经知道日本人掌握了它的位置。如果他们铁了心要在中途岛以北打一场水面夜战，基本上不会忘记结果这艘重创的航母并收拾留下来保护它的船只。[③]

贝茨仗着他的事后聪明指出，对弗莱彻来说"更明智"的做法是留下2艘驱逐舰和"数量有限的关键抢险人员"以设法改善约克城号的状况。驱逐舰可以保持雷达

① 1942 年 6 月 17 特司致太舰总电 050415，中途岛致太舰总电 050430，太舰总致 17 特司电 050500，太舰总致莺雀号电 050515，太舰总致格温号电 050529，太舰总致太勤司电 042045，太舰总致富尔顿号电 050621，太舰总致太勤司电 050644，CSCMF，卷 14。

② 1942 年 6 月太舰总致 17 特司电 050721，17 特司致太舰总电 050645，CSCMF，卷 14。

③ 舰总司秘密情报通报第 1 号，从珍珠港到中途岛的战斗经验（1943 年 2 月）；J．J．罗切福特中校，战斗情报，海军第十四军区，舰队情报官备忘录，敌军关于中途岛之战的电讯（1942 年 10 月 15 日），藏于 RG-457，SRMN-005；布维尔《沉默的勇士》174—175 页。贝茨《中途岛》143 页；莫里森《美国海军作战史》4：142 页。

警戒。如果敌舰真的出现，它们将能及时击沉约克城号，并有望救回抢险人员。当然，在弗莱彻意识到约克城号不会立即沉没时，所有船员都已离舰，夜幕也即将降临。如何组织这些"关键抢险人员"也是个问题。据史密斯称："有一点很不巧，约克城号的船员是在海上被随机救起的，并没有经过遴选。"他认为在6月4日夜间的情况下，17特舰"无法停留在原地并把他们分门别类，挑选出最有经验、最适合当时抢险工作的人"。没有人认为一支小型抢险队能在夜间成功抢救严重侧倾、失去动力的军舰，更何况旁边的驱逐舰随时准备在敌人出现时逃跑。拯救约克城号需要组织和装备都远强于此的抢险队伍，问题是它能否及时赶到。[①]

---

① 贝茨《中途岛》142页；W．W．史密斯，151页。

第十九章

中途岛之战（三）
尾声

郁闷的6月5日

6月4日晚上，在取得一场罕见的海战胜利后，弗莱彻的17特舰（不包括重伤的约克城号和留守的休斯号）和斯普鲁恩斯的16特舰（企业号和大黄蜂号）向东撤走。弗莱彻已将指挥权下放给斯普鲁恩斯，此时他关心的是督导约克城号的抢险工作和妥善安置其幸存者。他把下一阶段的战斗全权委托给了斯普鲁恩斯，而斯普鲁恩斯在当晚的看法是：虽然4艘航母已经重创或沉没，但这一仗还远未结束。1艘受损的航母可能仍有战力，或许另一艘生力军已到达这片海域。他要避免与敌水面舰船进行可能毁灭其部队的夜战，然后决定如何让企业号和大黄蜂号残破的空中力量得到最好的利用。此时尚能飞行的飞机大致包括65架SBD、54架F4F战斗机和3架TBD。斯普鲁恩斯希望在6月5日晨曦初现时到达中途岛东北175海里处，他将从那里攻击任何可能在其打击范围内的残存航母，追击退却的敌军，或为中途岛抵挡不知死活的登陆部队（尽管发生这种情况的概率很小）。①

这天早上，中途岛报告说遭到短暂炮击，对方应该是1艘潜艇（实际是伊168号），太舰总在03：00的通报则敲响了警钟。在距中途岛100海里的东北—西南弧线列阵的11艘潜艇之一——石首鱼号（艇长约翰·W．墨菲少校）警告说，截至02：17"有许多不明身份的水面舰船"在中途岛西面仅90海里的地方潜行。中途岛即将遭到入侵的消息把斯普鲁恩斯从梦中惊醒。于是他在04：20朝西南方的中途岛疾驰而去。16特舰必须突破掩护部队的拦截击破登陆部队。与此同时，西马德上校谨慎地继续实施预定的航空作战。04：15，10架PBY起飞执行清晨的侦察，但这一天只搜索250°～020°，距离减为250海里。几分钟后，8架B-17飞向西方寻找石首鱼

---

① 16特司报告（1942年6月16日），斯普鲁恩斯致尼米兹信（1942年6月8日），16特司战争日记。

号发现的船队。破晓时分"大雾弥漫",不时有风暴肆虐,能见度很低。石首鱼号遇到的正是4艘重巡洋舰组成的栗田炮击船队。栗田在悄悄穿越美国潜艇警戒线后曾进至离目标不到50海里处,随后在00:45按照山本的命令撤向西北方的大舰队会合地。他的瞭望哨在02:18看见了浮在水上的石首鱼号,几乎同一时刻对方的观察员也发现了他们。三隈号在规避时切入了最上号的航线,结果左舷艏部水线以上被最上号撞个正着。这次撞击使最上号前主炮前方的修长船首被完全撞瘪,后来不得不切除。栗田留下受损较轻的三隈号护着重创的最上号西行,自己则带着2艘完好的巡洋舰去找山本会合。[①]

墨菲跟踪这2艘残破的军舰直至日出,然后按原来领受的命令下潜。他在06:00发出了唯一一份详细报告,称在中途岛以西115海里处发现2艘以17节速度西行的"霭木(原文如此)"级巡洋舰,其中1艘带伤。尼米兹在中途岛当地时间06:30获知此消息,但这并未消除他的严重担忧。这"许多"船只可能强行冲向中途岛。只有西马德能澄清实情。问过太舰总的意见后,太平洋舰队潜艇司令英格利希少将在06:47向手下的艇长们发出警告:"据信敌人将在今天尝试登陆中途岛。"所有11艘潜艇都要浮上水面,以最高速度进至中途岛周围5海里内,并"查明所有接触"。07:07,尼米兹转发了PBY在06:30发出的第一批接触报告。一份报告称2艘战列舰位于中途岛以西125海里处并以15节航速西行,另一份则提到在几乎相同的方向发现2艘驱逐舰,但距离稍近,为100海里。尼米兹告诉金、弗莱彻、斯普鲁恩斯和西马德,有"强烈迹象"表明日军"将不顾过去的损失而尝试突击占领中途岛"。其实截至此时,只有2艘陷入困境的重巡洋舰还留在中途岛附近。[②]

从东北方快速接近中途岛的斯普鲁恩斯还在等待新情报,希望借此确定抗击登陆的最佳办法。天空在08:30已经足够晴朗,可供航母部署战斗空中巡逻。SBD打击机群也做好了准备。斯普鲁恩斯通知太舰总说,他可能"在追击日寇部队时"穿越英格利希的潜艇防线。他特意朝中途岛接近至距离60海里,然后转向西行。此时估计那些战列舰/巡洋舰目标在西南150~180海里左右,刚好处在打击范围内。勃朗宁显然曾建议攻击,但斯普鲁恩斯想再看看是否有其他情况,特别是有无航母被发现。

① 1942年6月太舰总致各特司电051433,第7.1.3特混中队(石首鱼号)指挥官致太舰总电051500,太舰总转发各特司电051559,CSCMF,卷14。太潜司致太舰总,中途岛之战潜艇报告(1942年7月31日)。中途岛海航站司令报告(1942年6月18日)。宇垣,151—152页;拉克鲁瓦和威尔斯《太平洋战争中的日本巡洋舰》477—478页。
② 1942年6月第7.1.3特混中队(石首鱼号)指挥官致太舰总电051800,7特司致7.1特大司电051847,7特司致7特舰电051800(抄送太舰总),太舰总致16特司和17特舰电051907和051915,CSCMF,卷14。

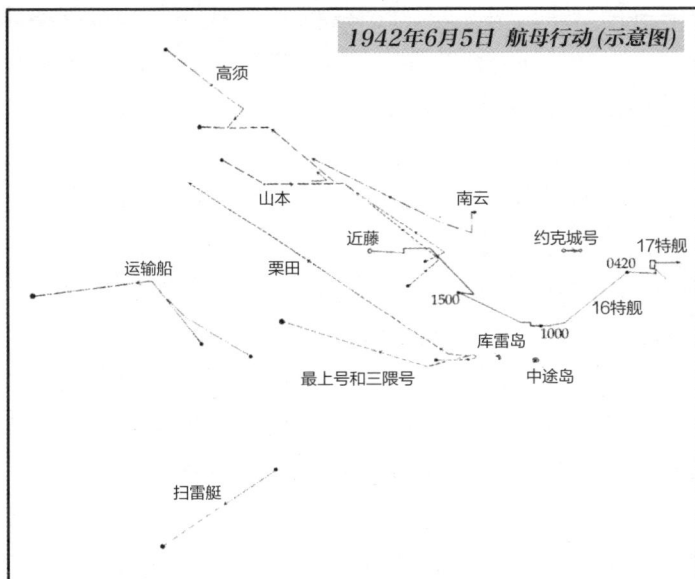

1942年6月5日 航母行动 (示意图)

果然不久就有了这样的消息。太舰总在09：00左右详细通报了两份目击报告，位置分别在中途岛西北240海里处和250海里处，相隔约45海里。VP-44的唐纳德·G．甘姆兹上尉08：00在中途岛方位角324°、距离240海里处看见1艘起火的航母、2艘战列舰和三四艘巡洋舰。它们正以12节速度向西北退却。20分钟后，VP-24的大卫·西尔弗少尉报告在中途岛方位角335°、距离250海里处有1艘航母，其航向为245°。B-17在解决掉西边的几艘船后将攻击第一批（甘姆兹发现的）目标。中途岛西边的2艘"战列舰"此时据报已增至3艘，位于130海里外。中途岛西北（325°）约200海里处还有包括5艘驱逐舰在内的十几艘船，据说正以25节航速向西北疾驰。①

西尔弗报告的那一艘航母在16特舰西北220海里，但因为太舰总和西马德很快就忽略了它，所以斯普鲁恩斯也未予考虑。甘姆兹报告的负伤的航母则在240海里外，远远超出打击范围，而且此时刮着和前一天一样的和缓东南风。要攻击下风处的目标，斯普鲁恩斯将不得不在起飞过程中朝几乎完全相反的方向高速航行，从而大大增加出击航程。由于担心中途岛可能遭到突袭，他决定暂时不追击西北方的负伤航母。如果登陆行动确实已展开，那么推定存在的"第5艘"航母可能早已进入攻击中

---

① 1942 年 6 月 16 特司致太舰总电 052036，太舰总致各特司电 052053 和 052055，太舰总致 16 特司电 052129，CSCMF，卷 14。中途岛海航站司令报告（1942 年 6 月 18 日）；约翰·萨夫鲁克提供的甘姆兹报告复印件。

途岛的距离。因此在随后的2个小时里，16特舰一路向西穿过中途岛北方水域，迟迟没有决定是追击西方的船队还是西北方的。由于莫纳汉号燃油严重短缺，斯普鲁恩斯派它去营救一个落水的PBY机组，然后加入约克城号抢险船队。他的另6艘驱逐舰的油量也好不了多少。[①]

到了11：20，斯普鲁恩斯确定中途岛不会再受到直接威胁后，终于选择追击起火的航母，他估计该目标此时在前方约225海里处。可惜关于这个目标的情报已经过时很久了。2支日本船队相隔很远，天黑前只有一次机会攻击其中一部，在这种情况下他已经付出了最大的耐心来等待可能出现在打击范围中的完好的航母。布维尔曾质疑斯普鲁恩斯不派飞机搜索的决定，但考虑到斯普鲁恩斯离中途岛很近，重复岸基飞机的行动确实没有必要。在12：23，他得知中途岛的无线电测向人员在315°方位角发现了敌军信号，这至少印证了大致方向。中途岛通报说，先前在西边130海里外发现的战列舰编队其实是3艘最上级或利根级巡洋舰，其中2艘带伤。据说它们正在追赶一支包括6艘运输船和2艘轻巡洋舰的船队。这个报告有很大的误导性，因为运输船队的位置其实还要偏西近400海里。[②]

如果负伤的航母保持报告中的航向和航速，斯普鲁恩斯可以计算出自己每小时拉近约10海里。他似乎曾打算在15：00放飞企业号和大黄蜂号的SBD，攻击在前方约190海里处的目标。起飞过程中朝东南迎风方向行驶将使出击航程增加到225海里，这对挂载1000磅炸弹的SBD来说非常漫长，但只要16特舰放出飞机后继续高速接近目标就没问题。然而在14：20，斯普鲁恩斯却接到太舰总姗姗来迟的情报，其中所述的目标实力大大增强，而且位置可能要再向西北偏移35海里。原来甘姆兹回到中途岛后提供了"起火的航母"截至09：30的新位置，还报告说附近有"并未着火"的第2艘航母、2艘战列舰、3艘重巡洋舰和5~10艘驱逐舰。尼米兹宣布："这支舰队，特别是其中的航母是你的最佳目标。"遗憾的是，太舰总错把新位置当成了08：00而非09：30的方位，也没有及时转发这条消息。既然目标航母舰队与16特舰的距离从195海里大幅增加至230海里左右，勃朗宁便极力主张立即起飞所有SBD。起飞过程中的背道而驰将把出击航程拉长到270海里，但勃朗宁一如既往地对预定位置航速作了乐观过头的估计，他认为凭25节的前进速度足以将返航路程缩短到SBD

① 16特舰战争日记。
② 斯普鲁恩斯致尼米兹信（1942年6月8日）；布维尔《沉默的勇士》156页；1942年6月太舰总致16特司电060023和太舰总致各特司电060105，CSCMF，卷14。

能够接受的地步。①

对自己的首席航空顾问深信不疑的斯普鲁恩斯自然表示同意。这个新的攻击计划在企业号上引发了轩然大波。来避难的中队长肖特上尉（VS-5）和德威特·W.夏姆威上尉（VB-3）简直不敢相信这些攻击命令。他们寄望于航空参谋"通情达理"（在弗莱彻的约克城号上确实如此），央求上级帮忙修改命令。穆雷和挂了彩的麦克拉斯基得知情况后也大惊失色。于是这4名军官冲进编队指挥所，当面向勃朗宁提出了抗议。麦克拉斯基坦言：SBD带着1000磅炸弹飞出270海里后绝无返回的希望。他强烈要求给SBD换装500磅炸弹，并且将起飞时间推迟至少一小时，以便向目标多接近宝贵的几海里。然而勃朗宁固执己见，争吵愈演愈烈，引得斯普鲁厄恩斯上前询问缘由。听过双方的意见后，他破天荒地推翻了专横的参谋长的决定，"飞行员有什么要求我都照办。"自尊心严重受损的勃朗宁跺着脚下到自己的居住舱里大发脾气，直到被另一个参谋好说歹说劝回来才罢休。修改后的计划让装备大号炸弹的SBD（可能占总数的一半）换装了500磅炸弹，但机群仍按原定时间出发。16特舰的参谋们似乎只是简单地指示大黄蜂号换装500磅炸弹，并将预定位置设为325°和25节。企业号上的人又一次出现不可思议的疏忽，竟然没有告诉米切尔敌人其实不在原先报告的位置。他们漫不经心地认定自己掌握的情报米切尔也都掌握了，后者知道怎么让机群找到敌人。而米切尔很自然地认为敌人还在挂载1000磅炸弹的SBD的打击范围内，于是也懒得给他的无畏式换弹。②

斯普鲁恩斯在15：00将16特舰掉转到东南迎风方向，45分钟之内，65架SBD分成三队向西北方呼啸而去。大黄蜂号估计作为目标的带伤航母位于方位角315°，212海里处。他们通过两次全甲板起飞派出了攻击机群。林中校率领第一波12架挂载500磅炸弹的SBD。部分挂载1000磅炸弹的第二波21架SBD比他晚半小时出发。企业号的32架SBD合为一队，预计在方位角324°，265海里处找到2艘航母。这三队人马都大失所望。林到达预计截击点后又向前搜索了100海里，但只在278海里外找到1艘孤零零的轻巡洋舰或驱逐舰。他的飞行员在临近日落时攻击了这

---

① 1942年6月中途岛致太舰总电052130，太舰总致16特司电060123，CSCMF，卷14。中途岛在中午（夏威夷时间14：30）拍发了经过甘姆兹更新的目击报告，其中明确说明了新位置是截至09：30的（1942年6月中途岛致太舰总电060000，CSCMF，卷14）。而太平洋舰队总司令部却用了近2个小时才把这条消息转发给各特混舰队司令。巴德，353页；布维尔《沉默的勇士》157—158页。

② 巴德，353—355页；布维尔《沉默的勇士》157—158页；马克·霍兰个人通信；16特舰战争日记；16特舰通信日志；16特司报告（1942年6月16日）；大黄蜂号舰长报告（1942年6月13日）企业号舰长报告（1942年6月8日和1942年6月13日）。

舰身手敏捷的战舰，结果无一命中。企业号的SBD也攻击了同一个对手，不仅同样毫无建树，还痛失此役的大功臣之一——VS-5的亚当斯上尉。大黄蜂号的第二队飞机根本没找到任何目标，只能带着炸弹悻悻而归。这个吸引众人注意的目标乃是勇敢顽强的谷风号驱逐舰，它还躲过了一群B-17的弹雨，并击伤其中1架的机翼，致使其稍后坠毁。[1]

6月5日对日方来说是阴郁的一天，谷风号杰出的防御是唯一的亮点。它的出现其实是日军匆忙放弃燃烧的飞龙号时的混乱局面所致。这艘航母本该在清晨被2艘驱逐舰的鱼雷齐射送入海底。然而在06∶30，山本主力部队中轻型航母凤翔号的1架搜索机却看见残破的飞龙号还漂在水上，于是山本询问南云该舰是否确已沉没，南云便派谷风号回去看个究竟。在这艘英勇的航母被万顷碧波埋葬前40分钟，西尔弗少尉出现在它上空。而甘姆兹发现的是正在赶往舰队会合地的近藤的主力部队，包括2艘快速战列舰和轻型航母瑞凤号。1艘军舰在"燃烧"的印象可能源自日本军舰快速行驶时冒出的浓烟。可惜甘姆兹严重低估了它们的速度，把24节算成了12节。斯普鲁恩斯其实根本没有机会攻击这支舰队。至于是什么让甘姆兹相信有第2艘航母在场，本书作者不得而知。老旧的凤翔号离它们无论如何不能算近。[2]

派出俯冲轰炸机后，斯普鲁恩斯以25节航速向西北疾驰接敌。尼米兹直到此时才通知他："相信敌军由于缺乏空中支援，很可能感到无力实施登陆，正在撤退中。"先前据报没有起火的第2艘航母此时"浓烟滚滚，正在慢速行进"。但斯普鲁恩斯的乐观情绪在听到先头B-17机群只发现1艘巡洋舰（谷风号）的"令人不安的消息"后便消散了。天黑后，SBD仍未返回。斯普鲁恩斯不顾潜艇的威胁，大胆打开甲板舷灯为航母照明，还用探照灯照射头顶来引导飞行员返航。这些措施极其成功。许多飞行员顺顺当当地完成了他们的第一次夜间着舰。只有1架大黄蜂号的SBD由于燃油不足迫降（机组获救）。其他飞机都成功降落，只不过没有全落到自己的航母上。斯普鲁恩斯认为自己的飞机击中了2艘分头行动的轻巡洋舰或驱逐舰。令他恼火的是，尽管自己明令换装500磅炸弹，2架降落在企业号上的大黄蜂号SBD还是携带着1000磅炸弹。此事使他越发不信任米切尔，而米切尔对16特舰的参

① 航母行动报告中的攻击细节和克瑞斯曼等《辉煌的一页》149—150 页。

② 宇垣，153—154 页；渊田和奥宫，199—200 页，224—225 页。1942 年 6 月中途岛致太舰总电 230632 和 230747，CSCMF，卷 16。西尔弗的目击报告有助于解决关于飞龙号可能沉没地点的争论。南云报告第 10 页和第 54 页分别给出了只有东西经差异的相同位置，即：东经或西经 179° 23.5′，北纬 31° 27.5′。日本官方史书（日本《战史丛书》43∶381 页）支持东经一说，但西尔弗的接触位置有力地证明了西经位置是正确的。

谋部肯定也抱有同样的想法。①

　　回收飞机后，斯普鲁恩斯减速到15节以节省油料，此时他的驱逐舰的余油量已经到了危急水平。尼米兹仿佛有读心术一样，当即指示在700海里以东的西马仑改变航向，在6月8日到中途岛以北175海里处与斯普鲁恩斯会合。这艘油轮将在指定的纬度一路西进，以便斯普鲁恩斯在必要时与它提前会师。有趣的是尼米兹这一次是越俎代庖，没有等斯普鲁恩斯自己设定加油会合点。他始终关注着阿留申群岛，希望16特舰做好准备，以便随时北上。斯普鲁恩斯鉴于西北方已经无利可图，便试图截击可能在中途岛西面撤退的敌军。当晚他再度谨慎前行，以防遭遇战列舰。他打算在次日早晨靠自己的搜索机搜索敌情，因为届时16特舰将远离中途岛，PBY光是飞临其上空就需要3个小时。②

　　尼米兹在6月5日夜的电报总结了战局。他（正确地）相信可以确认在6月4日2艘敌航母被击沉。既然"敌军已没有飞机"，他建议手下的几员大将考虑用轻装部队实施水面攻击，不过他这么做主要是为了安抚金。当天深夜他再次激励自己疲惫不堪的部下，称赞他们的"努力和牺牲""赢得了辉煌的成功"，已经"使太平洋上的战局发生了有利于我方的转折"，"敌人正企图撤走其负伤的舰船"，因此"如果你们再接再厉，乘胜追击，将使其受到沉重打击，决定其彻底失败的最终命运"。事实上尼米兹对自己的主力部队没能在6月5日扩大战果深感失望。后来他气愤地发现，石首鱼号在02：15接触敌军时，已经发现敌军舰船是背对中途岛向西行驶的。它不准确的报告让斯普鲁恩斯白忙一场。③

战场边缘

　　在远离主战场的地方，弗莱彻也在沮丧中度过了6月5日。前一天晚上他批准了抢救约克城号的计划。骨干人员将在阿斯托里亚号上集中，然后转移到哈曼号。与此同时，哈曼号、鲍尔奇号和贝纳姆号要把各自搭载的其他乘客送到波特兰号上。随后巴克马斯特将率领这3艘驱逐舰回到约克城号旁边开始抢险。安德森号也将把自

①　1942年6月太舰总致各特司电060237，太舰总致16特司电060315，CSCMF，卷14；斯普鲁恩斯致尼米兹信（1942年6月8日）；斯普鲁恩斯致福雷斯特尔信（1963年2月9日），斯普鲁恩斯资料集，37辑，7号箱；布维尔《沉默的勇士》158—159页。
②　1942年6月太舰总致西马仑号电060717，太舰总致各特司电060741，CSCMF，卷14；16特舰通信日志。
③　1942年6月太舰总致16特司电060625和太舰总致各特司电060801，CSCMF，卷14。太舰总致舰总司，中途岛之战补充报告之二（1942年8月8日），尼米兹对英格利希的报告的批注指出："我军本应在6月5日消灭众多敌舰。他们没能取得战果的首要原因是石首鱼号的接触报告有误，而且该舰在6月5日02：15（西12区）于中途岛以西发现敌船后过于谨慎地机动了4个小时。"

已搭载的约克城号人员转到波特兰号，然后护送弗莱彻的阿斯托里亚号加入萨拉托加号船队。杜博斯上校将率波特兰号、莫里斯号和拉塞尔号去东南迎接从珍珠港赶来的富尔顿号并卸下幸存者。此后17特舰将以萨拉托加号为中心重组。这个计划听起来很简单，但执行时间之长却出乎所有人的预料。①

6月5日晨光初现后，在约克城号东南约175海里、中途岛东北250海里处，弗莱彻开始以10节速度西行，这是他在保证一定程度对潜防护的前提下敢于采用的最低速度。好在海上只有徐徐东南风，波涛较小。鲍尔奇号在06：00移动到波特兰号旁边，使用邮包作为裤形救生圈，通过架空绳转移幸存者。与此同时，贝纳姆号靠在阿斯托里亚号舷侧转移指定的抢险人员。自告奋勇的约克城号船员实在太多，不得不派人拦着以防抢险队超编。随后贝纳姆号靠上波特兰号，开始近700人的大转移。因为各驱逐舰的燃油已不足一半，下一次加油机会尚不确定，所以波特兰号在接收约克城号船员之余还提供了部分油料。贝纳姆号与它并排航行了四小时。波特兰号的一个军官惊讶于上船人数之多，不由高叫："你们准是把这条船当成大饭店了！"在贝纳姆号忙于与波特兰号交接之际，巴克马斯特带着180名抢险人员登上了哈曼号。文书军士弗兰克·布也在其中，他曾恳求弗莱彻让他回到航母上，去司令部办公室找回尚未写完的珊瑚海行动报告。另一方面，弗莱彻把自己可靠的信使辛德勒送上了波特兰号，辛德勒将转乘富尔顿号去珍珠港向太舰总汇报。在12：30，弗莱彻转向东南迎风方向以便加快转移和加油工作。太舰总安排了6月5日在瓦胡岛西北650海里处与富尔顿号的会合。萨拉托加号、圣迭戈号和4艘驱逐舰将在那天下午离开珍珠港，6月7日天黑前在珍珠港西北475海里处迎接弗莱彻。②

尼米兹相信此战大局已定，他在13：17电告弗莱彻："将尽一切努力挽救约克城号。如果要采取任何破坏它的措施，都必须由我来做决定。"此话肯定符合弗莱彻的心意。安德森号靠上波特兰号，卸下幸存者并抽取了一些燃油。接着波特兰号又接待了哈曼号，还给已经转移幸存者的鲍尔奇号加了油。临近日落时，弗莱彻让巴克马斯特（17.5特混大队司令）带着哈曼号、鲍尔奇号和贝纳姆号去西北150海里外与约克城号和休斯号重聚。他自己则带着阿斯托里亚号、波特兰号、莫里斯号、安德森号和拉塞尔号以25节航速前往东南迎接富尔顿号。弗莱彻还请求太舰总指示油轮普拉特

① 太巡司报告（1942年6月14日）；17特舰巡洋舰司令战争日记。
② 17特舰巡洋舰司令战争日记；W．W．史密斯，139—140页；波特兰号和阿斯托里亚号战争日记；沃辛顿《1艘驱逐舰在中途岛的经历》6页；1942年6月太舰总致17特司电052121，CSCMF，卷14；布对沃尔特·洛德的叙述，附于致伦斯特罗姆信（1996年2月17日）中；辛德勒致图勒加信（1958年9月24日）。

号在6月6日下午与他会合，以便他在加入萨拉托加号船队前加油。[1]

　　另一方面，拉姆齐少校的休斯号独自忠诚地守护着失去动力的航母。在令人不安的夜间，雷达上只短暂出现过一个目标。但到了黎明时分，它的SC雷达探测到1架敌机在西北20海里外盘旋。其实那是筑摩四号机，它报告在中途岛以北发现1艘侧倾的约克城级航母随波漂流，山本命令伊168号寻找并摧毁之。当天上午，休斯号派出一队人登上约克城号，不仅找到2个伤员，还找到了没有转移的密码本。海军军事学院的分析家曾援引此事来证明约克城号首次被放弃时"毫无必要的匆忙"。当天午后，小小的莺雀号将牵引索系上约克城号，拖着这艘"偏航严重"的航母（它的舵卡死在一侧）向东挪动。下午晚些时候，霍尔库姆中校率格温号与休斯号会合，并接过指挥权。从16特舰调出的莫纳汉号不久也加入其中。这几艘驱逐舰提供的小型抢险队虽然热情高涨，但直到天黑被召回也没取得多少成果。要对约克城号进行任何有意义的抢救，都需要巴克马斯特的专业人员。[2]

　　6月5日上午，派伊带着1特舰的另外5艘战列舰、长岛号和5艘驱逐舰浩浩荡荡离开旧金山，与正在巡逻的安德森的战列舰队会合。前一天上午他告诉尼米兹，自己打算前往加利福尼亚以西1000海里处的"支援位置"，"除非得到其他指示"。万一日军突破航母拦截杀向夏威夷，他的战列舰将组成最后一道防线。由于尼米兹没有立即回复，派伊在起航前几个小时又发了第二封电报。这次他没有再提什么"支援位置"，只是说明他将前往1000海里处待命。如果没有接到命令，他将在6月19日返回美国西海岸。尼米兹在1特舰出海几小时后勉强回了一句"同意"。麦考密克指出这次巡航的发起和太舰总没有任何关系，它除了提升战列舰官兵的士气外显然毫无用处。[3]

拿三隈号出气

　　6月6日黎明时，16特舰位于中途岛西北340海里左右处，企业号派出18架SBD（其中5架原属大黄蜂号）搜索半径为200海里的西侧半圆。与此同时大黄蜂号准备

---

① 1942 年 6 月太舰总致 17 特司电 060117，17 特司致太舰总电 061115，太舰总致普拉特号电 061331，CSCMF，卷 14。

② 休斯号舰长报告（1942 年 6 月 11 日）；南云报告，38 页。贝茨《中途岛》101 页。约克城号舰长致海军部长（1942 年 6 月 17 日），太舰总致海军部长批注之二（1942 年 7 月 7 日）。乔治·克拉普是司令部通信值班军官之一，他坚信没有任何将官密码泄露，因为在司令移驾阿斯托里亚之前就转移了密码本。报务上等兵 W.H. 沃尔弗德也为福林威德的无线电情报小组做了同样的事（引自兰德尔，口述历史）。

③ 1942 年 6 月 1 特舰致 1 特舰总电 050430，1 特舰致太舰总电 051719，太舰总致 1 特舰电 060050，CSCMF，卷 14；灰皮书，571 页。另见 1 特舰致太舰总，关于 1942 年 6 月 5—19 日巡航的报告（1942 年 7 月 7 日），RG-313，太舰总红色机密 106，第 4563 号箱。派伊提到太舰总 7 月初的访问"阐明了情况"并对 1 特舰的工作提供了"正确指示"。

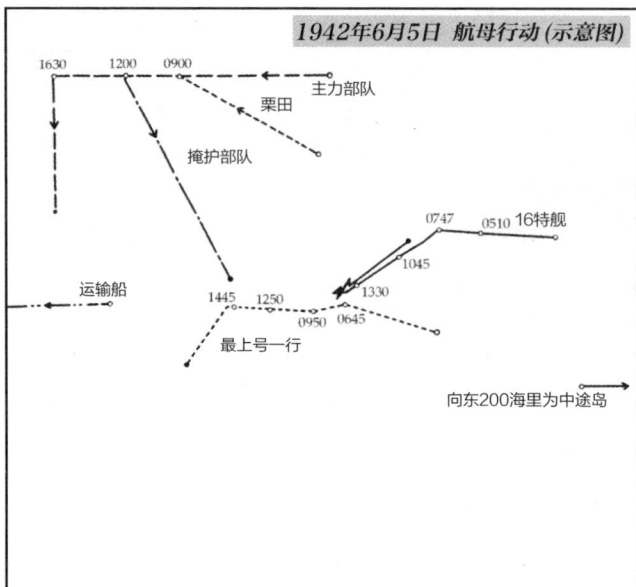

1942年6月5日 航母行动 (示意图)

了攻击机群。06：45，威廉·D．卡特少尉报告在16特舰西南（233°）仅128海里处发现1艘航母和5艘驱逐舰以10节速度徐缓而行。此时的西南风使斯普鲁恩斯能够一边实施飞行作业，一边接近目标。他宣布自己将以25节速度向敌人突进，命令所有严重缺油的驱逐舰离队去找西马仑号。在终于摸清勃朗宁和太航司参谋部的能力后，斯普鲁恩斯指示金凯德派巡洋舰的水上飞机朝西南方搜索150海里并跟踪发现的所有舰船。敌军距离很近，风向也有利，因此SOC可以实施前两天非常不利的"战术侦察"，还可以省下SBD用于空袭。[①]

07：30，另一个大黄蜂号的搜索机飞行员罗伊·P．吉伊少尉在企业号甲板上投下一个信筒。他在06：45看见敌人的2艘巡洋舰和2艘驱逐舰位于16特舰西南（209°）133海里处，以15节速度朝西南行驶。照此判断，这支"巡洋舰"船队位于"航母"船队东南15海里。吉伊对船型的识别比卡特强得多，但他的导航水平却不然。在卡特所报位置附近其实只有三隈号、最上号和驱逐舰荒潮号、朝潮号。它们当时以12节速度艰难行进，因为这是重创的最上号的最大航速。这两则原始报告

---

① 关于6月6日的作战，见16特舰战争日记；16特舰通信日志；16特司报告（1942年6月16日）；大黄蜂号舰长报告（1942年6月16日）；企业号舰长报告（1942年6月8日和1942年6月13日）；克瑞斯曼等《辉煌的一页》153—156，162—163页。

造成的困惑一直持续到战后。斯普鲁恩斯当然希望先对付"航母"。07：57，26架SBD和8架F4F开始从大黄蜂号起飞。与此同时，企业号腾出飞行甲板以便回收执行侦察的SBD。斯普鲁恩斯在他的战争日记中提到，因为企业号"除了空中的搜索机外没剩下几架飞机"，所以他把该舰的剩余飞机留在手边，"以便在需要时用于其他攻击行动"。实际上企业号除了用于侦察的飞机外还有18架可以飞行的SBD，这可不止"几架"。斯普鲁恩斯显然采用了弗莱彻此前的战术，预留部分打击力量应变。大约就在此时，金拍发了一封电报，虽然注明收件人是尼米兹，但显然是写给日本人看的。舰总司表扬了在中途岛作战的部队，并预言他们"将继续让敌人认识到战争是地狱"。三隈号–最上号船队将在这一天亲身体会威廉·谢尔曼将军[1]的这句不朽名言。[2]

08：38，在5架出去侦察的SBD降落到大黄蜂号以后，米切尔赶忙通报说卡特原先目击报告中的1艘航母应改为1艘战列舰。和上个月的约翰·尼尔森一样，卡特被问起发现的航母时也大吃一惊。斯普鲁恩斯亲自查验了卡特在企业号上空投的消息内容，发现它和电报一样，写的是"1CV（航母）"。显然是卡特的报务员把他说的"1BB"听成了"1CV"。这只不过是特混舰队指挥官被目击报告误导的又一实例。勃朗宁在08：50通知大黄蜂号机群："目标为战列舰，而非航母。"米切尔还从卡特和吉伊口中得知，他们看见敌船队后就没有再搜索各自的扇区。米切尔提醒斯普鲁恩斯："这意味着敌战列舰前方和左侧区域未经搜索，航母可能就在其中。"斯普鲁恩斯使用巡洋舰的SOC侦察果然有先见之明，有关区域已经被这些飞机搜索过了。[3]

大黄蜂号的攻击机群在09：50找到了那2艘巡洋舰。被撞瘪船首的最上号看上去与它的姐妹舰三隈号差别很大，也难怪后者被当成战列舰。比较敏捷的三隈号躲过了所有炸弹（尽管大黄蜂号的飞行员们宣称有三次命中），但负伤的最上号挨了2颗1000磅炸弹。高射炮击落1架SBD。企业号上斯罗尼姆的无线电情报小组截获了敌方焦急的呼救电讯，认为发信者至少是第二舰队的指挥官（近藤）。斯普鲁恩斯在09：50向舰队宣布："我们相信他正在被炸的战列舰上。"这是漫不经心地散发无线电情报的又一实例，日后这种行为将被严禁。既然逮到了如此诱人的目标，企业号便出动了31架携带1000磅炸弹的SBD和12架战斗机。临出发时，斯普鲁恩斯增派了VT-6的3架尚能飞行的TBD，希望雷击战列舰。但他告诉硕果仅存的资深TBD飞行员，只要看

---

① 美国内战时的北军名将，为打击南方军民士气，曾进军南方腹地烧杀抢掠。
② 16特舰战争日记；1942年6月舰总司致太舰总电062000，CSCMF，卷14。
③ 16特舰通信日志。

到高射炮稍有准头就不得接近。最后这些TBD没有实施攻击。至少5颗炸弹撕开三隈号的上层甲板引发大火，最终导致舰上存放的鱼雷殉爆。荒潮号移近后救走了船员。支离破碎的最上号尽管又中2弹，却仍能蹒跚西行。[①]

客观条件越来越不利于继续追击，但此时锐意进取的斯普鲁恩斯坚持让舰队朝西南前进。他在12∶42放莫里号（余油14%）和沃登号（余油22%）离队去找西马仑号。其余4艘驱逐舰的情况也只比它们稍好一点。[②]在斯罗尼姆的电讯小组提醒下，斯普鲁恩斯提醒16特舰注意"可能来自威克岛的远程轰炸机攻击"。无论如何，为了结果顽强的敌人他还是坚持再作一次尝试。14∶20，在大黄蜂号第二攻击波的24架SBD和8架F4F出发后，斯普鲁恩斯改变航向以避开威克岛周围700海里的范围，因为这是敌军陆基轰炸机的常规作战半径。既然目标仅在90海里外，他也不必进一步接近。尼米兹通知说萨拉托加号将接替16特舰，"我将在你完成加油时安排你转运飞机"，"此后的部署""视情况而定"。斯普鲁恩斯感到有必要关注风雨交加的北太平洋，因为太舰总提醒说："可能尝试拦截从阿留申群岛返回的敌军。"[③]

在此期间，大黄蜂号的飞行员们又将1颗1000磅炸弹扔到最上号（"重巡洋舰"）上，而"战列舰"（三隈号）的船员已经弃舰。由于起初的情报混乱，16特舰参谋部仍然不了解被他们狂轰滥炸了5个小时的舰队的确切构成。斯普鲁恩斯批准2架企业号的SBD专程去拍照。当它们在19∶00返回时，他判断自己"冒险西进得够远了"，于是转向东北。4艘剩下的驱逐舰严重缺油，飞行员们也已经筋疲力尽。企业号飞机在最后一次飞行中拍摄了质量极高的照片，证明倒霉的三隈号其实是艘巡洋舰。但没等对这些照片进行判读，斯普鲁恩斯就告诉太舰总，那艘"战列舰"已经"开膛破肚并遭到遗弃"，1艘驱逐舰沉没，2艘重巡洋舰（可能包括第二舰队的旗舰）也被1000磅炸弹击中。尼米兹最终认定16特舰攻击了最上号、三隈号和三四艘驱逐舰，并消灭了三隈号。而舰总司直至1943年仍然抱有不同看法，他认为当时有两支船队，其中一支可能包括1艘战列舰，所有军舰都被毁伤，1艘重巡洋舰沉没。航母舰载机三次大举出击却仅仅击沉1艘已经负伤的重巡洋舰，放跑了重创的另一艘，这有力地证明了6月4日那次空袭的异乎寻常之处：SBD抓住了4艘航母机库中

① 16 特舰通信日志；1942 年 6 月 16 特司致太舰总电 070756，CSCMF，卷 14。通信日志中有一条记录将敌军指挥官描述为"橙色舰队总司令"，这指的是山本，但"橙色"很可能是"第二"之误。

② 菲尔普斯号 27%，艾尔温号 24%，科宁厄姆号 29%，埃利特号 29%；根据各舰航海日志中数字和 FTF-218，美国海军水面舰船战勤燃油消耗（1945 年 9 月 1 日）中给出的燃油容量计算而得。

③ 1942 年 6 月中途岛致太舰总电 070015，太舰总致 16 特舰电 070121，CSCMF，卷 14。

装满已经加油挂弹的飞机的机会。①

到了6月6日夜，密码破译人员向太舰总确认，第一航空舰队的指挥官（南云）已从赤城号转移到轻巡洋舰长良号。因此赤城号不是沉没就是受了重伤。在6月5日无疑至少有1艘重创的航母沉没，只不过没人知道有几艘逃脱（如果有的话）。斯普鲁恩斯发报说全部4艘航母都被摧毁，但尼米兹要再过一个星期才会相信战果如此辉煌。截至此时他没有看到阿留申群岛水域的航母南下中途岛的任何证据。它们可能已奉命撤回日本。尽管如此，尼米兹还是警告他的指挥官们：敌人的撤退"可能是暂时的"，1架搜索机在阿留申群岛以南又发现了日本航母，"所有部队必须保持警戒，准备应对敌军行动"。尼米兹告诉金，萨拉托加号不日将离开珍珠港。它将为16特舰运送增援的飞机，然后"视情况行动"。"如果中途岛一带继续保持有利态势"，斯普鲁恩斯的航母将前往阿留申群岛。②

"一个污点"

巴克马斯特在6月6日02：20回到约克城号附近，发现除了船头又下沉了一点，情况基本没有变化。从这一刻起，他以连莫里森都称赞的劲头投入了抢险。抢险队在03：30登舰。巴克马斯特亲自检查了所有能进入的船舱。天明后，莺雀号继续缓慢拖曳，而哈曼号妥帖地靠在约克城号高耸的一侧（右舷）提供水泵动力和水源，以帮助扑灭航母前部焖烧的一处小火头。另5艘驱逐舰环绕于2000码外进行反潜巡逻。截至午后，通过反向注水和抛弃甲板上的重物，约克城号的侧倾已经减少2°，情况正在好转。巴克马斯特估计一旦在必要部位排干积水，就能使轮机重新工作，靠约克城号的自身动力将它开回珍珠港。他需要的全部援助就是已经上路的2艘抢险拖船。然而在13：36，瞭望哨突然震惊地发现4条鱼雷一字排开，直奔连在一起的哈曼号和约克城号右舷而来。田边弥八少佐的伊168号发射的一条鱼雷击中哈曼号，另两条则并肩从它底下穿过，在约克城号舯部靠近船底的位置炸开一个大洞。被炸裂的哈曼号只过了3分钟就船头朝下沉入水中，舰上的深水炸弹在水下爆炸，巨大的冲击波杀死了许多船员，还给航母造成严重破坏。海水汹涌灌入，使约克城号的侧倾减少5°并进一步下沉。巴克马斯特仍然抱着挽救爱舰的希望："若得到帮助，将把

---

① 布维尔《沉默的勇士》162 页；1942 年 6 月 16 特司致太舰总电 070756，CSCMF，卷 14；舰总司秘密情报通报第 1 号，从珍珠港到中途岛的战斗经验（1943 年 2 月）。

② 1942 年 6 月 14 军区司令群发电 070224，贝尔康嫩群发电 070629，太舰总致 11、16 和 17 特司电 070705，太舰总致舰总司电 070803，太舰总致舰总司电 070829，CSCMF，卷 14。

它带回家。"他的这番话情感多于理智，因为所有损管努力都已失败。到天黑时，抢险人员已经弃船。6月7日的第一缕晨光映出了约克城号严重左倾的模样，当时它的飞行甲板边缘几乎触及水面。04：44，它开始向左翻转，05：01倾覆，船尾朝下沉入海底，直到56年后才被发现。①

对于约克城号在当时情况下的损失，人们最初的反应是吃惊：没想到1艘潜艇竟能突破5艘驱逐舰的保护偷袭得手。后来批评家们怀疑是弗莱彻不必要地延误了抢险，从而使它成为易遭攻击的靶子。莫里森认为弗莱彻和巴克马斯特一直没采取建设性的举措，直到6月5日中午才"决定做他们早该在前一天晚上做的事：派合适的抢险队登上航母，尝试将它拉回港口"。据说虽然休斯号的舰长拉姆齐曾在那天清晨发报给太舰总（可能也包括弗莱彻），指出约克城号还有救，但弗莱彻等人还是无动于衷。罗伯特·巴德也指责弗莱彻"犹豫不决"，"如果在6月5日及早实施抢险，约克城号就可能避免次日的厄运"，他也认为弗莱彻在看到拉姆齐的电报后就该醒悟。1942年7月，尼米兹在对巴克马斯特的军舰损失报告的批注中表示，他"大体"上"认同"弗莱彻的行动。但是后来他改了主意。在《大海战》中，他和波特宣称："更迅速、更坚决的损管可能挽救约克城号。"关于弗莱彻和巴克马斯特在6月5日中午前一直袖手旁观的指责根本站不住脚。从6月4日夜开始，这两人就在忙着组织抢险工作。公平地说，拉姆齐的电报是子虚乌有。他的报告并没有提到发送电报，太舰总的电报档案也没有记录。本书作者认为弗莱彻和巴克马斯特挽救约克城号的意愿无可指责，但他们的判断确实值得商榷。转移人员花费的时间比他们预料的长，史密斯为此曾惋惜道："我们在抢救约克城号的过程中损失了关键的36小时。"实际上正如前文指出的，关键是要提前组织好紧急抢险队伍。弗莱彻在返回珍珠港的途中向尼米兹提出了这个建议。尼米兹为此下发了实施该措施的指示，而金下令每次有行动时都尽可能给特混舰队准备一二艘抢险拖船。②

事后想来，约克城号突然失去动力，舰况危急，敌人又步步紧逼，诸多因素综合

---

① 莫里森《美国海军作战史》4：155页。约克城号舰长致海军部长（1942年6月17日），以及批注之一（1942年6月23日）和批注之二（1942年7月7日）；驱六中队长致17特司，关于1942年6月6日日本潜艇攻击约克城号和1942年6月7日约克城号沉没的报告（1942年6月14日）；田边《我击沉了约克城号》；1942年6月贝纳姆号致太舰总和17特司电070305，17.5特大司致太舰总和17特司电070336，CSCMF，卷14；克瑞斯曼《那条英雄舰》174—179页。

② 雷顿，口述历史，55页；莫里森《美国海军作战史》4：154—155页；巴德，347页；约克城号舰长致海军部长（1942年6月17日），以及批注之一（1942年6月23日）和批注之二（1942年7月7日）；波特和尼米兹，246页；W. W. 史密斯，151—152页；太平洋舰队机密信函25L-42（1942年6月30日）；1942年6月舰总司致太舰总电081935，灰皮书，559页。

起来导致了有效抢险被延误。这些因素如果缺了任何一个，弗莱彻和巴克马斯特都能比较从容地挽救它。从事后诸葛的角度看，也许避开伊168的唯一方法就是在6月4日夜里或5日早晨用1艘巡洋舰拖曳约克城号。但是在当时的主要形势下，这个办法显得并不牢靠。莫里森把约克城号"被放弃继而损失"称作"金光灿灿的一页史书上的一个污点"。此事确实损害了弗莱彻以及巴克马斯特的声誉，但对一场如此辉煌的胜利而言，这个代价也许不算很高。斯普鲁恩斯在6月8日写信给弗莱彻说，"约克城号不得不承受两次空袭实在是运气不佳"，"我坚信若没有你率领约克城号的奋战和牺牲，我们如今已一败涂地，而中途岛也已落入日寇之手"。①

新旗舰，新使命

6月6日一早，弗莱彻命令满载约克城号幸存者的杜博斯船队（波特兰号、莫里斯号和拉塞尔号）离队去迎接正在赶来的富尔顿号。他自己则率领阿斯托里亚号和安德森号去东方找普拉特号加油。这天下午尼米兹不得不将萨拉托加号大队（11.1特混大队）的出发时间推迟到次日上午（萨拉托加号在6月6日才抵达），并把会师时间延至6月8日，地点向珍珠港推移200海里。弗莱彻有足够时间加油、重整舰队并按时赶到。下午晚些时候，传来了约克城号被鱼雷击中的坏消息。弗莱彻只能希望巴克马斯特的乐观有事实依据。临近日落时，他完成了加油。近2200名幸存者直到天黑后很久才完全转移到富尔顿号和它的2艘护航舰上。杜博斯按计划于6月7日早晨返回，按次序靠上了普拉特号。这天上午晚些时候，弗莱彻放这艘油轮回珍珠港，自己带17特舰转向东南，以便在次日与萨拉托加号特混大队会合。由于中途岛胜利的惊人规模已经逐渐明朗，虽有约克城号沉没的噩耗，也不能冲淡美国军舰上的欢快气氛。②

尽管敌军在中途岛一带遭遇惨败，但他们的总体意图仍不明朗，因此美军统帅们重新考虑了下一步的打算。金猜测敌人的第二个航母群已经离开阿留申群岛，"我认为该部队的一部分或全部极有可能在6月4日夜5日晨离开了该区域，去西南与中途岛撤退的部队（可能还有联合舰队的其他部分）会合。"阿拉斯加司令部对此不敢苟同。查尔斯·S·弗里曼少将（西北海疆司令）警告说，当地的局势正在"迅速恶化"。敌军采用了令人头疼的"猫戏老鼠战术"，"在发动全面进攻前就已使

---

① 莫里森《美国海军作战史》4：153页；斯普鲁恩斯致弗莱彻信（1942年6月8日）。

② 17特舰巡洋舰司令部战争日记；阿斯托里亚号和波特兰号战争日记；1942年6月太舰总致17特司和11.1特大司电070051，17.5特大司致太舰总电071915，CSCMF，卷14；1942年6月太舰总致舰总司和各特司电080511，CSCMF，卷15。

我军疲于奔命"。既然中途岛已经安全了，弗里曼便建议"迅速增援""即将陷入绝境"的阿拉斯加。金很快改了主意，他引述弗里曼的电文中"表明橙色部队在阿留申群岛持续存在的迹象"，要求尼米兹考虑派萨拉托加号和一支强大的舰队过去，同时提供陆基飞机增援。[①]

尼米兹已经有意经营该方向，并且打算让斯普鲁恩斯北上。当天下午他安排舰队在6月10日上午到中途岛东北650海里处会师，弗莱彻将提供飞机和人员使企业号和大黄蜂号恢复到"现实条件下的最强实力"，然后返回珍珠港。16特舰将北上至名副其实的"风吹"点，该点东北距荷兰港只有425海里。尼米兹将在6月12日下午将16特舰交给他的老同学——8特司西奥博尔德指挥，后者的任务是"消灭或驱逐阿留申—阿拉斯加地区的敌军"。尼米兹向金解释了自己为什么没有派弗莱彻和萨拉托加号去。一是因为这个任务最好由2艘航母来承担，二是因为七拼八凑的萨拉托加号飞行大队本身不适合作战。[②]

6月8日下午，弗莱彻更换旗舰，将萨拉托加号编入17特舰。这艘巨大的航母在修复雷击损伤后又经历了大规模改造，此时舰况极佳。5月接掌该舰的德威特·克林顿·拉姆齐上校（绰号"公爵"）是纽约人，安纳波利斯1912届毕业生，1917年成为美国海军第四十五号飞行员。他机智冷静、风度翩翩，在各种作战、参谋岗位和海军军事学院都成绩斐然。1937—1938年，他先后担任美舰总的舰队航空参谋和萨拉托加号的副舰长，1939年调入海军航空局。作为杰克·陶尔斯的门生，他于1941年升任副局长。萨拉托加号在拉姆齐的铁腕领导下进步神速。弗莱彻发现他是个精明强干且意气相投的同伴。拉姆齐6月6日才到珍珠港，并立即加了油。此时萨拉托加号载有107架飞机（47架战斗机、45架俯冲轰炸机和15架鱼雷机，包括10架新式的TBF），分属于7个完整或不完整的中队，多数中队从未在一起服役。拉姆齐在次日上午率领萨拉托加号、圣迭戈号、油轮卡斯卡斯基亚号和5艘驱逐舰出航。因为错过中途岛之战而大失所望的菲奇乘坐切斯特号在6月8日抵达珍珠港。[③]

弗莱彻带着重建的17特舰以15节航速驶向西北约700海里外与16特舰会合。同一天斯普鲁恩斯也重整了舰队并着手解决后勤需求。黎明时他在中途岛以北235海里处遇到西马仑号，为几乎油尽灯枯的各艘驱逐舰加了油。鲍尔奇号和莫纳汉号在沉痛

① 1942年6月舰总司致太舰总电071530，西北海疆司令致太舰总电071611，舰总司致太舰总电071954，CSCMF，卷14。
② 1942年6月太舰总致舰总司电080351，太舰总致8、16和17特司电080429，8特司致太舰总电081910，舰总司致太舰总电082029，CSCMF，卷15。
③ 萨拉托加号战争日记；伦德斯特罗姆《首发主力》429—430页；雷诺兹《美国海军名将》271—272页。

地送走约克城号后,带着17特舰的休斯号归队。当天晚些时候,从中途岛出发的油轮瓜达卢佩号满载舰队急需的航空汽油和更多重油抵达。斯普鲁恩斯白天加油,晚上朝东北方赶路,在9日又继续加油。以20节航速又疾驰一夜后,他终于与弗莱彻会师。接下来等着他的是风暴肆虐的阿留申群岛和可能爆发的另一场航母战。①

6月9日早晨上演了MI作战的最后一幕。太舰总截获多条包含方位、航向和航速的明语电报,发报者似乎是在威克岛东北蹒跚而行的敌军舰队残部。尼米兹知道斯普鲁恩斯此时绝对无力拦截,他正确地警告后者:"这可能是圈套。"原来山本命令高木的第五战队模拟1艘战列舰的求救信号,希望把过于自信的追击者引入圈套,但是对手不吃这一套。当天另一个事件同样体现了日方武运的衰落:长良号驶近旗舰大和号,将参谋长草鹿、航空参谋源田和另几人(但不包括南云)送上去向山本报告。草鹿的开场白是:"除了万分抱歉,我不知道说什么才好。"②

在6月9日,斯普鲁恩斯不得不北上的可能性大大降低。西奥博尔德的侦察人员在阿留申群岛没有找到日本人的任何踪迹。因此金又重提他的判断:中途岛和阿留申攻击部队现在有包括瑞鹤号在内的3艘航母,它们集结在西北太平洋某处,将乘美国不备急速杀向南太平洋或西南太平洋,因此将斯普鲁恩斯部署到阿留申群岛的决定是"值得怀疑的"。尼米兹回答说如果当天或次日阿留申群岛没有发生重大情况,他将让斯普鲁恩斯返回珍珠港。敌人可能已登上阿留申群岛的某地,但他没有证据。实际上日军在6月7日兵不血刃地占领了西阿留申群岛的吉斯卡岛和阿图岛。③

6月10日拂晓时,遮天蔽日的乌云笼罩在两支航母特混舰队上空。预定要在6月12日到达遥远的"风吹"点的斯普鲁恩斯一时左右为难,因为这种天气下飞机无法起飞。08:00过后,他收到了令他安心的延期通知。尼米兹命令他在收到新命令前暂缓北上,同时要求弗莱彻在6月13日午前抵达珍珠港。尼米兹告诉金,16特舰将停留至阿留申群岛的局势进一步明朗为止。2支特混舰队靠雷达互相定位,并肩南下,希望下午的天气会转好。结果不到一个小时,浓重的雾霾就围拢过来。直到6月11日黎明时,在原会合点以南约200海里处,天气才放晴到足以实施飞行作业。萨拉托加号迅速将10架SBD和5架TBD转到企业号,9架SBD和10架TBF转到大黄蜂号。随后弗莱彻立即将船头转向东南方800海里外的珍珠港,16特舰则朝着此时在北方1200海里

① 萨拉托加号战争日记,16特舰战争日记。
② 1942年6月太舰总致16特舰电091803,CSCMF,卷15;宇垣,158、160页。
③ 1942年6月舰总致太舰总电100045,舰总司00档案;1942年6月太舰总致舰总司电101957,CNO TS蓝色档案;1942年太舰总致舰总司电110411,CSCMF,卷15。

外的"风吹"点进发。①

斯普鲁恩斯没有走远。09：00刚过，尼米兹就命令16特舰返回珍珠港。前一天他得知敌军登上了吉斯卡岛和阿图岛，于是承认敌方"强大的守卫部队"足以与美国为这两个岛的陷落而派出的任何部队抗衡。他反而建议将16特舰和西奥博尔德的8特舰的"舰队单位"召回珍珠港，以后用于应对"针对我方利益的更大威胁"，换言之就是保护莫尔兹比港和南太平洋基地。金认可他的建议，"尤其是让16特舰为今后行动作准备的部分"。他建议让8特舰的巡洋舰和驱逐舰与派伊1特舰的战列舰合编，"在荷兰港—珍珠港一线附近行动和训练，以待战局后续发展"。尼米兹先前曾指示1特舰去中途岛西北1650海里处（派伊在10日抵达该处），并要求派伊在此后4天实施机动，主要目的是观察长岛号和战列舰的配合。他一度考虑过让1特舰、8特舰和卡斯卡斯基亚号在瓦胡岛以北1100海里处的"打击"点会合，但很快就回过神来：金一定会在没有合适空中支援的情况下把这些老式战列舰投入战斗。于是尼米兹提前终止了派伊的巡航，命令他带1特舰去圣佩德罗。只有舰队油轮卡斯卡斯基亚号奉命北上。②

在前往珍珠港途中，弗莱彻得知自己指挥萨拉托加号乃至17特舰的时间不会很长。尼米兹在6月12日表示，萨拉托加号一回到珍珠港，菲奇就会以它为中心重组11特舰，然后在6月18日左右运送一批补充的飞机去中途岛。在此期间，原17特舰的巡洋舰需要在珍珠港海军船坞保养。弗莱彻不知道自己在今后几天要去哪里。③

欢迎回家

在日本航母因为攻击重要基地而暴露时与其对决是尼米兹的战略，中途岛的胜利无可辩驳地证明了这个积极而冒险的战略的正确性。尼米兹宣称此战"挫败了敌人针对中途岛的强大攻势，这个攻势无疑是更大计划的基础"。这个评价毫不夸张。山本的"更大计划"至少以毁灭太平洋舰队为目标。到了6月下旬，通过无线电情报和审讯战俘获得更新的情报后，尼米兹断定敌人有4艘大型航母和1艘重巡洋舰沉没，另有1艘重巡洋舰和1艘驱逐舰也可能损失。胜利的代价是高昂的：约克城号、哈曼号和144架飞机损失，362名水兵、陆战队员和空勤人员战死，其中包括108名航母飞行员和机

---

① 16特舰战争日记；萨拉托加号战争日记；1942年6月太舰总致16特司和17特司电101931，CSCMF，卷15。

② 1942年6月太舰总致16特舰电111841，太舰总致舰总司电110929，CSCMF，卷15；1942年6月舰总司致太舰总电111645，CNO TS蓝色档案；1942年6月太舰总致1特舰电082135、122030、142303，CSCMF，卷15。

③ 1942年6月太舰总致11特司电130329，CSCMF，卷15。。

组成员。日方的实际损失包括赤城号、加贺号、苍龙号、飞龙号、三隈号和250多架飞机，超过3057人阵亡。与传说相反的是，日军的大多数航母飞行员并不在阵亡者之列。只有110名飞行员和机组成员战死，大多来自英勇的飞龙号飞行队。[①]

　　胜利规模之大令尼米兹如释重负，面对如潮涌来的赞美他保持了谦逊，"所有参战人员无一例外地表现出了无私奉献、忠于职责和英勇无畏的精神。"反正战后检讨不急在一时。尼米兹觉得光发贺电还不够，决定亲自迎接每一队返回珍珠港的将士，首先就是6月8日乘富尔顿号归来的约克城号幸存者。太舰总激动而真诚地与无数人握手，为他们的损失表示慰问，为他们的成就表达自豪之情。辛德勒向他汇报了弗莱彻对此战的感想和约克城号负伤的经过。在9日，当格温号和贝纳姆号到港时，尼米兹又听取了巴克马斯特讲述的沉船细节。尼米兹曾怀疑是弗莱彻的错误导致了一个月内第2艘航母的损失，但了解到的情况驱散了他的疑云。[②]

　　6月12日夜，与16特舰分手的加油船队抵达，尼米兹得到了截至此时关于战况的最清晰的报告。斯普鲁恩斯在8日感到阿留申群岛之行可能大大推迟自己的返程，便写了一封信托人转交。他对自己的决策和行动的坦诚描述证明他不愧是美国海军最优秀的将领之一。斯普鲁恩斯表达了他"对于弗莱彻在此次战役中率约克城号所起作用的钦佩"，"战斗开始前两支特混舰队进行了良好而顺利的协作"。在战斗中，"约克城号的攻击和它的飞机提供的情报具有至关重要的意义，确保了一度胜负难料的战斗以我军的成功告终"（这种平淡的语气是斯普鲁恩斯的特点）。因为约克城号恰好处在16特舰和"敌军尚能作战的第4艘航母"之间，所以它"承受了对方的打击"。斯普鲁恩斯在6月8日写的另一封信是对弗莱彻的感谢信，"两支特混舰队在你指挥下并肩作战期间，你自始至终待我不薄，我对此的感激之情难以言表。"弗莱彻也回报了斯普鲁恩斯的好意，说他是"杰出的军官和品格优秀的人"，身上"有两个突出的品质，就是优异的判断力和勇气"。[③]

　　最隆重的欢迎仪式发生在6月13日，两支航母特混舰队进入珍珠港接受万众欢呼和祝捷。8小时后南云在广岛湾向山本报告时则是另一副光景，他不得不解释为何堂堂大日本海军航母部队的主力现在躺在太平洋海底。这一天弗莱彻把他的司令部搬

---

　　① 太舰总报告（1942年6月28日）；泽地书中列出的双方伤亡名单；詹姆斯·萨夫鲁克对日方空勤人员损失的分析。

　　② 太舰总报告（1942年6月28日）；克瑞斯曼等《辉煌的一页》167—168页；诺尔曼·W.肖《为它送葬》351—353页；辛德勒致图勒加信（1958年9月24日）。

　　③ 斯普鲁恩斯致尼米兹信（1942年6月8日），斯普鲁恩斯致弗莱彻信（1942年6月8日）；普兰奇对弗莱彻的采访（1966年9月17日）。

到了岸上的行政办公室。在那里他意外地发现了文书军士布,后者自从跟随背负厄运的约克城号抢险队离开后就杳无音信。"斯宾塞,我看见幽灵了,"弗莱彻对刘易斯戏言。布讲述了自己如何在6月6日一早爬上漆黑一片、空空荡荡的战舰,讲述了自己在黎明前陪着巴克马斯特检查时船上那诡异的寂静和倾斜打滑的甲板。对史家来说不幸的是,布被拉去抢险,没能进入上锁的司令部办公室取回静静躺在那里的17特舰珊瑚海最终报告。此后的几天里弗莱彻忙于文案工作,但他从尼米兹口中满意地得知,自己作为航母特混舰队司令的日子还远未结束。①

尼米兹对他的两位特混舰队司令毫不吝惜赞美之词。他在6月13日致金的信中写道:"鉴于弗莱彻是中途岛之战中的高级特混舰队司令而且表现极佳,尽管损失了约克城号,我还是希望重申我最近通过急件提出并在给你的私人信件中详细说明的建议:任命弗莱彻为中将军衔的特混舰队司令,并授予他优秀服役勋章。"次日尼米兹又建议金对斯普鲁恩斯也颁发优秀服役勋章"以表彰其(在)中途岛特别出色地指挥特混舰队作战,表现出极高水准的航海技艺、忍耐力和韧性,最终击败敌舰队并使其损失惨重"。金起初搁置了弗莱彻的晋升事宜,后来他在6月19日又问尼米兹"对第17特混舰队在中途岛作战期间的指挥进行评估后"是否改变了观点。尼米兹回答说:"在中途岛作战期间,弗莱彻是该海域的高级特混舰队司令,负责指挥第16和第17特混舰队的活动。对于他在中途岛和先前在珊瑚海的工作,我要重申并强调我在5月092219电中的建议,即任命弗莱彻为中将衔特混舰队司令并授予优秀服役勋章。"尼米兹还再次强烈要求表彰斯普鲁恩斯"作为第16特混舰队司令在中途岛之战中的出色工作"。这回金礼貌地答应了:"正在按建议办理所有事宜。"②

深刻的教训

斯普鲁恩斯在6月8日给尼米兹的信中评论说,"这段时间的航母作战极有意义和教益"。其实它们的价值还不止于此,因为它们暴露了美国航空兵学说的严重缺陷。自从兰利号服役后,20年来众多航空先驱一直对他们体会到的等级不公怀恨在心,他们认为是这种不公阻碍了他们领导航母特混舰队乃至整个海军。没有飞行员

---

① 1942年6月太巡司致太舰总电140112,CSCMF,卷15;布对沃尔特·洛德的叙述,附于致伦德斯特罗姆信(1996年2月17日)中。

② 尼米兹致金信(1942年6月13日),尼米兹资料集;1942年6月太舰总致舰总司电150117,CSCMF,卷15;1942年6月舰总司致太舰总电191920,太舰总致舰总司电202013,舰总司致太舰总电211515,CSCMF,卷16。

背景的弗莱彻和斯普鲁恩斯在中途岛大战中指挥航母更是令他们妒火中烧。不过，虽然命运将航母这种武器交到了被这些先行者认为无力掌握的人手中，但这些航空先驱在锻造这种武器时还是起了决定性的作用。何况在中途岛，这些人占据了斯普鲁恩斯16特舰的几个关键职位。马克·米切尔和乔治·穆雷是大黄蜂号和企业号的舰长。麦尔斯·勃朗宁是16特舰的参谋长和斯普鲁恩斯的首席顾问。前文已经提到，勃朗宁的优秀服役勋章的嘉奖令说他在中途岛摧毁敌军航母之战中"做出了很大贡献"。历史学家克拉克·雷诺兹完全赞同这个评语，他声称勃朗宁在6月4日上午做出了"海战史上最精明的计算之一"。由此可见，虽然大炮俱乐部的将军们的掺和令人遗憾，但老一辈飞行员还是在中途岛起了关键作用。[①]

美国航母在6月4日上午的攻击效果无疑超出了预期，4艘日本航母有3艘未及还手就受到致命损伤，虽有第4艘航母与约克城号同归于尽，也没有影响战役结局。中途岛确实是一场"不可思议的胜利"，但（请沃尔特·洛德见谅）并不像大众认为的那样是实力悬殊条件下的以弱胜强。其实"不可思议"一词更适合用来形容美方组织得如此糟糕的空袭取得如此辉煌成功的事实。除了个别显著的例外，美国航母对飞机的运用远逊于它们的对手，能够战而胜之实在幸运到家。日本航母部队的阿喀琉斯之踵是防守，主要是因为没有雷达和足够的舰载高射炮。美方的软肋是中队层面以上的协同。当16特舰奉命倾巢出动时，协调穆雷和米切尔的攻击的责任落到了勃朗宁肩上，除了下令"延时出发"（意味着每个飞行大队作为一个整体出动以求实施协同攻击）外，他允许每个舰长按各自认为合适的方式组织空袭。16特司的参谋部仅仅指出了敌航母所在方向，没有提供任何其他指示，结果他们全都干得一团糟。在将特混舰队机动到打击范围内以后，弗莱彻和斯普鲁恩斯有权期待他们的航母完成其基本使命：发动一次有效的攻击，然后回收飞机。然而，只有善于创新的约克城号——1942年表现最出色的航母——设法使它的所有攻击机同时抵达了目标。16特舰的行动虽然被寄予厚望，却几乎是一片混乱。大黄蜂号的大多数飞机连敌人的影子都没见到，企业号的机群从一开始就分成了3个散得很开的机队。不仅如此，企业号还没能前进到它的飞行员预期的位置，损失了许多在空袭中幸存下来的飞机。辉煌的成功不是16特舰高层深谋远虑或精心谋划的结果，而是源于几位优秀领队的个人主动性、鱼雷机的壮烈牺牲和部分俯冲轰炸机飞行员的精湛技艺。

为什么16特舰做得这么差？也许少了对参谋和舰长们严加管束的哈尔西就是不

[①] 斯普鲁恩斯致尼米兹信（1942年6月8日）；雷诺兹《快速航母》28页；嘉奖令档案，NHC。

行。斯普鲁恩斯迫不得已，将指挥航空兵行动的自主权下放给了勃朗宁，而勃朗宁也尽了最大努力来防止欠缺经验的新上司插手这些事务。这与弗莱彻形成了鲜明对比，他经过几个月的共事，已经与巴克马斯特和约克城号上几个可靠的中级航空军官建立了密切关系。直到6月5日下午，当穆雷和企业号的其他航空军官激烈反对勃朗宁将SBD派到最大作战半径之外的建议时，斯普鲁恩斯才干预了航空作战。勃朗宁虽然拥有"知识渊博、头脑敏锐"的航空战术家之名，但他阴沉刻薄的个性使人严重怀疑他的判断力和心理稳定性。据说他需要一个合适的上司"来辨明他的好主意和馊主意"，而"哈尔西具备采纳勃朗宁的最佳建议并在两人意见相左时将他驳回的才能"。企业号上有个观察者下结论说，缺少航空背景的斯普鲁恩斯"让勃朗宁这样的飞行员作为参谋长提供有关航空作战的建议肯定要大吃苦头"。如果哈尔西在中途岛，他应该知道哪些问题是该问的，那些时候是需要他干预的。16特舰的大规模空袭也许不会像历史上那样大出洋相，关于预定位置的失算也许可以避免，而且勇猛好斗的哈尔西也许不会在回收上午攻击的飞机后无所作为。[1]

虽然有几个具备远见卓识的人，但即使中途岛的前车之鉴也没能让航母飞机协同的问题被充分认识。弗莱彻回到珍珠港时，发现尼米兹急切地想知道他"根据珊瑚海和中途岛的行动"对航母战术抱持的个人观点，毕竟没有人能和他比航母战经验。在谢尔曼（被航空先驱们看作野心勃勃的外行JCL）率先发难后，弗莱彻也热烈提倡集中航母，至少成对地集中在同一个特混舰队中，由同一批舰船护卫。当时自金以下，几乎所有人都死抱着单航母特混舰队和适度分散的老观念不放，尽管在中途岛之战后勃朗宁也提起了双航母特混舰队的"巨大优势"。弗莱彻指出，航母需要实施有效的攻防，战场环境还常常要求航母本身实施侦察，只有多航母特混舰队才能提供这些行动必需的空中力量。在高级航母指挥官中，只有他强调从不同航母起飞的飞行队必须进行协同攻击，而不是菲奇和谢尔曼在珊瑚海运用的教条的"波浪式攻击"。弗莱彻希望"一次向敌人投送最大数量的飞机（尤其是战斗机）"以"饱和敌军战斗机的抵抗"，"不给对方各个击破我军攻击机的机会"。他不知道日军已经能有效整合从不同航母起飞的飞行队（美国方面没人知道），但他无疑看到了可能性。因此，在美国海军这边，弗莱彻是大大领先于时代的。读者将会看到，他的评估惊人地预示了美国海军经过反复争论后最终于1943年年中采纳的多航

---

[1] 阿什福德致布维尔信（1971年11月24日）；W．弗雷德里克·布恩中将致T．B．布维尔中校信（1971年11月20日），斯普鲁恩斯资料集，第37辑，1号箱。关于勃朗宁，另见克瑞斯曼等《辉煌的一页》214—216页克拉克·雷诺兹写的附录，以及哈罗德·L．布维尔《一位舰长之死》。

母战术。在那之前，金规定航母只能在中等规模的船队护卫下单独作战，每艘航母的间距至少要保持在5~10海里。掌握战术指挥权的资深特混舰队司令的任务是保证不太严密的协同。尽管人们越来越关心同一飞行大队中各中队的协同，但没有采取任何措施来使从不同航母起飞的飞行大队实现战术合成。[1]

关于中途岛的行动报告中有大量关于航母战的笼统评论和建议。没有人能质疑首要的经验：先发制人，趁对手的飞机还在甲板上时实施打击。同样无可争议的是，陆基飞机和航母舰载机都必须改进寻找和跟踪敌航母的工作。除了最初的目击报告，弗莱彻和斯普鲁恩斯没有收到任何关于机动部队动向的更新情报。尽管如此，尼米兹还是宣称他俩和中途岛上的西马德"显示了可靠的判断和决策能力，正确解释了行动过程中出现的许多混乱局面"。航母若非绝对必要，都倾向于不使用自身飞机搜索，以便节省兵力用于攻击。弗莱彻提到，约克城号即使在靠近中途岛期间，也不得不在下午实施搜索以定位其他航母，这种情况"令人遗憾"，但在岸基飞机的工作得到改善前确有必要。尼米兹同意他的看法。可惜美国海军的巡洋舰从未拥有可与其日本对手媲美的远程水上飞机。[2]

勇敢的TBD机组用生命换来了关于进攻的重要教训：应该确保俯冲轰炸机和鱼雷机实施协同攻击，从而集中火力并分散守军的兵力。勃朗宁正确地将TBD飞机形容为"有致命缺陷"，而"速度太慢"且不够"给力"的Mk13航空鱼雷更是雪上加霜。不过，鱼雷机的重大改进至少在格鲁曼TBF-1复仇者上实现了。正如穆雷后来指出的，TBF"碰巧"具有恰好与SBD和（装备机身副油箱的）F4F大致相同的经济巡航速度和续航时间，有利于编成"相当统一的机群"。攻击中暴露的另一个欠缺是在战斗机护航方面。在弗莱彻看来，除了增加航母的载机量外，折叠翼的F4F-4与F4F-3相比并无改进。他重复了哈尔西等人的呼吁："亟需"装备可抛弃的副油箱，使F4F的有效作战半径增大到175海里以上。斯普鲁恩斯和勃朗宁认为格鲁曼野猫与敏捷的日本零式相比"大为逊色"。尼米兹在6月20日将他们的忧虑转达给金，并指出"零式战斗机极其巨大而且明显增加的性能优势"仅仅由于日本飞机机体脆弱和美国海军战斗机飞行员的战术高出一筹才被部分抵消，"空战结果总体上很糟，考虑到敌军必然改进战术，将来会更加严重，有可能左右战局。"他语出惊人，竟呼吁用陆军的寇

---

[1] 太舰总致A．W．菲奇少将和F．J．弗莱彻少将备忘录，航空母舰特混舰队战术（1942年6月9日），以及答复：11特司令致太舰总，航空母舰特混舰队战术（未注日期）和弗莱彻致太舰总备忘录，航空母舰特混舰队战术（1942年6月15日）；M．R．勃朗宁致斯普鲁恩斯少将备忘录（1942年6月13日）；R．A．斯普鲁恩斯致太舰总备忘录（1942年6月13日）；均藏于RG-38，太舰总管官档案。

[2] 太舰总报告（1942年6月28日）；弗莱彻备忘录（1942年6月15日）。

蒂斯P-40F战鹰式战斗机替换所有保卫前进基地的陆战队歼击中队装备的海军F4F野猫式和布鲁斯特F2A水牛式，甚至要求测试P40-F"或类似机型"是否适合上航母。他还指出，F4F-4必须减重，携弹量必须增加，即使将6挺机枪减为4挺也在所不惜。迅速列装沃特F4U-1海盗式战斗机是"绝对优先的要务"。由此可见，中途岛战后，在高级舰队指挥官中间发生了对美国主力舰载战斗机效能的严重信任危机，这种担忧不久就将促使弗莱彻做出他最受争议的指挥决策。①

可喜的是，中途岛的战斗机引导比起珊瑚海时有了显著进步。舰载高炮火力似乎也大有改观。大家认为敌人的大半攻击机在进入射程投放弹药前就被击落。舰队还在等待列装强劲的四联装40毫米重型机关炮，这种火炮将大大加强轻型的28毫米和20毫米炮射程之外的火力。由于鱼雷机是敌人"最有效的战机"，尼米兹转达了弗莱彻关于护卫舰艇与航母拉近距离的建议：驱逐舰应组成半径为1500码的防卫圈，巡洋舰为2000码。如果阵形由于规避机动被打乱，护卫舰艇应主动填补空隙，不必等待特混舰队司令的信号。②

金在6月15日老调重弹，要尼米兹责问各特混舰队为何没有用巡洋舰和驱逐舰实施水面夜袭。尼米兹问过弗莱彻、斯普鲁恩斯和菲奇，然后拿出了他希望能一锤定音的答复，"快速移动的航母特混舰队中航母舰载机的活动大大减少了此类机会，而且使此类攻击在驱逐舰数量没有显著多于护卫需求时就无法进行。"实际上不但驱逐舰数量太少，它们的"燃油状况"也"不太牢靠，即使当晚不作高速（航行）也是如此"。尼米兹向金保证："我和我的特混舰队指挥官都把你提出的问题常记在心，相信他们会利用合适的机会。"③

中途岛之战有一段很有意思的后话，那就是某些人持之以恒而且颇为成功地否认斯普鲁恩斯曾听从弗莱彻的指挥（或者即使有过也是短暂且无关大局的），进而贬低弗莱彻在此战中的作用。④早期由通俗史书作者弗莱彻·普拉特撰写的中途岛

---

① 勃朗宁备忘录（1942 年 6 月 13 日）；航空局对穆勒的讯问（1942 年 11 月 25 日）。斯普鲁恩斯备忘录（1942 年 6 月 13 日）；伦德斯特罗姆《首发主力》441—447 页；1942 年 6 月太舰总致舰总司电 210317，CSCMF，卷 16。

② 1942 年 6 月太舰总致各特司电 102151，CSCMF，卷 15。

③ 1942 年 6 月舰总司致太舰总 151310 和太舰总致舰总司电 172033，CSCMF，卷 15。菲奇在他关于航母战术的备忘录（日期不详）中写道，航母特混舰队指挥官只有在成功"概率很高"的情况下才能冒险派遣轻装舰队实施夜袭。弗莱彻在他给太舰总的备忘录（1942 年 6 月 15 日）中承认自己也希望在空袭后启用水面部队继续攻击，但前提是敌航母已失去战斗力。

④ 例如，一部著名的军事百科全书关于斯普鲁恩斯的最新条目这样写道："斯普鲁恩斯在好友哈尔西病倒时接过美国航母舰队的指挥权，率领它们打赢了第二次世界大战中最关键、最有决定意义的海战"（钱伯斯《牛津美国军事史指南》673 页）。比奇的《盐与钢》113—114 页承认斯普鲁恩斯是"弗莱彻的下级"，但宣称弗莱彻早早退出了战斗，"因此斯普鲁恩斯担起了做出关键决策的责任，决定了何时攻击（他选择的时机恰到好处）和何时避开山本的水面舰队"。

纪实影响颇大而且在海军中得到了广泛认同，而他不知何故甚至没有承认弗莱彻参与此战，更别提他的指挥，可谓开了抹杀弗莱彻功绩的先河。①在战后，能量大得多的贝茨和莫里森在为斯普鲁恩斯争功的道路上走得更远。斯普鲁恩斯指挥赢得太平洋战争的两栖攻势时的优异表现，以及他身上显而易见的睿智和谦逊，都成了这些人的谬论的理由。因此具有讽刺意味的是，斯普鲁恩斯本人一直强调自己当时是下级，想方设法凸显他的老上级对胜利的贡献，仿佛是为了抵消日益发酵的中途岛传说。1947年，莫里森在征求意见稿中宣称，虽然弗莱彻在两支特混舰队会合时"自动"获得战术指挥权，但他"明智地"任命斯普鲁恩斯为"负责航空作战的指挥官"，意味着斯普鲁恩斯是"6月里航母行动的实际现场指挥"。斯普鲁恩斯对此断然否认。②最后莫里森承认弗莱彻在6月2日16特舰和17特舰会合时获得了战术指挥权，但因为弗莱彻"没有航空参谋，而斯普鲁恩斯有哈尔西的参谋，所以斯普鲁恩斯在6月4—6日的关键行动中实际行使了独立指挥权也许是一大幸事"。然而读者现在应该可以看出哪支特混舰队的参谋部更能干。1959年，斯普鲁恩斯特地手抄了一份报告寄给波特，"主要是想让你看看我在最后一页关于弗兰克·杰克·弗莱彻的评价。他干得非常漂亮"。当然，无论是斯普鲁恩斯的举动还是为吹捧他而粉饰历史的行为都是画蛇添足，弗莱彻本人则始终没有掺和关于中途岛指挥权的争论。但是当老朋友史密斯在1964年为了撰写关于中途岛的书而向他提出这个问题时，他终究无法拒绝。弗莱彻的回答是："我请你注意一句评论，应该是（法国元帅）约瑟夫·霞飞说的，大意是：'谁打赢了马恩河战役我说不清，但打输了会算到谁头上是毫无疑问的。'"③④

① 普拉特的文章最初刊登在《哈珀斯杂志》上（《中途岛之谜》133—45页，《中途岛大捷》246—253页），将斯普鲁恩斯描写为中途岛唯一的航母指挥官。1943年秋，海军人事局重印了这些文章。1943年12月6日，弗莱彻的老部下小查尔斯·G.莫尔中校在信中对人事局局长兰道尔·雅各布斯将军说："关于一场战役的报道竟然没有提到总指挥的姓名，甚至没有提到他的存在，岂非咄咄怪事。"莫尔这样评论普拉特的动机："弗莱彻将军在珊瑚海之战中的不俗表现无疑让他觉得应该为中途岛另选一位英雄。此举从新闻报道的角度看可以理解，但这就好比说既然纳尔逊在尼罗河河口之战中取得了如此大的成就，那么把特拉法尔加的功劳归于他人比较合适"（弗莱彻资料集中的备忘录）。次年普拉特将他未作修订的中途岛纪实收入了由海军部长弗兰克·诺克斯作序的《海军的战争》一书。吉尔伯特·坎特1943年的《第二次世界大战中的美国海军》在写作时也得到了海军部的帮助，同样没有提到弗莱彻参加了中途岛之战。1946年普拉特的《对抗日本的舰队》由海军五星上将尼米兹作序，第53页称斯普鲁恩斯为"中途岛的胜利者"。

② 弗莱彻致莫里森（1947年12月1日），莫里森的论述，均见于弗莱彻资料集。

③ 译注:很多人认为马恩河战役的最大英雄不是法军总司令霞飞，而是巴黎城防司令加利埃尼，霞飞因此有这样的自辩。

④ 莫里森《美国海军作战史》4:84—85页。斯普鲁恩斯致波特（1959年12月24日），斯普鲁恩斯资料集，第37辑，第I部，7号箱。弗莱彻致史密斯（1964年8月12日），史密斯资料集。

第二十章
短暂的休整

重组航母部队

中途岛之战前后的短短两周时间里，尼米兹在航母特混舰队指挥人选问题上改主意之快是惊人的。5月28日，他请求金批准在哈尔西（太航司）突然病倒后拟定的方案。斯普鲁恩斯将仅在中途岛作战期间指挥企业号，随后接替德雷梅尔任参谋长。弗莱彻将交出需要大修的约克城号，但他显然会接管企业号直到哈尔西复出。菲奇已经预定指挥萨拉托加号，诺伊斯则去大黄蜂号。谢尔曼将在黄蜂号抵达圣迭戈时得到该舰。查尔斯·A·波纳尔少将（又一个JCL）将接替诺伊斯为病休的哈尔西进行岸上行政管理。5月30日，海军人事局将必要的命令下发给了诺伊斯和谢尔曼。但是金拒绝放波纳尔走，他希望波纳尔管理正在西海岸组建的巡逻机补充机队。尼米兹只能选择珍珠港海航站司令詹姆斯·M·休梅克上校负责太航司的行政杂务。在6月1日，金给尼米兹的计划捅了又一个窟窿：他选定谢尔曼担任分管作战的舰总司副参谋长。他肯定是想考察损失了他钟爱的列克星敦号的舰长。满心期待着指挥航母特混舰队的谢尔曼听到要在华盛顿"长期任职"的消息时感到如雷轰顶。尼米兹只能安慰他："祝你下次交好运。"①

6月5日战斗尚在进行时，尼米兹为了弥补谢尔曼留下的空缺，决定任命米切尔指挥大黄蜂号特混舰队，把黄蜂号留给诺伊斯。由于还需要一个有飞行员资格的将级军官接替米切尔担任巡逻机第二联队的队长，他再次请求金调动"光头"波纳尔。6月8日，约克城号沉没次日，尼米兹通知金：菲奇将按原计划得到萨拉托加号，但弗莱彻"将休息一阵，可能接管黄蜂号船队"。尼米兹没有说明诺伊斯的去向，但企

---

① 1942 年 5 月太舰总致舰总司电 281929，1942 年 5 月人事局致太舰总电 301615，1942 年 6 月舰总司致太舰总电 011445 和 031430，CSCMF，卷 13；1942 年 6 月太舰总致 11 军区司令电 100235，CSCMF，卷 15。

业号特混舰队在斯普鲁恩斯上岸后将出现空缺。提到弗莱彻时用了"可能"一词，说明尼米兹还在担心约克城号是因为弗莱彻犯错而损失的。到了6月12日，尼米兹恢复了对弗莱彻的信任，又重拾让诺伊斯掌管黄蜂号的计划。第二天他请求将菲奇晋升为中将，并在哈尔西无法复出的情况下任命他为太航司。①

随着尼米兹将"我找到的人改为我挑选的人"，太平洋舰队参谋部再次发生大换班。6月14日，德雷梅尔交出参谋长一职，前往两栖部队接替威尔森·布朗。虽然德雷梅尔对离职一事深感失望，但战争头6个月的巨大压力其实已令他心力交瘁。尼米兹在命令斯普鲁恩斯继任参谋长前给他放了几天假。有些内部人士认为交出特混舰队对斯普鲁恩斯来说是大丢面子的事，而且很可能使他失去了应得的升为中将的机会。其实对斯普鲁恩斯个人而言，这次调动是最大的幸运，他因此避开了吞噬无数人前程的所罗门漩涡，而尼米兹对他青睐有加，更使他成为太舰总在太平洋战事中最亲密的战友。当斯普鲁恩斯重返战场指挥中太平洋攻势时，太平洋舰队不但拥有了决定性的优势，还在不断拉大差距。②

6月15日，尼米兹按照金在4月会议上确定的原则正式重组航母打击部队。每支特混舰队以1艘航母为核心，与日军做法完全相反。菲奇坐镇萨拉托加号指挥11特舰，由金凯德统率巡洋舰明尼阿波利斯号、新奥尔良号和阿斯托里亚号。弗莱彻获得了16特舰和企业号，史密斯在他麾下指挥巡洋舰路易斯维尔号、波特兰号、切斯特号和亚特兰大号。米切尔将军坐镇大黄蜂号担任17特司，由新晋少将霍华德·H.古德（原新奥尔良号舰长）指挥的巡洋舰北安普敦号、盐湖城号、彭萨科拉号和圣迭戈号护卫。诺伊斯负责18特舰和黄蜂号（预定在19日抵达圣迭戈），诺尔曼·斯科特少将将指挥该舰队的巡洋舰昆西号、文森斯号、旧金山号和圣胡安号。③

作为现任航母特混舰队司令中资历最深者，弗莱彻虽以16特司身份坐镇企业号，却没有像旁人预料的那样继承哈尔西手下那批自负的航空专家，这帮人到大黄蜂号上加入了米切尔麾下。勃朗宁本人在6月18日动身前往美国本土，原作战参谋布拉克中校则去了彭萨科拉海航站。布拉克的调动早有安排，但勃朗宁是被尼米兹临时调走的，显然是因为除了哈尔西没人能管束他。斯普鲁恩斯似乎并没有批评勃朗

① 1942年6月太舰总致舰总司电060045，CSCMF，卷14；1942年6月舰总致太舰总电082029，太舰总致18特司电122253，CSCMF，卷15；尼米兹致金信（1942年6月13日），尼米兹资料集。
② 德雷梅尔在7月1日接替布朗成为太平洋舰队两栖部队司令（太两司），8月10日又离开两栖部队，接管贵城的海军第四军区。他因为在极其艰难的时期担任太舰总参谋长而获得优秀服役勋章。他在1946年以少将身份退役（NHC军官履历档案）。
③ 1942年6月太舰总致太平洋舰队电160131，CSCMF，卷15。

宁的表现，在6月8日他以特有的圆滑笔调写道："哈尔西优秀的参谋部让我的工作轻松很多。"30年后，斯普鲁恩斯的前副官罗伯特·奥利佛上校才揭露了勃朗宁在6月4—5日的过失的全部真相。前文已经提到，勃朗宁的优秀服役勋章的嘉奖令对他在中途岛胜利中做出的贡献赞扬过头了，但必须指出的是，推荐勃朗宁获奖的不是斯普鲁恩斯，而是哈尔西，而且他是在9月与勃朗宁一起回到珍珠港后提出推荐的。斯普鲁恩斯也许不同意嘉奖令中对勃朗宁在中途岛所起作用的描述，但顾及好友哈尔西的面子，他并未提出异议。[1]

有确凿证据证明，斯普鲁恩斯向尼米兹吐露了他对米切尔和大黄蜂号的强烈不满。对于大黄蜂号飞行大队在6月4日的不幸遭遇（除了沃尔德伦的VT-8，整个大队都没有找到指定的目标），本书作者怀疑斯普鲁恩斯了解到的缘由比迄今为止公开的更多。尼米兹在6月5日曾决定让米切尔长期指挥17特舰，但是6月13日以后这一前景却变得黯淡了。尼米兹告诉金，米切尔只会以17特司身份作一次巡航，然后按原来的安排调动。他再次请求金放谢尔曼走，这一次是为了接替米切尔任17特司。考虑到金可能拒绝，尼米兹还物色了另一个可能的继任者。约克城号的损失使阿瑟·戴维斯上校没了去处。而除了企业号，所有航母都换了新舰长。于是尼米兹问金，"假设或如果"将乔治·穆雷擢升为将官（尼米兹不久就提出了这一请求），戴维斯是否可以接穆雷的班。有趣的是，由于企业号在1941年11月差点与俄克拉荷马号战列舰相撞，穆雷在12月7日还曾面临被撤职的命运，不过因为战场上的优异表现，他的制服上还是很快添了将星。另一方面，艾略特·巴克马斯特的命运却坠入低谷。与谢尔曼不同，损失军舰一事成了他履历上无法抹去的污点。他虽被预定晋升少将，却在6月18日离开珍珠港去接管诺福克海航站。巴克马斯特在训练部队中待了两年后，才终于返回太平洋负责西加罗林群岛，后来还指挥过华南地区的海军部队。[2]

---

[1] 斯普鲁恩斯致尼米兹信（1942年6月8日）；嘉奖令档案，NHC；布维尔《沉默的勇士》164页。

[2] 布维尔《沉默的勇士》164—165页。斯普鲁恩斯的行动报告（1942年6月16日）虽然总体上写得平淡无奇，却特地注明"如果企业号和大黄蜂号的报告有不一致之处，应认为企业号的报告比较准确"，强烈地暗示了米切尔和大黄蜂号在中途岛表现不佳。1942年6月太舰总致舰总司电142359,CSCMF,卷15。尼米兹致金信（1942年6月13日）；巴克马斯特致W.W.史密斯信（1964年8月22日）。关于企业号和俄克拉荷马号险些相撞的事故，见企业号航海日志和企业号舰长致战空司，1941年11月10日俄克拉荷马号-企业号几乎相撞（1941年11月12日），RG-313，战空司一般函件，通过詹姆斯·林伯获得。穆雷的事业在珍珠港事变前曾岌岌可危。哈尔西在11月18日请求将他调离，此举显然得到了金梅尔的认可。12月8日，哈尔西通知太舰总："鉴于对象军官在最近行动中的优异表现，建议取消我1941年11月18日序号0979的请求。"金梅尔表示同意。1942年2月13日，哈尔西向航海局重申他此前的请求：从穆雷的个人档案中抹消关于1941年11月10日事故的所有文字。在那以后，穆雷的"行为和操舰表现一直很出色"。1941年12月海作办致太舰总电052145,8特司致太舰总电081756,太舰总致海作办电091733,CSCMF,卷508;战空司致航海局长，"美国海军上校乔治·D.穆雷"（1942年2月13日），RG-38，太舰总将官档案。

企业号上的授勋仪式，摄于1942年6月17日。前排左起：威廉·L．卡尔霍恩中将、弗莱彻、托马斯·C．金凯德少将、威廉·沃德·史密斯少将、马克·A．米切尔少将、罗伯特·H．英格利希少将。由美国海军通过小W．W．史密斯上校提供

6月17日，尼米兹正式通知16特舰和17特舰，48小时后将进行"休整、重组和训练"，虽然如有紧急情况航母仍需出动，但"这段再调整期非常有必要，今后10天内（最多不超过2个星期），每一天的训练都将在日后产生重大回报"。诺伊斯认为正在圣迭戈换装新式飞机的新旗舰——黄蜂号也有同样需要。他通知尼米兹，自己可以在6月25日起航，但哪怕多训练两天也有很大意义。尼米兹批准了这个请求。他还下令改造企业号的拦阻装置，使它能够降落庞大的TBF鱼雷轰炸机。这个工程需要两周左右。大黄蜂号则将获得原属于加利福尼亚号战列舰的CXAM雷达。在此期间，菲奇于6月22日率萨拉托加号舰队向中途岛运送陆军的战斗机和陆战队的俯冲轰炸机，以补充损耗严重的守军机队。①

关于航母舰队编组的最新命令墨迹未干，尼米兹就再次把它改得面目全非。6月21日，他向金建议立即让米切尔接管第二巡逻机联队。由于谢尔曼仍然被排除在

---

① 1942 年 6 月太舰总致 16 和 17 特司电 180121，CSCMF，卷 15；1942 年 18 特司致太舰总电 192356，珍珠港海军船坞致舰船局电 210140，CSCMF，卷 16；1942 年 6 月太舰总致舰总司电 192303，太舰总致 11 特司电 192301，CNO TS 蓝色档案。

外，尼米兹便希望菲奇在完成中途岛输送之行后去大黄蜂号担任17特司。另一方面，他让弗莱彻以11特司身份指挥萨拉托加号，原11特舰的巡洋舰司令金凯德则作为16特司去企业号暂代哈尔西。马伦·S.提斯代尔少将（USNA1912届）将统率16特舰的巡洋舰。尼米兹选定史密斯指挥西奥博尔德在阿留申群岛的水面舰队。舰总司批准了上述所有人事变动，并指派卡尔顿·H.赖特指挥11特舰的巡洋舰。赖特是1912届毕业生中的又一位新晋少将，他是军械专家，曾任金的大西洋舰队旗舰——奥古斯塔号的舰长。6月24日，尼米兹宣布了最新的航母重组方案，该方案将在6月30日萨拉托加号从中途岛返回后生效。萨拉托加号此时是战力最强的航母，因此弗莱彻将成为航母部队之首。与此同时戴维斯到企业号接替穆雷，使穆雷获得晋升机会。尼米兹将穆雷暂时调入自己的参谋部任职，并保留将来让他指挥航母部队的选择。

金在6月25日通知尼米兹："最近已给穆雷下发命令，以便你对米切尔做出你认为合适的安排。"至此米切尔的命运已被握在尼米兹手中，而尼米兹认为他适合去的地方是岸上。幸运的是，他并没有被永远逐出航母部队。因为飞行员的损失而悲痛不已的米切尔一度以为自己的事业已经结束，但在此后的18个月里他耐心地赢回了尼米兹的信任（可能没有赢回斯普鲁恩斯的），终于又得以率领快速航母特混舰队在太平洋战争中杀敌立功。不过米切尔在中途岛的表现肯定在一定程度上影响了1944年6月斯普鲁恩斯在菲律宾海之战中的决策。[1]

书至此处，有必要提一件事：尼米兹曾让穆雷负责在夏威夷和圣迭戈改革航母和巡逻机联队各立山头、叠床架屋的海航机构，但是哈尔西的病休造成了特别严重的不利影响，他的行政事务代理人缺乏正牌兵种司令的军衔和权威。于是尼米兹在7月11日指定菲奇代理太航司，使菲奇担任17特司的日子变得屈指可数。作为深受器重的航空行政管理官员，菲奇终于还是摆脱不了为哈尔西当岸上替补的命运。3天后，尼米兹正式向金建议将航母和巡逻机联队合并到一个机构中，由1名被任命为"太平洋舰队航空兵司令"的中将领导。有趣的是，此时在尼米兹的设想中，这名官员（哈尔西如果康复将出任此职，否则由菲奇或贝林格代替）只负责行政管理。另一方面，贝林格作为太舰总的特使前往华盛顿向舰总司详细说明提议的重组方

---

[1] 1942年6月太舰总致舰总司电220055，舰总司致太舰总电231442，太舰总致太平洋舰队电242347，CSCMF，卷16；尼米兹致金信（1942年6月24日），尼米兹资料集；1942年6月舰总司致太舰总电251440，CNO TS 蓝色档案。

案，结果在华盛顿的一次体检中被查出有轻度心脏病，7月16日，他恼火地得知人事局建议他离职。尼米兹指定米切尔暂时代替贝林格担任太平洋舰队巡逻机联队司令。由于仍然希望"暂缓执行关于（贝林格的）继任者的建议"，尼米兹向华盛顿询问哈尔西何时能回到太航司的岗位上。人事局回答说，哈尔西在9月15日以前不可能恢复工作。与此同时，金指定贝林格担任副参谋长，尽管这个工作不能给他提供多少休息机会。于是尼米兹手头能用的飞行员将军进一步减少。既然哈尔西和贝林格都不能上岗，他便建议金将菲奇提拔为中将，让其掌管太平洋舰队的巡逻机联队以及航母。尼米兹没等收到回复就命菲奇接替米切尔，并让穆雷代菲奇去大黄蜂号任17特司。因此，截至7月底，太平洋舰队的航母特混舰队司令包括两个无飞行员资格者（弗莱彻和金凯德）、一个JCL（诺伊斯）和一个真正的飞行先驱（穆雷），后者是同辈中第一个攀至如此高位的。①

重建飞行队

长期作战的疲劳和惨痛的损失使各航母的飞行大队也不得不重组。弗莱彻和斯普鲁恩斯都强调必须更换疲惫的人员和继续训练。长久之计是在美国西海岸建立兵员补充司令部，以加快组建航母的补充飞行队并确保它们迅速完成战斗准备。尼米兹为此调配了74名曾参与早期袭击战、珊瑚海或中途岛战斗的航母舰载机飞行员。这个飞行员补充计划远比日方的全面，原南云部队的航母空勤人员大多只是被分配到了残余航母的飞行队。尼米兹的策略最终将产生巨大回报，在美国航母飞行部队大举扩张时使其作战效能也一并提高。不过，他还是在一线保留了一定数量的老兵。他在6月16日通知金，经过休整的可用飞行员将在一线航母上重建被打残的中队。勃朗宁将留在西海岸"帮助加快与组建和训练航母补充飞行队有关的所有必要工作"，直到哈尔西能够返回珍珠港为止。②

使夏威夷的航母飞行队恢复战斗力并非易事。在中途岛，3个鱼雷机中队几乎全军覆没。只有VT-8围绕原有核心人员较快完成了重建。与此同时，一些富余的VF飞行员也被补进了VT中队。企业号的2个俯冲轰炸中队也损失惨重。与之相比，VB-3

① 科莱塔《贝林格》314—318页；太舰总致舰总司，关于太平洋舰队航空兵器上级梯队的司令部（1942年7月14日），RG-313，太航司一般函件；1942年7月人事局致太舰总电162248，太舰总致巡二联队长电180051，CSCMF，卷18；1942年7月太舰总致人事局电220523，人事局致太舰总电212300（原文如此，实际日期为7月26日），太舰总致舰总司电262305，太舰总致17特司电272059，舰总司致太舰总电291925，CSCMF，卷19。
② 1942年6月舰总致太舰总电151300，太舰总致舰总司电152201、170331、170425，CSCMF，卷15。

和大黄蜂号的两个俯冲轰炸中队情况尚可。弗莱彻在约克城号上的旧部只有VS-5尚在。老当益壮的萨拉托加号优先得到补充，德高望重的哈里·唐纳德·费尔特中校（USNA1923届）领导下的飞行大队可能包括了太平洋舰队残存的训练水平最高的中队。其中2个中队是萨拉托加号的老班底：击沉苍龙号并协助消灭飞龙号的骄傲的约克城老兵组成的VB-3，和自2月起就在圣迭戈训练的VS-3。规模最大的新战斗机中队VF-5也与重建的VT-8一起加盟了萨拉托加号。企业号飞行大队在中途岛战后变化很大。韦德·麦克拉斯基少校回家休假，接替他的是原VB-3队长，中途岛之战的另一位英雄莱斯利少校。2个俯冲轰炸中队是VB-6和来自约克城号的原VS-5。VT-3是以少数有经验的飞行员为核心重建的，而VF-6里既有新面孔也有许多老手。大黄蜂号保留了它的两个俯冲轰炸中队，但接收了VF-72以取代不幸的VF-8，还得到了经过补充的VT-6。沃尔特·F.罗迪中校（原VS-8队长）取代了和米切尔一起被赶到岸上的林中校。

黄蜂号虽然明显小于约克城级航母，其飞行大队的规模却与后者相差无几。它的设计采用了创新的折叠式舷侧一号升降机，布置在左舷前部，而不像其他各艘航母那样采用沿中线布置的升降机。自1940年服役以来，黄蜂号一直在大西洋活动。1942年春它两次将英国的喷火式战机运送到被围困的马耳他，但没有在地中海遭遇过轴心国飞机和潜艇。温斯顿·丘吉尔在5月11日曾戏言："谁说一只黄蜂不能蜇两次？"原VF-5队长华莱士·M.比克利少校领导着黄蜂号飞行大队。舰长福雷斯特·谢尔曼上校在圣迭戈领受的第一个任务是给他的两个侦察中队换装SBD，以及给新组建的VT-7换装TBF。他还启动了其中一个中队所说的"高压式训练计划，把一个月的训练压缩到了一个星期内"。[①]

为了解决舰载战斗机危机，权宜之计是将F4F-4野猫的数量从27架进一步增加到36架，几乎达到2个月前珊瑚海时的两倍。太航司通过抽调在岸上训练的VF-3和VF-8的飞行员扩充了萨拉托加号的VF-5，不久又充实了企业号和大黄蜂号的VF中队，但吨位较小的黄蜂号只能搭载30架F4F。因此萨拉托加号、企业号和大黄蜂号机队的编制增加到88架飞机（36架战斗机、36架俯冲轰炸机和16架鱼雷轰炸机），黄蜂号则为70架飞机（30架战斗机、30架俯冲轰炸机和10架鱼雷轰炸机）。事实证明匆忙塞进这些航母的新增战机有利有弊。它们严重限制了航母运作，对于只有一台慢速升降机和较小的封闭式机库的老舰萨拉托加号尤其不利。现在由于飞机数量增

---

① 有关飞行队重组情况，见伦德斯特罗姆《首发主力与瓜岛》8—16页。

加，所有航母都需要更多时间来进行起降作业，更何况有些飞机的折叠机翼也需要伺候，而且飞机越重起飞滑跑距离也越长。硕大的TBF尤其不好办。[1]

7月初，弗莱彻和3艘航母领受了有重大战略意义的任务。大黄蜂号留在珍珠港继续试验新战术。穆雷因为对企业号在6月4日第一次出击时的拙劣表现耿耿于怀，便把大黄蜂号的两个俯冲轰炸中队合并为一个有24架SBD的中队，还将歼击中队的规模限制为32架F4F，雷击中队限为12架TBF，多余飞机都转为备用机，连大队长的TBF在内，全大队的作战兵力减为69架飞机，大大降低了操作难度。穆雷和大黄蜂号的舰长查尔斯·梅森上校设计了一系列攻击机群甲板调度方案。战斗机通常以八机小队为单位部署，使用方式如下：第一个小队用于战斗空中巡逻，第二个小队随第一波攻击机（SBD和TBF）摆上飞行甲板，第三个小队与第二波攻击机群一起在机库中等候，第四个小队担任战斗空中巡逻的预备队。这些改革在提高灵活性和减少起飞时间方面成效显著，但并没能像日本人已经做到的那样解决从不同航母起飞的飞行队的协同攻击问题。因此攻击行动仍有可能变成一系列缺少支持的小规模打击，无法一举决定胜负。直到弗莱彻交出航母指挥权的很久以后，美国海军才会弥补这一缺陷。[2]

---

[1] 有关萨拉托加号一台升降机的使用情况，见斯特恩，111—112 页。

[2] 17 特司令致太舰总，关于空袭布因—法伊西—托纳雷的报告（1942 年 10 月 14 日）；航空局对穆雷的讯问（1942 年 11 月 25 日）。

第二十一章

瞭望塔

中途岛之后是哪里？

当17特舰大胜之余在中途岛东北方航行时，弗莱彻出人意料地问萨拉托加号上的一个通信值班军官乔治·E.克拉普中尉，对他们接下来作战的地点有何看法。阴云密布的阿留申群岛已经发出召唤，没有人知道太平洋舰队将会在北方战役的泥潭中陷多深。克拉普表示他们应该回到南太平洋，在那里阻击敌人。弗莱彻要求自己的幕僚听从这个青年军官的建议。阿留申群岛只是余兴节目。在美国积聚起力量向南洋诸岛推进前，中太平洋足以自保。而戈姆利即将接管的南太平洋战区或者麦克阿瑟的西南太平洋战区则没有这么乐观，莫尔兹比港仍然危机四伏。①

弗莱彻并不知道，南太平洋攻势已在筹划中，而他自己将扮演核心角色。4艘日本航母在中途岛的覆灭大大平衡了力量对比。麦克阿瑟在6月8日建议将日军逐出拉包尔，赶回特鲁克，从而获得"多方面的战略优势"。为此他只需要尼米兹的2艘航母和一个陆战师。实际上麦克阿瑟这个大胆的设想只是他扩充实力的借口，他并没有具体计划。然而胜利不仅使麦克阿瑟敢于夸下如此海口，连尼米兹本人也开始启动自5月下旬被搁置的计划了。截至此时，金虽然念念不忘经新赫布里底群岛和所罗门群岛向拉包尔推进的方案，却从未给出时间表。他只在4月向戈姆利提到进攻可能在当年秋天发起，一切取决于南太区能以多快的速度建立必要的支援基地。尼米兹不想在这段时间里一直消极应战。5月27日，还在为保卫中途岛做准备时，他就建议给麦克阿瑟一个陆战队突袭营，用于破坏图拉吉的水上飞机基地。麦克阿瑟拒绝了，他认为对这个任务来说一个营太少了。金本人也支持用强力突袭瘫痪或摧毁敌军前进基地，"尤其是图拉吉"，但他也认为一个营不足以完成该任

① 与乔治·克拉普的谈话，2001年6月4日。

务。"对于长期占领图拉吉的行动，目前概不考虑或批准。"尼米兹在6月1日分辩说，自己从未打算靠突袭营占领图拉吉，只想使那里的基地设施"无效化"，以阻止敌军站稳脚跟。[①]

麦克阿瑟攻取拉包尔的提议在陆军策划人员中间引起了共鸣，因为欧洲优先战略使陆军在太平洋的力量少得可怜，正需要一次进攻来改变这个局面。但是金已经另有打算，他指示麦克阿瑟将目标改为荷属东印度群岛。英国东方舰队应该愿意帮麦克阿瑟夺取帝汶岛，或者占领东印度洋中安达曼和尼科巴群岛的基地。金在6月9日告诉斯塔克和尼米兹，这些行动"应该能吸引大量敌军剩余的海上力量，防止其在敌军接下来最可能有所行动的新几内亚地区参与大规模进攻"，如此一来，"我们不仅能应对这样的攻势，还能发起旨在削弱敌军对所罗门群岛和俾斯麦群岛控制的作战"。金所说的"我们"是指他自己、尼米兹和戈姆利，不包括麦克阿瑟。"这样的联合出击将互为犄角，在新几内亚东西两面钳制（敌军）。"金的提议和麦克阿瑟的拉包尔冒险一样不切实际。新几内亚对麦克阿瑟来说意义重大，绝不容尼米兹染指。与此同时，广大的南太平洋战区的组织工作正在不紧不慢地推进。6月11日，金询问南太区何时能攻击敌军舰船和基地，戈姆利回答说他的打算是"一旦获得的增援前景变得更有利"，就经过无人占领的新赫布里底群岛、圣克鲁兹和埃利斯群岛推进。戈姆利其实没有正面回答这个问题。在获得足够部队和相应的补给能力前，他看不出有什么理由匆忙出击。[②]

在中途岛胜利后，尼米兹考虑了下一步该把航母部署在哪里。黄蜂号预定在7月初抵达珍珠港，将使可用航母的数量恢复到4艘。日方最强的部队照例还是其航母，而中途岛战俘审讯结果和破译的密电已经揭示了许多关于它们的情况。一线航母是翔鹤号（即将完成修理）、瑞鹤号、瑞凤号、龙骧号和新建的隼鹰号、飞鹰号，此外还有老旧的凤翔号和改装航母春日丸号。尼米兹能用来与之抗衡的是萨拉托加号、企业号、黄蜂号和大黄蜂号。首批新建的埃塞克斯级航母可能在1943年夏抵达太平洋，在那之前，除了大西洋上的突击者号和几艘已经或即将服役的辅助航母，

---

① 1942 年 6 月西南太总致太舰总电 080731，CSCMF，卷 14；南太平洋司令部罗伯特·L.戈姆利中将 1942 年 4 月至 1942 年 10 月的记述（1943 年 1 月 22 日），2 页；杰弗里·G.巴罗未发表的论文《转守为攻：欧内斯特·J.金将军和夺取瓜达尔卡纳尔岛的决定》（1999 年），15—16 页，感谢杰弗里·巴罗提供。1942 年 5 月太舰总致西南太司电 280351 和麦克阿瑟致太舰总信（1942 年 5 月 29 日），麦克阿瑟资料集。1942 年 6 月舰总致太舰总电 010100，太舰总致西南太司电 020455，CNO TS 蓝色档案。弗兰克的《瓜达尔卡纳尔》提供了有关瓜岛战役筹划和战事的最佳概述。

② 海斯，142 页；1942 年 6 月舰总致欧海司（美国海军欧洲部队司令）电 100046（抄送太舰总），CNO TS 蓝色档案；1942 年 6 月舰总致南太电 111530，戈姆利致舰总司电 140616，南太司战争日记；灰皮书，581 页。

上述四舰就是美国海军的全部航母家底。①

金曾于4月下令在南太平洋保持2艘航母至另有安排为止，由于这个命令从未撤销，尼米兹便计划让弗莱彻在7月15日前后返回珊瑚海。他可以挫败敌方任何规模适中的攻击，还可以支援己方有限的两栖攻击，例如收复图拉吉。在8月下旬将再派2艘航母接替前2艘，但在8月20—24日前后所有4艘航母可以短暂地共同作战。尼米兹在6月22日用电台将自己的计划纲要发给了戈姆利（但没发给金）。"希望详尽研究在条件允许的情况下（尤其是在轮替期间）运用这些部队的打击力量将敌人从所罗门／新几内亚／新不列颠等基地逐出的可能性。"②

舰总司增加筹码

6月23日，尼米兹短暂视察了巴尔米拉岛，返回后发现舰总司发来一封电报，开篇就是："请将此件视作最高机密。"金终于感到有必要制订自己的进攻方案了：麦克阿瑟将在英国航母支援下夺取位于澳大利亚西北方的帝汶岛"或其他合适的地区"。与此同时戈姆利将借助尼米兹的2艘航母进攻图拉吉。"已经通知英国人目标日期为8月1日。"就这样，金抢先拿出了具体计划。马歇尔在6月24日对麦克阿瑟解释说，金坚持将图拉吉排在拉包尔前面，否则敌陆基飞机对他的军舰威胁太大。当天金将主力登陆部队的目标确定为"图拉吉和邻近岛屿"。太舰总应提供至少2艘航母和适当的护卫船队，外加两个陆战队战斗机中队和两个俯冲轰炸机中队，这还不包括已经启程前往南太平洋的装备战斗机的陆战队观测中队。尼米兹必须安排航母或飞机运输船将这些飞机运往作战地域。金建议让尚在圣迭戈的黄蜂号继续训练舰载机飞行员，随后带一个陆战队战机中队南下。正在夏威夷等待增援麦克阿瑟的陆军飞机将用于充实南太司的陆基航空部队。麦克阿瑟自己在东北澳大利亚和莫尔兹比港的航空力量也将与澳大利亚分舰队（44特舰）和潜艇部队一同参战。等陆战队占领目标后，金还期待麦克阿瑟慷慨提供驻防部队。麦考密克的战争计划处怀疑陆战队能否在夺取或建成关键的前进机场后提供必要的飞机中队。这些中队的飞行员没有进行航母起降训练，无法在必要时降落到航母上撤退。而如果没有这些中队，

---

① 1942年6月太舰总致舰总司电210245，CSCMF，卷16；灰皮书，598页。有关日本航母情况，见1942年6月海作办致太舰总电222341，1942年7月舰总司致太舰总电012131，CSCMF，卷17；和1942年7月海作办致太舰总电222230，CSCMF，卷19。最初的报告给出了正确的舰名"隼鹰"（Junyō）和"飞鹰"（Hiyō），但7月22日的电报却将它们的读音"更正"为"Hayataka"和"Hitaka"，直到战争结束都没改过来。

② 灰皮书，599页；1942年6月太舰总致南太电230017，CSCMF，卷16。

航母自身可能不得不留在原地提供空中掩护，这可不是理想的做法。因此，"由于航空兵方面的困难，可能无法赶上8月1日这个日期"。而另一方面，图拉吉附近甚至没有任何机场能让陆战队的航空力量参与进攻的初期阶段。这个事实使尼米兹误以为这些部队可能不是前线急需的。①

截至6月24日，只有弗莱彻的16特舰（企业号）和米切尔的17特舰（大黄蜂号）可以出战。企业号正在强化拦阻装置以便降落TBF，而大黄蜂号也安装了CXAM雷达。尼米兹因为要在7月1日左右到旧金山会晤金，便请求推迟这2支舰队的出发日期。这个延期非常关键，因为尼米兹希望用萨拉托加号（在菲奇的11特舰中，位于中途岛附近）和黄蜂号（在诺伊斯的18特舰中，位于圣迭戈）替换企业号和大黄蜂号，届时弗莱彻将取代菲奇指挥11特舰。金同意了这个请求。尼米兹在6月26日又回复说，18特舰将护送同样在圣迭戈的陆战二团去南太平洋参加拟议中的作战。11特舰将留在珍珠港静观事态发展。金批准了这些安排，但没有马歇尔的同意他不能下达联合作战指令。无论如何，尼米兹都应着手准备。②

尼米兹建议由戈姆利担任图拉吉作战的总指挥，而弗莱彻指挥"舰队提供的水面部队"，也就是航母、巡洋舰和驱逐舰，但是在指挥问题上存在权责不明之处。麦考密克在6月29日写道，弗莱彻"将负责战术指挥"，却没有说明是仅限于这些部队还是包括整个作战。尼米兹命令诺伊斯在7月1日离开圣迭戈。陆战队的几个飞机中队将留在夏威夷，直到其飞行员完成航母起降训练为止。"必须等目标区域的机场完工才能动用他们。"尼米兹明白在初期登陆后必须"尽快建设"机场，但他相信这需要时间。将陆战队飞机中队留在后方将造成严重后果，因为实际上在登陆初期就有一个合适的机场开放。弗莱彻在6月29日被告知详情。太舰总作战令34-42指示11特舰（萨拉托加号、3艘重巡洋舰、6艘驱逐舰和2艘舰队油轮）在7月5日离开珍珠港，前往南太平洋战区支援两栖作战。弗莱彻将于7月10日在圣诞岛附近的赤道上与诺伊斯的18特舰（黄蜂号、1艘重巡洋舰、1艘轻巡洋舰、7艘驱逐舰、4艘运兵船和1艘货轮）会师并掌握战术指挥权。与此同时，弗莱彻应服从戈姆利的"直接作战控制"。尼米兹已去美国西海岸与金会面，更详细的指示将在他返回后发出。③

---

① 1942年6月舰总司致西南太司电231255，灰皮书，601页；1942年6月参谋长致麦克阿瑟，麦克阿瑟资料集；1942年6月舰总司致太舰总电231415和242306，灰皮书，602—603页；灰皮书，669页。

② 1942年6月：太舰总致舰总电241943和262041，CSCMF，卷16；舰总司致太舰总电251840，灰皮书，603页；灰皮书，670页；舰总司致太舰总电271415，CNO TS蓝色档案。

③ 1942年6月太舰总致舰总司电272251，CNO TS蓝色档案；1942年6月太舰总致18特电272301和太舰总致11、18和3特司电300015，舰总司00档案；灰皮书，672页。

第二次旧金山会议

6月29日，尼米兹和麦考密克飞离珍珠港。会议最早也要等到7月3日才能开始，因此尼米兹预料自己有机会与妻子小聚。然而次日上午在阿拉米达海航站降落时，庞大的四发西科斯基XPBS-1水上飞机被一根原木顶翻后沉入海底。副驾驶死于非命，大多数乘客受伤，其中有些伤势严重。对国家来说万幸的是，尼米兹只有一些青肿和破皮，麦考密克倒是有两节脊椎骨裂。若是尼米兹在这个节骨眼上身亡或重伤，后果不堪设想。可能接替他统御太平洋舰队的候选人只有大西洋舰队总司令罗伊尔·英格索尔和就在太平洋而且更熟悉环境的戈姆利。瓜岛战役的结局也许会大大不同。①

尼米兹在7月2日回到工作岗位，会见了曾担任舰总司参谋长助理（计划）的里奇蒙德·凯利·特纳少将。金建议让特纳助尼米兹一臂之力："既然（特纳）已经深入参与了南太平洋两栖作战的计划制定，他在这方面应该能派上大用场。"对特纳不是很了解的尼米兹听出了弦外之音，便授权他指挥南太平洋两栖部队。1908年从安纳波利斯毕业的特纳曾折服于海军航空事业的魅力，在1927年作为1名JCL中校获得双翼徽章，随后在多个航空职位上工作。1936年在海军军事学院执教期间他放弃了航空专业，原因是这个专业局限性太大（不够"均衡"），减少了他跻身将军行列的机会。他申请指挥战列舰，结果在1938年得到了巡六分队的阿斯托里亚号。"恐怖特纳"一方面坚韧不拔、聪明过人，甚至称得上才华横溢，另一方面傲慢自大、粗鲁暴躁、刚愎自用，喜欢越权干涉与他不相干的事务，只有意志坚强的指挥官才能驾驭他。弗莱彻对特纳非常尊重，在1940年的一份人事评估报告中称赞他是"军中最聪明、最强硬的人之一"，但特纳从未赢得弗莱彻的交情。1940年10月，特纳离开阿斯托里亚号，有人听见弗莱彻和他握手时说："好吧，凯利，咱们一直合不来，但你总是给我把船带得很好。"1963年弗莱彻告诉特纳的传记作者乔治·戴尔："任何接替凯利·特纳的舰长都很走运，只要把螺丝稍微拧松一点就能得到1艘完美的船。"②

在南太平洋战区，特纳曾屡屡在接到命令后以快得不可思议的速度发动两栖攻势，因而跻身于太平洋战争中功劳最大的6个美国海军将领之列。但是特纳和其他所有人一样，偶尔会判断失误。按照著名历史学家理查德·B·弗兰克的说法："特纳身上经常出现这样的情况，我们在他的成绩册上记下一笔大功后，紧接着就要记上

① 波特《尼米兹》109—111页；1942年6月空运二中队队长致海作办电302155，太舰总致12军区司令电031941，CSCMF，卷17。

② 1942年6月舰总电致太舰总电011445，CSCMF，卷13；关于特纳，见戴尔《南征北战的两栖军》1:130、150页。

里奇蒙德·凯利·特纳少将，摄于1943年前后。由美国海军提供

一过。"梅里尔·B.特文宁将军虽然钦佩特纳"大胆进取的领导作风"，却也承认他有着"异常的自负"，"一方面坚决表示要为自己可能犯的任何错误承担全部责任，一方面又激烈地否认自己犯过哪怕一丁点错误"。也是出于这样的心理，特纳才会放出马后炮来，说自己在1941年12月7日前就知道珍珠港有危险。他执着地给自己套上一贯正确的光环，以至于不断地掩盖乃至歪曲既成事实来证明自己行为的正确，并将罪责推给他人，尤其是弗莱彻。①

7月2日，特纳向尼米兹介绍了舰总司的"有限两栖攻势"计划。正如金所言，对这个计划特纳了解得比任何人都多。计划的目标是夺取可以提供互为依托的陆基飞机机场和合适的水上飞机基地的岛屿。特纳选择了圣克鲁兹群岛中的无人岛恩代尼作为初始目标，这个岛位于新赫布里底群岛的圣埃斯皮里图岛以北250海里处，西北距敌军在南所罗门群岛中最近的基地图拉吉350海里。特纳尤其看重恩代尼作为覆

① 弗兰克，433页；特文宁《无人屈膝》70—71页。1945年12月，特纳在证言中说，1941年12月7日前，他相信日本海军只有部分舰队会实施在远东的入侵。"包括战列舰和航母"的其余部队将与太平洋舰队对垒，要么通过对夏威夷的"大规模"偷袭来开战（他认为概率高于50%），要么部署到南洋诸岛或加罗林群岛来阻止金梅尔向西推进。在听证会上人们问特纳为什么没有明确警告金梅尔珍珠港很可能受到攻击，特纳回答说，他认为没有必要，因为1941年11月27日的"战争预警电报"已经命令金梅尔"执行合适的防御部署"。没有任何同时代的文件能证明特纳的说法，如果他说的是真话，那么他已经严重渎职，因为他明知这些情况与海军作战计划的基本前提截然相反却没有提醒上级注意。特纳证言，PHA，第4部分，1962—1963页。

盖所罗门群岛东翼的前进航空基地的价值，但他不知道该岛的地形非常不合适。下一个目标将是图拉吉和邻近的佛罗里达岛，以及在其南方18海里处的伦加点。这个点位于瓜达尔卡纳尔岛北岸中段的平原，最适合修建机场。特纳还强烈建议以重兵增援作为所罗门群岛门户的圣埃斯皮里图，并占领恩代尼以东800海里处的埃利斯群岛中的富纳富提以屏护右翼。他是第一个提出将瓜岛作为主要目标的人。狭小的图拉吉和附近的佛罗里达岛没有便于改造成机场的平地。此时他还不知道，有情报指出日本人已经开始清理伦加点的草地，可能是为了修建"陆基飞机跑道"。如果瓜岛被开发成大型航空基地，将严重降低盟国快速攻取该地的希望，甚至威胁到埃法特和新喀里多尼亚。特纳参加完舰总司和太舰总的会谈后，将走访珍珠港汇报情况，然后前往奥克兰与戈姆利共事。尼米兹在7月3日得知会谈要到次日才能开始，便要求斯普鲁恩斯把弗莱彻离开珍珠港的时间推迟至特纳赶到珍珠港为止。11特舰和18特舰的会师地点可以南移到汤加塔布附近。①

在好不容易与马歇尔就所罗门群岛攻势达成妥协后，金带着他的随从在7月3日晚些时候神气活现地抵达旧金山。7月2日下发的"西南太平洋战区进攻作战联合指令"要求分三个阶段攻占新不列颠、新爱尔兰和新几内亚地区。一号任务是在8月1日前后占领圣克鲁兹（恩代尼）、图拉吉和"邻近阵地"。太舰总将指定一号任务的指挥官，可能是戈姆利。为此南太平洋战区和西南太平洋战区在所罗门群岛的分界线将西移60海里至东经159°，恰好处于瓜岛以西。麦克阿瑟在一号任务中的角色是阻截"敌军在作战区域西方的空中和海上活动"，换言之，就是拖住拉包尔的部队。随后，他将直接指挥二号任务（控制所罗门群岛的其余岛屿并收复位于新几内亚东北海岸的莱城和萨拉马瓦）和三号任务（攻取拉包尔和周边阵地）。参联会将为这三个任务分配任务细节，设定时间表，并确定尼米兹何时将总指挥权移交给麦克阿瑟。如果作战"使航空母舰面临过多危险"，他们还可能命令海军舰队"在任一阶段结束时"撤退。此外，海军特混舰队司令将在所有3个任务期间保持对两栖部队的直接战术控制。参联会指示戈姆利到墨尔本会晤麦克阿瑟以协调计划制订。②

金在7月4日首先解释了参联会的指令。因为担心麦克阿瑟作梗，他强调海军舰队就算越过西南太区和南太区之间的分界线进入西南太区，也不会自动归麦克阿瑟

---

① 戴尔，1：272页提到特纳在1942年7月3日给太舰总的备忘录，但在里奇蒙德·凯利·特纳上将资料集第16号箱中，这份备忘录标注的日期是1942年7月5日。1942年6月西南太司致太舰总电210556，CSCMF，卷16。1942年7月太舰总致18特舰电040057，CNO TS 蓝色档案。

② 1942年7月舰总司致太舰总电022100，灰皮书，605—606页。

节制。尼米兹建议用16特舰（企业号）增援南太平洋的11特舰（萨拉托加号）和18特舰（黄蜂号），只留17特舰（大黄蜂号）在赤道以北。金谨慎地同意了。人事局局长兰道尔·雅各布斯少将提醒说，弗莱彻晋升为中将的手续正在办理，如有必要，他可以在发布正式通知前请总统特批此事。特纳总结了一号任务的进攻计划，强调预期在图拉吉地区修建的机场必须在登陆后一周内投入使用。说完他便连夜飞往珍珠港。①

此后的讨论主要涉及行政管理事务。金把刚到的北卡罗来纳号从派伊的1特舰调拨到16特舰。这艘"作秀船"是美国自第一次世界大战时代以来建造的第1艘战列舰，满载排水量44800吨，最大航速27节，装备9门410毫米主炮、10座双联装127毫米高平两用副炮和令人望而生畏的近程高射炮阵列。它的姐妹舰华盛顿号和另一级现代化战列舰的首舰南达科他号预定在8月抵达。用新型战列舰对抗敌方的同类战舰是大炮俱乐部的将军们的夙愿，但如今人们特别看重的是它们的航速和高射炮。尼米兹羡慕山本经常用快速战列舰护卫其大型航母，希望看到自己的同类战舰能如何保护航母。金则再次指示他考虑派一队老式战列舰去南太平洋。当过飞行员的舰队指挥官（金）想用老式战列舰作战，当过潜艇兵的舰队指挥官（尼米兹）却要求将它们暂时雪藏，这样的奇事已经发生过不止一次。尼米兹相信老式战列舰凭借其"集中的破坏力"还是能在战斗中起到关键作用的，但在它们拥有更强的反潜保护并得到足够的空中掩护以抗击连航母都能威胁的陆基轰炸机之前，他还不敢把它们派往前线。②

尼米兹于7月5日晚离开旧金山，次日上午抵达珍珠港。在他出行期间，他手下的几员大将正忙着为所罗门群岛攻势拟定计划。

珍珠港方面的谋划

斯普鲁恩斯和弗莱彻也在7月2日看到了参联会的指令。此时暂由斯蒂尔上校掌管的战争计划处认为即将对图拉吉发动的两栖攻击面临的风险和日本人在6月遇到的一样。"攻方若不能预先消除岸基飞机的威胁，将处于极大劣势，这一点在中途岛已得到充分验证。"如果不能达成突然性，敌军航母也可能反击。然而所有初期目标都位于拉包尔的机场的覆盖范围内，那里的搜索机非常活跃，使奇袭几无可能，

---

②7月5日舰总司与太舰总的对话(1942年7月5日)；尼米兹致梅尔维尔·V.格罗夫纳信(1942年6月28日)，藏于约翰·S.麦凯恩上将资料集。

对此布朗、弗莱彻和哈尔西都可作见证。如果部队早早被发现，那就只剩两条路：要么抱着在被"击沉"前"取得当地制空权的希望""继续猛攻"，要么溜之大吉。麦克阿瑟的重型轰炸机能否在适当时机连续轰炸拉包尔将是关键。斯蒂尔认为如果此举成功，"任务就是小菜一碟"，如若不然，"我们可能损失1艘航母"。①

　　7月5日下午，特纳在太舰总指挥部会见斯普鲁恩斯、弗莱彻、菲奇和金凯德，并拿出了他此前已对尼米兹介绍的提案。圣埃斯皮里图岛的机场支持必须在7月28日投入运行，即使需要借调原用于瓜岛的建筑器材也在所不惜。大约从7月23日起要在斐济进行两场登陆演习以预演计划。陆战二团应在D-2日（7月30日）前后占领恩代尼，1艘驱逐舰将事先侦察该地。麦克阿瑟的空中进攻将在D-2日开始，同时南太区将在恩代尼和图拉吉以东的马莱塔部署水上飞机供应舰和PBY，以进行必不可少的远程侦察。主要突击行动将夺取图拉吉、佛罗里达岛和瓜岛上的伦加点。特纳希望在陆战队登陆前用海军炮火和航母飞机扫清滩头。7月5日，太舰总灰皮书在总结他的计划时提到："近距支援的航母将提供战斗机掩护（持续约3天），并在登陆前对守军阵地进行俯冲轰炸。"特纳的意见占了上风。尼米兹在7月6日将他的计划大纲通报给戈姆利，并巧妙地将其描述为在咨询过弗莱彻和太舰总参谋部后才得出的行动建议。除黄蜂号和萨拉托加号外，16特舰（企业号）也将南下，甚至17特舰（大黄蜂号）最终也可能参与。太舰总参谋部给整个行动起了一个很妙的代号——"瘟疫"。一号任务的代号是"瞭望塔"，预演是"燕尾槽"，占领恩代尼的行动是"抱团"，图拉吉的代号是"环首螺栓"，而永垂青史的是瓜岛的代号——"仙人掌"。尼米兹命令弗莱彻的11特舰（外加文森斯号）在7月7日08：00离开珍珠港，比原定时间晚了2天。在途中弗莱彻要在夏威夷岛进行大规模空袭和对岸轰击演习。运输舰第十二分队（4艘APD）将与11特舰同行，随后直接前往努美阿搭载陆战队第一突袭营。尼米兹把弗莱彻与诺伊斯的会合时间改在7月19日，地点为汤加塔布以西300海里处。戈姆利将在7月10日按先前的计划对两支特混舰队进行直接指挥。②

　　特纳后来声称弗莱彻"在珍珠港时非常不愿承担试攻瓜岛的任务，因为他觉得这一仗肯定会失败"。如果弗莱彻真像特纳事后宣称的那样毫无干劲，尼米兹为什么没有走马换将？要知道弗莱彻不是那种惯于掩饰的人，尼米兹肯定了解他对所罗

　　① 灰皮书，704 页。对旨在夺取和占领图拉吉及邻近地区的攻击行动的评估（1942 年 7 月 6 日），灰皮书，709—743 页。在中途岛 B-17 的高空轰炸准头极差，为此抓狂的作战计划处竟建议重轰炸机在 75—100 英尺高度攻击。
　　② 金凯德回忆录，189—190 页；灰皮书，707 页。1942 年 7 月太舰总致南太司电 070125，南太战争日记；1942 年 7 月太舰总致南太司电 070231 和 062229，CSCMF，卷 17。

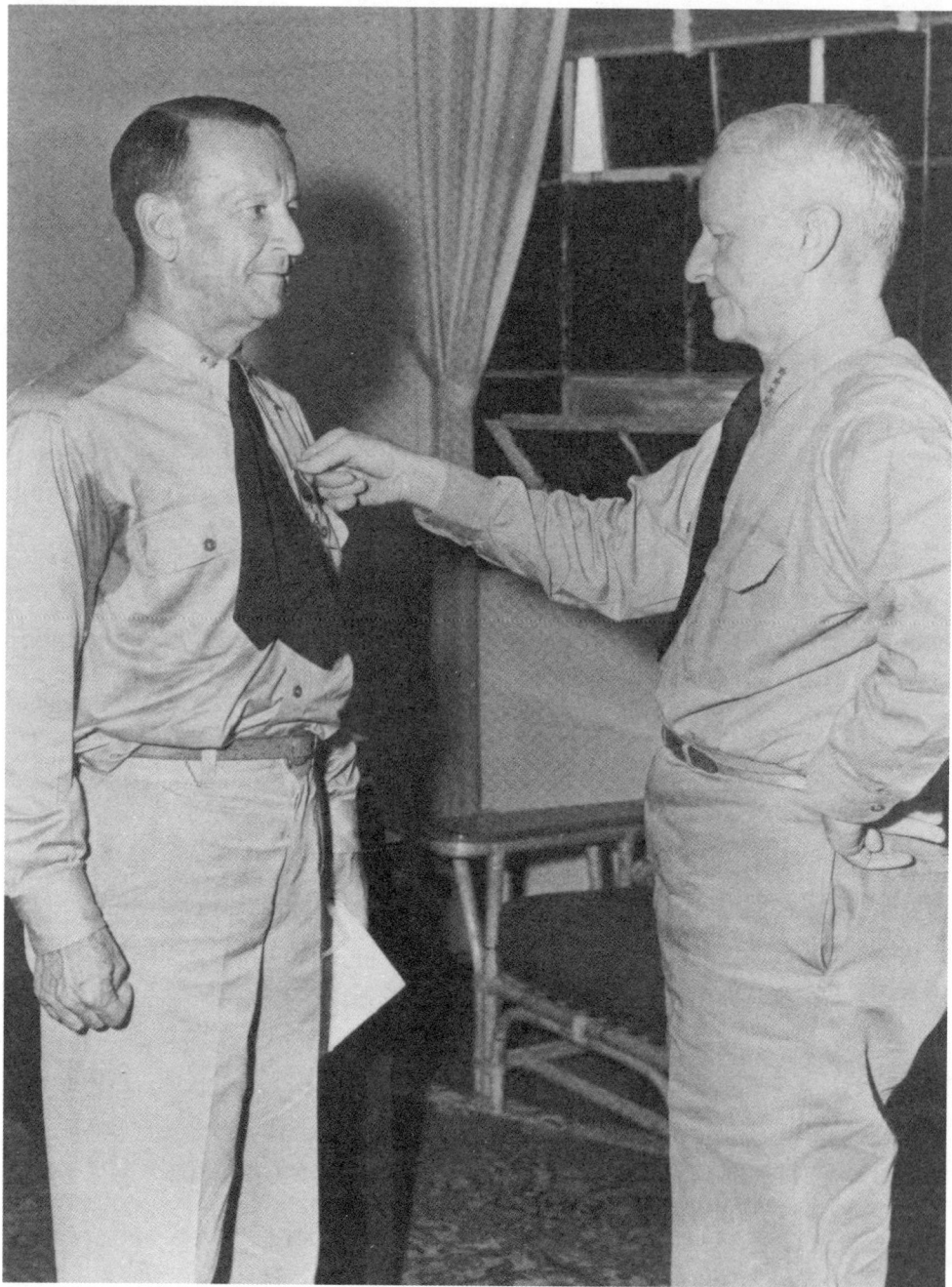

弗莱彻将军接受尼米兹将军颁发的DSM，摄于1942年7月6日。
由怀俄明大学拉腊米分校美国文化传统中心提供

门群岛成功前景的看法，因此弗莱彻也许不像特纳后来指责的那样悲观。弗莱彻在1947年写道："尼米兹给我的印象是，登陆部队将在两天内上岸，而且能够构筑工事并承受空袭。"这样的方案他肯定是愿意接受的。1963年他回忆说，尼米兹当时对航母部队又提出了和中途岛之战一样的限制，要求他们在无法对敌人造成相当伤害的情况下不得冒险。[1]

在7月6日下午，尼米兹把弗莱彻拉到一边，出人意料地拿出了一枚美国海军优秀服役勋章。这枚勋章的嘉奖令写道："表彰受奖人作为美国太平洋舰队特混舰队司令的卓越功勋。他在这个责任重大的岗位上以杰出的技艺和智谋指挥了其特混舰队，从而先在1942年5月于珊瑚海，继而在1942年6月于中途岛一带重创了敌军。"尼米兹曾希望同时为中途岛的两位司令授勋，而且要让众人穿上白色礼服，在全套军乐伴奏下举行正式典礼，但是斯普鲁恩斯的勋章尚未送到。如果要让弗莱彻在出征前得到勋章，就只能选在这个时候了。遗憾的是，这个在太舰总办公室里举办的小型仪式就是弗莱彻靠珊瑚海和中途岛的战功得到的全部官方嘉奖了。他知道自己晋升中将的手续正在办理，但尼米兹也说不准几时能办好。当晚尼米兹和弗莱彻共进晚宴，同桌的还有弗莱彻的好友兼同班同学威廉·L·卡尔霍恩中将（太平洋舰队勤务部队司令，简称太勤司）、斯普鲁恩斯、特纳、穆雷和刚从华盛顿赶来的梅尔文·J·马斯上校。度过一段愉快的时光后弗莱彻回到萨拉托加号，做好了在第二天上午启程去所罗门群岛的准备。[2]

在萨拉托加号上安家

虽然弗莱彻当了两个星期的16特司，但在此期间企业号始终停在船坞里，对他来说只是个邮寄地址而已。在7月1日，太巡司参谋部和司令部勤杂人员登上萨拉托加号开始管理11特舰。在作战参谋加尔平中校离开后，火炮射击参谋辛德勒中校成为参谋部里军阶仅次于斯宾塞·刘易斯上校的军官。加尔平在6月下旬与明尼阿波利斯号的副舰长查尔斯·O·汉弗莱斯中校对调了工作。汉弗莱斯（USNA1922届）是个身材粗壮、和蔼可亲的马里兰人，也是学习潜艇专业的著名运动员。参谋部的一个高级军官说他"非常能干、非常积极；有不同寻常的能力；有闯劲"。加

---

① 太两司行政管理史，46页。特纳本人在1945年10月写下的关于瓜岛登陆战计划和执行的回忆出现在第43~50页。弗莱彻致汉森·W·鲍德温信（1947年7月8日），弗莱彻资料集。

② 弗莱彻的优秀服役勋章嘉奖令和嘉奖档案中的授勋日期，NHC。梅尔文·J·马斯上校日记，藏于梅尔文·J·马斯议员资料集。

尔平后来和刘易斯及巴克马斯特一样，因为珊瑚海和中途岛的胜利获得了优秀服役勋章，辛德勒则因为在珊瑚海执行的战斗任务获得海军十字勋章。拉蒂默中校、亚历山大·索林顿少校、哈里·史密斯少校和查尔斯·布鲁克斯少校分别作为司令秘书、助理作战参谋、副官和通信参谋留任。在中途岛战后，弗莱彻把原约克城号的飞行大队长奥斯卡·彼得森少校（USNA1926届）吸收进参谋部担任航空作战参谋。这一调动使彼得森在约克城号上设计的航空专业规程得以正式化。吉尔文·斯罗尼姆上尉（USNA1936届）领导的新的无线电情报小组也登上萨拉托加号报到。斯罗尼姆在企业号上曾出色地辅佐过哈尔西和斯普鲁恩斯。通信值班军官现在增至5人，邓普斯·戈迪负责目视通信。司令部勤杂人员和陆战队卫兵基本上仍是原班人马。[1]

11特舰参谋部中最不寻常的新面孔是另一位飞行员——44岁的陆战队预备役上校梅尔文·J.马斯，他的另一个身份是来自明尼阿波利斯的共和党国会议员。马斯是参加过第一次世界大战的老兵，1926年首次被选进众议院，曾经因为在国会里说服1名疯狂的持枪男子放下武器而荣获卡内基奖。作为众议院海军事务委员会中少数党的领袖，他与委员会主席——来自佐治亚州的神通广大的民主党人卡尔·文森密切合作，通过了各种打造两洋海军的议案。马斯积极支持海军重整军备（尤其是航空力量），为扩充海军陆战队预备役出了不少力。他在20世纪30年代曾领导一支陆战队预备役航空中队，在1941年夏天曾登上企业号，与哈尔西一起在中途岛分析巡逻机运作。1942年5月马斯向国会请了长假。陆战队总司令托马斯·霍尔库姆中将请求太舰总参谋部给马斯安排工作，尼米兹表示自己将"愉快"地满足这一请求。马斯作为飞行员虽然不是特别高明，但很有干劲。他生得魁梧粗壮，爱抽雪茄而且非常健谈，不仅在政界人脉广泛，在日常生活中也很讨人喜欢。马斯在弗莱彻参谋部里的官方职位很简单——"陆战队参谋"。事实证明他是个敏锐的观察者，飞镖游戏中难缠的对手，更是不同寻常的盟友。他在当时留下的笔记虽然迄今为止不为历史学家所知，却是揭示瓜岛战役背景的无价之宝。[2]

萨拉托加号的司令区位于主甲板前部左侧，比飞行甲板低一层。弗莱彻在那

①参谋部花名册和彼得森资料集中彼得森的命令；军官履历档案中的履历，NHC；M.J.马斯上校日期不详的备忘录（约在1942年8月）中关于汉弗莱斯的引述；关于无线电情报小组，见肯尼思·E.卡迈克尔，口述历史，海军安全大队（1983年9月），RG-457。

②马斯资料集；岑普芬尼希《梅尔文·J.马斯》概述了马斯的生平，但要了解马斯与弗莱彻在萨拉托加号上共事的经历，这本传记的价值远不如马斯资料集本身。1942年6月太舰总致陆战队总司令电132129，CSCMF，卷15。

里照例拥有宽敞舒适的居住舱和备餐间，还有一个会客室和6间供高级参谋人员居住的舱室。舰长拉姆齐上校的套间位于右舷，正对着司令区。萨拉托加号起航后，他把这些豪华的住舱让给了感激万分的马斯，自己搬到改造过的舰岛里，在航海舰桥上的应急舱安家。萨拉托加号的司令舰桥在航海舰桥上面一层，有一个带掩蔽的平台整齐地环绕着编队指挥所和隔壁的舰队司令应急舱。敞开的前部天台坐落在司令舰桥顶上，取代了在最近的改造中被切除的大型战斗桅楼。瞭望哨和庞大的Mk37射击指挥仪和FD火控雷达天线都布置在这里。天台的住户们很快发现，当弗莱彻坐在室外的转椅上看电报时，他们只要把身子探出栏杆，就可以利用手中的高倍望远镜越过他的肩头偷窥。他们一直享受着这个打探内幕消息的独家权利，直到有一次枪炮长弗里蒙特·B.艾格斯少校在窥探时不小心把自己的钢盔掉到了将军身上，艾格斯不得不尴尬地下到司令舰桥捡回钢盔，事后天台上的人被严令停止偷窥。这实在是一大憾事，因为他们正在参与太平洋战争中最关键的行动之一。[1]

南下之旅

7月7日上午，弗莱彻的11特舰沿着狭窄的水道蜿蜒行进，从珍珠港驶向大海。驱一中队的6艘驱逐舰成扇面散开，以防备潜伏的日本潜艇。此时指挥驱一中队和11.4特混大队的是萨缪尔·B.布鲁尔上校。他是弗莱彻的老相识，1918年曾在老贝纳姆号上与其共事。休·W.哈德利中校的运输舰第十二分队也加入了护卫船队中。他的4艘APD原是一战时的四烟囱驱逐舰，这次是顺路空舱南下。下一个出现的是卡尔顿·赖特少将的第11.2特混大队。旗舰明尼阿波利斯号、新奥尔良号和阿斯托里亚号是巡六分队的中坚，而文森斯号曾在1942年3月随大黄蜂号特混舰队出击。惹人注目的萨拉托加号是拉姆齐上校的第11.5特混大队的唯一成员，也是整个船队的核心。而在敏锐的观察者眼里，殿后的舰队油轮普拉特号和西马仑号（拉尔夫·H.亨克尔上校的第11.6特混大队）也值得注意。有这2艘笨拙迟缓的船随行，意味着这支特混舰队将远涉重洋，也许不会很快回航。事实上，这17艘船是从夏威夷出发参加6个月的瓜岛鏖战的第一批部队。其中5艘将永远留在所罗门群岛，3艘将被鱼雷开膛，带伤回国修理。在7月8日的投弹和炮击演习中，大量航空炸弹和重型炮弹落到了夏威夷东南端附近与世无争的卡哈伊角。这天下午，弗莱彻以15节速度向西南航行，准

---

[1] 斯特恩，65、70页；斯塔尔《重返萨沃岛》19—20页。

备在7月19日到汤加塔布以西与诺伊斯会合。①

弗莱彻在7月8日晚上收到了尼米兹任命戈姆利为一号任务特遣部队总指挥的电报。戈姆利要在8月1日前后"夺取并占领圣克鲁兹群岛图拉吉和邻近阵地"。尼米兹为此提供了弗莱彻中将指挥的11特舰（这是公文中第一次提到他的升迁）、16特舰（金凯德少将）、18特舰（诺伊斯少将）和附加的陆战队部队，包括航空兵和几艘支援舰船。44特舰（此时归皇家海军少将维克多·A.C.克拉奇利指挥，他在6月接替了约翰·克瑞斯少将）将从东面的澳大利亚前来助战。尼米兹还安排了后勤支援。除了与11特舰同行的普拉特号和西马仑号，卡斯卡斯基亚号也将在7月20日左右离开珍珠港。已经部署到南太平洋的老式油轮卡纳瓦号将为18特舰加油，然后前往努美阿。为了保证油轮油料充足，租用的油轮美孚路宝号和W.C.耶格尔号将在7月22日左右从旧金山运送225000桶油到努美阿。另两艘油轮（埃索小石号和E.J.亨利号）将在8月2日带着大致相当的油料抵达努美阿。尼米兹认为必要时可以将这些租用油轮调到萨摩亚、汤加塔布、斐济或新西兰。此后他计划每月进行3次这样的运输，并根据太平洋舰队各特混舰队的请求提供航空汽油和其他必要物资。尼米兹还表示，他"可能不定期地发出与此次作战有关的其他指示"。他强调自己"完全相信"戈姆利"有能力使此次作战圆满成功"。②

7月12日，11特舰的2艘油轮在圣诞岛和坎顿岛之间的赤道上为驱逐舰和APD加了油。尼米兹通知戈姆利、弗莱彻和诺伊斯，金凯德的16特舰将在7月15日从珍珠港起航，包括企业号、战列舰北卡罗来纳号、重巡洋舰波特兰号、轻巡洋舰亚特兰大号和7艘驱逐舰。16特舰要在24日到达汤加塔布，届时被尼米兹从努美阿调到那里的卡纳瓦号和美孚路宝号将带着油料等候。但是不久就出了倒霉事，让人担心瞭望塔行动只有2艘航母可用。在7月13日夜，当11特舰接近萨摩亚时，弗莱彻得知黄蜂号右侧的高压汽轮机遇到了严重的机械故障，"证据就是轮机即使以最低速度运转也会发出响亮的刮擦声"。黄蜂号靠左侧轮机尚能维持15节航速。诺伊斯建议说，如果不得不拆下转子进行修理，应该把它拉到东南约1200海里外的汤加塔布。在惠特尼号驱逐舰供应舰的帮助下，修理大概需要四天时间。

---

① 关于11特舰的行动和构成的一般资料包括11特舰、11特舰巡洋舰司令、驱一中队和舰队油轮的战争日记。
② 1942年6月太舰总致南太司电090633，CNO TS蓝色档案和南太战争日记。实际指示函是太舰总致南太司信（1942年7月9日）。租用油轮的情况见1942年7月太勤司致圣佩德罗港务局长电012122，CSCMF，卷17。

尼米兹担心自己可能不得不用原计划留在珍珠港附近的17特舰（大黄蜂号）替换18特舰。但是这样一来用于防守的飞机就少了，即使夏威夷也可能顶不住突如其来的航母打击。[①]

7月15日，戈姆利宣布推迟原定在8月1日的D日，暂定为8月7日，而斐济的预演（燕尾槽）改到7月27日。他后来提到的理由是运输船到达惠灵顿的时间晚于原计划，而坏天气又影响了货物的装卸。考虑到准备工作之仓促，延期或许不可避免，但如果敌人迅速向所罗门群岛增兵，后果就严重了。弗莱彻在7月16日与前往努美阿的运输舰第十二分队（运十二分队）分了手。他要在汤加塔布以西等其余部队到达才能开始所罗门群岛的攻势。他晋升中将的事得到了确认。尼米兹因为对华盛顿方面的拖拉不耐烦，所以再次请求金和雅各布斯允许弗莱彻"立即"获得中将军衔。金确认弗莱彻的晋升从6月26日起生效。就这样，弗莱彻作为海军的第十七位中将获得了三星帽徽。这次晋升消除了关于他和部下（尤其是诺伊斯）在资历比较方面的所有疑问。[②]

指挥远征军

弗莱彻在7月16日收到戈姆利用电台发送的南太区作战计划1-42摘要，这封电报让他既高兴又困惑。除了18特舰外，16特舰也将接受他的战术指挥，但出乎意料的是参加瞭望塔行动的其他部队也几乎都要听命于他。戈姆利把南太平洋部队分为两支特遣部队：弗莱彻的61特舰（远征军）和约翰·麦凯恩少将的63特混部队（岸基航空部队）。61特舰包括三支航母特混舰队（11、16和18）、特纳的整个两栖部队（62特舰）和克拉奇利的44特舰。而麦凯恩的机队只有几艘水上飞机供应舰支援，只负责远程搜索和有限的空中打击。作战计划要求麦克阿瑟的西南太平洋战区航空部队"拒止"图拉吉和瓜岛以西的日军，并按麦凯恩的"安排"侦察所罗门群岛。从澳大利亚和珍珠港出发的美国潜艇将截击预计敌方从拉包尔和特鲁克出动的舰船。弗莱彻要在7月27日左右在斐济监督瞭望塔预演，在D日（8月7日）夺取图拉吉地区和"邻近的瓜岛部分地区"并建设机场，在不久以后占领恩代尼，最后防守既得阵地"直至换防"。麦凯恩除了执行常规搜索，还要"通过侦察掩护图拉吉地区

---

① 1942 年 7 月太舰总致 16 特司电 122359，18 特司致太舰总电 112241，太舰总致太勤司电 122341，18 特司致太舰总电 140510，太舰总致 11 特电 141135，CSCMF，卷 18；灰皮书，619、770、772 页；黄蜂号战争日记。
② 1942 年 7 月：南太司致太舰总电 160612，灰皮书，620 页；太舰总致舰总司电 141927，舰总司致太舰总电 151500，舰总司致太舰总电 152343，太舰总致 11 特电 170827，CSCMF，卷 18。

罗伯特·L.戈姆利中将。由国家档案馆提供 (80-G-12864)

的航道和作战", 实施空袭, "应请求提供飞机支援", 以及"从恩代尼(不晚于 D-2日)和从马莱塔(在D日)派出巡逻机侦察"。[1]

　　戈姆利希望"有关指挥官"就"航空活动"的协调交流意见。他预定在D-5日前后把南太区司令部搬到努美阿, 把从珍珠港南下的老式舰队辅助船阿尔贡号作为自己的旗舰。南太区作战计划的书面版本将在汤加塔布分发给弗莱彻、诺伊斯和金凯德, 其中将阐明后勤、通信和情报问题, 但没有就戈姆利打算如何完成任务提供更多说明。他仅仅命令"供我差遣的海军部队现任高级将领"负责"此次作战的战术指挥"而已。也就是说, 他只交代了弗莱彻和麦凯恩"要做什么, 而没说怎么做", 这与尼米兹对他的做法如出一辙。惊觉自己承担了几乎整个所罗门群岛作战的重任后, 弗莱彻在7月27日对南太区参谋长丹尼尔·J·卡拉汉少将说, 他对权责扩大很高兴, 但他本以为戈姆利会亲自行使指挥权。[2]

---

　　① 1942 年 7 月南太司致 11 特司等人电 170602, RG-313, 南太司, 南太司通信档案。
　　② 1942 年 7 月南太司致 18 特司电 172250, 南太司通信档案。南太司作战计划 1-42 (1942 年 7 月 16 日), RG-38, 作战令档案。戈姆利《潮流逆转》59 页, 藏于 NHC 的未发表的个人回忆录; 戈姆利记述, 12 页。关于 7 月 27 日的会议, 见南太司档案, 卡拉汉的会议报告 (1942 年 7 月 28 日), 副本收录于莫里森办公档案第 24 号箱和戈姆利的《潮流逆转》65—69 页。

需要解释一下戈姆利对待瞭望塔行动的甩手掌柜心态。华盛顿和珍珠港的前期策划他都没有参加。尼米兹曾讲明自己提出的纲要只不过是建议，暗示戈姆利如果愿意可以更改计划。戈姆利可以拿时间紧迫作为拒绝作重大改动的理由，但他之所以这样缩手缩脚恐怕还是缘于早先关于太平洋司令部性质的争议。尼米兹在4月初强烈要求暂时让太舰总保留对南太平洋战区活动的航母特混舰队的直接控制权，而不要将其委托给南太司。金虽然同意，但在第一次旧金山会议上明确表示，等到南太平洋攻势最终发动时，戈姆利将只服从上峰宽泛的政策指令。到了6月底，尼米兹显然认为戈姆利在南太区必须独当一面了。戈姆利当然也是这么想的，他后来解释说："我明白，除了太平洋舰队可能不定期地派到本战区的部队外，我没有任何可以直接指挥的海军部队。"然而，"当这些舰队单位处于南太平洋战区时，它们应该服从我的战术指挥（着重号是戈姆利加的）"。但是，尼米兹7月8日关于一号任务（瞭望塔）的指示信却要求戈姆利"在作战区域实施直接战略指挥，初期该区域是指新喀里多尼亚-新赫布里底群岛地区"。从各种迹象看，尼米兹并不想阻止戈姆利在瞭望塔行动的实施过程中发挥积极作用，因此他这里的"直接战略指挥"属于严重用词不当。人们有一切理由认为尼米兹希望戈姆利在南太区既实施战略指挥也实施战术指挥。他在这一阶段所有向南太区移交太平洋舰队特遣部队的命令中都表达了让戈姆利保留权力的意思。戈姆利本可以请求尼米兹就信中这个明显的矛盾之处做出澄清，从而确认自己有更大的直接指挥权。①

也许戈姆利的消极态度的另一个原因是他对瞭望塔计划的看法。在6月26日首次听说这个计划时，他"立刻理智地判断出我们远没有做好发动任何攻势的准备"。有个观察者说他"惊得目瞪口呆"，事实上其他人也是一样。在7月8日，戈姆利和麦克阿瑟共同向金和尼米兹说明了他们对这次攻势的意见。要完成全部三个任务，可供调用地面部队是"足够"了，但运输这些部队及其给养的船只却未必够。而真正的问题是陆基飞机以及舰载机。一号任务要求两栖船队和支援航母在目标地区停留36~48小时，"它们将处于所有支援飞机的保护圈外，暴露于敌方空中、水面和水下的持续攻击下"。而麦克阿瑟的空中力量不足以阻止日军对图拉吉投入大批海空兵力。航母"本身将在失去我方陆基航空兵保护的情况下受到敌军陆基飞机攻击"，因此"它

---

① 太舰总致未来南太平洋战区暨南太平洋部队司令——美国海军中将罗伯特·L.戈姆利信，（1942年5月12日），副本藏于作战令档案。戈姆利《潮流逆转》24页；1942年7月太舰总致南太司电090633，CNO TS蓝色档案。前美舰总亨利·A.威利上将在他的回忆录《来自德克萨斯的海军上将》287页中对"战略指挥"吐槽："除了每年让舰队集中一次，总司令还要行使所谓的'战略指挥'，不管指什么，反正不是战术指挥。"

们极有可能无法为运输船所在区域提供战斗机掩护，尤其是在敌海军部队逼近的情况下"。由于"敌方目前侦察范围很广"，出其不意是"不可能的"。①

各自"独立地"得出上述结论并在墨尔本当面"确认"后，麦克阿瑟和戈姆利建议推迟一号任务。"在不能合理保证每一阶段有足够空中掩护的情况下"蛮干意味着"极大的风险"。敌人最近在珊瑚海和中途岛的失败无可辩驳地证明了缺乏适当准备的两栖攻势会有什么下场。盟军若不能在战斗刚打响时就突袭拉包尔（他们的兵力不足以实施如此大胆的行动），日方就可能火速向所罗门群岛派出大量飞机和军舰，从而"使先头攻击部队面临被压倒优势的敌军打垮的危险"。因此应该将一号任务"推迟至部队进一步增强时"，使全部3个任务能"在一次不间断的行动中"执行。在此期间，戈姆利将加强新赫布里底群岛并占领圣克鲁兹群岛，而麦克阿瑟会加快新几内亚东部的机场建设。在征得"尚未抵达"的两栖部队和航母部队指挥官的意见后，关于进攻计划的一些细节可能更改，但总体的悲观评价不会变。此时戈姆利还没有流露把整个登陆作战的战术指挥权交给"航母部队指挥官"的意愿。

金不容许一号任务有任何拖延。现在不是需要如此小心谨慎的时候，金本人信心十足地认为3个任务都将迅速而顺利地完成。仗着有参联会的令箭在手，他向戈姆利、麦克阿瑟和尼米兹强调必须按计划实施瞭望塔行动，以防敌人巩固在所罗门群岛的据点。尼米兹应从珍珠港提供第3艘航母和35架B-17，而补充飞机的速度也将加快。戈姆利意识到任何无正当理由的延期都会使自己被就地免职。"考虑到最近了解的敌军部署，"他在7月12日声明，"我认为南太区目前有望动用的手段已足以完成一号任务。"但前提是麦克阿瑟必须有"足够手段限制驻扎在新不列颠—新几内亚—北所罗门群岛地区的敌机活动"。"此次作战的根本问题是在接近、登陆和卸载过程中针对陆基飞机保护好水面船队。"在很久以后，戈姆利为自己原先推迟进攻的提议作了坚决辩护。由此看来，当他把瞭望塔行动的大部分战术指挥权交给弗莱彻时，他心里肯定对整个作战计划有着深深的忧虑。某些人也许会不客气地指出，戈姆利此举本质上是在告诉金和尼米兹：既然你们不同意我对局势的估计，那就让你们的人来唱这出戏吧。不过我们必须注意到，让戈姆利如此放心不下的正是陆基航空兵的威胁。有鉴于此，以下解释似乎也说得通：他希望给航母指挥官灵活应对威胁或在局面对航母过于不利时撤退的权力。②

---

① 戈姆利《潮流逆转》40页；杰拉德·C.托马斯未发表的手稿《关于椰子及其序曲》7页，托马斯资料集。1942年7月麦克阿瑟-戈姆利致舰总司、太舰总司和参谋长电081012系列，CNO TS蓝色档案。

② 海斯，148—153页。杰弗里·G.巴罗个人通信。他是对太平洋战争中美国海军战略最有见地的历史学家。1942年7月：舰总司致南太司电102100，南太战争日记；南太司致舰总司电112000，南太司通信档案。

戈姆利在8月2日对尼米兹解释说："在我们正在策划的这类作战中，战略控制必须以通信尽可能完善为前提。现代指挥官在这种条件下不能待在出海的军舰上，因为在船上要优先保证无线电静默，而他的部队又非常分散，要求他完全依赖通信来掌握情况。"由此看来，戈姆利不愿行使直接指挥可能是因为他考虑到自己的通信确实远称不上"完善"。保证无线电静默的要求意味着他经常只能依据"他的作战令和一些猜测"来想象"战术态势"。但是他却忘了，同样的条件也限制着弗莱彻，只不过弗莱彻比他的上司更无奈，甚至连发送自己的电报都要冒着泄露自身位置的风险。①

实际上戈姆利将弗莱彻置于尴尬境地。通常负责战术指挥的军官能够随时联系到所有主力部队。珊瑚海之战以后，弗莱彻和另一些人建议让作战总指挥在岸上协调各种事宜，因为在岸上很可能比在航母上更了解全局。而且他可以自由地发布命令，而不必担心暴露自己。但如果弗莱彻待在萨拉托加号上，无线电静默的要求将使他几乎不可能管理手中突然扩大的指挥权。与此同时，他所处的位置又使他被排除在策划过程之外。由贝茨准将和沃尔特·D·伊尼斯中校执笔的海军军事学院对萨沃岛之战的分析指出，根据日后的战斗经验，"战术总指挥"最好乘坐重巡洋舰，这样既可在登陆时与两栖部队共同作战，又可在敌军舰队出现时加入掩护部队。但他们却赞成将整个远征军交给弗莱彻，尽管他是"将领中唯一经过实战考验的航母特混舰队司令"。"把他留在航母上比让他自由地前往他想去的地方更有意义"——这里所谓"他想去的地方"是指和两栖部队一起到真正的"激战现场"。这些话是不折不扣的事后聪明。戈姆利和弗莱彻都充分预料航母会遭受攻击，认为在航母上就能遇到足够的"激战"。谁都没有想到，日本人不仅在战前没有，在登陆阶段也没有找到美国航母。②

贝茨和伊尼斯的话表明他们完全误解了弗莱彻的航母所承担的角色。61特舰航空参谋彼得森在1944年的一次讲座中解释说："总的来讲航母的任务分为两部分：一是为攻岛行动提供空中支援，二是在此后阻止日本人夺回瓜岛的一切大规模尝试。"弗莱彻肯定准备在登陆阶段或不久以后打一场航母大战。他留在航母上不仅是出于选择，更是非常必要的。如果尼米兹了解并批准了戈姆利的指挥结

---

① 戈姆利致尼米兹信（1942 年 8 月 2 日），尼米兹资料集；卡拉汉会议笔记（1942 年 7 月 28 日）。
② 美国海军军事学院（理查德·W·贝茨准将和沃尔特·D·伊尼斯中校），《1942 年 8 月 9 日萨沃岛之战战略和战术分析》18 页（以下称贝茨和伊尼斯）。

构，他也许会让弗莱彻和特纳一起南下监督细节策划。在这种情况下，他将不得不任命另一位将军担任11特司，并把打击部队托付给没有经验的诺伊斯。这并非他所乐见。[1]

收拾败局

在5月下旬的美好时光里，日方军令部曾设想在中途岛顺利取得决定性胜利后转而经营东南方面。在7月初将兵分四路从新喀里多尼亚发起进攻，以使陆基航空部队能封锁北珊瑚海。不久以后，莫尔兹比港将被又一次从海上发起的突击攻克。最后，将通过攻克斐济和萨摩亚（FS作战）完成对澳大利亚的孤立。临近年底时，联合舰队就可开始攻略夏威夷群岛。但中途岛之战沉重打击了这些狂妄之徒。一方面失去4艘精锐航母使航母舰队实力大减，另一方面大量飞机的战损也使整个日本海军长期被飞机短缺问题困扰，而日本低下的飞机产量只是杯水车薪。人员方面的情况也好不了多少，航空部门训练出的海军飞行员连保证现有部队满员都不够，更谈不上满足未来的扩军需要。

由于中途岛的惨败，不得不对战略作全面的再评估。6月11日，大本营宣布将FS作战推迟两个月。在此期间，第十七军将通过巴布亚北岸对莫尔兹比港发起陆上进攻（RI作战）。基地航空队将在以萨摩亚为目标的渐次攻势中充当"主要动力"。集中在图拉吉和瓜岛的空中力量将首先支援攻占埃法特的行动，然后跃进至新喀里多尼亚和斐济，最终拿下萨摩亚。6月17日，高层制定了SN作战（"所罗门群岛—新几内亚"）方案。瓜岛上的伦加点最迟要在8月中旬进驻27架战斗机和27架中型轰炸机，并在一个月内增至45架战斗机和60架中型轰炸机。第一支有分量的部队在7月1日抵达瓜岛。而SN作战的主力船队于6月29日离开特鲁克，但因为担心并未发生的美军拦截，到达时间推迟至7月6日。船上近2600名工兵在大约250人的作战部队护卫下，在伦加建起精心构筑的营地，并在附近动工建设机场和一条用于迷惑盟军轰炸机的假跑道。[2]

7月1日，大本营正式取消FS作战。此时印度洋显得比太平洋更有前途，以缅甸

---

① 奥斯卡·彼得森中校《航空作战》，陆海军参谋学院讲座（1944年1月13日），彼得森资料集。莫里森《美国海军作战史》4：268—269页称，特纳"从出航时起就拥有完全的自主权"，因为弗莱彻"实际上仅将其指挥限于3个航母群"。其实在当时的形势下，弗莱彻除了留在航母上别无选择。特纳并没有行使"完全的自主权"，因为他是按照弗莱彻批准的计划行事。

② 日本《战史丛书》49：364—369页、377—389页。

为基地的巡洋舰和驱逐舰正准备加大对英国贸易航线的袭击力度。7月14日，日本海军实施了大面积重组。指挥基地航空队的**塚原二四三**中将接管了南洋战区，而该战区此时也分为内南洋部队（井上的第四舰队）和三川军一中将统领的外南洋部队（第八舰队）。这一安排使三川能够对新几内亚、新不列颠和所罗门群岛的海军作战进行直接控制。他的水面舰队包括重巡洋舰鸟海号和美军的老冤家第六和第十八战队。在8月，第六空袭部队（第二十六航空战队）的战斗机、中型轰炸机和水上飞机将从本土调到所罗门群岛，而第五空袭部队将在新几内亚集结。第十七军前往拉包尔组织对莫尔兹比港的陆上突击。第一阶段的任务包括在巴布亚北岸的布纳建立补给基地和机场。部队将从布纳南下，翻越险峻的欧文·斯坦利山脉，从北面威胁莫尔兹比港。当海军最终控制北珊瑚海后，三川也将执行对莫尔兹比港的又一次两栖攻击。先头船队在7月21日抵达布纳。船只源源不断地将人员和给养运到布纳，大军迅速南下，朝着位于群山之间的科科达进发。[1]

美军攻击图拉吉和瓜岛的瞭望塔行动只是针对所罗门群岛、新几内亚和新不列颠的瘟疫攻势的第一阶段，这次攻势的发动是因为麦克阿瑟、金和尼米兹相信夺取拉包尔要塞的道路已经打开。瞭望塔将成为盟国赢得太平洋战争的大反攻的开端。但是在7月，当戈姆利还在集结远征军时，日军实力已经恢复到一定程度，很快就能巩固他们在所罗门群岛的防御。无线电情报和空中侦察提供了大量线索，预示着敌军将朝新几内亚推进并冲出所罗门群岛。麦克阿瑟在7月13日提醒说，瓜岛上的一个"大型前进航空作战基地"将威胁埃法特和新喀里多尼亚西北部。在19日，太舰总战争计划处告诉尼米兹："现在就是要与时间赛跑，看我们能不能靠现有部队及时赶走（日本人）。"麦克阿瑟似乎对新几内亚不是十分担心，8月中旬在那里的布纳建立的机场将揭开瘟疫行动二号任务的序幕。日军突然占领布纳是令人特别不快的意外。此外，麦克阿瑟也没有意识到他将面临一场在高山密林中进行的苦战，敌军将会推进到距莫尔兹比港只有20海里的地方。尼米兹显得更有先见之明。他在7月17日提醒金："认定敌人不会尽一切努力恢复被我们夺取的阵地是危险的。"如果华盛顿方面不能从美国"稳定地补充"部队和飞机来有力支持此次进攻，"我们不仅无法实施二号和三号任务"，"甚至可能无法保住我们已占领的阵地"。[2]

---

① 日本《战史丛书》49：367—368 页、389—407 页。

② 1942 年 7 月西南太总致南太司电 131147，CSCMF，卷 18。灰皮书，776 页；灰皮书中所载 1942 年 7 月 17 日信中文字，774—775 页。

第二十二章

七·二七会议

集结部队

戈姆利在7月18日指示弗莱彻在汤加塔布以西等待诺伊斯和金凯德出现，然后组成航母打击部队。稍后，特纳的两栖船队和克拉奇利的巡洋舰队将与他会合。因此，在此后的一个星期里，弗莱彻除了独自拟定计划外没有什么可做的。7月21日，普拉特号将自己剩下的油转给西马仑号，然后带着一艘驱逐舰前往努美阿找W．C．耶格尔号补油，预定在7月底返回。因为61特舰的会合点在汤加塔布以西300海里，所以全军行程最远的是位于惠灵顿的特纳部。弗莱彻得知特纳可能在7月26日到达集结区域，便把大会师时间设在当日下午，合并后的舰队将到西北方的斐济执行预演。①

7月18日，诺伊斯的18特舰带着重症缠身的黄蜂号和运二分队在汤加塔布下了锚。黄蜂号的轮机兵出色地完成了给右侧高压汽轮机拆卸转子并更换叶片的繁重工作。7月21日，黄蜂号的速度已可达25节。太舰总无疑躲过了一劫。尽管如此，黄蜂号动力装置的长远可靠性仍值得怀疑。如果微风迫使它以高于25节的速度长时间航行来起飞满载的飞机，它恐怕坚持不了多久。诺伊斯建议"在完成现已开始的任务后一有机会"就把它开回珍珠港。7月23日，18特舰（欠运输舰队）与11特舰接上了头。次日弗莱彻把文森斯号拨给诺伊斯，并派赫尔号驱逐舰去苏瓦接重要的访客。②

金凯德在7月15日离开珍珠港，他预计前往汤加塔布的航行只是例行公事。途中北卡罗来纳号和波特兰号"以惯常的效率"（皇家海军联络官兰恩中校的赞赏之语）为驱逐舰加了油。盛行的微风使金凯德不得不提高航速来进行起降作业，消耗

---

① 1942 年 7 月南太司致 11 特司电 180558，南太司通信档案；普拉特号和西马仑号战争日记。

② 黄蜂号战争日记。1942 年 7 月：18 特司致南太司电 182230，灰皮书，622 页；18 特司致南太司电 210802，灰皮书，626 页；18 特司致南太司电 211106，南太司通信档案。

了超出他期望的油料。他在7月23日吃惊地发现，虽然汤加群岛位于180°子午线以东，汤加塔布的当地时间却是东12区时间。日期变更线向东拐了个弯，把这个群岛划到了东12区。因此16特舰已经迟了一天。"我们对此事守口如瓶，"金凯德后来写道，他怀疑"尼米兹和弗莱彻直到今天都不知道。"在7月25日，他发现汤加塔布的港湾里排满辅助船只，便开始让缺油船只从卡纳瓦号、美孚路宝号、惠特尼号和军需船毕宿五号加油。北卡罗来纳号只加到60%。为了赶上预定的会合时间，16特舰在日落前就离开了锚地，因为大型舰船天黑后在港湾水道中行动困难。金凯德在7月26日欣慰地见到了其他舰队，他让辅助船只去迎接特纳的62特舰，自己在11特舰右侧八海里占定位置。后来他把自己迟到的原因归结为汤加塔布的大雾，但他回忆道："弗莱彻怀疑地看着我，说：'我们在热带没见过雾。'"①

特纳从珍珠港出发长途飞行，途中为了躲避风暴几经曲折，直到7月15日才在奥克兰向戈姆利报到。两天后在惠灵顿，他在麦考利号上升起了将旗。包括该舰在内的8艘运输舰和4艘货轮分属于运八分队和运十分队，它们匆忙搭载了新近抵达的陆战队第一师的人员、装备和给养。这个师的师长是能干的亚历山大·阿彻·范德格里夫特少将，由于生性开朗而有"阳光吉姆"之称。助理作战参谋梅里尔·特文宁中校认为彬彬有礼的范德格里夫特与他们的新任两栖舰队司令形成鲜明对比："一个举止粗俗、嗓音刺耳、态度傲慢的人，像旧海军的蛮牛式舰长一样喜欢仅靠抬高嗓门和咆哮来解决所有问题。"特文宁认为特纳的"同僚们明白这一点并重视他的价值，他是个优秀而坚定的领导者，还有着不错的头脑——当他选择使用它的时候"。范德格里夫特的参谋部已经开始拟定图拉吉—瓜岛作战的详细计划。他们对特纳的恩代尼方案充满怀疑，因为它从主要突击方向调开了重要的部队。他们的机动方案是把全师大部用于伦加以夺取至关重要的机场，但不是通过正面强攻的方式。登陆将发生在5海里以东的红滩。现在两栖部队和陆战师的参谋部必须拟定行动计划。他们的时间不多。与华盛顿的部分高官不同的是，范德格里夫特非常清楚任务的关键部分将有多难。他并不相信海军会全力支援他。而最终发生在瓜岛的事件只会增加陆战队中普遍存在的怨气。②

特纳在7月22日带着62特舰和44特舰离开惠灵顿。克拉奇利的44特舰是美澳混编

---

① 16特舰战争日记；金凯德回忆录，191—195页；（皇家海军）舰队情报通报第8号，舰队作战，中部和西南太平洋——（M．B．兰恩中校关于美国军舰北卡罗来纳号的报告），藏于澳大利亚档案，国防部MP1857（海军办公室，历史记录档案），文件108A，由皇家澳大利亚海军退休准将布鲁斯·洛克斯顿提供，以下简称为兰恩报告。
② 关于特纳的一般活动，见南太平洋战区两栖部队司令（南太两司）（62特舰）战争日记。特文宁，43页。

舰队，包括重巡洋舰澳大利亚号、堪培拉号、芝加哥号和盐湖城号，轻巡洋舰霍巴特号和9艘驱逐舰。1942年2月晋升为少将的维克多·亚历山大·查尔斯·克拉奇利时年48岁，是一位声名显赫的皇家海军军官。他在1918年5月封锁奥斯坦德的失败行动中凭借非凡的勇气和杰出的航海技术获得维多利亚十字勋章。1940年他担任著名的老战列舰厌战号的舰长，并带着它参加了纳尔维克的战斗。克拉奇利身材高大，留着用来掩盖伤疤的络腮胡。他足智多谋、举止谨慎，对待策划和作战一丝不苟，给美国同行留下了深刻印象。[1]

7月26日下午，弗莱彻的所有舰队都按时抵达了汤加塔布以西、斐济以南350海里的会合点。71艘舰船云集的场面展示了令人震撼的海军力量。运二分队、运十二分队和第二水雷中队转到特纳麾下，特纳则将盐湖城号交给18特舰。各舰队在保持大体接触的情况下运动，等着它们的领导决定究竟如何运用这些海军利器。

将星聚会

7月21日，戈姆利在遥远的奥克兰指示弗莱彻、特纳和麦凯恩的"幕僚代表"进行战前会商。1艘驱逐舰将在7月26日到苏瓦捎上麦凯恩"和／或参谋部成员"，并在次日上午送他们去61特舰。"如果可行"，戈姆利自己的"幕僚代表"将与麦凯恩等人同行。戈姆利自己不打算出席，甚至有可能不派遣任何高级幕僚。对此弗莱彻当然无法接受。他迅速回复说自己将"在会合后尽早找机会"在其旗舰上召开会议，而"与麦凯恩和你的代表早日会商有非常重要的意义。"弗莱彻、诺伊斯和麦凯恩的会面将是1906届毕业生的小团聚，但不可思议的是，他们的同班同学戈姆利却不愿在其生涯中最重大的事件发生前放下行政杂务，抽空与手下的高级将领会晤。可能只是由于弗莱彻的一再坚持，他才派自己的参谋长丹尼尔·卡拉汉少将从奥克兰坐飞机赴会。[2]

7月27日上午，与会者集中到了萨拉托加号上。诺伊斯和金凯德分别从黄蜂号和企业号赴会。特纳、范德格里夫特、卡拉汉和幕僚与麦凯恩同乘赫尔号。在客人登船时萨拉托加号显得很不客气，它的横摇使麦凯恩"腰部以下都泡在海水里"。弗莱彻说了几句场面话迎客，随后便把除部队主将和参谋长之外的人员都打发到舰长居住

---

① 洛克斯顿与库特哈德－克拉克《萨沃之耻》28—30页。

② 1942年7月：南太司致61、62和63特司电210630，南太司通信档案；11特司致南太司电210820，灰皮书，626页。莫里森《美国海军作战史》4：280页说，当时戈姆利正忙着"飞赴努美阿，登上他的旗舰阿尔奇号"。其实戈姆利直到卡拉汉回来报告以后的8月1日才离开。1942年7月南太司致南太部队司令电310537，CNO TS蓝色档案。戈姆利在《潮流逆转》64页说："我渴望出席此次会议，但我发现要抽出必要的往返时间而不造成工作延误是不可能的。"

这张美国海军萨拉托加舰（CV-3）的照片摄于1942年9月17日，它是弗莱彻在1942年7—10月的旗舰。由海军军事学院提供，阿奇博尔德·H.道格拉斯上校收藏

区，在那里马斯上校已经摆下自助午餐恭候多时。下级军官们用过饭后，将另开会议讨论情报、通信和相关事宜。特文宁企图"装傻"和将军们待在一起，但弗莱彻点了他的名，"礼貌地建议"他去吃些点心。在舰长居住区，特文宁发现自己的上司杰拉德·C.托马斯中校与马斯"相谈甚欢"，马斯"对我们要讲的意见很感兴趣"。[①]

高级军官们闭门商议了近4个小时。当时留下的唯一记录出现在卡拉汉提交给戈姆利的笔记中。当与会者后来谈起此次会议时，他们当然早已知晓两周后发生在萨沃的灾难（尽管当初无人料及）。范德格里夫特1964年的回忆录把此前未曾与他谋面的弗莱彻描写为"仪表堂堂"，但显得"紧张而疲惫"。他声称弗莱彻意外地"显得对即将发动的作战缺乏了解和兴趣"。更糟的是，弗莱彻"很快就让我们明白，他认为这次作战不会成功"。对他这种"强硬表达出的武断的反对意见，我们尽自己所能作了反驳，但显然没能起到多大的作用"。特纳在1945年指责弗莱彻"提了很多反对执行这个计划的意见"，还说弗莱彻把"挑起整个事端"的罪过加到他头上。特纳则"仅仅"回答他们是奉金的命令行事。他对自己的传记作者戴尔说，他对弗莱彻深感失望，但由于戈姆利不闻不问而申诉无门。"我跟谁去说？我又有什么资格说？弗莱彻是我的老上级，也是当时我们海军战斗经验最丰富的指挥

[①] 萨拉托加号和赫尔号航海日志；特文宁，45页。美国海军预备役中尉弗兰克·O.格林日记（1942年7月27日），通过弗兰克·O.格林获取。他是VF-5的飞行员，目睹了麦凯恩泡水的"刺激事"。

官。既然他做出了这样的判断,我的职责就是接受。"也许特纳确实"接受"了,但他嘴上可没饶人。他的参谋长托马斯·G.佩顿上校对戴尔谈起这次会议时,把它描述为"一次漫长而激烈的争吵"。他"对这两个将军互相说话的口气感到震惊和不安","从未听过这样的对话"。弗莱彻质疑"即将发动的整个作战行动","不断暗示这是特纳的主意,并指出策划人员都没有实战经验"。因此他"似乎是在怀疑计划制定者的能力"。不仅如此,弗莱彻还抱怨这次作战"过于匆忙,因此计划不够细致,整个特混舰队没有搞过合练,而后勤支援也不足"。特纳只是"一味地强调'事情已经敲定了。我们的任务就是把它搞成。'"①

另两个与会者对会议气氛的回忆则大不相同。金凯德被戴尔描述为比佩顿"更习惯海军大人物的会议上激烈的交锋",他在叙述这场"与其说唇枪舌剑,不如说讨论热烈"的会议时提供了"冷静得多的视角"。特纳"提出了大量要求,其中很多没有得到满足,因为它们不在可能的范畴内"。在会议结束时,金凯德不经意间听到特纳问范德格里夫特:"我干得怎样?"范德格里夫特回答:"挺好。"这也是金凯德的"个人评价"。弗莱彻自己则在1947年对汉森·W.鲍德温说:"当时特纳和我之间没有发生任何摩擦。"他在1947年告诉戴尔:"凯利不是婆婆妈妈的人,他在开会时总是有话直说。不过讨论中没有怨气。大家就应该做什么和能做什么热烈地表达了很多意见。"弗莱彻天真地低估了特纳的怨毒和阴险。②

金凯德注意到,作为一次"最终会议",这场会谈"多少有点不寻常"。计划是"匆忙拟定的","许多细节还有待研究"。考虑到作战规模以及这是美国自1898年以来第一次两栖进攻,金凯德已经说得非常客气了。他指出:"我们有些人直到此时还不知道要制定的程序。"这里面就包括了弗莱彻,既然特纳和范德格里夫特制定计划时他远在天边,那么他对行动细节"缺乏了解"是完全合乎情理的。而从他对新下属提出的关于侦察的问题来看,说他缺乏兴趣是站不住脚的。事实上,弗莱彻对这次作战非常感兴趣。与先前在珍珠港时不同,他发现自己要负责的远不止航母,但因为被束缚在航母上,他控制其余部队的能力有限。遗憾的是特纳、范德格里夫特和佩顿把他的疑问当成了对他们个人的侮辱。因为弗莱彻伤害了他们脆弱的感情,他们才会抱怨"武断的反对意见"、"很多反对执行这个计划的

---

① 卡拉汉会议笔记(1942年7月28日);范德格里夫特《陆战队往事》120页;太两司行政管理史,46页;戴尔,1:301—302页。

② 戴尔,1:301—302页;弗莱彻致鲍德温信(1947年7月8日)。

意见"和对"即将发动的整个作战行动"的明显质疑。其实弗莱彻是在利用这个唯一的机会对他们的计划作透彻但不一定礼貌的评判。①

弗莱彻在会上把卡拉汉拉到一边,向他表达了自己对于获得"这次作战的战术指挥权"的欣喜之情。但是,他也表示自己本以为戈姆利"会行使这一权力"。南太司应该"在他认为必要的情况下毫不犹豫地更改战术部署",因为他"所处的位置可能对于把握全局要有利得多"。不过,卡拉汉"希望需要实施这类行动的情况不要出现"。弗莱彻应该用飞机将消息送到岸上转发以使戈姆利及时了解情况,并"承诺利用一切机会这样做"。卡拉汉还向他的上司报告说,"我们还没有拿到特纳的作战令的许多附录和弗莱彻将军的作战令"。但是,他们"已经承诺在7月31日把所有这些文件送到苏瓦",由麦凯恩通过飞机转运到努美阿。②

卡拉汉的笔记证明会上讨论了大量事宜。有必要在此处探讨与弗莱彻和航母关系最大的五个话题,为读者提供理解日后决策的必要背景。

确定航母的任务

至少从日后的评论来看,在众多问题中争议最大的就是航母对两栖部队的空中支援。特纳和陆战队人士多年来一直谴责弗莱彻关于航母的表态和他后来撤离瓜岛的行为。要确定他们的指控是否有道理,就必须了解弗莱彻在当时所认定的事实,同时不要忘记,他声称尼米兹就航母部署提出了和中途岛一样的要求。"你要遵循有计划地冒险的原则,你应将此原则理解为如果使你部暴露在优势敌军攻击下的举动并不能带来给敌军造成更大损失的良好机会,就应避免这样的举动。"此外,海军的主力刚刚发生了根本转变。航母取代战列舰承担起首要战略角色,它们的主要对手是敌军阵中的同类,因此它们只应在合适的情况下投入战斗。但是为了给两栖进攻提供空中支援,现存的少数大型航母又不得不充当开路先锋。正如日本人在中途岛所发现的,这样的双重角色虽有必要,却也蕴含着巨大的危险,还使航母在作战中可能和必须的运用方式大大复杂化了。③

在7月15日为弗莱彻准备的一份备忘录中,马斯认为趁日方在南所罗门群岛立足

---

① 金凯德回忆录,207页。

② 卡拉汉会议笔记。在戴尔,1:302页中提到,弗莱彻曾希望戈姆利到萨拉托加号上与他一起指挥,但从弗莱彻在会议上对卡拉汉说的话来看,此说并无根据。

③ 太舰总指令(1942年5月28日)。记者克拉克·李记录了他与弗莱彻手下一个年轻参谋的对话,他曾因为威克岛解围失败责怪过对方。"眼下这次任务又怎样……我们会拿这艘航母冒险吗?"那个参谋回答:"不到万不得已就不会。"李《他们叫它太平洋》323—324页。

未稳发起快速突袭可以取得战略突然性。但是成功取决于支援飞机（包括舰载机和陆基飞机）能否击溃"所有初期抵抗"，使两栖部队能"迅速而利索地"执行其使命。如果失败，可能意味着损失重要物资、航母和精锐陆战队，甚至使整个南太平洋陷入险境。因为盟军在初期将会拥有很大的兵力优势，所以马斯断定突然性虽然"非常重要"，但"并非绝对不可或缺"，只要将敌人的预警时间压缩到短短几天即可。"远比这更重要的，"他强调，"事实上可能生死攸关的是，决不能让敌方行动出乎我方意料。必须做好一切防备，以免我们自己的部队遭到突袭或被诱入陷阱"。弗莱彻在珊瑚海和中途岛都做到了攻其不备，他当然明白"负责任的指挥官"必须对敌航母突然出现在所罗门群岛的情况做好准备。他后来解释："我们都预料在登陆后不久它们就出现。"一旦日本人意识到盟军返回所罗门群岛是为了长期控制当地，就会全力反扑，但预见到这一点的高级将领只有寥寥数人，而弗莱彻是其中之一。[①]

弗莱彻考虑过两套部署航母的方案。在第一套方案中，航母将从D-5或D-6日起打击目标地区，在D-2或D-1日轰炸滩头阵地。此方案将给日方提供充分的预警时间，使其能够增兵应对。第二种选择是寄望于奇袭，依靠岸基飞机削弱敌人的侦察能力，利用夜色掩护接近目标。航母空袭和军舰炮击将等到D日黎明才开始。"这将使损失飞机以及攻击部队的风险大大增加，"马斯写道，"但可最大程度降低敌援军在我方完成任务前成功反击的危险。"弗莱彻倾向于第二套方案。由于图拉吉和瓜岛之间的水域很狭窄，航母只能从东边马莱塔近海或瓜岛以南的珊瑚海中支援登陆。马斯建议选择后一位置，他考虑把11特舰（萨拉托加号）和诺伊斯的18特舰（黄蜂号）共同部署到图拉吉以南75海里。它们将打击地面目标并为自身和远方的登陆部队提供战斗机掩护。另一方面，金凯德的16特舰（企业号）将在另两艘航母以东550海里处活动，搜索北侧半圆并在发现敌航母后予以打击。为了填补被调去对岸轰击的3艘巡洋舰的空缺，马斯建议用16特舰的北卡罗来纳号和2艘驱逐舰加强主力部队。弗莱彻也对新式战列舰能否真正加强航母特混舰队感到好奇，他询问了萨拉托加号的副舰长加图·格洛弗中校，后者劝说道："带上它吧。有它在附近，那强大的防空火力能帮大忙。"在D日晚些时候，如果侦察和情报都证实没有敌情，16特舰可以参与攻击岸上目标，加快攻占敌阵地的速度。[②]

弗莱彻的航空参谋彼得森少校负责处理必要的组织和战术细节，以便航母执行

---

① 马斯上校，形势估计（1942年7月15日），马斯资料集；弗莱彻致鲍德温信（1947年7月8日）。
② 马斯估计（1942年7月15日）。格洛弗《大胆指挥》37页。

其分配到的任务。他在拟定初步航空计划时还不确定企业号会不会参战。因此他费了很多心思研究如何仅靠萨拉托加号和黄蜂号完成多重任务，包括为登陆提供空中支援，为航母和登陆部队提供战斗机掩护，实施侦察，以及保持预备队以对付可能出现的敌航母。由于美国飞机（特别是战斗机）的续航时间有限，航母必须在白天停留在距登陆滩头80海里的范围内。这就要求航母从黎明到黄昏作长途穿梭，活动强度超出以往任何时候。彼得森建议仅在D日一天让所有战斗机在黄蜂号上起降，俯冲轰炸机和鱼雷机在萨拉托加号上起降。这一部署调整将在各航母起飞D日首批飞机后实施，并持续至近黄昏时。他估计这样一来，假若黄蜂号恰在当天沉没或失去战斗力，大多数战斗机应该仍在空中。以前海军也曾尝试过如此激进的航母舰载机配属组合，但弗莱彻希望在就彼得森的意见做出决定前听听诺伊斯的想法。①

在7月20日，即会议一周前，特纳提交了他的62特舰的编组方式和对空中支援的要求。他把部队编为2个运输群：X群（10艘运输舰、6艘货轮）用于瓜岛，Y群（3艘运输舰、4艘高速运输舰）用于图拉吉。弗莱彻要为X群提供3艘重巡洋舰和4艘驱逐舰，为Y群提供1艘轻巡洋舰和2艘驱逐舰。5艘DMS高速扫雷舰和由3艘重巡洋舰、8艘驱逐舰组成的护卫船队也将为登陆船队提供保护。特纳希望有一个VF中队和3个VSB中队提供近距空中支援，"（在）D日的头2个小时每种机型还要各增加一个中队"。运输船队的战斗空中巡逻应由2个VF中队组成。"在白天"空中应有"大约半数可用飞机不间断地"活动。弗莱彻在7月21日通过汤加塔布的电台回复说，他"基本上"同意这个计划。他指定了阿斯托里亚号、昆西号、文森斯号和4艘驱逐舰组成X火力支援群，圣胡安号（以及斯科特少将）和2艘驱逐舰则分配给Y群。克拉奇利的44特舰（欠盐湖城号）将组成护卫群。弗莱彻将在即将召开的策划会议上宣布他会提供多少飞机。特纳的要求其实很含糊，他使用了"中队"一词，而没有说明需要的飞机数量或架次。航空计划的制定者需要更具体的信息。②

7月21日这天，萨拉托加号由于坠机事故损失了5架F4F。彼得森搭乘送电报的TBF去汤加塔布向诺伊斯介绍情况，并拿到了南太区作战令1–42的全文。诺伊斯让彼得森在当天下午带回他的回信，信中他表示自己对即将发动的作战的了解仅限于电报中的内容，希望"研究准备工作"直至22日。另一方面，彼得森更新了他的航

① 彼得森资料集中未注明日期（约在1942年7月初）的手抄航空作战计划初稿，弗莱彻或刘易斯曾在其上批注"好极了"。

② 1942年7月南太两司致11特司电200135，11特司致62特舰电210948，南太司通信档案。

空计划草案，将企业号也考虑在内。他现在建议让3艘航母在一起行动，它们在D日黎明时的出发阵地比原计划偏西，也就是位于瓜岛西南海岸附近，东北距图拉吉约75海里。航母可以从该位置迎着盛行的东南风行驶，与目标地区保持75~80海里的距离。彼得森建议的航母阵形是以11特舰（萨拉托加号）居中，18特舰（黄蜂号）和16特舰（企业号）分居两侧，与其拉开4~6海里的距离。最初黄蜂号的42架飞机将攻击瓜岛上的伦加点，而企业号的39架飞机将袭击图拉吉。萨拉托加号的22架F4F将为航母和运输船队进行战斗空中巡逻，同时8架TBF将侦察北侧半圆。日出一小时后，萨拉托加号的第二波37架飞机将攻击瓜岛，这一次它的飞行大队长将协调空袭行动。与此同时企业号将以31架飞机再次打击图拉吉，并派出自己的飞行大队长进行指挥。黄蜂号将回收萨拉托加号以及自身的战斗机，而它的SBD和TBF在D日余下的时间里都将在萨拉托加号上起降。黄蜂号和萨拉托加号都将支援伦加并进行战斗空中巡逻，把图拉吉留给企业号。马斯和辛德勒搭乘7月22日往返于汤加塔布的飞机，把航空计划草案交给了诺伊斯。①

诺伊斯在7月24日飞赴萨拉托加号与弗莱彻面谈了5个小时，其间只在吃午饭和玩作为保留节目的飞镖游戏时放松了一下。弗莱彻正式指定诺伊斯为航空兵司令，要求他在"接到指示时"接管3个航母特混大队的战术指挥。按照诺伊斯的解释，他"通常在飞行作业期间和作业前后"掌管航母。弗莱彻很清楚自己没有亲自飞行的经验。他感到必须利用当过飞行员的将官处理例行作业，而把重大决策工作留给自己。遗憾的是此举分散了指挥权，金凯德还抱怨它延长了计划下发的"固有"延迟。对航空缺乏深刻了解确实是弗莱彻作为航母打击部队指挥官的致命伤。②

身为JCL的诺伊斯本人也没有多少真正的航空经验，他全靠自己的旗舰舰长——黄蜂号的福雷斯特·P.谢尔曼。谢尔曼和诺伊斯一样是新英格兰人，时年46岁，聪明过人（1918届毕业生第二名），以注重实际和学问精深著称，而且志向极为远大。突出的能力使他快速蹿升到指挥岗位。谢尔曼自1922年起就加入海军飞行员行列，在1937到1941年担任过太战司、美舰总和海军作战部战争计划司的航空参谋，1941年12月以后又在舰总司参谋部工作。他在5月31日到诺福克就任黄蜂号舰长。诺伊斯实际上把福雷斯特·谢尔曼当作自己的参谋长。能干的18特司作战参谋布拉德

---

① 诺伊斯致弗莱彻信(1942 年 7 月 21 日)，未注明日期(约在 1942 年 7 月 22 日)的手抄航空作战计划第二稿，均藏于彼得森资料集；马斯日记，马斯资料集。

② 马斯日记；利·诺伊斯少将致舰总司信，舰总司作战报告，随附更正请求（未注明日期，约在 1944 年），弗莱彻资料集中的副本。

福德·E.格罗中校承认,诺伊斯"也许听从谢尔曼上校的建议比听我的多"。黄蜂号的副值日官托马斯·R.魏施勒中尉评论说,谢尔曼在确信黄蜂号的官兵值得信赖后,就把一半时间用来当18特舰的参谋长,他对这份职责的态度"非常严肃"。在魏施勒看来,诺伊斯显得优柔寡断、缺乏自信。"我认为利·诺伊斯将军没有掌握过大局,谢尔曼上校其实一直在牵着他的鼻子走。"格罗则认为虽然诺伊斯"把权限委托给他人",但他"始终了解事态"。诺伊斯自己的小参谋班子负责按他和谢尔曼共同做出的决定制定细节。格罗回忆说:"我从未听到诺伊斯将军批评任何人。为他工作是件乐事。"[①]

弗莱彻和诺伊斯研究了彼得森关于暂时把萨拉托加号的战斗机调到黄蜂号,把黄蜂号的SBD和TBF调到萨拉托加号的意见。弗莱彻甚至考虑过把全部一百架战斗机放到1艘航母上,把俯冲轰炸机和鱼雷机分给另两艘航母。由此组成的战斗机联队具有能快速部署战斗空中巡逻的优点。"由于没有时间来试验和完善这样的编制",他最终否决了这个激进的设想。诺伊斯把计划草案带回黄蜂号,而谢尔曼和格罗对方案作了修订,去掉了在航母之间交换飞机的内容。最终定稿的舰载机作战计划1-42规定了一个"非常紧张"的时间表,指定了所有飞行任务的兵力组成和载荷,以及具体的放飞和回收时间。在任何时候,都有1艘航母做好出动飞机的准备。在彼得森看来,这个作战计划犹如一份"铁路时刻表"。它要求航母进行前所未有的协同,其精密复杂令他深感佩服。40架F4F和33架SBD将在D日揭开对伦加和图拉吉攻击的序幕,随后45架SBD将攻击图拉吉,那里是陆战队初期可能遭遇最强抵抗的地方。企业号将用8架装备炸弹的TBF向北搜索200海里,同时3艘航母保留29架TBF作为"航空预备队",以便根据需要攻击敌航母或加强对岸上目标的打击。谢尔曼和格罗日夜赶工完成了计划草案,使诺伊斯得以在7月27日将它拿到会议上。[②]

特纳和他的幕僚在会上第一次看到了航母部队关于在登陆期间如何支援他们的提案。卡拉汉注意到"一些疑惑,事涉:细节——争论,事涉:D日航母特混舰队提

[①] 关于谢尔曼,见雷诺兹《美国海军名将》306—308页;美国海军退休少将布拉德福德·E.格罗致伦德斯特罗姆信(1996年8月28日、1996年9月7日);美国海军退休中将托马斯·R.魏施勒,口述历史,81、88—89页。魏施勒在92页承认,他对诺伊斯的了解不是第一手的。"其实我看见他的时候只有一种情况",那就是他"在后甲板上来回踱步,面色苍白,戴着他的猪皮飞行手套"。魏施勒"印象中总觉得他好像一个假人,而不是惯于杀伐决断、随时准备挥军赴难的有血有肉的海军军官"。

[②] 11特司致太舰总,关于1942年8月24日萨拉托加号在所罗门群岛海域对敌方(日本)部队作战报告的第一次批注(1942年9月24日);彼得森讲座(1944年1月13日);黄蜂号航空母舰作战计划1-42(1942年7月27日),藏于作战令档案。

利·诺伊斯少将（左）和福雷斯特·P.谢尔曼上校在黄蜂号
上，摄于1942年8月。由国家档案馆提供 (80-G-12786)

供的空中支援"。虽然"人人都抱怨没时间进行细致周到的策划"，但他们"认为
除了尽快搞出像样的计划外别无出路"。弗莱彻在1947年回忆说："会议的大半时
间用来讨论如何安排登陆部队和航母上空的战斗机保护。我相信我们修改了计划，
我还清楚地记得特纳和他的幕僚非常满意。"这番话肯定是符合事实的。特纳对8
月7—8日航母空中支援的数量和质量从未有过负面评论，他只抱怨自己在9日没有
得到支援。[1]

航母应该支援登陆部队几天？

航母支援登陆的时间长度历来是争论的焦点。在1934—1935年策划对南洋诸
岛的进攻行动时，陆战队希望航母停留到他们在岸上建立起陆基航空力量为止，但
海军的策划人员以"有丧失机动性的风险"为由拒绝了这个提议。太舰总战争计划
处7月5日对特纳计划的总结中提到，按照在珍珠港的策划会议上的预想，航母的空
中掩护将持续"3天左右"，也就是D日、D+1日和D+2日。弗莱彻肯定就是这么想
的。马斯在7月15日强烈要求登陆行动"尽可能快"地完成，"如有可能应在D+1日
完成"，以便3艘航母"及早撤离"。如果在D+1日不能完成，航母应该在"不晚于
D+2日结束时"离开瓜岛。目标是"突然而猛烈地发起打击，一旦成功夺取目标并且

---

[1] 卡拉汉会议笔记；弗莱彻致鲍德温信（1947年7月8日）。

登陆部队站稳脚跟，特混舰队即撤出该地区"。关于这个问题，有必要引用一段弗莱彻1947年答复鲍德温的话：

我相信在行动前与特纳和卡拉汉开会时，并没有提起航母需要在瓜岛附近停留的时间长度，最多只是随口说了一下。这个话题在尼米兹、凯利·特纳和我在珍珠港的一次会议上就详细讨论过了。我向尼米兹指出，航母留下来提供保护伞的时间将是非常有限的。尼米兹给我的印象是，登陆部队将在2天内上岸，并且可以构筑工事来抵挡空袭。在你提到的那次会议召开时，我计划在瓜岛附近停留3天，如果登陆行动被延误，可能停留四天。

卡拉汉在会议纪要中写道："特混舰队在D日后，2天内必须从目标区域（即整体前进位置)南撤！"根据戈姆利在8月2日给弗莱彻的电报，可以确认卡拉汉说的时间是3天："业已知悉你在D+3日前从图拉吉撤除航母支援的计划。"[1]

珍珠港的战争计划处天真地设想在一天内卸载运输船并让它们撤离，如果事情真像他们想的那样，3天的航母支援确实足够了。特纳自己的计划几乎同样乐观。他原本打算使用陆战二团在D-2日占领恩代尼，但不久就提议将恩代尼阶段推迟到D+1日晚些时候。远征军在接近目标的过程中将始终合为一路，保留达成突然性的可能。特纳大胆地建议采用"欺骗性的迂回路线，使部队在瓜岛西端上岛"。如果让圣克鲁兹占领部队（1艘重巡洋舰、4艘驱逐舰、4艘运输舰和1艘货轮）与两栖部队的其余各部一起行动，范德格里夫特就能给攻击部队加强一个营，用于夺占图拉吉港湾外围的要点。在D日晚上，等这个营归建后，圣克鲁兹部队就会向恩代尼进发。特纳预计最迟到D+1日晚上可以让所有其他部队登陆并撤走搭载他们的运输舰。"如果行动顺利，"他在7月25日给弗莱彻的信中解释说，"我们很可能在D日晚上就能把运输舰第二分队（连同陆战二团）派往后方（也就是恩代尼），并可能在D+1日晚上撤出其余运输舰。""大约全部太平洋舰队的作战舰艇"将随运输舰主力一同撤走。这不包括克拉奇利的44特舰。在第一天晚上派出恩代尼部队的计划让卡拉汉很意外。"这听起来太乐观了，"他在笔记中写道，同时他也承认，"他

---

① 爱德华·米勒，197—199页。灰皮书，707页；弗莱彻致鲍德温信（1947年7月8日）；卡拉汉会议笔记；1942年8月南太司致61特司电020240，灰皮书，631页；约翰·S.麦凯恩少将关于占领后空中支援的备忘录（未注明日期，当在1942年8月1日前后）提到，航母将在D+21/2日离开，见麦凯恩资料集。

们相信能做到。"①

虽然特纳认为17艘运输舰和APD以及护航船只应该不需要停留到D+1日以后，但他7月25日的信件却提出了一个此前未认识到的问题，而这毫无疑问是出于注重实际的范德格里夫特的授意。"真正难办的是5艘货轮（第6艘预定前往恩代尼），它们可能要花3~6天时间卸货（从D+2日结束时到D+5日结束时）。"尽管如此，"我们在这段时间里始终需要空中掩护"。不过，弗莱彻"可以放心的是，我们将尽快完成这一工作"。2天后在会议上，特纳提议让5艘货轮"尽可能靠近滩头下锚"，在它们卸下给养和装备时，克拉奇利的44特舰（显然还包括那些扫雷舰）将留在后面保护它们。他把自己估计的卸货时间缩短为4天（到D+3日），但没有说明这个新的乐观估计有何依据。②

综上所述，特纳计划到第二天（D+1日）晚上撤走两栖部队的大部分——运输舰和太平洋舰队的巡洋舰与驱逐舰。剩下的5艘货轮和克拉奇利的44特舰将至少留到D+3日，但也可能留到D+4或D+5日，也就是3~5天后。特纳坚持说它们自始至终需要空中掩护。而真正的问题是弗莱彻是否应该（或者是否能够）让3艘航母在瓜岛附近停留一段不确定的时间，等待5艘货轮卸货并离开。他对特纳、范德格里夫特和卡拉汉的答复是航母将只停留到D+2日结束时，也就是等待3天。卡拉汉在笔记中记录了这个情况，但弗莱彻承诺的航母在瓜岛附近停留的时间不久就被误解了。几个与会者显然只记住了D+2中的"2"，误以为航母将停留2天，而不是3天。

有一个问题非常重要：特纳在战后的怨言中把运兵的运输舰和货轮混为一谈，并且聪明地隐瞒了自己一度计划将其分批撤回的事实。他宣称自己一开始就对弗莱彻和卡拉汉明确表示，整个两栖部队（而不是其中一部）必须在瓜岛附近停留四五天，但弗莱彻只肯提供两天的空中掩护。当然，在关于弗莱彻在瓜岛行为的公案中，这一指责是核心。1943年特纳告诉调查萨沃岛大败的阿瑟·J.赫本将军，弗莱彻曾提出"警告"说，自己"打算在瓜岛以南海域最多停留两天"。尽管特纳苦苦哀求"尽可能待久一些，因为我确定运输舰无法在两天内完成卸载"，也无济于事。然而记录显示直到8月8日下午（D+1日），特纳还自信地认为能在两天内卸载所有运输舰。他担心的只是货轮。1945年他在两栖部队行政管理史中宣称，弗莱彻在萨拉托加号的会议上问"把部队送上岸需要几天"，他的回答是"大约五天"。

---

① 太两司行政管理史，44页；特纳致弗莱彻信（1942年7月25日），见于特纳资料集，1号箱和戴尔，1:307—308页；卡拉汉会议笔记。

② 特纳致弗莱彻信（1942年7月25日），卡拉汉会议笔记。

而弗莱彻"声称自己在两天后就会离开所罗门群岛周边，一方面是因为航母面临空袭危险，另一方面是因为燃油问题"。如果特纳的说法可信，那就意味着弗莱彻显示了惊人的先见之明，提前10天预见到了日后的油料运输会出现几次意外延误，导致航母特混舰队在8月8日出现燃油短缺。事实上，特纳在回忆中从头到尾掺入了大量有利于自己的马后炮。不仅如此，他还在他的行政管理史中说，弗莱彻曾郑重宣布，"如果部队不能在2天内上岸，那他们就不该登陆"，而"无论出现什么情况，他都要在那个时候离开"。其他人都不曾提到弗莱彻有如此怯懦而无情的言论。在1946年，特纳对鲍德温抱怨说，"弗莱彻宣称在登陆后他不能也不会停留超过48小时左右"，但特纳"提出抗议，最后宣布他不管怎样至少要停留4天，因为那些船在48小时内根本卸不完"。这里特纳又一次故意混淆了运输舰和货轮。据说唐纳德·拉姆齐少将（原休斯号舰长，赫本调查萨沃之战时的助手）在战后曾声称，特纳在7月27日曾私下骂弗莱彻："你这狗娘养的，真要那么干（撤走航母）的话你就是个怂货。"卡拉汉应该从未听到这段话，所以透露这件轶事的只能是特纳自己。至于特纳是否真的对弗莱彻说了这样的话，那就另当别论了。[①]

范德格里夫特也说弗莱彻只同意停留两天。他对塞缪尔·B.格里菲斯准将回忆说，自己曾徒劳地想让弗莱彻明白，要让"大批部队站稳脚跟"，就需要"至少四天的空中掩护"，以便人员、武器、设备和给养"上岸并安顿好"。范德格里夫特的回忆录这样写道：

弗莱彻突然打断特纳的话，问他需要多长时间才能让我的部队登上瓜岛。特纳说大概要5天。弗莱彻说他打算两天后就离开，因为他不愿让航母在空袭的威胁下停留更久。我身上荷兰人的热血开始沸腾了，但是我一边强迫自己保持冷静，一边向弗莱彻解释说，"送一支小部队上岸就离开"的日子已经结束了……虽然特纳热烈地支持我，但弗莱彻很干脆地宣布第三天一到（也就是D+1日过后）他就走。然后他就结束了会议。

---

① 特纳给赫本将军的备忘录（1943年），引自美国海军退休上将阿瑟·J.赫本致太舰总，关于1942年8月9日美国海军文森斯号、昆西号、阿斯托里亚号和澳大利亚海军堪培拉号在萨沃岛附近损失的有关情况的非正式调查报告（1943年5月13日），267—281页。太两司行政管理史，46页。汉森·鲍德温对R.K.特纳中将的采访笔记（1946年10月10日），藏于莫里森办公档案，第26号箱。在26号箱中有一份莫里森的幕僚和"拉姆赛"（可能就是唐纳德·拉姆齐少将）的对话备忘录，其中提到卡拉汉不知道特纳说过那句"狗娘养的"。但是这份备忘录后来却被更改，变成了卡拉汉确实知道这一言论。卡拉汉死于1942年11月13日，所以这一修改不可能是他本人的意见。

在会后立即见到范德格里夫特的特文宁说他"非常心烦意乱"，因为弗莱彻把这次两栖攻势降格为了成功希望不大的"袭扰"。虽然（按特文宁的说法）"特纳强烈而坚决地恳求"，弗莱彻还是"不肯同意让他的舰队的暴露时间超过48小时"。言下之意是，尽管范德格里夫特"很担心我方两栖部队的命运，尤其是留在岸上的登陆部队的命运"，弗莱彻却对此不屑一顾。作者要再次指出，这些回忆中掺杂着大量事后聪明的成分。[①]

但是，航母部队其他领导人的记述中也出现了航母停留两天的提案。金凯德的回忆录说："大部分讨论是围绕航母将提供的空中支援和对作战区域内空中支援的控制展开的。"特纳请求空中支援持续若干天，直到部队能在岸上站稳脚跟为止，但是"弗莱彻认定按照计划风险原则最多允许航母暴露两天"。金凯德的回忆是他看过莫里森和海军军事学院的分析后修改的，而后两者都认为弗莱彻宣布航母将只停留两天。福雷斯特·谢尔曼1949年回忆说，在萨拉托加号的会议结束后，"我确信[诺伊斯]回来时的认识是只需要两天的航母空中支援。现在看来这显然是不现实的，但我们之前没有实施过这样的作战，有很多东西要学"。诺伊斯则在1950年说，弗莱彻"表示金上将和尼米兹上将都跟他说过，希望航母在瓜岛附近逗留的时间最多不要超过两三天"。[②]

一些最有影响的瓜岛战史著作也反映出各方对于弗莱彻谈到自己在瓜岛附近的停留计划时究竟作何表态看法不一。按照莫里森的说法，弗莱彻告诉特纳，"上峰命令他不得让航母舰队在支援瓜岛的距离内逗留超过两天"。莫里森没有说明在哪里可以查到这个"命令"。杰特·A·艾斯利和菲利普·A·克劳尔在1951年声称弗莱彻曾提议停留4天（到D+3日，即8月10日），但是"他在没有警告特纳或范德格里夫特的情况下，就考虑了提早从交战区域撤离"。而戴尔的说法是，弗莱彻自称不会"支援瓜岛登陆超过两天，也就是不会晚于1942年8月9日星期天早上撤离"，但他也没有提供任何文档证明。理查德·弗兰克是个谨慎的历史学者，他猜测弗莱彻起初只肯停留两天，但在特纳和范德格里夫特表达自己的义愤后"让步"到3天。这些历史学家都没有机会看到马斯和彼得森资料集中的关键文档。此外他们没有注意到特纳曾表示有意在D+1日晚上撤走除5艘货轮和克拉奇利44特舰外的舰队，也没有

[①] 格里菲斯《瓜岛争夺战》35页；范德格里夫特，120页；特文宁，45页。

[②] 金凯德回忆录，207—208、230页。福雷斯特·P·谢尔曼中将致S.E.莫里森信（1949年2月14日），莫里森办公档案，第26号箱。诺伊斯致查尔斯·魏尔伯恩信（1950年8月12日），DNC，办公档案，第20号箱。

分析过这一表态对弗莱彻自己的思考可能有何影响。①

伦加的战斗机

会议上另一个引发争论的话题是何时有望在伦加机场起降战斗机，而航母是否应该提供这些飞机。陆战队的作战条令宣称"应该尽一切努力"使陆战队的飞机参与初期登陆，最好是从1艘"专供这些飞机使用"的航母上起降。马斯在7月15日预计特纳会让当地机场尽快开始运转，以供尼米兹从夏威夷提供的陆战队飞机中队使用。"如此一来陆战队就能为占岛部队提供自己的空中掩护。"南太区已经有陆战队的2个飞机中队：埃法特的VMF–212（18架F4F–3A野猫）和新喀里多尼亚的VMO–251（陆战队的一个观测机中队，有16架F4F–3P野猫）。舰总司还调拨了新组建的第二十三陆战队飞行大队（MAG），它拥有VMF–223和VMF–224的36架F4F战斗机以及VMSB–231和VMSB–232的24架SBD–3俯冲轰炸机。前文已经提到，尼米兹在6月底决定把MAG–23留在珍珠港，直到所有中队补齐装备并完成航母降落训练为止。他认为时间很充裕，因为在登陆至少一周后作战区域附近才可能有机场做好接收飞机的准备。但是到了7月初，已经可以明显看出伦加机场竣工在即。如果此时太舰总有一点紧迫感的话，他本可让训练水平较高的2个VMF中队（及其地勤人员）登上企业号，从而解决一个大难题。②

长岛号辅助航母提供了另一个办法来至少运送MAG–23的一部分完成备战的飞机。但太舰总还是认为没有理由着急。他直到7月28日才把完成为巴尔米拉岛运送飞机的任务的长岛号调回珍珠港。戈姆利以为黄蜂号搭载了一些MAG–23的飞机，但尼米兹在7月11日告诉他，这些飞机仍在夏威夷。要等到8月1日"左右"，长岛号和飞机运输舰哈蒙兹波特号才会载着MAG–23南下。然而到了7月22日，尼米兹又食言了。他决定在8月1日左右只让长岛号带一个VMF中队和一个VMSB中队离开珍珠港，而MAG–23的其余各部将在两周后出发。此外，如果那两个中队的飞机直接从长岛号飞到瓜岛，陆战队的地勤人员就无法同行，而南太区也找不出富余的维护人员。③

---

① 莫里森《美国海军作战史》4：281页；艾斯利和克劳尔《美国海军陆战队和两栖战》116页；戴尔，1：300页；弗兰克，54页。

② 艾斯利和克劳尔，41页；马斯的估计（1942年7月15日）。

③ 1942年7月：南太司致太舰总电100616，南太司通信档案；太舰总致南太司电100941和太舰总致长岛号电192129，CSCMF，卷18；太舰总致南太司电222211，CSCMF，卷19。

特纳在7月21日考虑到伦加机场做好准备的时间可能早于预期，便强烈要求麦凯恩在登陆后尽快安排VMO-251和VMF-212飞往瓜岛。"我部将提供弹药、燃油和机油。"2艘小型商船预定在D+1日将航空用品送到伦加，而PBY将运送重要的地勤人员。这2个中队原来的基地将由MAG-23的2个VMF中队接防。特纳忽略了一个事实：这2个中队没有机身副油箱，即使从最近的圣埃斯皮里图岛机场出发也无法飞越550海里到达伦加。麦凯恩在7月27日向弗莱彻建议，由航母提供机身副油箱，让陆战队的战斗机能够抵达伦加。否则大家都得等长岛号来。尼米兹在7月28日将长岛号带VMF-223和VMSB-232从珍珠港起航的时间定为8月2日。物资和地勤人员将在几天后乘慢速运输舰威廉·沃德·巴罗斯号出发。在8月13日（D+6日）11：00长岛号将位于瓜岛以东350海里，并在稍后向仙人掌放出飞机。[①]

由于弗莱彻表示要在D+3日（8月10日）前撤走，麦凯恩便提出了一个应急计划。假设伦加机场能在48小时内接收飞机，那么弗莱彻要留下一两个VF中队（麦凯恩承认这个行动"从航母的角度来看是不利的"）。在D+4日撤退途中，航母还可以给埃法特岛上哈罗德·W．鲍尔少校的VMF-212的野猫机提供机身副油箱。鲍尔可以在D+6日率领他的战斗机赶赴伦加，然后由长岛号船队接回海军的战斗机。戈姆利也不太愿意给弗莱彻施加限制条件，毕竟他先前已经和麦克阿瑟一起明确警告过航母在瓜岛附近停留太久的危险。他在8月2日把麦凯恩提案的要点用电报告诉了弗莱彻。如果伦加机场做好准备，弗莱彻应该考虑留下2个歼击中队，它们要一直等到埃法特岛装备机身副油箱的战斗机在D+6日飞到伦加为止。然后在某个时间（戈姆利没有说明是何时），长岛号将把自己搭载的战斗机飞到伦加，再"接收航母舰载机，然后将它们送回原航母"。必须指出的是，如此好事不可能在D+6日发生，因为长岛号航速太慢，无法在那一天进入飞机转场距离。而如果敌方航母真的出现，弗莱彻甚至无法立刻要回他的战斗机，因为戈姆利又加了一句："只有在你的战斗机上岸后没有敌航母被发现的情况下，才能将这些战斗机立即返还给你。"但毫无疑问，万一敌航母真的现身，弗莱彻的航母将会非常需要这些野猫机。[②]

戴尔把戈姆利的计划斥为让航母"跳脱衣舞"。尽管如此，弗莱彻还是做了试验。8月3日，当61特舰路过新赫布里底群岛时，4架F4F带着机身副油箱去了埃法特

① 1942年7月：南太两司致南太司电210335，南太司战争日记；太舰总致南太司电290513，CSCMF，卷19，被1942年8月太舰总致2.6特大电022115，CSCMF，卷20修改。
② 麦凯恩备忘录，占领后的空中支援，麦凯恩资料集；1942年8月南太司致61特司电020240，灰皮书，631页。

岛，以验证它们能否安装在鲍尔的野猫机上。马斯也乘坐1架萨拉托加号的SBD走访了该岛。太舰总通报了长岛号收容飞机的能力。它可以连续降落12架飞机，如果首批12架是战斗机，那么将它们收入机库后还可再降落12架。24架战斗机是个可观的数字。据彼得森说，弗莱彻已经"准备在机场可用的前提下送24架海军战斗机到瓜岛基地"。鲍尔少校告诉麦凯恩，即使所有配件齐全，将机身副油箱装到陆战队的F4F-3A上也需要10天时间，更何况他们没有配件。他希望航母拨出一些F4F-4，由VMF-212"飞到所罗门群岛，在那里使用到永久补充到达为止"。于是麦凯恩给弗莱彻写了信，请求他在登陆后拨出14架带机身副油箱的舰载F4F-4到埃法特。弗莱彻可以用自己的SBD把这些战斗机的飞行员接回去，或者让他们驾驶鲍尔的陆战队旧F4F-3A飞回航母。写完这封信时马斯已经回萨拉托加号，因此麦凯恩把信交给了企业号的一个飞行员。不知为何，送信的事被耽误了。直到8月4日晚些时候，金凯德才通过戴维斯上校得知这封信，并把它转交给弗莱彻。戴维斯本人反对用自己的飞机去换没有折叠机翼的陆战队F4F-3A（鲍尔也承认那些飞机"状况糟糕"），因为考虑到"目前船上的作战飞机数，我们绝对不想再要任何没有折叠翼的机型"。[1]

8月5日一早，麦凯恩通知戈姆利、弗莱彻和特纳说，机身副油箱暂时无法安装到鲍尔的野猫机上。因此弗莱彻不仅要在瓜岛留下战斗机，还要另派14架F4F-4带着机身副油箱到埃法特，以便VMF-212增援瓜岛已有的海军战斗机。麦凯恩倾向于把陆战队的F4F-3A也留在埃法特，并且进行安装机身副油箱的改造。等长岛号将搭载的MAG-23的飞机送到伦加后，该舰可以回收海军战斗机并最终送回航母上。8月5日黎明时，61特舰已经位于埃法特以西近300海里外，而且背对该岛航行。由于距离太远，无法空运机身副油箱到埃法特岛，除非弗莱彻推翻登陆时间表。于是战斗机问题就在登陆开始前被搁置下来。弗莱彻只能先搞清伦加的机场是否真能接收战斗机，以及战术态势是否允许他匀出一些。[2]

有人准确地指出，美军为瞭望塔进攻投入的本钱极少。最能证明这一评价的莫过于尼米兹的失误——他没有及早准备好在瓜岛起降的陆基飞机。如果企业号带上了已经装备机身副油箱的VMF-223（或者只带上该中队的F4F，把它们留在埃法特或圣埃斯皮里图给其他中队驾驶），航母就不必为了保护登陆船队中无法快速卸载并离开的

① 戴尔，1：300—301页；1942年8月太舰总致南太司电022357，CSCMF，卷20；彼得森讲座（1944年1月13日）；美国海军陆战队哈罗德·W.鲍尔少校日记，1942年8月3日，通过尼米兹博物馆获得；A.C.戴维斯致金凯德将军备忘录（1942年8月4日），彼得森资料集。
② 1942年8月南太平洋部队航空司令（南太空司）致南太司电041436，南太司战争日记。

那部分船只而在瓜岛附近久留。麦凯恩也不必为了弥补飞机的空缺而提出那些欠考虑的计划。不过VMF-223（或其他战斗机中队）能否成功部署，要看陆战队能否真正夺取伦加机场，完成接收飞机的准备，并提供必要的燃油、弹药和地勤人员。

陆基空中侦察和攻击

与会者还讨论了麦克阿瑟的西南太平洋战区盟军航空部队能提供的陆基飞机和麦凯恩的南太区63特混部队。麦克阿瑟的飞行员要封锁拉包尔，在新几内亚北面和东北面侦察新不列颠、上所罗门群岛和珊瑚海以东方向，在任何敌海军部队威胁远征军之前予以打击。在新几内亚东端米尔恩湾的新机场使皇家澳大利亚空军的中型轰炸机可以飞临所罗门群岛中从布卡岛到其东南的新乔治亚岛的一片区域。B-17重型轰炸机则可以打击拉包尔。海军原来的计划的前提就是在登陆前轰炸拉包尔和布卡的辅助机场，但是麦克阿瑟的飞行员已经承担了繁重的任务，发动强大攻势远远超出他们的能力。现在他只同意从D日到D+3日攻击拉包尔，并轰炸在距莫尔兹比港550海里内可能发现的敌舰队。戈姆利在7月29日提醒尼米兹说，"麦克阿瑟手下的美军没有我预料的那么强"，并指责华盛顿方面没有人认识到这个弱点。[1]

麦克阿瑟的支援虽然至关重要，但完全不是南太区能控制的。麦凯恩的63特混部队则另当别论。他的部队分驻于新喀里多尼亚、埃法特、斐济和即将完工的圣埃斯皮里图机场，包括30架PBY水上飞机（分属于3艘水上飞机供应舰）和同样数量的B-17轰炸机。速度快且火力强大的B-17能猎杀800海里内的目标，但需要很长的跑道。

笨拙的PBY从有掩体的小港湾出发，可以出击700海里。它们的主要任务是警戒从拉包尔向东南、从特鲁克向南或从马绍尔群岛向西南前进的船只。麦凯恩的大多数航空基地都远离瓜岛，这大大限制了他的飞机在飞越登陆区域后能够巡逻的距离。因此他要让手下的一些部队跃进到前沿阵地。从D-1日起，在恩代尼的麦克法兰号供应舰上的PBY将在所罗门群岛东北搜索。在D+1日，麦基诺号的PBY将移驻西距伦加仅80海里的马莱塔。麦凯恩在7月27日把他的作战计划呈交给了弗莱彻和特纳。特纳在1943年告诉赫本说，弗莱彻承诺如果麦凯恩没有完成其搜索任务，航母将"在上午以及下午晚些时候填补短程侦察的空缺，以防敌水面舰队接近"。在1945年，特

---

[1] 1942 年 7 月西南太总致南太司电 191034,灰皮书,622—623 页；戈姆利致尼米兹信（1942 年 7 月 29 日），尼米兹资料集。

纳又写道，弗莱彻曾"同意在远征军位于瓜岛时，每天下午晚些时候从航母派出搜索机，在天黑前能安全返回的前提下越过所罗门群岛侦察尽可能远的地方"。会议笔记没有反映这一承诺，但这确实完全说得通。弗莱彻肯定不想被偷袭。他在7月29日提醒麦凯恩说，侦察计划在所罗门群岛东北方可能有漏洞。敌航母有可能在D日黎明时神不知鬼不觉地进入对登陆部队的打击范围。弗莱彻提出了可能的补救建议，麦凯恩则答应尽可能实施。在7月31日，麦凯恩修改后的作战计划宣称："如可行，负责每日搜索的供应舰和基地将尽快报告所分配的扇区中经过搜索的部分所占百分比，并详细描述没有搜索的部分。"如果弗莱彻必须作任何补充搜索，那么上述通报就是至关重要的，但读者将会看到，麦凯恩的报告发得并不及时。[①]

在会上，麦凯恩承诺将有30架配备了执行远程任务的专用设备的B–17在7月31日轰炸登陆区域。随后空袭将持续到D–1日为止，每天动用多达9架B–17。但是麦凯恩很快就发现他的空中攻势困难重重，事实上只有9架B–17配有必需的副油箱。于是他在29日警告戈姆利说，他只能在31日"用这点有必要装备的飞机"实施攻击。幸亏圣埃斯皮里图机场施工神速，在7月29日成功让B–17降落，麦凯恩才摆脱了困境。从7月31日开始，63特混部队对图拉吉和瓜岛发动了一系列规模不大的空袭，使同样数量不多的日本守军人心惶惶。

后勤之忧

弗莱彻在1963年曾对戴尔说明，"（特纳）和我把大半时间用来责怪丹·卡拉汉，这都是因为糟糕的后勤状况"，尤其是燃油。戈姆利在7月29日给尼米兹的信中说，在南太区面临的诸多问题中，"眼下最大的是燃油问题"，在8月2日他又提到，"同样严重的是油料问题"。在这里有必要考察一下南太区的燃油供应状况，这个话题由于航母从瓜岛提前撤退而变得极富争议。在7月27日，西马仑号给北卡罗来纳号加了一些油，但后者没有加满就匆忙离开了汤加塔布。弗莱彻还希望西马仑号在7月28日为11特舰加油，并在29日把剩下的油输送给16特舰的其余船只。他指望普拉特号从努美阿带着租用油轮 W．C．耶格尔号提供的油料返回后，在7月29日给18特舰加油。他相信另有3艘油轮正在接近这一地区。卡斯卡斯基亚号预定在7月31日随一支从珍珠港启程的船队到达苏瓦，船队中有调拨给诺伊斯的旧金山号和驱逐

① 南太空司战争日记；特纳 1943 年致赫本的备忘录，268 页；太两司行政管理史，47 页。1942 年 7 月：61 特司致 63 特司电 290857，63 特司致 61 特司电 300820，灰皮书，628 页；南太空司致南太司电 310811，南太司战争日记。

舰拉菲号，以及特纳急需的运输舰泽林号和货轮参宿四号。从美国西海岸驶出的第二批租用油轮——埃索小石号和Ｅ．Ｊ．亨利号也将在8月2日到达努美阿。[①]

因为61特舰和62特舰在前往所罗门群岛的路上不会再经过努美阿附近，所以从西海岸运出的油需要送到斐济和埃法特。在7月27日，弗莱彻向卡拉汉建议让1艘赶来的租用油轮改道去斐济为舰队油轮补油，另一艘 直接去埃法特给驱逐舰加油。在西马仑号的油舱排空后，他派这艘船去努美阿接受Ｗ．Ｃ．耶格尔号的余油和皇家澳大利亚海军辅助油轮毕晓普代尔号的油料（共计90000桶），然后在埃法特附近重新与61特舰会合。他还要求卡纳瓦号和弹药船瑞尼尔号从汤加塔布出发，在7月30日随斐济船队与62特舰会合。特纳也请求让珍珠港船队中的卡斯卡斯基亚号、泽林号和参宿四号在同一天和他接头，而不必再去苏瓦。戈姆利同意这些请求，并在7月28日下发了必要的命令。命令要求Ｅ．Ｊ．亨利号改在8月1日到达苏瓦，埃索小石号在2日到埃法特。届时西马仑号带着努美阿的最后一批油料，应该已经在埃法特找到61特舰，而经过补充的普拉特号和卡斯卡斯基亚号"可能"已经启程前往努美阿，并将在那里等候召唤。[②]

卡拉汉曾问弗莱彻和特纳，鉴于敌军正在积聚实力，D日有无可能提前。这两人都"坚决而激烈地"表示否定，理由是"燃油供应困难"和需要在斐济进行预演。卡拉汉在给戈姆利的信中说，"在这个问题上"发生了"许多争论"，"但（他们）重申了（自己的）建议"。这个细节特别重要，因为当时戈姆利有理由相信日本人"将在7月29日从新不列颠地区发起一些行动"。他问弗莱彻能否略过第一阶段的预演，提前实施登陆。弗莱彻在7月28日通过一封空运到苏瓦的电报回答说："即使不考虑第一阶段演习的意义，估计我部在7月31日抽空普拉特号和西马仑号以后，仍然短缺燃油五万桶以上。""必须保证各舰离开（斐济）地区时加满燃油，并且在途中通过卡斯卡斯基亚号和西马仑号补充。"显然弗莱彻（和特纳）此时打算让卡斯卡斯基亚号在斐济附近加入特混舰队，而不是继续前往努美阿。读者在后面将会看到，这种情况并未发生。特纳也认为D日不能提前。"我部迫切需要充足的准备时间。部队备战水平低于预期。强烈建议不对计划作任何更改。"[③]

---

① 戴尔，1：301页；11特舰战争日记。1942年7月：太舰总致南太司电160345和190235，CNO TS蓝色档案；太勤司致圣佩德罗港务局长电012122，CSCMF，卷17。

② 卡拉汉会议笔记；1942年7月南太司参谋长致南太司电271930，南太司致罗塞斯、苏瓦和努美阿港务局长电280950，南太司致2.3特大司电281030，太舰总致南太司电282007，CSCMF，卷19。

③ 卡拉汉会议笔记。1942年7月：南太司致61特司电272211和61特司致南太司电280201，南太司战争日记；62特司致太舰总电281500，CSCMF，卷19。戴尔，1：437页错把第一阶段说成登陆，第二阶段说成占领恩代尼，其实登陆是第二阶段，占领恩代尼只是其中的一部分。

7月28—30日，弗莱彻的3艘航母在斐济以南徘徊，而特纳实施了3天的登陆预演。航母只在最后一天参加演习，对北方45海里外的演习区域进行了模拟空袭，旨在检验航空计划草案。弗莱彻在此期间料理后勤问题并完善他的计划，11特舰在28日花了大半天时间从西马仑号抽油。次日轮到金凯德，但剩下的油已经满足不了北卡罗来纳号。随后西马仑号和1艘驱逐舰离队去取努美阿剩余的油料，将在埃法特追上前往所罗门群岛的61特舰。普拉特号也在7月29日带着在努美阿装载的油料重新出现，为诺伊斯的18特舰加了油。它把自己最后剩下的油料给了62特舰，后者还从卡纳瓦号加了一些油。特纳肯定希望在奔赴目标的途中再靠卡斯卡斯基亚号加油，但戈姆利在7月29日提醒说，这艘船所在的船队行程已经比原计划晚了25小时。他指示特纳重新安排在7月31日与它接头。这个延期还是可以接受的，因为特纳打算等到那天晚上才离开寇罗。在7月30日南太司命令他让卡纳瓦号去苏瓦找 E．J．亨利号补油，让普拉特号和瑞尼尔号在护航下前往努美阿。把空舱的普拉特号送到无油可补的地方并无多大意义，但只要卡斯卡斯基亚号在8月1日前出现，而且租用油轮埃索小石号在次日按计划抵达埃法特，弗莱彻和特纳还是能接受这个决定的。可惜这2艘船的行踪将让他们大失所望。[①]

金向戈姆利强调"绝对"不能将D日推迟到8月7日以后。他甚至希望"在可能的情况下将此日期提前，使敌人没有时间完善目前正在目标地区施工的设施来对付我们"。戈姆利在7月30日向他保证，"由于你指出的原因，我们已经并正在尽一切努力遵守时间表"。他在8月2日早晨告诉弗莱彻，自己将在8月3日宣布7日为D日，"除非你事先通知我不可能赶上该日期"。由于没有收到反对，戈姆利便照预告行事。备战时间转眼到了尽头。收复所罗门群岛的战斗即将打响。[②]

---

① 11特舰、南太两司和普拉特号战争日记。1942年7月：南太司致62特舰电290330，南太司战争日记；南太司致62特舰电300246，南太司致南太空司电300331，CSCMF，卷20。

② 1942年7月舰总司致南太司电281830，南太司战争日记；1942年7月南太司致舰总司电292325，CNO TS 蓝色档案；1942年8月戈姆利致弗莱彻电011205，CNO TS 蓝色档案。

第二十三章

从斐济到瓜达尔卡纳尔

特混舰队的计划

7月30日，弗莱彻启动了1942年7月28日下发的61特舰作战令1–42。他按照戈姆利在南太区作战计划1–42中指定的特遣编组，把61特舰分为两个庞大的特混大队：诺伊斯指挥的61.1特混大队（空中支援部队）和特纳指挥的61.2特混大队（两栖部队）。但旧的特混舰队番号仍与新番号互换使用。诺伊斯的空中支援部队包括3个特混中队：

· 第61.1.1特混中队（弗莱彻）：航母萨拉托加号，重巡洋舰明尼阿波利斯号、新奥尔良号，驱逐舰菲尔普斯号、法拉古特号、沃登号、麦克多诺号、代尔号

· 第61.1.2特混中队（金凯德）：航母企业号，战列舰北卡罗来纳号，重巡洋舰波特兰号，轻巡洋舰亚特兰大号，驱逐舰鲍尔奇号、莫里号、格温号、贝纳姆号、格雷森号

· 第61.1.3特混中队（诺伊斯）：航母黄蜂号，重巡洋舰旧金山号、盐湖城号，驱逐舰朗号、斯特雷特号、艾伦·沃德号、斯塔克号、拉菲号、法伦霍尔特号

作战令中指定了所有可能在登陆前加入舰队的驱逐舰，但它们并未全入队。[1]

弗莱彻的作战令对61特舰的任务作了最宽泛的描述：夺取、占领和守卫图拉吉与邻近阵地，以及圣克鲁兹群岛。诺伊斯的空中支援部队的使命是在前往图拉吉地区的途中为两栖部队提供战术支持，"在D日及随后"提供空中支援，保护航母，以及"在适当或得到命令的情况下进行空中搜索"。弗莱彻指示两栖部队在8月1日夜

---

① 61特舰作战令1-42（1942年7月28日），RG-38，作战令档案。读者将会看到，代尔号、艾伦·沃德号和拉菲号在8月7—9日并没有跟随航母行动，但ONI战斗记述《1942年8月7—8日在所罗门群岛的登陆》（1943年，NHC）、贝茨和伊尼斯、莫里森、戴尔都错以为它们参加了这次作战。

离开斐济，以12节航速向西北前进，穿过南新赫布里底群岛到达瓜岛西南角以南420海里的位置，然后北上前往登陆区域。完成登陆后"在航母离开时"，特纳应依靠麦凯恩的63特混部队执行"特别航空任务"。所有船只离开斐济前都要加满油，之后还要给短航程的驱逐舰、高速扫雷舰和高速运输舰补油。企业号和黄蜂号将给特纳提供飞机引导小组，他们将登上在瓜岛的麦考利号（X群）和在图拉吉的内维尔号（Y群）。萨拉托加号会为护卫群的芝加哥号提供1名FDO。7月30日，马斯把供戈姆利参阅的61特舰作战令副本送到苏瓦，交由麦凯恩转发，但戈姆利直到9月才收到，还为此责备了弗莱彻。[①]

特纳的62特舰作战计划A3-42（1942年7月30日）说明了登陆的步骤和时间表，对舰船队形和运动方案、部队下船时间表、炮击和轰炸目标以及通信都作了非常细致的规定。随后护卫群的指挥官克拉奇利将军拟定了他的巡洋舰和驱逐舰保护登陆部队的部署计划。特纳的"攻击部队撤退计划"反映了他在D日分遣圣克鲁兹占领部队（重巡洋舰昆西号、4艘驱逐舰、4艘运输舰和1艘货轮）的愿望。他"暂定"在D+1日入夜时让斯科特将军的"AP群"（1艘轻巡洋舰、2艘驱逐舰、5艘高速扫雷舰和9艘运输舰）撤回努美阿。克拉奇利的由5艘货轮和原44特舰（重巡洋舰澳大利亚号、堪培拉号和芝加哥号、1艘轻巡洋舰和9艘驱逐舰）组成的"AK群"将在"D+4日前后"撤离。有趣的是特纳忽略了重巡洋舰阿斯托里亚号和文森斯号。包括克拉奇利在内，很多人认为它们将随斯科特撤离。运十二分队的4艘APD也不在将撤走的船队之列。它们将在D日从大型运输舰加油，然后重新装载陆战队第一突袭营（如有可能，他们将在8月7日登船），准备在所罗门群岛"根据需要"实施尚不确定的袭扰行动。特纳还表示打算在日后将他的南太两司指挥部搬上瓜岛，表面上是为了监督海军基地的建设，实际上他渴望指挥这些袭扰行动并亲自带部队作战。特纳的撤退时间表当然有一个前提，那就是战局进展与计划相当吻合。而这也意味着如果弗莱彻确实认为情况顺利，他就有理由期待特纳遵守这个时间表。[②]

虽然两栖部队的事务在8月1日似乎已经敲定，但各方对于航母应该如何部署仍然争论不休。金凯德尤其反对这个计划。他的旗舰舰长——企业号的戴维斯本着大多数资深航母飞行员偏爱的战术思想，对集中使用航母抱有深深的怀疑。他连各特混中队隔开五海里部署的做法都不以为然，更不用说弗莱彻个人支持的多航母联合

① 61特舰作战令1-42；戈姆利《潮流逆转》64页；马斯日记（1942年7月30日）关于苏瓦之行的记述。
② 62特舰作战计划A3-42（1942年7月30日），作战令档案。

托马斯·C.金凯德少将（前排左二）和16特舰参谋部，摄于1942年7月。
由美国海军通过小W.W.史密斯上校提供

编队。金凯德建议每艘航母相距至少50海里。对图拉吉和瓜岛的首次航母攻击规模应该翻倍，以求尽快粉碎抵抗，腾出飞机用于其他任务。每个航母特混中队应该独立作战，甚至应该自行选择对地支援目标，"而不应接受两司（两栖部队司令）请求的目标或在AP区域受其控制"。每艘航母还要独立引导自身的战斗空中巡逻。金凯德和戴维斯担心敌人的航母可能与拉包尔和布卡的强大空中力量联合阻碍登陆。他们希望让每个航母群得到更大的灵活性，以便实施各自的防御和反击。诺伊斯很不高兴地表示金凯德的建议"要么在我看来是不切实际的，要么违背了各部队指挥官会议上达成并得到（弗莱彻）认可的约定"。如果特纳知道金凯德希望限制他对空中支援任务的控制权，肯定会火冒三丈。为此，诺伊斯在第二天上午安排"航母舰长和特混舰队司令的航空代表"到黄蜂号上开会。[1]

另一方面，金凯德却不肯让步。8月2日开会前，他给诺伊斯写了一封信（抄送弗莱彻），对计划提出了更大幅度的修改。3艘航母都不应该从西南面接近瓜岛。"我相信我军会在D-2日前（如果不是更早的话）被潜艇或飞机发现，我们应该准备一个备用计划，让1艘航母在所罗门群岛东北作战。"该航母应该部署在"图拉吉

---

[1] 1942年8月18特司致61特司电011200（抄送萨拉托加号、企业号、16特司），彼得森资料集。

以北约100海里，位于圣伊莎贝尔岛东面，远离其他航母但与图拉吉的距离不变。"这样可以提供"某些值得认真考虑的优势"。这艘独行航母实施的搜索可以加强所罗门群岛以北的侦察，它的飞机可以摧毁马莱塔和圣伊莎贝尔的水上飞机基地，它的战斗机还可以拦截来犯的轰炸机。在金凯德看来同样重要的是，这种布局"使我们的航母得以分散，而这是非常有利的，因为我军可能早在D-3日就与敌搜索机接触"。如果出现这种情况，"我们可以预料敌航母将打乱我们的时间表"。北方的这支航母舰队"可以截击敌航空母舰，以防其悄悄接近图拉吉地区"。金凯德还提出了航母是否必须遵守原计划的问题。因为敌搜索机可能早在8月4日就出现，所以他必须知道企业号作为唯一的战斗机引导航母是否有权"从D-3日起随时"打破无线电静默来拦截不明身份的目标。他认为在D日从黎明到部队实际开始登陆的时间里，还应该增加空袭次数。"我们有强大的力量，可以实施有力的首轮打击。"金凯德在附言中解释说，他"试图在最终计划制定前（着重号是他加的）提出建设性意见。一旦计划敲定，我无论如何都会全力支持"。①

诺伊斯没有在黄蜂号上开会，而是在8月3日飞赴萨拉托加号与弗莱彻商议。可惜现存的资料没有提到他们的讨论内容，但后人可以猜测他们反对金凯德的修改的主要理由。2艘航母无法支援150海里外的第3艘航母。更糟的是，分遣舰队将处在日军航母很可能出现的方向，舰队中的航母在被击沉前也许只能起到预警的作用。弗莱彻和诺伊斯断然拒绝分散航母。在8月4日，诺伊斯发布了将在D日生效的航空作战计划2-42。全部3艘航母将在瓜岛西南共同行动。诺伊斯给首次空袭增加了9架俯冲轰炸机，使总兵力达到127架飞机，并把攻击伦加的SBD翻倍至36架。他承认航母在途中被发现的风险正在加大，因此以削弱运输船的防空为代价，把航母上空的战斗空中巡逻机总数提高到24架F4F。为了补偿，他增加了用于支援两栖部队的SBD数量。在整个D日，每个扇区将始终有9架俯冲轰炸机和4架战斗机可用于对地支援。除了预定用8架萨拉托加号的TBF执行一次攻击任务，他将其余30架TBF都留在手上，用于"根据紧急事态的需要侦察或攻击"。修改后的计划还加强了为紧急起飞而做的准备，而且使航母能更方便地互相靠拢。包括航母上空和运输船所在区域的战斗空中巡逻在内，任何时候空中至少有30~36架战斗机和27~30架轰炸机。彼得森评论说："每艘航母都清楚需要做什么，这个计划在实战中执行得非常顺利。"②

---

① 金凯德致诺伊斯信（1942年8月2日），抄送61特司，彼得森资料集。
② 空中支援部队旗舰黄蜂号作战计划2-42（1942年8月4日），作战令档案。

进军

7月31日，两个特混大队在斐济以南逡巡并料理杂务。同时戈姆利忙着将他的指挥部从奥克兰迁到努美阿的阿尔贡号上。特纳虽然评价预演行动"相当不尽人意"，但认为它们还是有用的。范德格里夫特则称这些演习为"白忙一场"。彼得森坦率地表示，"对航母舰载机部队而言，它们是浪费时间"。62特舰在这一天和8月1日上午从卡纳瓦号和普拉特号加油，并从瑞尼尔号补充了弹药。戈姆利改变了派普拉特号去努美阿的安排，命令特纳让该舰随同瑞尼尔号和卡纳瓦号去苏瓦，以便在 E.J.亨利号抵达时补油。但是他忘了把补过油的卡斯卡斯基亚号转交给特纳。于是当62特舰离开寇罗一带时，队列中缺少了来自珍珠港的3艘关键船只。卡斯卡斯基亚号的缺阵使特纳无法给自己的驱逐舰加油。他发电给戈姆利说，"目前亟需"该舰，而泽林号和参宿四号向62特舰报到的事也是"紧迫至极"。"否则就要推迟D日。"在8月1日晚上，弗莱彻和特纳从斐济以南100海里处开始西进。弗莱彻带着空中支援部队先行，希望在8月3日一边等特纳赶上自己，一边给萨拉托加号和驱逐舰加油（如有可能还要给巡洋舰加油）。[1]

包括卡斯卡斯基亚号、泽林号、参宿四号、旧金山号和拉菲号在内的船队在8月1日下午终于到达苏瓦。当天晚上泽林号和参宿四号在特纳的2艘驱逐舰护航下启程追赶62特舰，但卡斯卡斯基亚号没有同行。旧金山号加过油后于次日离开苏瓦，在8月4日加入18特舰，但拉菲号不幸搁浅，不得不返回珍珠港修理。不知为何，戈姆利没有让卡斯卡斯基亚号随其他船去找特纳，而是把它留在了苏瓦，尽管麦凯恩明确提醒说努美阿的 W.C.耶格尔号和毕晓普代尔号实际只能给西马仑号提供65000桶油，而非弗莱彻预料的90000桶。被戈姆利调往苏瓦的租用油轮 E.J.亨利号也没有按指示在8月1日出现，进一步打乱了后勤计划。普拉特号因此无法补充油料。由于进军途中没有卡斯卡斯基亚号，特纳的油源只剩下预定在2日到达新目的地埃法特的埃索小石号。于是他命令16艘航程较短的船只先行赶往埃法特，以便从8月3日上午开始加油。当天清晨他高兴地看到泽林号和参宿四号终于赶上大队，但不久却得知埃索小石号始终没有现身。没人知道这艘船到底在哪。饥渴的船队除了再次与62特舰会合已别无选择。[2]

---

① 太两司行政管理史，44页；范德格里夫特，121页；彼得森讲座（1944年1月13日）；巴奇《燕尾槽行动》。1942年7月62特司致南太司电312000，CSCMF，卷20。

② 11特舰、16特舰、萨拉托加号、西马仑号和格雷森号战争日记；萨拉托加号、格雷森号和格温号航海日志；戴尔，1：397页；1942年8月61特司致南太司电030150，CSCMF，卷20。

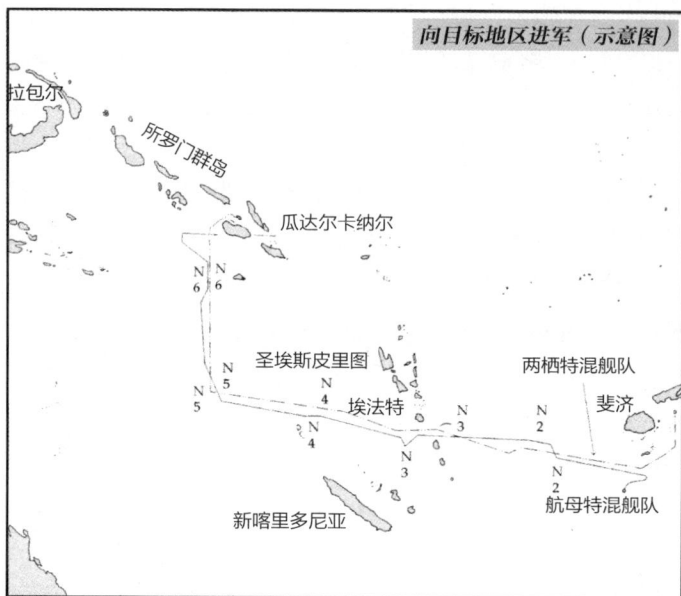

向目标地区进军（示意图）

拉包尔
所罗门群岛
瓜达尔卡纳尔
圣埃斯皮里图
两栖特混舰队
斐济
埃法特
新喀里多尼亚
航母特混舰队

8月3日，当航母编队经过埃法特以南40海里处时，弗莱彻高兴地看到西马仑号按时出现并开始加油。油老虎萨拉托加号首先补充到70%，然后轮到驱逐舰。由于西马仑号带来的油料远比预计的少，弗莱彻无法给驱逐舰加满油，这个缺憾在此后几天将显得愈加严重。例如，格雷森号只加到85%，格温号只有82%。正因为弗莱彻无法给他的船只加满油，所以油料成为他"在从斐济到所罗门群岛途中的主要关注"。金凯德在8月4日估计自己的重型舰船凭现有燃油可以25节航行3天，再以25节航行4天，但驱逐舰在以15节航行3天后只能以25节航行2天。光是为了抵达目标海域就需要以15节航行将近3天。后来的事实表明金凯德对燃油的估计过于悲观，但这就是他给弗莱彻提供的信息。特纳对戴尔强调："从寇罗到所罗门群岛的路上，我最担心的就是油、油、油（着重号是戴尔加的）。"为了帮特纳摆脱困境，弗莱彻派飞机向埃法特送信，建议戈姆利"立即"将在苏瓦的油轮派到埃法特或努美阿。如果特纳不能在埃法特加到油，他的"油料供应状况可能会很严重"。①

---

① 1942年8月旧金山号致南太司电011125，南太司致2.3特大司电011330，南太空司致南太司行政处电010111，南太司致西南太总电011210（提到新喀里多尼亚地区急需燃料），驱四中队长致61特司和62特司电022030，CSCMF，卷20。戴尔，1:309—310页称，卡斯卡斯基亚号没有出港是因为它的密码机出了故障，没有"接到命令"。但是，戈姆利发给其他舰船的出航命令中根本没有提到卡斯卡斯基亚号。

8月4日，埃索小石号还是杳无音信，特纳靠自己的运输船和货轮给几乎所有的驱逐舰、高速扫雷舰和高速运输舰加了一点油。弗莱彻也伸出援手，把西马仑号的最后一批油分给了皇家澳大利亚海军的霍巴特号轻巡洋舰和特纳的2艘驱逐舰。8月4日晚上，弗莱彻让排空的西马仑号和驱逐舰艾伦·沃德号返回努美阿，因为埃索小石号如果按原先接到的命令行动可能已经到了那里。当天的一次意外使燃油问题更趋复杂。澳大利亚的舰队油轮毕晓普代尔号在离开努美阿到布里斯班取油时撞上了己方的1颗水雷。虽然它没有遭到严重破坏，但已经不能再参战了。出了这些纰漏后，戈姆利终于想到要直接把卡斯卡斯基亚号派出去给特纳加油，但此时他手头已经没有用来护航的船了。这艘宝贵的舰队油轮不得不在苏瓦等到8月5日珀金斯号驱逐舰抵达为止。随后它将随普拉特号、瑞尼尔号和珀金斯号去努美阿。而Ｅ.Ｊ.亨利号直到8月4日中午才开始向普拉特号输油，比预期晚了3天。[①]

预定前往努美阿的第三批租用油轮截至7月18日已全部离开圣佩德罗，预计在8月12—15日到达。尼米兹在8月1日援引弗莱彻关于燃油短缺的警告，指示卡尔霍恩（太勤司）在"尽可能早的日期"从圣佩德罗派遣2艘"大型、快速的"租用油轮去努美阿，以加强原定的运油船队。它们最晚应在8月25日到达努美阿，比原定的第四队租用油轮早一周左右。此外，舰队油轮萨宾号最晚应在13日抵达萨摩亚。即便如此，戈姆利还是有充分理由担心租用油轮不能及时抵达，他预感到南太区在月中将面临又一次燃油短缺。8月4日，他获准将1艘原本要去惠灵顿的油轮改派到努美阿，定于8月14日抵达。[②]

8月4日，61特舰经新喀里多尼亚以北进入珊瑚海，这也是可能与敌侦察部队接触的第一天。弗莱彻把自己进入图拉吉空防圈的时间安排在估计敌搜索机开始返航以后。进入危险区域的萨拉托加号在自身以北30海里部署了战斗空中巡逻的战斗机。雷达发现几个可疑目标，最后都证明是B–17。斯罗尼姆对无线电的监听结果使弗莱彻感到没有理由认为自己已被发现。日落时分，特混舰队已到达图拉吉东南530海里处。其实这一天日本人错失了发现整个登陆舰队的大好机会。2架试验中的川西

[①] 西马仑号、普拉特号战争日记；1942年8月南太司致舰总司电042335，太舰总司致南太司电042337，南太司致太舰总司电042357，南太司致卡斯卡斯基亚号电041350，瑞尼尔号致南太司电042137，南太司致瑞尼尔号电042348，CSCMF，卷20。

[②] 1942年8月太舰总司致太勤司电012229，太勤司分部致太勤司电042044，南太司致南太平洋勤务分舰队司令（南太勤司）电041030，南太勤司致南太司电050110，CSCMF，卷20。第三批油轮包括加斯特阳光号和东方阳光号（各载油85000桶）以及旧船德罗什号（55000桶），第四批是太平洋阳光号、西方阳光号和辛科旗舰号。卡尔霍恩增派的租用油轮是Ｊ.Ｗ.范·戴克号（105000桶）和辛克莱尔·茹比内号（65000桶）。用"快速"来形容美国商业油轮并不确切，即使是20世纪30年代末建造的船，最大航速通常也不超过13.5节。

二式大艇已转场到图拉吉进行长途侦察。其中一架侦察了斐济，另一架沿新赫布里底岛链朝埃法特方向飞行，然后南下到新喀里多尼亚，沿海岸飞行一段后北返图拉吉。只是由于坏天气和非常差的运气，敌人才没有提前发现61特舰。[①]

虽说在8月4日被发现的概率不大，但日军在8月5日也没有探测到离图拉吉不到五百海里的61特舰，这让弗莱彻和他的部下大感意外。当日天气开始放晴，云层稀疏，到下午才增厚。特纳在这天上午让他庞大的船队停下，以便泽林号将17名新毕业的少尉转运到62特舰的其他船只上。他不顾潜艇威胁冒险实施了这一机动，而克拉奇利肯定因此捏了一把汗。同样担心潜艇的弗莱彻给特纳下了"立即上路"的命令。他后来对戴尔回忆说："我觉得凯利肯定是神经搭错了，我的简短命令能让他清醒过来。当我后来见到他时……我们对此事都付之一笑，他承认自己可能做得不太聪明。但他还是认为当时那一带没有小日本的潜艇。"到11：00特纳将他的大队人马带向北方。中午时分，航母舰队也步其后尘。到日落时，距图拉吉已不到四百海里。从这天晚上起，弗莱彻每天24小时都待在萨拉托加号的司令舰桥里。[②]

8月5日上午，埃索小石号在一次严重的误会后终于出现在苏瓦。原来它是8月4日早上到达埃法特的，比原定时间晚了2天，但特纳的1艘驱逐舰（威尔森号）却大错特错地叫它离开。结果埃索小石号掉头向东，去了斐济的苏瓦。它在那里把自己装载的部分油料分给了普拉特号。珀金斯号在5日下午进入苏瓦，并连夜带着一支小船队赶往努美阿。在埃法特附近为61特舰加完油后，空载的西马仑号也和艾伦·沃德号驶向努美阿。因为埃索小石号去了苏瓦，所以它们在努美阿无油可加。于是精心安排的61特舰后勤支援计划全落了空，这要归咎于戈姆利没有让卡斯卡斯基亚号前出支援62特舰，2艘租用油轮行动迟缓，以及南太区缺少护航驱逐舰。尼米兹注意到南太区的"燃油困境"后一针见血地指出："问题似乎出在配送上，而不是出在缺乏燃油。"弗莱彻将在急需燃油的时候找不到方便的油源，这将造成严重后果。[③]

8月6日星期四是进军的关键一天，相隔12海里的两支庞大船队朝着北方的瓜岛一路挺进。帆樯如林的远征军很难避开敌人的搜索机，但黎明时天公作美，浓密的阴云挟着频繁的风暴和雾霾降临。弗莱彻大大松了一口气。他本已做好了顶着空袭

---

① 萨拉托加号战争日记；日本《战史丛书》49：415 页；关于日机在斐济和新喀里多尼亚的飞行的详细信息由 Hyakutake Nobushige 通过詹姆斯·萨夫鲁克提供。

② 戴尔，1：314 页；马斯日记。

③ 标准石油公司《第二次世界大战中的埃索船队》247—248 页；1942 年 8 月瑞尼尔号致南太司电 050317，CSCMF，卷 20；灰皮书，817 页。诺伊斯在 1950 年 8 月 15 日对莫里森第 4 卷的书评中提醒人们注意油轮未出现在埃法特的事实。

杀向目标的心理准备——这个事实经常被研究盟军初期突袭的历史学家忽略。诺伊斯此时承担了空中支援部队的战术指挥，航母按着他指定的路线在8月7日（D日）黎明前一个小时抵达了图拉吉西南75海里的预定放飞位置。麦凯恩相信有一支敌军小分队位于马莱塔，担心他们可能在麦基诺号于D日去那里为PBY补给时作梗。因此诺伊斯指示萨拉托加号让8架已经预定用于D日空袭的TBF攻击马莱塔和佛罗里达岛东南部的某个位置。为了加大最初空袭的力度，他又调派17架TBF在日出1小时后轰炸伦加和图拉吉。与此同时，企业号的8架TBF将在西方至东北方扇面搜索二百海里，控制所罗门群岛中的新乔治亚、圣伊莎贝尔和更远区域。企业号另有6架TBF 挂上鱼雷待机，以便攻击搜索机发现的任何敌船。[①]

　　按照弗莱彻的明确指示，61.1特混大队进行了一次有计划的冒险：在8月6日不派任何飞机侦察，以防日本人发现航母舰载机的存在。诺伊斯后来称此为"达成奇袭的最重要因素之一"。10架战斗机分成两队，前出40海里巡逻以防备敌搜索机。临近中午时，雷达探测到1架不明身份的飞机在东方25海里外路过，但云层掩护足以使特纳的船队不被察觉。当天下午，战斗空中巡逻又尝试寻找雷达发现的四个目标，但都没有结果。其中一个被认为可能是正在返回图拉吉的搜索机，它曾接近到距舰队10海里处，但当时的能见度只有1海里多一点。斯罗尼姆的小组在已知的敌军无线电频率上没有听到任何紧张的呼叫。61特舰始终未被发现。这份偶然的运气使盟军在战役开始时获得了意外而巨大的优势。其实日军在黎明时有3架水上飞机离开图拉吉搜索南方扇面。居中的飞机在08：00左右与61特舰擦肩而过，但被阴云挡住了视线。西侧的飞机只飞了370海里就因为能见度太差而返航。如果天气条件允许它执行原定的任务，它很难错过散布在大片海面上的61特舰。而下午雷达发现的目标肯定是美军的岸基搜索机。特纳调整了62特舰的阵形，将其分为X群和Y群。到日落时，瓜岛已逼近到东北方85海里外，图拉吉则比它再远50海里。天黑后，3艘航母将航向改为西北，以22节航速行驶，然后在22：30转向北方起飞点。它们拥有234架可以作战的飞机（98架战斗机、96架俯冲轰炸机和40架鱼雷轰炸机）。22：50，Y群的先导舰——圣胡安号轻巡洋舰转向东北以绕过瓜岛西端，然后掉头向东直趋图拉吉。15分钟后，攻打瓜岛伦加的X群也执行了同样的机动。61特舰即将揭开盟军在太平洋战争中的大反攻的序幕。戈姆利勉励弗莱彻、特纳和麦凯恩，"用一次真正的进攻震

---

① 1942 年 8 月 18 特司致 61 特司电 050341 和 060403，转引自第八雷击中队长致萨拉托加号舰长，1942 年 8 月 7 日和 8 日图拉吉、瓜达尔卡纳尔和马莱塔地区作战报告（1942 年 8 月 12 日）。

惊全世界吧"，"在所罗门群岛狠揍他们"。①

战斗打响时的情报概况

在远征军进军期间，弗莱彻一直密切关注着尼米兹、戈姆利和麦克阿瑟提供的情报，其中对敌军兵力和可能的意向都做了估计。将攻击开始前情报描绘的局面与日军的真实情况作一番对比是很有意义的。

特纳和范德格里夫特认为靠陆战队第一师（经过加强）的19000人来完成任务绰绰有余。南太司在7月26日的情报认为瓜岛上有大约3000名日军，其中1000人是建筑工人。特纳在7月30日的作战计划则把伦加守军的总人数提高到包括一个加强团在内的5275人，并认为另有1850人防守图拉吉。这个情报让范德格里夫特有些犹豫，也使他有理由在攻打伦加时以侧翼迂回取代正面强攻。守军的实际人数是2800人，但只有250人是作战部队。有900名水兵部署在图拉吉岛上或周边，其中包括许多勤务人员。②

日军岸基航空兵的效能取决于其自身实力，对布卡、布干维尔和瓜岛上前进航空基地的利用，以及它抵抗麦克阿瑟的空中阻断的能力。在7月29日有一份令人吃惊的新情报宣称伦加有6架陆基零战。但是麦凯恩对图拉吉和伦加实施了几次规模有限的空袭，却只遭到几架零式水上战斗机抵抗。到8月6日情况已经明朗，日军尚无任何陆基飞机进驻伦加，这让61特舰大大松了一口气。麦克阿瑟最终估计在新不列颠和所罗门群岛有139架飞机（56架战斗机、38架轰炸机、24架船身式水上飞机和21架浮筒式水上飞机），在新几内亚另有30架。这个估计与实情相去不远。第五空袭部队在8月7日有129架可以作战的飞机，包括前一天由辅助航母八幡丸号送达的31架飞机。拉包尔有39架战斗机（另有20架正在组装）、32架陆攻机、16架舰爆机、2架陆上侦察机和4架船身式水上飞机。图拉吉有7架船身式水上飞机和9架水上战斗机，但新几内亚其实没有任何飞机。第一批9架新式中型轰炸机已在从提尼安前往拉包尔的路上。③

珊瑚海之战以后，盟军情报部门认为拉包尔一带驻扎着第六战队（4艘重巡洋舰）、第十八战队（2艘老式轻巡洋舰）和第六水雷战队（1艘老式轻巡洋舰和12艘

---

① 11特舰、16特舰、南太两司战争日记；戈姆利致魏尔伯恩信（1950年8月12日）。日本《战史丛书》49：429—430页；南太司致61、62和63特舰电061040，南太司战争日记。
② 1942年7月南太司致南太两司电260530，CSCMF，卷19；日本《战史丛书》49：384页。
③ 1942年7月南太司情报通报211200和290530，CSCMF，卷20；1942年7月太舰总情报通报310059，1942年8月西南太总致各特舰电060255，CSCMF，卷20；日本《战史丛书》49：410—415、430页。

陈旧的驱逐舰），以及大约8艘潜艇和2艘水上飞机供应舰。这个情报是正确的，只不过7月14日以后那些驱逐舰已编为独立分队作战。截至7月底，无线电情报显示新建的第八舰队的司令长官已来到南方。到了8月5日，戈姆利估计拉包尔的海军舰队有第六和第十八战队的3~4艘重巡洋舰和4艘轻巡洋舰，以及4~6个驱逐舰分队和五个潜艇分队，其中有些正在澳大利亚东北方活动。实际情况是，第八舰队司令长官三川中将在7月30日抵达拉包尔。这段时间他专注于使用手头的5艘重巡洋舰（第六战队外加鸟海号）、3艘老式轻巡洋舰、驱逐舰和驱潜艇增援布纳守军。8月6日，1艘轻巡洋舰和2艘驱逐舰随一支前往布纳的船队离开，而5艘重巡洋舰都准备在8月7日从拉包尔西北的新爱尔兰岛上的卡维恩起航。3艘将支援布纳船队，2艘将到拉包尔与2艘轻巡洋舰和1艘驱逐舰会合。4艘潜艇在莫尔兹比港附近和澳大利亚东北方巡弋，另外5艘潜艇在巡逻了同一地区后已返回特鲁克。[①]

对弗莱彻来说，日军航母的位置远比拉包尔任何水面部队的动向更重要。情报显示它们在本土水域，不是在港口就是在海上训练，但瑞鹤号可能已南下去新加坡。7月24日，戈姆利断言拉包尔地区"无任何证据证明有航母支援"。一周后，太舰总的情报指出日军航母"正在进行演习"。戈姆利则谨慎地提醒：这些航母虽然"据信处于本土水域"，但"采用了"与珍珠港事变、珊瑚海之战和中途岛之战前"相同的通信手法"。8月5日，太舰总仍然认为日军航母"在本土水域，可能停泊于港口内"。戈姆利同意此判断，但再度指出"一些迹象表明其将有行动"。8月6日夜，西南太区报称其搜索机在拉包尔西北发现1艘水上飞机供应舰和3艘驱逐舰。8月7日午夜刚过时，麦克阿瑟宣称照片显示那艘所谓的供应舰其实是1艘改装航母。太舰总正确地推断出它是向拉包尔运送飞机的辅助航母，但懒得告诉弗莱彻。这艘船实际上就是八幡丸号。弗莱彻没有过多担心，但他始终惦记着拉包尔地区有1艘小航母。在此后的3个星期里，他将发现无线电情报远不是万无一失。常识使他不敢完全信赖变幻无常的无线电情报，因此他采取了必要措施来防止在所罗门群岛被敌航母偷袭。[②]

① 1942年7月南太司情报通报191310，CSCMF，卷19；1942年7月南太司情报通报310346，1942年8月南太司情报通报020610、040455、050330，CSCMF，卷20；62特舰作战计划A3-42（1942年7月30日）；日本《战史丛书》49：409—410、430页。

② 1942年7月南太司情报通报240742，CSCMF，卷19；1942年7月太舰总情报通报310059，1942年7月南太司情报通报310346，1942年8月太舰总情报通报050313，CSCMF，卷20。关于中途岛战后日本航母的动向，见日本《战史丛书》49：431—432页。1942年8月西南太司致各特司电060700和西南太总致各特司电061349，CSCMF，卷20。戴尔，1:386页错误地否认了1艘航母的存在，声称飞机发现的只是几艘驱逐舰。

日本海军情报部门在预测盟军未来动向方面是严重失职的。三川得知瓜岛和图拉吉遭到零星空袭后，在7月23日询问井上，美国是否可能在8月中旬第一批零式战斗机部署到伦加之前进犯所罗门群岛。井上回答："绝对不会！"包括山本在内的高级将领都轻率地判断盟国在1943年秋季之前不可能发动任何大规模反攻。因此当8月1日孟加拉湾的空中侦察发现了英国东方舰队对安达曼和尼科巴群岛的佯动的规模时，东京方面毫不在意。日本情报部门已经知道7月初至少有一支大型船队离开美国西海岸，但认定它只是去增援澳大利亚的。就连第八舰队的参谋部也认为盟军轰炸所罗门群岛和图拉吉只不过是为了延缓机场建设。因此三川仍然把注意力放在保护布纳的补给路线和支援对莫尔兹比港的攻击方面。8月3日，日军发现了盟军在新几内亚东端米尔恩湾的拉比的新机场，随即制定了大规模轰炸计划，定于8月7日由第五空袭部队实施。三川相信这次有力的打击将充分压制这个麻烦的机场。但事实是这次空袭永远不会实施，因为在他认为一片祥和的所罗门群岛将爆发严重得多的事变。①

---

① 日本《战史丛书》49：403—404、415—416、427—428、446—447 页。

第二十四章
瞭望塔登陆

开局

8月7日（D日）黎明前1小时，弗莱彻61特舰的3艘航母（61.1特混大队司令诺伊斯负责战术指挥）靠近了瓜岛以西30海里的"胜者"点。瞭望塔行动的主要目标——瓜岛中部海岸上的伦加和在其北方18海里外的图拉吉——位于航母东北方60~75海里外。残月在晴朗的天空中发出淡淡的光芒，但通向目标的路上横亘着一道阴暗的云墙。但敌军的防守实际上空门大开，登陆部队的主力已经冲了进去。绕过瓜岛西端后，特纳的登陆部队（61.2特混大队）的两把尖刀已经插到山峦起伏的瓜岛的背面。斯科特的Y群的目标是佛罗里达岛南海岸环抱中的图拉吉，特纳自己领军的X群则穿过大片海湾直取伦加点。[①]

  弗莱彻自己的61.1.1特混中队（萨拉托加号）一马当先，金凯德的61.1.2（企业号）在其左后方5海里外，诺伊斯的61.1.3（黄蜂号）在右后方的对称位置。"蓝色的火光在发动机排气管口闪烁和跳动，起初只是星星点点，但仿佛有人拨动了一个巨

[①] 1942年8月太舰总致舰总司电062045，CNO TS 蓝色档案。关于瓜岛登陆的主要档案资料包括：南太平洋两栖部队司令致太舰总，1942年8月7、8、9日所罗门群岛作战（1943年2月22日）；萨拉托加号舰长致美国太平洋舰队总司令，1942年8月7—8日图拉吉—瓜岛进攻行动报告（1942年8月19日）；企业号舰长致美国太平洋舰队总司令，1942年8月7—8日支援占领图拉吉—瓜岛行动报告（1942年8月24日）；黄蜂号舰长致美国太平洋舰队总司令，1942年8月7—8日夺占图拉吉—瓜岛地区（1942年8月14日）；美国海军退休上将阿瑟·J.赫本致太舰总，关于1942年8月9日萨沃岛附近美国军舰文森斯号等损失事件的背景情况的非正式调查报告（1943年5月13日，以下称赫本报告）。官方文献包括ONI战斗记述《1942年8月7—8日在所罗门群岛的登陆》（1943年），以及贝茨和伊尼斯。关于瓜岛战役的二手文献数不胜数，最好的一本书是弗兰克的《瓜达尔卡纳尔》。赫伯特·C.梅里拉特的《瓜岛回忆》也很有见地。有关海战情况，见日本《战史丛书》第49卷和莫里森《美国海军作战史》第4和第5卷。有关陆战：齐默曼《瓜岛战役》，以及休·路德维格和肖《美国海军陆战队第二次世界大战作战史》第1卷。美国陆军的官方战史——小约翰·米勒《瓜达尔卡纳尔》的用处不仅限于它的直接主题。有关空战情况，见：小托马斯·G.米勒《仙人掌航空队》和伦德斯特罗姆《首发主力与瓜岛》。11特舰、16特舰、南太两司和萨拉托加号的战争日记可用于了解基本的作战事件表。有关1942年8月7—9日航母行动的详细记述，见伦德斯特罗姆《首发主力与瓜岛》第3和第4章。

大的开关，它们一下就笼罩了每艘航母三分之二的飞行甲板。"100多架飞机在甲板上预热，声震海天。05：30，航母迅速转向东南，迎着18节的海风航行。航空作战计划要求93架飞机（44架战斗机、48架俯冲轰炸机和1架鱼雷机）在黎明同时攻击。企业号从甲板起飞的第一批飞机包括8架在远方的巡洋舰和运输舰上空执行战斗空中巡逻的战斗机。由于一些飞行员欠缺经验，3艘航母间隔又很近，在黑暗中执行的会合不可避免地出现了差错。机群的领队们尽可能召集起部下，飞向分配到的目标。第一批摆上甲板的飞机离开后，各航母又准备了其他飞机，分别用于后续攻击、战斗空中巡逻、对地支援、搜索和警戒潜艇的内圈空中巡逻。在初现的晨曦照耀下，"3艘航母齐头并进，其间距只够防止各自的驱逐舰防卫圈不互相干扰"，"场面很是激动人心"。[①]

运输舰内维尔号上的紫色指挥部管制Y区中的空中支援飞行。在南面，特纳的旗舰麦考利号上的橙色指挥部指挥着针对伦加的航空行动。战斗机承担了两个区域的战斗空中巡逻任务：航母舰队上空的航母战斗空中巡逻和图拉吉与瓜岛之间的护卫战斗空中巡逻。在企业号的亨利·A.罗上尉指挥下，航母战斗空中巡逻2小时轮换1次，保持16~24架F4F。这些战斗机调查了雷达探测到的一些可疑目标，但没有发现敌机。护卫战斗空中巡逻有8~16架F4F，由黑色指挥部的FDO罗伯特·M.布吕宁上尉在克拉奇利62.6特混大队中的芝加哥号上指挥。在航空作业的间隙，诺伊斯反复调整航向，沿边长15海里的近似正方形航线行驶，以维持相对于目标的位置，并与瓜岛西岸保持25~30海里的距离。各艘航母尽力遵照诺伊斯制定的复杂时间表行动，一架架轰炸机和战斗机在登陆地区和战斗空中巡逻区域之间往返穿梭。

特纳认为自己看见几架水上飞机在伦加一带升空，便于06：11宣布："敌机正在起飞。"此后直到06：47才有新的消息传到航母舰队，说是美国飞机消灭敌战斗机后在伦加着陆了，不过此言不确。当地并不存在任何敌机。金凯德后来解释说，仅凭无线电通信、返航飞行员口述、空投消息和目视信号来了解战况是很困难的。弗莱彻的巡洋舰司令赖特称通信情况"糟透了"。航母舰队"对瓜岛上发生的事情一无所知，只是偶尔从TBS上听到一鳞半爪"。对弗莱彻个人而言，更糟的是"萨拉托加号无法在其电台或TBS上收到任何信息"，"不得不依靠明尼阿波利斯号"。特纳的通信情况充其量也是很不稳定的，而且他的消息也不是很灵通。[②]

[①] 卡尔霍恩《驱逐舰水手》52页；金凯德回忆录，222页。

[②] 从行动报告和战争日记看，瓜岛登陆期间传送的消息很零散。最重要的资料之一是萨拉托加号战争日记。金凯德回忆录，220页。与赖特少将的对话（1943年11月12日），莫里森办公室档案，第27号箱。

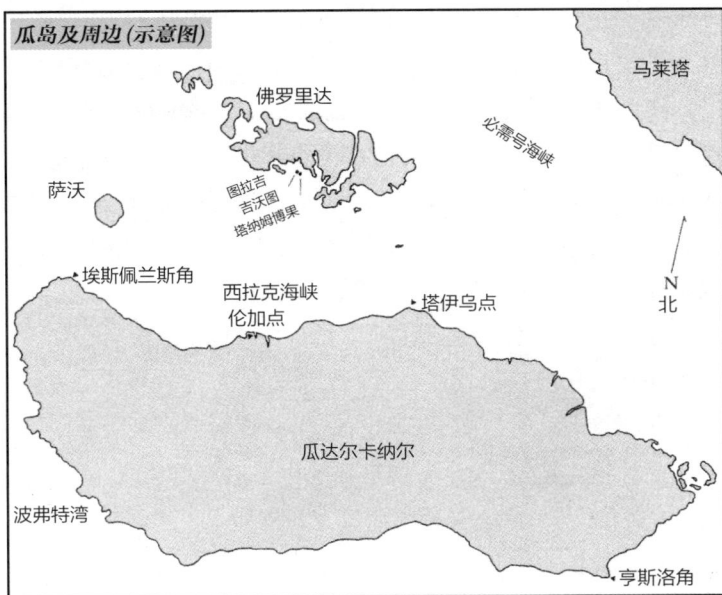

瓜岛及周边 (示意图)

登陆似乎进行得很顺利。07：59的一则报告说在图拉吉的登陆未遇抵抗，黄蜂号的飞机宣称（而且确实）把那里水面上的13架飞机变成了火炬。刚从伦加返回的萨拉托加号飞行员说没遭到多少还击。特纳在08：24确认图拉吉登陆准时发动，"在滩头未遇抵抗"。陆战队员先登上佛罗里达岛，然后攻打图拉吉并遇到逐渐增强的抵抗，在当天上午晚些时候又登上小小的吉沃图岛（同样发生了激烈交火）。吉沃图岛与另一个据点塔纳姆博果岛之间有一条堤道相连。到了09：13，当陆战队第一师涉水冲上瓜岛的"红滩"时，守军已被炮击和空袭打得四散而逃。可惜范德格里夫特没有意识到他可以立即拿下机场。09：53，特纳报告说在红滩的登陆没有遇到抵抗，吉沃图岛上的火力也被舰炮打哑。黎明时朝西北方圣伊莎贝尔岛外派出的搜索机只在新乔治亚以东发现1艘小型油轮。10：58，刚刚在伦加上空协调完空袭的费尔特降落到萨拉托加号上，他告诉弗莱彻在瓜岛很难找到任何抵抗。[1]

帝国反击

虽然整个上午除了图拉吉和吉沃图发生激战外行动相当顺利，但日本飞机何时

---

[1] 萨拉托加号战争日记；萨拉托加号飞行大队长致萨拉托加号舰长，1942年8月7日和8日图拉吉—瓜岛进攻行动报告（1942年8月12日）。

会反击还是让人牵肠挂肚。麦克阿瑟对自己压制拉包尔机场的关键行动是否奏效没有提供任何线索。也许效果并不理想，因为太舰总在10：25警告戈姆利和弗莱彻，拉包尔出动了18架轰炸机和17架战斗机扑向登陆地点。9分钟后珍珠港方面提醒说："敌潜艇正在移动，企图攻击图拉吉的蓝色占领部队。"太舰总靠精微奥妙的无线电情报掌握了远方的这些事件，不过简单的瞭望也发挥了关键作用。大约在太舰总发出警告的同时，一则在特殊频率发送的明文电报指出："24架轰炸机向你方飞去。"呼号表明发报者是保罗·E.梅森军士，他是潜藏在伦加西北300海里外的布干维尔南部布因附近的澳大利亚海岸瞭望哨。①

图拉吉守军在06：30发报："遭敌猛烈轰炸。"拉包尔和东京方面如梦方醒，意识到东南方面面临巨大危机。短期内只有三川中将的第八舰队和山田定义少将的第五空袭部队能够反击。他们在2小时内得知发生了最坏的情况：包括至少1艘航母和1艘战列舰在内的庞大两栖舰队突袭了图拉吉和伦加。三川召集起他的重型舰船准备在当天下午出击，他还指示几艘潜艇前往图拉吉，并安排了今后几天前往瓜岛的海军部队。山田的大多数双发陆攻机本来正准备空袭新几内亚东端米尔恩湾那个麻烦的机场，但现在必须优先照顾所罗门群岛了。他的飞行员喜欢用航空鱼雷对付舰船，但正在拉包尔待命的轰炸机上已经装满了高爆攻陆炸弹。山田担心给飞机换装鱼雷会贻误战机，搞不好它们会被炸毁在地面上（这也正是美国海军的策划者希望麦克阿瑟做到的）。有3架陆攻机已经出发去侦察图拉吉和瓜岛周边水域，因为山田需要知道美国航母相对于目标地区的位置。不过他错过了一次大好良机。位于瓜岛西南海岸上的一个瞭望站看见2艘航母和1艘战列舰在西方出没达3个小时，但它无法用电台叫通总部。09：50，江川廉平大尉率领的27架一式陆攻机和18架零式战斗机开始从拉包尔起飞猎杀美国航母。新到的第二航空队的9架99式舰爆机将组成第二攻击波，轰炸运输船和已经上岸的美军部队。派它们出击是不切实际的做派。这些舰爆机各自只携带2颗132磅的小炸弹，而且航程不够飞到瓜岛再返回。它们将在布干维尔以南的肖特兰迫降。也就是说这9架舰爆机都将被山田牺牲掉，至于机组成员会不会牺牲就看运气了。②

预知空袭将至并不意味着诺伊斯的61.1特混大队一定能组织起足够的防御。受到威胁的两支部队——航母舰队和登陆舰队——相距60海里以上。弗莱彻合理地把3艘

---

① 1942 年 8 月太舰总致南太司电 062325 和 062336，CNO TS 蓝色档案。
② 日本《战史丛书》49：439—444、457 页。伦德斯特罗姆《首发主力与瓜岛》41—46 页。

宝贵的航母视作重中之重，但即便是它们也在各自进行飞行作业的过程中分散到了20海里的水域中。在11：30，航母战斗空中巡逻达到24架F4F，另有24架做好了接替它们的准备。运输船队上空的情况就没有这么乐观。护卫战斗空中巡逻保持14架F4F的兵力，但由于缺油，它们最迟在13：00就必须全部离开。只有8架F4F可以接替它们。由于航母的运作过程非常复杂，它们并不能根据需要随时起飞或回收飞机——这就是南云在中途岛学到的惨痛教训。承担对敌支援任务的轰炸机可能占用飞行甲板，耽误战斗空中巡逻的增援飞机起飞。护卫战斗空中巡逻需要花30分钟才能部署到位，而逐渐吃紧的燃油往往迫使它们提前返航。61.1特大开始向东南前进，航线大致平行于瓜岛海岸线并有20~30海里的距离，从而与伦加和图拉吉保持60~75海里距离。不巧的是海风已减弱，迫使航母以高于28节的速度疾驰来进行起降作业。这对黄蜂号不可靠的轮机是个严峻考验，而且使油耗猛增。萨拉托加号定于正午起飞的下一批战斗机包括8架增援航母战斗空中巡逻的F4F和4架用于护卫战斗空中巡逻的野猫。诺伊斯为了加强护卫战斗空中巡逻，在75分钟前又批准增派4架F4F。这16架F4F在12：03升空。从企业号也起飞了4架战斗机加入护卫战斗空中巡逻，另有2架去接替在伦加上空为攻击机协调员护航的小队。4架负责对地支援的F4F没有分配到目标（前一批也没有），于是在低空盘旋，充当战斗空中巡逻。诺伊斯暂停了战斗机的对地支援飞行，把它们都充实到航母战斗空中巡逻中。[1]

　　高耸的群山挡住了芝加哥号的雷达波。空中飞机虽多，但只有一部分装备了敌我识别信号发射机，给布吕宁的指挥增加了麻烦。尽管如此，他还是指示企业号的4架F4F去西北方对付很大的一片不明目标。企业号是否发现了同一个目标很值得怀疑，但这艘航母上的FDO罗否决了布吕宁的命令。他把这4架北距萨沃岛还有一大段距离的战斗机调往别处，同时催促西奥多·S.盖伊中尉带领航母战斗空中巡逻的4架F4F北上。这个命令在执行时出了差错。原先属于护卫战斗空中巡逻的4架F4F最后去了航母舰队后方，它们的位置被盖伊填补。13：11，企业号按照飞行计划起飞VF-6的4架F4F，在戈登·E.法尔博中尉率领下增援护卫战斗空中巡逻，另有两架去保护伦加的攻击机协调员。VT-3的14架TBF也随之起飞，在舰队前方搜寻潜伏的潜艇。它们这一走腾出了飞行甲板，有利于快速补充战斗空中巡逻。

　　江川没有接到航母接触报告，也没得到自由搜索航母的许可，只好让他的轰炸机朝着东南方向一路前行，寻找已知位于伦加一带的船只。这些被罗盯上的陆攻机

---

① 伦德斯特罗姆《首发主力与瓜岛》46—47 页。

在瓜岛南面搜索时又遭遇不幸，在12：30以后被浓密云层挡住去路。它们在放弃任务时并不知道自己距美军航母只有几海里之遥，但转头向东侦察时却发现了伦加附近27艘有护航的运输船。此时VF-5的8架F4F正在12000英尺高度巡逻保卫两栖部队。13：15，在萨沃岛附近，詹姆斯·J.萨瑟兰上尉突然遭遇了穿云而下的江川机队。他的4架F4F和赫伯特·S.布朗上尉率领的另外4架朝入侵者猛扑过去，一场恶战后，美军损失了5架野猫。①

在13：15，航母战斗空中巡逻的兵力是24架F4F，护卫战斗空中巡逻是18架，包括正在盖伊和法尔博率领下驰援的VF-6的10架战斗机。弗莱彻命令61特舰准备抗击空袭。不久以后，他接到了25架敌机轰炸运输船队的报告。黄蜂号起飞16架F4F，使航母战斗空中巡逻增至40架战斗机。接下来的半小时里，航母战斗空中巡逻的兵力变为44架野猫，而护卫战斗空中巡逻是29架。在终于意识到没有威胁航母的可疑目标后，罗匆忙拨出8架F4F北上图拉吉，可惜它们已经赶不上战斗了。盖伊和法尔博勇敢地缠着撤退的日机飞了很远，但自身损失了4架。此时弗莱彻和诺伊斯只知道登陆地区上空打了一仗，他们继续按计划实施空中支援飞行。VF-5战斗空中巡逻的3架弹痕累累的幸存者回到萨拉托加号，其中1名飞行员身负重伤。VF-5的文书军士拿着他们的报告书飞奔到编队指挥室读给正在享受着"一杯咖啡和老友逸事"的弗莱彻听。VF-5的飞行员估计有36~50架双发中型轰炸机在强大护航下突破F4F的防线，轰炸了伦加附近锚泊的运输船队。可能有3架轰炸机和2架零式坠毁。1艘船起火。大约25架轰炸机向东掠过佛罗里达岛，消失在北方。盖伊和法尔博不见踪影，直到后来6架幸存的F4F降落，人们才知道他们的遭遇。②

正如马斯在当晚所写，多达50架中型轰炸机对瓜岛和图拉吉狂轰滥炸，意味着"麦克阿瑟（钻洞道格）③没有压制拉包尔"。日本航空兵对登陆做出的反应是很有力的，只不过还不算有效。陆攻机宣称击沉1艘驱逐舰并击中1艘运输船。实际上它们轰炸了克拉奇利在伦加附近的护卫船队，但未造成损失。美国海军早就预见到陆基零式的性能可能比舰载型还要好一点，一直想知道自家的舰载机与它们对抗会是什么结果。事实是令人沮丧的。护航的17架零式与34架美国飞机（18架F4F-4、16架SBD-3）发生了战斗。美国海军估计的战果是消灭7架双发轰炸机（还有5架可能被

①伦德斯特罗姆《首发主力与瓜岛》48—55页。
②伦德斯特罗姆《首发主力与瓜岛》56—62页。F.J.布莱尔少尉日记，通过福斯特·布莱尔的家属获得。
③译注：这是菲律宾战役中前线美军将士给一直躲在防空洞里后来又丢下部队撤离的麦克阿瑟起的绰号。虽然麦克阿瑟不是贪生怕死之辈，但被抛弃的下级官兵难免有怨气

击落）和2架战斗机，而其自身有9架F4F和1架俯冲轰炸机坠毁。其实日军虽然遇到激烈抵抗，损失却少得出奇。4架陆攻机被战斗机击落，1架在布卡附近迫降，还有1架在拉包尔坠毁。VF-6击落了2架护航的零式。返回拉包尔的10架零战（另有5架在布卡过夜）完成了令人惊叹的8小时长途飞行，对于单发战斗机来说这是史无前例的。陆攻机机组宣称击落15架格鲁曼战斗机，而零战飞行员报告击落战斗机不少于36架（包括7架无法确认的），外加7架美国舰载轰炸机。实际参与战斗的少数美国飞机给对手留下了深刻印象，让他们以为拦截的格鲁曼飞机高达90架。就连日本官方战史也声称该机群与62架美国海军战斗机发生了交战。[①]

"这一带可能有敌航母"

在14：00特纳还警告弗莱彻注意敌俯冲轰炸机来袭。另一条有些混乱的电讯报告说大约25架飞机在3000英尺高度退向东南。此时弗莱彻和诺伊斯还无法确认俯冲轰炸机的存在。神经过敏的舰上瞭望员可能把SBD错当成敌机。鉴于俯冲轰炸机通常无法飞完拉包尔和瓜岛之间近1200海里的往返航程，所以它们可能来自航母。这意味着无线电情报部门犯了天大的错误，竟完全忽略了日方一线航母从本土水域出击的行动。弗莱彻不愿做如此极端的猜测，他怀疑问题可能出在前一天西南太区在拉包尔以北发现的那艘辅助航母上。14：55，他向诺伊斯和金凯德建议在次日上午进行一次搜索，"方向是拉包尔，目标是据报位于当地的敌航母"。[②]

在14：55收到的电报描述了瓜岛遭到的俯冲轰炸，这一次护卫战斗空中巡逻有24架F4F参战。9架舰爆机沿着岛链的北部边界南下，借山脉掩护躲过护卫群的雷达，达成了完全的突然性。1颗132磅炸弹炸死马格福德号驱逐舰上的21个人。VF-5和VF-6的15架F4F宣称击落14架俯冲轰炸机，比来袭敌机总数还多了5架，而实际击落数是5架。4架幸存者报告说1艘轻巡洋舰被炸起火。山田的这次单程轰炸实际只击伤1艘驱逐舰，却产生了另一方面的收获。在离基地如此远的地方出现航母舰载机使美方的疑惑大大加重。金凯德向诺伊斯指出，"俯冲轰炸机的存在表明这一带可能有敌航母"。他建议进行搜索。考虑到企业号只有3架F4F能紧急起飞，他请求萨拉托加号和黄蜂号加强战斗空中巡逻。这2条TBS电讯在15：14和15：27发出，但弗莱彻在15：55和15：58才收到（可能是通过明尼阿波利斯号接收），通信情况之差由

[①] 马斯备忘录（1942年8月7日），马斯资料集；伦德斯特罗姆《首发主力与瓜岛》62—63页。日本《战史丛书》49：452、455页。

[②] 萨拉托加号战争日记。

此可见一斑。弗莱彻肯定和金凯德一样担心可能存在的敌航母。当天晚上马斯反思道："如果是（敌）航母派出的（舰载俯冲轰炸机），那么麦克阿瑟的搜索和阻断就做得非常糟糕（失败），麦凯恩也干得不怎么样。"弗莱彻注意到那些俯冲轰炸机最后被看见撤向了西方，而不是径直飞向西北方的拉包尔。这只能令他更加怀疑有航母存在。他估计敌军次日将大举空袭。如果移动到离拉包尔远一点的位置，有可能降低己方航母被陆基飞机和航母舰载机两面夹击的风险。他在16：00要求诺伊斯把次日黎明前的起飞点从当天的位置向东南移动100海里。诺伊斯选择了位于亨斯洛角西南32海里的"收到"点（距伦加70海里，距图拉吉85海里），并设计了让航母舰队在8月8日06：00到达该处的机动航线。①

弗莱彻16：00的电报还指示诺伊斯"早作侦察"，他的意思是在18：18日落前侦察。与此同时他让萨拉托加号把12架原定执行对地任务的SBD转用于小范围搜索，在西北方50~90海里内寻找"怀疑存在的航母"。此时地面部队呼叫空中支援的声音已经减弱，有些飞机没有分配到目标就返航了。另一方面，诺伊斯在16：27提醒弗莱彻，那些俯冲轰炸机"可能是从拉包尔经布卡或基埃塔飞来的陆基飞机"。他猜对了一半，拉包尔确实是这些舰载轰炸机的出发地，但美国方面没人想到山田就没打算让它们回去。不过诺伊斯还告诉弗莱彻，他"已经要求"金凯德"进行侦察"，这说明他也不敢肯定自己是对的。金凯德从企业号在前方巡逻反潜的14架TBF中抽出8架向北搜索。这些在黄昏时进行的侦察没有发现任何敌舰或敌机，因为当地本来就没有。②

诺伊斯还是担心可能与敌航母交战，便把8月8日原本正常的航母轮值安排也改了。黄蜂号将朝西北面拉包尔的方向侦察，"主要寻找据报存在的航母"，还要负责待机的战斗空中巡逻。企业号承担航母和护卫战斗空中巡逻的大部分责任，"如接到请求"还要执行其他对地支援任务。另一方面，拉姆齐要让萨拉托加号做好万全准备，在甲板上排定战斗机和攻击机群，一旦发现航母或雷达探测到轰炸机来袭就立即起飞。在8月8日中午，各航母将交换角色，企业号负责下午的搜索，萨拉托加号担当战斗空中巡逻和对地支援的主力，黄蜂号则作为预备队。按此计划，诺伊斯预计萨拉托加号的飞行甲板在8月8日黎明到中午将不作任何起降，但是他将遇到意料之外的难题。③

---

① 伦德斯特罗姆《首发主力与瓜岛》64—68页；萨拉托加号战争日记；马斯备忘录（1942年8月7日）。
② 萨拉托加号战争日记。
③ 萨拉托加号战争日记。

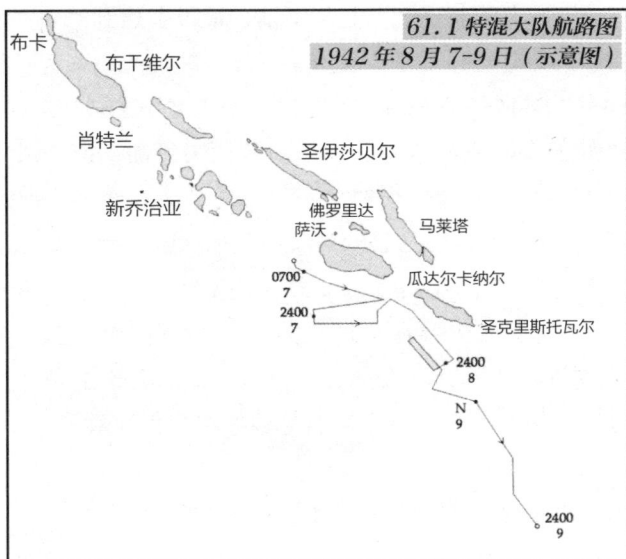

61.1 特混大队航路图
1942 年 8 月 7-9 日（示意图）

漫长一天的结束

8月7日日落时，在瓜岛以南20海里外巡航的61.1特大已东行至亨斯洛角附近，接近了次日黎明继续进行飞行作业的位置。整个下午再没有与敌发生接触，但有3架战斗机从登陆区域返回时因迷航而在海上迫降。这一天3艘航母起飞703架次，降落687架次，是一个创纪录的成绩。9架F4F和1架SBD被敌击落，5架F4F和1架SBD毁于事故。还有1架野猫因为摔坏而不得不被丢弃，另外5架则被严重击伤。筋疲力尽的航母飞行员们满意地得知"恐怖特纳"称赞了"各飞行中队的卓越工作"。航母未受攻击令弗莱彻、诺伊斯和金凯德大为惊讶，他们都感到截至此时的平安是出于侥幸。马斯在日记中写道："虽然我们充分预计到航母会受到攻击，但攻击没有来。紧张了一整天。"当天夜里弗莱彻得知：截至16：00岸基无线电测向人员认为有几艘日本潜艇就在东面的马莱塔和圣克里斯托瓦尔之间。因此61.1特大在当晚明智地朝西南兜了70海里的圈子以远离该区域。[1]

金凯德的61.1.2特混中队独自南下。当天下午他"非常恼火地"发现自己舰队中有1艘驱逐舰（格温号）"燃油少到了危险的水平"。他后来抱怨说该舰从7月30日到8月3日随弗莱彻的61.1.1特混中队行动期间一直没有加过油。其实在8月3日归队

---

[1] 萨拉托加号战争日记；马斯日记；1942 年 8 月南太司致 61 特司和 62 特司电 071142，CSCMF，卷 20。

前，格温号和所有61.1特大的驱逐舰一起加了油，油量曾达到82%。它8月6日的日志则显示油量为52%。格温号并不是金凯德手下唯一缺油的驱逐舰。格雷森号的油量在8月6日降至55%（8月7日为42%），其他各舰也好不了多少。金凯德在7日警告弗莱彻说，自己的大多数驱逐舰有以15节航行两天的油，但格温号的油只够以该速度航行一天多点。金凯德这一次似乎严重夸大了缺油情况，把25节错报成了15节。后来他解释说，如果他"开到外海"，可以立即用1艘重型舰船给格温号加油，但由于可能遭到飞机和潜艇攻击，"那样做是不明智的"。因此他在求得弗莱彻许可后才离队给格温号加油，并在黎明将近时在"收到"点与其他航母群重聚。北卡罗来纳号在"夜色漆黑"，灯火全灭的情况下开始为格温号加油。在"高效地"执行了"缓慢而精细的操作"后，格温号到午夜为止抽取了56642加仑燃油，油量回升到79%。①

由于没接到特纳的详细总结，弗莱彻对登陆行动的实际情况仍然知之甚少。瓜岛的X群似乎干得不错，没有发出几次对地支援请求。刚刚结束Y群的空袭协调员工作的费尔特报告说，图拉吉和小小的塔纳姆博果岛上还在激战不休。航母舰队还监听到当晚斯科特发给特纳的一通电讯，表明图拉吉和塔纳姆博果岛都没有攻克，印证了当地局面的严重性。"尚未开始卸货，估计完成时间不明。"费尔特告诉拉姆齐，特纳亲口请求飞机在8月8日黎明轰炸塔纳姆博果岛，他也答应了。但是金凯德离队一整夜却大大提高了这个任务的复杂性。本来企业号是当值航母，应该承担这次空袭任务，但弗莱彻明智地拒绝打破无线电静默（16特舰离得太远，用不了TBS）来通知金凯德和传送关于时间及目标的冗长细节。在拉姆齐的请求下，他授权萨拉托加号承担这次飞行任务，尽管诺伊斯曾指示该舰担任预备队。萨拉托加号准备了18架SBD和VT-8的8架装备炸弹的TBF，预定一过06：00就出发。②

这天晚上马斯根据从费尔特等人口中了解的信息批评了航空作战情况。麦克阿瑟和麦凯恩各管一部分陆基飞机的体制显然不太管用。"在水域上空作战的陆军飞机必须划归海军（或陆战队）指挥。"马斯对目标区域的空中支援安排也颇有微词。"支援陆战队登陆作战的航空行动应该由陆战队航空机关领导。"他强烈批评了特纳身在瓜岛却坚持遥控指挥图拉吉上空航空行动的做法，认为他应该让紫色指挥部自主决定。"我们的飞机到图拉吉上空报到，因为特纳（将军）没有分配任务

① 金凯德回忆录，227—228 页；格温号航海日志和战争日记；格雷森号航海日志；16特舰战争日记。
② 萨拉托加号舰长致太舰总，1942 年 8 月 7—8 日图拉吉—瓜岛进攻行动报告（1942 年 8 月 19 日）；萨拉托加号飞行大队队长报告（1942 年 8 月 12 日）；1942 年 8 月 62.2 特大司致 62 特司电 070843，CSCMF，卷 20。

而无所事事。位于空中掩护区域的飞行大队长（费尔特）在没有接到麦考利号的直接指挥命令的情况下给它们分配了任务（目标），却被连战场情况都看不到的特纳训了一通。"①

麦克阿瑟对拉包尔空中力量的封锁行动虽被寄予厚望却成效甚微。弗莱彻在那天晚上得知，据报有8架B-17当天早上在敌军机场"投下了所有炸弹"，但没有战果评估。西南太区盟国航空部队的新任司令乔治·C.肯尼少将曾希望动用20架飞行堡垒，创下截至此时美国陆航在西南太平洋集中该型飞机的纪录。实际上直到8月7日下午才有13架B-17勇敢地轰炸了拉包尔西郊的瓦纳坎努机场，并在大约26架战斗机拦截下损失1架。事实证明麦克阿瑟的重型轰炸机严重辜负了人们的期望。这次空袭无论在空中还是地面都没有给山田造成任何飞机损失，跑道也在空袭瓜岛的机群返回前修复了。当天下午晚些时候，9架从提尼安转场的陆攻机抵达，次日还会再来18架。在一份后来被盟国情报人员破译的电报中，山田报告他在8日可动用30架陆攻机，而前一天是32架。肯尼看到截获的电文后向麦克阿瑟夸口说，他相信那里另有百来架轰炸机，都被他的B-17炸毁或炸伤了。在战后自吹自擂的回忆录中，他宣称瓦纳坎努机场上翼梢挨着翼梢停放了150架轰炸机，而他的飞机炸掉了其中的75架，抢先阻止了对瓜岛的更多空袭。事实上1942年8月7日绝不是1941年12月8日克拉克机场浩劫②的换位重演，因为当时在瓦纳坎努连一架留下来给美军炸的陆攻机都没有。如此荒谬的吹嘘其实是侮辱了不畏艰险长途奔袭拉包尔的美国陆航飞行员。③

西南太区在8月7日的情报更新还指出，B-17在拉包尔港看到6艘大船和14艘较小的船。在圣乔治海峡附近，另有6艘船朝东南方向的所罗门群岛驶来，而在拉包尔西北有1艘巡洋舰、3艘轻巡洋舰和1艘驱逐舰以20节速度西行。当天其他空中侦察都没有结果。因此截至8月8日24：00，似乎没有能很快威胁到登陆地区的水面部队。其实三川已在7日下午率5艘巡洋舰、2艘轻巡洋舰和1艘驱逐舰从拉包尔出击。如果在8月8日白天未受阻击，他就能够在8月9日24：00左右对图拉吉发动水面夜袭。④

---

② 译注：马尼拉西北的克拉克机场是美国在菲律宾最大的军用机场，在珍珠港事变数小时后遭日军轰炸，导致远东航空队损失大半。

③ 1942年8月西南太总致太舰总电071219，CSCMF，卷20；日本《战史丛书》49:455页；伦德斯特罗姆《首发主力与瓜岛》71—72页；肯尼《肯尼将军报告》61页。

④ 1942年8月西南太总致太舰总电071219，CSCMF，卷20。伊文思《第二次世界大战中的日本海军》226—228页。

D+1日的空中支援

8月8日黎明前，萨拉托加号和黄蜂号船队从西南接近了"收到"点。企业号船队完成加油后从东南靠近。弗莱彻通过雷达发现金凯德后实施了机动，让其从前方经过，占据编队的左侧位置。金凯德顺利移到正确位置，对自己的领航感到"非常满意"。但是为了完成编队，在06：00弗莱彻指挥61.1特大转向东南方向，迎着习习清风进行飞行作业时，萨拉托加号离"收到"点差了12海里。由于陆战队进展顺利，对地支援飞行的需求减少了，但位于航母舰队西北方75~90海里的运输船队仍需要保护。黄蜂号的12架SBD朝西、北和东北（280°~040°）方向呈扇面展开，飞行220海里以搜索包括圣伊莎贝尔岛和整个新乔治亚群岛在内的区域。企业号部署了4架F4F作为护卫战斗空中巡逻，4架SBD用于对付潜艇。在第一个起飞周期最忙碌的航母无疑是萨拉托加号，虽然按原来的计划，它除了遇到紧急情况外不应起飞任何飞机。破晓前，它派费尔特率领19架SBD和8架挂载炸弹的TBF处理特纳在前一天晚上的紧急请求，对塔纳姆博果进行黎明轰炸。但是弗莱彻和拉姆齐的这番好意被辜负了。当飞机到达时，从麦考利号对图拉吉地区遥控微操的特纳橙色指挥部未能提供目标，使萨拉托加号的努力被浪费大半。最后SBD只能带着炸弹离开，但橙色指挥部好歹让VT-8的TBF轰炸了塔纳姆博果岛。[①]

大约就在第一波飞机离开萨拉托加号时，拉姆齐告诉弗莱彻前一天VF-5损失了5名飞行员，SBD看见其中一人在瓜岛西北部的海滩上。他请求特纳搜索那片地区，同时让其他航母的飞机也多加注意。弗莱彻把这个请求转达给特纳，后者拨出自己的2艘高速扫雷舰执行这个任务。拉姆齐派出4架F4F北上给护卫群作计划外的战斗空中巡逻，让他们借机飞临战友坠机的地区上空。他还为航母战斗空中巡逻部署了4架F4F，这是当天上午航母舰队的第一批防空机。除了弗莱彻和值班军官，整个参谋部在07：15到舰长餐厅和马斯共进早餐，这证明舰上的气氛已经松弛了不少。企业号也利用这段平静的时间派6架SBD在瓜岛和圣克里斯托瓦尔岛之间进行了特别搜索来寻找前一天夜里失踪的2名战斗机飞行员。可惜所有搜救行动都无果而终。[②]

到08：00时，有16架F4F在航母上空盘旋，还有同样数量的飞机承担护卫战斗空中巡逻。罗手头的战斗机显得捉襟见肘。有限的载油量要求战斗空中巡逻必须频繁轮换，但萨拉托加号的战斗机无法参加，大大增加了这个问题的难度。因此金凯德

---

① 金凯德回忆录，228 页；萨拉托加号舰长报告（1942 年 8 月 19 日）。
② 萨拉托加号战争日记；马斯日记。

在07：58请求诺伊斯准许08：30和10：30的航母战斗空中巡逻轮次增加8架VF-5的F4F。诺伊斯很快驳回请求，他提醒金凯德："为了实施攻击或应对空袭，萨拉托加号必须保持随时能起飞的状态。"直到09：25诺伊斯才发现萨拉托加号的飞机早已升空了。他怒斥萨拉托加号"似乎没有遵守我今天的作战命令，我在命令中要求它让战斗机和攻击机群保持待命状态至中午，以便在遭到轰炸或发现敌航母的情况下随时起飞"。后来诺伊斯还告诉拉姆齐："如果接到与命令冲突的请求，请交我决定。"这则电讯还没发完，拉姆齐就在09：46发电称："红色指挥部再次请求我提供8架VF用于战斗巡逻。请指示。"拉姆齐显然以为诺伊斯会批准，因此没等黄蜂号回复就在09：52起飞8架F4F用于航母战斗空中巡逻。不过他明智地要求它们留在附近并注意接收新命令。然后拉姆齐在萨拉托加号的甲板前部重新排列机群，并开始回收8架F4F和从Y群上空无功而返的18架SBD。费尔特乘坐的SBD和VT-8的8架TBF还没有从塔塔姆博果岛返航。10：15，怒气冲冲的诺伊斯直接责问了弗莱彻（他此时的身份是下属的特混中队司令）。"否决你的072246电。请你注意目前情况，如果发现敌航母，我会命令你的攻击机群起飞。你的战斗机也应该保持待命状态至中午，以便在空袭来临时起飞。"萨拉托加号确实没有听从他的命令。拉姆齐在10：23使用目视信号召回了那8架F4F。但是，VT-8的降落并不顺利。有一架未能轰炸塔纳姆博果的复仇者既没法放下尾钩，也没法丢掉携带的炸弹。经过10~15分钟不成功的尝试，这架出故障的TBF终于在10：45着舰，3分钟后费尔特也降落了。[①]

因此截至10：49，萨拉托加号的所有飞机都已回到船上，但是为时已晚。马斯在司令舰桥上与弗莱彻一同观察，看到巨大的甲板上迟迟不能清出地方起飞战斗机，不禁怒火中烧。此时的情势让人有充分理由生气。萨拉托加号在10：38监听到布干维尔北部一个海岸瞭望哨发出的电讯，声称有40架大型双发飞机在09：42掠过头顶飞向东南。芝加哥号上的FDO布吕宁在10：44重复了这一警告。他估计这些飞机在11：15就可抵达图拉吉，以后的事实将证明这一判断有误。弗莱彻指示61特舰"准备抗击空袭"，但在地勤人员清理完萨拉托加号拥挤的飞行甲板前，作为主要预备队的26架F4F都动弹不得。有趣的是，特纳的传记作者戴尔指责弗莱彻，说他因为担心可能存在敌航母，才没有及时给登陆舰队提供战斗机保护。事实恰恰相反。拉姆齐因为确信所罗门群岛一带没有航母活动，所以不愿让他的航空兵力作无谓的等待。他的能言善辩和作为航空元老的名声打动了一向深知自己缺乏航空经验的弗

---

① 萨拉托加号战争日记；萨拉托加号舰长报告（1942年8月12日）；马斯备忘录《瞭望塔》，马斯资料集。

莱彻，促使其批准萨拉托加号违抗诺伊斯的命令。拉姆齐大胆地假定萨拉托加号给特纳提供重要的对地支援后仍能应对威胁。黄蜂号早上的搜索没有发现目标，已经证明他对敌航母的估计是正确的。但是他信心满满地认为萨拉托加号能快速提供F4F来保护特混舰队，则被事实证明大错特错。[①]

战斗空中巡逻大出洋相

山田明白自己错失了良机，决心速战速决。鉴于手下飞行员在前一天遇到许多航母舰载机，他推断图拉吉东面或东北面潜伏着2~3艘航母。在全面搜索整个南所罗门群岛后，所有可用的陆攻机将挂上鱼雷攻击。山田把3架轰炸机和2架水上飞机的侦察范围大半集中在图拉吉东北和东面，小谷仟大尉率领26架陆攻机（3架出发不久就放弃任务）和15架零战在低空沿着所罗门岛链的北部边缘向东南飞行。他通过监听侦察报告来了解发现敌人航母的位置。如果航母在攻击范围内他就攻击航母，否则攻击登陆船队。61特舰再次获得了生死攸关的预警。W．J．里德上尉在伦加西北四百海里外的布干维尔北部把守布卡海峡，这些低飞的轰炸机正好呼啸着掠过他在山顶密林中的藏身处。61特舰在10：38收到的目击报告就是他发出的。特纳已经让62特舰行动起来。每个运输舰中队和护航船只都朝海峡中央移动，以获得自由机动的空间来躲避空袭。截至此时还算顺利。但是布吕宁估计这些敌机到11：15就能威胁图拉吉，等于要它们以270节的平均速度飞越400多海里的距离，这是不可能的。布吕宁似乎把位于北布干维尔的布卡的里德当成了比他近100海里、位于南布干维尔的梅森。可惜61特舰的FDO罗的思路也不比他清晰。在10：50，罗估计这些轰炸机可能在11：00到12：00之间到达图拉吉，这个时间大体上还是偏早了。[②]

在10：50，有10架F4F负责护卫战斗空中巡逻，还有8架野猫正在途中。61.1特大正位于亨斯洛角以南25海里，距图拉吉90海里，其上空另有8架F4F在盘旋。3艘航母上有50架F4F待命（黄蜂号9架、企业号15架、萨拉托加号26架）。罗不知道萨拉托加号此时无法起飞，他建议它把所有战斗机紧急派往图拉吉，与黄蜂号的一半战斗机并肩作战。企业号的F4F和黄蜂号的另一半战斗机将留下来保护航母。11：01，

① 萨拉托加号战争日记；萨拉托加号舰长报告（1942年8月12日）；马斯备忘录《瞭望塔》；戴尔，1：387页。

② 日本《战史丛书》49：455—457页；伦德斯特罗姆《首发主力与瓜岛》7—75页；萨拉托加号战争日记。麦克阿瑟告诉戈姆利（1942年8月061402电，CSCMF，卷20），里德（呼号JER）位于"布干维尔北部"，而梅森（呼号STO）在布干维尔南部布因附近。他后来在8月7日又重发一遍（西南太总致南太司电070927，CSCMF，卷20，由南太司转发给所有美国海军舰船）。

企业号紧急起飞13架F4F担任航母战斗空中巡逻。拉姆齐要想采纳罗的建议，必须先让诺伊斯免去萨拉托加号担任预备队至正午的责任。弗莱彻对这个问题也有决策权。于是费尔特奉拉姆齐之命到司令舰桥解释战斗空中巡逻的候选方案，并概括了两栖部队面临的威胁。他强烈建议萨拉托加号遵从罗的建议，用大部分战斗机保护特纳的船队，而不是航母。弗莱彻反驳说，日本人"不会攻击运输船。他们是冲着我们来的。"费尔特则指出特纳的船队正处在来袭机群和61特舰之间，劝弗莱彻："还是把我们的战斗机派出去保护那些弟兄吧。"弗莱彻"听从劝告松了口"。诺伊斯也赞成此议。他在11：05终于确信早晨的侦察没有发现任何目标，便准许萨拉托加号将全部26架F4F调往图拉吉。由于整个作战中出奇低劣的舰队通信质量，萨拉托加号直到11：35才收到他的批准。①

即使诺伊斯的许可令在11：05准时送达，萨拉托加号也无法立即起飞战斗机，而且在此后也只能三三两两地起飞——严重阻碍了罗保护运输船队的计划。为了腾出甲板让F4F起飞，必须挪动SBD和TBF的位置，此外还要解决其他问题。马斯对现场的"混乱和延误"摇头不已，他认为原因是"要起飞的飞机数量一而再再而三地临时更改，为此还要调整通信频率设置，因为不同的任务要使用不同的频率"。原先预定为轰炸机护航的战斗机不得不把电台从攻击频率重设为战斗空中巡逻频率，但需要调试三四次才能找到正确设置。飞行员们甚至不清楚自己要开哪架飞机，他们还抱怨甲板地勤拆卸了一些F4F上的机身副油箱。这种油箱只能在机库里重新安装，但此时根本来不及这么做。直到11：41，26架战斗机中才有8架起飞，其中1架的机身副油箱装得不牢，刚升空就掉了下来。在过去的这1个小时里，弗莱彻没有看到任何堪为表率的航母运作技巧展示，他肯定在心里拿萨拉托加号的拙劣表现与水平一流的约克城号作了对比。②

虽然布吕宁在雷达上没有看到来袭机群，但他估计它们很快就会到。因此他把护卫战斗空中巡逻的18架F4F部署在17000英尺以确保高度优势，可是敌人迟迟未出现。诺伊斯知道本舰的战斗机没有机身副油箱，于是在11：30将护卫战斗空中巡逻的15架黄蜂号的F4F召回加油。不知为何，被他召回的飞机包括10：43才起飞的8架，它们还有充足的汽油。黄蜂号在11：40紧急起飞9架F4F接替它们，还起飞了13

---

① 萨拉托加号战争日记；费尔特，口述历史，107—108 页。

② 马斯图拉吉备忘录：《飞机运用缺陷》，马斯资料集；约翰·P.阿尔特穆斯少尉日记，通过约翰·P.阿尔特穆斯获得；格林日记；伦德斯特罗姆《首发主力与瓜岛》75—76 页。

架SBD进行反鱼雷机巡逻，并腾出甲板以便快速回收。罗匆忙指挥VF-5的头8架F4F与VF-71的9架F4F一同北上，但它们需要将近30分钟才能赶到图拉吉。萨拉托加号的另6架F4F在11：50也追了上去。在这些援兵到达前，只有VF-6的3架野猫在唐纳德·E.拉尼恩军士长率领下保护整个登陆舰队，战斗机防空网出现如此漏洞令人震惊。罗在12：02恳求萨拉托加号把剩下的所有战斗机紧急派往图拉吉。这个请求一如既往地花了八分钟才得到诺伊斯的批准，而此时空战已经结束了。①

特纳的两支船队在西拉克海峡巡航。在11：55，瞭望哨突然看见东方有一群中型轰炸机正绕过佛罗里达岛东端。因为搜索机始终没有发现美国航母，所以小谷朝着西南的图拉吉飞来。这次弗莱彻吉星高照。在10：00前后，从拉包尔130°方位角侦察的川西二式大艇在离航母舰队只有几海里的地方经过，但完全没有发现它们。小谷始终在所罗门群岛北侧低空飞行（他直到最后一刻都抱着在图拉吉东北找到敌航母的希望），因此完全避开了雷达的探测。Y群的高射炮朝着凌波而行的双发鱼雷机猛烈开火。在西南方，特纳的旗舰麦考利号率领X群连转2个30°弯以避开来势汹汹的日机。他的船队成四路纵队，好似一群结伴而行的鲹鱼，但是它们都长着尖牙利齿。"这些船的弹幕实在太密了，日本飞行员似乎完全慌了神，只是本能地做出反应。"小谷带着整个机群南转，让过Y群扑向X群，但X群全以舰首迎向它们。猛烈的炮火击落一架又一架轰炸机。一些有勇无谋的日本人冲进船队中间，或掠过各舰上空，或保持极易中弹的平行航线。成功射出鱼雷的飞机寥寥无几，有许多当场起火坠毁。1架轰炸机一头扎进运输舰乔治·F.艾略特号烟囱后面的救生艇甲板引起大火。只有运气不佳的驱逐舰贾维斯号挨了一条鱼雷。虽然只得到当地少数海军飞机的帮助，特纳还是靠着稳固的防守幸运地击退了空袭。1架SBD在Y群南面击落1架零战。拉尼恩的3架F4F一直在X群上空17000英尺盘旋，直到从电台得知鱼雷机在低空才俯冲下来。这些野猫追上了向西退却的轰炸机，击落4架陆攻机和1架零战，自身无一损失。②

整场空袭只持续了10分钟，被打得七零八落的袭击者就高速向西遁逃。回到拉包尔的陆攻机数量之少令山田大惊失色。23架飞机中被击落的不少于17架，主要毁于特纳效果非凡的防空火力。所有幸存的轰炸机都弹痕累累，其中1架后来也坠毁了。生还者讲述了不可思议的战果：4艘大型巡洋舰、3艘轻巡洋舰、2艘驱逐舰和3

---

① 伦德斯特罗姆《首发主力与瓜岛》75—76 页。
② 伦德斯特罗姆《首发主力与瓜岛》76—79 页。

艘运输船沉没，1艘大型巡洋舰、1艘驱逐舰和6艘运输船重创。山田本人将这些异想天开的成绩削减为1艘重巡洋舰、1艘驱逐舰和9艘运输船沉没，外加3艘轻巡洋舰和2艘不明船只重创——仍然极度夸张。实际上美军的损失不过是1艘运输船和1艘驱逐舰重创（运输船后来沉没）。[1]

　　航母舰队在12：03听到有人报告说40架双发轰炸机用炸弹和鱼雷攻击了运输船队。特纳则告诉弗莱彻来了40架鱼雷机（这一条电讯难得地没有延迟）。萨拉托加号和黄蜂号的23架F4F到得太晚，连敌人的影子都没见着。萨拉托加号在12：15终于把最后11架F4F送上天并匆忙派往北面。与此同时，诺伊斯把航母战斗空中巡逻加强到34架F4F。电台里可以听到兴高采烈的VF-6飞行员互通声气，确认所有敌机都已被击落。弗莱彻在12：19也满意地听到特纳说空袭造成的"损失非常小"。考虑到空袭时间的计算误差和迎击战斗机的组织失误，情况本可能糟糕10倍。[2]

战火渐熄

　　战斗空中巡逻的规模达到了近70架战斗机，这种状况不可能持久。到了13：15，弗莱彻和诺伊斯都感到航母舰队可能不会遭到任何攻击。此时按照诺伊斯的作战计划，各航母也该轮换角色了。萨拉托加号将取代企业号成为主要值班航母，企业号继续待机并搜索，而黄蜂号接替萨拉托加号成为预备队。因此罗向诺伊斯建议让黄蜂号召回其所有F4F。另两艘航母应该部署6架F4F用于航母战斗空中巡逻，6架用于护卫战斗空中巡逻，并回收其余飞机加油。在此后的一小时里，黄蜂号回收了它的全部24架F4F，以及11架到图拉吉执行空中支援任务返回的SBD。只有13架负责反鱼雷机巡逻的SBD留在空中。萨拉托加号费了更多功夫搬移甲板上笨重的SBD和TBF，然后在13：28回收了11架战斗机。在13：45，企业号派出9架SBD到图拉吉执行最后一次空中支援任务，随后14架TBF离舰进行下午的大规模搜索。这次搜索的扇区西起瓜岛西北端（在航母西北90海里），延伸200海里至舒瓦瑟尔的中点和珊瑚海深处。另一半搜索扇区从瓜岛东端起步，覆盖必需号海峡和马莱塔北部。[3]

　　突然，一个海岸瞭望哨发出了敌机来袭警报。弗莱彻在13：56提醒舰队"做好准备，半小时内有空袭"。这次危机出现的时间很不巧，3艘航母都在忙着回收野

　　① 日本《战史丛书》49：458—459 页。
　　② 萨拉托加号战争日记。
　　③ 萨拉托加号和16特舰战争日记；企业号舰长致太舰总，1942年8月7—8日支援占领图拉吉—瓜岛行动报告（1942年8月24日）。

猫。航母战斗空中巡逻仍有40架战斗机，但其中22架即将降落。与此同时，护卫战斗空中巡逻包括16架F4F，由于燃油问题全都得在不久之后离开。特纳也发出警报并再次命令运输船队机动，这严重影响了他在当天完成卸载的计划。弗莱彻在14：10命令61特舰，"准备抗击空袭"。萨拉托加号甲板的长时间堵塞终于让他受够了。31架SBD拖着沉重的身躯上天，只为腾出甲板空间来处理战斗机。5架TBF也起飞警戒潜艇。这次警报只是虚惊一场，到14：40罗就实施了自己的战斗空中巡逻计划。这段时间航母舰队始终在瓜岛和圣克里斯托瓦尔岛之间的海峡机动，保持着与伦加（75海里）和图拉吉（85海里）的相对位置。这一事实验斥了关于弗莱彻在8月8日中午就开始撤走航母的说法，后文将对此作深入探讨。[①]

日暮将至，瞭望塔登陆的战事渐趋平息，至少航母参与的部分是如此。8月8日的总起降架次虽然不少，但只及前一天的一半。只有1架F4F在海上迫降，飞行员获救。只有3架F4F和4架SBD真正与敌机交了手，取得了击落4架轰炸机和2架战斗机的战果。据弗莱彻所知，陆战队已经拿下初期的所有目标。当天下午最后一次空中支援出击没有接到橙色指挥部分配的目标。考虑到美军的空地协同刚刚起步，这两天航母提供的对地支援可谓效果非凡，但战斗空中巡逻的保护却相当令人失望。特纳的登陆船队经历了3次猛烈空袭，得到的帮助相对而言却少得可怜。截至此时最大的意外是航母本身未遭攻击，鉴于敌人已经显露了强大的长途奔袭能力，这就尤其令人讶异。金凯德回忆说："在瓜岛以南作战期间，我们没道理指望日本搜索机找不到我们——我们的位置怎么看都很明显——但这样的情况就是发生了。在这段时间日本潜艇也没来找我们麻烦。"弗莱彻不能指望这样的好运持续很久，而且还有另一些严重问题需要他立即关注。此时正应该重新评估局势，而他也正是这样做的。[②]

---

① 萨拉托加号和驱一中队战争日记；萨拉托加号舰长报告（1942 年 8 月 12 日）。
② 金凯德回忆录，220 页。

第二十五章
撤走航母的建议

电讯

在8月8日18：07左右，日落前11分钟，萨拉托加号打破无线电静默（而不是使用TBS短途通信）发送了一封弗莱彻致戈姆利并抄送特纳、麦凯恩和诺伊斯的电报。"战斗机总兵力从99架减至78架。鉴于当地有大量敌鱼雷机和轰炸机，建议立即撤出航母。因为燃油告急，请你立即派油轮到你决定的会合点。"这则电讯是编队指挥所里众人讨论的结果，并且他们通过TBS与临时负责航母群战术指挥的诺伊斯进行了短暂协商。61特舰参谋部中的陆战队飞行员马斯上校参与了讨论，了解影响这一决策的所有因素。2小时后他写下了个人对局势的分析，在其中声称："在第二天结束时航母的撤退并非奉命行动（着重号是他加的），但我们本该接到这样的命令。弗莱彻是主动提议撤退的。"马斯相信弗莱彻应该"为他的判断、勇气和战术远见受到赞扬。"[1]

在弗莱彻的批评者看来，凭1942年8月的080707电足以给他的海军生涯盖棺定论。1943年，特纳悻悻地向莫里森抱怨说，弗莱彻让他处于"光屁股"的境地。在1945年，他正式宣布这一行动无异于"临阵脱逃"，认为其原因只有弗莱彻"自己知道"。范德格里夫特则说弗莱彻"比他在那次不愉快的会议拿来威胁我们的时间还早了12小时开溜"。官方的评价也不留情面。尼米兹在1942年8月23日批评这次撤退"极不适宜"，在《大海战》中他又重复了这个意见。在12月，海军军事学院的院长派伊将军声称这次撤退"肯定是令人遗憾的"，它是在拿"整场作战行动"冒险。1943年，赫本将军的萨沃岛之战最终报告把弗莱彻的行动列为此役中"不成比

---

[1] 1942年8月61特司致南太司电080707（抄送62特司、63特司、61.1特大司），CSCMF，卷20。马斯备忘录AB《瞭望塔》（1942年8月8日晚8时），马斯资料集。

例的损失的间接原因"。舰总司机密情报通报第2号草草评述了弗莱彻的决策理由，认为他对"轰炸机和鱼雷机"的担忧是毫无必要的。海军军事学院1950年对萨沃之战的分析引申了派伊的原观点，断定"如此轻率的离去"将"严重危及整场作战的成功"并"妨碍二号任务的开展"。[1]

历史学家们毫无异议地接受了官方的观点。莫里森写道，"当时（特纳）肯定和如今的我们一样，感到弗莱彻的撤退理由是站不住脚的"。航母"如果留在当地，后果充其量是被太阳晒伤而已"。陆战队的格里菲斯准将既是历史学家也是亲历者，他完全赞成莫里森的看法。"弗莱彻确实有他的道理。我们无论如何丢不起航母，可是该死的，陆战队吃了多大的苦啊！"戴尔中将倒是代表弗莱彻作了辩解，但他还是同情特纳，认为当时局势并不能证明航母撤退是合理的。这也是理查德·弗兰克深思熟虑后下的结论，他认为弗莱彻无论是对是错，其出发点都是把保全航母放在高于一切的位置上。所有其他论述都是从这些重要分析引申的。[2]

但是，这些对弗莱彻不利的论据看似无懈可击，实则有很大漏洞。特纳隐瞒了自己早就打算将两栖部队分批撤走的事实。特纳发出的一份预示计划有变的重要电报根本没有及时送到弗莱彻手上。一些舰船的燃油状况报告有惊人的误差，对弗莱彻造成了很大误导。在事过多年之后，要想对弗莱彻的建议作最公平、最恰当的分析，首先就必须尽可能重现他和其他人在当时对这个问题的实际理解。有3个因素至关重要：(1)必要性——弗莱彻对瓜岛局势了解多少，以及他是否认为在8月8日以后把航母留在当地是非常必要的；(2)安全性——根据他对航母的主要任务的认识，他是否认为航母处于安全境地；(3)供给——他对61.1特大的燃油状况的估计，以及这是否能成为考虑撤退的正当理由。

留下来有必要吗？

特纳的登陆计划的一个前提是，如果条件允许，登陆部队的大部将在8月8日（D+1日）日落前离开。登陆船队的一部分必须留下，而且可能要再逗留数天。在7月27日，围绕着弗莱彻为支援这部分船只应该将航母在敌对水域停留多久，发生了

---

① S.E.莫里森太平洋笔记第六册，与特纳的对话（1943年5月14日），莫里森办公档案，第27号箱；莫里森《美国海军作战史》5：28页；范德格里夫特，128—129页；太舰总致舰总司，对南太所罗门群岛作战初步报告的第1次批注（1942年8月24日）；波特和尼米兹，254页；海军军事学院院长致舰总司等人，关于1942年8月7、8、9日所门群岛战事行动报告的意见（1942年12月8日）；赫本报告（1943年5月13日），53页；贝茨和伊尼斯，94页。

② 莫里森《美国海军作战史》5：27—28页；贝瑞《永远忠诚，麦克》58—59页；弗兰克，94页。

激烈的争论。无论其他人是否清楚，总之弗莱彻的意图是停留至8月9日（D+2日）日落时。当然，两栖部队部分撤离的情况从未发生。除了负伤的驱逐舰贾维斯号，特纳让他所有的船只原地停留到了8月9日晚上。因此第一个重要问题牵涉到特纳在8月8日的真实意图，而不是他后来的表述。特纳是否更改了他的计划？他有没有把自己的情况正确通报给上级？

马斯在8月8日晚上的个人局势评估指责特纳"没有及时向弗莱彻通报信息"。几天后，他又指出通信状况"非常差"，还说"大多数时候"弗莱彻"收不到消息"，或者"得到的情报严重不足，而且大多非常迟——迟得派不上用场"。而特纳却在1942年8月16日一份关于通信情况的报告中坚称："关于作战情况要点的相当完整的系列报告都及时发出了。"光是这个说法已经大有问题，更有甚者，他还声称因为弗莱彻"无法打破无线电静默来报告进展"，自己主动"向上级指挥机构提供了战情通报"（这里必须注意的是，特纳不必保持无线电静默）。为了证明自己，他给戈姆利提供了8月7—9日麦考利号在特混中队司令频率（2122千赫）向61特司发送的电报底稿。他声称这些电报"全都已被接收"，并认定南太司也接到了这些电报的抄送版。[1] 他这两个说法都是错的。戈姆利在批注中透露自己在2122千赫收不到电报，他还正确地指出，弗莱彻"恐怕""在那个频率上充其量只能听到没头没脑的电文片断"。事实上弗莱彻在2122千赫收到的特纳的电报非常少。戈姆利批评特纳没有在选定的频率（根据太平洋舰队标准规程选择）上与"上级机构通信"，"而且运输舰上的设备本就不足"。[2] 但是，特纳的电报并不都是从麦考利号发出的。他的报告提到，有八封电文是在8月8日上午通过小艇运到阿斯托里亚号，然后立即在另一个频率上发送的（他没有说明是哪八封）。除了下文提到的一个例外，这些电报都是典型的例行报告。巧的是特纳在8月8日通过阿斯托里亚号发送的所有电报都毫无阻滞地发到了收件人手中，它们肯定加深了瓜岛形势一片大好的印象。[3]

---

[1] 62特司致南太司，关于占领图拉吉和瓜岛作战期间电报的报告（1942年8月16日），副本在赫本报告645—653页。特纳没等别人提出批评就急于反驳，为此还援引了一封电报【1942年8月舰总司致大舰总电121620（抄送南太司、8特司、大舰总），CSCMF，卷21】，其中命令高级指挥官及时通报"有关事态的信息"。

[2] 南太司致舰总司，对62特司占领图拉吉和瓜岛作战期间通信报告的第一次批注（1942年9月6日），副本在赫本报告644页。

[3] 62特司报告（1942年8月16日）。八封从阿斯托里亚号发出的电报都收录在CSCMF卷20，它们是1942年8月：62特司致大舰总电062010，62特司致南太司电062020，南太两司致大舰总电062235、062240和062246，62特司致南太司电070205，南太两司致南太司、南太空司和61特司电070145，61.2特大司致南太司和61特司并抄送他人电071030。它们的内容包括关于二号任务中步兵部署建议的长篇概述，关于在伦加机场投入使用后接近该机场的指示，关于扫雷情况的说明和一个合众国际社记者发的通讯。

8月8日清早，戈姆利催促特纳："报告情势。"直到日上三竿，他和弗莱彻才收到62特司关于截至8月7日21：00的事件的长电。1942年8月071030电（当地时间8月7日21：30）没有出现在特纳上述从麦考利号发送的"电讯报告"清单中，因此它是8日被立即收到的阿斯托里亚号的电报之一。这封电报的开头注明是"瞭望塔情况总结"，是特纳关于8月7日战况的唯一详细通报，值得全文摘抄：

　　接近时完全达成奇袭。在一处小锚地将18架敌水上飞机摧毁于水面。无敌船在场。格林尼治时间6日19：10（东11区时间7日06：10）在两地以舰炮和飞机开始对岸轰击，有轻型火炮还击，很快被打哑。登陆在佛罗里达地区从20：40（07：40）开始，最初遭轻微抵抗；在瓜岛从22：10（09：10）开始，未遇抵抗。

　　格林尼治时间7日02：20（13：20）敌约25架97式轰炸机经过头顶，投下几颗炸弹，我无损失。敌机续向航母飞去，2架被击落，2架负伤。04：00（15：00）敌约10架99式俯冲轰炸机投弹，1颗250磅弹击中马格福德号，尾甲板舱、2门炮、2部轮机受到相当破坏，15人失踪，5人死亡，9人重伤。2架敌机被击落。

　　09：00（7日21：00）情况：瓜岛所有部队已上岸，估计占领地域西线在泰纳雷（原文如此）河，东线在东经160° 06'左右。在两处均未与敌接触。佛罗里达方面，已占领哈拉沃，未遇抵抗。图拉吉，除东部外均已占领，战斗仍在继续。已拿下吉沃图，伤亡很大。塔纳姆博果仍在敌手中，正在攻击。

　　明日请求最大限度派战斗机掩护2个VSB中队在战区连续活动。请求侦察自西逼近的敌水面舰队。

　　8日一早将遣出圣克鲁兹占领部队（欠杰克逊总统号、威尔逊总统号），当天晚些时候还将遣出麦考利号、富勒号、海伍德号、特雷弗号、马格福德号和另一些AP。今晚2艘DMS搜索拉塞尔岛附近被击落的战斗机。黄蜂号1架俯冲轰炸机被零式击落，据飞行员称机枪手负伤失踪。[①]

　　电文中有条引人注目的信息：范德格里夫特已经带着整个伦加占领部队的11000人安全上岸，未遇抵抗就控制了3海里的正面，但距离大奖——机场还有1海里。那么按常理推断，截至8月7日天黑时，X群的运输舰（不包括货轮）已经卸空或基本卸空。在图拉吉地区，陆战队仍在清剿残敌。特纳希望在8日得到"强力的空中支援"和"最大限度的战斗机掩护"。前一个任务轻松完成了，后一个则搞砸了。航母部队在8日两次搜索了北方和西方。这封电报证明特纳希望按原计划在8月8日撤走很大一部分登陆船队。他提到的船只包括重巡洋舰昆西号、3艘驱逐舰、缩水的恩代尼船队（3艘运输舰和1艘货轮）、X群的另两艘运输舰（包括麦考利号）、Y群的1艘运输舰、1艘高速扫雷舰和负伤的马格福德号。剩下的是X群的4艘和Y群的3艘运输舰，其中大部分最迟也应在当天离开。特纳的原计划要求第一突袭营完成图拉吉的战斗后就重新登上运十二分队的4艘APD。5艘货轮将在伦加岸边下锚，停泊至完成卸货为止。特纳的电报没有显示他对这些安排做了任何更改。

除了关于中午空袭的急电和14：30的损失简报，弗莱彻在提出撤退建议前没有收到特纳的其他消息。当天下午弗莱彻根据电报和部下飞行员的观察总结了11特舰面临的局面。伦加、吉沃图和图拉吉已被占领，只剩塔纳姆博果。"昨天和今天我军都没有在空袭中蒙受严重损失。"自进攻发起以来，已经消灭了敌军近40架飞机，而"我军飞机损失相对轻微。"后来萨拉托加号的战斗机飞行员告诉弗莱彻，在红滩以北一海里有1艘运输船正在燃烧，附近1艘驱逐舰"显然遇到麻烦"，移到了靠近岸边的地方。特纳14：30的空袭损失总结（已被弗莱彻收到）指出受损的船是乔治·F·艾略特号和贾维斯号。VF-5的飞行员还报告说，在他们离开时，X群的运输舰排成三列纵队在瓜岛北岸附近机动，在其北方可以看见Y群的运输舰"显然在忙着调整队形"。这些迹象进一步暗示特纳的船队可能马上就要离开。执行最后一次空中支援的飞机没有攻击就返航，也表明战斗接近尾声。马斯的情势评估证明弗莱彻相信当天下午"运输舰（都已）卸载，——所有部队都上岸了"，只有货轮还得接着卸货。弗莱彻听说前一天夜里图拉吉的运输舰尚未开始卸载，但是特纳也好，其他人也好，都没有提到那里还有什么困难。因此据弗莱彻所知，大部分登陆船队应该没有任何理由逗留了。赖特在1952年评论说："我们明尼阿波利斯号上的人和弗莱彻监听着一样的频率，我们所了解的瓜岛—图拉吉地区的全部情况都说明岸上的作战已经胜利结束。"这显然也是尼米兹对情势的判断，因为他依据的基本上也就是那几封电报。战争计划处的意见是："显然行动进展令人满意。"[①]

---

① 1942 年 8 月：61 特司致 11 特司电 080150，见于驱一中队战争日记；61.2 特大司致南太司和 61 特司电 080330，62.2 特大司致 62 特司电 070843，CSCMF，卷 20。萨拉托加号第五歼击中队瓜岛和图拉吉地区战斗飞行行动报告（1942 年 8 月 8 日），抄本见阿尔特穆斯日记。马斯备忘录 AB《瞭望塔》。卡尔顿·H·赖特少将致查尔斯·魏尔伯恩少将信（1952 年 2 月 9 日），DNC，办公档案，第 20 号箱。灰皮书，820 页。

对瞭望塔行动进度作如此乐观的判断其实是大错特错。虽然特纳8月7日的情势报告在当天晚上21：30就已写完，但他其实过了12个小时才让阿斯托里亚号发报。就在这段时间里局势急转直下。7日深夜，范德格里夫特得知图拉吉的伤亡居高不下，便请求特纳把在船上留作预备队的陆战二团的两个营拨一个给他。按计划二团要去攻打恩代尼，在8月7日该团一营上船后全团就应该启程前往圣克鲁兹。特纳已经把去恩代尼的时间推迟到8日，而且他既然提到要留下杰克逊总统号，就是承认一营当天不会重新登船。在8月8日01：50，他又大方地给了范德格里夫特一个惊喜，把两个预备营都用于图拉吉，因此日出后二团的所有步兵都上了岸。在02：17，麦考利号发报给戈姆利和弗莱彻，含糊地提醒他们："由于要增援佛罗里达地区，将不会按计划开始撤离。"这封电报一如往常，在8月9日晚上例行重发前没有送到任何一个收件人手里。而且，特纳的真实意图到底如何，他说的"将不会按计划开始撤离"是什么意思也有疑问。从字面上看这一延迟只涉及原定8月7日晚上离开的恩代尼部队（4艘运输舰、1艘货轮、1艘重巡洋舰和4艘驱逐舰），与应该已经或即将完成卸载的其他运输舰无关。虽然特纳放弃了立即执行自己重视的恩代尼登陆计划，他却不高兴向上级说明。也许他对范德格里夫特的意外慷慨是意在提供足够的步兵来迅速解决图拉吉，以便让整个陆战二团腾出手攻打恩代尼。[1]

特纳明确表示他打算在8月8日上午晚些时候让麦考利号撤离，不过他本人却有意留下。可能就在麦考利号的小艇带来要发送的电文时，阿斯托里亚号的官兵得知特纳和他的参谋部将在那天上午稍晚时候转到他们船上。早饭时阿斯托里亚号的副舰长告诉睡在司令应急舱的记者乔·詹姆斯·卡斯特，他必须让出住舱，因为特纳不久就要上船。后来卡斯特听说特纳推迟了行程。前文已经提到，特纳从未说明他在登陆后准备如何运用阿斯托里亚号和文森斯号，但他很可能打算用它们支援陆战队突袭营和运十二分队，以"实施必要的袭扰作战"。[2]

运输舰和货轮磨磨蹭蹭的卸货工作使特纳的计划泡了汤。图拉吉和周边地区久拖不决的战斗使登陆滩头无法用来输送补给。运输舰在那里无所事事，导致斯科特在7

① 南太两司战争日记；托马斯未发表的手稿，21页；南太两司参谋日志，特纳资料集，第36号箱。1942年8月62特司致南太司和61特司电071517，出现在赫本报告645页特纳的通信情况报告（1942年8月16日）中。马斯资料集显示弗莱彻在8月8日和9日都没有收到071517一电，戈姆利在8月9日较晚时候收到（戈姆利的参谋日志，罗伯特·L.戈姆利中将资料集，通过杰弗里·巴罗获得）。太舰总直到8月11日才记录该电，见CSCMF，卷20。贝茨和伊尼斯可以在赫本报告中（660、671页）查到071517电，却根本没有援引，尤其是在其著作83页分析特纳8月8日的决定时。
② 卡斯特《惊魂一夜》118—119页。

日晚上提出了警告。另一方面，伦加的X群即使在空袭中也没有移动，岸上的部队肯定也没有遇到任何抵抗。但是到8月7日夜里特纳已经注意到"在红滩"的补给卸载"发生过多延误"。他指责陆战队的工兵没有到滩头卸货。即使在他们到场后，"情况也没有显著改观"。成堆的箱子都没有及时运到内陆。最终在8月8日01：30，特纳下令暂停卸载，因为"海滩上太拥挤了"。直到07：00以后，搬运补给品到红滩的工作才恢复。10：37，敌机来袭的消息使特纳不得不起锚迎击空袭，当然他干得很漂亮。在13：55的虚警之后，局面终于变得不可收拾。各船花了3个多小时回到原来锚泊的位置，直到临近日落时才能继续卸货。特纳听从了范德格里夫特的建议，把后续卸载地点西移至伦加河口以东、机场以北被陆战队控制的一段海滩。新滩头很快也变得拥挤不堪。水兵和陆战队员为应该做什么而争执不休并互相透过。[1]

　　尽管特纳在珍珠港和7月27日的会议上作了种种乐观的预测，但到8月8日黄昏将近时，他肯定已经苦恼地发现登陆船队当天1艘也走不了。这个决定对X群的运输船影响尤其大，它们全都已经卸下搭载的部队，并几乎卸载了所有装备和补给。考虑到这是盟国在太平洋的第一次两栖进攻，把经验欠缺造成的延误怪罪到任何人头上都是不公平的。但是特纳却不肯坦率地告诉上级自己亲自监督的任务出了岔子，哪怕这只是暂时的。也许他觉得，8月8日一早发出的简短警告（"将不会按计划开始撤离"）足以说明问题。但是如果他老老实实报告延误的情况，弗莱彻就会有冒险逗留的有力理由。特纳也没有想到这封提醒上级的电报没有及时送达，而透过心切又使他隐瞒了许多事实。事后他从未承认自己和别人曾以为两栖部队的大部分船只有可能在第二天撤退。正因如此，他才能把弗莱彻后来的行为描述为不折不扣的"临阵脱逃"。贝茨和伊尼斯虽然知道特纳在1942年8月的071030一电，却也没有在意。他们反而责怪弗莱彻在提出撤退建议时"没有将图拉吉—瓜岛局势的微妙性充分告知（戈姆利）"。实际上，是特纳没有把"局势的微妙性"告诉弗莱彻。皇家澳大利亚海军少将乔弗里·G.O.加塔克的回忆录可以有力地驳斥贝茨和伊尼斯（还有莫里森）。加塔克当时在澳大利亚号上任克拉奇利的作战和情报参谋，1982年他提到弗莱彻撤走航母的建议时写道："原计划要求大部分运输舰至迟在8月8日夜9日晨离开交战区域，而弗莱彻将军可能不知道卸载大大落后于时间表。"前文的证据表明加塔克完全正确。[2]

---

① 南太两司参谋日志；托马斯未发表的手稿，21页；企业号飞行大队长致企业号舰长，关于1942年7—8日图拉吉—瓜岛航空行动和登陆部队作战的记述和评论（1942年8月10日）。
② 贝茨和伊尼斯，64、95页；加塔克《行动报告》169页。

航母在瓜岛附近安全吗？

批评家不仅毫无实据地指责弗莱彻明知特纳的卸载工作陷入困境仍然弃他而去，还一口咬定弗莱彻这么做的主要原因是毫无道理地担心航母的安全。这种不自信的心态源于弗莱彻在他最近的两场战役里各损失了1艘航母，无论对整个任务可能造成多坏的影响他都要保证事不过三。这些批评家们忽略了一种可能：弗莱彻可能已在珊瑚海和中途岛吸取了某些经验教训，特别是他此时发现自己正深入敌方控制水域支援两栖突击，因而与从前的敌人互换了角色。也许他确实看到了航母远离登陆区域并做好战斗准备的迫切需要。他认为在陆战队上岸后特纳手头的任务已接近结束，同时他也明白航母舰队的重任才刚刚开始。短期内它们是阻止海上和陆上强敌摧毁陆战队的立足点的唯一坚盾。大规模的抗登陆作战需要航母提供强大支援，在登陆船队迫近前扫除所有海上对手。弗莱彻预计又一场惨烈的航母大战不日就会打响。尽管8月8日下午珍珠港情报部门提供的最新评估乐观地认为敌航母还在本土水域，但他必须随时做好迎击敌航母的准备。情报可能是错的，轻信它们的后果可能非常要命，珊瑚海和中途岛的日本人都可作见证，更不用提珍珠港的金梅尔。只有事后诸葛亮才无视弗莱彻的远见的正确性。[1]

保护固定地点的战术需要使弗莱彻的航母的防御能力面临重大考验。它们已经习惯于靠一击脱离来避开反击。而现在它们不仅要暴露在敌方航母的威胁下，还要面对潜艇（据报已有多艘赶赴战区）和比预期更凶悍的陆基飞机。截至8月8日，据弗莱彻所知，只有8架B-17在前一天下午拉包尔的轰炸机忙着攻击特纳时袭击了拉包尔的主要机场。除了8月8日天黑后皇家澳大利亚空军出动几架卡特琳娜水上飞机外，麦克阿瑟没有报告任何后续攻击。此外，在距敌方基地如此远地方遭遇陆基零战也是个令人丧气的意外。零式战斗机非凡的续航力使敌人得以在当天和日后对瓜岛进行一系列空袭。更糟的是，日本陆基护航飞行员令人敬畏的技艺使中途岛以后格鲁曼F4F-4野猫战斗机面临的负面评价显得更加有理。而航母部队虽得到海岸瞭望哨预警，仍未能为登陆舰队提供充足的防御，也是令人苦恼的事实。雷达的低劣性能、经验的欠缺、糟糕的运气和错误的决策使本来就困难重重的战斗机引导被完全搞砸。特纳的船队受到那样轻的损失实属万幸。仿佛嫌这一切还不够，8月8日又意外地出现了携带鱼雷的中型轰炸机，它们出现在离基地如此远的地方对航母是个不祥之兆。马斯资料集和其他原始资料表明，弗莱彻在研究是否要建议提早撤走航

---

① 1942 年 8 月太舰总情报通报 080141，CSCMF，卷 20。

母时考虑了所有上述因素。

不消说，格鲁曼野猫式战斗机是弗莱彻对付空袭的主力飞机。在短短两天里，已经有9架F4F被击落，6架迫降或摔坏，还有6架带着重伤返航，需要长时间修理。这21架F4F占到弗莱彻的战斗机兵力的20%。批评家们对这些损失的意义或是不屑一顾，或是极力贬低。他们指出中途岛的3艘航母在投入战斗时有79架野猫，只比弗莱彻此时可用的78架F4F多1架。但他们忽略了一些事实：航母部队在整个中途岛战役中只损失了19架F4F（6架被击落，13架迫降或摔坏），外加3架随约克城号沉没。在珊瑚海有12架F4F被毁（8架被击落，4架迫降），另有9架被列克星敦号带进海底。因此截至8月8日15：30，弗莱彻在瓜岛附近损失的F4F已经比他的前两次战役都多。但是他只能认为D日和D+1日的空战是一场漫长会战的前哨战，而在这场会战中除了珍珠港以外没有任何来源能补充战斗机。大仗还在后头。弗莱彻在9月24日指出航母需要在苏瓦、努美阿和汤加塔布等方便的地点补充飞行大队。"在支援登陆部队抗击空袭的两天里，航母部队大约损失了其战斗机兵力的20%。但是它们在没有希望补充当时损失的情况下，又不得不准备在日后抗击意料之中的敌航母攻击。"彼得森在1944年的讲座中强调，在必须顶住敌人针对瓜岛的大规模反攻的前提下，"航母部队打不起和陆基飞机的长期消耗战"。"如果航母部队留下来承受更多损失，它们就没有任何条件完成前述任务。"[①]

惨重的战斗机损失再度引发了人们对格鲁曼F4F-4野猫机作战效能的严重怀疑。第一批与陆基战斗机交手的F4F损失过半，这个事实的意义超过了单纯的数字。其实轻盈的陆基飞机性能优于比较笨重的舰载机是不言而喻的，但是在零式和野猫这两种都挂着舰载机名头的战斗机之间出现这样的差异就令人非常不安了。在1963年，弗莱彻评论说："因为怕惹火飞行员们，有件事没人敢提——日本的零式都穿着七里靴[②]，我们的飞行员对它们佩服得要命。"金凯德也"对返航飞行员关于登陆地区情况的报告很感兴趣，但更感兴趣的是他们对日本飞机性能的看法"。他记得"（8月7日）的战斗机损失给我们泼了一盆凉水"，"我们的飞行员起初非常灰心"。这个事实也反映在一封关于机枪和弹药的日常电报中，它是企业号VF-6的队长路易斯·H.鲍尔上尉在8月13日发往珍珠港的。鲍尔虽然对F4F的坚固程度和整体防护水平感到满意，却还是语出惊人："飞行员们正在焦急地等待更快更好的战斗机。重复

---

① 莫里森《美国海军作战史》5：27—28页；贝茨和伊尼斯，93页。太巡司致太舰总，航母特混舰队作战的一些经验教训（1942年9月24日），RG-38，太舰总将官档案；彼得森讲座（1944年1月13日）。

② 译注：很多西方童话中出现的神奇靴子，穿上它1步走7里格。

一遍，飞行员们正在焦急地等待更快更好的战斗机。"8月24日的东所罗门之战以及陆战队战斗机飞行员在瓜岛取得的辉煌胜利至少使舰队对野猫机的信心恢复了一部分。但是在8月8日，F4F-4初战陆基零式明显失利的结果成了压在弗莱彻心上的一块大石头。①

　　漏洞百出的战斗机部署也严重影响了8月7—8日的空防。分析表明8月7日护卫战斗空中巡逻的败因是高度劣势、兵力分散和敌战斗机出奇高效的抵抗。VF-5的队长把己方F4F逐次投入战斗的情况比作一块块肉片被丢进"日本绞肉机"。而在8月8日，虽然得到了早期预警，两栖部队上空的战斗机数量还是不足，原因主要是萨拉托加号无法根据需要起飞F4F。马斯很不厚道地责怪诺伊斯，但真正犯错的是弗莱彻和拉姆齐才对，他们不该在拂晓提供飞机来执行特纳请求的塔纳姆博果空袭任务。按照拉姆齐的说法，"像萨拉托加号这样大量不同类型的飞机停在甲板上的情况，战斗机使用的灵活性会严重降低"。在战斗机引导方面，芝加哥号上的FDO布吕宁受到了最严厉的批评，但考虑到雷达被高山阻挡，大部分批评都是没有道理的。他根本没有探测到8月7日的第二次空袭和8日的那次空袭。航母舰队的条件也好不了多少，因为它们也是在瓜岛山峦的阴影中作战。金凯德曾建议移到雷达不受阻挡的远海，但那样一来对图拉吉和伦加的战斗机支援又会受限。②

　　也许战斗空中巡逻的调度问题还不够大，但弗莱彻在8月8日下午还发现了一个严重问题——敌人聪明地使用了多机种混合的战法使守方分散兵力，与他们在5月7日对付克瑞斯的做法非常相似。返航的战斗空中巡逻飞行员和特纳14：30的总结报告都描述了敌人的协同突击：8架水平轰炸机引开防守的战斗机（用马斯的话说是"要了我们"），为低空悄悄接近的40架双发鱼雷机铺平了道路。这个评估其实是错的。并没有什么水平轰炸机，而那23架陆攻机的攻击颇为拙劣且损失惨重，只不过弗莱彻此时还不知道。携带鱼雷的中型轰炸机是陆基航空兵最有效的反舰武器，

---

　　① 戴尔，1：391页；萨拉托加号舰长报告（1942年8月12日）；金凯德回忆录，225页；1942年8月企业号致太舰总电122231，CSCMF，卷21。在1949年，原萨拉托加号VF-5的队长勒罗伊·C.辛普勒回忆说，他在8月8日最后一次飞行后与"舰长"谈话，后者问他是否参加了空战。辛普勒回答说自己没有赶上战斗，但另一些人确实打了一仗。"舰长"的评论是："他运气很好，没有跟人交手，这倒也不是坏事。"辛普勒后来抱怨说："一个CO说这种话成何体统？对我来说让勒罗伊（也就是他自己）钻进飞机找小日本拼命已经够难了，而舰长的这种态度使我再想派小伙子们上天战斗又难上加难。"有人相信辛普勒说的是弗莱彻，因为他肯定对弗莱彻不满，但是辛普勒在这里用的是"舰长"和"CO"，而不是"将军"，因此他说的是拉姆齐上校（罗杰·皮诺致莫里森信，1949年2月19日，莫里森办公档案，第27号箱）。【译注：在美军军语中，CO（Commanding Officer）指从少尉至上校的各级指挥官，CG（Commanding General）才是将级指挥官。】
　　② 航空局对L.C.辛普勒少校的讯问（1943年2月26日），NHC；马斯备忘录AB《瞭望塔》；萨拉托加号舰长报告（1942年8月12日）。

它们突然大批出现提供了又一个引发担忧的重要理由，更何况战斗空中巡逻的表现很成问题。弗莱彻没料到鱼雷机的攻击范围可以远达瓜岛附近，更没料到它们有凶猛的零战护航。他问诺伊斯中午的攻击机是否"真的携带鱼雷"，结果得到了肯定的回答。马斯在当晚写道："小日本动用了远程鱼雷机，这就意味着我们目前的位置难以防守、充满危险而且过于鲁莽。"如果航母能在不危及整个任务的前提下正当撤离，这个评估就显得尤其有道理。[1]

航母在瞭望塔登陆行动中的基本作用当然是提供空中支援，尤其是战斗机掩护。前文已提到，在登陆前一周戈姆利和麦凯恩曾建议弗莱彻在航母撤退时留一些战斗机在伦加。弗莱彻考虑过临时派24架F4F进驻伦加，但那是不可能的。最主要的原因是这些飞机没地方可去。据他所知，机场跑道此时仍在敌人手中。马斯8月8日晚上写道："范德格里夫特没有把伦加机场作为第一目标并为战斗机进驻做好准备。我们本可留下战斗机再离开当地。"金凯德的回忆录也证实了这个严酷的判断。直到8月10日晚上弗莱彻才得知范德格里夫特在8月8日已经占领了伦加机场。不过进驻伦加机场确实不可行，因为它当时尚未完工。多亏日本人贴心地留下了施工设备，陆战队才得以在8月11日铺平跑道。但是，即便客观条件允许舰载F4F在8月7日或8日进驻伦加，它们也得不到航空补给品和维护飞机的专业地勤人员。所以说到战斗机支援，除了弗莱彻的航母别无选择。[2]

弗莱彻在9月24日对航母作战的分析中强烈建议"实施任何登陆行动前在与目标距离尽可能短的地方"建立陆基飞机基地。而一旦目标地区的机场做好接管空防的准备，陆基飞机就应立即进驻，使航母得以撤退。哈尔西将军在10月9日说得更直接。"但是有可能忽略更重要更根本的事实，即陆上飞机基地及基地的作战单位应该在真正实施作战前就布置到可提供支援的位置。唯有通过这样的预先措施才能避免航母冒险处于受到限制的掩护位置。"因此在瓜岛附近保护航母的问题比弗莱彻的批评者能料到的复杂得多。[3]

---

① 马斯备忘录 AB《瞭望塔》。5月7日的战斗可能发生在距莱城420海里、距拉包尔450海里的地方。

② 马斯备忘录 AB《瞭望塔》；金凯德回忆录，232页。根据弗朗西斯·R.瑞吉斯特少尉日记（1942年8月8日，通过布兰登·伍德获得），企业号在8月8日曾募集8名VF-6的志愿者，准备让他们驾机在伦加着陆。1942年8月62特司致61特司和南太司电101220，CSCMF，卷21。特纳的作战计划A3-42要求用2艘小型轮船在D+1日将航空汽油和炸弹送上岸。戈姆利在8月6日推迟了这2艘船的部署，并在8月8日指示它们将货物卸在圣埃斯皮里图（1942年8月南太司致埃法特港务局长电061000和南太司致韦尔号和玫瑰主将电080012，CSCMF，卷20）。范德格里夫特自己带了一些航空汽油和航空弹药，但没有带润滑油。

③ 太巡司，航母特混舰队（1942年9月24日）；太平洋舰队航空部队司令（W.F.哈尔西中将）致太舰总，航母特混舰队作战的一些经验教训（1942年10月9日），RG38，太舰总将官档案。

航母群缺油吗?

弗莱彻给戈姆利的那份备受争议的电报最后一句是"因为燃油告急,请你立即派油轮到你决定的会合点"。油料问题无疑是他心中重要的考虑因素。在1947年他对汉森·鲍德温说,自己实际上"是因为燃油短缺才建议撤退的"。16年后,他却推翻了自己的说法,对戴尔解释说燃油并不是主要原因,而他的"电报完全没有为了加油需要撤退的意思"。他的真实意图是:如果戈姆利同意的话,他"希望在油轮能和我接头的时候尽快加油,因为我的参谋们告诉我有些短腿的驱逐舰燃油告急,而第六十一特混舰队自编成以来还没有过满油的时候"。弗莱彻的批评者曾争论过他着急撤退主要是由于安全原因还是缺油原因。他们选择了前者,但没有放过在两个原因上都贬损他的机会。"假装该舰队有任何紧迫的燃油短缺问题是毫无根据的,"莫里森如是说。因此,有必要查清弗莱彻的舰队在8月8日的真实燃油状况,这一状况对战术态势的影响,以及他将燃油视为影响作战的因素(如果不是做出撤退决定的关键原因)是否妥当。[1]

马斯在8月8日写道,"特混舰队需要加油"。弗莱彻对鲍德温回忆说:"我们惊讶地发现驱逐舰几乎转眼间就缺油了,一些航母和巡洋舰用掉的燃油也比我们预料的多得多。"他认为8月7日和8日大多数时间微风盛行,为了获得足够速度的甲板风不得不高速冲刺,导致了燃油消耗过多。各航母特混中队的例行午间报告中肯定出现了燃油剧减的情况。金凯德的战争日记提到,截至8月8日中午,"本舰队的燃油状况到了危急的程度"。他"估计驱逐舰的燃油大概够以15节航行3天,重型舰船也好不了多少"。诺伊斯报告说他的驱逐舰的燃油只够以25节航行31个小时。弗莱彻自己的特混中队的驱逐舰情况稍好一点,余油可供25节航行35小时。[2]

沃勒尔·里德·卡特少将的官方太平洋舰队后勤史提到,弗莱彻在8月3—4日给他的船加了油,但因为他严重缺乏预见,致使8日紧要关头发生了燃油短缺。"弗莱彻未能在8月4日和5日加油以及未能再坚持一天的原因不明。"其实原因再清楚不过。弗莱彻很乐意在8月5—6日给他的船加油,但因为卡斯卡斯基亚号和埃索小石号没有赶到,所以无油可加。这2艘船的缺席在8月8—9日造成了致命后果。[3]

---

① 1942年8月61特司致南太司电080707(抄送62特司、63特司和61.1特大司),CSCMF,卷20。弗莱彻致鲍德温信(1947年7月8日);戴尔,1:392页;莫里森《美国海军作战史》5:28页。

② 弗莱彻致鲍德温信(1947年7月8日)。贝茨和伊尼斯,93页认为"在瓜岛附近进行了2天飞行作业,而且没有遭到敌人探测或攻击","这对燃油消耗的影响和任何地方的日常飞行作业应该没有什么不同"。当然,这两天的情况与"日常"相去甚远。16特舰战争日记。11特司(太巡司)致南太司,所罗门群岛作战初步报告(1942年9月9日),副本见于赫本报告,9—11页。马斯备忘录AB《瞭望塔》。

③ 卡特《豆子、子弹和重油》28页。

卡特将军至少承认弗莱彻可能确实遇到了缺油问题，只是误以为那是他自己的错。而其他批评家却纷纷质疑61.1特混大队在8月8日是否真遇到了燃油短缺，或者即使承认缺油也认为那不会妨碍作战。派伊关于萨沃之战的报告指出："黄蜂号和萨拉托加号的报告没有流露对燃油短缺的担忧。"其实军舰的行动报告很少会提及燃油问题，那是特混舰队司令负责报告的。约翰·L.齐默曼少校的陆战队官方瓜岛专著率先援引了弗莱彻舰队的航海日志来证明燃油不应该是他匆忙撤走航母的理由。齐默曼计算了每艘船从8月1日—8日的"平均每日油耗"，据此估算了它们用8日的剩余油料能航行多久。他的结论是全舰队可以继续作战"至少4天"。航母的余油足够支持17天，战列舰北卡罗来纳号8天，巡洋舰11天，驱逐舰"7天左右"，但贝纳姆号（3天）和格雷森号（2天）除外。其实他的算法有很大漏洞。在8月1—6日，航母特混大队不曾高速航行。从D日开始航母才需要经常提速到20节以上。此外，他列出的8月8日的数字来自当天中午的燃油报告，没有计入那天下午的大量消耗。[①]

更尖锐的批评来自海军军事学院的分析家和莫里森组成的搭档，他们在研究中进行了合作。格里菲斯宣布他们的工作"明白无误地驳斥了弗莱彻关于其舰船缺油的说法"。贝茨和伊尼斯声称西马仑号在8月3—4日为弗莱彻的12艘驱逐舰"加了油"，此后这些驱逐舰"根据需要从各特混大队的重型舰船加过油"。他们通过"对日志的查验"发现在8月8日弗莱彻自己的61.1.1特混中队（萨拉托加号）的驱逐舰"平均油量为75%左右"，而金凯德的61.1.2特混中队（企业号）只有42%，诺伊斯的61.1.3特混中队（黄蜂号）是44%。3个特混中队的巡洋舰的油量是50%或更多。在航母中，只有企业号"有些吃紧，其燃油可供继续作战3天"。因此，"虽然该部队的燃油每日递减，但此时并没有达到不得不撤出该区域的危急水平"。此外，弗莱彻曾打算在戈姆利不同意撤退的情况下再逗留一天，这也证明"他有靠手头燃油作战的充分准备"。莫里森同意上述看法："现在根据各舰的日志可以断定，在8月8日中午，各驱逐舰仍有足以保证数日作战的燃油，而且它们可以从巡洋舰和航母以及舰队油轮加油。"与讨论威克岛解围行动时一样，莫里森提供了一条脚注，在其中列出了8月8日金凯德和诺伊斯的特混中队的大部分舰船的油量（但对于弗莱彻自己的特混中队，莫里森只列出了萨拉托加号的情况）。他在谈到萨拉托加号船队时这样写道："（驱逐舰）代尔号刚刚加过油，此时为97%满油，另5艘驱逐舰平均为四分之三满油。"莫里森还指出，"驱逐舰的每日油耗为

① 海军军事学院院长（1942年12月8日）。齐默曼，50页。

12000~24000（加仑）"，其燃油容量为127000~184000加仑不等。"巡洋舰（容量为618000~938000加仑不等）油量为半满或更多。"因此按照莫里森的说法，航母群并未遇到"紧迫的燃油短缺"。[①]

在其他历史学家中只有戴尔详细考察过61.1特混大队的油料状况，并列出了他相信在场的所有军舰在8月7—9日的燃油数字。他没有列出各舰的油舱容量，也没有评估实际燃油百分比。戴尔曾写过一本关于海军后勤学的书，他强调海军指挥官对他所谓的AFFAG【弹药（Ammunition）、燃油（Fuel oil）、食品（Food）和航空汽油（Aviation Gasoline）】问题的过度担忧会造成妨碍任务完成的不利影响。在8月8日，弗莱彻和金凯德都患上了"恶性"AFFAG病，而当时只有金凯德特混中队中的驱逐舰格雷森号遇到了堪称"危急"的燃油短缺。[②]

事实上，海军军事学院的分析家、莫里森和戴尔在描述弗莱彻舰队8月8日的燃油状况时都犯了令人惊讶的错误（前两者比戴尔更甚）。贝茨和伊尼斯强调驱逐舰在8月3—4日已经"加了油"。其实所有船都没有加满，因为没有足够的油可加。他们还断言弗莱彻61.1.1特混中队的驱逐舰在8月8日的平均油量是容量的75%左右。莫里森不仅接受了这些人给他认为在场的5艘驱逐舰计算的数字（他忘了赫尔号和杜威号已经调到62特舰），还声称代尔号刚刚加到97%满油。由于船队中没有舰队油轮随行，代尔号只能是靠重型军舰加的油。那么既然代尔号能加油，其他驱逐舰为什么不加呢？其实战争日记和航海日志都证明，8月8日真正在弗莱彻61.1.1特混中队里的驱逐舰只有菲尔普斯号、法拉古特号、沃登号和麦克多诺号。它们记录的燃油数字平均只达到容量的46.8%，而不是"75%左右"。缺阵的代尔号确实加到了97%，但那些油是它8月6—7日停泊在圣埃斯皮里图的锚地时，靠商船奥利弗·温德尔·霍姆斯号提供的。此后代尔号护送2艘船前往埃法特，并在8日中午抵达。贝茨和伊尼斯为何把61.1.1特混中队的平均油量算成75%仍是个谜。但他们给金凯德61.1.2特混中队和诺伊斯61.1.3特混中队的驱逐舰计算的数字（分别为42%和44%）倒是与权威的1945年美国海军舰队战术刊物FTP-218《美国海军水面舰艇的战勤油耗》中给出的

---

① 格里菲斯，252 页；贝茨和伊尼斯，93—94 页；莫里森《美国海军作战史》5：28 页。企业号估计自身在 8 日的燃油以桶计有16534桶。莫里森《美国海军作战史》5：28 页将此数字换算为521000 加仑，但正确的统计是 694428 加仑。他错在按标准液体度量衡的每桶31.5 加仑来换算，其实燃油应该是每桶 42 加仑。1952 年赖特评论道："以巡航时的日均油耗为基准来计算战斗需求肯定是不可靠的。任何一个在太平洋指挥特混舰队的军官都了解由下列问题产生的挥之不去的烦恼：'在与敌空中或水面部队接触后我将不可避免地长时间高速航行，那么我该怎么补充燃油呢？'"赖特致魏尔伯恩信（1952 年 2 月 9 日）。

② 戴尔，1：387—393 页。

数字（44.2%和45%）相去不远。除了将代尔号算入61.1.1特混中队外，贝茨、伊尼斯、莫里森和戴尔还夸大了61.1.3特混中队的兵力，给它加上了拉菲号（正在去珍珠港修理的途中）和艾伦·沃德号（正忙着护卫西马仑号）。这个错误源于一个草率的假设：因为这些驱逐舰出现在了61特舰作战令1-42（1942年7月28日）中，所以8月8日它们肯定都在场。和讨论威克岛解围行动时一样，莫里森提供的驱逐舰日均油耗数字（每天12000~24000加仑）也很有误导性。它们在战斗中的巨大油耗很可能比他的上限数字高出一半。[1]

　　弗莱彻的全部13艘驱逐舰在8月8日的平均燃油量是45.3%，因此它们受燃油短缺所困是毫无疑问的。[2] 6艘巡洋舰平均有52%的燃油。弗莱彻、诺伊斯和金凯德在估计手头油量时显然都是按标准做法以同类舰船中油最少的船为基准的。他们估算续航力的依据不如日后资料中的经验数据可靠，但在1942年还没有这些数据。尽管如此，弗莱彻和诺伊斯关于驱逐舰油量的计算还是很接近事实的。弗莱彻手下油最少的驱逐舰麦克多诺号的燃油可供25节航速下行驶约36小时（1.5天），而他的计算结果是35小时。同样，诺伊斯报告他的驱逐舰能以25节航行31小时（1.3天），而斯特雷特号实有可供25节航速行驶约36小时的燃油。弗莱彻声称巡洋舰可以25节航行50小时（2.1天），这是他搞错了。余油显然最少的明尼阿波利斯号实际可航行65小时（2.7天）。不过，他可能是根据金凯德提供的61.1.2特混中队的燃油数字来估算的。金凯德的燃油报告中列出的各舰油量要比后来的计算所证实的少。戴尔认为如果弗莱彻在其1942年9月9日的报告中没有引用错的话，金凯德8月7日关于驱逐舰油量的电报（15节航行2天）是"有误导性的"。此外，金凯德8月8日的战争日记也抱怨"本舰队的燃油状况到了危急的程度"，他"估计驱逐舰的燃油大概够以15节航行3天，重型舰船也好不了多少"。他的舰队中油最少的驱逐舰显然是格雷森号，它当时的余油确实只够以15节航行3.6天，但16特舰战争日记说重型舰船"好不了多少"就大错特错了。因此金凯德给弗莱彻的燃油报告可能过于悲观，但弗莱彻本人也没

---

① 代尔号战争日记。根据航海日志，61.1.1 特混中队的驱逐舰在 8 月 8 日的油量为：

	容量（加仑）	实有燃油（加仑）	百分比
菲尔普斯	187863	96382	51%
法拉古特	168453	84696	50%
沃登	168453	72850	43%
麦克多诺	168453	70213	42%

② 菲尔普斯号余油 51%，意味着能以 15 节航行 8 天，以 25 节航行 2.2 天；格温号有 62%，也就是 15 节 8.2 天，25 节 2.5 天。格雷森号（28%，15 节 3.7 天，25 节 1.1 天）是余油最少的驱逐舰，不过鲍尔奇号（与格雷森号同在 61.1.2 特混中队）和斯特雷特号（61.1.3 特混中队）的油量也都不超过 40%。

条件亲自清点每艘船的余油，他只能相信下属的报告。[1]

因此，除了格雷森号可能是例外，61.1特大的舰船如果在瓜岛附近再作一天高强度的航行和战斗，并不会耗尽燃油。但是它们的燃油状况无疑比人们普遍认为的严重得多，而且必然会快速恶化。截至8月9日中午，在8日日落后主要以15节航速航行大半天后，驱逐舰平均油量跌至35.2%。如果弗莱彻继续留在瓜岛附近进行密集飞行作业或躲避空袭，油量将显著低于这个水平。此外，所有批评家都忽略了一件事：仅仅把航母留在空中支援范围内是不够的。弗莱彻还必须做好执行后半程任务的准备，而这需要再打一场航母战来阻止敌登陆部队夺回图拉吉和伦加。因此必须研究一下他在燃油问题上可以选择的策略，以帮助评估这个问题在他撤走航母的决策中起了多大作用。

海军军事学院的分析家和莫里森都认定弗莱彻只要愿意就能用他的重型舰船给驱逐舰加油，例如莫里森关于代尔号的错误描述就反映了这一点。这种加油作业是家常便饭，但要求天气良好，而且没有紧迫的空袭或潜艇袭击危险。但是弗莱彻在1942年9月告诉戈姆利，当时用巡洋舰给驱逐舰加油"是不现实的"。巡洋舰的油也不多。他在1947年确实对鲍德温说过，如果"连夜给驱逐舰加油"，那就"有可能""再留一天"，但是这取决于他是否接受留守的真正风险。特混大队的燃油如此紧张将严重限制他在变幻莫测的战术态势下的机动能力。1943年1月，乔治·穆雷少将独立地证实了弗莱彻的评估。按照穆雷的说法，"航母特混舰队在加油方面的问题取决于驱逐舰的油耗"，这是"应该始终牢记在心的重要常识"。"在前进区域，特混舰队不能容忍燃油降至下限，理由很简单：在这种情况下它基本上无力实施需要高速航行48小时的攻势作战"。"下限"指的是重型舰船的油量降至"其容量的40%／50%"，而且没有油量在90%~100%的驱逐舰可资弥补。"如果重型舰船的油量在40%／50%，而驱逐舰达到90%，那么舰队有可能执行任何攻势作战，例如需要机动2000海里的奔袭。"在8月8日中午，弗莱彻的61特舰中的驱逐舰和企业号已经降至穆雷的最低要求以下（油老虎萨拉托加号即将降至最低要求以下），而巡

---

[1] 11特司报告（1942年9月9日）；戴尔，1：393页；16特舰战争日记。波特兰号余油46%，续航力为25节下3.9天左右；亚特兰大号（47%）为25节下3.1天。企业号油量虽降至39%，却仍能以25节航行3.9天左右。（与之相比，余油49%的萨拉托加号在25节航速下只能维持3.3天；黄蜂号数据不详。）余油60%的北卡罗来纳号是所有舰船中续航力最强的，能以25节航行4.7天左右。马伦·S·提斯代尔中将看过莫里森的第5卷后曾评论说："我们没必要丢下特纳将军的部队。我们有足够的燃油……历史不会支持弗莱彻将军抛弃特纳将军的运输船队的决定。"美国海军退休中将 M.S. 提斯代尔致小查尔斯·魏尔伯恩少将信（1950年10月3日），DNC，办公档案第20号箱。提斯代尔还说金凯德在1942年"率其特混舰队取得的成功可能仅次于中途岛的斯普鲁恩斯"。

洋舰的油量也接近了下限。此外，当穆雷的17特舰在8月底赶到南太区时，燃油供应最紧张的时刻已经过去，因此他可以放宽航行限制。弗莱彻在8月初面临的后勤形势要严峻得多。[①]

被批评家们认为正在侧翼等待且随时可以应召前出的舰队油轮情况如何呢？特纳在1946年对鲍德温说，弗莱彻"不想冒险把油轮拉到瓜岛附近日本飞机的攻击范围里，所以他计划南撤到新赫布里底群岛一带加油"。如此看来，弗莱彻应该是担心他的油轮重蹈5月尼奥肖号的覆辙，所以谨慎地让它们留在后方。特纳的这番话中有意忽略了他自己在进军途中和瞭望塔登陆阶段实际遇到的加油难题。其实弗莱彻根本没有动过在8月8日把油轮召唤到瓜岛的念头，因为在1000海里内没有1艘油轮。8月3—4日在埃法特附近为61特舰加油后，空载的西马仑号和驱逐舰艾伦·沃德号南下努美阿，徒劳地试图寻找埃索小石号，而埃索小石号此时却出现在了苏瓦。西马仑号一行在7日黎明时离开努美阿前往苏瓦补油，然后回到圣埃斯皮里图。整个航程约为1500海里，算上在港口停留的时间需要6天。而接近满载的普拉特号与卡斯卡斯基亚号在8月5日晚上连同瑞尼尔号和驱逐舰珀金斯号离开苏瓦，预定在8月8日下午到达努美阿。戈姆利曾考虑指示驱逐舰卡明斯号（在埃法特为1艘运输舰护航）在8月6日拦截这支船队，然后让卡斯卡斯基亚号和珀金斯号离队去埃法特。但是卡明斯号无法按时赶上它们。这整支船队一直驶向努美阿，与弗莱彻当前在瓜岛东南的位置相隔1000海里。因此即使这2艘油轮中至少1艘在8月9日零时前离开努美阿，弗莱彻也不能指望其早于8月11日夜找到61.1特大，除非他自己南下迎接。如果他一直留在瓜岛附近，他的燃油很快就会严重短缺，大大限制他的机动性。为整个舰队加油所需的大规模作业将至少花费整整两天，因此航母要到8月14日才能投入战斗。[②]

弗莱彻应不应该把舰队拆分开来，只撤走一部分去加油？尼米兹8月23日的批注（就是他说航母的撤退"极不适宜"的那次）曾猜测也许"可以一次给一个航母舰队加油，留下另两个舰队用于支援作战"。1943年舰总司机密情报通报第2号也提出了这种可能。另一方面，弗莱彻也论述过这个问题。他在1942年9月9日给戈姆利的报告中解释："由于所有舰队面临同等程度的燃油短缺，一次撤退一个舰队是不可

① 11特司报告（1942年9月9日），弗莱彻致鲍德温信（1947年7月8日）。美国海军少将J.F.沙弗罗思执行的某项调查的过程记录（以下称黄蜂号调查），1942年9月15日任第十七特混舰队司令的美国海军少将乔治·D·穆雷在华盛顿特区的陈词（1943年1月4日），RG-38，太舰总司令档案。

② 鲍德温对特纳的采访（1946年10月10日）。1942年8月南太司致61、62和63特司电070602，南太司致瑞尼尔号、卡斯卡斯基亚号和珀金斯号电042348，南太司致瑞尼尔号电051055，CSCMF，卷20。

美国海军陆战队预备役准将梅尔文·J．马斯，摄于1950年前后。由明尼苏达历史学会提供

能的。"尽管有反对意见，但弗莱彻其实是对的。而且不管他后来提出什么理由，既然他强烈担心航母的安全，他就不太可能拆分舰队并让削弱后的一部在瓜岛附近逗留。然而尼米兹无视了弗莱彻的辩解，他的《大海战》一书又一次提议让特混大队逐一加油。[①]

弗莱彻还不得不担心另一个问题：不论如何行动，他可能都得不到需要的所有燃油。不计又老又慢又小的卡纳瓦号（它正忙着给路过斐济的船只加油），普拉特号、卡斯卡斯基亚号和补完油的西马仑号装着整个南太区几乎全部可随时调用的油料。如果其中1艘沉没或重创，它装载的油料要等到下一批租用油轮抵达努美阿才能补上，时间不会早于8月12日。潜艇的威胁是实实在在的。7月26日，在护送普拉特号返回61特舰途中，沃登号曾搭救过在努美阿东南75海里被鱼雷击沉的1艘陆军运输船的幸存者。8月6日，南太司转发了西马仑号的报告，警告说在距努美阿80海里范围内两次遭遇了3~4艘潜艇。艾伦·沃德号在这两次遭遇中都投放了深水炸弹，并宣称击沉2艘潜艇。卡明斯号也认为自己在埃法特附近干掉了1艘潜艇。潜艇出没加上护航驱逐舰过少，使得任何油轮北上都充满风险。[②]

既然没有任何可察觉的紧急情况迫使弗莱彻冒险将航母留在原地，那么可以认

①太舰总致舰总司（1942年8月23日）；舰总司秘密情报通报第2；11特司报告（1942年9月9日）；波特和尼米兹，254页。
②1942年8月玫瑰主将致南太司行政处电050507，西马仑号致南太空司电051910，CSCMF，卷20。

为燃油不足是撤走61特舰的另一个有力理由，至少是有力的次要理由。

综合分析

　　弗莱彻在8月8日15：25告诉诺伊斯："鉴于可能遭到鱼雷机攻击，我方战斗机兵力又有所减少，我建议立即撤走航母。"如果戈姆利不同意（电讯中说到"如果我们继续执行当前作战"），弗莱彻认为航母应该回到8日所在的水域，即瓜岛和圣克里斯托瓦尔之间的海峡。诺伊斯在16：15答复说"对两个问题都赞成"，并建议如果航母留下，应该采用与8月8日相同的作战计划。诺伊斯不可能没有和他最倚重的顾问福雷斯特·谢尔曼上校讨论局势，他给弗莱彻的答复显然经过了谢尔曼的同意。1949年，谢尔曼写信给莫里森说："在8日下午，我感到日本人的反击很猛，但如果暂时撤退也没什么可担心的。直到那次夜战之后局势才变得危急。"谢尔曼无疑是在暗示，自己当时和弗莱彻想法一样，认为克拉奇利的护卫群在航母暂时缺阵时能够自保。①

　　马斯在1942年8月8日夜里写下的宝贵文字解释了撤兵提议背后的理由，与若干年后弗莱彻对鲍德温和戴尔叙述的回忆非常吻合。正如本章开头提到的，马斯强烈支持弗莱彻的举动，为此列出了所有相关的必要性、安全性和补给因素："留下意味着给登陆部队和货轮卸载提供战斗机保护。每天拉包尔都会有飞机来轰炸。离开意味着陆战队失去空中掩护。留下意味着航母处于险境。现在我们的航母太少，不能拿它们冒险。特混舰队需要加油。消耗战正在使航母的战斗机兵力迅速减少。除了岸基飞机空袭的危险加大外，日本潜艇也正集中奔向我们，它们的威胁每小时都在增加。"弗莱彻对戴尔回忆说，他非常清楚自己正指挥着美国的大部分残存航母，而且在1943年年中前不会有任何补充。日本不仅有能力在所罗门群岛集中优势的航母兵力，而且极有可能正打算这样做。弗莱彻最担心的是航母部队虽然冒了很大风险，却无法给敌人造成更大或者至少相当的损失。必须在岸基飞机和潜艇威胁下保全它们，用以对付必然很快出现的敌航母。尼米兹规定了和中途岛一样的限制，而

---

　　① 萨拉托加号战争日记。福雷斯特·谢尔曼中将致Ｓ.Ｅ.莫里森信（1949年2月14日），莫里森办公档案，第26号箱。莫里森《美国海军作战史》5：28页声称："在航母特混舰队中，（弗莱彻的）撤兵请求令高级军官们惊愕不已。后来他们得知19：00前舰队已收到澳大利亚人哈得逊关于三川舰队的报告，猜测日本舰队即将摊牌，于是更是对此决定不满。"第26章将探讨莫里森这段话的后半部分所隐藏的真相，不过这里要指出，没有任何证据显示诺伊斯、金凯德、拉姆齐、戴维斯或谢尔曼等"高级军官"对弗莱彻撤走航母的请求有任何不同意见。读者在后面将看到，莫里森详细引述了谢尔曼信中关于他如何在8月9日早上强烈建议诺伊斯征求弗莱彻许可以攻击萨沃岛敌舰的部分，却略去了上面这段证明谢尔曼支持弗莱彻撤兵决定的文字。

弗莱彻"感到他除了遵从这个指示别无选择"。①

　　马斯知道"陆战队不可能被轰炸机赶走。他们会被痛打一顿，在没有航母的情况下他们的损失会更大"。但是日本人要想歼灭登陆部队，最好的办法是实施"和我们类似的远征"。他概括了弗莱彻的行动计划。"为了能拦截并挫败这样的行动，我们的航母特混舰队必须加油并拉开距离，以免被困在此处。"弗莱彻在1947年也对鲍德温回忆说，如果他留在原地并连夜给驱逐舰加油，"我军就不得不以非常慢的速度向（加油）会合点前进，万一敌航母在9日现身，我们就会陷入非常尴尬的境地。我认为我们全都预料它们会在登陆后不久出现。"马斯在8月8日解释说："如果撤退到——比方说努美阿或汤加塔布——我们就可以处于有利的截击位置，给他们的航母重演一次中途岛。但是如果我们留在这里，等到燃油非常少了再撤退与油轮会合，万一油轮中了鱼雷，那我们整个舰队就会失去后援，任小日本宰割，我们的舰队可能因此损失三分之二的航母，还会失去图拉吉和上面所有的陆战队，可能还包括所有运输船。"接着马斯又在更大的背景下讨论了航母的撤退："陆战队在建立自己的航空基地（大概需要10天左右）前会一直挨打，但他们可以挖好防空洞等待。增加的损失只是局部的。和一场潜在的国难相比这不算什么。甚至可以说，损失我们的舰队或者其中1艘或多艘航母是真正的世界级悲剧。"说白了就是，冒着1艘或多艘航母重创或沉没的危险保护弗莱彻认为伦加附近尚未离开的5艘货轮究竟值不值？马斯认为不值。他是一个骄傲的陆战队老兵，没人能指责他对陆战队缺乏同情。彼得森在1944年的讲座上完全赞成自己的战友。"撤退航母的决定是否正确至今仍有争议。从岸上陆战队的角度看这是值得商榷的。但是如果从更广的战略角度看，它是正确的。"②

---

① 斯备忘录 AB《瞭望塔》；戴尔，1：391 页。
② 马斯备忘录 AB《瞭望塔》；弗莱彻致鲍德温信（1947 年 7 月 8 日）；彼得森讲座（1944 年 1 月 13 日）。

第二十六章

萨沃之难

宁静之夜

梅尔文·马斯陪着弗莱彻度过了8月8日的下午，其间警报狂鸣和静如死水的场面交替出现，他参与了产生提前一天撤军的提案的讨论。在17：45，日落前半小时，马斯走下舰桥去用餐。此时3艘航母在亨斯洛角东南30海里外（也就是伦加东南85海里）巡航，并非如常见史书所说已经撤离。负责战术指挥的诺伊斯规定舰队在夜间要避开瓜岛近海，当晚应该去圣克里斯托瓦尔西南。如果戈姆利同意撤军，61.1特混大队就将从那里撤退，否则就掉头北上，在8月9日黎明时再度支援特纳两栖部队中尚在登陆地域逗留的那部分船只。①

马斯因为这一走而错过了一个重要事件。据萨拉托加号天台上的偷听惯犯之一罗伯特·B．斯塔尔少尉回忆，那天下午他听到下面司令舰桥上有人说了句："巡洋舰？"弗莱彻和参谋们匆忙商量了对策，但让斯塔尔气馁的是，他们的谈话地点转到了编队指挥所里，不在他的听力范围内。②这场骚动源于18：37从堪培拉发来的一则电讯，上面说10：25有3艘巡洋舰、3艘驱逐舰和2艘水上飞机供应舰或炮舰出现在布干维尔东南海岸附近，大约位于伦加西北320海里处。③敌军的航向为120°，速度是15节，因此可能已经驶近了不少。报告中的方位和舰队构成与弗莱彻在06：30左

---

① 马斯日记。贝茨和伊尼斯，96 页说弗莱彻是 8 月 8 日 12：00 撤离的；莫里森《美国海军作战史》5：58 页则说，截至 8 月 9 日 01：00 弗莱彻仍未收到戈姆利的撤退许可，而"他实际已经执行撤退行动达 12 小时"。其实航母舰队在 13：00 和 17：00 先后两次驶到离瓜岛海岸最近的位置（距离 25 海里）。

② 斯塔尔，21 页说，这件事发生在"16：00 左右"，他还看到一封电报上说"7 艘巡洋舰正高速朝我军驶来"。其实萨拉托加号并未收到这样的电报，而且有确凿证据证明接到警报的时间是 18：37。另一些人回忆的接到目击报告的时间也比实际时间早得多。

③ 发现敌舰的飞机是皇家澳大利亚空军第 32 中队的 1 架洛克希德哈得逊式，驾驶员是威廉·J．斯图特军士。由于这份目击报告转到南太司的过程中被耽搁，他受到了不公正的指责。其实他发报后没有收到确认，便飞回米尔恩湾报告，但指挥部却过了 5 个多小时才拍发这份目击报告。沃纳、沃纳和塞诺《太平洋上的灾难》第 1 章。

右收到的情报非常吻合，那份情报来自在拉包尔以南60海里监视圣乔治海峡的S-38号潜艇。[1]多年以后，弗莱彻的战斗报话员——文书军士纽瑟姆对那天晚上编队指挥所里的会议记忆犹新。弗莱彻希望在可行的前提下立即攻击。拉姆齐则断言航母无法在夜间执行搜索和攻击，除非有明亮的月光，而那天夜里没有。强行出击的话损失飞机的风险太大，更何况一场大规模航母战可能近在眼前。于是弗莱彻解散了攻击机的飞行员。他在1947年对鲍德温解释说："当然了，航母在夜战中没有任何价值。"作为一个常年在水面舰队服役却没有打过水面战斗的军人，弗莱彻很自然地"相信我军的巡洋舰在那种战斗中能够自保"。事实证明他的信念错得离谱。[2]

弗莱彻后来说："我在做出撤退决定时，并不知道敌军正在逼近。"马斯资料集印证了这个事实。但是萨沃岛的惨败却引出了一个流传已久的谬论，说是航母舰队在午后就得到情报，有充足时间空袭那支巡洋舰队，但弗莱彻却莫名其妙地选择不作攻击。从各种迹象看，当那条10：20的电讯在18：45终于被收到时，萨拉托加号曾通知第八雷击中队可能需要出击。有个TBF驾驶员对记者克拉克·李说，在北面发现了几艘巡洋舰和驱逐舰。"穿上救生衣，戴上钢盔。说不定我们马上就要起飞去揍那些宝贝啦。"但是VT-8最终没有出动。李后来把这次对话挪到了下午。在8月10日，一个VF-5的飞行员在日记中复述了一则谣言："最气人的是，在8日，我们根据搜索机的报告知道了小鬼子的水面舰队正闯进我们这一带。有段时间他们就在150海里外，完全没有飞机保护。可是我们连1架俯冲轰炸机或鱼雷机都没有派，啥都没做。"其实在8月8日黄昏，当弗莱彻终于得知那支舰队的存在时，没人知道它究竟在哪。而在8月8日白天的任何时候，它都没有进入航母部队周边150海里内。1943年利科尔上校（文森斯号）和威廉·G.格林曼上校（阿斯托里亚号）对赫本将军说，他们是在当天下午某一时刻听到关于巡洋舰队的预警的，但阿斯托里亚号的观通长却有不同说法。这一谬论之所以会产生，关键在于上午的接触报告在转发过程中的长时间延误。在常人看来，它送达航母舰队的时间如此之晚是不可思议的。赫本的详细调查和战后戴尔将军与皇家澳大利亚海军准将布鲁斯·罗克斯顿的分析都证实，关于敌巡洋舰队的第一份情报是在日落之后才传到两栖部队和航母舰队的——对弗莱彻来说这实在太晚，至少他已无能为力了。[3]

---

① 1942年8月西南太总致太舰总电071930，CSCMF，卷20。
② 与托马斯·纽瑟姆的对话；弗莱彻致鲍德温信（1947年7月8日）。
③ 弗莱彻致鲍德温信（1947年7月8日）。李，334页；阿尔特穆斯日记。赫本报告，371、461—462页；戴尔，1：360—369页；罗克斯顿，第15章。沃纳和沃纳，234页声称，在8日下午特纳和克拉奇利（还有萨拉托加号，但不知为何不包括弗莱彻）已得知该目击报告。

因此在8月8日晚上，弗莱彻在等待戈姆利的答复时，仍然按原计划将航母向南移动，但保留了返回瓜岛的选择。18：57，在渐黯的暮光下，各航母特混中队排成一路纵队，以15节速度驶向东南。据纽瑟姆回忆，没人为撤退之事争执，也没人担心护卫群，主因在于敌军被认为是一支比他们弱得多的水面舰队。即便考虑到圣克鲁兹登陆部队和护航的运输舰即将离开，克拉奇利也应该有5艘重巡洋舰（包括阿斯托里亚号和文森斯号）、1艘轻巡洋舰和9艘驱逐舰，而且全都配备雷达。马斯吃过饭后与几个参谋玩飞镖玩到20：00然后回到自己的舱室写情势评估，这足以证明当晚萨拉托加号上没有什么紧张感。他直到第二天才看到8日晚上记录的关于巡洋舰的目击报告。①

在那天晚上余下的时间，弗莱彻收到的情报也没有驱散护卫群短时间内不太可能面临水面威胁的第一印象。最新的情报仍然估计拉包尔地区的海军兵力只包括3~4艘重巡洋舰和4艘轻巡洋舰，外加一个驱逐舰中队。空中侦察似乎找到了其中的大多数。利里在20：47时说，11：01另一架飞机在距10：25侦察接触点只有7海里的地方发现2艘重巡洋舰、1艘轻巡洋舰和1艘较小的船。2架飞机发现的很可能是同一支舰队。当天上午和午后的其他飞机目击报告（西南太总直到晚上才通报）还提到从布卡到肖特兰的航线上分布着几艘船只。这无疑符合利里在22：30后用电台通报的观点，即敌人正在发兵占领布卡和布干维尔。麦凯恩的侦察汇总在午夜前后姗姗来迟，显示未发现敌情。特纳8月7日晚上的情势报告（如前文所述，8日上午才被戈姆利和弗莱彻收到）曾请求对从西面接近的船只进行特别侦察。企业号下午的搜索范围从瓜岛西部向西和向北分别延伸260海里和220海里，无疑帮助填补了那个方向的空白。21：55，特纳从麦考利号发出少数立即发至收件人手中的电报之一，在其中猜测先前飞机目击报告中提到的所谓水上飞机供应舰要去的是圣伊莎贝尔岛的莱卡塔湾（位于伦加西北130海里），它们可以从那里使用"鱼雷机"威胁两栖部队。这个评估是否合理将在下文讨论。特纳希望麦凯恩在次日早上轰炸莱卡塔。弗莱彻知道企业号下午的搜索没有在莱卡塔发现任何活动，但如果那支所谓的水上飞机供应舰队始终以15节速度行进，那么在下午它还进不了搜索机能看到的区域。麦凯恩在8月9日02：54答复说，他的飞机将尽早料理莱卡塔。B-17将在中午前后进行轰炸，PBY也会做好用鱼雷夜袭的准备。②

①马斯日记。

②1942年8月西南太司致各特司电080947，西南太总致太舰总电081020，西南太司致太舰总电081130，南太空司致61特司电081233，62特司致南太空司电081055，南太空司致63.5特大司电081554，CSCMF，卷20。11：01的目击报告是另一架哈得逊发出的，机长是默文·威尔曼中尉。空军指挥部转发他的电报的速度比转发斯图特的还慢（沃纳和沃纳，17页）。

8月8日23：30，在经过圣克里斯托瓦尔岛南部后，3个航母群折向西南航行了90分钟，然后在01：00掉头向西北方约115海里外的瓜岛驶去。03：30，弗莱彻终于收到南太司在近5个小时前写好的电报："批准撤退航母的提议。"戈姆利不同意批评家们所说的"弗莱彻可以停留更长时间"的看法。他说这是"一个判断问题"，而"事后的认识总比事前的预见聪明"。显然"敌军可能在我们的特混舰队缺油时大举进犯"，因此"不能不非常认真地考虑"弗莱彻的请求。戈姆利假定"身处现场的人"总是对的，因为他"了解详细情况，而我不了解"。具有讽刺意味的是，弗莱彻在7月27日还说卡拉汉的上司可能对大局看得更清楚。他也认为南太司能更好地评估提前一天撤退航母的影响。[1]

戈姆利的电报还解决了正在恶化的燃油供应问题。卡斯卡斯基亚号和普拉特号将在克拉克号（可能还有珀金斯号）护航下于8月9日黎明离开努美阿，绕过新喀里多尼亚东边，然后以15节速度朝西北方的圣埃斯皮里图前进。它们应该会在8月10日白天遇到南下与它们会合的61.1特大。南太司早先的计划只要求普拉特号和克拉克号在9日午前出发北上。珀金斯号8日进入努美阿时碰坏了一支螺旋桨，如果弗莱彻还需要卡斯卡斯基亚号，就不得不为它提供护航。现在由于61.1特大燃油紧张，两支加油船队都将北上，并保持至少6海里的间距以免成为同一艘潜艇的猎物。但如果珀金斯号无法成行（这种可能性很大），那么2艘油轮就必须靠近克拉克号以获得"最大保护"。虽然有2艘油轮来满足需求让弗莱彻感到高兴，但他也担心它们只有1艘驱逐舰可依靠。[2]

04：00当61.1特大距瓜岛75海里，距图拉吉135海里时，弗莱彻让航母纵队转向东北，然后在04：30排成梯队前往东南方的加油会合点。因为编队将变得相当松散，他规定了黎明前重整队形的地点。看到航母舰队安全转向新方向后，他走进了司令舰桥上的应急舱。最近几天的压力也让他身心疲惫。这里必须再次强调，弗莱彻当晚得到的任何消息都不可能改变他的下述观念：特纳已经按计划撤走了大多数运输舰（如果不是全部），只留下44特舰和货轮，而瞭望塔行动的第一阶段即将圆满结束。

① 1942年8月南太司致61特司电081141，CSCMF，卷20。戈姆利《扭转潮流》93页；卡拉汉会议笔记（1942年7月28日）。莫里森办公档案第27号箱中1949年前后的备忘录说，"拉姆塞"（可能是指赫本的助手唐纳德·拉姆齐）曾激烈谴责弗莱彻的撤军提议是把责任推脱给上级的下流手段。"拉姆塞"力劝莫里森"不要让戈姆利承担和撤退有关的任何责任，尽管是他批准了这个提议"。因为戈姆利只行使"战略指挥权"，而战术指挥官弗莱彻"不必经过他的许可就能撤退"。这个说法大有问题。

② 1942年8月南太司致61特电081141，南太司致61特电080800，南太司致普拉特号、卡斯卡斯基亚号、珀金斯号和克拉克号电081232，CSCMF，卷20。

慌乱之夜

8月8日近黄昏时，特纳接到了陆战队攻占伦加大部，包括至关重要的机场的好消息。补给和装备的卸载工作似乎也终于走上了正轨。他在1950年回忆说，自己曾提醒62特舰"做好9日一早离开的准备，因X群的每小时卸载报告让我相信届时岸上的补给状况将相当良好"。特纳没有说清他指的是整个运输舰队和货轮还是单指运输舰，但在8月8日上午过后，他从未承认自己曾设想让它们分批撤离。日落后他收到了弗莱彻发给戈姆利提议撤走航母的电报。不到1小时，又接到西南太总姗姗来迟的目击报告，内容是8个多小时前在布干维尔中部附近发现3艘巡洋舰、3艘驱逐舰和2艘水上飞机供应舰或炮舰。在特纳的追述中，这两封电报在麦考利号上激起了公愤，但这种情况究竟是立刻发生还是稍晚一点才发生就不清楚了。显然，如果补给状况真像特纳认为或希望的那样乐观，那么在8月9日白天可能就不需要航母的空中支援了，因为届时两栖部队的大多数船只都已离开该区域。在这种情况下，布干维尔附近发现的混合船队会有什么动作也无关紧要。在特纳以及其他人看来，它们不像是意图在当晚扫荡登陆场的水面舰队。真正毁了特纳当晚的好心情似乎是Y群在图拉吉的卸载工作"滞后"的消息，因为这意味着他可能根本无法在"9日一早"把所有登陆船队撤走。于是弗莱彻的电报和迟来的目击报告突然之间有了极其不祥的含义。[1]

特纳在他的行政管理史中怨毒地斥责弗莱彻的撤军建议"简直难以置信"，因为它"大幅改变了原先安排的计划"。显然，这番话的前提是特纳曾预计航母在8月9日会留下，当然弗莱彻在7月27日确实也是这么答应的。因此当弗莱彻建议提早离开时，特纳完全有理由感到不安。但是正如前文详述，特纳在高喊自己被出卖的同时，又同样坚决地声称弗莱彻曾宣布航母停留时间不会超过两天，这两者恰好是矛盾的。如果弗莱彻确实警告说自己只待两天就会撤离，那么当这种情况真的发生时，特纳决不会如此惊讶。事实上，特纳成功地让人们同时接受了这两种说法。他既宣扬有关弗莱彻在登陆前的保证的矛盾说法，又谎称自己一直打算让整个两栖部

---

[1] 有关62特舰在8月8—9日的大致运动，见南太两司战争日记、南太两司参谋日志和62.6特大司（皇家海军少将 V．A．C．克拉奇利），"瞭望塔"行动——联军攻克和占领图拉吉与瓜岛（1942年8月13日），副本载于赫本报告，55—86页。里奇蒙德·凯利·特纳少将致查尔斯·魏尔伯恩信（1950年8月20日）及对莫里森第5卷的书评。贝茨和伊尼斯，92页指责弗莱彻"意味深长地"没有把"62特司列入他请求南太司批准撤走航母的电报的收件人中"。此说不确。从太舰总秘密及机密电报档案中的原件以及贝茨和伊尼斯引用的赫本报告第659页来看，这封电报肯定抄送给了特纳。

队在登陆区域逗留四五天，理由是运输舰和货轮需要花这么多时间来卸载。这么说也有助于减少别人对卸载工作长时间延误的批评。[①]

就这样，借着自相矛盾和连篇谎言，特纳把弗莱彻的行动抹黑为10∶25目击报告揭示的新威胁前的"临阵脱逃"。他推断敌供应舰将利用莱卡塔湾的隐蔽水域部署携带鱼雷的水上飞机，还说自己害怕这种攻击更甚于害怕在8月7—8日已经领教的大规模陆基飞机攻击。特纳关于水上飞机供应舰本身能够执行鱼雷攻击的判断虽然没有受到质疑，其实大有问题。他掌握的情报已经充分证明，日军的水上飞机供应舰与美国海军的不同，只能运作单发的浮筒式水上飞机，而以这类飞机的挂载能力要使用鱼雷是远远不够的。这些供应舰只有供应船身式水上飞机才能形成鱼雷威胁。即便如此，由于可用的水上飞机数量有限，它们能造成的威胁也远不及已经袭击过两栖部队的快速双发陆基飞机。其实把那些疑似水上飞机供应舰的任务解释为重建因图拉吉失守而失去的侦察能力要合理得多。但是特纳根据自己早年在航空部队获得的过时经验，以所谓水上飞机供应舰的鱼雷威胁为借口，提议执行他先前提到的"准备离开"的命令，打算在8月9日日出前撤走整个两栖部队。他肯定是打算在以后某个时间回去完成卸载。[②]

特纳在8月8日20∶00写成一份报告，并且和前一天晚上一样，莫名其妙地拖了18个小时才发送。如果他及时拍发该电，或许能给弗莱彻一个留下的理由。[③]62特司090230电（8月9日13∶30）同样值得全文摘录：

今日进展迟缓，原因是滩头拥塞、北面敌军顽强抵抗、一次空袭和一次虚警。因布干维尔海岸观察哨提供预警，希望向其表达谢意。

艾略特号被俯冲的鱼雷机撞中起火，火势失去控制。已撤离人员，并向该舰发射鱼雷。但它搁浅于沙洲，仍在燃烧。贾维斯号已下锚，未进水，发动机和锅炉正

---

① 南太两司行政管理史，47页。特纳在其中声称自己在"8月8日中午前后"收到弗莱彻的电报，而弗莱彻"在8月8日15∶00左右按其通知行动，离开了那一带"。同一份资料在后面又说航母舰队是"8月8日中午前后"离开的。以上时间都大大早于航母舰队的实际撤退时间。

② 莫里森《美国海军作战史》5∶31页将莱卡塔可能存在的水上飞机称作"大型轰炸机"。但是1942年7月太舰总致太平洋舰队电150155（CSCMF，卷18）却提到改装的水上飞机供应舰圣川丸号（据报在拉包尔）有12架浮筒式水上飞机，无一是鱼雷机。1942年6月最新的ONI评估认为日本的常规水上飞机供应舰配有14架这样的浮筒式水上飞机，辅助水上飞机供应舰则为10架，每架可混合挂载500磅炸弹。航空鱼雷的重量是1800~2000磅。

③ 1942年8月61.2特大司致南太司和61特司电090230（抄送62.4和62.6特大司）由麦考利号在2122千赫发于8月9日14∶52，但实际直到8月13日被送交戈姆利并作为1942年8月131418电（CNO TS蓝色档案）发送后才被弗莱彻收到。

常，船底从30~55号肋骨开口，甲板受损，凭自身动力可达到4~7节，今晚开始将设法把它开到玫瑰（埃法特）。14人失踪，7人负伤。

今晚继续卸货，计划明天从此地暂时撤退，见另一电（62特司电081405，下文会提到）。

岸上已占领瓜岛库库姆和机场。敌军和建筑工人逃散，缴获相当数量物资和装备。尚未向东推进。关于机场情况将另做报告。

佛罗里达地区陆战队控制了图拉吉、吉沃图和塔纳姆博果，但仍有零星狙击手。计划于格林尼治时间9日23：00（10日10：00）攻击马康布。初步登陆后遇敌猛烈抵抗，不得不动用二团的全部3个营。这将导致杏子（恩代尼）作战延期。建议将七团（此时正在萨摩亚）用于该处。考虑到日后作战，62特司留驻麦考利号。

特纳原打算只撤走卸空或几乎卸空的运输舰及其护航船只，留下克拉奇利的44特舰保护5艘卸了一部分货物、锚泊于伦加附近的货轮。从上文看，他已完全放弃这个念头。他从未解释为何对原计划作如此大幅度的改动。

在20：45，特纳要求范德格里夫特和克拉奇利尽快赶到麦考利号当面商议。这个举动将造成严重后果，并在日后被归咎于弗莱彻。特纳在1950年说，他约见范德格里夫特"主要是为了请他去一趟图拉吉，查明并报告确切情况和已经上岸的货物数量"。把这样的差事交给一个师长实在很奇怪。本书作者想不通他为什么不派个参谋去办，或者干脆让Y群的运输舰指挥官——内维尔号上的乔治·B.阿希上校和／或当地的陆战队指挥官威廉·H.鲁帕塔斯准将汇报。也许图拉吉的补给情况显得太混乱，以致特纳认为只有范德格里夫特出面才能搞定。他约见克拉奇利的"首要目的"是"征求他关于战术情势的看法，包括报告敌舰动向和弗莱彻的离去造成的影响。"[1]

范德格里夫特只要在伦加附近搭乘小艇就能赶到X群的麦考利号上。但是克拉奇利在他的旗舰澳大利亚号上，位于20海里开外的萨沃岛附近。他把自己的巡逻队临时交给芝加哥号的舰长博德上校指挥，告诫说自己当晚可能不会返回，然后把澳大利亚号开到了伦加。他在22：35登上麦考利号，发现特纳"正为大批船只滞留当地的问题烦恼"，"打算在第二天撤走水面部队（也就是所有船只）"。克拉奇利也认为当天上午发现的水面舰队看起来没有挑战他的实力。由于没有关于舰队接近瓜

---

① 特纳致魏尔伯恩信（1950年8月20日）。

岛的其他目击报告，再加上西南太司的电报提到敌军增兵布卡和肖特兰，他们肯定更加觉得这个推断合情合理。特纳说明了可能从莱卡塔湾起飞的"携带鱼雷的水上飞机"的威胁，当然如今看来这还不如水面舰队的威胁实在。[①]

范德格里夫特在23：15左右终于赶到麦考利号。本身就很疲惫的他觉得特纳和克拉奇利看上去"随时都会昏厥"。会议持续了40分钟。范德格里夫特说自己并没有准确清点过运上瓜岛的物资，但他证实了当地"我军没问题"。对于图拉吉他就没有这么乐观。由于担心莱卡塔的鱼雷机，范德格里夫特勉强同意所有运输舰和货轮在黎明前离开，但又指出某些物资必须在当晚上岸。他明白，"鉴于军事局势和图拉吉地区的后勤状况"，撤退势在必行，但特纳很快会带着剩余物资回来。两位指挥官离开麦考利号时差不多已到半夜零点。克拉奇利对范德格里夫特说："你的任务比我的紧急得多。"随后他客气地用自己的专用艇把范德格里夫特直接送上要前往图拉吉的DMS索瑟德号。两人分手时他说了一句："范德格里夫特，我不知道能否因为特纳做的事而责怪他。"当时在场的杰拉德·托马斯中校认为这个评论"没有赞扬的意思"。[②]

特纳在01：18通知62特舰所有船只准备在06：30离开，他还写了一封电报给戈姆利、弗莱彻和麦凯恩，说明他撤走两栖部队的计划：

今日空袭致艾略特号损失，贾维斯号重创。明日空袭可能加强，又缺少空中支援，我不得不暂时从此地撤出所有船只以避免不必要的损失。情况汇总见另电（前文提到的090230）。此电是为获得配合而发。已上岸的物资和弹药估计足够部队30天之用，过后必须完成补充。

将从格林尼治时间9日19时（原文如此，等于当地时间10日06：00，也许是"8日"之误？）开始经伦戈海峡撤退，速度13，然后取航向117经圣克里斯托瓦尔前往纽扣（圣埃斯皮里图）。请求战斗机和反潜飞机掩护。

特纳曾对范德格里夫特保证，会不会撤退最终要看图拉吉的情况，但在这封电

---

① 克拉奇利报告（1942 年 8 月 13 日）。特纳解释说，在 8 月 8 日夜里他综合考虑了西南太区关于敌军增兵肖特兰的判断，麦凯恩方面目击报告的缺失和"18：20 左右收到的接触报告中的错误信息"。经过与克拉奇利"长时间的讨论"，他的结论是"当晚受到攻击的可能性很小"。R．K．特纳少将致太舰总备忘录，关于赫本报告的意见（约在 1943 年 5 月），副本载于赫本报告中。

② 托马斯未发表的手稿，23 页，范德格里夫特，128—129 页。

报中他只字未提。麦考利号最终在04：05左右拍发了该电，照例没有任何人收到。在这段时间里，可怕的灾难降临到护卫群头上，而最奇怪的是，弗莱彻因此背上的污名远远超过了那些直接负责守备的人。①

死亡之夜

被皇家澳大利亚空军飞机在10：25错认为3艘巡洋舰、3艘驱逐舰和2艘水上飞机供应舰或炮舰的日本舰队当然就是三川中将领衔的强大阵容：5艘重巡洋舰、2艘老式轻巡洋舰和1艘驱逐舰。他的目标是在8月9日午夜后打击位于图拉吉和伦加之间的盟军舰队。被发现时他正在布干维尔以东逡巡，等待清晨派出的搜索机返回。三川知道自己被发现，担心在下午遭到空袭，便试图靠逆转航向来迷惑观察者。12：00以后再无飞机跟踪，他以24节速度继续南进。平安无事地经过上所罗门群岛后，他在日落时分到达距伦加仅130海里、距弗莱彻的航母200海里的位置。23：13，他放出2架水侦机用于刺探锚地，并在攻击舰队接近时投放照明弹。8月9日00：25，1架水上飞机在萨沃岛以南发现一队巡洋舰，那里正是他打算突入港湾的地方。于是三川把它们选作首要目标。当夜月黑风高，为突袭提供了理想条件。②

克拉奇利在夜间依靠2艘驱逐舰作为游动雷达哨提供早期预警，以防敌舰经萨沃岛以南或以北闯入。他部署了2个巡洋舰–驱逐舰混编的巡逻队，确保日军无论走哪条路都会遭到拦截。在萨沃岛东北，利科尔的巡逻队包括他的文森斯号、阿斯托里亚号、昆西号和2艘驱逐舰。而克拉奇利自己的巡逻队配备澳大利亚号、堪培拉号、芝加哥号和2艘驱逐舰，在东南方巡逻。斯科特的船队由2艘轻巡洋舰和2艘驱逐舰组成，在Y群和X群运输船停泊区域之间作南北穿梭，以把守后路。5艘驱逐舰、4艘APD和4艘DMS负责护卫运输船。在佛罗里达岛附近搁浅的运输舰乔治·F.艾略特号还在燃烧，负伤的贾维斯号没有按命令行动，而是蹒跚西行，企图经瓜岛西面撤退。前文已经提到，克拉奇利因为被特纳叫去开会，便把巡逻队的指挥权交给了芝加哥号上的博德。不知为何，博德让堪培拉号担任船队的先导。在23：45，当麦考利号上散会时，萨沃岛东北的哨舰拉尔夫·塔尔伯特号用TBS警告说，1架飞机向东飞过萨沃岛上空。特纳和克拉奇利都没有收到这则电讯。克拉奇利把范德格里夫特送上索瑟德号之后，

① 1942 年 8 月 62 特司致 62 特舰电 081418，62 特司致南太司、61 特司和南太空司电 081405（抄送舰总司和太舰总），副本载于赫本报告，659 及 650 页。

② 关于萨沃岛之战，见赫本报告；莫里森《美国海军作战史》第 5 卷第 2 章；贝茨和伊尼斯；日本《战史丛书》49：463—496 页；加塔克，169—180 页；弗兰克，第 4 章；沃纳和沃纳；罗克斯顿。

在01：15左右重新登上澳大利亚号。因为天时已晚，夜间在萨沃岛附近与本队会合比较困难，按计划在黎明前就要撤离，再加上他和特纳（以及弗莱彻）一样认为没有迫在眉睫的威胁，所以克拉奇利就在X运输群停泊区域以西巡弋至破晓。

三川的舰队掠过萨沃岛时完全没有被西边的哨舰布鲁号发现。敏锐的视力在精良的光学仪器帮助下使盟军的雷达一败涂地。三川辨认出毫无戒心的芝加哥号一行，便在01：38左右发射鱼雷，5分钟后开了炮。在伦加上空盘旋的水上飞机不失时机地在X群停泊区以南和以东投下绿色照明弹，将盟军船只的身影映得清清楚楚。三川猛轰堪培拉号并用鱼雷击中芝加哥号舰首，博德的2艘巡洋舰完全被打懵了。接着三川沿逆时针方向绕过萨沃岛，对利科尔的文森斯号一行实施了两面夹击，将其彻底击溃。3艘美国重巡洋舰都受了致命损伤，而日军舰船只是擦破点皮。护卫群的作战参谋加塔克后来写道，按照两路部署的计划，"敌舰队遭遇一队巡洋舰后就会被引到另一队的口袋阵里"。只是他和克拉奇利做梦都没想到"口袋反被包住了"！①

在萨沃岛周围扫荡一遍后，三川的整个舰队在02：20以30节向西北方脱离。他这么做的理由是等自己找到盟军运输船，天也快亮了，到时候就得挨航母舰载机打。除了保存自己有限的实力外，快速撤退还可能把追击的航母引入便于拉包尔基地的轰炸机攻击的范围。他认为如果自己能到达战场西北200海里外的维拉拉维拉岛，就可以无忧了。最终报告统计的战果是7艘重巡洋舰、1艘轻巡洋舰和6艘驱逐舰沉没或受到致命打击。再加上8月8日被严重夸大的空袭战果，也难怪日本司令部里有人在8月10日得出了美国人已撤离瓜岛的结论。只是在这种美好幻想破灭之后才出现了批评三川没有消灭运输船的声音。

在三川一击得手离开时，特纳和克拉奇利除了看到炮口闪光和燃烧的军舰上忽隐忽现的火焰，对战况一无所知。暴风雨使萨沃岛方向的能见度非常差，而持续不断的闪电又像极了炮火。当照明弹出现时，X群的运输舰和货轮都停止了卸载，自发向东撤退。特纳在01：56厉声命令克拉奇利："集合你的舰队抗击敌袭。"20分钟后，他又电告弗莱彻："水面舰队在萨沃岛发动攻击，目标显然是我方警戒船只。"克拉奇利命令X群的驱逐舰在伦加西北组成拦截部队，但它们误会了他的意思，纷纷赶往离萨沃岛5海里的指定地点。有好一阵，博德在TBS上几乎什么也没说，而文森斯号巡逻队始终保持沉默。在02：45前斯科特没从芝加哥号巡逻队得到任何形式的接触报告。03：07，博德终于透露芝加哥号中了鱼雷，"船首略微下沉"，而堪培

---

① 加塔克，175 页。

拉号在2艘驱逐舰陪伴下，正在萨沃岛东南五海里处燃烧。他还报告说敌舰"正在外海方向射击"，其实三川早已走远。几分钟后，克拉奇利只能给特纳提供显而易见的事实：发生了"水面交战"，而"情况"尚"不明朗"。因为大雨掩盖了战场，他虽将澳大利亚号摆在萨沃岛和X群的运输舰之间，也看不到多少情况。特纳在03：30惊恐地得知南太司已经批准航母撤离，在03：45再次试图提醒弗莱彻萨沃岛的险情。"敌水面部队在飞机空投照明弹配合下攻击护卫部队。芝加哥号中雷。堪培拉号起火。"特纳也知道航母在黎明前什么也做不了，但他仍然希望届时能把两栖部队撤出去。他在04：35提醒62特舰，"我部必须在06：30离开此地"，"如果堪培拉号无法及时撤退，应将其击毁"。①

萨沃岛附近的舰船陷入了深深的迷惘之中。05：15，拉尔夫·塔尔伯特号报告自身被炮火重创，但无意中让人以为它是刚刚遭到了厄运，而不是在近3小时以前。05：25，驱逐舰帕特森号发报说堪培拉号已经弃舰，自己营救了其船员。在这个时间前后，帕特森号还和芝加哥号发生了短暂交火。当05：47晨光初现时，克拉奇利只从博德那里得到零星消息，在利科尔方面则音讯全无。他提醒62特舰说："局势不明，准备黎明时在运输船队附近作战。"直到日上三竿，他才通过驱逐舰塞尔弗里奇号得知阿斯托里亚号正在燃烧，有4艘驱逐舰搭救了其船员。08：10时克拉奇利还对特纳说自己没有文森斯号和昆西号的任何消息。实际上昆西号已在02：38沉没，文森斯号在12分钟后也步其后尘，两舰都有大批官兵丧生。②

在特纳设法弄清护卫群的受损程度时，尼维尔号上的范德格里夫特告诉他，自己已经拿下了图拉吉、吉沃图和塔纳姆博果，并将在黎明后突击守军的最后阵地——弹丸小岛马康布。坏消息是"除了部队自带部分外，几乎没有任何弹药、口粮、水或防空武器被运上岸"。阿希直到8月8日23：40才开始在图拉吉卸载，并且不顾附近的战斗和大雨干了一整夜。值得表扬的是，特纳决定冒着飞机、潜艇和水面舰船的威胁暂时留下善后。他在06：24告诉手下将领"取消出发"，在06：41又用麦考利号那被诅咒的电台告诉弗莱彻，自己"无法按计划离开，因为已上岸的补给不足。请求（空中）掩护，以便攻击敌军在此地的水面舰队"。无论弗莱彻还是戈姆

---

① 除了497页注释①中提到的资料，请参见V.A.C.克拉奇利少将，萨沃岛附近夜战（1942年8月9日）——62.6特大司评论（1942年8月11日）以及62特司致62.6特大司，1942年8月8—9日萨沃岛夜战（1942年8月12日）和18特舰巡洋舰司令（诺尔曼·斯科特少将）致舰总司，1942年8月6—10日图拉吉—瓜岛行动报告（1942年8月13日）。舰总司秘密情报通报第2号提到，特纳没有提供"应对这种情况的标准作战规定或战斗条令"。Y群的船只当时留在锚地未动。

② 克拉奇利报告（1942年8月11日）。

利都没收到这封电报。为了节省护航力量，特纳授权塞尔弗里奇号击沉身负重伤的堪培拉号，后者于08：00沉没。阿斯托里亚号仍在萨沃岛附近挣扎求生。至于在特纳从瓜岛脱身前日本人还能造成多大破坏，接下来就将见分晓。①

弗莱彻应该做什么？

三川在09：30安全驶过维拉拉维拉，长吁了一口气。由于没能立即还以颜色，萨沃之败令美方感到格外刺痛。在弗莱彻的许多批评者眼里，这使他过早撤退航母的决定显得更为可耻。尼米兹在8月23日评论说："8月9日早上所有航母特混舰队都不在前线，使敌人得以从容脱身。"赫本说萨沃之战的敌将匆忙离去是"为了尽可能避免他预计我军在黎明时会发动的空袭"，同时刻薄地评论道，"与此同时我军唯一有能力发动这样的空袭的部队正出于同样的担心而朝相反方向撤退"。派伊的分析认为，既然战场离弗莱彻只有150海里，那么他本应该"在天亮后不久就把飞机派到日本舰队上空（其中有些船可能还受了伤）"。后来的批评家甚至指责弗莱彻故意弃两栖部队于不顾。这些批评都是以弗莱彻知道萨沃岛之战为前提的，而他其实并不知道。②

分析特纳的通信记录可知，电讯丢失的情况在8月9日和以后依然如故。麦考利号当晚发送的电报几乎无一被航母部队（和南太司）收到。但是在03：00左右，企业号上的金凯德监听到了克拉奇利发给特纳的一则关于水面战斗的电讯，不过在当晚其他时间则没有听到那个方向的任何讯息。在凌晨的这段时间弗莱彻正在等戈姆利决定能不能撤退，3个航母特混中队排成间隔很大的纵队，朝着瓜岛南岸行进。3个航母舰队司令中资历最浅的金凯德对于缺少"关于水面战斗的及时准确信息"深感痛惜，认为这可能导致航母舰队在黎明时无法发起打击。当然，特纳和克拉奇利此时对萨沃岛附近发生的事情也知之甚少，但他们要查明真相总比航母舰队容易。因为情报稀少，又没有得到弗莱彻或诺伊斯的任何指示，所以金凯德既没有自主行动，也没有打破无线电静默询问他们。南太司批准撤退的电报在03：30传到弗莱彻和其他人手中，然后他就很干脆地带着航母转向了东南。③

---

① 南太两司参谋日志；南太区运八分队长（乔治·B.阿希上校，尼维尔号致南太两司，图拉吉－吉沃图地区作战报告（1942年8月12日）。1942年8月62特司致62.6和62.1特大司电081924，63特司致61特司电081941，副本载于赫本报告，659—660页。

② 太舰总致舰总司（1942年8月23日）；赫本报告，34页；海军军事学院院长（1942年12月8日）；舰总司秘密情报通报第2号。

③ 16特舰战争日记。16特舰通信军官莱昂纳德·J.道少校告诉航空局（1942年9月29日）："（8月9日）凌晨2点左右，我们在运输舰的通信频道上收到一条电讯，说西方正在进行夜战，情况不明。除了这一条电讯，就没有任何关于战斗的讯息了。他们显然没有打破无线电静默来告诉我们发生的事。"金凯德回忆录，284页。

金凯德认为自己对瓜岛一带情况了解不足，不宜擅作攻击。但是到了04：00黄蜂号上的福雷斯特·谢尔曼在听到克拉奇利（可能也包括特纳）发出的更多电讯片断后，认为绝对有必要攻击仅在120海里外的伦加。此时黄蜂号的飞行甲板上还停着全副武装的攻击机队。它的飞行大队"养精蓄锐，久经训练，具备夜间作战能力，而且渴望战斗"，如果北上将一举扭转战局。谢尔曼恳求诺伊斯设法让弗莱彻批准黄蜂号特混中队"以最大速度"靠近瓜岛攻击。他在1949年对莫里森说，自己"先后三次（向诺伊斯）建议照此办法行动"，有个参谋也提了"一个类似的建议"。但是在诺伊斯看来，弗莱彻既然已指挥舰队掉头背对瓜岛航行，说明他已经打定了主意。诺伊斯告诉谢尔曼，弗莱彻"掌握了（他们掌握的）所有情报，他如果认为应该攻击就会命令我们这么做"，而"我们此时应该按原计划去（黎明后的）会合点"。[①] 谢尔曼感到十分沮丧，而关于黄蜂号放弃攻击机会的消息也肯定就此传开了。这个事件像极了1944年莱特湾海战中在8月24日夜25日晨时的情况：哈尔西上将决定北上与恩加诺角附近的日军航母作战，马克·米切尔中将也不愿提出异议。[②] 如果在黎明前一小时出动飞机，是有可能成功打击三川舰队的，但前提是一切环节都执行得完美无缺。由于弗莱彻没有任何救助瓜岛的举动，诺伊斯感到十分遗憾。谢尔曼后来同意历史学家弗莱彻·普拉特的说法，认为最大原因是弗莱彻身心的疲惫。"不是和巡洋舰船员一样连续执勤72小时的局部疲惫，而是作为战争中最辛苦的司令官连续多月累积的劳累"，致使他出现了懈怠。其实弗莱彻根本不曾处在需要决定是否救助瓜岛的位置。谢尔曼在整个瓜岛战役中一直没见过弗莱彻本人，也不了解那天早上的全部实情。[③]

和诺伊斯、谢尔曼、金凯德一样，批评家们也相信弗莱彻掌握了有关萨沃突袭的"所有情报"，却选择了挥师避战。贝茨愤愤不平地告诉莫里森，16特舰战争日

---

① F.P.谢尔曼致莫里森信（1949年2月14日）。

② 译注：哈尔西此举导致日军主力舰队乘虚突入莱特湾，若不是斯普拉格拼死力战吓走栗田，哈尔西乌纱难保。

③ 黄蜂号飞行大队很熟悉英国航母杰出的夜间战术，但他们没有机载雷达，因此并无任何真正的夜间攻击能力。谢尔曼很可能希望他的飞机在晨曦初现时（05：47）到达伦加上空，然后攻击当地敌舰或向新乔治亚方向追击。黄蜂号的机群如果在05：00出发，应该能在06：00到达萨沃岛，一小时后在西北130海里外的新乔治亚以北海域追上三川。出击距离将达到260~275海里。为了将它们的返程缩短到200海里，航母必须在08：30前位于起飞点西北至少50海里处。向西移动这段距离有相当难度。东北风将迫使航母在每次执行航空作业时朝几乎与预定位置航向相反的方向行驶——重演6月4日的情景。同时起飞的萨拉托加号的搜索机如果向西方和西方偏西搜索275海里，可以刚好赶在黄蜂号攻击机群前头发现三川的舰队。从企业号起飞的第二攻击波也可能赶上。但是需要重申：航母必须耗费大量燃油稳定地向西北移动才能回收所有飞机。光是为了能攻击三川，就必须将此处描述的所有环节执行得没有丝毫差错。何况事实已经证明机动灵活的巡洋舰和驱逐舰是很难击中的目标，因此任何攻击都可能无功而返。当然，就算只是一个复仇的姿态也能挽回一点急需的面子。F.P.谢尔曼致莫里森信（1949年2月14日）；普拉特《陆战队的战争》30页。

记证明弗莱彻早在03：00就知道了萨沃岛的战事，却磨蹭了半个小时等待戈姆利的批准，然后"不等水面战斗报告得到澄清就立刻离开那片海域"。完全赞成他的莫里森顺着这个思路讨论了谢尔曼那个让黄蜂号"高速"接近瓜岛实施攻击的提议。他还忍不住加了一句"有几艘油量充足的驱逐舰"，这是谢尔曼从未提到而且在8月9日肯定不存在的条件。而他的结论是弗莱彻"匆忙逃离当地"，出卖了特纳。[①]

批评家们把这次不光彩的撤退列为弗莱彻在战时的众多罪行之首。但是各种证据都证明萨拉托加号或11特舰在日出前甚至不知道萨沃岛发生了战斗，更不用说获悉惨败。赖特在1943年告诉莫里森："弗兰克·杰克如果知道发生了什么，肯定不会撤走。"在1952年他又宣称："戈姆利和弗莱彻当时都不知道萨沃岛附近发生了大规模水面战斗。"在1963年，前副官哈里·史密斯对戴尔解释说："不知为什么，萨拉托加号没有或无法收到（特纳）在当晚发出的盲（未被接收）电，直到其他船通过闪光灯或红外线把消息传给我们，我们才开始了解到关于萨沃之战的情况。"弗莱彻在1947年致鲍德温的信中声称"9日天亮后不久，我们开始截获零乱的电讯，它们表明发生了某种形式的战斗"。戴尔引用了弗莱彻1942年9月9日的报告来证明夜战的消息传到"舰队"是在04：00（实际是在03：00），但弗莱彻告诉他："我直到很久以后才被叫醒，第一次知道了萨沃之战的情况。"弗莱彻回忆说自己最初得到消息是在05：00到06：00之间。不过，当值的通信值班军官乔治·克拉普证明了弗莱彻最初对鲍德温的叙述才是对的。克拉普回忆说，自己亲自拿着描述1艘巡洋舰损失的电报赶到编队指挥所，时间肯定是在日出之后 (06：34)。指挥所里只有值班军官在。根据马斯日记，此时参谋部的其他人正在舰桥下面和马斯共进早餐，这又一次有力地证明了萨拉托加号对北面的败仗毫不知情。在应急舱里叫醒只穿着内衣的将军是克拉普脑中最鲜明的战争记忆之一。弗莱彻当时的反应是大吃一惊。后来戴尔问他如果真的早在03：00就知道萨沃岛的消息会如何应对，他说："既然我们当时的航向是朝北，我很可能会继续北上。"[②]

---

① 贝茨致莫里森信（1949年2月1日），莫里森办公档案，第26号箱；贝茨和伊尼斯，323—324页；莫里森《美国海军作战史》5：58页引述了F.P.谢尔曼1949年2月14日的信。罗克斯顿，252页声称弗莱彻在黎明前很久就知道萨沃岛之战，还拒绝了"飞行大队长"的攻击请求。他引述了（301n31）美国海军退休上校H.G.布拉德肖（一个"搭乘萨拉托加号的"鱼雷机飞行员）的说法。其实布拉德肖是在黄蜂号上服役，他只是转述了自己听说的谢尔曼央求诺伊斯的事。金凯德的回忆录第283页称弗莱彻"在铁底海湾的水面战斗进行时对它们一无所知"。

② S.E.莫里森与赖特的交谈（1943年11月12日）；赖特致魏尔伯恩信（1952年2月9日）；戴尔，1：395页；弗莱彻致鲍德温信（1947年7月8日）。乔治·克拉普致伦德斯特罗姆信（1997年12月22日）和2001年6月4日的对话；马斯日记，1942年8月9日；戴尔，1：395页。弗莱彻看到的电报很可能是1942年8月44特舰司致西南太总、澳大利亚联邦海军委员会电 081827："堪培拉号在夜战中重伤起火。下文接收自帕特森号：堪培拉号正在弃舰。已将该舰所有船员接到本舰，即将摧毁之。"赫本报告，95页。

弗莱彻在06：45左右终于得知北方的水面战斗，此时他可以作何选择呢？第一个要考虑的因素是航母的状况。企业号按诺伊斯的计划应严守预备队的职责，准备好随时可升空的战斗空中巡逻和攻击机群。而黄蜂号应承担战斗空中巡逻任务，萨拉托加号负责侦察并让其F4F待机。在日出前半小时的06：00萨拉托加号已经起飞8架SBD向西北搜索175海里，并对瓜岛以西水域作例行搜查。最东端的扇区刚好经过伦加以西。金凯德在06：15违背诺伊斯的命令，自作主张派出2架SBD去伦加给范德格里夫特空投航空照片，顺便观察当地情况。在日出前后，各航母特混中队正以15节航速向东南航行，彼此间隔15~20海里，建立了目视接触并实施了恢复特混大队巡航队形的机动。此时亨斯洛角大约在北面100海里外，再往北75海里就是萨沃岛。①

弗莱彻最初了解到的关于前一天夜里败仗的消息非常粗略。此时他还没发现整个两栖部队都留在瓜岛。他也不知道克拉奇利的护卫群究竟蒙受了多大损失。1963年戴尔问弗莱彻，是否有人劝他发动攻击，弗莱彻回答："有一两个参谋建议我们回去。"他否决了此议，因为如果他是敌军指挥官，他"肯定料到我军所有航母将返回，就会用所有陆基飞机攻击它们"。但是他也承认："如果让我回到那天早晨，而且知道了我们的损失，我会留下一个航母群加油，带另两个航母群北上攻击，并继续给凯利·特纳提供空中支援。"不过他也补充道，"当时我觉得这么做并不明智"，这个结论有充分的证据支持。显然多年来遭受的批评让弗莱彻的想法起了变化。金凯德在战后曾凭着事后聪明宣称，航母舰队当时应该掉头追逐撤退的巡洋舰。他当时是否这么想很值得怀疑，因为他对严重的燃油状况和敌机反击风险的估计比弗莱彻或诺伊斯更悲观。②

弗莱彻9月9日的报告离他决定继续撤退的时间最近，更可靠地反映了他在当时的思考。他当时推测，如果航母舰队靠近瓜岛，"处于它们留守当地时应在的位置"（也就是在瓜岛以南25海里而非100多海里），那么"在有明确情报的情况下勉强可以"靠上午的一次搜索找到敌舰队。但是，他还需要"足够无限期高速航行之用的燃油"，这是61.1特混大队所没有的。公正的后见之明首先能证明的是：弗莱彻如果要获得任何攻击得胜而还的三川的机会，就必须在日出前很久就掌握"明确情报"。如果从07：30开始放出飞机——这大概是弗莱彻实际得知萨沃岛情况后能够派遣任何飞机的最早时刻——它们飞越275海里后也只能到达新乔治亚群岛的南部。

---

① 16特舰战争日记。

② 戴尔，1：395页。

即便如此，航母也必须以25节速度疾驰（需要在油料上付出灾难性的代价）才能把飞机的返程缩短75海里，而这也会使它们"大大突出于西北方"。到06：45，三川已位于61.1特混大队西北近300海里处。当这支假想的攻击机群刚刚到达新乔治亚南部时，他将在其前方115海里外。弗莱彻的报告警告说，航母部队"通常"无法打击夜袭瓜岛并"在天亮前4个小时或更早时间高速撤离"的船队。截至9月9日，饱受骚扰的仙人掌已经自行发现了这一真理。三川的豪赌大获成功。①

61.1特混大队肯定从未收到明确的求救讯息，因此弗莱彻认为萨沃岛附近确实发生了夜战，而且已经结束了。在这种情况下，他的飞机爱莫能助。继续让航母在瓜岛附近逗留将延误为了做好与敌航母战斗的准备而必须完成的加油作业，还会延长暴露于空袭威胁下的时间。此外，如果瓜岛一带有海战，萨拉托加号的搜索机可以迅速报告。弗莱彻曾打破无线电静默呼叫特纳，但没有成功。也许能对弗莱彻提出的公正批评是：在继续远离瓜岛前，他没有更努力地设法了解那里发生了什么事。为此有必要重温谢尔曼在1949年告诉莫里森的话："直到那次夜战之后局势才变得危急。"②

了解惨剧

在弗莱彻决定继续前往加油会合点后，又过了6个小时，航母舰队才终于离开陆基轰炸机的打击范围。在08：38，贝尔康嫩转发了布干维尔北部的海岸瞭望哨里德发出的预警，内容是有一队飞机在08：07掠过头顶飞向东南方。诺伊斯在08：39转发黄蜂号截获的麦考利号与萨拉托加号1架侦察SBD之间的电讯："感谢空投讯息告知弗莱彻将军的计划。"弗莱彻继续尝试用电台直接联系特纳，但始终未成功。萨拉托加号的搜索机在09：30返回，没有发现敌军目标，只看见受损的驱逐舰贾维斯号在瓜岛西南步履维艰。10：09，诺伊斯给弗莱彻提供了特纳01：05的撤兵令（最初发送是在04：05）的开头一段（其他部分未收到）："今日空袭致艾略特号损失，贾维斯号重创。明日空袭可能加强，又缺少空中支援，我不得不暂时从此地撤出所有船只以避免不必要的损失。"大约就在马斯到萨拉托加号的司令舰桥报到时，弗莱彻收到布因的梅森发出的电报，证实至少有10架轰炸机飞向东南。因此他可能预计空袭将发生在中午。实际上拉包尔方面出动了17架装备鱼雷的陆攻机和15

---

① 11特司报告（1942年9月9日）。
② F．P．谢尔曼致莫里森信（1949年2月14日）。

架零式。它们只有在找不到航母和战列舰的情况下才能攻击运输船。日方1架搜索机在10：00发报称两栖船只滞留在图拉吉，但这些窥探者与美军航母的距离从未少于60海里。[1]

但是，弗莱彻不知道自己未被发现。各艘航母仍然保持着10海里的间距准备防空。企业号2架飞到瓜岛的SBD没有看见敌舰，也没找到水面战斗的痕迹。弗莱彻在11：14收回61.1特大的战术指挥权，并命令诺伊斯"将战斗空中巡逻力量加倍，并做好防空或空袭准备"。这可能是因为萨拉托加号上斯罗尼姆的无线电情报小组截获了拉包尔与其搜索机之间的通信，发现敌军将有所行动。在11：55，雷达在西北50海里外发现一个大型不明目标正在接近，可能是"许多飞机"。20架F4F迅速起飞拦截，但它们在12：15报告说那个目标是架B-17。由于搜索机未能发现航母，日军攻击机群轰炸了瓜岛西南方1艘正在漏油的船。它们起初认为那是1艘负伤的战列舰。由此可见日军的舰船识别能力自珊瑚海以来并无改观，因为那个猎物其实是不幸的贾维斯号，它在击落2架敌机后带着全船官兵沉入海底。失望的日本人最终认为自己击沉了1艘英国的阿喀琉斯级轻巡洋舰，后悔没有找到更大的目标。[2]

弗莱彻在等待空袭期间终于通过重播的零散电报积累起足够信息，了解了护卫群骇人听闻的败仗。他在11：50电告戈姆利："正在接收特纳的电报，其中描述了西方交战中巡洋舰队的惨重损失，而且战斗仍在继续。你有没有收到这些消息？"当舰队与拉包尔的距离达到800海里，空中威胁完全消失后，除弗莱彻和值班军官外的所有参谋人员聚集到司令住舱，闷闷不乐地吃了午饭。这天下午马斯在日记中写道："图拉吉的情况变得很糟。小日本发动攻击，至少击沉或击伤了4艘巡洋舰。"大家都想不通区区几艘巡洋舰和驱逐舰怎么会给数量占优而且装备雷达的舰队造成如此浩劫。在13：45，南太司警告："在布干维尔以东发现一支有相当规模的舰队开往东南。"这份"（关于）攻击瓜岛的日本军队的最新报告"让马斯扼腕长叹。因为陆战队"现在已失去空中掩护"。当时航母舰队已处于伦加东南250海里，他们帮助范德格里夫特的最好办法就是加紧补允燃油。[3]

这天下午戈姆利对弗莱彻、麦凯恩和尼米兹抱怨说，自己除了8月7日的报告

① 1942年8月堪培拉电台致所有美国海军船只电082138，CSCMF，卷20；萨拉托加号战争日记；马斯日记；日本《战史丛书》49：458—461页。
② 16特舰和萨拉托加号战争日记；日本《战史丛书》49：460—461页。
③ 1942年8月：弗莱彻致戈姆利电090050，南太司通信档案；南太司致44、63、61和62特司电090245，CSCMF，卷20；马斯日记。

外，再没有收到特纳的情势汇总。他要求他们转发所有相关信息。弗莱彻在14∶15转发了自己掌握的一切。这些消息读来并不愉快：

> 以下为特纳所发电讯的摘要：在081645（9日03∶45），护卫群遭到空投照明弹配合下的水面攻击，芝加哥号被鱼雷击中，堪培拉号起火。在2100Z（08∶00），激战在西方继续。我军有更多船只陷入困境。当地出现潜艇。在2152Z（08∶52），昆西号被鱼雷和炮火击沉。空袭机队正在途中。在2325Z（10∶25），文森斯号遭炮火和鱼雷击沉，0245（13∶25）伤亡惨重。在2350（10∶50），阿斯托里亚号军官餐厅着火，驱逐舰奉命泵水，（货轮）右辖号准备经伦加海峡将其拖带至玫瑰（埃法特），希望能挽救它。移动过程中需要保护，但我无力提供。

弗莱彻最后请求戈姆利"指示特纳直接向你报告并抄送给我"。这封电报或许是当时留下的最有力证据，证明弗莱彻直到8月9日日出后才知道萨沃岛发生灾难，而且在很久以后才认识到其损失程度。①

贝茨和伊尼斯谴责弗莱彻对特纳的困境显得"漠不关心"，而且麻木不仁地放弃了他对远征军的指挥职责。他们的指责在某种程度上是对的，弗莱彻确实在权衡利弊后认为自己的最佳行动方案是通过加油让航母特混舰队迅速恢复完整的机动能力。但是，批评家们还发现戈姆利和弗莱彻都"令人惊奇地"没有把弗莱彻已随航母一起离开的事通知特纳，好像诺伊斯应该先找个地方让弗莱彻下船一样。他们还抱怨说，特纳"因为没得到通知，既不知道自己已自动接过指挥权，也不知道上级的计划"。必须再次指出，这些批评家对弗莱彻的指挥权的性质认识不清。他们不明白，弗莱彻虽然名义上指挥整个远征军，实际却不能离开航母半步。尼米兹后来没有重复这个错误。1943年7月，金的司令秘书乔治·L．拉塞尔上校读过赫本报告后评论说："当诺伊斯少将（原文如此）决定撤退时，他可能经过也可能没有经过弗莱彻中将同意，但无论如何，他是带着弗莱彻中将一起走的。"此外，"我不知道弗莱彻中将在这次作战中起了什么作用"。令人遗憾（或者难以置信）的是，无论弗莱彻的上级还是赫本都不曾正式要求他说明自己的指挥关系和在瓜岛登陆战中的决策。读者在这里只需注意，弗莱彻在8月9日早上认为自己别无选择，只能让航

---

① 1942 年 8 月南太司致 61 和 63 特司电 090100，南太司致 63 特司电 090218，南太司致太舰总电 090310，CSCMF，卷 20；1942 年 8 月弗莱彻致南太司电 090315，灰皮书，639 页。

母南下加油，为肯定近在眼前的航母大战做好准备。正如前文所述，这天中午驱逐舰的平均油量为35%。重型舰船的燃油也开始紧张。开始漫长的加油过程正是时候。①

弗莱彻向戈姆利报告时，恰逢尼米兹给戈姆利通电——而且又是一封出于好意但很不合时宜的贺电："你在太平洋战区的战友正怀着巨大的惊喜关注你的进展。"不久以后，尼米兹就把弗莱彻的坏消息转发给了舰总司。这封电报在8月9日午夜后送达华盛顿。拉塞尔违反金的禁令将他从梦中叫醒，用这条噩耗打破了他关于瞭望塔行动有望轻易成功的美好幻想。金后来回忆说，那是"整个战争中最黑暗的一天"。②

麦克阿瑟在14：15报告有4艘敌巡洋舰在布干维尔东北向西北行驶。它们看起来就是前一天晚上在萨沃岛行凶的罪魁。但是戈姆利又提醒说："有迹象表明敌登陆舰队正向仙人掌前进。"无线电情报暗示，三川计划派一支载有海军步兵的小船队去瓜岛西端。虽然三川在认识到当地美国海军兵力后召回了该船队，但S-38号在圣乔治海峡干掉了其中1艘运输船。在西南太平洋活动的另一艘老当益壮的S级潜艇则完成了萨沃之战结束不久后的唯一复仇。8月10日上午，S-44号在重巡洋舰加古号即将进入新爱尔兰的卡维恩港时将其击沉，此举与中途岛伊168号的行动可谓异曲同工。不过在整整两周时间里，盟军方面无人知道这个好消息。

8月9日下午晚些时候，戈姆利向弗莱彻询问特纳的电讯的无线电频率。弗莱彻回答说是2122千赫，但"接收效果非常差，他的大多数通讯我都没收到"。18：50，戈姆利命令特纳将所有海军部队撤至努美阿。由于不清楚陆战二团是否登上了恩代尼，他给了特纳三个选择：如果该团仍在瓜岛，就在当地驻留；如果它已经到了恩代尼，就留在恩代尼；否则特纳应该把陆战二团送到圣埃斯皮里图。麦凯恩应该把麦基诺号及其PBY撤出马莱塔，尽管按原计划该舰应该留守到8月13日被巴拉德号接替为止。戈姆利还指示，如果陆战二团不在恩代尼，那么麦克法兰号及其PBY也应撤离该岛。麦凯恩的远程侦察能力就此大打折扣。戈姆利给弗莱彻的命令是："在不影响加油的前提下视情况掩护部队调动。"③

其实在巡洋舰损失后忙了一天善后工作的特纳已经开始撤出他的舰队了。当天

<hr>

① 贝茨和伊尼斯，326、321页；乔治·L.拉塞尔上校，将军备忘录，赫本上将关于美国军舰文森斯号、昆西号、阿斯托里亚号、澳大利亚军舰堪培拉号1942年8月9日在萨沃岛附近损失的报告—评论（1943年7月31日），赫本报告。

② 1942年8月太舰总致南太司电090359，南太司战争日记。布维尔的《海权霸主》221—222页按照乔治·拉塞尔中将的回忆把金得知萨沃之战的时间说成是8月12日。其实拉塞尔把它和后来的事情搞混了。CNO TS蓝色档案微缩胶卷中明确记载弗莱彻的090315原电在9日被接收。

③ 1942年8月南太致所有美国海军舰船电090544，弗莱彻致南太司电090620，CSCMF，卷20；1942年8月南太司致61、62和63特司电090750，灰皮书，640页。

只有区区几架SBD出现，证明弗莱彻的航母已经走远。海岸瞭望哨发出第一个警报后，特纳在08：40暂停卸货，招呼运输舰和货轮组成防空阵形。空袭似乎迫在眉睫，而他痛苦地认识到自己没有战斗机掩护。但是到了11：00仍没有敌机出现，于是他又把船调回岸边。范德格里夫特告诉他，给图拉吉准备的关键装备和补给还在Y群的3艘运输舰上，而X群的1艘运输舰还装着伦加方面必不可少的货物。特纳命令这几艘船继续卸货，让其他船收回登陆艇准备出发。他命令只卸了一点货的货轮右辖号拖曳阿斯托里亚号，但没等拖曳开始，阿斯托里亚号就在12：15沉没了。特纳命令将所有幸存者安置到运输舰上。当天午后，他通知X群（16艘运输舰、5艘货轮、负伤的芝加哥号、3艘驱逐舰和5艘高速扫雷舰）在15：00启程撤退。与此同时他把麦考利号开到图拉吉，在17：00亲自率领Y群（6艘运输舰、1艘货轮、4艘APD、澳大利亚号、圣胡安号、霍巴特号和9艘驱逐舰）向东进发。这天下午新运上伦加的物资只有"一点点"，虽然图拉吉得到了十天份的给养，但按照阿希的说法，这只能避免"大灾难"而已。当8月9日的太阳下山时，范德格里夫特的陆战队已成孤军，而且少了大批装备和补给（货轮参宿四号和右辖号分别带着50%和75%的货物离开），更不用说有1400人（多为陆战二团官兵）还在运输舰上。范德格里夫特肯定得在瓜岛上"自力更生"了。[1]

替罪羊

8月12日，当62特舰接近努美阿时，特纳发送了萨沃岛之战的第一份详细汇总报告。他概述了护卫群的分头部署，说该群截击了"敌重巡洋舰、驱逐舰或鱼雷艇，可能还有潜艇"，"激烈的运动战"持续了大约40分钟。他对"敌损失情况没有头绪，只知道1艘潜艇可能沉没"。8月11日深夜，他的电报抄本送到了金的司令部和白宫。13日，金向罗斯福说明，靠战列舰南达科他号、华盛顿号以及轻巡洋舰朱诺号补充沉没的重巡洋舰的战力绰绰有余。莫里森在1949年提出，4艘巡洋舰在萨沃岛的损失"使'瞭望塔'行动的完成时间延后了好几个月"，这一论断被特纳认为是"夸大其词"。在萨沃之战中受损最重的是美国海军的自尊。最初人们根据8月8日布干维尔附近错误的目击报告，以为日军只有一小撮巡洋舰和驱逐舰参战，因而惊骇莫名。直到10月才通过战俘得知当时有5艘重巡洋舰、2艘轻巡洋舰和1艘驱逐舰。[2]

① 南太两司战争日记和参谋日志；南太两司报告（1943年2月22日）；运八分队长报告（1942年8月12日）。
② 1942年8月62特司致南太司电090815（迟至8月12日才发出），CNO TS蓝色档案和南太司战争日记。莫里森《美国海军作战史》5：17页；特纳致魏尔伯恩信（1950年8月20日）；南太司致舰总司，瞭望塔行动初步报告（1942年8月16日），副本载于赫本报告，31—32页。盟军直到1942年10月中旬以后才通过埃斯佩兰斯角之战的战俘了解到三川舰队的确切构成（赫本报告，30页）。

萨沃岛惨败的主要原因是夜战训练不足，经验欠缺，驱逐舰数量不够，过度依赖雷达，以及舰长和船员们因疲劳而缺乏战备意识。这些因素又因为高级指挥官相信当晚不存在水面威胁而被严重放大。当然还有其他因素，但护卫群确确实实栽了跟头。克拉奇利坦诚地对特纳说："必须面对这个事实：我们布置的舰队足以达成击退水面进攻这一目的，但是当水面进攻真的来临时，我们的舰队却被消灭了。" 9月8日的第三次舰总司－太舰总会议对萨沃岛之战进行了长时间讨论，点名批评了克拉奇利的夜间防御部署。西南太司转发8月8日巡洋舰目击报告的长时间延误"无关大碍"，因为部队"接到报告时仍得及应对"。戈姆利负有"领导责任"，但"直接责任"应由特纳来负。"最终裁决"必须等到"接获完整报告"再说。10月8日，尼米兹又询问戈姆利对萨沃岛的"部署和战斗责任的意见"。"对这样的败仗不能漠然置之，我们欠全国人民一个交代，必须尽我们所能理清这场灾难的责任，并采取必要措施防止其重演。"这表明那些"最终报告"不能令人满意。12月，金给赫本下达了调查萨沃岛之战和评估过失的任务。[1]

　　特纳坚决不肯为这场灾难承担任何责任。他认为自己做的任何事（以及他在战前批准克拉奇利实施的任何行动）都没有在任何方面促成这次大败。陆战队的特文宁将军说得好："在（戴尔的特纳传记）里头，有一段特别显眼的文字，（特纳）在其中放肆地推卸责任，几乎把世上所有人怨了个遍，唯独不怨他自己和特丽莎修女。"特纳回避了关于雷达警戒哨不足和护卫群分兵把口（失败的重要因素）的批评，把矛头指向错判日军舰型的侦察报告。他还大骂航母突如其来的撤退，认为正是此事迫使自己召集克拉奇利和澳大利亚号开会，导致西边的巡洋舰巡逻队受到致命削弱。而归根到底，这都是弗莱彻的错。"本来指望掩护舰队阻止优势敌军到达萨沃岛附近，但这种期望的基础却并不牢靠。"而且，"当敌人的7艘巡洋舰和7艘（原文如此）驱逐舰杀到，与警戒外围的5艘巡洋舰和6艘驱逐舰交战时，其他海军部队袖手旁观，既没有帮助攻击敌舰，也没有在敌舰队撤退时将其歼灭。"由此可见，受到特纳诽谤的不仅有弗莱彻，还有当晚在附近统率2艘轻巡洋舰和2艘驱逐舰的诺尔曼·斯科特少将。斯科特早已在1942年11月的瓜达尔卡纳尔海战中英勇战死，自然无力辩白。特纳推卸责任的言论可谓效果非凡。莫里森的《两洋战争》就傲慢地裁定，"当晚首屈一指的罪人"不是犯了种种过错的护卫群，而是把航母拉

　　① 克拉奇利致特纳信（1942年8月10日），副本藏于莫里森办公档案，第26号箱。会议记录【舰总司－太舰总旧金山会议（1942年9月8日）】；尼米兹致戈姆利信（1942年10月8日），尼米兹资料集。

走的"弗兰克·杰克"。这一番解读真是对特纳掩盖自身过错的本领的惊人赞颂。[1]

批评家们严厉谴责了航母和岸基飞机等的侦察工作。[2]由西南太区、南太平洋航空部队（南太空）和61.1特混大队分头执行的侦察确实协调得很差，而且在舰型识别上错误百出，报告结果时拖拖拉拉。但是这片区域辽阔而偏远，可用的航空基地寥寥无几，搜索机也只有一小队而已。另一方面，敌航空部队超出预期的强大反击迫使弗莱彻把航母活动范围限于瓜岛以南，又使他的飞机能够搜查的中所罗门群岛区域大大缩小。这些情况不应该让任何人感到意外。尽管如此，没有一支敌军能在完全不被发现的情况下到达瓜岛。侦察网虽然稀疏，还是在8月8日发现了三川。遗憾的是弗莱彻得到消息太晚，无法在当天攻击三川，而特纳又认为三川不会立刻构成威胁。在1945年的行政史中特纳回忆说，弗莱彻曾许诺如果陆基飞机无法照顾到任何扇区，航母将"在上午和下午用短程侦察填补空缺，以防敌水面部队接近"。但是"根据目前掌握的情况"，弗莱彻"从未向任何方向派出他的搜索机，不过这一事实是过了相当长时间才被发现的"。特纳在何处"发现"这一"事实"人们无从得知，因为这是子虚乌有的。不过很显然，这只是他抹黑弗莱彻的例证之一。次年他又对鲍德温说，航母在8月8日根本没有侦察过槽海。其实弗莱彻在当天下午进行的搜索只差30海里就能发现三川。[3]

赫本指控弗莱彻对舰队在萨沃之战中"不成比例的损失"负有间接责任。"当晚航母舰队在战斗发生前的撤离""导致特纳将军召开会议，进而导致澳大利亚号缺席战斗"，而特纳"与手下高级指挥官会商的需求是不容置疑的"。但是，那次

① 特文宁，71页；太两司行政管理史，48页；莫里森《两洋战争》168—169页。
② 特纳等人强调了他在8月7日下午发给麦凯恩的一封电报，其中指出8月8日的侦察计划没有覆盖以马莱塔为原点的290°~318°扇区。特纳承认那片扇区（布干维尔周围的上所罗门群岛）该由麦克阿瑟从新几内亚起飞的飞机照顾，但他请求麦凯恩"考虑在上午作必要搜索以充分覆盖"该地。从圣埃斯皮里图起飞按惯例向西北搜索750海里的2架B-17最近只到达维拉拉维拉和舒瓦瑟尔的一部，到不了特纳希望搜查的水域。63特混部队的侦察（麦凯恩1942年7月25日制定的作战计划1-42，特纳已在7月27日拿到）重点在北方，目的是防止敌人从那个方向突袭。能够侦察特纳所指扇区的飞机只有位于马莱塔东南的麦基诺号的PBY，所以他才会提及该岛作为原点。特纳的谨慎确实有道理。8月8日上午三川就是在那片水域被发现的。可惜当时留下的证据都不能证明他的这封电报（也是由麦考利号在2122千赫拍发的）及时送到了麦凯恩手里，而南太司也没有收到。1948年10月20日，在麦凯恩去世3年后，他的前参谋长马西亚斯·B.加德纳少将对贝茨回忆说，那天上午有2架从圣埃斯皮里图起飞的B-17执行了这次特别侦察，飞到了离马莱塔315海里的地方（离圣埃斯皮里图800海里），但距离三川所在位置还是差了60海里。没有任何同时代资料能证明此次侦察，何况这意味着让4架B-17朝相同方向搜索，只不过其中2架比另两架多飞50海里。如果麦凯恩确实收到了特纳的电报，并且认为有必要重新调配资源，他肯定会动用最适合完成这个任务的麦基诺号的PBY。特纳给赫本的备忘录（1943年）；莫里森《美国海军作战史》5：24—25页；贝茨和伊尼斯，99页。特文宁，71页认为特纳暗指麦凯恩故意不执行此次侦察，为此严厉批评了特纳。
③ 太两司行政管理史，47页；鲍德温对特纳的采访（1946年10月10日）。

会议究竟该不该开是大有疑问的。这里必须再次强调，如果特纳真的相信弗莱彻说过航母最多只留两天，那么他就应该预作准备，而不应感到意外。实际上他却坚持要和两个部下立即面对面商议。范德格里夫特的到场可能有必要，因为特纳想更好地了解岸上的情况，但是克拉奇利需要亲自指挥护卫萨沃岛的两个巡洋舰和驱逐舰编队之一。虽然克拉奇利在当天上午曾请求特纳提供一份计划摘要（由于他是两栖部队的二把手，而且已接到在当晚大举撤退的命令，这样的要求很合理），但他不一定需要或希望面见上司。特纳对赫本宣称，自己从未打算让澳大利亚号离开巡逻岗位，却没有说明克拉奇利还能通过什么方法去开会。然后他又换了说辞，说自己认为平静的局面至少会持续到午夜，而在任何敌水面部队到达前克拉奇利和澳大利亚号都来得及赶回警戒岗位。当然，特纳和克拉奇利其实都认为当晚不会发生任何情况，因此克拉奇利觉得自己不赶回去也不要紧。[①]

贝茨和伊尼斯赞成赫本的意见，认为特纳与部下会晤的决定是"明智"而且"极有必要"的。他们的结论建立在一个错误的前提下：特纳一直打算让运输舰和货轮在瓜岛附近停留整整五天。若照此推测，面对被迫"提前两天"撤退而且"严重影响岸上陆战队"的前景，特纳当然不得不召集克拉奇利和范德格里夫特来协调计划的修改。莫里森虽然原则上同意范德格里夫特有必要出席，但他还是不明白克拉奇利为何也必须与会。特文宁则针锋相对地把这次会议称作"可悲的愚行"，并谴责了那些给特纳开脱的言论，尤其是有关克拉奇利的部分。他认为特纳只要发个电报，甚至只要派参谋向两个部下通报即可。"在这样的会议上根本商量不出什么，而且确实没有商量出什么。"不过特文宁也认为"特纳因为失去弗莱彻的空中掩护而不得不撤退，这并不是他的错"。[②]

而更切合实际的解释是：在8月8日20：00尽管连运输舰上的人员和补给也没有全部上岸，但特纳已经决定放弃分批撤退的计划，在次日黎明前撤走整个舰队。他希望手下的两个指挥官认同这个肯定会引发争议的举动。从种种迹象看，这次会议更像是一次训示而不是真正的"商议"，因为特纳以刚愎自用著称，从来就不是肯和别人"商议"的人。范德格里夫特不愿看到所有舰船离开，但最终还是默许了，主要是因为他认为瓜岛的补给情况"没问题"，尽管他对图拉吉没这么乐观。因为特纳坚定地支持克拉奇利的夜间战斗部署，所以不难理解克拉奇利为何从未抱

---

① 赫本报告，39页；特纳致赫本备忘录（1943年），赫本报告一部，273页。
② 贝茨和伊尼斯，89—90页；特文宁，70—71页。

怨过使他错过生涯中最重要一战的奇怪状况。克拉奇利的参谋加塔克也没有"否认"特纳传唤克拉奇利是"正确"的，但还是痛惜护卫群中被认为战备水平最高的旗舰澳大利亚号未能参战。他相信如果该舰在场，一切都会不同。[1]

两栖部队和陆战一师的领导团结一致地谴责了弗莱彻。这么做符合他们的利益。但是，尽管运输舰和货轮8月9日仍在瓜岛附近逗留了大半天，由于卸货效率低下，还是没能留下足够的补给品。这个问题总得有人负责，而且不可能一股脑儿推到弗莱彻头上了事。马斯和派伊不约而同地质疑特纳为何没有完成卸载就撤退。贝茨和伊尼斯承认陆战队只得到60天补给配额的一半，而且弹药只有4个基数而非10个。但是他们为了给两栖部队在8月9日的糟糕表现找借口，便声称特纳"认识到将补给送上岸的难度"和"全天基本没有补给上岸"的事实，所以认定"留下来也不会取得进展"。这倒让人不禁想问：虽然混乱局面很大程度上是因为所有人都缺乏经验，但特纳为什么没有更努力地组织和加快卸载？有趣的是特纳在1943年对赫本说，他认为"运输舰肯定无法在两天内完成卸载"，但是1942年8月20日他却在萨摩亚指示陆战七团和第五守备营在装载时"确保AP能在48小时内，AK（货轮）能在72小时内完成卸载"。这一计划与他在8月7日前的预言一致，而一旦要为图拉吉和瓜岛的补给问题承担责任，特纳就改口说这样的卸载速度不可能实现了。[2]

特纳也料到搞砸了瞭望塔行动的补给会招来批评，便企图把责任推给范德格里夫特。他责怪红滩上的陆战队先头部队没有把补给从小艇上搬下来运到内陆，还对陆战七团的团长说："没能完成卸载原因主要有二：首先是非必要的累赘数量过多，其次是一师没有在滩头提供足够的有组织的搬运小队。"陆战队对特纳的这种自我开脱当然不会忍气吞声。特文宁援引师后勤军官的证词，指出"在8月8日下午敌鱼雷机攻击后完成的卸载量非常少"。此外，在8月9日两栖部队再次出现"混乱"景象，有些运输舰没等回收所有登陆艇就撤走了。范德格里夫特谴责Y群的运输舰指挥官阿希上校冥顽不化，认为他是图拉吉卸货工作失败的主要原因，特文宁则把瓜岛的混乱归咎于阿希在X群的同行劳伦斯·F．赖夫施耐德上校。特文宁还认为特纳应该把尚在运输舰上的所有陆战队员送上岸。戴尔在考虑所有因素后做出了公允的评价，认为尽管经验不足而且环境极为不利，但两栖部队的卸货工作还是

---

① 特文宁，62 页；加塔克，179 页。
② 马斯备忘录 CC 瞭望塔（1942 年 8 月左右），马斯资料集；海军军事学院院长（1942 年 12 月 8 日）；贝茨和伊尼斯，322 页；特纳备忘录（1943 年），赫本报告一部，272 页；1942 年 8 月南太两司致图图伊拉电201005，CSCMF，卷 22。

516 ·

"值得表扬"的。①

没过多久，特纳就再不用担心因为萨沃之战被解职，甚至连他受到责难的风险都消失了。他的价值太大，打仗少不了他，更何况他还有在海军军事学院结交的斯普鲁恩斯撑腰。在9月8日尼米兹甚至对金说，如果戈姆利的健康出了问题，他倾向于让特纳担任南太司。当1943年初赫本真正开始调查时，瓜岛会战已经胜利，而特纳在其中扮演了关键角色。赫本给了他和克拉奇利充分的机会来说明萨沃岛之战的情况和解释自己的行动。特纳一如既往地能言善辩，而且在各个问题上都利用了无罪推定。事实上拉塞尔在1943年7月对金说，特纳在赫本的萨沃之战调查中显得"洁白无瑕"。这个裁决不仅合乎时宜而且恰如其分。作为尼米兹的心腹爱将之一，特纳领导两栖部队实施了太平洋上一些最艰巨的登陆行动，为击败日本做出了重要贡献。但是不能因此忽视他为了保住名誉和前程而不惜歪曲事实诽谤弗莱彻等人的恶行。②

拉塞尔曾睿智地指出："虽然我们吃了败仗，但不一定非得找个替罪羊。"最终特纳和克拉奇利被免罪，博德和利科尔受到申斥，而戈姆利、弗莱彻和诺伊斯被认为不称职。但是赫本在谴责弗莱彻或诺伊斯的行动前，从未给他们和特纳及克拉奇利一样公平的申诉机会，甚至根本没有赏脸询问他们。1943年3月，在调查临近尾声时，赫本曾路过旧金山。而当时弗莱彻就在离得不远的西雅图，诺伊斯在圣迭戈。此外，特纳和陆战队人士也从未承认自己对弗莱彻负有以下义务：他们应该迅速攻占目标并加紧卸货，以便尽快撤离，减少航母在静止掩护态势下被袭击的风险。弗莱彻曾对戴尔说："在8月8日做出防守决策是妥当的，但我当时的决策也许不是很好。"和特纳不同的是，他愿意反思自己的决定是否有错——尽管至少在他得知萨沃岛的噩耗后，他的行动不仅完全合理，而且（正如马斯在8月8日强调的）很明智。③

8月13日克拉奇利的行动报告可能提供了对当时一系列事件的最佳认识："此次作战的成败还未见分晓，因为这取决于我们能否守住已经夺取的阵地并利用它实施后续的进攻行动。"④

---

① 特纳致詹姆斯·韦伯上校信（1942年8月20日），特纳资料集，1号箱；特文宁，57—59、66—68页；戴尔，1：408页。特纳的撤退令（081418）确实指出起航前无法回收所有小艇，将把它们和艇员一起丢下（赫本报告，659页）。
② 会议记录【舰总司－太舰总旧金山会议（1942年9月8日）】；拉塞尔备忘录（1943年7月31日）。
③ 拉塞尔备忘录（1943年7月31日）。赫本在其报告附录C中所写的行程表明，1943年3月28—30日他在旧金山，此后他东行至科珀斯克里斯蒂，再回到华盛顿特区完成报告。戴尔，1：395页。
④ 克拉奇利报告（1942年8月12日）。

第二十七章

掩护仙人掌

防守决策

多年以后评价瓜岛会战时，特纳强烈谴责了初期两个不必要的"防守决策"，认为它们"促成了后来持续数月艰苦卓绝的攻防战"。第一个决策是弗莱彻突如其来地撤走航母，使两栖部队无法完成卸载。它还使特纳不得不把克拉奇利从其巡洋舰队叫走，导致了萨沃岛的惨败。第二个决策是范德格里夫特突然决定在伦加周围建立环形防线，而不是扫荡瓜岛敌军的"腹心"。特纳认为如果陆战一师在面积巨大的瓜岛上部署得当（也就是分兵把口），完全能够击退敌人在岛上取得立足之地的任何企图。实际上，弗莱彻和范德格里夫特决策的前提都是相信日军很快会大举反扑。范德格里夫特最担心敌人在伦加海滩进行大规模反登陆来夺取机场，而弗莱彻知道只有自己的航母能阻挡为了支援这样浩大的行动而必须出动的敌航母。[1]

范德格里夫特在8月11日的电讯开头就宣布自己建立了环形防线，他指出"此处阵地很稳固，但感到应该注意先前并不明显的因素"。他说得有理。戈姆利和麦克阿瑟对初期登陆阶段结束后没有考虑太多，但尼米兹、弗莱彻和范德格里夫特不约而同地意识到日方将做出强烈反应。金和特纳似乎认为攻克瓜岛就为二号任务扫清了障碍，接下来可以向拉包尔外围挺进了。范德格里夫特选择了结阵固守，直到己方能在海上打败日军为止。这个决定在当时的条件下非常合理，而且也被后来的战况完全验证，只有特纳会说三道四。而另一方面，弗莱彻在登陆后两周内对航母运用的决定就充满争议了。他显然没能达到一些上级领导的期望（戈姆利可能是例外），这些人认为61特舰在南太区就意味着它能够始终支配瓜岛周边水域。其实，"先前并不明显的因素"对萨沃之战后的航母舰队同样适用。所以必须在此分析弗莱彻的命令，并弄清有关的特殊条件。[2]

---

① 戴尔，1：396—398 页。
② 1942 年 8 月范德格里夫特致南太两司电 110650，灰皮书，695 页。

在8月10日，戈姆利再次警告仙人掌面临"登陆攻击"。尼米兹强调一号任务的"成功完成"现在有赖于阻止敌人对瓜岛的登陆突击。戈姆利应"适时地使用航母特混舰队对抗"。麦克阿瑟的搜索机必须"及时探测和报告敌军动向，并在我方航母处于敌机攻击范围时轰炸其基地，以求在此期间造成最大破坏"。实际上麦克阿瑟的资源太少，完成不了如此艰巨的任务。南太司在8月11日发出新指令解散了远征军。61特舰的任务是保护圣埃斯皮里图—努美阿一线，通过歼灭"敌攻击部队"和掩护"我方航空地勤人员、地面设备和航空补给品进入仙人掌地区"来支援瓜岛守军。戈姆利希望能给弗莱彻提供"敌登陆攻击部队向瓜岛移动的24小时预警"。[①]

戈姆利很清楚弗莱彻面临的任务绝不轻松。他对尼米兹明确表示，自己把"岛屿战"视作"硬核桃"。仙人掌需要不断获得补给、装备和增援，但最近的支援基地——圣埃斯皮里图仍然开发不足、守备薄弱，南太区必须让补给船经过"受到重重限制的水域"，沿途面临陆基飞机、潜艇和水面袭击部队的威胁。考虑到初期登陆中的不利条件，"我们取得现有成果已属幸运"。在拉包尔眼皮底下控制瓜岛好比"攥住公牛的尾巴"，而"公牛不会乐意"。一个解决之道是把飞机运上瓜岛，以保护维持仙人掌所必需的浩大后勤工作。在8月10日，由于特纳没有明确表示伦加机场准备就绪，戈姆利指示长岛号改去苏瓦。敌两栖部队的威胁"随时"可能出现，"回想一下中途岛，我们就知道这样的远征将得到大量飞机掩护，只不过这一次他们会用岸基飞机代替航母舰载机，让他们的航母腾出手来对付我们的航母"。日本人可能等其航母南下再发动对瓜岛的登陆。戈姆利认为关键是要"极其谨慎地运用（美国）航母对付被岸基飞机保护的水面舰队，因为敌人可能施加压力逼这些航母出击，再用自己的航母加以打击"。[②]

看来卡拉汉很好地转达了弗莱彻在7月27日提出的关切，因为戈姆利的评估贴切地反映了弗莱彻自己的思维。敌航母仍然是弗莱彻心中的头号对手，他已经准备大战一场，而只有获胜才能继续控制陷入险境的仙人掌。没有人料到日方对瓜岛的增援会以航母和陆基飞机很难阻止的方式开始。为向仙人掌运输补给和人员的船只提供近距空中掩护将是非常困难的。弗莱彻无法让他的几艘航母无限期滞留在瓜岛附近弥补缺位的岸基飞机。彼得森在1944年评论说，"除了在两栖作战的突击阶段提供支援，不能指望航母做更多的事"，但"由于瓜岛上缺少航空设置，航母又必须留下来提供支

---

① 1942年8月：南太司致西南太总电101006，灰皮书，621页；太舰总致南太司电102147，灰皮书，644页；南太司致弗莱彻电110206，灰皮书，645页。

② 戈姆利致尼米兹信（1942年8月11日），尼米兹资料集；1942年8月南太司致长岛号电100122，CSCMF，卷21。

援"。他回忆说，弗莱彻充分意识到"在一定区域内巡逻的防守性任务是很危险的，但是当时局势之紧迫逼得我们只能承担这一角色"。盟军吸取了这个教训。在11月登陆北非的火炬行动中，他们就在岸上迅速部署了专门的陆基航空分队。①

PBY从恩代尼撤出又加大了航母暴露于前沿位置的风险。麦凯恩的远程搜索机现在只能从后方很远的地方起飞，大大"缩短了（61特舰）能够提前得到攻击预警的时间"。转发侦察结果时的长时间延误始终没有解决。麦凯恩8月9日的侦察汇总（"各扇区均无情况"）直到10日01：14才发出。当弗莱彻可以通过空运电讯上岸来回避无线电静默问题时，他立刻请求麦凯恩"在完成侦察后尽快"发送"关于有无敌情的情报和覆盖比例"。而戈姆利对利里和麦克阿瑟解释说："由于我军航母在等待敌人攻击时要撤到后方位置，再考虑到拉包尔到敌人攻击目标的距离，航母部队必须尽早收到关于敌海军水面动向的情报。"航母和陆基飞机不能协同是盟军在所罗门群岛战役中的最大弱点之一。②

61特舰加油

不论弗莱彻要为仙人掌做什么，他都必须先加油。8月10日下午，他在圣埃斯皮里图西南150海里处（距瓜岛500海里）欣慰地找到了只靠克拉克号护卫的普拉特号和卡斯卡斯基亚号。金凯德的16特舰首先加油，这让格雷森号的弗雷德里克·J.贝尔少校很高兴，他指出："我们的燃油舱很快就要见底了。"有些驱逐舰只剩12%—15%的油量。航母飞行员也乐于借此机会休息。8月7日—9日连续不断的飞行作业使他们几乎累垮了。弗莱彻空运一条电讯到埃法特，告诉戈姆利他预计在8月12日完成加油，然后将留在圣埃斯皮里图西南"待命"。他请求把借给特纳的驱逐舰还给他，并询问埃法特是否还需要战斗机机身副油箱。在卡斯卡斯基亚号和普拉特号动身去努美阿取租用油轮所载燃油后，他希望已经补过油并在10日离开苏瓦的西马仑号在13日与他会合，为驱逐舰加油。弗莱彻对南太区捉襟见肘的后勤安排不敢掉以轻心。③

---

① 彼得森讲座（1944年1月13日）。

② 彼得森讲座（1944年1月13日）。1942年8月：南太空司致61特司电091414，CSCMF，卷20；61特司致63特司电110200，CSCMF，卷21；南太司致西南太司点120316，灰皮书，647页。

③ 关于61特舰的基本资料是下列战争日记：萨拉托加号（包括每日航空任务编组命令）、11特舰巡洋舰司令、驱一中队长、明尼阿波利斯号、16特舰、16特舰巡洋舰司令、驱六中队长、企业号、18特舰巡洋舰司令、驱十二中队长、普拉特号、卡斯卡斯基亚号、西马仑号。南太空司战争日记详细描述了每天的侦察任务。贝尔《紧急情况》28页。1942年8月：南太司致61特司电090732，CSCMF，卷20；61特司致南太司电110150，CSCMF，卷21。

8月12日日出时11特舰正在加油，2架SBD在南方26海里处发现1艘浮出水面的潜艇。奇怪的是这艘日本潜艇起初留在水面上战斗，受了重伤后才下潜。弗莱彻指派格雷森号和斯特雷特号看防海面直到天黑，以便61特舰远离这艘潜艇所在位置。当天没有再发现其他敌情。这个不速之客是正在狩猎从瓜岛撤退的运输船的伊175号。被击败后它艰难地开回了拉包尔。盟国情报部门至少截获了伊175号后来发出的情势报告的一部分，从而推测有1艘潜艇可能发现了美国航母。弗莱彻在8月14日收到了太舰总关于此事的警告。[①]

截至8月12日，61特舰抽干了普拉特号和卡斯卡斯基亚号的176212桶油，使大多数船只的油舱加满。弗莱彻增派格温号保护油轮安全离开。送走加油群后，他继续前往东南，准备于次日中午在埃法特以西150海里处与西马仑号会合。因为61特舰"基本上正常巡航"一周后就需要加这么多油，所以必须保证经常补充。在8月14日发送的一则电讯中，弗莱彻请求把那2艘经过补充的油轮派到另一个会合点与61特舰碰头。与此同时他将把西马仑号留在身边。弗莱彻的状态报告（被戈姆利转发给了尼米兹）使珍珠港对南太区的油料状况产生了新的担忧。在8月10日，戈姆利曾不可思议地拒绝了太舰总从美国西海岸增派一批油料的提议。尼米兹为此再次询问是否需要增加燃油。"由于所涉距离和时间很长"，他要求对方立即答复。好在最新的供应和消耗数字终于使戈姆利相信自己到9月中旬可能再次遇到"严重的燃油短缺"。[②]

弗莱彻带着航母原地转圈，并没有要让它们远行的意思。在尼米兹看来这是无所作为，再加上情报继续显示日军航母留在本土，他就越发感到不耐烦。8月11日（在南太区是8月12日），麦考密克提到61特舰"仍然"守在"后撤位置，可能在等待必须为增援图拉吉地区的船队提供掩护的时刻"。虽然日本集结了"一支强大的打击部队"，但尼米兹告诉戈姆利，由于"需要安排后勤和集结必要的驱逐舰护卫力量"，该部队可能要过7~10天才会南下。在这段时间里戈姆利应该动用"一切可用的手段"，"趁上述部队到达前"在瓜岛"巩固我军阵地"。航母舰载机必须"根据需要的时间长短"提供空中掩护，同时岸基飞机也要进行"最大限度的保护"。[③]

也许是因为不相信太舰总的判断，戈姆利始终没有告诉弗莱彻敌航母可能至少7天不会出现。给仙人掌运送补给和飞机的组织工作似乎没什么进展。由于戈姆利让

① KamadaMinoru 热心地在东京的战史部记录中查到了这艘潜艇。SRH–012，卷4，第2部分，384页，RG-457；1942年8月太舰总致南太、61特、62特和63特（抄送西南太总）电140159，CSCMF，卷21。

② 1942年8月61特致南太电120130（作为南太司致太舰总电140414发送），南太司致太舰总电100007，太舰总致南太电150119，南太司致太舰总电180207，CSCMF，卷21。

③ 灰皮书，823页；1942年8月太舰总致南太司电112209，灰皮书，646页。

长岛号改去了苏瓦，使陆战队飞机抵达仙人掌的时间延后了几天，不过范德格里夫特也没做好接收飞机的准备。到8月10日晚上，特纳终于宣布机场可在次日降落战斗机。弹药和汽油已经备妥，但还没有航空地勤人员。在12日，渴盼空中支援的范德格里夫特报告说："已可为战斗机提供改进后的加油设施。"戈姆利宣布在仙人掌"早日建立航空力量"是"当务之急"，他命令麦凯恩给所有能用的高速运输舰装上航空补给品和人员，然后急速开往瓜岛。随后长岛号将把飞机运到仙人掌。该舰将在8月16日抵达圣埃斯皮里图，然后尽快执行该任务。麦凯恩提供了一条好消息：1架PBY-5A水陆两用飞机已经在伦加的跑道上短暂降落了。[①]

8月13日，西马仑号在6艘驱逐舰陪同下进入61特舰的视野，这是它前一天清晨在圣埃斯皮里图偶遇62特舰的结果。弗莱彻把这些驱逐舰编入它们原先隶属的特混舰队，留下威尔森号和艾伦·沃德号保护西马仑号。[②]当天下午晚些时候，在西北方约150海里外的埃法特报告遭到炮击。弗莱彻于是赶往西北，试图切断任何威胁该岛的敌军的退路。在夕阳西下时他才得知被攻击的其实是西北650海里的图拉吉。他提速到20节，并指示速度较慢的西马仑号一行稍后在去瓜岛的中途与他会合。在61特舰连夜向西北行进途中，图拉吉和瓜岛方面再没有新情报传来。太舰总每日情报通报仍然认为敌军所有一线航母都留在日本，但弗莱彻不敢掉以轻心。8月14日黎明前出发的SBD向西方和北方搜索了200海里，没有发现敌情。当天上午最终传来消息说，前一天夜里图拉吉遭到的攻击只是短暂骚扰。弗莱彻减速到15节，但继续向西北前进，直至确认图拉吉安全为止。引发这场骚乱的是潜艇。伊123号在8月13日上午炮轰伦加，而伊122号在那天晚上骚扰了图拉吉。[③]

弗莱彻通知手下的各特混大队指挥官，如果遇到敌舰，61特舰将分为赖特领军的水面攻击群（1艘战列舰、5艘重巡洋舰、1艘轻巡洋舰和4艘驱逐舰）和诺伊斯领军的空中攻击群（3艘航母和11艘驱逐舰）。赖特的主要任务是面临可能在夜间发生的"水面攻击"时"保护航母"，如有必要他也可能被派去执行"特殊"使命。但弗莱彻很难接受这样的冒险。航母不能没有这些舰船保护。南太区苦于缺少专门的水面舰队来应对敌人向瓜岛运送部队和补给的中小规模行动，但让61特舰来提供舰队又是不现实的。[④]

---

① 1942年8月：62特司致61特司电101220，CSCMF，卷21；陆战一师师长致南太空司电111400，南太司战争日记；南太司致63特司电120216，CNO TS蓝色档案；南太空司致南太司电121119，CSCMF，卷21。

② 杜威号回到11特舰，埃利特号和蒙森号回到16特舰，布坎南号回到18特舰。

③ 1942年8月太舰总情报通报130307,CSCMF，卷21；日本《战史丛书》49：512—513页。

④ 萨拉托加号战争日记；1942年8月61特司致61特舰电132246，CSCMF，卷21。

8月14日临近日落时，由于再没接到警报，弗莱彻下令掉头，去寻找在瓜岛东南325海里的西马仑号。在仙人掌没有受到直接威胁的情况下，他抓住机会再次加油，以防下一批租用油轮再度迟到。切斯特阳光号已在8月11日抵达努美阿，比原计划提前一天，但另两艘应在13日抵达的油轮却没有出现。普拉特号在8月14日抽取了切斯特阳光号的油料，但分给了62特舰和44特舰，而空空如也的卡斯卡斯基亚号还要等待"应在今天或明天到达"的另一艘油轮。由于驱逐舰数量不足，戈姆利扣下格温号和克拉克号为加油群护航。轻巡洋舰圣胡安号和诺尔曼·斯科特少将（61特舰资深的巡洋舰将领）则等待机会回到航母舰队。8月15日日出时，弗莱彻遇到西马仑号一行，命令所有驱逐舰加油。在11.5个小时内，这艘油轮至少伺候了17艘驱逐舰。舰长拉塞尔·M·伊里格中校自豪地向太勤司报告说，"在海上加油技巧和缩短所用时间方面"取得了"非常大的进步"。西马仑号在1942年4月刚到太平洋时，"从给1艘驱逐舰输油完毕到开始给另一艘驱逐舰输油，平均要花45分钟左右"。而现在这个间隔时间平均为20分钟。即使在"航向变化相当剧烈"的情况下，西马仑号也经常同时为2艘船加油。因为"输油速度相当稳定"，所以伊里格认为如果要再取得任何进步，"只能靠缩短靠帮和接驳的时间来实现"。驱逐舰舰长的技术进步很快。"巡洋舰花的时间还是太长"，但"由于积累了经验，已经缩短了一半左右"。自1941年12月的黑暗岁月以来，海上加油作业进步巨大。莫里森的误解是因为他只目睹了显著改进之后的加油过程。[①]

攻势巡逻

8月15日日落后，弗莱彻让还有大半油料的西马仑号与1艘驱逐舰前往埃法特，等待南太司的命令。他和三四月间一样朝着珊瑚海中央巡航，在瓜岛以南约300海里外经过。61特舰将保持在12小时内能进入对瓜岛攻击距离（200海里）的范围内，只有加油时例外。西马仑号给南太司捎去一份讯息，其中说明弗莱彻打算在熟悉的"玉米"点（瓜岛以南325海里）附近徘徊，"等待局势发展和你的命令"。有些船只的食品发生了短缺，"如有必要将调配食物，因此在当地停留时间应该不超过3周"。整个舰队必须在8月19日左右加油，此后每过六七天就必须加一次油，以确保61特舰不再出现8月10日那样的缺油状况。好在努美阿的油料供应已大大改善。被戈

---

① 1942 年 8 月南太司致 62 特司电 130012，南太司致 61 特司电 140910，CSCMF，卷 21。西马仑号舰长致太勤司，关于特混舰队油轮表现的信息（1942 年 9 月 30 日），RG-313，太舰总秘密通信，第 4900 号箱。

姆利从新西兰调来的油轮在14日出现，为卡斯卡斯基亚号补了油，那2艘迟到的油轮则在次日进港为普拉特号补油。与此同时，舰队油轮萨宾号已经接近苏瓦。①

8月15日晚上，4艘APD悄悄驶到伦加送去了补给品，船上还有来自"幼兽1号"部队的120名未经训练的海军志愿者担任航空支持人员。正牌的陆战队地勤人员搭乘缓慢的威廉·沃德·巴罗斯号，8月17日刚到埃法特。由于岛上口粮严重短缺，陆战队员主要靠缴获的食物为生，特纳希望井宿三号和北落师门号"尽快"前往，然后由富勒号和泽林号运输更多基地守备部队。敌人的潜艇和飞机连续袭击图拉吉和瓜岛，"没有受到任何明显阻碍"，而"水面舰艇随时可能封锁港口和炮轰岸上阵地"。特纳希望麦凯恩组织反潜PBY从8月16日起每天在仙人掌周围巡逻，并使用B-17在所罗门群岛北部进行"攻势扫荡"以防止水面舰艇袭扰。弗莱彻应保证每天有一个舰载战斗机中队在伦加上空巡逻6小时。每艘到仙人掌的大型船只都应该有2艘驱逐舰护航。本书作者不清楚特纳是否真希望弗莱彻把航母停留在瓜岛附近并根据需要提供这些护航力量。戈姆利承认"敌方潜艇和飞机"在瓜岛附近的活动"十分自由"，并给麦凯恩下达了实施反潜巡逻和轰炸机扫荡的任务。但是关于战斗机巡逻和驱逐舰护航的事他根本没跟弗莱彻说，因为他知道航母舰队无法提供。范德格里夫特自己的陆战队飞机中队将部分缓解这一严重局面，但它们的部署可能被进一步推迟。长岛号的舰长在8月13日认为陆战队战斗机飞行员经验太少，还不能进驻仙人掌。戈姆利怒气冲冲地回答："我需要战斗机马上进驻仙人掌，而且就指望长岛号上的那批了。"对迟迟没给仙人掌准备好飞机负有很大责任的尼米兹则回复说，那些飞行员已经有了航母起降资格。麦凯恩提议从埃法特的VMF-212抽调一些飞行员。当长岛号、轻巡洋舰赫勒拿号和2艘驱逐舰启程向伦加运飞机时，弗莱彻和麦凯恩将提供空中掩护。②

8月16日日出时，61特舰正在瓜岛西南向西巡逻，已经接近折返点。弗莱彻没有接到任何显示在仙人掌卸货的APD遇袭的报告。在萨拉托加号照例起飞搜索机后，他折向西南以保持在拉包尔的700海里范围外，避免被发现。强大的空中巡逻始终提防着潜艇。航母派出的所有搜索机都没有发现情况。唯一的接触敌军消息在13：00传来。麦凯恩报告在新乔治亚东南附近有1艘供应舰和1艘驱逐舰，位于61特舰北方

---

① 1942年8月弗莱彻致南太司电150412，CSCMF，卷21。

② 1942年8月：62特司致南太司电142210，南太司战争日记；南太司致63特司电150746，灰皮书，650页；2.6特大司致南太空司电130240，CSCMF，卷21；南太司致南太舰总电131600，CNO TS蓝色档案；太舰总致南太司电140011，南太空司致南太司电140402，南太司致61特司电150816，CSCMF，卷21。

375海里处。其实南太空的飞行员发现的是规模很小的吉佐岛登陆部队，它正在新乔治亚为4架水上飞机建立基地。当天下午戈姆利告诉弗莱彻，斯科特将率领由圣胡安号、克拉克号和格温号护卫的普拉特号及卡斯卡斯基亚号，在8月18日上午到圣埃斯皮里图西南75海里处与他会合。长岛号特混大队将在8月17日"或此后尽早"从埃法特出发，前往圣克里斯托瓦尔东南60海里（距伦加220海里）的放飞点。弗莱彻打算先加油，然后掩护长岛号的增援行动。当晚他在瓜岛以南300海里的区域沿原路折返。与此同时，从拉包尔匆忙出发的驱逐舰追风号将日方的第一批援军送到了瓜岛。它将横须贺第五特别陆战队的113名官兵送上伦加以西的塔萨法隆加后离开，盟军方面对此毫无察觉。8月17日上午，由于没得到敌军接触情报，弗莱彻折向东南，前往圣埃斯皮里图附近迎接斯科特。[1]

这天晚上长岛号报告说，自己将在8月20日15：00到达放飞位置。接下来两次补给仙人掌的行动是：麦克法兰号在8月21日下午送去航空补给品，井宿三号和北落师门号在次日运送粮食和弹药。戈姆利对金、尼米兹和麦克阿瑟解释说，在敌方封锁下向仙人掌送货要冒"运输船损失过多"的风险，除非它们有强大的护航和航母的近距空中支援。但是保护运输船又要冒损失舰载战斗机和驱逐舰的风险，而这两者正是弗莱彻在"今后几天"里需要的。日方可能在8月19—21日发动大规模两栖进攻，并以4艘航母和4艘战列舰提供支援。戈姆利直言不讳地指出，"当我方的航母舰载机正在仙人掌地区保护船只时，如果敌军航母对我军航母发起坚决突击，可能造成灾难"，因为弗莱彻的航母是"保卫这一地区以及从美国到澳大利亚和新西兰的交通线的主力"。[2]

确定威胁

虽然美方掌握主动权的事实令山本深感震惊，但他还是看到了扭转局势、报中途岛一箭之仇的良机。和4月的尼米兹一样，他意识到敌方要夺取并控制如此突出的位置，就不得不暴露自己。他将动用近藤指挥的先遣部队（第二舰队）以及南云指挥的元气大伤的航母打击部队（机动部队）。8月8日，山本把这两支舰队合并到近藤麾下组成支援部队，以"支援""肃清"所罗门群岛的行动。随后近藤与负责东南方面、基地航空队和三川第八舰队（外南洋部队）的塚原协同进行策划。山本取

---

[1] 1942年8月南太空司致南太司电160200，CSCMF，卷21；日本《战史丛书》49：521、533页。
[2] 1942年8月2.6特大司致62特司电170835，南太空司致麦克法兰号电170539，南太司致西南太司电170946，62特司致南太司电200910，CSCMF，卷21；南太司致舰总司电161146，灰皮书，652页。

消了印度洋破交作战，把集结在缅甸的远征舰队的2艘重巡洋舰、1艘轻巡洋舰和17艘驱逐舰远调至特鲁克。一旦这些"决战部队"在所罗门群岛获胜，下一个目标就是莫尔兹比港。联合舰队司令部将搬迁到特鲁克，以便更好地统御全局。虽然山本信心十足，但他至少还是认真看待新威胁的。大本营却还在为已经展开的新几内亚攻势被延缓而烦恼。由于8月8日扩大的空袭战果和萨沃岛过于辉煌的胜利，他们把美军在所罗门群岛的登陆视作疥癣之疾。因此东京只是象征性地拨出9000士卒来重占图拉吉和瓜岛。陆军为此提供了一木清直大佐的一木支队2400名精兵和川口清健少将的第35旅团（6000人）。一木的部队已从塞班调往特鲁克，而川口分队还在棉兰老岛等待。海军则提供了横须贺第五特别陆战队（600人）。一些乐观者觉得所罗门群岛根本不需要这么多部队，把他们用于进攻莫尔兹比港也许更好。①

近藤随时都可出发，但南云的航母舰队在当年春季损失5艘航母和300架飞机后经过了大换血。许多幸存的飞行员自珍珠港以来就征战不休，急需休整，但形势迫使大多数人留在航母上并调教大批新手。7月14日舰队进行了大规模重组，第一航空舰队改为第三舰队。每个航空战队现在包括2艘大型航母和1艘主要搭载战斗机的小型航母。南云自己的第一航空战队下辖翔鹤号、瑞鹤号和瑞凤号，角田的第二航空战队下辖隼鹰号、飞鹰号（和隼鹰一样是邮轮改装而来）和龙骧号。由于强调了防守，6艘航母的飞机定额增至300架（141架战斗机、90架舰爆机和61架舰攻机）。在不可或缺的水面战舰方面，第三舰队共有2艘快速战列舰、4艘重巡洋舰和1个水雷战队。山本认识到中途岛的一大败因是没有及时发现接近的敌机。在8月初，南云的旗舰翔鹤号获得了二式对空搜索雷达，这种雷达在中途岛之战前刚刚装到战列舰伊势号上。如果赤城号在6月4日有此装备，历史或许会大不一样。只有翔鹤号、瑞鹤号和龙骧号做好了出击准备。为了使它们的飞机达到满编的177架（78架战斗机、54架舰爆机和45架舰攻机），不得不从其他航母抽调。②

8月11日，近藤的先遣部队从吴港出发，阵中有4艘重巡洋舰、老而弥坚的25节战列舰陆奥号（替代2艘正在改装的更老的快速战列舰）、1艘轻巡洋舰和5艘驱逐舰。线条优美的水上飞机母舰千岁号和5艘驱逐舰另外组队南下。由于美军在北太平洋的活动重趋活跃，令日方担心杜立德奇袭重演。"小波"史密斯的阿留申巡洋舰队在8月8日炮轰吉斯卡岛，同时轻巡洋舰博伊西号袭扰了日本以东的警戒线。8月12

---

① 日本《战史丛书》49：446—451、508—509 页；宇垣，177—178 页。
② 日本《战史丛书》49：542—543、43：599—600、637—640 页。

日，侦察部队发现博伊西号的1架水上飞机在本州岛以东只有450海里的地方漂浮。山本怀疑美军要发动空袭，立即将近藤调到小笠原群岛以东，并动员飞机和潜艇组织防御。角田的第二航空战队匆忙将剩下的飞机转到日本东部的基地。但对航母袭扰的担忧不久就平息了。近藤继续南下，于8月17日到达特鲁克，千岁号一行也于同日到达。南云在8月16日率领翔鹤号、瑞鹤号、龙骧号、2艘快速战列舰、2艘重巡洋舰、1艘轻巡洋舰、9艘驱逐舰和4艘快速舰队油轮出发前往特鲁克。山本为了亲自督战，也在次日带着他的主力部队（战列舰大和号、改装航母春日丸号和3艘驱逐舰）启程。8月15日以后他的胜算又有增加，因为日本海军终于对海军暗号书D作了大幅修改。中途岛之战前的修改没有把盟军的密码破译专家难住多久，这一次的修改却在太平洋战争的关键时刻几乎关死了大门。[①]

尼米兹在8月11日向金、戈姆利和麦克阿瑟提供了敌人在“近期”将派出的打击部队的详情。经过细致分析后发现，第二舰队和第一航空舰队与俾斯麦群岛–所罗门群岛地区的舰队指挥官之间有“密切关联”。情报部门推测日方航母部队现在包括翔鹤号、瑞鹤号、龙骧号和凤翔号，以及2艘战列舰和4艘重巡洋舰。第二舰队包括2艘快速战列舰、4艘重巡洋舰、1艘改装水上飞机供应舰和2个驱逐舰分队。这个估计非常准确，只是没料到战列舰陆奥号取代了榛名号和金刚号，而老掉牙的凤翔号已经降格为训练舰。但是，美国海军直到1942年11月才发现第一航空舰队已经改为第三舰队。[②]

尼米兹已经把3艘航母和1艘快速战列舰部署到南太平洋。考虑到黄蜂号的轮机不可靠，他在8月6日通知金、戈姆利和弗莱彻说，打算在大约10天后派穆雷的17特舰（大黄蜂号）南下，“就地”接替诺伊斯的18特舰。弗莱彻将短暂的同时指挥全部4艘航母，这将是美国海军航空力量史无前例的一次集中。金过了5天（并且接到了萨沃岛的消息）后表示反对。这个计划“在我看来会使夏威夷地区的兵力过度空虚，因为就地换防将使当地有12~15天无航母群”。他要求尼米兹考虑妥当的航母轮换方案，“确保除特殊情况外，在距离珍珠港，比方说1200海里内始终有一个航母群”。金并不认为瞭望塔行动是“特殊情况”。他不愿投入17特舰再次证明了他喜欢有所保留而非全力以赴，即使在他亲自发动的作战中也不例外。“鉴于日军似乎正在朝拉包尔集中”，他又重弹老调，促请尼米兹考虑调3~5艘老式战列舰去汤加塔

① 日本《战史丛书》49：515、543—544页；宇垣，181—183页。
② 1942年8月太舰总致南太司电112209，灰皮书，646页；1942年11月海作办致太舰总电052138，CSCMF，卷30。

布。麦考密克苦笑着记了一笔："太舰总可能不愿意这么做。"尼米兹解释说，南太平洋已经使日方疲于应付，他们即使对中途岛发动大规模进攻也力不从心。用航母稍作袭扰还比较合理，但可能性也极小。而即便如此，保留一个航母群来应对中途岛袭击也要冒该航母沉没"而未给敌人造成可堪补偿的损失"的风险。尼米兹也缺乏在南太平洋给老式战列舰提供补给的必要后勤架构。"怀疑战列舰没有用武之地，除非我军用它们近距支援仙人掌地区"，而这肯定非他所愿。这项工作必须由航母和快速战列舰在岸基飞机配合下完成。"虽然今后几天的形势发展可能使我改变意见，但我相信南方需要最大限度的航母兵力，而实现兵力集结的最好方法是增派一支航母特混舰队以就地换防。"尼米兹也作了妥协，他决定把正在海上与17特舰一起训练的1特舰调到珍珠港，"用于对付该地区可能遭到的登陆攻击"。所有慢速战列舰都不会南下，"除非你有这样的指示"。[1]

通信情报显示日本的警备级别因为博伊西号的袭扰而提高，令尼米兹大感欣慰。这个巧妙的佯动似乎导致整个第二航空战队留守本土，也推迟了其他航母部署到特鲁克的时间。8月14日（日本时间8月15日），雷顿认为所有日本航母都留在本土水域，而且"下周也不会有航母调动到其他地区"。当天尼米兹又高兴地接到了金批准17特舰南下的消息。穆雷在8月17日带着大黄蜂号、2艘重巡洋舰、1艘轻巡洋舰、6艘驱逐舰和1艘舰队油轮起航。快速战列舰南达科他号和华盛顿号最晚在9月中旬也会到达南太区。戈姆利不出所料地请求在可预见的将来把4艘航母全留在南方，但尼米兹没有同意。黄蜂号必须在"17特舰到达后根据当时的军事局势尽早"返回，但它的飞行大队可以留下用于补充。其实部队已经不得不补充了，根据弗莱彻在8月17日的报告，单是萨拉托加号和企业号就需要补充36架飞机才能恢复编制实力。[2]

弗莱彻在8月16日看到的太舰总情报通报宣称飞鹰号、隼鹰号和瑞凤号在东京以东1000海里（因此才有对日军袭击中途岛的些许担忧），但其他航母"仍在日本"。第二舰队的司令长官可能在塞班附近，有"细微迹象"显示他正在南下。从这个乐观的形势估计可以明显看出，美军统帅还在犹豫是否要对正在集中太平洋舰

① 1942 年 8 月：太舰总致南太司电 062035，638 页；舰总司致太舰总电 112030，灰皮书，646 页；舰总司致太舰总电 121750，灰皮书，647 页；灰皮书，823 页；太舰总致舰总司电 122337，灰皮书，648 页。

② SRMN-009，太舰总舰队情报汇总，62 页；1942 年 8 月太舰总致舰总司电 150003，CSCMF，卷 21；17 特舰战争日记；1942 年 8 月南太司致太舰总电 162111，南太司战争日记；1942 年 8 月太舰总致南太司电 180225，CNO TS 蓝色档案；1942 年 8 月 61 特司致太航司电 171007，CSCMF，卷 21。

队所有主力舰船的南太平洋增派航母。日本海军密码的更改给美方敲响了警钟。灰皮书叹道："我军在近期解读其重要通信的希望很渺茫。"事实上，就在太舰总下发这份情报通报的同时，南云的机动部队离开了日本南部。飞鹰号和隼鹰号其实正在濑户内海训练，瑞凤号在港口。只不过它们的飞机转场到了日本东部。近藤（第二舰队司令长官）已经在特鲁克附近。和珊瑚海及中途岛时不同，盟军的无线电情报现在比日军的行动慢了一两步，这使防守瓜岛的难度大大增加。但是，若与日军在瓜岛之战中不可思议的情报失误相比，这个缺陷就显得微不足道了。[1]

增援瓜岛的竞赛

到了8月中旬，东京方面已经急着想开始所罗门群岛反攻了。此时只有一木支队到了特鲁克，川口支队预定是在8月23日到达。同样令人焦急的是，一木支队搭乘的是2艘陆军的老式运输船，最高速度只有9节，需要5天时间才能穿越1100海里洋面到达瓜岛。既然美军的攻击已经濒临破产，如此延误可能浪费了一举歼灭登陆部队的最好时机。大多数登陆部队显然已经撤退，而伦加的残部还没有让至关重要的机场投入运转。日军必须在盟军卷土重来之前断然行动。由于特鲁克有充裕的驱逐舰，于是三川萌发了将一木支队分成两个梯队送上前线的念头（KI作战）。他在8月15日命令指挥第二水雷战队的田中赖三少将把这些部队送上瓜岛。6艘驱逐舰（"志愿部队"）将搭载一木和900人的轻装部队在8月16日上午从特鲁克出发，8月18日晚上在伦加以东20海里的塔伊乌点将他们送上岸。一木将经陆路攻击机场。一木的第二梯队（配备火炮的1500人）将在8月16日乘2艘陆军的慢船离开特鲁克，在轻巡洋舰神通号和2艘巡逻艇护航下，于8月22日夜在塔伊乌点下船。三川设计的航线使船队可远远避开从米尔恩湾讨厌的拉比盟军航空基地起飞向东北搜索的搜索机。他相信拉比是离瓜岛最近的盟军机场。由于对圣埃斯皮里图的航空基地一无所知，他以为来自那个方向的搜索机只能从遥远的埃法特起飞。千岁号船队的3艘驱逐舰将在8月18日加强运兵船队的护航。第二梯队运输船队的余部——搭载500名海军陆战队的运输船金龙丸号和2艘巡逻艇将在8月19日赶上大队。三川的旗舰鸟海号、五藤的第六战队（3艘重巡洋舰）和2艘驱逐舰将从西面靠近，掩护田中的右翼。第五空袭部队连续轰炸伦加并加强了对所罗门群岛南部的侦察。如果发现了美国航母，田中将后撤，等待联合舰队将

---

[1] 1942 年 8 月太舰总情报通报 160443，CSCMF，卷 21；灰皮书，826 页。

其歼灭。[1]

　　反攻行动本身（KA作战）将在8月24日开始，当天川口支队的两个营将离开特鲁克。届时近藤的支援部队将处于瓜岛北面和东面。在一木夺取机场后，零式战斗机将在8月27日进驻，次日川口即登陆。肃清瓜岛之敌后，川口将以两栖突击收复图拉吉。其他部队将攻占莫尔兹比港。日军的乐观情绪还在毫无节制地高涨。8月16日，三川的参谋估计美军在伦加只有两千士气低落的部队，而且随时可能逃到图拉吉。第二天他们又估计伦加只需一木的第一梯队与瓜岛守军配合即可拿下，可以省下海军陆战队用于新几内亚。其实瓜岛有一个天大的"惊喜"在等着他们，因为范德格里夫特手下配备大炮和坦克的11000精兵正严阵以待。[2]

　　8月17日晚上，在前往圣埃斯皮里图的下一个加油会合点途中，弗莱彻收到了第一份"敌军有集结迹象"的明确警报。戈姆利引述了太舰总情报通报中翔鹤号、瑞鹤号和龙骧号可能"很快"南下的消息，并补充说包括2艘战列舰、4艘重巡洋舰和大量驱逐舰在内的第二舰队可能在8月21—22日到达俾斯麦群岛–所罗门群岛地区。一支"很快"将从特鲁克出发的运输船队将在8月21日与另一船队会合，而瓜岛"可能是其最终目标"。他要求弗莱彻从速加油。8月18日上午更详细的太舰总评估则指出了日军重夺瓜岛的计划的关键要素，但没有提到另一些同样重要的信息。太舰总相信3艘重巡洋舰和护卫的驱逐舰已在8月16日离开卡维恩，将重演萨沃岛夜袭。真正的登陆部队显然已分成两个梯队从特鲁克出击，可能于8月18日在特鲁克东南425海里、瓜岛西北700海里处会师。先头部队可能包括3艘运送"日本陆战队"的运输船。第二个船队载运"陆军突击部队"，已在8月17日上午离开特鲁克。太舰总怀疑有一支掩护舰队，包括3~4艘重巡洋舰以及驱逐舰。对瓜岛的突击可能"最早在8月20日发动，但实际日期尚不明朗"。尽管珍珠港方面成功地揭示了KI作战的许多计划，但始终没有发现满载一木第一梯队的志愿部队的驱逐舰已经接近瓜岛。另一个明显的疏漏是没有任何文字提到已经出海的航母。[3]

　　弗莱彻耐心地等待着敌军攻势展开，同时料理了一些要务。在8月18日，他在圣埃斯皮里图西南75海里处与斯科特和加油群会合。圣胡安号回到了18特舰的护卫船队中，斯科特则取代赖特成为水面攻击群的指挥。弗莱彻原打算在8月18日让三个特混

---

　　① 日本《战史丛书》49：517—521页；宇垣，179—181页；田中赖三《瓜岛争夺战》，转引自伊文思《第二次世界大战中的日本海军》160—162页。

　　② 日本《战史丛书》49：521—524页。

　　③ 1942年8月：南太司致61特司电171152，南太司通信档案；太舰总致南太司电172047，灰皮书，654页。

舰队都完成加油，但当日风急浪高，使他无法如愿。到日落时11特舰和16特舰完成了加油，但不包括北卡罗来纳号，它还有富余燃油，甚至给1艘驱逐舰加了油。几艘航母一直在圣埃斯皮里图西北活动，以掩护从埃法特出发的长岛号特混大队。临近午夜时，志愿部队的6艘驱逐舰神不知鬼不觉地将一木的先头部队卸在了塔伊乌。①

当天弗莱彻还告别了梅尔文·马斯上校，后者转到普拉特号上准备前往埃法特。在萨沃之战后，马斯换上了咽喉感染和支气管炎。病情好转后，他认为到了"该动身"的时候，因为61特舰似乎面临着"漫长而无定期的巡逻任务"。他非常想在南太平洋和西南太平洋战区作一番巡视，然后回到国会复职。此处值得复述马斯在从萨拉托加号离职时写下的对弗莱彻的印象："海军中将弗兰克·杰克·弗莱彻。人杰。最优秀的一类海军将领。有经验、有头脑、能力出众。很有人情味，地地道道的美国人。通晓海军战术和运用的原理。四星上将的人选。4.0。"这些引人注目的评价出自一位独立观察者，一位参与了61特舰所有关键指挥决策的陆战队飞行员之手，有力地驳斥了那些宣称弗莱彻在瓜岛登陆战中表现得怯懦无能的批评家。②

在不知道日军援兵已经潜入仙人掌的情况下，戈姆利下发了南太区作战令2-42。61特舰将"尽可能最快地"与44特舰会师。弗莱彻的主要任务仍是"在敌方船只到达仙人掌-环首螺栓地区之前和位于该地区时"加以歼灭。特纳的62特舰应使用陆战队"防守已占地区"，并"加紧将粮弹运入仙人掌-环首螺栓地区"。麦凯恩的63特混部队除了支援防守，还应尽快让陆战队的飞机进驻仙人掌，并将PBY重新运进恩代尼，以"扩大西北方和北方的侦察范围"。戈姆利"无法提供关于敌军航母存在与否的明确情报"，但他提醒说，"存在航母的可能性被认为很大"。太舰总的情报则尚未得出一致意见。8月19日一早，克拉奇利带着澳大利亚号、霍巴特号和驱逐舰塞尔弗里奇号、巴格利号、帕特森号离开努美阿西进，准备次日在瓜岛以南与61特舰会合。由于戈姆利知道61特舰在瓜岛东南安全地点与长岛号特混大队碰头前在圣埃斯皮里图东北近海加油，他其实应该指示克拉奇利取道新喀里多尼亚以东，在圣埃斯皮里图北面经过。弗莱彻在19日上午派出2架SBD去圣埃斯皮里图送信，信中说明了自己的位置和下一步的去向。③

---

① 18特舰巡洋舰司令战争日记；马斯战争日记（1942年8月18日）；日本《战史丛书》49：519—520页。
② 马斯日记（1942年8月15日）；马斯资料集中日期不详的备忘录。马斯对斯宾塞·刘易斯上校的评价是："非常能干，文静，但精通业务。懂得航空兵的运用和特混舰队的作战。应该当将军！必须的！4.0。"德威特·拉姆齐上校"非常能干，机智，处事圆滑，接受萨拉托加号后立即使其状况改观。很受爱戴和敬重。应该马上升为将军。4.0。"
③ 1942年8月：南太司致61、62、63和44特司电180916，南太司战争日记；南太司致61特司电181302，CSCMF，卷21。

8月19日08：15，当普拉特号和卡斯卡斯基亚号正在给18特舰加油时，突然传来求救的明文讯息："敌船炮击图拉吉。"麦凯恩的1架B-17认出袭击者是3艘驱逐舰和1艘潜艇。这3艘驱逐舰来自志愿部队，它们逗留在仙人掌水域是为了防止"敌军逃跑"。萩风号和阳炎号时断时续地炮轰图拉吉，而岚号与伦加的岸炮交了火。敌军战舰光天化日下在仙人掌附近活动是对美国海军自尊心的又一次沉重打击。当它们毫无预警地出现在瓜岛附近时，弗莱彻正在东南450海里外掩护长岛号，实在是鞭长莫及。许多不清楚当时情况的人（和一些了解情况的人）又将此事归咎于他。中午时，2架B-17轰炸萩风号，卡死了它的船舵。陆战队员们欣喜地注视这艘负伤的驱逐舰在岚号陪同下一瘸一拐地离开。[1]当天下午18特舰完成加油，让普拉特号和卡斯卡斯基亚号随2艘驱逐舰去了埃法特。在向东北移动以迎接长岛号特混大队的途中，弗莱彻派出28架SBD在西北到东北方向搜索了250海里，几乎直到圣克里斯托瓦尔。金凯德认为这次"大范围"搜索"很有必要"，因为图拉吉的炮击"很可能"预示着"敌军企图重新占岛"。当天晚些时候，满载陆战队飞机的长岛号方方正正的身影出现在伦加东南400海里处。会合后整个船队转向西北以15节行驶，前往次日下午的放飞点。除了在图拉吉和瓜岛之间活跃的袭击者，当天下午的目击报告还指出有1艘水上飞机供应舰在圣伊莎贝尔岛的莱卡塔湾，2艘巡洋舰、2艘驱逐舰和1艘小艇锚泊于肖特兰附近。太舰总每日情报通报认为第二水雷战队在拉包尔地区（其实田中的第二梯队船队已经从特鲁克向东南进发），1艘重巡洋舰、水上飞机母舰千代田号和4~5艘驱逐舰在特鲁克地区（近藤已经带着一支强大得多的舰队到达该地），有一个航空队的一部驻扎于新不列颠的加斯马塔（其实当地的水上飞机是从拉包尔和肖特兰起飞的）。飞鹰号、瑞凤号和隼鹰号应该还在本土水域，"但不久可能出动"。但是，太舰总认为"没有明确迹象"显示翔鹤号、瑞鹤号和龙骧号已离开日本，不过"也存在其南下行动未被发现的可能"。当然，南云早在3天前就起航了。当天下午特纳向范德格里夫特通报了令人恐惧的消息："强大的敌突击部队和海军支援部队可能已在途中，今后3天内就会到达。"但他承诺用"我们的最大兵力"提供支援。范德格里夫特在当天晚上拿出了截至此时关于已发生情况的最清晰报告：白天出现的所有敌舰均为驱逐舰，其中1艘被B-17炸中起火。他不知道的是，一木正在信心十足地西进，企图一举拿下伦加。[2]

① 1942年8月南太空司致所有部队电182115,CSCMF,卷21;日本《战史丛书》49:534页;南太空司战争日记。
② 16特舰战争日记;1942年8月太舰总情报通报190145,CSCMF,卷21。1942年8月62特舰致瓜岛电190315,仙人掌主将致南太司电190947,CSCMF,卷21。弗莱彻没有收到高级情报汇总（1942年8月南太司致太舰总电150325和太舰总致南太司电150901,CSCMF,卷21）。

8月20日黎明时，企业号派出12架TBF和6架SBD向西北方搜索200海里。6架复仇者将自己的扇区延长到260海里，越过了瓜岛、图拉吉、佛罗里达和圣莎贝尔东部。麦基诺号和轻型布雷舰布利斯号抵达恩代尼，恢复了至关重要的西北650海里PBY搜索能力。07：59，1架B-17报告一支"敌军"位于萨沃岛东南20海里处，也就是伦加和图拉吉之间。此时61特舰位于该处东南方250海里，如有必要可以加速进入攻击距离。弗莱彻直到10：20才收到其他报告：戈姆利说在萨沃岛东南发现的敌巡洋舰已经以25节速度撤向西北。直到此时企业号才转发了它上午的搜索结果。1架飞机在北方50海里处突袭1艘浮在水面的潜艇，但没等发起攻击潜艇就下潜了。这个目标属于在圣克里斯托瓦尔以东巡弋的第十三潜水队（伊121、伊122和伊123）。在萨沃岛以北，企业号的另一架飞机遭遇1艘以20节速度撤退的"加古级"重巡洋舰，显然就是B-17报告的那艘战舰。另一架B-17也确认有1艘"巡洋舰"经圣伊莎贝尔和马莱塔之间的必需号海峡北上。这艘被三次发现的战舰其实是阳炎号。它在日出前后轰击了图拉吉，又朝伦加的防御圈里打了几炮，被搜索机骚扰后便撤退了。①

13：00在离圣克里斯托瓦尔的放飞点还有1小时路程时，61特舰的雷达在南方25海里处发现了一个可疑目标。空袭没有来，但黄蜂号的1架SBD把1架水上飞机赶到了圣克里斯托瓦尔以北。不知道斯罗尼姆的无线电情报小组是否监听到敌机的通信（敌机肯定发出或讯息）。弗莱彻保持着警惕。企业号在下午朝西北搜索了200海里，寻找图拉吉和瓜岛附近的敌军踪迹，以及为了发动水面夜袭而可能接近的敌舰队。不久以后，31架飞机从长岛号飞向了西北方的仙人掌机场。由于瓜岛附近没有敌船，弗莱彻转向东南掩护长岛号撤退。当天除了从萨沃岛撤退的"巡洋舰"，唯一的目击报告是肖特兰的5艘船。②

这天深夜，在长岛号进入安全水域后，弗莱彻向南进发，准备在次日中午到伦加东南250海里的位置与44特舰会师。麦凯恩安排了6艘APD与供应舰麦克法兰号一起在当天向图拉吉和瓜岛运送补给。8月22日黎明时，井宿三号、北落师门号和3艘驱逐舰组成的慢速运输船队也将抵达两岛，并在8月23日日出前离开。特纳宣称这次任务"对于继续防守至关重要，重复一遍，至关重要"，他请求让自己的船只接近和停留在仙人掌时获得"一切可能的保护"。弗莱彻或麦凯恩可以"在必要时让该部队暂时返回以确保安全，但必须尽一切努力使这批物资送达"。弗莱彻因此预计

---

① 萨拉托加号战争日记；日本《战史丛书》49：534—535页。
② 萨拉托加号战争日记；伦德斯特罗姆《首发主力与瓜岛》96—97页。

自己今后几天要在瓜岛附近作战。20日下午戈姆利提醒说，到8月23日为止仙人掌随时可能受到强大攻击。但是太舰总每日通报再次认为"估计的航母位置"没有变化，所有航母都位于或靠近本土水域。这天下午尼米兹预报说，位于或正在赶往俾斯麦群岛—所罗门群岛地区的驱逐舰大大增加。它们"可能被用于部队的快速运输和渗透"。因此，"必须运用航母舰载机防止登陆，特别是敌人在其航母到达前进行的尝试"。当然，尼米兹、戈姆利和弗莱彻都不知道日本人已经用这种方法成功地把部队"快速运输和渗透"到了瓜岛。范德格里夫特最初产生怀疑是在8月20日，因为他听说自己的一支巡逻队在东面塔伊乌点方向伏击了一小队日本陆军士兵。在此之前陆战队员只遇到过海军部队。①

8月20日，南太区赢得了增援仙人掌的激烈竞赛的第一回合，对此后的瓜岛战局产生了深远影响。来自长岛号的飞机吼叫着低空掠过伦加，在他们的陆战队兄弟的欢呼和泪光中降落到亨德森机场。这个机场是为了纪念在中途岛战死的陆战队飞行中队长罗夫顿·R.亨德森少校而命名的。日军的下一批援军正乘坐慢速船只赶来，将不得不面对弗莱彻的航母、麦凯恩的南太空和范德格里夫特手下新到的仙人掌航空队的层层拦截。尽管如此，为了确保第二梯队的船队安全抵达，联合舰队的大队人马（"一支实力仅比中途岛之敌略逊的舰队"）已经南下。由此引发的航母大战可能决定这场会战的胜负。②

重新考虑KI作战

从肖特兰起飞的水上飞机活动范围可达圣埃斯皮里图，田中的第二梯队船队从特鲁克出发朝东南缓慢行进时，它们就在前方为其探路。8月20日上午，当运输船队距瓜岛425海里（2天航程）时，1架肖特兰的搜索机有了惊人发现。先是在圣克里斯托瓦尔以东60海里发现1艘巡洋舰和2艘驱逐舰，然后又在20海里外找到1艘航母、1艘巡洋舰和2艘驱逐舰。距第二梯队船队600海里内发现美国航母舰队的消息在拉包尔和特鲁克引发一片骚动，由于美国人被认为已经放弃瓜岛，这个发现显得尤其有爆炸性。而就在司令部众人惊魂未定时，附近又出现了第2艘美国航母。搜索相邻扇

---

① 1942年8月：南太司致61和44特司电200722，CSCMF，卷22；南太空司致仙人掌主将电192231，CSCMF，卷21；62特司致南太司电200910，CSCMF，卷22；南太司致61、62和63特司电192320，南太司战争日记；太舰总情报通报200235，CSCMF，卷22；太舰总致南太司电200041，南太司通信档案；太舰总致南太司电200247，CSCMF，卷22；弗兰克，149页。

② 太舰总致舰总司，所罗门群岛会战——8月23—25日的行动（1942年10月24日）。

区的水上飞机在图拉吉东南240海里发现1艘航母、4艘巡洋舰和9艘驱逐舰。这两个接触相隔70海里，而且2艘航母的外形并不相似。其实日军在上午发现的是长岛号，发现它的水上飞机随后就被黄蜂号的SBD赶走。当天下午第二个搜索机组则瞥见了弗莱彻的1艘航母。这些强大的美国舰队刚好在陆基飞机打击范围之外。由于300海里内都没有友军船只，田中感到自己特别孤立。此时五藤的3艘重巡洋舰和1艘驱逐舰已经前出到伦加西北130海里的莱卡塔湾，而三川的旗舰鸟海号和1艘驱逐舰在布卡以东巡航。但是近藤的先遣部队刚刚到达位于田中西北700海里的特鲁克。南云的机动部队比近藤还远200海里。于是田中援引了命令中遇到美国航母即撤退的规定，在当晚掉头北上。①

2艘敌航母的意外出现预示着联合舰队的计划前景不妙。山本起初认为它们已经盯上了第二梯队的船队，便命令近藤集中其支援部队，迅速南下保护田中。近藤取消了南云原定的加油计划，给他设定了次日上午在东方120海里外的新会合点。从缅甸经婆罗洲一路东行的第七战队（熊野号和铃谷号）将不在特鲁克停留，而是直接在海上加入机动部队，但与其同行的6艘驱逐舰不得不去特鲁克加油。这天晚上近藤带着5艘重巡洋舰、1艘轻巡洋舰、千岁号和2艘驱逐舰从特鲁克出发。他把战列舰陆奥号留下，等待那6艘驱逐舰为其护航。特鲁克可用的燃油不足，严重影响了舰队后勤计划。8月20日晚上，通过瓜岛守军得知有20架航母舰载机在伦加着陆后，山本改变了主意。现在他觉得美国航母只负责运送这些飞机，并没有针对第二梯队运输船队的计划，而船队也显然未被发现。他的首要目标是阻止敌人有效使用瓜岛的机场，直到他将其夺回为止。这天晚上他命令各司令部通过空袭和舰炮轰击摧毁伦加的航空基地。如有可能，最好由一木在第二梯队运输船队进入空袭距离前完成这个任务。陆战队飞机的抵达和山本的对策决定了瓜岛会战此后的走向。基地航空队为8月21日又安排了一次大规模搜索，以搜寻可能在当地逗留的航母。为了让支援部队有时间进入掩护位置，塚原还把田中到达塔伊乌点的时间推迟了两天，安排在8月24日，他认为届时敌人在海上的所有抵抗应该都已被击溃。②

8月21日

8月21日，弗莱彻关注了一次可能在当天开始的对仙人掌的大规模攻击。麦凯恩的先头部队（6艘APD和麦克法兰号）将在当天晚上到达，特纳的船队则在次日。

① 田中，转引自伊文思，164—166页；日本《战史丛书》49：537—539页。

② 宇垣，185—186页；日本《战史丛书》49：539—540、544—545页；第七战队战争日记，藏于NHC微缩胶卷JD16。

05：22，萨拉托加号截获范德格里夫特发出的讯息，其中声称"泰纳鲁河（以）东的敌人发动强袭"。敌人得到至少2艘战舰支援。由于61特舰在东南方约375海里外，只有麦凯恩的B-17能救援瓜岛。（结果天气使它们找不到目标。）61特舰当即以20节速度向瓜岛靠拢。在途中，弗莱彻将于12：30在距离伦加270海里的地方会合克拉奇利的44特舰。范德格里夫特介绍了情况。从03：30开始，实力"不明"的日本步兵从东面的泰纳鲁河（其实是伊鲁河）对岸猛攻美方防线，而敌人的战舰（"舰型不明"）在黎明前就撤走了。由于人数上的巨大劣势，一木的900名士兵冲击坚固防线的结果与飞蛾扑火无异。范德格里夫特毫不怀疑自己能打败眼下的攻击，但对今后的战斗抱有深深的忧虑。"如果没有水面舰艇阻止，敌人可以继续乘夜在我军活动范围之外登陆，积聚起强大兵力。请求以一切可用的手段阻止此类行动。"[①]

黄蜂号2架神经过敏的侦察SBD在恩代尼以北140海里误击了麦基诺号，戈姆利因此责成弗莱彻："确保你指挥的所有部队都了解作战区域内我方部队的位置。"弗莱彻在08：52询问敌舰是否留在图拉吉和瓜岛附近，他准备在13：30从伦加东南250海里处发起打击。从当日的战况看，显然日本人很可能为其攻击部队提供增援。在10：34弗莱彻提速到24节。1小时后，他从仙人掌方面得知图拉吉未受威胁，而伦加的敌军已经"向东逃窜"。陆战队员在坦克支援下跨过伊鲁河，击毙了近800名日军，包括一木本人在内。弗莱彻欣喜地得知仙人掌的情况比预料的好得多，便在中午又将速度降到15节。克拉奇利的44特舰准时进入视野。弗莱彻把塞尔弗里奇号拨给诺伊斯，把2艘澳大利亚巡洋舰和巴格利号、帕特森号都编入自己的61.1特大（11特舰），并指派克拉奇利代替赖特指挥11特舰的巡洋舰。但他仍然让资历比克拉奇利稍浅的斯科特负责整个水面攻击群。毫无疑问，他还是对两国海军战斗条令的差异不放心，并怀疑这个因素在·定程度上导致了萨沃之败。[②]

当天下午弗莱彻得知，接近中午时1架PBY在布卡以东225海里遭遇4艘巡洋舰和1艘驱逐舰，当地在距仙人掌300海里范围内。这架搜索机后来报告说敌舰队以18节速度向北行驶。如果这些日本人只是假装北上，并在随后调转船头，就可能在午夜后席卷图拉吉港。另一方面，黄蜂号的1架SBD在61特舰前方15海里处击落了1架水

---

① 萨拉托加号战争日记；1942年8月仙人掌主将致南太司电202013，CSCMF，卷22。
② 1942年8月麦基诺号致南太空司电202140，南太司致61特司电202250，仙人掌主将致南太司电202345，CSCMF，卷22；萨拉托加号战争日记；44特司，瞭望塔行动，关于两栖部队攻占图拉吉和瓜岛后撤至努美阿的后续事件（1942年8月16日至9月3日）的记述；18特舰巡洋舰司令战争日记。

上飞机。这架川西大艇已在10：45向基地报告说发现美国船队，船型不明，距离530海里，以20节速度驶向西南。它在11：16发出的最后一条讯息很简单："我机正在空战。"斯罗尼姆的无线电情报小组可能监听到了它的电讯，从而得知敌人发现了弗莱彻的方位。[1]

弗莱彻开始研究战役计划，他考虑过是否要让巡洋舰和驱逐舰紧急驰援，像范德格里夫特等人希望的那样在当晚守卫伦加和图拉吉。水面船队如果以20节速度航行，可以在午夜过后几小时抵达萨沃岛。但是，弗莱彻掌握的关于萨沃岛之战的粗略情况使他对自己舰队现有的夜战能力没什么信心，而且他知道船员们的训练严重不足，其战斗条令也可能有缺陷。瓜岛一带水域狭窄，周围又都是可能阻挡雷达波的高山，实在不是让眼下稚嫩的部队打夜战的地方，更何况日军已经显示了高超的夜战能力。弗莱彻提醒手下的舰长们：由于现有的127毫米夜间照明弹"性能及其低劣"，他们必须"依靠探照灯照明"。太舰总也指出"（敌人的）驱逐舰实力比起先前有相当大的增长"，现在已达30~35艘。他还特地提醒南太区，敌人夸口的"优秀夜战鱼雷技术"很快"可能投入试验"。因此弗莱彻不愿在现有条件下接受这样的水面夜战考验，再说他的航空力量在夜战中也无用武之地。他准备在黎明时从瓜岛东南端以南出动搜索机搜寻伦加附近的敌舰，"除非我们从仙人掌获得更多情报"。萨拉托加号将负责搜索，黄蜂号攻击机群待命，企业号协助战斗空中巡逻并且"每到作战情况允许时"就支援攻击机。[2]

弗莱彻无论如何都不想闯进水面舰队的伏击圈。他本着值得称赞的谨慎态度，将4艘重巡洋舰和6艘驱逐舰组成一个由赖特指挥的临时群，让其在日落后前出到大队前方20海里，"防范（针对）我部的夜袭"。[3]赖特将于黎明时在亨斯洛角归队。在8月21日下午，弗莱彻没收到其他目击报告。根据太舰总每日情报通报，6艘重巡洋舰和伴随的驱逐舰（由第二舰队司令长官带队）与2个潜水队要么已增援俾斯麦群岛的舰队，要么还在路上。瑞凤号、飞鹰号和隼鹰号在本州岛附近训练，而珍珠港方面"未发现其他航母离开日本的迹象"。根据20日的目击报告，麦克阿瑟估计布干维尔和瓜岛之间的海军部队共有3艘重巡洋舰、1艘轻巡洋舰、5艘驱逐舰、1艘改

---

① 1942 年 8 月 21V37 致 55V3 电 210044，CSCMF，卷 22；萨拉托加号战争日记；伦德斯特罗姆《首发主力与瓜岛》98—99 页；日本《战史丛书》49：549 页。

② 1942 年 8 月太巡司致 61 特舰电 180809，太舰总致南太司电 200041，CSCMF，卷 22；萨拉托加号战争日记。

③ 赖特的群包括 11 特舰的明尼阿波利斯号和新奥尔良号，18 特舰的旧金山号和盐湖城号，以及驱逐舰塞尔弗里奇号、朗号、帕特森号、沃登号、莫里号和贝纳姆号（11 特舰巡洋舰司令战争日记）。

装水上飞机供应舰和一些辅助船只。显然针对仙人掌的大规模攻势尚未展开。范德格里夫特肯定也抱着这种想法，因为他忙不迭地告诉正驶向瓜岛的6艘APD和麦克法兰号，所有敌舰已在日出前离开，而他自己的搜索机在70海里内没有发现任何船只。"在此条件下可放心入港""快速卸货"，更何况陆战队已经只剩一天的"面包配给"。戈姆利同意了。他命令井宿三号和北落师门号随2艘驱逐舰继续前进。当这2艘货轮于8月22日卸货时和次日离开时，弗莱彻和麦凯恩应"在可行的前提下提供最大限度的空中掩护"。戈姆利认为这样的支援应该"与你们领受的任务保持一致"，而弗莱彻的任务当然还是抗击进攻仙人掌的敌主力。不久以后，由于伦加的战斗尚未平息，范德格里夫特请求推迟北落师门号进港的时间。特纳因此命令该船在圣克里斯托瓦尔东南近海离队，让井宿三号和赫尔姆号随2艘驱逐舰继续开往图拉吉。[①]

在61特舰接近瓜岛途中，能见度越来越差。战斗空中巡逻调查了几个可疑目标。临近日落时，弗莱彻将航向定在295°，以16节行驶。赖特的护卫群在前头驶入了浓浓的暮色中。与主力距离拉开到22海里后，6艘驱逐舰以三海里间隔排成一线，巡洋舰分成两对，前后间隔五海里。当天夜里戈姆利向弗莱彻抱怨"敌登陆部队昨晚出现（在）仙人掌地区"，并明确提醒说，太舰总8月20日的电报和他自己的作战令2-42都规定必须用舰载机防止敌军的此类行动。到了夜深时，他又把范德格里夫特的防线在8月20日夜21日晨受到的攻击描述为装备精良的部队从2艘型号不明的船只上发起的两栖突击，并再次暗示弗莱彻失察。就在戈姆利发出第二封电报的同时，范德格里夫特也用电台报告了歼灭一木支队一战的情况汇总。俘虏供认他们是8月16日乘6艘驱逐舰离开特鲁克的，3天后在伦加以东30公里处上岸。在那天之后没有其他部队到达瓜岛，但有几千援军正在路上。[②]

山本和他的部将怀着极为郁闷的心情度过了8月21日。26架挂载鱼雷的陆攻机和13架零战组成的强大机群在瓜岛周边和南方水域游猎，无功而返。基地航空队根据失踪的水上飞机发出的讯息推断，美国航母在所罗门群岛南部巡逻，但处于打击范围之外。近藤的先遣部队在特鲁克东南与南云的机动部队短暂会合后离开，留下

① 1942 年 8 月：太舰总情报通报 210257，西南太总致各特司电 210445，仙人掌致运十一分队、运十二分队和麦克法兰号电 210250，CSCMF，卷 22；南太司致 61 和 63 特司电 210426，南太司战争日记；62 特司致北落师门号电 210702，CSCMF，卷 22。

② 11 特舰巡洋舰司令战争日记；明尼阿波利斯号战争日记。1942 年 8 月：南太司致 61 特司电 211050，CSCMF，卷 22；南太司致太舰总电 211156，南太司战争日记；仙人掌主将致南太司电 211021，CSCMF，卷 22。

南云用队中的油轮加油。南云报告说，到8月23日日落时，他将位于伦加东北300海里。他预计届时敌人还不会发现自己的3艘航母，因为他认为敌人的水上飞机是从埃法特出发的，等自己接近时应该已经返航了。近藤计划在24日用整个支援部队掩护田中登陆，他将采用日本海军的标准战法：以潜艇在水面舰队前方呈扇形展开组成警戒线，以便及早发现敌人，打他个措手不及。第一潜水战队的7艘潜艇已从日本兼程南下，将组成160海里长的"A"警戒线，从瓜岛以东130海里向东北延伸到马莱塔以东和圣克里斯托瓦尔东北水域。第三潜水战队2艘潜艇从拉包尔出发，1艘从特鲁克出发，将组成"B"警戒线，从瓜岛西南160海里向西延伸60海里。它们可以截击从珊瑚海接近的敌军。但是截至此时，只有老旧的伊121、伊122和伊123号在圣克里斯托瓦尔以东侦察。一旦其他潜艇运动到位，它们就将开往西北，进入瓜岛邻近水域。因此三川重申了塚原给第二梯队船队的命令，要求它们在8月24日晚上到达瓜岛。田中于是率队掉头，和此前一样从北面接近瓜岛。一支日本部队报告在瓜岛东南130海里发现2艘美国运输船和1艘轻巡洋舰。在夜里，伦加附近爆发战斗，江风号朝2艘驱逐舰发射了鱼雷，但没有骚扰已经到达伦加和图拉吉的6艘APD和水上飞机供应舰。布鲁号舰尾被炸飞，但仍能浮在水面上。勇猛的江风号始终没有在雷达屏幕上形成明显回波，美军以为它是一艘鱼雷快艇而不是驱逐舰——这再次证明美国海军缺乏打水面夜战的准备。①

8月22日

靠着赖特的护卫群开道，弗莱彻小心地在黑暗中朝东北方前进，进入瓜岛以南水域。8月22日天气阴冷，波涛汹涌，偶有暴雨和阵阵东南风。萨拉托加号的14架SBD在西方至东北方向搜索了200海里察看情况。黎明时，61特舰距亨斯洛角不到75海里，距伦加120海里，航母已可打击在图拉吉、瓜岛和周边地区发现的任何目标。萨拉托加号还派费尔特直接飞到亨德森机场检查跑道。弗莱彻认真考虑了拥有一个便利基地的优势：他的飞机如果返回航母不易，可以暂时去那里落脚。这样可以大大提高航母的打击距离。为此必须让费尔特亲自去仙人掌了解机场条件。他还顺便带了一封电报到那里拍发，以让戈姆利了解最新情况。在电报中弗莱彻提到了8月20日目击潜艇的情况和最近与敌巡逻机的遭遇，他表示自己相信61特舰"时不

---

① 日本《战史丛书》49：549—552页；宇垣，186—187页；博伊德和吉田《日本潜艇部队与第二次世界大战》94—95页。1942年8月驱七分队长致驱四中队长和62特司电211842，CSCMF，卷22。

时地被发现"，并问南太司是否能确认。同时他再次抱怨"通信状况极不理想"，目击报告"接收时间非常迟"。萨拉托加号的无线电设备显然没有改进。弗莱彻承认范德格里夫特曾请求他在夜间提供近距支援以防敌军登陆，但他"认为在夜间将巡洋舰和驱逐舰派到仙人掌是不明智的"。最后他提醒说，61特舰"必须在24日后撤，以便加油和重新分配物资"。为了保证自己始终做好高速航行和战斗的准备，他希望继续每隔六天左右加一次油。[1]

日出时，护卫群回到61特舰主力阵中。经过队形调整，弗莱彻在与伦加距离拉近到95海里后转向东南。由于地理和风向的限制，他的航母不能在瓜岛南边巡弋，而必须留在瓜岛东边以获得更多机动余地。最初的侦察显示瓜岛附近只有1艘敌舰。萨拉托加号的2架SBD追上正在马莱塔岛外朝西北疾驰的江风号，进行了扫射。费尔特带着弗莱彻希望听到的消息返回。亨德森机场能在必要时接纳一个航母攻击机群并加以维护。费尔特向陆战队保证，萨拉托加号将在次日送去必要的通信器材。与此同时，特纳催促井宿三号和赫尔姆号加紧赶往图拉吉，北落师门号也将在次日跟进。这一天没有发现其他敌舰，表明大家最担心的反攻可能至少还要过一天才来。弗莱彻向诺伊斯和金凯德通报说，61特舰将维持当前的东南航向至11：30，然后折向东方。他希望在8月23日黎明前位于马莱塔以东、伦加东北120海里，以便侧击从特鲁克向南突进的敌人。这天上午晚些时候雷达发现西北55海里有一个不明目标在接近。战斗空中巡逻熟练地进行了拦截，最后在61特舰西南26海里的狂风暴雨中消灭1架川西水上飞机。弗莱彻认为敌人又一次发现了自己的位置。当天下午，萨拉托加号的20架SBD在西北-东扇区搜索了200海里。斯科特利用这个相对平静的间隙详细通报了他的水面攻击群的战术编组（包括1艘战列舰、6艘重巡洋舰、3艘轻巡洋舰和8艘驱逐舰）。[2]

离开圣克里斯托瓦尔近海后，弗莱彻在16：30转向北方，朝他计划中的马莱塔以东行动海域进发。太舰总每日情报通报还是"没有关于航母位置变化的明确迹象"，但指出瑞鹤号、翔鹤号和龙骧号"在8月16日以后"就"无活动"，因此"不应忽视其已在最近出海但未被发现"的可能。这样的情报实在帮不了多少忙。当天下午的实际接触又是非常稀少。唯一令人不安的目击是瓜岛西北200海里的1艘巡洋舰，据报它的航速是24节，航向直指麦基诺号栖身的圣克鲁兹群岛。尽管这艘敌巡

① 1942 年 8 月弗莱彻致南太司电 211120，灰皮书，807 页。
② 萨拉托加号战争日记；伦德斯特罗姆《首发主力与瓜岛》100—101 页；18 特舰巡洋舰司令战争日记。

洋舰在近500海里开外，麦凯恩还是命令麦基诺号和布利斯号在当晚给PBY加油后离开，但次日还是要返回恩代尼继续支持至关重要的水上飞机侦察。17：10，在圣克里斯托瓦尔东南50海里外，金凯德16特舰中的企业号和波特兰号之间突然冒出一道鱼雷的白色羽状尾流，接着那条鱼雷就跃出了水面。18特舰中位于舰队左侧的瞭望哨还看见另一道鱼雷尾流，他们认为那可能来自另一艘潜艇。事实是老旧的伊121号完成了这次大胆但并不成功的攻击并逃之夭夭。天黑后，弗莱彻将克拉奇利的澳大利亚号和几艘驱逐舰布置到61特舰西侧，以防水面舰艇突袭。他还另写了一份给戈姆利和麦凯恩看的情况汇总，准备第二天上午用萨拉托加号的飞机送到仙人掌。他在其中提到，61特舰从瓜岛以南实施的搜索只在马莱塔以北找到1艘高速撤离的驱逐舰。航母部队又击落1架水上飞机，并在圣克里斯托瓦尔东南遭遇1艘潜艇，进一步证明弗莱彻的位置已被敌人充分掌握。鉴于敌方航母很可能已在途中，他向戈姆利建议让61特舰在8月25日加油，"如有可能应使用3艘油轮"。整个加油过程应该只需要不到一天时间。①

当天晚上戈姆利对费尔特带到仙人掌拍发的电报做出答复，他给弗莱彻提供了最新的情势评估，其中"指出敌人极有可能在8月23—26日大举进攻仙人掌地区"。在距离拉包尔600海里的范围内，潜伏着1~2艘战列舰、10艘重巡洋舰、5艘轻巡洋舰、10~11个驱逐舰分队和大量潜艇。新不列颠地区的机场有60架战斗机和60~100架轰炸机活动，更多飞机正在增援途中。敌人有足以打垮范德格里夫特的陆战队的步兵。"航母可能存在但尚未确认"，而"关于敌军发现你的唯一证据"是太舰总8月14日的一封电报，其中提到敌潜艇可能接触了弗莱彻舰队。戈姆利承认无线电通信"不如人意"，但"正在尽一切努力改善"。他也认为给61特舰加油很"重要"，希望"尽快完成，而且如果可行的话一次后撤一个航母特混舰队来进行该作业"。为此普拉特号、西马仑号和2艘驱逐舰最迟将在8月24日上午到圣埃斯皮里图西北125海里、伦加东南350海里处等候。为了防止同时被1艘潜艇盯上，这2艘油轮将再次保持至少10海里的间距。卡斯卡斯基亚号无法成行，但萨宾号已和1艘驱逐舰在21日到达圣埃斯皮里图。不过如果弗莱彻一次让一个特混舰队加油，那么2艘油轮已经足够。当然，前提是敌情允许他这么做。②

---

① 1942 年 8 月太舰总情报通报 220251，南太司致 61、62、63 特司和麦基诺号电 220241，弗莱彻致南太司电 220900，CSCMF，卷 22。关于伊 122，另见鲍勃·哈克特和桑德·金塞普《潜水舰！》，网址是 http://www.combinedfleet.com/sensuikan.htm。

② 1942 年 8 月南太司致 61 特司电 220910，灰皮书，808 页。

瓜岛守军在8月21日夜用电台向拉包尔报告，一木第一梯队在对伦加徒劳无功的突击中"几近全灭"。上头认为如此噩耗需要确认，但反攻行动仍在紧锣密鼓地实施。由于风暴猛烈，**塚原**很不情愿地取消了原定8月22日对伦加的轰炸。他推测自己失踪的水上飞机是被瓜岛东南的1艘航母所害。田中的第二梯队船队以9节航速沿之字形航线向东南前进，到中午时距目标已不到400海里。三川未能在海上完成加油，不得不让2艘重巡洋舰和1艘驱逐舰去肖特兰加油，让五藤率另两艘重巡洋舰和2艘驱逐舰在运输船队以西掩护。在田中北方约300海里外，近藤的整个支援部队正迎着盛行的贸易风南下，在次日黎明前将把与田中的距离拉近到200海里以内。第七战队终于追上了南云，而陆奥号和6艘驱逐舰也抱着及时赶上近藤先遣部队以参战的希望离开特鲁克。考虑到天气因素和驻扎在伦加的飞机所显露的威胁，**塚原**建议南云的航母在8月23日摧毁机场，然后在24日田中最后接近塔伊乌点的过程中提供近距空中支援。田中清楚自己的船队不堪一击，因此强烈支持这个建议。山本不想让机动部队冒过早暴露的危险，但他还是允许南云在24日攻击伦加，前提是其他空中和水面部队届时未能压制该航空基地。重夺所罗门群岛的大攻势还有不到一天就将真正展开。①

鲁莽行动还是按兵不动？

弗莱彻在8月10—22日的表现遭到了尖锐批评。麦考密克在8月19日抱怨说："从最初登陆开始，我们的特混舰队一直没有多大作为。"他的话无疑反映了尼米兹本人的讥刺之意。太舰总1942年10月24日的报告宣称，从8月9日到23日，敌巡洋舰和驱逐舰"几乎每晚都不受阻碍地轰击瓜岛和图拉吉"。弗莱彻错误地把精力放在"隐藏航母"上，始终处于"南方远离敌机接触范围的位置"，导致两岛门户洞开。因此，"在图拉吉和瓜岛之间接近水域作战的众多小股日舰无一受到航母飞行队或我方水面舰艇攻击"。此外，日本人还利用这段喘息机会集结了"强大的部队"，"同时限制了补给和军火输入"仙人掌的数量。"应该利用一切机会打击和歼灭日本舰队的孤立单位。在8月24日前有许多机会攻击日军小部队。如果抓住了这些机会，日本人在8月24日的主攻行动就可能延后，或者只能用较少部队发起。"舰总司参谋部的"特德"谢尔曼少将被2艘大型驱逐舰在8月19日炮击伦加的消息震惊，他想不通敌人是怎么杀到仙人掌附近的。"我不明白我们的航母怎么会放任这

---

① 日本《战史丛书》49：536、553—556页；宇垣，187—188页；第七战队战争日记，载于NHC微缩胶卷JD16。

种情况发生。我觉得我们的航母特混舰队被运用得非常糟糕。"历史学家们也对他们眼中弗莱彻的消极避战大不以为然。理查德·弗兰克认为"弗莱彻从萨沃岛到东所罗门的记录显示他从谨慎变为了无能"。①

弗莱彻的上级显然希望用大胆的行动打乱敌军的集结过程,但敌军的集结地是遥远的特鲁克。在第二梯队船队接近前,下所罗门群岛只有几艘驱逐舰和潜艇在游荡。尼米兹说巡洋舰和驱逐舰几乎每晚都来炮击,而且图拉吉和瓜岛附近有"众多小股"敌舰,其实并不符合事实。②几艘神出鬼没的驱逐舰和潜艇的零星炮击很伤美国海军的自尊,但实在难给陆战队造成决定性的威胁。从8月9日到23日,日方仅仅通过快速灵活的驱逐舰,悄悄地把一千轻装步兵送上了岸,范德格里夫特严阵以待的陆战队对他们有十比一的优势。③区区几艘驱逐舰运来的步兵不可能打败陆战一师。日军需要火炮和其他重武器,以及多得多的人员和补给,而这只有运输船才能送来。在此之前,日本人必须先歼灭或击退弗莱彻的航母。

从登陆到敌军航母接近的这段时间里,弗莱彻如果要采取实质性的"大胆"行动,只能选择袭击拉包尔或特鲁克。附近没有任何其他重要目标,特别是没有可能延缓或提前削弱敌军反攻的目标。攻击拉包尔或特鲁克意味着放弃岸基飞机支援,面对敌方有效的空中侦察网,那么61特舰肯定早在进入攻击距离前就被其发现。在所罗门群岛以北,弗莱彻对自身有限的空中侦察范围外的情况一无所知,极易陷入他最凶猛的对手——未被发现的敌方航母设下的陷阱。无论作何战术选择,都要冒巨大风险,而且没有给敌军造成相当损失的相应机会。61特舰极有可能在南云机动部队出现前被严重削弱。如果在此关头遭到惨败,瓜岛必失无疑。

---

① 灰皮书,829 页;太舰总报告(1942 年 10 月 24 日)。1942 年 8 月太舰总群发电 190305(南太司战争日记)强调"航母和其他各种舰艇是敌人主要的歼灭目标",但是"我们不能指望在自身不冒损失风险的情况下给敌人造成重大损失"。弗兰克《瓜达尔卡纳尔》204—205 页认为这个"异乎寻常的电讯"反映了尼米兹对弗莱彻的极度不满。"既然普通水兵和下级军官无权选择何时迎战或出击,那么这番训诫所指对象不言自明。"但是这封电报只是向全舰队拍发的低级通报,意图只是激励那些"普通水兵和下级军官"积极奋战。如果尼米兹真想"训诫"弗莱彻,他可以直接对弗莱彻说,大可不必如此含糊。F.C.谢尔曼日记(1942 年 8 月 24 日);舰总司秘密情报通报(1943 年);弗兰克,205 页。

② 从 8 月 9 日到 8 月 23 日发生的炮击事件如下:
8 月 11 日,潜艇吕 34 号对伦加实施炮击"佯动"
8 月 12 日,驱逐舰夕月号和追风号炮击伦加
8 月 13 日,潜艇伊 123 号炮击伦加,伊 122 号炮击图拉吉
8 月 19 日,驱逐舰阳炎号、萩风号和岚号炮击伦加和图拉吉
8 月 20 日,阳炎号炮击图拉吉和瓜岛
8 月 22 日,驱逐舰江风号在图拉吉附近攻击驱逐舰布鲁号和亨里号
日本《战史丛书》49:512—513、534、552 页。

③ 8 月 9 日到 23 日共有 1029 名日军士兵登上瓜岛:113 名特别陆战队士兵在 8 月 16 日夜 17 日晨从追风号上岸,916 名一木支队第一梯队的士兵在 8 月 18 日夜 19 日晨从几艘驱逐舰登陆。日本《战史丛书》49:520、533 页。

在萨沃之战后的2周时间里，只有2个选择：鲁莽行动或表面上的无所作为。弗莱彻正确地保全了他的部队并做好了战斗准备，同时为仙人掌提供了有限支援。动用61特舰的巡洋舰和驱逐舰在图拉吉和伦加附近作静态的防御巡逻并不明智。让航母停留于瓜岛近海提供战斗机掩护也不可取。曾任陆战队参谋军官的历史学家赫伯特·克里斯蒂安·梅里拉特绝非弗莱彻的崇拜者，却承认他在登陆后的策略是"'存在舰队'的经典运用"。美国航母舰队使"他们的对手谨慎地与战斗中的岛屿保持距离，直到其中一方找到有利时机，迫使另一方接受'决战'"。梅里拉特认为虽然"没有几个陆战队员明白"，但"他们有理由感激在远方徘徊的美国航母"。这些航母"只要存在"，就能"远距离掩护向仙人掌输送物资和增援的行动"。[1]在瓜岛会战的这一阶段，弗莱彻表面上的"无所作为"对盟军事业的贡献远强于其他选择。

---

① 赫伯特·C.梅里拉特，71—72页。

第二十八章

东所罗门之战（一）
举世皆盲

等待战机

8月23日星期天，登陆后的第17天。在马莱塔以东50海里处，多雨的天空微微现出晨曦。[1] 虽然实力不足以正面迎击日本舰队，弗莱彻的61特舰（3艘航母，216架飞机）还是重操珊瑚海和中途岛时的旧业，在敌军有强大支援的两栖攻击面前防守一个位置突出的岛屿。他连夜运动到伦加以东130海里，既处于支援距离以内，又非所罗门群岛中部的水上飞机所能及。弗莱彻打算从这个位于拉包尔东南670海里并处于其强大的侦察和攻击网边缘的位置出发，边朝东南迎风方向行驶边保持戒备，等待恩代尼的PBY搜索瓜岛北方和西北方的关键扇区。[2]

---

[1] 关于东所罗门之战的资料：61特司（太巡司）致南太司，1942年8月23—24日行动初步报告（1942年9月6日），附南太司的第二次批注和战斗报告表格记录。太舰总致舰总司，所罗门群岛会战，1942年8月23—25日的行动（1942年10月24日），附各舰和各中队行动报告，包括：萨拉托加号舰长致太舰总，1942年8月24日在所罗门群岛地区对敌（日本）部队行动报告（1942年9月10日），包括大队和中队报告；战术态势和大事记——1942年8月24日，关于1942年8月24日与日军交战的战斗机电台网日志和雷达标示航迹图；萨拉托加号飞行大队队长，关于1942年8月23日和1942年8月24日上午作战的记述（1942年9月5日）；萨拉托加号飞行大队队长致萨拉托加号舰长，关于1942年8月24日在所罗门群岛地区与敌交战的记述（1942年8月29日）；11特司致太舰总，对萨拉托加号1942年8月24日在所罗门群岛地区对敌（日本）部队行动的批注（1942年9月24日）；企业号舰长致太舰总，关于1942年8月24日行动包括企业号所受空袭的报告（1942年9月5日）；16特司致太舰总，1942年8月24日行动报告（1942年9月9日）；16特舰巡洋舰司令致太舰总，1942年8月24日行动报告（1942年8月27日）；61特司致太舰总，对关于1942年8月24日行动包括企业号所受空袭的报告批注（1942年9月25日）。第16特混舰队1942年8月24日05：00—24：00大事记。

44特司，瞭望塔行动，两栖部队攻占图拉吉和瓜岛后撤至努美阿的后续事件记述（1942年8月16日至9月3日）。

战争日记：萨拉托加号、南太司、16特舰、企业号、11特舰巡洋舰司令、18特舰巡洋舰司令、16特舰巡洋舰司令、驱一中队长、驱六中队长、驱十二中队长、明尼阿波利斯号。奥斯卡·彼得森中校在陆海军参谋学院的航母作战讲座（1943年11月4日），彼得森资料集。

战斗记述，所罗门群岛会战Ⅲ：1942年8月23—25日东所罗门之战（1943年），莫里森《美国海军作战史》5：79—107页；日本《战史丛书》49：556—591页；弗兰克，159—193页；伦德斯特罗姆《首发主力与瓜岛》102—164页。

[2] 关于弗莱彻在东所罗门之战中决策与行动的基本资料包括他的附有接触地图的初步报告（1942年9月6日）、萨拉托加号战争日记、萨拉托加号的战术态势和大事记、16特舰战争日记、16特舰05：00—24：00大事记（1942年8月24日）和彼得森讲座（1943年11月4日）。

虽然戈姆利不断发出预警（尼米兹倒是没有），但敌人自萨沃岛的可怕突袭后再未大举进犯。如果这一天和前几天一样平静，弗莱彻就必须按戈姆利的指示让他的几支特混舰队逐一前往圣埃斯皮里图西北，从普拉特号和西马仑号加油。企业号的15架俯冲轰炸机和9架鱼雷机起飞搜索了半径为180海里的北侧半圆，西至圣伊莎贝尔，北至瓜岛和马莱特以北。萨拉托加号的2架TBF搭载着辛德勒在06：15出发前往仙人掌，并带去了前文提到的南太司8月22日的电报、电台器材和来自司令食堂的10磅冰冻草莓。萨拉托加号甲板上排列着攻击机群，辛德勒提醒范德格里夫特，它们可能顺道降落在亨德森机场，甚至有可能当天就到。日出时风力加大，32节强风劲吹，还伴有阵阵暴雨。弗莱彻在早餐时读到太舰总的一条绝密讯息，其中提到"有迹象表明"2艘翔鹤级航母、2艘快速战列舰和4艘重巡洋舰组成的"橙色打击部队"现"处于特鲁克地区或其附近"，因此与仙人掌的距离不少于1000海里。"在特鲁克—拉包尔地区"有"第二舰队司令长官"，并"可能"有2艘战列舰，"肯定"有4艘重巡洋舰。但是这个重要的情报没有回答首要问题：对瓜岛的攻击何时开始。不过既然日本航母还远在天边，似乎几天之内不太可能出现这种情况。①

企业号的搜索机只在远方遇到2艘正在南下的潜艇。1艘在特混舰队北面100海里外的波涛下穿行；另一艘在东北150海里处，起初潜行，后来浮出水面又被迫再次下潜。第1艘潜艇是正在赶往瓜岛西南B警戒线的伊11号，第2艘是前往马莱塔以东A警戒线的伊17号。2艘艇都没有受到多少损伤。被分配到西向扇区（包括伊莎贝尔岛南部和马莱塔西北）的企业号飞机因为天气恶劣早早返航。弗莱彻不能排除那个关键象限存在敌人的可能，但他知道岸基飞机至少应该照顾到那里的部分区域。

恩代尼的水上飞机发出的第一条讯息在09：42传到萨拉托加号。VP-23的弗朗西斯·C.莱利中尉报告，在仙人掌以北约250海里、61特舰西北350海里处有8艘船。②他没有提供这些船的描述、航向和速度。10：13，东边相邻扇区的PBY在莱利发现的目标东南75海里、61特舰西北275海里遇到2架浮筒式水上飞机。它们要么是从莱卡塔起飞并在进军的舰队前方巡逻的水上飞机，要么是来自巡洋舰。在11：35，由于再没关于那8艘船的消息传来，弗莱彻对诺伊斯和金凯德发信号说，他打算继续以15节航速开向东南直至日落。加油会合点当时在东南175海里

---

① 特文宁，78页回忆了辛德勒带草莓的事，但错把日期记成了8月12日。1942年8月太舰总致各特司电221921，南太司通信档案。
② 此处引述的搜索机电讯记录在南太空司战争日记、特混舰队及航母战争日记和CSCMF中。詹姆斯·萨夫鲁克确定了各架PBY的机长。

外，这样可以把路程缩短一半。他还给诺伊斯下了暂定于24日拂晓加油的命令。此时天空已放晴，但浪涛还是很大，还伴有阵阵清风。11：54，萨拉托加号监听到莱利的后续报告，其中指出2艘巡洋舰、3艘驱逐舰和4艘运输船正以17节速度从西北向瓜到接近。终于得到明确情报的弗莱彻带着61特舰掉头开往310°方向，航速为15节。费尔特把所有俯冲轰炸机和鱼雷机飞行员叫到萨拉托加号宽大的军官餐厅，等待航母进入攻击距离后下达攻击命令。这段等待又会很漫长。61特舰为了起飞或回收飞机，不得不经常与基本航向背道而驰。不过这样一来倒是给了岸基飞机更多时间寻找优先于其他任何目标的航母。[1]

戈姆利在12：50满足了弗莱彻当天上午通过仙人掌电台提出的3艘油轮的要求。在8月24和25日上午，普拉特号和西马仑号将位于圣埃斯皮里图西北的指定会合点周围50海里内。萨宾号将在26日加入它们的行列。根据中午油量报告，61特舰的驱逐舰平均余油为57%，不过重型舰船的燃油很充裕。油料问题并不严重，但61特舰需要及时加油，确保在爆发战斗时有高速机动的自由。在战斗中可不能依靠重型舰船的燃油，所以弗莱彻必须早一点完成加油。[2]

当天下午恩代尼的PBY发来的其他侦察报告只提到3艘潜艇，分别位于61特舰西北180海里、150海里和东北240海里。其中2艘可能就是SBD在上午遭遇的潜艇。如果有包括航母在内的重型舰船支援莱利发现的运输船队（这看来是必然的），它们的行踪可谓非常神秘。金凯德显然对弗莱彻没有尽快进入攻击距离感到不满，他建议让16特舰以25节速度冲向西北，然后在15：00（届时运输船队应该在250海里外）起飞企业号的攻击机群。飞机将在16：45前后攻击目标，然后在日落后返回。金凯德的这个请求其实和他8月2日让16特舰远离另两艘航母在北方作战的建议如出一辙，本质上还是老一辈飞行员在对阵敌航母时分散行动的那套思想。弗莱彻没有理睬，只是指示当值的企业号在北侧半圆搜索200海里以防万一。金凯德只能服从命令，在14：25起飞了企业号的20架SBD。[3]

弗莱彻决定在当天下午如有可能就发动攻击，但克制住了在最大距离上攻击运输船队的冲动。他还是希望先找到敌人的航母。他的首选武器是萨拉托加号的攻击机群，全部31架SBD和13架TBF中的6架都已做好出击准备。如果那支运输船队保持报告的航向和航速，那么到14：30时它应该在西北275海里外（伦加以北170海

---

① 16特舰战争日记。
② 1942年8月南太司致61特司电 230156，CSCMF，卷22。驱逐舰油量是根据它们的航海日志确定的。
③ 16特舰战争日记。

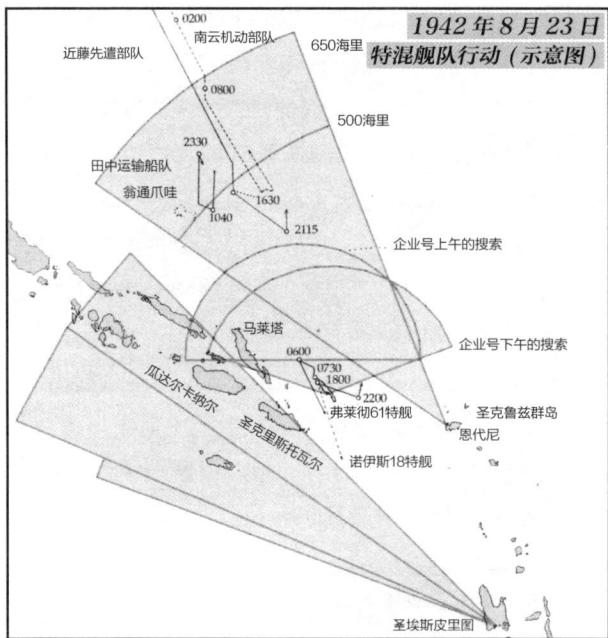

里）。因为不主张分散航母，弗莱彻并不欣赏16特舰离队单独攻击的主意。虽然按金凯德的计划将从稍近的距离起飞，飞机还是必须在天黑后返航，缺乏经验的飞行员夜间着舰令人担忧，而航母开灯又有引来潜艇的危险。不过弗莱彻有亨德森机场这张底牌。如果到14∶15还没有比运输船队更好的目标出现，他就要打这张牌。在"没完没了"的2个小时过去后，费尔特放下听筒，"满意地咧嘴一笑"，快活地宣布："咱们走，小伙子们！没找到航母。我们要打那些巡洋舰。"弗莱彻命令他攻击运输船队，然后南下去亨德森机场，尽量赶在日落前降落，第二天上午07∶30回到位于马莱塔移动的萨拉托加号。因为航程太长，护航战斗机将不出动。14∶40，37架飞机飞向西北。在北卡罗来纳号上观察的麦克尔·兰恩怀疑弗莱彻掌握了他不知道的其他情报。不然的话，"这个行动似乎就是碰运气了。"弗莱彻此举确实和日军5月7日那次搜索–攻击任务一样冒了很大风险。高木少将和原上将因为那次冒险在珊瑚海吃了大亏。所以这一次费尔特身负重任。弗莱彻丢不起这些部队。他的判断是这波攻击能够击败被认为正在接近瓜岛的水面舰队，而飞机落地后则可以靠陆战队保护。①

---

① 61特舰初步报告；李，339页；萨拉托加号飞行大队长报告（1942年9月5日）；兰恩报告；萨拉托加号战争日记。

在努美阿焦急地观察战局的戈姆利采取了措施以确保弗莱彻掌握运输船队的情报。麦凯恩则命令麦基诺号（正在返回恩代尼）保持"与（莱利）报告的敌军的接触"。在14：09，利里报告截至11：40有2艘驱逐舰和2艘货轮在肖特兰附近。戈姆利回应道："请求你部立即攻击它们。"过了近5个小时，麦克阿瑟解释说自己的飞行员需要"至少7个小时才能针对你给出的目标执行任务，因为莫尔兹比或米尔恩湾除了作为加油基地外不能用作他途，否则风险太大"。他还信誓旦旦地表示前一天B–17对拉包尔的攻击已经取得"显著效果"。于是戈姆利警告范德格里夫特："目击报告表明有两队敌舰正向瓜岛汇聚。"它们可能在"今晚"抵达，范德格里夫特对其威胁心知肚明。他在16：15派出陆战队的9架SBD、13架F4F和萨拉托加号的TBF攻击运输船队，他相信后者此时早已进入伦加200海里范围内。麦凯恩匆忙组织了5架PBY从圣埃斯皮里图出发夜袭，次日黎明时B–17也将跟进。他再次要求麦基诺号更新目击报告。特纳则命令北落师门号和失去战斗力的布鲁号在当晚撤离。结果北落师门号按照指示撤出，但布鲁号不得不自沉。在过去3天里，2艘货轮、6艘APD和1艘水上飞机供应舰已将各自所载货物的全部或大部卸在伦加和图拉吉，一定程度上缓解了严重的物资短缺。①

在费尔特的攻击机群出发90分钟后，戈姆利警告弗莱彻仙人掌面临迫在眉睫的危险，提醒他"做好派水面分队在今晚歼灭仙人掌地区敌军的准备"。此时从61特舰的位置到伦加有170海里的海路——25节速度下需7小时。弗莱彻可以让水面部队在午夜前到那里，如果采用比较经济的20节航速则可在02：00前到达，但前提是舰队立即出发，而是否这么做由戈姆利决定。弗莱彻当然不会把整个特混舰队都派过去。他已经动用重兵打击北方的运输船队。而从肖特兰出发的货轮在第二天日上三竿前不可能抵达瓜岛。利里在17：01转发的一份目击报告已经确认它们甚至没有离开肖特兰。②

黑暗中的摸索

在等待空袭结果的过程中，弗莱彻又一次体验了那种肝肠寸断的感觉。一位日本航母舰长对这种等待的描述是："千秒"的流逝犹如"百年"般漫长。③费尔特应

---

① 1942 年 8 月：南太空司致麦基诺号电 230159，堪培拉电台致所有美国舰船电 230309，南太司致西南太司电 230315，CSCMF，卷 22；麦克阿瑟将军致南太司电 230642，CNO TS 蓝色档案；努美阿电台致仙人掌电 230331，南太空司致南太司电 230456，CSCMF，卷 22。

② 1942 年 8 月南太司致 61 特电 230440，西南太空司致南太司电 230601，西南太总致各特司电 230613，CSCMF，卷 22。

③ 横井俊之《深海阎王也不想干的舰队司令》，收录于格拉克《浮世》11 页。

该在16：30左右抵达目标。其他司令部都没有消息传来，尤其值得注意的是麦凯恩的南太空毫无动静。弗莱彻拿着珍珠港发来的最新情报思虑再三。太舰总每日通报明确指出翔鹤号和瑞鹤号"正在从日本到特鲁克的途中"，1艘重巡洋舰和"可能"通行的2艘快速战列舰已在特鲁克"地区"或"附近"。太舰总在当天上午曾宣称2艘翔鹤级航母"处于特鲁克地区或其附近"，此时却换了说法。虽然"处于特鲁克地区或其附近"不同于"正在从日本到特鲁克的途中"，但尼米兹似乎没有注意到这个差异。尽管如此，弗莱彻已经有充分理由相信最近的敌航母还在离他目前位置有1100多海里的特鲁克以北。而实际上，南云正在61特舰西北仅300海里的地方巡航，近藤的先遣部队则更近。后文将会讨论预报了珊瑚海和中途岛之战的无线电情报网为何犯下如此大错。眼下这一错误的直接后果是使弗莱彻误以为特混舰队逐一后撤加油是安全的。[①]

17：00以后，金凯德从下午搜索返回的企业号飞行员口中得知，61特舰西北100海里处有1艘潜艇"受了轻伤"，在马莱塔北方近海还可能锚泊着1艘货轮和轻巡洋舰或驱逐舰。去西北方侦察的飞机又遇到坏天气，这一次只飞了145海里就回头了。奇怪的是金凯德认为这些情况无关紧要，直到次日上午才转发给弗莱彻。在18：00日落前11分钟，弗莱彻掉头开往东南。西边没有任何飞机出现在萨拉托加号的雷达屏幕上。无论费尔特的攻击机有没有找到运输船队，它们肯定都按指示去瓜岛了。20分钟后，鉴于"邻近地区没有敌航母"，弗莱彻指示诺伊斯开往南边210海里外的加油点。黄蜂号（63架飞机）的离去使弗莱彻只剩萨拉托加号和企业号的150架作战飞机，包括降落到仙人掌的38架。[②]

理查德·弗兰克曾写道，诺伊斯18特舰这一走也带走了"1942年美国海军在航母战中占据决定性数量优势的最好机会"。莫里森认为在这个节骨眼上遣走黄蜂号是弗莱彻关键时候毫无必要地加油的可悲嗜好的又一次发作。"驱逐舰的日志再次证明这种对燃油的担心是毫无根据的。"当然，莫里森不像弗莱彻，他知道敌人的航母就在附近，因此他惯常地运用无所不知的事后聪明，把弗莱彻对局势的评估评价为"打错算盘"。言下之意是，弗莱彻不管怎样都应该猜到附近有航母。弗兰克责怪弗莱彻没有"像他的某些部下那样，认识到运输船队出现和发现潜艇的意义"。但是从记录看，唯一有这个认识的部下是企业号的戴维斯，他在事后写道，3艘潜艇

① 1942 年 8 月太舰总情报通报 230345，CSCMF，卷 22；11 特司致太舰总，对萨拉托加号舰长报告（1942年 9 月 10 日）的第一次批注（1942 年 9 月 24 日）。
② 18 特舰巡司战争日记，16 特舰战争日记，16 特舰大事记。

急速南下"强烈暗示着敌人可能有相当规模的部队跟随前进艇幕向南进军"。其实戴维斯也是事后诸葛亮。他的上司金凯德甚至认为没必要把23日的最后一次潜艇目击立即通报给弗莱彻。①

批评家们没有考虑到太舰总的无线电情报的意义。麦考密克的战争计划处基本上按照同样的情报和目击报告撰写当晚的汇总，它反映了珍珠港方面乐于看到的解读，也证明弗莱彻的行动完全合理。虽然"最近在拉包尔地区"出现"比较多的敌巡洋舰、驱逐舰、运输舰和货轮"，但麦考密克认为它们"如果进入弗莱彻的攻击范围，将给他提供很好的目标"。而"先前提到的正赶往西南太平洋的敌打击部队""现在有迹象表明""位于特鲁克地区"。"因此，它们无法在当地日期27日或28日前到达图拉吉地区"。弗莱彻看着海图时肯定是这么想的：既然有机会让3个特混舰队依次加油，肯定要利用起来。继续等下去倒有可能让3个航母舰队在缺油时被终于出现的日本航母打个措手不及。②

这天晚上戈姆利决定不让61特舰的巡洋舰和驱逐舰前往瓜岛，不过时间和距离早已否决了这个选择。麦克阿瑟又转发了一份海岸瞭望哨的报告，其中说截至13：30有5艘船（"包括1艘非常大的"）仍在肖特兰。这样一来另一船队出现在瓜岛的可能就更小了。后来利里详细报告了布干维尔南部近海船只集结的情况，再次证明针对仙人掌的协同两栖攻击至少还要一天才能发动。③

弗莱彻操纵舰队从东面接近他计划在黎明时所处的位置。他将以马莱塔以东90海里、伦加东北170海里作为出发阵地，比23日偏东40海里。当天深夜范德格里夫特发报说自己的攻击机群因为能见度太差，没找到运输船队就返航了；不过他没有提到萨拉托加号的飞机。直到8月24日凌晨，才有两封电报向弗莱彻澄清局势。第一封是01：24收到的，把萨拉托加号上很多人惹火了。在14：30就回到恩代尼的麦基诺号终于通报说，3艘运输船、1艘轻巡洋舰和2艘驱逐舰组成的船队在中午就"大幅"改变了航向。莱利并没有跟踪那支船队，而是在自己的扇区内把天气尚可的区域搜了个遍。他后来又再次遇到那支船队，最后一次看到是在12：30，当时它正退向西北。因此日本人早在萨拉托加号的攻击机群起飞前就退出了攻击范围。至于如此重

弗兰克，165 页。莫里森《美国海军作战史》5：83 页提到，随黄蜂号离去的 7 艘驱逐舰在 8 月 23 日中午的油量为 68885 到 104794 加仑不等，平均 84824 加仑。他照例没有说明这些数字换算成含油比例和不同速度下的实际续航力是多少。各舰的平均余油比例为 55%。余油最少的驱逐舰是斯塔克号（大约 15 节续航 6.7 天，25 节续航 1.9 天）。企业号舰长报告（1942 年 9 月 5 日）。

② 灰皮书，832 页。

③ 1942 年 8 月西南太总致太舰总电 230709，西南太司致太舰总电 231140，CSCMF，卷 22。

要的情况为何过了13个小时才通报给弗莱彻，根本没人解释。此外也没人告诉弗莱彻，浓密的云层迫使在某些重要扇区搜索的PBY把搜索距离从650海里减到了500海里。即使是缩减后的区域也只搜索了70%。在伦加等待的辛德勒倒提供了最好的消息。虽然费尔特没有找到运输船队，但所有飞机都已抵达仙人掌，并做好了"随时打击来犯之敌"的准备。由于"加油方面的耽搁"，辛德勒请求把它们回到萨拉托加号的时间从07：30改为10：30。萨拉托加号飞行员平安的消息让弗莱彻如释重负。现在他需要尽快让他们归队，并等待8月24日的局势发展。[①]

对方阵营

8月23日是KI作战的前一天，拂晓时田中的第二梯队船队正在瓜岛以北300海里朝正南缓慢行进。南云的机动部队和近藤的先遣部队保持东南航向，在北方约200海里外斜穿田中经过的航道。南云计划继续向东南前进，但保持在水上飞机搜索圈以北（他认为最近的水上飞机基地在埃法特）。到24日黎明时，他将大致处于马莱塔到恩代尼的中途，伦加东北250海里。他可以从那里歼灭在圣克里斯托瓦尔以南巡逻的美国航母。近藤得到3艘驱逐舰加强后，将从机动部队的西南方转移到东北方60海里外，以水上飞机向东搜索300海里来掩护南云的左翼。除非塚原的基地航空队8月23日未能轰炸伦加机场，计划才会更改。在这种情况下，南云将分出一支航母分队在24日袭击瓜岛，并给田中提供近距空中掩护。被排挤出航母部队的原少将此时指挥机动部队中的第八战队（巡洋舰分队）。如果需要用航母空袭伦加，他将以座舰利根号、航母龙骧号和2艘驱逐舰组成1个小型支援舰队。龙骧号只有9架97式舰攻机，提供不了多少攻击火力，但它的24架零战足以保护运输船队。[②]

田中非常清楚自己挡不住任何形式的攻击，莱利的水上飞机不祥的身影出现在瓜岛以北275海里时他非常紧张。更糟的是，伊11号（当天上午企业号的SBD遭遇的2艘潜艇之一）报告在运输船队东南仅180海里发现航母舰载机。由于担心美国航母北上的速度可能比任何人预计的更快，三川再次命令田中撤退，等局势明朗再说。田中在10：40疲惫地服从命令，提心吊胆地等待基地航空队的侦察结果和近藤的大部队。离田中最近的援军仍然是在肖特兰徘徊加油的三川外南洋部队。

---

① 1942 年 8 月仙人掌主将致 61 和 62 特司电 230816，麦基诺号致 63 特司电 230835，仙人掌主将致 61 特司电 231040，CSCMF，卷 22。

② 日本《战史丛书》49：558—559 页；宇垣，188—189 页。

近藤和南云也通过伊11号的报告得知1艘敌航母出现在远比预想偏北的地方，于是出动飞机协助岸基飞机进行侦察。有如此多的飞机在东所罗门群岛穿梭往来，似乎不可能找不到敌人，但这样的好事终究没有发生。塚原没有从自己的搜索机得到任何报告，他只知道在115°线搜索的陆攻机没有返航。这架飞机可能是因为天气恶劣坠毁的，盟军方面没有人宣称击落它。在14：00南云派自己的飞机侦察舰队前方250海里区域，但此时61特舰在东南方375海里外。和弗莱彻一样，南云也想把行踪隐藏至找到对方航母为止。他很有把握地认为盟军还没看到他的船队，为了保持这个优势，他要避免过早进入伦加的短程飞机和远方埃法特的水上飞机的侦察圈。他在17：40发报说，自己将北撤一整晚（150海里），然后在07：00重新朝东南进发，除非得到其他指示。近藤在下午的搜索也一无所获。先遣部队跟随机动部队行进至下午，然后继续朝东南行进一段，到21：15也转向北上。近藤始终没有发现61特舰就在275海里外。他打算按计划在次日上午从南云东面60海里处出发。近藤提醒山本说，整个支援部队不久就必须加油，他已经在所罗门群岛以北设定一个方便的加油点，用于8月26日加油。①

此时大和号正在特鲁克东南180海里处加油，监视着进攻行动的山本得知暴风雨再次阻止了塚原的陆攻机摧毁伦加机场。因此他命令南云在8月24日下午"用适当兵力"打击瓜岛，并规定只有在美国航母没有同时出现的情况下才能进行这次攻击。于是南云指示原的支队在8月24日04：00出发南下，当天下午攻击伦加，与此同时机动部队的其余船只将再次向东南进发。塚原勉强允许三川和田中将登陆时间推迟到25日，并取消了原定当晚炮击伦加的行动。阳炎号没有接到取消命令，午夜后还是对美军防线进行了短暂轰击。弗莱彻显然收到了伦加遭零星炮击的电报，但他正确判断出这次攻击并不严重。②

如果8月23日天公作美，两军的6艘航母可能大打出手。南太空的水上飞机是从恩代尼出发的，而不是来自偏南450海里的埃法特。如果一切顺利，它们应该早已发现近藤、南云和田中。近藤的1艘巡洋舰甚至瞥见了1架PBY在漫天乌云中飞过。混沌的天空也妨碍了拉包尔的陆攻机和肖特兰的水上飞机发现61特舰，让弗莱彻受益匪浅。不过一场大海战的舞台已经搭设完毕，盟国起初称此战为斯图尔特群岛（61特舰附近的几个小岛）之战，最终将改名为东所罗门之战。

---

① 田中，转引自伊文思，165 页；日本《战史丛书》49：557）—562 页。
② 田中，转引自伊文思，166 页；日本《战史丛书》49：562—563 页；宇垣，188—189 页。

变幻的假象

8月24日一早，弗莱彻缩水的61特舰继续朝马莱塔以东90海里的预定出发阵地航行。萨拉托加号和企业号上共有55架战斗机、33架俯冲轰炸机、22架鱼雷轰炸机和2架照相侦察机，此外萨拉托加号有31架俯冲轰炸机和7架鱼雷轰炸机预定在10：30从仙人掌返回。企业号再次安排了例行的午前和午后侦察，与此同时萨拉托加号负责战斗空中巡逻。弗莱彻希望在离马莱塔更近的地方侦察前一天下午搜索过的区域。给上午的搜索机提供的预定位置航向是280°。由于需要定期迎向24节的东南风进行起降作业，舰队实际的西进速度可能只有6节。弗莱彻预计当天不会有重大战事，但他一如既往保持着警惕。①

日出前20分钟，萨拉托加号起飞8架战斗空中巡逻的F4F，企业号派出20架SBD在北侧半圆搜索200海里。另有3架企业号的SBD执行内圈空中巡逻任务。阴沉的天空显露出放晴的征兆。企业号终于用闪光灯向弗莱彻发送了前一天下午的侦查结果，也就是对潜攻击和敌舰可能在马莱塔附近下锚的事。弗莱彻问金凯德为何不早

---

① 伦德斯特罗姆《首发主力与瓜岛》106页；16特舰大事记。

报告，又问企业号是否派了轰炸机去调查情况。金凯德回答说自己前一天晚上没有这么做是"因为观测员意见不一，不好下结论"，而且他不愿意"天黑后在这片海区用[闪光]灯报告准确度成疑的情报"。不过他已经安排黎明出发的搜索机检查那片区域。这天上午在平静中度过。弗莱彻指示企业号在回收午前搜索机后担当值班航母至天黑，同时萨拉托加号将为从仙人掌返回的飞机加油挂弹，留作攻击预备。[1]

和前一天一样，恩代尼的麦基诺号所供应的PBY又不辞辛劳地在所罗门群岛以北搜寻日本舰队。VP-23的6架卡特琳娜朝方位角306°~348°搜索650海里，覆盖了在布干维尔东面和东北面的一片扇形区域。也和前一天一样，所有威胁瓜岛的舰队都在这片广大的区域中，只是这一次能见度改善了。6架PBY全都遇到了敌人。

它们的报告严重影响了战斗进程，至少那些确实被收到的报告是如此。请注意，巡逻机的呼号（根据机身号码而定）和巡查扇区的排列（顺时针自西向东）一致纯属巧合。弗莱彻无法根据飞机的呼号确定该机实际搜索的扇区，南太空直到11月才弥补这个缺陷。[2]

表28.1 恩代尼的搜索

呼号	扇区（度）	机身号码	巡逻机机长
1V37	306~313	23-P-1	西奥多·S.楚森少尉
3V37	313~320	23-P-3	约瑟夫·M.凯拉姆上尉
5V37	320~327	23-P-5	盖尔·C.伯基少尉
7V37	327~334	23-P-7	詹姆斯·A.斯普拉金斯少尉
8V37	334~341	23-P-8	罗伯特·E.斯莱特中尉
9V37	341~348	23-P-9	利奥·B.里斯特上尉

山本8月24日的计划规定在所罗门群岛及以东以南水域进行大面积空中搜索，以寻找对慢慢接近瓜岛的田中第二梯队船队构成最大威胁的美国航母。当天近藤的先遣部队（5艘重巡洋舰、1艘水上飞机母舰、1艘轻巡洋舰、5艘驱逐舰）和南云的机动部队（2艘载有142架飞机的航母、2艘战列舰、3艘重巡洋舰、1艘轻巡洋舰、8艘驱逐舰）将向东南徐徐进逼，全力歼灭它们。与此同时，塚原的基地航空队将轰炸伦加机场，为次日的登陆最终扫清障碍。原的支援部队（1艘载有33架飞机的轻型航母、1艘重巡洋舰、2艘驱逐舰）将离开南云的大部队行动，赶到田中的运输船队

[1] 16特舰大事记。
[2] 南太空司战争日记；我要再次感谢詹姆斯·萨夫鲁克对南太空侦察行动的了解。

前头进入空袭瓜岛的距离。如果到中午都没有发现美国航母，龙骧号的飞机就将发动奇袭，把伦加机场的飞机摧毁于地面。山本给了原两个选择：就地等待回收攻击机，或者让攻击机去西北方的布卡，自己北上加油。①

06：00在北撤一整夜后，各支日军恢复了先前的相对位置。在最东头，近藤的先遣部队以16节向东南航行，并警戒着机动部队的左翼。按照计划，他应该保持在航母东面60海里。但南云在前一天晚上是向西北而非正北航行的（而且没有告诉任何人），所以近藤其实在他东南方120海里外。先遣部队本身位于恩代尼西北500海里、61特舰以北360海里。在西侧，第二梯队船队（1艘轻巡洋舰、2艘驱逐舰、3艘运输船和4艘巡逻艇）继续从瓜岛西北275海里处缓慢南行。原在04：00与南云分手后，沿着大致与田中平行的航线以26节速度兼程南下。2小时后，他已位于运输船队东北70海里。三川的两对重巡洋舰带着几艘驱逐舰从西面向田中靠拢。作为全军中坚的南云机动部队（翔鹤号和瑞鹤号）在黎明前从运输船队东北140海里、伦加以北415海里、61特舰西北450海里和恩代尼西北600海里处开始以15节速度向东南进发。为防美国航母绕到东边，南云派出19架舰攻机在东侧半圆搜索250海里。②

恩代尼PBY的第一次实际目击是在09：00发生在中央的两个扇区之一。詹姆斯·斯普拉金斯少尉的7V37看见1艘南行的轻巡洋舰。弗莱彻和金凯德都没有监听到他在09：05发出的接触报告，所报方位是在61特舰以北310海里。其实斯普拉金斯看见的是原的2艘驱逐舰之一，但他的报告比实际位置偏东60海里。随后他继续向西北飞行，无意中在原的支援部队和南云机动部队之间穿过，后者就在他东北方不远处。斯普拉金斯在这次侦察中没有其他接触。就这样，恩代尼的侦察部队错过了在当天上午及早锁定南云的第一个重大机会。09：35，企业号收到发自另一中央扇区的盖尔·伯基少尉5V37的一条讯息，其中说有1艘航母、2艘轻巡洋舰和1艘驱逐舰正在南下。伯基盯上的是原的支援部队，他报告的方位在61特舰西北275海里。金凯德认为弗莱彻也知道这个报告，而且他在09：45通过TBS向萨拉托加号转发这份重要情报，并得到了确认。萨拉托加号的航空指挥室确实记录了这条电讯（或者至少记录了一部分），但没有听到呼号"5V37"，只提到"企业号的情报来源不明"。更重要的是，航空指挥室没有向编队指挥所核实弗莱彻是否也收到了这条讯息，而弗莱彻恰恰没收到。在瓜岛西北搜寻的其他侦察人员也定位并及时报告了各自扇区中

---

① 日本《战史丛书》49：562页。
② 日本《战史丛书》49：563—564页、566页。

几乎所有的船只。在伯基西方搜索的约瑟夫·凯拉姆上尉的3V37在09：53发现了田中的运输船队，位置是瓜岛以北260海里、61特舰西北300海里。不奇怪的是，弗莱彻和金凯德都没有收到他的接触报告。凯拉姆继续在其扇区搜索。大约同一时刻，在圣伊莎贝尔西南，1架来自圣埃斯皮里图的B-17发现1艘巡洋舰，位于伦加以西125海里、61特舰以西250海里。10：03，在最西侧扇区搜索的西奥多·楚森少尉的1V37号PBY在翁通爪哇环礁附近发现2艘轻巡洋舰和1艘驱逐舰，该位置在伦加西北220海

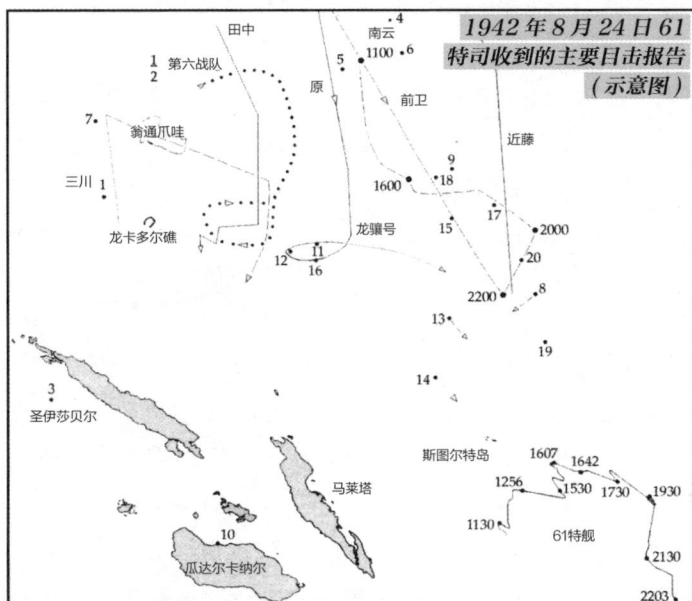

图注：
1. 10：03 PBY 1V37 楚森；2艘轻巡洋舰、1艘驱逐舰
2. 10：16 PBY 9V37；2艘巡洋舰、2艘驱逐舰
3. 10：16 B-17 22V40；1艘巡洋舰
4. 10：50 PBY 8V37；遭飞机攻击
5. 11：10 PBY 5V37 伯基；1艘航空母舰、2艘巡洋舰、1艘驱逐舰，原发于09：35
6. 11：17 PBY 8V37；1艘轻巡洋舰
7. 12：42 PBY 1V37 楚森；2艘巡洋舰、1艘驱逐舰
8. 13：20 萨拉托加号雷达发现目标，方位角350°，距离112海里，航向220°
9. 14：05 PBY 3V37 凯拉姆；1艘小型航母、2艘巡洋舰、1艘驱逐舰
10. 14：40 仙人掌报告遭到空袭
11. 15：23 TBF 1V395 杰特；1艘航空母舰、1艘重巡洋舰、1艘轻巡洋舰、3艘驱逐舰
12. 15：50 萨拉托加号的第一个机群攻击了1艘航空母舰
13. 16：07 萨拉托加号雷达发现许多不明目标，方位角320°，距离103海里
14. 17：00 返航的萨拉托加号攻击机群发现日本攻击机群
15. 17：35 萨拉托加号的第二个机群攻击了1艘战列舰、4艘重巡洋舰、6艘轻巡洋舰、6~8艘驱逐舰
16. 18：15 B-17 马尼埃尔；攻击了1艘航空母舰
17. 18：15 B-17 西沃特；攻击了1艘小型航空母舰、3艘重巡洋舰、2艘驱逐舰
18. 20：00 SBD 戴维斯；发现2艘航空母舰、4艘重巡洋舰、6艘轻巡洋舰、8艘驱逐舰，原发于15：00
19. 21：30 PBY 14V37 科比特；5艘船
20. 21：33 PBY 13V37 布雷迪；不明身份的船只

里，距61特舰有300多海里。上述两则报告都立即被弗莱彻收到。B-17遇到的是在槽海中北撤的阳炎号，而楚森撞上的是位于田中运输船队西南方的三川主力部队。[1]

就这样，麦凯恩的侦察部队成功地标注出了敌人在瓜岛北面和西北面的部署，并迅速找到了非常重要的目标——龙骧号，只是弗莱彻并不知情。他推测B-17和楚森的1V37发现的船只是前一天晚上炮击仙人掌后撤退的。他并没有看到己方担心的两路围攻仙人掌的迹象。尽管如此，他还是在10：12提醒金凯德"尽快"准备好攻击机群。此时企业号已经起飞8架SBD和6架TBF对付严重的潜艇威胁，舰上只剩2架SBD和9架TBF。上午执行搜索和内圈空中巡逻的飞机虽然即将返航，但它们必须经过维护才能用于打击。[2]

10：16，弗莱彻监听到发自PBY 9V37的报告，内容是发现2艘巡洋舰和2艘驱逐舰，"距离450，方位角337"。因为没有更多信息，他只能猜测这架PBY的参考原点是恩代尼。如果没猜错，那么这些敌舰位于61特舰以北330海里，在翁通爪哇附近发现的巡洋舰队东北250多海里外。如此看来日军似乎正在非常宽广的正面活动。很快弗莱彻又发现了航母可能参战的迹象，这可是真正值得警惕的情况。10：37，9V37报告说自己正遭到3架飞机攻击（没有说明机型），同时另一架PBY 5V37报告："正在（被）飞机攻击，机型为零式战斗机。我将返回基地。"由于5V37的这则讯息明确指出敌机为零战而非水上飞机，弗莱彻后来说它是"表明敌航母可能在附近的第一个迹象"。但是他并不知道5V37在什么位置（没有收到先前伯基发现航母的报告），只能根据9V37的位置来推测。5V37似乎不可能遇到以布卡为基地的零战。更严重的是，在10：50另一架PBY 8V37也报告遭敌机拦截，不过这一次它提供了明确方位，该地在61特舰以北330海里，9V37可能所处位置的西南60海里。此时弗莱彻感到敌军主力可能比较集中。9V37和8V37的报告提供了"敌航母存在的更明显迹象"。[3]

利奥·里斯特上尉的9V37从恩代尼起飞后在最东侧的扇区飞行，并在10：16报告发现2艘巡洋舰和2艘驱逐舰。他跟踪的是近藤的先遣部队，而且他提供的方位只比实际位置偏东几海里。水上飞机母舰千岁号紧急起飞3架灵巧的零式水上观测机（美军代号为皮特），追猎这架PBY达一个多小时。远方的麦基诺号错以为攻击里斯

---

① 萨拉托加号战术态势；16特舰大事记；61特舰初步报告（1942年9月6日）。南太空司战争日记，萨夫鲁克的研究。

② 61特舰初步报告（1942年9月6日）。

③ 61特舰初步报告（1942年9月6日）；萨拉托加号战术态势。

特的是零式战斗机，并把这个消息广播了出去。在11：44里斯特驾驶负伤的飞机朝基地返航时，他正确地报告自己的对手是3架"巡洋舰搭载的水上飞机"，但弗莱彻没有收到这条讯息。5V37的警告自然是伯基发出的，他驾驶笨重的PBY和龙骧号的2架零战捉了一个多小时迷藏才逃脱。PBY 8V37的机长是罗伯特·斯莱特中尉，他负责斯普拉金斯(7V37)和里斯特(9V37)之间的扇区。斯莱特截至此时没有发出任何讯息，所以所有提到8V37的记录都是搞错了。斯莱特在离南云机动部队很近的地方飞过，甚至已经被瞭望哨看见，但他却始终没有注意到隐藏在雾霾中的航母舰队。就这样，恩代尼侦察部队错过了找到弗莱彻最危险的对手的最后一个机会。[①]

在考虑战斗的前景时，弗莱彻高兴地看到费尔特的机群从瓜岛的泥泞中起飞后生气勃勃地出现在头顶。10：35，萨拉托加号起飞12架战斗空中巡逻的F4F，回收8架战斗空中巡逻的F4F、29架SBD和7架TBF。多出来的那架是辛德勒的。前一天晚上，在冒着断断续续的暴风雨（费尔特回忆说"有几阵风雨真是可怕"）进行艰苦的长途搜索后，费尔特成功地把攻击机群安全带到了亨德森机场，其间沿跑道布设的信号灯帮了大忙。地勤人员给飞机加了油。由于他们手头的器材很简陋，这项工作相当费劲。夜深后，陆战队的9架SBD在邻近水域巡逻以防敌舰接近，萨拉托加号的机组在自己的飞机旁待命，以便能尽快出击。唯一的敌情是一次短暂的炮击，他们以为来自潜艇，实际上是阳炎号干的。拂晓后天空放晴，岸边也再无敌踪。费尔特命令SBD把关了保险的1000磅炸弹丢进烂泥里送给感激不尽的陆战队东道主，然后飞往马莱塔以东的会合点。2架SBD由于发动机故障返航，但萨拉托加号的其他飞机经过长途飞行后找到船队，平安无事地回到了61特舰。记者克拉克·李在这次任务中全程随行，他这样描述舰队周边的环境："长长的涌浪起伏不定，但天空晴朗无云，有一种暴风雨后的清新感觉。"当然，阳光明媚的天空也使其他人能毫不费力地找到61特舰。[②]

"光着一只脚"

李注意到萨拉托加号上有"一种平静下的兴奋气氛"。"就是今天了。"11：03，当费尔特的最后1架飞机降落后，弗莱彻提醒所有舰船，他要求30分钟后锅炉达到最大功率。与此同时金凯德报告说"阿特的小伙子们""已经准备好了"，言下之意是

① 南太空司战争日记，萨夫鲁克的研究。
② 费尔特，口述历史，109页；萨拉托加号飞行大队长报告（1942年9月5日）；李，341—350页（引文在第350页）。

企业号的攻击机群（25架SBD和9架TBF，外加护航的战斗机）随时可以起飞。萨拉托加号上弥漫着"平静下的兴奋"，而企业号上的人们早已热血沸腾了。金凯德在90分钟前已经知道伯基的5V37发现了航母，他一直在等弗莱彻率队北上，好让他的"小伙子们"攻击。在他看来弗莱彻的无所作为显得莫名其妙。在11：16，金凯德怒气冲冲地通过TBS询问弗莱彻："你有没有注意接触报告？"弗莱彻回答："很多报告很混乱。你有明确的敌情报告吗？"金凯德当然有。这些报告大多是弗莱彻早已看到的，唯独有一份让他大吃一惊："5V37：1航母2轻巡1驱，纬度04°40'经度161°15'航向180。"他立刻回复说，自己只有这份没收到过，并要求金凯德再报一遍经度。这份报告当然就是伯基在09：35遭遇龙骧号船队的报告。弗莱彻既没有收到09：35的电讯，也没有收到金凯德通过TBS在09：45转发的信息，这足以证明在南太平洋困扰美国海军的通信问题有多严重。弗莱彻很自然地认为伯基的目击报告是刚刚发出的，因此估计敌航母舰队的方位角为343°，距离281海里。而金凯德知道这个接触报告发于近2小时前，认为其当前位置是西北245海里外，方位角336°。[①]

此时弗莱彻明白敌人"已经发动了重夺瓜岛的大规模尝试"。他实际收到的接触报告表明61特舰西北275到300海里外集中了大批舰船，它们正在40到60海里宽的正面上推进。这个判断在11：17又得到印证，因为有人重播了7V37（斯普拉金斯）在09：05发现1艘轻巡洋舰的接触报告，但错把它算到了PBY 8V37头上，而该机先前曾报告遭到敌机攻击。那艘轻巡洋舰（其实是原的1艘驱逐舰）在伯基发现的航母以东40海里。现在弗莱彻必须在缺少黄蜂号的情况下接受战斗了，这很像南军的詹姆斯·朗斯特里特中将在葛底斯堡战役第二天遇到的情况。由于麾下的3个师少了一个，朗斯特里特向约翰·B.胡德少将抱怨说，他不喜欢"光着一只脚走进战场"。弗莱彻肯定有同感。太舰总的情报认为所有日本航母都在特鲁克以北，显然是犯了大错。既然已经发现1艘航母，几乎可以肯定附近还隐藏着2~3艘航母。"我们不相信（日本人）发动这次攻击时投入的航母会不满3艘，"彼得森回忆说。"前一天回头的登陆部队就在打击部队北面的某个地方，准备等障碍扫清后进入。"南云这一次又有老天帮忙。东南风使他在进行航空作业时能继续接近他的敌人。[②]

---

①李，350页；16特舰大事记；61特舰初步报告（1942年9月6日）。弗莱彻和戈姆利都抱怨过与接触报告有关的通信问题。

②61特舰初步报告（1942年9月6日）。约翰·贝尔·胡德《进攻和撤退》57页，转引自彼得森资料集。彼得森讲座（1943年11月4日）。

发现航母的消息和立刻再次出击的命令一起传到了刚从仙人掌返回的费尔特耳中。考虑到目标的距离太远，他提出异议："这超出我们的攻击范围了。"他手下疲惫的飞行员也需要休息一下。"咱们还是别着急，"他说，"你们继续收听情报，等那些家伙进入我们的攻击范围，我们再走。"弗莱彻同意了。他在11：27转向北上，并命令加紧给萨拉托加号的飞机加油挂弹，"以便在接近敌人和获得搜索机的更多情报后执行攻击任务。"5月7日珊瑚海的情形似乎重演了，那一次弗莱彻派出93架飞机对付他认为的2艘大型航母，结果只逮到小型航母祥凤号，放过了翔鹤号和瑞鹤号。第二天这2个危险的对手使列克星敦号受了致命伤。如今这两个家伙（可能还有一些同伙）正潜伏在61特舰北方的某个地方，可能已经进入攻击距离。弗莱彻首先必须搞清情况是否如此。"为了确认这些（侦察）报告，并防止像23日那样派出攻击机却找不到目标，我很不情愿地命令第十六特混舰队司令立即派机搜索。"[1]

金凯德告诉弗莱彻，企业号有20架F4F、25架SBD（携带1000磅炸弹）、8架TBF（各带2颗500磅炸弹）和大队长的TBF可以随时出动。他建议从这些飞机中抽出12架SBD和8架TBF进行下午的搜索。弗莱彻在11：37要求他"尽快"计划搜索，并建议在290°~090°方向搜索250海里。61特舰将按正北方向、平均10节的预定位置航行。弗莱彻的"不情愿"是因为浪费这么多俯冲轰炸机和鱼雷轰炸机作再次搜索实属不得已。如果南太空的搜索机能够发现所有航母，那么这些飞机都可以参与攻击。他把萨拉托加号的50架攻击机（12架4F、30架SBD和8架TBF）留在手上，希望企业号或岸基搜索机能再找到其他航母。因为萨拉托加号的飞行甲板摆满了等待起飞的飞机，所以他指示企业号维持战斗空中巡逻和内圈空中巡逻，并且负责回收和维护萨拉托加号的战斗机。这种安排源于彼得森在登陆前的策划，它使不同航母间的协同得到空前加强，大大提高了战斗空中巡逻的灵活性。在萨拉托加号的攻击机群出发后，2艘航母的角色将互换。企业号将用剩下的SBD和TBF组成第二个攻击机群，而萨拉托加号将为2艘航母的战斗机加油，并给自己舰上无法随第一个攻击机群出击的少数TBF挂载鱼雷。[2]

弗莱彻最担心的是被舰载机攻击了还不知道它们来自何方。这种灾难的可能性在11：50以后增加了，因为雷达探测到一个不明目标。4架F4F在特混舰队西南30海里遇到1架体形硕大、线条优美的快速水上飞机，经过一番长途追逐，终于在12：13

---

① 费尔特，口述历史，110页。61特舰初步报告（1942年9月6日）；11特司第一次批注（1942年9月24日）。
② 16特舰大事记；11特司第一次批注（1942年9月24日）。

将它打成一团火球。由于拦截点非常远，弗莱彻怀疑这个探子并没有看见61特舰。斯罗尼姆的无线电情报小组也没有听到任何通信。弗莱彻知道不能指望这样的好运持续一个下午。这个牺牲者是1架二式飞行艇。肖特兰方面确实没有收到失踪飞机发出的任何讯息。原的龙骧号一行将因此大难临头。[1]鉴于要搜索的区域太宽广，金凯德把搜索机增加为16架SBD和7架TBF，他还推迟了出发时间，以便SBD换装500磅炸弹来增加航程。企业号还准备了16架F4F进行战斗空中巡逻，6架SBD接替反潜巡逻机。在等待起飞的过程中，金凯德告诉弗莱彻企业号先前的侦察只在东边找到1艘潜艇。由于能见度低下，未能确认马莱塔北部近海是否有船只，而下午的搜索又到不了那里。他还报告说，空中巡逻的飞机在特混舰队东南25海里处又轰炸了1艘潜艇。

弗莱彻在12：16向金凯德介绍了自己的计划。萨拉托加号已经准备好一个攻击机群，如果侦察人员再遇到1艘或多艘航母就立即出动。企业号要为萨拉托加号10：40升空的12架战斗空中巡逻战斗机加油。弗莱彻问金凯德，在企业号的搜索机出发后他还剩多少飞机，有多少能用于第二波攻击。61特舰在12：29转向东南，以便企业号放飞甲板上的45架飞机。又经过一轮起飞和回收后，金凯德在13：30左右报告说，他能组成的攻击机群包括23架（原文如此，实际是13架）装备1000磅炸弹的SBD、6架装备鱼雷的TBF、1架指挥TBF和20架护航F4F。他希望弗莱彻允许他立即攻击，便再次强调说："飞机已经发现的敌人包括1艘航母、2艘巡洋舰、1艘驱逐舰，方位角340°，距离250海里。"但弗莱彻决定在动用萨拉托加号的机群前再等一阵，希望新的搜索能找到更重要的目标。他在12：42答复说："将你的攻击群留作预备队，用于可能找到的第2艘航母。没有我的指示不要起飞攻击群。"关于敌航母的情报迟迟没有来。在12：42，楚森的1V37号PBY发报说，先前报告在翁通爪哇附近的船队包括重巡洋舰，正在以20节速度北撤。这支船队距离61特舰有325海里，不仅远在攻击范围之外，也没有航母。[2]

搜索机起飞后，企业号回收了8架战斗空中巡逻的F4F，反潜巡逻的6架TBF和8架SBD，以及萨拉托加号的12架战斗空中巡逻F4F，后者刚刚伏击了1架低飞的双发轰炸机。这架日本飞机直奔萨拉托加号而来，最后坠毁在距11特舰只有7海里的地方。飞行员们认为它携带了一条鱼雷。这架飞机的机组始终没有用电台联系上基

① 伦德斯特罗姆《首发主力与瓜岛》113—114页；日本《战史丛书》49：582页。
② 16特舰大事记；16特舰战争日记；企业号舰长报告（1942年9月5日）。

地，斯罗尼姆的小组也没有听到可疑的讯息。但是弗莱彻已经断定："这些飞机的出现清楚地证明了敌人必然已掌握我军位置。"其实他此时对日军部署情况的了解要比他们对他的了解多得多，还比他们先知道战斗即将打响，只不过这个优势转瞬即逝。山本手下的将军们强烈怀疑美国航母已在攻击范围内，但无法证实。被61特舰的战斗空中巡逻击落的2架飞机在损失前都没有把情报发出去。不过，无论哪一方，只要先找到对方主力，就能握有决定性的优势。①

美国水上飞机出现在比预计偏北的地方让南云大吃一惊，担心这些飞机已经发现了自己。因此他终于下令实施一个战术方案。这个方案是中途岛大败之后拟定的，也是组建第三舰队的意义所在。按该方案，由战列舰、巡洋舰和驱逐舰组成的前卫部队将在航母前方100~150海里展开侦察队形，派自己的飞机进行搜索，为主力提供敌搜索机的预警，并在航母舰载机重创敌特混舰队后将其歼灭。前卫部队也将代替航母承受空袭。由于机动部队被匆忙部署到南方，它还没有机会试验这个新战术。这一天阿部弘毅少将带领2艘战列舰、4艘巡洋舰和2艘驱逐舰组成的前卫部队在主力前方仅10海里处展开，形成宽20海里的正面——虽然这次分兵时间太晚，间隔也远比战斗条令小，还是会带来莫大的好处。另一个修改战列舰和巡洋舰水上飞机搜索计划的临时决定也是如此——因为担心在离瓜岛最近的水域搜索力量不足，第三舰队的参谋偶然地增派了1架飞机，用于沿165°线搜索300海里。②

中午时分，由于没有得到美国航母的消息，原便按计划空袭伦加机场。龙骧号的6架舰攻机（每架携带6颗132磅对地炸弹）和9架对地扫射的零式企图把敌机消灭于地面。另外6架零式则负责护航。到12：50，这21架飞机都已起飞，奔向南方200海里外的伦加。原本可让攻击机群去布卡落脚，把舰队北撤到安全区域加油。但他认为自己很安全，便原地逗留了4个小时等待飞机返航。正是原的过度自信葬送了龙骧号。③

13：20，正当弗莱彻等待新的搜索情报时，萨拉托加号新配的SG雷达发现方位角350°、距离112海里处有"许多"不明目标。这些目标没有朝舰队靠近，而是沿西南切线方向（220°）直奔235海里外的伦加而去。如果这些目标是一群攻击机，那么它们只可能来自1艘航母。因为日本舰载机的攻击距离被认为不会超过250海里，所

---

① 伦德斯特罗姆《首发主力与瓜岛》114 页；61 特舰初步报告（1942 年 9 月 6 日）。日本《战史丛书》49：582 页。

② 日本《战史丛书》49：545—547、572 页。

③ 日本《战史丛书》49：564 页。

以这艘航母可能就潜伏在61特舰以北仅120海里的地方。如果是那样，企业号的搜索机应该会轻松找到它，但它们始终仍然保持着沉默。弗莱彻命令萨拉托加号的攻击机群立即起飞。日本人随时可能来袭，甚至有可能把萨拉托加号的飞机摧毁在甲板上，必须不惜一切代价避免这种灾难。此外，考虑到时间和距离因素，他的攻击机也必须马上出发，否则就要冒日落后返回的风险。[①]

由于没有其他情报，对弗莱彻来说唯一可取的目标仍然是伯基在09：35报告的那1艘航母，但他以为那是在11：00左右找到的。彼得森仍然按照过于偏北的错误位置推算，认为若敌人以最大速度南进，攻击机群应该朝320°方向飞行216海里。如果目标没有出现在该位置，费尔特可以北上碰碰运气。如此远距离的出击再次排除了战斗机护航的可能，因此弗莱彻将萨拉托加号的12架F4F用于加强战斗空中巡逻。13：40，11特舰转向东南，以25节速度迎着清风航行，起飞了50架飞机。弗莱彻的这次攻击"依据的是已经过了3个小时而且从未得到确认的极其单薄的情报"。这就是航母战的迷人之处。虽然那个被认为奔向瓜岛的机群可能来自北边不远处的航母，但此时他决定不予理会。这个决定很明智，因为那艘航母根本不存在。雷达显示的是大气扰动造成的虚影。原的支援部队位于那个"攻击机群"推定来源的西北150多海里外。其他船队的距离也都不少于100海里。[②]

眇者为王

13：38，就在弗莱彻按照过时很久的航母接触报告派出萨拉托加号攻击机群时，企业号调集了8架F4F对付空中一个新的不明目标。14：01，这架狡猾的双浮筒水上飞机终于坠毁在61特舰西北30海里外的斯图尔特群岛附近。这个新出现的刺探者没有让弗莱彻太在意，却让南云有头顶青天之感。和弗莱彻不同的是，他在这场一掷千金的豪赌中没有被混乱矛盾的目击报告搞得晕头转向。南云只得到一份报告。福山一利飞行特务少尉的筑摩二号机就是当天上午临时加派沿165°线搜索的飞机。他那份至关重要的遗电是："发现敌军大队，正遭敌战斗机追击，12：00（东9区时间，当地时间14：00）。"南云直到14：35才收到筑摩号用闪光灯接力传送的报告。这则讯息没有给出方位，但南云的参谋们以不可思议的精度估算出目标方位角为153°，距离260海里。这个方位角几乎分毫不差，61特舰的实际距离也只比估

① 萨拉托加号舰长报告（1942年9月10日）；61特舰初步报告（1942年9月6日）。
② 61特舰初步报告（1942年9月6日），所配目标图可与《战史丛书》第49卷地图中显示的日军位置对比。

算距离远了10海里。于是舰队又弹射出几架水上飞机作追加搜索。①

南云此时已经可以攻击了。翔鹤号和瑞鹤号共有51架零式战斗机、54架九九式舰爆机、36架九七式舰攻机和1架二式舰侦机。此时有9架零战进行战斗空中巡逻。第三舰队的参谋们发誓再也不让全副武装的飞机在船上挨炸。他们精心设计了3个攻击波次，每一波的规模都不大，便于一次起飞。他们估计舰爆机比鱼雷机更容易突破强大的战斗机防御，便把全部54架舰爆机都编入头两波，以24架零战护航。这些飞机混合挂载高爆弹和半穿甲炸弹，既能炸毁飞行甲板和高射炮，又能穿入要害破坏推进装置。等前两波得手后，36架舰攻机和12架战斗机组成的第三攻击波将用鱼雷结果目标。这个战术是根据鱼雷机在珊瑚海和中途岛损失惨重的教训而制定的。以这样的顺序出击还有一个优点，就是不必把挂了弹的飞机放在机库里等待敌军攻击威胁消除。②

尚不知道骰子已经掷下的萨拉托加号回收了3架SBD（2架是从仙人掌返回的，1架是中途放弃攻击的）。与此同时企业号将8架战斗空中巡逻的F4F送上天，并准备了"随时可以对付此地可能出现的第2艘敌航母"的攻击机群。萨拉托加号剩余的少数TBF"如果接到命令"也将加入它们。弗莱彻以15节向西北航行，以缩短企业号执行下午搜索的飞机的返程。太舰总的每日情报通报还是一片祥和，认为翔鹤号和瑞鹤号最多才到"特鲁克地区"，而"所有其他航母（不包括辅助航母春日丸号）据信都在本土水域"。但就在此时关于第2艘敌航母的消息也传来了。③

13：57，凯拉姆的3V37警告说发现"可疑船只"，8分钟后他报告这些船只是1艘小型航母、2艘巡洋舰和1艘驱逐舰，航向为东南。凯拉姆接触敌舰的位置距61特舰200海里，方位角为345°。这"与预料中第1艘航母的位置相差很远"。如果萨拉托加号的攻击机群在预定航路上没有找到目标（因为原来的接触报告已经过了几个小时，所以这种可能性很大），它们可以去西北方近100海里处找到新出现的这第2艘航母。因此弗莱彻在14：35通过电台告诉费尔特，在"你目前位置的真[北]方位角350°、距离150处有1航母2轻巡1驱"。弗莱彻不知道费尔特是否听到了这条消息。3V37所报目标的经度其实偏西了2°，因为凯拉姆看见的正是先前已被发现的龙骧号船队。这个有误差的方位让美军方面更加迷惑。就在弗莱彻担心自己的重拳可能打偏时，金凯德问他是否知道了第2艘航母的消息。金凯德一方面迫不及待地想出动企

① 日本《战史丛书》49：567—568页。
② 16特舰大事记。1942年8月太舰总情报通报240223，CSCMF，卷22。RG-457，SRMD-002。
③ 伦德斯特罗姆《首发主力与瓜岛》123—124页。日本《战史丛书》49：567页。

业号的攻击机群（11架SBD、8架TBF和8架F4F），一方面又担心61特舰在16：30赶不到他下午的搜索机返回的预定位置。"我们必须取航向335、速度20，才能赶到预定位置。"弗莱彻立刻表示同意，并问金凯德："你大约2小时前派出的（搜索机）小伙子们有消息吗？"金凯德回答："无。"[1]

弗莱彻掌握的线索还是少得可怜。14：40，仙人掌方面报告说遭到双发轰炸机、战斗机和舰载轰炸机空袭，看似证实了萨拉托加号雷达发现飞机从61特舰北面不远处的航母起飞的情报。但是全面搜索了该区域的企业号搜索机却始终没有报告发现航母。实际上攻击伦加的只有龙骧号的21架飞机。早先驻拉包尔的陆攻机也打算攻击，但因天气恶劣而推迟了。麦基诺号转发了一个身份不明的PBY飞行员（显然是伯基）的意见，认为"先前报告的航母"是造型独特、没有舰岛的龙骧号。弗莱彻只能指望费尔特的飞行员们靠自己的眼睛判断。[2]在15：00萨拉托加号回收20架F4F（包括企业号的16架），并接管了支持战斗空中巡逻的任务。金凯德问弗莱彻是否收到企业号搜索机1V395的讯息，不出所料地得到了否定的回答。他告诉弗莱彻，1V395在11特舰方位角320°、距离210海里处发现1艘航母、1艘重巡洋舰和3艘驱逐舰。这差不多就是弗莱彻估计原先5V37遇到的航母此时应处的位置。当然了，这还是伯基在近6个小时前发现的龙骧号一行。

原接到自己的飞机轰炸伦加的消息后，没过多久就几乎同时被企业号的三个搜索小队盯上：查尔斯·M.杰特少校率领的2架VT-3的TBF（1V395，在320°~33°扇区）、斯托克顿·伯尼·斯特朗上尉的2架VS-5的SBD（在南边相邻的扇区）和约翰·H.约根森少尉的1架VS-5 SBD和1架VT-3 TBF的组合（他们从西南接近）。几分钟后，又出现了第四个搜索小队——约翰·N.迈尔斯上尉率领的2架VT-3的TBF。杰特的小队发出接触报告后在12000英尺高度进行了一次水平轰炸，结果炸弹落在龙骧号尾后，只差150米。迈尔斯试图效仿，但零战打断了他的动作，并击落了他的僚机哈里·科尔军士长——中途岛TBD部队的幸存者。如果费尔特没有北上对付凯拉姆的3V37发现的第2艘航母，那么他就是直奔杰特找到的航母去了，不过弗莱彻不能确定费尔特是怎么选的。他考虑了是否要派出主要由企业号飞机组成的第二个攻击机群对付杰特发现的目标，但这些飞机肯定得在天黑后返航。接着更糟糕的消息传来，弗莱彻听到另一个企业号搜索小队（9V395）在15：20报告说，他们发现2

<hr>

[1] 61特舰初步报告（1942年9月6日）；萨拉托加号舰长报告（1942年9月10日）。
[2] 61特舰初步报告（1942年9月6日）；1942年8月麦基诺号致南太空司电240355，CSCMF，卷22。

艘航母并轰炸了其中1艘，但没有命中。令人抓狂的是，这个至关重要的接触报告没有包含方位，而弗莱彻也不知道9V395负责哪个扇区。金凯德倒是知道，但他似乎始终没有根据自己掌握的情况把估计的方位告诉弗莱彻。于是在迷惑不解的61特司看来，敌军似乎有4艘航母：其中2艘的位置遗憾地无法查明，另两艘则在相隔很远的地方单独行动。[①]

在近藤和南云上空，搜索机的来来往往甚至比龙骧号受到的围攻还热闹，但只有零星消息传到了最需要知道情况的人手里。斯莱特的8V37号PBY返航途中遇到了先遣部队，冲破千岁号的水上飞机的围堵后，他在13：46发出接触报告，说在基地西北475海里、方向140°处发现1艘重巡洋舰和4艘类型不明的船只。这条讯息再度证明61特舰北方潜藏着重大危机，但毫不奇怪的是，弗莱彻和金凯德都没有收到。到了14：30，企业号下午派出的远程搜索机也与近藤发生了第一次接触。约翰·T.洛上尉率领2架VB-6的SBD发现了3艘重巡洋舰、几艘驱逐舰和其他船只，航向180°，速度20节。他拍发接触报告后，在14：47轰炸了先遣部队，对重巡洋舰摩耶号取得几次近失。企业号立即收到了洛的报告，并确定3艘重巡洋舰、3艘驱逐舰位于61特舰西北偏北方向240海里外，就在凯拉姆错报的航母位置以北。14：49，金凯德通过TBS把这个接触报告转发给弗莱彻，后者还是没有收到。两位将军都过于依赖TBS，他们本该使用目视信号确认重要信息的接收。[②]

就在洛攻击近藤的同时，更精彩的遭遇发生了。在西边相邻扇区飞行的VB-6队长雷·戴维斯上尉 (9V395) 透过雾霾认出了阿部的前卫部队。在为了轰炸其中1艘巡洋舰而作机动时，他又看见北方更远处有1艘满载飞机的大型航母。这正是南云的旗舰翔鹤号，此时它正在起飞第一波的18架舰爆机和9架零战。在其尾后几海里外，瑞鹤号也在起飞9架舰爆机和6架零战。关卫少佐迅速整理好攻击群的队形，开始向东南进发。戴维斯和僚机罗伯特·C.肖心花怒放地转向上风头并爬升到14000英尺，准备将航母作为自己的猎物。他们巧妙地避开了战斗空中巡逻的零战，却没有躲过翔鹤号的雷达波。这是日本的舰载雷达第一次探测到敌机，但是敌机来袭的消息却没有及时传到翔鹤号的舰桥。没有人提醒战斗空中巡逻的9架零战，翔鹤号的9架护航零战中倒是有5架离队追击那2架SBD，但是没有成功。翔鹤号的瞭望哨直到最后一

---

① 16特舰大事记；16特舰战争日记；企业号舰长报告（1942年9月5日）；61特舰初步报告（1942年9月6日）；萨拉托加号舰长报告（1942年9月10日）。

② 南太空司战争日记；第六轰炸中队队长致企业号舰长，1942年8月24日行动报告（1942年8月31日）；日本《战史丛书》49：575—576页。

刻才意识到危险。这艘航母一个急转，惊险地躲过了1颗落在右舷外10米处的500磅炸弹。第二颗炸弹则落在舰首前10米处。此后，可怕的厄运缠上了美军方面。戴维斯精心编写的报告（"2艘航母，甲板满载飞机"，附有方位和航向）传到企业号和萨拉托加号时变成了一堆乱码。就这样，烂得出奇的无线电接收质量使弗莱彻和金凯德失去了派第二个攻击机群直取南云的机会。当然，这2架SBD使机动舰队大为震动。南云紧急起飞了15架零战，使战斗空中巡逻增加到29架，包括那5架离队的护航机，它们的缺阵使关的战斗机护航力量减少到10架。为防再有不速之客从天而降，高桥定大尉的第二攻击波（27架舰爆机和9架零战）的准备工作以疯狂的节奏进行着。[①]

金凯德并不知道南云的2艘航母就在北方，他在15：30通知弗莱彻，杰特在西北方发现1艘航母的报告"可靠"。弗莱彻回答："你认为接触报告可靠就派你的小伙子们出去。"金凯德在15：36确认说，他将"在准备就绪后起飞，除非得到其他指示"。4分钟后，弗莱彻通报说，自己将在18：00转向东南，以12节速度撤退。金凯德在策划第二波打击时必须考虑这个航向变化。[②]弗莱彻心里肯定惦记着驱逐舰越来越少的燃油。当天中午的燃油报告显示11特舰的驱逐舰平均余油45%，16特舰的驱逐舰余油44%。在那以后16特舰实施过高速航行，今后还可能作更多冲刺。重型舰船还有充裕的油料，但它们在战斗中不便给驱逐舰加油。[③]

---

① 第六轰炸中队队长报告（1942年8月31日）；日本《战史丛书》49：573页；詹姆斯·萨夫鲁克提供的信息。战斗机通信网上的通信阻塞了搜索 - 攻击频率。而语音电讯超过100海里就不可靠。见16特舰致太舰总，设备缺陷导致的通信失误（1942年10月3日）和企业号舰长致太舰总，航母机载无线电通信（1942年9月25日），RG-38，太舰总将官档案。

② 16特舰大事记。

③ 引自航海日志：11特舰的驱逐舰在8月24日的油量：

	容量（加仑）	实有（加仑）	比例
菲尔普斯	187863	70261	37%
法拉古特	168453	84949	50%
沃登	168453	80829	48%
麦克多诺	168453	83836	50%
杜威	168453	66448	39%
巴格利	152094	70530	46%

★帕特森号的数字不可考，但它的燃油状况很可能与其姐妹舰巴格利号差不多，因为两者都是随克拉奇利从努美阿过来的。

16特舰的驱逐舰在8月24日的油量：

	容量（加仑）	实有（加仑）	比例
鲍尔奇	187863	73074	39%
莫里	147625	54178	37%
贝纳姆	147625	70098	47%
格雷森	140663	39320	28%
埃利特	147625	93723	63%
蒙森	140663	73575	52%

凯拉姆的PBY 3V37在返回恩代尼途中遇到了16特舰。因为不清楚基地是否收到了最初的接触报告，凯拉姆通过闪光灯向企业号发信："敌小型航母，真北方位角320°，距离195海里。"除了正确方位（而不是早先通信中的错误方位），凯塔姆还提供了目标的航向和航速，并提到他在其远方50海里外还发现另一队船，包括3艘轻巡洋舰、2艘驱逐舰和3艘运输船。金凯德在15：43把凯拉姆的航母接触报告转发给萨拉托加号，但莫名其妙地漏掉了运输船队的情报。这一次凯拉姆提供的航母位置与杰特的情报基本相同。于是弗莱彻回复："看来就是你的飞机报告的那1艘。"几分钟后，他在电台里听到了萨拉托加号的飞行员们痛击1艘敌航母的喜讯。虽然不清楚这是2艘单独行动的航母中的哪一艘，但弗莱彻听说攻击机群找到航母还是如释重负。金凯德这时反而在犹豫要不要派第二个攻击机群。他要求弗莱彻保证61特舰会继续向西北航行，直到回收这些飞机为止，否则他认为任务航程太长。弗莱彻在15：58回复说，他无法按金凯德建议的西北预定位置航向继续前进，"因为可能在夜间遭鱼雷攻击"。和中途岛的斯普鲁恩斯一样，他担心在天黑后与水面舰队狭路相逢，鉴于敌人隐藏的主力除了战列舰和重巡洋舰还有大群惯用鱼雷的驱逐舰，这种遭遇战尤为不利。[①]

16：02，当61特舰还在考虑是否进行第二波攻击时，2艘航母的雷达同时发现西北100海里外有大群不明目标。关的37架飞机正直奔61特舰而来。与此同时，在61特舰西北偏北225海里外，翔鹤号和瑞鹤号出动了高桥领军的数量大致相等的第二波飞机。阿部的前卫部队加速疾驰，准备在水面夜战中歼灭美国航母部队。时间确实没有等待弗莱彻，61特舰即将迎来最担心的事：来自行踪不明的敌军的空袭。不过，折磨了美国侦察部队整整一天的小恶魔终于找上了日本人。比睿号的1架水上飞机在战死的福山的隔壁扇区飞行，此时重新找到了美国打击部队。但是在它的接触报告中弗莱彻的航母比实际位置偏南50海里，而且是以20节速度向东南移动。显然在它发现61特舰时，一直朝西北航行的美军刚好为了进行航空作业而短暂地转到了迎风方向。于是在错误的敌军位置和航向指引下，高桥开始向东南一路飞去，以为可在临近日落的18：00左右找到目标。南云的航母则掉头东行，等待两次攻击的结果。[②]

"尴尬境地"

来袭敌机最初出现在雷达上时，61特舰位于马莱塔以东140海里、斯图尔特群

---

① 企业号舰长报告(1942年9月5日)；16特舰大事记。南太空司对61特舰初步报告(1942年9月6日)的第二次批注。
② 日本《战史丛书》49：569—571页。

岛东南30海里，正以20节速度向西北行驶。弗莱彻自己的11特舰（萨拉托加号）在前，金凯德的16特舰（企业号）在其左后侧，保持着10海里间隔。弗莱彻指挥61特舰全体转向东南迎风方向，以放飞更多战斗空中巡逻战斗机和蓄势待发的第二波攻击机。两个特混舰队提速至25节，劈开"又长又高的涌浪"，驱逐舰"剧烈颠簸，几乎被抛离水面"。弗莱彻要求金凯德"立即向我靠拢"，并命令他出动攻击机群。"我们至少处于尴尬境地，"彼得森回忆说，"我们所有的攻击机都已出发执行任务，但是还没找到敌人的主力而他们的飞机正要来攻击我们。我们能做的充其量是准备迎击空袭并听天由命。"①

这一次61特舰好歹有数量充足的防空战斗机。24架F4F正在头顶盘旋，另有22架野猫在萨拉托加号上待命。企业号的FDO罗请求萨拉托加号立即起飞企业号的全部16架野猫并把它们调到西北远方进行拦截。萨拉托加号随后清空了甲板上所有剩下的飞机：VF-5的6架野猫用于加强战斗空中巡逻，VT-8的5架挂载鱼雷的TBF和VB-3的2架装备1000磅炸弹的SBD则投入攻击。萨拉托加号在16：20命令VT-8队长哈罗德·H·拉尔森上尉和VB-3小队的长机罗伯特·M·埃尔德中尉加入企业号即将起飞的攻击机群。随后萨拉托加号回收了4架战斗机，它们的飞行员跳出座舱帮助地勤把飞机推到甲板后部，以便尽快加油后重新起飞。得知敌机已经接近到27海里时，金凯德急忙命令企业号起飞7架F4F、11架SBD和8架TBF。由于只知道伯基发现的那1艘航母的明确位置（后来又得到杰特和凯拉姆证实），尽管萨拉托加号的第一个机群可能已经干掉了目标，他还是很不情愿地指示大队长莱斯利去找那艘航母。目标距离有260海里，战斗机无法护航。因此金凯德把7架F4F拨给战斗空中巡逻。他还告诉莱斯利，如果觉得回61特舰太难，可以去仙人掌落脚。②

11架战斗空中巡逻的F4F已飞向西北40海里外。另有16架也紧急驰援。26架战斗机留在舰队附近作预备队，包括那4架即将从萨拉托加号起飞的。因此野猫机的总数为53架。16：29，萨拉托加号编队指挥所里的战斗机频道无线电接收机响起VF-6的枪炮军士查尔斯·E·布鲁尔的警告："1点钟上方，我是红2，看见了！大概有1、2……9个不明身份的目标，大约12000英尺，300……那些目标前面还有很多……目标方位350（度），20（海里），高度12（海拔12000英尺）。它们是俯冲轰炸机。"随后战斗机频道里人声鼎沸，没人能弄清情况如何。弗莱彻继续转播敌机的

① 李，353页；16特舰大事记；彼得森讲座（1943年11月4日）。

② 企业号舰长报告（1942年9月5日）；萨拉托加号舰长报告（1942年9月10日）。

方位角和距离，然后只能"听天由命"。他披上有防灼伤作用的蓝色防火服，和参谋们跑到司令舰桥外观战。在他们上面一层，克拉克·李和辛德勒并肩而立，瞭望哨在天台上四处走动。左舷外大约10海里远的地方，16特舰正对敌机来袭的方向摆开阵势，场面蔚为壮观。8艘护卫舰排成紧密的V式阵型，按2000码的半径将企业号簇拥在中间，硕大的北卡罗来纳号则在后方500码外。金凯德加速到27节（这是企业号的最大航速），11特舰则开到28节。最后1架飞机——莱斯利的TBF在16∶39从企业号飞行甲板上腾空而起。在空袭来临前成功起飞让他大大松了一口气，他立刻召集手下的SBD和TBF组成攻击队形。3架反潜巡逻的SBD和企业号执行搜索的20架SBD和TBF的至少半数正在舰队上空盘旋，由于余油不多，它们只能暗自祈祷不被卷入战斗。①

16∶40，当布鲁尔在电台里喊出"好，送他们去见阎王"时，萨拉托加号上的观察者注意到西北方16特舰背后出现"一道青烟"。1架被战斗空中巡逻击中的零战"拖着长长的羽状浓烟"落下。紧接着，"一架又一架日本飞机起火坠落，最后天上布满了长长的尾烟"。企业号和它的护卫船只"喷出火舌"，"它们的炮弹在天空中绽放出黑黄两色的烟花"。头顶上，飞机"在烟雾间急速穿行，机翼在阳光下闪闪发亮"。北卡罗来纳号的"高射炮火太密太猛"，乍一看像是着了火一样。金凯德不断实施规避机动，弗莱彻则带领11特舰朝东北方航行，迫使俯冲轰炸机冒着侧风攻击。企业号遭受的前几轮攻击只有近失弹，但是在16∶44，1颗炸弹击中飞行甲板后部，使"这艘仍在高速航行的军舰尾部拉出一长条浓烟"。11特舰的旁观者注意到至少还有另一弹也命中了企业号，但它似乎伤得不重。他们还发现北卡罗来纳号遭到了"有针对性的攻击"。②

萨拉托加号上的观察者也奇怪众多敌机为何迟迟不攻击11特舰。李身边一个瞭望哨"突然绷紧身子"大叫："头顶有俯冲轰炸机背着太阳冲下来了！"接着是："左舷来了鱼雷机！"企业号也报告发现鱼雷机，但没有1架参与攻击。在萨拉托加号上引起虚惊一场的其实是架负伤后试图降落的F4F。16∶55，弗莱彻转到迎风方向来接纳这个伤员，结果它在甲板上拿了大顶，又被绳网兜住。16特舰在16∶56停

---

① 有关16特舰受到的攻击，见伦德斯特罗姆《首发主力与瓜岛》125—150页；萨拉托加号战斗机电台网日志中的战斗空中巡逻通信，和有关1942年8月24日与日军交战的雷达标示航迹图，附于萨拉托加号舰长报告（1942年9月10日）中。李，353页。

② 李，354页；格洛弗，38页。G.C.斯罗尼姆中校致莫里森的研究助手之一"吉姆"信（1949年前后），藏于莫里森办公档案，第27箱。

火。李觉得日本人来去的速度都快得"不可思议"。弗莱彻电告戈姆利和麦凯恩：
"第一次空袭结束，企业号负伤，下次空袭将至。"50多架俯冲轰炸机和可怕的鱼
雷机竟然没有理会11特舰，这让他大感意外。他不知道的是，执行这次空袭的只是
关的27架俯冲轰炸机和10架零战。翔鹤号的18架舰爆机扑向企业号，瑞鹤号的9架则
盯上了萨拉托加号。但密集的高射炮火使翔鹤号的3架舰爆机转向北卡罗来纳号，而
F4F在瑞鹤号的飞机到达11特舰上空前就将它们赶走。最后3架参与了对企业号的突
击，4架找上了北卡罗来纳号。现在就看日军的第二波攻击能否扩大战果了。①

---

　　① 李，355 页；16 特舰大事记；1942 年 8 月弗莱彻致南太空司和南太司电 240625, CSCMF，卷 22；日本《战史丛书》49：568—569 页。

第二十九章

东所罗门之战（二）
草草收场

恢复阶段

攻击停止后，弗莱彻的首要任务就是轮换战斗机，在第二波空袭来临前使战斗空中巡逻重新达到最佳状态。雷达发现西北方有身份不明的飞机，甚至跟踪到大片不明目标掠过西方50海里外向南飞去。萨拉托加号回收了2艘航母的战斗机。尽管离日落只有1个小时，它还是希望在那之前回收自己的第一波攻击机。企业号此时不再冒烟，似乎状况不错。弗莱彻问金凯德能否起降飞机，后者回答："现在不行"，但"稍后有可能"。金凯德知道自己的攻击机群很难返回，便派格雷森号去北方40海里外"搭救可能油量不足的飞行员"，次日中午再去南方250海里处与16特舰会合。这一次金凯德在燃油方面的判断又有问题。运气不佳的格雷森号当天早些时候就只剩28%的燃油，是他的驱逐舰中余油最少的。金凯德选中该舰显然是因为它是驱二十二分队长霍尔库姆中校的旗舰。①

17：30，在萨拉托加号回收27架F4F后，弗莱彻将航向转到西北，以25节速度向行动迟缓的16特舰靠拢。萨拉托加号疯狂地准备着要起飞的战斗机，弗莱彻和金凯德则警惕地关注在西南方盘旋的疑似敌机群。金凯德说明了企业号的伤势："2颗炸弹命中尾部。损伤显然很轻。火势已得到控制。水下一些损伤部位尚未查明。"不知为何，他没有提到贴着舰岛后面爆炸的第3颗炸弹。17：49，战斗机以及执行下午搜索和反潜巡逻的SBD和TBF开始在企业号上降落。萨拉托加号起飞了15架F4F来恢复战斗空中巡逻的兵力。到18：05，当它开始回收自己的第一波攻击机时，太阳已沉入地平线。萨拉托加号开始"快速而娴熟地"回收燃油告急的SBD和TBF，飞行甲板上"很快就挤满

---

① 16特舰大事记；驱二十二分队长致太舰总，1942年8月24日行动报告以及有关的后续事件（1942年8月30日）。

了飞机"，但还有更多飞机"在空中盘旋"。到18：10，企业号也以同样的高效回收了33架飞机（20架SBD、4架TBF和9架F4F）。戴维斯下令暂停，然后重新调度甲板，让5架野猫起飞接替战斗空中巡逻。①

18：13，企业号的操舵电动机短路了。它向右一歪，差点撞到鲍尔奇号。戴维斯试图靠轮机来转向，但企业号还是以10节速度兜起了圈子。它遇到大麻烦了。好在到了18：27，暮光渐暗时，在70海里外徘徊的疑似敌攻击机群突然转向，从西北方飞出了雷达探测范围。萨拉托加号第一个攻击机群的飞行员告诉弗莱彻，17：00时他们在61特舰西北110海里外看见至少18架俯冲轰炸机、9架鱼雷机和3架战斗机。雷达跟踪的就是这个本可能结果企业号的机群。弗莱彻向戈姆利发报，请求派1艘拖船牵引企业号。离得最近的拖船纳瓦霍号在努美阿。戴维斯幸运地恢复了操控，小心翼翼地把船头指向东南。2架SBD和1架TBF由于缺油迫降。②

到了19：15，当金凯德欣慰地重新达到25节航速时，他看到11特舰在东边7海里

阿瑟·C.戴维斯上校在企业号(CV-6)上，摄于1942年7月22日。由国家档案馆提供(80-G-13038)

---

① 李，355页；萨拉托加号舰长报告（1942年9月10日）。
② 企业号舰长报告（1942年9月5日）；1942年8月61特舰致南太司电240808，CSCMF，卷22。

外。萨拉托加号已经回收了头顶的所有飞机，28架SBD、8架TBF和31架F4F把它的飞行甲板挤得满满当当。拉姆齐为了腾出空间，甚至冒险在着舰过程中用那一部速度很慢的舯部升降机把飞机放进机库。有1架F4F还是不可避免地撞上阻拦网，翻了个跟头后落到了敞开的升降机井里。多亏机翼被飞行甲板边缘挂住，这架野猫才没有掉进机库，把升降机卡在下降的位置酿成大祸。虽然机满成患，萨拉托加号还是腾出足够的空间回收了第二攻击波的3架TBF和2架SBD。到19：30，萨拉托加号宣布收工。它的飞机损失少得出奇：3架F4F、1架SBD和2架TBF。考虑到企业号的攻击机应该去了瓜岛，弗莱彻认为当晚不会再有其他飞机返回了。[①]

重估局势

空袭过后，弗莱彻接到了关于日本舰队的新情报，但它还是不太明确。在18：15，一个B-17机群的领队（欧内斯特·R．马尼埃尔少校）报告说，在萨拉托加号第一个攻击机群领受的目标附近轰炸了1艘"大型"航母，但没有提供毁伤评估。费尔特向弗莱彻描述了自己如何在16：00轰炸1艘航母，地点离马尼埃尔的B-17后来攻击的那艘不到20海里。他根本没收到弗莱彻14：35指引他北上的讯息（其实那个接触报告是错的），一直按原计划飞行。在15：36，他看见1艘小型航母、1艘重巡洋舰和2艘驱逐舰，便命令22架SBD和5架VT-8的TBF对付航母，6架SBD和2架TBF攻击巡洋舰。费尔特看见那艘航母躲闪灵活、未中一弹，不由大吃一惊，于是亲自俯冲下去。另6架SBD也临时放弃巡洋舰，跟着他俯冲。最后他看见几颗1000磅炸弹和至少一条鱼雷击中了航母，还有一条鱼雷应该击中了巡洋舰。萨拉托加号的飞机无一被击落，费尔特原地逗留到16：20，着迷地注视着那艘航母"一边右转兜圈，一边喷吐黑烟，有时烟雾消散，过一会儿又大团大团地涌出"。攻击者们断言自己击沉的是独特的龙骧号。斯罗尼姆回忆说，萨拉托加号上众人对于那艘航母是否沉没"争论得很激烈"，但哪一方都没有十足的把握。[②]

拉尔森带队的萨拉托加号第二个小攻击机群则带回了在61特舰北方而非西北方发现船队的消息。他的5架TBF和埃尔德的2架SBD按照3V37在14：05发现1艘航母及护航船只的报告向西北飞行（该报告是错误的，所发现的是西边90海里外的龙骧号船

---

① 萨拉托加号舰长报告（1942年9月10日）；伦德斯特罗姆《首发主力与瓜岛》153页。
② 61特司初步报告（1942年9月6日）；萨拉托加号飞行大队长致萨拉托加号舰长，关于1942年8月24日在所罗门群岛地区与敌交战的记述报告（1942年8月29日）；斯罗尼姆致"吉姆"信（1949年前后），莫里森办公档案，第27号箱。

第二十九章　东所罗门之战（二）草草收场·577

队）。17：55，在穿过浓密的云层搜索后，拉尔森和埃尔德攻击了一支强大的船队。该船队包括1艘陆奥级战列舰、4艘重巡洋舰和12艘以上驱逐舰，以15~20节速度向东南航行。埃尔德自称已将那艘战列舰炸中起火，拉尔森则说有一条鱼雷击中1艘巡洋舰。2架TBF未能返航。拉尔森和埃尔德始终没有看见航母，但弗莱彻很快得知在18：15另一队B-17（J.阿兰·西沃特少校）轰炸了1艘小型航母、3艘重巡洋舰和2艘驱逐舰，地点在拉尔森和埃尔德攻击的船队以东约20海里。①

弗莱彻猜测航母和陆基攻击机攻击了2艘轻型航母，它们显然位于敌主力的两翼（龙骧号在西，另一艘在东）。企业号的搜索机9V395（戴维斯上尉）在近5小时前发现的2艘大型航母没有再派出飞机。金凯德在20：13终于确认敌人有2艘大型航母、4艘重巡洋舰、6艘轻巡洋舰和8艘驱逐舰，截至15：00它们位于61特舰西北仅200海里的地方（离凯拉姆错报的方位出奇地近）。弗莱彻猜想拉尔森遭遇的是其护卫船队的一部分，估计17：40其位于61特舰以北约185海里。如果敌主力以20节航速继续开往东南，那么到19：30，它与61特舰的距离可能拉近到160海里。如果弗莱彻随后转向西北以20~25节航行，那么他可能在四五个小时后打一场水面夜战。参谋们围绕这个大胆的行动方案展开了争论，但弗莱彻很快就决定以15节航速跟着负伤的16特舰南撤。斯罗尼姆说他"一屁股坐进椅子里"，打趣说："小伙子们，我今晚会收到两封电报。一封是尼米兹将军的，会说我们打了一场大胜仗；另一封是金将军的，会说'你他妈为什么不用你的驱逐舰进行鱼雷攻击？'老天作证，他俩都是对的。"②

在8月24日晚上带11特舰撤退是弗莱彻在此战中最有争议的决定。他从未解释自己为何拒绝夜战，但当时有一些因素很可能影响了他。把他手上的水面战力（3艘重巡洋舰、1艘轻巡洋舰和7艘驱逐舰）与报告中北方的舰队相比可以看出敌人有明显的数量优势，更不用说他们的夜间战术也高出一筹。如果抽调16特舰的北卡罗来纳号助战，即使弗莱彻愿意冒险把这艘经验不足的战列舰投入如此不确定的战局，那也需要花费宝贵的时间。快速减少的驱逐舰油料也限制了他作高速航行的选择。萨拉托加号过于拥挤的飞行甲板可能也促使他决定避免夜战。此外他也不清楚16特舰在空袭中蒙受的损失有多大，但有充分理由相信敌方只有1艘航母受到了严重损伤。

---

① 第八雷击中队队长致萨拉托加号舰长，关于1942年8月24日在所罗门群岛地区与敌交战的记述报告（1942年8月27日）；第三轰炸中队队长致萨拉托加号舰长，关于1942年8月24日在所罗门群岛地区与敌交战的记述报告（1942年8月27日）。

② 61特司初步报告（1942年9月6日）；16特舰大事记。斯罗尼姆，80页；斯罗尼姆致"吉姆"信（1949年前后），莫里森办公档案，第27号箱。

弗莱彻在22：14告诉戈姆利11特舰和16特舰正南下"前往加油会合点"。企业号"水下部分有些损伤"，但由于转向能力恢复，它已经不需要拖船了。弗莱彻遗憾地表示没有"及时"发现2艘大型航母，但报告萨拉托加号的飞机痛击了龙骧号，"使其燃起大火"，还击伤了另一支船队中的几艘巡洋舰和1艘驱逐舰。他不知道企业号的攻击群取得了什么战果，只知道那些飞机将留在仙人掌"等待后续命令"。11和16特舰"明天必须加油"，但诺伊斯的"第18特混舰队今天已经加油，将按照作命令开往仙人掌支援该地"。弗莱彻至少猜到了诺伊斯会往那里去，不过诺伊斯将做的事远不止这些。[1]

金凯德给弗莱彻提供了更严重的消息。企业号有74人阵亡，100人负伤，中央升降机无法运转，还有数量不详的"后部舱室"被水淹没。26架飞机"失踪"，不过这可能包括了落在萨拉托加号和仙人掌上的飞机。20：40时，萨拉托加号的雷达显示"友军飞机"接近，这是没有去瓜岛的企业号飞机。在凸月光辉照耀下，6架TB出现在16特舰上空。金凯德大胆地让船队开灯以方便着舰。第2架TBF一头撞上企业号舰岛后面的吊车，导致甲板没法用了。戴维斯不得不在23：14问萨拉托加号能否收容另外4架飞机，拉姆齐回答："可以，等15分钟左右。"弗莱彻也下了开灯许可。萨拉托加号又经过一番紧急调度，到22：05时成功回收了这4架幸运的TBF。弗莱彻也因此得知企业号的攻击机群根本没能集合。这些TBF冒着迅速变坏的天气飞出275海里后，借着黯淡的暮光看见几道舰船航迹，但是飞近了才发现那是圣伊莎贝尔以北的龙卡多尔礁。由于不知道可以去亨德森机场，这几架复仇者丢掉鱼雷返航，并幸运地找到了母舰。当天深夜，范德格里夫特发报说，11架企业号的SBD没有找到敌人，安全地降落到了瓜岛。在最后1架TBF降落于萨拉托加号的半小时后，戴维斯恳求拉姆齐再收留1架飞机。拉姆齐大胆地回答："可以，不过得挤一下了。"23：03，莱斯利的TBF经过6.5小时的飞行后重重地落到了萨拉托加号上。他告诉弗莱彻自己也没有看见日军船只。考虑到萨拉托加号的飞行甲板已经挤得水泄不通，那11架SBD亏得是没有回来。此时舰上共有来自2个大队的93架飞机（43架F4F-4、1架F4F-7、32架SBD和17架TBF）。由于飞机实在太多，地勤人员甚至把一些F4F机头朝下架在别的飞机上，以便腾出更多空间。航空部门的表现出色地弥补了'萨拉托加号在战斗中暴露出的不足。[2]

① 1942年8月61特司致南太司电241014，灰皮书，809页。

② 16特舰大事记；16特舰战争日记；企业号舰长报告（1942年9月5日）；萨拉托加号舰长报告（1942年9月10日）；驱一中队战争日记。1942年8月瓜岛致61特司电241005，CSCMF，卷22。范德格里夫特的燃油很紧张。当天夜里他的航空汽油只够"一个舰载机大队加陆战队飞机作战一天左右"（1942年8月南太空司致62特司电241431（抄送61特司和南太司，CSCMF，卷22）。企业号飞行大队长致太舰总，1942年8月22—25日所罗门群岛地区行动报告（1942年9月2日）。费尔特，口述历史，111页。

跟着16特舰航行1个小时后，弗莱彻监听到2架PBY发出的一些（但不是全部）接触报告。这是2架从恩代尼起飞的装备雷达的夜间搜索机。在21∶33，诺尔曼·K．布雷迪中尉在61特舰以北约200海里遇到"雨中一些不明身份的船只"，这个位置大致就是敌军主力东侧的那支轻型航母船队所在。半小时后，威廉·C．科比特少尉警告说，有5艘船在11特舰西北仅145海里处，而且正以20节航速接近。日本人正在紧追不舍。麦凯恩指示麦基诺号在8月25日拂晓前一小时收拢PBY，然后撤离该地。戈姆利同意弗莱彻的判断，认为有多达4艘航母从"马莱塔北面"进攻61特舰，而且只有1艘遭到毁伤。他特地提醒弗莱彻，太舰总8月20日的电报警告说敌驱逐舰数量增加，而且"小日本以（夜间）鱼雷技术自夸"。他可没有赞成水面夜战的意思。戈姆利还给范德格里夫特报了一个"好"消息："敌军航母正朝马莱塔北部进发，可能在天亮时袭击你的阵地。"他命令正从珍珠港南下的大黄蜂号特混舰队"尽快"加油，做好与61特舰会合后在西方开展"攻势作战"的准备。17特舰此时还在斐济附近，离战斗区域有1000海里。它还需要3天才能赶到，在此期间可能发生很多事。[①]

短暂的追击

美国的指挥官们在8月24日晚上感到形势很混乱，他们的日本对手则沾沾自喜地认为自己取得了辉煌的胜利。近藤自己的先遣部队（5艘重巡洋舰、1艘轻巡洋舰、5艘驱逐舰和水上飞机母舰千岁号）和南云的机动部队（翔鹤号、瑞鹤号、2艘战列舰、3艘重巡洋舰、1艘轻巡洋舰和8艘驱逐舰）遭到了几架俯冲轰炸机的骚扰，但是随即用73架飞机对美国航母还以颜色。不久近藤与阿部的前卫部队会合，然后急速南下以消灭负伤的对手。高级指挥官们还不知道原的支援部队的龙骧号被击沉。龙骧号当天下午受到萨拉托加号的第一个攻击机群围攻，被一条鱼雷打坏转向和推进装置，又被几颗1000磅近失弹的冲击波严重毁伤。原命令驱逐舰击沉燃烧的航母，自己按南云的命令率利根号离开。后来马尼埃尔的3架B–17又进行了一次不成功的攻击，天黑后龙骧号终于沉没。[②]

南云知道自己的第一波飞机找到了美国航母。16∶50，新出动的筑摩五号机纠正了比睿号的搜索机报告的错误方位。但是率领第二波飞机的高桥既没收到这条至关重要的消息，也没收到南云告诉他美国航母位于预料位置以东的重播电讯。第二攻击波中有些机组听到了这

---

① 南太空司战争日记；萨夫鲁克提供的PBY身份；61特司初步报告（1942年9月6日）。1942年8月：南太致61特司电241221，戈姆利致弗莱彻电241300，南太司致瓜岛电241400，CSCMF，卷22；南太司致17特司电241102，灰皮书，809页。

② 日本《战史丛书》49∶566页。

两条电讯，但错以为高桥也听到了。而且第二波飞机也没有注意到萨拉托加号的返航飞机斜穿其航线飞向东南。因此高桥飞得过于偏西和偏南，没能看见弗莱彻的航母。在17：30，高桥又错过了另一个黄金机会。当时关在攻击后发出报告，翔鹤号也重播了这条消息，并被高桥机队中的其他人收到。17：43，高桥到达他预计能找到敌航母的位置，但看见的只有茫茫大海。此时第二攻击波位于16特舰西南83海里处。高桥徒劳地向西搜索至日落，然后恋恋不舍地打道回府。没能找到61特舰并结果重伤的企业号是日军在此战中的关键失误。①

大约就在高桥放弃寻找的同时，西沃特的4架在高空飞行的B-17遭遇了位于南云主力前方30海里的阿部前卫部队。西沃特宣称几颗炸弹击中1艘航母，但航母并不存在，他炸的是驱逐舰舞风号而且没有命中。后来西沃特的飞机与南云的战斗空中巡逻交了火，但由于夕阳西沉，没能认出附近的翔鹤号和瑞鹤号。陆军航空兵的导航水平和舰船识别能力都令人不敢恭维。西沃特在18：10发出又发现1艘小型航母、3艘重巡洋舰和2艘驱逐舰的报告，导致弗莱彻以为有1艘航母在拉尔森攻击的船队以东30海里外。②

近藤一直在南云的航母以东，两支舰队都朝马莱塔和圣克鲁兹群岛之间的海域前进。千岁号（埃尔德所说的"战列舰"）在停船回收飞机过程中，于17：40注意到拉尔森的小机群。2架SBD投下的近失弹给它造成了严重破坏。VT-8的5架TBF则没能命中近藤的4艘行动敏捷的重巡洋舰。2架复仇者遭遇战斗空中巡逻的零战后迫降，但其机组获救。当天晚上近藤也南下寻找美国航母，并与阿部的前卫部队会合。专用于夜间搜索的特制水上飞机呈扇形散开寻找目标。远在特鲁克的潜艇部队指挥官小松辉久中将也调动他的10艘潜艇进行了追击。③

19：00时，关率领的37架飞机只有12架回到母舰。南云听取关的汇报后，在19：28宣布第一攻击波有超过3颗炸弹命中1艘 企业级航母。瑞鹤号的报告则宣称有2颗炸弹命中另一艘航母。敌军残部正以25节航速逃窜。南云决定在回收第二波飞机后北上加油。这个决定遭到他的旗舰舰长有马正文大佐反对。有马强烈要求追击，但南云宣布此战已经打赢了。他在20：40发出的最终战果评估宣布有6颗炸弹命中1艘"新型"航母（埃塞克斯级），另有1艘航母和1艘战列舰中弹起火。近藤不约而同地做出了同样乐观的结论，他在20：05发报说，自己为了消灭失去战斗力的航母，只会向敌军最后的已知位置追至午夜为止。④

① 日本《战史丛书》49：571 页。
② 日本《战史丛书》49：573—575 页；61 特舰初步报告（1942 年 9 月 6 日）。
③ VT-8 报告（1942 年 8 月 27 日）；VB-3 报告（1942 年 8 月 27 日）；日本《战史丛书》49：574—577、583 页。
④ 日本《战史丛书》49：573—574 页。

回收第二波飞机的作业特别艰难。从20：15开始，航母回收了36架飞机中的28架。高桥得知自己错过了结果美国航母的机会后悔恨莫及。7架舰爆机失踪，还有1架迫降。南云打开探照灯并不断广播无线电导航信号，直到所有希望都破灭才作罢。但2小时后，3架迷航的舰爆机竟奇迹般地靠着最后一点油料飞了回来。萨拉托加号上斯罗尼姆的无线电小组监听到了导航信号，弗莱彻正确地猜测这是发给那个没有找到61特舰的攻击机群的。"在夜深时还听到这些飞机试图呼叫它们的航母，但是没人回应，"彼得森回忆说。后文将会提到，在珍珠港监听的H站分析人员错以为当晚有许多敌机因为找寻母舰未果而坠毁。实际上翔鹤号和瑞鹤号损失了9架战斗机和24架俯冲轰炸机，次日可用飞机还有100架（41架战斗机、25架俯冲轰炸机和34架鱼雷机）。①

近藤的瞭望哨在预定的返回时间前没有找到目标。他的夜间搜索机只追上了1艘正在独自逃跑的"轻巡洋舰"（格雷森号）。被打得头破血流的美国航母显然逃出了攻击范围。近藤在23：30取消追击，带着水面部队以24节速度北上加油。与此同时，山本的联合舰队主力部队（1艘战列舰、1艘改装航母和3艘驱逐舰）从西北方接近了交战地区。"第二次所罗门海战"（萨沃岛之战是第一次）中2艘美国航母起火、敌军全线溃逃的消息让他欣喜若狂。有趣的是这一次山本支持了前线指挥官穷寇勿追的观点，与他在珊瑚海之战后的愤怒形成了鲜明对比。他命令近藤在"条件合适时"脱离战斗，但要求南云做好准备，以便攻击次日上午发现的任何"负伤舰船"。得知龙骧号损失后，山本推测潜伏在瓜岛附近的航母企图伏击第二梯队船队，但是它们遭遇了倒霉的龙骧号，随后被突袭重创。宇垣把龙骧号说成是无心插柳但效果非凡的"诱饵"（后世史家也随声附和），并对没有歼灭负伤的美国航母感到万分惋惜。但他认为它们的逃脱在短期内无关大碍，因为瓜岛的盟军防守部队已经注定灭亡。高级将领们认为日军只是由于严重的通信故障和接触报告不够明确才没能取得更大胜利。②

既然部队已经扫清所有主要的海空对手，山本便指示继续实施KI作战，在25日晚上将一木第二梯队送上瓜岛。8月24日午夜将至时，田中在瓜岛以北190海里收到了再次前进的命令。但是在见过龙骧号烟火冲天的场面后，他很自然地"严重怀疑这支慢速船渡队抵达目标的机会"。田中的上级塚原强烈建议让南云的航母轰炸瓜岛机场，但山本断然拒绝。显然山本认为龙骧号遇袭前已经把伦加的飞机摧毁在地面了。当晚还有3艘从肖特兰急速南下的驱逐舰将进行收尾工作。山本和他的两个舰队司令的一厢

---

① 日本《战史丛书》49：573—574 页；彼得森讲座（1943 年 11 月 4 日）。

② 宇垣，190—192 页；日本《战史丛书》49：577 页。

情愿令人吃惊，他们很快就会大失所望。[①]

仙人掌自救

由于弗莱彻跟着金凯德的16特舰南下，11特舰在8月25日是不会作战了，除非日军自己冲到萨拉托加号飞机的打击范围内。因此他把重任交给拥有黄蜂号（62架飞机）的诺伊斯18特舰。诺伊斯在8月24日下午匆忙加油后开始北上。18特舰以20节速度航行，这是他考虑到黄蜂号脆弱的推进装置后敢于采取的最大速度。不久他就截获一些电报，从中了解到前线爆发了航母大战，企业号负伤，弗莱彻也撤退了。他没有选择靠近西北方350海里外的仙人掌，而是坚定地前去支援马莱塔以东的弗莱彻和金凯德。在8月25日凌晨，18特舰先后与16特舰和11特舰擦肩而过，最后把朝反方向狂奔的格雷森号也甩到身后。此时诺伊斯前方只有日本航母舰队，黎明时战斗极有可能重新打响。[②]

专注于加油的弗莱彻通过电台跟踪局势，不过本书作者不能确定萨拉托加号成功接收了哪些消息，因此不知道他（或诺伊斯）是否收到了范德格里夫特关于午夜后伦加遭战舰炮击的警报。范德格里夫特的第二封电报说进行炮击的7艘驱逐舰已经向东北方退去。其实当晚有3艘驱逐舰潜入伦加点附近的锚地寻找美军船只未果，朝机场打了十分钟炮，然后就北上加入田中的反潜护航队列了。炮击没造成多少损失（驱逐舰的领队也这么认为），只惊醒了范德格里夫特和他的飞行员。6架陆战队和海军的SBD追击了撤退的驱逐舰。范德格里夫特肯定希望弗莱彻提供近距支援，但戈姆利有更好的主意。他恳求麦克阿瑟用其潜艇对付骚扰瓜岛的舰船，因为"当地没有我军船只"。[③]

当晚南太空的2架PBY在黑暗中探查了马莱塔和瓜岛以北的水域，借助雷达和明亮的月光寻找目标。在01：49，麦凯恩转发了一条"未证实身份的飞机接触报告"，这个报告原发于21：05，内容是在伦加以北仅120海里处发现一支"敌航母船队"，它们正以25节航速南下。好在到了02：25，发出这条报告的科比特少尉把船队位置纠正为瓜岛以北180海里，速度减为15节。03：40左右，从三川的巡洋舰上起飞的5架水上飞机轰炸了伦加，还是没有值得一提的战果。范德格里夫特决定全力对付马莱塔以北的航母。他不等日出就派出了8架陆战队和海军的SBD及10架F4F。不久以后，在马莱

① 日本《战史丛书》49：584—586 页。

② 18特舰巡洋舰司令战争日记；福雷斯特·谢尔曼致太舰总，1942 年 8 月 25 日黄蜂号的行动（1942 年 11 月 14 日）。

③ 1942 年 8 月瓜岛电台致 61 特司电 241305，南太司战争日记；1942 年 8 月瓜岛致 61 特司电 241355，CSCMF，卷 22；日本《战史丛书》49：585—586 页；1942 年 8 月南太司致西南太司电 241350，麦克阿瑟资料集，南太区通信档案，电讯号 75。

塔以东、距伦加250海里处，谨慎的诺伊斯派出黄蜂号的黎明搜索机队。在诺伊斯以南120海里处的弗莱彻也放出萨拉托加号的10架SBD朝北方搜索200海里。[①]

查尔斯·P.默肯萨勒中尉的PBY在黎明出动的搜索机中第一个遇到敌人，他惊呼自己遭到飞机攻击。他报告的位置是18特舰以北170海里、11特舰以北200海里。这些日本飞机如果是航母舰载机，肯定不是来自从北方直奔仙人掌而去的那个船队。尼米兹接到一份不祥的局势评估，其中说"从种种迹象看，敌军将在破晓时对我方在图拉吉—瓜岛的阵地实施空袭，并继之以登陆"。尼米兹对戈姆利、弗莱彻和麦凯恩强调，"局势仍然严峻"，但"截至目前的损失对比是我方有利。让我们消灭那些航母吧"。几个小时后，双方的航母都没有消息，倒是驻伦加的飞机痛击了登陆船队。从09：30开始，发自仙人掌和南太空的多架搜索机的消息都提到至少1艘运输船起火。最后在10：55，詹姆斯·墨菲上尉的PBY仔细查看有关海区后确认，由7艘驱逐舰和2艘巡洋舰组成的船队（但没有航母）丢下1艘着火的运输船仓皇逃窜。后来PBY又分别遭遇了战列舰、巡洋舰和驱逐舰的零散船队，它们也在向北撤退，最近的位于伦加东北300多海里、18特舰以北300海里。[②]

对瓜岛迫在眉睫的威胁消失了。科比特最先发现的船队（被他错认为航母舰队）是田中的第二梯队船队，也是当时唯一驶向瓜岛的舰队。炮轰伦加的3艘驱逐舰有2艘在黎明后加入，因此田中有1艘轻巡洋舰、7艘驱逐舰和4艘巡逻艇为3艘慢速运输船护航。到08：00他与瓜岛的距离拉近到150海里，之后就再也没能前进一步。仙人掌的SBD寻找不存在的航母舰队未果，便拿这支送上门来还没有空中掩护的船队出气。它们轰炸了大型运输船金龙丸号（使其起火），击中了另一艘运输船，还围殴了田中的旗舰神通号。10：15，3架B-17又炸沉了停船搭救幸存者的驱逐舰睦月号。孤立无援的田中在震惊之余下令撤退。英勇的仙人掌飞行员阻止了日军增援抵达瓜岛，从而把一场并不具备决定意义的航母对决变成了盟军的战略胜利。[③]

弗莱彻上午的搜索没有结果，诺伊斯的也一样，但黄蜂号的SBD消灭了3架舰载水上飞机。由于供给范围内没有其他目标报告，诺伊斯折向西北，朝正在伦加以北被痛击的登陆船队驶去。13：26，在距离约275海里处，他放出了24架SBD和10架TBF（这是他所有能用的攻击机）进行极限距离空袭，并继续向西北航行以缩短它们的返程。

① 1942年8月南太空司致61特舰电241449，CSCMF，卷22；伦德斯特罗姆《首发主力与瓜岛》158页。
② 南太空司战争日记，萨夫鲁克的研究。SRMN-009，太舰总舰队情报汇总，1942年8月24日，72页；1942年8月太舰总舰队致南太司电242125，CSCMF，卷22。
③ 田中，转引自伊文思，167—169页。日本《战史丛书》49：586-588页。

黄蜂号的攻击机群仔细搜索了指定海域,还击落了1架从18特舰附近尾随而至的水上飞机,但没有看见任何船只。回去的路上它们又检查了圣伊莎贝尔北岸被怀疑是水上飞机基地的莱卡塔湾,但还是一无所获。失望的攻击机组只能转向东南返回。夕阳西下时黄蜂号回收了它们,然后将航向转为东南与11特舰会合。为了消灭敌人和支援弗莱彻,诺伊斯做了当时条件下他能做的一切,但尼米兹和金没给过他任何表扬。①

11特舰重整旗鼓

弗莱彻的11特舰跟着金凯德的16特舰去圣克里斯托瓦尔和圣埃斯皮里图之间的会合点寻找油轮。由于空中搜索未发现追兵的迹象,他们主要的担心变成了潜艇。09:10,从企业号起飞作中圈空中巡逻的乔治·G.埃斯提斯少尉突袭了11特舰前方仅15海里处水面上的2艘大型潜艇。确信自己消灭了其中1艘后,他在萨拉托加号甲板上投下讯息,说明了这次遭遇。在向南返回16特舰途中,他又在先前实施攻击的位置发现1艘浮在水面的潜艇,于是他进行了扫射,然后返回萨拉托加号降落。瞭望哨则在西南方又发现1艘日本潜艇。弗莱彻调了3艘驱逐舰进行攻击并防止其上浮。13:30,前方出现一队船只。16特舰贪婪地从3艘油轮吸取油料。金凯德将企业号的损伤评估改为被3颗"中型"炸弹击中,并遭2颗近失弹毁伤。由于船身钢板开裂,船尾一个大分舱被水淹没,"妨碍了高速机动"。好在推进系统完好无损。企业号上有31架可用的飞机(6架F4F、20架SBD和5架TBF),如有必要可运转50架。金凯德建议"如果可行"则前往努美阿"作临时修理",但企业号显然需要在正规修船厂长期逗留。②

由于油料充裕,弗莱彻将11特舰的油舱基本加满。他从16特舰抽调出北卡罗来纳号、轻巡洋舰亚特兰大号和驱逐舰格雷森号、蒙森号,使萨拉托加号有了1艘战列舰、3艘重巡洋舰、2艘轻巡洋舰和9艘驱逐舰保护。金凯德保留了重巡洋舰波特兰号和3艘驱逐舰。转移人员和物资后,还有1艘驱逐舰将归到他麾下。美军飞机上报的空战战果共有75架,高射炮手则宣称另外击落了24架。2艘航母清点了各自的飞行大队。8月24日的飞机损失只有16架:5架F4F和4架TBF被击落或失踪,1架F4F、2架SBD和1架TBF迫降,2架F4F和1架TBF报废。萨拉托加号接收了企业号的17架F4F和6架TBF,其飞机总数达到89架(40架战斗机、31架俯冲轰炸机、17架鱼雷机和1架侦察机)。企业号保留了8架战斗机、22架俯冲轰炸机、5架鱼雷机和1架侦察机,但在离开南太区前将把其

① 福雷斯特·谢尔曼致太舰总信(1942年11月14日),NHC;伦德斯特罗姆《首发主力与瓜岛》158—160页。
② 萨拉托加号战争日记,16特舰战争日记。

中大部分留在当地。当晚轮到萨拉托加号从萨宾号加油。除了大量潜艇接触报告,这一天平安无事。[1]

　　弗莱彻收到的接触报告显示,包括被痛击的登陆船队在内,所有敌舰都已北撤到空中搜索范围之外。太舰总每日情报通报终于确认瑞鹤号、翔鹤号和龙骧号在所罗门群岛地区,瑞凤号、隼鹰号和飞鹰号"都已奉命离开日本",可能"在过去48小时内"已经动身。如果属实,它们可能在下个星期到达所罗门群岛。改装航母春日丸号被认为处于特鲁克附近,但正在前往拉包尔。其他处于或正在前往新不列颠地区的舰队单位包括4个巡洋舰分队和两个驱逐舰中队。"联合舰队司令长官"的旗舰已离开本土水域开往特鲁克。如此强大的敌军部队逼近南太区的情报对戈姆利和弗莱彻来说实在不能算新闻,但至少他们在战后有了久违的休整机会。[2]

　　弗莱彻打算让金凯德南下到埃法特和新喀里多尼亚之间等待后续命令(很可能是返回珍珠港)。他还准备了一份给戈姆利的讯息,将由企业号在8月26日经过埃法特时用飞机送到该岛上。他在其中概括了当前局势,并说明11特舰计划在8月25日晚上完成加油,然后在马莱塔以东与诺伊斯的18特舰重会。弗莱彻建议让脆弱的黄蜂号留在战区"直到局势明朗",并希望17特舰(大黄蜂号)"尽可能快"地与他会合。无论如何,11特舰和18特舰必须在10天内获得给养。为此需要去某个岛屿基地,因为大型舰船在海上不容易接受大量食品补充。弗莱彻清楚戈姆利可能另外需要一支水面舰队,因此他提议拨出克拉奇利的44特舰(澳大利亚号、霍巴特号和3艘驱逐舰)外加盐湖城号。44特舰应该由南太司直接控制,"因为无线电静默使我无法作适当指挥"。当晚弗莱彻就让金凯德的16特舰南行。经过快速高效的加油作业,阵容更强的11特舰掉头北上,去圣克里斯托瓦尔寻找18特舰。普拉特号和西马仑号空舱前往努美阿,还剩一些油的萨宾号则动身去圣埃斯皮里图。[3]

"我们不可大意"

　　8月25日的上午让先前还兴高采烈的日军将帅体会到了幻灭的苦涩。11:00当山本的主力部队在瓜岛西北350海里与机动部队会合时,他得知第二梯队船队遭到迎头痛击,一个士兵都没能登岸。于是他取消KI作战,命令瑞鹤号掩护田中撤退。更糟的是,他很快就发现美国航母在挺进打击后状况出奇的好。午夜前后,奉命南调的伊17号和伊15号在圣克里斯托瓦尔以东各自独立地作战,结果同时发现了以20节速度撤退的航母舰队。

---

①　萨拉托加号战争日记,11特舰巡洋舰司令战争日记,16特舰战争日记。
②　61特舰初步报告(1942年9月6日);1942年8月太舰总情报通报250303,CSCMF,卷22。
③　萨拉托加号战争日记,16特舰战争日记;1942年8月61特司致南太区电250646,灰皮书,639—660页。

这2艘潜艇都没能机动到攻击阵位。小松命令手下所有潜艇追击。日出后，又有几艘潜艇发报称在距离前晚所报目击地点130~150海里处发现美军特混舰队。08：00伊9号报告在伦加东南330海里发现1艘战列舰，其实那就是弗莱彻的11特舰。遭到1架敌机和几艘驱逐舰围攻后，伊9带伤返回特鲁克。伊15在09：15遭遇一支向南行驶的舰队，包括1艘战列舰、1艘企业级航母、2艘巡洋舰、5艘驱逐舰和2艘油轮，地点在伊9接敌位置东北50海里。这显然是16特舰，但伊15报告的地点太偏北。在白天的其余时间，虽然这些潜艇急切地搜寻航母，但没有发生新接触。当晚小松命令它们全部回到先前的警戒线。这一天山本把主力舰队开到距瓜岛330海里处，然后改变主意，北上与近藤和南云重会。"我们不可大意，"宇垣如此判断。显然1艘美国航母和1艘战列舰已经在圣克里斯托瓦尔东南加了油，并且"派出搜索机"警戒，"其中一些"在马莱塔和恩代尼之间"与我方搜索机遭遇"并导致后者损失。失踪的水上飞机在当天下午报告说有1艘航母在肖特兰东南500海里处，宇垣因此相信它找到了"昨天负伤的航母"。其实正如前文所述，那架水上飞机遇到的是生力军黄蜂号。[①]

显然美军在这一地区的舰载和岸基飞机非常活跃和危险，山本因此修改了计划。所罗门群岛争夺战将是"一场持久战"。如此一来，重夺瓜岛的任务必须排在歼灭美军舰队之前，但只有在伦加的航空兵消失以后运输船队才能再次冒险。驱逐舰将继续通过渗透方式把部队送上瓜岛。在拉包尔，塚原重提用南云的航母打击伦加的建议，但宇垣认为在采取这样的大胆举措前需要三思。联合舰队需要重整旗鼓，并动用更多陆基飞机。从8月26日开始，近藤和南云将在海上加油。由于油料短缺，2艘快速战列舰不得不撤回特鲁克，等待下1艘从日本来的油轮。南云认为陆奥号虽然比较强大但速度太慢，不足以代替它们。近藤支援部队的其余船只应该在几天内做好战斗准备。9月初，轻型航母瑞凤号和另两艘快速战列舰将从日本南下，飞鹰号和隼鹰号的飞行大队完成备战后也将在10月初步其后尘。[②]

战术教训

东所罗门之战成了战时被研究得最彻底的航母战。人们的批评集中在通信问题上：电台性能低劣，接触报告发送不及时，重要情报的传递过程还有其他缺陷。戴维斯上校认为通信"脆弱到危险的地步"，金凯德则说"通信失误是许多战术错误的首要原因"。弗莱彻专门就通信失误提交了一份报告。这个问题并不是短期能解决的，

① 日本《战史丛书》49：583；宇垣，192—193页；博伊德和吉田，96—97页。
② 宇垣，193—194页。

在这一年余下的时间还将一直困扰美国海军。[1]

有几个评论者说敌军飞行员的素质明显下降，但下一次航母大战将证明此话言之过早。弗莱彻认为战斗机引导"不能完全令人满意，但已经比以前好多了"。对个别盯梢者的拦截仍然出色，但航母似乎还不能集中战斗空中巡逻的战斗机来击败攻击机群。不过舰载高射炮有显著进步，快速战列舰的作用显得尤为宝贵。与此同时战斗机护航还是很差，特别是没有保护好容易损失的鱼雷机。有些指挥官（特别是戴维斯）建议把鱼雷机仅用于夜间空袭和击沉负伤敌舰，或者把它们当作水平轰炸机使用。弗莱彻强烈反对。航空鱼雷是机载武器中威力最大的反舰武器。可惜他对于不正确使用鱼雷机的担心很快成了现实。[2]

航母部队对格鲁曼F4F-4野猫的满意程度似乎提高了，但还是认为它不如零战。正如前文所述，在缺少更好的战斗机的情况下，短期内唯一可行的措施是增加野猫机数量。弗莱彻甚至希望在其他航母足以完成攻击任务的情况下专门安排1艘"战斗机航母"，戈姆利对此表示同意。截至此时航母部队主要靠突然性弥补数量或装备上的劣势，但由于现在要面对大量岸基飞机，突然性已不复存在了。金凯德根据预期的对手实力评估所需战斗机数量。对于"一般作战"，每艘航母应该有40架F4F，而不是目前的36架。但如果敌军防御较强，就应该有60架。如果要实施瞭望塔这样的两栖攻势，由于航母本身必须支援地面作战，1艘航母应该有一百架或更多战斗机。但是增加战斗机就要相应减少俯冲轰炸机和鱼雷机，从而削弱进攻力量。对这个问题需要慎重的全盘考虑。[3]

弗莱彻继续反对他在8月24日奉命采用的单航母特混舰队战术。他9月24日关于航母战术的信呼吁给各航母特混舰队分配相同的任务，使它们集中在一起以便"互相支援和保护"，"除非有充分的战术理由"才可分离。在这个问题上他与反传统的"特德"谢尔曼少将站在一起。弗莱彻在9月25日对企业号东所罗门之战报告的批注中又详细阐述了这些观点。戴维斯力主各航母特混舰队在面临空袭时拉开至少15海里的间隔，弗莱彻对此强烈反对。"对于进攻的机群而言，航母间隔5海里还是20海里没什么不同，但对于防守方来说就有重大意义。如果航母保持15~20海里间隔，那就始终存在无法动用全部战斗机部队决定性地抗击敌军的危险，在中途岛已有先例。"戴维斯认为："2支以上的航母舰队联

① 企业号舰长报告（1942年9月5日）；16特司致太舰总信（1942年9月10日）。在对萨拉托加号舰长报告（1942年9月10日）的第一次批注（1942年9月24日）中，弗莱彻说他的这份报告是"1942年9月17日的通信问题报告"。该报告现已散失。

② 伦德斯特罗姆《首发主力与瓜岛》162—164页；61特司对企业号舰长报告（1942年9月5日）的第二次批注（1942年9月25日）。

③ 11特司对萨拉托加号舰长报告（1942年9月10日）的第一次批注（1942年9月24日）；16特司致太舰总信（1942年9月10日）。

合作战太难控制。"弗莱彻则反驳说，根据"我军最近的经验"，1个特混舰队指挥官指挥3支航母特混舰队"几乎和指挥2支一样容易"。甚至4支舰队也能共同作战，"不会有太多困难"。"如此集中航空兵力带来的优点可抵消任何缺点而有余。"他预言"随着我们的攻势逐渐加强，未来趋势是越来越多的航母集中作战"。[①]

评价东所罗门之战

　　虽然经过详尽分析，这场战役总体上仍然是个谜。正如斯罗尼姆对莫里森所说，出奇糟糕的通信和侦察部队报告敌军兵力和位置时的大量失误使弗莱彻"在整场战斗中被彻底搞糊涂了"。弗莱彻认为敌人的航母特混舰队至少分为2支，很可能是3支，其中共有4艘航母。但由于"最近的接触报告不完整"，他无法对其位置"进行有任何准确性可言的判定"。弗莱彻在1942年9月6日的初步报告中认为"A特混舰队"包括萨拉托加号的飞行员们宣称击沉的轻型航母龙骧号。他猜测夜里那个偶然错过61特舰的攻击机群是龙骧号放出的。在A特混舰队以东的是"B特混舰队"，包括大型航母翔鹤号和瑞鹤号，很可能就是它们派出了攻击16特舰的80架规模的大机群。拉尔森的小机群很可能盯上了B舰队的护卫舰船，可能击伤1艘战列舰和2艘巡洋舰。弗莱彻猜测还有一支轻型航母舰队——"C特混舰队"在B特混舰队东南作战，那天下午雷达发现的飞向仙人掌的攻击机群就来自于它。美军的困惑一直持续到战后很久。龙骧号在太舰总情报通报上继续出现了一个星期。戈姆利在9月3日对尼米兹说，弗莱彻和麦凯恩的轰炸机很可能轰炸了不同的航母，龙骧号只是受了重伤。彼得森在1943年末说："我们的共识是当时参战的有4艘日本航母。"当然了，只有3艘日本航母参加了东所罗门之战。虚幻的C特混舰队来源于搜索机和西沃特的B-17的误判和错误导航。美军就连确认龙骧号沉没也花了很大工夫。密码破译人员直到1943年1月破译一封将该舰从海军除籍的电报后才确认此事。[②]

　　此战引出的另一个根本问题是为什么日军航母抵达了所罗门群岛而无线电情报却没有预测和确认其调动。弗莱彻在下一次与尼米兹见面时讨论了情报失误问题。他拿出了8月23日收到的太舰总每日情报通报，指出这上面说所有日本航母都在特鲁克以

---

　　① 太巡司致太舰总信（1942年9月24日）；61特司对企业号舰长报告（1942年9月5日）的第二次批注（1942年9月25日）；企业号舰长报告（1942年9月5日）。

　　② 斯罗尼姆致"吉姆"信（1949年前后），莫里森办公档案，第27号箱；61特舰初步报告（1942年9月6日）；1942年8月南太司致太舰总电030600，CSCMF，卷23；彼得森讲座（1943年11月4日）；RG-457，SRH-036，第二次世界大战中太平洋地区战术行动中的无线电情报，1943年1月，256—257页。

北，结果却有多达4艘航母悄悄接近到距61特舰几百海里内。按雷顿的说法，弗莱彻"高声大骂情报不准"，不过着急上火的不止他一个。甚至在前线激战正酣时，斯蒂尔上校的每日无线电情报汇总还认为："现在看来日本航母可能即将进入特鲁克。如果是这样，那么他们几乎不可能在当地时间8月27日前抵达所罗门群岛。"战斗结束的第二天，罗切福特手下的H站分析员们承认自己迷惑不解。"包括航母在内的一支大型特混舰队在未被无线电情报部门发现的情况下成功抵达所罗门群岛，这表明日本人的无线电安全措施有效地掩盖了相关的实际调动。"这些专家们最后得出结论，航母部队一加入当地通信网就意味着它们已经到达该地，而不是还在途中。雷顿后来认定，没有截获预料中的航母抵达特鲁克的报告是因为盟军不知道该部队绕过了特鲁克径直南下。说到底，"不可能事事料对"，"这就是无线电情报"。①

　　虽然弗莱彻在东所罗门之战中至少取得了暂时的战略胜利，但许多人认为他本该干得更好。他们认为8月24日晚上美军的战术态势非常有利，而他应该加以利用。由于16特舰防空作战中歼灭敌机的数字被极度夸大（战斗空中巡逻和高炮至少击落84架飞机），再加上无线电情报暗示敌人另外又损失了大量飞机，尼米兹的胃口被吊得很高。他的初步报告判断8月24日敌人"3个或4个航母飞行队"或者"日本人当天可用的大部分航空打击部队""在战斗中大部被歼"。在攻击16特舰过程中被消灭的80架飞机相当于"至少1艘大型航母加1艘小型航母的飞行队"。此外，"在近黄昏时没有找到61特混舰队的第二个攻击群可能是另一艘大型航母的飞行队"，而美方"在深夜听到这些飞机试图寻找其母舰"。因此尼米兹猜测"该机群部分或全部损失了"。由于8月24日双发轰炸机攻击仙人掌的报告令人不解，他不能确定舰载机是否也攻击了亨德森机场，但机场守军宣称击落了11架单发和双发轰炸机以及7架战斗机。"如果是这样，那么日本人在8月24日的战斗中损失了3个航母飞行队的大半兵力，如果第四个航母飞行队参与了对瓜岛的攻击，那么它也损失不小。"因此，"我军不仅击退了敌登陆船队，还毫无疑问地赢得了制空权"。与此同时，弗莱彻自己的飞机损失（16架飞机）却低得出奇。尽管企业号负了伤，"我军仍有两个基本齐装满员的航母飞行大队"。另一方面，"黄蜂号特混舰队已经加了油，正在北上与南撤的61特舰会合。大黄蜂号特混舰队正在附近的途中"。因此尼米兹对弗莱彻撤退萨拉托加号一行并浪费8月25日一整天来加油的做法深感惋惜。他还不满于诺伊斯18特舰在此期间仅仅"在瓜

---

① 皮诺和柯斯蒂洛对雷顿的采访（1983年5月11日），36页；RG-457，SRH-12，战斗情报单位，通信情报汇总，1942年8月24日，800—801页。

岛东南一带占位并作了抗击日军后续攻击的准备"而已。①

　　由于不了解实际情况，尼米兹显得极其不公正。太舰总在1942年10月24日的最终战斗报告不仅重提先前关于敌军飞机损失惨重的论调，还强烈质疑了弗莱彻的行动："萨拉托加号特混舰队在8月24日夜的撤退中断了战斗。此时敌航母舰载机部队已经消耗殆尽。事后看来，如果萨拉托加号舰队留在8月24日所处区域的附近，它们有可能利用航空和水面部队打击敌人，因为日军重型舰船在当天夜里继续接近，直到8月25日午前才掉转航向（有些船队是下午才回头的）。"太舰总认为日军在8月25日不仅挡不住航母的空袭，也赢不了与弗莱彻特混舰队的水面战斗。"我们在机会出现时必须更大胆地使用我们的水面舰艇。"但是，"有关的距离，协调广为分散的部队的问题，以及通信设施和训练的欠缺共同导致了这场胜利不够大，而如果飞机和水面部队在8月24日敌航空部队大部被歼后勇于进取，本可取得大胜"。舰总司1943年战斗经验通报重复了尼米兹关于东所罗门之战指挥不力的观点。在提到11特舰8月24日晚上的情况时指出，"特混舰队必须预见到敌人会反复攻击，做好抗击的准备，避免处于无防备无组织的状态"。"我们的特混舰队取守势多于攻势"，而"无论白天黑夜，在初战获胜后都应该努力扩大战果，以求彻底消灭敌人"。但是在8月25日舰队"态度过于保守"，主要是因为"第18特混舰队发动的进攻本可能全歼敌人"。②

　　当然，弗莱彻在8月24日夜实际面对的战术态势远没有尼米兹和金想象的那么乐观。③他们以为只要弗莱彻鼓起勇气继续战斗，萨拉托加号和黄蜂号飞行员收拾已经损兵折将的日本舰队是小菜一碟。实际上，太舰总大大高估了日本航母舰载机的损失。翔鹤号和瑞鹤号在8月24日的战斗中只损失33架飞机。南云的两个飞行大队远没到"大部被歼"的地步，不仅有完好无损的鱼雷机部队（34架舰攻机），还保留了半数俯冲轰炸机和40架零式战斗机。近藤和阿部率领的战列舰、巡洋舰和驱逐舰更不是弗莱彻在水面战斗中能独力对付的。而关键问题还是"事后聪明"这四个字。弗莱彻只是16特舰所遭空袭的旁观者，当晚在考虑是否要撤退11特舰时，他所了解的情况只有在萨拉托加号上着舰的战斗机飞行员们疲倦的面容。当晚他认为敌人的4艘航母还有3艘完好无损，而强大的水面舰队正在快速逼近。直到第二天下午与金凯德联系以后他才比较全面地了解了16特舰防空战的情况。战果的统计是在核对行动报告后才得出的。诺伊斯被批评仅仅守在瓜岛附近而没有北上寻歼航

---

　　① 太舰总致舰总司，所罗门群岛会战——8月23—25日行动初步报告（1942年9月27日）。
　　② 太舰总报告（1942年10月24日）；舰总司秘密情报通报第2号。
　　③ 波特和尼米兹《大海战》259页说，近藤的支援部队也元气大伤，除龙骧号外还损失了90架飞机。实际上连龙骧号飞行队在内，日军在8月24日共损失64架航母舰载机(32架战斗机、24架俯冲轰炸机和8架鱼雷机)。

母，这也是极其不公正的。诺伊斯就是冲着他认为敌军主力所在的位置去的。没有找到是因为日本人自己后撤了。尼米兹还提到大黄蜂号特混舰队在附近，这更是有误导性。在战斗进行时，17特舰在整整1000海里外，几天之内不可能参战。

对弗莱彻未能实施追击的批评曾流毒一时。[①] 莫里森部分听取了斯罗尼姆的解释：这场战斗"证明了当局者实施指挥有多困难"。斯罗尼姆认为莫里森可以"强调一下这些困难"，从而平息"一些针对弗莱彻将军的似乎有点尖刻的批评"。对于自己的老上级，斯罗尼姆颇有一点优越感地评价道："我们都知道弗莱彻先生并不是一流的战将，但我认为他面对的问题很大，犯点错误也在所难免。"实际上弗莱彻面临的问题远比斯罗尼姆理解的严重。相比战时的分析者，莫里森可以更容易地查询日方记录，但他查得一点也不全面。他承认当弗莱彻"在当天决定退兵"时，"有充分理由"躲避近藤的"海上铁骑兵"。莫里森还好意地把弗莱彻的决定与斯普鲁恩斯在中途岛之战中6月4日晚上避敌锋芒的睿智之举相提并论。"当时不知道日本人是否已丧失斗志，但他们掌握的舰炮火力显然远大于弗莱彻的，而夜晚并不是验证这个判断正确与否的好时间。"但是莫里森还是批评了弗莱彻，认为他缺乏进取心，而且习惯性地执着于燃油问题。"他让萨拉托加号在25日完全了脱离战场，难道他的驱逐舰就那么缺油吗？""只要大局未定，就应该用每1架可用的航母舰载机来保护我们在瓜岛的脆弱阵地。这就是派它们去那里的目的。弗莱彻赢了此战是毫无疑问的，但那只是因为日本人比他更胆小。"[②]

弗莱彻的撤退决定在战术上很明智；他确实需要给他的驱逐舰和11特舰的其他船只加油，使它们能够在后面的战斗中根据需要长时间高速航行。范德格里夫特拥有的航母舰载机已经达到或超过了仙人掌能够运作的上限。弗莱彻心中始终记着一点：最终只有日本大舰队的干预才能决定陆战队能否守住仙人掌。日军的航母是他的主要目标。近藤和南云之所以撤走舰队不是出于胆怯，而是由于过度自信。他们还会卷土重来，而南太区也做好了迎击准备，这要部分归功于弗莱彻在东所罗门群岛之战中老谋深算的应对。莫里森的最终结论是："美方的行动也不够大胆，主要还是因为缺少关于敌军的情报。"这是个公正的评价。因此，尼米兹最终还是认为，虽然弗莱彻没有扩大战果是个遗憾，但东所罗门之战不失为"一场胜仗，它击退了日本重夺瓜岛-图拉吉的第一次大规模突击，给了我们几周的宝贵时间来巩固那里的阵地"。[③]

---

① 战时对东所罗门之战最奇怪的说明来自弗莱彻·普拉特那本得到官方赞助的《海军的战争》，第227、231页。普拉特把金凯德说成此战的指挥，只字未提弗莱彻。他也提到了金凯德因为"没有痛打落水狗"而遭到严厉批评。金凯德得知自己代弗莱彻受过后怒不可遏（惠勒《第十七舰队的金凯德》292页）。

② 斯罗尼姆致"吉姆"信（1949年前后），莫里森办公档案，第27号箱；莫里森《美国海军作战史》5：102—103、106页。

③ 莫里森《美国海军作战史》5：106页；太舰总报告（1942年10月27日）。

第三十章

界线之右

新的威胁

8月24日东所罗门群岛并无决定意义的航母交战不能让弗莱彻真正放心，因为联合舰队的重兵集团仍在所罗门群岛以北虎视眈眈。8月25日晚上，在告别了金凯德的16特舰（企业号）后，他开始带11特舰（萨拉托加号）北上，与把守着马莱塔以东缺口的诺伊斯18特舰（黄蜂号）重会。弗莱彻不能坐等61特舰恢复到3艘航母，因为穆雷的17特舰（大黄蜂号）还要过几天才能到达。这三支特混舰队到下周为止都不用为油料发愁，但11特舰和18特舰急需补充食品，而这只有在港口才能补足。①

敌军追兵未至肯定让戈姆利迷惑不解。8月25日敌方唯一的推进远在南太区左翼之外。搜索机发现9艘船在瓜岛以西500海里外经过，开往新几内亚东端米尔恩湾的机场（拉比）。麦克阿瑟的西南太区已经被敌方穿越山地直指莫尔兹比港的凌厉攻势所震动，若再失去这个机场则大事不妙。戈姆利担心自己的右翼也危机四伏，敌人可能以多达3艘完好的航母切断他与夏威夷的交通线。在8月25日夜他警告说，这些航母"可能从恩代尼以东接近所罗门群岛—新赫布里底群岛地区"，要求穆雷"做好应对这种可能的准备"。②

戈姆利的担忧只能让人略微紧张，而舰总司的警告才堪称重磅炸弹。他宣称自己"越来越确信敌人正在集结兵力，可能再次反攻，其矛头可能指向（斐济）或（萨摩亚），然后才是（瓜岛-图拉吉）"。日军可能先击溃美军右翼，再进攻瓜岛。于是戈姆利立刻通知手下将领，在8月25日未发现的敌军"可能攻击"斐济或萨摩亚。这两个群岛都没有足够的防空能力，甚至连搜索能力都不足。尼米兹则认为

---

① 关于61特舰及其下属舰队在1942年8月底9月初的活动的一般资料是萨拉托加号、11特舰巡洋舰司令、18特舰巡洋舰司令、驱一中队长、驱十二中队长和17特舰的战争日记。

② 1942年8月檀香山电台致所有美国海军舰船电0249Z/25，南太司致17特司电250620，CSCMF，卷22。

斐济或萨摩亚"不太可能"受到袭击。如果敌人向东南方作如此深远的突击，那么弗莱彻自己的航母会威胁敌人的右翼，而让南太司头疼不已的后勤问题会让敌人寸步难行。"在作战地区或其东方尚未发现任何敌方油轮。"考虑到局势"严重"，对于戈姆利索要大量飞机增援的请求太舰总还是支持的。"我们不能让这场攻势夭折"，要让瞭望塔第一阶段成功，华盛顿必须投入必要的力量。虽然所罗门群岛的攻势不是尼米兹提出的，但他愿意做一切力所能及的事来确保其胜利。在8月27日他对戈姆利、弗莱彻、麦凯恩、特纳、诺伊斯和范德格里夫特说，他们都"表现得极好"，要"继续利用一切机会狠狠打击敌人"。①

防守模式

8月26日，弗莱彻在圣克里斯托瓦尔东南100海里处与诺伊斯接了头。这一天基本上没有什么目击报告，证明日军已大举撤退。尼米兹决定在珍珠港修理企业号，而不是在遥远的布雷默顿修理。他"暂时"取消了让诺伊斯18特舰前往珍珠港的命令，并允许弗莱彻根据需要抽调企业号的飞机。在太舰总下达这一指令时，戈姆利报告说弗莱彻的3个航母群必须有1个去汤加塔布，"只要局势允许就立刻去那里补充给养，并进行短期维护"。这样也有助于加强脆弱的右翼。当天晚上埃法特拍发了一封金凯德用飞机送去的电文，指出企业号、波特兰号和3艘驱逐舰的"燃油和给养足够支撑到珍珠港，只要中间没有耽搁"。第二天上午戈姆利命令金凯德经斐济以南前往汤加塔布，但提醒他注意防备敌军。8月27日，企业号让14架SBD和3架TBF飞到埃法特，只留8架F4F和8架SBD用于自卫。16特舰在8月30日抵达汤加塔布。企业号留下的飞机后来对仙人掌的防御起了关键作用。②

戈姆利在8月26日要求穆雷接近圣克里斯托瓦尔到圣埃斯皮里图中途的水域，等待加入61特舰的命令。17特舰到达该区域后，在夜间必须保持瓜岛至圣克里斯托瓦尔一线以东，并"基于该线安排舰船运动"。特纳正准备派威廉·沃德·巴罗斯号和6艘较小的船运送比较急需的补给。它们将在8月29日黎明到达仙人掌，花两天左右卸货，然后原路返回。戈姆利希望弗莱彻掩护这支重要的运输船队。③

---

① 1942 年 8 月：舰总司致太舰总电 251235，南太司通信档案；太舰总致舰总司电 252205，灰皮书，660 页；太舰总致舰总司电 252241，灰皮书，658 页；太舰总致南太司电 271935，CSCMF，卷 22；南太司致萨摩亚守军主将电 251732，CNO TS 蓝色档案。

② 南太空司战争日记；16 特司战争日记。1942 年 8 月：太舰总致南太司电 260239，南太司致太舰总电 260342，CNO TS 蓝色档案；南太司致 61 特司电 260750，南太司通信档案；16 特司致南太司电 260639，CNO TS 蓝色档案；南太司致 16 特司电 261812，灰皮书，660 页。

③ 1942 年 8 月南太司致 17 特司电 260332，62 特司致各特司电 260345，CSCMF，卷 22。

8月27日日出后，弗莱彻接近了圣克里斯托瓦尔，位于伦加东南235海里内。他恢复了白天向南巡航，夜间向北巡航的模式。和以前一样，他不喜欢把自己与伦加的距离拉近到225海里以内。因为这是从拉包尔出发的轰炸机的打击极限（800海里）。远程水上飞机则可以巡逻至该线以东50海里。潜艇始终是个大问题，特别是在任务严重限制了61特舰活动区域的情况下。拉姆齐回忆说，"弗莱彻的策略是每天改变我军在指定区域内的大致位置，以此作为防备始终存在的潜艇威胁的手段之一"。61特舰在白天依靠强大的反潜空中巡逻和13节航速的之字形航线防范潜艇。这个航速是听取了驱逐舰中队指挥官建议的结果，他们认为较慢的速度可以使水声装备探测潜艇的性能得到最大发挥。这个战术很快将受到严峻考验。①

到了8月27日早上，可以明显看出南太司没收到弗莱彻让金凯德送到埃法特的消息。因此萨拉托加号又把电文副本空运到位于东方125海里外恩代尼的麦基诺号。61特舰将在圣克里斯托瓦尔东面及南面活动到17特舰加入为止。戈姆利给穆雷下了8月28日上午到圣克里斯托瓦尔东南140海里、圣埃斯皮里图西北220海里处与61特舰会合的命令。轻巡洋舰菲尼克斯号也将加入，以取代陪同金凯德去珍珠港的圣胡安

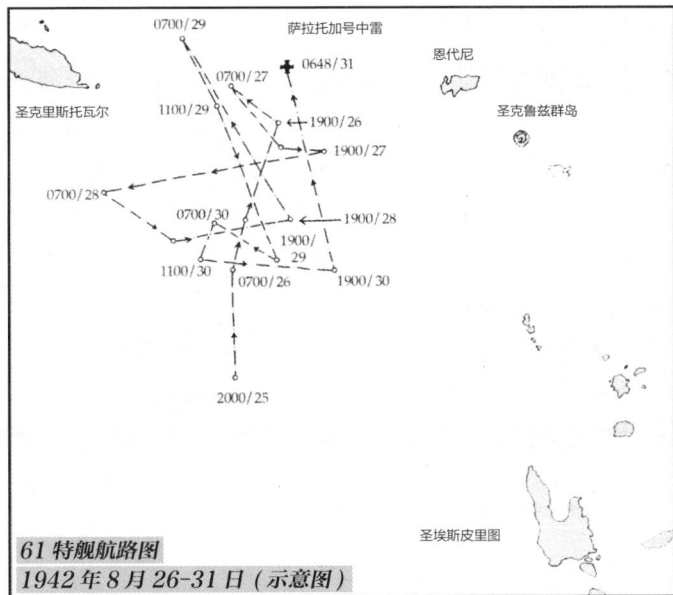

61特舰航路图
1942年8月26-31日（示意图）

---

① 萨拉托加号战争日记；D.C.拉姆齐少将陈词（1943年2月16日），黄蜂号调查。

号。戈姆利此时不知道穆雷究竟在何处，甚至不知道17特舰能否按时完成会合。①

这天上午，弗莱彻的飞机在东方50海里外发现1艘日本潜艇，另一艘潜艇则出现在航母舰队西北125海里处。此后，在舰队位于伦加东南近300海里时，黄蜂号负责战斗空中巡逻的战斗机消灭了1架在距11特舰20海里处悄悄飞行并短暂跟踪了美国航母的水上飞机。弗莱彻将萨拉托加号的4架F4F转给诺伊斯，使黄蜂号可用的飞机达到66架（30架战斗机、25架俯冲轰炸机和11架鱼雷机），萨拉托加号自己的飞机则为85架（36架战斗机、31架俯冲轰炸机、17架鱼雷机和1架照相侦察机）。午后不久，麦凯恩的PBY在伦加以北450海里、61特舰西北500多海里处又发现一些正在撤退的战舰。到日落时，在向东南航行了150海里后，弗莱彻转向西北与17特舰会合，并掩护下一趟补给瓜岛的船队。南太空在这一天又有失误，麦基诺号直到当天晚上才报告说，1架PBY在09：35发现伦加西北仅250海里处有4艘巡洋舰，正在以20节速度接近。②

戈姆利下发了修改后的"作战纲要"。由于"敌方兵力和意图"仍不明确，南太区"必须最大限度地利用我方岸基飞机力量，同时改善仙人掌－环首螺栓的条件"。他不希望弗莱彻的航母在麦凯恩的空中支援极限半径外作战，最好连接近极限半径的地方都不要去。因此61特舰"目前应该"保持在南纬10°线（瓜岛的大致纬度）以南，"除非有高价值目标处于打击距离内"。另一方面，弗莱彻应掩护"补给和增援进入仙人掌地区"，而麦凯恩要"继续在作战限制许可的范围内实施长距离的密集搜索"。戈姆利后来解释说，他相信敌军会"卷土重来"，而且极有可能"来自更偏东的位置"。日本人正"在东边试探"，可能偷袭萨摩亚或斐济，或者打击圣埃斯皮里图（他们"无疑知道那是我们的补给基地"）。因此航母舰队必须"停留在尽可能靠近东方，同时又能在必要时支援仙人掌的地方"。他担心日本人可能尝试"迂回战术"，绕到后方偷袭。因此弗莱彻完全是按照戈姆利的期望行动的。一方面他不能进入南纬10°线以北，另一方面也不能停留在过于靠南的地方。③

弗莱彻在8月28日黎明时，从距圣克里斯托瓦尔50海里、西北距伦加210海里的位置开始照常向东南航行。17特舰和菲尼克斯号都没有出现，因此他继续南下。情

① 1942年8月：61特司致南太司电250646，灰皮书，659—660页；61特司致南太司电261930，灰皮书，810页；南太司致61和17特司电270132，南太司致菲尼克斯号电270152，CSCMF，卷22。

② 萨拉托加号战争日记；南太空司战争日记；伦德斯特罗姆《首发主力与瓜岛》165—168页。

③ 1942年8月南太司致61、62和63特司电271026，灰皮书，662页；R．L．戈姆利中将陈词（1943年1月5日），黄蜂号调查。

报部门仍然认为敌舰队在瓜岛北方很远的地方。太舰总估计瑞凤号和一个战列舰分队（"包括新舰大和号"）即将从吴港出发，但没有说明行踪不定的瑞鹤号、翔鹤号和龙骧号可能去哪里。珍珠港还警告说大洋岛可能遭入侵，但需要过几天才能确认。威廉·沃德·巴罗斯号领衔的小船队在61特舰南方10海里处经过，前往瓜岛。萨拉托加号下午派出的1架搜索机发现17特舰在东方120海里外。预见到此情况的弗莱彻事先已准备了一条讯息，让那架SBD空投给穆雷。这条讯息设定了新的会合计划，要求穆雷在8月29日日出时到圣克里斯托瓦尔以东靠近南纬10°、位于伦加东南210海里的地方。弗莱彻倾向于从那里掩护巴罗斯号船队，截击所有来自马莱塔方向的敌军。此外还有一条好消息：19架配备机身副油箱的F4F-4和12架SBD-3不久就将从圣埃斯皮里图飞到仙人掌。在斯科特少将把座舰换成旧金山号后，弗莱彻让圣胡安号去了汤加塔布。天黑后61特舰转向西北，向黎明时与17特舰会合的地点驶去。①

　　戈姆利的每日局势报告提到28日没有目击报告，但范德格里夫特在当晚又给了敌人当头一棒。日本人正在重施故技。由于慢速运输船进入瓜岛周边海域不安全，他们重新采用了俗称"鼠输送"的战术，使用驱逐舰将轻装部队偷偷送上瓜岛。按照计划，从8月28日夜开始将用连续五个晚上输送近5000人。为了加强基地航空队对伦加的轰炸，翔鹤号和瑞鹤号暂时将41架零式战斗机中的30架调到布卡承担护航任务。少了这些飞机以后，南云的航母也不适合作战了。在28日夜里，仙人掌的11架SBD攻击了在伦加以北70海里被发现的4艘驱逐舰，炸毁1艘，击退其余3艘。从另一路潜入的另三艘驱逐舰的领队得知此事后丧失了勇气，在离瓜岛只有几步之遥的地方掉头逃跑。截至此时仙人掌航空队一直不辱使命，但日本人还将增兵重来。②

　　这天晚上弗莱彻驶近南纬10°线，以便在瓜岛的运输船队需要帮助时出手。随后他掉头开往东南。为了对克拉奇利麾下的英联邦水兵表示敬意，61特舰下了半旗，以悼念英王乔治六世最近因坠机身亡的弟弟肯特公爵。不久以后，穆雷的17特舰进入视野，阵容中包括大黄蜂号、古德少将的重巡洋舰北安普敦号和彭萨科拉号、轻巡洋舰圣迭戈号，以及胡佛上校的5驱二中队的驱逐舰。大黄蜂号搭载着经过精简的飞行大队的70架飞机（32架战斗机、24架俯冲轰炸机、13架鱼雷机和1架照相侦察

　　① 萨拉托加号战争日记；1942年8月太舰总情报通报280445，CSCMF，卷22；1942年8月南太空司致瓜岛电台202 281111，CNO TS 蓝色档案；18特舰巡洋舰司令战争日记。
　　② 1942年8月陆战一师师长致南太司电281045，CSCMF，卷22。日本《战史丛书》83:21—28页；宇垣，193、197—198页；田中，169—174页。

机），以及16架备用飞机（5架战斗机、8架俯冲轰炸机和3架鱼雷机）。穆雷还带了20架F4F给其他航母的歼击中队，不过原企业号的战斗机已经提供了足够的补充。弗莱彻照例让舰队向圣埃斯皮里图所在的东南方向行进。当天白天没有传来重要的舰船目击报告。太舰总的情报虽然无法确定翔鹤号、瑞鹤号和龙骧号的位置，但指出它们的飞机驻扎在布卡的基地，并再次预告飞鹰号、隼鹰号和瑞凤号"不久"将离开本土水域。弗莱彻再次派飞机将电文送到恩代尼发送，通知戈姆利17特舰已经到达，但11特舰和18特舰的食品状况"变得很严重"。他建议让这两个舰队"先后"补充给养和燃油。另一封电报则要求迷航的菲尼克斯号在次日上午到省克里斯托瓦尔东南135海里的原定会合点加入61特舰。天黑后，已经向东南行驶了150海里的弗莱彻原地徘徊，等待菲尼克斯号在早上出现。①

直到8月29日夜深后，利里才转发了一条海岸瞭望哨的警报，说有5艘巡洋舰或大型驱逐舰在12：45离开了肖特兰。它们其实是第二次鼠输送船队的5艘驱逐舰。特纳命令威廉·沃德·巴罗斯号暂时逃离仙人掌，但它在图拉吉附近搁了浅，而且用尽各种办法都未能脱身。当天晚上那5艘驱逐舰将1000士兵和火炮卸在伦加以东的塔伊乌点。他们是11天前一木第一梯队上岸以后第一批抵达瓜岛的援军。由于担心黑暗中在头顶盘旋的SBD，驱逐舰领队没有执行攻击图拉吉附近搁浅运输船的命令。尽管如此，南太空的搜索机和仙人掌每日的空中巡逻都没有发现这些驱逐舰到来，预示着未来前景不妙。②

8月30日天亮后，菲尼克斯号终于出现在圣克里斯托瓦尔东南125海里处。弗莱彻这天一直向东南航行，并将61特舰重组如下：

· 61.1特大（弗莱彻）：萨拉托加号，战列舰北卡罗来纳号，重巡洋舰明尼阿波利斯号、新奥尔良号，轻巡洋舰亚特兰大号，7艘驱逐舰。

· 61.2特大（穆雷）：大黄蜂号，重巡洋舰北安普敦号、彭萨科拉号，轻巡洋舰圣迭戈号、菲尼克斯号，7艘驱逐舰。

· 61.3特大（诺伊斯）：黄蜂号，重巡洋舰旧金山号、盐湖城号、澳大利亚号（澳），轻巡洋舰霍巴特号（澳），7艘驱逐舰。

如果发生水面战斗，弗莱彻将指派斯科特的由1艘战列舰、7艘重巡洋舰、4艘轻巡洋舰和9艘驱逐舰组成的61.6特大（水面攻击群）作战，而3艘航母和12艘驱逐舰组

---

① 兰恩报告；17特舰战争日记；穆雷陈词（1943年1月4日），黄蜂号调查。萨拉托加号战争日记；1942年8月61特司致太司电282251，61特司致菲尼克斯号电282259，CSCMF，卷22。
② 1942年8月西南太司致太舰总电290709，62特司致W. W. 巴罗斯号电290955，CSCMF，卷23；田中，174页。

成的61.5特大（航空攻击部队）则在诺伊斯指挥下单独行动。[①]

有些人对弗莱彻手下强大的舰队觊觎已久。由于米尔恩湾激战不休，而且日军巩固了滩头阵地，麦克阿瑟警告说，日军在所罗门群岛只是佯攻，主要突击目标是新几内亚。他以缺少自己的海军支援力量为由，要求南太司承担"掩护米尔恩湾地区的附加任务"。戈姆利则不出所料地宣称，只要他的航母"处于任何进攻澳大利亚之敌的侧翼"，就能"大力援助麦克阿瑟，强于目前让航母在米尔恩湾地区作任何牺牲"。61特舰必须"处于中央位置"，"做好在萨摩亚—米尔恩湾战线上任何位置作战的准备"。"在敌方主攻兵力得到确认并投入明确的战线之前"，必须采取这样的灵活部署方案。当前，仙人掌和米尔恩湾必须承受"敌方的战术渗透和主要攻击的初期震撼"。尼米兹完全赞同以上意见："在敌军控制新几内亚东海岸机场的情况下，我军航母如在米尔恩地区活动，它们执行更合适和更紧迫的任务的能力将受到严重影响。"戈姆利也没有把克拉奇利44特舰还给麦克阿瑟的意思，不过金倒是向尼米兹建议这么做。[②]

具有讽刺意味的是，就在澳军凭一己之力把日本人逐出米尔恩湾时，戈姆利却要料理自己的紧急事务。他不久就必须让航母舰队依次撤退补给。"必须靠其他海军力量来掩护向仙人掌运输物资和人员的行动。"他在8月30日指示弗莱彻让一个航母特混大队在9月2日抵达努美阿，并调2艘舰队油轮北上，给留守的2艘航母带去燃油和些许食品。他担心日本航母随时可能进攻，不愿同时将3艘航母撤下，因此要求弗莱彻继续掩护源源不断进入仙人掌的补给船。按照特纳的计划，8月31日有1艘驱逐舰和3艘小型YP（区间巡逻艇），9月1日是货轮参宿四号和1艘驱逐舰，9月2日是货轮北落师门号和3艘APD。南太区远期的燃油供应状况很乐观。在9月，3艘全新的舰队油轮将加入西马仑号、萨宾号和瓜达卢佩号的行列，使不堪重负的普拉特号和卡斯卡斯基亚号得以去船厂接受改造。[③]

天黑后，弗莱彻照例在圣克里斯托瓦尔和恩代尼之间的南纬10°线附近掉头。仙人掌方面的报告喜忧参半。陆战队的战斗机打了一次漂亮的伏击战，宣称击落18架陆基零战，实际猎杀了9架从布卡起飞的零战舰载型，这对南云是个沉重打击。但是，当天下午第二波攻击机击沉了高速运输舰科尔霍恩

① 61 特舰作战令 4-42（1942 年 8 月 29 日）和 61 特舰作战令 5-42（1942 年 8 月 29 日），作战令档案。
② 1942 年 8 月：舰总总致太舰总电 281240，南太致舰总司电 290310，灰皮书，666 页；太舰总致舰总司电 300015，麦克阿瑟资料集，南太区通信档案，讯息号 80；太舰总致舰总司电 302123，灰皮书，667 页。
③ 1942 年 8 月：南太司致 61 特司电 291642，灰皮书，684 页；南太司致西马仑号和瓜达卢佩号电 300542，CSCMF，卷 23。

号，不过没有理会搁浅的威廉·沃德·巴罗斯号。麦凯恩和仙人掌都无法阻止敌船在槽海穿梭往返。美方认为2架在夜间巡逻的SBD一时失察，导致至少2艘巡洋舰和2艘驱逐舰在塔伊乌点卸下了部队和货物。10架俯冲轰炸机前去攻击，但只对1艘巡洋舰取得一弹近失的成果。实际上日方用1艘驱逐舰和4艘巡逻艇卸下了500人和4门拆散的大炮，未受任何损失。夜间运兵至瓜岛的行动显得轻而易举。金表示："远在后方，很难理解敌人的部队【例如（上述8月30日的登陆部队）和（8月24日夜25日晨的）驱逐舰炮击部队】是如何接近（伦加）并相对轻易地实施行动的。"他没有意识到，中午时分离开肖特兰的快速战舰在天黑后才会进入仙人掌航空队的攻击范围，它们卸下货物后，又可以在黎明前溜出空袭半径。只有用航母反复袭击肖特兰，在瓜岛西南保持一支航母特混舰队，抑或让一支水面打击舰队常驻伦加，才能像金希望的那样杜绝敌军渗透。至于上述措施是否合理或可能实现，那就是另一回事了。[①]

萨拉托加号负伤

8月30日午夜将至时，诺伊斯带着18特舰（黄蜂号）开往努美阿。此后两天里弗莱彻的另两艘航母将在圣克里斯托瓦尔以东巡逻，然后在圣埃斯皮里图以北与2艘油轮会合。这天夜里余下的时间61特舰向南纬10°线接近，其间一路平安，只是出了一件怪事。02：10，萨拉托加号的雷达在西方9海里处发现一个水面目标。弗莱彻命令法拉古特号前去调查，在等待结果期间那个目标接近到了11000码。不久法拉古特号报告说看见4艘船向正北驶去。弗莱彻命令它询问对方身份，自己则率队向右急转。法拉古特号发问后没有得到回复，便继续靠近，在识别目标后竟报告发现1艘航母。"你确定跟踪的不是本舰队吗？"弗莱彻回问。法拉古特号不好意思地承认："可能是。"原来这艘驱逐舰把航母通过TBS提供的方位角搞混了。随后弗莱彻恢复到340°的基本航向。晨曦初现时，61特舰与南纬10°线的距离拉近到25海里，位于圣克里斯托瓦尔以东约75海里处。弗莱彻转向东南，按惯常的13节航速沿之字航线行进。7艘驱逐舰担任11特舰的护卫。在左舷几海里外航行的大黄蜂号执行了例行的战斗空中巡逻、搜索和反潜巡逻。[②]

---

① 1942年8月仙人掌致南太司电300519，62.2.4特混中队司令致62特司电301111，CSCMF，卷23；1942年9月舰总司致太舰总电011315，灰皮书，2：862页。
② 关于萨拉托加号被鱼雷击伤一事的报告包括：太舰总致舰总司，所罗门群岛会战——萨拉托加号、黄蜂号和北卡罗来纳号中雷（1942年10月31日）；萨拉托加号舰长致太舰总，关于1942年8月31日萨拉托加号中雷的行动报告（1942年9月10日），11特第一次批注（1942年9月18日）；11.4特大司（驱一中队长）致太舰总，关于1942年8月31日日本潜艇与第11特混舰队交战的报告（1942年9月7日），11特司对驱一中队长报告的第一次批注（1942年9月18日）。

06：41，走之字航线的11特舰作了180°转弯，驱逐舰快速绕到正确阵位。6分钟后，TBS中传出一声大叫："鱼雷射向航母，方向真北050！"在萨拉托加号右前方3500码外巡航的麦克多诺号的声呐注意到正前方400码有一个目标。几秒钟后，1架潜望镜在离该舰船头只有10码的地方探出水面，紧接着就传来船身被刮擦的声音。这艘驱逐舰连投2颗深水炸弹，却忘了解除炸弹的保险。与此同时，一条鱼雷在贴近它左舷的地方跃出水面。横田稔中佐的伊26号朝硕大的航母船头一气发射了6条鱼雷，散射角为120°。麦克多诺号确实擦到了它的艇身。拉姆齐下令右满舵并提到全速，试图将萨拉托加号右转，从鱼雷航迹中间穿过。他差一点就成功了。由于高估了目标的速度，横田的大多数鱼雷都过于超前。但是在06：48，一条定深很大的鱼雷切入萨拉托加号的转弯内侧，蹭到了舰岛后侧右舷新装的防雷隔舱。远处大黄蜂号上的穆雷看见一股高出萨拉托加号桅杆的水柱冲天而起，立即命令17特舰转向躲避。在近距离发生这样的爆炸，效果非常震撼。萨拉托加号"像是癫痫发作，几乎整体跃出水面，然后又剧烈摇晃"，如同"房屋遇上烈性地震"。在高耸的司令舰桥上的弗莱彻"头撞上了什么东西"，导致"额头开了个口子"，鲜血流得"满脸都是"。因为要弯腰看海图桌，鲜血滴落很麻烦，他叫来一个医务军士给自己缠上绷带，好继续工作。医务部门尽职地把弗莱彻的名字写进了伤亡名单（在这次事件中奇迹般地只有12人负伤，无人死亡）。他觉得这次的伤微不足道，但几个月后他却又惊又窘地得到了紫心勋章。不过他的受伤情况完全符合领受该勋章的标准。弗莱彻是美国海军在第二次世界大战中领受紫心勋章的最高级别军官。他从未将负伤一事报告给上级，因此这次负伤与他后来被解职无关。[①]

向右侧倾的萨拉托加号速度提到了16节，但它的发动机在06：35停转，"几分钟后这艘巨舰就在一片铅灰色但逐渐放晴的天空下静躺于水上"。弗莱彻命令驱逐舰把航母围起来，并让北卡罗来纳号去17特舰避险。07：05，他打破无线电静默告诉戈姆利、麦凯恩和诺伊斯，萨拉托加号在圣克里斯托瓦尔以东100海里、伦加东南220海里处被鱼雷击中。61特舰此时正在拉包尔基地轰炸机的攻击圈边缘。弗莱彻提醒赖特让明尼阿波利斯号和新奥尔良号做好牵引准备。布鲁尔上校（驱一中队长）告诫说潜艇"有可能突破这个防卫圈"，他请求增派飞机掩护。于是明尼阿波利斯号提供了SOC作内圈空中巡逻。现在就看拉姆齐手下的专家能不能减轻萨拉托加号

[①] 萨拉托加号舰长报告（1942年9月10日），驱一中队长报告（1942年9月7日）；日本《战史丛书》83：65页；博伊德和吉田，98页；格林日记；李，360页。在1966年接受沃尔特·洛德采访时，弗莱彻回忆说自己是在中途岛负伤的，但所有证据都表明此事发生在1942年8月31日萨拉托加号被鱼雷击伤时。

的伤势，让它恢复动力了。他们发现自己面临的问题比萨拉托加号1月11日遇到的更糟。那一次虽然鱼雷击中左舷舯部，导致三个锅炉舱被淹，但萨拉托加号仍能维持16节航速。无巧不成书，这一次伊26的鱼雷几乎正中右舷与上次中雷部位相对的地方。虽然16个锅炉舱只有1个被淹，但整个推进系统都失灵了。萨拉托加号用涡轮机电力推进装置取代了传统的蒸汽驱动涡轮机。而冲击损伤导致断路器自动断开，整个系统都罢工了。轮机长文森特·W.格雷迪中校在找弗莱彻和拉姆齐汇报途中对克拉克·李说："看来情况不太好。"虽然主控系统的电路出了问题，他还是"希望戈姆利很快就让一根轴转起来"。[①]

萨拉托加号的侧倾增大到6°。后来有谣传说，当"驱逐舰跑来跑去丢着深水炸弹，而船侧倾得越来越厉害"时，弗莱彻冲着楼下航海舰桥上的拉姆齐喊道："公爵，你打算什么时候反注水？我看你应该反注水了。"据说拉姆齐回答："好的，将军，等一会儿就好。"后来弗莱彻又问了一遍，拉姆齐"背靠舱壁，仰头说：'见鬼了，将军，我是这条船的舰长，我觉得没到时候就不会反注水。'"于是弗莱彻回答："对，我想也是。"据说弗莱彻让步是因为"拉姆齐是个很文静的人，如果他说出那样的话"，弗莱彻"肯定明白自己真把他惹毛了"。几十年后重温这段往事可想而知，弗莱彻心里肯定惦记着约克城号在中途岛快速发生的过度侧倾。在1月11日，萨拉托加号曾通过反注水扶正了船身，但很有讽刺意味的是，这一次拉姆齐却不能选择这个方法，原因就出在当年春天修理上次鱼雷造成的损伤时装上的精心设计的右舷浮力隔舱上。所以这一次为了扶正，专家们巧妙地把油从右舷抽到左侧8个小的空舱里，并排空了右舷隔舱里的两个大油槽。不过，要是水下部分再遭破坏，基本上就无计可施了。[②]

在第二次去舰桥时，格雷迪对李喊道："也许我们终究能让它动起来！"他不久就控制住了侧倾，并让四号螺旋桨轴转了起来。萨拉托加号小心翼翼地左转，以5节速度移动。驱逐舰重新组成护卫队形。过去半小时里他们两次向那艘潜艇投放深水炸弹，但没有成功。弗莱彻命令蒙森号在原地警戒到天黑以防其上浮，穆雷则提供了巴格利号替它护卫萨拉托加号。弗莱彻在离开中雷区域后的首要任务是保证萨拉托加号主要的战力——飞行大队安全上岸。他和其他人强烈感觉自己仍在拉包尔轰炸机的阴影笼罩下。09：00正随17特舰行动的北卡罗来纳号报告发现大批不明

① 李，360—361页；1942年8月所有美国舰船致南太司电302005，南太司通信档案；驱一中队长报告（1942年9月7日）；萨拉托加号舰长报告（1942年9月10日）；斯特恩，59—60页。
② 罗杰·L.邦德，口述历史，108页。邦德是1943年以航海军士身份上舰的。斯特恩，93-94页。

目标，方位角120°，距离23海里，可能是来猎杀负伤的航母的飞机。很久以后加图·格洛弗说："我们能幸免简直是个奇迹，多亏我们的驱逐舰击沉了那艘潜艇，而小日本的飞机一直没找到我们。"其实伊26全身而退，日军也没有派出飞机，但众人都留下了危机四伏的印象。[①]

萨拉托加号缓缓转到迎风方向以起飞舰载机，但它的涡轮机电力推进装置又短路了。弗莱彻命令明尼阿波利斯号牵引它。驱逐舰重新组成环形队列，巴格利号对一个水下目标投了深水炸弹，但发现那不是潜艇。11：04，当巡洋舰送来第一根牵引索时，格雷迪的手下成功地将萨拉托加号完全扶正。明尼阿波利斯号在11：36开始拖着这头巨兽缓缓迎着东南风前进。萨拉托加号自身也逐渐加速，达到7节。在15节风的配合下，形成了允许飞行作业的"幸运条件"。太舰总公正地称赞这艘航母在被牵引时还能起飞舰载机，"表现无与伦比"。在12：30，20架SBD和9架TBF开始飞向东南方275海里外的圣埃斯皮里图。这样的航程对于只靠机内燃油的F4F野猫来说太远，但此时的风力又不足以让战斗机带着机身副油箱起飞。辛德勒随轰炸机起飞，随身带着一封给戈姆利的电文，其中说明了这次攻击的简单细节，以及弗莱彻"尽量快速"向东南航行的意向。辛德勒还将询问戈姆利希望萨拉托加号的其他飞机去向何方。15：47，萨拉托加号欣慰地解开牵引索，靠自身动力达到了12节。弗莱彻发自内心地表扬萨拉托加号和明尼阿波利斯号"干得好"。半小时后，他把巴格利号还给17特舰。如果萨拉托加号尚不稳定的推进系统表现良好，11特舰很快就能摆脱可能存在的追兵。[②]

获得帮助

接到萨拉托加号遭雷击的惊人消息后，戈姆利重订了计划。他在08：30指示弗莱彻"尽快报告萨拉托加号的情况"，并许诺派拖轮纳瓦霍号和1艘驱逐舰两天后在圣埃斯皮里图附近与11特舰会合。当萨拉托加号被击中时，诺伊斯正在其东南方200海里外。他掉头向弗莱彻所在方向驶去，接到戈姆利的命令后，又将航向朝东北调整，以便在黎明前迎接11特舰。他还奉命让克拉奇利带着澳大利亚号、霍巴特号

---

① 李，361 页；格洛弗，38 页；萨拉托加号舰长报告(1942 年 9 月 10 日)；驱一中队长报告(1942 年 9 月 7 日)。虽然蒙森号确信自己 09：50 的最后一次攻击消灭了潜艇，但被驱逐舰围攻 4 个小时的伊26 还是逃掉了 (1942 年 9 月蒙森号致 11 特司电 012004，CSCMF，卷 23)。

② 萨拉托加号舰长报告 (1942 年 9 月 10 日)；太舰总报告 (1942 年 10 月 31 日)；1942 年 8 月 61 特司致南太司电 302340，CNO TS 蓝色档案。

和塞尔弗里奇号前往布里斯班，重归麦卡阿瑟掌握。戈姆利焦急地等待弗莱彻提供更多消息。在等待期间他指示2艘油轮在9月2日到圣埃斯皮里图东北新的会合地点与穆雷的11日特舰接头。这一天穆雷一直以15节速度机动，与萨拉托加号保持目视距离，并奉命让菲尼克斯号、帕特森号和巴格利号离队追赶克拉奇利。弗莱彻在日落时与穆雷分手，让后者独自前往修改后的加油地点。戈姆利在20：50向麦凯恩发报，询问他的飞机在07：00以后是否看见过萨拉托加号，以及他是否"接到过弗莱彻的消息"。南太空的PBY确实在这一天的大多数时候掩护着11特舰，而麦凯恩手下睡意蒙   的报务员也终于确认萨拉托加号的飞机6小时前已降落在圣埃斯皮里图。麦凯恩建议弗莱彻把剩下的不必用于保护11特舰的飞机都飞到埃法特，"特别是尽量多匀出一些战斗机"，并派1艘驱逐舰运送备用零件和维护人员。一支经过良好训练的飞行大队将使瓜岛的防务大为改观。在另一封电报中麦凯恩敏锐地预见道："仙人掌可能成为吞噬敌军航空力量的无底洞，可以对其进行加固、扩大和利用，给敌人造成致命伤害。"①

9月1日一早，诺伊斯开往努美阿，但并不确定自己的燃油够不够让所有驱逐舰到达那里。最后他还是勉强办到了。穆雷开到圣克里斯托瓦阿尔附近，同时继续关注仙人掌的战局。萨拉托加号达到了14节，但部分失灵的涡轮机电力推进装置需要"在离开南太区前接受彻底检查和测试"。弗莱彻告诉戈姆利，他"目前"不需要纳瓦霍号，但希望把它留在身边以防万一。萨拉托加号的20架SBD和12架TBF已经部署到圣埃斯皮里图，船上还剩36架战斗机。"将等你指示飞机的转移去向和转移数量。"11特舰的口粮在减少配给的情况下可以支持到9月10日。弗莱彻认为2艘巡洋舰和4艘驱逐舰足以保护萨拉托加号。戈姆利派瓜达卢佩号为11特舰加油，西马仑号为17特舰加油。②

弗莱彻对于萨拉托加号推进装置的谨慎是有道理的，它在那天上午不得不减速到10节。11特舰在圣埃斯皮里图移动缓缓移动期间，没有发生任何意外。戈姆利让弗莱彻自行决定去珍珠港的路上需要多少飞机，并要求他在次日把剩下的飞机飞到

---

① 1942 年 8 月：南太司致 17、18 和 61 特司电 302140，18 特司致南太司电 302355，CSCMF，卷 23；太舰总致南太司电 302123，灰皮书，687 页；南太司致 16、17、18 和 61 特司电 310242，灰皮书，665 页。克拉奇利的 44 特舰将包括澳大利亚号、霍巴特号、菲尼克斯号和 6 艘驱逐舰。1942 年 8 月：南太司致瓜达卢佩号和西马仑号电 310602，CSCMF，卷 23；南太司致南太空司电 310950，南太区通信档案；南太司致 18 特司电 311022，南太空司致南太司电 311107，南太空司致太舰总电 310402，CSCMF，卷 23。

② 利·诺伊斯少将陈词（1943 年 1 月 14 日），黄蜂号调查；17 特舰战争日记；1942 年 8 月 61 特司致南太司电 310930，灰皮书，668 页；1942 年 9 月南太司致 61 特司电 010330，CSCMF，卷 23。

埃法特。弗莱彻将在汤加塔布补充最低限度的必要给养，并利用修理船维斯太号和拖轮塞米诺尔号进行临时修理。9月2日上午，弗莱彻派3架TBF带着他的计划去了圣埃斯皮里图。萨拉托加号还能以10节速度勉强航行，但他担心这艘船靠自身动力连汤加塔布都到不了。因此他留下了纳瓦霍号，并请求塞米诺尔号帮忙把这艘巨舰沿海峡安全拖进汤加塔布港。他预计在9月6日能到达该地。9月4日，萨拉托加号的轮机兵完成了临时修理。"直到此时，"一位历史学家强调，"轮机组才恢复了一些堪比正常情况的功能，但鱼雷造成的直接破坏还不能忽视，这包括一个锅炉舱被水淹没，另一个部分被淹。"11特舰在9月6日平安抵达汤加塔布。等萨拉托加号完成修补，护航船只补充燃油和给养后，它就可北上珍珠港。[1]

萨拉托加号的28架战斗机飞往埃法特，与已在那里的22架SBD和13架TBF团聚。这些飞机后来都在瓜岛作战。弗莱彻留下了8架F4F、8架SBD和4架TBF。尼米兹通知金："可以从企业号、萨拉托加号匀出的飞机都已转给南太司用于当前会战。"因为缺少合适的陆基型飞机用于瓜岛作战，把航母舰载机和飞行员部署到岸上基地战斗是必要的，但由于"我军目前短缺经过训练的航母飞行队"，所以这种做法也是"极其浪费的"。陆军必须履行其对瞭望塔攻势的承诺，为南太区提供在所罗门群岛战胜敌人所必需的飞机增援。"我们要给仙人掌提供使它名副其实的必要资本[原文如此]。让它成为小日本永远铭记的地方。"[2]

问责

萨拉托加号由于在8月31日被鱼雷击伤而连续3个月无法参战，这引发了人们对弗莱彻的批评——罪名是他在潜艇出没的水域停留，以及没有采取适当的预防措施。搭乘北卡罗来纳号的英国海军联络官兰恩中校评论说："考虑到美军在这片区域活动的时间长度和通常使用的缓慢速度，日本人没有比实际更早地用鱼雷击中军舰真是相当奇怪。"皇家海军已经给敌人的潜艇送足了战绩，他们有3艘航母和1艘战列舰在远海命丧U艇之手。尼米兹1942年10月31日的报告强调，在8月的许多时间，弗莱彻反复穿梭于所罗门群岛东部和南部的几片水域。特别是在8月26—31日，61特舰在掩护圣埃斯皮里图至仙人掌的航线期间，一直在长不过150海里、宽不过60海里的长方形区域内徘徊，尽管当地早有潜艇集中的证据。"任务并不要求该特混

① 萨拉托加号战争日记。1942年9月：南太司致61特司电010722，CSCMF，卷23；11特司致太舰总电011025，CNO TS 蓝色档案。斯特恩，60页。
② 1942年9月太舰总致舰总司电012331，灰皮书，863页。

舰队的活动局限于此区域。"戈姆利则提出异议，他和尼米兹不同，相信圣克里斯托瓦尔东北方存在威胁。前文已经提到，他想方设法把航母部署得"尽可能靠近东方"，同时仍能保护关键的圣埃斯皮里图–仙人掌航线。在1943年1月，诺伊斯也指出："支援仙人掌地区的指令精神要求第61特混舰队大致在那个区域作战。"弗莱彻强调了潜艇和陆基飞机对基本处于静态巡逻中的舰队的威胁："如果航母一直留在那里，它挨鱼雷或炸弹只是时间问题。"航母应该"处于很可能只有在我军做好攻击准备时才会遭遇敌人的区域"。然后它们应该"通过连续的空袭狠狠打击敌人，直到达成目标，"然后撤退。但是在当时的条件下，弗莱彻无法作这样的选择。[1]

戈姆利、弗莱彻和诺伊斯都因为在所罗门会战中背了黑锅而身败名裂。有一个人没染上污点，他就是德威特·拉姆齐少将。1943年2月在接受关于黄蜂号沉没事件的询问时，拉姆齐作证说，为了"掩护瓜岛–圣埃斯皮里图一线"，"必须将萨拉托加号投入它当时巡航的那些区域"。此外，"当时和我一起讨论了大局问题的负责军官显然相信，如果我军持续在相对狭小的区域活动（他们很清楚我军几乎每天都被敌人发现），必将导致日军潜艇在该区域大量聚集，无论我们采取什么预防措施，最终我军都会有一些部队遭鱼雷攻击"。被问及是否有可能在保护圣埃斯皮里图–瓜岛一线的前提下"不把航母投入已知潜艇活动频繁的区域"时，拉姆齐明确回答："那是当时不得不冒的必要风险。"他是以弗莱彻的心腹助手的身份讲这番话的，话中反映的无疑是他的老上级的想法。[2]

弗莱彻坚持在白天以13节速度航行的做法也引起了争议。赖特后来认为他这么做是出于"节省燃油的考虑"，这种考虑"促使他冒了在我看来不必要的风险"。尼米兹1942年10月31日的报告批评这一速度"在已知有潜艇活动的水域显得太慢"。显然在当时的情况下，"如果燃油状况使特混舰队必须以13节的速度航行，那么舰队应该移到发现潜艇较少的区域"。但是，弗莱彻保持13节并不是出于对燃油的担忧或天生的惰性。其实他是按当时的驱逐舰反潜战斗条令行事的。1943年1月，有人问乔治·穆雷16节的巡航速度"在那种条件下是否足够"，穆雷提到在15节和更高航速下驱逐舰的水下探测设备效能会严重降低。"虽然许多驱逐舰舰长普遍认为，以15节或更低速度航行时，他们可以有效地用水声设备提供保护和探测潜艇，但航

---

[1] 兰恩报告；太舰总报告（1942年10月31日）；戈姆利陈词（1943年1月5日），诺伊斯陈词（1943年1月14日），黄蜂号调查；太巡司致太舰总信（1942年9月24日）。
[2] 拉姆齐陈词（1943年2月16日），黄蜂号调查。

母特混舰队的经验无可置疑地证明，牺牲水声设备的效能来换取高航速可以更好地保护重型舰船。"福雷斯特·谢尔曼上校也在1943年1月说明："目前我军驱逐舰上安装的听音设备的效能在航速高于15~16节时会快速下降。"因此弗莱彻以13节速度航行是为了提高声呐的接收质量。当然，8月31日和随后的两个星期暴露出美国驱逐舰的水声设备和训练水平都不能胜任其承担的任务。直到10月7日，在潜艇先后击中萨拉托加号、黄蜂号和北卡罗来纳号以后，太舰总才指示："在潜艇可能出没的水域，应维持15节或更高航速，并特别注意反潜护卫的配置。"[1]

萨拉托加号在中雷前4小时曾在北方30海里处遇到陌生的船只，弗莱彻当时的反应也引来了批评者的非议。戈姆利责备他在雷达发现1艘潜艇的情况下没有采取完善的预防措施。太舰总也有同感。舰总司秘密战斗经验通报第2号指出，在最初发现目标时，"精心组织和实施的搜索""可能值得一试"。莫里森说这一事件引发了"激烈的争论"，但如果真是这样，争论应该都在批评者一方，雷达屏幕在夜间显示虚影并不是特别稀罕的事。弗莱彻已经派了法拉古特号去验明目标，只是该舰的应对大出洋相。他当时不知道除萨拉托加号外其他船的雷达也发现了那个目标。[2]

萨拉托加号之所以会被鱼雷击中，核心原因在于金对每艘航母单组一个特混舰队的做法执迷不悟，导致可用的驱逐舰数量不足。在8月31日，11特舰和17特舰各有7艘驱逐舰护卫。如果弗莱彻按他反复鼓吹的理念把2艘航母并入一队，就能得到一个由14艘驱逐舰组成的护卫网。穆雷肯定感到了驱逐舰的不足，他在9月2日请求戈姆利提供更多驱逐舰"以应对当前这片区域增大的潜艇威胁"。他建议每艘重型舰船至少配2艘驱逐舰。在1943年1月，穆雷提出一个航母特混舰队配备12艘驱逐舰是最理想的。尼米兹肯定也意识到驱逐舰太少是南太平洋被潜艇困扰的关键。反潜防护的"最大改进"将发生在"有足够驱逐舰组成完整环形护卫圈以提供可靠的水声防线时"。[3]

尼米兹在10月31日还认定："航母特混舰队不应在有潜艇的水域长期停留，应该频繁而大幅度地改变活动区域，必须维持更高的速度，还必须在其他方面改进其应对潜艇攻击的战术。"他一方面认为航母对于守住瓜岛至关重要，另一方面也承

---

① 赖特致魏尔伯恩信（1952年2月9日），藏于DNC，办公档案，第20号箱；太舰总报告（1942年10月31日）；穆雷陈词（1943年1月4日），谢尔曼陈词（1943年1月28日），黄蜂号调查；1942年10月太舰总致1、11、16、17、62、64特司和南太司电072145，CSCMF，卷26。

② 莫里森《美国海军作战史》5：112页；舰总司战斗经验秘密通报第2号。

③ 1942年9月61.2特大司致南太司电020924，CSCMF，卷23；穆雷陈词（1943年1月4日），黄蜂号调查；太舰总报告（1942年10月31日）。

认它们必须"冒险进入潜艇活动水域，但只能在必要时这样做，而且在此期间……要以合适的方式行动以降低潜艇威胁"。考虑到弗莱彻在1942年实际面对的情况，如此高的目标并不现实。拉姆齐在1942年2月回忆说，"在临近珊瑚海水域的任何港口都没有提供容纳大型航空母舰的条件"。因此，"为了达到我军任务的要求，必须留在前述地区活动，并以相应的频率进行海上加油"。福雷斯特·谢尔曼在1943年1月解释说："我在所罗门群岛的那段时间，那一带的作战需要航母长期在海上活动，两次加油之间的燃油消耗和续航力始终是需要考虑的问题。"航母应该"在需要时以及完成任务时以护航舰船的续航力所允许的最高速度撤离这些地区"。弗莱彻同意这些看法。[1]

遣回珍珠港

弗莱彻的旗舰重伤引发了尴尬的指挥问题，他当时身兼两职：指挥全局的61特司和负责萨拉托加号航母群的11特司。通常当旗舰负伤时，舰队司令只要移驾到舰队中的另一艘军舰即可。但是由于一支特混舰队只有1艘航母，弗莱彻需要挤掉诺伊斯或穆雷，而尼米兹和戈姆利并没有提供有关的指示。在9月2日，戈姆利要求弗莱彻指定1艘重巡洋舰和3艘驱逐舰，与亚特兰大号和2艘驱逐舰一起护送萨拉托加号回珍珠港。其余船只将在汤加塔布补充给养，"等待加入其他特混舰队的命令"，而弗莱彻要估计"自身座舰何时能前往珍珠港"。这暗示弗莱彻也将离开，但戈姆利还不清楚尼米兹在这个问题上的立场。他在9月5日通知弗莱彻说，"考虑到预期的作战"，赖特将军将带11特舰的1艘重巡洋舰留在南太区。这是9月3日戈姆利和诺伊斯在努美阿商议的结果。戈姆利明确表示希望诺伊斯代替弗莱彻担任61特司。诺伊斯则请求将原11特舰的巡洋舰和驱逐舰拨给他，"用于破坏敌人通过巡洋舰和驱逐舰对仙人掌实施的夜袭"。戈姆利"原则上"同意并组建了64特舰，但"暂时希望该部队归他自己节制"。弗莱彻曾建议让克拉奇利的44特舰充当南太区的独立水面舰队，但戈姆利没有听从。[2]

弗莱彻在9月6日告诉尼米兹和戈姆利，萨拉托加号经过临时修理后应该能在三四天后启程去珍珠港。赖特的明尼阿波利斯号和4艘驱逐舰的燃油足够抵达努美阿。11特舰其余船只需要加油后才能去珍珠港，但在汤加塔布无油可加。对戈姆利

---

[1] 太舰总报告（1942年10月31日）；拉姆齐陈词（1943年2月16日），谢尔曼陈词（1943年1月28日），黄蜂号调查。
[2] 1942年9月：南太司致61特司电 020722，CSCMF，卷23；南太司致11特司电 041302，南太区通信档案。诺伊斯陈词（1943年1月14日），黄蜂号调查。

来说，此时该确认能否把弗莱彻打发走了，但他不愿主动把弗莱彻免职。他在给尼米兹的电报（抄送弗莱彻）中说："我猜想你希望弗莱彻随萨拉托加号回珍珠港。我准备任命诺伊斯为第六十一特混舰队司令。"尼米兹回答："可以。"第二天戈姆利组建了赖特领导的64特舰，下辖明尼阿波利斯号、轻巡洋舰博伊西号、利安得号和4艘驱逐舰，并将其"临时"划归特纳指挥。9月9日下发的南太司作战计划3-42正式任命诺伊斯为61特司。①

在此期间弗莱彻让缩水的11特舰作好了北上之行的准备。在维斯太号上专业人员的帮助下，萨拉托加号的轮机兵使船身向左大幅倾斜，然后堵上了鱼雷造成的破口。在汤加塔布，急需去远方进坞修理的巨舰不止萨拉托加号1艘。9月3日，威利斯·奥古斯都·李少将（战列舰第六分队队长）带着新型快速战列舰南达科他号、轻巡洋舰朱诺号和3艘驱逐舰组成的2.9特混大队来到此地。李本打算在11特舰到达前的9月6日黎明离开港口，两天后到新喀里多尼亚东北加入诺伊斯的18特舰。结果战列舰在出港时蹭到海图上未标明的暗礁，船底开了个洞。李预计（他称其为"烟草水估算"）该舰需要进船坞修理两周。于是戈姆利让南达科他号与11特舰中的亚特兰大号对换。李将在汤加塔布等待预定几周后抵达的战列舰华盛顿号。赖特在9月10日动身前往圣埃斯皮里图，新舰队油轮坎卡基号在同日进入汤加塔布。弗莱彻表示自己将在9月12日启程，21日到达珍珠港。戈姆利向11特舰作了亲切的告别："我们都会想念你们。你们给我们留下了大量英勇善战的攻击部队，树立了无畏斗士的榜样和以萨拉托加号轮机兵为代表的精干坚忍的团队典范。请早日归来，我们需要你们。你们干得漂亮。"弗莱彻自己确实希望带着修复的萨拉托加号早日返回南太平洋，但另一些人却另有打算。②

弗莱彻缺阵时

当弗莱彻带着萨拉托加号和南达科他号这两头负伤的巨兽艰难北上时，一系列重大事件震动了南太区，也使他的同班同学兼继任者诺伊斯遭遇了可怕的厄运。③

当黄蜂号在努美阿补给时，穆雷的17特舰正在瓜岛东南方巡逻。9月3日，戈姆

① 1942 年 9 月：11 特司致南太司电 052052，南太司致太舰总电 060550，南太区通信档案；太舰总致南太司电 061325，CSCMF，卷 23；太舰总致舰总电 062233，CNO TS 蓝色档案；南太司致 61 特司电 070148，CSCMF，卷 23；南太司致 62 特司电 070452，南太司战争日记；南太司致 18、17、62、63 和 64 特司电 091016，CNO TS 蓝色档案。

② 1942 年 9 月：2.9 特大司致南太司电 062246，CNO TS 蓝色档案；南太司致 11 特司电 080342，南太区通信档案；11 特司致南太司电 110659，南太司致 11 特司电 111030，CSCMF，卷 24。

③ 有关南太区航母截至 1942 年 9 月中旬的作战，见伦德斯特罗姆《首发主力与瓜岛》202、220—229 页。

利进一步把航母行动范围限于南纬12°度线以南（在8月27日命令的基础上又南移了120海里）和恩代尼–圣埃斯皮里图一线以东，除非出现"高价值目标"。如此一来航母再也没机会快速介入仙人掌的战事。穆雷无视这道直接命令，越过了恩代尼–圣埃斯皮里图一线在所罗门群岛南部巡航，一度西进至瓜岛以南的伦内尔岛。在他掉头东返时，伊11号在9月7日差一点用鱼雷击中大黄蜂号。多亏1架飞机如有神助地空投深水炸弹引爆两条鱼雷的战斗部，才避免了一场灾难。次日下午穆雷把这些情况告诉戈姆利，并表示相信敌人已发现自己。他请求戈姆利准许他必要时在距伦加300海里范围内活动。戈姆利得知穆雷故意违反命令后"十分震惊"，他"提请"穆雷注意修改过的指令，并冷淡地劝穆雷"从速"开往东经166°线以东。不过穆雷还是经过先前潜艇肆虐的水域朝东北方的圣克鲁兹群岛开去，直到9月8日日落时才再次越过界线。除了戈姆利，另一些人也注意到了穆雷的冲动行为。①

9月8日，诺伊斯小心翼翼地把18特舰（黄蜂号）带出努美阿，暂时与特纳的旗舰麦考利号同行。特纳计划把陆战七团运到伦加，并请求给仙人掌航空队增加两个陆基战斗机中队和2个SBD中队。如果麦凯恩不能提供这些飞机，"也许航母部队可以帮忙"。他还希望诺伊斯在圣克里斯托瓦尔、马莱塔和瓜岛之间持续不断地进行日间反潜空中巡逻，并做好"在几小时内"打击任何有威胁的敌人的准备。诺伊斯回答说，他不能提供任何航母舰载机，也不能让航母停留在狭小区域进行反潜巡逻。这一次特纳又提出了不合理的要求，而他的刻毒回复毫不含糊地表明他对诺伊斯的看法与他对弗莱彻的怨毒没什么两样。诺伊斯一时迷惑不解，他总结了这次争论，以免戈姆利"误会"他的立场。"我想你肯定明白，我希望在这次作战中尽一切可能提供援助，但说到被限制在瓜岛周边一定距离内作战的问题，我敢肯定你赞成我的意见。此外我也觉得任何人都不会认为把这些剩余的航母的飞机挪到岸上是明智之举。"②

戈姆利重申61特舰除了非常情况，必须留在南纬12°线以南和恩代尼—圣埃斯皮里图一线以东。他希望航母靠近几个主要群岛之间的交通线。诺伊斯建议让61特舰往返于圣克鲁兹群岛以北和以东，通过从东方侧击下次进攻的敌人来获得"战术优势"。"这样一来需要撤回我们先前给仙人掌提供的近距支援（指的是从圣埃斯

---

① 1942 年 9 月南太司致 17 特司电 030736，CSCMF，卷 23；17 特舰战争日记；1942 年 9 月 17 特司致南太司电 070217，CSCMF，卷 23；戈姆利陈词（1943 年 1 月 5 日），黄蜂号调查。

② 诺伊斯陈词（1943 年 1 月 14 日），特纳致诺伊斯信（1942 年 9 月 9 日），特纳致戈姆利信（1942 年 9 月 9 日），黄蜂号调查。有些陆战队的史料误解了诺伊斯和特纳之间的这次争论，反而指责弗莱彻试图阻止萨拉托加号上岸的飞机去瓜岛参与防务。见格里菲斯，111—112 页，以及谢罗德《第二次世界大战海军陆战队航空史》88 页。

皮里图前往瓜岛的船队），但戈姆利将军觉得在我军航母减为2艘的情况下必须接受这一选择。”这个计划还避开了圣克里斯托瓦尔和圣埃斯皮里图之间潜艇聚集的区域。9月11日，诺伊斯在圣埃斯皮里图以东与穆雷会师，重组了包括黄蜂号和大黄蜂号的61特舰（154架飞机）。与此同时，川口少将整合了在塔伊乌点的部队，开始西进以夺取伦加。近藤在9月9日率领包括南云机动部队在内的整个支援部队离开特鲁克。瑞凤号的到来使南云的航母恢复到3艘，但飞机只有129架。山本仍然低估美军实力，他希望川口毁灭瓜岛的航空基地，同时近藤歼灭试图为守军解围的美国航母。[1]

戈姆利批准VF-5的24架战斗机从埃法特飞到仙人掌。穆雷曾把18架备用的野猫送到圣埃斯皮里图，但它们没有机身副油箱，无法自行到达伦加。麦凯恩请求诺伊斯把这18架F4F送到瓜岛。诺伊斯欣然同意，他捎上这些飞机，越过南太司划定的西北界线，在13日黎明前进入朝仙人掌放飞战斗机的距离。面对既成事实，戈姆利批准了他的行动。川口的夜袭在"血岭"遭遇激烈抵抗。黎明时诺伊斯的航母在瓜岛东南290海里处放出战斗机。他相信敌军的航母和强大的水面部队正在所罗门群岛以北巡逻，因此朝东南方的圣克鲁兹撤退以恢复原来的侧翼位置。有了戈姆利的首肯，麦凯恩把没了航母的舰载机尽量往仙人掌送，直到岛上应付不过来为止。当天晚上就有萨拉托加号飞行大队的12架SBD和6架TBF飞到瓜岛。它们与前两天到达的42架舰载野猫一起帮助扭转了瓜岛被猛烈空袭压制的局面。陆战队在这一夜也赢得埃德森岭之战的胜利，拿下了瓜岛争夺战的第二回合。

9月14日，特纳的65特舰运输船队在赖特的64特舰（3艘巡洋舰和6艘驱逐舰）掩护下从圣埃斯皮里图起航。诺伊斯经圣克鲁兹群岛西行，在特纳船队东北方100海里外掩护其前进。当天上午晚些时候，1架PBY警告61特舰西北325海里外有4艘战列舰和7艘航母正在接近。诺伊斯坚定地转向朝它们开去，并且不顾黄蜂号轮机状况将速度提到23节。他明白报告中的兵力很可能被夸大了，但对方仍可能占有优势。后来那架PBY把报告更正为3艘战列舰、4艘巡洋舰、4艘驱逐舰和1艘运输船，同时另一架卡特琳娜在原接触地点以北200海里发现1艘航母、3艘巡洋舰和4艘驱逐舰。麦凯恩的搜索机发现的是近藤的先遣部队，以及跟在其后的南云机动部队。诺伊斯派出14架黄蜂号的SBD组成的战术侦察机群飞向275海里外，39架大黄蜂号的攻击机也随之出发。他预计敌方飞机的反击随时可能到来。麦凯恩也有同感，他命令除水上飞

---

[1] 诺伊斯陈词(1943年1月14日)，黄蜂号调查。

利·诺伊斯少将。由国家档案馆提供 (80-G-302350)

机供应舰寇蒂斯号、麦基诺号和麦克法兰号外的所有部队逃离圣埃斯皮里图。2小时后，诺伊斯通过麦凯恩得知敌舰队正在北撤。由于己方搜索机没有发现美国航母，山本命令支援部队全体后撤加油。而黄蜂号的SBD仅以50海里之遥与近藤错过。这是双方都希望落空的一天，也是瓜岛会战期间差点影响战局进程的一天。如果航母舰载机攻击了近藤，准会引发15日的大混战。

诺伊斯相信65特舰仍然面临巨大危险，便回到了在其北方的掩护位置。特纳自己则一边小心翼翼地西进，一边担心搜索机叫来空袭，或者召唤强大的水面舰队在夜间拦截。但是和前一天不同，南太空在15日的搜索表明海上平静得出奇。敌军舰队确实已向北走远，但他们的水上飞机发现了61特舰和65特舰。拉包尔方面因为发现特纳而出动了攻击机群，但始终没有找到他。遭遇航母的搜索机则没来得及报告就被消灭。诺伊斯向穆雷强调务必尽一切可能支援特纳。他打算在次日运输船队进入伦加时，把航母舰队开过瓜岛以南的伦内尔岛。9月15日下午，61特舰以16节速度在圣克里斯托瓦尔东南150海里处（萨拉托加号中雷地点以南100海里）巡航，诺伊斯完成例行的飞行作业后，转舵恢复向西的基本航向。61特舰在不经意间闯入了另一道潜艇警戒线中央，伊19号打出了这场战争中战果最大的一次鱼雷齐射。两条鱼雷击中黄蜂号，引发冲天大火。在航空汽油槽、弹药和机库中加满油弹的飞机助燃下火势越来越大，还连续引发强烈爆炸。这艘大难临头的航母烧得像一支火炬，侧倾达到11°。夹着火焰的爆炸气浪横扫舰桥，诺伊斯的"衬衫、头发和耳朵都着了火"，差点丢了性命。黄蜂号"二号升降机井下面和前方至少到防破片甲板的部分都被炸得粉碎"。仅过了35分钟，谢尔曼就在征求诺伊斯意见后下令弃舰。伊19的鱼雷不仅终结了黄蜂号，还一路冲进了东北方6海里外穆雷的17特舰阵中。驱逐舰奥布莱恩号因为中了一雷，后来沉没。另一条鱼雷则在北卡罗来纳号船头左侧撕开一个大洞，导致前部弹药舱被水淹没。该舰迅速纠正了5.5°的侧倾，并将速度保持在25节。穆雷向东脱离，留下斯科特救援黄蜂号的船员。当晚黄蜂号带着46架飞机沉入大海，另有25架飞机转到大黄蜂号上。因为日本舰队已经撤退，所以黄蜂号的沉没并未影响特纳的重要任务。[①]

在特纳的65特舰增援瓜岛时，穆雷的17特舰（包括太平洋舰队仅存的完好无损的航母——大黄蜂号）留在后方的圣埃斯皮里图附近。9月20日，戈姆利指示穆雷"大致"在南纬13°~20°，东经165°~177°的区域内活动，并且避开新喀里多尼亚-圣埃斯皮里图和新喀里多尼亚-斐济之间的直接航线。尼米兹明白划定如此广大的作战区域其实毫无意义，他建议戈姆利考虑将重型舰船撤至努美阿或"其他有保护的锚地，只有用于特定任务时除外"。这样可以"减少潜艇的威胁，节省燃油，减少磨损，并使飞行大队有更好的机会训练"。金认为："我军特混舰队在潜艇肆虐的水域长期进行战略上静态的作战，显然事实证明此举越来越危险。"这些话准确反映了已经离去的弗莱彻所坚信的观点。鉴于敌航母舰队至少暂时无活动，戈姆利批准穆雷前往努美阿，进行等待已久的补充和休整。[②]

利·诺伊斯在61特司任上只干了不到一周。他因为损失了黄蜂号而受到严厉指责。戈姆利认为61特舰根本不应该去出事海域。"保证这支运输船队安全抵达瓜岛是当务之急而且绝对必要的，但鉴于我们已经有从（圣埃斯皮里图）和瓜岛起飞的陆基飞机，我认为再加强空中掩护并无必要。"因此航母舰队不应该"为了给这些运输船提供空中掩护而进入潜艇活动频繁的海域，除非有紧急需求。"戈姆利承认自己给诺伊斯的命令允许其"在局势要求提供近距空中支援时自由行动"并"毫不犹豫地进行支援"。但戈姆利希望航母只在"敌航母明显成为对我特混舰队的威胁时"才向前部署。他还批评诺伊斯在潜艇潜伏的水域反复穿越自己先前的航线，没有采取足够的预防措施。诺伊斯和谢尔曼则为自己的行动作了激烈辩护，他们说黄蜂号被击沉的海域是61特舰为了防止北方敌军袭击特纳的运输船队而不得不去的地

---

① 谢尔曼陈词（1943年1月28日），黄蜂号调查。

② 1942年9月：南太司致17特司电201322，灰皮书，882页；太舰总致南太司电202147，舰总司致太舰总电201755，CSCMF，卷25。

方。诺伊斯还指出黄蜂号遭袭地点"距离最近的旧航线穿越点有150海里,处于舰队以前不曾进入或接近的区域"。[1]

驱逐舰数量稀少和金顽固坚持(尼米兹也认可)每艘航母巡航时各配一群护卫舰艇是导致黄蜂号战沉以及萨拉托加号重伤的重要原因。1943年舰总司秘密战斗经验通报承认诺伊斯的"驱逐舰太少",却责怪他没有用它们"发挥出最大优势"。但谢尔曼宣称半径4000码的护卫圈"符合标准做法",而且"在很大程度上是为了充分发挥水声设备作用而定的"。驱逐舰数量不足的问题在舰队改变航向时尤为突出,此时它们为了恢复相对位置不得不加速冲刺,而一旦加速就会削弱水声探测效能。18特舰的驱十二中队长罗伯特·托宾上校在1943年2月解释说,为了保证无论航母如何机动都有足够保护,"护卫舰艇应该把航母团团围住,而且各艘驱逐舰要始终保持正确位置"。按照4000码的半径,"需要10~12艘驱逐舰,具体取决于水声条件"。金手下的分析人员也承认这种"根据战术经验,特别是航母作战经验确定的护航需求对于将来的其他作战和驱逐舰分配有重要的指导意义"。但是金从未承认自己对1942年南太平洋航母遭雷击事件负有责任。每个特混大队配4到7艘驱逐舰的薄弱护卫圈直到1943年底都是标准做法,甚至在多航母编队中也是如此,不过从1944年1月开始,每个航母特混大队终于可以享受14~16艘驱逐舰的保护了。[2]

哈尔西将军在10月9日一针见血地指出,在所罗门群岛把航母"长期作为掩护部队在固定的地理位置活动"违反了"最重要的兵家原则"。"所有当事指挥官务必认识到,将航母束缚在受限区域或固定地点的守势运用将招致灾难。"哈尔西认为,虽然在当时条件下那样做是必要的,但"我们在这些作战中没有受到更大损失实在是幸运到极点"。另一些人则对航母在瓜岛会战中的意义持有不同看法。陆战队的官方航空史评论说:"海军航母损失或暂时无法活动产生了一个有益的影响:原本得不到运用的海军飞机和飞行员纷纷涌入亨德森机场。"陆战队太平洋航空队司令罗斯·E.罗威尔中将曾打趣说:"就是因为损失了那么多航母,瓜岛才得救了。"此话无疑贬低了航母部队执行的战略掩护任务和它们经历的苦战。如果美国航母沉没时连飞机也一起损失,进而导致日军以联合舰队为先锋重占瓜岛,恐怕罗威尔和他的陆战队同僚就不会这么得意了。[3]

---

① 戈姆利陈词(1943年1月5日),诺伊斯陈词(1943年1月14日),谢尔曼陈词(1943年1月28日),黄蜂号调查;利·诺伊斯少将给太舰总的备忘录(1942年10月5日)。
② 舰总司战斗经验秘密通报第2号;R.G.托宾上校陈词(1943年2月17日),黄蜂号调查。
③ 太航司(哈尔西)致太舰总信(1942年10月9日);谢罗德,90页。

第三十一章

扫地出门

"休息一阵对他有好处"

9月21日，弗莱彻的旗舰萨拉托加号缓缓驶入珍珠港的停泊区。在水道对面企业号已经占据了一个修理船台，而2号干船坞正等着负伤的萨拉托加号。弗莱彻向尼米兹讲述了自己担任61特司期间的不幸遭遇：在一场混战中被打伤1艘航母，接着被潜艇发射的鱼雷击中第2艘。他还提供了自己了解的萨沃岛惨败的少数情况。这次汇报发生在坐落于港湾北面马卡拉帕山上的太舰总新司令部。采光良好、清风习习的办公室反映了尼米兹的乐天个性，也令弗莱彻的精神为之一振。他还高兴地得知：萨拉托加号在珍珠港修理期间，他将回家休息两周，然后在华盛顿舰总司手下担任两周的临时职务。9月初金和尼米兹就讨论过在华盛顿可以给弗莱彻安排的临时工作。尼米兹要求弗莱彻在11月初返回珍珠港接管11特舰和已经修复的萨拉托加号，然后再赴南太平洋。弗莱彻告诉尼米兹，"自己感觉很好，随时可以参加后续作战"。弗莱彻的话肯定很有说服力，因为尼米兹相信了。在当时拍摄的一张照片里他显得消瘦而疲惫（如果还不算憔悴的话），这是因为他不仅在瓜岛，而且在此前一连8个月里都承受着难以想象的压力。[1]

和一般人以为的正相反，弗莱彻返回珍珠港之日并不是他失去航母部队指挥权之时。他仍保留着太平洋舰队巡洋舰司令和第11特混舰队司令的头衔。不过在他离开前线时确实发生了另一些影响深远的人事变动。航母部队和巡逻机联队的合并在9月1日终于完成，菲奇也在同日成为太平洋舰队航空兵司令。不过他只是为哈尔西暂代一时。哈尔西休完长病假后已于8月29日到华盛顿报到。旧金山的会议详细讨论

---

① 萨拉托加号战争日记。9月7—9日的舰总司－太舰总会议记录里最初提到弗莱彻将去金手下临时当差"一个月左右"，但这几个字后来被划掉，改成了"两周"。尼米兹致金信（1942年10月12日），藏于尼米兹1942年个人书信集，尼米兹资料集。

了此后的人事安排。金希望把桀骜不驯的航空局长约翰·陶尔斯少将撵走。他的解决方案是把陶尔斯打发到尼米兹手下担任太平洋舰队航空兵司令（太空司）并加中将衔，让麦凯恩去航空局接替陶尔斯。为此麦凯恩要把南太平洋的航空部队移交给同样刚毅但更善于行政管理的菲奇。尼米兹感到哈尔西此时经过充分休养后状态甚佳，希望他重操旧业，担任太平洋舰队的特混舰队高级指挥官。哈尔西将接替菲奇任太空司至陶尔斯在10月中旬到职为止，然后接管16特舰，带着修复的企业号赶赴南太区。这样的安排会让金凯德失业，但对他了如指掌的尼米兹已经为他安排了另一个职位。9月15日，尼米兹借企业号甲板上举行的授奖仪式之机，宣布哈尔西将重返舰队。斯普鲁恩斯在这次仪式上得到了表彰他在中途岛的战功的优秀服役勋章，同时金凯德也因在珊瑚海之战中指挥11特舰的巡洋舰而荣获优秀服役勋章。①

尼米兹在9月24日离开珍珠港去找戈姆利和其他高级指挥官商议，并实地考察南太区的情况。在巴尔米拉岛盘桓时，他遇到了乘飞机北上的麦凯恩和弗莱彻的旧友马斯上校。尼米兹问起诺伊斯的情况，麦凯恩说他"没有大碍，只是在爆炸中受了点小伤"。随后尼米兹谈起弗莱彻："我们打算让他去大陆'吹吹风'（休息）。"麦凯恩回答："我正打算给你写信说说他的情况，不过还没来得及写。这样的仗打上两三场，任何人都会吃不消。休息一阵对他有好处。"马斯也认为弗莱彻非常疲劳，需要花点时间恢复。于是尼米兹要求麦凯恩试探一下弗莱彻的意思，然后向他汇报。②

弗莱彻还不知道别人正在讨论他的命运，他在9月27日关闭司令部，给太巡司的参谋和司令部勤杂人员放了假。③当天下午他和斯宾塞·刘易斯与麦凯恩会合，连夜一同飞往阿拉米达海航站。到达该站后弗莱彻和刘易斯改乘商业航班飞往华盛顿，麦凯恩则先在圣迭戈停留，然后前往同一目的地。从瓦胡岛到美国西海岸的漫长航程让麦凯恩有充分机会与自己的老同学兼老朋友长谈。在9月30日，麦凯恩兑现承诺，从圣迭戈给尼米兹写了一封信：

---

① 1942 年 9 月 7—9 日会议记录。1942 年 9 月：舰总司致太舰总电 010235，CSCMF，卷 23；人事局致太空司电 141807 和 142007,12 军区司令致 14 军区司令电 110340,CSCMF，卷 24。嘉奖令档案中的优秀服役勋章嘉奖令，NHC。关于这场仪式，见《纽约时报》（1942 年 9 月 16 日），其中哈尔西被称作"战斗的比尔"。哈尔西和布莱恩，108 页错以为这次仪式是 9 月 12 日在萨拉托加号上举行的，其实当时萨拉托加号还没到港。
② 1942 年 9 月 25 日巴尔米拉会议纪要，藏于尼米兹 1942 年个人书信集，尼米兹资料集。
③ 这些人次日搭上战列舰宾夕法尼亚号，在 10 月 4 日抵达旧金山。军官们奉命在 10 月 27 日回阿拉米达海航站报到，士兵们则在 10 月 21 日到旧金山报到，然后回珍珠港。伦德斯特罗姆对乔治·克拉普和诺尔曼·乌尔默的采访。

弗兰克·杰克·弗莱彻中将，摄于1942年9月17日。
"他看上去确实气色不错，但眼角有一丝疲惫，这种神色我在那些沙场归来的军人眼里见得多了。"
（麦凯恩将军向尼米兹将军描述弗莱彻，1942年9月30日）。由小塞缪尔·E.拉蒂默中校提供

我和弗莱彻谈过了。他说在航母被击中前和回到珍珠港的途中，他一直对特混大队的处境和作战性质感到非常忧虑和不安，同时也非常疲惫。他还说自己现在状况很好，已经休息过了，再休个短假就能再次出征。他看上去确实气色不错，但眼角有一丝疲惫，这种神色我在那些沙场归来的军人眼里见得多了。我对他说，他应该等自己感觉恢复到最佳状态后再申请出任务，无论是为了他自己还是为了工作，都必须这么做。他考虑了一阵，说道："你是对的，我会休息得尽量长一点。如果我觉得自己到了最佳状态，就会再次请求出征，肯定会的。"我觉得他说的是认真的。

　　看到这封信，尼米兹终于感到弗莱彻的神经问题和哈尔西一样值得关注。哈尔西因此度过了漫长的康复期，而弗莱彻曾承受和哈尔西一样大的压力，时间还要比他长得多。尼米兹明白高级军官和低级军官一样需要休息，已经计划在瓦胡岛搞一个"将官疗养中心"。他自己也采用了很多方法缓解压力，例如选择舒适的住处和令人愉快的同居者，练习手枪打靶，玩掷马蹄铁游戏，等等。这些做法成效显著，使他的精力有增无减。[1]

　　经过漫长而激动人心的南太平洋之旅后，尼米兹于10月5日回到珍珠港。他曾在瓜岛和范德格里夫特一起度过了振奋人心的一个晚上——而戈姆利一直没时间做这样的事。返回时尼米兹坚信只要人人表现出足够的坚毅，瓜岛就一定能守住。拥有这种品格的一个典范人物就是哈尔西，他在南太区将发挥举足轻重的作用。于是尼米兹决定让他先于16特舰南下。他在10月8日写信告诉戈姆利，哈尔西和斯普鲁恩斯将在10月16日左右到达努美阿，同日16特舰（企业号）将在金凯德的临时指挥下离开珍珠港。尼米兹向戈姆利保证，"哈尔西将向你报到，只要他留在你的战区，就要服从你的战役指挥"。戈姆利可以"和哈尔西面对面商量你们俩在今后几周将面临的众多问题"——弗莱彻从来没有机会这样做。在16特舰到达后，哈尔西将移驾企业号，担任"太平洋舰队海上特混舰队最高指挥官"。"已经成为有经验的航母特混舰队指挥官"的金凯德在交出16特司一职后，将到大黄蜂号上代替穆雷接掌17特舰。企业号和大黄蜂号都将迎来新舰长，但阿瑟·戴维斯和查尔斯·梅森（都已内定晋升少将）要等"新来者充分熟悉情况"后再离开。萨拉托加号也会换舰长，但"公爵"拉姆齐（也将成为少将）将留守到"其继任者准备就绪为止"。尼米兹

---

① 1942年9月14军区司令致12军区司令电280258，CSCMF，卷25；麦凯恩致尼米兹信（1942年9月30日），藏于北太平洋战区司令（北太司）档案夹，尼米兹资料集；会议记录（1942年9月9日）。

还说："弗莱彻有望及时带11特舰去你的战区，时间可能在11月初。万一弗莱彻不能返回，谢尔曼（海军少将弗雷德里克·谢尔曼）应该会掌管这支特混舰队。"原列克星敦号舰长"特德"谢尔曼自6月初以来一直担任舰总司副参谋长，但尼米兹刚刚发现他可以接管航母舰队了。10月8日这封信的余下部分则特别尖锐（以尼米兹的标准而言）地批评了南太司新近的几个决定：让17特舰留在海上而不是安全的港湾里，没有让战列舰华盛顿号从汤加塔布开赴前线。尼米兹的耐心已经快要到头了。"最后我要再次督促你在适当情况下进行有计划的冒险，从而使我们目前给敌海空部队造成的消耗持续下去。"[①]

尼米兹在10月12日告诉金，他已经知道谢尔曼即将到太舰总手下任职，也知道金有意让谢尔曼接替穆雷成为17特司。既然金和尼米兹不约而同地决定将乔治·穆雷免职，穆雷显然是在劫难逃了。尼米兹表示自己已经决定在哈尔西接管16特舰后让金凯德取代穆雷。"由于谢尔曼的调动不便加快，来不及在金凯德接替穆雷前到职，我建议还是按我原来的方案让金凯德取代穆雷。在谢尔曼报到后，我将让他担任第一支能出动的特混舰队的司令。"这支舰队可能是弗莱彻的11特舰，为此尼米兹解释说：

当弗莱彻从南方回到珍珠港时，他说自己感觉很好，随时可以参加后续作战。后来马斯上校在巴尔米拉告诉我，弗莱彻曾表示自己很累，需要休息。我让麦凯恩在陪弗莱彻去大陆的路上谈了这个话题。麦凯恩告诉我，他相信弗莱彻经过现在这次休息后可以再次出海执行任务。如果11月初萨拉托加号完成备战时他在各方面都做好了重新出海的准备，我将高兴地迎接他回来。如果你觉得弗莱彻需要多休息一段时间，那么我建议让他留在岸上担任一些职务，而在这种情况下，我建议由谢尔曼出任萨拉托加号特混舰队的司令。

尼米兹根本没有将弗莱彻永远赶出航母部队的意思。相反，他希望弗莱彻在休养完毕后返回，也相信金会按照他们上个月在旧金山当面议定的安排行事。[②]

---

① 尼米兹致戈姆利信（1942年10月8日），藏于尼米兹1942年个人书信集，尼米兹资料集。1942年10月：太舰总致舰总司电070021，CSCMF，卷26；太舰总致16特司电110045（抄送17特司），CSCMF，卷27。金凯德在10月8日写信给妻子说："有这样的结果我很高兴，因为许多飞行员即将到来，有一种意志推动他们冲在我们这些普通人前头"（惠勒，266页）。1942年10月舰总司致太舰总电071614和太舰总致舰总司电092207，CSCMF，卷26。

② 尼米兹致金信（1942年10月12日）；1942年10月太舰总致16和17特司电110046，CSCMF，卷27。

尼米兹对不幸的利·诺伊斯就不是这个态度，后者在黄蜂号爆炸沉没后成了弃儿。在10月12日给金的信中，尼米兹称诺伊斯为"赋闲的将官"，打算让他在从哈尔西赶赴南太区至陶尔斯从华盛顿到任的短暂间隙中代理太空司（最后只干了一天）。此后诺伊斯将在陶尔斯手下任职。但是，"如果诺伊斯在别处任职更有利"，金就应该把他调走，"因为拉姆赛（原文如此）和梅森交出指挥权后也将成为我手下赋闲的将官"。显然尼米兹根本不想让诺伊斯回到航母部队，而舰总司最后想到的"更有利"的职位竟是海军舰船检验局太平洋海岸处长。尼米兹在10月27日的家信中说，诺伊斯"可能会因此记恨我，但这个职位不是我挑的"。金在1949年评论说，诺伊斯在南太平洋"有过非常好的机会"，"但是错过了"。然而，1943年对黄蜂号沉没事件的调查还了诺伊斯和福雷斯特·谢尔曼一个清白，促使尼米兹宣布诺伊斯的决定是"合理的"，任何人都不应受到指责。尽管如此，诺伊斯还是在海军舰船检验局度过了余下的战争岁月，并在1945年3月接任局长。1946年他以少将身份退休，没有因为参战而受到任何嘉奖。当时正青云直上的福雷斯特·谢尔曼认为这太不公平。1950年他当上海军作战部长后，把自己的老上级加到了晋升中将的离退人员名单里。感激不尽的诺伊斯回信说："太感谢你为我做的事了，没有你的帮助我肯定永远进不了名单。"①

10月15日，尼米兹看到了导致戈姆利的南太司任期终止的电报。戈姆利在这封电报中警告"敌军将倾巢出动攻击仙人掌"，声称自己的资源"完全不足以应付局面"，要求获得增援。他似乎已完全绝望。尼米兹和麦考密克上校交换了意见，后者也认为"那里局势危急，需要一个更勇猛的指挥官"。于是尼米兹告诉金，自己希望用哈尔西取代戈姆利。金批准了这一请求，尼米兹则在10月16日发出必要的命令。他在次日的家信中描述自己经历了"痛苦的精神挣扎"，"苦苦思索几个小时后"得出结论：自己的朋友戈姆利"过度沉湎于细节，没有在适当时候表现出足够的勇敢和进取精神"。金凯德因此将继续指挥16特舰，这也使穆雷暂时保住了17特司的职位。哈尔西不久就任命金凯德为61特司，掌管南太区的所有航母特混舰队。②

---

① 尼米兹致金信（1942年10月12日）；1942年10月太舰总致太空司电260826，CSCMF，卷29；致尼米兹夫人信件摘要（1942年10月27日），尼米兹资料集；怀特希尔备忘录（1949年8月14日），金资料集，NWC。太舰总在黄蜂号调查中的第一次批注（1943年4月6日）。诺伊斯致谢尔曼信（1950年4月12日），F.P.谢尔曼资料集。

② 1942年10月：南太司致太舰总电160440，太舰总致南太司电170243，CNO TS蓝色档案；太舰总致舰总司电160937，舰总司致太舰总电161245，灰皮书，2：895页；南太司致太舰总电181350，灰皮书，2：896页；灰皮书，2：1096页；致尼米兹夫人信件摘要（1942年10月17日），尼米兹资料集；1942年10月太舰总致16特司电180244，CSCMF，卷28。

弗莱彻出局

尼米兹在10月22日满心以为弗莱彻即将归还（在过去3周他没有听到任何与此相悖的消息），为此他指示赖特将军在11月5日前从南太司回到珍珠港。他准备让赖特恢复11特舰巡洋舰司令一职，因为弗莱彻将在11月10日左右率萨拉托加号特混舰队南下。然而，在10月23日，尼米兹却收到人事局的一则简短讯息："代号64的军官（弗兰克·杰克·弗莱彻中将）即将离开现职，从华盛顿直接赴驻地任13军区司令和西北海疆司令。请求提名太巡司。"13军区司令是指海军第十三军区（西北太平洋）的司令官，而西北海疆包括美国西北各州沿海和阿拉斯加海区。尼米兹提议让金凯德接替弗莱彻担任太平洋舰队巡洋舰司令。金同意了。弗莱彻甚至没有按惯例返回珍珠港进行交接，因此这次职务交替就在弗莱彻位于华盛顿、金凯德位于南太平洋的情况下于10月29日缺席完成。①

金当然有权撤换弗莱彻或他手下的其他任何人。他负责领导海军进行战争，有资格挑选自己的干将。但他的撤换是否有理就另当别论了。也许在外人看来，继戈姆利和诺伊斯去职后，罢免弗莱彻也只不过是对背负耻辱的南太区领导层进行集体清洗的一部分。但事实上，虽然弗莱彻明显得到了尼米兹的强烈支持，他在金面前自始至终都没有一点机会。弗莱彻在9月30日到海军总部报到，这是他在当初的航海局工作时早已熟悉的地方，但在金的铁腕统治下却模样大变。他发现自己像个没人要的孤儿一样被冷落在一边，不知道自己的命运早已被人决定。虽然金和尼米兹讨论过几个在华盛顿给弗莱彻安排的临时职位，但全都没有兑现。舰总司和他的跟班几乎没有抽出一点时间和他对话。海军部长诺克斯（他在弗莱彻到达约两周后才从巴西返回）"是唯一愿意听我说话的人"。舰总司指挥部里没有一个人愿意找美国海军中实战经验最丰富的特混舰队指挥官了解情况，这实在是咄咄怪事。当然，此时火炬行动（登陆北非）的策划正在紧张进行，更不用说从所罗门群岛到斯大林格勒的各条战线都岌岌可危，金的幕僚自然没空理会一位明显已经被上司抛弃的将军。②

欧内斯特·金一旦对某人有了恶感，就绝不会改变看法。对他来说只有第一印象才算数。远在华盛顿的他只看到那年春天弗莱彻在南太平洋表现得优柔寡断、怯懦无能，接着又损失了列克星敦号和约克城号，没有在萨沃之战前扫清敌军，还让企业号和萨拉托加号受了伤。金很少会摆脱他可能错误的第一印象来判断实际情况。

---

① 1942年10月太舰总致64特司电230019,太舰总致人事局电242357(附人事局致太舰总电232307文本),CSCMF, 卷28。

② 斯蒂芬·里根博士对哈里·史密斯少将的采访（1986年7月13日），里根博士提供。

在1949年他说弗莱彻（他称其为"爱德华·J．弗莱彻"）是个"不是很有头脑"的人，说他"有想法但不知道怎么把它们理清"。金回忆说，自己"经常不得不逼着尼米兹将军对那些才能达不到标准的军官采取适当而严厉的措施"。这一次金就利用一位中将的职位偶然开缺的机会，亲自采取了"适当而严厉的措施"。这个职位的现任者查尔斯·弗里曼将在11月19日年满64岁，即到达惯常的强制退休年龄。在少数情况下，海军会安排新晋少将去指挥海军军区和海疆区，等作战职位有了空缺再调走。而对资深将领来说，军区就是大象的墓地。也许在金看来，弗莱彻保住了中将军衔就该谢天谢地了。例如，派伊和布朗在被解职时就恢复了原来的少将军衔。但是金还抱怨过自己找不到理由贬谪多余的中将，他在12月曾对尼米兹说，自己"经常对那些长期顶着中将军衔的军官感到棘手"。与此同时，显然华盛顿的某人还曾对尼米兹暗示，是弗莱彻自己请求或暗示希望上岸工作的。尼米兹问金凯德是否确实如此，金凯德则当面向老朋友弗莱彻谈起了这个话题。弗莱彻在1943年1月严正驳斥了华盛顿方面的这一诽谤，他在给尼米兹的信中说："金凯德说你问过他，我是不是申请或希望转到岸上工作。这让我感到非常意外。我可以向你保证，我根本没有动过这种念头，调职命令完全出乎我的意料，让我非常惊讶。"1983年，原太舰总情报参谋雷顿暗示尼米兹就此认识到了舰总司内部人士的奸诈。惯于严厉批评弗莱彻的雷顿说，虽然金认为弗莱彻很无能，尼米兹却不敢苟同。"但是那时尼米兹是个忠诚的指挥官，对他的下属不离不弃。至于金么，好吧，我认为金的幕僚团里有人嫉妒弗莱彻。"①

具有讽刺意味的是，"特德"谢尔曼确实是尼米兹可以随时拿来取代弗莱彻的合适人选。由于在珊瑚海损失了金钟爱的列克星敦号，为了保住个人前程（如果不是为了其他目的），谢尔曼在华盛顿讲述自己的这段战斗经历时费尽心机诋毁了弗莱彻、巴克马斯特和约克城号。他和特纳一样，从不承认自己犯过错误。凭借珊瑚海一战的胜利，谢尔曼在国内广受公众赞扬，甚至会见了温斯顿·丘吉尔。他重返航母部队的努力终于在9月29日取得成果，这一天他听说金正在考虑让他带兵出海。金希望再找一个海军飞行员担任航母特混舰队的司令，而谢尔曼"是唯一有足够军衔和经验的人选，有了他就不必破格提拔资历非常浅的人"。在10月3日，金亲口告诉谢尔曼，虽然自己对他在华盛顿的工作"非常满意"，但他"需要出海"。第二

---

① 怀特希尔备忘录（1949 年 8 月 14 日）。1942 年 12 月 11—13 日舰总司－太舰总会议，人事问题（1942 年 12 月 11 日）。弗莱彻致尼米兹信（1943 年 1 月 22 日），藏于尼米兹 1943 年个人书信集，尼米兹资料集。皮诺和柯斯蒂洛对雷顿的采访（1983 年 5 月 11 日）。

天，谢尔曼和罗斯福总统作了一次"有关航母部队"的"不得公开"的谈话，还得到罗斯福个人的祝贺。谢尔曼靠珊瑚海之战捞了多少政治资本，从此事可见端倪。奇的是，在同一场战斗（以及中途岛和东所罗门之战中）中领导盟军取胜的弗莱彻当时就在华盛顿，却从未被邀请去白宫——官方的忘恩负义在此体现得淋漓尽致。海军部虽然早已公布了约克城号的损失，却一直禁止他接触新闻界。有趣的是，罗斯福曾向谢尔曼问起特混舰队指挥官"日日夜夜"面临的"压力"，认为"应该定期把他们撤下来休息"。不知道他说这话是因为想起了哈尔西，还是因为金和副海军部长詹姆斯·Ｖ.福雷斯特尔在10月2日造访白宫时已经为弗莱彻的去职做了铺垫。否则密切关注海军动态的罗斯福可能对弗莱彻突然被流放一事提出疑问。①

谢尔曼通知太舰总自己即将上路，然后于10月12日离开华盛顿到加利福尼亚休了个短假，并组织起主要由前列克星敦号军官组成的参谋部。他预定在月底前到达珍珠港。此时金的这位门生去萨拉托加号掌管11特舰的道路似乎已经畅通。在金从尼米兹口中得知金凯德（而非谢尔曼）将接替穆雷成为17特司时，他很可能已经有此打算。何况尼米兹已经向舰总司和南太司表示在弗莱彻暂时不能带兵的情况下谢尔曼是首选。谢尔曼在10月27日飞抵瓦胡岛，并高兴地得知弗莱彻再也不能和他抢位子。但是谢尔曼却没有成为11特司，只被安排在福特岛上的一幢房子里等待其他指挥职位。就在这一天，德威特·拉姆齐上校被免去萨拉托加号的舰长之职。尼米兹出乎所有人的意料，立即将他提拔为少将，命他从10月30日起掌管11特舰。谢尔曼在日记中透露，自己对没有得到萨拉托加号特混舰队"有点失望"，"但我觉得很快就会得到重用，没什么可担心的"。不过这次"失望"对谢尔曼这样自视甚高的人来说肯定特别苦涩，因为拉姆齐的资历比他低得多。②

尼米兹在10月27日前已经暗示自己不会按金的意思任命谢尔曼为11特司。24日，在得知弗莱彻被解职的第二天，他请求人事局不要重组太巡司参谋部，而是把它完整地保留下来供11特舰使用。只有两个人是例外：一是刘易斯上校，他"可

---

① 要了解列克星敦号贪约克城号之功为己有的例证，请参见 Ｃ.Ｇ.莫尔中校致布朗将军备忘录（1943年3月1日），其中说道："人们已经对（很可能来自谢尔曼本人的）下述说法坚信不疑：导致致航母翔鹤号连续几个月无法参战的重创主要（如果不是全部的话）是列克星敦号的飞机造成的。"莫尔当时在 CNO 办公室工作。布朗资料集。海德公园罗斯福图书馆中的总统行程表明，罗斯福在1942年10月2日会见了金和福雷斯特尔，而整个战争期间弗莱彻只见过罗斯福一次，是1944年8月在阿留申群岛。海德公园的雷蒙德·泰克曼2002年11月5日和6日的电子邮件。

② Ｆ.Ｃ.谢尔曼日记，1942年11月9日的记录，记述了10月12日到11月9日的事情。萨拉托加号战争日记；1942年10月12日区司令致14军区司令电270400（报告了谢尔曼飞抵珍珠港一事），太舰总致11特舰电（以拉姆齐为司令重组特混舰队），CSCMF，卷29。

德威特·C.拉姆齐少将，摄于1943年。由美国海军提供

以担任人事局希望安排的职务"；二是彼得森中校，他已被定为企业号的领航官。刘易斯（USNA1910届）资历太深，无论是给他的同班同学谢尔曼还是给拉姆齐（USNA1912届）当参谋长都不合适。而且刘易斯已经在海上服役近3年，应该得到新任命。重要的是，尼米兹知道谢尔曼已经挑选了自己的航母参谋班子，但他希望把几位从事同样工作的军官留在11特舰。[1]

把一个上校提拔为将军并立即让他在原来的船上升起将旗确实很不寻常，但并非没有先例。在6月，马克·米切尔少将就曾在大黄蜂号上短暂地担任过17特司，而且要不是中途岛一战让他进了尼米兹的黑名单，他还会继续担任该职务。但是这次对于11特舰的掌门人，尼米兹选择了资历较浅的将官，却没有理会另一名资历较深、不仅随时可上任而且渴望该职位的将军。为什么尼米兹彻底改变了关于谢尔曼的安排？他确实很器重拉姆齐，尤其赞赏他对萨拉托加号的指挥，但他在5月和6月也同样认可谢尔曼，还曾先后为谢尔曼争取黄蜂号和大黄蜂号特混舰队的司令职务。在那以后谢尔曼本人没做过任何使金或尼米兹对他失去信任的事，只不过尼米兹可能意识到他和华盛顿的高官走得太近。此外谢尔曼和新任南太司哈尔西也没什么过节。当然，有一个新到珍珠港的人——太空司陶尔斯可能起了作用。他对拉姆齐很器重，而且不喜欢谢尔曼，尤其讨厌他"专横的领导风格"（这样的批评从一个同样以此著称的人嘴里说出来实在有趣得很）。不过没有证据表明陶尔斯影响了

---

[1] 1942 年 10 月太舰总致人事局电 242239，CSCMF，卷 28。

尼米兹的决定，尼米兹甚至没有找他商量。由于缺少资料，本书作者只能对尼米兹冷落谢尔曼的原因妄加猜测。一个合理的解释是：他任命拉姆齐为11特司是为了抗议金违背9月达成的谅解而贬谪弗莱彻的蛮横行径。①

11月21日，弗莱彻在西雅图的一个仪式上正式接替弗里曼。对退休者和继任者来说这都是一个苦乐参半的场合。一位记者采访了叼着一只玉米芯烟斗的新任13军区司令："谈到最近担任过的职务时，弗莱彻将军的眼睛猛地一亮，但他克制住了自己，没有过多地沉湎于回忆。'我不想被海军部找麻烦，'他承认，'今天是我第一次开记者招待会，我得小心一点。'"弗莱彻还是忍不住说了心里话："我和所有海军将士一样，宁可在海上闯荡。不过我要说，如果非上岸不可，在目前的情况下，哪里都比不上现在这个职务。这是个非常重要的工作。"在1943年1月，他向尼米兹重申了这一观点："在这场战争中，任何个人的命运都无关紧要，如果我非得在岸上工作，这大概就是最好的职务。"不过这样的套话并不能消除他被逼离开战场的痛苦。刘易斯上校陪着上司一起去了流放地，担任海军第十三军区副司令。弗莱彻尽了最大努力帮助刘易斯升迁，但他此时几乎没有影响力了。刘易斯没有成为少将，至少此时还没有。②

在弗莱彻与西雅图的记者交谈时，他不知道在遥远的南太平洋，他的好朋友金凯德任16特司的日子也走到了尽头。但是弗莱彻和金凯德的命运形成了鲜明对比。尼米兹对金凯德的人事安排作了及时干预，没有再失去一位爱将。

解职与复出

要明白金凯德的遭遇与弗莱彻有多大不同，就必须先了解1942年10月和11月航母部队在南太平洋的表现。③

乔治·穆雷的17特舰（大黄蜂号、2艘重巡洋舰、2艘轻巡洋舰和6艘驱逐舰）花了一个月时间尽力掩护仙人掌，但孤零零的1艘航母不冒巨大风险不可能取得什么战果。10月5日，大黄蜂号为了遏制向瓜岛运送人员、武器和补给的"东京特快"而袭

① 雷诺兹《陶尔斯》428页。在这本根据陶尔斯的私人日记和大量个人资料写成的详尽传记中，没有一个字提到拉姆齐取代谢尔曼的事。由于作者掌握的资料非常丰富，可以合理猜测：如果陶尔斯确曾在如此重大的事情上影响了尼米兹，他的资料集中总会留下一些线索。

②《西雅图时报》（1942年11月22日）；弗莱彻致尼米兹信（1943年1月22日）。1942年10月：舰总司致太舰总电301745，CSCMF，卷29；弗莱彻将军致太舰总电051617和太舰总致海军部长电092215，CSCMF，卷26。里根对哈里·史密斯的采访（1986年7月13日）。刘易斯在1943年3月晋升为少将，在西西里和萨勒诺登陆战中任第八舰队司令H.肯特·休伊特中将的参谋长。1944年8月，他还指挥一个两栖特混大队在法国南部登陆。

③ 关于1942年10月和11月南太区航母作战，请参见伦德斯特罗姆《首发主力与瓜岛》第14、16、18—26章。

击肖特兰，但由于天气不佳、目标稀少，这次大胆的行动未能成功。诺尔曼·斯科特的巡洋舰和驱逐舰在10月11日夜12日晨打赢了埃斯佩兰斯角之战[①]，但只是暂时压制了敌军气焰。10月13日夜14日晨，日军重型舰船猛轰伦加，几乎将仙人掌航空队歼灭于地面。一天以后，日军运输船队竟在光天化日下卸载。仙人掌面临的危机使戈姆利惊慌失措，导致他被撤换。第二天，大黄蜂号的飞机再次试图攻击东京特快，但只找到几条小鱼。穆雷随后东进，在10月24日到圣埃斯皮里图东北250海里处与金凯德的16特舰（企业号、战列舰南达科他号、1艘重巡洋舰、1艘轻巡洋舰和6艘驱逐舰）会师。

哈尔西一当上南太司就像金和尼米兹期望的那样勇猛出击。他派金凯德的61特舰对付南下攻打仙人掌的一支强大航母舰队。圣克鲁兹之战因此在10月26日爆发，4艘日本航母（翔鹤号、瑞鹤号、瑞凤号和隼鹰号，194架飞机）对战2艘美国航母（175架飞机）。飞鹰号只是因为出了机械故障才没能参战。金凯德是在不利的条件下投入战斗的。哈尔西没有把他的航母控制在瓜岛东南，而是鲁莽地让他们脱离友军陆基飞机支援范围，开到所罗门群岛东北面。交手结果是大黄蜂号受了致命伤，企业号也被炸弹开了膛，而翔鹤号和瑞凤号虽退出战斗却没有沉没。正如弗莱彻担心的那样，2艘美国航母按惯例组成相隔10海里的2个特混舰队，再次分散了防空力量。日军的每一波攻击机都找到了目标，而美国飞机分成三个独立的小机群出发，其中大多数连敌航母的影子都没见着。金凯德赶忙下令负伤的企业号撤退。它以传奇般的表现回收了空中几乎所有飞机（与萨拉托加号在8月24日的壮举相仿，但犹有过之），并甩掉了追兵。日本人在次日早晨追上还在燃烧的空船大黄蜂号，报了杜立德奇袭之仇。

被日方称为"南太平洋海战"的圣克鲁兹之战虽然使日军损失惨重，但还是以美军的战术失败告终。山本相信自己全歼了美国航母舰队，扫清了反攻瓜岛的障碍。只可惜第17军没有拿下伦加机场。他相信只要重整部队，消灭伦加的残余敌机，把压倒数量的军队和物资运上瓜岛就能一举消灭守军。日方在圣克鲁兹损失了99架航母舰载机和大量无可替代的老练机组。南太平洋海战其实是盟军的战略胜利。因为企业号带着95架飞机（和损失的80架飞机中的大部分飞行员）幸存下来，陆战队仍然坚守着亨德森机场。如果企业号和所有舰载机到海底与大黄蜂号做伴，那此战就是彻头彻尾的灾难，哈尔西躲过此劫实属幸运。

---

① 译注：美军巡洋舰2艘负伤，驱逐舰1沉1伤；日军巡洋舰1沉1伤，驱逐舰3艘沉没，五藤存知少将阵亡。

陶尔斯听说外行人又断送了1艘航母后怒不可遏。而穆雷在去彭萨科拉海航站上任途中经过珍珠港，又讲述了金凯德错误指挥61特舰的种种劣迹。于是陶尔斯力劝尼米兹立即用米切尔取代金凯德，终止黑鞋派军官指挥航母部队的荒唐现象。尼米兹没有听从他的意见，而且他还不打算起用失宠的米切尔。他决定派"特德"谢尔曼南下，以两三艘辅助航母为中心组建一支特混舰队。当时人人都认为小型航母必须在同一批舰艇护卫下多艘共同作战。作为多航母特混舰队的最大支持者，谢尔曼在这个问题上没有反对者。而当谢尔曼在11月16日抵达努美阿时，哈尔西已经打赢了最具决定意义的一仗。因此谢尔曼意外地发现自己被哈尔西派到了企业号上指挥16特舰。[1]

11月10日，在哈尔西得知日军即将再次大举进攻仙人掌后，金凯德的16特舰（部分修复的企业号、2艘战列舰、1艘重巡洋舰、1艘轻巡洋舰和8艘驱逐舰）匆忙从努美阿北上。原南太区参谋长卡拉汉少将当时正掩护一支前往仙人掌的运输船队，他抽出手下的1艘重巡洋舰和2艘驱逐舰，让它们在12日与金凯德会合。11月12日夜13日晨，没等16特舰进入支援瓜岛的距离，卡拉汉和斯科特就用5艘巡洋舰和8艘驱逐舰勇敢地迎击了一支包括2艘快速战列舰的岸轰舰队。他们以生命为代价挽救了仙人掌[2]。11月13日，哈尔西非常不快地发现，金凯德还没进入支援距离，无法用他的飞机或威利斯·李的2艘快速战列舰阻止另一支从槽海南下对伦加进行夜间炮击的舰队和跟随其后的大型运输船队。第二天金凯德将几乎所有飞机放出搜索和攻击，并命令它们去亨德森机场落脚，自己则带企业号后撤。仙人掌航空队和企业号第十飞行大队的无情空袭几乎将日军运输船队一扫而光，但若不是李在11月14日夜15日晨的水面战斗中获得大胜[3]，阻止了又一次大规模炮击，美国飞机本可能在地面化作齑粉。就这样，日军重占瓜岛的最后一次尝试以彻底失败告终。这场史诗般的胜利为哈尔西赢得了上将军衔。

金凯德对瓜达尔卡纳尔海战中企业号和第十飞行大队的运用深感满意。他把负伤的航母留在后方，处于陆基飞机保护下，等待敌人送上门来。企业号把自己的飞机送到陆上基地，自身则在受到任何反击前及时撤离。金凯德夸口说："这一次，对航母飞行大队的利用比以前任何时候都更有效。"他认为11月的作战可以作为航母在敌空中搜索网下狭窄水域作战的典范。哈尔西没有对金凯德的评价提出异议，也

---

[1] 雷诺兹《陶尔斯》408页；F.C.谢尔曼日记（1942年9月9—16日）。

[2] 美军巡洋舰2沉2伤，驱逐舰4沉2伤，卡拉汉少将和斯科特少将阵亡；日军战列舰1艘沉没，驱逐舰2沉3伤。

[3] 译注：美军战列舰1艘负伤，驱逐舰3沉1伤；日军战列舰1艘沉没，巡洋舰1艘负伤，驱逐舰1艘沉没。

没有公开批评他，但他后来的举动反映出他对金凯德在圣克鲁兹之战和瓜达尔卡纳尔海战中的表现极其不满。而且哈尔西感到解决方案近在眼前。11月16日，他通知谢尔曼准备去企业号接替金凯德担任16特司，并在月底拉姆齐带11特舰（萨拉托加号）南下时担任高级航母特混舰队司令。哈尔西告诉谢尔曼，虽然金凯德是"一个杰出的人"，但这次解职"势在必行"。第二天哈尔西通知尼米兹说，自己将在16特舰的护卫群中只保留2艘轻型防空巡洋舰和驱逐舰，把重巡洋舰和布鲁克林级轻巡洋舰编成几个水面打击群，分别交给金凯德、提斯代尔（16特舰巡洋舰司令）和赖特（11特舰巡洋舰司令）指挥。哈尔西强调，"这绝不是将金凯德贬官，因为我认为他干得很出色"，但"我只是想把我的工具放在我认为能发挥最大作用的地方"。哈尔西认为"有像谢尔曼这样航空经验丰富的人可用，却不把他放在企业号上，是不可原谅的"。对于金凯德，哈尔西解释说："只要再得到几个将官，我就要送汤姆回国休息。他做出了很大成绩，而且已经干了很长时间。"至于接替谢尔曼指挥辅助航母的人选，哈尔西推荐穆雷或查尔斯·梅森。尼米兹选择了梅森。①

突然被解职的金凯德又惊又怒。他是真心喜欢指挥航母。谢尔曼在11月18日告诉金凯德，自己并未"鼓动"这次人事变更。金凯德回答说，他"知道这一点，他只是对自己刚知道如何运用飞机就被解职感到失望"。接着让谢尔曼吃惊的是，金凯德说"他已经决定要休息一阵，不想指挥巡洋舰，只想回珍珠港"。谢尔曼后来听说金凯德那天没能见到哈尔西。参谋长麦尔斯·勃朗宁转达了金凯德立即回珍珠港休假的意愿。谢尔曼认为这不会给上级留下"很好的印象"。他在11月20日去圣埃斯皮里图拜访了自己的老上级菲奇，意外地听后者"相当坦率地批评了金凯德对特混舰队的指挥"。菲奇对谢尔曼说金凯德在10月26日接到黎明前1架PBY发现敌航母的报告后就该立即攻击，他还批评金凯德在大黄蜂号失去战斗力后没有支援穆雷。而谈到瓜达尔卡纳尔海战时，菲奇也不赞成金凯德把企业号的飞机送到仙人掌的决定，"机场已经很拥挤，没法有效运用它们"。太舰总也不能完全原谅金凯德在11月14日下午将企业号后撤的保守作法。在1943年2月18日的总结报告中，斯普鲁恩斯指出金凯德本可留在离瓜岛更近的地方，并且至少回收企业号飞行大队的一部分，然后在华盛顿号和他自己的重巡洋舰支援下消灭敌军负伤和落伍的船只。②

①Ｆ．Ｃ．谢尔曼日记（1942年11月19—20日）。金凯德在11月23日写信给妻子说："我不想离开现在的岗位，因为我觉得自己已经熟悉了这份工作，而且取得了相当大的成果"（惠勒，291页）。

②16特司致太舰总，1942年11月12—15日第十六特混舰队保卫瓜岛的作战行动（1942年11月23日）；企业号舰长致太舰总，1942年11月13—14日行动报告（1942年11月19日）；Ｆ．Ｃ．谢尔曼日记（1942年11月17日）；哈尔西致尼米兹信（1942年11月17日），南太司档案夹，尼米兹资料集。

南太区的重组发生在11月23日。失去16特舰的金凯德得到了67特舰（3艘重巡洋舰、2艘轻巡洋舰和6艘驱逐舰），提斯代尔任他的副手。按照谢尔曼的说法，哈尔西将金凯德调到67特舰的命令有"一段很不寻常的开场白，其中说他成绩卓著，但考虑到战术局势，必须将他调到别处"。谢尔曼认为这是"一段为了照顾他的感情而写的辞藻华丽的文字"。第二天金凯德离开努美阿，到圣埃斯皮里图加入67特舰，但他对谢尔曼透露：自己"等赖特少将来到这里就会回家休息"。与一般人以为的不同，金凯德离开南太区不是因为奉了华盛顿或珍珠港的命令，纯粹是因为他不愿回巡洋舰部队。因为哈尔西不肯把他留在航母部队，他才会一气之下离开。赖特在11月28日正式接替金凯德，两天后按金凯德的战术计划打了塔萨法隆加之战并遭到惨败[1]，因为他来不及拟定自己的计划。[2]

　　很显然，金凯德和哈尔西在1944年10月莱特湾之战后的交恶其实早在1942年11月就埋下了种子。但是哈尔西把金凯德解职一事处理得很巧妙，还给他安排了不错的去处，使金凯德的名誉在海军内部和后世史家中间都得以保存。弗莱彻则从未得到这样的关照。金凯德在12月2日抵达珍珠港，发现太舰总对他特别同情。尼米兹表示自己正在向上级申请让金凯德接替西奥博尔德任北太平洋战区司令和8特司。考虑到金凯德对于去阿留申群岛不是特别乐意，为了进一步安抚他，尼米兹还推荐金凯德凭东所罗门之战中的表现领取第二枚优秀服役勋章（实际是在勋略上加1颗金星表示二次获奖，而金凯德最后真的获得了这一殊荣）。嘉奖令称赞金凯德"以卓越的领导、坚决的行动和杰出的谋略驱逐和歼灭了一大群来犯之敌"。而弗莱彻从未因为在此战中的总体指挥和击沉龙骧号之功获得任何官方嘉奖。在12月底，金凯德还陪尼米兹出席了旧金山的第三次舰总司-太舰总会议，会上金确认了他在阿留申群岛的新任命。金也对缺乏主动性、总是与敌人小打小闹的西奥博尔德感到厌倦。金凯德在西雅图与弗莱彻共度圣诞后，于1943年1月4日接替了西奥博尔德，并着手准备收复阿留申群岛西部的阿图岛和基斯卡岛。[3]

---

① 译注：美军巡洋舰1沉3伤，日军驱逐舰1艘沉没。

② 1942年11月南太司致各特司电230612，南太司战争日记；Ｆ.Ｃ.谢尔曼日记（1942年11月20日和25日）。给金凯德的命令中写道："你精妙而高效地指挥了航母特混舰队在本战区的作战，一次次给敌人造成重大损失……我要由衷地赞颂你卓越的战绩"（惠勒295页）。

③ 惠勒，295—297，300—301页。哈尔西曾另外推荐金凯德凭圣克鲁兹之战领取优秀服役勋章，但没有获得批准。在1946年金凯德试图让海军补发这枚勋章（在勋略上再加1颗金星），但海军方面只是改写了他的第二枚优秀服役勋章的嘉奖令，把圣克鲁兹之战、瓜达尔卡纳尔海战与东所罗门之战算到了一起（惠勒，291—292页）。弗莱彻只凭珊瑚海和中途岛得到1枚优秀服役勋章，在战争的余下时间里也没有获得美国海军的其他嘉奖。

毫无疑问，尼米兹出手挽救了金凯德的前程，让他留在战斗岗位上。种种迹象表明，当初如果有机会，他肯定会为弗莱彻做同样的事。有两封信反映了太舰总对过去的2位黑鞋派航母舰队司令的态度。1943年3月，在"特德"谢尔曼和"公爵"拉姆齐还指挥着太平洋舰队仅有的2艘快速航母时，麦凯恩请求让拉姆齐重新担任航空局副局长。尼米兹没有同意。他承认"你向我提出的有关拉姆齐的建议让我感到非常为难"，"经过长时间思考后"他才得出结论。"你也很清楚，我军有能力的航母特混舰队指挥官在指挥岗位上的流动速度太快，缺乏稳定性和持久性使我们多少吃了点亏。拉姆齐无疑不比我们能得到的任何一个航母特混舰队指挥官差，再考虑到目前航母数量有限，我认为把他调离将是个错误。日本人不会用外行人或实习生干类似的工作，我们也应该把手头最优秀的人用在数量有限的航母上。"没有经过尼米兹亲自安排或同意就离职的航母特混舰队指挥官只有弗莱彻和金凯德，也许他说的"有能力的航母特混舰队指挥官"就是这两人。尼米兹在1942年12月18日给哈尔西的信中也阐明了自己对黑鞋派航母舰队司令的观点。当时哈尔西让梅森少将掌管65特舰，而没有选择资历更深（但不是飞行员出身）的哈里·W.希尔少将，理由无非是该特混舰队除了希尔的2艘老式战列舰外还有2艘辅助航母。尼米兹对此不敢苟同。他在写给哈尔西的信中说："我想你肯定同意我的下述观点：许多部队主官完全有能力指挥包含航空母舰的特混舰队，而对我军高级军官士气打击最大的做法莫过于使其相信只有飞行员才能指挥包含航母的特混舰队。"尼米兹的这番言论不仅是为希尔，也是为了已经离职的弗莱彻和金凯德而发。而哈尔西是否赞同已经无关紧要，因为严格说来，此时已经再也没有黑鞋派航母舰队司令了。①

---

　　① 尼米兹致麦凯恩信（1943年3月19日），藏于尼米兹1943年个人书信夹；尼米兹致哈尔西信（1942年12月18日），南太司档案夹，尼米兹资料集。最后一个没有当过飞行员却正式指挥航母特混舰队参战的将领是罗伯特·C.吉芬少将，他的18特舰在1943年1月至2月初包含2艘护航航母。吉芬在1943年1月29—30日的伦内尔岛之战中损失了芝加哥号。在1944年6月29日到7月7日，没有当过飞行员的巡洋舰指挥官威尔德·D.贝克少将在威廉·K.哈里尔少将因病不能视事的情况下指挥第58.4特混大队空袭了塞班。

第三十二章

边缘战区

13军区司令

简要回顾一下弗莱彻在1942年11月以后的海军生涯非常有助于说明他在上级和同僚眼中的地位。弗莱彻在西雅图的指挥部里监管海军第十三军区的许多活动，这个军区包括太平洋西北部的各州和阿拉斯加领地。他还掌管西北海疆区，与加拿大当局合作保护沿海的船运，帮助将数量巨大的租借物资从美国西海岸运到苏联的滨海边疆区。在1943年初，他的首要任务是在阿拉斯加建设基地和储备资源，以支持金凯德的北太平洋部队进攻日本人在阿留申群岛的两个立足地——阿图岛和基斯卡岛。在5月，金凯德拿下阿图岛，并孤立了基斯卡岛。7月日军悄悄撤离该岛，让盟军8月的登陆扑了个空。①

弗莱彻羡慕地看着远方的太平洋大攻势展开。在日军于1943年2月撤离瓜岛后，哈尔西上将的第三舰队北上攻略中所罗门群岛，以占领打击拉包尔要塞的出发阵地。在西方，阿瑟·S·卡彭德中将的第七舰队实施了西南太平洋战区的两栖作战。麦克阿瑟上将在1月夺取布纳的据点后又重整旗鼓，准备沿新几内亚海岸进一步北上，突击莱城和萨拉马瓦。如果说比尔·哈尔西是海军中威名最盛的勇将，太平洋舰队的参谋长雷蒙德·斯普鲁恩斯中将则成了舰队中最出色的智将之一和尼米兹最亲信的左右手。8月5日，斯普鲁恩斯成为中太平洋部队司令并领受了攻占吉尔伯特群岛的任务（电流行动），这是直接进军日本的第一站。他从南太平洋调来了老朋友凯利·特纳少将处理两栖作战。

对于弗莱彻这样渴望战斗的人来说，在国内担任岸上职务无异于在炼狱中受煎熬。莫里森曾宣称，在1942年秋被解除航母特混舰队职务后，弗莱彻"得到了与他的能力更相称的职务"。无论是否同意莫里森对弗莱彻"能力"的恶评，弗莱彻可

---

① 海军第十三军区司令，海军第十三军区行政管理史，4卷本。

以做什么工作确实是值得思考的问题。即便在1942年11月率领11特舰（萨拉托加号）重返南太平洋，他留在航母部队的时间也将是短暂的，肯定不会持续到1943年春天以后。没有当过海军飞行员是他的致命缺陷，而年龄和显赫的中将军衔也对他不利。飞行员出身而且正当壮年的少将们正在排队等待接收国内船坞中建造的航母。弗莱彻绝不可能成为他们在太平洋舰队的头领。他自己在1942年8月也曾很现实地告诉马斯上校，尽管他已经代替那些忙于其他工作或资历尚不足以指挥航母的航空兵领导人取得了显著的成绩，但他"不相信自己会成为主持航空表演的人"。[①]

有什么职位可能安排给弗莱彻？在1943年7月1日，美国海军共有18名中将。其中1人是局长，4人担任参谋工作，5人（包括戈姆利和弗莱彻）是海疆区司令，3人主管舰队内部的行政（勤务部队、航空部队），2人指挥两栖舰队，2人是战区司令，还有1人掌管1个战区的航空部队。在1943年8月，因为知道能给中将安排的职位有效，弗莱彻自请降为少将，只求能出海指挥作战。尼米兹亲切地回复说，他很"欣赏"弗莱彻在这种请求中体现的"精神"，但是在今后6~8个月内太平洋舰队没有可给弗莱彻的职务，"除非我们发生一些不幸的伤亡"。他建议弗莱彻向金和雅各布斯将军（人事局局长）转达"你在给我的信中表达的想法，再等待我的战区出现伤亡。"这些话听起来就不太靠谱。[②]

解决航母战术问题

1942年9月，弗莱彻根据"过去9个月""运用1~3个航母特混舰队对抗日本海空力量"的经验，把自己的航母战术理念编纂成文交给尼米兹。截至此时，他"已经积累了许多经验教训和新的想法"。当然，他指挥航母作战的经验已经无人能及。渴望将航母战术标准化的尼米兹把弗莱彻的分析转发给哈尔西以征求意见。哈尔西在10月9日的回复中同意弗莱彻的大部分观点，尤其赞成司令部在瓜岛附近一次次保守地使用航母是将其置于险地的看法。12月9日，尼米兹将弗莱彻的信、哈尔西的回复和10月26日圣克鲁兹之战的行动报告摘要转发给所有太平洋舰队航空兵指挥官、特混舰队司令、航母舰长等，包括曾指挥航母参战的诺伊斯、米切尔和巴克马斯特。"这些文件依据航母特混舰队的最新经验，针对航母运用的许多特点提出了评论和意见，以及有关的建议。""必须尽快将获得的经验教训应用到今后此类作

---

① 莫里森《两洋战争》182页；马斯资料集中未注明日期的备忘录（1942年）。
② 弗莱彻致尼米兹信（日期不详），尼米兹致弗莱彻信（1943年8月14日），藏于尼米兹1943年个人书信集，尼米兹资料集。

战中，而且必须采取措施来尽量改善物质条件。""当前我军损失导致航母暂停活动"，正是使有关航母战术的"思想成型的合适时机"。[①]

太空司陶尔斯在1943年4月对大量答复进行了汇总。最有争议的问题当然还是多航母特混舰队。弗莱彻一如既往地建议把航母特混舰队集中起来以便"互相支援和保护"。他先于大多数航空专业人员认识到雷达的作用和战斗机数量的增加将使以往对于集中航母的担忧显得多余。而另一方面，哈尔西仍然抱着旧理论不放，认为集中航母的做法"充满严重危险"，而且与战前的作战条令相抵触。在1942年春他曾做出妥协，把16特舰组织为他后来所谓的"理想航母特混舰队"，即将"2艘航母在战术上集中至空袭将至时为止，并在袭击者撤退后立即重新集中"。哈尔西还告诫说："多个航母特混舰队（即2艘航母）作战时通常不应该互相靠近；通用的经验法则是各舰队始终保持至少两倍于目视距离的间隔。"总之在这个问题上大家莫衷一是，集中派和分散派大致是一半对一半。[②]

弗雷德里克·谢尔曼少将是将多艘航母并为一队的战法的最大倡导者，他认为在同一批护卫舰艇的保护圈内可以集中多达4艘航母。"如果我军在海上分散，敌人就可集中攻击孤立部队，将我军各个击破。"作为哈尔西手下的资深航母特混舰队司令，谢尔曼利用1943年初开始的"间歇期"，试验了在同一批舰船护卫下运作多艘航母。谢尔曼的参谋长 H．S．达克沃思上校说，他的上司"使哈尔西上将相信多航母舰队的主张是正确的，还允许我们试验通过旗舰的信号进行多舰协同的航空作战"。主要问题是如何让不同航母的飞行作业进行协同，而谢尔曼和达克沃思发现各航母在起降飞机时不一定要正对迎风方向。"只要让航母大致迎风就行，船头偏离30°以上都没关系。"在航空作战参谋罗伯特·迪克森中校的帮助下，他们还设计了空中集结程序，以防各飞行大队互相干扰。谢尔曼呼吁组建"多少有永久性质的"多航母特混舰队，让两三艘航母在一起训练。"临上阵时才把两个单航母特混舰队拼在一起是不够的。如果它们一直在一起训练和演习，练到能自然而然地进行团队合作，那么它们作为一个团队的作战效率会高得多。"他的目标是制定标准化的作战条令，使不同的航母能迅速整合为强大的特混舰队。[③]

---

① 太巡司致太舰总（1942 年 9 月 24 日），太空司致太舰总（1942 年 10 月 9 日）；太舰总致太平洋舰队各特混舰队司令等，航母特混舰队的作战（1942 年 12 月 9 日），RG-38，太舰总等官档案。

② 太空司致太舰总，航母特混舰队的作战（1943 年 4 月 14 日）；太巡司致太舰总（1942 年 9 月 24 日）；太空司致太舰总（1942 年 10 月 9 日）。

③ 16 特司致太舰总，航母特混舰队的作战（1943 年 1 月 8 日）。H.S.达克沃思中将致伦德斯特罗姆信（1972 年 3 月 25 日）；H．M．戴特备忘录，与 H．S．达克沃思少将的谈话（1951 年 1 月 18 日），达克沃思资料集。

1943年5月，谢尔曼带着企业号回到珍珠港，在那里"继续研究多航母群的必要编成和战术"。他的研究恰逢其时，因为新造的埃塞克斯号不久就开到，其姐妹舰约克城号 (CV-10)和列克星敦号 (CV-16)也接踵而至。它们的飞行大队由36架格鲁曼F6F-3地狱猫式战斗机、36架SBD-5无畏式俯冲轰炸机和18架TBF-1复仇者式鱼雷轰炸机组成。在同一时期，3艘用轻巡洋舰船体改造而成的独立级轻型航母——独立号、贝劳伍德号和普林斯顿号也抵达了珍珠港。它们的飞行大队在几经调整后，拥有24架F6F-3和9架TBF-1。谢尔曼充分展示了他的战术理念的正确性，证明弗莱彻对多航母特混舰队的信念非常合理。1943年6月10日下发的美国太平洋舰队最新战术指令和作战条令 (PAC-10) 要求各特混大队将航母集中在同一批护卫舰船的保护下，并批评了单航母特混舰队的旧思维。①

谢尔曼赢了航母战术之争，却输了个人前程。在1943年7月底，当多航母特混舰队开始组建时，他很不情愿地回到南太平洋，接替拉姆齐指挥萨拉托加号特混舰队。达克沃思与部分参谋人员留在珍珠港，辅佐两位未来的航母特混舰队司令——查尔斯·波纳尔少将和阿尔弗雷德·E.蒙哥马利少将。达克沃思回忆说："'特德'谢尔曼只希望得到一点认同，虽然遭到忽视，他还是咬紧牙关埋头工作，因为他知道自己的战术是正确的，总有一天会得到认可。而我在非常巧合的情况下，成了向海军证明这些战术的人。"达克沃思作为波纳尔的参谋长，策划了8月31日对南鸟岛的袭击，这是新型航母的首次实战。埃塞克斯号、约克城号和独立号组成一队，由1艘快速战列舰、2艘轻巡洋舰和10艘驱逐舰护卫，从而"在每艘航母的战斗机比航母单独作战时减少的情况下实现了更有效的空中防御，并在空袭下更好地集中了防空火力"。波纳尔随后又以列克星敦号、普林斯顿号和贝劳伍德号袭击了吉尔伯特群岛。②

在南鸟岛亲自试验多航母理念后，达克沃思又策划了蒙哥马利在10月5—6日对威克岛的大规模袭击，这一次动用了3艘大型航母、3艘轻型航母、3艘重巡洋舰、4艘轻巡洋舰、4艘驱逐舰和2艘舰队油轮。这些航母载有372架飞机，是截至此时美国航母舰载机最大规模的集中应用。蒙哥马利操练了这些航母的多种组合：1个六航母

---

① 雷诺兹《快速航母》72—73 页。

② 拉姆齐离开特混舰队，接替约翰·麦凯恩任航空局局长。达克沃思在给克拉克·雷诺兹的信（1965年1月10日）中说："我对'特德'谢尔曼的作战能力和职业素养抱有极大的崇敬——没有人比他强。他似乎在问题被提出前就能找到大部分答案。但是他的个性是我认识的人里最差的。没人喜欢他，长远来讲他在这上面吃了很大的亏"（达克沃思资料集）。达克沃思致伦德斯特罗姆信（1972 年 8 月 4 日）。雷诺兹《快速航母》73—78 页、80—87 页。

群，2个三航母群，3个双航母群。在实际空袭时，独立号和贝劳伍德号组成1个独立的特混大队掩护岸轰部队。按照达克沃思的说法："我们在1943年夏秋季做的就是应用在（1942年）已经得到验证的战术经验。"至于南鸟岛和威克岛，"在袭击这些岛屿时使用的编组和战术在我18个月后重新出海时几乎一点没变"。太平洋舰队新的快速航母特混舰队下辖4个以上的独立航母特混大队（理想情况下包括2艘大型航母和1艘轻型航母），这些特混大队可以根据任务需要独立作战。这种安排既满足了在1支舰队中集中足够空中力量的需要，又提供了分散派所期望的战术灵活性。[①]

1943年11月初，谢尔曼率萨拉托加号和普林斯顿号连续两次突袭拉包尔，以支援哈尔西登陆布干维尔。在第二次袭击中，蒙哥马利的特混大队（埃塞克斯号、邦克山号和独立号）也从另一个方向参战。随后谢尔曼和蒙哥马利赶到中太平洋，参加定于11月20日发动的电流行动，即对吉尔伯特群岛中的塔拉瓦和马金环礁的登陆。电流行动中投入的航母之多是空前的，把此战中的航母运用与1942年8月对瓜岛的瞭望塔攻势做个对比很有教益。波纳尔的50特舰分成4个特混大队，共有6艘大型航母和5艘轻型航母（684架飞机），"这是快速航母特混舰队的第一次运用，此后它将一直活跃到战争结束"。此外，还有8艘搭载飞机（包括44架准备进驻塔拉瓦的F6F地狱猫）的护航航母为电流行动的登陆部队提供近距空中支援。而在1942年，弗莱彻做梦都想不到用19艘航母和900架舰载机来支援瓜岛—图拉吉登陆。光是那几艘护航航母上的飞机就几乎等于1942年8月7日萨拉托加号、企业号和黄蜂号的空中力量（234架）了。[②]

在1943年11月，美国海军情报部门估计日方在马绍尔群岛、吉尔伯特群岛和威克岛可能有200架陆基飞机。（实际是90架左右。）敌军在马绍尔群岛中最近的航空基地离两个目标中靠北的马金环礁只有200~225海里。被认为有联合舰队的重兵驻扎的特鲁克在马金以西1300海里。这个潜在的威胁让斯普鲁恩斯和电流行动的两栖指挥官特纳很伤脑筋。在10月29日，斯普鲁恩斯指出："如果日本舰队出动重兵来阻碍电流行动，那么很显然，击败敌舰队将立刻成为首要目标。"由于巡洋舰和驱逐舰数量不足，他不得不分配5艘新型快速战列舰来保护北方的两个航母群——波纳尔自己的50.1特大（约克城号、列克星敦号和考彭斯号）和阿瑟·W.拉德福德少将的

① 达克沃思致伦德斯特罗姆信（1972年3月25日，1972年8月4日）；雷诺兹《快速航母》87—88页。
② 武器系统评估组参谋研究第4号，第二次世界大战中快速航母特混舰队的作战经验（1951年8月15日），17页、151—161页；雷诺兹《快速航母》88—109页。

50.2特大（企业号、贝劳伍德号和蒙特雷号）。蒙哥马利将在塔拉瓦附近指挥50.3特大（埃塞克斯号、邦克山号和独立号），而谢尔曼的50.4特大（萨拉托加号和普林斯顿号）将先袭击西南方的瑙鲁，稍后才会加入。斯普鲁恩斯预计，如果日军舰队杀向吉尔伯特群岛，将会爆发水面战斗，而他必须有那几艘战列舰助阵。"敌军可能在很少或没有预警的情况下以舰队攻击马金地区，因此在D日及D日以后，在当地作战并有新型战列舰护卫的航母特混大队必须在其航空作战性质和燃油状况允许的前提下，与北攻击部队保持尽可能近的战术支援距离。"与此同时，波纳尔和拉德福德的航母还要"提供非常有效的战斗机保护，以防敌军飞机从马绍尔群岛起飞空袭我军在马金的舰船"。当然，如果敌机的目标是这些航母，它们自身也要承担相当大的风险。特纳则和1942年8月在瓜岛附近时一样，"坚决要求""所有航母留在目标滩头附近"保护卸货的运输船。再看弗莱彻，他也必须考虑瓜岛登陆期间联合舰队突然出现的可能，但他当然没有斯普鲁恩斯手中那样可怕的航空兵力。①

陶尔斯和他手下的航空军官暴跳如雷，认为这样使用航空兵力量简直是匪夷所思。50特舰不仅失去了摧毁马绍尔群岛中所有航空基地的自由，还不得不部署在登陆部队附近有限的防区内。得知斯普鲁恩斯固执己见，克拉克·雷诺兹痛心地解释说："飞行员们都很清楚，防区会引来成批的日本陆基飞机，这是任何在南太平洋征战过的军人都不会容忍的。哈尔西经历了上一年守瓜岛的艰辛后肯定不会允许这么做。当航母舰队处在敌航空基地和远程轰炸机的攻击范围中时，机动性是唯一的防线。"波纳尔和拉德福德如果"无法利用其航母的机动性"，那他们"在敌人的飞机、潜艇还有舰队面前就和活靶子没什么两样"。在1942年8月，弗莱彻守在瓜岛以南可被拉包尔的飞机轻易攻击的地方，他面临的困境比这还要糟糕。他根本无法想象在登陆前或登陆期间压制敌航空基地，因为他只有3艘航母，就连登陆部队的近距空中支援也得完全依靠它们。②

陶尔斯和他的航母舰队司令在尼米兹面前强烈反对斯普鲁恩斯的计划，尼米兹最终做出妥协，允许波纳尔在登陆前打击马绍尔群岛中最近的几个基地。此后50特舰必须在"防区巡航"。由于敌军陆基飞机在一次空袭中用鱼雷击伤了塔拉瓦附近的独立号，"陶尔斯最担心的事在登陆的第一天就成了现实"。而"航母舰队在今后几天会有什么遭遇也可想而知"。因此陶尔斯"怒斥了斯普鲁恩斯将航母束缚在

　　① 戴尔，2：631—632页；雷诺兹《陶尔斯》440页。
　　② 雷诺兹《快速航母》95页；雷诺兹《陶尔斯》442页。

近海的战术"，督促斯普鲁恩斯"修改把3个航母特混大队的行动限制在塔拉瓦和米利之间狭小区域的命令"。他认为斯普鲁恩斯应该允许航母"打击马绍尔群岛的航空基地，而不是停留在极有可能被潜艇和飞机（特别是黄昏时分的机载鱼雷攻击）重创的防守位置"。11月21日，尼米兹指示斯普鲁恩斯给波纳尔的航母提供"与其任务一致的更大行动自由"。在电流行动的头6天，日本人只实施了3次大规模空袭。联合舰队始终没有现身。从11月19日到12月8日（包括电流行动后对马绍尔群岛的打击），快速航母舰队由于各种原因损失了36架飞机 (5.2%)。而弗莱彻仅在1942年8月7—8日就失去近10%的飞机（包括20%的战斗机），短期内还没有任何得到补充的可能。在1943年11月24日（D+4日），1艘潜艇击沉了护航航母利斯康姆湾号，导致大批官兵丧生。虽然马金环礁上的陆军部队按预定时间完成了任务，还是被指责进攻速度不够快，导致特纳的舰队延长停留时间。而在1942年，除了马斯上校，没有一个人批评范德格里夫特在攻打伦加时的犹豫。特纳在1942年要求航母舰队持续支援至D+4日以后的行为也没有遭到类似的质疑。弗莱彻确实在登陆期间躲过了潜艇攻击，但不出5个星期，日本潜艇就重创1艘美国航母并击沉了另一艘。[1]

如果说陶尔斯对斯普鲁恩斯和特纳在电流行动中限制快速航母舰队活动的策略提出的一切严厉批评都是合理的，那么他就应该体谅到弗莱彻在1942年8月以贫弱得多的航母兵力支援特纳瓜岛登陆的难处。但是陶尔斯等人对于面临相同危险但资源少得多的弗莱彻却没有多少谅解。相反他还讥笑弗莱彻"逃之夭夭"。陶尔斯和他手下飞行员出身的舰队司令在1943—1945年的对日大反攻中拥有绝对的数量、质量和物资优势，他们根本体会不到1942年的先驱者在敌众我寡的较量中一次次取胜的艰辛。[2]

"走后门"

1943年9月底，弗莱彻意外地时来运转。由于麦克阿瑟不满卡彭德对第七舰队的指挥，金凯德便作为有经验、能调动而且和陆军相处融洽的两栖指挥官成为继任人选。尼米兹借此机会向华盛顿建议：弗莱彻接管北太平洋战区和北太平洋部队，同时保留西北海疆区司令一职。金默许了这一调动，因此弗莱彻在10月11日接替金凯德，而舍伍德·A.塔芬德少将代替他成为13军区司令。弗莱彻把自己的指挥部

---

[1] 雷诺兹《陶尔斯》447—448 页；1943 年 11 月太舰总致中太司（中太平洋部队司令）电 212225（抄送舰总司和 50 特混），CNO TS 蓝色档案；WSEG 参谋研究第 4 号，161 页。

[2] 雷诺兹《陶尔斯》399 页。

搬到了阿留申群岛中的埃达克。他手上的主要攻击力量是由第十一航空队和第四舰队航空联队组成的"战略航空队",以及几艘老式巡洋舰和驱逐舰组成的"掩护舰队"。收复阿留申群岛后,北太平洋战区的主要任务是保护前往苏联的大部分租借物资船队经过的海域,以及准备可能于1945年春对北千岛群岛中的幌筵岛发动的进攻。从东北方持续施加的压力使担心在那个地区遭到入侵的日本人头疼不已,同时也支持了可能加入太平洋战争的苏联。弗莱彻非常清楚是谁让自己重新得到起用。他在12月4日给尼米兹的信中说,自己"非常高兴能重回舰队,哪怕是走了后门"。由于哈尔西、斯普鲁恩斯和金凯德牢牢占据着太平洋舰队的高级指挥岗位,北太平洋战区司令已经是弗莱彻能够指望的最佳作战职位了。[1]

在荒凉的阿留申群岛,弗莱彻没有多少部队可用,但还是尽力战斗。他主要依靠的是飞机,他手下勇敢的机组经常冒险对幌筵岛和北千岛群岛的其他岛屿进行长途奔袭。1944年1月7日,尼米兹要求持续打击千岛群岛,并告诉弗莱彻说,一旦合适的基地建设完毕,波音B-29超级堡垒式超重型轰炸机也可能加入北太平洋战区的对日作战。2月4日,怀尔德·D.贝克少将的94.6特混大队(2艘老式轻巡洋舰和7艘驱逐舰)炮轰幌筵岛,首开盟国军舰炮击日本本土的纪录——莫里森说这次作战"非常值得称道"。与此同时,斯普鲁恩斯在马绍尔群岛大打出手,绕过几个坚固据点,夺取了夸贾林环礁等岛屿。尼米兹鼓励弗莱彻继续对敌人施压。虽然此时的战略只要求佯攻千岛群岛,但可能很快就会修改,而北太区必须做好准备。于是弗莱彻竭尽所能按照尼米兹的指示袭扰敌人,并使部队保持高昂士气。在1944年4月,弗莱彻组建了阿拉斯加海疆区。同月,继麦克尔·兰恩之后担任英国驻太平洋舰队海军联络官的皇家海军中校哈罗德·霍普金斯走访了阿留申群岛。让他印象最深刻的就是美国海军派出了"军中最卓越的将官之一"担任北太平洋战区及部队司令(北太司),而本书作者怀疑日本人也注意到了这一事实。霍普金斯称赞弗莱彻以"积极有力的领导""激发了部下官兵的攻击精神,在九成时间气候恶劣、生活极度单调枯燥的环境下这是一个很了不起的成就"。霍普金斯在阿留申群岛遇到的美国水兵和空勤人员丝毫没有在一潭死水中混日子的想法,他们"猜想自己正在为将打到日本去的北线攻势铺平道路(弗莱彻也是这么想的)"。一个月后,弗莱彻果然听说了"龙骨墩行动"。参联会制订的这个计划旨在夺取北千岛群岛,并在苏联

---

[1] 舰总司-太舰总会议记录,1943年9月25—27日;惠勒,340—341、343—345页;太舰总,北太平洋战区行政管理史(1945年);海斯,668—676页;弗莱彻致尼米兹信(1943年12月4日),尼米兹1944年个人书信集,尼米兹资料集。关于北太平洋战区的作战,另见哈奇森《第二次世界大战中的北太平洋》。

参加太平洋战争的情况下确保与苏联远东港口的交通线安全无阻。①

1944年6月，在斯普鲁恩斯上将的第五舰队攻略马里亚纳群岛时，弗莱彻用2艘重巡洋舰、2艘轻巡洋舰和9艘驱逐舰组成的打击部队对千岛群岛发动了几次牵制性袭击。6月22日，尼米兹写信给弗莱彻说："你对麾下的空中和水面部队的攻势运用使敌人一直处于忧虑和迷惑中。"他重申，"我们的战略设想仍然包括1945年发动北路攻击的可能"。罗斯福总统在珍珠港与尼米兹和麦克阿瑟进行大战略会谈后，于1944年8月3—4日视察了埃达克，此行无疑强调了北方战区的重要性，至少暂时如此。太舰总的龙骨墩计划草案要求弗莱彻保护堪察加半岛和科曼多尔群岛。弗莱彻则建议先攻击千岛群岛中部和南部，以便直接打进日本。尼米兹的副参谋长福雷斯特·谢尔曼少将同意弗莱彻的意见。②

6月，米切尔将军的58特舰（快速航母舰队隶属于第五舰队期间的番号）在自1942年10月以来的第一次航母交战——菲律宾海之战中轻松获胜，同时特纳攻克了塞班岛（东条英机首相的内阁因此战失败而垮台）、提尼安岛和关岛。地势平坦的提尼安岛很快被改造为大型航空基地，使B-29得以在当年深秋开始轰炸日本本

1944年12月8日珍珠港会议，左起：海军上将尼米兹、陆军中将德洛斯·C.埃蒙斯、海军中将弗莱彻、海军上将斯普鲁恩斯、陆军中将西蒙·B.巴克纳尔。由国家档案馆提供 (80-G-290984)

---

① 尼米兹致弗莱彻信（1944年1月7日和1944年2月10日），北太司档案夹，尼米兹资料集。莫里森《美国海军作战史》7：66页错把炮击日期写成了2月2日。莫里森还认为，"在余下的战争岁月，阿留申群岛地区让军方和海军历史学家都提不起兴趣"。对于此后19个月里北太司的作战行动，他只用不到一段文字就交代完了。霍普金斯《好在船上有你》114—115页。

② 尼米兹致弗莱彻信（1944年6月22日），弗莱彻致尼米兹信（1944年8月8日），北太司档案夹，尼米兹资料集；罗斯福致弗莱彻信（1944年8月9日），弗莱彻资料集；北太区行政管理史。

土各岛。9月，斯普鲁恩斯将手下的机动部队移交给哈尔西的第三舰队，自己开始策划登陆硫黄岛和冲绳。因为已经把手上大部分两栖舰船都借调给金凯德的第七舰队和麦克阿瑟，卸下了直接指挥两栖部队的担子的哈尔西便亲自率领快速航母舰队（38特司米切尔只能给他打下手）在西太平洋横冲直撞。10月，哈尔西支援了麦克阿瑟在菲律宾中部莱特湾的登陆，但他被日军诱饵吸引，离开圣贝纳迪诺海峡追击几乎已是空壳的日本航母舰队，致使金凯德的护航航母舰队被强大的水面舰队攻击，留下一段遗憾。此后日方只能越来越多地依靠神风自杀飞机骚扰已归麦凯恩指挥的38特舰。

北太平洋秋季的恶劣天气进一步限制了弗莱彻攻击千岛群岛的机会，而尼米兹也相应地削减了他的兵力。斯普鲁恩斯、哈尔西和金凯德的舰队帆樯如林，而弗莱彻手上比驱逐舰大的战舰用一只手就数得过来。因此他在10月5日告诉手下新任的水面打击舰队司令约翰·L.麦克雷少将，如果在执行岸轰任务时"我军过多地暴露在敌航空力量的集中攻击下，而我军战斗机无法保护或能见度过低，可在适当考虑计划风险的前提下自主撤退"。弗莱彻只要求麦克雷"出海轰击千岛群岛。计划由你自己来定。只要及时告诉我你的行动建议就行。如果我不同意你将要做的事，我会告诉你"。麦克雷回忆说："我不知道如果我处在他的地位会怎样，不知道能不能信任一个我根本不认识的人到那种程度，但他就是那样做的。他从没妨碍过我。"和尼米兹一样，弗莱彻不会事无巨细地管控下级。麦克雷最后在埃达克漫长的冬季里熟悉了弗莱彻，两人成了"亲密的朋友"。尽管了解上司在瓜岛战役中富有争议的记录，麦克雷还是称弗莱彻为"优秀的军官"。[①]

1944年12月1日，尼米兹认可了弗莱彻进攻千岛群岛中部和南部的建议，要求他拟定夺取松轮岛和择捉岛的计划。在参联会对龙骨墩行动重新萌发兴趣的情况下，弗莱彻于12月3—8日在珍珠港与尼米兹、斯普鲁恩斯和陆军在阿拉斯加的高级将领共商作战计划。由于德国即将战败，苏联有望在1945年春对日本宣战。珍珠港的策划者们相信苏方可能需要美方协防堪察加半岛，便草拟了龙骨墩二号计划。这是一个分两步进行的作战行动，美军将帮助苏军确保堪察加，修建机场，然后攻击幌筵岛。虽然"可能有足够的海军舰队供调用"，但很难从太平洋上其他已经策划的攻击计划中挤出必要的地面部队和运输船。因此必须先等苏联方面确定加入太平洋战

---

① 约翰·L.麦克雷中将，口述历史，318—321页。

争的时间再作定夺。①

受到尼米兹的"完美款待"（弗莱彻语）后，弗莱彻带着喜悦的心情回到埃达克，却发现自己有丢失北太司一职的危险。他通过某种途径得知，已经有人提议把他的指挥权交给塔芬德、阿兰·G·科克少将（诺尔曼底D日登陆时的美军两栖部队高级指挥官）和"另一些人选"。心烦意乱的弗莱彻联系了人事局的雅各布斯，从后者口中得知"还没有做出明确决议，但上面已在考虑将我调离，并可能将我派到海军总委员会"。雅各布斯问弗莱彻有什么想法，弗莱彻回答说自己要亲自找太舰总申诉。他在12月16日给尼米兹的信件中确实直言不讳：

> 既然人事局长请我表达自己的意愿，那么我就把话挑明了：
>
> 1）只要你希望我继续工作，我绝对愿意留任，但有下列前提。
>
> 2）如果需要在本战区的任何重要作战开始前将我撤换，我希望这一调动尽早进行。在金凯德刚刚肃清阿图岛时上任，又在另一场好戏即将开始时调离，这实在不是我的虚荣心所能接受的。
>
> 3）如果需要我留任的时间无法确定，那么我要休一个月假。我会选在绝对合理的时间。
>
> 4）无论有什么想法，我和海军的所有军官一样，非常乐意随时随地按你希望的任何条件为你效力。

尼米兹无疑没想到弗莱彻会打听到撤换自己的幕后活动，立刻好言劝慰。在这两人的资料集中都没有留下尼米兹对12月16日信件的直接答复，但事实是弗莱彻得以留任，而尼米兹肯定曾尽力四处打点。②

在1944年11月24—26日于旧金山举行的舰总司－太舰总会议上，金确实曾询问"太舰总是否同意解除弗莱彻中将的北太司之职"。金考虑撤换弗莱彻的原因不得而知，但有可能是因为北太平洋有望发生比以前大得多的战事。此外，海军部长詹

---

① 北太区行政管理史，284—288 页。

② 弗莱彻致尼米兹信（1944 年 12 月 16 日），高级军官档案夹，尼米兹资料集。尼米兹给弗莱彻送了一件圣诞礼物，弗莱彻为此在 1945 年 1 月 30 日复信。他在这封以"尊敬的切斯特"开头的信中写道："我想我可以十分肯定地说，这是我生平第一次收到来自五星上将的礼物，我深深感谢你记得我。"在 1945 年 5 月，尼米兹还特地给弗莱彻寄去一份关于新墨西哥号战列舰的剪报，并亲笔在上面注明："尊敬的弗兰克·杰克——我想你作为这艘英雄战舰的老舰长，读到这篇报道肯定很高兴。阿罗哈（夏威夷土著的问候语），CW.尼米兹。"以上两份文件都藏于弗莱彻资料集中。

姆斯·福雷斯特尔强烈希望重振海军总委员会。该委员会曾包含资深将领、"政坛元老"和后起之秀,一度是海军的首要顾问团和政策制定机构,但是到了20世纪30年代初,它的大部分权力都被划给了海军作战部长。金在担任舰总司兼海军作战部长期间又进一步削减了它的职权。到了1944年秋,总委员会里只剩下年迈的退休将领,没有"具备实战经验的年轻将官"。这也不足为怪。既然战争还在进行,有的是建功立业的机会,又有哪个现役将领愿意去华盛顿干这份乏味的工作?金虽然一向和福雷斯特尔合不来,而且也没有复兴总委员会的诚意,却还是在会议上宣称:"必须尽快将有能力的将官安插到总委员会。"鉴于以往的作战经历,弗莱彻或许是金眼中可以从作战前线调出的理想人选。此外,他也不是可能给舰总司造成任何麻烦的阴谋家。①

金还奉福雷斯特尔的命令,提议让陶尔斯将军(副太舰总,尼米兹的后勤总管)接替长期担任太平洋舰队勤务部队司令的威廉·卡尔霍恩中将。卡尔霍恩的工作受到质疑是因为他在前进基地的建设方面做得不足。金和尼米兹最后决定让陶尔斯保持现有职务,而用威廉·史密斯少将接替卡尔霍恩。尼米兹还建议让卡尔霍恩得到"战斗职务"或接替弗莱彻成为北太司。菲奇将军(海军作战部主管航空的副部长)大胆地代表自己的朋友弗莱彻提出异议,反问卡尔霍恩是否会"满足于去总委员会工作"。会议记录显示尼米兹的提议"没有一条被批准"。后来在会议上金干脆直接问尼米兹对撤掉弗莱彻有什么看法,但是会议记录最后只显示"决定不撤换弗莱彻将军(着重号是原文就有的)",没有做任何说明。就这样,弗莱彻保住了官职,而卡尔霍恩在1945年3月从约翰·牛顿中将手中接管了已经实力大减的南太平洋战区。既然弗莱彻没有被撤掉,那么他的工作成绩肯定令所有人都感到满意。尼米兹因此留用了他,但两人的关系却出现了裂痕。也许这是凯利·特纳(太平洋舰队两栖部队司令)进入尼米兹的亲信团队的结果,因为他以在瓜岛遭"抛弃"为由,始终没有停止过对弗莱彻的谩骂。②

曲终人散

1945年初,弗莱彻继续用小规模空袭对千岛群岛施压,并偶尔辅以舰船炮击。

① 太平洋会议(舰总司-太舰总)记录,1944年11月24—26日。关于总委员会,见阿尔比恩《1798—1947年海军政策的制定者》78—93页;富雷尔,107—108页。

② 雷诺兹《陶尔斯》494—495页;太平洋会议(舰总司-太舰总)记录,1944年11月24—26日。菲奇的反应很有意思,因为卡尔霍恩是他在安纳波利斯的宝友,也曾在学习上帮助过他。但卡尔霍恩却不是"同学会的一员",菲奇和1906届的其他毕业生都很讨厌他那种自以为是的个性。2003年1月24日与约翰·C.菲奇(菲奇将军之子)的对话。

当年1月，金对他透露了"草裙舞计划"，内容是在1945年4月到12月间由美国海军向苏联移交250艘护航舰、巡逻艇、扫雷艇、登陆艇和其他类似的小型船只。这些船只将使苏军能够独立向日本发动有限规模的两栖作战。移交工作将在阿留申的某个基地进行，因此必须先把苏联水兵运到那里训练，再移交船只。弗莱彻建议把基地设在冷湾，并提供了必要的设施。1945年2月，盟国与苏联在雅尔塔达成协议：苏联将在战胜德国后用至少3个月时间将部队东运到西伯利亚并囤积物资，然后加入对日战争。[1]

1945年2—3月，斯普鲁恩斯的第五舰队打了战争中最惨烈的战斗之一，占领了离东京只有650海里的硫黄岛。4月，美军又登上琉球群岛中的冲绳岛，在3个月血腥的地面厮杀期间，"来了就不打算走的舰队"顶住了神风飞机狂风暴雨般的攻击，自身也承受了巨大的舰船和人员损失。欧洲战事在1945年5月结束，预示着苏联将在当年夏末加入太平洋战争。美方高层在此时重提龙骨墩计划，但承认苏军能够凭自身力量对付千岛群岛和攻击北海道，而美军只需要保护好从美国到滨海边疆区的交通线。弗莱彻请求给他4艘护航航母和更强的水面舰队以保卫运输船队，并要求再调拨一队重轰炸机对付千岛群岛的航空基地。尼米兹向金建议调拨7艘护航航母、3艘重巡洋舰和26艘驱逐舰。弗莱彻在感激之余表示，这些增援将"使整个千岛群岛地区的威胁被早早消除"。[2]

没等这些援军全部到达阿留申群岛，美国就在日本投放了2颗原子弹，苏联也对日宣战，迅速占领了中国东北，迫使日本在8月15日同意投降。弗莱彻接到了在北纬40°线以北的日本海岸巡逻，并在津轻海峡扫雷以便登陆北海道和本州北部的命令。苏军收复萨哈林岛南部并突击了千岛群岛，北太区只是做了饶有兴味的旁观者。日本人的正式投降仪式于9月2日在东京湾举行，陆军五星上将麦克阿瑟、海军五星上将尼米兹和海军上将哈尔西登上战列舰密苏里号主持了这一仪式。与此同时，弗莱彻在两栖指挥舰帕纳明特号上升起将旗，组建了他的特混舰队，离开埃达克向日本进发。他在9月8日穿过津轻海峡进入本州北部的陆奥湾，次日接受了日本北部军队的投降。就这样，作为硕果仅存的1941—1942年宿将之一，弗莱彻满意地享受了对日最终胜利的喜悦。当年秋天他交出北太平洋战区和阿拉斯加海疆区的指挥权，前往华盛顿加入了海军总委员会。[3]

① 拉塞尔《草裙舞计划》；北太区行政管理史；海斯，682—684页。
② 北太区行政管理史；哈奇森，185页。
③ 北太区行政管理史。档案夹：第二次世界大战——日军在美国海军帕纳明特舰上的投降仪式，罗伯特·T.哈特曼资料集，第21号箱。哈特曼是弗莱彻的公共关系官员。美国海军北太平洋部队及战区司令在美国海军帕纳明特舰(AGC-13)上紧急宣布占领大凑警备府（1945年9月9日），副本由拉尔夫·威尔海姆提供。

弗莱彻将军在北太司任上的工作虽然不被美国海军赏识，却得到了美国陆军部和加拿大人的认可。陆军五星上将阿诺德向弗莱彻颁发了陆军优秀服役勋章，这是他第一次亲自给海军军官授勋。嘉奖令称赞弗莱彻表现出"开阔的见解、不倦的精力和对陆军航空队战术和能力的非同寻常的全面理解，巧妙地解决了陆海军联合航空作战所涉及的诸多问题"。皇家加拿大空军则申请英国政府授予弗莱彻三等巴斯勋章（军事），说他"与西部空军司令进行了密切且极度融洽的合作"，"总是在需要时提供援助，并在联合岸防和船运问题上提供了最大程度的合作"。有趣的是，澳大利亚政府虽然年年都把珊瑚海之战纪念日作为国定假日隆重庆祝，却从没表露过给打赢此战的弗莱彻授勋的意思。①

1945年12月，尼米兹回到华盛顿接替海军五星上将金担任海军作战部长，同时美国海军舰队总司令一职被废止。与此同时，哈尔西晋升为海军五星上将。可能比他更有资格晋升的斯普鲁恩斯上将代替尼米兹短暂地担任了太舰总，随后成为海军军事学院的院长。弗莱彻本人则到麻烦缠身的总委员会报到，成为其高级成员。在战时，该委员会主要负责分析舰船设计，但是海军作战部长在1945年成立了舰船性能研究委员会执行同样的基本任务。这意味着在海军为了迎接核能时代而大刀阔斧地改革时，总委员会本身已经成了一个老古董。弗莱彻在1946年5月1日升任总委员会主席，但关于该委员会的多余性和任务的争论没有困扰他多久。因为海军将强制退休年龄降到了62岁，而他在1947年4月29日就将达到这一标准。这年3月，陶尔斯奉海军部长福雷斯特尔的命令接替弗莱彻成为总委员会主席。在陶尔斯的热烈赞同下，福雷斯特尔计划用重组后的该委员会作为对付尼米兹的王牌，因为他强烈反对尼米兹担任海军作战部长。弗莱彻则在1947年5月1日退休，高兴地将海军内部的钩心斗角抛在脑后。同日他晋升为海军上将。②③

在马里兰州东南部的乡村地带，弗兰克·杰克·弗莱彻和玛莎在拉普拉塔附近他们钟爱的阿拉比农庄里安享天伦之乐。但是，战后人们对弗莱彻的职业声誉和战时表现的中伤肯定刺痛过他们的心。1973年4月25日，弗兰克·杰克·弗莱彻上将与世长辞，享年87岁。他和次年去世的玛莎一起安息在阿灵顿国家公墓。

---

① 嘉奖令档案中的优秀服役勋章嘉奖令，NHC。《华盛顿晚星报》（1945 年 11 月 29 日），副本藏于军官履历档案，NHC。皇家加拿大空军中将罗伯特·莱基致弗莱彻信（1947 年 1 月 23 日），以及三等巴斯勋章嘉奖令，藏于弗莱彻资料集。

② 福雷尔，166 页；雷诺兹《陶尔斯》533—534 页；福雷斯特尔致弗莱彻信（1947 年 2 月 13 日），弗莱彻资料集。

③ 译注：这种在退休当天晋升的上将就是所谓的"墓碑上将"，因为晋升者的退休金仍按中将标准发放，唯一的好处是可以在自己的墓碑上把军衔刻为上将。

结论

"一个出类拔萃、
能征善战的海军军官"①

形象的演变

大众对历史人物的印象远比事实本身影响深远。弗兰克·杰克·弗莱彻就是一个令人伤心的例证。他在第二次世界大战爆发时是一个默默无闻的少将，在1942年取得三次关键的胜利后仍然鲜为人知。金将军在那年出于安全考虑，限制了对海军高级战术指挥官的宣传。唯一的例外是哈尔西将军，他当时就被妙笔生花的记者冠以"公牛"的绰号。在1943年，隐姓埋名的规定开始放松，不久全国性杂志上就经常刊载有关海军知名将领的文章，但值得注意的是其中没有弗莱彻。战时新闻界对他最突出的报道是那年关于珊瑚海之战的一篇文章，作者是与海军部长的公关办公室关系密切的通俗历史学家弗莱彻·普拉特。普拉特很莫名地把显然从未与他的谋面弗莱彻描述为"来自本鲍将军②的时代的老水兵"，在现代高技术战争的背景下这怎么听都不是赞美之词。更为不祥的是，普拉特和记者吉尔伯特·坎特在1943年关于中途岛的报道中都完全无视了弗莱彻，而把雷蒙德·斯普鲁恩斯说成此战中美方唯一的航母指挥官。（普拉特还在对东所罗门之战的简短记述中以托马斯·金凯德取代了弗莱彻。）1944年，普拉特没作关于弗莱彻的更正就把自己的文章整理成《海军的战争》一书，还请了诺克斯部长作序来增强该书的可信度。就这样，华盛顿的某些大人物虽然不情不愿地让弗莱彻凭珊瑚海之战得到了公众的赞扬（他们实在没法把这份功劳算到其他人头上），却否认他在中途岛的大胜中起过任何作用。

---

① 尼米兹致金信（1942年5月29日），尼米兹资料集。
② 译注：1653—1702，西班牙王位继承战争时期的英国海军名将。

结论 · 645

为此读者有必要回想一下埃德温·雷顿少将在1983年说的话："金的幕僚团里有人嫉妒弗莱彻。"弗莱彻本人曾为1946年出版的非官方历史照片集《进入战位！战斗中的海军》撰写了一篇有关中途岛的短文（奥伯瑞·菲奇写了珊瑚海），而沃尔特·凯里格上校在1947年的《太平洋战争战斗报告：中间阶段》以赞扬的笔调介绍了弗莱彻。这就是弗莱彻的声誉在大众中间达到顶点的时刻了。因此弗莱彻不像哈尔西和名声略逊的斯普鲁恩斯，在第二次世界大战过后基本上没有给公众留下什么印象。但是有3个独立工作但密切配合的写作班子正在磨砺笔锋，决心用自己的贬抑描写填补这个空白。①

　　海军陆战队认为弗莱彻卑鄙地在威克岛和瓜岛先后抛弃了他们的弟兄，因此从未原谅过他。他身上集中了陆战队对高自己一头的拍档——美国海军的怨气。历史学家塞缪尔·格里菲斯准将是陆战队突袭部队出身，他反映了陆战队员的普遍态度。"开溜的弗莱彻，我们曾经就这么称呼他。为什么？因为这是他最擅长的动作。他在逃离自己不喜欢的事物时可以打破所有记录。"1943年，陆战一师的参谋军官因为痛感海军在瓜岛支援不力，创制了非官方的"乔治勋章"（"让乔治来干"）来表达自己的愤怒。勋章正面的图案是一只海军将领的手把一个烫手山芋丢给陆战队员。陆战队的历史学家亨利·I.肖写道，"在最初的设计里，袖子上画着海军中将的条纹，意在暗指"戈姆利或弗莱彻，"但最后的勋章圆滑地略去了这个标示"。尽管如此，其意图还是不言自明。到了最后，甚至连戈姆利都撇清了自己。格里菲斯1963年关于瓜岛的著作虽然不同意南太司的决定，还是对他表示了明显的同情，而塞缪尔·艾略特·莫里森早在1949年就宣称"任何人都不会比戈姆利将军干得更好"，"他是环境的牺牲品"。如此一来，弗莱彻就成了海军在瓜岛唯一不可救药的恶棍。②

　　既然抱着如此赤裸裸的敌意，陆战队的历史学家当然不会对弗莱彻有什么客观评价。不过令他们高兴的是，他们不必在对他的口诛笔伐中打头阵。1947年陆战队专著《威克岛保卫战》对弗莱彻的批评曾引来米罗·德雷梅尔少将的抱怨，该书作者罗伯特·海纳尔中校为此在给上司威廉·E.莱利准将的信中说："莫里森的第三卷（该书刚被海军部长批准出版）对威克岛解围尝试作了非常犀利的攻击，弗莱彻

---

　　① 普拉特《大战珊瑚海》361页；坎特《第二次世界大战中的美国海军》；普拉特《海军的战争》；皮诺和柯斯蒂洛对雷顿的采访笔记（1983年5月11日），雷顿资料集；《进入战位！》；凯里格和珀登《太平洋战争战斗报告》。
　　② 贝瑞，58页；小亨利·I.肖《第一次攻势》48页；格里菲斯，8—9、138页；莫里森《美国海军作战史》5：182—183页。

将军和派伊将军都没有被他放过。考虑到威克岛上的陆战队员是这些将军的行为的最终受害者，我们一直以来的谅解和小心几乎到了温良恭俭让的程度。"莫里森后来对弗莱彻在瓜岛的作为的攻击同样"非常犀利"，引得格里菲斯再次讥笑："被山姆·莫里森这一剥，'老溜'就剩不下多少脸皮了。"①

1942年，罗斯福总统钦点哈佛大学的莫里森教授撰写"当代的"《美国海军第二次世界大战作战史》。在那个时代，也许再没有其他海军史家能把杰出的研究能力与活泼机智、可读性特强的文风相结合。莫里森被征入海军预备役，几乎得到全权委托。除了"出于保护可能危及国家安全的情报的需要"，他可以"不接受任何审查"，还能行使"自由批评军官"的权利。1947年，海军部长詹姆斯·福雷斯特尔给莫里森第一卷写的序言中宣布，该书"从任何意义上讲都不是官方历史"，文责完全由莫里森自负。但是只要没有另请他人，莫里森就是美国海军默认的解释第二次世界大战的发言人。他的著作按照理查德·贝茨少将的说法，是"官方的非官方史"。②

莫里森充分利用了自己获得的无与伦比的机会，奔走于各条战线上收集资料和采访当事人。他曾几次亲历实战。但是他直到1943年才走进太平洋战场，此时盟国已经不可逆转地由守转攻。对他来说，要收集战争早期的资料并真正理解1941–1942年的实情就困难多了。由于一些始终无法查明的原因，莫里森对自己在战争期间从未谋面的弗莱彻有强烈的厌恶。海纳尔说得没错，莫里森在1948年出版的第三卷中对弗莱彻的态度异乎寻常地严厉。至于他的评判是否公正，本书第2和第3章已作论述。1951年，海作办请文森特·墨菲中将对第三卷作官方评论。墨菲是直接负责策划威克岛解围行动的太舰总战争计划处军官之一，他认为莫里森的著作"严重冤枉了弗莱彻将军"，"其中某些内容无论语言上还是对事实的表述上都简直是在故意诽谤和诋毁这位军官"。墨菲的批评在海作办产生了反响，迫使莫里森在再版的第三卷中对语气作了些许节制，并修正了一些小错误。但这些修订充其量是表面功夫，而弗莱彻的名誉已经受到了伤害。尽管有墨菲的权威证词，莫里森还是从未承认自己（和海纳尔）其实对威克岛解围行动的实际背景作了歪曲。而莫里森后来也不曾反思自己对弗莱彻的总体嘲讽的观点，反而在关于瓜岛登陆和萨沃之战的讨论中变本加厉。③

① 历史科科长小 R·D·海纳尔少校致 W·E·莱利准将备忘录（1948 年 1 月 9 日），莫里森办公档案，第 18 号箱；贝瑞，58 页。
② 普菲策尔《塞缪尔·艾略特·莫里森的历史天地》172—174、242—243 页；莫里森《美国海军作战史》1：vii 页。
③ 墨菲致 C.C.哈特曼少将信（1951 年 9 月 7 日）。海作办中一位不知名的高级军官看过墨菲的批评后写道："这些内容让我感到很不安，它说明我们今后需要更多对莫里森著作的批判性评论。他的书至少在事实方面应该是正确的，还要少一点他'自作聪明'的评论。在审查过这些陈述以后也许可以公布其摘要。"备忘录"02 到 29"（1951 年 9 月 10 日）。

在莫里森编纂自己的前几卷时，弗莱彻的第三个主要批评者——贝茨也登台亮相。1946年，海军作战部长尼米兹给海军军事学院的新院长斯普鲁恩斯下达了"研究和评估"第二次世界大战中历次海战的任务，而斯普鲁恩斯亲自选中勤奋的研究者——海军的笔杆子贝茨主持这个项目。贝茨以"对指挥失误的坦率态度"而自豪，他认为这些战役暴露出"两军的许许多多指挥错误，而我看见一个就指出一个，不带任何恶意"。他的目的"仅仅是提高海军的职业判断水准"。贝茨从不打算撰写客观的史书，他写的是"批判性分析"，因为"研究没有批评就没有价值"。但是他经常做得过了火。曾在分析科担任他的助手的戴维·C.理查森中将在1992年回忆说，自己的老上级"倾向于无论如何都要批评，这是关系到他自尊的事。只要他能找到一丁点可批评的地方（当然，几乎任何事任何人都有可批评的地方），他就会大加谴责"。前文已经提到，贝茨在1947年对珊瑚海之战的分析中大肆运用事后聪明，对弗莱彻做出的几乎每个决定都横加指摘，但他自己却没有全面掌握能让他如此言之凿凿的美日双方资料。贝茨的很多假设根本就是错的。莫里森非常信赖贝茨的结论。他们成了好朋友，还互相比对过笔记。①

在编写对中途岛之战的"批判性分析"时，贝茨面临真正的利益冲突。他在海军军事学院的顶头上司斯普鲁恩斯也是中途岛的主要指挥官之一。自从普拉特和坎特只字不提弗莱彻参加过该战后，斯普鲁恩斯身边就聚集起一批把他当偶像崇拜的人。斯普鲁恩斯曾出色地指挥了赢得太平洋战争的两栖攻势，可能是美国海军在第二次世界大战中最优秀的战地指挥官。而头脑敏锐、见多识广、谦虚自省的优秀品质又为他赢得了他人极大的崇敬和忠诚，其中最突出者莫过于贝茨和莫里森。在他们和其他许多人看来，在1943—1945年众多艰难战役中有杰出表现的斯普鲁恩斯肯定也一手策划了中途岛的辉煌胜利。普拉特在1946年的《对抗日本的舰队》（由尼米兹作序）一书中果断将斯普鲁恩斯称作"中途岛的胜利者"，而斯普鲁恩斯亲口拒绝了这一称号。贝茨自己关于中途岛的分析在1948年写成，其中对弗莱彻只有几句冷淡的夸奖，却连篇累牍地称赞了斯普鲁恩斯。莫里森的第四卷（1949年）大量采用了贝茨的观点，因此也是同样做派。事实上，贝茨的倒数第二稿甚至把斯普鲁恩斯夸得更肉麻。理查森回忆说，贝茨"对指挥员们的各种行动都抱着非常严厉的态度，唯独对斯普鲁恩斯例外——真是站不住脚的批评"。令助手们反感的是，贝

<hr>

① 斯普鲁恩斯致贝茨信（1946年6月19日），贝茨资料集，第I辑，第8号箱；贝茨致R.C.格里菲斯将军信（1947年2月18日），贝茨资料集，第I辑，第1号箱；贝茨致麦克里斯信（1948年5月26日），贝茨资料集，第I辑，第2号箱。戴维·C.理查森中将，口述历史，103页；普菲策尔，242—243页。

茨"为了更多地赞美斯普鲁恩斯"还重写了他们的草稿。按理查森的说法,当贝茨拿着重写后的稿子给斯普鲁恩斯审定时,后者"不愿接受贝茨对他的任何美化",严令其修改。鉴于最后的成品还是充满了谄媚之词,被斯普鲁恩斯毙掉的稿子肯定堪比圣人传记。[①]

接着贝茨和沃尔特·伊尼斯中校又讨论了萨沃岛的败仗。对瓜岛和图拉吉的瞭望塔登陆行动的最后阶段给贝茨的批判性分析提供了丰富的理由。因为弗莱彻被认为毫无正当理由地过早撤走航母,从而危及整个作战,所以他不出意外地成了贝茨的主要(但决非唯一)批判对象。与此同时,莫里森的第五卷(1949年)也认为弗莱彻在萨沃之战前的行为是出于怯懦,还尖锐地批评了他在东所罗门之战中的作为。贝茨对萨沃之战的研究紧接着莫里森的第3、4、5卷在1950年出版,再加上海军陆战队官方关于威克岛(1947年)和瓜岛(1949年)的专著,弗莱彻的猥琐形象就此成型,日后所有对他的实质性批评都源于这些著作。这些人以如此惊人的速度完成写作,当然不曾广泛采访关键的当事人,也没有作必要的反思,更不可能对电报档案等不可或缺的海量资料作审慎的分析。这三组批评家没有表露出丝毫的开放思维,他们早早地就对弗莱彻下了结论,然后运用事后聪明大刀阔斧地删削史实,使其符合既有结论。

弗莱彻自己曾在贝茨和莫里森写作的初期与他们进行过合作。1947年初,斯普鲁恩斯曾将海军军事学院关于珊瑚海的分析草稿寄给弗莱彻和菲奇征求意见。当时贝茨不安地等待他们的回复,他承认菲奇"应该没有多少要说的,因为我对他的正反面评价都不多,但弗莱彻将军可能有一些想法"。菲奇显然从未回复,而弗莱彻婉言谢绝了斯普鲁恩斯的请求,并解释说自己"既没有时间也没有合适的资料"来做细致的评论,"虽然不是完全同意军事学院的小册子中的所有结论,特别是其中对我的动机和其他思考过程的描述,"他还是认为"它的中心思想基本正确,结论基本合理"。在莫里森就自己的中途岛研究联系弗莱彻后,弗莱彻在1947年12月答复说:"事过多年,手头没有记录,也没有时间作适当的研究和撰写评述,我不想凭记忆重构这些行动。"不过他"很乐意为你提供任何方面的协助,也要很高兴地告诉你,你感到难以理解的事件要点在我脑子里还记得相当清楚(细节除外)"。弗莱彻拥有的只是记忆,因为他自己在1941—1942年指挥航母期间的资料全都没有保存下来。中途岛之前的一切资料,包括1939年9月起他的所有个人档案,都随约

---

① 普拉特《对抗日本的舰队》53 页;理查森,口述历史,102—103 页。

克城号沉入了海底。他在瓜岛作战中的资料则因为他被不同寻常地解除太巡司和11特司之职而消失。当时金不允许他回珍珠港作正常的指挥权交接,而是命令他直接去西雅图报到。在战时的紧张环境下,弗莱彻一直没有机会取回自己的资料。于是它们都在继任者清理档案时被销毁。这非常不利于他为自己的名誉辩护。1950年当海作办请求弗莱彻对莫里森的第四卷作详细评判时,弗莱彻称此为"完全超出我现有能力的工作"。要完成这样的工程,"我需要长期投入全部身心,并且查阅所有通信记录、日志、电讯等等"。弗莱彻不愿当为捍卫名誉而战的上访户,宁可在马里兰州的阿拉比农庄享受宁静的退休生活。在1964年他告诉自己的朋友威廉·史密斯中将,"多年来我一直不想对未来的二战史书作者们说心里话",因为"我没有笔记和数据,我的记性又太差,担心会提供错误的信息"。尽管如此,文人对他的战争经历的歪曲还是令他痛苦。戴尔将军回忆说,弗莱彻"被莫里森等人对他的作为和未作为的评价搞得有点心烦,认为他们不了解他作战时所奉的指令。他会说:'他们无知得要命。'"[1]

遗憾的是,最终这些"无知者"中还包括了弗莱彻一度最重要的支持者——五星上将尼米兹。到1944年底,在他撤换弗莱彻的北太司一职未果时,他对弗莱彻的评价已经大大降低。在1946年,尼米兹又改变了自己对中途岛的航母指挥权的看法,正式宣称弗莱彻只有"局部指挥权"(不管这是什么意思),而斯普鲁恩斯对16特舰和17特舰都行使了"局部战术指挥权",因而一手策划了胜利。当然,这与尼米兹在1942年6月20日对金宣布的事实完全相反:"弗莱彻是该海域的高级特混舰队司令,负责指挥第16和第17特混舰队的活动。"而且,斯普鲁恩斯本人从未对17特舰下过任何命令。本书作者怀疑尼米兹对弗莱彻的新观感源于他对斯普鲁恩斯的深深敬重和他与凯利·特纳的亲密关系及友情,而后者正是弗莱彻的主要冤家。在与历史学家 E.B.波特合写的著作中,尼米兹还完全接受了弗莱彻的批评者的观点。1963年,他还对格里菲斯的瓜岛战史做出如下评论:"很遗憾,许多海军当事人都已逝世,看不到《瓜岛争夺战》。我敢肯定,哈尔西、特纳、戈姆利[2]和其他许多人将高度赞扬这本书,不愿改动一个字。"尼米兹意味深长地没有提到当时还活

---

[1] 贝茨致杰西·奥尔登多夫将军信(1947年4月15日),贝茨资料集,第I辑,第1号箱;弗莱彻致斯普鲁恩斯信,日期不详(1947年前后),弗莱彻资料集中有副本;弗莱彻致莫里森信(1947年12月1日),弗莱彻资料集;弗莱彻致魏尔伯恩斯信(1950年8月22日),弗莱彻资料集;弗莱彻致史密斯信(1964年8月12日),史密斯资料集;戴尔致伦德斯特罗姆信(1977年1月19日)。弗莱彻曾经帮助过《中途岛的高潮》(1960年)的作者撒迪厄斯·V.图勒加,后来还帮过沃尔特·洛德和戈登·普兰奇。

[2] 译注:三人分别卒于1959、1961、1958年。

得好好的弗莱彻。当然，格里菲斯正是弗莱彻最严厉的批评者之一，在书中把他骂得狗血淋头。[①]

弗莱彻的同僚中只有一个人挺身而出反对潮水般涌来的责骂。1964年，"小波"史密斯相当勉强地决定撰写他的《中途岛：太平洋战争的转折点》一书，主要是因为他感到莫里森"在中途岛和珊瑚海的记述中都没有夸奖"弗莱彻。但史密斯对自己的朋友弗莱彻并没有盲目的崇拜，他在1966年对艾略特·巴克马斯特中将解释说："嗯，弗莱彻不是战争中最聪明的特混舰队司令。我承认我发现他有时很自私。但是他在珊瑚海和中途岛都承担着全部责任——直到他转到我的旗舰以后交棒给斯普鲁恩斯……在弗莱彻交棒给斯普鲁恩斯时，仗已经打赢了，只不过我们还不知道。"弗莱彻在海军中的少数辩护者还包括马尔文·E.布彻上校，他在1987年为《海军军事学院评论》撰写了《弗兰克·杰克·弗莱彻上将：先驱战士乎？千古罪人乎？》一文。布彻强烈赞成"先驱战士"的评价，他强调弗莱彻当时不得不适应海战的"新技术"。布彻告诫自己的同时代的军官，"如果我们要在一场事关国家存亡的战争爆发时接受这样的考验"，应该"希望"自己表现得和弗莱彻"一样好"。还有几个历史学家（例如罗伯特·克瑞斯曼和笔者本人）也写过强烈支持弗莱彻的书籍与文章，斯蒂芬·D.里根还写了他的传记。在1999年，弗莱彻正式进入美国海军约克城舰 (CV–10) 上的航空名人堂。但是本书前言中引述的最新评价证明，他的名誉其实并没有恢复多少。[②]

认为弗莱彻受到了不公对待的人其实面临两难境地，因为即便他们也相信莫里森、贝茨和陆战队史家的叙述基本正确，只是明显缺乏客观性。因此这些人的辩解似乎只是在为弗莱彻找借口。但是如今他再也不需要辩护士。新发现的第一手史料和对先前已知文件的重新阐释不仅使批评家们的基本评价站不住脚，还揭示了其著作中关键的史实错误。原南军中将理查德·S.尤厄尔的继子兼参谋之一——坎贝尔·布朗少校在1869年的评论正是这些人的写照。内战结束后有人指责尤厄尔没有在1863年7月1日晚上攻击墓园岭，导致南军在葛底斯堡失利，布朗对此的回应是："发现此事使我们输掉战役的人就是那种经常在战斗结束后很

---

① 五星上将 C. W. 尼米兹关于中途岛的指挥权的陈述（1946 年 3 月 8 日），RG–38，行动报告，第 37 号箱；1942 年 6 月太舰总致舰总司电 202013，CSCMF，卷 16。尼米兹对格里菲斯《瓜岛争夺战》的评论就印在该书的封套上。

② 史密斯致巴克马斯特信（1966 年 4 月 23 日），副本藏于彼得森资料集。布彻《弗兰克·杰克·弗莱彻上将：先驱战士乎？千古罪人乎？》。

久才出现的放马后炮的军事天才，他们忘记了当时的微妙条件使他们的建议不可行。"在二战以后对弗莱彻的行动的批评中，被"忘记"或忽略的关键的"微妙条件"实在多得令人惊讶。[①]

评价

珍珠港事变使航空母舰成为海上最强大的武器，海战胜负的主要裁决者。航母是进攻的主力（特别是在缺少支援的陆基飞机的情况下），也是抵御敌航母的主要手段。这是海军史上敌对双方的舰队第一次在看不见彼此的远距离上交战。特混舰队不得不准备在很少或没有预警的情况下发动或承受航母舰载机的猛烈攻击，用一个海军战术史学家的话来说就是"火力脉冲"。[②]舰队可能在短短几分钟内就输掉一场战斗乃至整个海上会战。在开战时，日本和美国的航母都不多，统率它们的海军将领掌管着很不容易补充的珍贵资产。第一年的惨烈会战使双方都以十分可怕的速度消耗着航母和飞行员。截至1942年11月，日本的12艘一线航母和轻型航母损失了6艘，而美国的6艘大型航母有4艘沉没。如此大的损失使航母在海战中基本消失，直到1943年夏末美国海军开始添置众多新航母时才重新活跃。下一次真正的航母战在1944年6月才发生，而此时拥有巨大优势的美国海军已经不可阻挡了。

1941年12月开战时，日本凭借航母的数量优势和海军的总体实力横扫了大片疆域。但是，在美国航母于1942年5月投入战斗（而不是搞打了就跑的游击战）后，日本海军再也没有获得战略胜利。到了1942年11月，日本海军的矛头已经变钝，帝国也无可救药地转入守势。弗莱彻作为美国主要的航母指挥官几乎全程参与了这一时期的战斗，指挥特混舰队打了前四场航母战中的3场，以损失2艘美国航母为代价击沉6艘日本航母。当时美军的装备时常不如对手，飞行员也缺乏经验，而日本海军正处于巅峰时期。弗莱彻为了挫败敌人必须克服极其不利的实力对比，而上级还严令他保全部队，因为国家损失不起。仅仅在与日本航母舰队的激烈战斗中幸存下来就是出色的成绩，更不用说在每场战斗中夺取并保住战略优势。弗莱彻的诋毁者善于当事后诸葛亮，而且严重低估战斗的艰难，对在当时条件下可能取得的战绩抱着不合理的过高期望。他们相信若不是他的颟顸无能、过度谨慎和对加油的执着，美国航母舰队可以像拥有绝对优势的1944—1945年那样压倒敌人。"但是"，正如

---

① 琼斯《坎贝尔·布朗的内战》212页。
② 休斯《舰队战术》93页。

格兰特总统在回忆录中所说，"我日后的经验让我懂得了两个道理：第一，事后看问题总是觉得简单；第二，最自信的批评家往往是对所评之事了解最少的人。"①

弗莱彻既能随机应变又胆略过人，他在珊瑚海、中途岛乃至瓜岛的表现都超过了任何人的合理预期。根据对史料的最新解读，布彻上校给他贴上的"先驱战士"标签无疑是最合适的。和其他在战争初期被迫对优势敌军采取守势的指挥官一样，弗莱彻不得不一边小心地进行试探，一边快速磨炼出新的作战技艺。如果像批评家要求的那样，凭当时那点有限的资源全力出击猛打猛冲，即使天才如纳尔逊也只能找到一点胜机，而彻底失败的可能性反而要大得多。事后看来，在那个危机重重的时段，太平洋舰队的数量处于劣势，即使在瓜岛反攻中也要采取守势战术，弗莱彻精打细算的指挥风格正是最恰当的。他一方面有必要的谨慎，另一方面又能在局势需要时果断行动。正如墨菲将军在1951年所述，"无论（弗莱彻）有过什么失误，消极避战肯定不在其中"。事实上，弗莱彻身上集中体现了孙子的名言："知可以战与不可以战者胜。"②

有一个问题很有意思：弗莱彻是个久经考验的海军军官，但他在航母指挥上是个门外汉，也缺乏关于海军航空的技术背景，为什么他能摸索出（或至少认识到）那样先进的航母运用理念？此外，他还促进了部下的创新，尤其是使约克城号实现了引人注目的高效。根本原因在于弗莱彻并不认为自己什么都懂。因此他特别善于接受比较年轻的航空军官的建议，而他们根据最新的作战飞行经验提出了新颖犀利的观点。很多老一辈飞行员，包括航空先驱和JCL们就不是这样，他们不愿抛弃经多年苦干获得但已过时的航空知识来接受创新的思路。这个缺陷在高潮的中途岛之战中尤为明显。由于许多细节还有待查明，马克·米切尔指挥大黄蜂号时的显著失误至今仍让人难以理解，与他1944—1945年领导快速航母特混舰队时的精彩表现形成了鲜明对比。但是即便说到他1944年的表现，也有一个近距离观察者——约翰·S.萨奇将军回忆说，米切尔是"一个旧时代的飞行员"，他"认为自己很有经验，从不肯接受新思维，也无法像海军中将约翰·麦凯恩那样认识它们"。米切尔"有他自己的坚定信念，认为不太需要倾听其他任何人的意见"。在6月4日搞砸了16特舰的大空袭的麦尔斯·勃朗宁也是如此，他在自以为是的心态驱使下甚至想方设法阻碍斯

① 尤利西斯·S.格兰特《U.S.格兰特个人回忆录》87页。
② 墨菲致哈特曼信（1951年9月7日）。《孙子兵法·谋攻》。

普鲁恩斯与企业号的大队长和中队长直接交流。①

在太平洋战争混乱的第一年，基本的航母作战条令还未成型，也许弗莱彻这种外行人的审慎务实比纯粹的专业技术知识更重要。当然，理想的指挥官应该两者兼备，但在1942年没有这种完人，而弗莱彻和另一些像他一样的人在太平洋上顶住了敌人。由于飞行员出身、更有资格指挥航母的年轻将领到来，弗莱彻统帅航母特混舰队的时间注定是短暂的。那些给弗莱彻挑刺的人认为他缺乏进攻精神——这其实是金、特纳、弗雷德里克·谢尔曼、莫里森和贝茨精心塑造的形象。历史学家马丁·斯蒂文斯在《海军战将》中曾指出，皇家海军的指挥官如果被认为是猛将，就会得到很多宽容。弗莱彻虽然是南征北战未尝一败的战将，却既没有得到一点宽容，也没有得到多少赞扬。②

---

① 尤因《萨奇剪》168—170 页。萨奇 1944—1945 年在快速航母舰队中担任麦凯恩的作战参谋，在 1944 年中期又与米切尔共事。必须指出，虽然萨奇称赞麦凯恩乐于接受新思维，但那些想法主要来自萨奇自己，只不过他必须向麦凯恩证明自己是对的。理查德·贝斯特少校致伦德斯特罗姆信（2000 年 5 月 15 日）。

② 斯蒂文斯《海军战将》14—15 页。

特混舰队编组

1) 1941年12月17日：第14特混舰队，弗兰克·杰克·弗莱彻少将

14.1特混大队——护航——奥伯瑞·W．菲奇少将

14.1.1特混中队——菲奇少将

萨拉托加（CV-3）

14.1.2特混中队——弗莱彻少将

阿斯托里亚（CA-34）、明尼阿波利斯（CA-36）、旧金山（CA-38）

14.1.3——驱四中队——科尼利厄斯·W．弗林上校

塞尔弗里奇（DD-357）、亨里（DD-391）、布鲁（DD-387）、巴格利（DD-386）、赫尔姆（DD-388）、拉尔夫·塔尔伯特（DD-390）、马格福德（DD-389）、贾维斯（DD-393）、帕特森（DD-392）

14.2特混大队——辎重——克利夫顿·A．F．斯普拉格中校

14.2.1特混中队——斯普拉格中校

丹吉尔（AV-8）

14.2.2特混中队——小威廉·B．弗莱彻中校

内奇斯（AO-5）

2) 1942年1月6日：第17特混舰队，弗兰克·杰克·弗莱彻少将

17.1特混大队——护航——弗莱彻少将

17.1.1特混中队——巡洋舰——艾略特·B．尼克松上校

路易斯维尔（CA-28）、圣路易斯（CL-49）

17.1.2特混中队——航母——艾略特·巴克马斯特上校

约克城（CV-5）

17.1.3特混中队——驱逐舰——弗兰克·G．法瑞恩上校

休斯（DD-410）、西姆斯（DD-409）、沃克(DD-416)、拉塞尔（DD-414）

17.2特混大队——辎重（1005号运输船队）——斯凯勒·米尔斯上校

拉森（AE–3）、卡斯卡斯基亚（AO–27）、勒莱恩（商船）、蒙特雷（商船）、美森尼亚（商船）、木星（商船）

　　17.3特混大队——步兵——亨利·L.拉尔森准将（陆战队）

3）1942年2月1日：第17特混舰队，弗兰克·杰克·弗莱彻少将

　　17.1特混大队——打击群——弗莱彻少将

　　　　17.1.1特混中队——巡洋舰——艾略特·B.尼克松上校

　　　　路易斯维尔（CA–28）、圣路易斯（CL–49）

　　　　17.1.2特混中队——航母——艾略特·巴克马斯特上校

　　　　约克城（CV–5）

　　17.2特混大队——支援群——弗兰克·G.法瑞恩上校

　　　　休斯（DD–410）、西姆斯（DD–409）、沃克（DD–416）、拉塞尔（DD–414）

　　17.3特混大队——加油群——休斯顿·L.梅普尔斯中校

　　　　萨宾（AO–25）、马汉（DD–364）

4）1942年2月16日：第17特混舰队，弗兰克·杰克·弗莱彻少将

　　17.2特混大队——巡洋舰——威廉·沃德·史密斯少将

　　　　阿斯托里亚（CA–34）、路易斯维尔（CA–28）

　　17.4特混大队——驱逐舰——查尔斯·P.塞西尔上校

　　　　安德森（DD–411）、哈曼（DD–412）、西姆斯（DD–409）、休斯（DD–410）、沃克（DD–416）

　　17.5特混大队——航母——艾略特·巴克马斯特上校

　　　　约克城（CV–5）

　　17.6特混大队——加油群——哈里·R.瑟伯中校

　　　　瓜达卢佩（AO–32）、拉塞尔（DD–414）

5）1942年3月10日：第11特混舰队，威尔森·布朗中将

　　11.1特混大队——弗兰克·杰克·弗莱彻少将

　　11.2特混大队——托马斯·C.金凯德少将

　　　　明尼阿波利斯（CA–36）、旧金山（CA–38）、印第安纳波利斯（CA–35）、彭萨科拉（CA–24）

11.4特混大队——亚历山大·R.厄尔利上校

菲尔普斯（DD–360）、杜威（DD–349）、代尔（DD–353）、麦克多诺（DD–351）、赫尔（DD–350）、克拉克（DD–361）、巴格利（DD–386）、沃克（DD–416）

11.5特混大队——弗雷德里克·C.谢尔曼上校

列克星敦（CV–2）、约克城（CV–5）

11.7特混大队——约翰·G.克瑞斯少将（皇家海军）

11.7.1特混中队——克瑞斯少将

澳大利亚（澳）、芝加哥（CA–29）、阿斯托里亚（CA–34）、路易斯维尔（CA–28）

11.7.2特混中队——查尔斯·P.塞西尔上校

安德森（DD–411）、西姆斯（DD–409）、哈曼（DD–412）、休斯（DD–410）

6）1942年4月2日：第17特混舰队，弗兰克·杰克·弗莱彻少将

17.2特混大队——威廉·沃德·史密斯少将

17.2.1特混中队——史密斯少将

阿斯托里亚（CA–34）、波特兰(CA–33)、彭萨科拉（CA–24）、切斯特（CA–27）

17.2.2特混中队——查尔斯·P.塞西尔上校

安德森（DD–411）、哈曼（DD–412）、休斯（DD–410）

17.3特混大队——约翰·G.克瑞斯少将（皇家海军）

17.3.1特混中队——克瑞斯少将

澳大利亚（澳）、芝加哥（CA–29）

17.3.4特混中队——弗朗西斯·X.麦金纳尼中校

珀金斯（DD–377）、拉姆森（DD–367）

17.5特混大队——艾略特·巴克马斯特上校

17.5.1特混中队——巴克马斯特上校

约克城（CV–5）

17.5.2特混中队——吉尔伯特·C.胡佛上校

莫里斯（DD–417）、西姆斯（DD–409）、拉塞尔（DD–414）

17.6特混大队——拉尔夫·H.亨克尔上校

普拉特（AO–24）、沃克（DD–416）

7）1942年5月6日：第17特混舰队，弗兰克·杰克·弗莱彻少将

　　17.2特混大队——攻击群——托马斯·C．金凯德少将

　　　　17.2.1特混中队——金凯德少将

　　　　　　明尼阿波利斯（CA-36）、新奥尔良（CA-32）

　　　　17.2.2特混中队——威廉·W．史密斯少将

　　　　　　阿斯托里亚（CA-34）、切斯特（CA-27）、波特兰（CA-33）

　　　　17.2.4特混中队——亚历山大·R．厄尔利上校

　　　　　　菲尔普斯（DD-360）、杜威（DD-349）、法拉古特（DD-348）、艾尔温（DD-355）、莫纳汉（DD-354）

　　17.3特混大队——支援群——约翰·G．克瑞斯少将（皇家海军）

　　　　17.3.1特混中队——克瑞斯少将

　　　　　　澳大利亚（澳）、芝加哥（CA-29）、霍巴特（澳）

　　　　17.3.4特混中队——弗朗西斯·X．麦金纳尼中校

　　　　　　珀金斯（DD-377）、沃克（DD-416）

　　17.5特混大队——航空群——奥伯瑞·W．菲奇少将

　　　　17.5.1特混中队——菲奇少将

　　　　　　约克城（CV-5）、列克星敦（CV-2）

　　　　17.5.4特混中队——吉尔伯特·C．胡佛上校

　　　　　　莫里斯（DD-417）、安德森（DD-411）、哈曼（DD-412）、休斯（DD-410）

　　17.6特混大队——加油群——约翰·S．菲利普斯上校

　　　　　　尼奥肖（AO-23）、蒂珀卡努（AO-21）、西姆斯（DD-409）、沃登（DD-352）

　　17.9特混大队——搜索群——乔治·H．德博恩中校

　　　　　　丹吉尔（AV-8）

8)1942年5月19日：第17特混舰队，弗兰克·杰克·弗莱彻少将

　　17.2特混大队——威廉·沃德·史密斯少将

　　　　阿斯托里亚（CA-34）、波特兰（CA-33）

　　17.4特混大队——吉尔伯特·C．胡佛上校

　　　　莫里斯（DD-417）、安德森（DD-411）、哈曼（DD-412）、拉塞尔（DD-414）、艾尔温（DD-355）

　　17.5特混大队——艾略特·巴克马斯特上校

约克城（CV–5）

17.6特混大队——奥伯瑞·W．菲奇少将

切斯特（CA–27）、巴内特（AP–11）、乔治·F．艾略特（AP–13）

9)1942年6月2日：航母打击部队，弗兰克·杰克·弗莱彻少将

第16特混舰队，雷蒙德·A．斯普鲁恩斯少将

16.2特混大队——巡洋舰——托马斯·C．金凯德少将

16.2.1特混中队——威廉·D．钱德勒上校

北安普敦（CA–26）、彭萨科拉（CA–24）、亚特兰大（CL–51）

16.2.2特混中队——金凯德少将

明尼阿波利斯（CA–36）、新奥尔良（CA–32）、文森斯（CA–44）

16.4特混大队——驱逐舰——亚历山大·R．厄尔利上校

驱一中队——厄尔利上校

菲尔普斯（DD–360）、杜威（DD–349）、沃登（DD–352）、艾尔温（DD– 355）、莫纳汉（DD–354）

驱六中队——爱德华·P．绍尔上校

鲍尔奇（DD–363）、科宁厄姆（DD–371）、莫里（DD–401）、贝纳姆（DD–397）、埃利特（DD–398）、蒙森（DD–436）

16.5特混大队——航空——乔治·D．穆雷上校

企业（CV–6）、大黄蜂（CV–8）

16.6特混大队——油轮——拉尔夫·H．亨克尔上校

普拉特（AO–24）、西马仑（AO–22）

第17特混舰队，弗莱彻少将

17.2特混大队——巡洋舰——威廉·W．史密斯少将

阿斯托里业（CA–34）、波特兰（CA–33）

17.4特混大队——驱逐舰——吉尔伯特·C．胡佛上校

莫里斯（DD–417）、安德森（DD–411）、哈曼（DD–412）、拉塞尔（DD–414）、休斯（DD–410）

17.5特混大队——航空——艾略特·巴克马斯特上校

约克城（CV–5）

10)1942年8月7日：第61特混舰队（远征军），弗兰克·杰克·弗莱彻中将

61.1特混大队——空中支援部队——利·诺伊斯少将

61.1.1特混中队（11特舰）——弗莱彻中将

巡洋舰——卡尔顿·H．赖特少将

明尼阿波利斯（CA-36）、新奥尔良（CA-32）

驱逐舰——塞缪尔·B．布鲁尔上校

菲尔普斯（DD-360）、麦克多诺（DD-351）、沃登（DD-352）、法拉古特（DD-348）

航空——德威特·C．拉姆齐上校

萨拉托加（CV-3）

61.1.2特混中队（16特舰）——托马斯·C．金凯德上校

巡洋舰——马伦·S．提斯代尔少将

波特兰（CA-33）、北卡罗来纳（BB-55）、亚特兰大（CL-51）

驱逐舰——爱德华·P．绍尔上校

鲍尔奇（DD-363）、莫里（DD-401）、格温（DD-433）、贝纳姆（DD-397）、格雷森（DD-435）

航空——阿瑟·C．戴维斯上校

企业（CV-6）

61.1.3特混中队（18特舰）——利·诺伊斯少将

巡洋舰——查尔斯·H．麦克莫里斯上校

旧金山（CA-38）、盐湖城（CA-25）

驱逐舰——罗伯特·G．托宾上校（驱十二中队长）

法伦霍尔特（DD-491）、朗（DD-399）、斯特雷特（DD-407）、斯塔克（DD-406）

航空——福雷斯特·P．谢尔曼上校

黄蜂（CV-7）

61.2特混大队（62特舰）——两栖部队——里奇蒙德·凯利·特纳少将

X运输群（62.1）——劳伦斯·F．赖夫施耐德上校

A运输分队（62.1.1）——保罗·S．泰斯上校

富勒（AP-14）、美国军团（AP-35）、参宿五（AK-20）

B运输分队（62.1.2）——查理·P．麦克菲特斯上校

麦考利（AP-10）、巴内特（AP-11）、乔治·F.艾略特（AP-13）、天秤座（AK-53）

　　C运输分队（62.1.3）——赖夫施耐德上校

　　　　亨特·利格特（AP-27）、右辖（AK-23）、北落师门（AK-22）、参宿四（AK-28）

　　D运输分队（62.1.4）——英戈尔夫·N.基兰上校

　　　　新月城（AP-40）、海斯总统（AP-39）、亚当斯总统（AP-38）、井宿三（AK-26）

　Y运输群（62.2）——乔治·B.阿希上校

　　E运输分队（62.2.1）——阿希上校

　　　　内维尔（AP-16）、泽林（AP-9）、海伍德（AP-12）、杰克逊总统（AP-37）

　　运十二分队（62.2.2）——休·W.哈德利中校

　　　　科尔霍恩（APD-2）、格里高利（APD-3）、利特尔（APD-4）、麦基恩（APD-5）

　L火力支援群（62.3）——弗雷德里克·L.利科尔上校

　　昆西（CA-39）、文森斯（CA-44）、阿斯托里亚（CA-34）、赫尔（DD-350）、杜威（DD-349）、埃利特（DD-398）、威尔森（DD-408）

　M火力支援群（62.4）——诺尔曼·斯科特少将

　　圣胡安（CL-54）、蒙森（DD-436）、布坎南（DD-484）

　　扫雷群（62.5）——小威廉·H.哈特中校

　　　霍普金斯（DMS-13）、特雷弗（DMS-16）、赞恩（DMS-14）、索瑟德（DMS-10）、霍维（DMS-11）

　护卫群(62.6)——维克多·A.C.克拉奇利少将（皇家海军）

　　　澳大利亚（澳）、堪培拉（澳）、霍巴特（澳）、芝加哥（CA-29）

　　驱四中队——科尼利厄斯·W.弗林上校

　　　塞尔弗里奇（DD-357）、帕特森（DD-392）、拉尔夫·塔尔伯特（DD-390）、马格福德（DD-389）、贾维斯（DD-393）、布鲁（DD-387）、赫尔姆（DD-388）、亨里（DD-391）、巴格利（DD-386）

　登陆部队（62.8）——亚历山大·A.范德格里夫特少将（陆战队）

　　瓜达尔卡纳尔群（62.8.1）——范德格里夫特少将

图拉吉群（62.8.2）——威廉·H．鲁帕塔斯准将（陆战队）

11)1942年8月24日：第61特混舰队，弗兰克·杰克·弗莱彻中将

　　61.1特混大队（11特舰）——弗莱彻中将

　　　44特舰——巡洋舰——维克多·A．C．克拉奇利少将（皇家海军）

　　　　澳大利亚（澳）、霍巴特（澳）

　　11.2特大——重巡洋舰——卡尔顿·H．赖特少将

　　　明尼阿波利斯（CA–36）、新奥尔良（CA–32）

　　11.4特大——驱逐舰——塞缪尔·B．布鲁尔上校

　　　菲尔普斯（DD–360）、麦克多诺（DD–351）、杜威（DD–349）、沃登（DD–352）、法拉古特（DD–348）、帕特森（DD–392）、巴格利（DD–386）

　　11.5特大——航空——德威特·C．拉姆齐上校

　　　萨拉托加（CV–3）

　　61.2特混大队（16特舰）——托马斯·C．金凯德少将

　　　16.2特大——巡洋舰——马伦·S．提斯代尔少将

　　　　波特兰（CA–33）、北卡罗来纳（BB–55）、亚特兰大（CL–51）

　　　16.4特大——驱逐舰——爱德华·P．绍尔上校

　　　　鲍尔奇（DD–363）、莫里（DD–401）、格温（DD–433）、贝纳姆（DD–397）、埃利特（DD–398）、格雷森（DD–435）、蒙森（DD–436）

　　　16.5特大——航空——阿瑟·C．戴维斯上校

　　　　企业(CV–6)

　　61.3特混大队（18特舰）——利·诺伊斯少将

　　　巡洋舰——诺尔曼·斯科特少将

　　　　圣胡安（CL–54）、旧金山（CA–38）、盐湖城（CA–25）、塞尔弗里奇（DD–357）

　　　护卫——罗伯特·G．托宾上校

　　　　法伦霍尔特（DD–491）、艾伦·沃德（DD–483）、布坎南（DD–484）、朗（DD–399）、斯特雷特（DD–407）、斯塔克（DD–406）

　　　航母——福雷斯特·P．谢尔曼上校

　　　　黄蜂（CV–7）

12)1942年8月30日：第61特混舰队，弗兰克·杰克·弗莱彻中将

　61.1特混大队（11特舰）——弗莱彻中将

　　11.2特大——巡洋舰——卡尔顿·H.赖特少将

　　　明尼阿波利斯（CA-36）、新奥尔良（CA-32）、北卡罗来纳（BB-55）、

　　　亚特兰大（CL-51）

　　11.4特大——驱逐舰——塞缪尔·B.布鲁尔上校

　　　菲尔普斯（DD-360）、杜威(DD-349)、法拉古特(DD-348)、麦克多诺（DD-

　　　351）、沃登（DD-352）、蒙森（DD-436）、格雷森（DD-435）

　　11.5特大——航空——德威特·C.拉姆齐上校

　　　萨拉托加（CV-3）

　61.2特混大队（17特舰）——乔治·D.穆雷少将

　　17.2特大——巡洋舰——霍华德·H.古德少将

　　　北安普敦（CA-26）、彭萨科拉（CA-24）、盐湖城（CA-25）、圣迭戈（CL-53）

　　17.4特大——驱逐舰——阿诺德·E.特鲁中校

　　　莫里斯（DD-417）、拉塞尔（DD-414）、安德森（DD-411）、马斯廷（DD-

　　　413）、奥布赖恩（DD-415）、帕特森（DD-392）、巴格利（DD-386）

　　17.5特大——航空——查尔斯·P.梅森上校

　　　大黄蜂（CV-8）

　61.3特混大队（18特舰）——利·诺伊斯少将

　　巡洋舰——诺尔曼·斯科特少将

　　　　旧金山（CA-38）

　　44特舰——维克多·A.C.克拉奇利少将（皇家海军）

　　　澳大利亚（澳）、霍巴特（澳）、菲尼克斯（CL-46）、塞尔弗里奇（DD-357）

　　护卫——罗伯特·G.托宾上校

　　　法伦霍尔特（DD-491）、艾伦·沃德（DD-483）、布坎南（DD-484）、朗

　　　（DD-399）、斯特雷特（DD-407）、斯塔克（DD-406）

　　航母——福雷斯特·P.谢尔曼上校

　　　黄蜂（CV-7）

参考文献

档案

　　本书对弗兰克·杰克·弗莱彻上将作为航母指挥官的表现作了重新评价，其中依据的未出版史料主要是美国海军官方档案和个人资料集。这些史料大部分由国家档案馆保藏在两个地点。华盛顿特区市中心的第一档案馆收藏了1942年前美国海军的大部分记录。马里兰州大学公园市的第二档案馆藏有行动报告、战争日记、作战令和行政管理档案，分别归入记录组38（RG–38，海军作战部长）和313（RG–313，将官档案）。RG–457包含国家安全局公布的无线电情报资料。华盛顿海军船厂内的海军历史中心作战档案分馆收藏了非常宝贵的太舰总灰皮书（战争计划处，太舰总档案，斯蒂尔上校的《执行评估和总结》）、访谈、战术出版物、履历档案、精选日方档案以及下文列出的重要的个人资料集。作战电报可能是本研究中考察的最重要的新史料，可惜它们并未集中在一地。第二档案馆的RG–38以微缩胶卷的形式收藏了1940至1942年间的大量太舰总秘密及机密电报档案。但是某些密级更高的电报（所谓的Aidac或"封存机密"）只有在RG–38美国海军舰队总司令（舰总司）00档案、太舰总灰皮书和第二档案馆馆藏将官档案(RG–313)中南太平洋战区司令行政通信等处才能找到。

个人资料集

　　威廉·H.阿什福德少将，乔伊纳图书馆，东卡罗来纳大学。

　　哈里·艾尔默·巴恩斯博士，美国文化传统中心，怀俄明大学拉腊米分校。

　　理查德·W.贝茨少将，海军军事学院。

　　哈罗德·W.鲍尔少校，通过尼米兹博物馆获得。

　　威尔森·布朗中将，尼米兹图书馆，美国海军军官学校。

　　约翰·G.克瑞斯中将（皇家海军），大英帝国战争博物馆。

　　阿奇博尔德·H.道格拉斯上校，海军军事学院。

　　H.S.达克沃思中将，通过约翰·达克沃思获得。

　　乔治·C.戴尔中将，海军历史中心和国会图书馆。

　　奥伯瑞·W.菲奇上将，胡佛研究所，斯坦福大学，通过约翰·C.菲奇获得。

　　菲利普·H.菲茨杰拉德少将（美国海军退休），通过肯尼斯·克劳福德获得。

　　弗兰克·杰克·弗莱彻上将，美国文化传统中心，怀俄明大学拉腊米分校。

　　哈里·A.弗雷德里克森，通过詹姆斯·C.萨夫鲁克获得。

　　罗伯特·L.戈姆利中将，通过杰弗里·巴罗获得。

　　洛伊德·J.格瑞巴博士，海军历史中心。

　　小威廉·F.哈尔西五星上将，国会图书馆和弗吉尼亚历史学会。

罗伯特·T.哈特曼，杰拉尔德·R.福特总统图书馆。

赫斯本德·E.金梅尔少将，美国文化传统中心，怀俄明大学拉腊米分校。

欧内斯特·J.金五星上将，海军历史中心、海军军事学院和国会图书馆。

托马斯·C.金凯德上将，海军历史中心。

埃德温·T.雷顿少将，海军军事学院。

梅尔文·J.马斯少将兼国会议员，明尼苏达历史学会。

道格拉斯·麦克阿瑟五星上将，麦克阿瑟纪念堂。

约翰·S.麦凯恩中将，胡佛研究所，斯坦福大学。

弗洛伊德·E.莫恩上校，通过詹姆斯·C.萨夫鲁克获得。

塞缪尔·艾略特·莫里森少将，海军历史中心。

切斯特·W.尼米兹五星上将，海军历史中心。

奥斯卡·彼得森少将，国立海军航空博物馆。

埃尔默·B.波特，海军历史中心。

戈登·普兰奇，通过罗伯特·J.克瑞斯曼获得。

斯蒂芬·D.里根，通过里根博士获得。

弗朗西斯·R.瑞吉斯特上尉，通过布兰登·伍德获得。

富兰克林·德拉诺·罗斯福，富兰克林·D.罗斯福图书馆，海德公园。

弗雷德里克·C.谢尔曼中将，军官履历档案，海军历史中心。

福雷斯特·P.谢尔曼上将，海军历史中心。

威廉·沃德·史密斯中将，通过小威廉·W.史密斯上校（美国陆军退休）获得。

雷蒙德·A.斯普鲁恩斯上将，海军军事学院。

哈罗德·R.斯塔克上将，海军历史中心。

杰拉德C.托马斯上将，海军陆战队历史中心。

撒迪厄斯·V.图勒加，通过图勒加博士获得。

里奇蒙德·凯利·特纳上将，海军历史中心。

访谈和通信

穆尔·E.阿诺德少将（美国海军退休），约克城号。

约翰·P.阿尔特穆斯，萨拉托加号VF-5。

弗洛伊德·比弗，列克星敦号司令部。

文恩·M.贝内特上校（美国海军退休），约克城号。

理查德·H.贝斯特少校（美国海军退休），企业号VB-6。

福雷斯特·R.比亚德上校（美国海军退休），约克城号司令部，H站。

罗杰·L.邦德，萨拉托加号。

弗兰克·W.布，约克城号、萨拉托加号司令部。

特纳·F.考德威尔中将（美国海军退休），约克城号、企业号VS-5。

乔治·E.克拉普，约克城号、萨拉托加号司令部。

H.S.达克沃思中将（美国海军退休），列克星敦号。

乔治·C.戴尔中将（美国海军退休），航海局、印第安纳波利斯号。

华莱士·菲尔兹中校（美国空军退休），第19轰炸大队。

约翰·C.菲奇，奥伯瑞·W.菲奇上将之子。

弗兰克·O.格林上校（美国海军退休），萨拉托加号VF-5。

约翰·E.格林贝克上校（美国海军退休），约克城号。

布拉德福德·E.格罗少将（美国海军退休），黄蜂号司令部。

霍利斯·C.霍利斯，约克城号、萨拉托加号司令部。

石川四郎，祥凤号（日）。

雷蒙德·W.凯尔，约克城号、萨拉托加号司令部。

埃德温·T.雷顿少将（美国海军退休），太平洋舰队总司令部。

威廉·N.莱昂纳德少将（美国海军退休），约克城号VF-42。

布鲁斯·罗克斯顿准将（皇家澳大利亚海军退休），堪培拉号（澳）。

托马斯·I.纽瑟姆，约克城号、萨拉托加号司令部。

奥斯卡·彼得森少将（美国海军退休），约克城号VF-42、萨拉托加号司令部。

戴维·C.理查森中将（美国海军退休），萨拉托加号VF-5。

沃尔特·G.辛德勒中将（美国海军退休），约克城号、萨拉托加号司令部。

唐纳德·M.肖尔斯少将（美国海军退休），H站。

约瑟夫·G.史密斯上校（美国海军退休），列克星敦号VS-2。

小W.W.史密斯上校（美国陆军），美国海军上将威廉·W.史密斯之子。

诺尔曼·W.乌尔默，约克城号、萨拉托加号司令部。

斯坦利·W.韦塔萨上校（美国海军退休），约克城号VS-5。

托马斯·R.魏施勒中将（美国海军退休），黄蜂号。

拉尔夫·V.魏尔海姆，波特兰号。

口述历史

福雷斯特·R.比亚德，美国海军学会。

罗杰·L.邦德，美国海军学会。

肯尼思·E.卡迈克尔，海军安全大队，国家档案馆，RG-457。

乔治·C.戴尔中将，美国海军学会。

弗雷德里克·A.爱德华兹上校，美国海军学会。

哈里·唐纳德·费尔特上将，美国海军学会。

埃德温·T.雷顿少将，美国海军学会。

查尔斯·E.洛林少将，美国海军学会。

约翰·L.麦克雷中将，美国海军学会。

约瑟夫·P.波拉德上尉，海军医疗队，海军历史中心。

戴维·C.理查森中将，美国海军学会。

雷蒙德·A.兰德尔，海军安全大队，国家档案馆，RG-457。

保罗·D.斯特鲁普中将，美国海军学会。

约翰·S.萨奇上将，美国海军学会。

哈罗德·C.崔恩少将，哥伦比亚大学。

托马斯·R.魏施勒中将，美国海军学会。

已出版史料

劳伦斯·A.阿贝克隆比上校和弗莱彻·普拉特。《我为驱逐舰而生》。纽约：亨利·霍尔特出版公司，1944年。

阿川弘之。《山本五十六》英文版。东京：讲谈社，1979年。

罗伯特·格林哈尔希·阿尔比恩。《1798—1947年海军政策的制定者》。马里兰州安纳波利斯：海军学会出版社，1980年。

诺尔曼·阿什沃思。《切忌如此管理空军：第二次世界大战中皇家澳大利亚空军的高级指挥部》。两卷本。澳大利亚费尔贝恩：空军力量研究中心，2000年。

罗伯特·E.巴德。《中途岛之战：指挥研究》。密歇根州安娜堡：大学缩微胶卷出版公司，1972年。

克里斯·A.巴克。《柚木甲板[美国海军科罗拉多舰]》。密苏里州独立城：私印，1985年。

威廉·H.巴奇。《1941年12月8日：麦克阿瑟的珍珠港》。德克萨斯州大学城：德州农工大学出版社，2003年。

同上。《燕尾槽行动：1942年7月笨拙的瓜岛预演》。《军事史杂志》（2002年4月）：443—476页。

阿兰·哈里斯·巴思。《追踪轴心国敌人：英美海军情报部门的胜利》。堪萨斯州劳伦斯：堪萨斯大学出版社，1998年。

《进入战位！战斗中的海军》。纽约：W.H.怀斯公司，1946年。

爱德华·L.比奇上校。《盐与钢：一个潜艇兵的回忆》。马里兰州安纳波利斯：海军学会出版社，1999年。

弗兰克·比蒂中将。《秘密报告的背景》。《国民评论》（1966年12月13日）：1261—1272页。

弗洛伊德·比弗。《首长……一个水兵的第二次世界大战个人史 (1939—1945)》。加利福尼亚州米尔谷：私印，出版年份不详。

弗雷德里克·J.贝尔上校。《紧急情况：南太平洋的驱逐舰作战》。纽约：朗文格林出版公司，1944年。

詹姆斯·H.贝洛特和威廉·M.贝洛特。《海上巨人》。纽约：哈珀与罗出版公司，1975年。

罗伯特·路易斯·本森。《第二次世界大战美国通信情报史：策略和管理》。马里兰州米德堡：国家安全局，1997年。

亨利·贝瑞《永远忠诚，麦克：美国海军陆战队员对第二次世界大战的记忆》。纽约：安柏书屋，1982年。

福雷斯特·R.比亚德上校。《福雷斯特·R.比亚德眼中的太平洋战争》。《密码学》（1989年冬）：2—27页。

拉里·I.布兰德编辑。《乔治·卡特莱特·马歇尔文集》。第2卷，《刻不容缓（1939年7月1日—1941年12月6日）》。巴尔的摩：约翰·霍普金斯大学出版社，1986年。

卡尔·博伊德和吉田昭彦。《日本潜艇部队与第二次世界大战》。马里兰州安纳波利斯：海军学会出版社，1995年。

詹姆斯·C.布拉德福德。《后甲板和舰桥：两百年来的美国海军将领》。马里兰州安纳波利斯：海军学会出版社，1997年。

罗宾·布罗德赫斯特《丘吉尔之锚：海军元帅达德利·庞德爵士传》。南约克郡巴恩斯利：利奥·库珀出版公司，2000年。

威尔森·布朗中将。《辅佐四位总统》。《美国文化传统》（1955年2月）：66—96页。

唐纳德·格雷·布朗洛。《被告：美国海军少将赫斯本德·爱德华·金梅尔的苦难》。纽约：优势出版社，1968年。

斯蒂芬·布迪安斯基。《智斗：第二次世界大战密码破译全史》。纽约：自由出版社，2000年。

同上。《没赶上珍珠港事变》。美国海军学会《汇刊》（1999年12月）：47—51页。

哈罗德·L.布维尔博士。《一位舰长之死》。美国海军学会《汇刊》（1986年2月）：92—96页。

托马斯·B.布维尔。《海权霸主：欧内斯特·J.金五星上将传》。波士顿：利特尔布朗出版公司，1980年。

同上。《静默勇士：雷蒙德·A.斯普鲁恩斯上将传》。波士顿：利特尔布朗出版公司，1974年。再版于马里兰州安纳波利斯：海军学会出版社，1987年。

普罗斯帕·布拉内里《自杀舰队中的玛格丽特：根据美国海军预备役上尉雷蒙德·D.博登的日志写成》。纽约州花园城：道布尔戴杜兰公司，1930年。

M.E.布彻少校。《弗兰克·杰克·弗莱彻上将：先驱战士乎？千古罪人乎？》。《海军军事学院评论》（1987年冬）：69—79页。

C.雷蒙德·卡尔霍恩。《驱逐舰水手：1939—1945年美国海军斯特雷特舰上的生活》。马里兰州安纳波利斯：海军学会出版社，1993年。

约翰·坎贝尔。《第二次世界大战的海军武器》。伦敦：康威出版社，1985年。

吉尔伯特·坎特。《第二次世界大战中的美国海军》。纽约：约翰·戴出版公司，1943年。

沃勒尔·里德·卡特少将。《豆子、子弹和重油：第二次世界大战期间太平洋战场舰队后勤的故事》。华盛顿特区：美国政府印刷局(GPO)，1952年。

约翰·怀特克雷·钱伯斯二世。《牛津美国军事史指南》。纽约：牛津大学出版社，1999年。

温斯顿·S.丘吉尔。《第二次世界大战回忆录》。波士顿：霍顿米夫林公司，1951年。

J.J.克拉克上将与克拉克·G.雷诺兹。《航母舰队司令》。纽约：戴维·麦凯出版社，1967年。

马丁·克莱门斯。《独守瓜岛：一个海岸瞭望哨的故事》。马里兰州安纳波利斯：海军学会出版社，1998年。

保罗·E.科莱塔。《马克·A.米切尔上将与美国海航：白头海雕》。纽约州刘易斯顿：埃德温·梅伦出版社，1997年。

同上。《1775—1972年的美国海军部长》。两卷本。马里兰州安纳波利斯：海军学会出版社，1980年。

同上。《帕特里克·N.L.贝林格与美国海航》。马里兰州拉纳姆：美国大学出版社，1987年。

同上，编纂。《美国海军和海军陆战队海外基地》。康涅狄格州西港：青木出版社，1985年。

克里斯·库特哈德-克拉克。《珊瑚海战斗位置：澳大利亚指挥官的故事》。北悉尼：艾伦与昂温出版社，1991年。

W.F.克瑞文和J.L.凯特。《第二次世界大战中的陆军航空兵》。第1卷，《计划与早期作战（1939年1月至1942年8月）》。芝加哥：芝加哥大学出版社，1948年。

同上。《第二次世界大战中的陆军航空兵》。第4卷，《太平洋：从瓜岛到塞班（1942年8月至1944年7月）》。芝加哥：芝加哥大学出版社，1950年。

罗伯特·J.克瑞斯曼。《壮烈的战斗：威克岛之战》。马里兰州安纳波利斯：海军学会出版社，1995年。

同上。《那条英雄舰：美国海军约克城舰[CV-5]》。蒙大拿州米苏拉：历史图书出版社，2000年。

罗伯特·J.克瑞斯曼、史蒂夫·尤因、巴雷特·蒂尔曼、马克·霍兰、克拉克·雷诺兹和斯坦·科恩。《我国历史辉煌的一页：1942年6月4—6日中途岛之战》。蒙大拿州米苏拉：历史图书出版社，1990年。

W.斯科特·坎宁安和利德尔·西姆斯。《威克岛部队》。波士顿：利特尔布朗出版公司，1961年。

乔·詹姆斯·卡斯特。《惊魂一夜：阿斯托里亚号最后的战斗》。纽约：麦克米兰出版社，1944年。

唐纳德·休·多里斯上尉。《文森斯号纪事》。肯塔基州路易斯维尔：标准印书局，1947年。

小罗伯特·O.杜林、小威廉·H.加茨克、小查尔斯·哈伯伦、罗伯特·伊耿、戴维·明德尔博士和威廉·朱伦斯。《美国海军约克城舰（CV-5）的损失：海事分析》。出版地不详：船舶与海洋工程学会，1999年。

保罗·S.达尔。《日本海军战史（1941—1945）》。马里兰州安纳波利斯：海军学会出版社，1978年。

弗朗西斯·邓肯。《里科弗：追求卓越》。马里兰州安纳波利斯：海军学会出版社，2001年。

乔治·C.戴尔中将。《南征北战的两栖军：里奇蒙德·凯利·特纳上将传》。两卷本。华盛顿特区：GPO，1971年。

戴维·C.伊文思，编纂。《第二次世界大战中的日本海军》。马里兰州安纳波利斯：海军学会出版社，1986年。

戴维·C.伊文思和马克·R.皮阿蒂。《海军：1887—1941年大日本帝国海军的战略、战术和技术》。马里兰州安纳波利斯：海军学会出版社，1997年。

史蒂夫·尤因。《萨奇剪：吉米·萨奇的一生》。马里兰州安纳波利斯：海军学会出版社，2004年。

埃里克·费尔特。《海岸瞭望哨》。墨尔本：牛津大学出版社，1946年。

E.P.福雷斯泰尔中将。《美国海军上将雷蒙德·A.斯普鲁恩斯：用兵研究》。华盛顿特区：海军部军史局，1966年。

帕特·弗兰克和约瑟夫·D.海灵顿。《在中途岛会合：美国海军约克城舰与日本航母舰队》。纽约：约翰·戴出版公司，1967年。

理查德·B.弗兰克。《瓜达尔卡纳尔》。纽约：兰登书屋，1990年。

诺尔曼·弗里德曼。《图解美国战列舰设计史》。马里兰州安纳波利斯：海军学会出版社，1985年。

同上。《图解美国航母设计史》。马里兰州安纳波利斯：海军学会出版社，1983年。

同上。《图解美国巡洋舰设计史》。马里兰州安纳波利斯：海军学会出版社，1984年。

同上。《图解美国驱逐舰设计史》。马里兰州安纳波利斯：海军学会出版社，1982年。

渊田美津雄和奥宫正武。《中途岛》英文版。马里兰州安纳波利斯：海军学会出版社，1955年。

戴维·C.福尤奎。《第一特混舰队：1942年被浪费的美国太平洋战列舰队兵力》。《军事史杂志》（1997年10月）：707—734页。

朱利叶斯·奥古斯塔斯·富雷尔少将。《第二次世界大战中海军部的行政管理》。华盛顿特区：海军部军史局，1959年。

迈克尔·甘农。《被出卖的珍珠港》。纽约：亨利·霍尔特出版公司，2001年。

G.G.O.加塔克少将。《行动报告》。新南威尔士州曼利：海洋出版社，1982年。

乔治·盖伊。《唯一的幸存者》。佛罗里达州那不勒斯：私印，1979年。

G．赫尔蒙·吉尔。《皇家澳大利亚海军》。两卷本。堪培拉：澳大利亚战争纪念馆，1957、1968年。

道格拉斯·吉里森。《皇家澳大利亚空军1939—1942》。堪培拉：澳大利亚战争纪念馆，1962年。

加图·D．格洛弗上将。《大胆指挥》。纽约：格林尼治出版社，1969年。

杰伊·格拉克，编纂。《浮世：战后日本百态》。纽约：寰宇图书馆，1964年。

唐纳德·M．戈尔德施泰因和凯瑟琳·V．迪伦。《珍珠港文件：日方计划内幕》。华盛顿特区：布拉塞出版社，1993年。

尤利西斯·S．格兰特。《U．S．格兰特个人回忆录》。纽约：维京企鹅出版社，1999年。

洛伊德·J．格瑞巴。《珍珠港事变后美军的太平洋战略：威克岛解围行动》。《序曲》（1980年秋）：134—150页。

英国国防部海军历史科。《对日战争》。六卷本。伦敦：皇家文书局(HMSO)，1995年。

英国海军情报局。地理手册。《太平洋岛屿》。四卷本。伦敦：HMSO，1943—1945年。

塞缪尔·B．格里菲斯二世准将。《瓜岛争夺战》。费城：J．P．利平科特公司，1963年。

罗伊·A．格罗斯尼克。《美国海航1910—1995》。华盛顿特区：海军历史中心，1997年。

J．M．A．格怀尔和J．R．M．巴特勒。《大战略》。第3卷，1941年6月—1942年8月。上下两册。伦敦：HMSO，1964年。

福斯特·海利。《太平洋战线》。纽约：麦克米兰出版社，1944年。

威廉·F．哈尔西五星上将和J．布莱恩三世少校。《哈尔西将军的故事》。纽约：惠特尔西书屋–麦格劳希尔公司，1947年。

原为一大佐。《帝国海军之最后——矢矧舰长之实战记录》英文版。纽约：贝兰亭图书公司，1961年。

丹尼尔·F．海灵顿《草率的希望：1941年的美国航空力量与日本》。《太平洋历史评论》（1979年）：217—238页。

秦郁彦和伊泽保穗。《日本海军战斗机队——战历与航空队史话》英文版。马里兰州安纳波利斯：海军学会出版社，1989年。

格瑞斯·珀森·海斯。《第二次世界大战参谋长联席会议史：对日战争》。马里兰州安纳波利斯：海军学会出版社，1982年。

小罗伯特·D．海纳尔中校。《威克岛防御战》。华盛顿特区：美国海军陆战队历史科，1947年。

同上。《我们去威克岛》。《海军陆战队通讯》（1946年6月）：35—38页。

希伯·A．霍尔布鲁克。《美国海军波特兰舰的历史》。加利福尼亚迪克森：太平洋船舶与海滨出版社，1990年。

    W．J．霍尔姆斯。《双刃机密：第二次世界大战中美国海军情报部门在太平洋战场的行动》。马里兰州安纳波利斯：海军学会出版社，1979年。

    托马斯·C．霍恩、诺尔曼·弗里德曼和马克·D．曼德尔斯。《美国和英国航空母舰的发展1919—1941》。马里兰州安纳波利斯：海军学会出版社，1999年。

    特伦特·霍恩。《美国海军舰队战术条令的演变，1922—1941》。《军事史杂志》（2003年10月）：1107—1149页。

    哈罗德·霍普金斯上校。《好在船上有你》。伦敦：乔治·艾伦与昂温出版社，1964年。

    弗兰克·O．休中校、韦尔莱·E．路德维格少校和小亨利·I．肖。《美国海军陆战队第二次世界大战作战史》。第1卷，《从珍珠港到瓜岛》。华盛顿特区：GPO，1958年。

    埃德温·P．霍伊特。《他们如何赢得太平洋战争：尼米兹和他的将军们》。纽约：韦布赖特与塔利出版社，1970年。

    小韦恩·P．休斯上校。《舰队战术：理论与实践》。马里兰州安纳波利斯：海军学会出版社，1986年。

    凯文·唐·哈奇森。《第二次世界大战中的北太平洋：表册》。康涅狄格州西港：青木出版社，1994年。

    杰特·A．艾斯利和菲利普·A．克劳尔。《美国海军陆战队和两栖战》。新泽西州普林斯顿：普林斯顿大学出版社，1951年。

    达拉斯·伍德贝里·艾瑟姆。《中途岛之战：日方败因》。《海军军事学院评论》（2000年夏）：60—100页。

    日本防卫厅防卫研修所战史室。《战史丛书》。第38卷，《中部太平洋方面海军作战(1)截至昭和十七年五月》。东京：朝云新闻社，1970年。

    同上。《战史丛书》。第43卷，《中途岛海战》。东京：朝云新闻社，1971年。

    同上。《战史丛书》。第49卷，《南东方面海军作战(1)截至瓜岛夺回作战开始》。东京：朝云新闻社，1971年。

    同上。《战史丛书》。第83卷，《南东方面海军作战(2)截至瓜岛撤退》。东京：朝云新闻社，1975年。

    汉斯格奥格·延丘拉等人。《日本海军战舰1869—1945》。伦敦：兵甲出版社，1977年。

    斯坦利·约翰斯顿。《航母之王：美国海军列克星敦舰与珊瑚海之战》。纽约：E．P．达顿出版社，1942年。

    特里·L．琼斯编纂。《坎贝尔·布朗的内战：在尤厄尔和北弗吉尼亚军团旗下》。巴吞鲁日：路易斯安那大学出版社，2001年。

    沃尔特·凯里格上校和埃里克·珀登中校。《太平洋战争战斗报告：中间阶段》。纽约：莱因哈特出版公司，1947年。

    戴维·M．肯尼迪。《免于恐惧的自由：大萧条和战争年代的美国人，1929—

1945》。纽约：牛津大学出版社，1999年。

乔治·C.肯尼。《肯尼将军报告》。纽约：迪尤尔、斯隆和皮尔斯出版公司，1949年。

小戴维·M.基伊。《杰劳尔德·赖特上将：外交家中的斗士》。堪萨斯州曼哈顿：向日葵大学出版社，2001年。

沃伦·F.金伯尔编纂。《丘吉尔与罗斯福：书信全集》三卷本。普林斯顿：普林斯顿大学出版社，1984年。

赫斯本德·E.金梅尔少将。《金梅尔将军的故事》。芝加哥：亨利·勒涅里出版公司，1955年。

欧内斯特·J.金五星上将和沃尔特·缪尔·怀特希尔中校。《金五星上将：海军记录》。纽约：W.W.诺顿公司，1952年。

埃里克·拉克鲁瓦和林顿·威尔斯二世。《太平洋战争中的日本巡洋舰》。马里兰州安纳波利斯：海军学会出版社，1997年。

阿瑟·H.拉马尔。《我看见了群星》。德克萨斯州弗雷德里克斯堡：尼米兹将军基金会，1985年。

威廉·拉尔金斯。《美国海军飞机1921—1941》。纽约：猎户座图书公司，1988年。

埃德温·T.雷顿少将。《美国破了我们的密码》。美国海军学会《汇刊》（1979年6月）：98—99页。

同上。《第24战队——日本的商船袭击舰》。美国海军学会《汇刊》（1976年6月）：53—61页。埃德温·T.雷顿少将与罗杰·皮诺上校及约翰·柯斯蒂洛。《珍珠港和中途岛亲历记——破解机密》。纽约：威廉·莫罗出版公司，1985年。

威廉·D.莱希五星上将。《亲历记》。纽约：惠特尔西书屋，1950年。

克拉克·李。《他们叫它太平洋》。纽约：维京出版社，1943年。

詹姆斯·洛伊策。《另类的胜利：托马斯·C.哈特上将传》。马里兰州安纳波利斯：海军学会出版社，1981年。

斯坦福·E.林奇上校。《上帝亲临中途岛》。圣迭戈：黑森林出版社，1999年。

沃尔特·洛德。《不可思议的胜利》。纽约：哈珀与罗出版公司，1967年。

小罗伯特·威廉·拉夫编纂。《历任海军作战部长》。马里兰州安纳波利斯：海军学会出版社，1980年。

布鲁斯·罗克斯顿与克里斯·库特哈德–克拉克。《萨沃之耻：海战惨败剖析》。马里兰州安纳波利斯：海军学会出版社，1994年。

斯图亚特·D.鲁德鲁姆。《他们在珊瑚海和中途岛扭转战局：与约克城号的第五飞行大队并肩作战》。佛蒙特州本宁顿：梅里亚姆出版公司，1997年。

约翰·B.伦德斯特罗姆。《一次无线电情报失误：珊瑚海之战的一个侧面》。《密码学》（1983年4月）：97—118页。

同上。《第一次南太平洋会战：1941年12月—1942年6月太平洋舰队战略》。马里兰州安纳波利斯：海军学会出版社，1976年。

同上。《首发主力：从珍珠港到中途岛的太平洋空战》。马里兰州安纳波利斯：海军学会出版社，1990年。

同上。《首发主力与瓜岛会战：1942年8—11月的海军战斗机作战》。马里兰州安纳波利斯：海军学会出版社，1994年。

同上。《弗兰克·杰克·弗莱彻的不白之冤》。上下两篇。《海军历史》（1992年夏）：21—27页；（1992年秋）：22—28页。

斯科特·麦克唐纳。《航空母舰的发展》。华盛顿特区：海军作战部长办公室，1964年。

唐纳德·麦金泰尔上校。《海军战将：海军元帅詹姆斯·萨默维尔爵士的一生》。伦敦：伊文思兄弟出版社，1961年。

托马斯·C.曼肯。《揭示用兵之道：美国情报部门与外国军事创新，1918—1941》。纽约州伊萨卡：康奈尔大学出版社，2002年。

威廉·曼彻斯特。《别了，黑暗：太平洋战争回忆录》。波士顿：利特尔布朗出版公司，1980年。

阿瑟·J.马德尔。《旧友新敌：皇家海军与日本海军，战略欺骗1936—1941》。牛津：牛津大学出版社，1981年。

阿瑟·J.马德尔、马克·雅各布森和约翰·霍斯菲尔德。《旧友新敌：皇家海军与日本海军，太平洋战争1942—1945》。牛津：牛津大学出版社，1990年。

小约翰·T.梅森。《回忆太平洋战争：口述历史集》。马里兰州安纳波利斯：海军学会出版社，1986年。

约翰·麦凯恩。《父辈的信仰》。纽约：兰登书屋，1999年。

弗雷德里克·米尔斯上尉。《航母战斗》。纽约：道布尔戴杜兰公司，1944年。

赫伯特·L.梅里拉特上校。《那岛：陆战队瓜岛战史》。波士顿：霍顿米夫林公司，1944年。

赫伯特·克里斯蒂安·梅里拉特。《瓜岛回忆》。纽约：多德米德公司，1982年。

爱德华·S.米勒。《橙色作战计划：美国击败日本的战略，1897—1945》。马里兰州安纳波利斯：海军学会出版社，1991年。

小约翰·米勒。《瓜达尔卡纳尔：第一次进攻》。华盛顿特区：GPO，1949年。

内森·米勒。《海战：第二次世界大战海军史》。纽约：斯克里布纳书店，1995年。

小托马斯·G.米勒。《仙人掌航空队》。纽约：哈珀与罗出版公司，1969年。

阿兰·R.米列特。《身经百战：杰拉尔德·C.托马斯上将与美国海军陆战队1917—1956》。马里兰州安纳波利斯：海军学会出版社，1993年。

约翰·H.米切尔。《我们乘着双翼征服》。密苏里州斯普林菲尔德：G.E.M.，1990年。

塞缪尔·艾略特·莫里森少将。《第二次世界大战美国海军作战史》。第1卷，《1939

年9月—1943年5月的大西洋之战》。波士顿：利特尔布朗出版公司，1947年。

同上。《第二次世界大战美国海军作战史》。第3卷，《太平洋上的旭日》。波士顿：利特尔布朗出版公司，1948年。

同上。《第二次世界大战美国海军作战史》。第4卷，《珊瑚海、中途岛和1942年5—8月的潜艇战》。波士顿：利特尔布朗出版公司，1949年。

同上。《第二次世界大战美国海军作战史》。第5卷，《1942年8月—1943年2月的瓜岛争夺战》。波士顿：利特尔布朗出版公司，1949年。

同上。《第二次世界大战美国海军作战史》。第7卷，《1942年6月－1944年4月的阿留申群岛、吉尔伯特群岛和马绍尔群岛》。波士顿：利特尔布朗出版公司，1951年。

同上。《两洋战争：第二次世界大战美国海军简史》。波士顿：利特尔布朗出版公司，1963年。

路易斯·莫顿。《战略和指挥：头两年》。华盛顿特区：GPO，1962年。

威廉姆森·穆雷和阿伦·R.米列特。《不能不赢的战争：第二次世界大战纪实》。马萨诸塞州剑桥：哈佛大学出版社，2000年。

理查德·F.纽康姆。《萨沃：海军在瓜岛近海惊人的大败仗》。纽约：霍尔特莱因哈特温斯顿公司，1961年。

折田善次。《日本潜艇艇长》。加利福尼亚州卡诺加公园：梅杰图书公司，1976年。

弗雷德里克·D.帕克。《不可估量的优势：美国海军通信情报部门与珊瑚海、中途岛和阿留申群岛战役》。马里兰州米德堡：国家安全局，1993年。

乔纳森·帕歇尔、戴维·D.迪克森和安东尼·塔利。《作战条令问题：日军在中途岛的败因》。《海军军事学院评论》（2001年夏）：139—151页。

乔纳森·帕歇尔和安东尼·塔利。《断剑：中途岛海战不为人知的真相》。弗吉尼亚州杜勒斯：波托马克图书公司，2005年。

马克·R.皮阿蒂。《日破云涛：日本海军航空力量的崛起，1909—1941》。马里兰州安纳波利斯：海军学会出版社，2001年。

格里高利·M.普菲策尔。《塞缪尔·艾略特·莫里森的历史天地》。波士顿：东北大学出版社，1991年。

E.B.波特。《公牛哈尔西》。马里兰州安纳波利斯：海军学会出版社，1985年。

同上。《尼米兹》马里兰州安纳波利斯：海军学会出版社，1976年。

E.B.波特和切斯特·W.尼米兹。《大海战：第二次世界大战中的海战故事》。纽约：布拉姆霍尔书屋，1960年。

约翰·普拉多斯。《破译联合舰队密码：第二次世界大战中美国情报部门与日本海军秘史》。纽约：兰登书屋，1995年。

戈登·W.普兰奇。《清晨当我们酣睡时：珍珠港事变揭秘》。纽约：麦格劳希尔公司，1981年。

同上。《中途岛奇迹》。纽约：麦格劳希尔公司，1982年。

弗莱彻·普拉特。《大战珊瑚海》。《哈珀斯杂志》（1943年3月）：356—368页。

同上。《对抗日本的舰队》。纽约：哈珀兄弟出版公司，1946年。

同上。《中途岛大捷》。《哈珀斯杂志》（1943年8月）：246—253页。

同上。《陆战队的战争》。纽约：威廉·斯隆联合公司，1948年。

同上。《中途岛之谜》。《哈珀斯杂志》（1943年7月）：133—145页。

同上。《海军的战争》。纽约：哈珀兄弟出版公司，1944年。

斯蒂芬·D.里根。《风雨人生：弗兰克·杰克·弗莱彻上将传》。艾姆斯：衣阿华州立大学出版社，1994年。

克拉克·G.雷诺兹。《约翰·H.陶尔斯上将：为海上制空权而奋斗》。马里兰州安纳波利斯：海军学会出版社，1991年。

同上。《美国海军名将》。纽约：范·诺斯特兰德·瑞因霍德公司，1978年。

同上。《快速航母：打造飞行海军》。纽约：麦格劳希尔公司，1968年。

同上。《美国航母和1942年的存在舰队策略》。收录于澳大利亚国家海洋博物馆编纂的《1942年珊瑚海之战——1992年会议论文集》54—64页。悉尼：澳大利亚国家海洋博物馆，1993年。该文也曾以"美国1942年的存在舰队策略"为题发表于《军事史杂志》（1994年1月）：103—119页。

詹姆斯·O.理查森和乔治·C.戴尔。《珍珠港的日常工作：J.O.理查森上将回忆录》。华盛顿特区：海军部军史局，1973年。

道格拉斯·H.罗宾逊和查尔斯·L.凯勒。《"升船！"：美国海军硬式飞艇1919—1935》。马里兰州安纳波利斯：海军学会出版社，1982年。

理查德·A.拉塞尔。《草裙舞计划：对日战争中的美苏秘密合作》。华盛顿特区：海军历史中心，1997年。

泽地久枝。《记录中途岛海战》。东京：文艺春秋，1986年。

阿兰·肖姆。《鹰与旭日：美日战争1941—1943》。纽约：W.W.诺顿公司，2004年。

小亨利·I.肖。《第一次攻势：陆战队的瓜岛战役》。华盛顿特区：海军陆战队历史中心，1992年。

诺尔曼·W.肖。《为它送葬》。纽约州奥尔巴尼：奥兰治堡出版社，1984年。

弗雷德里克·C.谢尔曼中将。《作战指挥：太平洋战争中的美国航空母舰》。纽约：E.P.达顿出版社，1950年。

罗伯特·谢罗德。《第二次世界大战海军陆战队航空史》。华盛顿特区：作战部队社，1952年。

《翔鹤级空母》。学研太平洋战争系列。东京：学习研究社，1997年。

B.米切尔·辛普森三世。《哈罗德·R.斯塔克海军上将：胜利设计师1939—1945》。哥伦比亚：南卡罗来纳大学出版社，1989年。

吉尔文·M.斯罗尼姆。《从旗舰视角看指挥决策》。美国海军学会《汇刊》（1958年4月）：80—89页。

麦克尔·史密斯。《天皇密码：布莱奇利公园与日本密码的破译》。伦敦：矮脚鸡图书公司，2000年。

理查德·K.史密斯。《首次穿越！美国海军1919年横穿大西洋的飞行》。马里兰州安纳波利斯：海军学会出版社，1973年。

威廉·沃德·史密斯。《中途岛：太平洋的转折点》。纽约：托马斯·Y.克罗韦尔公司，1966年。

罗纳德·H.斯帕克特。《监听敌人：关于通信情报在对日战争中所起作用的关键档案》。特拉华州威尔明顿：学术资源出版公司，1988年。

罗伯特·B.斯塔尔中校。《重返萨沃岛——五十年后》。《船友》（1992年7—8月）：19—22页。

标准石油公司。《第二次世界大战中的埃索船队》。[纽约]：标准石油公司（新泽西），1946年。

马丁·斯蒂文斯。《海军战将：第二次世界大战中的英国海军将领》。马里兰州安纳波利斯：海军学会出版社，1991年。

罗伯特·C.斯特恩。《列克星敦级航母》。马里兰州安纳波利斯：海军学会出版社，1993年。

保罗·史迪威编纂。《空袭珍珠港！：对不光彩的一天的回忆》。马里兰州安纳波利斯：海军学会出版社，1981年。

J.H.斯特拉塞克。《皇家澳大利亚海军：舰船、飞机和岸上设施》。悉尼：海军公共事务处，1996年。

胡伯特·埃利斯·斯特兰奇少将。《一生：自传》。马里兰州海厄茨维尔：私印，1980年。

哈里·R.斯特林格。《海军优秀服役记录》。华盛顿特区：法瑟特出版社，1921年。

孙武。《孙子兵法》。闵福德译。纽约：维京出版社，2002年。

杰克·斯维特曼。《韦拉克鲁斯登陆行动：1914》。马里兰州安纳波利斯：海军学会出版社，1968年。

田边弥八。《我击沉了约克城号》。美国海军学会《汇刊》（1963年5月）：59—65页。

西奥多·泰勒。《华丽的米切尔》。马里兰州安纳波利斯：海军学会出版社，1991年。

威廉·F.崔姆博。《威廉·A.莫菲特将军：海航的设计师》。华盛顿特区：史密森尼学会出版社，1994年。

撒迪厄斯·V.图勒加。《中途岛的高潮》。纽约：W.W.诺顿公司，1960年。

阿奇博尔德·D.特恩布尔和克利福德·L.罗德。《美国海军航空史》。康涅狄格州纽黑文：耶鲁大学出版社，1949年。

梅里尔·B.特文宁将军。《无人屈膝》。加利福尼亚州诺瓦托：要塞出版社，1996年。

宇垣缠。《战藻录》英文版。匹兹堡：匹兹堡大学出版社，1991年。

杰弗里·S.安德伍德。《民主之翼：航空力量对罗斯福政府的影响，1933—1941》。德克萨斯州大学城：德州农工大学出版社，1991年。

美国国会。《珍珠港事变：珍珠港事变调查联合委员会的听证会记录》。第79届国会第1期。38篇。华盛顿特区：GPO，1946年。

美国海军军事学院（理查德·W.贝茨上校）。《1942年5月1日至5月11日（含）珊瑚海之战：战略和战术分析》。罗得艾兰州纽波特：海军军事学院，1947年。

同上（理查德·W.贝茨准将）。《1942年6月3日至14日中途岛之战（包括阿留申群岛阶段）：战略和战术分析》。罗得艾兰州纽波特：海军军事学院，1948年。

同上（理查德·W.贝茨准将和沃尔特·D.伊尼斯中校）。《1942年8月9日萨沃岛之战：战略和战术分析》。罗得艾兰州纽波特：海军军事学院，1950年。

美国海军。《第二次世界大战中的海军基地建设》。两卷本。华盛顿特区：GPO，1947年。

美国海军。航海局。《美国海军和美国海军陆战队军官人名录》。华盛顿特区：GPO，1920—1942年。

美国海军。航海局／人事局。《美国海军和海军陆战队准尉及少尉以上军官名册》。华盛顿特区：GPO，1906—1947年。

格里高利·J.W.厄尔温。《兵临绝境：威克岛之围》。林肯：内布拉斯加大学出版社，1997年。

乔治·范·德尤斯少将。《舰队之翼》。马里兰州安纳波利斯：海军学会出版社，1966年。

A.A.范德格里夫特口述，罗伯特·B.艾斯普雷整理。《陆战队往事》。纽约：W.W.诺顿公司，1964年。

丹尼斯·沃纳、佩吉·沃纳和SadaoSeno。《太平洋上的灾难：萨沃岛之战新解》。马里兰州安纳波利斯：海军学会出版社，1992年。

杰拉尔德·E.惠勒。《第七舰队的金凯德：美国海军上将托马斯·C.金凯德传》。华盛顿特区：海军历史中心，1995年。

小约翰·J.维克兰德。《"女王"的全体官兵[美国海军新墨西哥舰]》。出版地不详：戈列茨克企业出版社，1992年。

托马斯·A.魏尔登堡。《胜利的所有要素：约瑟夫·梅森·李维斯上将和航母舰载机力量的发端》。华盛顿特区：布拉塞出版社，2003年。

同上。《天命辉煌：俯冲轰炸、中途岛和航母舰载机力量的发展》。马里兰州安纳波利斯：海军学会出版社，1998年。

同上。《灰钢黑油：美国海军的快速油轮及海上加油，1912—1992》。马里兰州安纳波利斯：海军学会出版社，1996年。

亨利·A·威利上将。《来自德克萨斯的海军上将》。纽约州花园城：道布尔戴杜兰公司，1934年。

罗恩·L·威利斯和托马斯·卡麦克尔。《1917年至今的美国海军金翼徽章》。宾夕法尼亚州阿特格伦：希费尔军事历史出版公司，1995年。

H·P·威尔莫特。《屏障与投枪：1942年2—6月日本与盟国在太平洋的战略》。马里兰州安纳波利斯：海军学会出版社，1983年。

尤金·E·威尔森。《冲流：一个飞行员的自传》。纽约：惠特尔西书屋，1950年。

史蒂夫·怀珀。《奥马哈级巡洋舰》。《战舰图册》#6。亚利桑那州图森：经典战舰出版社，1999年。

同上。《美国海军明尼阿波利斯舰CA-36》。《战舰图册》#2。亚利桑那州图森：经典战舰出版社，1997年。

约瑟夫·M·沃辛顿少将。《1艘驱逐舰在中途岛的经历》。《船友》（1965年1月）：4—8页。

约翰·F·武科维茨。《克尽职守：克利夫顿·A·F·斯普拉格将军传》。马里兰州安纳波利斯：海军学会出版社，1995年。

格拉迪斯·岑普芬尼希。《梅尔文·J·马斯：勇敢的实干家》。明尼苏达州明尼阿波利斯：T·S·丹尼森出版公司，1967年。

约翰·L·齐默曼少校。《瓜岛战役》。华盛顿特区：GPO，1949年。

原始资料来源日本二战官修战史

及日本海军档案缩微胶卷，

一部日本帝国海军太平洋战争兴衰史。

莱特湾海战

THE BATTLE

OF

LEYTE GULF

The Last Fleet Action

- 史上规模No.1的海战
- 巨舰大炮时代的绝唱
- 航母海空对决的终曲
- 日本海军的垂死一搏

复盘近 **400** 艘舰船、**2000** 架战机的生死角逐

NEVER GIVE IN

THE BRITISH
CARRIER STRIKE FLEET
AFTER 1945

决不,决不,
决不放弃

英国航母折腾史
1945 年以后

《英国太平洋舰队》姊妹篇,英国舰队航空兵博物馆馆长代表作,了解战后英国航母的必修书

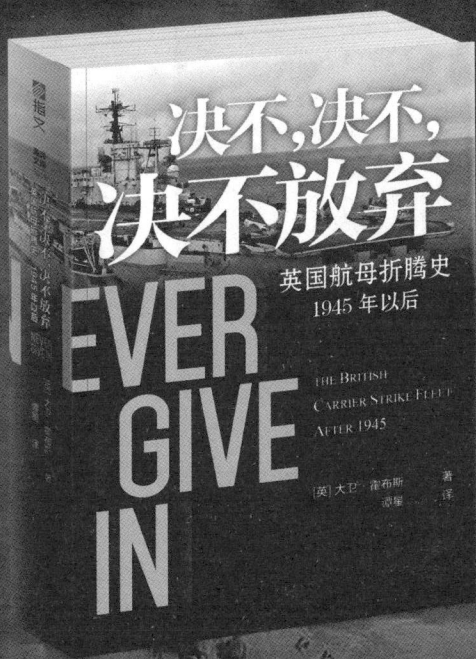

决不,决不,
决不放弃

英国航母折腾史
1945 年以后

THE BRITISH
CARRIER STRIKE FLEET
AFTER 1945

NEVER GIVE IN

〔英〕大卫·赫布斯 著
谭星 译

看英国航母之过去 思中国航母之未来

战略大师
利德尔·哈特经典力作

畅销世界近**100**年 × 有趣、有料、有段子 ←

|勾心斗角的欧洲列强|轮番登场的新式武器|
|鲜为人知的战争真相|

史上首场
海陆空联合作战
NORWAY
德意志的野望 / 不列颠的踟蹰 / 挪威的抗争
一个出奇制胜的故事
讲述陆权强国的海洋经略
一个不屈抵抗的故事
彰显蕞尔小国的傲然风骨
THE BATTLE FOR
-鏖-战-北-海-
挪威战役
NORWAY
[挪威] 盖尔·H. 海尔 著
胡毅秉 译
THE GERMAN INVASION OF
-冰-峡-闪-击-
入侵挪威
NORWAY
1940年4月
[挪威] 盖尔·H. 海尔 著
胡毅秉 译